Rainer Krienke: *Kommunikation unter Linux*

Rainer Krienke

Kommunikation unter Linux

2., überarbeitete und erweiterte Auflage

SuSE PRESS

Bibliografische Information Der Deutschen Bibliothek

Die Deutsche Bibliothek verzeichnet diese Publikation in der Deutschen Nationalbibliografie; detaillierte bibliografische Daten sind im Internet über `http://dnb.ddb.de` abrufbar.
ISBN 3-935922-63-9

© 2003 SuSE Linux AG, Nürnberg (http://www.suse.de)
Umschlaggestaltung: Fritz Design GmbH, Erlangen
Gesamtlektorat: Nicolaus Millin
Fachlektorat: Holger Achtziger, Sven Dummer, Michael Eicks, Franz Hassels, Uwe Hering, Fabian Herschel, Pieter Hollants, Lars Knoke, Reinhard Max, Wolfgang Rosenauer, Henne Vogelsang
Satz: LATEX
Druck: Kösel, Kempten
Printed in Germany on acid free paper.

Vorwort

In der heutigen Zeit hat der Begriff „Kommunikation" einen hohen Stellenwert, gerade in Bezug auf Computer-Systeme, die nicht mehr nur mit der Bewältigung von Rechen- oder Office-Aufgaben betraut werden, sondern zunehmend auch als Kommunikationszentrale dienen. In dieser Funktion werden von den Rechnern neben den „klassischen Diensten" (Versenden und Empfangen von E-Mail oder das Surfen im Web) auch solche angeboten, mit deren Hilfe sie beispielsweise als Telefonanlage und Anrufbeantworter eingesetzt werden können.

Dieses Buch bietet dem Leser einen Einstieg in die Möglichkeiten, die genannten und weitere Kommunikationsformen unter dem wohl populärsten Unix-Vertreter – Linux – zu nutzen. Unix ist schon seit Beginn seiner Entwicklung in den 1970er Jahren dafür bekannt, daß es einerseits außerordentlich stabil, andererseits bei der Vernetzung mit anderen Systemen sehr kommunikationsfreudig ist. Linux baut auf diesen Eigenschaften auf und bietet insbesondere für neuere Bereiche, wie z. B. Multimedia, Unterstützung, die bisher eher anderen Systemen vorbehalten war.

Die in diesem Buch getroffene Themen-Auswahl soll den Leser zum einen in die Lage versetzen, die klassischen Dienste komfortabel und effizient zu nutzen. Hierzu werden Werkzeuge vorgestellt, mit denen z. B. das offline Browsen im World Wide Web möglich ist, wie auch Methoden zur Automatisierung von Routineaufgaben, wie z. B. die automatische Abfrage neuer Mails oder Newsartikel beim Verbindungsaufbau zum Internet-Provider. Weitere Abschnitte beschreiben nützliche Werkzeuge z. B. zum (automatischen) Download von Dateien. Für Anbieter von Internet-Diensten werden der Aufbau eines PPP- und eines FTP-Servers sowie die Erstellung von Web-Seiten mit dynamischem Inhalt beschrieben.

Neben diesen Internet-spezifischen Themen wird der Leser ausführlich in die Nutzung weiterer leistungsfähiger Programmpakete, wie z. B. für das Fax-Versenden und den Fax-Empfang mit Hilfe eines Modems oder einer ISDN-Karte, eingeführt. Weitere Abschnitte beschreiben die Realisierung eines Anrufbeantworters auf Basis eines Modems oder einer ISDN-Karte sowie die Nutzung von Multimediadiensten, wie Fernsehen und Radio unter Linux. Auch die Themen Rechnervernetzung über die parallele Schnittstelle, die drahtlose Kommunikation über Infrarot als auch der Aufbau eines Wireless LANs unter Linux werden behandelt.

Die Darstellung erfolgt stets, indem zunächst Grundlagen beschriebenen werden, die dem Leser einen allgemeinen Überblick und wichtige Hintergrundinformationen über das entsprechende Themengebiet bieten, bevor im nächsten Schritt konkrete Lösungen praxisnah und ausführlich vorgestellt werden. Auf diese Weise gewinnt der Leser Einblick in die Zusammenhänge und erhält darüber hinaus die Möglichkeit, die gewünschte Lösung rasch und seinen Wünschen entsprechend zu konfigurieren.

Das Buch ist nach der Art der Kommunikation in Kapitel zur Datenkommunikation, zu Internet-Diensten, zur Audio- und Videokommunikation sowie zum Komplex Vernetzung klar gegliedert. Grundlegende Konfigurationsschritte, die als Basis für die Nutzung der genannten Kommunikationsformen dienen, sind im 2. Kapitel (*Grundkonfiguration*) zusammengefaßt. Der Interessierte kann das Buch kapitelweise von Anfang bis Ende durchlesen oder auch einzelne für sich relevante Kapitel direkt auswählen. Um die enge Beziehung der einzelnen Themenbereiche deutlich zu machen, enthalten die einzelnen Abschnitte – wo immer sinnvoll – Querverweise sowie zahlreiche Hinweise auf weiterführende Informationen im World Wide Web. So wird der Leser in die Lage versetzt, jederzeit die aktuellsten Entwicklungen auf den verschiedenen Gebieten zu verfolgen. Ein Glossar rundet die Darstellung ab und gibt Gelegenheit zum raschen Nachschlagen der im Buch erwähnten Fachbegriffe.

Die Entwicklung auf dem Gebiet der Kommunikation schreitet stetig voran, wodurch dem Benutzer immer neue Möglichkeiten eröffnet werden bzw. immer mehr Hardware (wie z. B. Multimedia-Karten) genutzt werden kann. Die Darstellung in diesem Buch beschreibt den zum Zeitpunkt der Manuskript-Erstellung aktuellen Stand. Durch die Weiterentwicklung von Anwendungssoftware und Gerätetreibern kann nicht ausgeschlossen werden, daß einzelne Beschreibungen nicht mehr in allen Details mit den Eigenarten neuerer Software übereinstimmen. In diesem Fall kann der Leser auf die Dokumentation der entsprechenden Software zurückgreifen. Darüber hinaus stehen aktuelle Informationen zu diesem Buch unter der URL

```
http://www.uni-koblenz.de/~krienke/books/linuxkom.html
```

zur Verfügung. Über diese URL kann auch am besten auf die im Buch abgedruckten URLs zugegriffen werden. Schließlich können an diese Adresse auch Kritik sowie Verbesserungsvorschläge zum Buch gesendet werden.

An dieser Stelle möchte ich allen, die mich bei der Erstellung des Buchs unterstützt haben, danken. Mein besonderer Dank geht an meine Frau, die mir im Laufe der Zeit zwar nicht mehr geglaubt hat, daß ich mit ihr, und nicht mit dem Rechner verheiratet bin, mich aber dennoch durch die Übernahme vieler Aufgaben beim Schreiben unterstützt hat. Mein weiterer Dank gilt Herrn Nicolaus Millin, dem ich durch seine Arbeit bei SuSE PRESS die Idee und die Entstehung dieses Buchs verdanke. Darüber hinaus möchte ich Frau Dr. Sonja Weyher, Herrn Ralf Bremecke sowie Herrn Reinhard Max, Herrn Holger Achtziger und Herrn Lars Knoke für ihre konstruktive Kritik danken.

Koblenz, Juni 2000   *Rainer Krienke*

Vorwort zur 2. Auflage

Die Entwicklung von Linux verläuft immer noch sehr rasant. Um der wachsenden Zahl von Anwendungen und Techniken auf dem Sektor der Kommunikation unter Linux gerecht zu werden, bietet diese Neuauflage zum einen ein Update für die schon in der ersten Auflage beschriebenen Themengebiete, um den aktuellen Stand der Technik widerzuspiegeln. Darüber hinaus wurden bestehende Themen ausgebaut und neue Themen aufgegriffen.

Zu den wesentlichen Erweiterungen gehören z. B. die in dieser Auflage stark erweiterte Beschreibung von T-DSL und der Nutzungsmöglichkeiten zum Fax-Versand und -Empfang über ISDN. Im Bereich der Internet-Kommunikation werden weitere nützliche Werkzeuge vorgestellt.

Das Kapitel Audiokommunikation wurde um eine detaillierte Beschreibung ergänzt, die zeigt, wie man eigene Audio-CDs erstellt und Musiktitel zu MP3 oder Ogg-Vorbis Dateien „rippt". Auf diese Weise können selbst zusammengestellte CDs mit vielen Stunden Musik hergestellt werden.

Das Kapitel Videokommunikation enthält jetzt eine ausführliche Beschreibung der Möglichkeiten, IP-Telefonie und Videokonferenzen unter Linux zu nutzen. Ebenfalls neu ist die Beschreibung der Thematik von Aufnahme und Wiedergabe von Videosequenzen (Videorecorder und Video-Player) als auch von Streaming von Videodaten.

Schließlich enthält das Kapitel über Vernetzungsmöglichkeiten mit dem neuen Abschnitt über Wireless LANs, also drahtloser Funknetzwerke, die Beschreibung der Nutzungsmöglichkeiten einer Technologie unter Linux, die in sehr kurzer Zeit bereits eine sehr große Verbreitung gefunden hat. Wireless LANs werden sowohl in Firmen als auch im Home-Bereich genutzt und finden darüber hinaus immer größere Verbreitung an öffentlichen Plätzen, wie z. B. in Internet Cafes oder Flughäfen. Sie ermöglichen den drahtlosen Zugriff, z. B. auf Daten im Internet von einem Laptop aus.

Koblenz, Februar 2003   *Rainer Krienke*

Inhaltsverzeichnis

Kapitel 1

Einleitung

Linux ist ein überaus vielseitiges Betriebssystem. Neben seinen schon allgemein bekannten Stärken (z. B. Effizienz und Stabilität), die die Verbreitung von Linux insbesondere im Server-Bereich weiter zunehmen lassen, bietet Linux auch für den Desktop-Anwender viele interessante Möglichkeiten. Hierzu gehört insbesondere die Fähigkeit zur Kommunikation mit anderen Systemen, deren interessanteste Formen in diesem Buch dargestellt werden. Neben der Beschreibung von Konfiguration und Anwendung der entsprechenden Software wird dem Leser in einem einleitenden Teil zuvor stets ein Überblick über das jeweilige Thema gegeben.

1.1 Was das Buch bietet

Das Buch gliedert sich in die folgenden Bereiche bzw. Kapitel:

❑ Grundkonfiguration (Kapitel 2)

❑ Datenkommunikation (Kapitel 3)

❑ Internet-Dienste (Kapitel 4)

❑ Audiokommunikation (Kapitel 5)

❑ Videokommunikation (Kapitel 6)

❑ Rechnervernetzung ohne Netzwerkkabel (Kapitel 7)

Kapitel 2 führt den Leser in die grundlegende Konfiguration der verschiedenen Kommunikationsbasisdienste ein. Hier wird z. B. die Anbindung und Konfiguration von Modems zur Einwahl bei einem Provider beschrieben. Neben Modems wird auch ausführlich auf die Konfiguration von ISDN und dem High-Speed Netzwerkzugang über T-DSL eingegangen. Kapitel 2 stellt somit die Basis zur Nutzung vieler der in den weiteren Kapiteln beschriebenen Dienste dar.

Kapitel 3 und 4 behandeln alle Dienste, bei denen Daten im engeren Sinn[1] übertragen werden. Hierzu zählt natürlich die Anbindung eines Rechners an einen
Internet Service Provider (ISP). Es werden interessante Möglichkeiten beschrieben, die es erlauben, die Zugangszeit und damit auch die Kosten für einen Rechner oder auch ein kleines Netzwerk zu minimieren, indem offline im World Wide
Web recherchiert und ebenfalls offline Mail und News aus dem →*USENET* gelesen werden kann. Auch auf den Aufbau eines eigenen Einwahl-Servers (PPP-
Server) oder eines FTP-Servers wird ausführlich eingegangen. In diesem Rahmen
wird auch beschrieben, wie einfach unter Linux eine Vernetzung von zwei Rechnern sein kann, um z. B. zwischen zwei Laptops Daten auszutauschen. Ein weiterer Punkt, der in den Kapiteln *Datenkommunikation* bzw. *Internet-Dienste* behandelt wird, sind Fax-Versand und -Empfang. Für Linux existieren sehr leistungsfähige Fax-Systeme, die auf Basis eines Modems oder auch der ISDN-CAPI arbeiten
können, vollkommen frei verfügbar sind und sich keineswegs hinter kommerziellen Lösungen verstecken müssen. Neben der Beschreibung der Konfiguration
des Fax-Servers werden auch Anwender-Programme (Frontends) beschrieben,
die es dem Benutzer gestatten, auf einfache Weise Faxe zu versenden.

Das Kapitel *Audiokommunikation* behandelt Dienste, bei denen Audio-Daten verarbeitet werden. Neben einer Einführung in die Digitalisierung und Speicherung
dieser Daten werden verschiedene Software-Lösungen vorgeführt, mit deren Hilfe ein Linux-Rechner als Anrufbeantwortersystem (inkl. solcher Funktionen wie
z. B. Fernabfrage) sowohl für analoge Telefonanschlüsse als auch für einen ISDN-
Anschluß eingerichtet werden kann. Ein weiteres in diesem Kapitel dargestelltes
Thema betrifft das Erstellen eigener Audio-CDs sowie das „Rippen" von Musik-
stücken, also das Erstellen von MP3- bzw. Ogg Vorbis-Dateien unter Linux.

In dem folgenden Kapitel, *Videokommunikation*, wird der Betrieb von Multimedia-
Karten, wie z. B. einer TV-Karte, beschrieben. Darüber hinaus wird auf Anwendungen zum Fernseh- und Radioempfang wie auch zur Nutzung der Videotext-
und Intercasting-Angebote eingegangen. Ein weiterer Punkt dieses Kapitels ist
die Beschreibung von Videoplayern, mit denen z. B. Filme abgespielt werden
können, die in Standard-Formaten, wie beispielsweise MPEG-2, kodiert sind. Ein
weiterer Abschnitt dieses Kapitel führt den Leser in die Möglichkeiten der IP-
Telefonie und Video-Konferenzen unter Linux ein. Neben der Darstellung der
zugrunde liegenden Konzepte werden die wichtigsten Linux-Anwendungen für
die IP-Telefonie und für die Durchführung von Videokonferenzen vorgestellt.

Abgeschlossen wird das Buch mit einer Beschreibung von Möglichkeiten, Rechner ohne Verwendung einer Netzwerkkarte miteinander zu vernetzen. Der interessanteste Punkt ist hier sicherlich die Beschreibung der funkbasierten Vernetzung über ein Wireless LAN nach dem 802.11b-Standard. Darüber hinaus werden

---

[1]Auch bei Audio- oder Videodiensten werden letztlich „Daten" übertragen und verarbeitet, die in
diesem Buch jedoch getrennt beschrieben werden.

auch weniger bekannte Verfahren, wie z. B. das PLIP-Protokoll beschrieben, bei dem die Vernetzung über eine einfache parallele Schnittstelle erfolgt. Eine weitere interessante Möglichkeit, die auch die Kommunikationen zwischen Rechnern mit unterschiedlichen Systemen (z. B. Linux- und Palm III-Rechner) ermöglicht, ist die drahtlose Datenübertragung über eine IrDA-kompatible Infrarotschnittstelle. Das Kapitel *Vernetzung ohne Netzwerkkarte* bietet eine ausführliche Einführung in diese Themenbereiche.

1.2 Was das Buch nicht ist

Nachdem nun umrissen wurde, was dieses Buch dem Leser bietet, soll auch kurz darauf eingegangen werden, was das Buch *nicht* ist:

❏ Das Buch ist keine Einführung in Linux/Unix. Zur optimalen Nutzung von Linux sollte der Benutzer über Grundkenntnisse von Unix verfügen oder sich diese mit entsprechender Literatur aneignen.

❏ Das Buch ist keine allgemeine Anleitung zur Installation von Linux selbst. Es wird davon ausgegangen, daß Linux bereits installiert wurde und „funktioniert". Hierzu sollte insbesondere das der verwendeten Linux-Distribution beiliegende Handbuch zu Rate gezogen werden. Darüber hinaus finden sich auch im Internet zahlreiche Informationen, wobei hier insbesondere das Linux Documentation Project (`http://www.linuxdoc.org/`) zu nennen ist.

❏ Das Buch behandelt nicht die Grundlagen der Bedienung von Benutzeroberflächen wie z. B. KDE. Darüber hinaus wird auch nicht auf die Nutzung grundlegender Anwendungen eingegangen. Hierzu zählen z. B. Web-Browser wie Netscape oder andere Programme zum Lesen von Mail und USENET-News.

1.3 Schreibkonventionen

Das Buch enthält viele Beispiele, anhand derer der Benutzer die Konfiguration oder den Ablauf einer Anwendung leicht nachvollziehen kann. Zu diesem Zweck werden Konventionen zur Schreibweise eingesetzt, bei denen z. B. Bildschirmausgaben durch eine Grau-Hinterlegung deutlich hervorgehoben werden. Im einzelnen gelten folgende Konventionen:

❏ Programmnamen sowie Pfadangaben, URLs etc. werden im Teletype-Zeichensatz gesetzt. Ein Beispiel für eine URL ist `http://www.suse.de`.

❏ Ausgaben von Programmen werden im Teletype-Zeichensatz gesetzt, wobei der Hintergrund, wie in folgendem Beispiel dargestellt, grau hinterlegt

wird. Sehr lange Ausgaben werden aus Gründen der Übersichtlichkeit durch
. . . abgekürzt, falls sie keine zum Verständnis wichtigen Informationen enthalten. Eingaben des Benutzers werden zur Unterscheidung von den Ausgaben eines Programms **fett** dargestellt:

```
tux@erde:/home/tux >  echo $SHELL
/bin/bash
tux@erde:/home/tux >  cat /etc/group
root:x:0:root
bin:x:1:root,bin,daemon
daemon:x:2:
tty:x:5:
...
```

In einigen Fällen, z. B. während der Ausführung eines Konfigurationsskrip-
tes, muß vom Benutzer u. U. keine Eingabe gemacht, sondern lediglich der
vorgegebene Wert durch Drücken der Eingabetaste bestätigt werden. Um
auch diese Form der Eingabe sichtbar zu machen, wird ein entsprechendes
Tastensymbol für das Drücken der Eingabetaste durch den Benutzer dargestellt – ⏎, das ansonsten nicht explizit hinzugefügt wird:

```
...
Protection mode for session logs [0600]? ⏎
Protection mode for modem [0600]? 0644 ⏎
Rings to wait before answering [1]? 3
Modem speaker volume [off]? ⏎
...
```

❑ An einigen Stellen des Texts wird statt eines konkreten Werts eine Variable angegeben. Soll z. B. der Pfad zu den Linux-Kernel-Modulen dargestellt
werden, muß beachtet werden, daß dieser Pfad von der Version des Kernel
abhängig ist. Für einen Kernel mit der Version 2.4.1 lautet dieser Pfad z. B.
`/lib/modules/2.4.1/`
Soll keine konkrete Versionsnummer angegeben werden, kann stattdessen
eine kursiv gesetzte Variable eingesetzt werden:
`/lib/modules/kernel-vers/`
Zur Nutzung dieses Pfads muß der kursiv gesetzte Teil *kernel-vers* durch
die entsprechende Information (hier: die Versionsnummer des Kernel) ersetzt werden.

❑ Im Text auftretende Fachbegriffe können im Glossar des Buches nachgelesen
werden. Hierzu wird der Begriff im Text wie in folgendem Beispiel dargestellt: →*CTI*.

Kapitel 2

Grundkonfiguration

Zur Nutzung der in den folgenden Kapiteln beschriebenen Dienste sind oftmals Grundkonfigurationen notwendig. Beispielsweise ist es für das Versenden und Empfangen eines Fax selbstverständlich, daß ein Modem angeschlossen bzw. eingebaut sein muß. Auch beim Anschluß an das Internet gibt es verschiedene Möglichkeiten, Daten zum →*ISP* und zurück zu übertragen: Verbindung über Modem, über ISDN oder auch über DSL-Techniken. Sie alle werden in diesem Kapitel beschrieben. Neben der Verbindung muß auch der Zugang selbst konfiguriert werden, wozu verschiedene Werkzeuge eingesetzt werden können, die ebenfalls im folgenden vorgestellt werden.

2.1 Konfiguration analoger Modems

Die Verwendung von Modems ist wohl die verbreitetste Methode zur Kommunikation über eine Telefonleitung, z. B. zur Anbindung an den Internet Service Provider. Die zur Kommunikation erforderliche Konfiguration besteht in der Regel nur aus dem Anschluß des Modems an eine der seriellen Schnittstellen des Rechners. Normalerweise funktioniert dies problemlos. Unter Umständen können sich serielle Schnittstellen jedoch als tückisch erweisen. So werden z. B. unterschiedliche Kabel zur seriellen Rechner-Rechner-Kommunikation einerseits, und zur Rechner-Modem-Kommunikation andererseits benötigt. Die Verwendung des falschen Kabels verhindert die Kommunikation. Darüber hinaus existieren Software-seitig unterschiedliche Protokolle zur Kontrolle des Datenflusses – auch dies eine nicht zu unterschätzende Fehlerquelle. Daher folgen zunächst einige Ausführungen zur seriellen Schnittstelle, bevor anschließend mehr zum Betrieb von Modems gesagt wird.

2.1.1 Die serielle Schnittstelle

Die in heutigen PCs vorhandenen Schnittstellen entsprechen alle dem RS232-Standard, der als EIA232 bekannt ist und dem CCITT V.24-Standard entspricht. In diesem Standard sind z. B. das mechanische Aussehen der Stecker bzw. Buchsen wie auch die zu verwendenden Spannungen für die Signalübertragung, das Signaltiming und ein Protokoll für den Informationsaustausch festgelegt. So können zwei Geräte, die diesem Standard entsprechen, Daten miteinander austauschen. Die an einer Verbindung beteiligten Geräte werden in DTE (Data Terminal Equipment) und DCE (Data Carrier Equipment, auch als Data Circuitterminating Equipment bezeichnet) unterschieden. Bei einer Rechner-Modem-Verbindung entspricht das DTE dem Rechner und das DCE dem Modem.

2.1.1.1 Etwas Theorie zur Funktionsweise

Wie der Name „seriell" schon nahelegt, erfolgt die Datenübertragung Bit für Bit, die nacheinander über eine Leitung (die TX-Leitung des Senders bzw. die RX-Leitung des Empfängers) übertragen werden. Ein Bit wird dabei in Abhängigkeit von seinem Wert als negative Spannung (logisch 1) bzw. positive Spannung (logisch 0) relativ zu Null (Pin 7) auf der Sende-/Empfangsleitung festgelegt. Insgesamt werden zwei Sende-/Empfangsleitungen verwendet. Eine Leitung dient dem Senden der DTE zur DCE, die andere Leitung dem umgekehrten Vorgang, also dem Senden von Daten von der DCE hin zur DTE.

Die zur Übertragung eines Bytes notwendige Bearbeitung seiner einzelnen Bits wird normalerweise durch einen sogenannten UART (Universal Asynchronous Receiver/Transmitter) vorgenommen. Er dient als parallel/seriell Konverter. Für den Sendevorgang übergibt die CPU ein Zeichen an den UART, der es zwischenspeichert und anschließend Bit-weise überträgt. Auf der Empfangsseite werden die einzelnen Bits nacheinander empfangen und schließlich zu einem Byte zusammengesetzt, das wiederum zwischengespeichert wird. Der UART kann dieses Zeichen nicht weiterverarbeiten, sondern lediglich empfangen und zwischenspeichern. Die Weiterverarbeitung muß durch die CPU erfolgen. Damit die CPU das empfangene Zeichen übernehmen kann, löst der UART einen Interrupt aus, wodurch die CPU ihre momentane Arbeit unterbricht und das Zeichen des UART ausliest und weiterverarbeitet. Für jedes empfangene Zeichen wird auf diese Weise ein CPU-Interrupt notwendig. Bei hohen Datenübertragungsraten kann es passieren, daß die Zeichen so schnell beim UART eintreffen, daß die CPU durch die vielen Interrupts keine Zeit mehr findet, andere Aufgaben, wie z. B. die Ausführung von Programmen, durchzuführen. Es kann sogar soweit kommen, daß die CPU die Interrupts nicht mehr alle verarbeiten kann. Dieser Effekt tritt insbesondere bei Multiuser-Systemen ein, bei denen die CPU-Leistung auf viele Prozesse verteilt werden muß. Dadurch kann es geschehen, daß in dem UART bereits ein neues Zeichen eintrifft, noch bevor das alte Zeichen von der CPU gelesen werden konnte. Die Folge ist ein Datenverlust. Um diesem Effekt entgegenzu-wirken, verfügen heutige UART-Chips über einen größeren Zwischenpuffer, der nicht nur ein, sondern 16 Zeichen aufnehmen kann (Typ 16550 FIFO UART). Bei diesem Typ wird nach spätestens 14 empfangenen Bytes ein Interrupt ausgelöst, wodurch die CPU alle 14 Bytes auf einmal auslesen kann. Entsprechend erfolgt auch beim Versenden die Übergabe von Daten an den UART in Blöcken zu ma-ximal 16 Bytes. So ist eine wesentlich schnellere Übertragung möglich, ohne daß es zu Datenverlusten kommt.

2.1.1.2 Übertragungsarten

Grundsätzlich unterscheidet man zwei serielle Übertragungsarten: die synchrone und die asynchrone. Die bei heutigen PCs fast ausschließlich eingesetzte Variante ist die asynchrone Datenübertragung.

Wie bereits beschrieben, werden Bits physikalisch als bestimmte Spannungszu-stände einer festgelegten Zeitdauer auf der Übertragungsleitung dargestellt. Da-mit der Empfänger weiß, wann das nächste Bit vom Sender übertragen wird, ist eine Synchronisation zwischen Sender und Empfänger notwendig. Diese Syn-chronisation kann z. B. dadurch erfolgen, daß Sender und Empfänger über ein gemeinsames Zeitsignal verfügen. Alternativ kann der Sender auch ein Synchro-nisationssignal auf einer getrennten Leitung übertragen. In einem solchen Fall spricht man von einer synchronen Übertragung.

Bei der asynchronen Übertragung wird nicht vorausgesetzt, daß Sender und Emp-fänger zeitlich synchron miteinander sind. Stattdessen wird die Synchronisierung dadurch erreicht, daß der Sender vor der Übertragung des ersten Bits eines By-tes ein sogenanntes Start-Bit sendet. Dieses Start-Bit wird vom Empfänger dazu verwendet sich zu synchronisieren, um die restlichen Bits des zu übertragenden Bytes korrekt empfangen zu können. Alle Bits werden jetzt vom Sender nach-einander für eine genau festgelegte Zeit auf die Übertragungsleitung gelegt. Der Empfänger liest in entsprechenden Zeitabständen die Leitung aus und ermittelt aus dem Spannungszustand der Leitung den Wert des übertragenen Bits. Dem letzten Bit folgt optional ein Paritäts-Bit, mit dessen Hilfe eine Fehlerkontrolle möglich wird. Sender und Empfänger müssen sich jedoch darüber einig sein, ob ein Paritäts-Bit übertragen wird. Schließlich wird ein sogenanntes Stop-Bit über-tragen. Sieht der Empfänger dieses Stop-Bit nicht, wird ein sogenannter Framing-Fehler gemeldet, der einen Übertragungsfehler kennzeichnet. Anschließend be-ginnt der Sender mit der Übertragung des folgenden Bytes, wobei wiederum mit der Übertragung des Start-Bits begonnen wird.

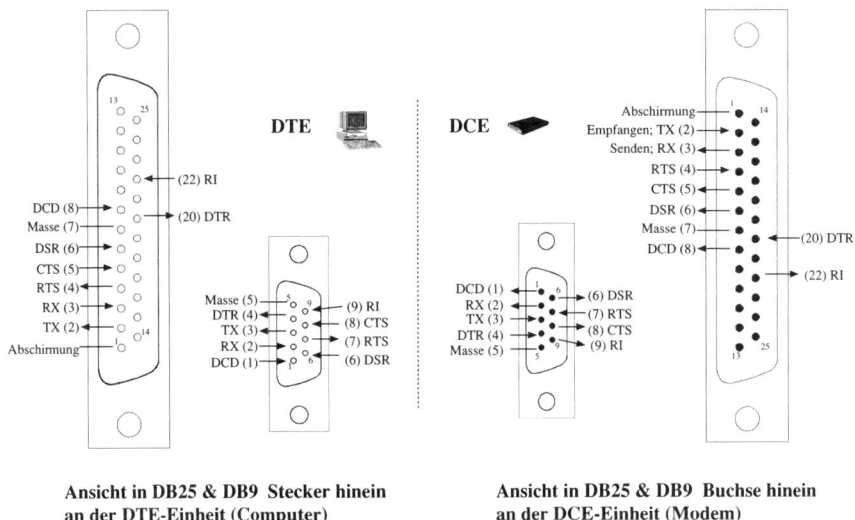

Ansicht in DB25 & DB9 Stecker hinein
an der DTE-Einheit (Computer)

Ansicht in DB25 & DB9 Buchse hinein
an der DCE-Einheit (Modem)

Abbildung 2.1: Belegung der DB25- und DB9-Anschlüsse von Rechner/Modem

2.1.1.3 Verkabelung

Für serielle Schnittstellen werden zwei in der EIA 232-Norm festgelegte Stecker bzw. Buchsen (auch „Männchen" bzw. „Weibchen" genannt) verwendet. Die eine Variante hat 25 Pole, die andere lediglich 9. Beide Stecker-Arten sind asymmetrisch und erinnern in ihrer Form ein wenig an den Buchstaben D – daher auch die Bezeichnung für die Stecker und Buchsen: Die 25-polige Variante wird als DB25, die 9-polige Variante als DB9 bezeichnet.

Am Rechner selbst befindet sich entweder ein DB25- oder ein DB9-Männchen. Das sich ebenfalls am Rechner befindende DB25 Weibchen ist der Parallelport-Anschluß. Entsprechend befindet sich an einem Modem entweder ein DB25- oder ein DB9-Weibchen.

Die Belegungen der Anschlüsse auf Rechner- bzw. Modem-Seite sind in Abbildung 2.1 für Rechner (DTE) und Modem (DCE) jeweils für DB25- und DB9-Anschlüsse dargestellt. Die Bedeutung der darin enthaltenen Anschlußnamen ist in Tabelle 2.1 auf der nächsten Seite erläutert.

Zur Verbindung von Rechner und Modem wird nur ein Kabel benötigt, das alle Anschlüsse eins zu eins verbindet. Dabei entsteht ein Problem: Da laut dem EIA 232-Standard sowohl auf Seiten der DTE als auch auf Seiten der DCE die Empfangs- und Sendeleitungen die gleichen Pins belegen, wäre theoretisch keine Kommunikation möglich, da ja die TX-Sendeleitung der DTE mit der Sendeleitung der DCE verbunden ist. Gleiches gilt für die Emfangsleitung RX. Die Lösung liegt darin, daß die DCE (Modem) auf ihrer TX-Leitung von der DTE (dem Rechner) Daten *empfängt* und selbst auf der RX-Leitung Daten zur DTE *sendet*. Da dies sehr verwirrend ist, erscheinen in einigen Dokumentationen die TX- und RX-Beschriftungen auf der Seite der DCE vertauscht, was jedoch dem genannten Standard widerspricht und für zusätzliche Verwirrung sorgen kann.

Kabel zur 1:1-Verbindung von DTE und DCE liegen jedem handelsüblichen Modem bei, sind jedoch auch einzeln fertig konfiguriert zu kaufen. Für eine ganz einfache Verbindung, die auch keine Hardwareflußkontrolle besitzt, reicht sogar schon eine Drei-Draht Leitung, bei der nur die Pins 2, 3 und 7 miteinander verbunden sind.

Tabelle 2.1: Die wichtigsten RS232-Anschluß-Bezeichnungen aus Sicht der DTE

Name	Signalquelle	Beschreibung
TX	DTE	Transmit Data; die Sendeleitung der DTE zur DCE. Auf Seiten der DCE dient diese Leitung dem Empfangen von Daten.
RX	DCE	Receive Data; die Empfangsleitung der DTE von der DCE. Auf Seiten der DCE dient diese Leitung dem Senden von Daten an die DTE.
RTS	DTE	Request To Send (bidirektionales Hardware Handshake zusammen mit CTS); Steuerleitung der DTE. Durch das Anlegen einer positiven Spannung (logisch 0) an diesem Pin teilt die DTE der DCE mit, daß die DTE bereit ist, Daten zu empfangen. Das negieren der Spannung (logisch 1) bedeutet, daß die DTE die DCE anweist, nicht mehr zu senden, da die DTE nicht empfangsbereit ist.
CTS	DCE	Clear To Send (bidirektionales Hardware Handshake zusammen mit RTS); Steuerleitung der DCE. Durch das Anlegen einer positiven Spannung (logisch 0) an diesem Pin teilt die DCE der DTE mit, daß sie zum Datenempfang bereit ist. Das Negieren der Spannung (logisch 1) bedeutet, daß die DCE die DTE anweist, nicht mehr zu senden, da die DCE nicht empfangsbereit ist.
DSR	DCE	Diese Leitung wird von der DCE auf eine positive Spannung (logisch 0) gesetzt, wenn das Modem eine aktive Datenverbindung mit einem anderen Modem hat. Wird der Hörer aufgelegt oder ist eine Sprachverbindung aufgebaut, wird diese Leitung auf negative Spannung (logisch 1) gesetzt.

Tabelle 2.1 – Fortsetzung

Name	Signalquelle	Beschreibung
DTR	DTE	DTE Ready; diese Leitung wird von der DTE auf positive Spannung (logisch 0) gesetzt, wenn die DCE ein Modem ist und über das Modem eine Verbindung aufgebaut werden soll. Besteht eine Verbindung und setzt man diese Leitung auf negative Spannung (logisch 1), führt dies zu einem Verbindungsabbruch durch das Modem.
DCD	DCE	Wenn die DCE ein Modem ist, wird diese Leitung durch das Modem auf positive Spannung (logisch 0) gesetzt, wenn das Modem den Hörer abgehoben und eine Verbindung aufgebaut hat und der Antwortton des entfernten Modems empfangen wird. DCD wird logisch 1, falls der Hörer aufgelegt oder der Antwortton des entfernten Modems von zu schlechter Qualität (z. B. durch Leitungsprobleme) ist.
RI	DCE	Ist die DCE ein Modem, setzt es diese Leitung auf logisch 0, wenn auf der Telefonleitung ein Klingeln empfangen wird.

Sollen zwei DTE-Geräte (z. B. zwei Rechner) miteinander verbunden werden, wird ein anderes, das sogenannte Nullmodem-Kabel benötigt. Bei diesem Kabel werden die Leitungen RX/TX, RTS/CTS und DTR/DSR jeweils über Kreuz geführt, so daß z. B. die RTS-Leitung auf der einen Seite mit der CTS-Leitung der anderen Seite verbunden ist.

Falls am Rechner z. B. ein DB9-Anschluß und am Modem ein DB25-Anschluß vorliegt, wird natürlich ein anderes Kabel benötigt, das die Datenleitungen und die Steuerleitung miteinander verbindet. In Tabelle 2.2 auf der nächsten Seite sind die notwendigen Verbindungen für einen solchen Fall dargestellt. Auch hier können fertig konfigurierte Kabel erworben werden.

2.1.1.4 Datenflußprotokolle

Bei der seriellen Datenübertragung – wie auch bei anderen Verfahren – verfügen die beiden Kommunikationspartner, also z. B. ein Rechner und ein Modem, über unterschiedliche Kapazitäten hinsichtlich der Geschwindigkeit der Datenübertragung. Darüber hinaus ist die Übertragung vom Rechner zum Modem wesentlich schneller möglich als die Übertragung der Daten über eine Telefonleitung von Modem zu Modem. Würde der Rechner ständig mit voller Geschwindig-

Tabelle 2.2: Pin-Verbindung von DB9 auf DB25 für eine Rechner-Modem-Verbindung

DB9	x	DB25	Beschreibung
3	→	2	TX, Transmit Data
2	→	3	RX, Receive Data
7	→	4	RTS, Request To Send
8	→	5	CTS, Clear To Send
6	→	6	DSR, Data Set Ready
4	→	20	DTR, Data Terminal Ready
1	→	8	DCD, Data Carrier Detect
9	→	22	RI, Ring Indicator
5	→	7	Masse

keit Daten an das Modem senden, das diese über die langsamere Telefonleitung weiterreichen muß, gingen zwangsläufig Daten verloren. Daher ist es notwendig, daß das Modem dem Rechner mitteilen kann, wann es bereit ist, Daten zu empfangen, und wann der Datenfluß angehalten werden muß. Genau zu diesem Zweck dient die Datenflußkontrolle. Bei seriellen Schnittstellen existieren zwei unterschiedliche Verfahren. Das erste Verfahren wird oft als Software Handshake-Verfahren oder als XON/XOFF Datenflußkontrolle bezeichnet. Das zweite Verfahren wird als Hardware Handshake oder RTS/CTS Flußkontrolle bezeichnet.

Beim Software Handshake werden Empfangs- und Sendeleitung zur Flußkontrolle verwendet, über die auch die eigentlichen Daten übertragen werden. Zur Steuerung des Datenflusses werden zwei spezielle Steuerzeichen aus dem ASCII-Code eingesetzt, die als XON und XOFF, oft auch als DC1 (start) und DC3 (stop) bezeichnet werden. Probleme bereitet dieses Verfahren insbesondere bei der Übertragung binärer Daten, da diese natürlich selbst die Steuerzeichen DC1 und DC3 enthalten können. In diesem Fall müssen besondere Vorkehrungen getroffen werden, um dennoch eine Übertragung zu ermöglichen. Ein weiterer Nachteil ist die Tatsache, daß die Zeichen zur Steuerung des Datenflusses über die gleiche Leitung übertragen werden müssen wie die Nutzdaten selbst. Der Vorteil dieser Lösung besteht in der einfachen Verkabelung, da man nur eine Masse-Leitung und die zwei Sende/Empfangsleitungen, also nur ein 3-adriges Kabel benötigt.

Beim Hardware Handshake werden zur Steuerung des Datenflusses keine Zeichen über die Sende-/Empfangsleitungen übertragen. Stattdessen werden zwei zusätzliche Leitungen eingesetzt, die als RTS und CTS bezeichnet werden. Diese Steuerleitungen können entweder den logischen Zustand 0 oder 1 haben und dienen dazu, dem jeweiligen Kommunikationspartner anzuzeigen, ob zur Zeit Daten empfangen werden können oder ob zunächst gewartet werden muß. Die

11

Vorteile dieser Lösung liegen darin, daß beliebige Nutzdaten übertragen werden können, da die Flußkontrolle unabhängig von den Nutzdaten funktioniert. Darüber hinaus ist diese Art der Flußkontrolle insbesondere bei hohen Datenübertragungsraten vorzuziehen. Der Nachteil besteht darin, daß ein entsprechend verdrahtetes Kabel benötigt wird (siehe Abschnitt 2.1.1.3 auf Seite 8).

2.1.2 Anschluß eines Modems

Das Wort Modem ist ein Kunstwort und steht für *Mod*ulator-*Dem*odulator. Die Aufgabe eines Modems ist prinzipiell ganz einfach: die Umwandlung digitaler Daten in Tonsignale, die über eine analoge Telefonleitung übertragen werden können. Auf der anderen Seite der Verbindung müssen die Tonsignale von einem Modem wieder in digitale Daten umgewandelt werden. Auch wenn diese Aufgabe simpel scheint, ergeben sich in der Praxis zahlreiche Probleme. Beispielsweise müssen Modems in der Lage sein, dynamisch auf z. B. eine schlechte Verbindungsqualität der Telefonleitung zu reagieren und die fehlerfreie Übertragung der Daten zu garantieren. Ein weiteres Problem stellt die ständig weiterschreitende technische Entwicklung dar: Modems sind in der Lage, Daten in immer höheren Geschwindigkeiten zu übertragen. Auf der anderen Seite muß jedoch auch jedes neue Modem eine Verbindung zu älteren Modellen aufbauen können. Daraus folgt, daß die an einer Verbindung beteiligten Modems nicht nur die eigentliche Datenübertragung, sondern auch eine „Absprache" untereinander über die schnellstmögliche Datenübertragung gewährleisten müssen, die von beiden Geräten unterstützt wird. Hierzu wurden Standards entwickelt, die in Abschnitt 2.1.3.1 auf Seite 14 beschrieben werden.

Bei dem größten Teil der im Handel erhältlichen Modems handelt es sich um externe, also eigenständige Geräte, die über eine serielle Schnittstelle an den Rechner angeschlossen werden. Neben diesen externen Modems existieren auch interne Modems, die jedoch eine nur geringe Bedeutung haben und hier nicht weiter besprochen werden.

Externe Modems werden über ein (bereits oben beschriebenes) Kabel an eine der seriellen Schnittstellen des Rechners angeschlossen. In Linux erfolgt der Zugriff auf eine serielle Schnittstelle genau wie der Zugriff auf alle anderen Geräte in Unix: über eine sogenannte Gerätedatei. Diese Dateien befinden sich alle im Verzeichnis /dev (devices). Die seriellen Schnittstellen eines Rechners sind in Linux über die Gerätedateien /dev/ttyS0, /dev/ttyS1, ... ansprechbar[1], wobei die erste serielle Schnittstelle die Nummer 0 hat. Ist z. B. an der ersten seriellen Schnittstelle ein Modem angeschlossen, werden alle Daten, die auf das Gerät /dev/ttyS0 geschrieben werden, an das Modem übertragen. Umgekehrt

---

[1]Auf älteren Linux-Systemen auch /dev/cua0, /dev/cua1, ... Ab Kernel-Version 2.2 sollten die cua-Gerätedateien nicht mehr verwendet werden, sondern nur noch die ttyS-Gerätedateien.

können die vom Modem zum Rechner übertragenen Daten durch eine Leseoperation von der Gerätedatei bezogen werden. Üblicherweise wird für die Schnittstelle, an der ein Modem angeschlossen ist, ein symbolischer Link /dev/modem angelegt, der auf die gewünschte /dev/ttyx-Datei verweist. Der Vorteil dieser Vorgehensweise besteht darin, daß in allen Applikationen, die auf ein Modem zugreifen müssen, /dev/modem anstelle eines bestimmten ttyx-Eintrags angegeben werden kann. Wird das Modem später an eine andere serielle Schnittstelle angeschlossen, muß lediglich der modem-Link angepaßt werden, die Konfiguration der verschiedenen Applikationen bleibt jedoch unverändert. Dies erspart u. U. aufwendiges Umkonfigurieren. Das Anlegen dieses Link erfolgt als Benutzer root mit Hilfe des ln-Kommandos. Das folgende Beispiel zeigt diesen Vorgang für die Schnittstelle /dev/ttyS1:

```
root@erde:/root #  ln -s /dev/ttyS1 /dev/modem
root@erde:/root #  ls -l /dev/modem
lrwxrwxrwx   1 root    root     10 May 10 18:56 /dev/modem -> /dev/ttyS1
```

Zum Test einer Rechner-Modem-Verbindung bietet sich die Verwendung eines Terminalprogramms an, das es in einfacher Weise gestattet, Daten zu einer bestimmten Schnittstelle zu senden und direkt die Antwort zu sehen. Ein solches Programm ist minicom, mit dessen Hilfe sich rasch prüfen läßt, ob das gerade angeschlossene Modem Daten vom Rechner empfangen und auch zum Rechner senden kann. Das genaue Vorgehen ist in Abschnitt 3.1.4.2 auf Seite 125, das Programm minicom in Abschnitt 3.7.2 auf Seite 231 beschrieben. Grundsätzlich kann auch mit normalen Benutzerkommandos, wie z. B. cat, auf die serielle Schnittstelle zugegriffen werden. Das Problem dabei ist, daß oftmals vor einer Kommunikation Schnittstellenparameter, wie z. B. die Baudrate, gesetzt werden müssen. Hierzu dient das Kommando stty, das allerdings durch die Vielzahl der Optionen nicht ganz einfach zu handhaben ist. Zum Testen ist daher unbedingt die Verwendung von minicom vorzuziehen, wo solche Einstellungen komfortabel vorgenommen werden können.

2.1.3 Modem-Protokolle

Modems sollen Daten fehlerfrei mit beliebigen anderen Modems austauschen können. Auch ein brandneues Modem muß also in der Lage sein, ohne Probleme mit einem Modem älterer Bauart zu kommunizieren. Zu diesem Zweck wurden herstellerübergreifende Standards entwickelt, die dies ermöglichen. Die Standards wurden von der →CCITT und der →ITU verabschiedet. Die existierenden Standards lassen sich in folgende Gruppen aufteilen:

❑ Standards, in denen die Modulation sowie die Übertragungsgeschwindigkeit festgelegt sind.

❏ Standards, in denen Verfahren zur Fehlerkorrektur festgelegt sind; mit Hilfe dieser Standards können Übertragungsfehler erkannt und behoben werden.

❏ Standards zur Datenkompression.

❏ Fax-Standards (siehe Abschnitt 3.1.2 auf Seite 113).

2.1.3.1 Modulationsverfahren und Standards

Im Laufe der Zeit wurden verschiedene Verfahren entwickelt, die festlegen, wie die digitalen Daten als Töne codiert (moduliert) werden. An Modulationsverfahren existieren insbesondere das FSK- (Frequency-shift keying), das PSK- (Phase-shift keying), das DPSK- (Differential phase-shift keying), das QAM- (Quadrature-amplitude modulation) und das TCQAM- (Trellis-coded quadrature amplitude modulation) Verfahren, auf deren technische Details an dieser Stelle nicht eingegangen werden soll. Aufbauend auf diesen Verfahren, wurden über die Zeit verschiedene Modulationsstandards entwickelt:

Bell 103   verwendet die FSK-Modulation; die resultierende Übertragungsrate ist 600 Bit/sec.

Bell &212A   verwendet die DPSK-Modulation mit einer Übertragungsrate von 1.200 Bit/sec.

V.21   ist ein internationaler Standard, der dem Bell 103-Standard ähnlich, aber nicht kompatibel zu diesem ist. Die Übertragungsrate ist 300 Bit/sec.

V.22   ist ein internationaler Standard, der dem Bell 212A-Standard ähnlich, aber nicht kompatibel zu diesem ist. Die Übertragungsrate ist 1.200 Bit/sec.

V22.bis   ist ein internationaler Standard, der auf der QAM-Modulation beruht. Die Übertragungsrate ist 2.400 Bit/sec.

V.23   ist ein Standard, der die gleichzeitige Übertragung mit einer Geschwindigkeit von 1.200 Bit/sec zum Modem hin und 75 Bit/sec vom Modem weg erlaubt.

V.29   ist ein Standard, der die Halbduplex-Übertragung mit 9.600 Bit/sec erlaubt und im wesentlichen zur Gruppe III Fax-Übertragung verwendet wird.

V.32   verwendet die TCQAM-Modulation zur Vollduplex-Übertragung; die Übertragungsgeschwindigkeit liegt bei 9.600 Bit/sec. Der Standard umfaßt auch Verfahren zur Fehlerkorrektur und Parameter-Aushandlung.

V.32bis   verwendet die TCQAM-Modulation zur Vollduplex-Übertragung; die Übertragungsgeschwindigkeit liegt bei 14.400 Bit/sec. Neben dieser Baudrate sind auch Raten von 12.000 Bit/sec, 9600 Bit/sec und 7200 Bit/sec möglich.

V.32fast ist eine Erweiterung der V.32- und V.32bis-Standards mit einer Übertragungsrate von 28.800 Bit/sec. Dieser Standard wurde durch V.34 ersetzt.

V.34 ist ein Standard, bei dem die Übertragungsgeschwindigkeit bis zu 28.800 Bit/sec beträgt; eine Anpassung dieses Standards (V.34+) erlaubt Übertragungsraten bis zu 33.6 kBit/sec. Die Übertragungsrate wird automatisch mit dem zweiten Modem ausgehandelt.

V.90 ist ein Standard, bei dem Übertragungsgeschwindigkeiten von bis zu 56 kBit/sec zum Modem und bis zu 33.600 Bit/sec vom Modem weg erreicht werden.

2.1.3.2 Standards zur Fehlerkorrektur

Die Übertragung von Daten über das öffentliche Telefonnetz wird ständig durch schlechte Leitungsqualität, Rauschen und andere Störimpulse beeinträchtigt. Die Daten müssen selbstverständlich unabhängig von diesen Faktoren ohne Fehler übertragen werden. Zu diesem Zweck wurden Verfahren zur Fehlererkennung und -korrektur entwickelt. Die folgende Liste zeigt die wichtigsten Fehlerkorrektur-Protokolle. Damit die Protokolle verwendet werden können, müssen diese von beiden an der Verbindung beteiligten Modems beherrscht werden.

MNP 1-4 die MNP 1-4-Protokolle sind von Microcom Networking Protocol zur Fehlerkorrektur entwickelt worden. Das Protokoll MNP 5 hingegen dient der Datenkompression (s. u.).

V.42 verwendet ein Protokoll mit dem Namen LAPM (Link Access Procedure for Modems), mit dessen Hilfe fehlerhaft übertragene Daten automatisch neu übertragen werden können.

2.1.3.3 Standards zur Datenkompression

MNP 5 das MNP 5-Protokoll dient der Datenkompression. Die Daten können bis zu 50 % komprimiert werden. Die zu übertragenden Daten werden unabhängig von ihrem Inhalt immer komprimiert.

V.42bis ist dem MNP 5-Protokoll ähnlich, jedoch effizienter. Im Gegensatz zu MNP 5 werden die zu übertragenden Daten zunächst dahingehend analysiert, ob eine Kompression zweckmäßig ist. Dies ist sinnvoll, da z. B. bei der Übertragung einer mit `gzip` komprimierten Datei ein weiterer Kompressionsversuch u. U. zur Vergrößerung des Datenvolumens führen kann.

2.1.4 Der AT-Kommandosatz

Zur Steuerung des Modems durch eine Anwendung wurde der AT-Kommandosatz (*AT*tention) entworfen. Alle Kommandos beginnen mit der Buchstabenfolge AT, gefolgt von weiteren Zeichen, die für das Kommando stehen, das vom Modem ausgeführt werden soll. Kommandos dienen z. B. der Initialisierung des Modems oder der Parameterübergabe (Baudrate, Kompression etc.). Darüber hinaus wird auch der Wählvorgang des Modems durch ein AT-Kommando initiiert, und auch das Verhalten bei einem eingehenden Anruf wird über AT-Kommandos festgelegt.

Lange Zeit bildete die von der Firma Hayes entwickelte Sammlung von AT-Kommandos den Standard, der von vielen anderen Herstellern im Kern übernommen wurde. Neben dem Standardsatz, der aus der Zeichenfolge AT, einem weiteren Buchstaben und einer Ziffer besteht (z. B. ATM1), wurden im Laufe der Zeit erweiterte Befehlssätze entwickelt, die auch alle mit der Folge AT beginnen, jedoch z. B. mit dem & oder %, gefolgt von weiteren Zeichen, fortgesetzt werden. Beispielsweise dient das Kommando AT&F dem Zurücksetzen aller Modem-Einstellungen auf die Werkseinstellungen. Das Kommando ATDT*nummer* dient z. B. der Anwahl der Nummer *nummer*.

Da AT-Kommandos nur zu einem geringen Teil standardisiert sind, verwenden unterschiedliche Modems oftmals verschiedene Kommandos für die gleiche Aufgabe. Die meisten Programme, die ein Modem steuern (z. B. für den Verbindungsaufbau zu einem ISP oder für das Versenden eines Fax), ermöglichen dem Benutzer daher die Konfiguration der für bestimmte Aufgaben zu verwendenden AT-Befehle.

Neben dem Einsatz von AT-Kommandos in Programmen kann der Benutzer auch von Hand, mit Hilfe eines Terminalprogramms, Kommandos an das Modem senden. Dies ist insbesondere für Testzwecke hilfreich. Nachdem ein AT-Kommando zum Modem gesendet wurde, antwortet es in der Regel mit der Zeichenkette OK. Dies ist auch der Fall, wenn nur die Zeichenfolge AT (also ohne weitere Kommandozeichen) an das Modem gesendet wird. In diesem Fall wird kein Kommando ausgeführt. Diese Eigenschaft wird oftmals dazu genutzt festzustellen, ob die Verbindung zum Modem über die serielle Schnittstelle überhaupt funktioniert. Nach Eingabe des AT-Kommandos (z. B. mit Hilfe eines Terminalprogramms wie minicom) muß dann direkt die Antwort OK erscheinen. Auch das Wählen einer Nummer kann direkt aus einem Terminalprogramm heraus durchgeführt werden. Bei Verbindungsproblemen kann so über die Ausgaben des Modems im Terminalprogramm sowie anhand der Wähltöne und der typischen Geräusche, die bei der Aushandlung der Verbindungsparameter zweier Modems (bei eingeschaltetem Lautsprecher) hörbar sind, kontrolliert werden, ob der Verbindungsaufbau gelingt.

Folgendes Protokoll zeigt Eingaben für ein Terminalprogramm (z. B. `minicom`) und die vom Modem gesendeten Antworten für die Anwahl eines ISP (hier T-Online):

```
at
OK
atz
OK
atm112
OK
atx4
OK
atdt0191011
CONNECT 28800/LAPM/V42BIS
```

Wie im Beispiel zu sehen, spielt die Klein-/Großschreibung der Kommandos keine Rolle. Das erste `AT`-Kommando zeigt durch die Antwort `OK` des Modems, daß die serielle Verbindung zum Modem besteht. Anschließend wird mit Hilfe des Kommandos `ATZ` das erste Konfigurationsprofil des Modems geladen. Da bei einem Modem zahlreiche Einstellungen vorgenommen werden können, besteht die Möglichkeit, die einmal gemachten Einstellungen in eines von mehreren Profilen abzuspeichern (normalerweise mit `AT&W0` für das erste Profil und `AT&W1` für das zweite Profil; siehe Handbuch des Modems). Sollen anschließend die gemachten Einstellungen des ersten Profils wieder geladen werden, kann das Kommando `ATZ0`, für das erste Profil auch verkürzt `ATZ`, eingegeben werden. Da viele Programme nach dem Start zunächst das Kommando `ATZ` zum Modem senden, sollte darauf geachtet werden, daß das erste Profil für den jeweiligen Einsatzzweck „sinnvolle" Einstellungen enthält, damit ein Verbindungsaufbau überhaupt möglich wird. Ist die Konfiguration der Profile nicht bekannt (z. B. bei einem gebraucht gekauften Modem), kann jederzeit die nicht veränderbare Werkskonfiguration des Modems durch Eingabe des Kommandos `AT&F` wiederhergestellt werden. Anschließend können notwendige Einstellungen vorgenommen und das Ergebnis schließlich in einem der Profile abgespeichert werden.

In obigem Beispiel wird anschließend dafür Sorge getragen, daß während des Verbindungsaufbaus der Lautsprecher eingeschaltet ist, um auf diese Weise den Wählvorgang und die Aushandlung der Parameter der beiden Modems wirklich hören zu können. Das Kommando `ATM1` bewirkt, daß der Lautsprecher des Modems während der Anwahl (nicht jedoch während der gesamten Verbindung) eingeschaltet ist. Das Kommando `ATL2` stellt die Lautstärke auf einen mittleren Wert ein. Statt die beiden Kommandos nacheinander als `ATM1` und `ATL1` einzugeben, wurde im Beispiel von der Möglichkeit Gebrauch gemacht, mehrere `AT`-Kommandos direkt hintereinander zu schreiben, wodurch die Eingabe übersichtlicher und v. a. kürzer wird.

Mit Hilfe des Kommandos `ATX4` wird eingestellt, daß das Modem vor dem Wählen auf den Wählton, also das Amtszeichen, warten Rettu und auch ein evtl. auftretendes Besetztzeichen (durch Ausgabe der Zeichenkette `BUSY`) auswerten soll. Für Nebenstellenanlagen, bei denen *kein* normales Amtszeichen beim Abheben des Hörers zu hören ist, würde die obige Einstellung *verhindern*, daß das Modem wählen kann, da es ja angewiesen wurde, auf das Amtszeichen zu warten, bevor es mit dem Wählvorgang beginnt. In diesem Fall muß anstelle von `ATX4` das Kommando `ATX3` verwendet werden, wodurch das Modem angewiesen wird, den Wählton zu ignorieren. Das letzte Kommando, `ATDT`, löst den Wählvorgang für die angegebene Nummer `0191011` aus. Aus dem Modemlautsprecher sollten jetzt zunächst die Wähltöne für die einzelnen Ziffern zu hören sein und anschließend – je nach Modemtyp – ein Piepsen oder Rauschen, was die Aushandlung von Verbindungsparametern der Modems untereinander signalisiert. Als Resultat sollte schließlich nach wenigen Sekunden die `CONNECT`-Meldung erscheinen, die angibt, daß die Verbindung zu dem Modem des ISP aufgebaut ist und nun Daten übertragen werden können. Die `CONNECT`-Meldung enthält üblicherweise noch weitere Informationen. Dem Beispiel von oben kann entnommen werden, daß eine Verbindung mit einer Übertragungsgeschwindigkeit von 28.800 Bit/sec aufgebaut werden konnte, die das Protokoll `LAPM` zur Fehlerkorrektur und das Protokoll `V42BIS` zur Datenkomprimierung verwendet.

Um die gerade aufgebaute Verbindung wieder abzubrechen, kann die Hangup-Funktion des Terminalprogramms verwendet werden (bei `minicom` über die Tastenfolge `ALT-zh` auslösbar). Als letzte Rettung kann das Modem einfach aus- und wieder eingeschaltet werden.

Eine Referenz des `AT`-Kommandosatzes kann im Handbuch des jeweiligen Modems oder im Internet z. B. unter der URL `http://www.modemhelp.org` eingesehen werden. Da die Handbücher mancher Hersteller die Tendenz zeigen, immer dünner zu werden, lohnt sich u. U. auch ein Besuch der Web-Seiten des Herstellers, wo sich oftmals ausführlichere Dokumentation zu dem entsprechenden Gerät findet.

Neben der Möglichkeit, die Arbeitsweise eines Modems durch bestimmte `AT`-Kommandos zu beeinflussen, kann das Verhalten eines Modems auch über das Setzen von Status-Registern verändert werden. Jedes Modem verfügt über `S`-Register (`S0`, `S1`, `S2`, ...), die jeweils einen Zahlenwert enthalten, der ausgelesen und gesetzt werden kann. In jedem `S`-Register sind ein oder meherere Einstellungen durch die enthaltene Zahl kodiert. Die Verwendung eines Kommandos wie z. B. `ATL2` verändert letztlich den Wert eines der `S`-Register, um die gemachte Einstellung (bis zum Abschalten des Modems bzw. bis zu einer weiteren Veränderung dieses Werts) zu speichern. Das Auslesen eines bestimmten `S`-Registers erfolgt durch das `AT`-Kommando `ATS`*num*`?`, wobei *num* für die Nummer des Registers steht. Soll beispielsweise der Wert des Registers 8 ausgelesen werden, lautet das `AT`-Kommando hierzu: `ATS8?`. Das Setzen eines Registers erfolgt durch das Kommando ATS*num*=*val*, wobei *num* die Nummer des Registers und *val* den zu setzenden Zahlenwert bezeichnet. Eine genaue Beschreibung der Bedeutung aller Register des Modems kann dem Handbuch des Modems entnommen werden.

2.1.5 Konfiguration für die Einwahl beim ISP über ein Modem

Zur Nutzung der Dienste des Internet verfügen meist nur große Unternehmen oder Forschungseinrichtungen über einen permanenten Zugang zu diesem Netz. Alle anderen Nutzer sind auf die Unterstützung eines →*ISP* angewiesen, der den Zugang zum Internet meist über das öffentliche Telefonnetz per Modem oder ISDN oder auch mit Hilfe von DSL-Techniken ermöglicht. In diesem Abschnitt wird die Konfiguration für den Zugang zum Internet über einen ISP mit Hilfe eines Modems beschrieben. Dieses Ziel kann wiederum auf verschiedenen Wegen erreicht werden, von denen die wichtigsten im folgenden beschrieben werden. Die Ausgangslage ist immer die gleiche: Der gewählte ISP stellt dem Nutzer einen Kennungsnamen und ein Passwort sowie eine Telefonnummer zur Einwahl (und evtl. weitere Daten) für den Zugang zur Verfügung. Die Verbindung wird heute fast ausschließlich über das Protokoll PPP (siehe Abschnitt 4.7 auf Seite 359) abgewickelt. Voraussetzung zur Nutzung dieses Protokolls ist, daß entsprechender Support in den Kernel einkompiliert wurde. Da PPP jedoch ein Standardprotokoll ist, kann hiervon ausgegangen werden. Eine einfache Kontrolle besteht darin zu prüfen, ob das Modul ppp.o im Modulverzeichnis des Kernel existiert (/lib/modules/*kernel-vers*/, wobei *kernel-vers* die Versionsnummer des verwendeten Kernel meint, die mit uname -r angezeigt werden kann) und nach einem Start von pppd auch geladen wird. (Alle geladenen Kernel-Module können mit lsmod aufgelistet werden.) Ist dies nicht der Fall, muß die PPP-Option in der Kernel-Konfiguration (im Abschnitt Network device support) am besten als Modul aktiviert und der Kernel neu übersetzt werden. Genauere Hinweise zur Übersetzung eines Kernel finden Sie in Abschnitt 3.2.2.1 auf Seite 213.

Die Konfiguration mit Bordmitteln ist die spartanische Variante, die wohl nur noch für das Verständnis der zugrunde liegenden Techniken empfohlen werden kann. Inzwischen existieren für Linux Werkzeuge, mit deren Hilfe die Konfiguration wesentlich einfacher und schneller durchgeführt werden kann. Hierzu zählt insbesondere bei SuSE Linux yast2, mit dessen Hilfe die Konfiguration auf graphischem Wege ganz leicht möglich ist. Darüber hinaus ermöglichen auch auf nicht SuSE Linux-Systemen die Programme wvdial und kppp, eine sehr einfache Konfiguration.

2.1.5.1 Konfiguration mit Bordmitteln

Für die Konfiguration des PPP-basierten Zugangs zum ISP werden lediglich die Programme pppd und chat zur Ansteuerung des Modems benötigt. Die Konfiguration besteht in der Anpassung einiger Skripten, so daß das Modem die Nummer des ISP anwählt und anschließend den pppd-Prozeß mit den Benutzerparametern startet. Zusätzlich muß die PPP-Konfigurationsdatei /etc/ppp/pap-secrets, die die Benutzerkennung und das Passwort enthält, angepaßt werden. PPP wird ausführlich im Kapitel 4.7 auf Seite 359 beschrieben. Ein Beispiel für die gerade skizzierte Art der Konfiguration eines PPP-Zugangs findet sich in Abschnitt 4.7.3 auf Seite 364.

2.1.5.2 Einwahlkonfiguration mit wvdial

Das Softwarepaket wvdial dient der einfachen und möglichst automatisierten Konfiguration eines PPP-Zugangs. Der Quellcode wie auch einige vorkompilierte Pakete sind unter der URL http://www.worldvisions.ca/wvdial/ verfügbar. Viele Linux-Distributionen enthalten das Paket ebenfalls. Neben wvdial werden zur Modemsteuerung das Programm chat sowie das PPP-Paket mit dem pppd-Programm benötigt.

Einführung

wvdial ist im Grunde ein intelligentes Frontend zur PPP-Konfiguration. Bei der Konfiguration sucht wvdialconf nach einem angeschlossenem Modem. Wird ein Modem entdeckt, wird eine Vorgabedatei /etc/wvdial.conf mit einem Eintrag für das Modem (zusammen mit Initialisierungsstrings für das Modem etc.) erstellt. In diese Datei muß anschließend vom Benutzer ein Eintrag für die Anmeldung beim ISP vorgenommen werden (Login-Name und Passwort). Da alle Konfigurationen in dieser Datei liegen und wvdial.conf für diejenigen Benutzer lesbar sein muß, die wvdial verwenden können sollen, ist wvdial am ehesten für Systeme gedacht, bei denen der Zugang nur von einer Person genutzt wird. Andernfalls hat jeder Benutzer, der wvdial verwenden kann, auch die Möglichkeit, auf die Login/Passwort-Daten aller anderen Benutzer zuzugreifen, da diese ja in der zentralen Konfigurationsdatei abgelegt werden müssen.

Bei der Anwahl zum ISP erstellt wvdial automatisch eine sinnvolle PPP-Konfiguration, die andernfalls manuell in /etc/ppp/options hätte erstellt werden müssen. Nachdem die Verbindung hergestellt wurde, versucht wvdial normalerweise (im sogenannten stupid-Modus) direkt, den pppd zu starten, der den Rest der Arbeit macht. Manche Provider verlangen jedoch eine Anmeldung, bevor das PPP-Protokoll zum Aufbau der Verbindung verwendet werden kann. Ist der stupid-Modus von wvdial deaktiviert, versucht wvdial, intelligent

20

zu sein, und hält Ausschau nach einer Aufforderung zum Login durch den ISP-Rechner. Erkennt `wvdial` eine solche Aufforderung des ISP-Rechners, versucht es, die Anmeldung durchzuführen. Alternativ kann `wvdial` auch auf Auswahlmenüs reagieren, die von einigen Providern präsentiert werden. In einem solchen Menü kann der Benutzer oft zwischen einem normalen Login oder einer PPP-Verbindung wählen. Auch für diese Fälle versucht `wvdial`, richtig zu reagieren. Als letzte Rettung versucht `wvdial`, die Zeichenkette ppp an den Server zu senden, die wiederum von einigen Providern als Signal zum Start der PPP-Verbindung gewertet wird.

Glückt die Verbindung, läuft `wvdial` einfach weiter, d. h., das Programm beendet sich nicht. Wird es abgebrochen, führt dies auch zu einem Abbruch der Verbindung. Allerdings besteht die Möglichkeit, `wvdial` im Hintergrund laufen zu lassen.

Konfiguration

Zur Konfiguration wird das Programm wvdialconf /etc/wvdial.conf vom Benutzer `root` gestartet. `wvdialconf` sucht ein Modem, das für den Verbindungsaufbau zum ISP verwendet werden kann. Wichtig ist, daß ein Modem angeschlossen und nicht anderweitig im Einsatz ist (z. B. für Hylafax). Die Ausgaben nach dem Aufruf sollten wie folgt aussehen:

```
root@erde:/root # wvdialconf /etc/wvdial.conf
Scanning your serial ports for a modem.

ttyS0<*1>: ATQ0 V1 E1 -- OK
ttyS0<*1>: ATQ0 V1 E1 Z -- OK
ttyS0<*1>: ATQ0 V1 E1 S0=0 -- OK
ttyS0<*1>: ATQ0 V1 E1 S0=0 &C1 -- OK
ttyS0<*1>: ATQ0 V1 E1 S0=0 &C1 &D2 -- OK
ttyS0<*1>: ATQ0 V1 E1 S0=0 &C1 &D2 S11=55 -- OK
ttyS0<*1>: ATQ0 V1 E1 S0=0 &C1 &D2 S11=55 +FCLASS=0 -- OK
ttyS0<*1>: Modem Identifier: ATI -- 282
ttyS0<*1>: Speed 2400: AT -- OK
ttyS0<*1>: Speed 4800: AT -- OK
ttyS0<*1>: Speed 9600: AT -- OK
ttyS0<*1>: Speed 19200: AT -- OK
ttyS0<*1>: Speed 38400: AT -- OK
ttyS0<*1>: Speed 57600: AT -- OK
ttyS0<*1>: Speed 115200: AT -- A
ttyS0<*1>: Speed 115200: AT -- A
ttyS0<*1>: Speed 115200: AT -- A
ttyS0<*1>: Max speed is 57600; using 38400 to be safe.
ttyS0<*1>: ATQ0 V1 E1 S0=0 &C1 &D2 S11=55 +FCLASS=0 -- OK
```

```
ttyS1<*1>: ATQ0 V1 E1 -- ATQ0 V1 E1 -- ATQ0 V1 E1 -- nothing.
Port Scan<*1>: S2   S3   S4   S5   S6   S7   S8   S9
Port Scan<*1>: S10  S11  S12  S13  S14  S15  S16  S17
Port Scan<*1>: S18  S19  S20  S21  S22  S23


Found a modem on /dev/ttyS0.
ttyS0<Info>: Speed 38400; init "ATQ0 V1 E1 S0=0 &C1 &D2 S11=55 +FCLASS=0"
```

Die Ausgabe Found a modem... bedeutet, daß wvdialconf erfolgreich war und ein verwendbares Modem gefunden hat. Erscheint anstelle dieser Ausgabe die Meldung, daß kein Modem gefunden werden konnte, muß die Verbindung zum Modem überprüft werden, was z. B., wie oben beschrieben, mit minicom erfolgen kann.

Im Fall des erfolgreichen Ablaufs des Programms wvdialconf wurde die Datei /etc/wvdial.conf erstellt, in der das Modem, der Initialisierungsstring, die maximale Baudrate etc. für das Modem vermerkt wurden. In dieser Datei muß der Benutzer anschließend seine Zugangsdaten für den ISP eintragen. Die Datei sieht wie folgt aus:

```
[Dialer Defaults]
Username = suse
Modem = /dev/ttyS0
Password = linux
Area Code
Init1 = ATZ
Init2 = ATQ0 V1 E1 S0=0 &C1 &D2 S11=55 +FCLASS=0
Dial Command = ATDT
Phone = 00000
Baud = 38400
Stupid Mode = 1
New PPPD = 1


[Dialer tonline]
Phone = 0191011
Username = 0003456956900892696671 0#0001
Password = my-password


[Dialer arcor]
Phone = 010700192070
Username = arcor
Password = internet
```

Die Datei besteht aus beliebig vielen Einträgen, die jeweils mit [Dialer name] beginnen. Jeder dieser Einträge darf Daten Are(z. B. den Login-Namen, das zu verwendende Passwort, die Telefonnummer zum ISP etc.) enthalten. Normalerweise wird jeweils ein solcher `Dialer`-Eintrag pro Provider verwendet. Beim Start von `wvdial` zum Verbindungsaufbau kann der Name eines `Dialer`-Eintrags auf der Kommandozeile angegeben werden, wodurch die unter diesem Eintrag enthaltenen Daten verwendet werden. Der erste Eintrag hat den Namen `Dialer Defaults`. Dieser Eintrag wird von `wvdial` immer gelesen, auch wenn keine Parameter auf der Kommandozeile angegeben werden. Wird jedoch der Name eines `Dialer`-Eintrags auf der Kommandozeile angegeben (etwa `wvdial tonline`), liest `wvdial` zunächst zwar alle Einstellungen unter `Dialer Defaults`, anschließend jedoch werden zusätzlich die Einstellungen des auf der Kommandozeile angegebenen Eintrags (hier `tonline`) gelesen. Die dort angegebenen Werte überschreiben dann diejenigen aus dem `Dialer Defaults`-Abschnitt. Auf diese Weise können insbesondere bei der Verwendung von mehr als einem Provider im `Dialer Defaults`-Eintrag allgemeine Einstellungen z. B. für das Modem gemacht werden, die für alle Provider gültig sind. Weitere Provider-spezifische Angaben werden anschließend in dem Abschnitt für den jeweiligen Provider vorgenommen. Soll nur ein Provider genutzt werden, können auch alle Angaben im `Dialer Defaults`-Abschnitt vorgenommen werden, wodurch beim Aufruf von `wvdial` kein Parameter angegeben werden muß.

Die möglichen Einträge eines Abschnitts sind ausführlich in den Manual-Seiten von `wvdial` beschrieben. Grundsätzlich sind fast alle Namen selbsterklärend. Wichtig sind die Angabe der Telefonnummer zum Provider (`Phone`) sowie der Benutzername und das Passwort für die Anmeldung beim Provider (`Username` und `Password`). Bei der Angabe der Werte darf kein Quote-Zeichen wie etwa verwendet werden. Die Angabe eines Passworts abc als `Password = äbc"` ist daher falsch. Das von `wvdial` verwendete Passwort wäre nicht abc sondern äbc"!

Einige nicht direkt verständliche Parameter sollen kurz erläutert werden:

`Init1...Init9`   `wvdial` verfügt über bis zu neun Initialisierungszeichenketten für das Modem, die in numerischer Reihenfolge nacheinander an das Modem gesendet werden. Muß das Modem für unterschiedliche Provider jeweils spezifisch initialisiert werden, kann in dem entsprechenden `Dialer`-Abschnitt eine der `Init`-Anweisung (z. B. `Init 3`) verwendet werden.

`Dial Command`   Die AT-Sequenz, gefolgt von der unter `Area Code` und unter `Phone` angegebenen Nummer, wird an das Modem gesendet, um den Provider anzuwählen. Die Sequenz `ATDT` verwendet das Tonwahlverfahren, `ATDP` verwendet das Pulswahlverfahren. In Deutschland ist nur noch das Tonwahlverfahren üblich.

`Stupid Mode`   Ist diese Variable auf den Wert 1 gesetzt, startet `wvdial`, nachdem die Modem-Verbindung zum ISP hergestellt wurde, sofort den pppd-Prozeß. Dies ist der Normalfall. Bei Providern, die vor dem Start des PPP-Protokolls eine Anmeldung verlangen, muß der Stupid Mode ausgeschaltet werden. In diesem Fall versucht wvdial, die Login-Prozedur für den Benutzer abzuwickeln, und startet erst dann den pppd-Prozeß.

New PPPD   Diese Variable muß auf 1 gesetzt werden, wenn die Version des verwendeten pppd neuer als 2.3.0 ist. Die Version von pppd kann durch Aufruf des Programms aus einem Terminal heraus mit der Option -version herausgefunden werden.

Neben der Möglichkeit, die Konfiguration, wie oben beschrieben, manuell auszuführen, lassen sich die genannten Schritte auch über eine graphische Benutzerschnittstelle vereinfachen. Hierzu existiert das in Abbildung 2.2 dargestellte Programm kwvdial, eine KDE-Anwendung, die über den Web-Server des KDE-Projekts unter der URL http://www.cnss.ca/~ppatters/kwvdial.html bezogen werden kann. Sie ermöglicht in komfortabler Weise die Erstellung und Anpassung der Konfigurationsdatei /etc/wvdial.conf. Darüber hinaus kann im Anschluß an die Konfiguration auch der Verbindungsaufbau zu einem der konfigurierten Provider gestartet bzw. gestoppt werden.

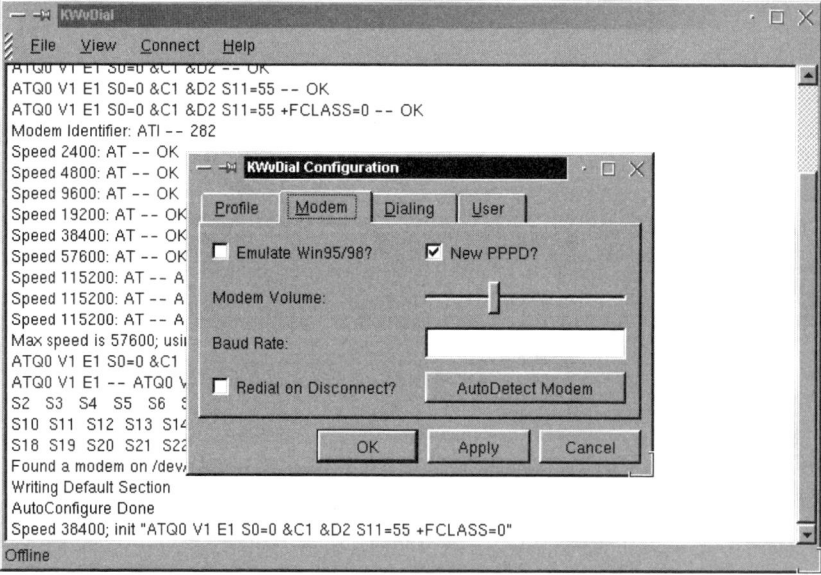

Abbildung 2.2: wvdial-Konfiguration mit kwvdial

Start der Einwahl mit wvdial

Nachdem die im vorangegangenen Abschnitt beschriebene Konfiguration erfolgreich abgeschlossen wurde, kann der Verbindungsaufbau zum Provider durch
Aufruf des Kommandos wvdial *provider* gestartet werden, wobei *provi-*
der für den zu verwendenden Dialer-Eintrag in /etc/wvdial.conf steht.
Da wvdial die Datei /etc/wvdial.conf lesen können muß, sollte darauf geachtet werden, daß diese für alle Benutzer lesbar ist, die wvdial nutzen. Die
Ausgaben von wvdial sollten in etwa wie folgt aussehen. Als Provider wird hier
der T-Online-Eintrag aus der oben dargestellten Konfiguration verwendet:

```
root@erde:/home/tux # wvdial tonline
--> WvDial: Internet dialer version 1.40
--> Initializing modem.
--> Sending: ATZ
ATZ
OK
--> Sending: ATQ0 V1 E1 S0=0 &C1 &D2 S11=55 +FCLASS=0
ATQ0 V1 E1 S0=0 &C1 &D2 S11=55 +FCLASS=0
OK
--> Modem initialized.
--> Sending: ATDT,0191011
--> Waiting for carrier.
ATDT,0191011
CONNECT 28800/LAPM/V42BIS
--> Carrier detected.  Starting PPP immediately.
--> Starting pppd at Sun Feb 13 11:52:54 2000
(Ctrl)-(c)
Caught signal #2! Attempting to exit gracefully...
--> Disconnecting at Sun Feb 13 11:53:14 2000
```

Um die Verbindung zu unterbrechen, kann einfach (Ctrl)-(c) gedrückt werden,
wie in obiger Ausgabe angedeutet. Beim Verbindungsaufbau versucht wvdial,
die notwendigen Einträge für Benutzer und Passwort in die pppd-spezifischen
Dateien /etc/ppp/pap-secrets und /etc/ppp/chap-secrets einzutragen. Falls wvdial nicht von root aufgerufen wird, müssen die Dateien für den
jeweiligen Benutzer schreibbar sein, was normalerweise nicht der Fall sein wird.
Alternativ kann wvdial als root gestartet werden. Besser ist jedoch, die Daten
zuvor als Benutzer root selbst in die beiden Dateien einzutragen. Weitere Informationen hierzu stehen in den Abschnitten 4.7.4.1 auf Seite 369 und 4.7.4.2 auf
Seite 371.

2.1.5.3 Einwahlkonfiguration mit `yast2`

`yast2` ist bei SuSE Linux-Systemen das Werkzeug zur Systemkonfiguration. Unter anderem kann mit Hilfe von `yast2` auch die Einwahl bei einem ISP über ein analoges Modem konfiguriert werden. Hinter den Kulissen verwendet `yast2` zu diesem Zweck das in Abschnitt 2.1.5.2 auf Seite 20 beschriebene Werkzeug `wvdial`. Der Benutzer jedoch braucht keine Kenntnisse darüber zu haben. Nach der Konfiguration ist die Einwahl mit Hilfe von `cinternet` bzw. der graphischen Variante `kinternet` möglich, vorausgesetzt, daß auf dem SuSE Linux-System der `smpppd`-läuft, der die Einwahl für einen Provider netzwerkweit handhaben kann. Mehr hierzu steht in Abschnitt 2.4 auf Seite 104. Alle Programme sind SuSE Linux-Standardwerkzeuge, die in der Distribution enthalten sind.

Zur Konfiguration einer Einwahl bei einem Provider sollte man sich als Benutzer `root` unter der graphischen Benutzeroberfläche anmelden. Anschließend kann `yast2` z. B. aus einem Terminal heraus oder einem entsprechenden SuSE-Menü gestartet werden. In dem dann erscheinenden Fenster muß auf der linken Seite zunächst der Punkt `Network/Basis` angeklickt werden. Auf der rechten Seite wird anschließend unter anderen Punkten der Eintrag `Modem Konfiguration` sichtbar. Ein Klick auf dieses Icon öffnet einen weiteren Dialog, in dem entweder das automatisch erkannte Modem verwendet oder aber eine manuelle Konfiguration vorgenommen werden kann. Der Dialog für die manuelle Konfiguration ist Abbildung 2.3 dargestellt. Das Aussehen und Layout der Dialoge kann je nach

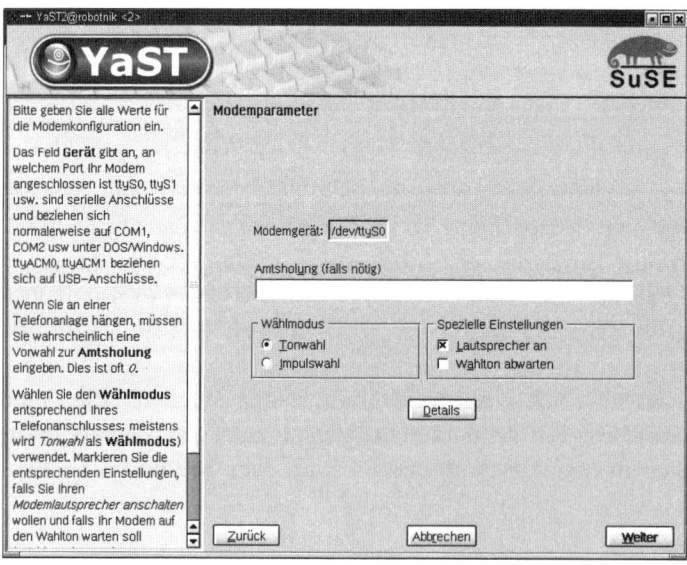

Abbildung 2.3: Der `yast2`-Modem-Konfigurationsdialog

verwendeter SuSE Linux-Version schwanken, die wesentlichen Inhalte bleiben jedoch identisch.

In diesem Dialog kann das Modem für den Verbindungsaufbau eingestellt werden. Hierzu wird als `Modem Gerät` die serielle Schnittstelle angegeben, an die das Modem angeschlossen wurde. Die erste serielle Schnittstelle trägt die Bezeichnung `/dev/ttyS0`. Die weiteren Einträge bestimmen, ob das ältere Puls- oder das übliche Ton-Wahlverfahren verwendet werden soll. Darüber hinaus kann bestimmt werden, ob beim Wählen der Modemlautsprecher ein- oder ausgeschaltet sein soll. Wer sein Modem an einer Telefonanlage betreibt, die so konfiguriert wurde, daß zur Amtsholung eine 0 vorgewählt werden muß, kann dies in der Zeile `Amtsholung` einstellen. Zusätzlich sollte noch die Box `Wahlton abwarten` deaktiviert werden, da das Modem ansonsten auf den Telekom-Wählton wartet, den es beim Betrieb an der Telefonanlage ohne automatische Amtsholung jedoch nicht erhalten würde. Der Knopf `Details` führt zu einem weiteren Dialog, in dem genau angegeben werden kann, wie das Modem initialisiert werden kann. Falls Probleme auftreten, sollten die dort vorgenommenen Einstellungen kontrolliert werden. Anschließend kann `Weiter` angewählt werden. Als nächstes gelangt man zur Konfiguration des Providers. Falls der gewünschte Provider noch nicht in der Liste der verfügbaren enthalten ist, können mit `Neu` Daten für einen zusätzlichen Provider angegeben werden. Abbildung 2.4 zeigt den dann erscheinenden Dialog, der schon mit Daten für den Provider Freenet ausgefüllt wurde.

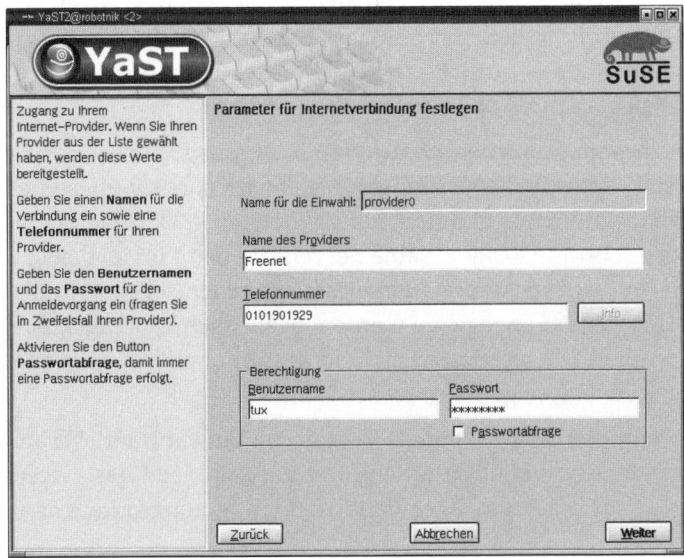

Abbildung 2.4: Der `yast2`-Modem-Providerdialog

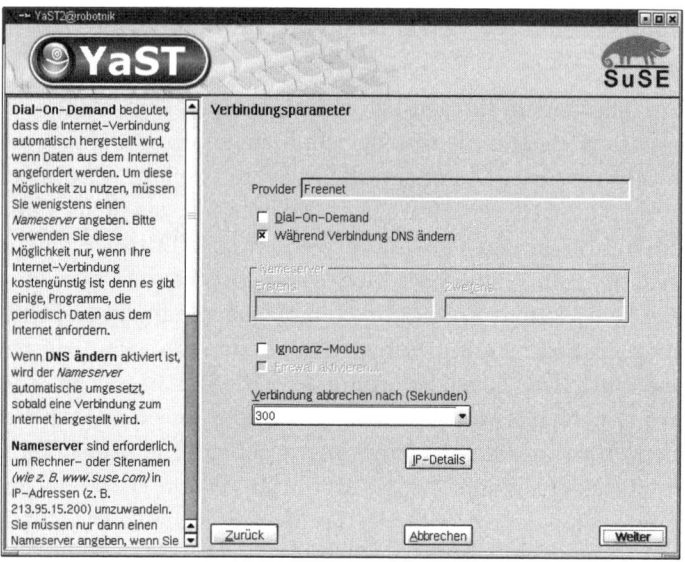

Abbildung 2.5: Der `yast2`-Modem-Optionen-Dialog

Die erste Zeile enthält einen beliebigen Namen für den Provider der später auch im Menü von z. B. `kinternet` als Provider-Name sichtbar wird. Das Feld `Tele-fonnummer` enthält die Nummer, die für den Verbindungsaufbau gewählt werden muß. Was noch fehlt, ist die Angabe eines Benutzernamens und des Paßworts zur Authentifizierung beim Provider. Hier muß auf die vom ISP zur Verfügung gestellten Anmeldeinformationen zurückgegriffen werden. Der `Weiter`-Knopf führt zum nächsten Dialog, der in Abbildung 2.5 dargestellt ist.

In diesem Dialog kann bestimmt werden, ob die Verbindung als Dial-on-Demand konfiguriert werden soll – also, ob die Verbindung bei Bedarf, ohne eine besondere Aktion des Benutzers, automatisiert aufgebaut werden kann. Darüber hinaus kann bestimmt werden, ob die Domain-Name-Server, die der Provider liefert, übernommen und in `/etc/resolv.conf` eingetragen werden sollen. Alternativ können manuell DNS-Server angegeben werden. Schließlich kann auch eine Idle-Time bestimmt werden, die festlegt, nach welcher Zeit ohne Datenübertragung die Verbindung automatisch getrennt werden soll.

Damit sind alle notwendigen Schritte bereits getan. Zur Einwahl und Verbindungskontrolle über den gerade konfigurierten Provider kann jetzt das graphische Werkzeug `kinternet` oder das Kommandozeilenwerkzeug `cinternet` verwendet werden:

```
tux@erde:/home/tux > /usr/sbin/cinternet -providers
0 freenet
```

```
tux@erde:/home/tux > /usr/sbin/cinternet -select-name "Freenet" -start
tux@erde:/home/tux > ping -c 1 www.suse.de
PING Turing.suse.de  from 80.129.74.27 : 56(84) bytes of data.
64 bytes from Turing.suse.de: icmp_seq=1 ttl=246 time=62.658 msec
tux@erde:/home/tux > /usr/sbin/cinternet -select-name "Freenet" -stop
```

Weitere Informationen zu diesen Werkzeugen finden Sie in Abschnitt 2.4 auf Seite 104 und im Handbuch der Distribution.

2.1.5.4 Einwahlkonfiguration mit kppp

Eine unkomplizierte Art, mittels graphischer Unterstützung die Konfiguration zur Einwahl für einen oder mehrere ISP unter Linux zu realisieren, ist die Verwendung von kppp, einer KDE-Applikation. Da die KDE Benutzeroberfläche sehr weit verbreitet ist, wird das Programm kppp in fast jeder Linux-Distribution enthalten sein, in der auch KDE enthalten ist. Alternativ kann kppp über den Web-Server des KDE-Projekts unter der URL http://www.kde.org bezogen werden. kppp wird sowohl für die Konfiguration des Zugangs als auch für den Aufbau und die Beendigung einer Verbindung eingesetzt.

Voraussetzung für die Verwendung von kppp ist die Existenz des pppd-Programms, das von kppp automatisch gestartet wird. Darüber hinaus muß die Datei /etc/ppp/options sinnvoll konfiguriert sein, insbesondere darf sie keine lock-Option enthalten. Eine Beispieldatei sieht folgendermaßen aus:

```
noipdefault
ipcp-accept-local
ipcp-accept-remote
debug
noauth
# Modem RTS/CTS Floecontrol
crtscts
# No lock
#lock
modem
asyncmap 0
nodetach
noipx
novj
novjccomp
```

Weitere Informationen zur options-Datei finden Sie im Abschnitt 4.7.2 auf Seite 362. Als weitere Voraussetzung muß sowohl das Programm /usr/sbin/pppd als auch das Programm kppp dem Benutzer root gehören. Weiterhin muß bei beiden Programmen in den Rechten des Benutzers das s-Bit eingetragen sein. Ist

Abbildung 2.6: Der `kppp`-Konfigurationsdialog

dies nicht der Fall, kann das s-Bit durch folgenden Befehl gesetzt werden: `chmod u+s /usr/sbin/pppd`.

Konfiguration

Die Konfiguration eines Internetzugangs über `kppp` erfolgt, indem als normaler Benutzer die Anwendung `kppp` entweder aus einem Terminalfenster heraus oder aus dem KDE-Startmenü im Untermenü *Internet* gestartet wird. Es erscheint das Start-Fenster, das später z. B. dazu verwendet wird, eine Verbindung aufzubauen. Aus dem erscheinenden Fenster wird anschließend der Button Einstellungen gedrückt, wodurch der in Abbildung 2.6 dargestellte Konfigurationsdialog erscheint.

Der Provider-Konfigurationsdialog

In diesem Fenster können zunächst die Zugangseinstellungen für alle konfigurierten Provider angepaßt werden. Später werden auch die Geräte-, Modem- und PPP-Einstellungen vorgenommen.

Da noch kein Provider konfiguriert wurde, ist das Fenster zunächst leer. Die Einrichtung eines neuen Providers beginnt mit der Anwahl des Button Neu, wodurch das in Abbildung 2.7 auf der nächsten Seite dargestellte Fenster geöffnet wird, in das zunächst der Name des Providers (hier `T-Online`) zusammen mit der Telefonnummer für die Anwahl eingetragen wird. Zusätzlich kann in diesem Fenster für die Authentifizierungsmethode zwischen PAP und CHAP gewählt werden. Die meisten Provider unterstützen PAP. Weitere Informationen zu bei-

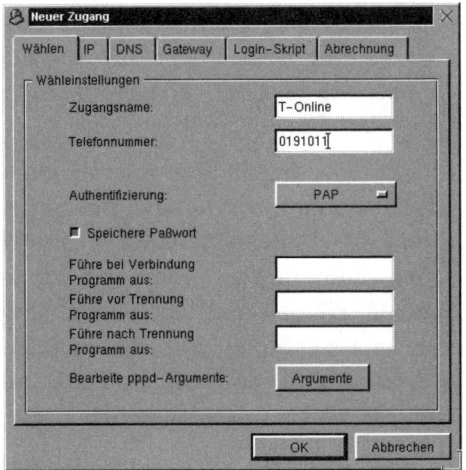

Abbildung 2.7: Der kppp-Provider-Dialog

den Protokollen stehen in Abschnitt 4.7.4.1 auf Seite 369 und Abschnitt 4.7.4.2 auf Seite 371.

Das Dialog-Fenster enthält die Register Wählen, IP, DNS, Gateway, Login-Skript und Abrechnung, die nacheinander angewählt werden sollten. Obwohl dies zunächst umständlich scheinen mag, müssen doch nur sehr wenige Eintragungen vorgenommen werden. Der Abschnitt Wählen ist bereits erledigt. Die weiteren Register dienen folgenden Einstellungen:

IP   In diesem Dialog wird die IP-Adreßvergabe festgelegt. Normalerweise erhält der Rechner vom Provider dynamisch eine Adresse zugewiesen. Daher sollte dieses Feld selektiert werden. Nur in wenigen Ausnahmenfällen wird eine statische Adresse vergeben, die dann in dem Feld statische Adresse eingetragen werden kann.

DNS   Die möglichen Einträge beschreiben den zu verwendenden DNS (Domain Name Server) für diesen ISP. Der DNS wird benötigt, um Rechnernamen, wie z. B. erde.kosmos.all, in eine IP-Adresse umwandeln zu können. In der Regel wird ein gültiger DNS-Server beim Verbindungsaufbau vom ISP an den sich anmeldenden Rechner übertragen, so daß in diesem Dialog der Punkt Schalte existierende DNS Server aus aktiviert werden sollte. Hierdurch werden auf dem Rechner in /etc/resolv.conf eingetragene DNS-Server deaktiviert. Im Zweifelsfall sollte der ISP nach dem gültigen DNS-Server befragt werden, der dann von Hand in diese Datei einzutragen ist.

Gateway   Als Gateway sollte `Standard-Gateway` aktiviert werden. So
             wird das vom ISP beim Verbindungsaufbau übertragene Gate-
             way verwendet. Das Gateway wird benötigt, um Datenverkehr
             aus dem und in das Internet über den ISP zu übertragen.

Login-Skript Diese Einstellung ermöglicht die Angabe von Expect/Send-
             Skripten, die nur in den Fällen konfiguriert werden müssen, bei
             denen der Benutzer bei der Einwahl beim Provider interaktiv
             durch ein Skript navigieren muß, um die Verbindung aufzu-
             bauen. Da die Verbindung zum ISP natürlich automatisch auf-
             gebaut werden soll, können an dieser Stelle – mit Hilfe von `Ex-`
             `pect` und `Send` – Meldungen des ISP-Rechners erwartet und
             automatisch entsprechende Antworten gesendet werden.

Abrechnung   In diesem Dialog kann die Telefongesellschaft ausgewählt wer-
             den, über die die Verbindung hergestellt wird. Durch diese Aus-
             wahl wird eine Berechnungsgrundlage für anfallende Gebüh-
             ren festgelegt.

Wurden alle Einstellungen in den genannten Registern vorgenommen, wird der
Dialog mit `OK` verlassen. Dadurch ist wieder der Konfigurationsdialog (Abbildung 2.6 auf Seite 30) aktiv, in dem nun das Register `Gerät` ausgewählt wird. Es
erscheint der Geräte-Dialog, der in Abbildung 2.8 dargestellt ist.

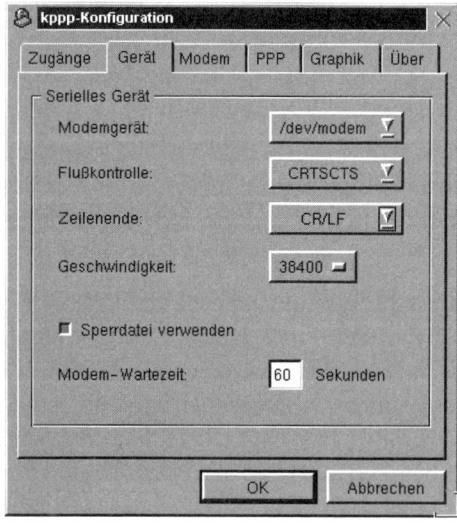

Abbildung 2.8: Der `kppp`-Geräte-Dialog

Der Geräte-Konfigurationsdialog

In diesem Fenster muß das zu verwendende Modem angegeben werden. In oben stehender Abbildung ist dies /dev/modem, wobei diese Datei in der Regel ein symbolischer Link ist, der auf die tatsächliche Gerätedatei verweist (z.B. /dev/ttyS1), über die das Modem ansprechbar ist. Darüber hinaus kann die Datenflußkontrolle als RTSCTS (Hardware Handshake) oder XONXOFF (Software Handshake) angegeben oder deaktiviert werden. Üblich, gerade für höhere Übertragungsraten, ist RTSCTS. Diese Einstellung funktioniert jedoch nicht, wenn das verwendete Kabel lediglich eine 3-Draht Leitung ist (alle mit einem Modem mitgelieferten Kabel sind RTSCTS-tauglich). Auch die Baudrate, die für die Übertragung von Daten zum und vom Modem verwendet werden soll, kann eingestellt werden. 38400 ist für einen ersten Test ein sinnvoller Startwert, der später u.U. erhöht werden kann. Der Button Sperrdatei verwenden sollte aktiviert sein. Hierdurch erzeugt kppp während der Verbindung eine Sperrdatei in /var/spool/locks, durch die andere Applikationen (z.B. ein Fax-Programm) darüber informiert werden, daß die entsprechende serielle Schnittstelle zur Zeit belegt ist.

Der Modem-Konfigurationsdialog

Das nächste, mit modem bezeichnete Register dient speziellen Modem-Einstellungen. Der Dialog ist in Abbildung 2.9 zu sehen. Hier können die Initialisierung für ein Modem wie auch AT-Sequenzen angegeben werden, die z.B. zum Wäh-

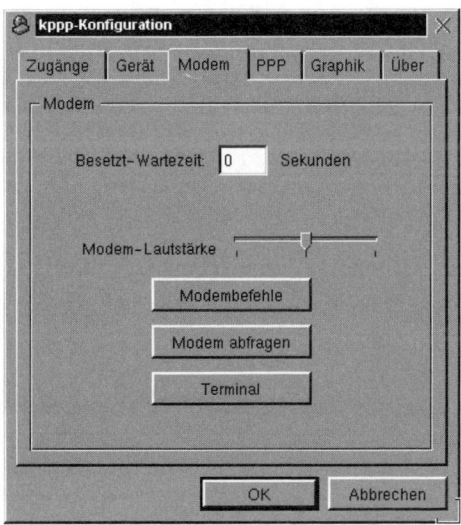

Abbildung 2.9: Der kppp-Modem-Dialog

len einer Nummer verwendet werden sollen. Normalerweise brauchen hier keine Einstellungen geändert zu werden.

Durch Drücken des Button Modembefehle öffnet sich ein weiteres Fenster, in dem wichtige Modem-Kommandos und Rückmeldungen des Modems – etwa nach der Herstellung einer Verbindung – angegeben werden können. Dies sollte nur in Ausnahmefällen notwendig sein. Interessant ist der Button Modem abfragen, der bewirkt, daß auf den seriellen Schnittstellen des Rechners nach einem Modem gesucht und mit Hilfe von ATI-Befehlen, die an das Modem gesendet werden, Informationen über den Modem-Typ gesammelt werden. Ein weitergehender Test des Modems ist über den Button Terminal zugänglich, über den ein Terminalprogramm geöffnet wird, mit dessen Hilfe ein Modem durch Eingabe von AT-Sequenzen konfiguriert werden kann. Alle Eingaben werden direkt an das Modem gesendet, Ausgaben des Modems erscheinen im Terminalfenster, das mit einer vereinfachten Version des minicom-Programms vergleichbar ist.

Der PPP-Konfigurationsdialog

Im PPP-Register des Konfigurationsdialogs lassen sich einige Einstellungen zum Verhalten von kppp nach erfolgter Verbindung zum ISP-Rechner vornehmen. Beispielsweise kann hier konfiguriert werden, ob die Verbindungsdauer angezeigt werden soll oder ob kppp automatisch auflegt, wenn während einer laufenden Verbindung X Window verlassen wird.

Der Graphik-Konfigurationsdialog

Der Graphik-Konfigurationsdialog bietet die Möglichkeit, einige Einstellungen, im wesentlichen Farb-Einstellungen, für die Durchsatzanzeige auszuwählen.

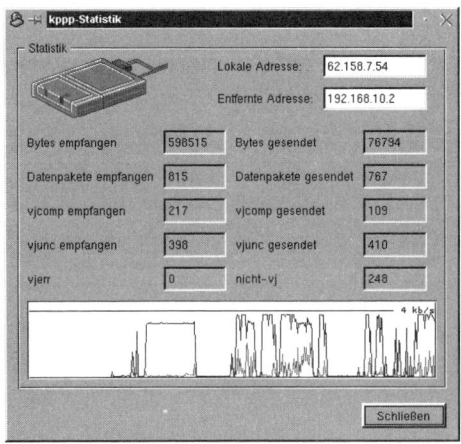

Abbildung 2.10: Die kppp-Durchsatzanzeige

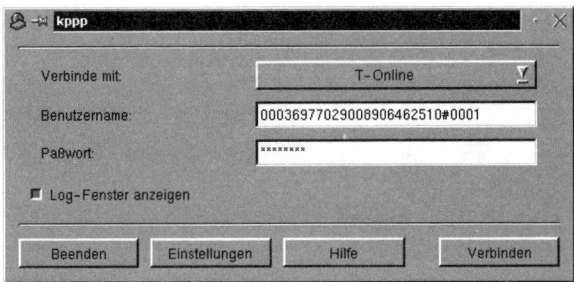

Abbildung 2.11: Das kppp-Start-Fenster

Über diese Anzeige kann die Zahl der gesendeten und empfangenen Bytes überwacht werden (siehe Abbildung 2.10 auf der vorherigen Seite).

Einwahl beim Provider mit kppp

Im Anschluß an die gerade beschriebenen Konfigurationsschritte kann aus dem in Abbildung 2.11 dargestellten Start-Fenster der Verbindungsaufbau eingeleitet werden. Hierzu muß zunächst die Provider-Konfiguration durch einen Klick auf den Verbinde mit-Button angewählt werden. In die Textfelder Benutzername und Passwort müssen der für den gewählten Provider gültige Benutzername und das Passwort eingetragen werden. Die Angaben in unten stehender Abbildung entsprechen denen eines T-Online-Nutzers, wo der Benutzername aus einer Ziffernkombination besteht. Das Passwort ist bei der Eingabe nicht sichtbar, sondern wird durch *-Zeichen ersetzt.

Anschließend kann durch Anwahl des Verbinden-Button die Anwahl gestartet werden. Falls Log Fenster öffnen selektiert ist, öffnen sich der Anwahldialog und das Log-Fenster, in dem Statusmeldungen angezeigt werden. Anschließend wird die konfigurierte Telefonnummer angewählt. Falls die Anwahl erfolgreich ist, erscheint ein kleines Fenster, das die Verbindung anzeigt. Aus diesem Fenster heraus kann der Details-Button selektiert werden, wodurch die Durchsatzanzeige (Abbildung 2.10 auf der vorherigen Seite) aufgerufen wird. Darüber hinaus kann durch Anwahl des Button Trennen die Verbindung beendet werden.

Probleme bei der Verwendung von kppp

Bei der Nutzung von kppp treten zwei Probleme immer wieder auf. Das eine besteht darin, daß die Rechte des Programms oder von /usr/sbin/pppd nicht korrekt gesetzt sind. Beide Programme müssen dem Benutzer root gehören und das s-Bit muß gesetzt sein:

```
root@erde:/root # ls -l /usr/sbin/pppd
-rwsr-xr-x  1 root    dialout 211992 2002-09-09 22:32 /usr/sbin/pppd


root@erde:/root # ls -l /opt/kde3/bin/kppp
-rwsr-xr-x  1 root    root     586232 2002-09-11 01:16 /opt/kde3/bin/kppp
```

Fehlt eines der Rechte, beschwert sich kppp, daß nicht ausreichend Rechte, z. B. zum Start des pppd, zur Verfügung stehen.

Das zweite Problem tritt bei neueren Varianten von kppp auf und macht sich nach außen entweder durch die Meldung bemerkbar, daß die Datei /etc/ppp/peers/kppp nicht existiert oder durch eine Fehlermeldung bemerkbar, daß kppp nach dem Versuch eines Verbindungsaufbaus mitteilt, daß passwordfd eine unbekannte Option des pppd sei. Diese Option ist allen neueren Varianten des pppd sehr wohl bekannt, allerdings muß dieses Plugin durch einen Eintrag plugin passwordfd.so am besten in der Datei /etc/ppp/peers/kppp aktiviert werden. Die Datei /etc/ppp/peers/kppp fehlt zudem bei manchen Installation (z. B. bei SuSE Linux 8.1) ganz, obwohl kppp sie verwenden will. In diesem Fall sollte einfach der gerade beschriebene Eintrag vorgenommen werden.

2.2 Konfiguration von ISDN-Karten

ISDN ist die Abkürzung für *Integrated Services Digital Network* und wird seit 1989 in Deutschland von der Telekom als Alternative zum analogen Telefonanschluß angeboten. Wie der Name bereits andeutet, ist ISDN ein rein digitales Netz, d. h., Telefonie, Fax-Daten und natürlich auch Datenverkehr werden digital übertragen, so daß keine Modems mehr benötigt werden. Bei einem Telefonanruf wird statt einer Klingelspannung – wie beim analogen Telefon notwendig – lediglich die Information übertragen, daß ein Verbindungsaufbau gewünscht wird, wobei z. B. die gewählte Telefonnummer wie auch, falls verfügbar, die Telefonnummer des Anrufers mit übertragen werden. Jedes einzelne angeschlossene Gerät, das diese Informationen „sieht", entscheidet selbst, ob es den Anruf entgegennimmt. Daher ist es bei ISDN durchaus möglich, zwei angeschlossene Geräte so zu konfigurieren, daß *beide* bei einem eingehenden Anruf klingeln. Hierzu muß beiden in der Gerätekonfiguration lediglich die gleiche Nummer zugeordnet werden.

Tabelle 2.3: Die ISDN-Dienstekennungen

Kennung	Beschreibung
1	Fernsprechen (Telefonie)
2	Telefax-Gruppe 2/3 (analoges Fax) und DFÜ/Modem (analoges Modem)

Tabelle 2.3 – Fortsetzung

Kennung	Beschreibung
3	Terminal-Adapter für X.21
4	Telefax-Gruppe 4 (digital)
5	BTX (64 KBit/s)
7	DFÜ (Datenfernübertragung) 64KBit/s oder V.110
8	Terminaladapter X.25
9	Teletex (64 KBit/s)
10	Textfax (ASCII)
13	Fernwirken, Telemetrie, Alarmierung
14	Fernzeichnen
15	zukünftiger BTX-Standard
16	Bildtelefonie

Neu gegenüber dem analogen Telefonanschluß sind im ISDN-Netz die sogenannten Dienstekennungen, die vom Anrufer übermittelt werden und dazu dienen die Art der gewünschten Verbindung zu signalisieren. In Tabelle 2.3 auf der vorherigen Seite ist eine Übersicht über die verschiedenen Dienstekennungen dargestellt. Ein normales Telefongespräch verwendet beispielsweise die Kennung 1. Wird ein Fax gesendet, sollte das sendende Gerät die Kennung 2 mitsenden. Auf diese Weise können die Geräte auf der Seite des Empfängers schon aufgrund der Dienstekennung entscheiden ob das Gespräch für sie „interessant" ist. So wird z.B. ein ISDN-Telefonapperat kein Gespräch mit der Dienstekennung 2 annehmen. Auf diese Weise ist es auch möglich, das zwei Geräte zwar auf die gleiche Telefonnnummer (MSN, s.u.) reagieren aber auf unterschiedliche Dienstekennungen. Das Problem, insbesondere mit analogen Fax-Geräten besteht jedoch darin, das die Anwender oftmals Ihre ISDN-Telefonanlage an der das Fax angeschlossen ist falsch konfigurieren, wodurch beim Senden eines Fax falscher Weise die Dienstekennung 1 (Telefonie) mitgesendet wird, wodurch beim Empfänger u.U. nicht das Faxgerät diesen Anruf entgegen nimmt, sondern ein Telefon.

2.2.1 ISDN-Grundlagen

ISDN-Anschlüsse existieren in unterschiedlichen Formen. Zum einen gibt es den Basisanschluß, darüber hinaus den Primärmultiplex- (S2M) Anschluß.

Der Basisanschluß

Der Basisanschluß (engl. Basic Rate Interface oder BRI) ist die übliche Variante für

Privatkunden. Dem Benutzer stehen zwei sogenannte B-Kanäle und ein D-Kanal zur Verfügung. Die B-Kanäle können unabhängig voneinander genutzt werden und dienen der eigentlichen Informationsübertragung, z. B. bei einem Telefongespräch. Da beide Kanäle unabhängig voneinander sind, können gleichzeitig zwei Telefonate geführt oder ein Telefonat geführt und ein Fax empfangen werden. Jeder der B-Kanäle kann 64.000 Bit/sec übertragen. Um die Bandbreite zu erhöhen, lassen sich darüber hinaus beide Kanäle auch bündeln, wodurch Datenübertragungsraten von 128.000 Bit/sec möglich sind. Da jeder der genutzten B-Kanäle getrennt voneinander bezahlt werden muß, entstehen hierbei jedoch auch die doppelten Kosten.

Der D-Kanal dient der Signalisierung und kann maximal 16.000 Bit/sec übertragen. Über diesen Kanal wird einem Telefon beispielsweise „gesagt", daß ein Anruf für eine bestimmte Nummer vorliegt. Darüber hinaus werden im D-Kanal auch Diensterkennungen übertragen, wodurch ein Gerät z. B. zwischen einem eingehenden Telefonanruf und einem eingehenden Fax unterscheiden kann. Das für den D-Kanal verwendete Protokoll wird als DSS1 bezeichnet und ist europaweit standardisiert. In Deutschland ist noch bis zum Jahre 2005 das ältere, nur in Deutschland verwendete 1TR6 Protokoll verwendbar. Alle neuen Geräte unterstützen jedoch DSS1. Der Basisanschluß kann in zwei verschiedenen Formen ausgeführt werden:

❏ Als Mehrgeräteanschluß
Dies ist die wohl verbreitetste Form. Sie stellt dem Nutzer einen S0-Bus zur Verfügung, an den er bis zu 8 Geräte anschließen kann. Jedem Mehrgeräteanschluß sind mindestens drei Rufnummern (sogenannte MSN, Multiple Subscriber Numbers) zugeordnet, die den angeschlossenen Geräten frei zugeordnet werden können. Auf Anfrage bei der Telekom können weitere Nummern angefordert werden. Die unterschiedlichen Nummern können z. B. dazu verwendet werden, Fax- und Telefonanrufe voneinander zu trennen. Da die einzelnen MSN auch getrennt voneinander abgerechnet werden, können sie auch der Kostentrennung dienen. Der S0-Bus wird durch den sogenannten NTBA (Network Termination Basisanschluß) Adapter bereitgestellt, der mit dem von der Telekom kommenden Anschluß verbunden wird.

❏ Der Anlagenanschluß
An einem Anlagenanschluß (auch Point To Point-Anschluß, engl. Primary Rate Interface oder PRI) kann nur ein Gerät, üblicherweise eine Nebenstellenanlage, angeschlossen werden, an die alle weiteren Geräte gehängt werden müssen. Die Nebenstellenanlage entscheidet dann aufgrund der Nummer und des gewünschten Dienstes, welches der angeschlossenen Geräte den Ruf erhält.

Der Primärmultiplex (S2M)-Anschluß

Der Primärmultiplex-Anschluß enthält 30 B-Kanäle über die jeweils 64.000 Bit/sec übertragen werden können, sowie einen D-Kanal. Diese Lösung ist für größere Unternehmen oder Universitäten sinnvoll, die eine relativ große Zahl an Amtsleitungen benötigen. Die Rufnummernverwaltung wird in diesem Fall von einer an den S2M-Anschluß angeschlossenen Telefonanlage durchgeführt. Auch für Internet-Provider, die eine große Zahl an Einwahlpunkten benötigen, dienen ein oder mehrere S2M-Anschlüsse als Basis.

ISDN-Karten

Zur Rechner-Nutzung von ISDN wird eine ISDN-Karte benötigt, die in den Rechner eingesteckt werden muß. Alternativ kann insbesondere für mobile Geräte, wie ein Laptop, auch eine ISDN-PCMCIA-Karte verwendet werden. Als weitere Alternative können externe Geräte eingesetzt werden, die sich zum Rechner hin wie ein Modem verhalten und selbst eine Umsetzung der Daten in das ISDN-Protokoll vornehmen. Diese Art der ISDN-Anbindung hat jedoch den Nachteil, daß nicht alle im ISDN-Netz verfügbaren Informationen auch den über ein solches ISDN-Modem angeschlossenen Rechner erreichen. Daher kann dieser auch nicht alle ISDN-Merkmale (z. B. Anrufweiterschaltung etc.) nutzen.

Bei ISDN-Karten muß zwischen sogenannten aktiven und passiven Karten unterschieden werden. Aktive Karten besitzen einen eigenen Prozessor, verfügen über eigenen Hauptspeicher und können daher zeitkritische Anwendungen, etwa das Empfangen eines Fax, autark ohne Ressourcen des Rechners ausführen. Der Nachteil dieser Karten ist der vergleichsweise sehr hohe Preis, der um € 1.000,– liegt. Ein Vertreter einer solchen Karte ist z. B. die AVM B1-Karte, die auch unter Linux unterstützt wird.

Für die Internet-Anbindung sowie die Realisierung eines ISDN-Anrufbeantworters sind die passiven Karten durchaus ausreichend. Lediglich der Fax-Empfang ist bisher nur mit passiven Karten der Firma AVM über die AVM-CAPI möglich (siehe Abschnitt 3.2.1 auf Seite 192). Die meisten der passiven Karten von Herstellen wie AVM (Fritz-Karte), Teles (Teles S0/16-Karte) oder ELSA (Quickstep-Karte) basieren Hardware-seitig auf einem Siemens Chipsatz (ISAC_S 2085/2086/2186, HSCX SAB 82525) und werden unter Linux von einem als HiSaX bezeichneten Treiber unterstützt, der automatisch geladen werden kann. ISDN-Karten sind sowohl als ISA als auch als PCI-Karten verfügbar. Beide Varianten funktionieren problemlos, allerdings ist der Konfigurationsaufwand bei ISA-Karten etwas höher, da hier stets eine I/O-Basisadresse und ein Interrupt beim Laden des Treibermoduls angegeben werden müssen. Sowohl die Adresse als auch der Interrupt dürfen nicht bereits anderweitig vergeben sein (dies kann mit `cat /proc/interrupts` und `cat /proc/ioports` überprüft werden). Bei der Verwendung von PCI-basierten Karten besteht diese Notwendigkeit nicht.

2.2.2 ISDN unter Linux

Unter Linux wird ISDN durch das →*I4L*-Projekt (ISDN for Linux) unterstützt. Informationen zu I4L können unter der URL `http://www.isdn4linux.de/` bezogen werden.

Eine Alternative für Besitzer einer ISDN-Karte der Firma AVM stellt die ISDN-Konfiguration mit Hilfe der CAPI[2], einem einheitlichen Standard, der von der Capi Association (`http://www.capi.org`) verabschiedet wurde, dar. Die CAPI ermöglicht es, Anwendungen unabhängig von der verwendeten ISDN-Karte und deren spezifischen Hardwareeigenschaften portabel zu entwickeln und erleichtert hierdurch die Erstellung und Portierung von ISDN-Anwendnugen.

Voraussetzung ist jedoch, daß der Hersteller der Karte eine CAPI-konforme Bibliothek für seine Karten mitliefert, was unter Linux bisher nur von AVM unterstützt wird. Neben der Möglichkeit der ISDN-Einwahl zu einem Provider bietet die CAPI auch Möglichkeiten zum Fax-Versand und Fax-Empfang sowie der Emulation eines Modems, die in Anschnitt 3.2.1 auf Seite 192 und 4.7.5.2 auf Seite 377 beschrieben werden.

2.2.3 I4L basierte Nutzung von ISDN

Die I4L-Software gliedert sich grob in zwei Teile: Zum einen in den Hardwarenahen Teil, der die Treiber für die unterschiedlichen ISDN-Karten enthält und in den Kernel einkompiliert werden muß. Der andere Teil der I4L-Software besteht aus den I4L-Utilities, Programmen, die höhere Dienste, wie etwa PPP für ISDN, die virtuellen Modems (`/dev/ttyIx`, siehe `man ttyI`) oder einen Anrufbeantworter (z. B. `vbox` – siehe auch Abschnitt 5.4.2 auf Seite 470), unterstützen.

Zur Nutzung der ISDN-Dienste muß folglich zunächst der Kernel über ISDN-Support verfügen (s. u.). Darüber hinaus müssen auch die ISDN-Utilities (`isdn-4k-utils`) installiert sein, die von der oben angegebenen Adresse bezogen werden können. Einfacher ist die Installation eines vorbereiteten Pakets der verwendeten Linux-Distribution. Unter SuSE Linux kann einfach das Paket `i4l` installiert werden, in dem die ISDN-Utilities enthalten sind.

2.2.3.1 Lowlevel-Konfiguration einer Karte

Nach dem Einbau einer ISDN-Karte in den Rechner muß diese dem System bekannt gemacht werden. Dies erfolgt in Linux in der Regel dadurch, daß der Treiber für diese Karte in Form eines Kernel-Moduls – bei ISA-Karten mit weiteren Parametern z. B. für die Basisadresse und den zu verwendenden Interrupt – geladen werden muß. Die meisten passiven Karten basieren auf einem bestimmten Siemens Chipsatz und werden von dem `hisax.o`-Modul unterstützt.

---

[2]COMMON-ISDN-API

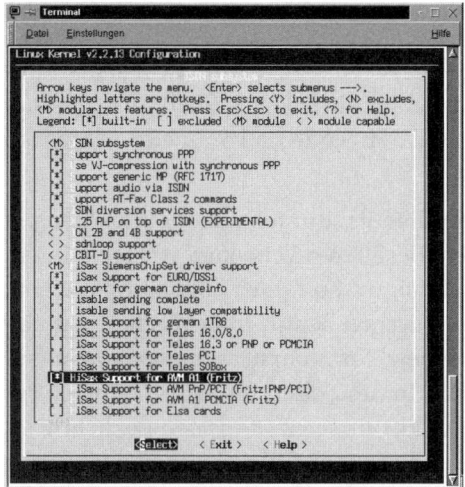

Abbildung 2.12: Die ISDN-Kernel-Konfiguration

Voraussetzung hierfür ist, daß die ISDN-Fähigkeit generell besteht und die Unterstützung für die entsprechende Karte in den Kernel (modular) einkompiliert wurde, was für alle großen Linux-Distributionen der Fall sein sollte. Da die Unterstützung für ISDN normalerweise in Form von Kernel-Modulen bereitgestellt wird, besteht ein einfacher Test darin, zu überprüfen, ob im Modulverzeichnis[3] im Unterverzeichnis misc die Module isdn.o und hisax.o vorhanden sind.

Falls der Kernel keinen ISDN-Support enthält, müssen die Kernel-Konfiguration angepaßt und der Kernel neu übersetzt und installiert werden. Zur Konfiguration müssen der Kernel-Quellcode wie auch ein Compiler (z. B. gcc) installiert sein. Anschließend kann in das Verzeichnis /usr/src/linux gewechselt werden. Mit Hilfe des Kommandos make menuconfig wird die Konfiguration des Kernel gestartet. In dem erscheinenden Dialog muß in den Abschnitt ISDN subsystem gewechselt werden und der Punkt ISDN subsystem als Modul (<M>) markiert werden. Die übrigen Punkte können wie in Abbildung 2.12 abgebildet eingestellt werden. In den in dieser Abbildung gemachten Einstellungen wurde allein die AVM A1 (Fritz)-Karte aktiviert. Wer eine andere Karte verwendet, sollte den entsprechenden Treiber (zusätzlich) anwählen.

Wurden alle Einstellungen vorgenommen, muß die neue Kernel-Konfiguration abgespeichert und der Kernel neu übersetzt werden. Hinweise hierzu finden Sie in Abschnitt 3.2.2.1 auf Seite 213.

---

[3]bei einem Kernel der Version 2.4 in /lib/modules/`uname -r`/kernel/drivers/isdn/ und /lib/modules/`uname -r`/kernel/drivers/isdn/hisax/, bei einem Kernel der Version 2.2 in /lib/modules/`uname -r/

Konfiguration mit `yast2`

Die Konfiguration einer ISDN-Karte wird anschließend mit dem Installations-werkzeug der jeweiligen Distribution durchgeführt. Bei SuSE Linux z. B. mit `yast2`, in dem für die verwendete Karte alle notwendigen Parameter angegeben werden können.

Hierzu sollte man sich `yast2` als normaler Benutzer unter einer graphischen Benutzerschnittstelle wie z.B. KDE anmelden. Bei älteren Versionen von SuSE Linux kann es erforderlich sein, sich zur zur Konfiguration einer Einwahl bei einem Provider als Benutzer `root` unter der graphischen Benutzeroberfläche anzumelden. Anschließend kann `yast2` z.B. aus einem Terminal heraus oder einem entsprechenden SuSE-Menü gestartet werden. In dem dann erscheinenden Fenster muß auf der linken Seite zunächst der Punkt `Network/Basic` angeklickt werden. Auf der rechten Seite wird anschließend unter anderen Punkten der Eintrag `ISDN Konfiguration` sichtbar. Ein Klick auf dieses Icon öffnet einen weiteren Dialog, in dem zunächst die Hardware konfiguriert werden sollte. Der Dialog für die manuelle Konfiguration der ISDN-Hardware ist in Abbildung 2.13 darge-stellt.

Der Dialog, der je nach verwendeter SuSE Linux-Version leicht unterschiedlich aussehen kann, bietet zunächst die Möglichkeit, den Typ der ISDN-Hardware

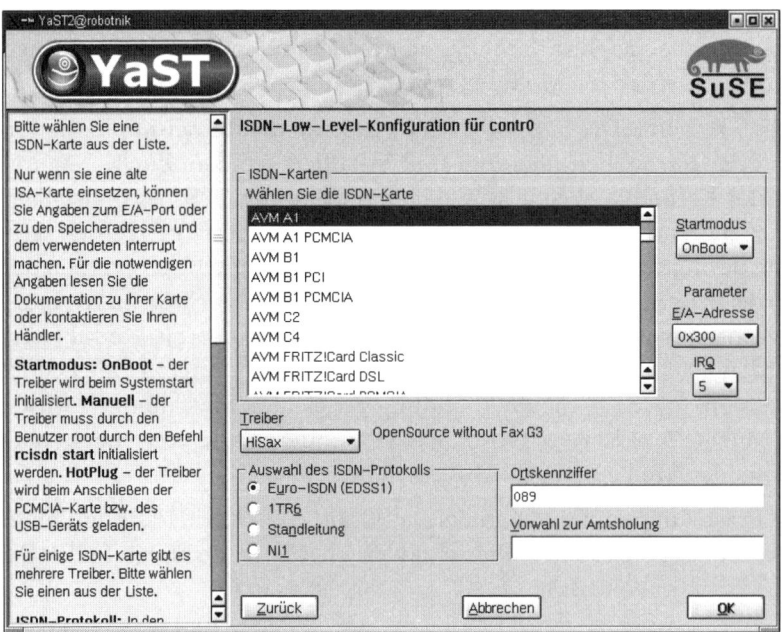

Abbildung 2.13: Der `yast2`-ISDN-Konfigurationsdialog aus SuSE Linux 8.0

anzugeben. Hierzu kann aus einer Liste der unterstützten Karten ausgewählt werden. Unter Umständen, z. B. bei einer AVM A1-Classic Karte, die noch in den ISA-Bus gesteckt wird, müssen zusätzlich die auf der Karte durch Jumper (kleine Drahtbrücken) konfigurierte IO-Adresse und ein freier Interrupt angegeben werden. Die Liste aller Interrupts kann man sich mit dem Kommando `cat /proc/interrupts` ausgeben lassen. Eine weitere mögliche Angabe bertifft das zu verwendende ISDN-Protokoll. Außer in sehr seltenen Ausnahmen muß hier immer das heute als Standard verwendete Euro-ISDN-Protokoll E-DSS1 angegeben werden. Mit dem Knopf OK gelangt man zurück zur Übersicht über die konfigurierten Karten.

Manuelle Konfiguration

Die Konfiguration der ISDN-Hardware sollte normalerweise mit einem Werkzeug, wie z. B. `yast2`, erfolgen. Die folgende kurze Beschreibung soll dazu dienen, zu verstehen, was letztlich bei einer solchen Konfiguration mit `yast2` gemacht wird und wie diese Schritte prinzipiell auch mauell ausgeführt werden können.

Durch die Konfiguration werden letztlich Skripten (bei SuSE z. B. `/etc/init.d/i4l_hardware`, ab SuSE Linux Version 8.0 `/etc/init.d/isdn`) so konfiguriert, daß die ISDN-Module mit den für die Karte korrekten Parametern gestartet werden. Für eine AVM A1-Karte z. B. führen diese durch das Installationswerkzeug konfigurierten Skripten bei einem Kernel aus der 2.2-Version zu folgenden Aufrufen:

```
...
/sbin/insmod /lib/modules/2.2.13/misc/isdn.o
/sbin/insmod /lib/modules/2.2.13/misc/hisax.o id=HiSaX type=5 protocol=2
              irq=5 io=0x340
...
```

Zunächst wird das ISDN-Basismodul `isdn.o` geladen, anschließend der Treiber für die Fritz-Karte. Da die Fritz-Karte vom `hisax`-Treiber unterstützt wird, muß hierzu das Modul `hisax.o` geladen werden. Der `type`-Parameter bestimmt, daß es sich um eine ISA Fritz-Karte handelt. Bei anderen Karten wird entsprechend ein anderer Wert für den Typ-Parameter angegeben (s. `/usr/src/linux/Documentation/isdn/README.HiSaX`). Der `protocol`-Parameter legt das D-Kanal-Protokoll als DSS1 fest. Da es sich um eine ISA-Karte handelt, müssen zusätzliche Werte für den zu verwendenden Interrupt und die auf der Karte selbst durch Jumper gesetzte I/O-Adresse angegeben werden. Falls die Karte durch das `HiSaX`-Modul unterstützt wird, sollte zusätzlich auch der `isdnlog`-Prozeß gestartet werden, über den Log-Informationen von der Karte verwertet werden können. Der Start von `isdnlog` kann wie folgt aussehen:

```
/sbin/isdnlog  /dev/isdnctrl0
```

Schließlich sollten noch die Dateien `callerid.conf` sowie `isdn.conf`, die sich normalerweise im Verzeichnis `/etc/isdn` befinden, entsprechend den eigenen MSN (Rufnummern) angepaßt werden. Die ISDN-Utilities enthalten einige Beispieldateien, die als Muster verwendet werden können, falls die Dateien in der verwendeten Distribution nicht enthalten sein sollten.

Die soeben beschriebenen Konfigurationsschritte werden, wie bereits gesagt, am besten mit Hilfe des jeweiligen Administrationswerkzeugs der Linux-Distribution vorgenommen, so daß die Konfiguration zügig abgeschlossen werden kann.

2.2.3.2 Einwahlkonfiguration mit `yast2`

Der nächste Schritt besteht aus der Provider-Konfiguration. Hierzu wird in der Übersicht der ISDN-Konfiguration eine der konfigurierten ISDN-Karten ausgewählt und anschließend ein Provider hinzugefügt. Die zu konfigurierende Verbindung ist normalerweise eine SyncPPP-Verbindung. In weiteren Dialogen, die hier nicht abgebildet sind, werden zunächst die eigene Telefonnummer, die Konfiguration der IP-Adresse und einige weitere Parameter angegeben. Bei der Konfiguration der IP-Adresse muß in fast allen Fällen angegeben werden, daß diese

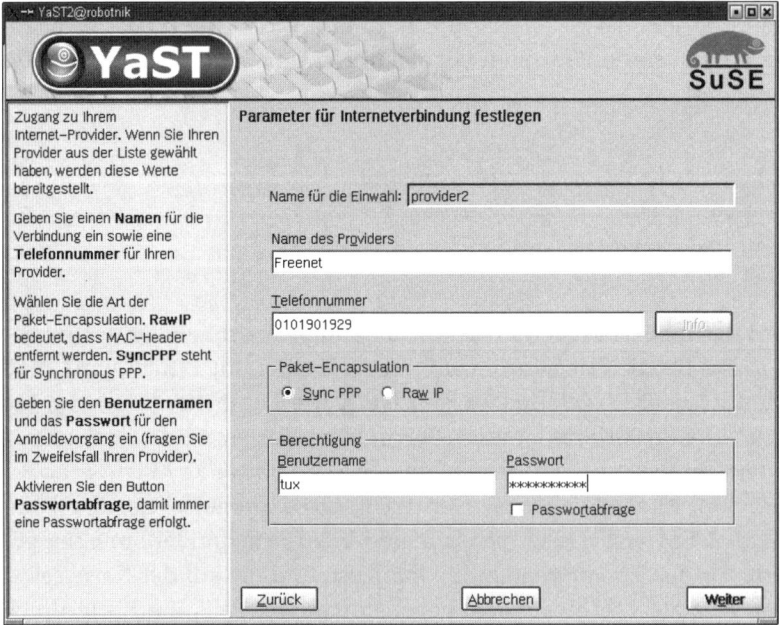

Abbildung 2.14: Der `yast2`-ISDN-Provider-Dialog

dynamisch vergeben werden soll. Dadurch bekommt das sich einwählende System erst bei der Einwahl vom Provider eine Addresse zugewiesen. Bei der nächsten Einwahl wird voraussichtlich eine andere Adresse vergeben. Die dynamisch vergebenen Addressen sind also nur für die Zeit der Einwahl gültig und werden automatisch vom Provider vergeben. Schließlich gelangt man zu dem Dialog mit der Liste der bereits vorkonfigurierten Provider. Falls der gewünschte Provider noch nicht existiert, kann mit Neu zum Dialog für die Dateneingabe eines neuen Providers gewechselt werden. Der in Abbildung 2.14 auf der vorherigen Seite abgebildete Dialog wurde bereits mit Daten für den Provider Freenet ausgefüllt:

In diesem Dialog muß zunächst der Name des Providers angegeben werden. Dieser Name erscheint später im Menü der Werkzeuge für die Einwahl also in kinternet bzw. cinternet. Weiterhin müssen die Telefonnummer des Providers sowie der vom Provider vergebene Benutzername und das dazugehörige Paßwort zur Authentifizierung angegeben werden. Schließlich kann noch das Protokoll, SyncPPP bzw. RAW IP gewählt werden. Auch hier sollten die Angaben des Providers eingesehen werrden. In der Regel ist SyncPPP korrekt. Mit Hilfe des Weiter-Knopfes gelangt man zum nächsten Eingabedialog (s. Abb. 2.15).

In diesem Dialog kann bestimmt werden, ob die Verbindung als Dial-on-Demand konfiguriert werden soll, ob die Verbindung also bei Bedarf ohne Aktion des Benutzers automatisiert aufgebaut werden kann. Darüber hinaus kann bestimmt werden, ob die Domain-Name-Server, die der Provider liefert, übernommen und in /etc/resolv.conf eingetragen werden sollen. Alternativ können manuell

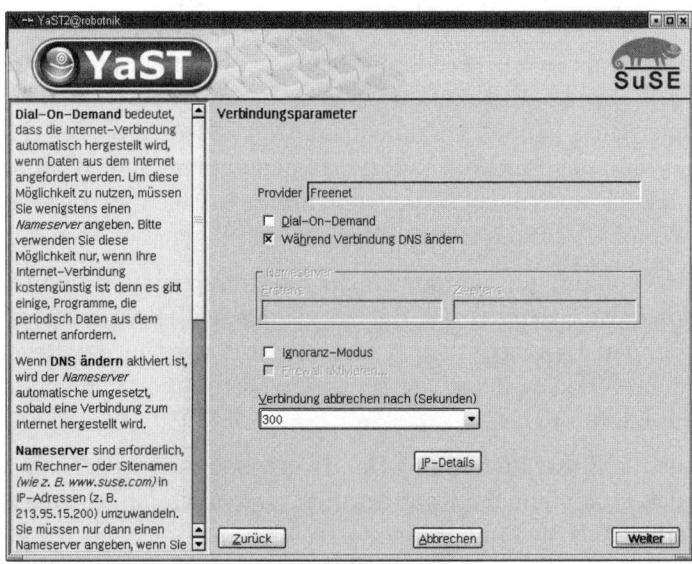

Abbildung 2.15: Der yast2-ISDN-Options-Dialog

DNS-Server angegeben werden. Schließlich kann auch eine Idle-Time bestimmt werden, die definiert, nach welcher Zeit ohne Datenübertragung die Verbindung automatisch getrennt werden soll. Auf diese Weise wird eine nicht genutzte bestehende Verbindung nach einer Weile beendet, um unnötige Kosten zu vermeiden.

Die eigentliche Einwahl erfolgt anschließend über eines der beidem Werkzeuge `kinternet` bzw. `cinternet`. Beide benötigen als Basis den `smpppd` – einen Prozeß, der die Einwahl netzwerktransparent vornehmen kann. Alle drei Werkzeuge sind Bestandteil der SuSE Linux-Distribution. `kinternet` ist ein graphisches Werkzeug für KDE während `cinternet` auf Konsolenebene funktioniert. Weitere Informationen zu diesem Punkt stehen in Abschnitt 2.4 auf Seite 104. Als Beispiel soll die Einwahl mit `cinternet` durchgeführt werden:

```
tux@erde:/home/tux >  /usr/sbin/cinternet -providers
0 freenet
tux@erde:/home/tux >  /usr/sbin/cinternet -select-name "freenet" -start
tux@erde:/home/tux >  ping -c 1 www.suse.de
PING Turing.suse.de from 80.129.74.27 : 56(84) bytes of data.
64 bytes from Turing.suse.de: icmp_seq=1 ttl=246 time=82.784 msec
tux@erde:/home/tux >  /usr/sbin/cinternet -select-name "freenet" -stop
```

Für weitere Informationen zum Installationsvorgang sollte im Handbuch der Distribution nachgeschlagen werden.

2.2.3.3 Manuelle ISDN-Einwahl mit I4L-Tools

Neben der bevorzugten Möglichkeit, die Konfiguration eines Providern mit einem Werkzeug wie z. B. `yast2` durchzuführen, ist es natürlich auch möglich, wenn auch aufwendiger, dies manuell vorzunehmen. Die meisten Provider verwenden zur ISDN-Einwahl das Protokoll PPP, genau genommen die synchrone Variante des PPP-Protokolls, auch SyncPPP genannt. Einige wenige Provider verwenden das Raw IP-Protokoll, auf das hier nicht weiter eingegangen werden soll.

Daher gehören zur Einwahlkonfiguration sowohl die PPP-Konfiguration als auch die Konfiguration des ISDN-Systems, z. B. der zu wählenden Telefonnummer und des zu verwendenden Protokolls. Auch dieser Schritt wird in der Regel durch ein Konfigurationswerkzeug der jeweiligen Linux-Distribution vorgenommen (z. B. YaST bei SuSE Linux).

Grundsätzlich können alle Einstellungen von Hand vorgenommen werden. Der Nachteil ist jedoch, daß eine manuelle Konfiguration wesentlich länger dauert und zudem fehleranfälliger als die Konfiguration mit einem entsprechenden Softwarewerkzeug ist. Dennoch sollen an dieser Stelle kurz die wichtigsten Schritte beschrieben werden. Die hier vorgestellte Konfiguration sollte jedoch als Minimalkonfiguration betrachtet werden.

1. Anpassung der PPP-Optionsdateien `/etc/ppp/options` und (für das erste ISDN-Interface) `/etc/ppp/options.ippp0`. Informationen hierzu finden Sie in Abschnitt 4.7 auf Seite 359.

2. Eintragen der Benutzerdaten (Login, Passwort) in die Dateien `/etc/ppp/pap-secrets` bzw. `/etc/ppp/chap-secrets`. Informationen hierzu finden Sie ebenfalls in Abschnitt 4.7 auf Seite 359.

3. Durchführen der ISDN-Konfiguration für jeden Provider. Hierbei wird jeweils ein neues ISDN-Netzwerk-Interface eingerichtet (das erste ist `ippp0`, Einstellungen können mit `ifconfig ippp0` angezeigt werden). Diesem Interface müssen das zu verwendende Protokoll (`syncppp`) und eine Telefonnummer zugeordnet werden, die zur Anwahl des Providers dient. Ein Skript, das diesen Zweck erfüllt, ist unten abgedruckt.

4. Start des ISDN-PPP-Prozesses `/sbin/ippp` und Anwahl des Providers mit Hilfe des Kommandos `isdnctrl dial ippp0`.

Die oben angesprochene ISDN-Konfiguration kann mit einem kleinen Skript vorgenommen werden, das z. B. für einen T-Online-Zugang wie folgt aussieht:

```
#!/bin/sh
#
# Hinzufuegen eines neuen ippp-Interfaces: ippp0
/sbin/isdnctrl addif ippp0
/sbin/isdnctrl l2_prot ippp0 hdlc
/sbin/isdnctrl l3_prot ippp0 trans
/sbin/isdnctrl encap ippp0 syncppp
# Lokale MSN: 673410
/sbin/isdnctrl eaz ippp0 673410
# Nummer 0191 kann mit isdnctrl dial ippp0 gewählt werden
/sbin/isdnctrl addphone ippp0 out 0191011
# Binden des Interfacesnamens ippp0 an das device /dev/ippp0
/sbin/isdnctrl pppbind ippp0 0

# Starten des interfaces
/sbin/ifconfig ippp0 up

# Start des ipppd
/sbin/ipppd
```

Wurden alle oben beschriebenen Schritte durchgeführt, kann die Anwahl zum oben angegebenen Provider mit dem Kommando `isdnctrl dial ippp0` gestartet werden. Das Abbrechen der Verbindung erfolgt mit `isdnctrl hangup ippp0`.

2.2.3.4 I4L-Utilities

Nachdem der ISDN-Zugang erfolgreich konfiguriert wurde und auch genutzt werden kann, sollen nun kurz einige nützliche Programme vorgestellt werden, die den Umgang mit ISDN vereinfachen.

Insbesondere bei ISDN, wo ein Verbindungsaufbau – im Gegensatz zum Modem – völlig geräuschlos verläuft, ist es wichtig zu wissen, in welchem Zustand sich das ISDN-Interface gerade befindet. Dies kann mit folgenden Werkzeugen geschehen, die helfen, den Überblick zu behalten:

`kimon` Das Programm `kimon` erlaubt die Anzeige der B-Kanäle. Auf diese Weise kann direkt beobachtet werden, ob eine Verbindung besteht. Die KDE-Anwendung kann im KDE-Panel als kleines Icon plaziert werden. Darüber hinaus kann `kimon` so konfiguriert werden, daß sich bei einem Verbindungsaufbau ein Fenster öffnet. Das Fenster schließt sich automatisch nach einigen Sekunden.

`imon`, `imontty` Zwei weitere Applikation sind `imon` und `imontty`. Diese Terminal-basierten Anwendungen können ebenfalls dazu verwendet werden, den Status der beiden B-Kanäle anzuzeigen.

`isdnctrl` Das Programm `isdnctrl` ist das Basiswerkzeug für eine ISDN-Konfiguration. Mit dessen Hilfe können sehr viele Einstellungen verändert und auch angezeigt werden. Hierzu muß das Programm als `isdnctrl list all` aufgerufen werden, wodurch alle Einstellungen für alle `ipppx`-Geräte angezeigt werden. Mit `isdnctrl dial ipppx` kann ein Verbindungsaufbau initiiert werden, wobei `ipppx` für das zu verwendende ISDN-Interface, z. B. `ippp0`, steht. Der Abbau der Verbindung erfolgt mit `isdnctrl hangup ipppx`.

`kisdnwatch` Speziell für die CAPI-basierte Konfiguration von ISDN-Karten kann das Werkzeug `kisdnwatch` der Firma AVM verwendet werden. Es erlaubt die Überwachung der Kanalaktivitäten und ermöglicht eine Übersicht über die im CAPI-Treiber implementierten Protokolle. Das Werkzeug ist unter der URL `ftp://ftp.avm.de/tools/k_isdn_watch.linux/` verfügbar.

2.2.4 CAPI basierte Nutzung von ISDN

Die CAPI ist eine standardisierte, von der CAPI Association verabschiedete Programmierschnittstelle, die den Zugriff und die Nutzung von ISDN-Harware ermöglicht. Die CAPI Association (`http://www.capi.org`) ist eine Vereinigung von ISDN-Hardwareherstellern, Kunden, Telekommunikationsunternehmen und Softwareherstellern, die bereits 1989 gegründet wurde. Die Implemtierung eines verbindlichen Standards ermöglicht die schnellere Entwicklung und die bessere

Portierung von ISDN-Anwendungen, die ohne großen Aufwand auf allen Platformen laufen können, die über die CAPI verfügen. Die CAPI selbst ist letztlich eine Bibliothek, die vom jeweiligen Hersteller der ISDN-Karten für seine Karten entwickelt und dann zur Verfügung gestellt wird. Die CAPI-Bibliothek liegt dabei im Normalfall nicht als Quellcode vor, sondern lediglich binär, was jedoch der Entwicklung von Anwendungen, die auf der CAPI basieren, nicht schadet. Auf diese Weise können Hersteller aus patentrechtlichen oder aus wettbewerbs-Gründen den internen Aufbau der Karte verbergen, ohne die Anwendungsentwicklung für diese Karten zu behindern. Vielerorts wird diese Geheimsniskrämerei jedoch auch kritisiert, da die Weiterentwicklung der CAPI für bestimmte Karten und die Beseitigung von Fehlern nur durch den Hersteller möglich ist und Anwendungsentwickler hierdurch in einem gewissen Grad auf das Wohlwollen des Herstellers angewiesen sind.

Die Verwendung der CAPI unter Linux setzt vorraus, daß die Hersteller von ISDN-Karten diese auch für Linux zur Verfügung stellen. Bis heute ist AVM der einzige Hersteller, der seine CAPI auch für Linux zur Verfügung stellt und supportet. Daher kann die CAPI unter Linux nur dann eingesetzt werden, wenn als ISDN-Hardware eine AVM-Karte (oder baugleiche, wie z. B. die Telekom Teledat) verwendet wird.

Die CAPI deckt verschiedenste Bereiche der ISDN-Kommunikation ab. Hierunter fallen die Datendienste also z. B. die Einwahl bei einem Provider, als auch das Versenden und Empfangen von Faxen (siehe Abschnitt 3.2.1 auf Seite 192). Darüber hinaus ermöglicht die CAPI auch die Entwicklung und Nutzung von Sprachddiensten. Auch der Aufbau eines PPP-Servers, der in Abschnitt 4.7.5.2 auf Seite 377 besprochen wird ist ohne weiteres möglich. Zudem unterstützt die CAPI eine Vielzahl an Protokollen wie z. B. HDLC, V.110 sowie beispielsweise X.75, V.120 und X25. Die CAPI ist für die passiven Karten eingeschränkt auf Systeme mit einem Prozessor. Mehrprozessorsysteme werden sowohl technischen aus marktstrategischen Gründen nur im Zusammenhang mit aktiven Kontrollern, wie der AVM-B1 unterstützt.

2.2.4.1 Installation der AVM-CAPI

Ab SuSE Linux Version 8.0 ist die AVM CAPI Teil des i4l-Pakets, d.h. die Installation der CAPI besteht zunächst aus dem Installieren des i4l-Pakets. Leider fehlen darin aus lizenzrechtlichen Gründen bis jetzt noch die Treiber für die jeweilige ISDN-Karten. Diese sind erst ab SuSE Linux Version 8.1 in den Kernel-Paketen enthalten. Die CAPI selbst ist hier im capi4linux-RPM enthalten. Ab dieser Version muß lediglich die ISDN-Karte mit yast2-konfiguriert werden und man ist fertig. Selbst nicht installierte aber benötigte Pakete werden automatisch nachinstalliert. Bis SuSE Linux Version 8.0 müssen die Treiber bzw. bei noch älteren SuSE Linux Versionen Treiber und CAPI von AVM heruntergeladen und selbst installiert werden. Das CAPI-Paket von AVM kann direkt vom FTP-Server, der unter URL `ftp://ftp.avm.de/cardware/` zu finden ist heruntergeladen werden. In dem oben genannten Verzeichnis befinden sich weitere Unterverzeichnisse, die für den jeweiligen ISDN-Kartentyp stehen wie z. B. `a1` oder `fritzcard` für die ISA-Fritz-Card und `b1` für den aktiven AVM-B1 Kontroller. In dem kartenspezifischen Unterverzeichnis befindet sich dann ein Verzeichnis `linux` in dem die gewünschte Software liegt. Die Namen der CAPI-Pakete sind wiederum unterschiedlich für die verschiedenen Karten und Versionen von SuSE Linux. Für die Fritz A1 auf einer SuSE Linux `7.3`-Distribution heißt das Paket z. B. `fcclassic-suse7.3-03-09-10.tar.gz`. Für eine AVM B1-Karte auf einer SuSE Linux `7.3`-Distribution heißt das Paket `b1-suse7.3-03.09.10.tar.gz`. Ist kein Paket für die gewünschte Linux-Version verfügbar, sollte einfach das neueste Paket verwendet werden, das dann mauell übersetzt werden muß (siehe auch auf Seite 53).

Nach dem Download muß das Archiv ausgepackt werden. Anschließend wechselt man in das aus dem Archiv stammende neue Unterverzeichnis, das wiederum in Abhängigkeit vom Kartentyp benannt ist:

```
root@erde:/tmp #  tar xvzf /tmp/fcclassic-suse7.3-03-09-10.tar.gz
fritz/
fritz/lib/
fritz/lib/fcclassic-lib.o
fritz/makefile
fritz/install
fritz/c4l_start
fritz/i4l_hardware
...


root@erde:/tmp #  cd fritz
root@erde:/tmp/fritz #  ls -CF
CAPI20_Errormessages.txt     compile-help-german.txt  lib/
Logo_CAPI4Linux.jpg          fcclassic.o              make.card
c4l-lib-2001.11.07-1.i386.rpm i4l_hardware*           makefile
c4l-sys-2001.09.25-1.i386.rpm install*                scripts/
c4l_start*                   install.card             src.drv/
classic.conf                 install_passive.de       src.sys/
compile-help-english.txt     install_passive.en
```

Die Pakete von AVM sind auf die SuSE Linux-Distribution zugeschnitten. Auf SuSE-Systemen hat man daher keine Probleme sie zu installieren. Jedes Paket enthält bereits alle Programme und Kernelmodule fertig übersetzt. Da die enthaltenen Kernel-Module nur für den Kernel verwendbar sind, für den Sie auch übersetzt wurden, kann dies zu Problemen führen, wenn auf dem SuSE-System nicht mehr der Standard-Kernel oder ein Update des Kernels verwendet wird, für den es noch keine neue CAPI-Distribution gibt. In diesem Fall und auf allen nicht SuSE-Distributionen muß der in dem Verzeichnis enthaltene Code neu übersetzt und erst dann installiert werden. Die Install-Routine meldet in diesem Fall einen Fehler wie im folgenden dargestellt:

```
Invalid kernel version... found 2.4.17, expected: 2.4.10-4GB.
```

Das eigenständige Übersetzen sollte im Normalfall kein allzugroßes Problem darstellen. Im nächsten Abschnitt wird zunächst die reguläre Installation beschrieben, bei der davon ausgegangen wird, das die verwendete Kernel-Version zu den im Paket bereits fertig übersetzten Modulen paßt. Im darauf folgenden Abschnitt wird beschrieben, wie die Software neu übersetzt werden kann, falls die Versionen nicht übereinstimmen sollten.

Zusätzlich zu den eigentlichem Quellcode der Programme und Modules enthält jedes Paket ein Modul, in dem aller herstellerspezifischer Programmcode enthalten ist, den AVM nicht als Quellcode veröffentlichen möchte bzw. nicht veröffentlichen kann. Da diese Datei jedoch keine Abhängigeiten vom Kernel aufweist bereitet auch das Neuübersetzen keine Probleme.

Der Installationsprozeß ist durch eine Datei die Teil des jeweiligen Pakets ist ausführlich Dokumentiert. Bei der `fcclassic`-Variante heißt die Dokumentationsdatei z. B. `install_passive.de` bzw. `install_passive.en`. Ein Blick in diese Dokumentation lohnt sich auf jeden Fall. Für Fragen bzlg. der CAPI-Installation und Verwendung unter Linux gibt es eine sehr hilfreiche Mailing-Liste `linux-avmb1@calle.in.berlin.de`. Um sich auf diese Liste zu setzten, muß eine Mail an `majordomo@calle.in.berlin.de` mit dem Subject `subscribe linux-avmb1`*`eigene Mailadresse`* gesendet werden.

Normale Installation der CAPI-Treiber

Die Installation muß als Benutzer `root` durchgeführt werden. Hierzu wird zunächst in das Verzeichnis der CAPI-Installationssoftware gewechselt, wie bereits im letzten Abschnitt beschrieben wurde. In diesem Verzeichnis befindet sich das Installationsskript `install`, das einfach aufgerufen werden muß. Folgendes Beispiel zeigt die Installation der CAPI-Software für eine AVM-A1-ISA-Karte:

```
root@erde:/tmp/fritz # ./install
'i4l_hardware' -> '/etc/init.d/i4l_hardware'
Copying CAPI drivers...
Copying CAPI tools...
Copying driver module for FRITZ!Card Classic...
'fcclassic.o' -> '/lib/modules/2.4.10-4GB/kernel/drivers/isdn/fritz/
fcclassic.o' 'classic.conf' -> '/etc/capi.conf'
'install_passive.de' -> '/usr/share/doc/CAPI4Linux/de/install_passive.txt'
```

```
'install_passive.en'-> '/usr/share/doc/CAPI4Linux/en/install_passive.txt'

Please insert the I/O address and the interrupt (IRQ) number
in file /etc/capi.conf. After this, the driver can be started
with '/usr/sbin/capiinit start'.

Check whether ISDN4Linux is set to AVM B1;
if not, do so now and reboot the system...
```

Auf SuSE-Systmen bis einschließlich Version 7.3 wird während der oben dargestellten Installation zunächst das Skript i4l_hardware, das unter SuSE Linux
dazu dient, die Treiber für die vorhandene ISDN-Karte zu laden, gegen eine
CAPI-Version dieses Skript ausgetauscht. Das Skript sogt beim Starten des Rechners dafür, das die CAPI-Module geladen werden und die Karte anschließend
betriebsbereit ist. Dies ermöglicht es später auch weiterhin I4L-Anwendungen
auf Basis der CAPI laufen zu lassen, die hierzu einen Kompatibilitätsmodus bereitstellt. Damit das Skript i4l_hardware korrekt arbeitet, muß in der Datei
/etc/rc.config.d/i4l_hardware.rc.config die Variable I4L_TYPE_1
auf den Wert 8001 gesetzt werden. An diesem Wert erkennt das Startskript, das
die CAPI für die entsprechende Karte gestartet werden soll. Zusätzlich muß noch
in der Datei /etc/rc.config der Eintrag I4L_START auf "yes" gesetzt werden. Ohne diesen Wert würde das Startskript die Initialisierung der Karte *nicht*
vornehmen.

Ab SuSE Version 8.0 wird das Starten der CAPI von dem /etc/init.d/
isdn-Skript aus SuSE Linux übernommen, wenn die ISDN-Karte mit yast2
für die Nutzung der CAPI konfiguriert wurde, also als Treiber in der Low-
Level-Konfiguration AVM CAPI angegeben wurde (in Netzwerk/Basis-
>Konfiguration von ISDN. Dies führt im isdn-StartSkript dazu, daß die
CAPI mit capiinit gestartet und nicht die I4L-Treiber verwendet werden. Alternativ steht auch noch das von AVM zur Verfügung gestellte minimale Start-
Skript capi4linux zur Verfügung, das in das Verzeichnis /etc/init.d kopiert werden kann. Mit Hilfe des Aufrufs insserv capi4linux werden automatisch die Links in den Run-Level-Unterverzeichnissen angelegt. Das Entfe-
renen dieser Links kann auf Wunsch mit insserv -r capi4linux erfolgen.
Es sollte jedoch unbedingt darauf geachtet werden, daß entweder das Original
SuSE Linux-Skript isdn (bevorzugte Variante) oder aber das AVM-Skript ca-
pi4linux aktiv ist, aber niemals beide. Aktiv meint hier, das es für das jeweilige
Skript symbolische Links in den Runlevel-Unterverzeichnissen (z. B. in rc5.d)
gibt. Gegebenenfalls müssen diese Links für das nicht verwendete Skript entfernt
werden. Dies erfolgt durch einen Aufruf von insserv -r <skriptname>.

Neben der Dokumentation werden während der Installation zwei weitere RPM-
Pakete installiert, die zum einen die notwendigen Kernel-Module enthalten und

zum anderen die benötigten Systemprogramme. Das erste RPM-Paket heißt `c41-sys`, das letztgenannte Modul heißt `c41-lib`.

Damit ist die grundlegende Installation abgeschlossen. Die darüber hinaus notwendigen weiterenKonfigurationsschritte werden in Abschnitt 2.2.4.1 auf Seite 59 beschrieben.

CAPI selbst übersetzen

Falls das zur Verfügung stehende CAPI-Paket nicht zur eigenen Distribution paßt, oder aber ein anderer Kernel verwendet wird als der für den das heruntergeladene CAPI-Paket übersetzt wurde, hat dennoch eine Möglichkeit die AVM-CAPI auf seinem System zu installieren. Zu diesem Zweck muß der in dem CAPI-Paket enthaltene Quellcode selbst übersetzt und anschließend installiert werden. In dem Verzeichnis, das beim Auspacken des CAPI-Archivs von AVM erzeugt wurde, befindet sich neben der Hilfe zum normalen Installationsvorgang eine weitere Datei, in der einige Hinweise zum selbst übersetzen gegeben werden. Die Datei heißt `compile-help-german.txt` bzw. `compile-help-english.txt`. Neben dem eigentlichen Übersetzen besteht die weitere Aufgabe darin, den übersetzen Code zu installieren und z. B. das `i41_hardware`-Skript, das auf SuSE Linux-System zum Starten und Stoppen der CAPI verwendet wird zu kopieren.

Voraussetzung für das eigene Übersetzen ist das auf dem Rechner zumindest ein C-Compiler (`gcc`) installiert ist. Zusätzlich wird noch der Kernel-Quellcode (unter `/usr/src/linux`) bzw. die Include-Dateien des Kernel benötigt.

Insgesamt müssen verschiedene Teile die das Gesamtsystem ausmachen übersetzt werden:

❑ Es müssen die CAPI-Module `capi.o` und `capiutils.o`, `kernelcapi.o` und `capifs.o`, die CAPI-Libraries, wie z. B. `libcapi20.a`, sowie die Utility-Programme, wie z. B. `capiinit` und `avmcapictrl`, installiert werden. Diese Software befindet sich fertig übersetzt im RPM-Archiv `c41-lib-<datum>.rpm`[4]. Da dieses Archiv keine Kernelabhängigkeiten enthält, kann das RPM normalerweise direkt installiert werden. Auf Systemen, die nicht über den RPM-Package Manager verfügen, können Paket-Konverter, wie z. B. `alien` oder `rpm2cpio`, dazu verwendet werden, das fertige Paket zu installieren. Wer auch diesen Teil der Software selbst übersetzen möchte, braucht dazu verschiedene Quellen:

➤ Die CAPI-Module, wie z. B. `capi.o`, sind Teil des Kernel-Quellcodes. Hierzu muß also der Kernel selbst mit einer entsprechenden Konfiguration neu übersetzt werden. Die Standardkernel der Distributionen, wie

---

[4]Je nach verwendetem ISDN-Controller, kann der Name des Archivs leicht variieren. Für eine AVM-C2-Karte etwa ist der Name: `c41-c2-<datum>.rpm`

z. B. SuSE, wurden bereits mit der notwendigen Konfiguration über-setzt. Wer seinen Kernel selbst konfiguriert hat, sollte überprüfen, ob die in der Datei `src.sys/capi_modules.txt` aus dem CAPI-Archiv stehenden Kernelkonfigurationsoptionen in der eigenen Kernelkonfi-guration aktiviert sind und gegebenenfalls den Kernel neu übersetzen.

➢ Der Quellcode der CAPI-Utilities und -Libraries ist nicht in der CAPI-Distribution enthalten. Er steht jedoch auf dem FTP-Server von AVM unter der `ftp://ftp.in-berlin.de/pub/capi4linux/` in dem `capi4k-utils`-Archiv zum Download bereit.

❑ Es muß das notwendige CAPI-Kernel-Modul, bei einer Fritz-Card heißt es z. B. `fcclassic.o`, kompiliert und in das Kernel-Module-Verzeichnis in-stalliert werden. Der hierzu notwendige Quellcode befindet sich in dem Unterverzeichnis `src.drv` des CAPI-Archivs. Bei aktiven Controllern wird dieser Schritt nicht benötigt, da die entsprechenden Treiber bereits im Linux-Kernel enthalten sind. Hier ist lediglich eine Überprüfung sinnvoll, ob die entsprechende Kernelunterstützung für die aktive Karte im Kernel aktiviert wurde. Allerdings wird für aktive Karten stets eine Firmware-Datei benö-tigt, die auf den jeweiligen Controller zugeschnitten ist. Daher muß über-prüft werden, ob die für den eingesetzten Controller geeignete Firmware-Datei vorhanden ist.

Im folgenden wird die Installation beschrieben, die auf dem bereits fertigen `c4l-lib`-Paket basiert. Der erste Schritt der Installation besteht daher aus der In-stallation des im CAPI-Archiv von AVM enthaltenen `c4l-lib` RPM-Pakets. Das Paket enthält unter anderem auch nützliche Unix-Manual-Einträge für die CAPI-Software. Das Archiv für eine AVM A1-Karte wurde wie in den vorangegange-nen Abschnitten dargestellt unter dem Verzeichnis `/tmp` entpackt, wodurch das Verzeichnis `fritz` angelegt wurde. Die Installation erfolgt mit dem Kommando:

```
root@erde:/tmp/fritz # rpm --force -i c4l-lib-2001.11.07-1.i386.rpm
```

Der nächste Schritt der Installation besteht aus dem Übersetzen des Quellco-des für das Kernel-Modul zur Kartenansteuerung. Bei einer AVM-A1-Karte heißt dieses Modul beispielsweise `fcclassic.o`. Das Modul wird automatisch er-zeugt, indem im obersten Verzeichnis des CAPI-Archivs der Befehl `make` ein-gegeben wird. Auf dem Linux-System muß hierzu Entwicklersoftware installiert sein, die zumindest aus einem Compiler (`gcc`) mit zugehörigen Libraries als auch dem `make`-System bestehen muß. Darüber hinaus ist es natürlich wichtig, das für den verwendeten ISDN-Kartentyp richtige AVM-CAPI-Archiv heruntergela-den zu haben. Wer z. B. anstelle einer AVM A1-Classic Karte (die in einen Slot des ISA-Bus gesteckt werden muß) eine A1-PCI-Karte verwendet, muß anstelle des `fclassic-suse7.3-03.09.10.tar.gz`-Archivs `fcpci-suse7.3-03.09.10.tar.gz` von AVM herunterladen, um dann anstelle des `fcclassic.o`-Kernel-Moduls das Modul `fcpci.o` zu erzeugen. Der Vorgang selbst bleibt je-

54

doch, abgesehen von dem unterschiedlichen Verzeichnisnamen des AVM-Archivs gleich. Im folgenden wird der Übersetzugsvorgang für die AVM-A1-Classic-Karte beschrieben:

```
root@erde:/tmp/fritz # ls
.                               compile-help-english.txt  lib
..                              compile-help-german.txt   make.card
CAPI20_Errormessages.txt        fcclassic.o               makefile
Logo_CAPI4Linux.jpg             i4l_hardware              scripts
c4l-lib-2001.11.07-1.i386.rpm   install                   src.drv
c4l-sys-2001.09.25-1.i386.rpm   install.card              src.sys
c4l_start                       install_passive.de
classic.conf                    install_passive.en

root@erde:/tmp/fritz # make
(cd src.sys; make CARD=fcclassic)
make[1]: Entering directory '/tmp/fritz/src.sys'
cat capi_modules.txt

    In order to use this FRITZ!Card driver, a couple of kernel modules
    are  required: capi.o, capiutils.o, kernelcapi.o and capifs.o. The
    source  code for these modules is part of the linux kernel in
    directory /usr/src/linux/drivers/isdn/avmb1 and will be compiled with
    the kernel if the following settings are found in the kernel
    configuration:

        CONFIG_EXPERIMENTAL=y

        CONFIG_ISDN_CAPI=m
        CONFIG_ISDN_DRV_AVMB1_VERBOSE_REASON=y
        CONFIG_ISDN_CAPI_MIDDLEWARE=y
        CONFIG_ISDN_CAPI_CAPI20=m
        CONFIG_ISDN_CAPI_CAPIFS_BOOL=y
        CONFIG_ISDN_CAPI_CAPIFS=m
        CONFIG_ISDN_CAPI_CAPIDRV=m

    For "make menuconfig" go to "ISDN subsystem", "Active cards"
    and select:

        ...
        <M> CAPI2.0 support
            [*]    Verbose reason code reporting (kernel size +=7K)
            [*]    CAPI2.0 Middleware support (EXPERIMENTAL)
            <M>    CAPI2.0 /dev/capi support
            [*]       CAPI2.0 filesystem support
```

```
          <M>    CAPI2.0 capidrv interface support
     ...


  In addtion to these entries, please enable entry "Prompt for
  development and/or incomplete code/drivers" in the very first menu
  named "Code maturity level options".


  After the kernel's compilation, all CAPI modules can be found in
  directory /lib/modules/'uname -r'/kernel/drivers/isdn/avmb1/
```

```
make[1]: Leaving directory '/tmp/fritz/src.sys'
(cd src.drv; make CARD=fcclassic)
make[1]: Entering directory '/tmp/fritz/src.drv'
cc -c -DMODULE -D__KERNEL__ -DNDEBUG -D__fcclassic__
 -DTARGET=fcclassic"  -O2 -Wall
 -I /lib/modules/'uname -r'/build/include main.c -o main.o
cc -c -DMODULE -D__KERNEL__ -DNDEBUG -D__fcclassic__
 -DTARGET=fcclassic"  -O2 -Wall
 -I /lib/modules/'uname -r'/build/include driver.c -o driver.o
cc -c -DMODULE -D__KERNEL__ -DNDEBUG -D__fcclassic__
 -DTARGET=fcclassic"  -O2 -Wall
 -I /lib/modules/'uname -r'/build/include tables.c -o tables.o
cc -c -DMODULE -D__KERNEL__ -DNDEBUG -D__fcclassic__
 -DTARGET=fcclassic"  -O2 -Wall
 -I /lib/modules/'uname -r'/build/include queue.c -o queue.o
cc -c -DMODULE -D__KERNEL__ -DNDEBUG -D__fcclassic__
 -DTARGET=fcclassic"  -O2 -Wall
 -I /lib/modules/'uname -r'/build/include lib.c -o lib.o
cc -c -DMODULE -D__KERNEL__ -DNDEBUG -D__fcclassic__
 -DTARGET=fcclassic"  -O2 -Wall
 -I /lib/modules/'uname -r'/build/include tools.c -o tools.o
ld -r -o fcclassic.o main.o driver.o tables.o queue.o lib.o
 tools.o  ../lib/fcclassic-lib.o
make[1]: Leaving directory '/tmp/fritz/src.drv'
```

Die ersten Ausgaben des Übersetzugsvorgangs weisen nocheinmal detailliert darauf hin, welche Kernel-Optionen z. B. (CONFIG_ISDN_CAPI=m vor der Übersetzung des eigenen Linux-Kernels gesetzt sein müssen, damit die AVM-Software verwendet werden kann. Wie bereits gesagt sollte dies bei allen vorübersetzten Kernel der Distributionen der Fall sein. Wer seinen Kernel jedoch selbst übersetzt hat, sollte die Angaben mit den selbst gemachten Einstellungen sorgfältig vergleichen und bei Abweichungen zunächst den eigenen Linux-Kernel neu übersetzen und installieren. Mehr zum Übersetzen eines eigenen Kernel steht in Abschnitt 3.2.2.1 auf Seite 213.

Im Anschluß an diese Hinweise erscheinen die Ausgaben für den Übersetzungsvorgang. Hier sieht man mehrere Aufrufe des C-Kompilers cc für die einzelnen AVM-Quelldateien. Am Ende erscheint schließlich der Befehl ld -r -o fcclassic.o..., durch den das hier benötigte Kernel-Modul fcclassic.o erzeugt wird.

Nachdem der Übersetzungsvorgang ohne Fehler abgelaufen ist, müssen die erzeugten .o-Dateien bzw. Programme jetzt an die richtige Stelle des Linux-Systems installiert werden. Dies erfolgt automatisch durch einen weiteren Aufruf von make mit dem Parameter install:

```
root@erde:/tmp/fritz # make install
(cd src.drv; make install CARD=fcclassic)
make[1]: Entering directory '/tmp/fritz/src.drv'
mkdir -p /lib/modules/'uname -r'/kernel/drivers/isdn/fritz
cp -f fcclassic.o /lib/modules/'uname -r'/kernel/drivers/isdn/fritz
make[1]: Leaving directory '/tmp/fritz/src.drv'
```

Man sieht deutlich, das fcclassic.o-Modul in das Kernel-Modulverzeichnis unter /lib/modules kopiert wird. Da jede Kernel-Version ihr eigenes Modul-Verzeichnis in /lib/modules benötigt, wird der Befehl uname -r eingesetzt, der als Ergebnis die Version des laufenden Kernels ermittelt. Wird z. B. der Kernel in der Version 2.4.18 verwendet, erfolgt das Kopieren des fcclassic.o-Moduls in das Verzeichnis /lib/modules/2.4.18/kernel/drivers/isdn/fritz.

Was noch fehlt ist die Installation des Start-Skripts.

Installation des Start-Skripts bis inkls. SuSE Linux 7.3

Die Datei i41_hardware befindet sich im CAPI-Quellverzeichnis und muß nun je nach verwendeter SuSE-Version entweder in /etc/init.d (ab SuSE Linux Version 7.1) oder /sbin/init.d (bis SuSE Linux Version 7.0) kopiert werden. Hierdurch wird eine evtl. dort existierende Datei des I4L-Systems überschrieben. Damit diese Datei beim Starten des Rechner ausgeführt wird, müssen zusätzlich noch symbolische Links aus den Runlevel-Verzeichnissen rc3.d und rc5.d bzw. rc2.d und rc3.d auf die in /etc/init.d (bzw. /sbin/init.d) liegende Datei gelegt werden. Da sich die Einteilung der Runlevel ab SuSE Linux Version 7.1 verändert hat muß hier erneut unterschieden werden. Wer zuvor schon das I4L-System installiert hatte, braucht lediglich die Datei i41_hardware zu kopieren, die Links in den rcx.d-Verzeichnissen existieren dann bereits. In diesem Fall sollte vor der Installation das I4L-System gestoppt werden, was durch Aufruf des i41 und i41_hardware Skripts mit dem Parameter stop erfolgt. Ist das

I4L-System nicht installiert, fallen diese Aufrufe weg. Auf einem SuSE-System, ab Version 7.1 müssen folgende Befehle ausgeführt werden:

```
root@erde:/tmp/fritz #   /etc/init.d/i4l stop
root@erde:/tmp/fritz #   /etc/init.d/i4l_hardware stop
root@erde:/tmp/fritz #   cp i4l_hardware /etc/init.d
root@erde:/tmp/fritz #   cd /etc/init.d/
root@erde:/tmp/fritz #   chmod 744 i4l_hardware
root@erde:/tmp/fritz #   cd rc3.d
root@erde:/tmp/fritz #   ln -s ../i4l_hardware S01i4l_hardware
root@erde:/tmp/fritz #   ln -s ../i4l_hardware K20i4l_hardware
root@erde:/tmp/fritz #   cd ../rc5.d
root@erde:/tmp/fritz #   ln -s ../i4l_hardware S01i4l_hardware
root@erde:/tmp/fritz #   ln -s ../i4l_hardware K20i4l_hardware
```

Bei Systemen bis SuSE Linux 7.0 lauten die Befehle entsprechend:

```
root@erde:/tmp/fritz #   /sbin/init.d/i4l stop
root@erde:/tmp/fritz #   /sbin/init.d/i4l_hardware stop
root@erde:/tmp/fritz #   cp i4l_hardware /sbin/init.d
root@erde:/tmp/fritz #   cd /sbin/init.d/
root@erde:/tmp/fritz #   chmod 744 i4l_hardware
root@erde:/tmp/fritz #   cd rc2.d
root@erde:/tmp/fritz #   ln -s ../i4l_hardware S01i4l_hardware
root@erde:/tmp/fritz #   ln -s ../i4l_hardware K20i4l_hardware
root@erde:/tmp/fritz #   cd ../rc3.d
root@erde:/tmp/fritz #   ln -s ../i4l_hardware S01i4l_hardware
root@erde:/tmp/fritz #   ln -s ../i4l_hardware K20i4l_hardware
```

Damit das Start-Skript i4l_hardware korrekt arbeitet, muß in der Datei /etc/rc.config.d/i4l_hardware.rc.config die Variable I4L_TYPE_1 auf den Wert 8001 gesetzt werden. An diesem Wert erkennt das Startskript, das die CAPI für die entsprechende Karte gestartet werden soll. Zusätzlich muß noch in der Datei /etc/rc.config der Eintrag I4L_START auf "yes" gesetzt werden. Ohne diesen Wert würde das Startskript die Initialisierung der Karte *nicht* vornehmen.

Anschließend müssen die im folgenden Abschnitt beschriebenen Schritte ausgeführt werden.

Installation des Start-Skripts ab SuSE Linux 8.0

Ab SuSE Linux Version 8.0 ist der CAPI-Support Teil des i4l-Pakets. Das Starten der CAPI wird daher von dem /etc/init.d/isdn-Skript aus SuSE Linux übernommen, wenn die ISDN-Karte mit yast2 für die Nutzung der CAPI konfiguriert wurde, also als Treiber in der Low-Level-Konfiguration AVM CAPI angegeben wurde (in Netzwerk/Basis->Konfiguration von ISDN). Dies führt im `isdn`-Start-Skript dazu, daß die CAPI mit `capiinit` gestartet und nicht die I4L-Treiber verwendet werden. Alternativ steht auch noch das von AVM zur Verfügung gestellte minimale Start-Skript `capi4linux` zur Verfügung, das in das Verzeichnis `/etc/init.d` kopiert werden kann. Mit Hilfe des Aufrufs `insserv capi4linux` werden automatisch die Links in den Run-Level-Unterverzeichnissen angelegt. Das Entfernen dieser Links kann auf Wunsch mit `insserv -r capi4linux` erfolgen. Es sollte jedoch unbedingt darauf geachtet werden, daß entweder das Original SuSE Linux-Skript `isdn` (bevorzugte Variante) oder aber das AVM-Skript `capi4linux` aktiv ist, aber niemals beide. Aktiv meint hier, das es für das jeweilige Skript symbolische Links in den Runlevel-Unterverzeichnissen (z. B. in `rc5.d`) gibt. Gegebenenfalls müssen diese Links für das nicht verwendete Skript entfernt werden (`insserv -r <skriptname>`).

Weitere Schritte zur Konfiguration der CAPI

Um die Karte in Betrieb nehmen zu können, fehlt noch die Konfiguration des Kartentyps sowie speziell bei der AVM A1-ISA-Version darüber hinaus die Angabe der I/O-Adresse sowie eines freien Interrupts. Wurde die CAPI über `yast2` Konfiguriert (ab SuSE Linux Version `8.0`) so liegt die bereits fertige Datei unter `/etc/sysconfig/isdn/`. Ab SuSE Linux `8.1` heißt die Datei nicht mehr `capi.conf`, sondern `capi.conf.<controller-nr>`, wobei `<controller-nr>` für die Nummer des zu konfigurierenden Controllers steht. In diesen Fällen muß die hier beschriebene Konfiguration nicht durchgeführt werden. Ansonsten werden beide Angaben in die zentrale Konfigurationsdatei `/etc/capi.conf` eingetragen, die für eine AVM-A1-Karte wie folgt aussehen könnte:

```
# card          file      proto   io      irq    mem    cardnr   options
#b1isa          b1.t4     DSS1    0x150   7      -      -        P2P
#b1pci          b1.t4     DSS1    -       -      -      -        -
#c4             c4.bin    DSS1    -       -      -      -        -
#c4             -         DSS1    -       -      -      -        -
#c4             -         DSS1    -       -      -      -        P2P
#c4             -         DSS1    -       -      -      -        P2P
#t1isa          t1.t4     DSS1    0x340   9      -      0        -
#t1pci          t1.t4     DSS1    -       -      -      -        -
#fcpci          -         -       -       -      -      -        -
fcclassic       -         -       0x340   11     -      -        -
#                                 -----   --
# 1) Insert I/O address here _____|    |
# 2) Insert IRQ number here _____/
# 3) Remove '#' in front of "fcclassic"
```

Die Datei muß für jede ISDN-Karte, die im Rechner installiert ist und mit der CAPI betrieben werden soll genau eine Zeile enthalten. Zeilen, die mit einem #-Zeichen beginnen, sind Kommentare, haben also keine Wirkung .

In der ersten Spalte wird der Typ der eingebauten ISDN-Karte angegeben. Die zweite Spalte enthält den Namen der Firmware-Datei, die bei aktiven ISDN-Kontrollen wie der AVM-B1-Karte benötigt wird. Die aktuellste Version dieser Datei kann ebenfalls vom FTP-Server von AVM unter der URL `ftp://ftp.avm.de/cardware/b1/x_misc` heruntergeladen werden. In dem CAPI-Paket für die B1-Karte sind die entsprechenden Dateien jedoch bereits enthalten. Wichtig ist die Verwendung der richtigen Dateivariante. Hier gibt es zum einen eine Variante für den Betrieb der Karte am Mehrgeräteanschluß (Verzeichnis `DS01`) und eine weitere Variante, um die Karte am Anlagenanschluß (Verzeichnis `DDI`) zu betreiben. Beide Dateien haben den gleichen Namen, jedoch ein unterschiedliches Anwendungsgebiet! Wird ein anderer aktiver ISDN-Controller eingesetzt, muß entsprechend auch die passende Firmware-Datei von AVM heruntergeladen und installiert werden. Ohne die passende Firmware kann der Controller nicht funktionieren. Die Firmware-Dateien werden auf dem lokalen Rechner im Verzeichnis `/usr/lib/isdn` gesucht. In der oben stehenden Konfigurationsdatei `capi.conf` muß lediglich der entsprechende Name angegeben werden.

Die dritte Spalte bezeichnet das zu verwendende Protokoll. Heute wird fast ausschließlich das ISDN-Protokoll `DSS1` verwendet. Das ältere nationale `1TR6`-Protokoll wird kaum noch verwendet.

In die vierte Spalte muß bei ISA-Karten die auf der Karte durch Jumper (Drahtbrücken) markierte I/O-Adresse angegeben werden. Die fünfte Spalte enthält wiederum nur bei einer ISA-Karte den zu verwendenden Interrupt. Hier muß ein Interrupt angegeben werden, der noch nicht verwendet wird. Hierzu kann als Benutzer `root` die Kernel-Interrupttabelle ausgegeben werden, um festzustellen welcher Interrupt noch frei ist. Die Ausgabe dieser Tabelle erfolgt mit folgendem Kommando

```
root@erde:/ # cat /proc/interrupts
    0:    434909        XT-PIC  timer
    1:     21889        XT-PIC  keyboard
    2:         0        XT-PIC  cascade
    4:       121        XT-PIC  serial
    8:         7        XT-PIC  rtc
    9:      3212        XT-PIC  eth0, es1370
   10:    432465        XT-PIC  aic7xxx, nvidia
   12:     66139        XT-PIC  PS/2 Mouse
   14:     30861        XT-PIC  ide0
   15:         8        XT-PIC  ide1
```

In dieser Beipspielausgabe ist zu erkennen, das der in der Konfigurationsdatei capi.conf für die AVM-A1-Karte angegebene Interrupt 11 tatsächlich noch verfügbar ist. Dies erkennt man daran, das in der linken Spalte, die die Interruptnummern enthält, die Zahl 11 nicht erscheint.

Ansonsten ist noch die letzte Spalte für Anwender einer aktiven ISDN-Karte interessant. Hier kann konfiguriert werden, ob die Karte am Mehrgeräteanschluß (wie ein normales ISDN-Telefon) oder aber im Point-to-Point-Betrieb, also am Anlagenanschluß betrieben werden soll. Wie bereits gesagt, ist es wichtig neben der entsprechenden Angabe in capi.conf auch die richtige Firmware von FTP-Server von AVM heruntergeladen zu haben.

Nachdem alle genannten Konfigurationsschritte durchgeführt wurden, kann versucht werden, die CAPI zu starten. Dies kann zum einen über die zuvor installierte CAPI-Variante des Start-Skripts erfolgen oder mit Hilfe des Programms capi-init, das aus dem Skript i4l_hardware heraus gestartet wird, wenn der Kartentyp I4L_TYPE_1 in wie oben beschrieben in der Datei /etc/rc.config.d/i4l_hardware.rc.config auf den Wert 8001 gesetzt wurde. Als Ergebnis der Ausführung (hier auf einer SuSE Linux-Version 7.3) sollte eine Meldung erscheinen wie z.B:

```
root@erde:  # / /etc/init.d/i4l_hardware start
Loading ISDN drivers ...
Starting CAPI4Linux...
1 fcclassic  running  fritz-isa      A1 3.09-10 0x0340 11
/sbin/insmod /lib/modules/2.4.10-4GB/kernel/drivers/isdn/avmb1/capidrv.o
Using /lib/modules/2.4.10-4GB/kernel/drivers/isdn/avmb1/capidrv.o
```

Weitere Meldungen, insbesondere für den Fehlerfall können aus der Datei /var/log/messages entnommen werden. Das Skript macht letztlich nichts anderes als mit Hilfe des Kommandos capiinit start die CAPI zu starten und anschließend noch das Modul capidrv zu laden. Wer nicht unter SuSE Linux arbeit kann sich also recht leicht ein eigenes Start-Stop-Skript schreiben, in dem zum Staten der CAPI capiinit start und zum Stoppen capiinit stop aufgerufen wird.

2.2.4.2 Konfiguration der I4L-Kompatibilität

Wer für den ISDN-Zugang bisher ISDN for Linux (i4l) verwendet hat, kann die verwendeten Programme, wie z. B. den ipppd oder Programme, die auf die /dev/ttyI-Geräte zugreifen auch weiterhin mit der CAPI verwenden. Hierzu muß lediglich eine kleine Ergänzung der Datei /etc/moduls.conf erfolgen, in die drei Zeilen eingefügt werden müssen:

```
alias char-major-43      capidrv
alias char-major-44      capidrv
alias char-major-45      capidrv
```

Zusätzlich müssen weitere Einträge für die genannten `char-major`-Geräte mit den Nummern 43–45 mit der Angabe von `hisax` oder `off` aus der Datei `/etc/modules.conf` entfernt oder durch Voranstellen des #-Zeichens deaktiviert werden:

```
#alias char-major-43 hisax
#alias char-major-44 hisax
#alias char-major-45 hisax
#alias char-major-43 off
#alias char-major-44 off
#alias char-major-45 off
```

Zur Sicherheit sollte anschließend das Kommando `depmod -a` als Benutzer `root` ausgeführt werden.

2.2.4.3 Einwahlkonfiguration mit der AVM CAPI

Die CAPI-Distribution von AVM enthält unter anderem das `capiplugin` mit dessen Hilfe eine Einwahl über ISDN bei einem Provider möglich wird. Darüber hinaus existiert auch die Möglichkeit mit dem `capiplugin` ein PPP-Server aufzubauen. Zu diesem Thema wird mehr in Abschnitt 4.7.5.2 auf Seite 377 gesagt.

Das `capiplugin` ist eine Bibliothek, die vom PPP-Daemon `pppd` geladen und dazu verwendet werden kann PPP über eine ISDN-Verbindung zu „sprechen", die mit Hilfe der CAPI aufgebaut wurde. Das `capiplugin` ist dabei für den Verbindungsaufbau zuständig und ermöglicht es Verbindungen aufzubauen, auf eingehende Verbindungen zu warten und Verbindungen über gemietete Standleitungen zu realisieren.

Die Konfiguration für eine Einwahl über ISDN wird von dem Plugin unter dem Verzeichnis `/etc/ppp/peers` gesucht. Hier kann getrennt für jeden Provider eine Konfigurationsdatei angegeben werden, in der die für die Einwahl notwendigen Parameter (Telefonnummer, Benutzername, ...) festgelegt werden können. In der AVM-CAPI-Distribution sind bereits verschiedene Konfigurationsschablonen für einige größere Provider enthalten. Sie dienen insbesondere als Vorlage für eine eigene Konfiguration. Die Dateien werden bei der Installation in das Verzeichnis `/etc/ppp/peers/isdn` kopiert. Zum Testen der Konfiguration des `capiplugins` stellt AVM einen Testeinwahlserver zur Verfügung. Die Konfigurationsdatei hierfür lautet `/etc/ppp/peers/isdn/avm`. Mit dieser Konfiguration kann ein erster Test der CAPI als Benutzer `root` erfolgen. Voraussetzung ist, das nach der CAPI-Konfiguration, die CAPI mit dem jeweiligen Start-Skript (z. B. `i4l_hardware`) gestartet wurde. Da der AVM-Test-Server von vielen Leuten verwendet wird, kann es durchaus sein, das die Nummer besetzt ist, was durch eine Meldung des pppd mit dem Text User busy angezeigt wird. In diesem Fall muß die Anwahl einfach nocheinmal probiert werden.

```
root@erde:/root #  pppd call isdn/avm
Plugin pppoe.so loaded.
PPPoE Plugin Initialized
Plugin userpass.so loaded.
userpass: $Revision: 1.3 $
Plugin capiplugin.so loaded.
capiplugin: $Revision: 1.20 $
capiconn:  1.5
capiplugin: phase serialconn.
capiplugin: contr=1
controller 1: listen_change_state 0 -> 1
contr 1:listenconf Info=0x0000 (No additional information) infomask=0x144
cipmask=0x0 capimask2=0x0
controller 1: listen_change_state 1 -> 0
plci_change_state:0x0 0 -> 1 event=1
capiplugin: dialing 03039984330 (hdlc)
plci_change_state:0x101 1 -> 2 event=3
plci_change_state:0x101 2 -> 3 event=6
ncci_change_state:0x101 0 -> 1 event=1
ncci_change_state:0x10101 1 -> 3 event=3
ncci_change_state:0x10101 3 -> 4 event=7
ncci 0x10101 up
capiplugin: connected: "" -> "03039984330" outgoing
(pcli=0x101/ncci=0x10101)
capiplugin: using /dev/capi/0: "" -> "03039984330" outgoing
(pcli=0x101/ncci=0x10101)
using channel 13
Using interface ppp0
Connect: ppp0 <--> /dev/capi/0

sent [LCP ConfReq id=0x1 <mru 1492> <asyncmap 0x0> <magic 0x704ce0c0>
<accomp>] capiplugin: phase establish (was serialconn).
rcvd [LCP ConfReq id=0x3b <mru 1514> < 17 04 00 0b> <auth chap MD5>
<magic 0xc539378b> <pcomp> <accomp> <callback CBCP> <mrru 1514>
<endpoint [local:41.43.43.45.53.53.32.34.32.38.38.34.36.41]>]
sent [LCP ConfRej id=0x3b < 17 04 00 0b> <pcomp> <mrru 1514>]
rcvd [LCP ConfAck id=0x1 <mru 1492> <asyncmap 0x0> <magic 0x704ce0c0>
<accomp>] rcvd [LCP ConfReq id=0x3c <auth chap MD5> <magic 0xc53939b4>
<accomp> <callback CBCP> <endpoint [local:41.43.43.45.53.53.32.34.32.38.
38.34.36.41]>]
sent [LCP ConfNak id=0x3c <auth pap>]
```

```
rcvd [LCP ConfReq id=0x3d <auth pap> <magic 0xc539e2a4> <accomp> <callback
CBCP> <endpoint [local:41.43.43.45.53.53.32.34.32.38.38.34.36.41]>]
sent [LCP ConfAck id=0x3d <auth pap> <magic 0xc539e2a4> <accomp> <callback
CBCP> <endpoint [local:41.43.43.45.53.53.32.34.32.38.38.34.36.41]>]
sent [LCP EchoReq id=0x0 magic=0x704ce0c0]
cbcp_lowerup
want: 2
```
capiplugin: phase authenticate (was establish).
sent [PAP AuthReq id=0x1 user="netways" password=<hidden>]
rcvd [LCP DiscReq id=0x3e magic=0xc539e2a4 4e 54 2f 4d 50 52 49 20 35 2e
31 36 2e 30 34 20 49 4e 20 49 44 45 4e 54 20 41 43 43 45 53 53 32 ...]
rcvd [LCP EchoRep id=0x0 magic=0xc539e2a4]
rcvd [LCP DiscReq id=0x3f magic=0xc539e2a4 4e 54 2f 4d 50 52 49 20 35 2e
31 36 2e 30 34 20 49 4e 20 49 44 45 4e 54 20 41 43 43 45 53 53 32 ...]
rcvd [PAP AuthAck id=0x1 ""]
capiplugin: phase callback (was authenticate).
```
cbcp_open
cbcp_req CONF_NO
sent [CBCP Request id=0x1 < NoCallback>]
rcvd [CBCP Request id=0x99 < NoCallback>]
length: 2
Callback: none
cbcp_resp cb_type=2
cbcp_resp CONF_NO
sent [CBCP Response id=0x99 < NoCallback>]
capiplugin: phase network (was callback).
sent [IPCP ConfReq id=0x1 <addr 192.168.10.1> <compress VJ 0f 00>
<ms-dns1 0.0.0.0> <ms-dns3 0.0.0.0>]
rcvd [CBCP Response id=0x1 < NoCallback>]
id doesn't match: expected 153 recv 1
CBCP_RESP received
length: 2
Callback: none
cbcp_ack cb_type=2
cbcp_ack CONF_NO
sent [CBCP Ack id=0x99 < NoCallback>]
capiplugin: phase network, again.
rcvd [CBCP Request id=0x2 < NoCallback>]
length: 2
Callback: none
cbcp_resp cb_type=2
cbcp_resp CONF_NO
sent [CBCP Response id=0x2 < NoCallback>]
capiplugin: phase network, again.
```

```
rcvd [CBCP Ack id=0x2 < NoCallback>]
capiplugin: phase network, again.
rcvd [CCP ConfReq id=0x4f <mppe 0 0 0 1>]
Unsupported protocol 'Compression Control Protocol' (0x80fd) received
sent [LCP ProtRej id=0x2 80 fd 01 4f 00 0a 12 06 00 00 00 01]
rcvd [IPCP ConfReq id=0x9 <compress VJ 0f 00> <addr 192.168.113.40>
<ms-dns1 192.168.113.8> < c0 02>]
sent [IPCP ConfRej id=0x9 <ms-dns1 192.168.113.8> < c0 02>]
rcvd [IPCP ConfRej id=0x1 <ms-dns3 0.0.0.0>]
sent [IPCP ConfReq id=0x2 <addr 192.168.10.1> <compress VJ 0f 00>
<ms-dns1 0.0.0.0>]
rcvd [IPCP ConfReq id=0xa <compress VJ 0f 00> <addr 192.168.113.40>]
sent [IPCP ConfAck id=0xa <compress VJ 0f 00> <addr 192.168.113.40>]
rcvd [IPCP ConfNak id=0x2 <addr 192.168.113.52> <ms-dns1 192.168.113.8>]
sent [IPCP ConfReq id=0x3 <addr 192.168.113.52> <compress VJ 0f 00>
<ms-dns1 192.168.113.8>]
rcvd [IPCP ConfAck id=0x3 <addr 192.168.113.52> <compress VJ 0f 00>
<ms-dns1 192.168.113.8>]
local   IP address 192.168.113.52
remote IP address 192.168.113.40
primary   DNS address 192.168.113.8
Script /etc/ppp/ip-up started (pid 22831)
Script /etc/ppp/ip-up finished (pid 22831), status = 0x0

(Ctrl)-(C)
Terminating on signal 2.
...
```

Im obigen Beispiel wird pppd mit dem Argument call isdn/avm aufgerufen. Die Option call bewirkt, das pppd in dem Verzeichnis /etc/ppp/peers nach der als weiteren Parameter angegebenen Datei isdn/avm sucht und die in dieser Datei enthaltene Konfiguration verwendet, die zur Anwahl des AVM Test-Servers führt. Die Vielzahl an Ausgaben helfen im Fehlerfall herauszufinden was nicht funktioniert. Die Ausgaben enthalten eine große Zahl von Meldungen verschiedener Protokolle, die im Zusammenhang mit der im Rahmen von PPP stattfindenden Aushandlung von Parametern zwischen dem Server und dem sich einwählenden Rechner stattfindet. →*LCP*, das Link Control Protocol dient im Rahmen von PPP der Einrichtung, Konfiguration und Überprüfung einer Verbindung. Über dieses Protokoll wird beispielsweise die Authentifizierungsmethode ausgehandelt oder auch der MRU- (Maximum Receive Unit) Wert, der die maximale Größe eines zu übertragenden Datagramms beschreibt. Das Aushandeln besteht dabei zunächst aus dem Senden einer Konfigurationsanfrage (ConfReq). Die Gegenseite kann diese Anfrage entweder akzeptieren (ConfAck) oder aber Ablehnen (ConfRej). Zur Übertragung der verschiedenen Netzwerkprotokolle wie z. B. IP oder IPX über eine PPP-Verbindung wird eine weitere Familie von Protokollen verwendet, die als →*NCP* (Network Control Protocol) bezeichnet wird. Für die Übertragung von IP-Paketen über PPP wird hierzu das →*IPCP* (Internet Protocol Control Protocol) eingesetzt, über das z. B. die Aushandlung der IP-Adressen zwischen den beiden Systemen erfolgt. Darüber hinaus dient IPCP dazu, Einigung in Bezug auf Kompressionsverfahren zwischen den beiden Maschinen zu erzielen.

In dem oben dargestellten Beispiel sind einige interessante Ausgaben *kursiv* gesetzt um sie aus der Masse herauszuheben. Der erste hervorgehobene Teil diese Ausgaben macht sichtbar, welche Telefonnummer von der CAPI zum Verbindungsaufbau gewählt wurde. Darüber hinaus kann man erkennen, das für diese Verbindung das Netzwerkinterface ppp0 verwendet wird. Im zweiten Teil wird der Vorgang der Authentifizierung sichtbar. Man kann sehen, das als Benutzernamen netways und ein in der Ausgabe nicht sichtbares Paßwort zum Server übertragen wird. Die Meldung AuthAck zeigt an, das der Server diese Daten zur Authentifizierung akzeptiert hat, der Benutzer also sozusagen angemeldet ist. Im dritten Teil ist schließlich zu erkennen, welche IP-Adresse dem sich einwählenden Rechner als auch dem Server zugewiesen wurde. Darüber hinaus sieht man das der Server Werte für die Namensserver übermittelt hat. Diese Werte können in dem anschließend startenden Skript ip-up (siehe auch Abschnitt 4.7.7) ausgewertet und in die Datei /etc/resolv.conf eingetragen werden, damit die Namensauflösung über diese Nameserver gemacht werden kann.

Der Abbruch der Verbindung erfolgt einfach dadurch, das der pppd-Prozeß beendet wird. Da pppd aus einem Terminal heraus gestartet wird, kann dies wie im Beispiel dargestellt, durch Drücken der (Ctrl)-(C) erfolgen.

Die beim Verbindungsaufbau übermittelten Parameter sind in der Konfigurationsdatei isdn/avm enthalten, die wie folgt aussieht:

```
#
# AVM GmbH - Fast Internet Test Server
#
debug
sync
noauth
-chap
user netways
password netways
plugin userpass.so
defaultroute
plugin capiplugin.so
#controller 1
#numberprefix 0
number 03039984330
```

```
protocol hdlc
ipcp-accept-local
ipcp-accept-remote
/dev/null
```

Die Dateien besteht aus einzelnen Zeilen, die jeweils eine Konfigurationsoption enthalten. Eine Zeile, die mit einem #-Zeichen beginnt ist ein Kommentar und hat keine weitere Wirkung. Eine Beschreibung zu allen Optionen befindet sich in den Manualseiten zu pppd und zu capiplugin. An dieser Stelle sollen nur die wichtigsten Optionen beschrieben werden, die für die Konfiguration der Einwahl des gewünscchten Internet-Providers benötigt werden. Eine genauere Beschreibung von PPP finden Sie in Abschnitt 4.7.

user *username* Angabe des Benutzernamens *username* für die Authentifizirung beim Provider.

password *pass* Angabe des dem user zugeordneten Paßworts *pass* für die Authentifizirung beim Provider. Das Paßwort muß in Klartext angegeben werden. Daher sollte darauf geachtet werden, das die Konfigurationsdatei nur für den Benutzer root les- und schreibbar ist.

plugin userpass.so Diese Option ermöglicht es dem capiplugin den Benutzernamen und das Paßwort entsprechend der user und password-Angaben der Konfigurationsdatei zu verwenden. Ohne diese Option würde der Benutzername und das Paßwort in den Dateien /etc/ppp/pap-secrets bzw. /etc/ppp/chap-secrets gesucht werden. Siehe auch Abschnitt 4.7.4 auf Seite 368.

number *telnum* Angabe der Telefonnummer *telnum* zur Anwahl des Providers.

numberprefix *prefix* Angabe eines Nummerpräfix, der beim Wählen der Telefonnummer vorangestellt wird. Sinnvoll z. B. bei der Verwendung von Telefonanlagen bei denen für ein Amt vor der eigentlichen Nummer eine 0 gewählt werden muß.

-chap, -pap Für die Authentifizierung beim Provider können die beiden Verfahren PAP bzw. CHAP verwendet werden. Durch Angabe einer Option wie z. B. -CHAP wird der pppd angewiesen zur Authentifizierung ausschließlich das verbleibende Protokoll PAP zu verwenden. Dies muß vom Provider unterstützt werden. Mehr zu diesem Thema finden Sie unter Abschnitt 4.7.4 auf Seite 368.

debug Bewirkt die Ausgabe von Debugging-Informationen. Wenn der Verbindungsaufbau zum Provider nicht funktioniert, kann mit dieser Option ein tieferer Einblick in den Ablauf der Einwahl gewonnen werden, der es leichter macht das Problem zu erkennen an dem

67

die Einwahl scheitert. Im Normalbetrieb sollte diese Option nicht aktiviert sein.

Zur Konfiguration der Einwahl des gewünschten Providers kann am einfachsten zunächst eine Kopie von `isdn/avm` mit dem Namen des gewünschten Providers erstellt werden. Anschließend sollten zumindest die Parameter `user`, `password` und `number` angepaßt werden. Anschließend kann ein Einwahlversuch wie oben beschrieben durchgeführt werden.

Als nächstes muß noch das Problem gelöst werden, daß nach dem die Einwahl als Benutzer `root` funktioniert, auch ein normaler Benutzer `pppd` mit den erforderlichen Parametern starten darf. Hierzu kann als eine Lösungsmöglichkeit `/usr/sbin/pppd` SUID-root gemacht werden, wodurch der Prozeß immer als `root` arbeitet, egal wer ihn startet:

```
root@erde:/ # chown root /usr/sbin/pppd
root@erde:/ # ls -l /usr/sbin/pppd
-rwxr-x--- 1 root dialout  206856 Jan 14 17:00 /usr/sbin/pppd
root@erde:/ # chmod u+s /usr/sbin/pppd
root@erde:/ # ls -l /usr/sbin/pppd
-rwsr-x--- 1 root dialout  206856 Jan 14 17:00 /usr/sbin/pppd
```

Durch das s-Bit in den Benutzerrechten von `pppd` wird der Prozeß als der Benutzer gestartet, dem die Datei gehört (hier also: `root`). Eine Alternative ist die Verwendung von `sudo`, einem Paket, das es `root` ermöglicht bestimmten Benutzern für bestimmte Kommandos `root`-Rechte zu erteilen. Hierzu muß die Datei `/etc/sudoers` als `root` mit dem Kommando `visudo` wie folgt angepaßt werden. Der Benutzer dem hier das Recht eingeräumt werden soll `pppd` mit `root`-Rechten zu starten sei `tux`:

```
tux     ALL=NOPASSWD: /usr/sbin/pppd
```

Durch diesen Eintrag kann `tux` anschließend z. B. das Kommando `sudo /usr/sbin/pppd call isdn/avm` mit `root`-Rechten ausführen.

2.3 ADSL unter Linux

Neben der Möglichkeit, einen Internet-Zugang mit Hilfe eines Modems oder über eine ISDN-Verbindung herzustellen, bieteten immer mehr Provider einen ADSL-basierten Zugang. Da kaum ein Provider, außer der Telekom über ein eigenes Leitungsnetz zum Kunden verfügt, mieten solche Anbieter oftmals Leitungen von der Telekom. In solchen Fällen ist die Konfiguration des Zugangs für diesem Provider oftmals mit der für den von der Telekom als T-DSL vermarkteten Dienst identisch. Unterschiedlich sind dann nur der zu verwendende Benutzername und das Paßwort. Eine gute Übersicht über ADSL-Anbieter für Privatper-

Tabelle 2.4: DSL-Techniken im Überblick

DSL-Technik	Adern-Paare	Upstream	Downstream	Reichweite in km
ADSL[7]	1	64-640	1500-8000	4.5
T-DSL	1	$128/192$[8]	$768/1500$[8]	4.0
HDSL[9]	1-3	2048	2048	4.0
SDSL[10]/SHDSL[11]	1/1-3	144-2320	144-2320	3.0
VDSL[12]	1	2300	53084	0.5

sonen ist unter der URL `http://www.adsl4linux.de/anbieter/` verfügbar. Informationen darüber, in welchen Städten T-DSL verfügbar ist, können auf der Web-Seite der Telekom unter der URL `http://service.t-online.de/t-on/inte/tdsl/ei/CP/ei-tdsl-bestellung.html` bezogen werden.

2.3.1 Grundlagen

Die Familie der DSL[5]-Techniken zu der auch ADSL gehört, ist keine ganz neue Technik. Erste Varianten von DSL wurden in den USA bereits Ende der 80er Jahre erprobt. Allen DSL-Varianten gemein, ist die Tatsache, daß Daten auf ein oder mehreren Kupferadernpaaren übertragen werden. Da fast alle Telefonanschlüsse in Deutschland über Kupferkabel realisiert sind, ist DSL eine Technik für die keine neue Infrastruktur benötigt wird und dennoch eine verglichen mit einem ISDN-B-Kanal mindestens 12fache Geschwindigkeit von 768KBit/sec[6] und mehr erreicht werden kann. Die letztlich erreichbare Geschwindigkeit hängt dabei sehr stark von der Kabellänge und den elektrischen Eigenschaften der der Kupferadern ab, also letztlich von der Entfernung der Vermittlungsstelle des Providers bis zur Dose des Kunden. Die Grenze für die meisten DSL-Verfahren liegt hier bei 4–5 km. Tabelle 2.4 gibt einen kurzen Überblick über die wichtigsten DSL-Technologien.

Wie in Tabelle 2.4 zu sehen ist, gliedern sich die DSL-Techniken in symmetrische und asymmetrische Verfahren. Symmetrisch meint, daß die Transferrate vom Provider zum Rechner (downstream) genau gleich groß ist wie die Transferrate vom Rechner zum Provider (upstream). Solche Verfahren, wie z. B. HDSL und SDSL/SHDSL sind daher insbesondere für Firmen interessant, bei denen etwa gleich viel Daten gesendet und empfangen werden. Für Privatanweden sind hingegen die asymetrischen Verfahren (ADSL, T-DSL) von Interesse. Asymmetrisch meint, daß die Transferrate vom Provider zum Rechner (downstream) wesentlich größer ist als die Transferrate vom Rechner zum Provider (upstream). Diese

---

[5]Digital Subscriber Line
[6]Typischer Wert heute angebotener ADSL-Produkte in Downstream-Richtung, wie z. B. T-DSL

Aufteilung entspricht den Anforderungen der überwiegenden Zahl von Internet-Nutzern, die weitaus mehr Informationen aus dem Internet beziehen (z. B. Surfen im Web) als sie ihrerseits versenden (z. B. Mail).

Ein Vorteil speziell der ADSL/T-DSL-Technik (im Gegensatz zu den synchronen SDSL, HDSL-Techniken) besteht darin, daß neben dem Datenstrom zusätzlich auch Sprachdienste auf den gleichen Leitung übertragen werden können, ohne das beide Dienste sich stören. Dies beruht auf der Tatsache, das Sprach- und digitale Nutzdaten auf unterschiedlichen Frequenzbändern über die Kupferadern übertragen werden. So werden analoge Sprachdaten im Telefonnetz im Frequenzbereich von 100-3200 Hz übertragen. ISDN-Dienste verwenden den Bereich von 4 kHz - 120kHz. Das maximal mögliche Frequenzspektrum für die Datenübertragung auf Kupferadern reicht jedoch bis 1MHz. Dies bedeutet, das Telefonie-Dienste inkls. ISDN nur etwas mehr als 10% der verfügbaren Bandbreite ausnutzen und ca. 90% bisher ungenutzt blieben. Dieser zuvor noch ungenutzte Bereich wird von DSL zur Datenübertragung verwendet. Um die zur Verfügung stehende Bandbreite flexibel verteilen zu können und zur Umgehung von Störsignalen in bestimmten Frequenzbereichen wird der DSL-Frequenzbereich in einzelne, unabhängige Kanäle unterteilt in denen Daten übertragen werden können. Das hierzu verwendete Modulationsverfahren heißt DMT[13]. Um die auf „einem" Kabel übertragenen verschiedenen Signale beim Kunden wieder voneinander trennen zu können ist ein sogenannter Splitter notwendig, der den niederfrequenten Anteil des Signals (Telefonie, ISDN) vom hochfrequenten Anteil (DSL) trennt. Durch diesen Aufbau ist es dem Besitzer eines kombinierten Telefon/ADSL-Anschlusses problemlos möglich zu telefonieren und gleichzeitig Daten zu übertragen. Dabei spielt es keine Rolle ob der Benutzer über einen ISDN- oder ein analogen Anschluß verfügt.

Für den Einsatz von ADSL wird neben der Leitung zur Vermittlungstelle des Providers ein DSL-Modem benötigt, das an den Splitter angeschlosen wird. Das DSL-Modem überträgt die von der Vermittlungstelle empfangenen Daten in Ethernetpakete. Zur Verbindung des Rechners mit dem DSL-Modem dient eine handelsübliche PC-Ethernetkarte. Daten, die vom Rechner gesendet werden, werden über die Netzwerkkarte des Rechners zum Modem gesendet und dort mittels DSL zur Vermittlungsstelle übertragen und weitergeleitet.

Ein Verbindungsaufbau im klassischen Sinn, also das Wählen der Telefonnummer eines Providers ist bei ADSL-Verbindungen nicht erforderlich, da es sich bei ADSL praktisch um eine Standleitung handelt. Da der Provider jedoch die Nutzung der Leitung abrechnen will und die Abrechnung in der Regel nach Nutzungszeit, nicht nach Volumen erfolgen soll, braucht man einen Weg, der es dem Provider gestattet festzustellen, wann und wie lange der Nutzer die ADSL-Leitung verwendet hat. Zu diesem Zweck wurde das PPPoE- (PPP over Ethernet)

---

[13]Discret Multi-Tone

Protokoll entwickelt. PPPoE ist ein in RFC 2516 (siehe http://www.faqs.org/
rfcs/) beschriebenes Protokoll und gestattet analog einer normalen Wählverbindung mit PPP, im Wesentlichen die Authentifizierung eines Benutzers (Login
und Passwort) sowie die Zuteilung einer IP-Adresse.

Für Linux existieren inzwischen zwei verschiedene Implementierungen des PP-
PoE-Protokolls, eine Kernel-basierte Version, sowie der als normaler Benutzerprozeß arbeitende Roaring Penguing-PPPoE-Daemon. Die beiden Lösungsmög-
lichkeiten werden in den folgenden Abschnitten genau beschrieben.

2.3.2 Einführung in T-DSL

T-DSL ist eine Telekom-Variante der ADSL- (Asymmetric Digital Subscriber Line) Technik. Obwohl immer mehr Provider DSL-Dienste anbieten, ist die Telekom mit ihrem T-DSL-Produkt immer noch Marktführer. Im folgenden wird der
Anschluß der notwendigen Hardwarekomponenten, als auch die auf Software-
seite notwendige Konfiguration besprochen. Da viele andere DSL-Anbieter letztlich nur die Leitungen der Telekom mieten und deren Hardware mitbenutzen,
gilt die unten stehende Beschreibung auch für einige andere Anbieter. Eine gute Übersicht über die notwendigen Konfigurationsschritte für die verschiedenen
DSL-Anbieter ist unter der URL http://www.adsl4linux.de/ verfügbar.

Da T-DSL eine ADSL-Variante darstellt, können über die bereits vorhandene An-
schlußleitung für das Telefon zusätzlich mittels DSL Daten übertragen werden.

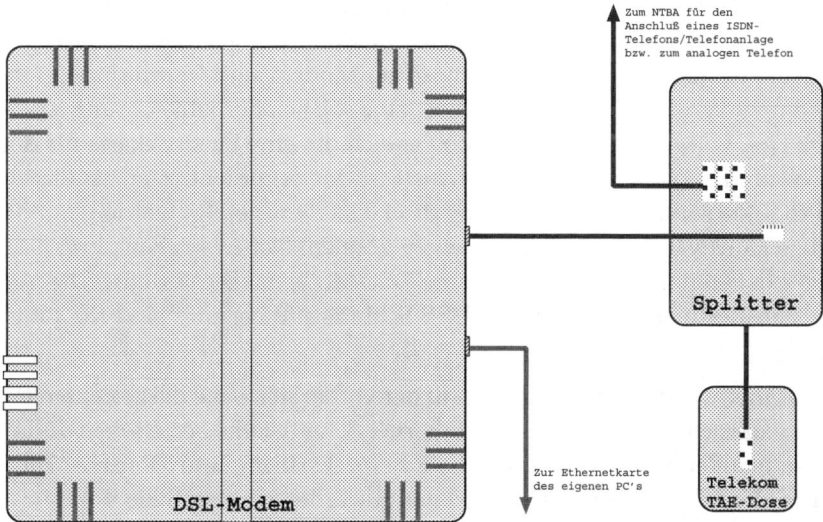

Abbildung 2.16: Anschluß der T-DSL Hardware-Komponenten

Dabei ist es technisch unerheblich, ob der Kunde einen analogen oder über einen ISDN-Anschluß verfügt. Bei der Installation erhält der Kunde von der Telekom einen Splitter und ein als T-DSL-Modem bezeichnetes Gerät. Die Verkabelung dieser Geräte ist schematisch in Abbildung 2.16 auf der vorherigen Seite dargestellt.

An die von der Telekom gesetzte TAE-Anschlußdose, an die bisher das analoge Telefon bzw. der NTBA[14] der Telekom angeschlossen war, wird jetzt der Splitter gesteckt. Der Splitter verfügt über mehrere Ausgänge. Ein Ausgang mit einem RJ45 Stecker wird mit dem Splitter-Eingang des DSL-Modems verbunden. An die TAE-Anschlüsse des Splitters kann bei einem ISDN-Anschluß der NTBA angesteckt werden. Wer noch einen analogen Anschluß hat, kann an die TAE-Stecker ein oder mehrere analoge Geräte (z. B. Telefon und Modem) anschließen. Der Splitter wird also einfach zwischen der Teleklom-Anschlußdose und den bisher angeschlossenen Geräten geschaltet.

Die Verbindung des T-DSL-Modems mit einem Rechner erfolgt über eine Ethernet-Schnittstelle. Dies bedeutet, daß der Rechner über eine Ethernet-Karte verfügen und diese auch konfiguriert sein muß, was mit Hilfe der Installationswerkzeuge der jeweiligen Linux-Distribution problemlos durchführbar sein sollte (letztlich muß lediglich das zur Karte passende Kernel-Modul, evtl. mit Parametern, geladen und das Interface mit `ifconfig eth0 up` aktiviert werden). Die Ethernetkarte wird mit dem zweiten RJ45-Anschluß des DSL-Modems verbunden.

Neben der klassischen Möglichkeit zusammen mit dem T-DSL-Anschluß auch das DSL-Modem von der Telekom zu beziehen, existiert seit Anfang 2002 auch die Möglichkeit das Modem von einem Fremdhersteller zu beziehen. Die Hardware des Fremdherstellers sollte dem U-R2 Standard der Telekom entsprechen um Probleme mit der Kompatibilität zwischen Modem und Vermittlungsstelle der Telekom zu vermeiden. Ein Beispiel für eine solche alternativ-Lösung ist die Fritz!Card DSL von AVM. Hierbei handelt es sich um eine Einsteckkarte für den PC, die sowohl als ISDN-Karte als auch als DSL-Modem dient. Zur Installation solcher Produkte sollte der Beschreibung des Herstellers gefolgt werden, um die notwendige Hardware in Betrieb nehmen zu können. Neben solchen „internen" Lösungen existieren auch weitrere externe DSL-Modems. Diese stellen die Verbindung zum Rechner z. B. über eine USB-Schnittstelle her und sind für Linux ungeeignet.

Der Vorteil einer wie in Abbildung 2.16 auf der vorherigen Seite dargestellten Lösung eines externen DSL-Modems mit Ethernet-Schnittstelle, besteht genau darin, das hierzu außer einem Treiber für die Ethernetkarte im Linux-Rechner keine weiteren hardwarespezifischen Treiber benötigt werden, wodurch die Konfiguration vereinfacht wird und man nicht auf die spezielle Treiber des Herstellers (und

---

[14]Bei ISDN-Anschlüssen wird die eigene Telefonanlage bzw. das ISDN-Telefon an den NTBA angeschlossen, der wiederum mit der Telefondose verbunden werden muß.

evtl. Bugs) angewiesen ist. Der für die externe Lösung notwendige Betrieb einer Ethernet-Schnittstelle ist in Linux vollkommen problemlos. Ein weiterer Vorteil der Lösung eines externen DSL-Modems mit Ethernet Schnittstelle besteht im getrennten Betrieb von DSL-Modem und Rechner. Das DSL-Modem muß sich nach dem Einschalten mit der Vermittlungsstelle synchronisieren, was u.U. einige Minuten dauern kann. Steckt das Modem im Rechner muß diese Synchronisierung jedes Mal beim Einschalten des Rechners erfolgen, wodurch es vorkommen kann, das der Rechner schon betriebsbereit ist, das eingebaute Modem aber die Synchronisation mit der Vermittlunsstelle noch nicht abgeschlossen hat. Das externe DSL-Modem kann hingegen unabhängig vom Rechner aktiv bleiben.

Zu Abrechnungszwecken, also um Online-Zeiten der Kunden protokollieren zu können, wird auf der T-DSL-Leitung eine spezielle Variante des PPP-Protokolls, das als PPPoE bezeichnet wird, übertragen. Durch diese Erweiterung von PPP müssen sich Benutzer bei der Einwahl beim Provider anmelden. Hierzu ist auf Client-Seite die klassische PPP-Konfigurationen erforderlich, die eine Anpassung der /etc/ppp/options-Datei sowie Einträge zur Authentifizierung in /etc/ppp/pap-secrets mit einigen Eigenheiten erfordert.

Das von der Telekom angebotene T-DSL bietet zur Zeit Übertragungsraten von 768 kBit/sec downstream und 128 kBit/sec upstream an. Verglichen mit einem Modem (56.000 Bit/sec) oder einem ISDN-Zugang (max. 128 kBit/sec) sind dies insbesondere downstream geradezu berauschende Übertragunsraten. In einigen Städten ist bereits die neue Variante von T-DSL, T-DSL 1500 verfügbar. In dieser Konfiguration ist ein Download mit einer Geschwindigkeit bis zu 1500kBit/sec (1.5 Mbit/sec) und ein Upload mit bis zu 192 KBit/sec möglich.

Unter Linux existieren verschiedene Möglichkeiten, T-DSL zu nutzen, die unterschiedlich hohen Konfigurationsaufwand erfordern. Die favorisierte Variante basiert auf einem PPPOE-Treiber im Linux-Kernel, die zweite Variante verwendet den Roaring Penguin PPPOE-Treiber, der als normaler Benutzerprozeß arbeitet. Aufgrund der relativ hohen Transferrate, die bei T-DSL möglich ist, sollte mit einem aktuellen 2.4er-Kernel möglichst der Kernel-basierte Treiber eingesetzt werden, da ansonsten die Datenübertragung eine unnötig hohe Systemlast erzeugen kann. In Fällen, wo dies nicht gelingt, oder wenn ein älterer Kernel (Version kleiner als 2.4) eingesetzt wird, kann immer noch RP-PPPOE eingesetzt werden.

2.3.3 T-DSL-Konfiguration mit pppoe-Support im Kernel

Seit der Kernel-Version 2.4 gehört das PPPoE-Protokoll fest zum Kernel. Voraussetzung zur Nutzung ist natürlich, daß in der Kernelkonfiguration der PPPoE-Support auch aktiviert wurde. Bei allen neueren SuSE-Distributionen, die mit Kernel 2.4 ausgeliefert werden, ist dies der Fall. Ein Test, ob der PPPoE-Treiber im Kernel aktiviert wurde, ist die Suche nach den Kernel-Modules pppoe und pppoex im Moduleverzeichnis des Kernels unter /lib/modules. Hierzu kann folgendes Kommando verwendet werden:

```
root@erde:/home/tux #   find /lib/modules/`uname -r`/ -name 'ppp[oe]*'
/lib/modules/2.4.17/kernel/net/atm/pppoatm.o
/lib/modules/2.4.17/kernel/drivers/net/pppoe.o
/lib/modules/2.4.17/kernel/drivers/net/pppox.o
```

Die oben dargestellte Ausgabe bedeutet, daß der Kernel über PPPoE-Support verfügt. Ansonsten muß der Kernel neu konfiguriert, übersetzt und installiert werden bevor DSL genutzt werden kann. Die entsprechenden Einstellungen befinden sich in der Kernelkonfiguration im Abschnitt Network device support. Dort muß der Punkt PPP over Ethernet als Modul markiert werden. Da der Treiber je nach Kernelversion noch als „Experimental" gekennzeichnet ist, muß zuvor im Abschnitt Code maturity level options der Punkt Prompt for development and/or incomplete code/drivers aktiviert werden. Informationen zur Übersetzung eines neuen Kernels finden Sie im Abschnitt 3.2.2.1 auf Seite 213.

Eine weitere Voraussetzung zur Nutzung von T-DSL ist neben einem Kernel, der PPPOE unterstützt auch eine aktuelle Version des pppd (mindestens Version 2.4.1) notwendig. Zusätzlich muß der Original pppd einen Patch für die PPPoE-Unterstützung enthalten. Bei SuSE Linux ist dies bereits der Fall. Für andere Distributionen sollte die Version und der Patchstand von pppd überprüft werden. Die Version des Installierten pppd kann am einfachsten herausgefunden werden, indem als Benutzer root das Kommando pppd -version aufgerufen wird. Um herauszufinden, ob der installierte pppd den PPPoE-Patch enthält kann die Datei pppoe.so verwendet werden, die in /usr/lib/pppd/*version*/ installiert sein sollte, falls pppd das Protokoll unterstützt. Falls die Version des installierten Daemons zu alt bzw der PPPoE-Patch nicht integriert ist, muß pppd deinstalliert und anschließend von Hand neu übersetzt werden. Der Quellcode von pppd ist unter http://www.sfgoth.com/~mitch/linux/atm/pppoatm/ verfügbar. Für die Installation genügt normalerweise das Auspacken des Quellcode-Archivs sowie der Aufruf von ./configure dann make und schließlich make install als Benutzer root aus dem Verzeichnis des Quellcodes heraus.

Da die Verbindung von Rechner zu dem DSL-Modem über Ethernet hergestellt wird, muß der Rechner über eine ungenutzte Ethernetkarte verfügen, die unter Linux konfiguriert sein muß. Die einzig notwendige Konfiguration ist die Verwendung einer freien nicht anderweitig genutzten IP-Addresse (z. B. 192.168.99.1). Hierzu muß das entsprechende Ethernet-Interface (mit ifconfig) als up konfiguriert wurden. Bei SuSE Linux sollte die Konfiguration des Interface am besten mit Hilfe von yast oder yast2 erfolgen. Wichtig ist, sich zu merken, welches Interface der Karte für DSL zugewiesen wurde. Für die erste Ethernetkarte im Rechner lautet der Name eth0. Steckte bereits eine Ethernetkarte im Rechner, so daß für DSL eine zweite eingebaut werden muß, lautet der Gerätename voraussichtlich eth1 usw.

Die eigentliche Konfiguration kann nun auf zwei verschiedenen Wegen erreicht werden. Unter SuSE Linux ist der beste und einfachste Weg die Verwendung von yast2. Diese Vorgehensweise wird im folgenden Abschnitt beschrieben. Wer nicht unter SuSE Linux arbeitet oder einfach mehr über den Konfigurationsprozeß erfahren möchte, kann die DSL-Konfiguration auch manuell durchführen. Dieser Weg wird in Abschnitt 2.3.3.2 auf Seite 80 genau beschrieben.

2.3.3.1 Konfiguration mit yast2

Seit SuSE Linux 7.1 kann die DSL-Konfiguration ganz einfach mit Hilfe von yast2 vorgenommen werden. Um DSL anschließend zu nutzen, muß auf dem Rechner sowohl das smpppd-Paket als auch möglichst kinternet installiert sein. Mehr zu diesen beiden Werkzeugen steht in Abschnitt 2.4 auf Seite 104. Bei älteren SuSE-Installationen muß zusätzlich das Paket pppoed installiert sein, das ab SuSE Linux 7.3 im Paket ppp aufgegangen ist.

Konfiguration einer Verbindung mit manueller Einwahl

Für die DSL-Konfiguration muß das Kommando yast2 als Benutzer root ausgeführt werden. Da der komfortabelste Weg mit yast2 zu arbeiten, der unter

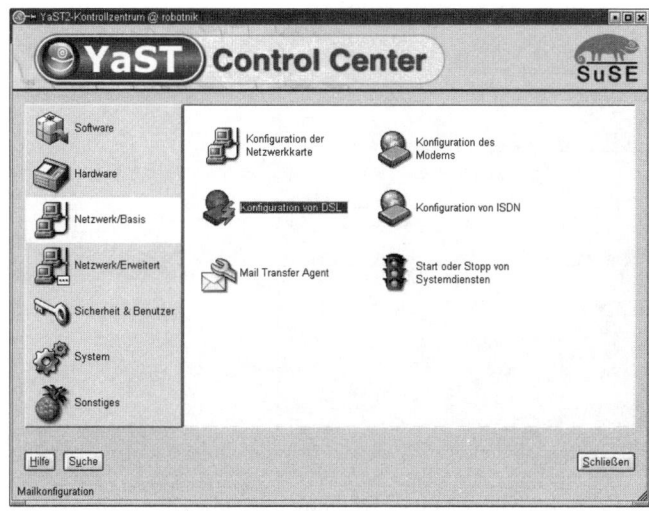

Abbildung 2.17: Netzwerk-Konfiguration in yast2

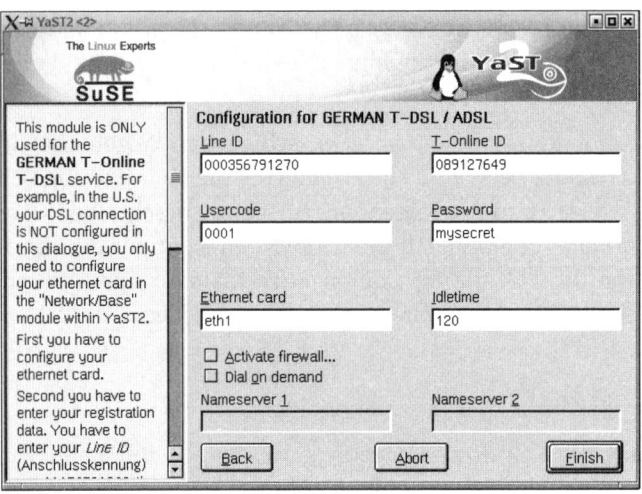

Abbildung 2.18: T-DSL-Konfiguration in `yast2` bis SuSE Linux `7.3`

einer graphischen Benutzeroberfäche ist, sollte man sich am besten unter X Window (also z. B. unter einer Oberfäche wie KDE) als Benutzer `root` anmelden und anschließend `yast2` aufrufen. In dem dann erscheinenden Fenster (siehe Abbildung 2.17 auf der vorherigen Seite) muß der Punkt `Network/Basis` und dann `Konfiguration von DSL` angewählt werden.

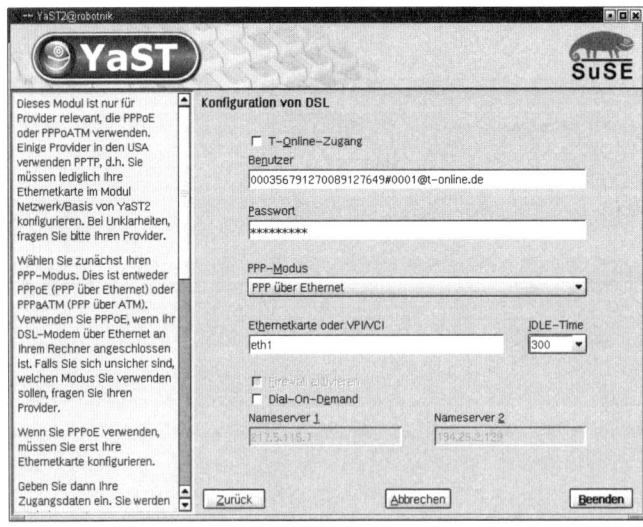

Abbildung 2.19: T-DSL-Konfiguration in `yast2` in SuSE Linux `8.1`

Bis SuSE Linux Version 7.3 erscheint der in Abbildung 2.18 auf der vorherigen Seite abgebildete Dialog. Ab SuSE Linux Version 8.0 sieht der Dialog wie in Abbildung 2.19 auf der vorherigen Seite dargestellt aus.

Bei der initialen Konfiguration sind in die Eingabefelder noch leer. In der Abbildung wurden bereits Beispieldaten eingetragen. Die wesentlichen Daten, die angegeben werden müssen sind die Line-ID (T-Online Anschlußkennung), die T-Online ID (die Telefonnummer des eigenen Anschlusses), der User-Code (Mitbenutzernummer), das T-Online Password, die für DSL verwendete Ethernet card sowie die Idle time. Die Daten können den von T-Online erhaltenen Unterlagen entnommen werden. Bei dem Dialog für die Version ab SuSE Linux 8.0 wurden die Felder Line-ID und User-Code zu dem neuen Feld Benutzer zusammengefaßt. Wie an den eingetragenen Daten zu sehen ist, muß der Benutzer für T-DSL aus der Line-ID gefolgt von der Mitbenutzernummer und schließlich der Zeichenkette @t-online.de bestehen. Um die T-Online-Daten wieder in einzelnen Felder eingeben zu können, kann die Box T-Online selektiert werden.

Zusätzlich kann noch konfiguriert werden, das für das entsprechende Gerät die Firewall aktiviert werden soll und ob die Verbindung „on demand" also bei Bedarf aufgebaut werden soll (mehr hierzu steht in Abschnitt 2.3.3.1). Wird die Checkbox Dial on demand aktiviert, muß zumindest noch ein gültiger Nameserver angegeben werden.

Nachdem alle Daten eingegeben wurden, muß lediglich noch der Beenden-Knopf gedrückt werden um die Konfiguration abzuschließen. Die Konfiguration wird bis SuSE Linux Version 7.3 im Wesentlichen in der Datei /etc/pppoed.conf gespeichert. Um anschließend die DSL-Einwahl testen zu können, muß auf dem System das von SuSE erhältliche Paket smpppd installiert und gestartet sein. Zur netzwerkweiten Kontrolle einer Internetverbindung über Modem, ISDN oder DSL usw, dient smpppd, der u.a. die Konfigurationsdatei /etc/pppoed.conf liest. Um den Verbindungsaufbau zu initiieren kann z. B. das KDE-Werkzeug kinternet verwendet werden, in dem per Mausklick einer der konfigurierten Provider selektiert und der Verbindungsaufbau als auch der Abbau der Verbindung ausgelöst werden kann. Alternativ kann die Einwahl auch mit Hilfe des Kommandozeilen-Werkzeugs cinternet kontrolliert werden: Ab SuSE Linux Version 8.0 wird die Konfiguration für den ersten DSL-Provider in /etc/sysconfig/network/providers/dsl-provider0 abgelegt.

```
tux@erde:/home/tux >   /usr/sbin/cinternet -providers
0 Freenet
1 T-DSL
tux@erde:/home/tux >   /usr/sbin/cinternet -select-name "T-DSL" -start
tux@erde:/home/tux >   ping -c 1 www.suse.de
```

```
PING Turing.suse.de (213.95.15.200) from 80.129.74.27 : 56(84) bytes of
data.
64 bytes from Turing.suse.de (213.95.15.200): icmp_seq=1 ttl=246
time=62.658 msec
tux@erde:/home/tux > /usr/sbin/cinternet -select-name "T-DSL" -stop
```

Mehr zu `cinternet` steht in der entsprechenden Manual-Seite und in Abschnitt 2.4 auf Seite 104. `cinternet` ist Teil des `smpppd`-Pakets.

Dial on demand-Konfiguration

Mit Dial on demand meint man den automatischen Aufbau einer Verbindung, sobald vom Linux-System festgestellt wird, das Daten zu einem Ziel außerhalb des lokalen Netzwerks gesendet werden müssen. Die Verbindung soll also automatisch z. B. dann aufgebaut werden, wenn der Benutzer seinen Webbrowser startet und auf eine URL zugreift, die nicht im lokalen Netz liegt. Nach einer konfigurierbaren Zeit in der keine Daten gesendet oder empfangen wurden, wird die Verbindung automatisch wieder unterbrochen. Der Vorteil einer solchen Konfiguration besthet darain, das der Benutzer nicht mehr manuell die Verbindung aufbauen muß, was insbesondere in einem lokalen Netzwerk mit mehrerern Benutzern sinnvoll ist, die Internetdienste über einen zenrales Gateway nutzen. Problemematisch bei einer solchen Konfiguration ist die Tatsache, daß Linux über zahlreiche Netzwerkdienste verfügt, die u. U. immer wieder versuchen eine Netzwerkverbindung zu starten. Der prominenteste Dienst ist `sendmail` zusammen mit dem Nameservice. Durch einen solchen Versuch kommt es ungewollt zu einem Verbindungsaufbau, der je nach Häufigkeit zu einer hohen Rechnung des Providers führen kann. Daher sind dial on demand-Konfigurationen meißt nur in Verbindung mit einer Flatrate zu empfehlen.

Unter `yast2` ist die dial on demand-Konfiguration sehr einfach. Hierzu muß zunächst lediglich der Button `dial on demand` in der DSL-Konfiguration (siehe Abbildung 2.18 auf Seite 76 bzw 2.19 auf Seite 76) aktiviert werden.

Im Anschluß an diese Konfiguration muß sichergestellt werden, daß die Kernel-Variable `/proc/sys/net/ipv4/ip_dynaddr` beim Booten des Rechners den Wert 2 erhält, was bei SuSE im `/etc/init.d/boot`-Skript erfolgt, wenn in `/etc/rc.config` die Variable `IP_DYNIP="2"` gesetzt wurde. Alternativ kann auch das Kommando `echo 2 > /proc/sys/net/ipv4/ip_dynaddr`[15] in das beim Booten startende Skript `/etc/init.d/boot.local` geschrieben werden. Das Setzen des Wertes aktiviert einen Workaround im Kernel für dial on demand. Bei dial on demand besitzt der Rechner, von dem eine Verbindung aufgebaut wird zum Zeitpunkt des Aufbaus noch keine gültige IP-Adresse. Diese

---

[15]Erklärungen hierzu finden sich in der Datei `/usr/src/linux/Documentation/` `networking/ip_dynaddr` des Linux-Kernelquellcodes

erhält der Rechner ja erst genau dann, wenn die Verbindung aufgebaut wurde. Dennoch muß in dem Datenpaket das zu dem Verbindungsaufbau geführt hat, eine gültige IP-Adresse als Absender stehen, da ansonsten keine Antwort möglich wäre. Zu diesem Zweck dient der obengenannte Workaround. Falls der Rechner nicht neu gestartet werden soll, genügt auch das manuelle setzen der Variable. Zusätzlich muß smpppd neu gestartet werden damit er die von yast2 geänderte Konfigurationsdatei /etc/pppoed.conf bzw. /etc/sysconfig/network/ providers/dsl-provider0 neu einlesen kann:

```
root@erde:/ #  cat /proc/sys/net/ipv4/ip_dynaddr
7
root@erde:/ #  echo 2 > /proc/sys/net/ipv4/ip_dynaddr
root@erde:/ #  cat /proc/sys/net/ipv4/ip_dynaddr
2
root@erde:/ #  /etc/init.d/smpppd restart
Shutting down SMPPPD                                          done
Starting SMPPPD                                              done
```

Bei älteren SuSE-Versionen muß das Skript pppoed neu gestartet und in /etc/ rc.config die Variable START_PPPOED=yes gesetzt werden. Anschließend sollte ein pppd-Prozeß laufen, in dessen Kommandozeile das Wort demand wie etwa in folgendem Beispiel auftaucht:

```
root@erde:/ #  ps axuw|grep pppd
root   24251  0.0  0.2  1852   872 pts/6    S   12:31    0:00 /usr/sbin/pppd
logfd 7 call pppoe eth1 demand call demand idle 120 nodetach
user 00035679127008912764900001@t-online.de passwordfd 8
```

Der Parameter demand bestimmt für pppd, daß die Verbindung on demand hergestellt werden soll. Zu guter letzt sollte überprüft werden, ob in der Datei /etc/resolv.conf die zuvor angegebene IP-Adresse für den Nameserver als erster nameserver-Eintrag, z. B. als nameserver=212.185.248.84 steht, wobei 212.185.248.84 hier für die IP-Adresse des in der Konfiguration angegebenen Nameservers steht. Wer wwwoffle (siehe Abschnitt 4.3 auf Seite 290) auf seinem Rechner verwendet, muß zusätzlich noch daran denken, den Modus autodial durch einen Aufruf von wwwoffle -autodial zu aktivieren.

Anschließend kann der erste Test durchgeführt werden indem z. B. auf eine externe Web-Seite oder mittels FTP auf einen FTP-Server zugegriffen wird. Die Verbindung sollte automatisch aktiviert und nach einer Weile inaktivität wieder deaktiviert werden. Über cinternet und kinternet kann weiterhin der Zustand der Verbindung kontrolliert werden, sodaß insbesondere in der Anfangszeit eine gewisse Kontrolle des Einwahlverhaltens möglich ist.

2.3.3.2 Manuelle Konfiguration

Die manuelle Konfiguration sollte unter SuSE Linux normalerweise nicht notwendig sein. Hier ist die Konfiguration mit `yast2` vorzuziehen. Dieser Abschnitt ist insbesondere für die Gruppe von Linux-Nutzern interessant, die nicht unter SuSE Linux arbeiten oder einen etwas tieferen Einblick in die DSL-Konfiguration haben möchten, die ansonsten „unter der Haube" abläuft.

Konfiguration für manuelle Einwahl

Nachdem bereits in der Vorbereitung geklärt wurde, das der Kernel über PPPoE-Support verfügt und auch der Gerätename der für DSL zur Verwendung kommenden Ethernetkarte bekannt ist, besteht der nächste Schritt darin, das die Login- und Passwort-Informationen in die Dateien `/etc/ppp/pap-secrets` und `/etc/ppp/chap-secrets` eingetragen werden muß. Der als Login zu verwendende Name besteht bei T-DSL aus der T-Online-Kennung, die zusammen mit der immer vierstellig zu verwendenden Mitbenutzernummer angegeben werden muß. Lauten die T-Online-Anschlußkennung beispielsweise `000356791270`, die Telefonnummer `089127649` und die Mitbenutzernummer ist `1`, so ergibt sich die resultierende Login-Zeichenkette:

```
000356791270089127649#0001
```

An diese Zeichenkette muß noch die Zeichenkette `@t-online.de` angehängt werden. Das Zeichen `#` mußte in obigem Beispiel hinter der Telefonnummer eingefügt werden, da diese kürzer als 12 Zeichen ist, ansonsten kann es entfallen. Ein Eintrag in `pap-secrets` bzw. `chap-secrets` hat dann folgendes Format (das Passwort lautet in diesem Beispiel `mySecret`):

```
"000356791270089127649#0001@t-online.de"  *  "mySecret"
```

Um automatisiert das ppp-Modul laden zu können, sollte anschließend noch die Datei `modules.conf` angepaßt werden, indem das Vorhandensein folgender Zeilen überprüft wird:

```
alias /dev/ppp ppp_generic
alias char-major-108 ppp_generic
alias net-pf-24 pppoe
```

Was zu guter letzt noch fehlt ist die Konfiguration für den pppd-Prozeß, die in der Datei `/etc/ppp/options` vorgenommen werden kann. Der Aufbau dieser Datei wird ausführlich in Abschnitt 4.7.2 auf Seite 362 beschrieben. Für den T-DSL-Service müssen einige Besonderheiten beachtet werden: In der options-Datei muß die `ctrscts`-Option deaktiviert (`nocrtscts`) oder auskommentiert werden. Darüber hinaus muß die Option `sync` hinzugefügt und schließlich auch der Benutzername, wie oben beschrieben, eingetragen werden. Eine Beispieldatei sieht wie folgt aus:

```
plugin /usr/lib/pppd/2.4.1/pppoe.so
user "000356791270089127649#0001@t-online.de"
noauth


# Hole DNS-Server von Telekom
usepeerdns


# Maximale receive/transmit unit. Wichtig !!!
mru 1492
mtu 1492


defaultroute
replacedefaultroute
hide-password
# Idle time in Sekunden
idle 180


# Akzeptiere Lokale und remote ip von server
ipcp-accept-remote
ipcp-accept-local


# Check all 10 seconds (allowing 3 errors) if server is still there
lcp-echo-interval 10
lcp-echo-failure 3


# switch off all compressions (this is a must)
nopcomp
# this is recommended
novjccomp
noccp


# Be verbose (nur zum testen)
debug
# Do not go into background (nur zum testen)
nodetach
```

Die obige Konfiguration geht davon aus, daß der Provider einen Nameserver zur Verfügung stellt, der automatisch beim Verbindungsaufbau übermittelt wird (usepeerdns). Ist dies nicht der Fall, muß der vom ISP vorgegebene Nameserver von Hand oder über das jeweilige Konfigurationswerkzeug (z. B. YaST) fest in die Datei /etc/resolv.conf eingetragen werden. Mit Hilfe des Parameters idle kann ein Timeout angegeben werden, der dazu dient, die Verbindung nach der (in Sekunden) angegebenen Zeit zu unterbrechen, falls in dieser Zeit keine Daten übetragen wurden. Grundsätzlich ist es möglich alle oben stehenden Parameter auch auf der Kommandozeile von pppd anzugeben. Dies hat den Vorteil, das alle angegebenen Parameter spezifisch für eine spezielle Verbindung sind und keine anderen pppd-Verbindungen betreffen. Die Datei options wird bei jedem Start von pppd gelesen, auch wenn mit Hilfe von pppd eine Verbindung über ein Modem aufgebaut wird, wo u.U. andere Parameter sinvoll sind. Der Nachteil der Methode alle Parameter auf der Kommandozeile anzugeben, ist die unübersichtliche und Fehleranfällige Eingabe. Mehr zur Optionsverarbeitung von pppd steht in Abschnitt 4.7 auf Seite 359.

Nachdem alle Dateien konfiguriert wurden, kann nun die Verbindung aufgebaut werden. Zuvor sollte nocheinmal mit ifconfig eth0 (bzw. eth1) geprüft werden, ob das lokale Ethernet-Interface up und die Ethernet-Karte auch über ein Kabel korrekt mit dem DSL-Modem verbunden sind und das Interface eine gültige, nicht anderweitig verwendete IP-Adresse hat.

Der Verbindungsaufbau geschieht anschließend einfach, indem das Programm /usr/sbin/pppd eth0 bzw. /usr/sbin/pppd eth1 usw. als Benutzer root aus einem Terminal heraus gestartet wird. Meldungen erscheinen in der Datei /var/log/messages. Wurden in der options-Datei die Optionen debug und nodetach angegeben, erscheinen die Ausgabe direkt auf dem Terminal aus dem heraus pppd als root aufgerufen wurde. Die Meldungen sollten in etwa wie folgt aussehen:

```
Plugin pppoe.so loaded.
PPPoE Plugin Initialized
Sending PADI
HOST_UNIQ successful match
HOST_UNIQ successful match
Got connection: 1dc4
Connecting PPPoE socket: 00:90:17:10:13:82 c41d eth1 0x80863b8
using channel 1
Using interface ppp0
Connect: ppp0 <--> eth1
Couldn't increase MTU to 1500.
Couldn't increase MRU to 1500
sent [LCP ConfReq id=0x1 <mru 1492> <magic 0x2a66365d>]
rcvd [LCP ConfReq id=0x32 <mru 1492> <auth pap> <magic 0x6ec7092a>] 00 00
  00 00 00 00 00 00 00 00 00 00 00 00 00 00 00 00
sent [LCP ConfAck id=0x32 <mru 1492> <auth pap> <magic 0x6ec7092a>]
rcvd [LCP ConfAck id=0x1 <mru 1492> <magic 0x2a66365d>] 00 00 00 00 00 00
00 00 00 00 00 00 00 00 00 00 00 00 00 00
sent [LCP EchoReq id=0x0 magic=0x2a66365d]
cbcp_lowerup
```

```
want: 2
sent [PAP AuthReq id=0x1 user="000356791270089127649#0001@t-online.de"
  password=<hidden>]
rcvd [LCP EchoRep id=0x0 magic=0x6ec7092a] 48 5c 04 95 04 be 5d 05 5d 5e
  01 3b a2 c7 50 10 fa b2 b2 95 00 00 7b 5e 23 80
rcvd [PAP AuthAck id=0x1 ""] 97 00 00 00 00 69 10 3b ca 58 9e 46 6e fa 76
  38 81 5e f5 5d 7a de a1 03 34 e0 ee 56 b8 17 66 88 ...
sent [IPCP ConfReq id=0x1 <addr 192.168.10.1> <ms-dns1 0.0.0.0> <ms-dns3
  0.0.0.0>]
rcvd [IPCP ConfReq id=0x0 <addr 217.5.98.16>] 6f 62 6a 0d 35 36 35 37 36
  20 30 20 6f 62 6a 0d 3c 3c 20 0d 2f 53 20 2f 54 44 20 0d
sent [IPCP ConfAck id=0x0 <addr 217.5.98.16>]
rcvd [IPCP ConfNak id=0x1 <addr 80.129.78.164> <ms-dns1 212.185.248.84>
  <ms-dns3 194.25.2.129>] 00 00 00 00 00 00 00 00 00 00 00 00 00 00 00 00
sent [IPCP ConfReq id=0x2 <addr 80.129.78.164> <ms-dns1 212.185.248.84>
  <ms-dns3 194.25.2.129>]
rcvd [IPCP ConfAck id=0x2 <addr 80.129.78.164> <ms-dns1 212.185.248.84>
  <ms-dns3 194.25.2.129>] 00 00 00 00 00 00 00 00 00 00 00 00 00 00 00 00
local  IP address 80.129.78.164
remote IP address 217.5.98.16
primary   DNS address 212.185.248.84
secondary DNS address 194.25.2.129
Script /etc/ppp/ip-up started (pid 9852)
...
```

Nachdem pppd auf die oben beschriebene Weise gestartet wurde und die Log-
Meldungen keine Fehlermeldungen zu enthalten scheinen, kann als nächstes getestet werden, ob die Verbindung wirklich funktioniert. Dies erfolgt am einfachsten durch einen ping-Test:

```
root@erde:/ # ping www.suse.de
PING Turing.suse.de from 213.7.30.20: 56(84) bytes of data
64 bytes from Turing.suse.de: icmp_seq=1 ttl=247 time=46.26
64 bytes from Turing.suse.de: icmp_seq=2 ttl=247 time=44.27
...
```

Falls bei diesem Versuch die Fehlermeldung www.suse.de unknown host erscheint, funktioniert die Namensauflösung wahrscheinlich noch nicht. Ein Test
hierzu besteht einfach darin, daß anstelle des Namens www.suse.de einfach die
IP-Adresse für ping angegeben wird:

```
root@erde:/ # ping 213.95.15.200
PING Turing.suse.de from 213.7.30.207 : 56(84) bytes of data
64 bytes from Turing.suse.de: icmp_seq=1 ttl=247 time=46.26c
64 bytes from Turing.suse.de: icmp_seq=2 ttl=247 time=44.27
...
```

Funktioniert auch dieses `ping`-Kommando nicht, scheint die Verbindung nicht korrekt aufgebaut worden zu sein. In diesem Fall sollten die Log-Meldungen nocheinmal genau nach evtl. Fehlermeldungen durchsucht werden. Funktioniert der zuletzt genannte `ping`-Befehl hingegen, liegt das Problem in der Namensauflösung des lokalen Rechners. Es sollte überprüft werden, ob in der `options`-Datei der Parmeter `usepeerdns` ohne vornagestelltes #-Zeichen eingetragen ist und ob wie in den oben abgedruckten Log-Meldungen zu sehen ist, ein primary und secondary DNS-Server empfangen wurden. Diese Daten sollten sich während man online ist, in der Datei `/etc/resolv.conv` wiederfinden (die Daten werden von dem `/etc/ppp/ip-up`-Skript dort eingetragen). Notfalls kann dort manuell ein DNS-Server eingetragen werden, wobei in diesem Fall verhindert werden muß, daß die `resolv.conf`-Datei nach der Anwahl des Providers durch das `ip-up`-Skript überschrieben wird. Da `ip-up` ein einfaches Shell-Skript ist, kann dies durch Ansehen des Skripts relativ einfach herausgefunden werden.

Die Verbindung kann leicht durch Beenden von `pppd`, z. B. durch Drücken von (Ctrl)-(C) abgebrochen werden. Wenn alles funktioniert hat, sollten die Optionen `nodetach` und `debug` aus der `options`-Datei entfernt werden. Beim Start von `pppd` legt sich der Daemon dann in den Hintergrund (er blockiert das Terminal nicht mehr) und kann durch `killall pppd` wieder gestoppt werden. Das einzige Problem, das jetzt noch gelöst werden muß ist, das bisher nur `root` in der Lage ist `pppd` zu starten. Hierzu kann als eine Lösungsmöglichkeit `/usr/sbin/pppd` SUID-`root` gemacht werden, wodurch der Prozeß immer als `root` arbeitet, egal wer ihn startet:

```
root@erde:/ #  chown root /usr/sbin/pppd
root@erde:/ #  ls -l /usr/sbin/pppd
-rwxr-x--- 1 root dialout  206856 Jan 14 17:00 /usr/sbin/pppd
root@erde:/ #  chmod u+s /usr/sbin/pppd
root@erde:/ #  ls -l /usr/sbin/pppd
-rwsr-x--- 1 root dialout  206856 Jan 14 17:00 /usr/sbin/pppd
```

Durch das s-Bit in den Benutzerrechten von `pppd` wird der Prozeß als der Benutzer gestartet, dem die Datei gehört (hier also: `root`). Eine Alternative ist die Verwendung von `sudo`, einem Paket, das es `root` ermöglicht bestimmten Benutzern für bestimmte Kommandos `root`-Rechte zu erteilen. Der `pppd`-Aufruf wird hierzu in ein Skript geschrieben, das mit den Parametern `start` und `stop` aufgerufen werden kann. Dieses Skript wird dann über die `sudo`-Konfiguration (`/etc/sudoers`) für einige oder alle Benutzer als `root`-ausführbar gekennzeichnet. Dieser Lösungsweg ist unter der URL `http://www.adsl4linux.de` in dem Howto-Bereich beschrieben. Dort wird auch ein entsprechendens Skript für den Download zur Verfügung gestellt, so daß hier nicht weiter darauf eingegangen werden muß.

Konfiguration für dial on demand

Mit Dial on demand meint man den automatischen Aufbau einer Verbindung, sobald vom Linux-System festgestellt wird, das Daten zu einem Ziel außerhalb des lokalen Netzwerks gesendet werden müssen. Die Verbindung soll also z. B. automatisch dann aufgebaut werden, wenn der Benutzer seinen Webbrowser startet und auf eine URL zugreift, die nicht im lokalen Netz liegt. Nach einer konfigurierbaren Zeit in der keine Daten gesendet oder empfangen wurden, wird die Verbindung automatisch wieder unterbrochen. Der Vorteil einer solchen Konfiguration besthet darain, das der Benutzer nicht mehr manuell die Verbindung aufbauen muß, was insbesondere in einem lokalen Netzwerk mit mehrerern Benutzern sinnvoll ist, die Internetdienste über einen zenrales Gateway nutzen. Problemematisch bei einer solchen Konfiguration ist die Tatsache, daß Linux über zahlreiche Netzwerkdienste verfügt, die ab und zu versuchen eine Netzwerkverbindung zu starten. Der prominenteste Dienst ist `sendmail` zusammen mit dem Nameservice. Durch einen solchen Versuch kommt es ungewollt zu einem Verbindungsaufbau, der je nach Häufigkeit zu einer hohen Rechnung des Providers führen kann. Daher sind dial on demand-Konfigurationen meißt nur in Verbindung mit einer Flatrate zu empfehlen.

Zur manuellen Konfiguration von dial on demand ist zunächst die bereits in Abschnitt 2.3.3.2 auf Seite 80 beschriebene Konfiguration durchzuführen. Anschließend reicht eine geringfügige Änderung um dial on demand zu aktivieren.

Die notwendige Änderung betrifft den ppp-Parameter `demand`, der dem `pppd`-Aufruf hinzugefügt werden muß. Dies kann entweder auf der Kommandozeile beim Start von `pppd` oder in der Konfigurationsdatei `/etc/ppp/options` erfolgen. Der Unterschied zwischen beiden Varianten ist der, das die `options`-Datei von allen `pppd`-Prozessen beim Start gelesen wird, also auch von z. B. `pppd`-Prozessen, die eine Verbindung über Modem herstellen. Wird der Parameter hingegen auf der Kommandozeile angegeben, betrifft diese Einstellung lediglich den gestarteten `pppd`-Prozeß. Daher wird im folgenden die zuletzt genannte Lösung beschrieben.

Nachdem die in Abschnitt 2.3.3.2 auf Seite 80 beschriebene Konfiguration durchgeführt wurde, muß zusätzlich ein Nameserver-Eintrag in die Datei `/etc/resolv.conf` gemacht werden. Die IP-Adresse des Nameservers eines Providers kann beim Provider erfragt werden. Da fast alle Provider einen Nameserver beim Verbindungsaufbau liefern, kann die IP-Adresse dieses Servers anschließend auch aus der Log-Datei`/var/log/messages` bezogen werden. Als Beispiel wird hier die Adresse `212.185.248.84` verwendet. Die Datei `/etc/resolv.conf` muß anschließend am Anfang zumindest folgende Zeile enthalten:

```
nameserver 212.185.248.84
```

Im Anschluß an diese Konfiguration muß sichergestellt werden, daß die Kernel-Variable `/proc/sys/net/ipv4/ip_dynaddr`[16] beim Booten des Rechners den Wert 2 erhält, was bei SuSE im `/etc/init.d/boot`-Skript erfolgt, wenn in `/etc/rc.config` die Variable `IP_DYNIP="2"` gesetzt wurde. Alternativ kann auch das Kommando `echo 2 > /proc/sys/net/ipv4/ip_dynaddr` in das beim Booten startende Skript `/etc/init.d/boot.local` geschrieben werden. Das Setzen des Wertes aktiviert einen Workaround im Kernel für dial on demand. Bei dial on demand besitzt der Rechner, von dem eine Verbindung aufgebaut wird zum Zeitpunkt des Aufbaus noch keine gültige IP-Adresse. Diese erhält der Rechner ja erst genau dann, wenn die Verbindung aufgebaut wurde. Dennoch muß in dem Datenpaket das zu dem Verbindungsaufbau geführt hat, eine gültige IP-Adresse als Absender stehen, da ansonsten keine Antwort möglich wäre. Zu diesem Zweck dient der obengenannte Workaround.

Anschließend kann zum ersten Test `pppd` als Benutzer `root` gestartet werden. Im Gegensatz zur Konfiguration mit manueller Einwahl wird dieses Mal beim Start der `demand`-Parameter hinzugefügt:

```
root@erde:/ #  pppd eth1 demand
Plugin pppoe.so loaded.
PPPoE Plugin Initialized
Using interface ppp0
local  IP address 192.168.10.1
remote IP address 10.112.112.112
```

Beim Start muß wiederum genau darauf geachtet werden, das Gerät für die Netzwerkkarte anzugeben, an die das DSL-Modem angeschlossen ist. Im Beispiel ist dies `eth1`. Verfügt der Rechner nur über eine Ethernet-Karte, lautet das Gerät normalerweise `eth0`.

Anschließend kann von einer anderen Shell oder einem FTP-Programm auf das Internet zugegriffen werden, z. B. auf den FTP-Server von SuSE. In dem Terminal aus dem heraus `pppd` gestartet wurde sollten eine ganze Reihe von Meldungen erscheinen:

```
Starting link
Sending PADI
HOST_UNIQ successful match
HOST_UNIQ successful match
Got connection: 58b
Connecting PPPoE socket: 00:50:17:10:12:84 8b05 eth1 0x80863b8
using channel 18
Connect: ppp0 <--> eth1
...
```

---

[16]Erklärungen hierzu finden sich in der Datei `/usr/src/linux/Documentation/networking/ip_dynaddr` des Linux-Kernelquellcodes

Das Fenster in dem das FTP-Programm läuft könnte wie folgt aussehen. Nach kurzer Zeit sollte die Verbindung mit dem FTP-Server vollzogen sein:

```
root@erde:/ #  ftp ftp.suse.com
Connected to ftp2.suse.com.
220- +-------------------------------------------------------------+
220- |   Welcome to the SuSE Linux FTP archives in California, USA  |
220- +-------------------------------------------------------------+
...
```

Um die Verbindung jetzt wieder abzubrechen, kann einfach der pppd-Prozeß beendet werden, wodurch allerdings auch kein dial on demand mehr möglich ist. Der normale Verbindungsabbau erfolgt nach der in /etc/ppp/options angegebenen idle Zeitspanne in Sekunden falls auf der Leitung keine Daten mehr übertragen werden.

Zum Testen war die oben genannte Art des Aufbauens und Abbauens einer Verbindung gut geeignet. Für den normalen Betrieb ist diese Vorgehensweise jedoch kaum sinnvoll. Hier empfiehlt es sich, den Start des pppd in ein Start-/Stop-Skript zu schreiben, das unter /etc/init.d liegt und beim Booten des Rechners automatisch gestartet wird. Zusätzlich muß in der Datei /etc/ppp/options die Zeile mit der Option nodetach auskommentiert werden, d.h. am Anfang dieser Zeile muß ein #-Zeichen eingefügt werden, falls es noch nicht dort steht. Eine Minimalversion des Skripts kann wie folgt aussehen:

```
#!/bin/sh
#
# pppoedod
### BEGIN INIT INFO
# Provides: pppoedod
# Required-Start: network route
# Required-Stop: network
# Default-Start: 3 5
# Default-Stop: 0 1 2 6
# Description: Start of PPPoE dial on demand
### END INIT INFO

case "$1" in
    start)
        echo -n "Enabling pppoe Dial on Demand"
         /usr/sbin/pppd eth1 demand &
        ;;

    stop)
        echo -n "Shutting down PPPoE Dial on Demand"
        kill `ps axuw|grep pppd|grep demand|awk 'print $2'`
```

```
          # oder falls nur ein pppd läuft einfacher:
          # killall pppd
          ;;
esac
```

Das Skript wird unter /etc/init.d/pppoedod gespeichert, anschließend müssen noch folgende Schritte ausgeführt werden, damit das Skript automatisch beim Start des Rechner in die Runlevel 3 bzw. 5 ausgeführt wird. Da sich die Einteilung der Runlevel als auch das Basisverzeichnis der Skripte ab SuSE Linux Version 7.1 verändert hat muß hier erneut unterschieden werden. Für Versionen ab SuSE Linux 7.1 müssen folgende Kommandos ausgeführt werden.

```
root@erde:/etc/init.d #   chmod 744 pppoedod
root@erde:/etc/init.d #   cd rc3.d
root@erde:/etc/init.d/rc3.d #   ln -s ../pppoedod S14pppoedod
root@erde:/etc/init.d/rc3.d #   ln -s ../pppoedod K09pppoedod
root@erde:/etc/init.d #   cd ../rc5.d
root@erde:/etc/init.d/rc5.d #   ln -s ../pppoedod S14pppoedod
root@erde:/etc/init.d/rc5.d #   ln -s ../pppoedod K09pppoedod
```

Für SuSE Linux-Systeme bis einschließlich Version 7.0 müssen hingegen folgende Befehle ausgeführt werden.

```
root@erde:/sbin/init.d #   chmod 744 pppoedod
root@erde:/sbin/init.d #   cd rc2.d
root@erde:/sbin/init.d/rc2.d #   ln -s ../pppoedod S14pppoedod
root@erde:/sbin/init.d/rc2.d #   ln -s ../pppoedod K09pppoedod
root@erde:/sbin/init.d #   cd ../rc3.d
root@erde:/sbin/init.d/rc3.d #   ln -s ../pppoedod S14pppoedod
root@erde:/sbin/init.d/rc3.d #   ln -s ../pppoedod K09pppoedod
```

Nach dem nächsten Neustart des Rechners ist dial on demand dann automatisch aktiviert. Um dies jetzt manuell zu machen reicht das Kommando:

```
root@erde:/ #   /etc/init.d/pppoedod start
Enabling pppoe Dial on Demand
```

Anschließend kann ohne manuelle EInwahl auf das Internet zugegrffen werden.

2.3.4   DSL-Konfiguration mit RP-PPPoE

Die T-DSL-Nutzung mit Hilfe von RP-PPPoE, die ohne eine Anpassung des Kernels auskommt, hat wie gesagt, eine höhere Systembelastung zur Folge als die weiter oben beschriebene Kernel-basierte Lösung. Voraussetzung ist die Verwendung eines pppd, der gleich oder neuer als die Version 2.3.10 ist. Die Version kann durch Aufruf von pppd -version herausgefunden werden.

Das Funktionsprinzip dieser Lösung besteht in der Verwendung virtueller Terminals. Normalerweise liest `pppd` direkt von einer seriellen Leitung, z. B. einer seriellen Schnittstelle. In der oben genannten Version verfügt `pppd` jedoch über die Möglichkeit, statt von einem seriellen Gerät zu lesen auch ein Programm zu starten, das für die Beschaffung und Weiterleitung der Daten (hier: über das Ethernet-Interface zum Splitter) verantwortlich ist. Dieses zu startende Programm emuliert aus Sicht von `pppd` also quasi ein Terminal. Genau solch ein Programm stellt die Software `rp-pppoe` dar, die das Programm `pppoe` enthält, das wiederum die Emulationsfunktion ausführt. Die Software wurde mit Kernel der Versionen 2.2 oder 2.4 getestet.

Um RP-PPPoE verwenden zu können, muß zunächst das entsprechende Paket installiert werden. Unter SuSE Linux kann hierzu einfach das RPM-Paket `rp-pppoe.rpm`, das sich auf den SuSE-CDs befindet installiert werden. Eine Alternative ist der Download eines vorübersetzten Pakets bzw. des Quellcodes unter der URL `http://www.roaringpenguin.com/pppoe/`. Nach dem Auspacken des Quellcode-Archivs wird in das Verzeichnis `rp-pppoe-version` gewechselt, wobei *version* für die Versionsnummer des Pakets steht. Das Übersetzen des Pakets erfolgt mit wenigen Aufrufen, wobei natürlich ein Compiler (`gcc`) etc. auf dem Rechner installiert sein muß. Anschließend werden als Benutzer `root` folgende Kommandos ausgeführt:

```
root@erde:/root/tmp/rp-pppoe-3.3 # cd src
root@erde:/root/tmp/rp-pppoe-3.3 # ./configure
creating cache ./config.cache
checking for gcc... gcc
checking whether the C compiler (gcc ) works... yes
checking whether the C compiler (gcc ) is a cross-compiler... no
checking whether we are using GNU C... yes
checking whether gcc accepts -g... yes
checking for ranlib... ranlib
...
...
creating ../scripts/adsl-init-suse
creating ../scripts/adsl-init-turbolinux
creating ../scripts/adsl-setup
creating ../gui/Makefile
creating ../gui/tkpppoe
creating config.h

root@erde:/root/tmp/rp-pppoe-3.3/src # make
gcc -g -O2 -Wall -Wstrict-prototypes -ansi -pedantic
 '-DPPPOE_PATH="/usr/sbin/pppoe"' '-DPPPD_PATH="/usr/sbin/pppd"'
 '-DPLUGIN_PATH="/etc/ppp/plugins/rp-pppoe.so"' '-DPPPOE_SERVER_OPTIONS=
 "/etc/ppp/pppoe-server-options"' '-DVERSION="3.3"' -c -o pppoe.o pppoe.c
```

```
root@erde:/root/tmp/rp-pppoe-3.3/src # make install
/usr/bin/ginstall -c -m 755 -s pppoe /usr/sbin
/usr/bin/ginstall -c -m 755 -s pppoe-server /usr/sbin
...
```

Jetzt ist die Software fertig installiert. Es muß jetzt lediglich noch die Konfiguration mit Angabe von z. B. der Benutzernummer, dem Passwort etc. erfolgen. Für diesen Zweck stehen Grundsätzlich zwei Wege offen: Die Konfiguration und der Betrieb durch Skripte und die Konfiguration und der Betrieb der Verbindung durch eine graphische Anwendung.

2.3.4.1 Skript-basierte RP-PPPoE-Konfiguration

Für den Fall, das die Kernel-basierte PPPoe-Lösung nicht funktioniert bzw. für den gewünschten Provider nicht durchführbar sein sollte, kann der als normaler Benutzeprozeß arbeitende Roaring Penguin- PPPoE für ADSL-Verbindungen eingesetzt werden. Wie schon bei der Kernel-basierten Lösung kann hierbei eine mauelle Einwahl als auch dial on demand konfiguriert werden.

Konfiguration für manuelle Einwahl

Diese Aufgabe wird von dem Skript adsl-setup, das als root aufgerufen werden muß, interaktiv durchgeführt. Der als Benutzer zu verwendende Name besteht bei T-DSL aus der T-Online-Kennung, die zusammen mit der immer vierstellig zu verwendenden Mitbenutzernummer angegeben werden muß. Lauten die T-Online-Anschlußkennung beispielsweise 000356791270, die Telefonnummer 089127649 und die Mitbenutzernummer ist 1, so ergibt sich die resultierende Login-Zeichenkette:

```
000356791270089127649#0001
```

An diese Zeichenkette muß noch die Zeichenkette @t-online.de angehängt werden. Das Zeichen # mußte in obigem Beispiel hinter der Telefonnummer eingefügt werden, da diese kürzer als 12 Zeichen ist, ansonsten kann es entfallen. Im folgenden ein Protokoll eines Aufrufs von adsl-setup:

```
root@erde:/ # /usr/sbin/adsl-setup
Welcome to the Roaring Penguin ADSL client setup.  First, I will run
some checks on your system to make sure the PPPoE client is installed
properly...

Looks good!  Now, please enter some information:
```

USER NAME

>>> Enter your PPPoE user name (default bxxxnxnx@sympatico.ca):
000356791270089127649#0001@t-online.de

INTERFACE
INTERFACE

>>> Enter the Ethernet interface connected to the ADSL modem
For Solaris, this is likely to be something like /dev/hme0.
For Linux, it will be ethn, where 'n' is a number.
(default eth1): **eth1**

Do you want the link to come up on demand, or stay up continuously?
If you want it to come up on demand, enter the idle time in seconds
after which the link should be dropped. If you want the link to
stay up permanently, enter 'no' (two letters, lower-case.)
NOTE: Demand-activated links do not interact well with dynamic IP
addresses. You may have some problems with demand-activated links.
>>> Enter the demand value (default no): **no**

DNS

Please enter the IP address of your ISP's primary DNS server.
If your ISP claims that 'the server will provide DNS addresses',
enter 'server' (all lower-case) here.
If you just press enter, I will assume you know what you are
doing and not modify your DNS setup.
>>> Enter the DNS information here: **server**

PASSWORD

>>> Please enter your PPPoE password: ****
>>> Please re-enter your PPPoE password: ****

FIREWALLING

Please choose the firewall rules to use. Note that these rules are
very basic. You are strongly encouraged to use a more sophisticated
firewall setup; however, these will provide basic security. If you
are running any servers on your machine, you must choose 'NONE' and
set up firewalling yourself. Otherwise, the firewall rules will deny
access to all standard servers like Web, e-mail, ftp, etc. If you
are using SSH, the rules will block outgoing SSH connections which

91

```
allocate a privileged source port.


     ices are:
0 - NONE: This script will not set any firewall rules.  You are
          responsible for ensuring the security of your machine.
          You are STRONGLY recommended to use some kind of firewall
          rules.
1 - STANDALONE: Appropriate for a basic stand-alone web-surfing
          workstation
2 - MASQUERADE: Appropriate for a machine acting as an Internet gateway
                for a LAN
>>> Choose a type of firewall (0-2): 0


** Summary of what you entered **


Ethernet Interface: eth1
User name:          00035679127008912764900001@t-online.de
Activate-on-demand: No
DNS addresses:      Supplied by ISP's server
Firewalling:        NONE


>>> Accept these settings and adjust configuration files (y/n)? y
Adjusting /etc/ppp/pppoe.conf
Adjusting /etc/ppp/pap-secrets and /etc/ppp/chap-secrets
  (But first backing it up to /etc/ppp/pap-secrets-bak)
  (But first backing it up to /etc/ppp/chap-secrets-bak)


Congratulations, it should be all set up!


Type 'adsl-start' to bring up your ADSL link and 'adsl-stop' to bring
it down.  Type 'adsl-status' to see the link status.
```

Die während der Konfiguration gestellte Frage nach demand value sollte ebenfalls zunächst mit no beantwortet werden, so daß eine Verbindung nur durch Aufruf des Start-.Skripts erzeugt wird. Die Alternative ist ein automatischer Verbindungsaufbau „on demand". Diese Alternative wird unten genauer besprochen.

Die Firewallkonfiguration soll zunächst deaktiviert werden, um besser testen zu können, ob die Verbindung aufgebaut werden kann. Wenn alles funktioniert sollte später aber auf jeden Fall an die Konfiguration einer Firewall gedacht werden.

Voraussetzung für das erfolgreiche Aufbauen einer Verbindung ist auch in diesem Fall, daß die während der Konfiguration angegebene Ethernet-Karte eingebaut, mit ifconfig als up konfiguriert und die Ethernet-Verbindung zum Splitter hergestellt wurde. Zusätzlich muß dem entsprechenden eth-Device eine nicht anderweitig zugeordnete IP-Adresse zugeordnet sein.

Das Starten und Stoppen einer Verbindung kann als Benutzer root jetzt mit Hilfe der im RP-PPPoE-Paket mitgelieferten Skripte adsl-start und adsl-stop durchgeführt werden. Der Status der Verbindung kann mit Hilfe von adsl-status herausgefunden werden:

```
root@erde:/ #  adsl-start
. Connected!
root@erde:/ #  adsl-status
adsl-status: Link is up and running on interface ppp0
ppp0    Link encap:Point-to-Point Protocol
        inet addr:80.129.83.248  P-t-P:217.5.98.16  Mask:255.255.255.255
        UP POINTOPOINT RUNNING NOARP MULTICAST  MTU:1492  Metric:1
        RX packets:29 errors:0 dropped:0 overruns:0 frame:0
        TX packets:37 errors:0 dropped:0 overruns:0 carrier:0
        collisions:0 txqueuelen:3
        RX bytes:3808 (3.7 Kb)  TX bytes:2214 (2.1 Kb)

root@erde:/ #  ping www.suse.de
PING Turing.suse.de from 213.7.30.207: 56(84) bytes of data
64 bytes from Turing.suse.de: icmp_seq=1 ttl=247 time=46.26c
64 bytes from Turing.suse.de: icmp_seq=2 ttl=247 time=44.27
...
root@erde:/ #  adsl-stop
Killing pppd (14752)
Killing adsl-connect (14734)
```

Falls bei diesem Versuch die Fehlermeldung www.suse.de unknown host erscheint, funktioniert die Namensauflösung wahrscheinlich noch nicht. Ein Test hierzu besteht einfach darin, daß anstelle des Namens www.suse.de einfach die IP-Adresse für ping angegeben wird:

```
root@erde:/ #  ping 213.95.15.200
PING Turing.suse.de (213.95.15.200) from 213.7.30.207 : 56(84) bytes of
dat64 bytes from Turing.suse.de (213.95.15.200): icmp_seq=1 ttl=247
time=46.26c
64 bytes from Turing.suse.de (213.95.15.200): icmp_seq=2 ttl=247 time=44.27
...
```

Funktioniert auch dieses ping-Kommando nicht, scheint die Verbindung nicht korrekt aufgebaut worden zu sein. In diesem Fall sollten die Log-Meldungen nocheinmal genau nach evtl. Fehlermeldungen durchsucht werden. Funktioniert der zuletzt genannte ping-Befehl hingegen, liegt das Problem in der Na-

mensauflösung des lokalen Rechners. Man sollte in diesem Fall in die Datei
/etc/resolv.conf manuell einen DNS-Server eintragen.

Damit nicht nur der Benutzer root die Verbindung starten bzw. Stoppen kann,
ist es sinnvoll mit Hilfe von sudo bestimmten Benutzern das Recht einzuräumen als root die Skripte adsl-start und adsl-stop auszuführen. Hierzu
muß die Konfigurationsdatei von sudo /etc/sudoers für einen Beispielbenut-
zer usertux wie folgt aussehen:

```
usertux ALL=NOPASSWD:/usr/sbin/adsl-start,NOPASSWD:/usr/sbin/adsl-stop
```

Anschließend kann der Benutzer usertux z. B. mit dem Kommando sudo /
usr/sbin/adsl-start die Verbindung aufbauen.

RP-PPPOE und dial on demand

Mit Dial on demand meint man den automatischen Aufbau einer Verbindung, sobald vom Linux-System festgestellt wird, das Daten zu einem Ziel außerhalb des
lokalen Netzwerks gesendet werden müssen. Die Verbindung soll also z. B. automatisch dann aufgebaut werden, wenn der Benutzer seinen Webbrowser startet
und auf eine URL zugreift, die nicht im lokalen Netz liegt. Nach einer konfigurierbaren Zeit in der keine Daten gesendet oder empfangen wurden, wird die
Verbindung automatisch wieder unterbrochen. Der Vorteil einer solchen Konfiguration besthet darain, das der Benutzer nicht mehr manuell die Verbindung
aufbauen muß, was insbesondere in einem lokalen Netzwerk mit mehrerern Benutzern sinnvoll ist, die Internetdienste über einen zenrales Gateway nutzen. Problemematisch bei einer solchen Konfiguration ist die Tatsache, daß Linux über
zahlreiche Netzwerkdienste verfügt, die ab und zu versuchen eine Netzwerkverbindung zu starten. Der prominenteste Dienst ist sendmail zusammen mit dem
Nameservice. Durch einen solchen Versuch kommt es ungewollt zu einem Verbindungsaufbau, der je nach Häufigkeit zu einer hohen Rechnung des Providers
führen kann. Daher sind dial on demand-Konfigurationen meißt nur in Verbindung mit einer Flatrate zu empfehlen.

Für die automatische Einwahl mit Hilfe des RP-PPPoE-Treibers muß die in Abschnitt 2.3.3.1 auf Seite 78 beschriebene Konfiguration nur minimal verändert
werden. Wie bei der Konfiguration zur manuellen Einwahl, wird die Konfiguration mit dem Kommando adsl-setup als Benutzer root gestartet. Außer
zwei Einstellungen können alle Angaben entsprechend der in Abschnitt 2.3.3.1
auf Seite 78 beschriebenen gemacht werden. Der Unterschied betrifft den Teil der
Konfiguration, in dem Einstellungen für dial on demand abgefragt werden:

```
...
Do you want the link to come up on demand, or stay up continuously?
If you want it to come up on demand, enter the idle time in seconds
```

```
after which the link should be dropped.  If you want the link to
stay up permanently, enter 'no' (two letters, lower-case.)
NOTE: Demand-activated links do not interact well with dynamic IP
addresses.  You may have some problems with demand-activated links.
>>> Enter the demand value (default no): 120


DNS


Please enter the IP address of your ISP's primary DNS server.
If your ISP claims that 'the server will provide DNS addresses',
enter 'server' (all lower-case) here.
If you just press enter, I will assume you know what you are
doing and not modify your DNS setup.
>>> Enter the DNS information here: 212.185.248.84
If you just press enter, I will assume there is only one DNS server.
>>> Enter the secondary DNS server address here: (⟵)


PASSWORD
...
...
```

Die erste Änderung gegenüber der Konfiguration zur manuellen Einwahl besteht darin, das bei der Frage nach dial on demand anstelle des Defaults (no) eine Zeit in Sekunden angegeben wird, nach der die Verbindung automatisch unterbrochen werden soll, falls in dieser Zeit keine Daten mehr übertragen wurden. In obigem Beispiel wurden 120 Sekunden gewählt. Die zweite Änderung betrifft die Frage nach DNS-Servern, also Name-Servern. Hier muß zumindest eine IP-Adresse eines Nameservers des gewählten Providers eingegeben werden. Im Beispiel wurde die Adresse 212.185.248.84 verwendet. Im Anschluß können Adressen von weiteren Name-Servern angegeben werden oder man beendet die Eingabe durch die (⟵)-Taste.

Im Anschluß an diese Konfiguration muß sichergestellt werden, daß die Kernel-Variable /proc/sys/net/ipv4/ip_dynaddr[17] beim Booten des Rechners den Wert 2 erhält, was bei SuSE im /etc/init.d/boot-Skript erfolgt, wenn in /etc/rc.config die Variable IP_DYNIP="2" gesetzt wurde. Alternativ kann auch das Kommando echo 2 > /proc/sys/net/ipv4/ip_dynaddr in das beim Booten startende Skript /etc/init.d/boot.local geschrieben werden. Das Setzen des Wertes aktiviert einen Workaround im Kernel für dial on demand. Bei dial on demand besitzt der Rechner, von dem eine Verbindung aufgebaut wird zum Zeitpunkt des Aufbaus noch keine gültige IP-Adresse. Diese erhält der Rechner ja erst genau dann, wenn die Verbindung aufgebaut wurde. Dennoch

---

[17]Erklärungen hierzu finden sich in der Datei /usr/src/linux/Documentation/ networking/ip_dynaddr des Linux-Kernelquellcodes

muß in dem Datenpaket das zu dem Verbindungsaufbau geführt hat, eine gültige IP-Adresse als Absender stehen, da ansonsten keine Antwort möglich wäre. Zu diesem Zweck dient der oben genannte Workaround.

Als nächstes muß noch dafür Sorge getragen werden, das beim Booten des Rechners das Skript /etc/init.d/adsl, das Teil der Distribution von RP-PPPoE ist ausgeführt wird. Hierzu muß das Skript unter /etc/init.d/adsl gesichert werden. Anschließend müssen noch in den entsprechenden Link-Verzeichnissen für die einzelnen Runlevel Links angelegt werden. Bei SuSE Linux ab Version 7.1 sind dies die beiden Verzeichnisse /etc/init.d/rc3.d und /etc/init.d/rc5.d:

```
root@erde:/etc/init.d #   chmod 744 adsl
root@erde:/etc/init.d #   cd rc3.d
root@erde:/etc/init.d/rc3.d #   ln -s ../adsl S14adsl
root@erde:/etc/init.d/rc3.d #   ln -s ../adsl K09adsl
root@erde:/etc/init.d #   cd ../rc5.d
root@erde:/etc/init.d/rc5.d #   ln -s ../adsl S14adsl
root@erde:/etc/init.d/rc5.d #   ln -s ../adsl K09adsl
```

Bei älteren SuSE Linux-Versionen müssen hingegen folgende Kommandos eingegeben werden:

```
root@erde:/sbin/init.d #   chmod 744 adsl
root@erde:/sbin/init.d #   cd rc2.d
root@erde:/sbin/init.d/rc2.d #   ln -s ../adsl S14adsl
root@erde:/sbin/init.d/rc2.d #   ln -s ../adsl K09adsl
root@erde:/sbin/init.d #   cd ../rc3.d
root@erde:/sbin/init.d/rc3.d #   ln -s ../adsl S14adsl
root@erde:/sbin/init.d/rc3.d #   ln -s ../adsl K09adsl
```

Der letzte Schritt muß auf SuSE-Systemen nicht ausgeführt werden, da hier schon alle notwendigen Dateien durch Installation des rp-pppoe-Pakets eingerichtet werden. Bei SuSE Linux bis Version 7.3 muß hier dafür in die Datei /etc/rc.config der Wert START_ADSL="yes" eingetragen werden.

Durch diese Einstellungen steht nach jedem Start des Rechner die dial on demand Konfiguration zur Verfügung. Zur direkten Aktivierung kann jetzt einfach von Hand als Benutzer root das Kommando /etc/init.d/adsl start eingegeben werden. Anschließend kann durch Datenübertragung (FTP, WWW,...) der automatische Verbindungsaufbau getestet werden. Meldungen erscheinen wie üblich in der Datei /var/log/messages.

2.3.4.2 Graphische Konfiguration

Mit Hilfe der in Abbildung 2.20 dargestellten Anwendung tkpppoe kann die Konfiguration und das Starten/Stoppen einer Verbindung über RP-PPPoE auch über eine Anwendung realisiert werden.

Mit Hilfe von tkppoe kann dabei als Benutzer root nicht nur die gesamte Konfiguration durchgeführt werden, sondern es ist später auch für nicht root-Benutzer möglich mit Hilfe dieses Werkzeugs eine zuvor konfigurierte Verbindung zum Provider zu starten/stoppen. Auf diese Weise bietet tkpppoe eine Art Komplettlösung für ADSL unter Linux. Der Nachteil ist, das die so konfigurierte Verbindung auch nur über tkpppoe verwaltet werden kann.

Neben der Konfiguration und Verbindungskontrolle bietet tkpppoe weitere nützliche Möglichkeiten. Zum einen ist es möglich die eine grundlegende Firewall zu konfigurieren, so daß ein Mindestschutz existiert, darüber hinaus erlaubt es tkpppoe auch ein Maskiertes Netz (Masquerading) zu betreiben, so daß neben dem Einwahlrechner, der die PPPoE-Verbindung aufbaut, auch weitere „private" Rechner im gleichen Netz, über den Einwahlrechner Zugang zum Internet erhalten können. Dies alles geht mit einem Mausklick. Auf der anderen Seite sollten genau diese Möglichkeiten auch nicht überschätzt werden, da eben kaum Konfigurationsmöglichkeiten existieren. Wer also bereits eine eigene Firewall (z. B. SuSE-Firewall) betreibt, sollte dies auch weiterhin tun und die tkppoe-Firewall einfach deaktivieren. Eine weiteres nützliche Merkmal ist die visuelle Verbindungskontrolle. Anhand der beiden rechts vom Verbindungsnamen dargestell-

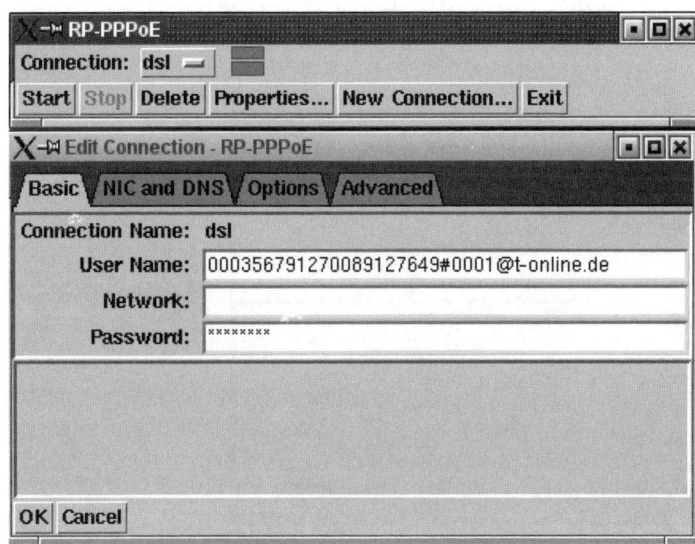

Abbildung 2.20: T-DSL-Konfiguration mit tkpppoe

ten „Leuchtdioden" kann der Status der Verbindung visuell überwacht werden. Das obere Rechteck dient der Visualisierung von abgehendenDaten, das untere Rechteck der Visualisierung von ankommenden Daten. Die Farbe der Rechtecke steht für den Verbindungsstatus: Grau bedeutet, das die ausgewählte Verbindung nicht aufgebaut ist. Ein Wechsel zwischen Grau und Grün steht für den Verbindungsaufbau, Grün für eine bestehende Verbindung über die zur Zeit keine Daten übertragen werden und Gelb für eine Datenübertragung. Rot steht für eine Abgebochene Verbindung, die das System wiederherzustellen versucht.

Eine Online-Hilfe in `tkpppoe` kann über den Menüpunkt `connection` aufgerufen werden. Zu diesem Zewck muß allerdings `netscape` auf dem Rechner installiert sein, da `tkpppoe` den Netscape Navigator zum Anzeigen der Hilfeseiten aufruft.

Der erste Schritt der Konfiguration einer neuen Verbindung besteht in der Anwahl der Buttons `New Connection` wodurch sich das ebenfalls in Abbildung 2.20 auf der vorherigen Seite dargestellte `Edit Connection`-Fenster öffnet. In der Abbildung enthält es bereits die T-DSL Zugangsdaten aus den letzten Beispielen. Wichtig sind die Einträge für den `User Name`, der wiederum aus der T-Online-Anschluß-Kennung (hier: `000356791270`), der eigenen Telefonnummer(hier: `089127649`) und die Mitbenutzernummer (hier: `0001` sowie dem Domainnamen `@t-online.de` besteht und dem T-Online-Passwort.

In Abbildung 2.21 ist der nächste Schritt der Konfiguration dargestellt. Hier muß die für die DSL-Verbundung angegebene Netzwerkkarte bzw. das dieser Karte zugeordnete Gerät (`eth0, eth1, ...`) angegeben werden. Darüber hinaus kann an dieser Stelle entschieden werden, ob die Nameserver-Einträge (DNS) vom Server, also Provider bezogen werden sollen. Alternativ können die bestehenden Einträ-

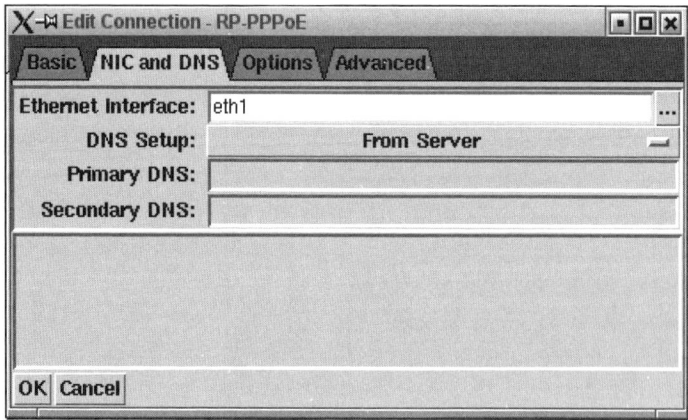

Abbildung 2.21: Weitere T-DSL-Konfiguration mit `tkpppoe`

ge in der Datei `/etc/resolv.conf` unverändert bleiben oder man hat die Möglichkeit die IP-Adressen der zu verwendenden Name-Server manuell anzugeben. In der Regel sollten die notwendigen Einträge vom Provider bezogen werden.

In den weiteren hier nicht abgebildeten Dialogen (`Options` und `Advanced`) können weitere Einstellungen insbesondere für das Firewalling vorgenommen werden. Darüber hinaus kann hier bestimmt werden, ob neben `root` auch andere Benutzer in der Lage sein sollen mit Hilfe von `tkpppoe` die gerade konfigurierte Verbindung zu kontrollieren.

Nachdem die Verbindung konfiguriert wurde, steht deren Name im `Connection`-Menü zur Auswahl zur Verfügung. Über die entsprechenden Buttons, kann die Konfiguration verändert oder auch gelöscht werden. Zusätzlich können weitere Konfigurationen für andere ADSL-Provider erstellt werden.

2.3.5 DSL-Kostenkontrolle

Wer nicht gerade ein Flatrate gekauft hat, wird sicherlich gerne wissen wollen, wie lange oder falls die Kosten nicht Zeit- sondern Volumenbasiert sind, wieviel Kilobytes bisher über DSL übertragen wurden. Zum Glück stellt pppd alle Daten zur Verfügung und alles was gemachen werden muß, ist diese Daten zu sammeln und schließlich auszuwerten. Eine Schlüsselrolle für diesen Zweck kommt den Skripten `/etc/ppp/ip-up` und `/etc/ppp/ip-down` (siehe auch Abschnitt 4.7.7 auf Seite 387 sowie Abschnitt 4.7.7 auf Seite 389) zu. `ip-up` wird von pppd beim Verbindungsaufbau gestartet. Entsprechend wird `ip-down` beim Ende der Verbindung gestartet. Anstellen von zwei verschiedenen Skripten, handelt es sich meißt sogar nur um ein einziges Skript, wobei `ip-down` lediglich ein symbolischer Link auf `ip-up` ist. Die Unterscheidung ob das Skript als `ip-up` oder `ip-down` aufgerufen wurde wird dann im Skript durchgeführt. Aus beiden Skripten heraus wird noch eine lokale Variante `ip-up.local` bzw. `ip-down.local` aufgerufen in denen benutzerdefinierter Programmcode eingefügt werden kann. Auch bei den beiden lokalen Varianten handelt es sich in der Regel um nur ein Skript, das zweite Skript ist lediglich ein symbolischer Link auf das erste. Die Unterscheidung ob `ip-up.local` oder `ip-down.local` aufgerufen wurde, wird im Skript selbst getroffen.

Die hier besprochene Kostenkontrolle basiert darauf, daß beim Aufruf von `ip-down` durch den pppd Environment-Variablen an das Skript übergeben werden, in denen die Verbindungsdauer, sowie die Anzahl an Bytes der empfangenen und gesendeten Daten steht. Mit diesen Daten kann man später leicht mit Hilfe eines Skripts berechnen lassen, wie lange man z. B. im aktuellen Monat bereits online war. Die Environment-Variablen die an `ip-down` und somit auch an `ip-down.local` übergeben werden, lauten CONNECT_TIME, BYTES_SENT sowie BYTES_RCVD. Zum Sammeln der Daten muß das `ip-down.local`-Skript leicht modifiziert werden, indem ein Aufruf eingefügt wird, der die Environment-Variablen an eine Log-Datei anhängt. Im folgenden wird das Gerüst eines ip-up.local und ip-down.local-Skripts dargestellt in dem der entsprechende Aufruf eingefügt wurde:

```
#!/bin/bash


# ip-up.local und ip-down.local script
# Script wird von /etc/ppp/ip-up bzw ip-down aufgerufen
# Receives REMOTE from this script
#
BASENAME=$0##*/
INTERFACE=$1
DEVICE=$2
SPEED=$3
LOCALIP=$4
REMOTEIP=$5


umask 022


# Als was wurde das Skript aufgerufen: ip-up.local oder ip-down.local?
# BASENAME enthält den Aufruf-Namen
case "$BASENAME" in    # $BASENAME enthaelt den Skriptnamen
  ip-up.local)
      # Anweisungen die beim Verbindungsstart ausgeführt werden sollen
      # z.B. leeren der sendmail Queue
      # /usr/sbin/sendmail -q
  ;;


  ip-down.local)
      # Angenommen eth1 ist die Ethernetschnittstelle, die mit dem
      # DSL-Modem verbunden ist:
      if [ "$DEVICE" = eth1 ]; then
          # Aktuelles Datum bestimmen:
          DATE=$(date +"%d.%m.%Y %H:%M:%S")
          # Loggen der  Daten
          # Format: Date/Time  Onlinetime [s]  Bytes send   Bytes reveived
          /bin/echo $DATE $CONNECT_TIME $BYTES_SENT \\
                  $BYTES_RCVD >> /var/log/ppp-usage
      fi
  ;;
esac
```

Wie in dem Shell-Skript zu sehen ist, wird zunächst unterschieden, ob es als ip-up.local oder ip-down.local aufgerufen wurde. Im ip-down.local-Teil wird als nächstes getestet, ob das Interface für das die Verbindung beendet wurde die für DSL genutzte Ethernetkarte war (hier `eth1`). Wenn ja, bedeutet dies, das gerade die DSL-Verbindung unterbochen wurde. Was folgt ist das Anfügen einer Zeile an die Datei `/var/log/ppp-usage`. Die Zeile besteht aus dem Datum sowie den Werten der Variablen für die Online-Zeit und die Zahl der gesendeten und empfangenen Bytes. Die Log-Datei `/var/log/ppp-usage` sieht nach einigen Onlinezugängen über DSL anschließend etwa wie folgt aus:

```
28.02.2002 19:30:45 279 153209 666849
28.02.2002 19:32:49 51 10560 29219
28.02.2002 19:58:28 280 349935 7669291
01.03.2002 08:25:10 61 28913 31848
01.03.2002 15:21:12 72 8611 19148
02.03.2002 09:38:03 33 10597 40970
02.03.2002 10:00:39 89 20191 294104
```

Die ersten beiden Spalten bestimmten die Zeit zu der die Verbindung beendet wurde, die folgende Spalte gibt die Verbindungsdauer in Sekunden an und die restlichen beiden Spalten beziffern die Zahl der gesendeten und empfangenen Bytes. Mit Hilfe dieser Log-Datei kann man später mühelos Statistiken erstellen und auf diese Weise genau herausfinden, wie lang man bereits online war und wieviele Daten übertragen wurden. Verschiedene Varianten von Skripten für diese Aufgabe können unter `http://www.rootdir.de/online` sowie `http://www.linux-magazin.de/Service/Listings/2000/08/Trickkiste` und `http://www.krienke.org/books/linuxkom/download/dsltime/` bezogen werden. Unter Umständen benötigen die Skripte leichte Anpassungen, da z. B. ein anderer Name für die Log-Datei gewählt wurde.

2.3.6 Das MTU-Problem

Ein immer wieder auftretendes Problem im Zusammenhang mit DSL-Anbietern, wie z. B. der Telekom, die das PPPoE-Protokoll einsetzen äußert sich in einem eigenartigen Verhalten der Verbindung. Die Einwahl zum Provider funktioniert in diesem Fall und es lassen sich z. B. auch viele Webseiten problemlos ansehen. Einige Webseiten hingegen können nicht angesehen werden. Die Verbindung zu diesen Servern scheint einfach zu hängen obwohl das Ansehen anderer Seiten zur gleichen Zeit problemlos funktioniert. Der Grund für diesen zunächst seltsam erscheinenden Effekt liegt in einer für PPPoE zu groß gewählten MTU. Das Kürzel MTU steht für Maximal Transfer Unit und beschreibt die maximale Zahl der Bytes eines Datenpakets das über das Netzwerk versendet wird. Bei der Übertragung von Daten über ein Netzwerk werden diese Daten nicht als Ganzes sondern in kleineren Häppchen den sogenannten Paketen nacheinander übetragen. Die MTU legt nun die Größe eines solchen Pakets fest. Für Ethernet beträgt die

Default-Größe 1500 Bytes, d.h. die MTU einer Ethernet-Schnittstelle hat normalerweise den Wert 1500:

```
root@erde:/ # ifconfig eth0
eth0    Link encap:Ethernet  HWaddr 00:40:FC:2F:F7:A1
        inet addr:192.168.99.1  Bcast:192.168.99.255  Mask:255.255.255.0
        inet6 addr: fe80::250:fcff:fe3f:f7a2/10 Scope:Link
        UP BROADCAST RUNNING MULTICAST  MTU:1500  Metric:1
        RX packets:1218 errors:0 dropped:0 overruns:0 frame:0
        TX packets:1322 errors:0 dropped:0 overruns:0 carrier:0
        collisions:0 txqueuelen:100
        RX bytes:649876 (634.6 Kb)  TX bytes:147672 (144.2 Kb)
        Interrupt:5 Base address:0x7000
```

Auch für die ppp-Schnittstelle, die von pppd angelegt wird, kann die MTU eingestellt werden. Diese Einstellung erfolgt in den pppd-Optionsdateien /etc/
ppp/options und /etc/ppp/peers/pppoe. Ist in diesen Dateien kein Wert,
bzw. ein Wert von 1500 angegeben, kann es zu Problemen kommen, da jedes zu
versendende Datenpaket über das PPPoE-Protokoll an den Router der Telekom
weitergesendet werden muß. PPPoE benötigt aber selbst 8 Bytes an zusätzlichen
Protokollinformationen, so daß ein solches Paket jetzt die Defaultgröße von 1500
Bytes plus die zusätzlichen 8 Bytes für PPPoE einnimmt, also insgesamt 1508 Bytes groß ist. Grundsätzlich ist dies noch nichts schlimmes, da zu große Pakete
normalerweise aufgeteilt werden können.

Trifft ein Datenpaket auf seinem Weg vom lokalen Rechner zu seinem Ziel auf ei-
ne Strecke mit einer kleineren MTU, also einer kleineren zulässigen Paketgröße,
als die Größe des Datenpakets, so wird das Paket einfach in zwei kleinere Pakete
zerlegt (fragmentiert) die weitergesendet werden können. Da das Zerlegen von
Paketen bei zentralen Routern, über die sehr viele Daten übertragen werden, eine Aufgabe ist, die den Router stark belastet versuchen moderne Betriebssysteme
diesen Vorgang bereits im Vorfeld zu vermeiden. Bei Linux geschieht dies ab Kernel Version 2.4. Hierzu setzt Linux in jedem zu übertragenden IP-Paket ein DF-
Flag (Don't fragment). Sieht ein Router auf einer Strecke mit einer für das Paket
zu kleinen MTU ein solches Paket, wird es nicht fragmentiert. Stattdessen sendet
der Router an den Rechner, der dieses Paket versendet hat eine ICMP[18]-Nachricht
ICMP: destination unreachable: need to fragment zurück und fordert dadurch den sendenden Rechner auf, die Daten erneut jedoch mit einer kleineren MTU, also als kleinere Pakete zu versenden. Dieses Verfahren wird als Path
MTU discovery bezeichnet und ist in RFC1191 (siehe http://www.faqs.org/
rfcs/) beschrieben.

---

[18]Internet Message Control Protocol, ein Protokoll mit dem in IP-basierten Netzwerken Kontroll
und Statusinformationen übertragen werden

Das eigentliche Problem entsteht nun dadurch, das die gesendeten ICMP-Pakete den Quellrechner nicht erreichen. Dies liegt insbesondere an falsch konfigurierten Firewalls der Server-Betreiber, die ICMP-Pakete herausfiltern. Hierdurch entsteht nun der Effekt, das der Quellrechner immer wieder Datenpakete mit der zu großen MTU an den Server sendet und dieser immer wieder ICMP-Nachrichten zurückschickt, die wegen der falsch konfigurierten Firewall jedoch niemals den Quellrechner erreichen. Daher verringert dieser seine MTU nicht und sendet weiterhin Pakete mit dem für das Zielsystem zu großen Wert. Der nach außen sichtbare Effekt ist, das die Verbindung zwar aufgebaut werden kann, dann aber hängt.

Da man in der Regel keinen Einfuß auf den Betreiber solcher Server hat, bleibt zur Lösung nur die eigenen Rechner so zu konfigurieren, das ein kleinerer MTU-Wert verwendet wird. Dies gilt auch für Rechner aus dem lokalen Netzwerk, die mit IP-Masquerading über einen gemeinsamen Rechner DSL nuzten.

Die Lösung besteht einfach darin, pppd so zu konfigurieren, das kleinere Pakete versendet werden. Da der Wert von 1500 für die MTU ein allgemein üblicher Wert ist und das PPPoE-Protokoll jedem Datenpaket noch 8 Bytes hinzufügt, dürfen die Datenpakete nicht größer als 1492 Bytes sein, um die gebräuchliche Paketgröße von 1500 Bytes nicht zu überschreiten. Die notwendigen Änderungen werden in den Dateien /etc/ppp/options und /etc/ppp/peers/pppoe vorgenommen. Hier werden für die MTU als auch für das Gegenstück der MRU[19] Werte von maximal 1492 eingetragen:

```
mtu 1492
mru 1492
```

Andere noch evtl. existierende Einträge für mtu und mru in beiden Dateien müssen entfernt werden. Anschließend sollte das Problem nach einem Neustart des pppd für den direkt an das DSL-Modem angeschlossenen Rechner gelöst sein.

Probleme kann es jetzt immer noch mit Rechnern geben, die in einem lokalen Netzwerk liegen und mit Hilfe von IP-Masquerading über den lokalen DSL-Router auf das Internet zugreifen. Falls von diesen Rechnern das gleiche Phänomen auftritt, das z. B. einige Webserver nicht erreichbar sind, muß dafür gesorgt werden, das auch für diese Rechner eine kleinere MTU verwendet wird. Hierzu gibt es nun sehr verschiede Lösungen, die im folgenden kurz beschrieben werden.

❑ Umkonfiguration der Netzwerkinterfaces des Servers.
   Der einfachste Weg das Problem zu beheben, ist die Umkonfiguration des Netzwerkinterfaces, über das die lokalen Rechner mit dem DSL-Router verbunden sind. Für dieses Interface (*nicht für das Interface des DSL-Routers, das mit dem DSL-Modem verbunden ist*) kann die MTU mit dem Befehl ifconfig eth0 mtu 1492 herabgesetzt werden. Um diese Einstellung permanent

---

[19]Maximum receive unit

zu machen, muß bei SuSE Linux die Konfiguration des Netzwerkinterfaces über `yast` bzw. `yast2` angepaßt werden. Der Nachteil dieser Lösung ist, das der Server eine erhöhte Last hat, da er nun für alle Clients die Pakete fragmentieren muß. Bei einem kleinen Netzwerk ist dies sicherlich nicht problematisch, bei sehr vielen Clients, die viele Daten übertragen wollen, kann dies jedoch zu einer höheren Systemlast des Servers führen.

❏ Umkonfigurieren des Netzinterfaces aller Clients.
Eine Alternative ist das Umkonfigurieren der Netzwerkinterfaces der Clients. Auf jedem Client-Rechner muß in dieser Lösung die MTU der entsprechenden Netzwerkschnittstelle mit dem Befehl `ifconfig eth0 mtu 1492` herabgesetzt werden, wobei in diesem Beispiel `eth0` das Netzwerkinterface ist, mit dem der Client an den DSL-Router angebunden ist. Um diese Einstellung permanent zu machen, muß bei SuSE Linux die Konfiguration des Netzwerkinterfaces über `yast` bzw. `yast2` angepaßt werden.

❏ Umkonfigurieren des Routingeintrags auf jedem Client.
Mit Hilfe des `route`-Kommandos kann auf jedem Client der MSS-Parameter gesetzt werden. Diese Einstellung kann in der Datei `/etc/route.conf` für die Default-Route vorgenommen werden indem an den Eintrag für die Defaultroute ein MSS-Wert angefügt wird: `default 192.168.15.1 255.255.255.0 eth0 mss 1400`. Durch diese Anweisung wird die Default MSS von `1448` auf `1400` herabgesetzt.

❏ Verwenden von `iptables`.
Wer für Masquerading und evtl für eine eigene Firewall auf dem Server `iptables` verwendet, hat eine weitere Option. Durch das Setzten der Regel `iptables -A FORWARD -p tcp --tcp-flags SYN,RST SYN -j TCPMSS --clamp-mss-to-pmtu` auf dem Server wird die Maximum Segment Size (MSS) für TCP-Verbindungen beim Verbindungsaufbau festgelegt.

2.4 SuSE Linux-Werkzeuge zur Internet Einwahl

Neben der Konfiguration einer Einwahlmöglichkeit zu einem Internet Provider, wird ein Werkzeug benötigt, daß die Einwahl zu dem konfigurierten Provider ermöglicht. Einige Werkzeuge, wie z. B. `kppp` bringen diese Fähigkeit bereits von Hause aus mit, bei anderen Konfigurationen, wie z. B. bei `wvdial` steht letztlich nur ein Kommando zur Verfügung, mit dessen Hilfe eine Verbindung auf oder abgebaut werden kann. An dieser Stelle wird bereits ein Grundproblem deutlich: Zwar kann man für jede Einwahlkonfiguration ein Werkzeug finden, mit dessen Hilfe der entsprechende Provider angewählt werden kann, aber jedes dieser Werkzeuge wird verschieden aussehen und unterschiedlich in der Bedienung sein.

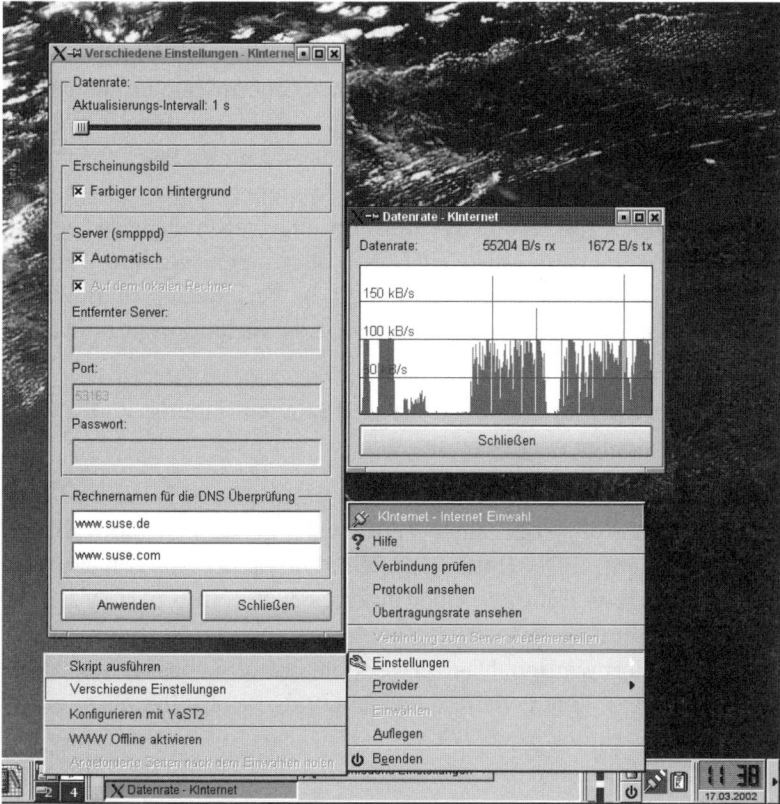

Abbildung 2.22: Das Einwahlkontrollprogramm `kinternet`

Was man sich wünschen würde, ist ein immer gleich aussehendes und in gleicher Weise zu bedienendes Werkzeug zur Einwahl, das darüber hinaus möglichst auch netzwerkfähig sein sollte. Dadurch könnte die Einwahl nicht nur vom dem Rechner aus gestartet werden, an dem z. B. das Modem zur Einwahl angeschlossen ist, sondern auch von einem anderen Rechner aus dem lokalen Netzwerk. Darüber hinaus sollte das Werkzeug es ermöglichen, aus einer Liste unterschiedlicher Provider zu wählen und auch statistische Auswertungen, wie z. B. die Überwacheung der aktuellen Übertragungsrate während einer Verbindung ermöglichen. Weitere sinnvolle Aktionen umfassen die Kontrolle von `wwwoffle` als auch die Möglichkeit beim Verbindungsaufbau ein beliebiges Skript starten zu können.

Alle genannten Möglichkeiten können mit Hilfe des von SuSE entwickelten Einwahlsystems realisiert werden[20]. Das System besteht im Wesentlichen aus den

---

[20]Für Nutzer anderer Linux-Distributionen mag das Werkzeug `masqdialer` interessant sein. Das Projekt ist unter der URL `http://cpwright.com/mserver/` einsehbar.

Werkzeugen smpppd, cinternet und kinternet. Abbildung 2.22 auf der vorherigen Seite vermittelt einen Eindruck der Darstellung einer einer aktiven Verbindung als Teil des KDE-Desktops. Zusätzlich ist das Steuerungsmenü von kinternet sichtbar. kinternet legt sich normalerweise als kleines Icon in die Leiste der Miniprogramme (im Bild helles, diagonal ausgerichtetes Stecker-Symbol auf rotem Hintergrund rechts unten). Durch das Aussehen und die Farbe der Icons kann auf einen Blick festgestellt werden, on eine Verbindung aufgebaut ist und ob über diese Verbindung zur Zeit Daten übertragen werden. Darüber hinaus kann dem Icon auch angesehen werden, ob die Verbindung Manuell aktiviert werden muß, oder ob es sich bei der angezeigten Verbindung um Dial on Demand handelt.

Alle diese Werkzeuge liegen im Quelltext vor und können daher grundsätzlich auch auf nicht SuSE-Systemen eingesetzt werden:

smpppd Daemon, der beim Booten des Rechners gestartet wird. smpppd (SuSEs Meta pppd) kontrolliert zu einer Zeit jeweils genau eine Einwahlverbindung über Modem, ISDN (I4L) oder DSL. Die Steuerung von smpppd erfolgt über eine Netzverbindung über einen Socket vom typ LOCAL oder INET. Hierdurch kann die Verbindung auch von anderen Rechnern im lokalen Netz kontrolliert werden. Das verwendete Protokoll besteht aus zeilenorientiertem Klartext. Eine genauere Beschreibung des Protokolls befindet sich im Quellpaket von smpppd. Wichtig ist, das sich die Portnummer auf der smpppd hört in neueren Versionen geändert hat. In älteren Versionen wurde 53163 verwendet neuere Versionen verwenden stattdessen 3185. Die Portnummer kann beim Client (z. B. kinternet) angegeben werden.

cinternet Das Konsolenwerkzeug zur Steuerung einer Einwahlverbindung, die von smpppd kontrolliert wird.

kinternet Das gaphische Einwahlwerkzeug für KDE, mit dessen Hilfe ein Provider selektiert und die Einwahl mit einem Klick gestartet bzw. gestoppt werden kann. Darüber hinaus ermöglicht kinternet die Darstellung der Übertragungsrate sowie eine Möglichkeit wwwoffle zu steuern.

2.4.1 Funktionsprinzip

Der zentrale Bestandteil des Systems ist smpppd. Dieser Daemon ist in der Lage, eine Verbindung über ein Modem, über ISDN und für DSL über den pppd zusammen mit dem pppoe-Plugin zu steuern. smpppd dient dabei lediglich zur Steuerung einer bereits konfigurierten Verbindung, nicht zur Konfiguration dieser Verbindung selbst. Dabei greift smpppd auf bereits vorgestellte Werkzeuge zurück. Soll beispielsweise eine Einwahl über ein Modem gestartet werden, verwendet smpppd hierzu wvdial, wobei bereits eine gültige wvdial.conf-Datei existieren muß, mit deren Hilfe der Provider angewählt werden kann. smpppd startet letztlich lediglich wvdial für einen bestimmten Provider. Bei ISDN-Verbindungen verhält es sich ähnlich. smpppd kann zur Zeit lediglich Verbindungen kontrollieren, die zuvor mit Hilfe des I4L-Systems konfiguriert wurden. Das Auf- bzw. Abbauen einer Verbindung führt smpppd anschließend mit Hilfe des isdnctrl-Kommands aus, das Teil der I4L-Distribution ist. Für DSL-Verbindungen steuert smpppd den pppd und startet ihn mit entsprechenden Optionen die ebenfalls bereits zuvor konfiguriert worden sein müssen.

Die Verbindungskonfigurationen für Modem, ISDN oder DSL, auf denen smpppd aufbaut, werden bei SuSE Linux durch yast bzw. yast2 bei der Konfiguration der entsprechenden Dienste erstellt.

smpppd selbst kann von anderen Prozessen über eine lokale oder über eine Netzwerkverbindung angesprochen und gesteuert werden. Zu diesem Zweck dienen kinternet und die Konsolenanwendung cinternet. Falls gewünscht ist es auch möglich den Zugriff auf smpppd einzuschränken, was insbesonders in einer Netzwerkumgebung sinnvol sein kann. Die Einschränkung besteht in der Möglichkeit eine Verbindungaufbau nur von einem Rechner anzunehmen, der in einem konfigurierbaren IP-Adressbereich liegt. Zusätzlich kann die Verbindung noch durch ein Paßwort geschützt werden. Wichtig ist, das sich die Portnummer auf der smpppd hört in neueren Versionen geändert hat. Hierdurch kann es dazu kommen, das ein Verbindungsaufbau von kinternet zu einem smpppd, der auf einem anderen Rechner läuft nicht hergestellt werden kann. In älteren Versionen wurde von smpppd die Portnummer 53163 verwendet, neuere Versionen verwenden stattdessen 3185. Funktioniert der Verbindungsaufbau nicht und die beteiligten Rechner haben einen unterschiedlichen Installationsstand, sollte zunächst versucht werden nacheinander die oben genannten Portnummern in kinternet einzutragen (im Menü: *Einstellungen->Verschiedene Einstellungen*).

2.4.2 Konfiguration

Die zentrale Konfigurationsdatei von smpppd ist /etc/smpppd.conf. In dieser Datei kann das Verhalten von smpppd konfiguriert werden. Eine Beschreibung aller Konfigurationsoptionen findet sich in den Manual-Seiten von smpppd.conf. Die Datei kann wie folgt aussehen:

```
# see "man smpppd.conf" for more information
provider = T-DSL


wwwoffle-use = yes
wwwoffle-fetch = yes


stop-on-disconnect = notdemand
```

```
open-inet-socket = yes
number-of-loglines = 250

password = myPassword
host-range = 192.168.10.1 192.168.10.255
```

Der erste Eintrag `provider` legt den Default für die Einwahl fest. Der Name, der hier angegeben wird steht in einer weiteren Datei `rc.dialout`, die weiter unten beschrieben wird. Ab SuSE 8.0 wird die Providerkonfiguration stattdessen im Verzeichnis `/etc/sysconfig/network/providers` gespeichert. Die beiden folgenden `wwwoffle`-Parameter legen fest, das `wwwoffle` verwendet wird und das `smpppd` nachdem die Verbindung aufgebaut werden konnte, `wwwoffle` dazu veranlaßt zur Offline-Zeit angeforderte Web-Seiten jetzt zu holen. Die beiden folgenden Zeilen legen fest, was direkt nach dem Start von `smpppd` geschehen soll. Durch die oben angegebenen Werte wird gesagt, das Verbindungen nach dem `smpppd`-Start auf Anfrage aufgebaut werden könnnen. Alternativ hätte auch konfiguriert werden können, daß eine Verbindung beim `smpppd`-Start automatisch angewählt werden soll. Die Option `open-inet-socket` bestimmt das `smpppd` einen Inet-Socket öffnet, so daß andere Rechner im Netz eine Einwahlverbindung des lokalen Rechners auf dem `smpppd` läuft fern steuern können. Der Parameter `number-of-loglines` legt fest wie groß die von `smpppd` geführte Logdatei für den Verbindungsaufbau sein soll. Diese Log-Datei kann später von `kinternet` eingesehen werden, was zur Lösung von Einwahlproblemen hilfreich ist. Die beiden letzten Parameter demonstrieren die Möglichkeit den Zugriff auf `smpppd` einzuschränken. Zum einen muß ein Programm wie z. B. `kinternet` das über `smpppd` eine Einwahl starten will, das oben angegebene Paßwort mitliefern, zum anderen nimmt `smpppd` nur Verbindungen von Rechnern auf, die im Adressbereich von `192.168.10.1` bis `192.168.10.255` liegen. Ist eine von beiden Voraussetzungen nicht erfüllt, lehnt `smapppd` alle Anweisungen dieses Clients ab.

Die zweite wichtige Konfigurationsdatei von `smpppd` ist `/etc/rc.dialout`. Diese Datei enthält eine Liste von Providern, für die `smpppd` eine Einwahl starten kann. Ab SuSE Linux Version `8.0` wertet `smpppd` die Netzwerkgeräte-Konfigurationsdateien in `/etc/sysconfig/network/ifcfg-ppp`, `ippp`, `dsl*` aus, um die notwendigen Parameter zu erhalten. Die Liste der Provider steht dann im Verzeichnis `/etc/sysconfig/network/providers`. In dieser Datei steht insbesondere auch das Paßwort für den Provider. Normalerweise entnimmt der `pppd` ein Paßwort aus den Dateien `/etc/ppp/pap-secrets` bzw. `/etc/ppp/pap-secrets`. Wird `pppd` jedoch über den `smpppd` gestartet, stammt das Paßwort aus jeweiligen Provider-Konfigurationsdatei unter `/etc/sysconfig/network/providers`.

2.5 Wichtige Informationsquellen im WWW

❑ Informationen zu Modems und diesbezüglichen Standards

```
http://www.modemhelp.org/index.html
http://www.pctechguide.com/17scomms.htm

http://www.waterwheel.com/Guides/modem/modem_itu_standards.htm
```

❑ Die wvdial-Homepage

```
http://www.worldvisions.ca/wvdial/

http://www.cnss.ca/~ppatters/kwvdial.html
```

❑ Allgemeine Informationen zu ISDN

```
http://www.isdnzone.com/

http://www.wan2.de/isdn/isdnintro.html

http://www-lan.uni-regensburg.de/ras/ras/isdnkurz.htm

http://www.shamrock.de/dfu/index.htm?dfu3.htm

http://www.networkcomputing.de/workshop/workshop 2002/ws_131402.html

http://www.uni-kassel.de/~seidler/LEX_D.HTM
```

❑ ISDN-Tutorium (sehr technisch orientiert)

```
http://www.ralphb.net/ISDN/
```

❑ Allgemeine Informationen zur CAPI und capi4linux

```
http://www.capi.org

ftp://ftp.avm.de/cardware/

ftp://ftp.in-berlin.de/pub/capi4linux/

ftp://ftp.avm.de/cardware/b1/x_misc

http://www.topf-sicret.de

http://scorrano.de
```

❑ Informationen zu T-DSL:

```
http://sdb.suse.de/sdb/de/html/hoe_adsl_pppoe.html

http://www.roaringpenguin.com/pppoe.html

http://www.suse.de/~bk/PPPoE-project.html

http://www.adsl4linux.de/anbieter/

http://service.t-online.de/t-on/inte/tdsl/ei/CP/ei-tdsl-bestellung.
html

http://www.adsl4linux.de/

http://www.sfgoth.com/~mitch/linux/atm/pppoatm/

http://www.roaringpenguin.com/pppoe/

http://www.rootdir.de/online

http://www.linux-magazin.de/ausgabe/2000/08/Trickkiste/trickkiste.
html

http://www.krienke.org/books/linuxkom/download/dsltime/

http://www.kabelmax.de/t-dsl.html
```

109

Kapitel 3

Datenkommunikation

In diesem Kapitel werden die wichtigsten Formen der Datenkommunikation, die Linux unterstützt, dargestellt. Zu diesem Bereich zählen insbesondere das Versenden und Empfangen von Fax-Dokumenten sowie die Möglichkeiten der seriellen Kommunikation. Darüber hinaus werden die heute üblichen Formen der Internet-Kommunikation, also Mail, News und WWW, behandelt. In diesem Zusammenhang wird ebenfalls beschrieben, wie das Medium Internet auch kostensparend im Offline-Modus, also ohne bestehende Verbindung zu einem Internet-Provider, genutzt werden kann.

3.1 Faxen mit Modems

Obwohl das klassische Fax mit der immer weiter steigenden Verbreitung von Internet-Diensten wie z. B. Mail schon häufig tot gesagt wurde, spielt diese Form des Fernkopierens weiterhin eine große Rolle. Neben Firmen verfügen heutzutage auch viele Privatleute über einen Faxanschluß, der oftmals mit Hilfe eines PC realisiert ist. Auf der Basis eines solchen Rechners mit Modem ist es auch unter Linux leicht möglich, Faxe zu versenden und zu empfangen. Im Gegensatz zu den meist teuren Fax-Paketen für andere Betriebssysteme bietet Linux verschiedene kostenlos verfügbare, doch überaus leistungsfähige Fax-Software, deren wichtigste Vertreter in den folgenden Abschnitten beschrieben werden.

3.1.1 Grundlagen

In Abbildung 3.1 auf der nächsten Seite ist der grundsätzliche Ablauf des Versendens und des Empfangens eines Fax dargestellt.

Die Abbildung stellt von links nach rechts das Versenden bzw. den Empfang eines Fax dar.

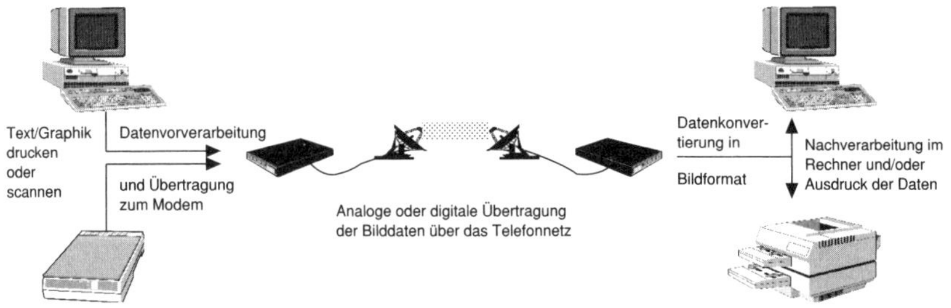

Abbildung 3.1: Der Weg eines Fax

Das zu versendende Dokument wird zunächst in eine Bilddatei konvertiert. Dies geschieht entweder mit Hilfe eines Scanners, indem der Inhalt einer Seite digitalisiert wird, oder – falls das zu versendende Dokument nicht auf Papier, sondern nur in elektronischer Form vorliegt – durch die auf dem Rechner laufende Anwendung (z. B. Textverarbeitung, Graphikprogramm), die meist durch Drucken auf einen Drucker mit dem Namen „Fax" direkt die zu versendende Bilddatei erzeugen kann.

Der Rechner schickt nun Kommandos zum Modem, um die Telefonverbindung zu dem Fax-Gerät/Modem des Empfängers aufzubauen. Wenn die Verbindung aufgebaut werden konnte, überträgt der Rechner schrittweise die Bilddatei zum Modem, das die digitalen Daten in Tonsignale umwandelt, mit deren Hilfe die Daten über das Telefonnetz übertragen werden. Das Modem auf der Gegenseite empfängt die Tonsignale, wandelt sie in Zahlenwerte zurück und setzt daraus die ursprüngliche Bilddatei zusammen, die an den Zielrechner übertragen wird. Auf dem Zielrechner „entscheidet" die dort laufenden Fax-Software, ob die empfangenen Daten direkt gedruckt, per E-Mail versendet oder einfach nur auf Festplatte gesichert werden.

Handelsübliche Fax-Geräte bzw. Office-Produkte, die das Versenden/Empfangen eines Fax erlauben, sind nichts anderes als eine Kombination von Scanner, Modem und Drucker. Der Nachteil einer solchen Lösung ist natürlich die fehlende Flexibilität. So kann man mit solchen Geräten zwar einzelne Seiten per Fax versenden oder ggf. auch einfach nur Scannen und mit Hilfe eines angeschlossenen Rechners weiterverarbeiten. Jedoch ist es beispielsweise nicht möglich, Seiten aus einem Buch oder einer Zeitschrift zu versenden, einfach weil der Scanner nur einzelne Seiten einziehen kann. Der Vorteil einer Fax-Lösung auf Basis eines PC mit Modem, Flachbettscanner und Drucker liegt also in der Flexibilität und Leistungsfähigkeit der einzelnen Komponenten und insbesondere auch in ihrer Austauschbarkeit. Der Nachteil einer Rechnerlösung ist hingegen, daß zum Empfang eines Fax der Rechner natürlich ständig laufen muß. Zwar existieren Lösungen, die es erlauben, bei einem eingehenden Fax den Rechner automatisch zu starten, doch dauert der Startvorgang in der Regel zu lange, um das Fax noch empfangen zu können.

3.1.2 Modems, Protokolle und Standards

Ein zentraler Punkt beim Empfang/Versand eines Fax ist natürlich das Modem, das für die fehlerfreie Datenübertragung über die Telefonleitung verantwortlich ist. Fast jedes heute erhältliche Modem ist ein Fax-Modem, d. h., es kann nicht nur zur Übertragung von Daten (z. B. zum Internet-Provider), sondern auch zur Übertragung von Fax-Daten verwendet werden.

Damit sich die zahlreichen und ständig weiterentwickelnden Modems zur Übertragung eines Fax untereinander „verstehen", wurden von der →CCITT und der →ITU verschiedene Standards entwickelt, die den Verbindungsaufbau und die eigentliche Datenübertragung festlegen. Da einige diese Begriffe sowohl bei der Konfiguration eines Fax-Servers als auch bei der Suche nach Fehlern in der Fax-Konfiguration immer wieder auftauchen, sollen hier kurz die wichtigsten erläutert werden.

3.1.2.1 Fax-Gruppen

Heutige Modems unterstützen alle die „Fax-Gruppe 3". Dieser 1980 von der CCITT definierte Standard beschreibt die Fax-Kommunikation über analoge Telefonleitungen und erlaubt eine Dokumentübertragung mit einer maximalen Geschwindigkeit von 14.400 Bit/sec sowie eine Bildauflösung von 98 oder 196 lpi (lines per inch = Zeilen je 2.54 cm). Neben der „Fax-Gruppe 3" ist nur noch die „Fax-Gruppe 4" von Bedeutung. Der „Fax-Gruppe 4"-Standard ist ein neuerer Standard, der für die (digitale) Fax-Übertragung über ISDN mit einer Geschwindigkeit von 64.000 Bit/sec entwickelt wurde, bisher jedoch eine nur geringe Verbreitung gefunden hat. Die Kommunikation von Fax-Geräten ist nur dann möglich, wenn beide die gleiche Fax-Gruppe unterstützen. Ein Gerät der Gruppe 4 kann somit nicht mit einem Gerät der Gruppe 3 kommunizieren.

Der „Fax-Gruppe 3"-Standard baut auf den Standards T.30 und T.4 der CCITT auf. Der Standard CCITT T.4 beschreibt die Formatierung der zu übertragenden Daten (z. B. Auflösung für den Scan und Druck des Bildes) und insbesondere auch das Verfahren, das zur Kompression der Bilddaten verwendet wird. Da ein Fax natürlich so schnell wie möglich gesendet/empfangen werden soll, handeln die Modems beim Verbindungsaufbau eine möglichst hohe Geschwindigkeit untereinander aus. Die möglichen Transferraten sind in den V-Standards beschrieben, die in Tabelle 3.1 auf Seite 115 mit den zugeordneten Geschwindigkeiten aufgeführt sind (z. B. V.17 mit einer Übertragungsrate von 9.600 Bit/sec). Darüber hinaus wird versucht, die Übertragungszeit zu minimieren, indem die zu übertragenden Bilddaten in das komprimierende TIFF/F-Bildformat konvertiert werden. Bei den zur Anwendung kommenden Verfahren werden eindimensionale (1D) und zweidimensionale (2D) Verfahren unterschieden. Eindimensionale Verfahren schauen immer nur auf eine Scanzeile eines Bildes und versuchen, aufeinanderfolgende gleichfarbige Pixel zusammenzufassen, wodurch später bei der Datenübertragung nicht mehr nacheinander z. B. 200 schwarze Pixel übertragen werden müssen, sondern lediglich die Information, daß 200 schwarze Pixel aufeinander folgen. Die Informationsmenge wir so stark reduziert. Ein Verfahren, das eine Komprimierung in dieser Art leistet, ist der *Modified Huffman Algorithm*, der auch mit MH abgekürzt wird.

Um noch besser komprimieren zu können, verfeinert man den MH-Algorithmus, indem man nicht mehr nur eine Zeile des Seitenbilds, sondern jeweils zwei untersucht. Dieses Verfahren wird als *Modified Relative Element Address Designate*, oder kurz MR, bezeichnet.

Neben den bisher genannten Verfahren ist zudem ein Standard wichtig, der es den beiden an einer Fax-Übertragung beteiligten Modems gestattet, beispielsweise das zu verwendende Kompressionsverfahren oder die schnellstmögliche Übertragung untereinander auszuhandeln. Dies ist sinnvoll, da eine Telefonverbindung u. U. „kratzen" oder „rauschen" kann, die Übertragungsqualität also nicht immer konstant ist. Da die Datenübertragung ja durch Tonsignale erfolgt, könnten durch das Rauschen der Telefonleitung Daten verloren gehen. Daher handeln Modems eine maximale Geschwindigkeit je nach Leitungsqualität und Fähigkeiten der beiden Modems selbständig untereinander aus, um die bestmögliche Übertragung sicherzustellen. Darüber hinaus kommt es natürlich auch oft vor, daß zwei Modems nicht über die gleichen Fähigkeiten (z. B. bei der Kommunikation eines älteren mit einem neueren Fax-Modem) verfügen und sich auf den größten gemeinsamen Nenner einigen müssen. Das Protokoll, das zu diesem und anderen Zwecken verwendet wird, ist in dem CCITT T.30-Standard beschrieben. In diesem Standard sind der gesamte Vorgang des Verbindungsaufbaus sowie das Kommunikationsmanagement beschrieben. Es gliedert sich in insgesamt 5 Phasen, die als „Phase A" bis „Phase E" bezeichnet werden. In den einzelnen Phasen geschieht folgendes:

A   Phase A umfaßt den Verbindungsaufbau zweier Modems über das Telefonnetz, die sich gegenseitig als Fax-Geräte erkennen.

B   In Phase B identifiziert sich das angerufene Modem beim Sender und beschreibt seine Fähigkeiten (z. B. bezüglich der Übertragungsgeschwindigkeiten und der möglichen Kompressionsarten).

C   In dieser Phase findet die eigentliche Datenübertragung (inklusive Fehlerkontrolle) statt.

D   Diese Phase wird erreicht, wenn alle Daten übertragen wurden. Der Sender signalisiert die Beendigung der Übertragung, woraufhin der Empfänger den Empfang der Daten „bescheinigt".

E   Nachdem alle Daten ausgetauscht wurden, schickt der Sender in dieser Phase ein Signal zum Abbau der Verbindung zum Empfänger.

3.1.2.2 Fax-Klassen

Nachdem nun etwas klarer sein sollte, wie der Ablauf der Kommunikation zwischen den beiden Fax-Modems abläuft, fehlt natürlich noch die Beschreibung der
Kommunikation zwischen dem jeweiligen Rechner und dem Modem. Hier geht
es also um die Frage, wie der Rechner das Modem zur Fax-Übertragung steuern kann. Auch hier braucht man Standards, da andernfalls jedes Modem seine
eigene Sprache sprechen würde und dadurch z. B. nur die vom Hersteller des
Modems angebotene Fax-Software für dieses Modem verwendet werden könnte.

Um eine Hersteller-unabhängige Steuerung eines Modems durch den Rechner
zu ermöglichen, wurden auch zu diesem Zweck Standards geschaffen, die in
der Modembeschreibung als Fax-Klassen bezeichnet werden. Ein Modem kann
der Fax-Klasse 1, 2 oder 2.0 entsprechen. Die genannten Fax-Klassen beschreiben bestimmte Fähigkeiten des Modems sowie einen bestimmten Satz an AT-
Kommandos zur Steuerung des Fax-Modems. Einige Befehle der Fax-Klassen 1
und 2 sind in den Tabellen 3.1 und 3.2 auf der nächsten Seite aufgeführt.

Tabelle 3.1: Klasse 1 Modem-Befehlssatz

AT-Kommando	Parameter	Beschreibung
+FCLASS=n		Auswahl der Dienstklasse
	n=0	Auswahl des Datenmodus
	n=1	Auswahl der Fax-Klasse 1
	n=8	Auswahl des voice Modus
+FBefehl=?		Ausgabe der möglichen Parameter für *Befehl*. z.B AT+FCLASS=? 0,1,2,2.0
+FAE=n		Automatische Fax-/Datenrufbeantwortung
	n=0	Sperre automatische Beantwortung
	n=1	Ermögliche automatische Beantwortung
+FRM=n		Empfange Daten mit →*HDLC* Framing ...
	n=3	V.21 Kanal 2 300 Bit/sec
	n=24	V.27 ter 2.400 Bit/sec
	n=48	V.27 ter 4.800 Bit/sec (Standard)
	n=72	V.29 7.200 Bit/sec
	n=73	V.17 7.200 Bit/sec
	n=74	V.17 7.200 Bit/sec kurze Folge
	n=96	V.29 9.600 Bit/sec
	n=97	V.17 9.600 Bit/sec

Tabelle 3.1 – Fortsetzung

AT-Kommando	Parameter	Beschreibung
	n=98	V.17 9.600 Bit/sec kurze Folge
	n=121	V.17 12.000 Bit/sec
	n=122	V.17 12.000 Bit/sec kurze Folge
	n=145	V.17 14.400 Bit/sec
	n=146	V.17 14.400 Bit/sec kurze Folge
+FTM=n	n=...	Sende Daten mit →*HDLC* Framing analog zu +FRH
+FRS=n	n=0...255	Empfangsstille. Dieses Kommando führt zu einer OK-Meldung an den Rechner, wenn auf der Emfangsleitung für *n* 10 Millisekunden Intervalle Stille herrscht.
+FTS=n	n=0...255	Sendestille. Das Modem wartet *n* 10 Millisekunden Intervalle und liefert dann OK an den Rechner.

Tabelle 3.2: Klasse 2 Modem-Befehlssatz

AT-Kommando	Parameter	Beschreibung
+FCLASS=n		Auswahl der Dienstklasse
	n=0	Auswahl des Datenmodus
	n=1	Auswahl der Fax-Klasse 1
	n=2	Auswahl der Fax-Klasse 2
	n=2.0	Auswahl der Fax-Klasse 2.0
	n=8	Auswahl des voice Modus
?+F*Befehl*=?		Ausgabe der möglichen Parameter für *Befehl*. z. B. AT+FCLASS=? 0,1,2,2.0
+FAE=n		Automatische Fax-/Datenrufbeantwortung
	n=0	Antworte auf Anruf, wie durch +FCLASS bestimmt wurde.
	n=1	Ermögliche automatische Beantwortung
+FAA=n		Adaptive Fax-/Datenrufbeantwortung je nach Art des Anrufs (Fax/Daten/Voice)
	n=0	Sperre adaptive Anruf-Beantwortung
	n=1	Ermögliche adaptive Anruf-Beantwortung
+FAXERR		Fax Fehlerwert
+FBOR		Phase B Daten Bit-order
+FBUF?		Puffer Größe (nur Lesen)

Tabelle 3.2 – Fortsetzung

AT-Kommando	Parameter	Beschreibung
+FCFR		Zeige Bereitschaft zum Empfang
+FCON		Antwort an Rechner bei Fax-Verbindung
+FCR=n	n=0,1	Bereitschaft zum Empfang von Daten (nein/ja)
+FCSI:		Für ausgehende Anrufe die von der Gegenstelle empfangene Stationsidentifikation
+FDCC=		Setzen der DCE (Modem) Leistungsmerkmal-Parameter
+FDCS?		Ausgabe der aktuellen Session-Parameter
+FDIS=		Setzen der Session-Leistungsmerkmal-Parameter
+FDR		Beginn oder Fortführen des Empfangs in Phase C
+FDT=		Datenübertragung
+FET:		Antwort an Sender nach Seitenübertragung
+FHNG		Übertragungsbeendigung mit Statusreport
+FK		Session Beendigung
+FLID=		Lokale Identifikationszeichenkette
+FMDL?		Ausgabe des Modem-Modells
+FMFR?		Ausgabe des Modem-Herstellers
+FPHCTO		Phase C timeout-Wert
+FPTS:		Statusantwort des Empfängers für empfangene Seite
+FREV?		Ausgabe der Modem-Versionsnummer
+FTSI:		Für eingehende Anrufe die von der sendenden Station empfangenen Stationsidentifikation

Modems der Fax-Klasse 1 (Standard: EIA[1]/TIA[2]-578) verlagern die meiste Funktionalität in den Rechner und bieten diesem lediglich eine sehr einfache Schnittstelle an. Das Modem muß sich hier nicht um die Abwicklung des T.30-Protokolls kümmern, da dies weitgehend die Fax-Software des Rechners übernimmt. Da das T.30-Protokoll z. T. sehr zeitkritisch ist, bedeutet dies für den Rechner, daß er ohne Verzögerung auf eingehende Daten und Meldungen reagieren können muß. Bei einem Mehrbenutzersystem wie Linux kann es dadurch bei hoher Systemauslastung zu Problemen beim Fax-Empfang und -Versand kommen.

---

[1] EIA = Electronic Industry Association
[2] TIA = Telecommunications Industry Association

Diese Probleme vermeiden Modems der Fax-Klassen 2 (Standard: TIA/EIA-592 draft SP-2388) und 2.0 (Standard: TIA/EIA-592). In beiden Fällen wird dem Rechner die Last des Sessionhandling (Protokoll zum Aufbau und zur Abwicklung der Verbindung, entsprechend dem Protokoll T.30) weitgehend abgenommen und vom Modem selbst ausgeführt. Dadurch ist die Belastung des Rechners, der das Modem steuert, nicht mehr so wichtig für einen erfolgreichen Fax-Versand wie bei Geräten der Klasse 1.

Die Fax-Klasse 2 ist ein vorläufiger Standard, der aufgrund der Tatsache, daß man den eigentlichen Standard seinerzeit nicht schnell genug realisieren konnte, von vielen Herstellern zum de facto Standard gemacht wurde, indem er in die →*Firmware* der Modems programmiert wurde. Obwohl der später verabschiedete 2.0-Standard eigentlich nur eine Weiterentwicklung der Fax-Klasse 2 darstellt, ist er dennoch nicht mehr kompatibel zu dieser Fax-Klasse. Modems, die über mehrere Fax-Klassen verfügen, können durch entsprechende Kommandos den einen oder anderen Standard verwenden, je nachdem welche Fax-Klasse von der verwendeten Software unterstützt wird.

Aufgrund der Aufteilung der Modems in verschiedene Fax-Klassen könnte mancher sich die Frage stellen, wie denn ein Modem, daß in der Fax-Klasse 1 betrieben wird, ein Fax mit einem in Klasse 2.0 arbeitenden Modem austauschen kann. Die Antwort auf diese Frage ist einfach, denn die Frage ist falsch gestellt: Man erinnere sich daran, daß die Fax-Klasse eines Modems etwas über die Arbeitsteilung zwischen Fax-Software und Modem sowie etwas darüber aussagt, wie sich die Fax-Software, die auf einem Rechner läuft, mit dem angeschlossenen Modem unterhält (Stichwort AT-Kommandosatz). Dies hat jedoch absolut nichts damit zu tun, wie sich die beiden Modems, die an dem Versand eines Fax beteiligt sind, untereinander verständigen. Unterstützen beide Modems die Fax-Gruppe 3 ist der Datenaustausch kein Problem.

3.1.3 Fax on demand und Fax-Polling

Neben der Möglichkeit, ein Fax zu versenden bzw. zu empfangen, bieten insbesondere Unternehmen und Dienstleister ihren Kunden den Service, bestimmte Informationen mit Hilfe des Fax abzurufen. Die beiden Verfahren zu diesem Zweck werden „Fax on demand" bzw. „Fax-Polling" genannt, wobei überwiegend letztere Variante anzutreffen ist.

Beim Fax on demand kann der Kunde den Dienstleister anrufen und wird zu einem sprachgesteuerten System geführt. Mit Hilfe dieses Systems kann der Kunde über Eingabe von Zahlen auf seinem Telefon (das →*DTMF*-fähig sein muß) eine von mehreren angebotenen Optionen auswählen. Abschließend muß dann ebenfalls über die Tastatur des eigenen Telefons die Fax-Nummer eingegeben werden, zu der das gewählte Dokument gesendet werden soll. Nach Unterbrechung der

Verbindung kann der Rechner des Dienstleisters das gewünschte Dokument an den Kunden senden. Die Telefonkosten teilen sich in diesem Fall der Kunde (bei der Auswahl des Dokuments) und der Dienstleister (beim Versenden des Dokuments).

Beim Fax-Polling stellt der Kunde sein Fax-Gerät auf Fax-Polling und wählt mit dem Telefon meist eine kostenpflichtige Servicenummer. Unter Umständen kann der Kunde nun wie beim Fax on demand ein bestimmtes Dokument auswählen, das anschließend ohne Unterbrechung der Verbindung zum Kunden als Fax übertragen wird. Die Kosten in diesem Modell trägt allein der Kunde.

Nachdem nun die wichtigsten Grundlagen des Themas Fax dargestellt wurden, soll es nun um die praktische Umsetzung gehen. Das zum Senden und Empfangen von Fax in der Unix-Welt verbreitetste Programm ist HylaFAX, das im folgenden Abschnitt beschrieben wird.

3.1.4 HylaFAX

HylaFAX ist ein frei verfügbares, leistungsfähiges und sehr zuverlässiges Fax-Softwarepaket für Unix. Es wurde ursprünglich von Sam Leffler für SGI entwickelt, und obwohl HylaFAX ein Warenzeichen von SGI ist, darf dieses Programm ohne die Abgabe von Lizenzgebühren frei verwendet werden.

In der Unix-Welt hat dieses System wohl die größte Verbreitung von allen verfügbaren Systemen. Es ist gut dokumentiert und wird ständig weiterentwickelt. Tiefergehende Probleme, die nicht in der auch online verfügbaren Dokumentation bereits beantwortet sind, können in der Regel bereits auf der HylaFAX-Web-Seite (http://www.hylafax.org) oder in der HylaFAX-Mailing-Liste (siehe Abschnitt 3.1.4.2 auf Seite 140) diskutiert werden.

HylaFAX ermöglicht das Empfangen und Versenden von Faxen, sowie das Fax-Polling. HylaFAX ist ein Client/Server-System, was bedeutet, daß viele Anwender in einem Netzwerk von Rechnern die Möglichkeit haben, ihre Dokumente über ein zentral installiertes Modem zu versenden, wobei zu sendende Faxe – ähnlich wie beim Drucken unter Unix – in einer Warteschlange automatisch verwaltet werden. Natürlich ist es ebenfalls möglich, mehrere Modems zu verwenden oder mehrere Server in einem Netzwerk zu installieren. Auch können Client und Server problemlos auf *einem* Rechner zusammenarbeiten, d. h., der Server kann selbst auch als Client verwendet werden, was bei der unten beschriebenen Konfiguration automatisch der Fall ist. Rechner, die lediglich über die in Abschnitt 3.1.5.1 auf Seite 151 beschriebenen Basisprogramme verfügen, können nur als Client verwendet werden. Die Kombination von Server und Client in einem Rechner ist insbesondere für einzelne Rechner (z. B. der PC im eigenen Heim) ohne permanenten Netzwerkanschluß sinnvoll. Die notwendigen Konfigurationsschritte werden im folgenden beschrieben.

Der eigentliche Nutzen eines solchen Client/Server-Systems wird sichtbar, wenn man an miteinander vernetzte Rechner denkt. Sowohl für das Mini-Netzwerk zu Hause als auch für große Organisationen mit hunderten von Rechnern ist ein solcher Ansatz von großem Vorteil, da nicht jeder Mitarbeiter über ein eigenes Fax-Gerät bzw. Modem, sondern lediglich die notwendige Client-Software verfügen muß. Da der Client-Teil der Software nur einen relativ kleinen Teil der Gesamtsoftware ausmacht, ist es relativ einfach, für beliebige Betriebssysteme einen Client für HylaFAX zu schreiben, mit dessen Hilfe Dokumente zum Fax-Versand an den Server geschickt werden können. So existieren bereits Clients für Windows- und Macintosh-Systeme. Ein weiterer Vorteil liegt darin, daß Hyla-FAX ein Dokument nicht einfach nur versendet, sondern darüber hinaus auch automatisch z. B. darauf achtet, daß der Sendevorgang wiederholt wird, wenn der Zielanschluß besetzt war oder ein Fehler bei der Übertragung aufgetreten ist. Um diese Dinge muß sich der Benutzer, nachdem er das Fax an den Server abgesendet hat, nicht weiter kümmern. Er erhält entweder nach kurzer Zeit die Nachricht, daß das Fax erfolgreich versendet werden konnte, oder aber nach einer bestimmten Zahl von Fehlversuchen eine entsprechende Fehlermeldung.

HylaFAX kann Dokumente in den für Fax üblichen Auflösungen von 98 („normal" Modus) bzw. 196 lpi („fein" Modus) versenden und unterstützt sowohl 1D- als auch 2D-Datencodierung. An Modems werden alle Fax-Modems der Klassen 1, 2, und 2.0 unterstützt, so daß HylaFAX mit grundsätzlich allen Modems arbeiten kann. Dies gilt um so mehr, da HylaFAX in großem Umfang konfigurierbar ist. Weitere Leistungsmerkmale sind:

❏ Automatische Konvertierung verschiedener Dokumenttypen in das für den Fax-Versand richtige Format

❏ Automatische Generierung eines vom Nutzer frei zu gestaltenden Deckblatts

❏ Benachrichtigung des Benutzers über Erfolg bzw. Mißerfolg des Versendens eines Fax per E-Mail; automatische Benachrichtigung des Verwalters des Systems bei einem eingehenden Fax

❏ Zugangskontrolle, mit der festgelegt werden kann, wer ein Fax versenden kann

❏ Möglichkeit der zeitversetzten Übertragung eines Fax

❏ Möglichkeit der Einschränkung zur Anwahl bestimmter Telefonnummern (z. B. teure Servicenummern)

❏ Möglichkeit, eingehende Faxe aufgrund ihrer Identifikation erst gar nicht zu empfangen (Unterdrückung von Werbefaxen)

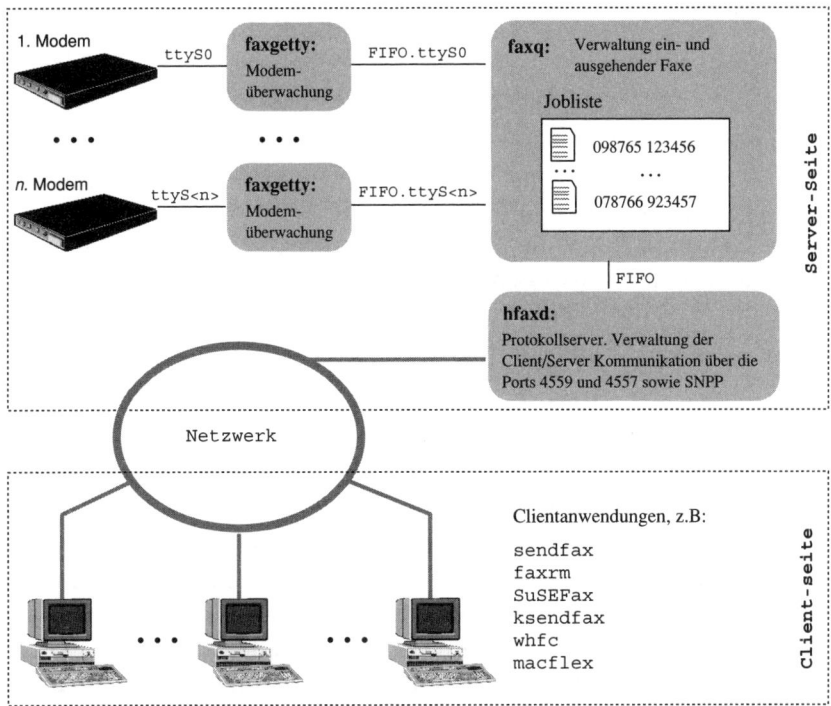

Abbildung 3.2: Das Client/Server-Modell von HylaFAX

3.1.4.1 Funktionsweise von HylaFAX

Wie bereits beschrieben, stellt HylaFAX ein Client/Server System dar. Dies bedeutet, daß auf einem Rechner in einem Netzwerk, an dem auch das oder die Fax-Modems angeschlossen sind, die Server-Software läuft. Auf diesem Fax-Server und allen anderen Rechnern eines Benutzers wird die Client-Software, also Programme zum Auslösen des Fax-Versands für ein bestimmtes Dokument sowie Programme zum Ermitteln des Status des Servers, benötigt. Abbildung 3.2 verdeutlicht die Aufgabenteilung und zeigt die wichtigsten daran beteiligten Programme.

In dieser schematischen Übersicht sind sowohl die Server-Seite als auch die Client-Seite der HylaFAX-Software dargestellt. Die Server-Seite setzt sich im wesentlichen aus den Programmen faxgetty, faxq und hfaxd zusammen. Die Aufgaben dieser drei Programme sind wie folgt definiert:

hfaxd ist der Protokoll-Server von HylaFAX, der für die Kommunikation zwischen Client und Server – evtl. über ein Netzwerk – zuständig ist. Das verwendete Protokoll zwischen einem Client, wie z. B. sendfax, und hfaxd ähnelt sehr stark dem `ftp`-Protokoll. `hfaxd` kann entweder in einem der Startup-Skripten in `/etc/init.d` oder aber durch den `inetd` (Konfiguration in `/etc/inetd.conf`) gestartet werden.

`faxq` ist das Programm, das für die Verwaltung der zu sendenden Jobs zuständig ist. Es bereitet Dokumente zum Versand auf, ist verantwortlich für die Planung des Versendens und initiiert den Sendevorgang. Es sollte immer genau ein `faxq`-Prozeß laufen. `faxq` kommuniziert nie direkt mit einem Client, sondern nur mit `hfaxd`. Zur Kommunikation der beiden Prozesse wird ein sogenannter FIFO (First In First Out) verwendet, eine spezielle Dateiart in Unix, über die auf dem selben Rechner laufende Prozesse Daten austauschen können. Die Datei heißt, wie im Bild angegeben, `FIFO` und befindet sich im Verzeichnis `/var/spool/hylafax`. Der FIFO wird nach der eigentlichen Installation von HylaFAX durch das Skript `faxsetup` angelegt.

`faxgetty` Pro Modem unter HylaFAX sollte ein `faxgetty`-Prozeß gestartet werden. Er dient der Kommunikation mit jeweils einem Modem und lauscht auf Nachrichten von diesem Modem, die z. B. eine eingehende Verbindung signalisieren. Darüber hinaus informiert er das HylaFAX-Job-Verwaltungsprogramm `faxq` über den Status des Modems, z. B., wenn das Modem gerade ein Fax sendet.

Kommandos wie z. B. zum Abbruch eines Sendevorgangs liest `faxgetty` von einer FIFO-Datei, die den Namen der seriellen Schnittstelle trägt, an die das zugehörige Modem angeschlossen ist. Angenommen, ein `faxgetty`-Prozeß verwaltet ein Modem, das an der Schnittstelle `/dev/ttyS0` angeschlossen ist, so lautet die FIFO-Datei für diesen Prozeß `FIFO.ttyS0` (im Verzeichnis `/var/spool/hylafax`).

`faxgetty` wird normalerweise aus der Datei `/etc/inittab` gestartet. Für den Fall, daß mit HylaFAX lediglich Fax-Dokumente versendet, jedoch *nicht* empfangen werden sollen, muß `faxgetty` nicht gestartet werden. Stattdessen kann jedes Modem mit Hilfe des Kommandos `faxmodem` eingerichtet werden.

`hfaxd` lauscht, wie in der Abbildung dargestellt, auf zwei verschiedenen Ports[3] auf „Wünsche" von Clients: 4559 und 4557. Die Portnummer 4559 wird für das aktuelle Protokoll verwendet, über das sich ein Client und `hfaxd` verständigen. Die Nummer 4557 ist die Portadresse des alten Protokolls, das nur noch aus Kompatibilitätsgründen mit älteren Client-Programmen, wie z. B. dem Windows-Programm WinFlex, existiert.

---

[3]Nummer, die neben der Rechneradresse in einer Netzwerkverbindung notwendig ist, um Daten zu einem bestimmten Dienst (wie z. B. `hfaxd`) senden zu können. Sieht man die Rechneradresse als die Angabe von Ort, Straße und Hausnummer, könnte man die Portnummer als Zimmernummer interpretieren.

Nachdem die Funktion der wesentlichen HylaFAX-Komponenten jetzt klar ist, kann mit der eigentlichen Installation der Software begonnen werden.

3.1.4.2 Installation und Grundkonfiguration

Installation und Konfiguration von HylaFAX besteht aus folgenden Schritten, die nacheinander besprochen werden:

❏ Installation der Software

❏ Funktionstest des Fax-Modems

❏ Wahl des für das Modem geeigneten Datenflußmodus (entweder Hardware-(RTS/CTS) oder Softwarekontrollfluß (XON/XOFF)

❏ Konfiguration des Servers mit den Kommandos `faxsetup` und `faxaddmodem`

❏ Neustart der HylaFAX-Serverprozesse

❏ Anpassen der `/etc/inittab`-Datei (optional)

❏ Erfolgskontrolle.

Installation

Die Installation von HylaFAX ist unproblematisch. Am einfachsten ist die Verwendung eines vorcompilierten Paketes, wie z. B. `hylafax.rpm` auf der SuSE-CD. Dieses Paket kann entweder mit Hilfe von YaST oder aber direkt mit dem Kommando `rpm -i <Pfad>/hylafax.rpm` installiert werden. Hierbei ist für `<Pfad>` der tatsächliche Pfad zu dem Verzeichnis auf der CD einzutragen. Ist das CDROM unter dem Pfad `/cdrom` verfügbar, lautet der Pfad entsprechend `/cdrom/suse/n1`.

Wer keinen Zugriff auf die SuSE-CDs hat, kann alternativ auch eines der vorcompilierten Pakete verwenden, die im World Wide Web unter der URL `ftp://ftp.hylafax.org/binary` zu finden sind. Schließlich besteht natürlich auch die Möglichkeit, sich den Quellcode zu besorgen und das Paket selbst zu übersetzen. Dieser Weg ist im Vergleich zur Installation eines fertigen Pakets mit recht viel Aufwand verbunden und auch nicht ganz einfach durchzuführen, so daß sich nur erfahrene Unix-Hasen an diese Aufgabe wagen sollten. Der Quellcode ist unter der URL `http://www.hylafax.org/download.html` verfügbar. Etwas Hilfe zur Arbeit mit dem HylaFAX-Quellcode findet sich unter der URL `http://www.hylafax.org/install-source.html`.

Neben dem HylaFAX-Paket selbst müssen zwei weitere Pakete installiert werden, die von Hylafax gebraucht werden: Zum einen die `libtiff` (ein Fax liegt ja normalerweise im Format TIFF/F vor), zum anderen das Programm Ghostscript (auf

SuSE Linux das Paket `gs`, bei neueren Distributionen die `ghostscript`-Pakete), z. B., um aus Dokumentdateien TIFF/F-Dateien zum Fax-Versand zu erzeugen.

Nachdem das HylaFAX-Paket installiert wurde, befindet sich unter `/var/spool/hylafax` eine Verzeichnisstruktur, in der sich sowohl die Konfigurationsdateien von HylaFAX befinden als auch Verzeichnisse, in denen Dokumente zum Versand aufbereitet oder nach getaner Arbeit archiviert werden. Bei älteren Versionen von HylaFAX kann es sein, daß anstelle von `/var/spool/hylafax` das Verzeichnis `/var/spool/fax` verwendet wird. Der Verzeichnisaufbau und Inhalt ist jedoch gleich. In diesem Verzeichnis liegt ebenfalls ein Verzeichnis `log`, in das für jedes eingehende bzw. gesendete Fax eine Datei erzeugt wird, die ein Protokoll über den Verlauf der Verbindung enthält. Diese Dateien sind äußerst wichtig, um im Falle eines Fehlers herausfinden zu können, was nicht funktioniert hat.

Folgende Verzeichnisse und Dateien befinden sich nach der HylaFAX-Installation im Verzeichnis `/var/spool/hylafax`:

`FIFO` Datei, über die die `hfaxd` und `faxq` Prozesse miteinander kommunizieren

`FIFO.modem` Datei, über die Kommandos an einen `faxgetty`-Prozeß gesendet werden können. Die Endung der Datei entspricht der Gerätedatei, über die `faxgetty` auf „sein" Modem zugreift.

`archive` Verzeichnis, das zur Archivierung versendeter Fax-Dateien verwendet wird, falls der *Job archival support* aktiviert wurde

`bin` Verzeichnis, in dem sich verschiedene Skripten befinden, die zum Senden/Empfangen benötigt werden. Die Programmdateien, wie z. B. `faxq` oder `sendfax`, befinden sich je nach Installation im Verzeichnis `/usr/sbin` und `/usr/bin` oder in den beim Übersetzen der Quellcodes konfigurierten Verzeichnissen.

`config` Das Verzeichnis enthält Prototyp-Konfigurationen für einige Modem-Typen. Bei der Server-Konfiguration mit `faxaddmodem` wird versucht, automatisch die passende Konfigurationsdatei für das jeweilige Modem zu finden. `faxaddmodem` wird als Teil der `faxsetup`-Ausführung (siehe Abschnitt 3.1.4.2 auf Seite 127) aufgerufen. Wenn die Konfiguration nicht zu stimmen scheint, kann kann man sich in diesem Verzeichnis nach einer evtl. besser passenden Basiskonfigurationsdatei umsehen, die dann den Modem-Teil der Konfiguration in `./etc/config.`*device*(normalerweise in `/var/spool/hylafax/`) ersetzt.

`dev` Gerätedateien, die als Kopien der Originaldateien unter `/dev` benötigt werden, da die HylaFAX-Programme in einer `chroot`-Umgebung ausgeführt werden, wodurch für diese Programme der Pfad `/var/spool/hylafax` als Wurzelverzeichnis `/` gesehen wird. Anders ausgedrückt, bedeutet dies, daß keines der Programme auf Dateien außerhalb von `/var/spool/hylafax` zugreifen kann.

docq   wird für die Vorbereitung von Dokumenten beim Fax-Versand verwendet

doneq   Hier werden Dokumente abgelegt, die bereits versendet, jedoch nicht archiviert wurden. Dieses Verzeichnis wird über das Skript `faxqclean`, das regelmäßig (z. B. einmal am Tag) laufen sollte, aufgeräumt.

etc   In diesem Verzeichnis befinden sich alle Konfigurationsdateien, insbesondere die `faxq`-Konfiguration in der Datei `config` sowie die `faxgetty`-Konfiguration in der Datei `config.<device>`. Darüber hinaus befindet sich hier die Datei `hosts.hfaxd` (in älteren HylaFAX-Versionen: `hosts`), die die Zugriffskontrolle auf den Fax-Server steuert, sowie die Datei `dialrules`, über die es möglich ist, eine vom Benutzer angegebene Zielnummer den lokalen Bedürfnissen anzupassen (z. B. automatisch eine 0 für das „Amt" voranzustellen).

recvq   In dieses Verzeichnis werden eingehende Faxe abgelegt.

sendq   Hier befinden sich zu sendende Dokumente.

status   Enthält für jedes angeschlossene Modem eine Datei, die den Status des Modems beschreibt.

info   Dieses Verzeichnis dient HylaFAX als Datenbank, in der die Fähigkeiten der Modems, mit denen HylaFAX schon einmal Kontakt hatte (Fax an diese Zielnummer gesendet oder von dort empfangen), gespeichert werden.

Nach der Installation sollten alle Dateien unter `/var/spool/hylafax` dem Benutzer `fax` und der Gruppe `uucp` gehören. Die Datei `./etc/hosts.hfaxd` im Fax-Verzeichnis darf zudem nur für den Nutzer `uucp` lesbar und schreibbar sein (Rechte: `-rw-----`). Dies kann mit Hilfe des `chmod`-Kommandos (siehe `man chmod`) durchgeführt werden.

Anschließen und Funktionstest des Modems

Das Modem sollte jetzt mit einem Standard-Modem-Kabel an einer der seriellen Schnittstellen des Rechners angeschlossen und eingeschaltet werden. Wer sein Modem schon unter Windows betrieben hat und den dort verwendeten COM-Port kennt, weiß, welche Schnittstelle er verwenden muß. So entspricht normalerweise COM1 dem Gerät /dev/ttyS0, COM2 ist entsprechend /dev/ttyS1 usw.

Wer nicht sicher ist, welche der ttySx Gerätedateien diejenige ist, an der das Modem angeschlossen ist, kann dies am besten mit minicom herausfinden (siehe auch 3.7.2 auf Seite 231). Hierzu sollte minicom als Superuser mit minicom -s gestartet werden. In dem erscheinenden Menü muß dann zunächst unter dem Punkt Serial port setup das „Serial device" auf die erste Schnittstelle, also auf /dev/ttyS0, gesetzt werden. Als Baudrate sollte zunächst 9.600 eingestellt werden. Durch Drücken von (←) wird der Dialog wieder verlassen. In dem Menü muß jetzt der Punkt Exit selektiert werden. Anschließend sollte es möglich sein, Kommandos an das Modem zu senden, z. B. einfach das Kommando AT (Attention), gefolgt von der (←)-Taste. Ist das Modem an dieser Schnittstelle angeschlossen, sollte es mit OK antworten. Wenn nicht, sollte die nächste Schnittstelle, also z. B. /dev/ttyS1, getestet werden usw.

Hilft dies alles nicht, sollte im Menü Serial Port Setup versucht werden, nacheinander die Flow Control-Einstellungen durchzugehen (Hardware, Software, ohne Flow Control). Dies muß dann natürlich wieder mit jedem Gerät (ttySx) probiert werden.

Funktioniert es immer noch nicht, sollte das Kabel (Verpackung) untersucht werden, ob es sich hierbei um ein Modem-Kabel oder ein sogenanntes Nullmodem-Kabel handelt, das der Rechner-Rechner-Verbindung dient und somit für ein Modem nicht brauchbar ist.

Hat man schließlich die korrekte Schnittstelle gefunden, legt man am besten einen Link auf die entsprechende Gerätedatei. Hierzu muß man als Superuser root angemeldet sein, da man sonst nicht über die notwendigen Schreibrechte im Verzeichnis /dev verfügt. Angenommen, das Modem reagiert auf Kommandos über die Gerätedatei /dev/ttyS1, sollten folgende Kommandos eingegeben werden.

```
root@erde:/ #   cd /dev
root@erde:/dev #   ln -s /dev/ttyS1 modem
```

Auf diese Weise kann in der HylaFAX-Konfiguration der Name des Link /dev/modem statt einer bestimmten Schnittstelle (z. B. /dev/ttyS1) angegeben werden. Soll das Modem später an einer anderen Schnittstelle betrieben werden, muß die HylaFAX-Konfiguration nicht verändert werden, sondern lediglich der Link. Bei SuSE Linux-Systemen sollte die entsprechende Einstellung (MODEM= "/dev/ttyS0"), ebenfalls als Benutzer root, zusätzlich in der Datei /etc/rc.config vorgenommen werden, da andernfalls der gerade eingerichtete Link beim nächsten Aufruf von SuSEConfig wieder geändert wird. Alternativ kann die Modem-Einrichtung (wenn man weiß, an welcher Schnittstelle es hängt) auch ganz über YaST erfolgen.

Wahl der geeigneten Datenflußkontrolle

Die Datenflußkontrolle bestimmt die Art und Weise, wie die Steuerung des Datenflusses vom Rechner zum Modem und umgekehrt erfolgt. Hier kann zwischen dem Software-Modus und dem Hardware-Modus gewählt werden. Beim Software-Modus werden die Zeichen XON bzw. XOFF von einem zum anderen Gerät gesendet, um Empfangsbereitschaft anzuzeigen. Beim Hardware-Modus werden die von der seriellen Schnittstelle bereitgestellten Steuerleitungen (unabhängig von der Datenleitung) mit den Bezeichnungen RTS und CTS dazu verwendet, die Datenübertragung zu steuern. In diesem Fall braucht man auf jeden Fall ein entsprechend beschaltetes Kabel (keine 3-Draht-Leitung).

Grundsätzlich können alle Fax-Modems sowohl im Software-Modus als auch im Hardware-Modus betrieben werden. Bei höheren Übertragungsraten ist es generell sinnvoll, den Hardware-Modus vorzuziehen. Ein Problem besteht insbesondere für Modems der Fax-Klasse 1 darin, daß die Spezifikation der Klasse 1 lediglich eine XON/XOFF-Steuerung des Datenflusses fordert und somit Modems mancher Hersteller auch nicht die Möglichkeit der RTS/CTS-Steuerung im Klasse 1 Fax-Modus bieten. Manche Modems arbeiten im Daten-Modus problemfrei im Software (XON/XOFF)- und Hardware- (RTS/CTS) Kontroll-Modus. Dies bedeutet jedoch, daß sie dies auch im Fax-Modus tun.

Falls später bei der Konfiguration des Fax-Servers Probleme in der Art auftreten, daß das Modem nicht auf Kommandos des Rechners zu reagieren scheint, ist es auf jeden Fall empfehlenswert, den Datenflußkontroll-Modus zu verändern und es erneut zu versuchen.

Konfiguration des Servers mit Hilfe des `faxsetup`

Nachdem nun alle Vorbereitungen abgeschlossen sind, kann die eigentliche Konfiguration des Fax-Servers beginnen. Diese Arbeit wird von dem Skript `faxsetup` ausgeführt, das als Superuser `root` gestartet werden muß. Es folgen eine Reihe von Fragen, die vom Nutzer entsprechend beantwortet werden müssen.

HylaFAX kann erst funktionieren, wenn `faxsetup` erfolgreich ausgeführt wurde!

Neben der eigentlichen Konfiguration überprüft das Skript auch eine Reihe zusätzlicher Eigenschaften, wie z. B. das Vorhandensein der TIFF-Werkzeuge, die zum Betrieb des Fax-Servers notwendig sind. In der unten stehenden Konfiguration wird der Fax-Server sowohl für eingehende wie auch für ausgehende Fax-Kommunikation konfiguriert, d. h., später muß `faxgetty` gestartet werden. Alternativ kann auch am Ende der Konfiguration das Skript `faxmodem` gestartet werden, wodurch auf `faxgetty` verzichtet werden kann, jedoch kein Fax-Empfang möglich ist! Folgendes Protokoll zeigt den Ablauf und die Eingaben für die Konfiguration mit Hilfe des `faxsetup`-Skripts.

```
root@erde:/ >: faxsetup

Setup program for HylaFAX (tm) v4.0pl2.
Created for i686-unknown-linux on Tue Apr  6 18:01:57 GMT 1999.


Checking system for proper client configuration.
Checking system for proper server configuration.


Warning: /usr/sbin/egetty does not exist or is not an executable program!

The file:
    /usr/sbin/egetty

does not exist or this file is not an executable program.  The
HylaFAX software optionally uses this program and the fact that
it does not exist on the system is not a fatal error.  If the
program resides in a different location and you do not want to
install a symbolic link for /usr/sbin/egetty that points to your
program then you must reconfigure and rebuild HylaFAX from source code.


Make /var/spool/hylafax/bin/ps2fax a link to /var/spool/hylafax/bin/ps2fax.gs.


It looks like you have a "fax" user in the password file,
but with a uid different than the uid for uucp.  You probably
have old fax software installed.  In order for this software
to work properly, the fax user uid must be the same as uucp.
Is it ok to change the password entry for "fax" [yes]? ⏎
Done, the "fax" user should now have the right user id.
Update /var/spool/hylafax/status/any.info.


Modem support functions written to /var/spool/hylafax/etc/setup.modem.
Configuration parameters written to /var/spool/hylafax/etc/setup.cache.


No scheduler config file exists, creating one from scratch.
Country code [1]? 49
Area code []? 261
Long distance dialing prefix [1]? 0
International dialing prefix [011]? 00
Dial string rules file(relative to /var/spool/hylafax) ["etc/dialrules"]? ⏎
Tracing during normal server operation [1]? 527
Default tracing during send and receive sessions [0xffffffff]? 527
Continuation cover page (rel to /var/spool/hylafax) []? etc/cover.tmpl ⏎
Timeout when converting PostScript documents (secs) [180]? ⏎
Maximum number of concurrent jobs to a destination [1]? ⏎
```

```
Define a class of modems []? ⟵
Time of day restrictions for outbound jobs ["Any"]? ⟵
Path of destination controls file (relative to /var/spool/hylafax) []? ⟵
Timeout before purging a stale UUCP lock file (secs) [30]? ⟵
Max number of pages to permit in an outbound job [0xffffffff]? 30
Syslog facility name for ServerTracing messages [daemon]? ⟵


The non-default scheduler parameters are:


CountryCode:           49
AreaCode:              261
LongDistancePrefix:    0
InternationalPrefix:   00
ServerTracing:         527
MaxSendPages:          30
SessionTracing:        527


Are these ok [yes]? ⟵


Creating new configuration file /var/spool/hylafax/etc/config...


Restarting HylaFAX server processes.
Should I restart the HylaFAX server processes [yes]? ⟵
/usr/sbin/faxq
```

Die zu Beginn ausgegebene Warnung über das Fehlen des Programms `eget-ty` kann ignoriert werden, da dieses Programm für den normalen Betrieb nicht benötigt wird. Die Eingaben der Daten bis zu diesem Punkt können bis auf die Ortsvorwahl (hier: `0261`) direkt übernommen werden. Dabei ist darauf zu achten, daß die Ortsvorwahl ohne führende `0` eingegeben werden sollte. Das gleiche gilt auch für den nun folgenden Abschnitt, in dem im wesentlichen stationsspezifische Daten konfiguriert werden müssen. Wichtig ist hier die korrekte Angabe der seriellen Schnittstelle, an der das Modem betrieben wird. Der Name der Gerätedatei wird ohne Pfad (also z. B. `ttyS1` statt `/dev/ttyS1`) angegeben. Hat man einen symbolischen Link `modem` auf die Gerätedatei gelegt (s. o.), kann einfach `modem` angegeben werden.

```
 You do not appear to have any modems configured for use.  Modems are
configured for use with HylaFAX with the faxaddmodem(1M) command.
Do you want to run faxaddmodem to configure a modem [yes]? ⟵
Serial port that modem is connected to []? modem


Ok, time to setup a configuration file for the modem.  The manual
page config(5F) may be useful during this process.  Also be aware
```

that at any time you can safely interrupt this procedure.

Reading scheduler config file /var/spool/hylafax/etc/config.

No existing configuration, let's do this from scratch.

Country code [1]? **49**

Area code [415]? **261**

Phone number of fax modem [+1.999.555.1212]? **+49.261.12345**

Local identification string (for TSI/CIG) ["NothingSetup"]? **"Fax GmbH"**

Long distance dialing prefix [1]? **0**

International dialing prefix [011]? **00**

Dial string rules file (relative to /var/spool/hylafax) [etc/dialrules]? ⏎

Tracing during normal server operation [1]? **527**

Tracing during send and receive sessions [11]? **527**

Protection mode for received facsimile [0600]? **0644**

Protection mode for session logs [0600]? ⏎

Protection mode for modem [0600]? **0644**

Rings to wait before answering [1]? ⏎

Modem speaker volume [off]? ⏎

Command line args to getty program ["-h %l dx_%s"]? **"-r -b -s %s %l"**

Pathname of TSI access control list file

       (relative to /var/spool/hylafax) [""]? ⏎

Pathname of Caller-ID access control list file

       (relative to /var/spool/hylafax) [""]? ⏎

Tag line font file (relative to /var/spool/hylafax) [etc/lutRS18.pcf]? ⏎

Tag line format string ["From %%l|%c|Page %%p of %%t"]? ⏎

Time before purging a stale UUCP lock file (secs) [30]? ⏎

Hold UUCP lockfile during inbound data calls [Yes]? ⏎

Hold UUCP lockfile during inbound voice calls [Yes]? ⏎

Percent good lines to accept during copy quality checking [95]? ⏎

Max consecutive bad lines to accept during copy quality checking [5]? ⏎

Max number of pages to accept in a received facsimile [25]? ⏎

Syslog facility name for ServerTracing messages [daemon]? ⏎

Set UID to 0 to manipulate CLOCAL [""]? ⏎

Use available priority job scheduling mechanism [""]? ⏎

The non-default server configuration parameters are:

```
CountryCode:          49
AreaCode:             261
FAXNumber:            +49.261.12345
LongDistancePrefix:   0
```

```
InternationalPrefix:       00

DialStringRules:           etc/dialrules

ServerTracing:             527

SessionTracing:            527

RecvFileMode:              0644

DeviceMode:                0644

RingsBeforeAnswer:         1

SpeakerVolume:             off

GettyArgs:                 "-r -b -s %s %l"

LocalIdentifier:           "Fax GmbH"

TagLineFont:               etc/lutRS18.pcf

TagLineFormat:             "From %%l|%c|Page %%p of %%t"

MaxRecvPages:              25
```

Bevor der Rest der Konfiguration dargestellt wird, hier noch einige Hinweise zu wichtigen Parametern. Die genaue Beschreibung aller Parameter findet sich in den Manual-Seiten, die mit dem Kommando man hylafax-config gelesen werden können.

FAXNumber ist die Zeichenkette, die als Teil der Kopfzeile eines Fax als Fax-Nummer des Absenders eingetragen wird. Dies erfolgt jedoch nur, wenn der Parameter LocalIdentifier leer ist. Andernfalls wird statt der Fax-Nummer der mit LocalIdentifier definierte Text eingetragen.

Server Tracing, Session Tracing steuert den Grad der Informationen, die in die Log-Datei für einen Sende- oder Empfangsvorgang geschrieben werden. Im Normalfall ist der vorgegebene Wert sinnvoll. Im Fehlerfall kann es notwendig sein, den Wert 0x1E31F (Zahl im Hexadezimalformat) anzugeben, um mehr Informationen über den Sende- bzw. Empfangsvorgang zu erhalten. Genauere Informationen stehen in den Manual-Seiten von hylafax-config.

RingsBeforeAnswer Gibt die Zahl der Klingelzeichen an, die gewartet werden soll, bevor das Modem einen Anruf beantwortet.

GettyArgs Bestimmt die Parameter, mit denen ein getty-Prozeß gestartet wird, wenn das Modem sich im Adaptive Answer Modus befindet und statt eines Fax-Anrufs ein Daten-Anruf eingeht. Auf diese Weise kann man sich z. B. von einem anderen Rechner aus über das Modem anmelden. Siehe auch Abschnitt 3.1.5 auf Seite 149.

TagLineFormat Gibt die Formatierung der Kopfzeile eines jeden Fax-Blattes an. In dieser Einstellung steht links die Fax-Nummer des Absenders oder, falls LocalIdentifier definiert wurde, der entsprechende Text. In der Mitte der Kopfzeile stehen das Datum, rechts die aktuelle Seitennummer und die Gesamtseitenzahl. Genauere Informationen bietet man `hylafax-config`.

`MaxRecvPages` Maximale Zahl an Seiten, die in einer Verbindung empfangen wird. Dies kann nützlich sein, um im seltenen Fehlerfall eines endlos langen eingehenden Fax nach entsprechender Seitenzahl den Empfang abzubrechen.

Die übrigen Konfigurationsschritte dienen der Einrichtung des Modems. Wichtig ist die Eingabe des korrekten Datenfluß-Modus im Fax-Betrieb. Falls das Handbuch des Modems keine besonderen Hinweise gibt, sollte man zunächst `RTSCTS` versuchen. Wenn dies zu Problemen führt, sollte man den `XONXOFF`-Modus testen. Bei dem unten dargestellten Ablauf wird unter anderem versucht, den Typ des Modems zu ermitteln (Hersteller, Modem-Typ und -Version). Diese Information wird verwendet, um nach einer passenden Modem-Konfigurationsdatei im Verzeichnis `/var/spool/hylafax/config` zu suchen. Die Ermittlung der Daten erfolgt über bestimmte `ATI`x-Befehle, die das Modem veranlassen, Angaben, die der Hersteller in der Firmware angegeben hat, auszugeben. Wird ein für HylaFAX bekanntes Modem gefunden, kann man davon ausgehen, daß die resultierende Konfiguration auf Anhieb funktioniert. Ist das Modem für HylaFAX unbekannt, wird auf eine der generischen Konfigurationsdateien für Modems der verschiedenen Fax-Klassen zurückgegriffen, und zwar auf die, die der Fax-Klasse entspricht, die vom Modem unterstützt wird. Auch in diesem Fall gibt es in der Regel keine Schwierigkeiten, sofern das Modem die entsprechende Fax-Klasse „sauber" unterstützt:

```
Now we are going to probe the tty port to figure out the type
of modem that is attached.  This takes a few seconds, so be patient.
Note that if you do not have the modem cabled to the port, or the
modem is turned off, this may hang (just go and cable up the modem
or turn it on, or whatever).


Probing for best speed to talk to modem: 38400 OK.

Hmm, this looks like a Class 1 modem.
Product code (ATI0) is "33600".
Other information (ATI3) is "OK".
DTE-DCE flow control scheme [default]? RTSCTS⏎
Modem manufacturer is "Unknown".
Modem model is "Unknown".


Using prototype configuration file class1...


There is no prototype configuration file for your modem, so we will
```

have to fill in the appropriate parameters by hand. You will need the
manual for how to program your modem to do this task. In case you are
uncertain of the meaning of a configuration parameter you should
consult the config(4F) manual page for an explanation.

Note that modem commands must be specified exactly as they are to be
sent to the modem. Note also that quote marks (") will not be displayed
and will automatically be deleted. You can use this facility to supply
null parameters as "".

Finally, beware that the set of parameters is long. If you prefer to
use your favorite editor instead of this script you should fill things
in here as best you can and then edit the configuration file

"/var/spool/hylafax/etc/config.modem"

after completing this procedure.

Command to enter Class 1 [AT+FCLASS=1]? ⟵
Extra bytes in a received HDLC frame [4]? ⟵
Maximum time to wait for OK after aborting a receive (ms) [200]? ⟵
Maximum wait for initial identification frame (ms) [40000]? ⟵
Delay before sending post-page message (ms) [75]? ⟵
Delay between sending TCF and ack/nak (ms) [75]? ⟵
Delay before sending DCS and TCF (ms) [75]? ⟵
Delay after failed training (ms) [1500]? ⟵

The modem configuration parameters are:

```
Class1Cmd:              AT+FCLASS=1
Class1FrameOverhead:    4
Class1RecvAbortOK:      200
Class1RecvIdentTimer:   40000
Class1SendPPMDelay:     75
Class1SendTCFDelay:     75
Class1TCFMaxNonZero:    10
Class1TCFMinRun:        1000
Class1TCFResponseDelay: 75
Class1TrainingRecovery: 1500
```

Are these ok [yes]? ⟵

Warning, the prototype configuration for your modem uses a different
DTE-DCE communication rate () than the rate that you have

selected (38400). Unless this prototype configuration file is setup
to automatically switch baud rates for facsimile communication, 38400
may not work correctly for sending and receiving facsimile: check your
modem manual to make sure that 38400 is acceptable.

Creating new configuration file /var/spool/hylafax/etc/config.modem...
Creating fifo /var/spool/hylafax/FIFO.modem for faxgetty... done.
Done setting up the modem configuration.

Checking /var/spool/hylafax/etc/config for consistency...
...some parameters are different.

The non-default scheduler parameters are:

CountryCode: 49
AreaCode: 261
LongDistancePrefix: 0
InternationalPrefix: 00
DialStringRules: etc/dialrules
ServerTracing: 527
ContCoverPage: etc/cover.tmpl
MaxSendPages: 30
ModemClass: ""
SessionTracing: 527

Are these ok [yes]? ⟨←⟩

Creating new configuration file /var/spool/hylafax/etc/config...
...saving current file as /var/spool/hylafax/etc/config.sav.

Don't forget to run faxmodem(1M) (if you have a send-only environment)
or configure init to run faxgetty on modem.
Do you want to run faxaddmodem to configure another modem [yes]? no

You do not appear to be using faxgetty to notify the HylaFAX scheduler
about new modems and/or their status. This means that you must use the
faxmodem program to inform the new faxq process about the modems you
want to have scheduled by HylaFAX. Beware that if you have modems that
require non-default capabilities specified to faxmodem then you should
read faxmodem(1M) manual page and do this work yourself (since this
script is not intelligent enough to automatically figure out the modem
capabilities and supply the appropriate arguments).

```
Should I run faxmodem for each configured modem [yes]? no ⟵
Done verifying system setup.
```

Die letzte Frage wird normalerweise mit No beantwortet, es sei denn, HylaFAX soll lediglich zum Senden, jedoch nicht zum Emfangen von Fax-Dokumenten verwendet werden. In diesem Fall wird das Programm üblicherweise für das Senden und Empfangen verwendete Programm faxgetty (s. Abschnitt 3.1.4.2) nicht eingesetzt. Nur in diesem Fall muß die oben gestellte Frage mit yes beantwortet werden.

Anschließend sollten zwei cron-Einträge für die beiden Skripten faxqclean und faxcron vorgenommen werden, wodurch diese Skripten automatisch in regelmäßigen Abständen aufgerufen werden. Das erste Skript (auf SuSE-Systemen /usr/sbin/faxqclean) dient dazu, das Spooling-Verzeichnis von HylaFAX aufzuräumen, indem nicht mehr benötigte Dateien gelöscht werden. Es muß als Superuser gestartet werden. Das zweite Skript (auf SuSE-Systemen /usr/sbin/faxcron) erstellt einen für den Fax-Administrator interessanten Report, der Informationen darüber enthält, wie viele Faxe gesendet/empfangen wurden, und der zudem die evtl. aufgetretenen Probleme beschreibt. Die Ausgabe dieses Programms erscheint auf der Standard-Ausgabe. Daher ist es sinnvoll, diese Daten per Mail and den Administrator zu senden. Dieses Skript sollte als uucp gestartet werden. Die crontab-Einträge könnten z. B. wie folgt aussehen:

```
#faxqclean
0   *  *  *  *    /usr/sbin/faxqclean
#faxcron
25 23 *  *  *    sh /usr/sbin/faxcron | mail FaxMaster
```

Durch die hier gemachten Angaben wird faxqclean zu jeder vollen Stunde (wenn der Minutenwert 0 ist) aufgerufen. faxcron wird einmal am Tag um 23:25 Uhr aufgerufen (siehe auch man 5 crontab). Damit der Eintrag für faxcron wie oben dargestellt funktioniert, muß ein Mail-Alias für FaxMaster existieren, der jedoch ohnehin für den Betrieb von HylaFAX sinnvoll ist. Auf SuSE-Systemen existieren die crontab-Einträge übrigens bereits. Sie stehen hier in der Datei /etc/crontab.

Damit ist die Hauptkonfiguration abgeschlossen. Die konfigurierten Daten werden von faxsetup in die Datei

/var/spool/hylafax/etc/config.<device>

geschrieben, wo sie jederzeit mit einem einfachen Texteditor verändert werden können. <device> ist der Name der seriellen Schnittstelle, an der das Modem betrieben wird (siehe auch Tabelle 3.3 auf der nächsten Seite, in der die wichtigsten HylaFAX -Konfigurationsdateien aufgelistet sind).

Tabelle 3.3: HylaFAX -Konfigurationsdateien

Dateiname	Konfiguriert...	Beschreibung
config	Server	Konfigurationsdatei für faxq.
config.*device*	Server	Konfigurationsdatei(en) für jedes Modem, das unter HylaFAX betrieben wird. *device* ist dabei der Name der Gerätedatei, unter der das Modem angesprochen werden kann (z. B. /dev/ttyS1). Wird nur ein Modem verwendet, ist es sinnvoll, statt einer bestimmten Gerätedatei die Datei modem zu verwenden, die als symbolischer Link auf die tatsächliche Gerätedatei verweist. In diesem Fall heißt die Konfigurationsdatei config.modem.
hyla.conf	Client	Die systemweite Konfigurationsdatei hyla.conf (normalerweise unter /usr/lib/fax) dient der Konfiguration von Eigenschaften der HylaFAX-Clients (z. B. sendfax oder faxstat). Die möglichen Parameter sind in den Manual-Seiten der entsprechenden Client-Programme beschrieben.
.hylarc	Client	Diese Datei, die im Home-Verzeichnis des Benutzers gesucht wird, kann die gleichen Einstellungen wie die Datei hyla.conf enthalten. Befinden sich unterschiedliche Angaben in beiden Dateien, überschreiben Angaben aus .hylarc Angaben aus hyla.conf.
sendfax.conf	sendfax	Eine systemweite Konfigurationsdatei für das Client-Programm sendfax. Hier gemachte Einstellungen überschreiben evtl. entsprechende Einstellungen der Datei hyla.conf. Die möglichen Parameter sind in der Manual-Seite von sendfax beschrieben.

Neustart der HylaFAX-Server-Prozesse

Nachdem die Konfiguration des Servers korrekt ausgeführt ist, sollten die Server-Prozesse am besten neu gestartet werden, damit sichergestellt ist, daß diese wirklich laufen und beim Start keine Fehler melden. Zu diesem Zweck enthalten die vorcompilierten Pakete in der Regel ein angepaßtes Skript mit dem Namen `hylafax`, das bei der Installation automatisch in das Verzeichnis `/etc/init.d` oder auch `/etc/rc.d/init.d` kopiert wurde. Dieses Skript kennt zumindest (wie auch die anderen Skripten in diesem Verzeichnis) die Parameter `start` und `stop`. Beim Systemstart werden verschiedene der hier liegenden Skripten mit dem Parameter `start` ausgeführt, beim Herunterfahren des Systems entsprechend mit dem Parameter `stop`[4].

Um HylaFAX neu zu starten, sollten jetzt folgende Kommandos ausgeführt werden:

```
root@erde:/ #  cd /etc/init.d
root@erde:/etc/init.d #  ./hylafax stop
Shutting down service HylaFAX
root@erde:/etc/init.d #  ./hylafax start
Starting service HylaFAX
root@erde:/etc/init.d #  ps axuw|grep fax
uucp 755 0.0 0.7 2012 976 ? S 19:36 0:00 /usr/sbin/faxq
uucp 758 0.0 0.6 2136 792 ? S 19:36 0:00 /usr/lib/fax/hfaxd -i
hylafax -o 4557 -s 444
```

Zur Kontrolle, ob die Prozesse auch wirklich laufen, kann, wie oben dargestellt, das `ps`-Kommando verwendet werden. Als Ergebnis sollten die Prozesse `faxq` und `hfaxd` in der Ausgabe erscheinen. Ist dies nicht der Fall, sollte man nach Fehlermeldungen sehen, die nähere Hinweise auf den Grund geben. Hierzu sollte auch die Datei `/var/log/messages` eingesehen werden. Ein möglicher Grund ist z. B., daß der Server noch nicht mit Hilfe des `faxsetup`-Skripts (s. o.) konfiguriert wurde.

Anpassen der `/etc/inittab`-Datei

HylaFAX wird normalerweise zusammen mit dem Programm `faxgetty` betrieben, da es nur so möglich ist, Faxe zu senden *und* zu empfangen (s. o.). Damit `faxgetty` automatisch beim Booten des Rechners gestartet wird, ist es am einfachsten, einen entsprechenden Eintrag in die Datei `/etc/inittab` vorzunehmen (nur durch den Superuser `root` möglich). Die Datei wird von `init` ausgewertet und dient dem Start von Programmen in den verschiedenen Unix-Runlevels. Folgender Eintrag sollte in `/etc/inittab` gemacht werden (bei SuSE Linux ist

---

[4]Das SuSE-Bootkonzept ist in der Datei `/etc/init.d/README` beschrieben. Zusätzlich sollte man die man-Seiten für `init` lesen, wenn man mehr über die Funktionsweise der Boot-Skripten erfahren möchte.

der Eintrag normalerweise schon vorhanden, jedoch durch ein Kommentarzeichen # am Zeilenanfang unwirksam. In diesem Fall nur das Kommentarzeichen entfernen):

```
fa:23:respawn:/usr/lib/fax/faxgetty /dev/modem
```

Dieser Eintrag bewirkt, daß in den Runlevels 2 und 3 (zweites Feld der Zeile) automatisch das Programm `/usr/lib/fax/faxgetty` ausgeführt wird. Der Parameter `/dev/modem` bezeichnet die Gerätedatei, über die das Modem angesprochen werden kann, und muß gegebenenfalls an die eigene Konfiguration angepaßt werden. Das Schlüsselwort `respawn` bewirkt, daß `faxgetty` nicht nur einmal gestartet wird, sondern immer dann, wenn der laufende `faxgetty`-Prozeß sich beendet oder vom Benutzer durch `kill` beendet wird. Dies ist sinnvoll, um z. B. sicherzustellen, daß die Konfigurationsdateien neu eingelesen werden, falls daran Änderungen vorgenommen wurden.

Nachdem die Datei entsprechend angepaßt wurde, muß dem `init`-Prozeß noch mitgeteilt werden, daß er die Datei neu lesen soll, was einfach durch Eingabe des Kommandos `init q` als Benutzer `root` ausgelöst werden kann.

Falls die HylaFAX-Konfiguration fehlerhaft ist oder `faxgetty` das Modem nicht ansprechen kann, beendet sich `faxgetty` u. U. umgehend, wird jedoch aufgrund des `respawn`-Eintrags in der `inittab`-Datei sofort wieder neu gestartet, trifft wieder auf das gleiche Problem und beendet sich wiederum direkt. In einem solchen Fehlerfall merkt `init`, daß der Neustart von `faxgetty` zu oft hintereinander auftritt, und verhindert für 5 Minuten einen direkten Neustart. In der Konsole und in der `messages`-Datei unter `/var/log` erscheint in diesem Fall die Meldung:

```
init: Id "fa" respawning too fast: disabled for 5 minutes
```

Die Zeichenkette `fa` ist dabei die in der `inittab`-Datei im ersten Feld angegebene symbolische Identifikation für diesen Prozeß.

Eine solche Meldung ist also ein klarer Hinweis auf einen grundsätzlichen Konfigurations- oder Hardwarefehler. Oftmals ist nur der Pfad für das Programm `faxgetty` falsch angegeben, aber auch z. B. ein Fehler beim Zugriff auf die serielle Schnittstelle oder die Angabe der falschen seriellen Schnittstelle kann hierzu führen. In diesem Fall sollten die Einträge in den zuvor erzeugten Dateien `config` und `config.device` sowie evtl. auch der Link `/dev/modem` überprüft werden.

Erfolgskontrolle

Nun ist der große Moment endlich gekommen: Wurden alle aufgeführten Schritte ausgeführt, sollte der Server funktionsbereit sein. Ein erster Test besteht in der

Ausgabe des Fax-Status mit Hilfe des Kommandos `faxstat`, das als normaler Benutzer (nicht als `root`) auf dem *Server-Rechner* ausgeführt werden sollte:

```
tux@erde:/home/tux > faxstat
HylaFAX scheduler on erde.kosmos.all: Running
Modem modem (+49.261.12345): Running and idle
```

`faxstat` gibt den Status des HylaFAX-Servers aus. Die oben stehende Meldung (`Running and idle`) ist der Normalzustand und beschreibt die Bereitschaft, ein Fax zu versenden oder zu empfangen. In beiden Fällen würde eine weitere Zeile den Sendevorgang bzw. den Empfangsvorgang näher bezeichnen.

Wer möchte, kann jetzt schon sein erstes Fax mit Hilfe des Programms `sendfax` versenden (eine genauere Beschreibung dieses und anderer Programme erfolgt im folgenden Abschnitt):

```
root@erde:/home/tux # sendfax -d Freund@023459876 /etc/group
request id is 8 (group id 8) for host localhost (1 file)
```

Durch diese Anweisung würde die Text-Datei `/etc/group` als Fax an die Nummer *023459876* versendet werden. Auf dem automatisch erstellten Deckblatt (siehe auch Abschnitt 3.1.5.2 auf Seite 173) wird dabei als Empfängername „Freund" angegeben. Mit dem Kommando `faxstat -s` kann der Ablauf des Sendevorgangs verfolgt werden. Nachdem das Fax versendet wurde, sollte für die Kennung, die `sendfax` aufgerufen hat, eine E-Mail eingegangen sein, die über Erfolg/Mißerfolg des Sendevorgangs Aufschluß gibt. Soll ein zu sendendes Fax gelöscht, d. h. doch nicht gesendet werden, kann der Auftrag mit `faxrm <JobNr>` wieder aus der Liste der zu sendenden Faxe entfernt werden. *JobNr* ist dabei die Auftragsnummer (Job-ID), die in der Ausgabe von `faxstat -s` für jedes zu sendende Fax mit ausgegeben wird.

Natürlich können jetzt auch schon Faxe empfangen werden. Ein eingehendes Fax wird in das Verzeichnis `/var/spool/hylafax/recvq` geschrieben. Anschließend wird das Skript `bin/faxrcvd` aufgerufen, das normalerweise eine Mail an die Kennung `faxmaster` sendet (durch Modifikation dieses Skripts ist es jedoch auch beispielsweise möglich, ein eingehendes Fax direkt zu drucken). Falls notwendig, kann ein empfangenes Fax, das ja im Dateiformat TIFF/F gespeichert ist, mit Hilfe des Programms `fax2ps` in das PostScript-Format konvertiert werden.

Üblicherweise ist `faxmaster` keine eigene Kennung, sondern lediglich ein Alias für die Kennung, die diese Nachricht wie auch andere Statusmeldungen erhalten soll. Die Zuordnung des Alias `faxmaster` zu einer real existierenden Kennung erfolgt in der Datei `/etc/aliases`. Nach einer Veränderung dieser Datei sollte anschließend das Programm `newaliases` gestartet werden.

Empfang eines Fax

Für den Empfang eines Fax sind keine weiteren Einstellungen notwendig. Wurde die Konfiguration vollständig abgeschlossen, läuft automatisch ein Prozeß `faxgetty` je Fax-Modem, der auf eingehende Anrufe wartet. Wird ein Fax erkannt, beginnt HylaFAX automatisch mit dem Empfang des Fax, das schließlich in das Verzeichnis `/var/spool/hylafax/recvq` abgelegt wird. Die Datei wird als TIFF/F-Datei gesichert und kann mit verschiedenen Programmen angesehen werden, die in Abschnitt 3.1.5.1 auf Seite 171 beschrieben werden.

Die im Verzeichnis `recvq` abgelegten Fax-Dateien gehören normalerweise dem Benutzer `fax` und sind nur für diesen lesbar und schreibbar. Die Default-Rechte für die empfangenen Dateien können über den Parameter `RecvFileMode` eingestellt werden, der als Wert die zu setzenden Unix-Rechte in Oktal-Darstellung (also z. B. `0664` für `-rw-rw-r-`) erhält. Durch die geeignete Vergabe dieses Rechts kann nicht nur der `fax`-Benutzer, sondern auch z. B. eine ganze Gruppe von Benutzern auf die eingegangenen Dateien zugreifen. Es sollte in diesem Fall auch daran gedacht werden, daß zum Löschen der Dateien aus dem Verzeichnis `recvq` neben den Dateirechten auch die Rechte des Verzeichnisses selbst entsprechend gesetzt werden (das Verzeichnis muß für die gewünschten Benutzer oder für die Gruppe lesbar und schreibbar sein).

Wenn es nicht direkt funktioniert

Wenn der Fax-Server noch nicht direkt funktioniert, sollte man dennoch nicht verzweifeln. In der Regel lassen sich über die Statusmeldungen, die `faxstat` ausgibt, viele Schwierigkeiten schnell beseitigen.

Eine weitere wertvolle Hilfe bei der Fehlersuche sind die Log-Dateien, die HylaFAX im Verzeichnis `/var/spool/hylafax/log` für jeden Sende- und jeden Empfangsversuch anlegt. Diese Dateien enthalten ein Fülle an Informationen, die helfen können, das aufgetretene Problem zu beseitigen. Der Informationsgehalt dieser Dateien läßt sich durch die Veränderung der Konfigurationsparameter `ServerTracing` und `SessionTracing` in den Dateien `config.modem` und `config` im `etc`-Bereich des HylaFAX-Verzeichnisses anpassen. Über die Angabe einer bestimmten Zahl kann man exakt steuern, welche Informationen ausgegeben werden sollen. Eine genaue Beschreibung findet sich in den Manual-Seiten, die mit `man hylafax-config` gelesen werden können (hier nach dem Stichwort `SessionTracing` suchen). Falls der bei der Konfiguration angegebene Wert zu klein war (z. B. 527 aus dem Konfigurationsbeispiel von oben), der Umfang der Ausgaben also zu gering ausfällt, ist ein Wert von `0x1E31F` für beide Parameter sinnvoll.

Falls man trotz der dort zur Verfügung gestellten Informationen nicht weiterkommt, bieten die Web-Seiten für HylaFAX unter `http://www.hylafax.org`

viele wertvolle Hilfestellungen. Zunächst sollte man die FAQ (Frequently Asked Questions), die von der HylaFAX-Startseite über den Punkt HylaFAQ erreicht werden, genau lesen. An dieser Stelle sind zahlreiche immer wieder auftretende Fragen und Probleme bereits beantwortet.

Falls man auch hier keine Antwort findet, sollte man anschließend das Mailing-Listen-Archiv der Mailing-Liste flexfax@sgi.com nach der Frage durchsuchen. Für HylaFAX existieren sogenannte Mailing-Listen, also eine Art Diskussionsforen, bei denen die Diskussionsbeiträge per E-Mail an alle Interessenten geschickt werden. Die Mailing-Liste flexfax@sgi.com enthält zahlreiche Beiträge, in denen Fragen zu HylaFAX-Problemen gestellt werden können. Für alle Beiträge einer Mailing-Liste existiert ein Archiv, in dem alle Beiträge ab einem bestimmten Zeitpunkt archiviert sind. Diese Archive können nach Stichworten durchsucht werden. Auf diese Weise eröffnet sich jedem, der ein Problem hat, eine sehr große Wissensbasis.

Falls auch dies nicht hilft, besteht die letzte Möglichkeit darin, sich selbst auf die flexfax@sgi.com-Mailing-Liste setzen zu lassen, so daß man seine Frage an alle anderen Teilnehmer senden kann. Dieser Weg sollte jedoch nicht begangen werden, bevor man die obigen Schritte (FAQ lesen, Mailing-Listen-Archiv durchsuchen) ausgeführt hat, da es für die grundsätzlich sehr hilfsbereiten Teilnehmer dieser Mailing-Liste natürlich nicht angenehm ist, eine Frage zum wiederholten Mal beantworten zu müssen, obwohl die Antwort schon lange in der FAQ oder dem Mailing-Listen-Archiv steht.

Um eine Frage an eine Mailing-Liste schicken zu können, muß man sich zunächst an dieser Mailing-Liste anmelden. Anschließend erhält man alle Nachrichten (ca. 30 Stück pro Tag), die von anderen Teilnehmern gesendet wurden, und kann auch selbst an der Diskussion teilnehmen.

3.1.5 Weiterführende Server-Konfiguration

Die in diesem Abschnitt beschriebenen HylaFAX-Merkmale sind als fortgeschrittene Server-Konfigurationsmöglichkeiten zu betrachten. Für den normalen Betrieb sind sie nicht unbedingt notwendig. Der ungeduldige Leser, der zunächst mehr über grundsätzliche Vorgehensweisen wie das Versenden eines Fax erfahren möchte, kann diesen Abschnitt daher zunächst überspringen.

Konfiguration der dialrules

Beim Versenden eines Fax gibt der Benutzer stets eine Fax-Zielnummer ein. Diese Nummer muß von HylaFAX auf verschiedene Arten verändert werden. Darüber hinaus kann es insbesondere bei größeren Institutionen erforderlich sein, die vom Benutzer angegebene Nummer durch weitere Ziffern zu ergänzen (z. B. zur

Amtsholung) oder zu verändern. Genau diesem Zweck dienen die sogenannten Dialrules in HylaFAX.

Normalerweise wird die vom Benutzer angegebene Nummer vom Server zum einen zu einer kanonischen Nummer aufbereitet, die dazu dient, in einer Datei (./info/<Nummer>) die Eigenschaften des Empfängers zu speichern (z. B. ob der durch die Nummer bezeichnete Empfänger 2D-Kodierung oder hohe Auflösung unterstützt). Kanonisch meint in diesem Zusammenhang, daß diese Nummer eindeutig den Empfänger identifiziert, also die Länderkennung, die Vorwahl und die eigentliche Nummer enthält.

Darüber hinaus muß der Server die vom Benutzer angegebene Nummer natürlich auch aufbereiten, um sie als Wählstring an das Modem senden zu können. Unter Umständen muß hierzu z. B. eine 0 zur Amtsholung für Telefonanlagen vorangestellt werden.

Auch auf der Client-Seite wird die angegebene Nummer entsprechend der „Dialrules" aufbereitet. Hier unterscheidet HylaFAX zwischen einer externen Repräsentation der Nummer, die z. B. bei der Ausführung von faxstat -s angezeigt wird, und der eigentlichen, zum Wählen verwendeten Nummer. Dies ist z. B. notwendig, wenn man die angezeigte Nummer von zusätzlichen Daten freihalten will, wie etwa eine PIN, die in größeren Organisationen oft dazu verwendet wird, um Privatgespräche auf eigene Rechnung führen zu können. Eine solche PIN darf natürlich nicht in der Ausgabe von faxstat -s erscheinen.

Alle diese Aufgaben werden in HylaFAX durch die Datei ./etc/dialrules im HylaFAX-Basisverzeichnis (normalerweise /var/spool/hylafax/) auf der Server-Seite bzw. durch /usr/lib/fax/dialrules auf der Client-Seite gesteuert. Die Datei dialrules besteht aus mehreren Regelsätzen, die dazu dienen, die externe Repräsentation, den Wählstring für das Modem und die kanonische Nummer durch Ersetzungen auf Basis regulärer Ausdrücke zu erstellen.

Ein Ausschnitt einer dialrules-Datei könnte wie folgt aussehen:

```
Area=$AreaCode                   ! local area code
Country=$CountryCode             ! local country code
IDPrefix=$InternationalPrefix    ! prefix for an international call
LDPrefix=$LongDistancePrefix     ! prefix for a long distance call
WS="    "                        ! our notion of white space


DisplayNumber := [
"[ ]*[0-9]+[ ]*"    = ""
]


CanonicalNumber := [
"[ ]*[0-9]+[ ]*"    = ""
[abcABC]      = 2                 ! these convert alpha to numbers
```

```
[defDEF]        = 3
[ghiGHI]        = 4
[jklJKL]        = 5
[mnoMNO]        = 6
[prsPRS]        = 7
[tuvTUV]        = 8
[wxyWXY]        = 9
[^+0-9]+        =                           ! strip white space etc.
^$IDPrefix    = +                           ! replace int. dialing code
^$LDPrefix    = +$Country                   ! replace l.d. dialing code
^[^+]         = +$Country$Area&             ! otherwise, insert canon form
]


DialString := [
[-$WS.]+        =                           ! strip syntactic sugar
[abcABC]        = 2                          ! these convert alpha to numbers
[defDEF]        = 3
[ghiGHI]        = 4
[jklJKL]        = 5
[mnoMNO]        = 6
[prsPRS]        = 7
[tuvTUV]        = 8
[wxyWXY]        = 9
^[+]$Country = $LDPrefix                     ! long distance call
^[+]          = $IDPrefix                    ! international call
]
```

Man erkennt deutlich die drei Abschnitte für die Bearbeitung der Darstellung:

❑ Abschnitt für die Behandlung der `DisplayNumber`,

❑ Abschnitt zur Erstellung der kanonischen Nummer (`CanonicalNumber`),

❑ sowie die Anweisungen zur Erzeugung des Wählstrings für das Modem (`DialString`).

Wie funktioniert nun die Aufbereitung der Fax-Nummer? Für jeden Abschnitt existieren ein oder mehrere Regelsätze, die als reguläre Ausdrücke (siehe man regex) eine Ersetzung beschreiben. Hierzu werden die Zeichen der vom Benutzer angegebenen Nummer, die dem links des =-Zeichens stehenden regulären Ausdruck entsprechen, gegen die rechts davon stehenden Zeichen ersetzt. Steht in der vom Benutzer angegebenen Nummer beispielsweise eines der Zeichen a, A, b, B, c oder C wird dieses Zeichen durch die Zahl 2 ersetzt.

Die Definition von `DisplayNumber`, die ja für die Aufbereitung der externen Repräsentation verantwortlich ist, zeigt die Möglichkeit, private Anteile, wie z. B. eine PIN, aus der Anzeige herauszuholen (im Wählstring für das Modem bleiben die zusätzlich angegebenen Zahlen erhalten). Sie besagt, daß Zahlen, die zwischen zwei .-Zeichen stehen, aus der Anzeige entfernt werden. Der Sinn liegt darin, daß ein Benutzer z. B. in einem Unternehmen die Möglichkeit hat, über eine mehrstellige numerische PIN auf seine eigenen Kosten zu telefonieren (eine Eigenschaft, die natürlich von der Telefonanlage bereitgestellt werden muß). Angenommen, seine PIN sei 1234 und er möchte die Nummer 09356 42977 privat wählen, so kann er als Nummer .1234.09356 42977 angeben. Führt er anschließend die Anweisung faxstat -s aus, erscheint in der Anzeige lediglich die Nummer 09356 42977. Die Zeichen zwischen den .-Zeichen wurden für die Anzeige entfernt. Das Modem erhält dennoch die Nummer 123409356 42977 zum Wählen, wobei hier angenommen wird, daß die ersten vier Ziffern von der Telefonanlage als PIN ausgewertet werden können.

Um die Definition der Ersetzungsregel testen zu können, gibt es in HylaFAX das dialtest-Kommando. Der Aufruf erfolgt mit der dialtest-Datei als Parameter. Weitere Parameter sind in den Manual-Seiten (man dialtest) beschrieben. Ein Aufruf auf der Server-Maschine unter Angabe der lokalen Vorwahl (261), der Landeskennung (49), der internationalen Vorwahl (00) und der Vorwahl für Ferngespräche (0) könnte wie folgt aussehen (diese Parameter werden im normalen Betrieb automatisch aus der Server-Konfiguration gelesen):

```
root@erde:/home/tux # dialtest -a 261 -c 49 -i 00 -l 0 /var/spool/
hylafax/etc/dialrules
...
/var/spool/hylafax/etc/dialrules: Define AreaCode = "261"
/var/spool/hylafax/etc/dialrules: Define CountryCode = "49"
/var/spool/hylafax/etc/dialrules: Define InternationalPrefix = "00"
/var/spool/hylafax/etc/dialrules: Define LongDistancePrefix = "0"
...
... Darstellung aller Regel der Datei ...
...
ready> .1234.09356 42977
Apply CanonicalNumber rules to ".1234.09356 42977"
--> match rule "[ ]*[0-9]+[ ]*", result now "09356 42977"
--> match rule "[^+0-9]+", result now "0935642977"
--> match rule "^0", result now "+49935642977"
--> return result "+49935642977"
Apply DialString rules to ".1234.09356 42977"
--> match rule "[-     .]+", result now "1234.09356 42977"
--> match rule "[-     .]+", result now "123409356 42977"
--> match rule "[-     .]+", result now "12340935642977"
--> return result "12340935642977"
Apply DisplayNumber rules to ".1234.09356 42977"
--> match rule "[ ]*[0-9]+[ ]*", result now "09356 42977"
--> return result "09356 42977"
```

```
canonical = "+49935642977"
dial-string = "12340935642977"
display = "09356 42977"
```

Nachdem der `ready`-Prompt erscheint, wurde die Nummer aus dem obigen Beispiel angegeben. Alle relevanten Regeln werden mit ihrer Wirkung ausgegeben. Man erkennt an der Ausgabe, daß aus der angegebenen Nummer ganz unterschiedliche Zeichenketten für die kanonische Darstellung (`canonical`), dem Modem-Wählstring (`dial-string`) und externer Repräsentation (`display`) erzeugt wurden. Insbesondere sieht man, daß die private PIN `1234` aus der externen Repräsentation und der kanonischen Darstellung entfernt wurde und nur noch im Wählstring enthalten ist.

Verteilung eingehender Faxe auf Basis der TSI

Normalerweise muß ein empfangenes Fax „von Hand" an den eigentlichen Empfänger verteilt werden, es sei denn, der Fax-Server wird nur von einer Person genutzt. In größeren Organisationen, in denen der Server Faxe für verschiedene Personen empfangen kann, muß sich jemand ein empfangenes Fax ansehen und entscheiden, wer es schließlich in Form einer Mail oder eines Ausdrucks erhalten soll.

Eine Möglichkeit, diesen Zustellungsvorgang zu automatisieren, besteht in der Zustellung eines Fax aufgrund der →*TSI*, also der Absendernummer dieses Fax, die in der Regel im Kopf einer jeden Fax-Seite abgedruckt wird. Der Wert der TSI kann in jedem Fax-Gerät frei konfiguriert werden, sollte jedoch zur Angabe der eigenen Fax-Nummer eingesetzt werden. Dies setzt natürlich voraus, daß es eine feste Zuordnung zwischen dem Sender eines Fax und der Person gibt, die alle Faxe von diesem Sender erhält.

In HylaFAX ist die Konfiguration für das oben beschriebene Verfahren sehr einfach. Lediglich im Verzeichnis `etc` ist die Datei `FaxDispatch` zu konfigurieren. Im folgenden ist eine Beispieldatei dargestellt:

```
#!/bin/sh
case "$SENDER" in
    *9345*965866*)    SENDTO=tux ;;   # Fax geht an user tux
    *260435832)       SENDTO=maddin;;# Fax geht an Kennung maddin
    *)                SENDTO=;;       # unbekanntes Ziel
esac
```

Die Datei ist ein Shell-Skript, in dem in einer sogenannten `case`-Anweisung in Abhängigkeit von der Nummer des Fax-Senders in der Variablen `$SENDER` die Variable `SENDTO` gesetzt wird. Als Wert erhält `SENDTO` den Kennungsnamen, an den das Fax mit der links in der gleichen Zeile stehenden Nummer gesendet werden soll. Die Nummer darf dabei mit Wildcards angegeben werden, d. h., statt jede Nummer exakt angeben zu müssen, ist es erlaubt, die üblichen Shell-Wildcard Zeichen * und ? zu verwenden, die für eine beliebige Zahl (auch Null) bzw. für ein beliebiges Zeichen stehen. Um also beispielsweise alle Faxe, die von einem Sender mit der Vorwahl 0361 empfangen wurden, an einen bestimmte Kennung zu richten, kann die Nummer als *361* angegeben werden.

Alle eingehenden Faxe, die einer der Nummern entsprechen, werden per E-Mail an die in der Variablen SENDTO angegebene Kennung versendet. Für alle Faxe, deren TSI keiner der angegebenen Nummern-Muster entspricht, geschieht nichts, d. h., das Fax wird nicht automatisch versendet.

Der Vorgang des TSI-basierten Verteilens eingehender Fax wird durch das Skript faxrcvd gesteuert, das automatisch nach dem Empfang eines Fax gestartet wird. Weitere Informationen stehen in der Manual-Seite für dieses Programm, die mit dem Kommando man faxrcvd eingesehen werden kann.

Ablehnung eingehender Faxe mit TSI

HylaFAX ermöglicht es, automatisch bestimmte eingehende Fax zu verwerfen. Die Entscheidung, ob ein Fax empfangen werden soll, wird aufgrund der →*TSI* des Fax-Senders getroffen. Mit Hilfe dieser Funktion können z. B. unerwünschte Werbe-Faxe unterdrückt werden. Ein hundertprozentiger Schutz ist allerdings nicht möglich, da die TSI des Senders letztlich vom Sender selbst nach seinen Wünschen verändert werden kann.

Die Konfiguration der TSI-basierten Zugriffskontrolle wird über den Modem-Konfigurationsparameter QualifyTSI gesteuert, der als Wert den Namen einer Datei (relativ zu /var/spool/hylafax) erhält. In dieser Datei, normalerweise ./etc/tsi, muß konfiguriert sein, welche Faxe aufgrund ihrer TSI akzeptiert und welche verworfen werden.

Der Inhalt der Konfigurationsdatei besteht aus einer oder mehreren Zeilen mit regulären Ausdrücken, die nacheinander auf die TSI eines eingehenden Fax angewendet werden. Der erste Ausdruck, der paßt, entscheidet, ob das Fax empfangen wird. Beginnt die entsprechende Zeile mit einem !-Zeichen, bedeutet dies, daß das Fax mit der passenden TSI verworfen wird. Steht kein ! vor dem regulären Ausdruck, bedeutet dies, daß ein Fax mit passender TSI akzeptiert wird. Wird kein passender Eintrag in der Datei gefunden, wird das Fax verworfen.

Detaillierte Informationen über die hier beschriebene Funktionsweise finden sich in der Manual-Seite für tsi.

Server-Zugriffskontrolle

In einem nicht vernetzten System, wo Fax-Server und -Client auf der gleichen

Maschine laufen, ist eine Zugriffskontrolle auf den Fax-Server normalerweise nicht erforderlich. In einem Netzwerk mit evtl. vielen hundert Maschinen (eine davon der Fax-Server) kann es jedoch durchaus sinnvoll sein, den Zugang zum Fax-Server, also z. B. die Möglichkeit, ein Fax zu versenden oder den Server-Status abzufragen, einzuschränken.

In HylaFAX wird der Zugriff auf den Server über die Datei `./etc/hosts.hfaxd` (relativ zum Basisverzeichnis, normalerweise `/var/spool/hylafax/`) geregelt. Diese Datei enthält eine oder mehrere Zeilen, die bestimmen, wer auf den Server zugreifen darf und wem es verboten ist. Die Datei `./etc/hosts.hfaxd` muß dem Benutzer `uucp` gehören und darf nur für diesen Benutzer lesbar und schreibbar sein. Ohne diese Attribute wird der Fax-Server nicht korrekt arbeiten. Jede der Zeilen in dieser Datei hat folgenden Aufbau (eine genau Beschreibung steht in der Manual-Seite zu dieser Datei, die mit `man hosts.hfaxd` eingesehen werden kann):

```
rechner:uid:verschlüsseltes passwort:verschlüsseltes admin passwort
```

Alle Felder außer dem ersten (`rechner`) dürfen leer sein. Die erste Zeile, die auf die Daten des Benutzers, der auf den Server zugreifen möchte, paßt, führt dazu, daß der Zugriff gewährt wird. Jeder Zeile darf ein ! vorangestellt werden, mit der Bedeutung, daß den Benutzern/Rechnern, die in dieser Zeile beschrieben sind, der Zugriff verweigert wird. Die Bedeutung der einzelnen Felder ist folgende:

rechner Der Parameter ist ein regulärer Ausdruck, der mit einer Zeichenkette der Form `benutzer@rechner` verglichen wird, wobei `benutzer` für den Kennungsnamen des Benutzers steht, der auf den Server zugreifen möchte, und `rechner` für den Namen oder die Internet-Adresse des Rechners, von dem aus der Benutzer auf den Server zugreifen möchte. Der Parameter `rechner` darf auch nur aus einer Internet-Adresse bestehen, wie z. B. `192.168.0.1`, wodurch allen Benutzern, die von dem Rechner mit dieser Adresse auf den Server zugreifen, der Zugriff erlaubt wird.

uid die numerische UID, die dem Client zugewiesen wird, der auf den Eintrag paßt

verschlüsseltes passwort Enthält dieses Feld das *verschlüsselte* Passwort einer Kennung (das normalerweise in `/etc/shadow` steht), so wird der Benutzer beim Zugriff auf den Server nach dem Passwort gefragt. Andernfalls (Default) muß kein Passwort angegeben werden.

verschlüsseltes admin Passwort Dieses Feld kann das *verschlüsselte* Passwort enthalten, mit dessen Hilfe ein Benutzer einen administrativen Status erlangen kann. In diesem Zustand darf dieser Benutzer z. B. zu sendende Faxe anderer Benutzer löschen (mit `faxrm -a`

<jobNr>. Normalerweise darf er nur Sende-Parameter seiner eigenen Faxe verändern oder diese löschen.

Eine Beispieldatei ist unten stehend abgedruckt:

```
192.168.0.10
192.168.1.4
^tux@erde
!^maddin@192.168.0.1
^ritter@.*$
^admin@.*$:::/vEdZiCSiehBo
```

In diesem Beispiel wird z. B. allen Benutzern, die von dem Rechner mit der Adresse `192.168.0.10` oder `192.168.1.4` auf den Fax-Server zugreifen möchten, der Zugriff gewährt. Der Benutzer `tux` darf vom Rechner mit dem Namen `erde` aus auf den Server zugreifen. Dem Benutzer `maddin` hingegen ist der Zugriff von allen Rechnern aus verwehrt, wohingegen dem Benutzer `ritter` der Zugriff von allen Rechnern aus erlaubt ist. Schließlich zeigt der Eintrag für den Benutzer `admin`, wie das administrative Passwort für einen Benutzer angegeben werden kann, so daß dieser Benutzer HylaFAX-Administrationsrechte besitzt. Die Zeichenkette sollte dem Eintrag des zweiten Felds in der Datei `/etc/shadow` für diesen Benutzer entsprechen, damit er sich mit seinem normalen Passwort als HylaFAX-Administrator anmelden kann.

Ziel-abhängige Kontrollmöglichkeiten für den Fax-Versand

Neben der oben beschriebenen Möglichkeit, den Zugang zum Fax-Server einzuschränken, lassen sich darüber hinaus für das Versenden eines Fax Kontrollparameter für mögliche Zielnummern angeben. Auf diese Weise ist es z. B. möglich, bestimmte Zielnummern zu verbieten, anzugeben, wie oft ein fehlgeschlagener Sendeversuch zu einem bestimmten Ziel wiederholt werden darf, zu bestimmen, wie viele Seiten in einem Fax maximal an ein Ziel gesendet werden dürfen und zu welcher Tageszeit der Versand an dieses Ziel möglich ist.

Hierzu muß in der Konfigurationsdatei des Servers `./etc/config` die Konfigurationsvariable `DestControls` auf eine Datei gesetzt werden, die eine entsprechende Konfiguration enthält, z. B. die Datei `./etc/destctrls`. Alles, was rechts von einem #-Zeichen steht, wird als Kommentar betrachtet. Die Datei enthält Einträge in folgender Form:

```
zielnummer  parameter=wert ... parameter=wert
```

Der Parameter `zielnummer` ist ein regulärer Ausdruck, der auf die vom Benutzer angegebene, in kanonischer Form vorliegende Zielnummer angewendet wird. Paßt der Ausdruck auf die Nummer, greifen die angegebenen Parameter bei diesem Fax-Vorgang. Folgende Parameter sind möglich (eine genaue Beschreibung dieser Parameter findet sich in den Manual-Seiten zu `destctrls`):

`MaxConcurrentJobs` Zahl der gleichzeitigen Sendevorgänge für ein Ziel

`MaxDials` Maximale Zahl an Wählversuchen für ein Ziel

`MaxSendPages` Maximale Zahl an Seiten je Sendevorgang

`MaxTries` Maximale Zahl an Versuchen, einen Sendevorgang zu wiederholen, der aufgrund eines Fehlers abgebrochen wurde

`RejectNotice` verhindert das Senden an die in `zielnummer`. Der Wert dieses Parameters ist eine Zeichenkette, die als Nachricht an den Benutzer dient.

Ein Beispiel für eine solche Datei sieht wie folgt aus:

```
# Nummer mit Vorwahl 93542 darf nicht verwendetwerden
[+]93542.*   RejectNotice = "Nummer 93542* nicht erlaubt"
[+]001.*   RejectNotice = "Auslandsgespräche nach USA nicht erlaubt"
# Maximal zehn Seiten lange Faxe ins Ausland
[+]00.*   MaxSendPages = 10
```

Konfiguration für Datenverbindungen

HylaFAX ist für die Verarbeitung von Fax-Dokumenten konzipiert. Fast alle neueren Modems besitzen jedoch die Möglichkeit, bei einem eingehenden Anruf zu unterscheiden, ob es sich hierbei um ein Fax oder evtl. um einen Login-Versuch handelt. Diese Eigenschaft eines Modems wird Adaptive Answer Support genannt. Der Vorteil liegt insbesondere dann auf der Hand, wenn ein Anschluß gleichzeitig für Fax-Empfang und -Versand sowie für den Datenzugang verwendet werden soll. Mit Hilfe des Adaptive Answer Support des Modems kann das System je nach Anrufart den Fax-Empfang starten oder es kann ein `getty`-Prozeß gestartet werden, um dem Nutzer am anderen Ende der Verbindung das Anmelden an der Maschine zu ermöglichen. Mit Hilfe einer solchen einfachen Login-basierten Verbindung ist sogar eine Dateiübertragung zwischen beiden System mit Hilfe z. B. des Z-Modem-Protokolls möglich, die in 3.7.2.3 auf Seite 238 beschrieben ist.

Die Nachteile des Adaptive Answer Support sind insbesondere darin zu sehen, daß die Unterscheidung der Anrufarten nicht ganz leicht ist und nicht bei allen Modems, die Adaptive Answer Support bieten, dieser auch wirklich funktioniert.

Wer in HylaFAX Adaptive Answer Support verwenden möchte, muß in die Konfigurationsdatei des entsprechenden Modems folgende Zeilen einfügen:

```
# Schalte Adaptive Answer Support des Modems ein
ModemSetupAACmd: AT+FAA=1
```

```
# Zum Testen eine Moderate Baudrate, wenn klappt dann höher setzen
ModemRate:      38400
# Parameter mit denen getty bei Erkennen eines Datenanrufs gestartet
# wird. Die folgenden Parameter sind für den Einsatz von "mgetty"
# als getty-Programm notwendig
GettyArgs:     "-b -r -s %s %l"
```

Durch diese Konfiguration wird bei einem eingehenden Datenanruf das bei Über-setzung von faxgetty konfigurierte getty-Programm (normalerweise /usr/ sbin/mgetty mit den angegebenen Parametern gestartet. Der Parameter %l wird beim Start des getty-Prozesses durch die Gerätedatei ersetzt (z. B. /dev/ modem), an die das Modem, das den Anruf entgegengenommen hat, angeschlos-sen ist. %s wird mit der aktuellen Baudrate ersetzt, mit der die Kommunikation zwischen Rechner und Modem zur Zeit abgewickelt wird. Die Verwendung die-ser Parameter hängt natürlich von der eingesetzten getty-Variante ab. Die hier gezeigten Einstellungen sind für mgetty aus dem Paket mgetty+sendfax sinn-voll (bei SuSE ist mgetty das als Default verwendete getty-Programm).

Sehr wichtig ist, daß die verwendete getty-Variante in der Lage ist, ein Modem zu übernehmen, ohne es zuvor zu initialisieren. Bei einer Initialisierung würde das Modem wahrscheinlich eine bestehende Verbindung unterbrechen und den Hörer auflegen. In diesem Fall ist die Verbindung jedoch verloren. Ein weiterer Punkt ist die Handhabung der Steuerleitung DTR (über diese Leitung zeigt der Rechner dem Modem normalerweise seine Empfangsbereitschaft an). Für Hyla-FAX wird das Modem meist so konfiguriert, daß ein Statuswechsel zu Null auf dieser Leitung zu einem Verbindungsabbruch und zu einer Neuinitialisierung des Modems führt (siehe Wert des Parameters ModemSetupDTRCmd in con-fig.modem und das Modem-Handbuch). Einige getty-Programme, z. B. auch mgetty, setzen jedoch die DTR Steuerleitung kurz auf Null, damit sich das Mo-dem neu initialisieren kann, was in diesem Fall jedoch nicht dazu führen darf, daß das Modem die Verbindung unterbricht, sondern lediglich eine Neuinitia-lisierung zur Folge haben darf. Daher muß entweder der HylaFAX-Parameter ModemSetupDTRCmd entsprechend gesetzt werden, oder aber mgetty muß so konfiguriert werden, daß der Statuswechsel der DTR-Leitung unterbleibt. Dies kann in der mgetty.config-Datei erfolgen, die zu diesem Zweck einen Eintrag der folgenden Form für das Modem (hier: /dev/modem) erhalten muß:

```
...
port modem
  direct y
  toggle-dtr n
...
```

Der Eintrag `toggle-dtr` n weist `mgetty` an, den Statuswechsel der Steuerleitung *nicht* durchzuführen, wodurch die Verbindung unabhängig von der Konfiguration des Modems (mit `ModemSetupDTRCmd`) nicht abgebrochen wird.

3.1.5.1 Senden, Verwalten und Ansehen eines Fax

Nachdem der Fax-Server konfiguriert ist, soll in diesem Abschnitt beschrieben werden, welche Programme auf der Client-Seite, also für das Absenden und Löschen eines Fax, das noch in der Warteschlange steht, und natürlich für das Ansehen eines Fax nützlich sind.

Bei den zur Verfügung stehenden Werkzeugen kann unterschieden werden zwischen den Programmen, die Teil der HylaFAX-Distribution sind, und solchen Programmen, die zusätzlich installiert werden können.

Die Programme aus der HylaFAX-Distribution bieten eine große Zahl an Leistungsmerkmalen, die jedoch für den Einsteiger gerade am Anfang schwierig zu nutzen sind, da alle diese Programme ohne graphische Benutzerschnittstelle arbeiten, also von einem einfachen Terminal aus über Optionen gesteuert werden müssen. Der Vorteil dieser Programme ist jedoch darin zu sehen, daß sie z. B. auch in Shell-Skripten verwendet werden können, wodurch es möglich wird, automatisiert ein Serienfax an eine Liste von Nummern zu senden.

Die wichtigsten Programme, die noch genauer beschrieben werden, sind `sendfax`, `faxstat`, `faxrm` und `faxalter`.

Die zweite Programmgruppe baut oft auf den Basisprogramme der HylaFAX-Distribution auf und bietet dem Anwender graphische Benutzerschnittstellen, um die Bedienung zu erleichtern. Zu dieser Programmgruppe gehören im folgenden beschriebene Programme wie `SuSEFax`, `khylafax` oder `ksendfax` und weitere Frontend-Programme, die für Nicht-Unix-Systeme entwickelt wurden, wie etwa der Windows-Client `whfc` oder Macintosh-Client `macflex`. Auf diese wird hier nicht weiter eingegangen.

Schließlich werden Programme beschrieben, mit deren Hilfe eingegangene Faxe betrachtet werden können.

Die Basiskommandos `sendfax`, `faxstat`, `faxrm` und `faxalter`
Diese Terminal-basierten Programme, die alle Teil der HylaFAX-Distribution sind, haben folgende Aufgaben:

sendfax   Das Programm `sendfax` dient dem Versenden eines oder mehrerer Faxe an eine oder unterschiedliche Empfänger. Zahlreiche Parameter können durch die Angabe von Optionen gesteuert werden. Darunter fallen z. B. die Auflösung, mit der ein Fax versendet wird, ob der Absender über den Verlauf des Sendevorgangs per E-Mail informiert werden soll, die Möglichkeit, ein Fax zeitversetzt zu verschicken, oder die optionale Erzeugung eines Deckblatts für das Fax.

faxstat   Dieses Programm ermittelt den Zustand eines Fax-Servers. Auf diese Weise ist es möglich herauszufinden, welche Aufträge noch zum Versand anstehen oder gerade gesendet werden. Darüber hinaus läßt sich auch ablesen, welche Dokumente bereits empfangen und gesendet wurden.

faxrm   Das Kommando faxrm gestattet es dem Sender eines Fax, das noch in der Warteschlange des Servers auf den Versand wartet, dieses zu entfernen bzw. den Sendevorgang abzubrechen.

faxalter Mit Hilfe von faxalter können viele der beim Senden angegebenen Parameter für ein Fax, das noch in der Warteschlange des Fax-Servers steht, nachträglich verändert werden.

Im folgenden werden die einzelnen Programme ausführlicher beschrieben.

sendfax

Mit Hilfe des Programms sendfax können ein oder mehrere Fax-Dokumente versendet werden. Die allgemeine Syntax dieses Kommandos lautet wie folgt:

```
sendfax -h server -d name@nummer [optionen...] [dateien...]
```

Der Parameter name@nummer steht für die Fax-Nummer des Empfängers, der getrennt durch ein @-Zeichen mit dem Namen des Empfängers (für das Deckblatt) übergeben werden kann. server stellt den Namen des Fax-Servers dar. Diese Angabe wird gebraucht, wenn ein Dokument nicht von dem Rechner aus versendet werden soll, auf dem auch der Fax-Server läuft. Alternativ kann die Environment-Variable FAXSERVER auf den Namen oder die IP-Adresse des Fax-Servers gesetzt werden. optionen stehen für die Angabe weiterer Optionen (s. u.). dateien steht für die optionale Angabe von Dateien, die versendet werden sollen. Ohne die Angabe von Dateien liest sendfax einfach von der Standard-Eingabe.

Vor dem eigentlichen Sendevorgang versucht sendfax, die angegebenen Dateien in PostScript oder TIFF/F zu konvertieren, da nur diese Formate vom Server versendet werden können. Mit der Standardinstallation kann das Format von dateien daher entweder TIFF, PostScript oder auch ASCII-Text sein. Die Umwandlung erfolgt automatisch. Die automatische Konvertierung kann mit geringem Aufwand auf weitere Dateitypen erweitert werden. Genauere Informationen hierzu finden sich in den Manual-Seiten für typerules.

Normalerweise wird für jedes Fax automatisch eine Deckblatt-Seite erstellt (siehe auch Abschnitt 3.1.5.2 auf Seite 173). Um dies zu verhindern, kann die Optionen

-n verwendet werden. Bei der Angabe von Optionen ist deren Reihenfolge *sehr* wichtig. Alle Optionen, die den Versand eines bestimmten Fax steuern sollen, müssen vor der Option -d angegeben werden, mit der die Zielnummer angegeben wird. Optionen, die hinter einer -d-Option stehen, gelten für das folgende Ziel, das durch die nächste -d-Option bestimmt wird, wie in folgendem Beispiel zu sehen ist:

```
tux@erde:/home/tux >  sendfax -d tux@0934512678 /etc/hosts -n -d
maddin@0856321345 /etc/group
request id is 9 (group id 9) for host localhost (2 files)
request id is 10 (group id 10) for host localhost (2 files)
```

In diesem Beispiel werden zwei Fax-Dokumente versendet. Das erste Dokument /etc/hosts wird an die Nummer 0934512678 geschickt, wobei automatisch ein Deckblatt für dieses Fax erzeugt und mitgeschickt wird (Vorgabe von sendfax). Das zweite Fax (die Datei /etc/group) geht an die Nummer 0856321345, wobei in diesem Fall aufgrund der Option -n *kein* Deckblatt erstellt wird.

Als Ergebnis gibt sendfax für jeden Fax-Auftrag eine Job-Nummer aus, die ebenfalls in der Ausgabe von faxstat -s (s. u.) erscheint und dazu dient, diesen Sendeauftrag zu identifizieren. Die Job-Nummer wird benötigt, falls mit Hilfe von faxalter Parameter des Auftrags verändert oder der Auftrag mit faxrm gelöscht werden soll.

In Tabelle 3.4 ist eine Liste der wichtigsten sendfax-Optionen dargestellt.

Tabelle 3.4: Wichtige Optionen von sendfax

Option	Beschreibung
-d *name@nummer*	Angabe der Zielnummer für das Fax. Neben der eigentlichen Nummer darf in der Syntax *name@nummer* ebenfalls der Name des Adressaten angegeben werden, der von HylaFAX automatisch auf das Deckblatt gesetzt wird. In diesem Fall muß der angegebene Name von der eigentlichen Nummer durch ein @ getrennt werden.
-n	Verhindert, daß ein Deckblatt für dieses Fax erzeugt wird. Falls als Default kein Deckblatt erzeugt werden soll, kann in der Datei hyla.conf oder in sendfax.conf (siehe auch 3.3 auf Seite 136) der Parameter AutoCoverPage auf No gesetzt werden.
-l	Bewirkt, daß ein Fax in niedriger Auflösung von 98 lpi versendet wird (Default).

Tabelle 3.4 – Fortsetzung

Option	Beschreibung
`-m`	Bewirkt, daß ein Fax nicht in der Standardauflösung von 98 lpi, sondern in mittlerer Auflösung (dem Fine Mode) von 196 lpi gesendet wird.
`-a` *timespec*	Angabe einer Zeit, zu der ein Fax versendet werden soll. Die Zeitangabe *timespec* erfolgt analog zu der von dem Kommando at verwendeten Syntax (siehe man at). Um ein Fax z. B. in 45 Minuten zu versenden, lautet der Parameter entsprechend `-a now + 45 minutes`".
`-c` *comment*	Erlaubt die Angabe eines mehrzeiligen Kommentars *comment*, der auf das Deckblatt gesetzt wird. Die Zeichenkette, die `-c` folgt, sollte in angegeben werden, falls sie Trennzeichen der Shell (Blank, Tab, . . .) enthält. Der Kommentartext wird zur Formatierung auf dem Deckblatt automatisch umbrochen. Manuelle Zeilenumbrüche können durch Einfügen der beiden Zeichen \n erreicht werden.
`-r` *betreff*	Ermöglicht die Angabe einer Betreff-Zeile, die automatisch auf das Deckblatt gesetzt wird.
`-D`	Bewirkt, daß dem Absender des Fax eine E-Mail zugeht, wenn das Fax erfolgreich versendet wurde. Ohne diesen Parameter erfolgt nur im Fehlerfall eine Benachrichtigung. Soll als Default immer eine E-Mail an den Absender geschickt werden, kann in der Datei `hyla.conf` oder in `sendfax.conf` (siehe auch 3.3 auf Seite 136) der Parameter Notify auf "when done" gesetzt werden. Wird auf dem lokalen System zum Versenden von Mail anstelle von `sendmail` das Programm `masqmail` (siehe auch Abschnitt 4.6 auf Seite 339) muß, für die Benachrichtigung per E-Mail zusätzlich der Benutzer `fax` in die Gruppe `trusted` (in /etc/group) eingefügt werden, da HylaFAX beim Versenden der Benachrichtigung die `sendmail`-Option `-f` verwendet, um den Absender zu setzen, was `masqmail` nur dem Benutzer `root` bzw. den Nutzen in der Gruppe `trusted` erlaubt.

Tabelle 3.4 – Fortsetzung

Option	Beschreibung
`-h [mo-dem@]host`	Erlaubt die Angabe eines bestimmten Modems und eines Fax-Servers, über den ein Fax versendet werden soll. `mo-dem` ist ein optionaler Parameter, über den bestimmt wird, daß das Dokument durch ein bestimmtes Modem versendet werden soll. Der Parameter `host` gibt den Namen oder die IP-Adresse des Fax-Servers an, durch den der Versand durchgeführt werden soll. Wird die Option `-h` nicht angegeben, nimmt HylaFAX den Wert der Variablen `FAXSERVER` als Name oder IP-Adresse des Fax-Servers. Ohne die Angabe des Modems wird eines der verfügbaren Modems ausgewählt.
`-p`	Mit dieser Option kann Fax-Polling für das mit `-d` angegebene Ziel ausgeführt werden. Die empfangenen Dokumente werden demjenigen, der `sendfax` mit der `-p` Option aufgerufen hat, als E-Mail zugestellt.
`-k time`	Erlaubt die Angabe einer bestimmten Kill-Zeit, nach der der Auftrag verworfen wird, wenn er bis zu diesem Zeitpunkt nicht ausgeführt werden konnte. Die Zeitangabe `timespec` erfolgt analog zur Option `-a`. Der Defaultwert ist `now +1 day`", d. h., falls ein Fax nach einem Tag noch nicht versendet werden konnte, wird es aus der Warteschlange des Servers entfernt.
`-t tries`	Erlaubt die Angabe der maximalen Zahl von Versuchen, die gemacht werden, ein Fax zu versenden. Normalerweise bricht HylaFAX einen Auftrag ab, wenn bei drei aufeinanderfolgenden Sendeversuchen ein Fehler auftritt oder die Zielmaschine kein Fax-Gerät zu sein scheint. Darüber hinaus ist keine Grenze bzgl. der Zahl der Sendeversuche gesetzt. Der Abbruch eines Auftrags erfolgt in diesem Fall lediglich über die Kill-Zeit, die mit `-k` angegeben wird.
`-v`	Ausgabe von Informationen zur Erstellung des Deckblatts und der Konvertierung des zu sendenden Dokuments. Diese Option ist zur Fehlersuche hilfreich, falls z. B. die Konvertierung fehlschlägt. Wird diese Option zweimal angegeben, erscheint zusätzlich ein Protokoll der Kommunikation zwischen dem Client (`sendfax`) und dem Server (`hfaxd`).

faxstat

Das Kommando `faxstat` dient der Ausgabe des Server-Status sowie der Zustände der angeschlossenen Modems wie auch der Warteschlange der zu sendenden Aufträge, der bereits gesendeten Faxe und der empfangenen Faxe. Ein typischer Aufruf von `faxstat` sieht wie folgt aus:

```
tux@erde:/home/tux >  faxstat
HylaFAX scheduler on erde.kosmos.all: Running
Modem modem (+49.8945.96345): Running and idle
Modem modem1 (+49.8945.96346): Running and idle
```

Die erste Zeile beschreibt den Zustand des Fax-Servers, die weiteren Zeilen beschreiben den Zustand der Modems, die für HylaFAX konfiguriert wurden. Die Meldung `Running and idle` ist der Normalzustand, wenn gerade kein Fax versendet oder empfangen wird.

Der Aufruf ohne Parameter gibt lediglich den Status des Servers aus. Mit Hilfe der Parameter `-s`, `-d`, `-r` können die Warteschlange der noch zu sendenden Dokumente, die Liste der bereits abgearbeiteten Aufträge und die Liste der eingegangenen Faxe angesehen werden. Die Option `-v` bewirkt, daß das Protokoll zwischen `faxstat` und dem Server `hfaxd` ausgegeben wird.

faxrm

Das Kommando `faxrm` dient dem Löschen eines in der Warteschlange des Fax-Servers stehenden Auftrags. Als Parameter kann nach der `-h`-Option der Server-Hostname oder dessen IP-Adresse angegeben werden. Wird kein `-h`-Parameter angegeben, verwendet `faxrm` den Wert der Environment-Variablen FAXSERVER als Name bzw. IP-Adresse des Fax-Servers. Der zu löschende Fax-Auftrag wird durch dessen Job-Nummer bestimmt, die als Teil der Ausgabe des Kommandos `faxstat -s` bzw. beim Versenden des Fax mit `sendfax` erscheint.

Normalerweise kann jeder Benutzer nur die von ihm selbst abgesendeten Fax-Aufträge, die noch in der Warteschlange stehen, löschen. Um auch Aufträge anderer Benutzer löschen zu können, benötigt er administrative Rechte. Hierzu muß beim Aufruf von `faxrm` die Option `-a` angegeben werden. Als Resultat wird der Benutzer nach Start des Kommandos nach dem Administrationspaßwort gefragt, bevor der Löschauftrag ausgeführt wird. Das Passwort zur Administration kann für verschiedene Benutzer in die `./etc/hosts.hfaxd`-Datei eingetragen werden. Weitere Informationen finden Sie im Abschnitt 3.1.5 auf Seite 146.

faxalter

Das Programm `faxalter` kann dazu verwendet werden, einige Parameter, die beim Versenden eines Fax angegeben wurden, zu verändern. Als Parameter kann nach der -h-Option der Server-Hostname oder dessen IP-Adresse angegeben werden. Wird kein -h-Parameter angegeben, verwendet faxalter den Wert der Environment-Variablen FAXSERVER als Name bzw. IP-Adresse des Fax-Servers. Als weiterer Parameter muß die Job-Nummer des zu modifizierenden Fax-Auftrags an faxalter übergeben werden. Die Job-Nummer jedes Fax-Auftrags erscheint als Teil der Ausgabe des Kommandos faxstat -s.

Mit Hilfe der Option -a at-timespec kann eine neue Sendezeit für den Auftrag bestimmt werden. Die Syntax von at-timespec ist analog zu der Syntax der Zeitangaben für das Kommando at (siehe man at). Um ein Fax, das für einen späteren Versand vorgesehen ist, direkt zu versenden, kann faxalter mit der Option -p und der Job-Nummer des Fax-Auftrags aufgerufen werden.

Mit Hilfe der Option -k time kann die Kill-Zeit eines Auftrags neu auf time gesetzt werden (siehe Beschreibung der Option -k des Kommandos sendfax auf Seite 153). Durch Aufruf mit der Option -t tries kann die maximale Zahl der Versuche, ein Fax zu versenden, auf tries gesetzt werden. Der Default ist 3 (siehe Beschreibung der Option -t des Kommandos sendfax auf Seite 153).

Faxen mit susefax

SuSEFax ist ein von Carsten Hoeger erstelltes, ganz in Java geschriebenes graphisches Frontend für HylaFAX. Es ermöglicht das komfortable Versenden eines Fax, das Ansehen des Server-Status sowie das Entfernen eines Auftrags aus der Warteschlange. Die Einstellungen für ein zu versendendes Fax (z. B. Deckblatt, Auflösung etc.) können komfortabel in entsprechenden Dialogen vorgenommen werden. Die Angabe der Fax-Nummer kann mit Hilfe eines integrierten Telefonbuchs oder durch direkte Eingabe der Nummer erfolgen. Darüber hinaus ist es mit SuSEFax leicht möglich, für Einträge aus dem Telefonbuch ein Serienfax zu versenden.

Grundkonfiguration

SuSEFax ist nicht Bestandteil der HylaFAX-Distribution, muß also gesondert installiert werden. Auf SuSE Linux erfolgt die Installation am einfachsten mit Hilfe des Werkzeugs YaST. Da SuSEFax in der Programmiersprache Java erstellt wurde, wird neben dem eigentlichen Programmpaket auch das „Java Developer Kit" (kurz JDK) benötigt, das auf SuSE Linux-Systemen im Paket java enthalten ist.

Im Anschluß an die Installation von SuSEFax kann das Programm mit dem Kommando susefax, das normalerweise unter /usr/X11R6/bin liegt, gestartet werden. susefax ist ein kleines Shell-Skript, in dem bei Bedarf benutzerspezifische Pfade gesetzt werden können. Dies ist jedoch nur unter Systemen wie z. B. Windows95 oder Windows98 sinnvoll, auf denen es keine Benutzerverwaltung und somit auch kein Home-Verzeichnis für einen Benutzer gibt. Auf Unix-Systemen

Tabelle 3.5: `susefax` Konfigurationsparameter

Name	Default Wert	Beschreibung
`susefax.setup.path`	`$HOME`	Pfad für das Telefonbuch und die SuSEFax-Konfigurationsdatei
`susefax.setup.file`	`.susefaxrc`	Name der SuSEFax-Konfigurationsdatei
`susefax.phonebook.file`	`.susephone`	Name der Datei für die Telefonbucheinträge
`susefax.images`	`./images`	Verzeichnis, in dem von SuSE-Fax benötigte Bilder liegen

sowie auf Windows NT-Systemen ist eine Veränderung dieser Parameter daher in der Regel nicht sinnvoll. In Tabelle 3.5 sind die Parameter mit ihrer Bedeutung und den Vorgabewerten aufgelistet, die in dem Skript `susefax` eingestellt werden können. Nach dem Start des Programms erscheint das in Abbildung 3.3 dargestellte Fenster.

Bevor mit SuSEFax gearbeitet werden kann, müssen zunächst einige Grundeinstellungen vorgenommen werden, beispielsweise welcher Rechner als Fax-Server dienen soll. Diese Einstellungen werden in einem Dialog vorgenommen, der durch Anklicken des Icon *Einstellungen* geöffnet wird (siehe Abbildung 3.4 auf der nächsten Seite).

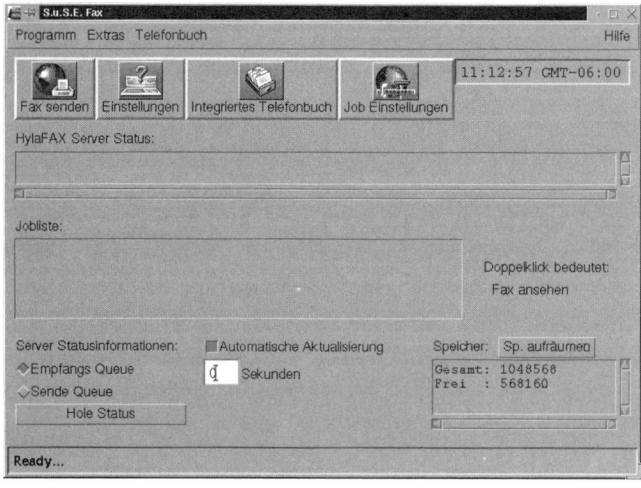

Abbildung 3.3: Start-Fenster von `susefax`

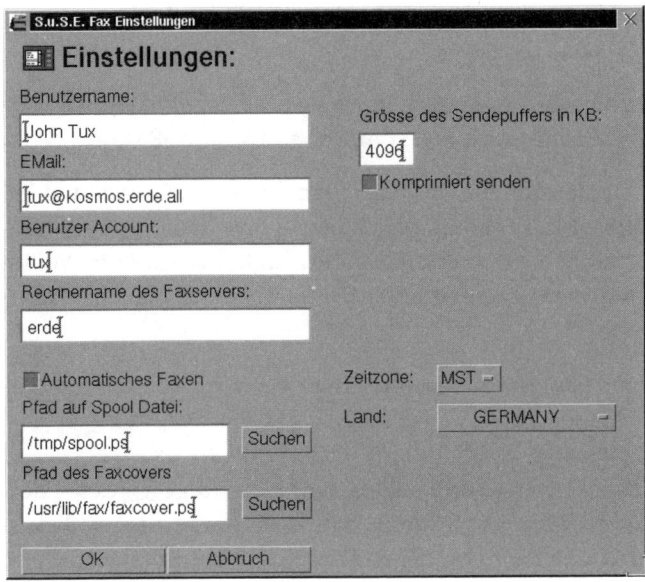

Abbildung 3.4: Grundkonfiguration von `susefax`

Die in dieser Abbildung dargestellten Werte müssen entsprechend angepaßt werden. Die Bedeutung der einzelnen Einträge ist folgende:

Benutzername In diesem Feld sollte der volle Name des Benutzers angegeben werden. Diese Daten werden für die automatische Erzeugung von Deckblättern verwendet.

E-Mail An die hier angegebene Adresse werden E-Mails versendet, z. B. falls beim Versenden eines Fax Probleme auftreten.

Benutzer Account Der Fax-Server kann so konfiguriert werden, daß nur bestimmte Benutzer Zugriff auf diesen haben. Die Zugriffskontrolle wird über den hier anzugebenden Kennungsnamen geregelt (siehe dazu auch Abschnitt 3.1.5 auf Seite 146).

Rechnername des Fax-Servers In dieses Feld muß der Rechnername eingetragen werden, auf dem der Fax-Server läuft. Falls SuSEFax auf dem gleichen Rechner arbeitet wie der Server, kann hier auch `localhost` eingetragen werden.

Automatisches Faxen Ist dieser Button gedrückt, überprüft SuSEFax die bei Pfad auf Spooldatei angegebene Datei regelmäßig auf Änderungen. Wird eine Änderung festgestellt, öffnet sich automatisch der Fax Senden-Dialog. Mit Hilfe eines geeigneten Druckertreibers, der die zu druckende

Datei dort ablegt, kann auf diese Weise ein Dokument durch Drucken versendet werden.

`Pfad auf Spooldatei` Die hier angegebene Datei wird regelmäßig auf Veränderungen überprüft. Siehe auch Punkt `Automatisches Faxen`.

`Pfad des Faxcover` An dieser Stelle muß der Pfad zu der zu verwendenden Deckblatt-Schablone (engl. „cover template") angegeben werden. Diese Datei bestimmt das Aussehen des automatisch erzeugten Deckblatts. Weitere Informationen zu diesem Thema finden Sie in Abschnitt 3.1.5.2 auf Seite 173.

`Zeitzone` Dieses Feld sollte auf die auf dem Rechner verwendete Zeitzone eingestellt werden.

An dieser Stelle kann jetzt bereits der Status des Servers abgefragt werden. Hierzu einfach einen der Buttons `Empfangsqueue` bzw. `Sendqueue` anwählen, je nachdem ob die Liste der kürzlich empfangenen Faxe oder die Liste der noch zu sendenden Fax angeschaut werden soll. Nach einem Klick auf den `Hole Status`-Button sollte im HylaFAX-Server-Statusfenster die Statusmeldung des Servers, gefolgt von den Statusmeldungen der angeschlossenen Modems, erscheinen:

```
HylaFAX scheduler on erde.rk.uni-koblenz.de: Running
Modem modem (+49.98341438): Running and idle
Modem modem1 (+49.9834138): Running and idle
```

Falls gerade ein Dokument versendet/empfangen wird, erscheinen entsprechende Daten in dem Fenster `Jobliste`. Gelingt es nicht, den Status des Servers abzufragen, sollten die Einstellungen kontrolliert werden. Zunächst kann in einem Terminal mit Hilfe des Kommandos `faxstat` versucht werden, den Status des Servers zu ermitteln. Falls auch dies nicht gelingt, ist zu prüfen, ob der Server wirklich gestartet wurde.

Vor dem ersten Sende-Versuch sollten in dem Dialog `Job Einstellungen` (siehe Abbildung 3.5) weitere Einstellungen vorgenommen werden, die als Vorgabe für alle zu sendenden Faxe dienen. Der Dialog kann durch einen Klick auf das entsprechende Icon oder über das `Extra`-Menü geöffnet werden. Folgende Einstellungen können in diesem Dialog vorgenommen werden:

`Benachrichtigungsschema` Das Benachrichtigungsschema legt fest, wann ein Benutzer, der ein Fax versendet hat, per E-Mail benachrichtigt wird. Im Fehlerfall erhält der Benutzer unabhängig von dieser Einstellung immer eine E-Mail mit der Beschreibung des aufgetretenen Fehlers. Folgende Schemata sind möglich:
Nie (außer bei einem Fehler): Falls kein Fehler beim Senden eines Fax auftritt,

erhält der Benutzer keine Benachrichtigung.

Nach dem Senden: Bei dieser Einstellung wird der Benutzer nach erfolgreichem Fax-Versand benachrichtigt.

Nach einem Requeue: Durch diese Einstellung wird der Benutzer benachrichtigt, wenn für ein Fax z. B. wegen eines Besetztzeichens ein weiterer Sendeversuch erforderlich wird.

Auflösung Hier kann gewählt werden, in welcher Auflösung das Fax versendet werden soll. Zur Auswahl steht die „normale Auflösung" (98 lpi) wie auch der „Fein Modus" mit 196 lpi.

Priorität Über diesen Wert kann die Priorität eines Fax-Auftrags gesteuert werden. Die Priorität ist ein Wert zwischen 0 und 255, wobei kleinere Zahlen für eine höhere Priorität stehen. Normalerweise erhält jeder Fax-Auftrag die Priorität 127. Bei jedem erfolglosen Versuch, das Fax zu versenden, wird die Priorität erhöht, damit dieser Auftrag gegenüber neu hinzukommenden bevorzugt wird.

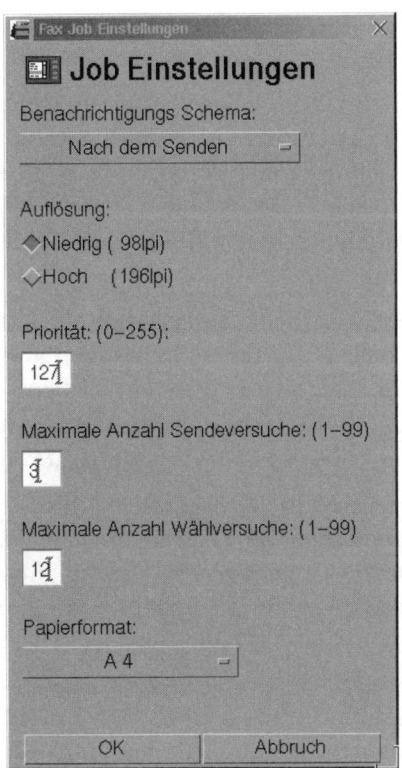

Abbildung 3.5: Job-Konfiguration von `susefax`

`Maximale Anzahl der Sendeversuche` Diese Einstellung legt die maximale Zahl der Versuche des Fax-Servers fest, ein Dokument zu versenden, falls während der Übertragung ein Fehler auftritt.

`Maximale Anzahl der Wählversuche` Die Zahl bestimmt, wie oft der Fax-Server versuchen soll, die Gegenstation anzuwählen, falls diese nicht abhebt oder besetzt ist.

`Papierformat` Hier kann das zu verwendende Papierformat festgelegt werden. SuSEFax unterstützt die Formate A4, A3 und North American Letter. Der einzustellende Wert hängt von dem Format des zu versendenden Dokuments ab. Für Deutschland kann in der Regel A4 verwendet werden.

Falls ein Dokument noch in der Sende-Warteschlange steht, können einige der Parameter auch nachträglich angepaßt werden. Hierzu muß der Button `Job Parameter ändern` im SuSEFax-Hauptfenster selektiert sein. Wird jetzt ein Auftrag (Job) aus der Liste der zu sendenden Aufträge angewählt, erscheint ein Fenster, in dem einige der oben beschriebenen Parameter nachträglich verändert werden können.

Versenden eines Fax

Im Anschluß an die Grundkonfiguration für SuSEFax können nun Fax-Dokumente versendet werden. Die zu versendende Datei muß hierzu im PostScript-Format vorliegen. Dateien, die in einem anderen Format vorliegen (z. B. Text-Dateien), müssen zuvor konvertiert werden. Bei Text-Dateien kann dies mit Hilfe von `a2ps` bewirkt werden. Für andere Dateitypen, wie z. B. Bilder, stellt das NetPBM-Paket zahlreiche Konverter zur Verfügung.

Die Angabe der Datei des zu versendenden Dokuments kann entweder beim Start von SuSEFax auf der Kommandozeile oder aber in dem Empfängerdaten-Dialog erfolgen, der sich öffnet, wenn man auf das Icon `Fax senden` klickt bzw. den Menüpunkt `Fax Senden` aus dem `Programm`-Menü anwählt. Der bereits für den Versand eines Fax ausgefüllte Empfänger-Dialog ist in Abbildung 3.6 dargestellt.

Im ersten Fall öffnet sich nach dem Start automatisch der Empfänger-Dialog, in dem der Name der zu versendenden Datei bereits eingetragen ist. Wird SuSEFax ohne Parameter gestartet, ist dieser Dialog nach Anwahl des Icon `Fax senden` leer.

Die Bedeutung der einzelnen Felder ist folgende:

`Telefonnummer des Empfängers` In dieses Feld ist die Telefonnummer des Fax-Empfängers einzutragen. Dies kann entweder direkt oder mit Hilfe des integrierten Telefonbuchs erfolgen (mehr zu dem Telefonbuch siehe Abschnitt 3.1.5.1 auf Seite 164).

`Zu sendendes Dokument` Hier sind der Name und der Pfad zu der PostScript-Datei anzugeben, die das zu versendende Dokument enthält.

`Mit Faxcover` Ist dieser Button selektiert, wird für das Dokument automatisch ein Deckblatt erzeugt, in das die darunter stehenden Daten – also Name des Empfängers, Name des Senders, Betreff, Name der Firma und ein mehrzeiliger Kommentar – eingetragen werden. Das Deckblatt basiert auf einer Template-Datei, auf deren Erstellung in Abschnitt 3.1.5.2 auf Seite 173 eingegangen wird. Über den `Suchen`-Button kann eine bestimmte Template-Datei ausgewählt werden.

`Nicht sofort senden` Ist dieser Button selektiert, öffnet sich automatisch ein weiterer Dialog, in dem die Zeit eingestellt werden kann, zu der das Fax versendet werden soll (siehe Abbildung 3.7 auf der nächsten Seite). Falls der Button nicht aktiviert ist, erfolgt der Versand direkt.

Durch Drücken des Button `Sende Fax` wird das angegebene Fax losgeschickt und der Dialog beendet. Soll das Fax nicht versendet werden, kann der Dialog mit `Abbruch` verlassen werden.

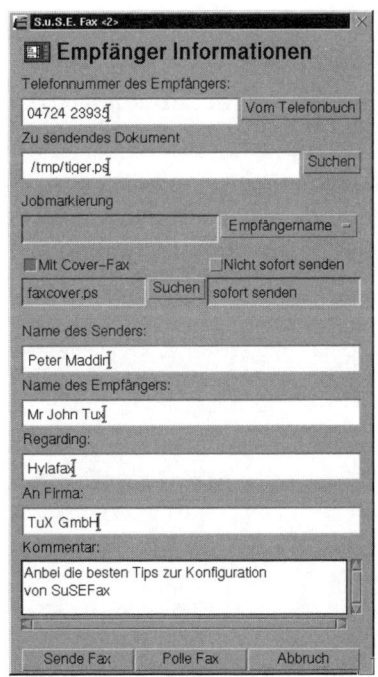

Abbildung 3.6: Der Empfänger-Dialog von `susefax`

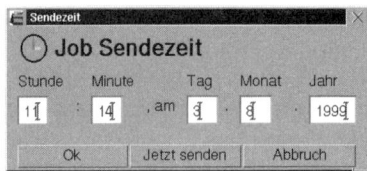

Abbildung 3.7: Der Versandzeit-Dialog von `susefax`

Der Button `Polle Fax` dient dem Fax-Polling. Dabei muß in dem Dialog lediglich die Zielnummer eingetragen werden, von der das Fax bezogen werden soll.

Das SuSEFax-Telefonbuch

SuSEFax verfügt über ein Telefonbuch, das die Eintragungen in den Empfänger-Dialog vereinfacht. Darüber hinaus können an Empfänger, die im Telefonbuch stehen, auch Serienfaxe versendet werden. Das Telefonbuch kann entweder als Text-Datei (normalerweise `.susephone`) im Home-Verzeichnis des Benutzers stehen (Integriertes Telefonbuch) oder aber als Datenbank realisiert sein, auf die über JDBC (Java Database Connectivity) zugegriffen werden kann. Hierzu wird jedoch ein JDBC-Treiber des Datenbankherstellers benötigt.

Der Dialog für das integrierte Telefonbuch, der in Abbildung 3.8 dargestellt ist, kann entweder durch Klicken auf das `Integriertes Telefonbuch`-Icon oder oder über den Menüpunkt `Telefonbuch` geöffnet werden.

Die Einträge, die hier als Liste erscheinen, bestehen immer zumindest aus dem Nachnamen, dem Vornamen und der Telefonnummer (genau genommen, der Fax-Nummer). Die Sortierung der Liste kann durch Auswahl der Punkte Nach-

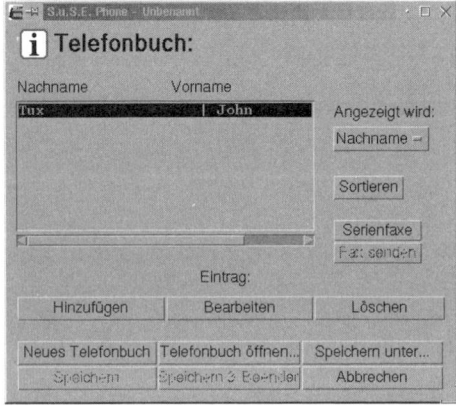

Abbildung 3.8: Das integrierte SuSEFax-Telefonbuch

namen, Vornamen, Firma und Telefonnummer mit Hilfe des Anzeige-Button erfolgen. Anschließend muß noch Sortieren gedrückt werden.

Ein neuer Eintrag kann über den Hinzufügen-Button eingetragen werden. In dem sich neu öffnenden Dialog müssen dann zumindest der Vorname, der Nachname und die Telefonnummer angegeben werden. Darüber hinaus ist es möglich, einen Firmen-Eintrag sowie einen Kommentar einzugeben, die beide für das Erzeugen eines Deckblattes verwendet werden können. Nachdem dieser Dialog durch Drücken des Eintrag übernehmen-Button verlassen wurde, erscheint der neue Eintrag in der Namen-Liste (zusätzlich erscheint ein Dialog, mit dem durch Drücken von Sende Fax der Empfänger-Dialog zum Versenden eines Fax automatisch geöffnet und mit den dargestellten Werten für Nummer, Name, Vorname etc. ausgefüllt wird). Um den neuen Eintrag dauerhaft zu speichern, muß das Telefonbuch jetzt noch gesichert werden. Ist der gerade vorgenommene Eintrag der erste, muß hierzu der Button Speichern unter verwendet werden. In dem dann erscheinenden Dateiauswahl-Dialog sollte als Datei .susephone im eigenen Home-Verzeichnis eingegeben werden. Existierte das Telefonbuch bereits vor dem Anlegen des neuen Eintrags, genügt ein Klick auf Speichern.

Ein bestehender Eintrag kann durch Bearbeiten verändert werden. Nach der Änderung ist es jedoch auch hier wichtig, das jetzt veränderte Telefonbuch durch den Button Speichern zu sichern.

Die häufigste Anwendung des Telefonbuchs ist die Selektion eines bestimmten Eintrags aus der Liste der Namen, um dieser Person ein Fax zu senden. Hierzu muß einfach im Anschluß an die Anwahl des entsprechenden Eintrags, der jetzt schwarz hinterlegt erscheint, der Button Fax senden gedrückt werden. Die Daten des Eintrags werden dadurch automatisch in die entsprechenden Felder des erscheinenden Empfänger-Dialogs eingetragen.

Serienfaxe

Neben der Standardfunktion, ein Fax an eine bestimmte Person zu versenden, bietet SuSEFax mit Hilfe des Telefonbuchs auch die Möglichkeit, ein Fax an eine Liste von mehreren Personen zu versenden. Zu diesem Zweck kann aus dem Telefonbuch-Dialog (s. o.) über den Button Serienfaxe ein weiterer Dialog geöffnet werden, der die Erstellung einer Liste von Empfängern aus Einträgen des Telefonbuchs heraus gestattet. Der Serienfax-Dialog ist in Abbildung 3.9 auf der nächsten Seite dargestellt.

Der Dialog besteht im wesentlichen aus zwei Listen. Die linke Liste stellt alle Einträge aus dem Telefonbuch dar, die rechte enthält lediglich die Einträge, an die das Serienfax versendet werden soll. Zwischen beiden Dialogen befinden sich Buttons, um einen Eintrag von links nach rechts bzw. rechts nach links zu verschieben, also entweder der Empfänger-Liste hinzuzufügen oder daraus zu entfernen. Neben der Möglichkeit, jeweils einen Eintrag zu bearbeiten, können

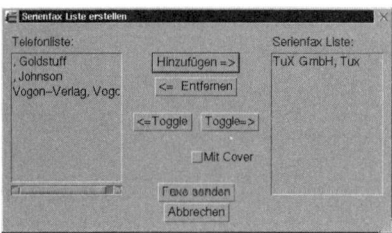

Abbildung 3.9: Der Serienfax-Dialog von SuSEFax

durch mehrfaches Klicken auf Einträge der einen oder anderen Liste auch mehrere Einträge selektiert und zusammen z. B. der Serienfax-Liste auf der rechten Seite hinzugefügt werden. Die Button `Toggle` invertieren jeweils die aktuelle Selektion der einen oder anderen Liste. Wird der Button `Mit Cover` gedrückt, wird beim Versenden des Fax an die Einträge der Serienfax-Liste jeweils ein Deckblatt hinzugefügt. Über den Button `Faxe Versenden` wird der Versand des Fax an alle Adressaten gestartet.

Faxen mit `ksendfax`

Das Programm `ksendfax` ist ein weiteres graphisches Frontend für HylaFAX, das für die KDE-Benutzeroberfläche (KDE Version 1) entwickelt wurde. Wer unter einer aktuellen KDE-Version arbeitet, sollte den in Abschnitt 3.3.1 auf Seite 221 beschriebenen Weg gehen, da `ksendfax` ansonsten evtl. selbst übersetzt werden muß. `ksendfax` ist ein Werkzeug, das für all jene interessant ist, die auf einem kleineren Rechner mit wenig Arbeitsspeicher arbeiten. Im Gegensatz zu SuSE-Fax, das in Java entwickelt wurde und daher bereits höhere Anforderung an den Arbeitsspeicher und den Prozessor des Rechners stellt, ist `ksendfax` in C++ geschrieben, wodurch weniger Rechner-Ressourcen erforderlich sind. Darüber hinaus ist `ksendfax` nicht nur speziell für HylaFAX entwickelt worden und daher auch als Frontend für andere Fax-Programme verwendbar.

Vor der Nutzung von `ksendfax` muß das Programm installiert werden. Das fertige RPM-Paket kann in der aktuellsten Version vom SuSE FTP-Server (`http://www.sad.it/~jug/ksendfax/` oder von Web-Server des KDE-Projekts (unter `http://www.kde.org`) bezogen werden. Die Installation kann anschließend am einfachsten mit Hilfe des Kommandos `rpm` als Benutzer `root`, oder aber mit dem Installationswerkzeug der jeweiligen Linux-Distribution, wie z. B. YaST, erfolgen:

```
root@erde:/home/tux #   rpm -i ksendfax.rpm
```

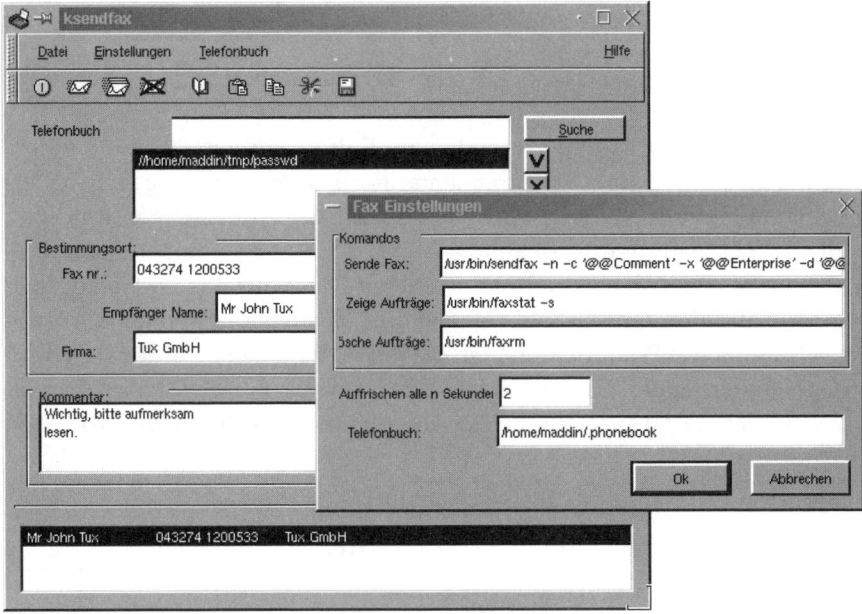

Abbildung 3.10: `ksendfax`

War `ksendfax` bereits zuvor installiert und wird lediglich eine neuere Version dieses Pakets aufgespielt, sollte die Option `-i` (Install) gegen die Option `-U` (Upgrade) ersetzt werden.

Nach der Installation kann das Programm durch das Kommando `ksendfax` gestartet werden. Beim Start kann bereits der Name der zu versendenden Datei als Parameter auf der Kommandozeile angegeben werden. Das Hauptfenster von `ksendfax` ist zusammen mit dem Konfigurationsdialog in Abbildung 3.10 dargestellt.

Die Konfiguration von `ksendfax` erfolgt im Gegensatz z. B. zu SuSEFax durch die Angabe von Programmen, die für bestimmte Aufgaben, wie etwa das Senden eines Fax, gestartet werden sollen. Auf diese Weise läßt sich `ksendfax` für verschiedene Fax-Programme verwenden, solange diese Programmpakete Möglichkeiten zur Verfügung stellen, den eigentlichen Sendevorgang mit Hilfe eines anderen Programms auszuführen. Diesen Programmen können Optionen mit Parametern übergeben werden, die mit `@@` beginnen. Diese Parameter werden von `ksendfax` beim Start des entsprechenden Kommandos durch Werte ersetzt, die in das Hauptfenster eingegeben wurden.

Im dargestellten Fenster sieht man beispielsweise die Konfiguration, die für den Einsatz mit HylaFAX sinnvoll ist. Der Versand erfolgt mit Hilfe von `sendfax`, das von `ksendfax` automatisch beim Versand eines Fax wie folgt gestartet wird:

```
sendfax -n -c "@@Comment" -x "@@Enterprise" -d "@@Name"@"@@Phone" "@@FName"
```

Die Angabe der Option -n bewirkt z. B., daß die mit ksendfax zu verschicken-
den Faxe *kein* Deckblatt erhalten sollen (siehe auch Tabelle 3.4 auf Seite 153). Um
ein Fax mit einem Deckblatt zu versenden, muß diese Option entfernt werden.
Mit Hilfe der Option -c kann ein Kommentar für das Deckblatt angegeben werden. Der Parameter @@Comment wird von ksendfax beim Start von sendfax
durch die in das Hauptfenster im Eingabefeld Kommentar eingetragene Zeichenkette ersetzt. Analog wird mit den weiteren Daten für das Deckblatt, dem
Firmennamen des Empfängers, dem Namen und der Telefonnummer des Empfängers verfahren. Die Pseudoparameter, die mit @@ beginnen, werden durch die
Werte der entsprechenden Eingabefelder im Hauptfenster ersetzt. Normalerweise braucht für den Einsatz von ksendfax unter HylaFAX nichts an den Vorgaben
geändert werden.

Im Anschluß an diese Grundkonfiguration sollte zum Versenden eines Fax zunächst mit Hilfe des Suche-Button eine Datei ausgewählt werden, die versendet
werden soll. Daraufhin sollte die Zielnummer in das Fax nr-Feld eingetragen
werden. Alternativ kann auch einer der Einträge aus dem am unteren Fensterrand dargestellten Telefonbuch angewählt werden. Die Daten für die Nummer,
Empfänger- und Firmennamen werden daraufhin automatisch ausgefüllt. Ohne
Telefonbuch können die weiteren Felder, wie der Firmenname des Empfängers
und der Empfängername, die für die Erstellung des Deckblatts verwendet werden, von Hand ausgefüllt werden. Schließlich kann ein mehrzeiliger Kommentar in das Kommentarfeld eingegeben werden, der ebenfalls der Erstellung des
Deckblattes dient. Das endgültige Aussehen des Deckblattes wird durch dessen
Formatvorlage bestimmt. Daher kann es sein, daß die Angabe eines Wertes für
Empfänger Name schließlich auf dem Deckblatt nicht erscheint, obwohl hier ein
Wert angegeben wurde. Die Erstellung von Deckblättern wird in Abschnitt 3.1.5.2
auf Seite 173 behandelt.

Nachdem zumindest ein Dateiname für den Versand und auch die Zielnummer
angegeben wurden, kann das Fax durch Drücken des links stehenden Brief-Icon
oder über den Menüpunkt Sende Fax im Menü Datei versendet werden. Der
Sendevorgang kann durch Klick auf das zweite Brief-Icon oder über den Menüpunkt Zeige Aufträge verfolgt werden, wodurch der Status des Servers mit
Hilfe des in der Konfiguration angegeben Programms ermittelt wird. Über den
ebenfalls im Menü Datei stehenden Menüpunkt Lösche Fax kann ein Eintrag
aus der Sende-Warteschlange des Fax-Servers gelöscht werden.

Wie bereits erwähnt, verfügt ksendfax über ein einfaches Telefonbuch, dessen
Einträge am unteren Fensterrand dargestellt werden, sofern die Darstellung im
Menü Telefonbuch aktiviert ist. Die Auswahl eines Eintrags aus dem Telefonbuch erfolgt einfach durch Doppelklick darauf. Hierdurch werden die im Telefonbuch gespeicherten Daten (ohne Rückfrage) in die entsprechenden Felder des

Hauptfensters eingetragen. Soll ein neuer Eintrag in das Telefonbuch aufgenommen werden, müssen zunächst die Felder für die Fax-Nummer, den Empfängernamen und den Firmennamen des Empfängers ausgefüllt werden. Anschließend kann der Eintrag durch Anwahl des Menüpunkts Hinzufügen bzw. Ändern im Menü Telefonbuch übernommen werden. Nach einer solchen Änderung sollte man auf jeden Fall das Telefonbuch speichern (Menüpunkt Sichern), da die Änderungen andernfalls bei Programmende verloren gehen. Das Löschen eines Eintrag aus dem Telefonbuch erfolgt durch Markierung der entsprechenden Zeile und der Anwahl des Menüpunkts Löschen aus dem Telefonbuch-Menü.

Faxen mit khylafax

Wie ksendfax ist auch das Programm khylafax ein graphisches Frontend für HylaFAX unter KDE (Version 1). Wer unter einer aktuellen KDE-Version arbeitet, sollte den in Abschnitt 3.3.1 auf Seite 221 beschriebenen Weg gehen, da khylafax ansonsten evtl. selbst übersetzt werden muß bzw. nicht mehr verwendet werden kann.

Zur Nutzung von khylafax muß das Programm zunächst installiert werden. Bezugsquellen und Installationsschritte sind die gleichen, wie im Zusammenhang mit ksendfax beschrieben.

Nach dem Start des Programms müssen zunächst einige Grundeinstellungen vorgenommen werden. Dies geschieht über den Menüpunkt Preferences im Menü View. In Abbildung 3.11 auf der nächsten Seite ist das Hauptfenster zusammen mit dem Konfigurationsdialog dargestellt.

Wie in dieser Abbildung zu erkennen, müssen für khylafax – wie für jedes andere Frontend auch – der Fax-Server wie auch der Kennungsname angegeben werden, der für die Anmeldung beim Fax-Server verwendet werden soll. Hier sollte üblicherweise der eigene Login-Name angegeben werden. Darüber hinaus kann bestimmt werden, ob ein Deckblatt versendet und wie oft versucht werden soll, den Fax-Versand zu wiederholen, falls ein Fehler auftritt. Weitere Einstellungen betreffen die Auflösung, mit der das Fax gesendet werden soll (98 oder 196 lpi), und das Benachrichtigungsschema, das angibt, wann eine E-Mail an den Benutzer geschickt wird. Dies kann entweder bei einer Wiederholung des Sendevorgangs oder aber nach erfolgreichem Versand geschehen. Im Fehlerfall erfolgt ohnehin eine Benachrichtigung des Benutzers mit der Fehlerbeschreibung.

Neben dem soeben besprochenen Register Fax Transmission Information sollte das Register Personal Information ausgefüllt werden. Hier kann insbesondere der eigene Name für die Erstellung eines Deckblattes angegeben werden.

Für den eigentlichen Versand eines Fax muß eine oder mehrere Datei(en) mit Hilfe des Add Button ausgewählt werden. Die Buttons Remove und Clear dienen

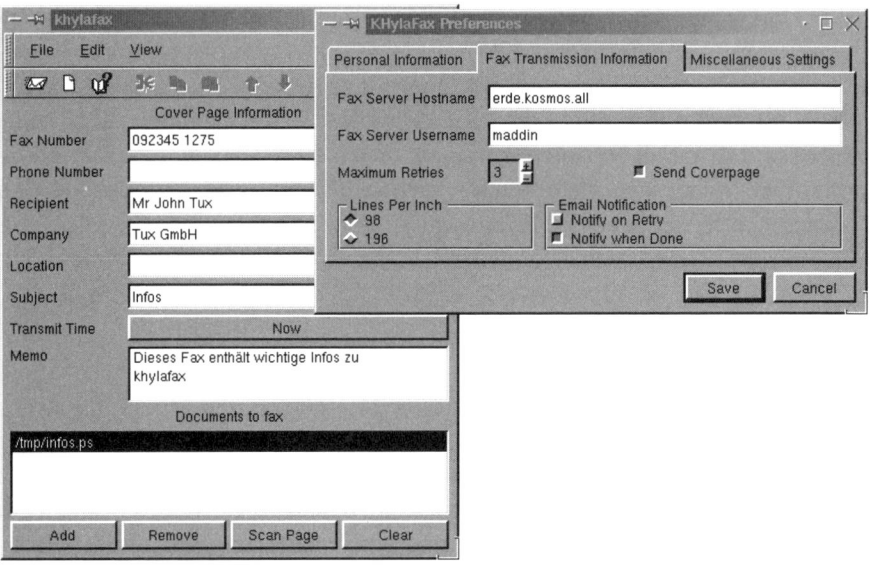

Abbildung 3.11: `khylafax`

dem Löschen des selektierten Dateieintrags bzw. aller angezeigten Dateien aus der Liste der zu sendenden Faxe. Die weiteren Eingabefelder haben folgende Bedeutung:

Fax Number In diesem Feld muß die zu wählende Fax-Nummer des Empfängers angegeben werden. Dieses Feld *muß* ausgefüllt werden.

Phone Number Dieser Text wird auf das Deckblatt als Telefonnummer des Absenders eingetragen.

Recepient An dieser Stelle kann der Name des Empfängers angegeben werden. Die Zeichenkette wird ebenfalls zur Erstellung eines Deckblattes verwendet.

Company Hier kann der Firmenname des Empfängers eingetragen werden. Diese Information wird für das Deckblatt verwendet.

Subject Dieses Feld dient zur Angabe eines Betreffs für das Deckblatt des Fax.

Transmit Time Über diesen Button kann die Sendezeit bestimmt werden. Normalerweise werden Faxe direkt versendet.

Memo In dieses Feld kann ein mehrzeiliger Text eingegeben werden, der als Kommentar auf das Deckblatt eingetragen wird.

Das einzige Feld, das immer ausgefüllt werden muß, ist Fax Number. Alle anderen Eingabefelder werden für das Deckblatt verwendet, falls das Fax mit einem Deckblatt versendet werden soll. Darüber hinaus entscheidet das Design des Deckblattes, welche Informationen überhaupt erscheinen. Die Erstellung von Deckblättern wird in Abschnitt 3.1.5.2 auf Seite 173 dargestellt.

Nachdem alle Einträge vorgenommen wurden, kann das Fax durch einen Klick auf das Brief-Icon oder über den Menüpunkt Fax Send im File-Menü versendet werden. Mit Hilfe des Menüpunkts Faxstatus im Menü View kann der Status des Fax-Servers angezeigt werden.

Werkzeuge zum Betrachten von Fax-Dateien
Eingehende Faxe werden von HylaFAX im Bildformat TIFF/F abgelegt. Dieses spezielle Fax-Format, das auch Dateien mit mehreren Seiten kennt, wird nicht von jedem Programm unterstützt, das TIFF-Dateien handhaben kann. Daher wurden einige Programme entwickelt, die dieses Format problemlos darstellen können. Zwei dieser Vertreter sollen hier beschrieben werden: viewfax und kfax.

viewfax

Das Programm viewfax ist ein kleiner, aber dennoch leistungsfähiger Fax-Viewer, der vom FTP-Server von SGI (ftp://ftp.sgi.com/sgi/fax/contrib/viewfax) bezogen werden kann. Neben der reinen Anzeige unterstützt es auch die Vergrößerung und Drehung der angezeigten Dateien. Das Programm liegt auf dem genannten Server im Quellcode vor. Das Übersetzen des Pakets ist jedoch unproblematisch. Hierzu muß auf dem Linux-System jedoch ein Compiler (z. B. die Pakete egcs oder gcc) und das X-Developer-Paket mit den X-Include-Dateien und Bibliotheken (auf SuSE Linux: xdevel) installiert sein. Der Übersetzungsvorgang besteht dann zunächst im Entpacken des Archivs. Anschließend wechselt man in das Quellverzeichnis und führt nacheinander die Kommandos xmkmf und make aus. Um das Programm auf dem Rechner zu installieren, muß schließlich noch (als Superuser) make install ausgeführt werden. Das Programm ist anschließend unter /usr/local/bin verfügbar.

Der Aufruf erfolgt direkt mit dem Namen der Faxdatei. Das sich daraufhin öffnende Fenster zeigt die erste Seite des Fax. Durch Drücken der Taste (H) erscheint ein Hilfe-Fenster, mit Erläuterungen zur Bedienung. Falls die Darstellung zu groß oder zu klein ist, kann sie durch einen Klick mit der linken oder rechten Maustaste vergrößert oder verkleinert werden. Verlassen wird das Programm durch Drücken der Taste (Q).

kfax

Etwas komfortabler als viewfax ist das Programm kfax, das vom KDE-Server unter der URL http://www.kde.org bezogen werden kann. Bei SuSE Linux ist es Teil des Pakets `kgraph.rpm`. Ab KDE Version 3 ist es Teil des Pakets `kde-graphics3.rpm`.

Im Anschluß an die Installation des Programms kann es durch Eingabe des Kommandos `kfax` gestartet werden. Beim Aufruf über die Kommandozeile kann direkt die darzustellende Datei angegeben werden. Alternativ kann es auch über das KDE Graphik-Menü gestartet werden. In Abbildung 3.12 ist das Hauptfenster des Programms dargestellt.

Die einzelnen Seiten des Fax können durch Anwahl der kleinen Pfeil-Icons durchlaufen werden. Darüber hinaus ist es auch möglich, das empfangene Fax direkt auszudrucken (Klick auf das Drucker-Icon). Die Anwahl der Lupen-Icons führt zur vergrößerten bzw. verkleinerten Darstellung. Weitere Möglichkeiten der Bildmanipulation (z. B. Drehen) sind über das Menü `Ansicht` erreichbar.

Abbildung 3.12: Der Fax-Viewer `kfax`

3.1.5.2 Deckblätter

Beim Versenden eines Fax generiert HylaFAX normalerweise automatisch ein Deckblatt, das dynamische Informationen über den Empfänger (Name, Firmenname, Betreff, ...) enthält. Darüber hinaus enthält ein Deckblatt üblicherweise auch statische Daten über den Absender (Anschrift, Fax-/Telefonnummer, Logo der Firma etc.), die einmalig festgelegt werden können und sich nur sehr selten ändern.

Um dieser Aufteilung in statische und dynamische Teile eines Deckblatts gerecht zu werden, verwendet HylaFAX eine sogenannte Deckblatt-Schablone (engl: cover template), eine Datei, in der das Layout des Deckblatts festgelegt ist. An bestimmten Stellen werden mit Hilfe des Programms faxcover die dynamischen Informationen über den Empfänger beim Senden des Fax eingetragen.

Ohne weitere Angaben verwendet HylaFAX als Schablone die Datei /usr/lib/ fax/faxcover.ps. Soll eine andere Datei verwendet werden, kann die Environment-Variable FAXCOVER auf Pfad und Namen dieser Datei gesetzt werden. Alternativ bieten auch einige Frontend-Programme (z. B. SuSEFax) die Möglichkeit, eine bestimmte Datei in der Konfiguration des Frontend auszuwählen.

Obwohl die Deckblatt-Schablone eine PostScript-Datei ist, kann man sie dennoch *nicht* unmittelbar mit einem PostScript-Previewer betrachten, da sie spezielle Kommandos zur Übernahme dynamischer Informationen enthält. Die Ausgabe dieser Informationen wird beim Versenden automatisch ausgeführt, falls das Fax mit einem Deckblatt versendet werden soll. Hierbei wird das Programm faxcover mit den beim Versenden angegebenen Parametern, wie z. B. dem Namen der zu verwendenden Schablonen-Datei, der Zielnummer, dem Empfängernamen, dem Betreff usw., aufgerufen. Als Ergebnis erzeugt faxcover eine vollständige PostScript-Datei, die dem zu sendenden Fax hinzugefügt wird und sowohl die statischen Informationen aus der Schablonen-Datei als auch die dynamischen, vom Benutzer angegebenen Informationen enthält.

Um bei der Erstellung einer solchen Schablone das endgültige Aussehen des Deckblatts beurteilen zu können, kann der normalerweise automatische Vorgang auch manuell ausgeführt werden, wobei die dynamischen Informationen mit Hilfe von Optionen an das faxcover-Programm übergeben werden. Im folgenden Beispiel wird mit Hilfe der Standard-Schablonen-Datei ein Deckblatt erzeugt, wobei an dynamischen Daten die Fax-Nummer (Option -n), der Absendername (Option -f), ein Betreff (Option -r) und ein Kommentar (Option -c) hinzugefügt werden. Zur besseren Übersicht wurde die Kommandozeile in drei Zeilen umbrochen (bei der Eingabe auf der Shell-Kommandozeile muß in diesem Fall jede Zeile außer der letzten mit einem \ abgeschlossen werden):

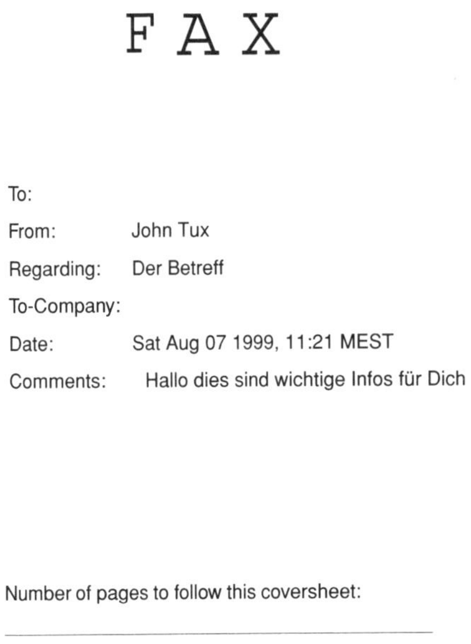

F A X

To:

From: John Tux

Regarding: Der Betreff

To-Company:

Date: Sat Aug 07 1999, 11:21 MEST

Comments: Hallo dies sind wichtige Infos für Dich

Number of pages to follow this coversheet:

Abbildung 3.13: Ein mit `faxcover` erzeugtes Deckblatt

```
root@erde:/home/tux # faxcover -C /usr/lib/fax/faxcover.ps \
> -n "0893 1234" -f "John Tux" -r "Der Betreff" \
> -c "Hallo dies sind wichtige Infos fuer Dich ..." > out.ps
```

Das fertige Deckblatt, so wie es versendet würde, steht anschließend in der Datei `out.ps` und kann mit einem PostScript-Previewer (z. B. `ghostview`) angesehen werden. In Abbildung 3.13 ist die resultierende Deckblatt-Seite dargestellt, die mit dem SuSE Default-Deckblatt erzeugt wurde.

Die Erstellung einer eigenen Deckblatt-Schablone

Aus dem bisher Gesagten geht hervor, daß die Deckblatt-Schablonen-Datei nicht einfach mit einem Zeichenprogramm erstellt werden kann, da ja spezielle Anweisungen zum Einfügen dynamischer Informationen enthalten sein müssen. Glücklicherweise ist die Seite aber nicht direkt in PostScript zu schreiben, da es verschiedene Hilfsmittel zur komfortablen Erstellung einer eigenen Deckblatt-Schablone gibt. Auf den Web-Seiten von HylaFAX (`http://www.hylafax.org`) steht unter der Rubrik FAQ in der Antwort zu Frage 36 eine Beschreibung verschiedener Verfahren. Zwei von ihnen sollen hier zwei kurz beschrieben werden.

Erstellung einer Deckblatt-Schablone mit `tgif`

Mit Hilfe der Schablonendatei `faxcover-template.obj` und des Skripts `make_faxcover`, die von Afan Ottenheimer (`afan@www.jeonet.com`) erstellt wurden, ist es mit geringem Aufwand möglich, ein Deckblatt zu entwerfen. Neben den genannten Dateien, die per `ftp` unter der URL `ftp://ftp.sgi.com/sgi/fax/contrib/covers` bezogen werden können, wird das Zeichenprogramm `tgif` benötigt, das Teil vieler Linux-Distributionen (so z. B. auch SuSE) ist.

Die Datei `faxcover-template.obj` stellt ein Beispiellayout des Deckblatts dar. Die Datei kann mit `tgif` geladen und im Design den eigenen Wünschen angepaßt werden. Dabei ist es jedoch wichtig, daß die Einträge, die später dynamisch ersetzt werden sollen, immer die Form XXXX-*feldname* erhalten, wobei *feldname* die Bezeichnung des entsprechenden dynamischen Felds ist. Am einfachsten läßt man die Bezeichnungen der Texteinträge, die XXXX enthalten, unverändert und paßt lediglich das Layout an.

Im Anschluß an die Erstellung des Layout in `tgif` wird das Dokument gespeichert und anschließend als LATEX/EPS-Datei gedruckt. Die resultierende Datei heißt dann `faxcover-template.eps`. Jetzt muß lediglich noch das Programm `make_faxcover` mit der eps-Datei als Parameter aufgerufen werden. Die Ausgabe dieses Programms ist die fertige Deckblatt-Schablone:

```
root@erde:/home/tux # make_faxcover faxcover-template.eps > mycover.ps
```

Die neue Schablonen-Datei kann anschließend über die Default-Schablonen-Datei kopiert oder in einem beliebigen anderen Verzeichnis abgelegt werden. In letzterem Fall muß dann jedoch die Environment-Variable FAXCOVER auf den Pfadnamen der Datei gesetzt werden, damit HylaFAX in der Lage ist, diese Datei auch zu finden. Wird z. B. SuSEFax als Frontend verwendet, kann der Pfad der Datei im Dialog `Einstellungen` angegeben werden.

Erstellung einer Deckblatt-Schablone in LATEX

Mit dem Paket `latex-cover` von Rainer Krienke[5] kann das Design der Deckblatt-Schablone mit der Text-Beschreibungssprache LATEX erfolgen, wobei auch Graphiken problemlos eingefügt werden können. Aus der LATEX-Datei kann anschließend automatisch die Deckblatt-Schablonen-Datei erzeugt werden. Die in Abbildung 3.13 auf der vorherigen Seite dargestellte Datei wurde auf diese Weise erstellt. LATEX ist eine Sprache, mit der die Struktur eines Textes beschrieben wird. So wird beispielsweise eine Überschrift durch ein spezielles Kommando als Überschrift gekennzeichnet. Der Autor eines Textes beschreibt also lediglich die Struktur seines Textes und überläßt die Formatierung von Überschriften, Ab-

---

[5]`krienke@uni-koblenz.de`

sätzen etc. dem Textsatzsystem. Das Programm `latex` erzeugt dann aus dieser Strukturbeschreibung ein fertig formatiertes Dokument.

Das Paket `latex-cover` kann unter der URL `http://www.uni-koblenz.de/~krienke/hylafax.html` bezogen werden. Teil des Pakets ist die Datei `latex-cover.sty`, die in ein Verzeichnis kopiert werden muß, in dem TEX sie findet (z. B. das aktuelle Verzeichnis). Um das Deckblatt zu erstellen, kann eine der im Paket enthaltenen Beispieldateien (z. B. `lcover.tex`) als Ausgangspunkt verwendet werden. Die Angabe der dynamischen Felder, z. B. für den Betreff, erfolgt über entsprechende Kommandos, wie z. B. `\regarding`, die in `latex-cover.sty` definiert sind.

Nachdem die Seite, den eigenen Wünschen entsprechend, gestaltet wurde, muß die `.tex`-Datei mit Hilfe von `latex` zunächst in eine `.dvi`-Datei übersetzt werden. Anschließend wird mit dem Kommando `dvips` aus der `.dvi`-Datei die fertige PostScript-Schablonen-Datei generiert. Der Benutzer braucht also lediglich zwei Kommandos einzugeben, um aus der LATEX-Datei die fertige Deckblatt-Schablone zu erzeugen. Dieser Ablauf sieht wie folgt aus:

```
root@erde:/home/tux/tmp # latex lcover.tex
This is TeX, Version 3.14159 (Web2C 7.2)
(lcover.tex
LaTeX2e <1998/06/01>
Babel <v3.6j> and hyphenation patterns for american, french,
german, ngerman, nohyphenation, loaded.
(/usr/share/texmf/tex/latex/base/article.cls
Document Class: article 1998/05/05 v1.3y Standard LaTeX document class
(/usr/share/texmf/tex/latex/base/size12.clo))
(/usr/share/texmf/tex/latex/psnfss/times.sty)
(/usr/share/texmf/tex/latex/graphics/graphicx.sty
(/usr/share/texmf/tex/latex/graphics/graphics.sty
(/usr/share/texmf/tex/latex/config/graphics.cfg)
(/usr/share/texmf/tex/latex/graphics/dvips.def)))
(/usr/share/texmf/tex/latex/misc/doublespace.sty) (latex-cover.sty)
No file lcover.aux.
<logo.eps>
[1] (lcover.aux) )
(see the transcript file for additional information)
Output written on lcover.dvi (1 page, 1892 bytes).

root@erde:/home/tux/tmp # dvips lcover.dvi > cover.ps
This is dvips(k) 5.82 Copyright 1998 Radical Eye Software
(www.radicaleye.com)
' TeX output 1999.08.07:1317' ->
<texc.pro><8r.enc><texps.pro><special.pro>. <cminch.pfb>[1<logo.eps>]
```

Die fertige Schablonen-Datei steht in diesem Beispiel anschließend in der Datei `cover.ps`. Sie kann danach über die Default-Schablonen-Datei kopiert oder in einem beliebigen Verzeichnis gespeichert werden (s. o.).

3.1.6 Mgetty und Sendfax

Die beiden Programme `mgetty` und `sendfax`, entwickelt von Gert Doering, bilden ein weiteres Softwarepaket zum Empfangen und Versenden von Faxen. `sendfax` dient dabei dem Versenden eines Fax mit Hilfe eines Class 2-fähigen Modems. Mit Hilfe von `mgetty` können eingehende Faxe über ein Class 2-fähiges Modem empfangen werden. Neben dem Empfang eines Fax bietet `mgetty` weitere Leistungsmerkmale: So unterstützt `mgetty` den Betrieb eines Fax on demand-Servers (vergl. Abschnitt 3.1.3 auf Seite 118), der Dokumente bereitgestellt, die sich Anrufer per Fax zustellen lassen können. Darüber hinaus verfügt `mgetty` über die Fähigkeit, mit einem Modem, das über →*Adaptive Answer Support* verfügt, vollautomatisch Datenanrufe zu verarbeiten und beispielsweise einem Benutzer, der an einem anderen System arbeitet, den Verbindungsaufbau zum lokalen System zu ermöglichen. Weiterhin läßt sich durch `mgetty` und das Zusatzprogramm `vgetty` (und ein geeignetes Modem) ein Anrufbeantworter realisieren. Auf diese Möglichkeit wird gesondert in Abschnitt 5.4.1 auf Seite 454 eingegangen. Im Gegensatz zu HylaFAX verfügen `mgetty+sendfax` jedoch nicht über einige ausgefeilte Steuerungsmöglichkeiten für zu sendende/empfangende Faxe: Es fehlen eine automatische Konvertierung von zu sendenden Dateien, ein Fax-Spooling-System u. ä. `mgetty+sendfax` stellen somit eine leicht zu installierende und problemlos arbeitende Fax-Software dar, die jedoch ohne besonderen Komfort und ohne die von HylaFAX gewohnte Netzwerkfähigkeit daherkommt. Beide Programme sind auf ein Modem angewiesen, das die Fax-Klasse 2 bzw. 2.0 unterstützt. Modems der Fax-Klasse 1 werden nicht unterstützt.

Grundsätzlich sind `mgetty` und `sendfax` voneinander unabhängige Programme, die nicht zwingend zusammen installiert werden müssen. Eine solche Konfiguration wurde bereits in Abschnitt 3.1.5 auf Seite 149 beschrieben, wo der Fax-Versand/Eempfang mit Hilfe von HylaFAX realisiert wurde und `mgetty` zur Annahme eingehender Datenanrufe verwendet wurde. Falls die Fax-Kommunikation mit Hilfe des Pakets HylaFAX realisiert wird, sollte jedoch nicht zusätzlich das Paket `sendfax` installiert werden, da sich einige, zu beiden Paketen gehörende Dateien überschreiben könnten. Umfassende Dokumentation zu den beiden Programmen wie auch der Quellcode und viele weitere Informationen sind unter der URL `http://alpha.greenie.net/mgetty/index.html` verfügbar.

3.1.6.1 Grundkonfiguration

Die Grundkonfiguration von `mgetty` und `sendfax` ist unproblematisch. Sie besteht lediglich aus der Installation der Pakete, der Anpassung der Datei `/etc/inittab`, um automatisch Faxe empfangen zu können, und ggf. einer Anpassung der Konfigurationsdateien `mgetty.config` bzw. `sendfax.config`, die in der Regel in dem Verzeichnis `/etc/mgetty+sendfax` liegen.

Zunächst müssen beide Programme installiert werden. Hier bietet sich die Verwendung vorcompilierter Pakete an, etwa der in der SuSE und anderen Linux-Distributionen enthaltenen. Mit dem jeweiligen Paketmanager (bei SuSE: YaST) dürften keine Schwierigkeiten bei der Installation entstehen. Anschließend müssen die Konfigurationsdateien `mgetty.conf` und `sendfax.conf` den eigenen Bedürfnissen angepaßt werden. Zu diesem Zweck ist es erforderlich, die Schnittstelle (`/dev/ttySx`) zu kennen, an der das zu verwendende (Class 2-)Modem angeschlossen ist. Wer sich in diesem Punkt nicht sicher ist, kann die in Abschnitt 3.1.4.2 auf Seite 125 beschriebene Methode verwenden, um die richtige Schnittstelle zu finden. Zur Vereinfachung sollte man sich anschließend einen symbolischen Link `modem` im Verzeichnis `/dev` auf die entsprechende Schnittstellendatei legen. Anschließend kann dann immer über diesen Link auf das Modem zugegriffen werden. Ein weiterer Vorteil dieser Methode ist, daß bei einer Änderung der Schnittstelle lediglich der Link neu erzeugt werden muß, die Konfigurationsdateien (z. B. von `mgetty`) jedoch *nicht* mehr angepaßt werden müssen. Angenommen, die für die Schnittstelle, an der das Modem angeschlossen ist, zuständige Gerätedatei ist `/dev/ttyS0`, so kann der Benutzer `root` mit folgenden Kommandos den `modem`-Link einrichten:

```
root@erde:/home/tux/tmp # # cd /dev
root@erde:/dev # # ln -s /dev/ttyS0 /dev/modem
```

`mgetty`-Konfiguration
Nachdem diese Vorbereitung abgeschlossen ist, sollte die Datei `mgetty.conf`, die sich normalerweise im Verzeichnis `/etc/mgetty+sendfax` befindet, editiert werden. Eine Beispieldatei für ein Class 2-Modem, das über `/dev/modem` gesteuert werden kann, sieht wie folgt aus:

```
#
# mgetty configuration file

# ----- global section -----
# In this section, you put the global defaults, per-port stuff is below

# global debug level from "0" to "9" . "4" is a good default
debug 4
```

```
# set the local fax station id
fax-id 49 9482 13489


# access the modem(s) with 38400 bps
speed 38400


#  use these options to make the /dev/tty-device owned by "uucp.uucp"
#  and mode "rw-rw-r--" (0664). *LEADING ZERO NEEDED!*
port-owner uucp
port-group uucp
port-mode 0664


# Determine MOdem Class by ATI command automatically
modem-type auto


# Notify user on incoming fax by email
notify tux@erde.kosmos.all


# ------ modem section --------
# Here you can put things valid only for one line, not the others
#
port modem
  # data-only no
  # fax-only  no
  # fax-server-file /tmp/faxqlist.txt
  # init-chat "" ATQ0E1V1H0 OK ATL0M0S0=0 OK AT&K3 OK
  # rings 1
  direct no
  toggle-dtr yes
```

Die hier abgebildete Konfigurationsdatei besteht grundsätzlich aus einem globalen Teil, dessen Einstellungen für alle von mgetty gesteuerten Modems gültig sind, und einem oder mehreren Modem-Abschnitten, in denen Einstellungen für ein bestimmtes Modem vorgenommen werden können. In der Beispieldatei wird im globalen Teil insbesondere die lokale Fax-Identifikation mit Hilfe des Parameters faxid gesetzt. Mit Hilfe der port-Konfigurationsparameter können der Benutzer, die Gruppe und die Zugriffsrechte für die Modem-Gerätedatei eingestellt werden. Der Parameter modem-type kann normalerweise auf den Wert auto gesetzt werden, wodurch die Modem-Klasse von mgetty automatisch bestimmt wird (mit Hilfe der ATI-Kommandos). Für einige Modems kann es jedoch erforderlich werden, diesen Parameter explizit auf die Fax-Klasse (2 oder 2.0) des angeschlossenen Modems zu setzen. Der Parameter notify bestimmt, an welche Kennung eine Mail gesendet wird, falls ein neues Fax empfangen wurde. Hier sollte also die Mail-Adresse des Fax-Administrators eingesetzt werden.

Die weiteren Parameter dienen der Konfigurationn des angegebenen Modem-Ports. In der Beispieldatei ist lediglich die Konfiguration für ein über die Gerätedatei `modem` (bzw. den Link auf diese) steuerbares Modem angegeben. In gleicher Weise ist es jedoch auch möglich, für weitere Modems in `/dev` spezifische Angaben zu machen. Die Modem-spezifische Konfiguration beginnt jeweils mit dem `port`-Kommando, dem als Parameter die Gerätedatei (oder ein Link darauf) übergeben wird, für die die Konfiguration erfolgen soll. Die mit einem # beginnenden Zeilen sind Kommentare und haben keinen Einfluß auf die Konfiguration. Die im Beispiel auskommentierten Parameter wurden nur zur Veranschaulichung in die Konfiguration aufgenommen. Die Bedeutung der Parameter ist folgende:

`data-only` Dieser Parameter, der die Werte `yes` oder `no` erhalten darf, dient dazu, `mgetty` anzuweisen, nur noch Datenanrufe entgegenzunehmen. Eingehende Faxe werden nicht bearbeitet. Zu diesem Zweck muß der Parameter den Wert `yes` erhalten.

`fax-only` Dieser Parameter, der die Werte `yes` oder `no` erhalten darf, weist `mgetty` an, nur noch Faxe entgegenzunehmen. Eingehende Datenanrufe werden nicht bearbeitet. Zu diesem Zweck muß der Parameter den Wert `yes` erhalten.

`fax-server-file` Dieser Konfigurationsvariablen kann der Name einer Datei zugewiesen werden, die wiederum Namen von Dateien im Fax-G3-Format (nicht im TIFF/F-Format) enthält. Die so bezeichneten Dateien werden von `mgetty` bei einer eingehenden Fax-Poll-Anfrage an den Anrufer übermittelt.

`init-chat` Diese Variable enthält die Modem-AT-Kommandos, die zur Initialisierung des Modems verwendet werden. Normalerweise können hierzu einfach die in `mgetty` vorhandenen Vorgabewerte (wie dargestellt) verwendet werden.

`direct` Dieser Parameter, der die Werte `yes` oder `no` erhalten darf, dient dazu, `mgetty` anzuzeigen, ob es eine direkte Leitung oder ein Modem bedient. Der Wert `yes` meint dabei, daß `mgetty` ein Terminal bedient; `no` besagt, daß `mgetty` ein Modem bedient. Der Unterschied besteht darin, daß `mgetty` Modems initialisiert und auf die Zeichenfolge „RING" wartet, die Modems ausgeben, wenn ein Anruf eingeht. Ist der Wert auf `yes` gesetzt, wird keine Initialisierung durchgeführt. `mgetty` wartet in diesem Fall auf ein beliebiges Zeichen, woraufhin der Login-Prompt dargestellt wird.

`toggle-dtr` Dieser Parameter, der die Werte `yes` oder `no` erhalten darf, dient der Kontrolle der Steuerleitung DTR, die üblicherweise dazu verwendet wird, das Modem (z. B. nach dem Empfang eines Fax) zu einer Reinitialisierung zu veranlassen, wodurch bestehende Verbindungen unterbrochen werden.

`rings` Dieser Konfigurationsvariablen kann eine Zahl zugeordnet werden, die bestimmt, nach wievielen Klingelzeichen das Modem eine Verbindung annehmen soll.

`speed` Dieser Parameter dient der Einstellung der Baudrate, mit der die Rechner-Modem-Kommunikation abgewickelt wird.

Neben den hier dargestellten Parametern kennt `mgetty` eine ganze Reihe weiterer, die zum einen in den `info`-Seiten[6] zu `mgetty`, und darüber hinaus in der Dokumentation unter der eingangs genannten Web-Adresse `http://alpha.greenie.net/mgetty/index.html` genau beschrieben sind.

Im Anschluß an die Grundkonfiguration sollte die Datei `/etc/inittab` angepaßt werden, so daß `mgetty` automatisch gestartet wird und somit bei eingeschaltetem Rechner eingehende Anrufe bearbeiten kann. Zu diesem Zweck muß folgende Zeile in `/etc/inittab` eingetragen werden:

```
mo:23:respawn:/usr/sbin/mgetty modem
```

Wichtig ist, daß der letzte Parameter (`modem`) die Modem-Gerätedatei bezeichnet, über die das Modem steuerbar ist. Die Bedeutung der weiteren Felder eines Eintrags in der `inittab`-Datei kann in Abschnitt 3.1.4.2 auf Seite 137 nachgelesen werden.

Nach diesen Schritten sollte es bereits möglich sein, ein Fax zu empfangen. Lediglich dem `init`-Prozeß ist nun noch mitzuteilen, daß sich die Datei `/etc/inittab` verändert hat und diese neu eingelesen werden muß. Zu diesem Zweck muß als Superuser das Kommando `init q` eingegeben werden. Ob `mgetty` wie erwartet gestartet wird und korrekt arbeitet, kann man am einfachsten verfolgen, indem man sich die Log-Datei ansieht, die `mgetty` im Verzeichnis `/var/log` anlegt. Die Datei heißt `mgetty.Gerät`, also in diesem Fall `mgetty.modem`, da `modem` ja die für das Modem zuständige Gerätedatei ist. Nach Eingabe des Kommandos `init q` sollten in etwa folgende Ausgaben in dieser Datei zu finden sein (bei dem angeschlossenen Modem handelt es sich, wie aus den Ausgaben ersichtlich, um ein ELSA Microlink 28.800 TQV):

---

[6]Zum Start in einem Terminal das Kommando `info` eingeben. Anschließend kann durch Eingabe von (S) nach einem Begriff wie `mgetty` gesucht werden. Das gefundene „Kapitel" kann durch Drücken von (←) aufgeschlagen werden. Durch Drücken von (P) gelangt man eine Gliederungsstufe zurück. Mit (Q) wird das Programm verlassen.

```
08/22 14:57:07 em   check for lockfiles
08/22 14:57:07 em   locking the line
08/22 14:57:07 em   lowering DTR to reset Modem
08/22 14:57:08 em   send: ATQ0V1H0[0d]
08/22 14:57:09 em   waiting for ''OK'' ** found **
08/22 14:57:09 em   send: ATS0=0Q0&D3&C1[0d]
08/22 14:57:09 em   waiting for ''OK'' ** found **
08/22 14:57:09 em   mdm_send: 'ATI'
08/22 14:57:09 em   ELSA MicroLink 28.8 TQV detected
08/22 14:57:09 em   mdm_send: 'ATI3'
08/22 14:57:09 em   additional info: 'Ver. 1.08 vom 05.05.95'
08/22 14:57:09 em   mdm_send: 'AT+FCLASS=2.0' -> OK
08/22 14:57:09 em   mdm_send: 'AT+FAA=1;+FCR=1' -> OK
08/22 14:57:09 em   mdm_send: 'AT+FBO=1' -> OK
08/22 14:57:09 em   mdm_send: 'AT+FNR=1,1,1,0' -> OK
08/22 14:57:09 em   mdm_send: 'AT+FLI="49 9482 13489"' -> OK
08/22 14:57:09 em   mdm_send: 'AT+FCC=1,5,0,2,0,0,0,0' -> OK
08/22 14:57:10 em   waiting...
```

Gründe für auftretende Fehler können zum einen darin gesehen werden, daß das Modem die ATI-Kommandosequenzen nicht korrekt interpretiert. In diesem Fall sollte versucht werden, den Parameter modemtype explizit auf die vom Modem unterstützte Fax-Klasse zu setzen. Darüber hinaus ist es denkbar, daß bereits ein anderer Prozeß das verwendete Modem belegt hat oder die Kommunikation mit dem Modem nicht funktioniert. In diesem Fall kann ein einfacher Test mit Hilfe von minicom helfen herauszufinden, ob das Modem korrekt angesprochen werden kann und auch antwortet (vgl. auch das in Abschnitt 3.7.2 auf Seite 231 beschriebene Vorgehen).

sendfax-Konfiguration

Für den Fax-Versand muß das Programm sendfax konfiguriert werden. Dazu ist die Konfigurationsdatei sendfax.config, die sich normalerweise im Verzeichnis /etc/mgetty+sendfax befindet, zu bearbeiten. Im folgenden ist eine Beispielkonfiguration dargestellt:

```
#
# sendfax configuration file
#
# ----- global section -----
#
# In this section, you put the global defaults, per-port stuff is below


# tell everybody what's going on
```

```
verbose y


# ... and send everything to the log file (quite detailed)
debug 5


# which devices to use for outgoing faxes. ttyS0:ttyS1 ...
fax-devices modem
# which fax number to transmit to the receiving station
fax-id 49 9482 13489


# which command is used to dial out? (Could be ATD, ATDP, ATX3D0W...)
dial-prefix ATDT


# try transmitting every page three times, continue if 3rd
# try fails as well
max-tries 3
max-tries-continue y


# ----- port specific section -----
# Here you can put things valid only for one line, not the others
#
port modem
  # normal-res yes
  # modem-init "ATZ"
  modem-type auto
```

Wie die Konfigurationsdatei für mgetty besteht auch die für sendfax aus einem globalen und einem Modem-spezifischen Teil. Im globalen Teil muß zunächst das Gerät (oder die Geräte) eingetragen werden, über die ein Fax-Versand möglich sein soll. Zu diesem Zweck dient die Konfigurationsvariable fax-devices, die als Wert eine durch Doppelpunkte getrennte Liste von Gerätedateien erhält. Im dargestellten Beispiel sollen nur über ein Gerät (modem) Fax-Dokumente versendet werden. Der nächste wichtige Parameter ist die fax-id, eine Zeichenkette, die beim Senden eines Fax an den Empfänger übertragen wird und normalerweise als Teil der Kopfzeile eines jeden Faxblatts erscheint. Hier sollte die eigene Fax-Nummer eingetragen werden. Der Parameter dial-prefix bestimmt, welches Kommando zum Herstellen einer Verbindung an das Modem gesendet werden soll. Da in Deutschland inzwischen überall das Tonwahlverfahren eingesetzt wird, ist der angegebene Wert ATDT sinnvoll. Mit Hilfe dieses Parameters ist es z. B. auch möglich, die für eine Nebenstellenanlagen notwendige Vorwahl (z. B. eine 0) durchzuführen.

Der Versand eines Fax-Dokuments mit sendfax erfolgt dateiweise, wobei jede Datei genau eine Seite enthalten kann. Falls bei dem Versand einer der Seiten ein Fehler auftritt, versucht sendfax zunächst, die Übertragung zu wiederholen. Dies geschieht so oft, wie in der Variablen `max-tries` konfiguriert wurde. Konnte eine Seite nach einer entsprechenden Zahl von Versuchen nicht erfolgreich übertragen werden, hängt das weitere Vorgehen von der Variablen `max-tries-continue` ab. Hat diese Variable den Wert `yes`, fährt `sendfax` mit dem Versenden der folgenden Seite fort. Falls `max-tries-continue` den Wert `no` hat, wird der Fax-Versand abgebrochen.

Die weiteren Parameter in der dargestellten Beispieldatei sind Modem-spezifisch und dienen der Konfiguration des Modems `modem`. Hat `normal-res` den Wert `yes`, erfolgt der Versand eines Fax in normaler Auflösung, also in 98 lpi. Andernfalls versucht `sendfax`, ein Dokument in 196 lpi zu versenden, es sei denn, `sendfax` wurde beim Aufruf durch eine Option angewiesen, das Fax mit normaler Auflösung zu versenden. Der Parameter `modem-init` kann dazu verwendet werden, in besonderen Fällen eine spezielle `AT`-Kommandosequenz zu definieren (z. B. `ATZ`), mit der das Modem vor dem Fax-Versand zurückgesetzt wird. `modem-type` kann, wie schon bei `mgetty`, entweder den Wert `auto` (automatische Bestimmung der Fax-Klasse des Modems) oder einen der Werte 2 bzw. `2.0` erhalten.

Neben den hier dargestellten Parametern kennt `sendfax` eine ganze Reihe weiterer, deren Bedeutung zum einen in den `texinfo`-Seiten zu `mgetty` beschrieben sind und die darüber hinaus in der Dokumentation unter der eingangs genannten Web-Adresse `http://alpha.greenie.net/mgetty/index.html` nachgelesen werden können.

3.1.6.2 Empfang eines Fax

Nachdem die oben beschriebene Konfiguration abgeschlossen und `mgetty` durch Reinitialisierung des `init`-Prozesses gestartet wurde, können Fax-Dokumente sowohl versendet als auch empfangen werden. Von `mgetty` empfangene Fax-Seiten werden als Dateien (je empfangene Seite eine Datei) in das Verzeichnis `/var/spool/hylafax/incoming` abgelegt. Dem Basisnamen des Dokuments wird je empfangene Seite die Seitennummer angefügt. Der Basisname ist eine spezielle Konstruktion, die mit einem `f` beginnt, dem einer der Buchstaben `n` oder `f` folgt, je nachdem ob das Fax im normal-Modus oder in hoher Auflösung empfangen wurde. Dieser Kombination folgt eine siebenstellige Zahenfolge (Empfangszeit). Schließlich folgen ein - sowie die Stationsnummer des sendenden Fax-Geräts und zuletzt die Seitennummer. Der Name der ersten Seite eines Dokumentes, das in normaler Auflösung empfangen wurde, könnte z. B. wie folgt lauten: `fn7be771am1-+49983451262.01`. Das Format dieser Datei ist G3 (nicht TIFF/F) und kann z. B. mit `viewfax` (vgl. 3.1.5.1 auf Seite 171) oder mit `kfax` (vgl. 3.12 auf Seite 172) angesehen werden, vorausgesetzt, der Benutzer hat die notwendigen Unix-Zugriffsrechte auf die Datei. Mit Hilfe von `kfax` kann die Datei auch direkt gedruckt werden. Alternativ kann das Fax mittels Konvertierungsprogrammen aus dem `netpbm`-Paket und dem `g32pbm` Kommando, das Teil der `mgetty`-Distribution ist, z. B. zu PostScript konvertiert werden. Der besseren Übersicht halber wurde das Kommando auf zwei Zeilen umbrochen:

```
root@erde:/var/spool/fax/incoming #
cat fn7be771am1-+49983451262.01 | g32pbm | pnmtops -noturn > fax.ps
```

Neben der manuellen Konvertierung der Fax-Dateien bietet sich auch ein Skript, `new_fax`, verwendet werden, das normalerweise im Verzeichnis `/usr/lib/` `mgetty+sendfax` steht und von `mgetty` nach dem Empfang eines Fax automatisch aufgerufen wird. Das in der Distribution enthaltene Beispielskript, das dem Benutzer `root` das eingegangene Fax als Mail zusendet, kann als Ausgangspunkt für eigene Modifikationen verwendet werden.

3.1.6.3 Konvertieren und Versenden eines Fax mit Hilfe von `sendfax`

Die ursprünglichste Aufgabe von `sendfax` ist sicherlich das Versenden von Fax-Nachrichten. Hierzu muß das zu versendende Dokument in einzelne Seiten aufgeteilt werden, wobei jede in einer eigenen Datei im Format G3 vorliegen muß. Eine komfortablere Möglichkeit des Fax-Versands wird unten beschrieben.

Zur Konvertierung einer Dokumentseite in das G3-Format existieren verschiedene Möglichkeiten:

`pbm2g3` Mit Hilfe dieses Programms, das aus der `mgetty` Distribution stammt, kann eine PBM-Datei in das G3-Format konvertiert werden. Dieses Programm darf *nicht* mit dem Programm `pbmtog3` aus dem `netpbm`-Paket verwechselt werden! Mit Hilfe weiterer pbm*xxx*- und pnm*xxx*-Programme können verschiedene Bitmapformate nach G3 konvertiert werden. Einfacher Text kann mit Hilfe der Kommandosequenz

```
cat ./mytext.txt|pbmtext|pbm2g3 > mytext.g3
```

konvertiert werden.

gs PostScript-Dateien können mit Hilfe des Programms Ghostscript (`gs`) unter Verwendung der `dfaxhigh` bzw. `dfaxlow`-Treiber in das G3-Format konvertiert werden (in hoher bzw. normaler Auflösung). Der Aufruf zur Konvertierung eines PostScript-Dokuments in eine Reihe von G3-kodierten Dateien sieht in diesem Fall wie folgt aus (der besseren Übersicht wegen wurde das Kommando auf zwei Zeilen umbrochen):

```
root@erde:/home/tux #  gs -sDEVICE=dfaxhigh -sOutputFile=/tmp/fax.
g3.%d fax.ps
```

Als Ergebnis dieses Aufrufs steht im Verzeichnis `/tmp` für jede Seite des zu konvertierenden PostScript-Dokumentes `fax.ps` eine Datei mit dem Namen `fax.g3.seitennummer`.

Tabelle 3.6: Wichtige Optionen von `sendfax`

Option	Beschreibung
`-p`	`sendfax` wird angewiesen, ein Dokument von der Zielmaschine abzurufen (zu „Pollen").
`-d`	Angabe des Verzeichnisses, in das mit `-p` abgerufene Fax-Dokumente abgelegt werden sollen
`-v`	Ausgabe von mehr Informationen auf der Standard-Ausgabe
`-r`	weist `sendfax` an, das Fax in normaler Auflösung zu versenden; normalerweise wird ein Fax in hoher Auflösung versendet (siehe auch Abschnitt 3.1.6.1 auf Seite 183).

Im Anschluß an die Konvertierung der zu versendenden Datei in einzelne G3-Dateien kann das Fax mit Hilfe eines `sendfax`-Aufrufs auf den Weg gebracht werden. Während der Zeit, in der das Fax versendet wird, führt ein weiterer Aufruf von `sendfax` dazu, das einfach gewartet wird, bis der Versand des ersten Fax abgeschlossen und das Modem wieder verfügbar ist. Der Aufruf von `sendfax` erfolgt mit folgender Syntax: `sendfax` *optionen nummer dateien....* *optionen* besteht aus einer oder mehreren `sendfax`-Optionen und *dateien* ist die durch Leerzeichen getrennte Liste der zu versendenden G3-Dateien. *nummer* ist die Fax-Nummer, an die das Fax gesendet werden soll.

In Tabelle 3.6 ist eine Liste der wichtigsten `sendfax`-Optionen dargestellt.

Sollen z. B. die Dateien `/tmp/fax.g3.1`, `/tmp/fax.g3.2`, `/tmp/fax.g3.3` in normaler Auflösung zu der Nummer `06590 60125` versendet werden, sehen Aufruf und Ablauf des Sendevorgangs etwa wie folgt aus:

```
root@erde:/home/tux #  cd /tmp
root@erde:/tmp #  sendfax -n 0659060125 fax.g3.1 fax.g3.2 fax.g3.3
Trying fax device '/dev/modem'... OK.
Dialing 0659060125 ... OK.
sending 'fax.g3.1'...
sending 'fax.g3.2'...
sending 'fax.g3.3'...
```

Falls während des Sendens Fehler auftreten, wird eine entsprechende Meldung auf das Terminal ausgegeben, von dem aus `sendfax` aufgerufen wurde. Der Rückgabestatus von `sendfax` ist im Normal- und im Fehlerfall 0. Detaillierte Informationen über den Sendeablauf stehen in der Log-Datei `/var/log/sendfax.log` von `sendfax`. Im folgenden ist ein Auszug aus dieser Datei dargestellt, der einen erfolgreichen Sendevorgang beschreibt:

```
08/25 17:41:24  sendfax: experimental test release 1.1.19-Nov24
08/25 17:41:24  sendfax.c compiled at Apr  5 1999, 00:06:01
08/25 17:41:24  sending fax to 0659060125
08/25 17:41:24  checking /tmp/fax.g3.1
08/25 17:41:24  makelock(modem) called
08/25 17:41:24  do_makelock: lock='/var/lock/LCK..modem'
08/25 17:41:24  lock made
08/25 17:41:24  tss: set speed to 38400 (017)
08/25 17:41:24  tio_set_flow_control( HARD )
08/25 17:41:24 em1   fax_open_device succeeded, modem1 -> 4
08/25 17:41:24 em1   reading specific data for port 'modem'
08/25 17:41:24 em1   reading /etc/mgetty+sendfax/sendfax.config...
08/25 17:41:24 em1   conf lib: read: 'verbose y'
08/25 17:41:24 em1   conf lib: read: 'debug 5'
08/25 17:41:24 em1   conf lib: read: 'fax-devices modem
...
```

Um `sendfax` in dieser Art verwenden zu können, müssen die Benutzer, die ein Fax versenden sollen, die entsprechenden Zugriffsrechte haben. Da `sendfax` die Log-Datei `sendfax.log` beschreibt, sollten die Benutzer auch Schreibrechte auf diese Datei haben.

3.1.6.4 Komfortabler Fax-Versand mit `faxspool`

Mit Hilfe der Programme `faxspool`, `faxq`, `faxrm` und `faxrunq` ist es möglich, auf komfortable Weise Fax-Dokumente zu versenden. Die Konvertierung der Dokumente wird automatisch von `faxspool` übernommen. So können auch mehrseitige PostScript-Dokumente mit einem `faxspool`-Aufruf versendet werden. Darüber hinaus ist es möglich, die Dokumente zeitversetzt zu versenden.

Das Funktionsprinzip ist recht einfach: `faxspool` konvertiert die zu versendenden Dateien und legt für jedes zu versendende Dokument ein Unterverzeichnis in `/var/spool/fax/outgoing` an. Der Verzeichnisname beginnt mit `F`, gefolgt von einer sich automatisch erhöhenden Nummer, die diesem Dokument zugewiesen wurde. Das Verzeichnis enthält für jede Seite des zu versendenden Dokuments eine Datei im G3-Format und zusätzlich eine JOB-Datei, in der z. B. die Zielnummer vermerkt ist. Das Versenden der Fax-Dokumente erfolgt jedoch erst, wenn das Programm `faxrunq` als Superuser `root` gestartet wird. Nacheinander werden dann alle Dokumente über `sendfax` versendet. Konnte ein Fax erfolgreich versendet werden, erhält derjenige, der dieses Fax versendet hat, eine Mail. Im Fehlerfall wird ebenfalls eine Mail an den Sender geschickt, zusätzlich wird das Dokument, dessen Versand fehlgeschlagen ist, bei einem weiteren Aufruf von `faxrunq` nicht mehr bearbeitet.

Die Syntax von faxspool ist faxspool *optionen nummer dateien* ....
Die möglichen Optionen werden unten beschrieben. *nummer* ist die zu wählende Zielnummer. Alle weiteren (durch Leerzeichen getrennten) Parameter werden als Dateinamen interpretiert, die versendet werden sollen. Bevor normale
Benutzer außer root mit faxspool Dokumente versenden können, muß diesen die Erlaubnis erteilt werden. Dies erfolgt, indem in die Datei /etc/mgetty+
sendfax/fax.allow die Kennungsnamen der Benutzer eingetragen werden.
Es können auch in /etc/mgetty+sendfax/fax.deny Benutzer eingetragen
werden. In diesem Fall ist es allen Benutzern außer den dort eingetragenen möglich, faxspool zu verwenden.

faxrunq sollte stets als Benutzer root in regelmäßigen Abständen gestartet
werden. Am einfachsten ist es, einen Eintrag in die Crontab-Datei für den Benutzer root vorzunehmen (das Kommando crontab -e als Benutzer root starten), so daß der Aufruf automatisch erfolgt. Folgende Zeile für die Crontab-Datei
bewirkt den Aufruf von faxrunq alle 5 Minuten. Fehlermeldungen werden automatisch per Mail an root gesendet:

```
*/5 * * * * /usr/bin/faxrunq -q
```

Die Einträge in der Liste der zu sendenden Aufträge kann mit dem Kommando
faxq ermittelt werden. Zum Löschen einer dieser Aufträge wird das Kommando
faxrm *jobnummer* eingesetzt, wobei als *jobnummer* die von faxq ausgegebene Job-Nummer (F*nummer*) angegeben werden muß.

Folgendes kurzes Beispiel zeigt die Anwendung der vorgestellten Programme:

```
root@erde:/home/tux # faxspool 097652946 /tmp/tiger.ps
spooling to /var/spool/fax/outgoing/F000010...
spooling /tmp/tiger.ps...
/tmp/tiger.ps is format: ps


Putting Header lines on top of pages...


Fax queued successfully. Will be sent at next ``faxrunq'' run.
root@erde:/home/tux # faxq
F000011/JOB: queued by tux. 1 page(s) to 097652946
root@erde:/home/tux # faxrm F000011
root@erde:/home/tux # faxq
no jobs
```

In diesem Beispiel wurde die Datei /tmp/tiger.ps zum Versand in die Job-
Liste eingetragen. Der anschließende Aufruf von faxq zeigt, daß diesem Dokument die Nummer F000011 zugewiesen wurde und daß es aus genau einer Seite
besteht. Direkt anschließend wird das Dokument mit faxrm wieder aus der Warteschlange entfernt, die nun leer ist.

Zur Vereinfachung kann statt der Telefonnummer auch eine Zeichenkette angegeben werden, die von `faxspool` als Alias für eine Nummer interpretiert wird,
die in `/etc/mgetty+sendfax/faxaliases` und in `$HOME/.faxnrs` gesucht
wird. Diese Dateien haben ein einfaches Format: Für jeden Alias existiert eine Zeile, in der der Alias selbst, die zugeordnete Nummer und optional eine Beschreibung des Absenders eingetragen werden kann. Ein Beispieleintrag sieht wie folgt
aus:

```
maddin  097652946   Peter Maddin
```

Statt der Telefonnummer kann `faxspool` jetzt einfach der Alias `maddin` übergeben werden. Die Beschreibung des Absenders wird normalerweise mit in die
Kopfzeile übernommen, die von `faxspool` automatisch für jede Seite erzeugt
wird. Das Aussehen dieser Kopfzeile kann über die Datei `faxheader`, die sich
üblicherweise im Verzeichnis `/etc/mgetty+sendfax` befindet, angepaßt werden. Alternativ kann `faxspool` mit der Option `-f` eine alternative `faxheader`-
Datei genannt werden. Diese Datei sieht z. B. wie folgt aus:

```
FAX  FROM:  @N 49 835434126  TO: @T@   PAGE: @P@ OF @M@
```

Die speziellen @x@-Parameter werden bei der Erstellung der Fax-Dateien für das
zu versendende Dokument durch den Absendernamen (@N@, 5. Feld aus der
`/etc/passwd`-Datei oder Argument der Option `-F` für `faxspool`), die Zielnummer (@T@), die jeweilige Seitennummer (@P@) sowie die Gesamtseitenzahl
(@M@) ersetzt.

Das Programm `faxspool` kennt eine Reihe von Optionen, die zur Steuerung
eingesetzt werden können. Sie sind in Tabelle 3.7 aufgeführt.

Tabelle 3.7: Wichtige Optionen von `faxspool`

Option	Beschreibung
`-n`	weist `faxspool` an, ein Dokument in normaler Auflösung zu versenden. Normalerweise wird ein Fax in hoher Auflösung versendet (siehe auch Abschnitt 3.1.6.1 auf Seite 183).
`-h datei`	weist `faxspool` an, anstelle der normalen Header-datei (`/etc/mgetty+sendfax/faxheader`) die Datei `datei` zu verwenden.
`-f mailadr`	bewirkt, daß die Status-Mail nicht an den Aufrufer von `faxspool`, sondern an die Kennung `mailadr` gesendet wird.

Tabelle 3.7 – Fortsetzung

Option	Beschreibung
-t *hh:mm*	bewirkt, daß das Fax nicht vor der im Format *hh:mm* (Stunden:Minuten) angegebenen Zeit versendet wird. Der Versand erfolgt beim nächsten Lauf von `faxrunq` *nach* der angegebenen Zeit.
-m *phone1 phone2*	bewirkt, daß ein Fax an alle angegebenen Telefonnummern *phone1...* versendet wird. Die Option -m muß als letzte Option auf der Kommandozeile angegeben werden.
-M textitdatei	weist `faxspool` an, den Inhalt der Datei *datei* als Telefonnummern zu interpretieren, an die das Fax gesendet werden soll.
-C *programm*	bewirkt, daß vor dem Senden der ersten Seite des Dokuments das Programm *programm* aufgerufen wird. Dieses Programm sollte als Ausgabe eine Seite im G3-Format erzeugen, die automatisch noch vor der ersten Dokumentseite versendet wird und als Deckblatt dient.

3.1.6.5 Fax-Versand mit graphischem Frontend

Für `sendfax` kann das bereits beschriebene Programm `ksendfax` als graphisches Frontend verwendet werden. Zu diesem Zweck muß lediglich die Konfiguration von `ksendfax` in der Art angepaßt werden, daß die entsprechenden Kommandos zum Senden, Anzeigen und Löschen von Aufträgen verwendet werden.

Abbildung 3.14: `ksendfax`-Konfiguration für `mgetty+sendfax`

Grundsätzlich empfiehlt es sich, hierzu auf das `faxspool`-System von `mgetty+sendfax` zurückzugreifen, da es hierdurch möglich ist, mehrseitige Dokumente direkt zu versenden. Für die Konfigurationsparameter sollten die in Abbildung 3.14 auf der vorherigen Seite dargestellten Werte verwendet werden.

Mit dieser Konfiguration ist es möglich, von `faxspool` unterstützte Dateien zu versenden, wobei jedoch die Felder für den Firmennamen und den Kommentar nicht beachtet werden.

3.2 Faxen über ISDN

Als das Medium Fax entwickelt wurde, war das Telefonnetz noch analog ausgerichtet, d. h., es konnten nur Sprachlaute oder, allgemeiner gesprochen, Töne innerhalb eines bestimmten Frequenzspektrums übertragen werden, jedoch keine digitalen Daten. Aus dieser Situation heraus wurden Modems entwickelt, die die digitalen Bilddaten, die versendet werden sollten, in analoge Tonsignale umwandelten. Dies wurde mit spezieller Hardware erreicht, die in der Lage war, das sehr zeitkritische Fax-Protokoll zu verarbeiten.

Durch die Entwicklung von ISDN wurde das Telefonnetz in Deutschland digital, wodurch – theoretisch – Modems zur Übertragung digitaler Daten nicht mehr benötigt werden. Eine Seite wird von einem Scanner digitalisiert und kann direkt über das Telefonnetz an eine entsprechende Gegenstelle versendet werden. Nach diesem Prinzip arbeiten Fax-Geräte der Gruppe 4, die jedoch nicht kompatibel zu den verbreitetsten (analogen) Fax-Geräten der Gruppe 3 sind. Ein Gerät der Gruppe 4 kann nur mit einem anderen Gerät der Gruppe 4 kommunizieren. Entsprechendes gilt für Geräte der Gruppe 3.

Um ISDN-Nutzern die Möglichkeit zu geben, ohne ein Modem Faxe (der verbreiteten Gruppe 3) zu versenden oder zu empfangen, wurde daher Software entwickelt, die die Funktionen des Modems emuliert. Die Schwierigkeit bei diesem Verfahren besteht darin, daß diese Aufgabe sehr zeitkritisch ist und einen entsprechend leistungsfähigen Rechner voraussetzt. Die Software muß in der Lage sein, innerhalb weniger Millisekunden auf Nachrichten des anderen Fax-Geräts zu reagieren. Auf einem System wie Linux, auf dem mehrere Benutzer gleichzeitig arbeiten können und u. U. mehrere 100 Prozesse parallel laufen, gestaltet sich eine solche Software-Emulation eines Modems nicht ganz einfach. Der Fax-Prozeß kann nicht selbst bestimmen, wann er rechnen darf und wann er warten muß, um wieder die CPU nutzen zu können. Diese Entscheidung wird vom Linux-Scheduler getroffen, der den verschiedenen Prozessen Rechenzeit in der CPU zuteilt. Dies kann dazu führen, daß der Prozeß mitten in der Bearbeitung einer zeitkritischen Fax-Protokolloperation unterbrochen wird. Auf Systemen, die einem Prozeß gestatten, die CPU solange wie nötig zu belegen, ist die Entwicklung von ISDN-Fax-Software daher wesentlich leichter. Die Kehrseite dieser zunächst positiv scheinenden Eigenschaft ist, daß der nicht zu unterbrechende Prozeß im Fehlerfall leicht den ganzen Rechner zum Absturz bringen kann, was bei einem Linux-System nicht möglich ist.

Einen Ausweg aus diesem Dilemma bietet die Verlagerung der Software, die zur Simulation des Fax-Protokolls dient, auf die ISDN-Karte selbst. Solche, als „aktive" bezeichneten ISDN-Karten verfügen über eine eigene CPU und entsprechend viel Hauptspeicher, was sie, einmal abgesehen von dem etwa 10mal höheren Preis, von den herkömmlichen passiven ISDN-Karten unterscheidet.

Die Kommunikation zwischen der auf der Karte arbeitenden Software und der auf dem PC arbeitenden Anwendung erfolgt über eine als →*CAPI* (Common-ISDN-Application Programming Interface) bezeichnete Schnittstelle, die letztlich aus einer Bibliothek von Funktionen besteht, die der Anwendung die Steuerung der Karte erlaubt. Darüber hinaus sind Entwicklungen auf dem Weg, die es gestatten werden, eine aktive Karte mit ganz normalen AT-Kommandos (der Fax-Klasse 2) über die `ttyIx`-Gerätedateien anzusteuern. Dies hat den großen Vorzug, daß alle bestehende Modem-Fax-Software, wie z. B. HylaFAX, ohne Anpassung verwendet werden könnte.

Die zur Zeit beste Möglichkeit ist die Nutzung von beliebigen Karten des Herstellers AVM (z. B. Fritz-Card), da AVM für alle seine Karten eine CAPI für Linux bereitstellt, mit deren Hilfe der Faxversand über AVM-Controller möglich wird.

Die zweite Möglichkeit, ein Fax über ISDN zu versenden oder zu empfangen, ist die Nutzung einer der unterstützen aktiven ISDN-Karten. Da sich dieser Bereich immer noch sehr rasch entwickelt, sollte man sich die Linux-Kernel-Dokumentation ansehen, die sich üblicherweise im Verzeichnis `/usr/src/ linux/Documentation/isdn` befindet. Von den Dokumenten in diesem Verzeichnis ist insbesondere die Datei `README.fax` interessant, in der die unterstützten Karten im Hinblick auf das Fax-Versenden über den ISDN-Terminalemulator mit Hilfe der `ttyIx`-Gerätedateien beschrieben werden.

3.2.1 Faxversand über die AVM-CAPI-Lösung

Neben der Möglichkeit, Faxe über ein Modem zu versenden, existiert unter Linux ebenfalls die Möglichkeit, ein Fax mit Hilfe eines ISDN-Controllers zu versenden. Möglich wird dies durch die →*CAPI* von AVM, mit deren Hilfe der Faxversand für alle ISDN-Karten dieses Herstellers realisiert ist. Aufbauend auf der CAPI arbeitet die ebenfalls von AVM entwicklte `capi4hylafax`-Software, die den eigentlichen Faxversand durchführt und eine Anbindung an das unter Linux weit verbreitete Softwarepaket HylaFAX zur Verfügung stellt. Grundsätzlich arbeitet `capi4hylafax` nicht nur mit Karten von AVM zusammen, sondern mit jeder Karte, für der Hersteller eine CAPI (Spezifikation 2.0) bereitstellt. Hier bleibt zu hoffen, daß neben AVM noch weitere Hersteller eine CAPI für ihre Karten unter Linux zur Verfügung stellen.

In den folgenden Abschnitten wird die Installation und Nutzung des ISDN-basierten Faxdienstes beschrieben. Dabei bieten sich dem Nutzer grundsätzlich zwei Möglichkeiten:

❑ Zum einen können die Programme `c2faxsend` und `c2faxrecv` zum Versenden/Empfangen eines Fax verwendet werden.

❑ Die zweite Möglichkeit besteht in der Anbindung dieser Applikationen in HylaFAX, so daß der Faxversand bzw. der Empfang eines Fax, wie bereits in Abschnitt 3.1.4 auf Seite 119 beschrieben, ganz normal mit den Mitteln von HylaFAX, jetzt aber über einen ISDN-Controller, durchgeführt werden kann. In diesem Fall können aber nach der Installation Faxe nur noch über die ISDN-Karte versendet und empfangen werden und nicht mehr mit einem zuvor von HylaFAX genutzten Modem.

3.2.1.1 Installation und Konfiguration

Zur Installation muß zunächst die AVM-CAPI-Bibliothek selbst installiert werden. Dieser Vorgang ist ausführlich in Abschnitt 2.2.4 auf Seite 48 beschrieben. Wenn diese Installation erfolgreich beendet wurde, so daß der AVM-Testserver angewählt werden konnte, kann mit der eigentlichen Installation von `capi4hylafax` begonnen werden.

Ab SuSE Linux Version `8.1` ist die Software bereits in dem fertig übersetzten RPM-Paket `capi4hylafax` enthalten. In diesem Fall muß lediglich das Paket selbst z. B. mit `yast2` installiert werden. Wer `capi4hylafax` jedoch mit HylaFAX integrieren will, sollte u. U. dennoch die Installation vom Quelltext wählen, da hier alle notwendigen Schritte der Integration der CAPI in HylaFAX automatisch durchgeführt werden. Ansonsten muß diese Integration manuell durchgeführt werden. Hinweise hierzu stehen auf auf Seite 201. Ohne diese Integration können die CAPI-Programme lediglich für sich, also ohne HylaFAX verwendet werden. Für alle andere Distributionen muß der Quellcode selbst übersetzt werden, was jedoch nicht sonderlich schwer ist. In diesem Fall besteht der erste Schritt im Download der Software vom FTP-Server von AVM `ftp://ftp.avm.de`

Das `capi4hylafax`-Paket von AVM kann direkt vom FTP-Server, der unter URL `ftp://ftp.avm.de/tools/` zu finden ist, heruntergeladen werden. In dem oben genannten Verzeichnis befinden sich weitere Unterverzeichnisse, die für den jeweiligen ISDN-Kartentyp stehen, wie z. B. `a1` oder `fritzcard` für die ISA-Fritz-Card und `b1` für den aktiven AVM-B1-Controller. In dem kartenspezifischen Unterverzeichnis befindet sich dann ein Verzeichnis `linux`, in dem die gewünschte Software liegt. Der Name des `capi4hylafax`-Pakets ist `capi4hylafax-01.01.02.tar.gz`.

Nach dem Download muß das Archiv ausgepackt werden. Anschließend wechselt man in das aus dem Archiv stammende neue Unterverzeichnis, das wiederum in Abhängigkeit vom Kartentyp benannt ist:

```
root@erde:/tmp #  tar xvzf /tmp/capi4hylafax-01.01.02.tar.gz
capi4hylafax-01.01.02/
capi4hylafax-01.01.02/bin_SuSE6.3_6.4_7.0/
capi4hylafax-01.01.02/bin_SuSE6.3_6.4_7.0/c2faxsend
capi4hylafax-01.01.02/bin_SuSE6.3_6.4_7.0/c2faxrecv
capi4hylafax-01.01.02/src/
...


root@erde:/tmp #  cd capi4hylafax-01.01.02
root@erde:/tmp/capi4hylafax-01.01.02 #  ls -CF
AUTHORS                Makefile.in           fritz_pic.tif
COPYING                Readme_CAPI4HylaFAX   install*
CVS/                   Readme_src            sample_AVMC4_config.faxCAPI*
ChangeLog              aclocal.m4            sample_faxrcvd*
GenerateFileMail.pl*   config.faxCAPI        src/
Liesmich_CAPI4HylaFAX  configure*
Makefile.am            configure.in
```

Die Pakete von AVM sind auf die SuSE Linux-Distribution zugeschnitten. Auf SuSE-Systemen hat man daher keine Probleme, sie zu installieren. Jedes Paket enthält bereits alle Programme fertig übersetzt. Der Installationsprozeß ist durch eine Datei, die Teil des jeweiligen Pakets ist, ausführlich Dokumentiert. Die Datei heißt `Readme_CAPI4HylaFAX` bzw. `Liesmich_CAPI4HylaFAX`. Ein Blick in diese Dokumentation lohnt sich auf jeden Fall.

Im Normafall besteht die Installation lediglich aus dem Aufruf des Skripts `install`. Lediglich wenn diese Installation fehlschlägt (z. B., weil Bibliotheken fehlen) oder falls die Software auf nicht SuSE Linux-System eingesetzt wird, sollte das eigene Übersetzten der Software in Erwägung gezogen werden. Auch für diesen Fall enthält das Archiv eine Dokumentation. Die Datei heißt `Readme_src`.

Im folgenden wird zunächst die normale Installation ohne eigenes Übersetzen beschrieben. Anschließend wird auf die Installation mit übersetzen des Quellcodes eingegangen.

Normale Installation von `capi4hylafax`

Die Installation muß als Benutzer `root` gestartet werden. Je nach Verwendung kann die Installation so ausgeführt werden, daß `capi4hylafax` anschließend mit HylaFAX zusammenarbeit. Alternativ kann die Installation auch in der Art ausgeführt werden, daß dieses Paket ganz unabhängig von HylaFAX und ohne Beeinflussung einer existierenden HylaFAX-Installation genutzt werden kann (Standalone-Modus). Die Art der geplanten Verwendung sollte daher schon jetzt genau überlegt werden, insbesondere weil eine Installation mit HylaFAX-Integration dazu führt, daß Faxe mit HylaFAX nur noch über die ISDN-Karte gesendet bzw. Empfangen werden können und nicht mehr über ein evtl. bereits bisher genutztes Modem.

Um `capi4hylafax` Standalone, also ohne HylaFAX-Integration zu installieren, muß das Installationsskript `install` mit dem Parameter `-s` aufgerufen werden. Eine Übersicht aller möglichen Parameter ist durch Aufruf des Installationsskripts mit dem Parameter `-help` möglich:

```
root@erde:/tmp/capi4hylafax-01.01.02 #  ./install --help
usage: install [-s] [-c] [-u] [-p PATH] [-b PATH] [-d PATH]
    -s  Install stand alone, without checking for Hylafax
    -c  Change mode of /dev/capi20 to 0666 during installation
    -u  Uninstall. Remove files and changed lines from the config files
    -p  Specify path to Hylafax spool directory (default: /var/spool/fax)
    -b  Specify source path for the fax binarys
    -d  Specify destination path for the fax binarys
```

Interessant sind hier insbesondere die Parameter `-s` für die Standalone Installation, `-u` für eine Deinstallation, sowie `-p` *path*, mit dessen Hilfe das HylaFAX-Fax-Verzeichnis angegeben werden kann.

Im folgenden wird eine Installation mit HylaFAX-Integration beschrieben. Je nach verwendeter HylaFAX-Version muß ein unterschiedlicher Wert für das HylaFAX-Fax-Verzeichnis angegeben werden. Ab HylaFAX Version`4.1.1` ist dies `/var/spool/hylafax`. Für ältere Versionen lautet der entsprechende Pfad `/var/spool/fax`. Im folgenden wird von `/var/spool/hylafax` ausgegangen. Ist HylaFAX auf dem Rechner installiert, sollte überprüft werden, welcher der beiden Pfade stimmt. Dieser Wert muß dann hinter die Option -p eingetragen werden. Die Installation der Programme erfolgt normalerweise nach `/usr/local/bin`. Mit Hilfe der Option -d *path* kann dieser Pfad umgesetzt werden. Vor der Installation von `capi4hylafax` muß HylaFAX bereits auf dem Rechner installiert sein:

```
root@erde:/tmp/capi4hylafax-01.01.02 #  ./install -p /var/spool/hylafax
Copying src/faxrecv/c2faxrecv to /usr/local/bin/c2faxrecv.
Copying src/faxsend/c2faxsend to /usr/local/bin/c2faxsend.
Copying config.faxCAPI to /var/spool/fax/etc/config.faxCAPI.
Change /var/spool/fax/etc/config and /etc/inittab.

Install was successfully!
```

```
The Fax Receive Daemon c2faxrecv was added to /etc/inittab and
will be started automatically.
You can start it manually now to provide a restart of the system.

Don't forget to change mode of /dev/capi20 so that the binaries which
are normally running from user UUCP have access rights to it.
```

Die oben dargestellten Ausgaben sind evtl. zunächst nicht sichtbar, weil die Installation zu schnell geht und anschließend direkt der Konfigurationsdialog für die Fax-Konfiguration des Controllers begonnen wird. In diesem Dialog kann der Benutzer verschiedene Fax-bezogene Parameter angeben, die später beim Versenden bzw. beim Empfang eines Fax verwendet werden sollen. Die Einstellungen werden in der Datei /var/spool/hylafax/etc/config.faxCAPI gespeichert. Diese Datei ist sehr gut kommentiert und kann auch nachträglich von Hand bearbeitet werden. Folgende Einstellungen werden vom install-Skript abgefragt:

Outgoing MSN Angabe der →MSN, die beim Versenden eines Fax verwendet werden soll.

Incoming MSN Angabe einer durch Kommata getrennten Liste von →MSNs, für die eingehende Anrufe entgegengenommen werden, um ein Fax zu empfangen.

DDI Params Einstellungen, die nur relevant sind, wenn die Karte an einem Anlagenanschluß betrieben wird. DDI steht für „Direct Dial In". In diesem Fall erhält die Karte die Kontrolle über die Verbindung, nachdem ein Nummernpräfix gewählt wurde. Alle weiteren Ziffern (Durchwahl), die hinter dem Präfix stehen, werden von der Karte ausgewertet. Die Verbindung wird aufgebaut, wenn DDI Length zusätzliche Ziffern gewählt wurden. Der DDI Offset ermöglicht es, führende Ziffern wegzulassen; was insbesondere beim Betrieb an Telefonanlagen sinnvoll ist, da diese häufig nach dem Empfang des Präfix (noch vor den weiteren Durchwahlziffern) z. B. eine 0 an die Karte übergeben, die aber nicht ausgewertet werden soll.

Incoming DDIs Angabe von Durchwahlnummern am Anlagenanschluß, für die eingehende Rufe angenommen werden sollen. Mehrere Werte können durch Kommata voneinander getrennt werden. Darüber hinaus kann ein Bereich, wie z. B. 0001-4000, angegeben werden. Wenn dieser Parameter einen Wert hat, wird DDI Length nicht ausgewertet.

Fax Number Bestimmt beim Faxversand die im Kopf eines Fax erscheinende Nummer des Absenders. Hier dürfen keine Leerzeichen eingetragen werden, da HylaFAX hiermit nicht zurechtkommt. Stattdessen darf . verwendet werden. Ein Auftretender . wird automatisch in ein Leerzeichen umgewandelt.

`Fax Identifier` Eine Zeichenkette, die beim Versand im Kopf des Fax erscheint.

`Number Prefix` Präfix, der vor der Wahl der Zielnummer gewählt wird, um ein Amt zu erhalten. Ein `Number Prefix` ist notwendig, wenn die ISDN-Karte an einer Telefonanlage mit internem ISDN-Bus betrieben wird und zur Amtsholung immer zuerst z. B. eine `0` gewählt werden muß. In diesem Fall müßte `Number Prefix` auf `0` gesetzt werden. Ansonsten bleibt die Variable leer.

Nachdem die Parameter angegeben wurden, die benötigt werden, muß die Installation mit `Save & Exit` abgeschlossen werden. Durch die Installation wurden insbesondere die Anwendungen `c2faxrcev` sowie `c2faxsend` installiert. Darüber hinaus wurde die Konfigurationsdatei `/var/spool/hylafax/etc/config.faxCAPI` erzeugt, die von den beiden Programmen ausgewertet wird. Die Datei muß übrigens nicht zwingend in `/var/spool/hylafax/etc` liegen.

Befindet sich die Konfigurationsdatei in einem anderen Pfad, kann den Programmen dieser Pfad mit der Option `-C` angegeben werden. Dies gilt jedoch nur für eine Standalone-Installation (`./install -s`). Für den Betrieb mit HylaFAX muß die Konfigurationsdatei an ihrem vorgegebenem Platz verbleiben!

Neben den Programmen und der Konfigurationsdatei wurde darüber hinaus ein Eintrag in die Datei `/etc/inittab` gemacht, der bewirkt, daß die Anwendung `c2faxrecv` automatisch gestartet wird. Auf diese Weise können für die in der Konfiguration angegebenen MSNs eingehende Faxe über HylaFAX direkt empfangen werden. `c2faxrecv` agiert für HylaFAX in diesem Fall als Ersatz für das sonst für Modems verwendete `faxgetty`.

Schließlich wurde der HylaFAX-Konfigurationsdatei `/var/spool/hylafax/etc/config` eine Zeile hinzugefügt (`SendFaxCmd:`), die bewirkt, daß der Versand eines Fax immer über die CAPI erfolgt. Daher ist jetzt kein Versand über ein Modem mehr möglich, unabhängig davon, welches Gerät im HylaFAX `sendfax`-Kommando angegeben wird.

Zum Abschluß der Installation fehlt jetzt lediglich noch die Aktivierung von `c2faxrecv`. Beim Starten des Rechners erfolgt dies durch den Eintrag in `/etc/inittab`. Nach der Installation kann dies am einfachsten über einen manuellen Aufruf des Programms erfolgen. Dabei sollten die in `/etc/initab` angegebenen Parameter für das Programm verwendet werden. Sieht der Eintrag in `/etc/initab` wie folgt aus,

```
fr:2345:once:/usr/local/bin/c2faxrecv -q "/var/spool/fax"
```

so lautet der manuelle Aufruf entsprechend:

```
root@erde:/root # /usr/local/bin/c2faxrecv -q "/var/spool/fax" &
```

Zusätzlich müssen noch die korrekten Rechte für die Gerätedatei /dev/capi20 gesetzt werden. Hierzu dient das als Benutzer root auszuführende Kommando:

```
root@erde:/root #  chmod 666 /dev/capi20
```

Installation von capi4hylafax mit Übersetzen des Quellcodes

Für den Fall, daß der Aufruf des Installationsskriptes ./install fehlschlägt, kann versucht werden, die Software selbst zu übersetzen und anschließend zu installieren. Auf dem lokalen Rechner muß hierzu mindestens der C-Compiler gcc zusammen mit benötigten Entwicklerbibliotheken installiert sein. Eine Hilfestellung für das Übersetzen des Quellcodes findet sich in der Datei Readme_src. Zum übersetzen muß als Benutzer root zunächst in das capi4hylafax-Verzeichnis gewechselt und müssen anschließend folgende Schritte ausgeführt werden:

```
root@erde:/tmp/capi4hylafax #  ./configure
checking for a BSD compatible install... /usr/bin/ginstall -c
checking whether build environment is sane... yes
checking whether make sets $MAKE... yes
checking for working aclocal... found
checking for working autoconf... found
checking for working automake... found
...
config.status: creating src/linuxdep/Makefile
config.status: creating src/faxrecv/Makefile
config.status: creating src/faxsend/Makefile

root@erde:/tmp/capi4hylafax #  make
cd . && aclocal
cd . && automake --foreign Makefile
cd . && autoconf
/bin/sh ./config.status --recheck
running /bin/sh ./configure   --no-create --no-recursion
checking for a BSD compatible install... /usr/bin/ginstall -c
checking whether build environment is sane... yes
checking whether make sets $MAKE... yes
checking for working aclocal... found
checking for working autoconf... found
checking for working automake... found
checking for working autoheader... found
checking for working makeinfo... found
checking for g++... g++
checking for C++ compiler default output... a.out
checking whether the C++ compiler works... yes
```

```
checking whether we are cross compiling... no
checking for executable suffix...
checking for object suffix... o
checking whether we are using the GNU C++ compiler... yes
checking whether g++ accepts -g... yes
checking whether make sets $MAKE... (cached) yes
checking for a BSD compatible $INSTALL ... /usr/bin/ginstall -c
checking build system type... i686-suse-linux
checking host system type... i686-suse-linux
checking for gcc... gcc
checking whether we are using the GNU C compiler... yes
checking whether gcc accepts -g... yes
checking for ld used by GCC... /usr/i486-suse-linux/bin/ld
checking if the linker (/usr/i486-suse-linux/bin/ld) is GNU ld... yes
checking for /usr/i486-suse-linux/bin/ld
         option to reload object files... -r
checking for BSD-compatible nm... /usr/bin/nm -B
checking whether ln -s works... yes
checking how to recognise dependant libraries... pass_all
checking command to parse /usr/bin/nm -B output... ok
checking how to run the C++ preprocessor... g++ -E
checking for dlfcn.h... yes
checking for ranlib... ranlib
checking for strip... strip
checking for objdir... .libs
checking for gcc option to produce PIC... -fPIC
checking if gcc PIC flag -fPIC works... yes
checking if gcc static flag -static works... yes
checking if gcc supports -c -o file.o... no
checking if we can lock with hard links... yes
checking if gcc supports -fno-rtti -fno-exceptions... yes
...
g++ -Wall -W -O2 -D_GNU_SOURCE -DDONT_USE_PROTECT_FEATURE -DNDEBUG
    -o c2faxsend faxsend.o sendmain.o
    ../capi/libcapi.a ../convert/libconvert.a
    ../linuxdep/liblinuxdep.a ../standard/libstandard.a -lpthread
    -ltiff /usr/lib/libcapi20.so
make[2]: Leaving directory '/home/tux/tmp/capi4hylafax/src/faxsend'
make[2]: Entering directory '/home/tux/tmp/capi4hylafax/src'
make[2]: Nothing to be done for 'all-am'.
make[2]: Leaving directory '/home/tux/tmp/capi4hylafax/src'
make[1]: Leaving directory '/home/tux/tmp/capi4hylafax/src'
make[1]: Entering directory '/home/tux/tmp/capi4hylafax'
make[1]: Nothing to be done for 'all-am'.
```

```
make[1]: Leaving directory '/home/tux/tmp/capi4hylafax'

root@erde:/tmp/capi4hylafax # make install
Making install in src
make[1]: Entering directory '/home/tux/tmp/capi4hylafax/src'
Making install in standard
...
/bin/sh ../../src/scripts/mkinstalldirs /usr/local/bin
 /bin/sh ../../libtool  --mode=install /usr/bin/ginstall -c  c2faxrecv
        /usr/local/bin/c2faxrecv
/usr/bin/ginstall -c c2faxrecv /usr/local/bin/c2faxrecv
make[3]: Nothing to be done for 'install-data-am'.
make[3]: Leaving directory '/home/tux/tmp/capi4hylafax/src/faxrecv'
make[2]: Leaving directory '/home/tux/tmp/capi4hylafax/src/faxrecv'
Making install in faxsend
make[2]: Entering directory '/home/tux/tmp/capi4hylafax/src/faxsend'
make[3]: Entering directory '/home/tux/tmp/capi4hylafax/src/faxsend'
/bin/sh ../../src/scripts/mkinstalldirs /usr/local/bin
 /bin/sh ../../libtool  --mode=install /usr/bin/ginstall -c  c2faxsend
        /usr/local/bin/c2faxsend
/usr/bin/ginstall -c c2faxsend /usr/local/bin/c2faxsend
make[3]: Nothing to be done for 'install-data-am'.
...
```

Zunächst werden für die Software wichtige Anpassungen an das lokale System mit Hilfe eines Aufrufs von ./configure vorgenommen. Anschließend erfolgt das eigentliche Übersetzen der Software durch den Aufruf von make. Schließlich müssen die übersetzten Programme installiert werden, was durch den Aufruf von make install automatisch geschieht.

Nachdem der Übersetzungsvorgang als auch die Installation ohne Fehler abgelaufen sind, müssen noch einige Konfigurationsdateien von Hand angepaßt werden. Zunächst sollte man die Datei sample_AVMC4_config.faxCAPI in das Verzeichnis /var/spool/hylafax/ unter den Namen config.faxCAPI kopieren. Diese Datei enthält die gesamte Konfiguration für die Anwendungen c2faxrecv und c2faxsend. Wenn capi4hylafax zusammen mit HylaFAX verwendet werden soll, muß die Datei in das oben genannten Verzeichnis mit dem angegebenen Namen kopiert werden. Ansonsten kann die Datei auch in einem beliebigen anderen Verzeichnis abgelegt werden. Die Datei enthält, gut kommentiert, alle Einstellungen, die als nächstes den eigenen Verhältnissen angepaßt werden müssen. Hierbei kann die auf Seite 196 stehende Beschreibung der wichtigsten Parameter als Anhaltspunkt verwendet werden. Es sollten zumindest die Parameter Outgoing MSN, Incoming MSN und Fax Number angepaßt werden.

Wer `capi4hylafax` nicht Standalone, sondern mit HylaFAX integrieren möchte, muß als nächsten Schritt die HylaFAX-Datei `/var/spool/hylafax/etc/config` um die Zeile

```
SendFaxCmd:                /usr/local/bin/c2faxsend
```

ergänzen. Durch diese Angabe verwendet HylaFAX zum Versenden eines Fax das angegebene Kommando, so daß der Fax-Versand über ISDN abläuft. Damit auch Faxe mit HylaFAX über ISDN empfangen werden können, muß schließlich noch dafür Sorge getragen werden, daß das Kommando `c2faxrecv` gestartet wird. Damit der Start immer automatisch erfolgt, ist ein Eintrag in die Datei `/etc/inittab` sinnvoll:

```
fr:2345:once:/usr/local/bin/c2faxrecv -q "/var/spool/hylafax"
```

Um das Programm nicht erst beim nächsten Neustart des Rechners, sondern direkt zu starten, dient der entsprechende manuelle Aufruf:

```
root@erde:/root #  /usr/local/bin/c2faxrecv -q "/var/spool/hylafax" &
```

Zusätzlich müssen noch die korrekten Rechte für die Gerätedatei `/dev/capi20` gesetzt werden. Hierzu dient das als Benutzer `root` auszuführende Kommando:

```
root@erde:/root #  chmod 666 /dev/capi20
```

Anschließend sollte der Faxversand sowie das Empfangen von Faxen für die in der Konfiguration angegebenen MSNs möglich sein.

3.2.1.2   Senden und Empfangen eines Fax

In Abhängigkeit von der bereits ausgeführten Installation kann der Faxversand/-Empfang auf verschiedene Art und Weise erfolgen:

- ❑ Falls das Programm mit HylaFAX-Integration installiert wurde, können die bereits in Abschnitt 3.1.5.1 auf Seite 151 besprochenen Werkzeuge zum Versenden und Empfangen verwendet werden. Abgesehen davon, daß alle Faxe über ISDN gesendet und empfangen werden, ändert sich nichts an der für HylaFAX üblichen Vorgehensweise zum Versenden/Empfangen.
- ❑ Falls `capi4hylafax` Standalone installiert wurde, dient das Programm `c2faxsend` zum Versenden und `cfaxrecv` zum Empfangen eines Fax. Diese Programme können selbstverständlich auch verwendet werden, wenn `capi4hylafax` mit HylaFAX-Intergation installiert wurde.

Beide Anwendungen werden im folgenden beschrieben.

Faxversand mit `c2faxsend`
Um ein Fax mit Hilfe von `c2faxsend` zu verschicken, muß beachtet werden,

daß das zu versendende Dokument entweder im TIFF Class F-Format oder im CAPI-typischen SFF-Format vorliegen muß. Um z. B. aus einer PostScript-Datei das TIFF-Format zu erzeugen, kann gs (Ghostscript) verwendet werden. Für das SFF-Format existieren nur sehr wenige Treiber (siehe auch Seite 218), so daß immer das TIFF-Format verwendet werden sollte. gs ist ein PostScriptinterpreter, der es ermöglicht, PostScript in andere Dateiformate zu überführen. Die ganze Palette an möglichen Formaten erhält man, indem man Ghostscript mit dem Parameter -help aufruft:

```
tux@erde:/home/tux > gs --help
Usage: gs ... -- file.ps arg1 ... argn
tux@robotnik:/home/tux/tmp/capi4hylafax > gs --help
GNU Ghostscript 6.53 (2002-02-13)
Copyright (C) 2002 artofcode LLC, Benicia, CA.  All rights reserved.
Usage: gs [switches] [file1.ps file2.ps ...]
Most frequently used switches: (you can use # in place of =)
 -dNOPAUSE              no pause after page | -q  'quiet', fewer messages
 -g<width>x<height>  page size in pixels | -r<res> pixels/inch resolution
 -sDEVICE=<devname>  select device        | -dBATCH  exit after last file
 -sOutputFile=<file> select output file: - for stdout, |command for pipe,
                                      embed %d or %ld for page #
Input formats: PostScript PostScriptLevel1 PostScriptLevel2 PDF
Available devices:
   x11 bbox x11alpha x11cmyk x11cmyk2 x11cmyk4 x11cmyk8 x11gray2
   x11gray4 x11mono x11rg16x x11rg32x appledmp iwhi iwlo iwlq t4693d2
   t4693d4 t4693d8 tek4696 ap3250 epson eps9mid eps9high epsonc lp8000
   lq850 st800 stcolor photoex escp escpc hl1250 hl7x0 atx23 atx24
   atx38 coslw2p coslwxl cdeskjet cdjcolor cdjmono cdj500 cdj550 cdj670
   cdj850 cdj880 cdj890 cdj970 cdj1600 chp2200 deskjet djet500 djet500c
   dnj650c djet820c paintjet pj pjetxl pjxl pjxl300 laserjet ljet2p
   ljet3 ljet3d ljet4 ljet4d lj4dith ljetplus lj5mono lj5gray cljet5
   cljet5c cljet5pr declj250 lj250 dl2100 fs600 bj10e bj200 bjc600
   bjc800 lbp8 lips3 lxm5700m lex7000 lex5700 lex3200 lex2050 la50 la70
   la75 la75plus ln03 lp2563 ccr cp50 ibmpro imagen jetp3852 m8510
   necp6 oce9050 oki182 oki4w okiibm r4081 sj48 xes pbm pbmraw pgm
   pgmraw pgnm pgnmraw pnm pnmraw ppm ppmraw pkm pkmraw pksm pksmraw
   plan9bm inferno dfaxhigh dfaxlow faxg3 faxg32d faxg4 cfax tiffcrle
   tiffg3 tiffg32d tiffg4 tiff12nc tiff24nc tifflzw tiffpack psmono
   psgray psrgb bit bitrgb bitcmyk mgrmono mgrgray2 mgrgray4 mgrgray8
   mgr4 mgr8 cgmmono cgm8 cgm24 cif jpeg jpeggray miff24 pcxmono
   pcxgray pcx16 pcx256 pcx24b pcxcmyk pngmono pnggray png16 png256
   png16m sgirgb bmpmono bmpamono bmpgray bmpsep1 bmpsep8 bmp16 bmp256
   bmp16m bmp32b pdfwrite pswrite epswrite pxlmono pxlcolor hpijs DJ630
   DJ6xx DJ6xxP DJ8xx DJ9xx DJ9xxVIP AP21xx omni uniprint hpdj stp
   nullpage
```

```
Search path:
   . : /share/fonts : /usr/share/ghostscript/6.51/lib :
   /usr/share/ghostscript/fonts
For more information, see /usr/share/ghostscript/6.51/doc/Use.htm.
Report bugs to bug-gs@ghostscript.com, using the form in Bug-form.htm.
```

Neben der Liste der verfügbaren Treiber, die je nach Version des Ghostscript variieren kann, wird auch gleich die Aufrufsyntax angegeben. Um eine PostScript-Datei in eine faxbare TIFF-Datei zu konvertieren, kann folgender Aufruf verwendet werden:

```
tux@erde:/home/tux > gs -dBATCH -dNOPAUSE -sDEVICE=tiffg3 -sOutputFile=
out.tif input.ps
GNU Ghostscript 6.51 (2001-03-28)
Copyright (C) 2001 artofcode LLC, Benicia, CA. All rights reserved.
This software comes with NO WARRANTY: see the file COPYING for details.
```

In diesem Fall wurde die Datei in.ps in die TIFF-Datei out.tif umgewandelt. Die resultierende Datei kann nun direkt mit c2faxsend verschickt weren.

c2faxsend benötigt zum Versenden die Konfigurationsdatei /var/spool/ hylafax/etc/config.faxCAPI. Ohne weitere Parameter sucht c2faxsend diese Datei genau in dem oben angegebenen Verzeichnis. Wurde die Datei bei der Installation in ein anderes Verzeichnis verschoben, muß der Name und Pfad dieser Datei als Parameter der Option -C angegeben werden, also z. B. als c2faxsend -C /tmp/config.fCAPI.

Neben der Konfiguration benötigt c2faxsend noch die Faxnummer, an die das Fax gesendet werden soll, die als Argument für die Option -d angegeben wird. Schließlich können eine oder mehrere TIFF-Dateien angegeben werden, die versendet werden sollen. Als weiterer Parameter wird die Option -f benötigt, die den Typ der zu übertragenden Datei angibt. Für eine TIFF-Datei muß -f TIFF angegeben werden. Um mehr Informationen über den Sendeablauf zu erhalten, sollte zusätzlich die Option -v angegeben werden. Um eine Liste aller Optionen zu erhalten, muß c2faxsend mit der Option -help aufgerufen werden. Im folgenden ist der Ablauf eines Faxversands der Datei bild.tif an die Nummer 08923456 dargestellt:

```
tux@erde:/home/tux > c2faxsend -v -d 08923456 bild.tif
Try to connect to fax number 08923456 in TIFF mode.
Dial and starting transfer of TIFF-File bild.tif  with fine resolution.
Connection established.
        StationID = +49 8923456
        BaudRate  = 14400
        Flags     = HighRes, No_ECM
Page 1 was sended. - Last Page!
```

```
Fax file completely transfered.
Connection dropped with Reason 0x3490 (Normal call clearing).
```

Der oben dargestellte Ablauf eines Sendevorgangs demonstriert das erfolgreiche Versenden eines Fax. Wie man sieht, wird ein Dokument per Default im hochauflösenden Modus (196 Lines per inch) versendet. Soll das Fax in normaler Qualität (98 Lines per inch) versendet werden, muß zusätzlich die Option -n angegeben werden.

Faxempfang mit `c2faxrecv`

Der Empfang eines Fax über die AVM-CAPI ist mit Hilfe des `c2faxrecv`-Programms möglich. `c2faxrecv` benötigt zur korrekten Arbeit die Konfigurationsdatei, die normalerweise unter `/var/spool/fax/etc/config.faxCAPI` gesucht wird. Wurde diese Datei bei der Installation in ein anderes Verzeichnis kopiert, muß der Pfad und Name als Argument für die Option -C, also z.B. als `c2faxrecv -C /tmp/config.faxCAPI`, angegeben werden. Insbesondere der Konfigurationsparameter `IncomingMSNs` ist hier wichtig, da er die Nummern (MSNs) bestimmt, für die `c2faxrecv` Anrufe annimmt. Empfangene Faxe können in zwei unterschiedlichen Formaten abgelegt werden. Zum einen in das CAPI-typische SFF-Format, das jedoch weniger gebräuchlich ist, zum anderem in das TIFF Class F-Format. Zur Konvertierung von SFF in ein anderes Format existiert der Konverter `sff2misc`, der z.B. unter der URL `http://capircvd.berlios.de/download/sff2misc/` verfügbar ist. Das das TIFF-Format insgesamt wesentlich weiter verbreitet ist und es daher wesentlich mehr Werkzeuge zur Verarbeitung dieses Formats gibt, sollte es dem SFF-Format vorgezogen werden. Die Angabe des Formats, in dem ein empfangenes Fax gespeichert werden soll, erfolgt mit der Option -f *format*, wobei als *format*-Argument entweder `SFF` oder `TIFF` übergeben werden kann.

Ein eingehendes Fax wird in das als `SpoolDir` in der Konfigurationsdatei angegebene Verzeichnis gespeichert. Dies funktioniert nur, wenn der Benutzer, der `c2faxrecv` aufruft, auch Schreibrechte für dieses Verzeichnis hat! Der Empfang des ersten Testfax sollte daher als `root` getestet werden, um Probleme mit Schreibrechten zunächst zu umgehen. Der Dateiname für das Fax wird automatisch von `c2faxrecv` generiert. Um mehr Informationen über den Ablauf des Fax-Empfangs zu erhalten empfielt es sich, zusätzlich die Option -v anzugeben. Um ein Fax zu empfangen, kann z.B. folgender Aufruf verwendet werden:

```
tux@erde:/home/tux > c2faxrecv -v -f TIFF
The fax server must be started with real uid root.
Started in TIFF mode and waiting on incoming calls.
Incoming analog call from 894722658 to 45712.
Connection established.
```

```
        StationID = +894722658
        BaudRate  = 14400
        Flags     = No_ECM
Write fax to file /var/spool/fax/cfn0000001-+49894722658      .tif.
Page 1 was received. - Last Page!
Fax received and calling '/var/spool/fax/bin/faxrcvd 0 0x3490
"+49894722658     " "45712" 1
"/var/spool/fax/cfn0000001-+49894722658      .tif"'.
Connection is droped with reason 0x3490 (Normal call clearing).
```

Wie in der Ausgabe zu erkennen ist, wurde das von der Nummer 894722658 an die MSN 45712 gesendete Fax erfolgreich empfangen und in die Datei /var/spool/fax/cfn0000001-+49894722658   .tif gespeichert. Mit dem Dateinamen muß sorgfältig umgegangen werden, da er, wie zu sehen ist, Leerzeichen enthält. Nachdem das Fax empfangen wurde, wird automatisch das in der Konfiguration /var/spool/fax/etc/config.faxCAPI als FaxRcvdCmd angegebene Skript aufgerufen. Dieses Skript erhält die notwendigen Parameter, um das eingegangene Fax z. B. automatisiert zu verteilen. Die von c2faxrecv übergebenen Parameter sind:

1. Der Ergebniscode. Der Wert 0 steht für den erfolgreichen Empfang eines Fax.

2. Der CAPI-Code, der die Ursache des Verbindungsendes widerspiegelt. Der Wert 0x3490 beschreibt einen normalen Verbindungsabbau.

3. Die Identifikation des Senders, also seine →*TSI*.

4. Die gewählte Nummer bzw. MSN.

5. Die Anzahl der empfangenen Seiten

6. Der Name der Datei, in die das Fax gespeichert wurde.

Ein Beispiel eines solchen Skripts ist Teil der capi4hylafax-Distribution. Es heißt sample_faxrcvd und kann leicht den eigenen Bedürfnissen angepaßt werden.

Das empfangene Fax ist in diesem Fal eine TIFF-Datei. Um die Datei ansehen zu können, sollte sie am besten in PostScript konvertiert werden. Hierzu eignen sich verschiedene Werkzeuge. Die einfachte Möglichkeit ist, falls auf dem Rechner HylaFAX installiert ist, die Verwendung des Programms fax2ps das Teil der HylaFAX-Software ist. Eine Alternative ist tiff2ps ein Werkzeug das Teil der TIFF-Library ist. Ein weiteres Werkzeug, das hier verwendet werden kann, ist conv aus dem ImageMagick-Paket.

3.2.1.3 Betrieb eines Faxservice mit `capi4hylafax` am Anlagenanschluß

Der normale ISDN-Anschluß, der insbesondere bei fast allen Privathaushalten verwendet wird, ist der Mehrgeräteanschluß. Wie der Name schon sagt, können an diesem Anschluß mehrere ISDN- und mit entsprechenden Wandlern auch analoge Geräte, wie z. B. ein Fax, betrieben werden. Einem solchen Anschluß sind mehrere Rufnummern (zur Zeit bis zu zehn) zugeordnet, die den angeschlossenen Geräten zugeordnet werden können. Auf diese Art und Weise kann bestimmt werden, daß z. B. das Telefon eine andere Rufnummer hat als das Fax-Gerät.

Neben dem Mehrgeräteanschluß steht auch der sogenannte Anlagenanschluß[7] zur Verfügung. Dieser wird in der Regel von größeren Unternehmen mit vielen Rufnummern verwendet. Im Gegensatz zum Mehrgeräteanschluß kann an einem Anlagenanschluß immer nur genau ein Gerät angeschlossen werden. Normalerweise ist dies eine Telefonanlage, an der alle anderen Telefone, Fax-Geräte etc. betrieben werden. Alternativ kann jedoch eine ISDN-Karte an einem Anlagenanschluß betrieben werden. Ein weiterer Unterschied zum Mehrgeräteanschluß besteht darin, daß diesem Anschluß nicht einzelne Rufnummern zugeordnet sind, sondern eine Basisnummer, z. B. `089 243`, und ein ganzer Block von Rufnummern, z. B. von `0000-9999`.

Um einen bestimmten Teilnehmer zu erreichen, muß die Nummer bestehend aus der Basisnummer und einer Nummer aus dem zugeteilten Rufnummernblock gewählt werden. Welcher Apperat dann klingelt, hängt wiederum von der Konfiguration der am Anlagenanschluß betriebenen Telefonanlage ab. Neben der Möglichkeit, einen Anlagenanschluß von einem Telekommunikationsanbieter, wie der Telekom, zu erhalten, besteht insbesondere auch bei großen Telefonanlagen für Unternehmen die Möglichkeit, intern einen Anlagenanschluß zu konfigurieren, dem ein Rufnummernblock zugeordnet werden kann.

Mit Hilfe eines Anlagenanschlusses und einer ISDN-Karte, die an einem Anlagenanschluß betrieben werden kann[8], ist es unter Linux sehr leicht möglich, einen insbesondere für Unternehmen mit vielen Mitarbeitern nützlichen Faxdienst einzurichten. In diesem Faxdienst erhält jeder Mitarbeier eine persönliche Faxnummer. Ein Fax, das an diese Nummer gesendet wird, kann vollautomatisch und umgehend an diesen Mitarbeiter, z. B. per E-Mail, zugestellt werden. Die vom Absender des Fax gewählte Nummer wird in diesem Fall also dazu verwendet, das eingehende Fax direkt an einen ganz bestimmten Mitarbeiter weiterzuleiten. Da jeder Mitarbeiter eine eigene Faxnummer erhält, ist die Zuordnung problemlos möglich. Wenn die Verteilung der eingehende Fax per E-Mail erfolgt, kann der Mitarbeiter das Dokument prinzipiell von überall dort aus lesen, von wo er Zugang zu seiner Mail hat.

---

[7]Neben dem Begriff *Anlagenanschluß* wird auch häufig von einer *P2P-Verbindung* (Point to Point) oder *DDI* (Direct Dial In) gesprochen.

[8]Bei AVM können nur die aktiven ISDN-Kontroller am Anlagenanschluß betrieben werden.

Alles was dazu benötigt wird, ist ein Anlagenanschluß und Linux. Der Faxempfang geschieht mit `capi4hylafax`, daher muß als ISDN-Karte einer der aktiven Kontroller von AVM, z. B. die B1-Karte, verwendet werden. `capi4hylafax` wird in diesem Fall im Standalone-Modus, also nicht mt HylaFAX-Integration betrieben.

Um die im folgenden dargestellte Konfiguration konkreter beschreiben zu können, soll davon ausgegangen werden, daß die Basisnummer des Anlagenanschlusses `089 243` lautet und ein vierstelliger Nummernblock von `0000` bis `9999` zur Verfügung steht. Damit stehen insgesamt 10.000 Rufnummern zur Verfügung, die alle mit `089 243` beginnen.

Konfiguration von `capi4hylafax`

Für den Betrieb am Anlagenanschluß muß `capi4hylafax` entsprechend konfiguriert werden. Zum einen muß die Konfigurationsdatei für die ISDN-Karte `/etc/capi.conf` angepaßt werden, zum anderen muß die `capi4hylafax`-Konfigurationsdatei, die normalerweise `config.faxCAPI` heißt und in `/var/spool/hylafax/etc` liegt, angepaßt werden.

Die Anpassung an `/etc/capi.conf` bestehen lediglich darin, für die verwendete Karte am Ende den Parameter `P2P` einzutragen. Detaillierte Informationen finden sich in Abschnitt 2.2.4.1 auf Seite 59. Dadurch wird konfiguriert, daß die Karte an einem Anlagenanschluß betrieben wird. Für einen AVM-B1-Karte sieht der Eintrag wie folgt aus:

```
b1pci          b1.t4   DSS1    -       -       -       P2P
```

Neben der Angabe des `P2P`-Parameters muß darauf geachtet werden, daß die Firmware-Datei `b1.t4` für den Anlagenanschluß, nicht für den Mehrgeräteanschluß bestimmt ist. Siehe auch Abschnitt 2.2.4.1 auf Seite 59.

Die weiteren Anpassungen betreffen die `capi4hylafax`-Konfiguration `config.faxCAPI`. Hier müssen die DDI-Parameter, die bereits in Abschnitt 3.2.1.1 auf Seite 196 beschrieben wurden, angegeben werden. Ein *Ausschnitt der wesentlichen Parameter* aus der Konfigurationsdatei sieht für die oben dargestellte Ausgangslage wie folgt aus:

```
# "SpoolDir" indicates the path in which the HylaFAX are located in
# HylaFAX-compatible operation or in which received faxes are to be
# saved in stand-alone

# operation. In HylaFAX-compatible operation, faxes are saved in the
# directory (SpoolDir)/recvq .
#
# default   /var/spool/fax
```

```
#
SpoolDir:                /admin/isdnfax/incoming
# ...
# "FaxRcvdCmd" gibt das Skript an, das ausgefuehrt wird, sobald ein Fax
# empfangen wurde."
#
FaxRcvdCmd:  /admin/isdnfax/bin/faxnotify.capi
# ...
# Die geschweiften Klammern geben Anfang und Ende einer Section an.
# Jede Section darf eine oder mehrere SubSections enthalten.


    # ...
    # ...
    # ----------- incoming params -----------


        # ...
        # Viele Faxverbindungen werden fälschlicherweise mit dem
        # Dienstemerkmal Sprache versendet. Wir wollen auch diese empfangen.
        AcceptSpeech:        1


        # Verwende DDI (Betrieb am Anlagenanschluß)
        UseDDI:              1


        # Hinter der Basisnummer werden 4 weitere Nummern gebraucht um den
        # Ruf anzunehmen (Der Rufnummernblock 0000-9999 ist 4-stellig)
        DDILength:           4


        # Je nach Provider. Beim Eingang eines Anrufs erhält die ISDN-Karte
        # oftmals eine führende 0 als Nummer geliefert. Dieser Ziffer folgen die
        # eigentlichen vier Durchwahlziffern. Da die führende Null nicht
        # gebraucht wird, wird sie überlesen. Dieser parameter muß den Eigen-
        # schaften des jeweiligen Anlagenanschlusses angepaßt werden.
        DDIOffset:           1
```

Der Parameter UseDDI: 1 legt fest, daß capi4hylafax an einem Anlagenanschluß betrieben wird. Die ISDN-Karte erhält damit die Kontrolle über die Verbindung, wenn die Basisnummer gewählt wurde. Damit entschieden werden
kann, wann eine Verbindung angenommen werden soll, muß jetzt noch festgelegt werden, wie viele Ziffern der Basisnummer folgen müssen. Dies wird über
den Parameter DDILength: 4 erreicht. Alternativ hätte mit Hilfe des Parameters Incoming DDIs auch eine Liste konkreter Durchwahlnummern angegeben
werden können, für die Anrufe entgegen genommern werden sollen.

Mit der obigen Konfiguration werden alle Anrufe angenommen, die eine vierstellige Durchwahl verwenden. Der Parameter `DDIOffset` hat folgende Bedeutung: Nachdem der Anrufer die Basisnummer (z. B. 089 243) gewählt hat, erhält die ISDN-Karte die Kontrolle über den Verbindungsaufbau. An dieser Stelle liefert der Provider bzw. die Telefonanlage, an die die ISDN-Karte angeschlossen ist, ein oder mehrere Zeichen für die bisher gewähle Basisnummer. Oftmals erhält die ISDN-Karte an dieser Stelle lediglich eine 0. Da diese Ziffer oder Ziffern, die ja vor der eigentlichen Durchwahl stehen, nicht benötigt werden, kann mit Hilfe von `DDIOffset` ein Offset in der Telefonnummer angegeben werden, die von der ISDN-Karte empfangen wurde. In dem Fall, daß die ISDN-Karte vor der (hier vierstelligen) Durchwahl immer eine 0 als Nummer erhält, muß also genau eine Stelle überprungen werden. Wurde von Anrufer z. B. 089 243 9999 gewählt, sieht die ISDN-Karte die Nummer 09999. Die Null wurde vom Povider bzw. der TK-Anlage eingefügt. Wird `DDIOffset: 1` konfiguriert, so wird die erste Stelle der Nummer übersprungen, wodurch die Nummer auf 9999 verkürzt wird.

Der in obiger Konfiguration angegebene Parameter `AcceptSpeech: 1` bewirkt, daß auch Faxe empfangen werden, die als Service-Indikator „Sprache" anstelle von „Fax" verwenden. „Sprache" ist für normale Sprachübertragung, also für Anrufe gedacht. Die falsche Typisierung kommt immer dann vor, wenn ein Fax von einem rein anlaogen Anschluß oder von einem falsch konfigurierten ISDN-Anschluß gesendet wird. Damit Faxe auch von solchen Anschlüssen empfangen werden können, sollte `AcceptSpeech` auf 1 gesetzt werden.

Die in obenstehender Beispielkonfiguration angegebenen Parameter `SpoolDir` und `FaxRcvdCmd` wurden mit Werten eingestellt, die für das im folgenden Abschnitt beschriebene automatische Verteilsystem sinnvoll sind. Grundsätzlich können diese Parameter natürlich auch mit anderen Pfaden belegt werden.

Automatische Verteilung eigegangener Faxe

Der Faxempfang am Anlagenanschluß ist, wie bereits im letzten Abschnitt dargestellt, komplett mit `capi4hylafax` realisierbar. Der Betrieb von `capi4hylafax` am Anlagenanschluß bietet über den einfachen Empfang eines Fax jedoch auch die bereits angesprochene Möglichkeit, persönliche Faxnummern für eine fast beliebige Zahl von Personen zu vergeben. Dabei kann die vom Sender gewählte Faxnummer genutzt werden, um das Fax vollautomatisch an die Person weiterzuleiten, der die gewählte Nummer zugeordnet ist.

Somit bietet sich mit Linux und einer aktiven ISDN-Karte z. B. für Unternehmen die Möglichkeit, mit minimalem Zeit- und Kostenaufwand eine unternehmensweite Faxlösung zu implementieren, die jedem Mitarbeiter des Unternehmens einen persönlichen „Faxanschluß"ermöglicht. Wird die Zustellung eines eingehenden Fax per E-Mail realisiert, hat jeder Mitarbeiter zusätzlich den Vorteil, daß er nicht nur von seinem Arbeitsplatz aus, sondern grundsätzlich von überall dort auf ein Fax Zugriff hat, von wo aus er seine E-Mail lesen kann.

Um ein solches System zu realisieren fehlt neben `capi4hylafax` mit dessen Hilfe der eigentliche Faxempfang realisiert wird, ein System mit dessen Hilfe eingehende Faxe aufgrund der gewählten Nummer an den entsprechenden Empfänger automatisiert verteilt werden kann. Dabei wird das Fax dem Benutzer als E-Mail zugestellt, wobei das eigentliche Fax-Dokument in einem vom Benutzer konfigurierbaren Format, wie z. B. als GIF, PNG oder PostScript-Datei (evtl. auch mit Komprimierung), vorliegen kann. Ein System, das genau diese Anforderungen erfüllt und auf die Verteilung von Faxen zugeschnitten ist, die mit einem `capi4hylafax`-System am Anlagenanschluß verarbeitet werden, ist unter der URL `http://www.uni-koblenz.de/~krienke/ftp/unix/c4ldistribfax/`erfügbar. Das dort liegende Archiv enthält neben den notwendigen Skripten auch eine Dokumentation, die bei der Konfiguration hilfreich ist.

An dieser Stelle soll kurz der Aufbau und das Funktionsprinzip dieser Software beschrieben werden. Die Basis des Systems bildet das Programm `distribfax`, ein Perl-Skript, das basierend auf Konfigurationsinformationen sowohl die Konvertierung der von `c2faxrecv` empfangenen Faxdatei als auch das Versenden per E-Mail an den entsprechenden Empfänger vornimmt. Neben `distribfax` spielt das Skript `faxnotify.capi` eine wichtige Rolle. Dieses Skript wird als Faxnotify-Skript von `c2faxrecv` nach Empfang eines Fax aufgerufen. Das Skript schreibt die empfangene Datei zunächst in ein eigenes Spool-Verzeichnis. Neben der Datei selbst wird eine weitere Informationsdatei für dieses Fax generiert, die insbesondere die vom Sender gewählte Nummer, den Dateinamen des Fax, die TSI des Absenders sowie weitere Informationen enthält. Zuletzt ruft dieses Skript `distribfax` auf, um die Konvertierung und Verteilung des Fax durchzuführen. Der Vorteil dieses zunächst redundant aussehenden Verfahrens besteht darin, daß gewährleistet wird, daß kein Fax verloren geht, auch wenn während der Verarbeitung einmal ein Fehler auftreten sollte.

Um ein eingegangenes Fax an eine bestimmte E-Mail-Adresse schicken zu können, benötigt `distribfax` eine Zuordnung von Durchwahlnummern zu E-Mail-adressen. Diese Zuordnung wird in der Datei `num_user` vorgenommen. Da `num_user` eine einfache Textdatei ist, kann die Zuordnungsinformation leicht automatisiert generiert werden. Denkbar ist z. B., die Zuodnunginformation in der Unix `passwd`-Datei in dem Feld unterzubringen, das Informationen über die Kennung enthält. Wird beim Einrichten einer neuen Kennung, z. B. für einen neuen Mitarbeiter, die entsprechende Information eingetragen, kann daraus z. B. einmal täglich die `num_user`-Datei generiert werden.

Die `num_user`-Datei sieht wie folgt aus:

```
# Zuornung der Telefonnummern zu Loginnamen
# Das Format ist:
```

```
# nummer = user1, user2, ....
# z.B.  1234 = krienke, xw
#
# Einträge in der overwrite section überschreiben gleichlautende
# Einträge weiter unten !
#
# R. Krienke
# 02/2002

BEGIN{overwrite}
6227 = schulze
END{overwrite}


# Zuordnung der Nummern zu Emailadressen

0110 = tux
0112 = maier
# ...
```

Wie man sieht, besteht die Datei aus zwei Abschnitten: Der erste ist durch die Schlüsselworte BEGIN{overwrite} und END{overwrite} eingegrenzt. Der zweite Abschnitt folgt direkt der END{overwrite}-Anweisung. Beide Abschnitte enthalten die gleiche Art an Informationen, nämlich die Zuordnung einer oder mehrere E-Mail-Adressen zu einer Faxnummer[9]. Auf der linken Seite steht jeweils die Faxnummer, auf der Rechten eine durch Kommata getrennte Liste von E-Mailadressen, an die eine Kopie des an die links stehende Nummer gesendeten Fax verschickt wird. Der Sinn der Aufteilung in einen OVERWRITE und einen „normalen" Abschnitt von solchen Zuordnungen besteht darin, daß der OVERWRITE-Abschnitt manuell gepflegt wird, während alle weiteren Daten automatisch aus einer Datenbank (z. B. der passwd-Datei) generiert werden. Auf diese Weise besteht die Möglichkeit, einzelne Einträge manuell zu überschreiben.

Neben den in num_user angegebenen E-Mail-Adressen existiert ein besonderer Benutzer, der faxadministrator. Der Faxadministrator erhält alle eingehende Fax, für die keine Zuordnung der Nummer, also kein Eintrag in num_user existiert. faxadministrator ist dabei ein virtueller Benutzer, dem in der zweiten Konfigurationsdatei user_opt ein oder mehrere reale E-Mail-Adresse zugewiesen werden. Auf diese Weise können fehlgeleitete Faxe an einen oder mehrere Adminstratoren geleitet werden, die das Fax manuell verteilen sollen.

Das unter oben abgedruckter URLverfügbare System ist vorkonfiguriert und dazu gedacht, unter dem Basisverzeichnis /admin/isdnfax zu liegen. Unter diesem Verzeichnis befinden sich sowohl alle oben genannten Konfigurations-

---

[9]Hier wird vorausgesetzt, das die Fax-Durchwahlnummern, die von c2faxrecv geliefert werden, vierstellig sind.

dateien als auch alle Skripte. Soll ein anderes Verzeichnis verwendet werden, müssen die Skripte entsprechend angepaßt werden. Damit dieses System von c2faxrecv bei Empfang eines Fax angestoßen werden kann, muß die c2recv-Konfiguration entsprechend geändert werden. In der Datei config.faxCAPI muß die Variable FaxRcvdCmd den Wert /admin/isdnfax/bin/faxnotify.capi erhalten. Falls die Datei config.faxCAPI sich nicht im Standardverzeichnis befindet, muß c2faxrecv zusätzlich mit der Option -C *path of config.faxcapi* der Pfad zu der Konfigurationsdatei übergeben werden. Da das Verteilsystem im vorkonfigurierten Zustand[10] davon ausgeht, daß eingegangene Fax im TIFF-Format und nicht im SFF-Format vorliegen, muß c2faxrecv mit der Option -f tiff angewiesen werden, empfangene Fax-Dateien im TIFF-Format zu sichern.

Neben den genannten Skripten werden weitere Programme zur Konvertierung und zum Versand benötigt. Für die Verteilung per E-Mail wird das Programm mutt verwendet, das installiert sein muß. Zudem verwendet distribfax verschiedene Konverter, z. B. sff2misc, fax2ps, pnmtopng (aus dem Netpbm-Paket) sowie das convert-Programm aus dem ImageMagic-Paket. Alle diese Programme sollten installiert sein. Dem Archiv liegen diese Programme bei, allerdings kann nicht gewährleistet werden, daß sie auf jedem Linux-System laufen. Daher muß evtl. die Version aus dem Verteilungssystem durch das jeweilige Programm der verwendeten Distribution ersetzt werden.

3.2.2 Weitere Faxlösungen für die AVM B1-Karte

Für den Versand und Empfang eines Fax mit Hilfe der AVM B1-Karte gibt es grundsätzlich drei Varianten: Die grundsätzlich zu bevorzugende Methode ist die Verwendung von capi4hylafax, wie in Abschnitt 3.2.1 auf Seite 192 bereits beschrieben wurde. Darüber hinaus existieren noch weitre Varianten, die ohne die AVM-CAPI auskommen.

Zum einen existiert die Möglichkeit der Verwendung einer speziell angepaßten Version von HylaFAX, die auf dem FTP-Server der SuSE Linux AG im Verzeichnis /pub/projects/b1tools als Quellcode zur Verfügung steht. Problematisch ist, daß diese Version scheinbar nicht weiterentwickelt wird. Zum anderen bieten sich die beiden Werkzeuge capifax und capifaxrcvd an, die im Anschluß an die Konfiguration der Karte beschrieben werden. Obwohl beide Programme den Begriff capi im Namen tragen, hat diese Lösung nichts mit der CAPI von AVM zu tun, die in Abschnitt 3.2.1 auf Seite 192 beschrieben ist.

---

[10]In der Datei faxnotify.capi wird distribfax mit der Option -t aufgerufen, wodurch distribfax davon ausgeht, daß die Fax-Dateien im TIFF-Format vorliegen.

3.2.2.1 Kernel-Konfiguration

Die Unterstützung der AVM B1-Karte ist je nach verwendetem Kernel mit den darin enthaltenen ISDN-Treibern unterschiedlich weit fortgeschritten. Die hier vorliegende Beschreibung orientiert sich an den Kernel-Versionen 2.2.12 und höher.

Unterstützt werden die verschiedensten Varianten der B1:

❑ die ISA-Variante,

❑ die B1 PCI wie auch

❑ die B1 PCMCIA.

Nachdem die Karte in den Rechner eingebaut wurde, muß zunächst die B1-Unterstützung im Kernel aktiviert werden, falls dies nicht bereits voreingestellt ist. Hierzu müssen natürlich der Kernel-Quellcode und ein Compiler (gcc oder egcs) auf dem Rechner installiert sein.

Im folgenden soll in Kurzform die Neucompilierung eines Kernel beschrieben werden. Ausführlichere Informationen zu diesem Thema finden sich in der Datei Kernel-HOWTO, die Teil des LDP (Linux Documentation Project, http://www.linuxdoc.org/) ist. Eine weitere Informationsquelle ist unter der URL http://math-www.uni-paderborn.de/~axel/config_help.html verfügbar.

Der Kernel-Quellcode befindet ich im Verzeichnis /usr/src/linux. Zur Anpassung der Kernel-Konfiguration wechselt man zunächst als Superuser root in dieses Verzeichnis und ruft make menuconfig auf. Im folgenden werden lediglich die für ISDN relevanten Punkte beschrieben. Grundsätzlich muß darauf geachtet werden, daß auch die übrigen Konfigurationsoptionen zu der verwendeten Hardware passen, da es andernfalls nach der Installation des neuen Kernel

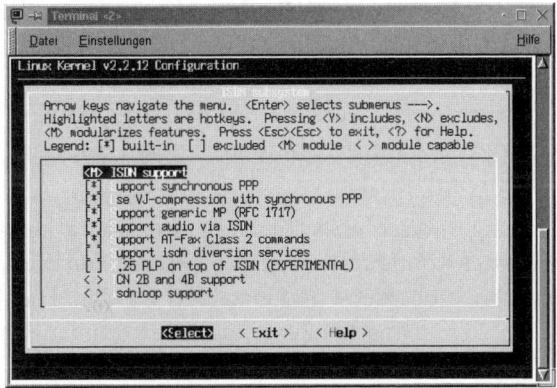

Abbildung 3.15: ISDN-Konfiguration, erster Teil

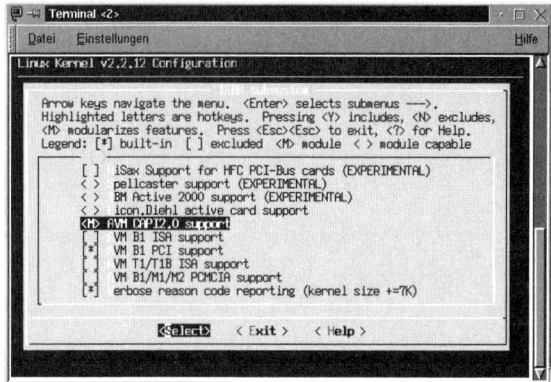

Abbildung 3.16: ISDN-Konfiguration, zweiter Teil

zu Problemen beim Boot-Vorgang kommen kann. Beispielsweise kann vergessen werden, die Treiber für die Festplatten mit in den Kernel zu konfigurieren. Wer seinen Kernel zum ersten Mal konfiguriert und nicht genau weiß, daß seine Kernel-Konfiguration korrekt ist, sollte nicht einfach davon ausgehen, daß die gesetzten Optionen schon stimmen werden. Lieber einen Benutzer mit Erfahrung auf diesem Gebiet zu Rate ziehen!

Kurze Zeit nach Eingabe des make menuconfig-Kommandos erscheint ein Optionsdialog, in dem zunächst mit Hilfe der Cursor-Tasten der gewünschte Oberpunkt, hier also ISDN-Subsystem, angewählt werden muß. Durch Drücken der ⟨←⟩-Taste erscheint das ISDN-Untermenü, dessen Anfang in Abbildung 3.15 auf der vorherigen Seite dargestellt ist. Die Einstellungen sollten wie abgebildet vorgenommen werden. Zusätzlich zu den hier abgebildeten Vorgaben müssen die kartenspezifischen Optionen aktiviert werden. Für die AVM B1-Karte befinden sich diese am Ende dieses Dialogs, der in Abbildung 3.16 dargestellt ist. In diesem Beispiel ist die Unterstützung für die PCI-Variante der B1-Karte aktiviert. Soll stattdessen die ISA-Variante verwendet werden, muß in diesem Dialog entsprechend der B1 ISA support aktiviert werden.

Anschließend werden der ISDN-Dialog und schließlich auch der Konfigurationsdialog verlassen, wobei die neue Kernel-Konfiguration gespeichert werden muß. Im folgenden Schritt muß der Kernel neu übersetzt und installiert werden. Hierzu sollten im Verzeichnis /usr/src/linux anschließend folgende Kommandos eingegeben werden:

```
root@erde:/usr/src/linux# # make dep;make clean;make bzImage;make
modules
make[1]: Entering directory '/export/src/linux-2.2.12/arch/i386/boot'
make[1]: Nothing to be done for 'dep'.
make[1]: Leaving directory '/export/src/linux-2.2.12/arch/i386/boot'
scripts/mkdep init/*.c > .depend
...
...
```

Nachdem der Übersetzungsvorgang fehlerfrei abgeschlossen ist, müssen als nächstes die Kernel-Module installiert werden. Dies geschieht durch das Kommando:

```
root@erde:/usr/src/linux# # make modules_install
Installing modules under /lib/modules/2.2.12/block
Installing modules under /lib/modules/2.2.12/net
Installing modules under /lib/modules/2.2.12/ipv4
Installing modules under /lib/modules/2.2.12/scsi
Installing modules under /lib/modules/2.2.12/fs
...
...
```

Anschließend muß der bisherige Kernel, der sich normalerweise in der Datei /boot/vmlinuz befindet, gegen den neuen Kernel ersetzt werden. Sicherheitshalber sollte man den alten Kernel nicht löschen, sondern umbenennen (von z. B. vmlinuz nach vmlinuz.old). Ziel ist, beim Start des Systems einfach zwischen neuem und alten Kernel wählen zu können, falls der neu übersetzte nicht korrekt konfiguriert wurde. Zu diesem Zweck wird am einfachsten ein neuer Eintrag für die LILO-Konfiguration in /etc/lilo.conf generiert, über den auf den alten Kernel zugegriffen werden kann. Auf diese Weise kann beim Starten des Systems angegeben werden, welcher Kernel geladen werden soll. Ein Ausschnitt aus /etc/lilo.conf für eine solche Konfiguration kann wie folgt aussehen:

```
# ...
default=Linux
# Unveränderter Eintrag für (neuen) Kernel
image = /boot/vmlinuz
root = /dev/sda5
label = Linux

# Eintrag um noch alten Kernel booten zu können
image = /boot/vmlinuz.old
root = /dev/sda5
label = Linux.old
```

Die oben abgedruckte Konfiguration darf *nicht* wort-wörtlich übernommen werden, sondern muß bezüglich der Pfade und des root-Device (/dev/sda5) den lokalen Gegebenheiten angepaßt werden! Obiges Beispiel soll lediglich das Prinzip verdeutlichen.

Der neue Kernel liegt im Anschluß an den Übersetzungsvorgang in einem architekturabhängigen Unterverzeichnis von /usr/src/linux und trägt den Dateinamen bzImage. Diese Datei muß also an die Stelle des alten Kernel kopiert werden. Schließlich *muß* das Programm LILO aufgerufen werden:

```
root@erde:/usr/src/linux# #  cd /boot
root@erde:/boot# # mv vmlinuz vmlinuz.old
root@erde:/boot# # cp /usr/src/linux/arch/i386/boot/bzImage ./vmlinuz
root@erde:/boot# # lilo
Added Linux *
Added Linux.old
```

Nach einem Reboot des Rechners steht der neue Kernel, jetzt mit Unterstützung für die AVM B1-Karte, zur Verfügung. Damit ist der schwierigste Teil der Konfiguration bereits erledigt.

3.2.2.2 B1-Basiskonfiguration

Nun sollte herausgefunden werden, ob verschiedene Gerätedateien bereits existieren, die von der B1-Karte benötigt werden. Auf SuSE-Systemen ab der Version 6.1 ist dies der Fall. Die benötigten Dateien lauten /dev/capi20, /dev/capi20.00 und /dev/capi20.01. Existieren diese Dateien noch nicht, müssen sie als Superuser mit den folgenden Kommandos angelegt werden:

```
root@erde:/usr/src/linux# # mknod /dev/capi20 c 68 0
root@erde:/usr/src/linux# # mknod /dev/capi20.00 c 68 1
root@erde:/usr/src/linux# # mknod /dev/capi20.01 c 68 2
root@erde:/usr/src/linux# # mknod /dev/capi20.02 c 68 3
...
root@erde:/usr/src/linux# # mknod /dev/capi20.19 c 68 20
```

Zur Verwendung der Karte müssen beim Booten des Rechners verschiedene Module installiert werden. Bei SuSE Linux-Systemen erfolgt dies bis SuSE Linux Version 7.3 automatisch durch den Aufruf des Start-Skripts /etc/init.d/i4l_hardware, wenn die Karte zuvor mit yast konfiguriert wurde. Die Konfigurationsdaten stammen aus dem Verzeichnis /etc/rc.config.d und aus der Datei /etc/rc.config.

Ab SuSE Linux Version 8.0 heißt das Skript zum Straten der ISDN-Hardware /etc/init.d/isdn. Dieses Skript wertet die Konfigurationsdaten aus dem Verzeichnis /etc/sysconfig/isdn aus, die mit Hilfe von yast2 erstellt wurden.

Die Konfigurations-Dateien können auch von Hand mit einem einfachen Texteditor angepaßt werden, allerdings muß man in diesem Fall schon sehr genau wissen, was man tut, um eine lauffähige Konfiguration zu erhalten. Die benötigten Module können von Hand wie folgt geladen werden:

```
root@erde:/usr/src/linux# # /lib/modules/kernel-vers/misc/capiutil.o
root@erde:/usr/src/linux# # /lib/modules/kernel-vers/misc/b1.o
root@erde:/usr/src/linux# # /lib/modules/kernel-vers/misc/kernelcapi.o
root@erde:/usr/src/linux# # /lib/modules/kernel-vers/misc/capidrv.o
root@erde:/usr/src/linux# # /lib/modules/kernel-vers/misc/capi.o
```

kernel-vers steht für die Versionsnummer des installierten Kernel, die mit uname -r herausgefunden werden kann. Zusätzlich zu den genannten Modulen muß je nach Art der Karte eines der Module b1pci.o, b1isa.o oder b1pcmcia.o geladen werden. Bei der ISA-Variante muß zusätzlich das Programm avmcapictrl mit der auf der Karte eingestellten Basis-I/O-Adresse und der Nummer eines freien Interrupts (darf nicht in cat /proc/interrupts auftauchen) aufgerufen werden. Für die Adresse 0x150 und den Interrupt 15 würde der Aufruf avmcapictrl add 0x150 15 lauten. Diese Arbeiten übernimmt, wie gesagt, das SuSE i41_hardware- bzw. isdn-Start-Skript bei korrekter Konfiguration.

Zum Betrieb der Karte wird zusätzlich eine →*Firmware* benötigt, die ebenfalls beim Start des Rechners geladen werden sollte. Die Firmware wird von AVM als Datei unter der URL ftp://ftp.in-berlin.de/pub/capi4linux/ firmware/ bereitgestellt. Die für das deutsche ISDN benötigte Datei heißt b1.t4. Diese Datei sollte nach dem Download in das Verzeichnis /usr/lib/ isdn kopiert werden, da die oben besprochenen Boot-Skripten sie dort suchen. Das Laden der Firmware auf die Karte erfolgt mit dem Programm avmcapic- trl, das Teil der i41-utils ist (bei SuSE im Paket i41 enthalten). Das Laden der Firmware erfolgt mit dem Aufruf:

```
root@erde:/root# # avmcapictrl load /usr/lib/isdn/b1.t4 1
Loading Bootcode /usr/lib/isdn/b1.t4 ... done
```

Anschließend sollte die ISDN-Karte verfügbar sein. Zur Kontrolle kann das Programm capiinfo aufgerufen werden, dessen Ausgabe etwa wie folgt aussehen sollte.

```
root@erde:/root# # capiinfo
Controller 1:
Manufacturer: AVM GmbH
CAPI Version: 2.0
Manufacturer Version: 3.07-01   (48.113)
Serial Number: 400757290
BChannels: 2
Global Options: 0x00000039
   internal controller supported
```

```
      DTMF supported
      Supplementary Services supported
      channel allocation supported (leased lines)
B1 protocols support: 0xc000001f
      64 kbit/s with HDLC framing
      64 kbit/s bit-transparent operation
      V.110 asynconous operation with start/stop byte framing
      V.110 synconous operation with HDLC framing
      T.30 modem for fax group 3
B2 protocols support: 0x00000b1b
      ISO 7776 (X.75 SLP)
      Transparent
      LAPD with Q.921 for D channel X.25 (SAPI 16)
      T.30 fro fax group 3
      ISO 7776 (X.75 SLP) with V.42bis compression
      V.120 asyncronous mode
      V.120 bit-transparent mode
B3 protocols support: 0x8000003f
      Transparent
      T.90NL, T.70NL, T.90
      ISO 8208 (X.25 DTE-DTE)
      X.25 DCE
      T.30 for fax group 3
...
```

3.2.2.3 Versenden und Empfangen eines Fax

Das Versenden eines Fax über die AVM B1-Karte erfolgt am einfachsten mit dem Kommando `capifax`, das, wie der Name schon sagt, auf dem für diese Karte zur Verfügung stehenden CAPI aufsetzt. Das Pendant zum Empfang eines Fax ist `capifaxrcvd`.

Die Syntax zum Versenden eines Fax ist

```
capifax optionen Nummer Datei
```

Optionen steht hier für die in Tabelle 3.8 auf der nächsten Seite abgebildeten Optionen, *Nummer* für die zu wählende Telefonnummer und `Datei` für die zu versendende Datei, die im SFF-Format vorliegen muß.

Zur Konvertierung von und in das SFF-Format existieren verschiedene Werkzeuge. Um für den Sendevorgang ein Dokument in das SFF-Format zu konvertieren, kann z. B. der Filter `pbmtosff` von Christian A. Lademann verwendet werden. Dieser Filter konvertiert eine Datei im PBM-Format in das SFF-Format. Ein anderer Weg ist die Verwendung von Ghostscript (`gs`). Mit Hilfe des Programms `gs` ist es möglich, PostScript-Dokumente in das SFF-Format umzuwan-

Tabelle 3.8: Wichtige Optionen von `capifax`

Option	Beschreibung
`-v`	Ausgabe von Informationen über den Sendeablauf
`-i id`	Die Identifikation der sendenden Station
`-h headline`	Die Kopfzeile für das Fax
`-c callernr`	Die Telefonnummer der sendenden Station

deln. Hierzu muß allerdings u. U. zur Einbindung des SFF-Treibers der Quellcode von Ghostscript angepaßt werden. Die notwendigen Dateien, die von Dirk Lutzebaeck stammen, wie auch ein README, in dem steht, wie es gemacht wird, sind unter der URL `ftp://ftp.aeccom.com/pub/fax4i4l/ghostscript/` verfügbar. Wer sich an diese Aufgabe wagt, sollte über etwas Erfahrung mit dem Übersetzen von C-Quelltexten verfügen.

Mit Hilfe dieser Werkzeuge könnte das Versenden einer Datei `fax.ps` wie folgt aussehen:

```
root@erde:/home/tux #   gs -q -sDEVICE=sfflow -dNOPAUSE -dSAFER=true
-sPAPESIZE=a4 -sOutputFile=fax.sff fax.ps
root@erde:/home/tux #   capifax 08954234 fax.sff
```

In diesem Beispiel wird zunächst mit Hilfe einer wie oben beschrieben angepaßten Version des Ghostscript die PostScript-Datei `fax.ps` in das SFF-Format konvertiert. Die Daten stehen anschließend in der Datei `fax.sff`. Danach wird diese Datei mit Hilfe von `capifax` an die Nummer `08954234` versendet.

Das Empfangen eines Fax kann mit Hilfe des Programms `capifaxrcvd` erfolgen, das am besten als Benutzer `root` im Hintergrund gestartet wird. Als Parameter muß ein Verzeichnis übergeben werden, in das ein empfangenes Fax als SFF-Datei abgelegt wird. Mit Hilfe der Option `-l number` kann eine bestimmte Nummer angegeben werden, für die `capifax` Faxe empfangen soll. Andernfalls werden alle eingehenden Anrufe angenommen. Darüber hinaus kann mit der Option `-n scriptfile` ein Skript angegeben werden, das automatisch nach Eintreffen eines Fax aufgerufen wird. Dem Skript wird dabei der Name der gerade empfangenen Datei als Parameter übergeben. Da diese Datei im SFF-Format vorliegt, braucht man auch hier wieder Konverter, die aus dem SFF-Format in ein gängigeres Format konvertieren können. Hier ist insbesondere das Kommando `sff2misc` zu erwähnen, mit dessen Hilfe Dateien im SFF-Format in das PBM, JPEG und PostScript-Format konvertiert werden können. Es ist unter der URL `http://capircvd.berlios.de/download/sff2misc/` verfügbar. Ein weiterer Konverter erlaubt die Umwandlung von SFF in das Windows Bitmap-Format und in das PBM-Format. Das Programm heißt `sfftobmp` und ist unter der

URL `http://linux-innovations.onlinehome.de/index.html` zu finden.

3.3 Fax-Versand über einen Fax-Drucker

Eine sehr angenehme Art, ein Fax aus einer Anwendung (z. B. einer Textverarbeitung) heraus zu versenden, ist das Drucken des Dokuments auf einem speziellen Fax-Drucker. Wird ein Dokument auf einen solchen Drucker gelenkt, bewirkt dies im Idealfall, daß automatisch ein Programm zum Versenden des Fax gestartet wird. Der Benutzer muß lediglich noch die Zielnummer angeben und den Sendevorgang auslösen. Dies erfolgt z. B., wenn ein Benutzer unter der Benutzeroberfläche KDE über den eingebauten Fax-Drucker druckt.

Eine Variante dieses Verfahrens besteht darin, daß die Anwendung, mit deren Hilfe das Fax versendet werden soll (z. B. SuSEFax), ständig aktiv ist und darauf wartet, daß über einen speziellen Fax-Drucker ein zu versendendes Dokument an eine bestimmte Stelle im Dateibaum abgelegt wird. Findet die Anwendung dort eine neue Datei, wird automatisch mit dem Versand des Fax begonnen. Natürlich muß auch hier der Benutzer zunächst eine Zielnummer wählen.

3.3.1 Der Fax-Drucker unter KDE

Ab der Version 2 der graphischen Benutzeroberfläche KDE existiert ein eigenständiger Druckdialog, auf den alle KDE-Anwendungen automatisch zugreifen, wenn eine Datei gedruckt werden soll. In dem Dialog kann, wie in Abbildung 3.17

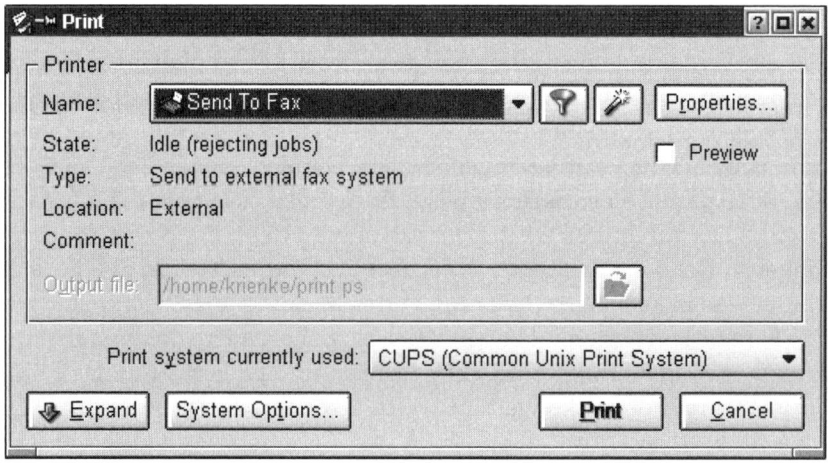

Abbildung 3.17: Der KDE-Fax-Drucker

Abbildung 3.18: Die KDE-Anwendung kdeprintfax

auf der vorherigen Seite dargestellt ist, als Drucker neben den normalen am System bekannten Druckern auch der Eintrag „An Fax weiterleiten" eingestellt werden.

Wird der Druckauftrag jetzt abgeschickt, startet KDE die Anwendung kdeprintfax, über die der Faxversand anschließend gesteuert werden kann. Die in Abbildung 3.18 dargestellte Anwendung kdeprintfax unterstützt sowohl HylaFAX als auch das EFAX-System http://www.cce.com/efax/. Welches der beiden System für den Fax-Versand verwendet werden soll, muß in dem Einrichtungsmenü Einstellungen->KdeprintFax einrichten unter dem Abschnitt System der Anwendung eingestellt werden.

Über den in der Abbildung dargestellten Fax-Dialog kann der Benutzer angeben, über welches Modem und mit welcher Auflösung und Papiergröße das Fax versendet werden soll. kdeprintfax setzt die Angaben in eine entsprechende Kommandozeile für die jeweilige Sendfax-Applikation des zugrundeliegenden Fax-Systems um. Wird z. B. HylaFAX zum Versenden eines Fax eingesetzt, baut kdeprintfax aus den Angaben und Einstellungen des Benutzers eine Kommandozeile für die Anwendung sendfax auf, über die das Fax an den HylaFAX-Server übergeben wird. Das Aussehen der Kommandozeile kann in dem System-Abschnitt des oben dargestellten Einrichtungsdialogs angesehen und nötigenfalls auch verändert werden. Aufgrund eines Bugs in der aktuellen Version von `kdeprintfax` funktioniert die Einstellung der Auflösung, in der ein Fax mit HylaFAX versendet werden soll, jedoch nur dann, wenn der Default für HylaFAX „Fein" ist[11]. Der Grund hierfür liegt darin, daß `kdeprintfax` davon ausgeht, daß der Default für HylaFAX in der hohen Auflösung besteht und nur, wenn der Benutzer in `kdeprintfax` „Grob" anwählt, eine entsprechende Option (`-l`) in die Kommandozeile für `sendfax` einfügt, nicht jedoch die `sendfax`-Option `-m` wenn „Fein" angewählt wurde.

In der Abbildung sieht man im Hauptfenster der Anwendung eine Dateliste, hier mit einem Eintrag. Dieser Eintrag stellt eine temporäre Datei dar, die beim Druckvorgang des Dokuments automatisch erzeugt wurde. Der Liste der zu faxenden Dateien können ganz leicht über den Button `Datei hizufügen` weitere Dateien hinzugefügt werden. Hierbei muß lediglich beachtet werden, daß die Typen der hinzugefügten Dateien von der verwendeten Fax-Applikation oder einem der Filter von `kdefaxprint` verarbeitet werden können müssen (siehe Punkt `Filter` im Einrichtungs-Dialog).

Das Senden des Fax erfolgt schließlich einfach durch Drücken des Buttons `Fax versenden`. Zuvor muß die Faxnummer in die Zeile `Faxnummer` eingetragen worden sein. Darüber hinaus können noch weitere Daten für ein evtl. zu versendendes Deckblatt angegeben werden. Ob ein Deckblatt gesendet werden soll, kann zur Zeit nur über die Kommandozeile der jeweiligen Applikation wie `sendfax` angegeben werden. Soll in HylaFAX mit `sendfax` kein Deckblatt versendet werden, muß die Option `-n` angegeben werden.

3.3.2 Das `faxprint`-Paket für SuSEFax

Neben den bereits beschriebenen Lösungen existiert speziell eine für SuSEFax. Zu diesem Zweck muß neben SuSEFax auch das Paket `faxprint` aus der SuSE-Distribution installiert werden. Das Paket kann auch vom SuSE-FTP-Server bezogen werden (Serien n). Das Paket installiert einen Drucker mit dem Namen `fax`. Falls ein Dokument auf diesen Drucker geschickt wird, schreibt der Druckerfilter diese Datei in die Datei `/tmp/fax_benutzername.ps`.

benutzername ist dabei der Kennungsname desjenigen, der auf den Fax-Drucker gedruckt hat. In SuSEFax muß jetzt in den Einstellungen lediglich diese Datei als `Pfad auf Spooldatei` eingetragen werden. Zusätzlich muß der Knopf `Automatisches Faxen` aktiviert sein. Voraussetzung ist jedoch, daß das Programm `susefax` schon läuft oder nach dem Drucken vom Benutzer manuell gestartet wird.

---

[11]Die Default-Auflösung, in der ein Fax versendet werden soll, kann in HylaFAX in der Datei `hyla.conf` eingestellt werden. Um als Auflösung „Fein" einzustellen, muß diese Datei die Zeile `VRes: 196.` enthalten

3.3.3 Das `faxprt`-Paket

Mit Hilfe des Pakets `faxprt`, das unter der Adresse

`http://www.uni-koblenz.de/~krienke/ftp/unix/hylafax/faxprint/`

sowohl als RPM- als auch Tar-Datei bezogen werden kann, ist es möglich, auf einen Fax-Drucker zu drucken, wodurch automatisch das vom Benutzer konfigurierte Fax-Programm gestartet wird. Dabei ist es nicht nur möglich, SuSE-Fax starten zu lassen, sondern es kann prinzipiell jedes unter X11 laufende Fax-Programm verwendet werden, das es gestattet, die zu versendende Datei als Parameter auf der Kommandozeile zu übergeben. Auf diese Weise können neben `susefax` auch z. B. `ksendfax` und `tkhylafax` als Frontend eingesetzt werden.

Zum Einsatz des Pakets muß auf dem Rechner `perl` installiert sein. Durch die Installation des RPM-Pakets bzw. durch Aufruf des Installations-Skriptes aus der Tar-Datei wird ein neuer Fax-Drucker `fax` eingerichtet. Falls dieser Drucker bereits existiert, wird stattdessen der Drucker `fax1` eingerichtet usw. Darüber hinaus werden die Skripten `hfaxlserver`, `hfaxlclient` und `hfaxlif` installiert. Im Anschluß an die Installation muß jeder Benutzer, der Gebrauch von dem Fax-Drucker machen möchte, das Skript `hfaxlserver` starten. Dies sollte in einer der X-Startup-Dateien oder z. B. durch einen entsprechenden Eintrag im Autostart-Verzeichnis in KDE erfolgen (siehe README des Pakets). Dieses Skript wartet nun passiv, also ohne Rechenzeit aufzunehmen, auf eine Verbindung von dem Skript `hfaxlclient`, das automatisch durch den installierten Drucker `fax` gestartet wird, wenn auf diesen gedruckt wird. In diesem Fall benachrichtigt `hfaxlclient` den vom Benutzer gestarteten Server `hfaxlserver` über den Druckauftrag, wodurch dieser unter den Rechten und der Umgebung des Benutzers das konfigurierte Fax-Programm startet. Der Benutzer hat nun lediglich noch die Zielnummer einzutragen und das Fax loszuschicken.

Der Vorteil dieses Systems ist zum einen, daß der Start des Fax-Programms automatisch erfolgt, und darüber hinaus, daß es mit fast jedem Fax-Frontend verwendet werden kann, dem zudem die gesamte Umgebung des Benutzers zur Verfügung gestellt wird. Dies ist wichtig, da z. B. in HylaFAX der anzusprechende Fax-Server oder das zu verwendende Deckblatt über vom Benutzer zu setzende Environment-Variablen (FAXSERVER und FAXCOVER) gesteuert wird.

Für weitere Informationen zu diesem Paket sollte die README-Datei des Pakets beachtet werden.

3.4 Scannen von Dokumenten für den Fax-Versand

Bei den bisher beschriebenen Möglichkeiten zum Versenden eines Fax wurde immer davon ausgegangen, daß der zu versendende Text in digitaler Form vorliegt. Da das papierlose Büro jedoch auch in Zukunft eher eine Illusion bleiben wird, werden auch Papier-Dokumente, die per Fax verschickt werden müssen, sicher nicht aussterben. In einem solchen Fall hilft lediglich ein Scanner weiter, der die Überführung einer Vorlage auf Papier in eine digitale Form ermöglicht.

Glücklicherweise ist der Betrieb eines Scanners unter Linux heute kein Problem mehr. Mit Hilfe der Software SANE (*Scanner Access Now Easy*) ist es möglich, eine große Zahl von SCSI-basierten Scannern an ein Linux-System anzubinden. Informationen zu dem SANE-Projekt sowie die Software selbst sind auf den Web-Seiten des Projekts unter der Adresse `http://www.mostang.com/sane/` verfügbar. SANE besteht aus mehreren Frontend-Programmen sowie verschiedenen Backend-Bibliotheken. Über die Frontends lassen sich Seiten oder bestimmte Bereiche einer Seite scannen. Die Backend-Bibliotheken stellen den Scanner-spezifischen Teil der Software dar, die jeweils eine bestimmte Familie von Scannern unterstützt. Basis dieser Architektur ist eine gemeinsame →*API* (Software-schnittstelle), so daß beispielsweise zur Nutzung eines neuen Scannertyps lediglich ein neues Backend entwickelt werden muß.

3.4.1 Installation und Konfiguration

Die Installation von SANE erfolgt am einfachsten über ein vorbereitetes Paket, wie etwa das `sane.rpm`-Paket aus der SuSE-Distribution. Dieses Paket kann entweder per Hand mit dem Kommando `rpm -i sane.rpm` oder über ein entsprechendes Frontend wie YaST installiert werden. Alternativ kann auch der gesamte Quellcode von der oben genannten Web-Seite kopiert werden. Zur Übersetzung des Quellcodes folgt man am besten den auf den Web-Seiten zu findenden Informationen. Neben dem SANE-Paket wird zusätzlich die GTK-Bibliothek benötigt, um die graphischen Frontend-Programme erstellen und verwenden zu können. Weiterhin ist das Programm GIMP sehr von Nutzen, um eingelesene Bilder (bzgl. Helligkeit, Kontrast, Schärfe,...) manipulieren zu können.

Im Anschluß an die Installation der Software kann mit folgendem Aufruf ermittelt werden, welcher (unterstützte) Scanner an den Rechner angeschlossen ist:

```
root@erde:/home/tux #  scanimage --list-devices
device 'mustek:/dev/sg2' is a Mustek MFS-12000SP flatbed scanner
```

Die ersten beiden Zeilen beschreiben keinen Scanner, sondern ein spezielles Backend von SANE, mit dessen Hilfe der Betrieb eines Scanners simuliert werden kann, indem Bilddaten einfach aus einer Datei im PNM-Format gelesen werden.

Die dritte Zeile steht für einen Scanner des Typs MFS-1200SP der Firma Mustek. Wichtig an dieser Ausgabe ist der Device-Name (hier: `mustek:/dev/sg2`). Die angegebene Gerätedatei `/dev/sg2` bezeichnet eine der sogenannten generischen SCSI-Gerätedateien, die alle mit `sg` beginnen. Zur Unterstützung von „generic SCSI" muß der Kernel entsprechend konfiguriert worden sein. Der oben stehende Name `mustek:/dev/sg2` muß beim Aufruf der Scan-Software mit angegeben werden, um Daten von diesem Scanner zu empfangen. Um sich die Angabe des Geräts zu ersparen, sollte in der Datei `dll.conf` (normalerweise in `/etc/sane.d/` allen Zeilen außer der, die den verwendeten Scanner beschreibt, ein Kommentarzeichen vorangestellt werden. Um also z. B. einen Mustek-Scanner zu betreiben, sollte allen Zeilen der Datei außer der Zeile, die das Wort `mustek` enthält, ein # vorangestellt sein. Zusätzlich sollte im Verzeichnis `dev` ein symbolischer Link `scanner` auf die wirkliche Gerätedatei gelegt werden (im Beispiel oben `/dev/sg2`). Für das obige Beispiel lautet das Kommando hierzu einfach `ln -s /dev/sg2 /dev/scanner`. Anschließend wird automatisch immer der so beschriebene Scanner verwendet.

Unter Umständen ist es erforderlich, spezielle Parameter für einzelne Scanner zu setzen. Dies erfolgt in Scanner-spezifischen Konfigurationsdateien, die im Verzeichnis `/etc/sane.d/` liegen und die Endung `.conf` haben. Im Fall des Mustek-Scanners heißt die Konfigurationsdatei entsprechend `mustek.conf`. Informationen hierzu stehen in den Scanner-spezifischen Manual-Seiten, wie z. B. `man sane-mustek`. Grundsätzliche Informationen für die Konfiguration von SCSI-Scannern können mit `man sane-scsi` aufgerufen werden.

3.4.2 Werkzeuge zum Scannen

Das SANE-Paket enthält verschiedene Programme zum Scannen von Dokumenten. Die Standardanwendung ist das Programm `scanimage`. Je nachdem, ob die Datei `dll.conf` (s. o.) angepaßt wurde, wird der Default-Scanner verwendet. Andernfalls muß der zu verwendende Scanner mit Hilfe der Option `-d` angegeben werden, z. B. als `-d mustek:/dev/sgd`. Ohne zusätzliche Optionen wird beim Aufruf des Kommandos einfach eine Seite gescannt. Die Bilddaten werden auf STDOUT im PNM-Format geliefert. Weitere Optionen können dazu verwendet werden, eine bestimmte Seitengröße anzugeben oder den Scan-Modus (Lineart, Color, ...) sowie die Auflösung anzugeben (siehe `man scanimage`). Um eine Seite in Farbe mit einer Auflösung von 150 dpi zu scannen, dient folgender Aufruf (der Geräte-Parameter wird hier nicht angegeben. Es wird angenommen, daß die Datei `dll.conf` entsprechend konfiguriert wurde):

```
root@erde:/home/tux # scanimage --mode Color --resolution 150 \
> pic.ppm
```

Das gescannte Bild steht anschließend in der Datei `pic.ppm`. Mit Hilfe des Werkzeugs pnmtops aus dem netpbm-Paket kann aus der PPM-Datei leicht eine PostScript-Datei zur Weiterverarbeitung erzeugt werden.

Ein Shell-Skript (`scancopy`), mit dem etwas einfacher ein oder mehrere Seiten zum Versand per Fax oder zu Kopierzwecken gescannt werden können, ist unter `http://www.uni-koblenz.de/~krienke/ftp/unix/sane/` verfüg-

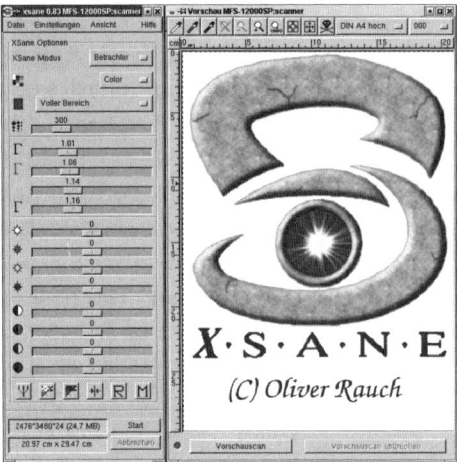

Abbildung 3.19: `xsane`-Scan-Werkzeug

bar. Ein Aufruf des Skripts mit der `-h`-Option zeigt die verfügbaren Optionen. So ist es beispielsweise möglich, die Auflösung einzustellen, mit der die Vorlage gescannt wird. Darüber hinaus existiert auch eine Option, mit deren Hilfe es leicht möglich ist, Dokumente zweiseitig auf einen Drucker zu kopieren.

Neben dem Kommandozeilen-orientierten Programm `scanimage` umfaßt das SANE-Paket auch das graphische Frontend `xscanimage`. Scan-Parameter können hier einfach per Maus eingestellt werden. Ein Preview-Fenster ermöglicht darüber hinaus auch das komfortable Auswählen des zu scannenden Ausschnitts einer Seite. Die gescannten Daten werden auf eine Datei geschrieben.

Ein weiteres seht leistungsfähiges graphisches Frontend ist das in Abbildung 3.19 abgebildete Programm `xsane`, mit dem Seiten ebenfalls gescannt, kopiert und auch direkt per Fax versendet werden können. Weitere Informationen zu `xsane` stehen unter der Web-Adresse `http://www.xsane.org`.

3.4.3 Scannen und Faxen

Nachdem die Scanner-Software installiert ist, bereitet auch der Versand von Dokumenten in Papierform keine Probleme mehr. Da ein Fax ohnehin nur schwarz/weiß übertragen wird, ist es ausreichend, ein Dokument im Modus Lineart zu scannen. Der Vorteil besteht in einer höheren Scan-Geschwindigkeit und einer im Vergleich zum Farbbild wesentlich kleineren Ergebnisdatei. Ein weiterer Punkt ist die zum Scannen verwendete Auflösung. Da ein Fax maximal in einer Auflösung von 196 dpi versendet wird, ist es nicht sinnvoll, wesentlich höhere Auflösungen zum Scannen zu verwenden, da hierdurch kein zusätzlicher Vorteil in der Übertragungsqualität erzielt werden kann, die Dateigröße jedoch rasch zunimmt.

Sollen mehrere Seiten verarbeitet werden, muß dies nacheinander erfolgen, wobei die einzelnen Seiten am besten einen einheitlichen Dokumentnamen erhalten, in dem auch die Seitennummer enthalten ist. Beim Versenden der Seiten per Fax müssen dann später alle zu diesem Dokument gehörenden Dateien angegeben werden.

Nachdem ein Dokument digitalisiert als Datei vorliegt, sollte die Datei in das PostScript-Format konvertiert werden, da einige Frontend-Programme zum Versenden eines Fax nur dieses Format akzeptieren. Zu diesem Zweck kann die netpbm-Bibliothek eingesetzt werden, die zahlreiche kleine Hilfsprogramme zur Konvertierung in verschiedene Graphikformate enthält. Die Verwendung eines solchen Programms (pnmtops) wurde bereits weiter oben gezeigt.

3.5 Fax-Versand über das Internet

Neben den bisher dargestellen Möglichkeiten, ein Fax an ein bestimmtes Ziel zu versenden, gibt es auch die Möglichkeit, dies über spezielle Dienstleister über das Internet zu erreichen.

Auf diesem Gebiet gibt es verschiedene Anbieter, die sich bezüglich der angebotenen Services und der dafür zu entrichtenden Gebühren unterscheiden. Zum einen existieren kommerzielle Anbieter, über die man nur mit spezieller Software ein Fax versenden kann. Andere kommerzielle Anbieter ermöglichen den Fax-Versand über E-Mail oder Web-Formulare. In beiden Fällen sind für den Versand Gebühren an den Anbieter zu entrichten, die sich am Umfang und/oder dem Ziel des Internet-Fax orientieren. Zusätzliche Dienstleistungen bestehen z. B. in der Bereitstellung einer eigenen Fax-Nummer, so daß auch der Empfang eines Fax möglich wird, das dem Kunden des Internet-Fax-Dienstleisters per E-Mail zugestellt wird.

Neben den kommerziellen Anbietern existieren auch gebührenfreie Dienste. Hier ist insbesondere das Remote Printing Project mit der Bezeichnung TPC.INT (Web-Adresse: http://www.tpc.int/tpc_home.html) zu nennen. Das Projekt existiert seit 1993 und bietet die Möglichkeit, kostenfrei Dokumente per Fax in verschiedene Länder der Welt zu senden. Möglich wird dieser Service durch zahlreiche Organisationen in aller Welt, die sich bereit erklärt haben, kostenlos Faxe in ihrer Region (auch „Zelle" genannt) zu versenden. Da nicht für jede Region der Welt eine solche Organisation gefunden werden konnte, ist die sogenannte *coverage*-Liste (für das TPC.INT Projekt unter http://www.tpc.int/fax_cover_auto.html verfügbar) besonders zu beachten.

Eine Liste mit kommerziellen und nicht-kommerziellen Anbietern von Internet-Fax-Diensten ist im World Wide Web unter der Adresse `http://www.savetz.com/fax/` verfügbar.

Das Grundprinzip des Internet-Fax-Versands ist bei fast allen Anbietern das gleiche: Nachdem ein Dokument z. B. per E-Mail vom PC des Senders an den Internet-Fax-Dienstleister gesendet wurde, werden diese Daten aufgrund der Zielnummer über das Internet zu einem Server geleitet, der dem Bestimmungsort des Fax geographisch am nächsten ist. Erst von diesem Server aus werden die Daten über ein klassisches Fax an die Zielnummer versendet. Durch dieses Verfahren werden geographisch große und damit auch teure Strecken mit Hilfe des Internet überbrückt, wobei der eigentliche Fax-Versand nur für die letzten Kilometer in Anspruch genommen wird.

Auf diese Weise erhält die Idee des Internet-Fax Sinn, auch wenn das Versenden eines Fax über das Internet sich zunächst widersprüchlich anhört, da ja Internet-Dienste, wie z. B. Mail, eher als Alternative zum Fax gelten. Das Kostenargument ist insbesondere für den Fax-Versand ins Ausland schlüssig, bei dem je nach Länge des Fax (das ja maximal mit 14.400 Bit/sec übertragen werden kann) beträchtliche Kosten anfallen können. Wird das Fax über das Internet versendet, müssen lediglich die Gebühren für die Verbindung zum Provider und evtl. für den Dienstleister bezahlt werden (für einen der kommerziellen Anbieter). Da der Zugang zu vielen Internet-Providern im Ortsnetz möglich ist, fallen für den Fax-Versand ins Ausland lediglich die Gebühren für ein Ortsgespräch an. Da die Übertragung der zu versendenden Daten darüber hinaus in der Regel mit erheblich höherer Geschwindigkeit erfolgen kann als 14.400 Bit/sec, reduziert sich zudem die Übertragungszeit.

Diesen Vorteilen stehen von Anbieter zu Anbieter unterschiedlich große Nachteile gegenüber. Zum einen ist hier der Punkt Sicherheit und Vertraulichkeit zu nennen. Wenn die Daten unverschlüsselt zum Internet-Fax-Dienstleister übertragen werden, besteht die Möglichkeit, daß sie nicht nur vom Empfänger des Fax gelesen werden, sondern auch von anderen. Einmal beim Dienstleister angekommen, besteht das Problem darin sicherzustellen, daß die Daten hier vertraulich behandelt und nicht etwa an Dritte weitergegeben werden. Ein weiterer Punkt, der insbesondere bei den kostenfreien Dienstanbietern beachtet werden sollte, ist, daß evtl. nur eine bestimmte Zahl von Dokumenten innerhalb einer bestimmten Zeit versendet werden kann. All dies sollte in Abhängigkeit von den eigenen Anforderungen bedacht werden, um den jeweils optimalen Anbieter zu finden. Ein Privatmann, der nur ab und zu ein Fax z. B. an Bekannte versenden möchte, hat sicherlich andere Präferenzen als eine Firma, die im großen Stil vertrauliche Informationen übertragen will.

3.6 Nützliche Informationsquellen im WWW

An dieser Stelle werden noch einmal alle wichtigen Adressen im World Wide Web (WWW) zusammengefaßt, unter denen Informationen zum Thema Fax und zu den in den letzten Abschnitten behandelten Fax-Programmen verfügbar sind:

- Fax-Lexika mit Erklärung Fax-bezogener Begriffe
  http://www.humancomm.com/faxgloss.htm

- Informationen zu hylafax
  http://www.hylafax.org

- Informationen zu capi4hylafax
  - ➤ http://www.uni-koblenz.de/~admin/Dienste/Hylafax/isdnfax-tech.html.
  - ➤ ftp://ftp.avm.de/cardware/
  - ➤ http://capircvd.berlios.de/download/sff2misc/
  - ➤ http://www.uni-koblenz.de/~krienke/ftp/unix/c4ldistribfax/

- Informationen zum Faxen mit aktiven ISDN-Karten
  - ➤ Start/Stop-Skripte für die B1-Konfiguration
  - ➤ ftp://ftp.aeccom.com/pub/fax4i4l/howto/current/fax4i4l.html
  - ➤ http://www.kneschke.de/projekte/capi_fax/index.php3
  - ➤ http://www.uni-koblenz.de/~admin/Dienste/Hylafax/isdnfax-tech.html.
  - ➤ B1-Firmware
    ftp://ftp.in-berlin.de/pub/capi4linux/firmware/
  - ➤ SFF-fähiger Ghostscript und gs-Treiber
    ftp://ftp.aeccom.com/pub/fax4i4l/ghostscript/
  - ➤ SFF-Konvertierungswerkzeuge
    http://capircvd.berlios.de/download/sff2misc/
    http://linux-innovations.onlinehome.de/index.html
  - ➤ Detaillierte Infos zum Thema Faxen mit der B1
    ftp://ftp.aeccom.com/pub/fax4i4l/howto/current/fax4i4l.html
  - ➤ Informationen und Quellcode zu der B1-fähigen Version von HylaFAX
    ftp://ftp.suse.com/pub/projects/b1tools

- Informationen zu mgetty und sendfax
  http://alpha.greenie.net/mgetty/index.html

- Scannen unter Linux, das SANE-Projekt
  http://www.mostang.com/sane

- Übersicht über Anbieter für den Fax-Versand über das Internet
  http://www.savetz.com/fax
  http://www.tpc.int/

3.7 Direkte serielle Kommunikation

Die Kommunikation über eine serielle Schnittstelle ist wohl eine der ersten Übertragungsformen in der Computertechnik überhaupt. Beispielsweise wurde diese Form der Datenübertragung bereits zu Zeiten vor dem PC dazu verwendet, Text-Terminals mit dem eigentlichen Rechner zu verbinden. Das aus Tastatur und Bildschirm bestehende Terminal hatte lediglich die Aufgabe, Eingaben des Benutzers an den Rechner zu übertragen und Ausgaben des Rechners auf dem Bildschirm anzuzeigen. Die hier verwendeten Übertragungsraten, die in Baud (entspricht Bit/sec) angegeben werden, reichten von 1.200 bis 9.600 Baud, was einer Übertragungsrate von ca. 150–1.200 Zeichen/sec entspricht.

Heute werden serielle Schnittstellen im wesentlichen dazu verwendet, ein Modem an einem PC betreiben zu können, um z. B. eine Verbindung zum Internet-Provider herzustellen. Die „Ur-Kommunikation" über die serielle Schnittstelle ist jedoch auch heute noch von weitreichender Bedeutung (z. B. Mailbox). Sie wird hier als direkte serielle Kommunikation bezeichnet, da der Austausch in diesem Fall immer zwischen genau zwei direkt verbundenen Systemen stattfindet (im Gegensatz zu IP-basierten Protokollen wie etwa PPP). Heute übliche Übertragungsraten reichen von 38.400 Baud bis zu 115.200 Baud, was ungefähr 14.400 Zeichen/sec entspricht. Neben der Verwendung einer seriellen Schnittstelle zur Rechner-Modem-Kommunikation ist es auch möglich, eine Rechner-Rechner-Verbindung über die seriellen Schnittstellen der Geräte aufzubauen.

3.7.1 Grundlagen

Terminalprogramme dienen grundsätzlich dazu, Daten, die über eine serielle Schnittstelle empfangen werden (z. B. von einem Modem), auf dem Bildschirm darzustellen, und Eingaben, die der Benutzer macht, an die serielle Schnittstelle zu senden. Auf diese Weise kann beispielsweise ein angeschlossenes Modem mit Hilfe der Modem-eigenen AT-Kommandos von einem Terminalprogramm aus konfiguriert werden. Darüber hinaus können Terminalprogramme natürlich auch für eine Rechner-Rechner-Kommunikation verwendet werden, unabhängig davon, ob die beiden Rechner direkt über eine serielle Schnittstelle miteinander verbunden sind (über ein Nullmodem-Kabel) oder ob die Rechner über eine Telefonleitung, an deren Enden jeweils ein Modem angeschlossen ist, kommunizieren. So eignen sich Terminalprogramme für die Bedienung sogenannter Mailboxen, also Rechner, die per Modem angewählt werden können und dem Nutzer durch entsprechende Software bestimmte Informationen anbieten. Mit Hilfe weiterer Programme, die aus dem Terminalprogramm heraus gestartet werden können (z. T. auch in das Terminal Programm integriert sind), ist es darüber hinaus möglich, Dateien zwischen zwei Rechnern über die serielle Schnittstelle zu übertragen. Die populärsten Dateitransferprotokolle sind in diesem Zusammenhang das Z-Modem und Kermit.

Der Zugriff auf eine serielle Schnittstelle erfolgt in Unix über eine entsprechende Gerätedatei. In Linux existieren hierzu die Dateien /dev/ttySx, wobei x für die Nummer (0 ...) der Schnittstelle steht. /dev/ttyS1 steht beispielsweise für die zweite serielle Schnittstelle. Da die Numerierung bei Null beginnt, gilt für Zuordnung von Linux- und DOS-Bezeichnungen der Schnittstellen: ttyS0 entspricht COM1, ttyS1 entspricht COM2,....

3.7.2 minicom

minicom ist ein Terminalprogramm, das sowohl auf einer Konsole als auch in einem xterm-Fenster gestartet werden kann. Die Bedienung erfolgt ausschließlich über die Tastatur, die Maus kann nicht verwendet werden. minicom verfügt neben den grundlegenden Eigenschaften eines Terminalprogramms über ein Dialing Directory, eine Art Telefonverzeichnis, über das häufig verwendete Nummern bequem gewählt werden können. Darüber hinaus kennt es eine eigene Skript-Sprache, mit der sich kleinere Skripten, z. B. zur automatischen Anmeldung an einem Unix-System, schreiben lassen. Schließlich kann minicom auch zum Dateitransfer eingesetzt werden, da es das Starten externer Programme wie Kermit oder Z-Modem (und anderer) gestattet. Für ein System, an dem mehrere Benutzer arbeiten, bietet minicom dem Systemadministrator die Möglichkeit, Konfigurationsdateien (z. B. zur Festlegung der zu verwendenden seriellen Schnittstelle) anzulegen, zwischen denen der Benutzer wählen kann. Aus Sicherheitserwägungen kann der Benutzer selbst nur einen Teil der verfügbaren Parameter selbst einstellen.

3.7.2.1 Grundkonfiguration

Die Grundkonfiguration von minicom muß durch den Benutzer root erfolgen. Zu diesem Zweck wird minicom aus der Konsole oder einem Terminalfenster mit der Option -s aufgerufen. Anschließend erscheint das in Bild 3.20 auf der nächsten Seite dargestellte Menü.

Die Bedienung von minicom erfolgt grundsätzlich mit der Tastatur. Ein Menü, wie oben dargestellt, kann mit den Cursor-Tasten ⬆ und ⬇ durchlaufen werden. Der Auswahl eines Menüpunkts dient die ⬅-Taste. In einem Konfigurationsdialog, der die Einstellung verschiedener Parameter ermöglicht, ist jeder der veränderbaren Parameter in einer eigenen Zeile angeordnet, die durch einen Buchstaben gekennzeichnet ist. Durch Eingabe des entsprechenden Buchstabens kann der jeweilige Wert editiert werden. Das Verlassen eines Menüs oder Dialogs erfolgt durch Drücken der (Esc)-Taste.

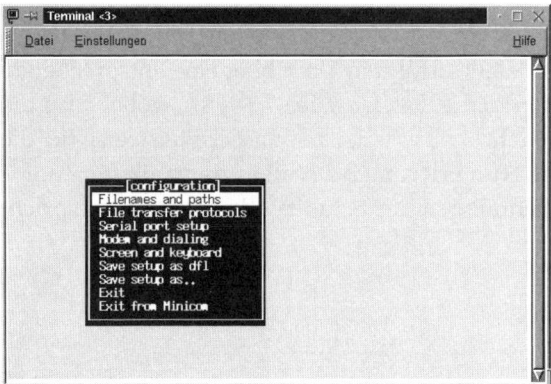

Abbildung 3.20: minicom-Konfigurationsdialog

Die Bedeutung der einzelnen Menüpunkte im Konfigurationsdialog:

Filenames and Paths Einstellung verschiedener Pfadangaben, z. B. für die
Upload- und Download-Verzeichnisse. Darüber hinaus kann hier der Aufruf (inkl. Parameter) für kermit und runscript im Skriptverarbeitungs-
programm festgelegt werden.

File Transfer protocols Bestimmung von Programmen (mit Parametern),
die Minicom dem Benutzer zum Dateitransfer anbieten soll (z. B. Kermit,
X/Y/Z-Modem). Die jeweiligen Programme (sz und rz (Sende/Empfange
Datei mit Z-Modem) oder kermit) sollten zuvor installiert sein.

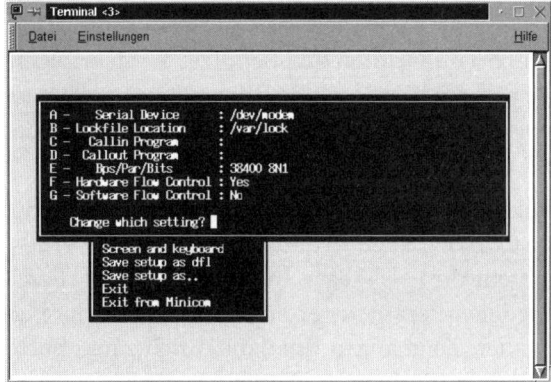

Abbildung 3.21: minicom-Serial port setup-Dialog

`Serial port setup` Dieser Dialog ist einer der wichtigsten, da hier die Einstellungen bezüglich der seriellen Schnittstelle vorgenommen werden (siehe Abbildung 3.21 auf der vorherigen Seite). Zum einen wird hier festgelegt, welche serielle Schnittstelle `minicom` verwendet, wenn es ohne weitere Parameter gestartet wird, und es wird eingestellt, welche Baudrate und welches Datenfluß-Protokoll verwendet werden sollen.

`Modem and Dialing` Einstellungen für das Modem (Initialisierung, die an das Modem gesendet werden kann, maximale Zeit zum Wählen etc.)

`Screen and Keyboard` Hier können das Aussehen des `minicom`-Fensters bezüglich der zu verwendenden Farben sowie einige Tastatur-Einstellung festgelegt werden.

`Save setup as ...` Mit Hilfe dieser beiden Menüpunkte können die gemachten Einstellungen permanent gemacht werden. Der Punkt `Save setup as dfl` speichert die aktuellen Einstellungen als Default, während über den anderen Punkt die Einstellungen unter einem frei wählbaren Namen gesichert werden. Ein Benutzer, der diese Einstellungen verwenden möchte, kann später den gewählten Dateinamen beim Start von `minicom` angeben. Auf diese Weise kann einem Benutzer beispielsweise Zugriff auf verschiedene Modems gewährt werden, obwohl er selbst die Modem-Einstellungen nicht verändern darf. Die Einstellungen werden in einer Datei gesichert, die mit dem Prefix `minirc.` beginnt und dem der gewählte Name angehängt wird. Diese Dateien liegen im Verzeichnis `/etc` (abhängig davon, wie `minicom` beim Übersetzen konfiguriert wurde).

`Exit` Verlassen des Setup; anschließend befindet man sich im `minicom`-Terminalfenster, als hätte man `minicom` ohne Parameter gestartet.

`Exit from minicom` Verlassen von `minicom`; eventuelle Änderungen an den Einstellungen werden nicht automatisch gesichert.

Außer dem `Serial port setup`-Dialog müssen normalerweise keine Anpassungen vorgenommen werden, da sinnvolle Defaultwerte existieren. Daher beschränken sich die Angaben im Normalfall auf die zu verwendende Schnittstelle und die zu verwendenden Kommunikationsparameter wie Baudrate und Datenflußkontrolle. Nutzt neben `minicom` ein weiteres Programm (z. B. HylaFAX) die serielle Schnittstelle, ist auch die Angabe der `Lockfile Location` im `Serial port setup`-Dialog wichtig, da über die in diesem Verzeichnis automatisch angelegte Lock-Datei geregelt wird, welches der beiden Programme Zugriff auf die entsprechende serielle Schnittstelle hat. Damit dieses Verfahren funktioniert, müssen natürlich beide Programme im gleichen Verzeichnis nach der Lock-Datei suchen bzw. diese im gleichen Verzeichnis anlegen. Die Lock-Datei trägt dabei den Namen der Schnittstelle, auf die das Programm, das auch die Datei anlegt,

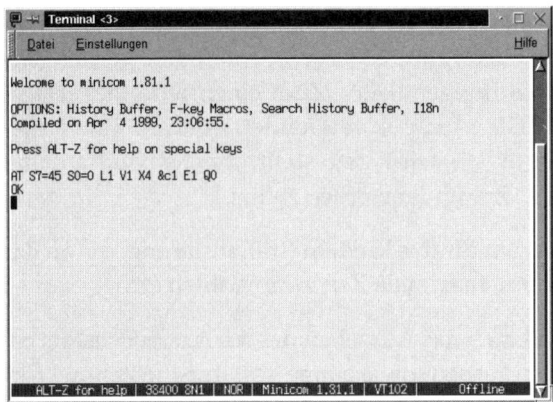

Abbildung 3.22: `minicom`-Start-Fenster

gerade zugreift (z. B. `/var/lock/LCK..ttyS1`). Möchte ein Programm auf eine bestimmte Schnittstelle zugreifen, testet es zunächst, ob eine entsprechende Lock-Datei existiert. Da diese Datei die Nummer des Prozesses enthält, der sie angelegt hat, kann nun geprüft werden, ob sie noch gültig ist. Dies erfolgt durch den einfachen Test, ob der Prozeß mit der in der Lock-Datei stehenden Nummer noch existiert. Ist dies der Fall, ist diese Schnittstelle zur Zeit belegt. Andernfalls ist die Datei ungültig und kann überschrieben werden.

3.7.2.2 Arbeiten mit `minicom`

Das Terminalprogramm kann durch Eingabe des Kommandos `minicom` aus einem Terminal heraus oder von der Linux-Konsole aus gestartet werden. Als Parameter kann insbesondere der Name einer Konfigurationsdatei angegeben werden, die die vom Systemadministrator vorgenommenen Einstellungen enthält (s. o.).

Das Hauptfenster

Nach dem Start erscheint das Terminalfenster, an dessem unteren Ende eine Statuszeile erscheint[12]. In Abbildung 3.22 ist das Start-Fenster dargestellt.

Der obere Bereich stellt das eigentliche Terminalfenster dar. Eingaben des Benutzers in dieses Fenster werden an die konfigurierte Schnittstelle gesendet. Antworten, etwa von einem angeschlossenen Modem, erscheinen ebenfalls hier. Ist ein Modem angeschlossen, kann die Grundkonfiguration bereits dadurch getestet werden, daß einfach ein AT-Kommando eingegeben wird, das durch Drücken

---

[12]Voraussetzung ist, daß die Statuszeile in der Konfiguration aktiviert wurde und daß das Terminal mindestens 25 Zeilen groß ist.

der ⟨←⟩-Taste abgeschlossen werden muß. Als Antwort des Modems muß nun umgehend OK erscheinen. Erfolgt keine Antwort, ist evtl. die falsche Schnittstelle konfiguriert, die im Modem konfigurierte Datenflußkontrolle stimmt nicht mit der in minicom konfigurierten überein oder das Kabel ist fehlerhaft (nicht alle notwendigen Pins beschaltet, oder falsch beschaltet).

Die am unteren Fensterrand sichtbare Statuszeile gibt Aufschluß über die wichtigsten Parameter bzw. den aktuellen Zustand. Dargestellt werden beispielsweise die Kommunikationsparameter (z. B. 38400 8N1). Der erste Wert ist die verwendete Baudrate, mit der Daten auf der seriellen Schnittstelle gesendet/empfangen werden. Die 8 gibt an, daß acht Daten-Bits übertragen werden, wobei keine Paritätsinformation erzeugt wird (N). Die rechts stehende 1 steht für die Übertragung von Start/Stop-Bits. Bis auf das Start/Stop-Bit können die Parameter im Serial port setup-Konfigurationsdialog verändert werden.

Insbesondere für Mailbox-Nutzer ist der verwendete Terminaltyp wichtig, der im abgebildeten Beispiel VT102 lautet. Eine falsche Einstellung kann zu „Zeichensalat" auf dem Bildschirm führen.

Rechts neben dem Terminaltyp ist angegeben, ob minicom gerade online oder offline arbeitet. Wird eine Verbindung mit einem anderen Modem erfolgreich aufgebaut, wechselt die Anzeige von Offline zu Online, wobei zusätzlich die seit dem Wechsel zum Online-Modus vergangene Zeit angezeigt wird.

Während der Arbeit mit minicom können mit Hilfe der ⟨Strg⟩-⟨a⟩ und Taste eine ganze Reihe von Steuerbefehlen übergeben werden, die beispielsweise eine bestehende Verbindung unterbrechen, das Modem reinitialisieren oder auch ein

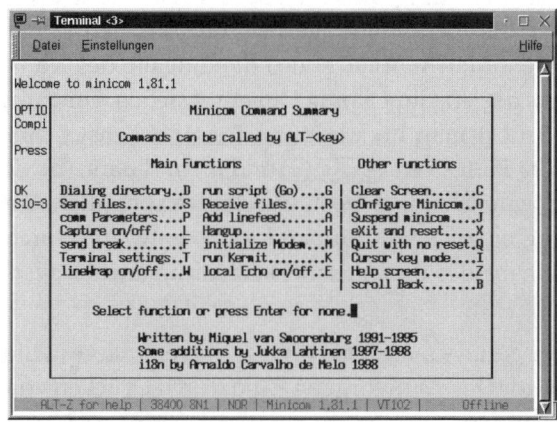

Abbildung 3.23: minicom-Hilfe-Fenster

Programm zum Dateitransfer starten. Hierzu muß die ⌜Strg⌝-Taste zusammen mit Ⓐ gefolgt von einem Buchstaben gedrückt werden, der für das entsprechende Kommando steht. Eine Übersicht über die möglichen Kommandos gibt die Hilfe, die durch gleichzeitiges Drücken der Tasten ⌜Strg⌝-Ⓐ und dann Ⓩ dargestellt wird. Abbildung 3.23 auf der vorherigen Seite zeigt den Hilfe-Bildschirm.

Beispielsweise kann aus dem Terminalfenster heraus die Tastenkombination ⌜Strg⌝-Ⓐ und Ⓜ dazu verwendet werden, das Modem neu zu initialisieren. Mit der Tastenkombination ⌜Strg⌝-⌜Strg⌝a und Ⓞ gelangt man zum `minicom`-Konfigurationsmenü. Befindet man sich gerade im Hilfe-Fenster, kann einfach der entsprechende Buchstabe eingegeben werden, ohne gleichzeitig die ⌜Strg⌝-Ⓐ-Tasten zu drücken.

Aufbau einer Wählverbindung

Bei einer Verbindung von Rechner zu Rechner mit Hilfe eines Nullmodem-Kabels ensteht die Verbindung direkt durch das Anschließen des Kabels. Werden zwei Rechner jedoch über das Telefonnetz und Modems verbunden, muß die Verbindung zunächst durch einen Wählvorgang aufgebaut werden. `minicom` kennt dabei zwei Vorgehensweisen.

Die erste besteht in der direkten Eingabe des `AT`-Kommandos im `minicom`-Terminal-Fenster, das das Modem zum Wählen veranlaßt. Geht man davon aus, daß zur Wahl das Tonwahlverfahren eingesetzt wird, lautet das Kommando einfach `ATDTnummer`, wobei `nummer` die zu wählende Nummer (evtl. mit Amtsholung) darstellt. Wird noch das ältere Pulswahlverfahren eingesetzt, lautet das entsprechende Kommando `ATDPnummer`.

Zur Vereinfachung bietet `minicom` ein Dialing Directory, das als Telefonbuch verstanden werden kann. Nummern, die hier eingetragen werden, können später auf Tastendruck aufgerufen werden. Man spart sich also die Eingabe des Kommandos und der Telefonnummern, die jetzt im Dialing Directory stehen. Um zum Dialing Directory zu gelangen, drückt man im `minicom`-Terminal-Fenster einfach ⌜Strg⌝-Ⓐ und Ⓓ oder über die Hilfe-Seite ⌜Strg⌝-Ⓐ und Ⓩ und dann Ⓓ. Es erscheint ein Dialog, in dem sich wahrscheinlich noch kein Eintrag befindet. Am unteren Bildschirmrand stehen die möglichen Kommandos, die entweder durch die Cursor-Tasten oder durch Eingabe des Anfangsbuchstabens angewählt werden können:

`Dial`	führt dazu, daß der gerade markierte Eintrag (invers dargestellte Zeile) angewählt wird. Der Wahlvorgang kann durch Drücken von ⌜Esc⌝ abgebrochen werden.
`Find`	ermöglicht das Suchen eines bestimmten Eintrags.

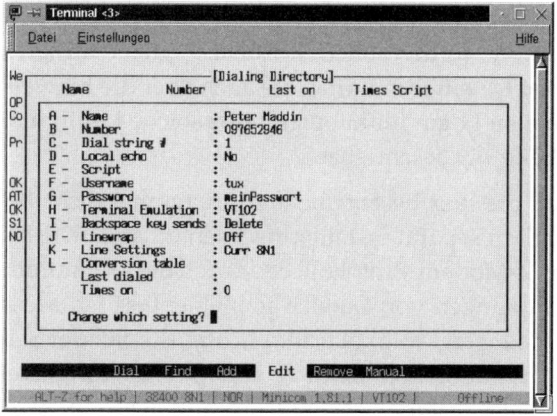

Abbildung 3.24: minicom-Dial Directory

Add   fügt dem Dialing Directory einen neuen (leeren) Eintrag hinzu, dessen Attribute anschließend mit `Edit` editiert werden können.

Edit   öffnet ein neues Dialog-Fenster, in dem Attribute des selektierten Eintrags eingegeben/verändert werden können. In Abbildung 3.24 ist das Dialog-Fenster für einen Beispieleintrag dargestellt.

Remove löscht den gerade selektierten Eintrag.

Manual ermöglicht die manuelle Eingabe einer Nummer, die anschließend gewählt wird.

In dem in Abbildung 3.24 dargestellen Beispieleintrag ist zu sehen, daß neben der zu wählenden Nummer beispielsweise auch eine `Dialstring`-Nummer angegeben werden kann. Diese Nummer ist identisch mit der Nummer des im Konfigurationsmenü `Modem and Dialing` angegebenen `Dialing prefix`, wo unterschiedliche `AT`-Kommandosequenzen angegeben werden können. Auf diese Weise lassen sich unterschiedliche `AT`-Kommandos für unterschiedliche Nummern erzeugen. Die Angabe eines Skripts zur Ausführung ermöglicht in Verbindung mit den Parametern `Username` und `Password` die automatische Anwahl inkl. des Anmeldens an einem Unix-System. Hierzu muß als Skript das in der `minicom`-Distribution enthaltene Skript `unixlogin` verwendet werden[13].

3.7.2.3 Dateitransfer unter `minicom`

Wie bereits einleitend gesagt, existieren verschiedene Programme, die die Dateiübertragung über eine direkte serielle Verbindung zwischen zwei Rechnern steu-

---

[13]Bei SuSE Linux Systemen befindet sich dieses Skript unter `/usr/share/doc/packages/minicom/demos`.

ern. Dies ist insbesondere dann notwendig, wenn Dateien aus einer Mailbox heraus auf den eigenen Rechner kopiert werden sollen. Darüber hinaus realisieren diese Programme sehr einfach eine Dateiübertragung, die auch über die Einwahl auf einem Unix-Server mit normalem Login funktioniert (eine solche Konfiguration wird in Abschnitt 3.1.5 auf Seite 149 beschrieben).

Es ist wichtig, zu verstehen, daß die hier beschriebenen Programme nicht Bestandteil von `minicom` sind, sondern separat installiert werden müssen. Die bekanntesten sind `kermit` und das Z-Modem-Protokoll, das durch die Programme `sz` zum Senden und `rz` zum Empfangen von Dateien implementiert ist. Meist bieten die Mailbox-Server verschiedenen Protokolle an. Wichtig ist, daß der Server und das über `minicom` gewählte Protokoll identisch sind. Wurde also in der Mailbox beispielsweise das Z-Modem-Protokoll gewählt, muß auf der Empfangsseite das Z-Modem-Empfangsprogramm `rz` verwendet werden.

Neben der Verwendung bei Mailbox-Systemen können die genannten Protokolle auch bei der direkten Rechner-Rechner-Verbindung über ein Nullmodem-Kabel eingesetzt werden, wenn beispielsweise keine andere Möglichkeit besteht, Daten zwischen den Rechnern auszutauschen.

Wenn möglich, sollte bei einem Dateitransfer das Z-Modem-Protokoll eingesetzt werden, da es die Daten effizient überträgt und insbesondere bei einem vorzeitigen Abbruch der Übertragung die Möglichkeit bietet, die Übertragung dort fortzusetzen, wo sie unterbrochen worden war. Es müssen also nicht alle Daten erneut übertragen werden.

Wie läuft nun ein Dateitransfer ab? Der genaue Ablauf hängt davon ab, ob der lokale Rechner die Sender- oder Empfänger-Seite darstellt. Wird von dem lokalen Rechner aus an den entfernten Rechner gesendet, muß zunächst auf dem entfernten Rechner das Empfangsprogramm für das entsprechende Protokoll gestartet werden (z. B. mit `rz` für das Z-Modemprotokoll). Anschließend kann auf dem lokalen Rechner im `minicom`-Terminalfenster das Kommando zum Senden einer Datei ⟨Strg⟩-⟨a⟩ und ⟨S⟩ bzw. ⟨Strg⟩-⟨a⟩ und ⟨Z⟩ dann ⟨S⟩ eingegeben werden. Es erscheint ein Fenster, in dem zwischen einem der konfigurierten Dateitransfer-Protokolle gewählt werden kann. Hier muß das gleiche Protokoll gewählt werden wie auf der Empfängerseite. Anschließend stellt `minicom` einen Datei-Dialog dar, in dem die zu sendende(n) Datei(en) angegeben werden können. Durch Anwahl von `Okay` wird anschließend der Transfer gestartet.

Im Fall, daß der lokale Rechner den Empfänger einer Datei darstellt, wie es z. B. beim Download einer Datei aus einer Mailbox der Fall ist, muß zunächst der Sendevorgang auf dem entfernten Rechner gestartet werden. Das Dateitransfer-Protokoll stellt sicher, daß der Übertragungsvorgang erst dann beginnt, wenn auf der Empfängerseite das entsprechende Programm gestartet wurde. Besteht die Verbindung aus einem Login auf dem entfernten Rechner (siehe Abschnitt 3.1.5 auf Seite 149), muß auf diesem System z. B. für das Z-Modem-Protokoll zunächst das Sendeprogramm `sz` *datei* gestartet werden. Anschließend kann auf dem lokalen System das Empfangsprogramm gestartet werden. In `minicom` muß dazu im Terminalfenster (Strg)-(a) und (R) bzw. (Strg)-(a) und (Z) und dann (R) eingegeben werden. Anschließend fragt `minicom` nach dem zu verwendenden Protokoll, das entsprechend dem auf Sender-Seite eingestellten Protokoll gewählt werden muß. Wird die Auswahl durch Eingabe von (←) bestätigt, ruft `minicom` das entsprechende Programm auf, wodurch die Übertragung beginnt.

Die Konfiguration der Programme zum Dateitransfer erfolgt im Konfigurationsdialog ((Strg)-(a) und (Z) und dann (O)) unter dem Menüpunkt `File transfer Protocols`. Normalerweise sind hier bereits die üblichen Programme mit den entsprechenden Parametern eingetragen, so daß nichts verändert werden muß. Hingegen sollte darauf geachtet werden, daß die hier konfigurierten Programme auch tatsächlich in den angegebenen Verzeichnissen installiert sind.

Kapitel 4

Internet-Dienste

Das Internet wird für zahlreiche Formen der Kommunikation eingesetzt. An erster Stelle steht sicherlich die Nutzung des Informationsangebots im World Wide Web. Hieran schließen sich weitere Dienste, wie z. B. das Versenden und Empfangen von Mail sowie die Diskussion im Usenet, an. In diesem Kapitel werden Möglichkeiten und Werkzeuge dargestellt, mit deren Hilfe die genannten Dienste effizient genutzt werden können. Darüber hinaus wird auch beschrieben, wie Informationen nicht nur bezogen, sondern mit Hilfe eines PPP- und FTP-Servers auch zur Verfügung gestellt werden können.

4.1 Werkzeuge zur Nutzung grundlegender Internet-Dienste

In diesem Abschnitt werden einige nützliche Werkzeuge beschrieben, die sich bei der täglichen Arbeit bewährt haben. Hierzu zählen sowohl spezielle Web-Browser als auch Tools mit Funktionsmerkmalen, über die etwa ein Browser wie Netscape nicht verfügt.

4.1.1 Terminal-basiertes Web-Browsen mit `lynx`

Wenn man vom Browsen im Web spricht, assoziiert man in der Regel auch entsprechende Programme wie Netscape oder den Internet Explorer. Allen diesen Programmen ist gemein, daß sie ein graphisches Display voraussetzen, um nicht-textuelle Informationen in Web-Seiten wie etwa Bilder oder Tabellen darstellen zu können. Was aber tun, wenn zwar eine Anbindung zum Internet, aber lediglich ein einfaches Text-Terminal vorhanden ist? Die Lösung dieses Problems heißt `lynx` (nicht zu verwechseln mit der Textverarbeitung `lyx`). `lynx` ist ein kompletter Web-Browser, der neben einfachen HTML-Seiten auch Tabellen und Formulare zur Dateneingabe beherrscht. Die Darstellung der Informationen erfolgt in einem einfachen Text-Terminal (z. B. der Linux-Konsole). Neben dem HTTP-Protokoll beherrscht `lynx` auch FTP, NNTP, `finger` und Gopher.

4.1.1.1 Installation und Konfiguration

Das Programm `lynx` kann von der Lynx-Homepage `http://www.trill-home.com/lynx.html` bezogen werden. Dort finden sich sowohl der Quellcode als auch vorkompilierte Versionen dieses Browsers. Darüber hinaus ist das Programm Bestandteil nahezu jeder Distribution und kann mit Hilfe deren Installationswerkzeug schnell und einfach installiert werden.

Vor dem Start des Programms sollten einige Environment-Variable überprüft werden, die für die Arbeit von `lynx` wesentlich sind. Hierbei handelt es sich um die Variablen `http_proxy`, die die URL des zu verwendenden Web-Proxy-Servers enthalten kann, wie auch die Variable `ftp_proxy`, die zur Angabe eines FTP-Proxy verwendet werden kann. Ein Proxy ist einfach ein Rechner, der zwischen dem Browser, wie z. B. `lynx`, und dem durch die URL bezeichneten Server steht. Der Browser kontaktiert nicht direkt den Server, der die zu ladenden Seiten enthält, sondern den Proxy, der wiederum die Daten holt und an den Browser liefert (siehe auch die Diskussion zu `wwwoffle` in Abschnitt 4.3.1 auf Seite 291). Diese Variablen können je nach verwendeter Shell in der globalen Konfigurationsdatei `/etc/profile` bzw. `/etc/csh.cshrc` gesetzt werden. Alternativ kann auch der Benutzer die Variablen in seiner `.profile`- bzw. `.cshrc`-Datei konfigurieren. In der SuSE-Distribution werden die globalen Dateien automatisch angepaßt, wenn die Variablen `HTTP_PROXY` und `FTP_PROXY` in der Datei `/etc/rc.config` entsprechend gesetzt werden.

Wird auf dem lokalen Rechner `wwwoffle` eingesetzt (siehe Abschnitt 4.3 auf Seite 290), sollten diese Variablen wie folgt gesetzt werden, um mit Hilfe von `wwwoffle` offline browsen zu können:

```
# /etc/profile
# ....
export http_proxy=http://localhost:8080
export ftp_proxy=ftp://localhost:8080
```

Für die `csh`-Datei `/etc/csh.cshrc` sehen die Einstellungen entsprechend wie folgt aus:

```
# /etc/csh.cshrc
# ....
setenv http_proxy http://localhost:8080
setenv ftp_proxy ftp://localhost:8080
```

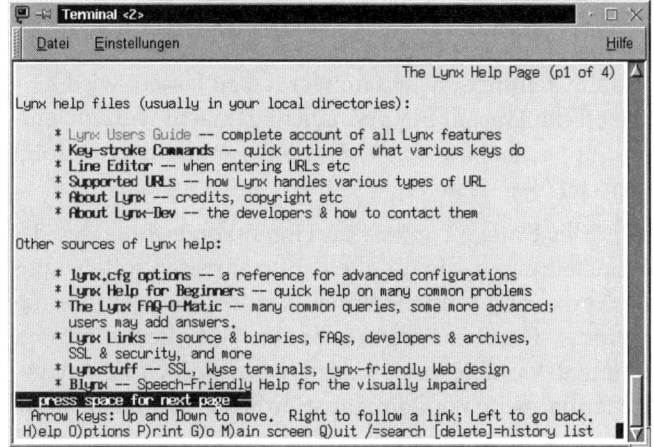

Abbildung 4.1: Das `lynx`-Start-Fenster

Soll kein Proxy-Server verwendet werden, sollten die Variablen nicht gesetzt werden. Nachdem diese Grundeinstellung vorgenommen und ein neues Terminalfenster gestartet wurde (um die soeben gemachten Einstellungen auch wirksam zu machen), kann der Browser einfach durch Eingabe von `lynx` aus einem Terminal heraus gestartet werden. Das Start-Bild ist in Abbildung 4.1 dargestellt.

Wie in dieser Abbildung zu sehen, verfügt `lynx` über ein recht umfangreiches Hilfesystem auf Basis verschiedener HTML-Seiten, die Teil der Distribution sind. Zunächst sollten jedoch noch einige Einstellungen vorgenommen werden, was mit Hilfe des Options-Menüs möglich ist. Durch Drücken der Taste ⓞ wird dieses Menü aufgerufen. Die Navigation innerhalb des Menüs erfolgt mit den Tasten ⬆ und ⬇. Die Selektion eines Eintrags kann durch die ⏎-Taste vorgenommen werden. Die wichtigen Einträge in diesem Menü betreffen die eigene Mail-Adresse, die insbesondere zur automatischen, anonymen Anmeldung bei FTP-Servern verwendet wird, wie auch die Einstellung für den Zeichensatz (normalerweise `iso-8859-1`). Weiterhin sollte in diesem Menü der Color-Modus auf `ALWAYS` eingestellt werden, falls das verwendete Terminal Farbe darstellen kann. Hierdurch wird die Darstellung insgesamt übersichtlicher.

Die Einstellung des `User mode` dient dazu, den zur Verfügung stehenden Platz entsprechend dem Kenntnisstand des Benutzers optimal einzusetzten. Im `Novice`-Modus werden am unteren Rand insgesamt drei Hilfe-Zeilen angezeigt. Im `Intermediate`-Modus steht nur noch eine Hilfe-Zeile zur Verfügung und im `Advanced`-Modus wird anstelle einer Hilfe-Zeile die URL des gerade selektierten Link angezeigt. Für jene, die noch nicht mit `lynx` gearbeitet haben, ist die `Novice`-Einstellung durchaus sinnvoll.

Nachdem alle Optionen den eigenen Wünschen entsprechend gesetzt wurden, muß mit der ⬇-Taste bis zu dem Link Accept Changes bzw. Reset Changes gewechselt werden. Um die Einstellungen wirksam werden zu lassen, wird Accept Changes selektiert (soll die Einstellung permanent gemacht werden, entsprechend zu der Box Save options to disk). Das Ein-/Ausschalten erfolgt dann einfach durch Drücken der ⬅-Taste.

Die Einstellungen werden in der Datei .lynxrc im Home-Verzeichnis des Benutzers abgelegt. Globale Einstellungen, die für alle Benutzer gelten sollen, können als root in der Datei lynx.cfg vorgenommen werden, die sich normalerweise in /usr/lib/ befindet. Darüber hinaus kann das Verhalten von lynx durch zahlreichen Environment-Variable und Kommandozeilen-Optionen gesteuert werden, die in der Manual-Seite von lynx ausführlich beschrieben sind.

4.1.1.2 Navigation

Soll beim Start von lynx direkt eine bestimmte (lokale) Datei oder URL angezeigt werden, kann diese einfach als Kommandozeilen-Parameter an lynx übergeben werden. Bei einem Aufruf ohne Parameter erscheint die oben abgebildete Startseite, von der aus verschiedene Links zu gerade für Einsteiger interessanten Hilfe-Themen führen. Die Hilfe-Seite kann stets durch Drücken von Ⓗ aufgerufen werden. Die Start-Seite (die u. U. identisch mit der Hilfe-Seite ist) ist durch Drücken von Ⓜ zu erreichen. Um lynx zu verlassen, muß Ⓠ gedrückt werden.

Neben der Möglichkeit, die Links einer Seite zu verfolgen, kann auch zu jeder Zeit eine bestimmte URL angegeben werden, die geladen werden soll. Hierzu muß einfach die Taste Ⓖ gedrückt werden, woraufhin lynx nach der gewünschten URL fragt.

Da das Terminal nur wenig Platz zur Darstellung der oftmals langen Web-Seiten eines Anbieters läßt, können die meisten Seiten nur teilweise dargestellt werden. Um in diesem Fall den zur Zeit nicht dargestellen Teil der Seite zu betrachten, kann entweder ⬇ bzw. ⬆, ⬚ oder eine der Tasten (Bild ↑), (Bild ↓) gedrückt werden. lynx blättert in diesem Fall immer eine Bildschirmseite vor oder zurück. Um direkt ganz an den Anfang bzw. das Ende einer langen Seite zu gelangen, kann einfach (Ctrl)-(A) bzw. (Ctrl)-(E) gedrückt werden.

Eine Übersicht über die möglichen Tasteneingaben kann jederzeit durch Eingabe von Ⓚ aufgerufen werden.

Links

Ein Link wird immer hervorgehoben dargestellt – wie genau, hängt vom verwendeten Terminal ab. Im Farb-Modus erscheinen Links fett und blau. Der gerade aktive Link wird rot dargestellt. Ohne Farbdarstellung erscheinen Links fett und der gerade aktive Link invers. Die Bedeutung des „aktiven" Link ist die, daß durch Drücken der ⊖- oder ⊕-Taste diesem Link gefolgt, also die entsprechende Seite, auf die der Link verweist, geladen wird. Um einen bestimmten Link zu selektieren, können mit den Tasten ⊕ und ⊕ nacheinander alle Links auf einer Seite durchlaufen werden.

History

Ist man schließlich einem Link gefolgt und möchte zur vorangegangenen Seite zurück, reicht ein- oder mehrfaches Betätigen der ⊖-Taste. Zur einfacheren Navigation erstellt lynx beim Browsen der verschiedenen Seiten eine History, also eine Liste der bereits besuchten Seiten[1]. Der Zugriff auf die History erfolgt durch Drücken der Taste ⊖, woraufhin eine neue Seite, die Link-Liste, erscheint. Die zuletzt besuchte Seite erscheint immer ganz oben (hat die höchste Nummer). Mit Hilfe der ⊕- bzw. ⊕-Taste kann der gewünschte Link selektiert werden. Um schließlich zur gewünschten Seite zu wechseln, kann entweder ⊖ oder die Taste ⊕ gedrückt werden. Um von der History-Seite wieder zurück zu der zuvor besuchten Seite zu gelangen, kann wiederum die ⊖-Taste verwendet werden.

Bookmarks

Neben der History sind Bookmarks eine wichtige Hilfe, einmal besuchte Seiten erneut aufzufinden. Normalerweise verwendet lynx je Benutzer eine Lesezeichen-Datei (lynx_bookmarks.html), in die der Benutzer durch Drücken von Ⓐ Links ablegen und mit einem selbst definierbaren Namen versehen kann. Im Anschluß daran muß Ⓓ gedrückt werden, um einen Link auf das aktuelle Dokument abzulegen, oder Ⓛ, um ein Lesezeichen auf den gerade im Terminal aktiven Link in die Bookmark-Datei abzulegen.

Um ein Lesezeichen aus den Bookmarks auszuwählen, muß lediglich die Taste Ⓥ (view) gedrückt werden. lynx stellt daraufhin eine neue Seite mit der Liste der Lesezeichen dar, aus der der gewünschte Link in gewohnter Weise ausgewählt werden kann. Das Entfernen von Lesezeichen aus der Bookmark-Datei erfolgt durch Selektion des entsprechenden Link und anschließendes Drücken der Ⓡ-Taste.

Da die Bookmark-Datei nicht weiter strukturiert werden kann, ist es u. U. sinnvoll, nicht nur eine, sondern mehrere solcher Dateien zu verwalten. lynx gestattet es, 26 solcher Dateien zu verarbeiten, die jeweils durch einen Buchstaben des Alphabets angesprochen werden. Möchte der Benutzer einen Link zu einer

---

[1]Genau genommen, werden die Seiten in die History aufgenommen, die besucht und über einen anderen Link verlassen wurden. Wird eine Seite besucht und durch ⊖ wieder verlassen, wird sie nicht in die History aufgenommen.

bestimmten Bookmark-Datei hinzufügen, wird er in diesem Fall zunächst nach einem Buchstaben gefragt, um die Lesezeichen-Datei auszuwählen. Zur Aktivierung dieser Option muß in der Konfiguration der Punkt `Multiple-bookmarks` auf `STANDARD` oder `ADVANCED` stehen. Zudem müssen den Dateien konkrete Namen gegeben werden. Dies erfolgt in der Datei `.lynxrc` des entsprechenden Benutzers oder in `/usr/lib/lynx.cfg`. Dort müssen den Variablen `multi_bookmarkB`, ..., `multi_bookmarkZ` die gewünschten Dateinamen zugewiesen werden, in denen die Lesezeichen abgelegt werden sollen.

Weitere Funktionen

Gelegentlich kommt es vor, daß beim Laden einer Seite ein Fehler aufgetreten ist und diese Seite erneut geladen werden soll (ein sogenannter „Reload"). Auch `lynx` verfügt über dieses Feature. Dazu müssen einfach die Tasten `Ctrl`-`R` gedrückt werden. Eine Neu-Darstellung des Bildschirms erfolgt über `Ctrl`-`L`. Soll ein Dokument über einen Link auf das Dateisystem gespeichert werden, muß bei aktiviertem Link zu der zu ladenden Datei die Taste `D` gedrückt werden. Mit Hilfe von `P` kann die gerade dargestellte Seite gedruckt werden.

Auch das Suchen von Text in einer dargestellten Seite ist für `lynx` kein Problem. Durch Drücken der `/`-Taste erscheint am unteren Bildschirmrand ein entsprechender Dialog, in dem Suchbegriffe bzw. Teile davon eingegeben werden. Das Suchen des jeweils nächsten passende Begriffs erfolgt mit `N`.

Zusammenfassung der Tastaturbelegung

Zum leichteren Umgang mit `lynx` sind in folgender Übersicht die wichtigsten Tastaturbefehle zusammengestellt. Eine vollständige Liste zur Tastenbelegung kann von `lynx` aus durch Drücken von `K` aufgerufen werden.

`↑`, `↓` erlaubt die Navigation innerhalb der gerade dargestellten Seite, wobei jeweils von einem Link zum vorhergehenden/folgenden gesprungen wird. Der jeweilige Link wird dadurch zum aktiven Link. Durch Drücken von `⏎` kann ihm gefolgt werden.

`←`, `→` Rückkehr zu den zuvor besuchten Seiten oder Aufruf des gerade aktiven Link.

`⏎` identisch `→`. Durch Drücken dieser Taste wird dem gerade aktiven (markierten) Link gefolgt.

`⎵`, `B` zeigt die nächste/vorangehende Bildschirmseite des aktuellen Dokuments (vor- und zurückblättern).

`⏎` Darstellung der History-Seite, in der die URLs der bereits besuchten Seiten aufgelistet sind.

Ⓞ, Ⓝ   suche nach einer Zeichenkette im aktuellen Dokument. Durch Drücken von Ⓝ wird das nächste Auftreten des Suchbegriffs dargestellt.

Ⓓ   bewirkt, daß das zum gerade aktiven Link gehörende Dokument auf die lokale Platte geladen wird (download).

Ⓖ   ermöglicht die Eingabe einer neuen URL, die lynx laden und darstellen soll (goto).

(Shift ⇑)-Ⓖ   editieren der URL des gerade dargestellten Dokuments, um eine neue URL zu laden und darzustellen.

Ⓛ   auflisten aller Links im aktuellen Dokument. Die Liste kann mit Ⓓ und Ⓤ durchlaufen werden. Um zu einem der Links zu verzweigen, kann wie üblich z. B. (⟵) gedrückt werden.

Ⓜ   Rückkehr zur lynx-Hauptseite (main).

Ⓟ   Drucken der gerade dargestellten Seite.

Ⓠ   verlassen von lynx (quit).

Ⓥ   darstellen einer Lesezeichen-Datei (Bookmark-File).

Ⓩ   Abbruch der Übertragung (z. B. Ladevorgang einer Seite oder Download einer Datei).

(Ctrl)-Ⓐ, (Ctrl)-Ⓔ springt zum Anfang/Ende des aktuellen Dokuments.

(Ctrl)-Ⓛ veranlaßt den Neuaufbau des Bildschirms.

(Ctrl)-Ⓡ bewirkt das Neuladen der aktuellen Seite (Reload).

4.1.2   File transfer mit ncftp

FTP, das *File Transfer Protocol*, ist ein Protokoll zum Download von Dateien von sogenannten FTP-Servern. Der lokale Rechner bzw. das auf diesem Rechner laufende FTP-Programm wird als Client bezeichnet. Neben dem Download von Daten erlaubt FTP auch den Dateitransfer in umgekehrter Richtung (vom Client zum Server), was als Upload bezeichnet wird. Das FTP-Protokoll wurde ursprünglich mit dem Programm ftp realisiert. Heute unterstützen auch alle gängigen Browser, wie z. B. Netscape oder auch der KDE-File-Browser kfm, dieses Protokoll. Ein Upload wird nicht von allen Werkzeugen unterstützt.

Neben dem FTP-Protokoll wird zum Download oftmals das HTTP-Protokoll eingesetzt, über das normalerweise ein Web-Server und ein Web-Browser miteinander kommunizieren. Ein spezielles, HTTP-fähiges Werkzeug (wget) wird im nächsten Abschnitt vorgestellt.

4.1.2.1 Ablauf einer FTP-Sitzung

Der Ablauf einer FTP-Sitzung sieht wie folgt aus: Der Browser, der auch als FTP-Client bezeichnet wird, versucht zunächst, eine Verbindung zu Port 21 des Servers herzustellen. Der FTP-Server verlangt anschließend eine Authentifizierung des Client, die wie beim normalen Login aus der Eingabe eines Benutzernamens und eines dazugehörigen Passworts besteht. Damit der Betreiber eines Servers bestimmte Dateien öffentlich (also ohne Authentifizierung des Client) zum Download zur Verfügung stellen kann, existiert dazu eine Konvention, die als „anonymous FTP" bezeichnet wird. Auch beim anonymen FTP fordert der FTP-Server den Client auf, einen Benutzernamen und ein Passwort anzugeben. Hierbei kann der Client statt eines konkreten Benutzernamens jedoch einfach die Zeichenkette `anonymous` (oder `ftp`) angeben. Als Passwort wird in diesem Fall üblicherweise die Mail-Adresse des Benutzers angegeben, der den Download durchführen will. Erlaubt der Server „anonymous FTP", wird dem Client der Zugang zum Server gewährt. In der Regel unterliegt dieser anonyme Zugang starken Beschränkungen: So kann der Client eventuell keine Dateien auf dem FTP-Server ablegen oder nur aus bestimmten Verzeichnissen des Servers Dateien herunterladen.

Bei einem FTP-Download über einen der oben genannten Browser erhält der Benutzer nach Eingabe der FTP-URL (z. B. `ftp://ftp.suse.com/pub`) und der für den Benutzer meist nicht sichtbaren Authentifizierung eine Liste der Dateien und weiterer Unterverzeichnisse, die sich in dem in der URL angegebenen Verzeichnis (hier: `/pub`) auf dem FTP-Server (hier: `ftp.suse.com`) befinden. Der Download von Dateien kann anschließend durch einen Klick auf die entsprechende URL erfolgen.

4.1.2.2 Das FTP-Werkzeug `ncftp`

Bei dem Komfort, der durch die graphischen Werkzeuge wie z. B. `netscape` geboten wird, stellt sich die Frage, warum nicht immer ein solcher Browser zum FTP-Download von Dateien verwendet werden sollte und es überhaupt weiterer spezieller Werkzeuge wie z. B. `ncftp` bedarf. Es lassen sich zwei Antworten geben: Zum einen unterstützen viele graphische Browser nur den Download, jedoch nicht den Upload einer Datei. Der zweite Grund ist mehr grundsätzlicher Natur: Die Verwendung eines graphischen Werkzeugs setzt immer eine Interaktion, also einen Benutzer voraus, der das graphische Werkzeug bedient. Dadurch ist es praktisch nicht möglich, einen Download oder Upload von Dateien zu automatisieren, so daß dieser Vorgang zu beliebigen Zeiten stattfinden kann, auch dann, oder gerade dann, wenn kein Benutzer arbeitet. Genau hier zeigen die Terminal-basierten FTP-Applikationen wie `ftp` und insbesondere `ncftp` ihre Stärken. `ncftp` ermöglicht den vollautomatischen Download von Dateien von einem Server. Darüber hinaus verfügt es über besondere Fähigkeiten, wie etwa den Download ganzer Verzeichnisse und aller darin enthaltenen Dateien und Unterverzeichnisse mit einem einzigen Kommando oder die Möglichkeit des Wiederaufsetzens nach einem Verbindungsabbruch, wodurch eine große Datei z. B. nur zur Hälfte übertragen wurde. In diesem Fall muß nicht die gesamte Datei erneut übertragen werden, sondern es kann an der Stelle fortgefahren werden, an der zuvor unterbrochen wurde.

Die folgende Beschreibung bezieht sich auf die zur Zeit verbreitetste Versionen 2.x. Die Version 3.x ist in einigen Punkten verschieden von der 2er Version. Auf diese Unterschiede wird in Abschnitt 4.1.2.7 auf Seite 258 gesondert eingegangen.

4.1.2.3 Modi

Das Programm `ncftp`, das Bestandteil jeder Linux-Distribution ist oder alternativ über die `ncftp`-Homepage (`http://www.ncftp.com/ncftp/`) geladen werden kann, kennt insgesamt drei Arbeitsmodi:

1. Visual Mode
   Der Visual Mode wird üblicherweise verwendet und bietet dem interaktiv arbeitenden Benutzer den meisten Komfort in Form einer ansprechenden Benutzerschnittstelle. Die Implementation dieser Benutzerschnittstelle basiert auf der Curses-Bibliothek, die zur Terminal-Steuerung eingesetzt wird.

2. Line Mode
   Der Line Mode ist die einfachere Version des Visual Mode. Hier wird dem Benutzer lediglich eine Kommandozeile angeboten, über die er analog zum einfachen `ftp`-Programm Kommandos zum Down- bzw. Upload von Dateien angeben kann.

3. Colon Mode
   Dies ist der nicht-interaktive Arbeits-Modus. `ncftp` wird in diesem Fall lediglich mit der herunterzuladenden FTP-URL des Dokuments von der Shell-Kommandozeile aufgerufen. Weitere Eingaben sind nicht erforderlich oder möglich. `ncftp` beendet sich, wenn die gewünschte Datei vollständig geladen wurde oder ein Fehler aufgetreten ist.

4.1.2.4 Visual und Line Mode

Die Visual und der Line Mode sind die interaktiven Modi von `ncftp`. Der Start von `ncftp` kann ohne Angabe von Argumenten oder unter Angabe der Adresse eines FTP-Servers, entweder als Name oder IP-Adresse, erfolgen. Werden ein FTP-Server und keine weiteren Optionen angegeben, versucht `ncftp`, direkt eine Verbindung zu diesem Server herzustellen und sich als Benutzer anonymous anzumelden. Wurde der Server bereits zuvor besucht, wechselt `ncftp` auch gleich in das Server-Verzeichnis der letzten Sitzung.

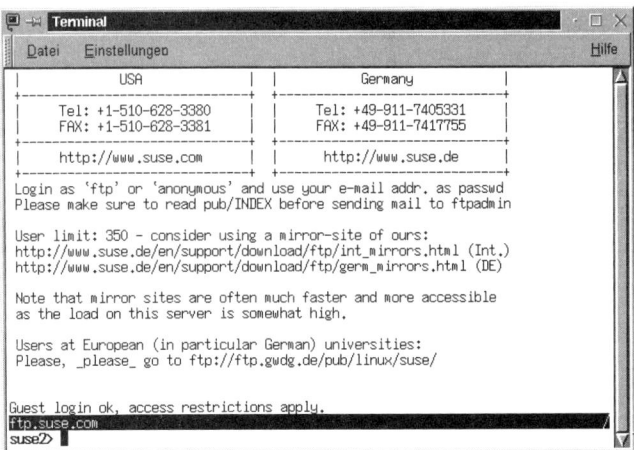

Abbildung 4.2: Das `ncftp`-Start-Fenster im Visual Mode

Ohne die Angabe eines FTP-Servers wird lediglich die Benutzeroberfläche von `ncftp` dargestellt und auf weitere Kommandos, etwa zum Verbindungsaufbau zu einem Server, gewartet. Das Fenster (im Visual Mode) stellt sich dem Benutzer in diesem Fall wie in Abbildung 4.2 abgebildet dar. `ncftp` wurde hier als `ncftp ftp.suse.com` gestartet. Ist die Verbindung aufgebaut, können mit Hilfe weiterer Kommandos der Inhalt von Server-Verzeichnissen dargestellt (`ls`) oder Dateien heruntergeladen (`get file`) werden.

Das Fenster besteht aus drei Teilen. Der oberste, größte Abschnitt dient der Darstellung der Dateien/Verzeichnisse sowie aller Ausgaben des FTP-Servers. Nach der Anmeldung bei einem FTP-Server erscheinen in diesem Teil z. B. Mitteilungen für den FTP-Benutzer, später die Ausgaben von Kommandos wie etwa zur Listung aller Dateien im aktuellen Server-Verzeichnis. Die unterste Zeile des Fensters dient der Eingabe von Kommandos und stellt ganz links einen einfachen Prompt dar. Die Zeile darüber dient der Ausgabe von Statusmeldungen und weiteren Informationen. Im Anschluß an die Verbindung wird links der Name des Servers und rechts in dieser Zeile das aktuelle Arbeitsverzeichnis auf dem FTP-Server dargestellt. Bei einigen Kommandos (z. B. beim Download) wird das oberste Fenster um weitere Zeilen verkürzt, um weitere Statusinformationen darstellen zu können.

Kommandos
Die Bedienung von `ncftp` erfolgt durch die Eingabe von Kommandos, die sowohl das Verhalten von `ncftp` steuern wie auch dem Umgang mit dem FTP-Server dienen.

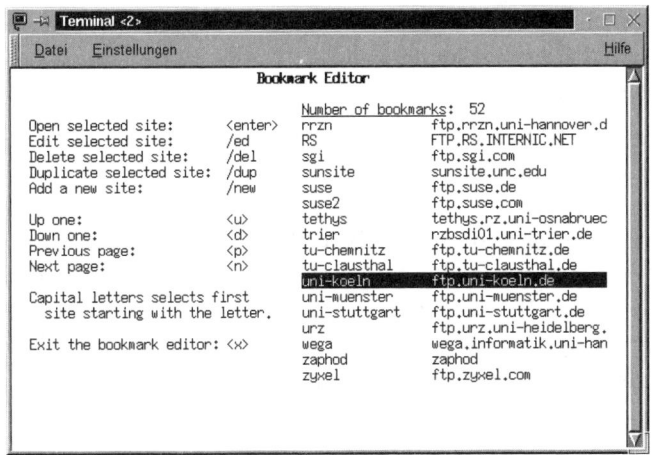

Abbildung 4.3: Der `ncftp`-Bookmark-Dialog des `open`-Kommandos

Das wahrscheinlich wichtigste Kommando lautet `help`. Ohne weitere Argumente werden alle verfügbaren Kommandos angezeigt, zu denen weitere Hilfe angefordert werden kann. Dies erfolgt wiederum durch Aufruf des `help`-Kommandos mit einem Parameter. `help open` zeigt z. B. eine Hilfe für das `open`-Kommando.

Das Verlassen des FTP-Servers erfolgt über das `quit`-Kommando, wobei aktuelle Einstellungen wie das aktuelle Server-Verzeichnis und der verwendete FTP-Benutzername zusammen mit dem Namen des FTP-Servers in der Konfigurationsdatei `.ncftp/bookmarks` gespeichert werden.

Eine bedeutende Erleichterung ist die History-Funktion der `ncftp`-Kommandozeile. Alle Kommandos, die einmal eingegeben wurden, können wie bei der Shell (`bash`, `tcsh`) durch Drücken der ⬆-- bzw. ⬇-Taste mit allen angegebenen Argumenten erneut angezeigt, gegebenenfalls verändert und ausgeführt werden. Dadurch wird die Tipparbeit deutlich reduziert.

Wurde `ncftp` ohne Angabe eines FTP-Servers gestartet, lautet das wahrscheinlich erste Kommando `open ftp-server` zur Herstellung einer Verbindung zum FTP-Server `ftp-server`, der entweder als →DNS-Name (z. B. `ftp.suse.com`) oder als IP-Adresse angegeben werden kann. Das `open`-Kommando kann auch ohne Parameter aufgerufen werden. `ncftp` verfügt über eine Liste der zuletzt besuchten FTP-Server (Bookmarks genannt), die in diesem Fall dargestellt wird (siehe Abbildung 4.3) und aus der der Benutzer einen Eintrag wählen kann. `ncftp` verbindet mit dem ausgewählten Server, wobei neben dem zuletzt gültigen Verzeichnis auf diesem Server auch die zur Anmeldung verwendete Kennung wieder verwendet wird. Jedem der Server aus der Liste ist ein Kurzname zugeordnet, der ebenfalls als Argument für das `open`-Kommando übernommen werden kann. Die Liste der Server wird normalerweise automatisch von `ncftp` verwaltet, kann jedoch auch durch die auf der linken Seite stehenden Kommandos von Hand bearbeitet und ergänzt werden.

Wurde die Verbindung zum FTP-Server aufgebaut und die Anmeldung erfolgreich abgeschlossen, können anschließend die Verzeichnisse des FTP-Servers angezeigt und Dateien heruntergeladen werden. Das Auflisten eines Verzeichnisses erfolgt über das `ls`-, der Wechsel von einem Verzeichnis auf dem FTP-Server in ein anderes über das `cd`-Kommando. Wichtig ist zu verstehen, daß es neben dem Arbeitsverzeichnis auf dem FTP-Server ebenfalls ein Verzeichnis auf Client-Seite gibt, in das normalerweise alle Download-Dateien geschrieben werden. Der Wechsel des lokalen Verzeichnisses erfolgt mit Hilfe des `lcd`-Kommandos.

Download

Der Download einer oder mehrerer Dateien erfolgt anschließend durch des `get`-Kommando. Dieses verfügt über verschiedene leistungsfähige Optionen, mit deren Hilfe z. B. ganze Verzeichnisse erfaßt und sogar Wildcards (z. B. `*`) angegeben werden können, um mehrere Dateien mit einem Kommando herunterzuladen. Die folgenden Beispiele des `get`-Kommandos demonstrieren diese Möglichkeiten:

`get README`	Download der Datei README im aktuellen Verzeichnis des FTP-Servers in das aktuelle lokale Arbeitsverzeichnis (anzuzeigen mit `lpwd`).
`get f1 f2 f3`	Download der drei Dateien `f1`, `f2` und `f3` ins lokale Arbeitsverzeichnis.
`get RE*`	Download aller Dateien im aktuellen FTP-Server-Verzeichnis, die mit den Buchstaben RE beginnen.
`get -R patches`	Download aller Dateien und Unterverzeichnisse des Verzeichnisses `patches` auf dem FTP-Server. Das Verzeichnis wird im aktuellen lokalen Arbeitsverzeichnis abgelegt.
`get -G *NOTES`	Deaktivieren von Wildcards. In diesem Beispiel wird die *Datei* `*NOTES` (nicht alle Dateien, die mit NOTES enden) heruntergeladen.
`get -C file`	Fortsetzung eines vorangegangenen Download-Versuchs der Datei `file`, bei dem diese Datei nur teilweise übertragen wurde. Statt die Datei insgesamt von neuem zu übertragen, versucht `ncftp` bei Angabe der `-C`-Option, nur den nicht übertragenen Rest der Datei vom FTP-Server zu holen. Bei großen zu übertragenden Dateien spart dies erheblich Zeit und Bandbreite.

get -f file   Download der Datei file, auch wenn diese schon im lo-
               kalen Arbeitsverzeichnis existiert (force). Normalerweise
               werden nur die Dateien geladen, die noch nicht lokal im ak-
               tuellen Arbeitsverzeichnis vorhanden sind, oder solche, die
               zwar lokal existieren, aber älter als die Version auf dem FTP-
               Server sind.

get -n days file Download der Datei file nur dann, wenn diese weniger
               oder genau days Tage alt ist.

get -z sf cf   Download der Datei sf auf dem FTP-Server. Im lokalen ak-
               tuellen Arbeitsverzeichnis wird diese Datei unter dem Na-
               men cf abgelegt.

Während des Download stellt ncftp eine Verlaufsanzeige dar, an der abzulesen
ist, wieviel Prozent der gerade bearbeiteten Datei bereits übertragen wurden und
wie lange der Resttransfer voraussichtlich noch dauern wird.

Neben der direkten Angabe der zu ladenden Dateien erlauben viele FTP-Server
auch die dynamische Erzeugung von Tar-Archiven und das dynamische Komprimieren. Normalerweise liegen die Dateien auf einem FTP-Server in komprimier-
ter Form vor. Manchmal jedoch sind bestimmte Dateien nicht komprimiert oder
es existieren ganze Verzeichnisse mit unkomprimierten Dateien (z. B. um sich die
Dateien direkt ansehen zu können). Die Übertragung dieser unkomprimierten
Daten dauert naturgemäß wesentlich länger als der Transfer der komprimierten
Version. FTP-Server, die über die oben genannten Merkmale verfügen, erlauben
es dem Benutzer, beim Aufruf des get-Kommandos zu bestimmen, daß eine
Datei vor der Übertragung komprimiert oder ein ganzes Verzeichnis vor dem
Download in einem Tar-Archiv zusammengefaßt werden soll. Zur Kompression einer Datei wird zu diesem Zweck im get-Befehl dem Dateinamen einfach
das Suffix .z (oft auch .gz) hinzugefügt. Die übertragene Datei ist anschließend
komprimiert. Soll ein ganzes Verzeichnis mit allen Dateien darin komprimiert
übertragen werden, kann dem Namen des Verzeichnisses das Suffix .tar.z (oft
auch .tar.gz) hinzugefügt werden. Die lokal abgelegte Datei ist anschließend
ein Tar-Archiv, das mit tar entpackt werden kann. Diese Möglichkeiten sind,
wie gesagt, keine spezifischen Fähigkeiten von ncftp, sondern Features des FTP-
Servers. Ob der Server über die genannten Eigenschaften verfügt, kann am besten
durch einen entsprechenden Download-Versuch herausgefunden werden.

Upload
Neben der Möglichkeit, Dateien vom FTP-Server in ein lokales Verzeichnis zu
transferieren, können mit Hilfe von ncftp auch lokale Dateien in ein Verzeichnis des FTP-Servers kopiert werden. Hierzu muß der entsprechende Benutzer jedoch über die dafür notwendigen Rechte verfügen. Für alle Benutzer ist biswei-

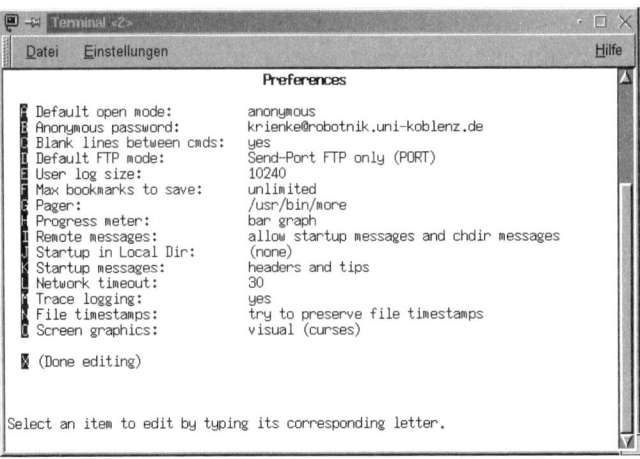

Abbildung 4.4: Das `ncftp`-Konfigurationsfenster des `prefs`-Kommandos

len das Server-Verzeichnis `incoming` verfügbar, in das z. B. neue Versionen einer selbst entwickelten Software kopiert werden können. Dieses Verzeichnis wird vom FTP-Administrator durchgesehen und aufgeräumt. Es sollte daher nicht ohne Abstimmung mit dem FTP-Administrator des Servers etwas dort hinein kopiert werden. Der Upload einer Datei erfolgt mit Hilfe des `put`-Kommandos. Mit Hilfe von `lcd lokales Verzeichnis` sollte zunächst in das lokale Verzeichnis gewechselt werden, in dem sich die Datei für den Upload befindet. Anschließend sollte über das Kommando `cd Server-Verzeichnis` in das Verzeichnis des FTP-Servers gewechselt werden, in das die Datei kopiert werden kann. Das Kommando `put file` kopiert schließlich die lokale Datei `file` unter gleichem Namen in das aktuelle Server-Verzeichnis. Soll die Datei unter anderem Namen auf den Server kopiert werden, kann die `-z`-Option analog zum `get`-Kommando verwendet werden.

Konfiguration

Viele Eigenschaften von `ncftp` können im Visual Mode interaktiv konfiguriert werden, so daß sie beim nächsten Start des Programms wieder verfügbar sind. Hierzu dient das Kommando `prefs`. Nach dessen Eingabe erscheint das in Abbildung 4.4 dargestellte Fenster.

Alle Einstellungen sind mit invers dargestellten Buchstaben gekennzeichnet. Um den Wert einer der Optionen zu verändern, muß zunächst der entsprechende Buchstabe gedrückt werden. Anschließend können die verfügbaren Werte dieser Option mit Hilfe der ⬚-Taste nacheinander durchlaufen werden. Für einige Optionen muß der gewünschte Wert von Hand eingegeben werden. In diesem Fall zeigt `ncftp` am unteren Bildschirmrand eine Eingabezeile. Durch das Drücken der ⇐-Taste wird die Eingabe der bearbeiteten Option abgeschlossen. Der Konfigurationsdialog kann durch Drücken von ⓧ verlassen werden. Eine genaue Beschreibung der Optionen findet sich in den Manual-Seiten von `ncftp`.

Wichtige Kommandos

Neben den bereits erläuterten verfügt `ncftp` über eine ganze Reihe weiter Kommandos, von denen die wichtigsten hier kurz beschrieben werden sollen:

`help`   Ausgabe von Hilfe zu einzelnen Kommandos bzw. Anzeige aller Kommandos. Um Hilfe zu einem bestimmten Kommando zu erhalten, muß der Name des Kommandos als Argument angegeben werden.

`cd`   Wechsel des Verzeichnisses auf dem FTP-Server. Wie beim `cd`-Kommando der Shell können auch hier absolute (mit / beginnende) oder relative Pfade (relativ zum aktuellen Arbeitsverzeichnis) angegeben werden. `cd` - wechselt zum Verzeichnis, in dem man sich zuvor befunden hat.

`lcd`   Wechsel des lokalen Arbeitsverzeichnisses. Wie beim `cd`-Kommando der Shell können auch hier absolute (mit / beginnende) oder relative Pfade (relativ zum aktuellen Arbeitsverzeichnis) angegeben werden.

`version`   Ausgabe der Versionsnummer von `ncftp`.

`dir`   ausführlichen Auflistung des aktuellen (bzw. des als Parameter angegebenen) Verzeichnisses. Falls der FTP-Server eine Unix-Maschine ist, können als Parameter die üblichen `ls`-Optionen verwendet werden. Zur seitenweisen Anzeige eines Verzeichnisses kann `pdir` verwendet werden.

`ls`   Auflistung des aktuellen Verzeichnisses auf dem FTP-Server (analog zu dem Unix-Kommando `ls -CF`). Falls es sich bei dem FTP-Server um eine Unix-Maschine handelt, können weitere Optionen (z. B. `-lrt`) angegeben werden. Zur seitenweise Anzeige eines Verzeichnisses kann `pls` verwendet werden.

`get`   Download-Start einer/eines als Parameter anzugebenden Datei/ Verzeichnisses (s. o.).

`bookmarks` Start des Bookmark-Editors. Alternativ kann der Editor über das Kommando `open` (ohne Parameter) gestartet werden.

`lls`   Auflisten des lokalen aktuellen bzw. des als Parameter angegebenen Verzeichnisses. Dem Kommando dürfen die auf dem lokalen

System erlaubten Optionen übergeben werden (auf Unix-System z. B. `-l` für ein ausführliches Listing).

`lookup` Führt einen →*DNS*-Lookup für den als Parameter anzugebenden Rechnernamen aus und liefert die IP-Adresse dieses Rechners (falls ein Nameserver verfügbar ist und die Adresse aufgelöst werden kann.)

`lpage` Seitenweises Anzeigen einer lokalen als Parameter anzugebenden Datei.

`page`, `more` Seitenweises Anzeigen einer als Parameter anzugebenden Datei auf dem FTP-Server.

`open` Aufbau einer Verbindung zu dem als Parameter anzugebenden FTP-Server (entweder DNS-Name oder IP-Adresse). Da viele FTP-Archive nur eine begrenzte Kapazität an gleichzeitigen Benutzern haben, kommt es vor, daß der Verbindungsaufbau abgelehnt wird. In diesem Fall kann der Parameter `-r` zusätzlich angegeben werden, wodurch `ncftp` automatisch mehrmals versucht, eine Verbindung aufzubauen. Die Option `-d` *seconds* legt das Delay (Wartezeit) in Sekunden zwischen zwei Versuchen fest. Mit der Option `-g`*num* kann die maximale Anzahl an Versuchen auf *num* festgelegt werden.

`pwd` Ausgabe des aktuellen Arbeitsverzeichnisses auf dem FTP-Server.

`lpwd` Ausgabe des aktuellen lokalen Arbeitsverzeichnisses.

4.1.2.5 Der Colon Mode

Im Gegensatz zum Visual Mode findet beim Colon Mode nach dem Start des Programms keine weitere Interaktion zwischen Benutzer und `ncftp` statt. Daher eignet sich dieser Modus hervorragend, um automatisch Dateien zu übertragen, wenn davon ausgegangen werden kann, daß der FTP-Server zu dieser Zeit nur gering belastet ist. Im Colon Mode kann `ncftp` dazu beispielsweise aus einem `at`-Job zu einer bestimmten Zeit heraus gestartet werden, ohne daß zu dieser Zeit ein Benutzer anwesend sein muß. Dies ist natürlich nur dann wirklich sinnvoll, wenn der Rechner, auf dem `ncftp` gestartet wird, auch eine permanente Anbindung zum Internet und damit zum FTP-Server hat.

Beim Colon Mode wird `ncftp` mit einer FTP-URL als Argument gestartet, die die Download-Datei bestimmt. Soll beispielsweise die Datei `linux.tar.gz` aus dem Verzeichnis `/pub/linux` von dem FTP-Server `ftp.kosmos.all` heruntergeladen werden, kann `ncftp` als

```
tux@erde:/home/tux > ncftp ftp://ftp.kosmos.all/pub/linux/linux.tar.gz
```

256

gestartet werden. Ausgaben von ncftp erfolgen in diesem Fall nicht. Im Colon Mode dürfen neben der FTP-URL auch weitere Optionen des get- und des open-Kommandos angegeben werden. Auf diese Weise kann z. B. automatisch mehrere Male versucht werden, Dateien von einem FTP-Server zu laden, falls dies aufgrund einer Überlastung des Servers nicht im ersten Versuch gelingt:

```
tux@erde:/home/tux > ncftp -r -d 60 -n 2 ftp://ftp.server.all/pub/files/\*
```

Durch diese Anweisung würde ncftp jede Minute versuchen, alle Dateien des Verzeichnisses /pub/files/, die neuer als zwei Tage sind, vom angegebenen FTP-Server zu laden.

4.1.2.6 Kommandozeilen-Optionen

Das Verhalten von ncftp kann in einigen Punkten durch die Angabe von Optionen auf der Kommandozeile gesteuert werden. Die wichtigsten von ihnen werden im folgenden besprochen:

-a   Anmeldung bei einem FTP-Server als Benutzer anonymous unabhängig davon, ob für den Zugang zum Server zuvor ein anderer Benutzername verwendet wurde.

-u   Anmeldung bei einem FTP-Server nicht als anonymous. Stattdessen wird der Benutzer nach Login-Namen und Passwort für den FTP-Server gefragt. Wurde in den Einstellungen (prefs) als Default open Mode z. B. anonymous eingestellt, kann durch die Angabe von -u für einen bestimmten FTP-Server angegeben werden, daß für diesen Aufruf nach einem Login-Namen und Passwort zur Anmeldung beim Server gefragt werden soll.

-r   Versuche, immer wieder eine Verbindung zum Server aufzubauen. Die maximale Anzahl von Versuchen sowie die Wartezeit zwischen zwei Verbindungsversuchen können mit den Optionen -g *maxnum* bzw. -d *seconds* angegeben werden.

-p *X*   Verwende die Port-Nummer X für den Verbindungsaufbau zum FTP-Server statt der Standard-Port-Nummer.

-C   Erzwinge für einen Download den Continuation Mode, in dem für eine teilweise empfangene Datei versucht wird, nur den noch nicht empfangenen Rest herunterzuladen, nicht erneut die gesamte Datei.

-f   Erzwinge den Overwrite Mode, so daß beim Download einer Datei eine bereits existierende lokale Datei überschrieben wird.

-G   Vermeide die Verwertung von Wildcards (dem *) in der Angabe von Namen. Hierdurch kann auch eine Datei heruntergeladen werden, die beispielsweise mit einem * beginnt.

-R   Rekursiver Download, der bewirkt, daß bei Angabe eines Verzeichnisses ebenfalls alle Unterverzeichnisse (inkl. aller darin enthaltener Dateien) heruntergeladen werden.

-n X Bewirkt, daß nur solche Dateien heruntergeladen werden, deren Modifikationsdatum gleich oder weniger als X Tage ist (also die Dateien, die in den letzten X-Tagen verändert wurden).

-D   Einschalten des Debugging Mode.

-H   Ausgabe der Versionsnummer.

4.1.2.7 Wesentliche Merkmale von `ncftp` (Version 3)

Neben der Version 2.x von `ncftp` existiert inzwischen auch eine 3er Version dieses Werkzeugs, deren Handhabung nicht mehr in allen Punkten der obigen Beschreibung entspricht.

Folgende Änderungen sind wesentlich:

❏ `ncftp` kann nicht mehr im Visual oder Colon Mode, sondern nur noch im Line Mode betrieben werden.

❏ Die Funktionalität des Colon Mode (zum nicht-interaktiven Download) wurde in die neuen Programme `ncftpget`, `ncftpput` und `ncftpls` verlagert.

❏ Das neue Programm `ncftpbookmarks` kann zum Editieren von Lesezeichen (Bookmarks) verwendet werden.

❏ `ncftp` unterstützt den Betrieb hinter einer Firewall.

Veränderung der `ncftp`-Modi

Im Gegensatz zu der Version 2 kann `ncftp` in der neuen Version nur noch im Line Mode betrieben werden. Der Aufruf von `ncftp` ist daher entweder nur noch ohne Parameter, mit einem FTP-Rechner als Parameter oder einer FTP-URL möglich, mit der ein FTP-Verzeichnis (also keine bestimmte Datei) für den Download angegeben wird. Anders ausgedrückt: Eine komplette URL auf der Kommandozeile (wie z. B. `ncftp ftp://ftp.srv.de/pub/x.tar.gz`) kann nicht mehr angegeben werden. Darüber hinaus kann `ncftp`, abgesehen von dem veränderten Erscheinungsbild, wie gewohnt eingesetzt werden.

Der automatische Download durch Angabe einer kompletten FTP-URL ist nun durch die Programme `ncftpget`, `ncftpput` und `ncftpls` möglich. `ncftpget` dient dem automatischen Download von Dateien von der Kommandozeile oder z. B. aus Shell-Skripten heraus. `ncftpput` dient dem Upload von Dateien und `ncftpls` dem Auflisten von Verzeichnissen eines FTP-Servers. Alle drei Programme können mit einer Vielzahl an Parametern versorgt werden. Ein Überblick über die Aufrufsyntax wird ausgegeben, wenn das jeweilige Programm ohne Parameter aufgerufen wird. Darüber hinaus existiert für jedes der Kommandos eine Manual-Seite.

Der Bookmark-Editor

Das Verwalten von Bookmarks erfolgte in der Version 2 von `ncftp` durch das Programm selbst, z. B. durch das Kommando `bookmarks`. Für diesen Zweck existiert ab der Version 3 das Programm `ncftpbookmarks` mit ansonsten identischer Bedienung. Die Verwendung einer Bookmark aus `ncftp` heraus ist unverändert möglich, z. B. durch Eingabe des Kommandos `open` ohne weitere bzw. mit einem Bookmark-Alias als Parameter.

Betrieb mit Proxies bzw. hinter einer Firewall

In der Version 2 von `ncftp` war der Download einer Datei über FTP nur dann möglich, wenn eine direkte (FTP-)Verbindung zu dem FTP-Server bestand. Nicht möglich war hingegen der Betrieb hinter einer Firewall, die den normalen FTP-Datenverkehr unterbindet. Ab der Version 3 wurde zur Lösung dieses Problems eine neue Benutzer-Konfigurationsdatei `$HOME/.ncftp/firewall` eingeführt, in der verschiedene Möglchkeiten zum Download über eine Firewall konfiguriert werden können. `ncftp` kennt zu diesem Zweck sechs verschiedene Verfahren (je nach Konfiguration des Firewall-Rechners), die alle darauf basieren, daß zunächst die Firewall kontaktiert und anschließend automatisch unterschiedliche Kommandos an die Firewall gesendet werden können, um den FTP-Download zu beginnen. Proxy-Server, die auf dem HTTP-Protokoll basieren (wie etwa `wwoffle` oder `squid`) werden weiterhin nicht unterstützt.

4.1.3 File transfer mit `wget`

`wget` ist ein weiteres sehr leistungsfähiges Werkzeug zum automatischen Download von Dateien. Im Gegensatz zu `ncftp` verfügt es über keine Benutzerschnittstelle wie den Visual Mode, sondern wird allein durch Optionen gesteuert und bedarf nach dem Start keiner weiteren Benutzereingaben. `wget` unterstützt neben dem FTP- auch das HTTP-Protokoll, so daß Dateien sowohl von einem FTP-Server als auch über einem HTTP-tisch immer wieder eine Verbindung zum Server aufzubauen und die angegebene Datei(en) zu kopieren. Dies geschieht normalerweise `20` Mal hintereinander. Zwischen zwei Versuchen sollte eine Pause eingelegt werden, um den Server nicht unnötig zu belasten. Die Länge der Pause kann mit der Option `-w numsec` angegeben werden. Die Zahl der Versuche kann mit Hilfe der Option `-t number` auf einen beliebigen Wert oder auf `inf` für unendlich oft gesetzt werden.

Falls der Server stark belastet ist, wird ein Download-Versuch für eine große Datei u. U. während der Übertragung abbrechen. Für diesen Fall ist es sehr hilfreich, wenn die Datei nicht immer wieder von Anfang an übertragen werden muß, sondern dort aufgesetzt wird, wo die Verbindung zuvor unterbrochen wurde. Zur Aktivierung dieses Features kann die Option -c für den Download einer Datei angegeben werden[2].

Das folgende Beispiel zeigt den wget-Aufruf zum Download einer Datei, wobei maximal 50 Versuche unternommen werden sollen. Zwischen zwei Versuchen soll jeweils 2 Minuten gewartet werden.

```
tux@erde:/home/tux/download > wget -t 50 -w 120 -c \
http://www.server.com/bigfile.tgz
--14:19:46--  http://www.server.com:80/bigfile.tgz
           => `bigfile.tgz'
Connecting to www.server.com:80...
connect: Network is unreachable
Retrying.


--14:21:46--  http://www.server.com:80/bigfile.tgz
           => `bigfile.tgz'
Connecting to www.server.com:80...
connect: Network is unreachable
Retrying.


--14:23:46--  http://www.server.com:80/bigfile.tgz
  (try: 3) => `bigfile.tgz'
Connecting to www.server.com:80... connected!
HTTP request sent, awaiting response... 200 OK
Length: 550,214 [application/x-gtar]


    OK -> .........  .........  .........  .........        [100%]


14:25:49 (8.09 KB/s) - `bigfile.tgz' saved [550214/550214]
```

In diesem Beispiel schlug der Download der Datei zunächst zweimal fehl, da keine Verbindung zum Server aufgebaut werden konnte. wget hat in diesem Fall jeweils die angegebene Wartezeit pausiert und anschließend einen neuen Versuch gestartet, der schließlich zum Erfolg geführt hat.

---

[2]Während eines Laufs von wget mit mehreren Download-Versuchen braucht -c grundsätzlich nicht angegeben werden. Wurde die Datei jedoch durch ein anderes Programm zum Teil bereits geladen oder wget wurde während des Ladens abgebrochen, *muß* sie angegeben werden. Um Verwirrungen zu vermeiden, sollte sie daher, falls gewünscht, einfach immer mit angegeben werden.

4.1.3.1 Rekursiver Download

Neben dem Download einzelner Dateien kann wget auch dazu verwendet werden, ganze Verzeichnishierarchien in einem Aufruf von einem Server herunterzuladen. Dazu muß die Option -r angegeben werden. Bei FTP-Servern wird dabei
das in der URL angegebene Verzeichnis mit allen Unterverzeichnissen und allen
enthaltenen Dateien auf den lokalen Datenträger in eine entsprechende Verzeichnisstruktur kopiert. Sollen nur Teile eines Web-Servers heruntergeladen werden,
wird die in der URL angegebene HTML-Seite nach weiteren Links durchsucht.
Die Dateien, die durch die gefundenen Links referenziert sind, werden geladen
und wiederum nach weiteren Links durchsucht.

Um nicht mehr Daten als gewünscht zu übertragen, kann das Download-Ver-
halten von wget durch zahlreiche Optionen gesteuert werden. Zum einen ist es
möglich, die Rekursionstiefe anzugeben, wodurch der Download z. B. auf alle
Verzeichnisse bis z. B. zur dritten Ebene eingeschränkt werden kann. Dies erfolgt
einfach durch Angabe der Option -l *max_level*, mit der der Vorgabewert von
5 auf einen beliebigen Wert max_level eingestellt werden kann. Wird für den
Level inf (infinite) angegeben, werden alle Unterverzeichnisse/Links erfaßt.

Darüber hinaus kann die zu übertragende Datenmenge auch durch die Verwendung von Timestamps reduziert werden. Werden Timestamps durch die Option
-N aktiviert, überprüft wget für jede zu ladende Datei, ob es eine entsprechende lokale Datei bereits gibt und wenn ja, ob sie in ihrer Größe mit der auf dem
Server übereinstimmt. Falls eine der beiden Bedingungen nicht erfüllt ist, erfolgt
der Download. Sind beide Bedingungen erfüllt, wird schließlich das Modifikationsdatum der Datei vom Server mit dem der lokalen Kopie der Datei verglichen.
Nur wenn die Datei auf dem Server neuer ist als die lokale, erfolgt der Download.

Soll beispielsweise eine Sammlung von HTML-Seiten, ausgehend von der Seite
index.html eines Web-Servers www.web.com, regelmäßig mit allen veränder-
ten/neuen Dateien auf den lokalen Datenträger kopiert werden, lautet die notwendige Kommandozeile für wget wie folgt:

```
tux@erde:/home/tux > wget -r -l inf -N -c \
http://www.web.com/index.html ...
```

Diese Kommandozeile muß nun in den gewünschten Zeitabständen aufgerufen
werden. Durch die Option -N werden hierbei nur die Dateien übertragen, deren
Modifikationsdatum auf der Seite des Servers sich verändert hat. Voraussetzung
hierfür ist natürlich, daß die lokale Verzeichnishierarchie, die beim ersten Download von diesem Server erstellt wurde, nicht manuell verändert oder gar gelöscht
wird.

Diesen soeben beschriebenen Vorgang bezeichnet man auch als das Erstellen eines Mirror des angegeben Servers (oder auch als Spiegeln des Servers). Mirror
werden sehr oft für HTTP- und FTP-Server verwendet, um möglichst vielen Be-

nutzern geographisch möglichst nahe Zugänge z. B. zu einem Software-Archiv zu geben. Durch diese Maßnahme wird der Internet-Verkehr u. U. wesentlich reduziert, und der zentrale Server, der als Quelle für alle anderen dient, wesentlich entlastet. Für die Benutzer ergibt sich aus dieser Maßnahme in der Regel eine geringere Download-Zeit.

Da die Erstellung eines Mirror eine häufig geforderte Aufgabe ist, existiert in `wget` eine besondere Option, die alle für das Spiegeln eines Servers notwendigen Optionen automatisch setzt: `-m`. Das Setzen dieser Option ist identisch mit dem Setzen der Optionen `-r`, `-l inf`, `-N` und `-nr`. Die noch nicht besprochene Option `-nr` verhindert, daß `wget` die nach dem Download von Dateien von einem FTP-Server generierten temporären Dateilsten löscht. Die Dateilisten enthalten die vom FTP-Server gesendeten Einträge für Verzeichnisse. Diese Daten können von `wget` beim Spiegeln eines Servers verwendet werden.

Um dem Benutzer noch bessere Möglichkeiten an die Hand zu geben, bei einem rekursiven Download nur die wirklich gewünschten Dateien zu übertragen, bietet `wget` weitere Optionen, mit denen der Download auf z. B. Dateien eines bestimmten Typs eingeschränkt werden kann.

Accept- und Reject-Listen

Zur Einschränkung des Download auf bestimmte Dateitypen können zwei Listen aufgebaut werden: zum einen die sogenannte Accept-Liste, die all jene Dateitypen enthält, die übertragen werden sollen. Die zweite Liste wird Reject-Liste genannt und enthält entsprechend alle Dateitypen, die nicht übertragen werden sollen. Dateien vom Typ HTML werden immer übertragen und können nicht ausgeschlossen werden, da sie ja die Links für den rekursiven Download enthalten und somit geladen werden müssen.

Der Typ einer Datei wird von `wget` immer an deren Endung festgemacht. Eine Datei `x.gif` ist für `wget` immer eine GIF-Datei, unabhängig davon, welche Daten sie enthält. Die Accept-Liste wird durch die Option `-A ext1,ext2,...` angegeben, wobei `ext`*i* für die Dateinamenerweiterung des gewünschten Typs steht. Um beispielsweise nur GIF- (Endung: `.gif`) und JPEG-Dateien (Endung: `.jpg`) zu übertragen, kann die Option `-A "gif,jpg"` angegeben werden. Die Reject-Liste wird analog mit der `-R ext1,ext2,...`-Option aufgebaut. Sollen z. B. keine JPEG-Dateien übertragen werden, müßte die Option `-R "jpg"` angegeben werden. Zur noch genaueren Auswahl der Dateitypen können auch beide Listen zusammen angegeben werden.

Neben der Angabe von Dateiendungen können auch Shell-Wildcards die Auswahl definieren. Das Muster wird mit dem Namen der zu übertragenden Datei verglichen. Sollen beispielsweise keine Dateien übertragen werden, die mit der Zeichenkette `no`, gefolgt von einer Zahl beginnen, lautet das Muster für die `-R`-

Option -R no[0-9]*". Eine Datei wie z. B. no3abc würde in diesem Fall nicht übertragen.

Domain- und Host-spezifische Einschränkungen

Mit Hilfe der -D *domainlist*-Option ist es möglich, den Download von Dokumenten auf bestimmte Domainbereiche einzuschränken, so daß Links, die aus dem angegebenen Domain heraus führen, nicht verfolgt werden. Der Parameter *domainlist* besteht aus durch Kommata getrennten Domain-Namen (oder Teilen davon). Sollen beispielsweise alle Dateien des Servers http://www.erde. all/ übertragen werden, ohne den Domain erde.all zu verlassen, lautet der Aufruf wie folgt:

```
tux@erde:/home/tux > wget -r -D ".erde.all" http://www.erde.all/
...
```

Wird bei diesem Aufruf ein Dokument auf dem Server www.erde.all gefunden, das in den Domain kosmos.all verweist, wird es nicht geladen. Verweist ein Dokument auf www.erde.all jedoch z. B. auf ein weiteres Dokument mit einer URL wie http://www1.erde.all/index.html, wird über eine →*DNS*-Anfrage überprüft, ob die IP-Adressen von www.erde.all und www1.erde.-all identisch sind. Falls ja, wird auch dieses Dokument übertragen.

Es muß also zwischen dem Domain-Namen und verschiedenen Servern innerhalb dieses Domain unterschieden werden. Die angegebene Liste von Domain-Namen wird direkt mit den in den Links enthaltenen Namen verglichen. Ist der Domain-Name korrekt, wird überprüft, ob der in der URL enthaltene Server bezüglich der IP-Adresse identisch mit dem beim Aufruf angegebenen Server ist.

Sollen Dokumente von allen WWW-Servern eines Domain übertragen werden dürfen, kann zusätzlich zur -D-Option -H angegeben werden, wodurch alle Server innerhalb des (der) angegebenen Domain gültig sind.

Neben der Möglichkeit, mit -D erlaubte Domains anzugeben, kann mit der Option --exclude-domains eine Liste von Domain-Namen aufgebaut werden, die explizit ausgeschlossen werden sollen. Darüber hinaus dürfen auch beide Optionen zusammen verwendet werden.

Link-spezifische Einschränkungen

Bei einem rekursiven Download über HTTP verfolgt wget normalerweise keine Links, die auf einen FTP-Server verweisen, da dann der gesamte FTP-Server mit gespiegelt würde, was in der Regel nicht gewünscht ist. Ist dieses Verhalten jedoch explizit erwünscht, kann die Option --follow-ftp angegeben werden.

Eine weitere Einschränkung bezüglich der zu übertragenden Dateien kann aufgrund der Art des Link erfolgen. `wget` kann zwischen relativen (ohne vollständige URL, z. B. `./links/x.html`) und absoluten Links mit vollständiger URL unterscheiden. Wird die Option `-L` angegeben, folgt `wget` nur relativen Links. Alle absoluten Links (von denen man in diesem Szenario annimmt, daß sie auf „thematisch" andere Seiten verweisen) werden nicht ausgewertet.

Verzeichnis-spezifische Einschränkungen

Die Zahl der zu übertragenden Dateien läßt sich bei `wget` ferner über die Angabe von Verzeichnislisten einschränken. Wiederum können eine Positiv-Liste mit der Option `-I` *dir1,dir1,...* und eine Negativ-Liste mit der Option `-X` *dir1,dir1,...* benannt werden. Die Positiv-Liste enthält die Namen von Verzeichnissen, die in die rekursive Datenübertragung eingeschlossen sein sollen. Die Negativ-Liste jene, die explizit ausgeschlossen werden.

Sollen beispielsweise die Seiten gespiegelt werden, die durch die URL `http://www.erde.all/data` bestimmt werden, mit Ausnahme der Dateien in dem Verzeichnis `/data/pics`, lautet der Aufruf von `wget`:

```
tux@erde:/home/tux > wget -r -X "/data/pics" http://www.erde.all/data/
...
```

Beide Optionen dürfen auch zusammen verwendet werden, um die Auswahl der erlaubten Verzeichnisse exakt zu bestimmen.

4.1.3.2 Authentifizierung

Sowohl FTP-Server als auch HTTP-Server fordern unter Umständen eine Authentifizierung vom Benutzer, bevor dieser die gewünschte Datei downloaden kann. Zu diesem Zweck bietet das Programm `wget` für einen HTTP-Server die Optionen `--http-user=`*username* und `--http-passed=`*passwd*.

Soll ein FTP-Download nicht als Benutzer `anonymous` erfolgen, können in der Konfigurationsdatei des Benutzers (`.wgetrc`) ein FTP-Benutzername und ein zugehöriges Passwort mit der Optionen `login=`*ftp-user-name* und der Option `passwd=`*ftp-passwd* angegeben werden.

4.1.3.3 Die `wget`-Konfigurationsdateien

`wget` verfügt sowohl über eine globale `/etc/wgetrc` wie auch über eine lokale, Benutzer-spezifische Konfigurationsdatei `.wgetrc`. In beiden können für die möglichen Optionen entsprechende Variable gesetzt werden. Hierdurch kann die Kommandozeile von `wget` erheblich vereinfacht werden, falls für die Mehrzahl der Aufrufe von `wget` die in der Konfigurationsdatei stehenden Variablen gültig sind. Die Variablen können durch Angabe der entsprechenden Parameter auf der Kommandozeile überschrieben werden.

Die Syntax ist sehr einfach und besteht aus dem Variablen-Namen und dem Wert für diese Variable:

```
# Kommentar
variable=value
```

Groß-/Kleinschreibung ist in der Datei unerheblich. Zeilen, die mit dem #-Zeichen beginnen, sind Kommentare und werden nicht beachtet. Die Namen der Variablen können der unten stehenden Liste der Optionen entnommen werden.

4.1.3.4 Zusammenfassung der wichtigsten Optionen

In der folgenden Tabelle 4.1 werden die wichtigsten Optionen von `wget` kurz beschrieben. Die Optionsnamen werden zusammen mit den entsprechenden Variablen für die Konfigurationsdateien (z. B. `$HOME/.wgetrc`) dargestellt.

Tabelle 4.1: `wget`-Optionen

Option	langer Name	Konfig-Variable	Beschreibung
Allgemeine Optionen			
`-V`	`--version`	-	Ausgabe der `wget` Versionsnummer
`-q`	`--quiet`	quiet = on/off	Unterbinden der Ausgabe auf `stderr`.
`-v`	`--verbose`	verbose = on/off	Erzeugen von mehr Ausgaben auf `stderr`
`-o f`	`--append-output=f`	-	Ausgaben erfolgen nicht auf `stderr`, sondern werden an die Datei f angehängt.
`-a f`	`--output-file=f`	logfile = f	Ausgaben werden nicht auf `stderr`, sondern auf die Datei f geschrieben. Die Datei wird zuvor gelöscht.
`-nv`	`--non-verbose`	-	Unterbinden der Ausgabe auf `stderr`
`-c`	`--continue`	continue = on/off	Bei einem zweiten Versuch, eine Datei zu downloaden, wird, wenn möglich, nur der noch nicht empfangene Rest übertragen.
`-Y on/off`	`--proxy=on/off`	proxy = on/off	Ein-/Ausschalten eines Proxy. Bei eingeschaltetem Proxy verwendet `wget` die Environment-Variablen `http_server` und `ftp_server`.

Tabelle 4.1 – Fortsetzung

Option	langer Name	Konfig-Variable	Beschreibung

`-g`
`on/`
`off`
	`--glob=on/off`	glob = on/off	Beim FTP-Download kann mit dieser Option das Dateinamen-Globbing ausgeschaltet werden, das normalerweise aktiv ist. Globbing meint, daß mehrere Dateien bei der Angabe der URL durch ein Wildcard wie * erfaßt werden können (z. B. `README.*`). Falls jedoch ein Dateiname ein solches Wildcard-Zeichen enthält, muß `-g off` verwendet werden, wodurch aus den Wildcards `*`, `?` und `[]` normale Zeichen werden.

Spezielle Download-Optionen			
`-w s`	`--wait=s`	wait = s	Die Wartezeit zwischen zwei Downloadversuchen wird auf `s` Sekunden gesetzt.
`-t n`	`--tries=n`	tries = n	Die maximale Anzahl an Downloadversuchen für eine angegebene URL wird auf n gesetzt. Der Default ist `20`. Der Wert `inf` bedeutet unendlich.
Optionen für rekursiven Download			
`-r`	`--recursive`	recursive = on/off	Einschalten des rekursiven Download.
`-k x`	`--convert_links=on/off`	convert_links	Konvertieren von nicht relativen Links bei rekursivem Download zu relativen Links.
`-l x`	`--level x`	reclevel = x	Einstellen der maximalen Rekursionstiefe bei rekursivem Download. Default ist `5`. `inf` bedeutet unendlich.
`-N`	`--timestamping`	timestamping = on/off	Timestamping ermöglicht eine Reduktion der zu übetragenden Dateien, indem nur neuere Dateien vom Server geholt werden.
`-nr`	`--dont-remove-listing`	remove_listing = on/off	Verhindert das Entfernen temporärer Verzeichnis-Listings. Nützlich für das Spiegeln von Servern.
`-m`	`--mirror`	mirror = on/off	Einschalten des Mirror-Modus. Ist Äquivalent zur Angabe der Optionen `r`, `-l inf`, `-N` und `-nr`.
`-nc`	`--no-clobber`	noclobber = on/off	Verhindert bei einem rekursiven Download das Überschreiben bereits existierender lokaler Dateien.

Tabelle 4.1 – Fortsetzung

Option	langer Name	Konfig-Variable	Beschreibung
`-nH`	`--no-host-` `directories`	-	Bewirkt bei einem rekursivem Download, daß alle Dateien in ein lokales Verzeichnis geschrieben werden. Es wird keine Verzeichnisstruktur erstellt.

Weitere Optionen zum Einschränken der Download-Dateien

Option	langer Name	Konfig-Variable	Beschreibung
`-A l`	`--accept l`	accept = l	Aufbau einer durch , getrennten Liste l von Dateitypen, die explizit heruntergeladen werden sollen.
`-R l`	`--reject l`	accept = l	Aufbau einer durch , getrennten Liste l von Dateitypen, die explizit *nicht* heruntergeladen werden sollen.
`-D dl`	`--domains=dl`	domains = dl	Angabe einer durch , getrennten Liste von Domains, innerhalb derer Links für einen rekursiven Download gefolgt wird.
-	`--exclude-` `domains=dl`	-	Angabe einer durch , getrennten Liste von Domains, zu denen bei einen rekursiven Download *nicht* über Links gefolgt wird.
`-H hl`	`--span-hosts`	span_hosts = on/off	Angabe einer Liste von Hosts, von denen während eines rekursiven Download Dateien übertragen werden dürfen. Wird oft zusammen mit der `-D`-Option verwendet.
-	`--follow-ftp`	follow_ftp	Bewirkt, daß bei einem rekursiven Download auch Links zu FTP-Servern gefolgt wird, deren Dateien ebenfalls in den Download einbezogen werden.

`-I dl`	`--include-`
	`directo-`
	`ries=dl`
		include_
		directories = vl
			Aufbau einer durch , getrennten Liste dl von Verzeichnissen, die in einem rekursiven Download mit einbezogen werden sollen.

`-X dl`	`--exclude-`
	`directo-`
	`ries=dl`
		exclude_
		directories = vl
			Aufbau einer durch , getrennten Liste dl von Verzeichnissen, die bei einem rekursiven Download ausgeschlossen werden sollen.

Optionen zur HTTP-Authentifizierung

Option	langer Name	Konfig-Variable	Beschreibung
-	`--http-user=u`	http_user = u	Angabe eines Benutzernamens u für eine HTTP-Authentifizierung (`basic` oder `digest`).

Tabelle 4.1 – Fortsetzung

Option	langer Name	Konfig-Variable	Beschreibung
-	`--http-passwd=p`	http_passwd = p	Angabe eines Passworts u für eine HTTP-Authentifizierung (siehe `--http-user`).
Optionen zur FTP-Authentifizierung			
-	-	login = l	Angabe eines FTP-Benutzernamens l. Ohne diese Angabe wird anonymous verwendet.
-	-	passwd = p	Angabe eines FTP-Passworts p.

4.2 Content-Web-Seiten mit `NewsClipper`

Manch einer Web-Seite haftet etwas „Statisches" an: Seiten werden einmal erstellt und – je nach zur Verfügung stehender Zeit – mehr schlecht als recht gepflegt. Interessant ist es daher, einer Web-Seite automatisch aktuelle Inhalte hinzufügen zu können. Genau zu diesem Zweck kann das Softwarepaket NewsClipper verwendet werden. Es erlaubt die vollautomatische Integration von Inhalten anderer Web-Seiten in die eigene. Auf diese Weise können in der eigenen Web-Seite Nachrichten, Börsenkurse oder andere Inhalte (Content) eingefügt werden, die über das Internet bezogen werden.

Das Softwarepaket ist als Open Source (unter GPL) im Quelltext unter der URL `http://sourceforge.net/projects/newsclipper/` verfügbar. Darüber hinaus existiert auch eine Binärdistribution, die neben einer Dokumentation den Vorteil bietet, daß die Installationsarbeit wegfällt. Die Binärdistribution muß käuflich erworben werden. Die Homepage dieser Version von Newsclipper ist unter der URL `http://www.newsclipper.com` verfügbar. Diese Seite enthält auch sehr viel Information, die für die Nutzung der Open-Source-Version hilfreich ist.

4.2.1 Die Funktionsweise von NewsClipper

Bevor die zur Nutzung des Werkzeugs notwendigen Installationsarbeiten beschrieben werden, soll es an dieser Stelle zunächst um das Funktionsprinzip gehen, das der Software zugrunde liegt.

4.2.1.1 Grundlagen

Die Integration von Inhalten anderer Anbieter in die eigene Web-Seite erfolgt, indem der Benutzer zunächst in seine Web-Seite an den Stellen, an denen die dynamische Informationen eingefügt werden sollen, spezielle NewsClipper-HTML-Tags einfügt, die später gegen die „importierten" Informationen ausgetauscht werden. Die so erstellte Datei wird als Template-Datei bezeichnet.

Mit Hilfe des `NewsClipper.pl`-Programms wird aus der Template-Datei anschließend die komplette Web-Seite generiert, indem die NewsClipper-HTML-Tags durch aktuelle Informationen der angegebenen Informationsquellen ersetzt werden. Zu diesem Zweck muß beim Aufruf von `NewsClipper.pl` eine Verbindung zum Internet bestehen, da die Informationen ja direkt von den gewünschten Quellen (z. B. Web-Seiten) bezogen werden. Dieser Vorgang kann auf einfachste Weise z. B. durch einen Eintrag in die `crontab`-Datei automatisiert werden, so daß die eigene Web-Seite stets die aktuellsten Informationen enthält.

4.2.1.2 Dokumentation

Dokumentation zu der Open Source-Variante des Programms `NewsClipper.pl` bietet lediglich das Programm selbst. Durch Aufruf von `perldoc NewsClipper` erhält man eine Manual-Seite mit den verfügbaren Erklärungen.

Darüber hinaus stehen dem Benutzer bei Problemen eine FAQ unter der URL `http://www.newsclipper.com/techsup.html#MailingList` für das Programm zur Verfügung. Folgende Listen sind zu nennen:

❑ die News Clipper Community-Liste mit eher allgemeinen Themen

❑ die News Clipper Development-Liste für Entwickler

❑ die BRI Announce-Liste, die Ankündigungen der Firma, die die kommerzielle Version von NewsClipper vertreibt, enthält.

Für alle Mailing-Listen kann man sich unter `http://www.newsclipper.com/techsup.html#MailingList` eintragen lassen. Von dieser Seite ist auch der Zugriff auf die Mailing-Listen-Archive der beiden erstgenannten Gruppen möglich.

4.2.1.3 Ein Beispiel

Ein einfaches Beispiel soll die Funktionsweise verdeutlichen. Zunächst muß die eigentliche Web-Seite erstellt werden, in der an den gewünschten Stellen die NewsClipper-HTML-Tags eingefügt werden, durch die wiederum genau festgelegt wird, von wo und welche Informationen an dieser Stelle eingefügt werden. Die Ausgangs-Web-Seite soll hier aus Platzgründen minimal aufgebaut werden und lediglich folgenden HTML-Text enthalten:

```
<html>
<head>
<title>News Clipper - Demo Seite</title>
</head>

<body>
<h1>Meine Web-Seite ...</h1>
<ul>
     <li> Neues zu Linux ...
     <li> Witziges zu Windows ...
     <li> Weitere Infos ...
</ul>
</body>
</html>
```

In einem Web-Browser dargestellt, sieht diese Seite (demo.txt) wie in Abbildung 4.5 dargestellt aus. Die Seite wird als .txt-Seite abgelegt, um sie als Template-Datei zu kennzeichnen.

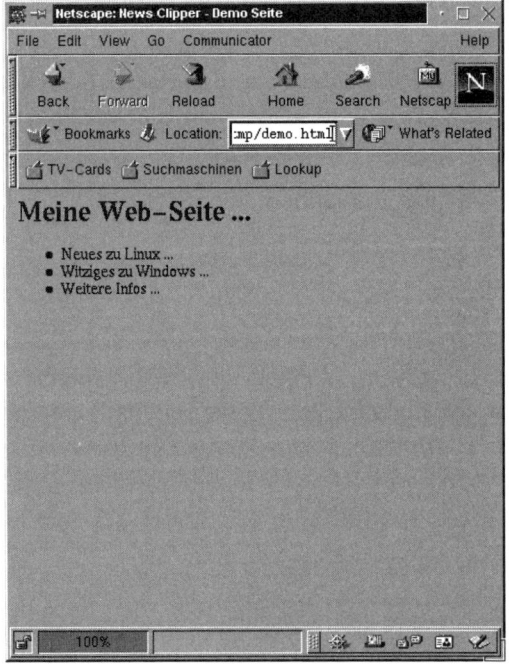

Abbildung 4.5: Die NewsClipper-Basis-Seite

Anschließend werden die speziellen Tags in die Seite eingefügt, mit denen Quelle und Inhalt der dynamischen Teile bestimmt werden. Ein von NewsClipper erzeugter Teil einer Web-Seite beginnt in der Template-Datei mit dem Pseudo-Tag `<!--newsclipper`. In weiteren Zeilen folgen NewsClipper-Anweisungen. Abgeschlossen wird der Einschub mit dem Ende-Tag `-->`. Als Beispiel sollen News vom Heise News-Ticker (`http://www.heise.de/newsticker/` in das eigene Dokument eingefügt werden. Hierzu muß die Template-Datei `demo.txt` folgendermaßen verändert werden:

```
<html>
<head>
<title>News Clipper - Demo Seite</title>
</head>

<body>
<h1>Aktuelle Heise-News</h1>
<!--newsclipper
     <input name=heisenews>
     <filter name=limit number=10>
     <output name=array numcols=2>
-->

<h1>Meine Web-Seite ...</h1>
<ul>
     <li> Neues zu Linux ...
     <li> Witziges zu Windows ...
     <li> Weitere Infos ...
</ul>
</body>
</html>
```

Diese Seite wird nun mit Hilfe des Programms `Newsticker.pl` bearbeitet, wodurch der innerhalb des `<!-newsclipper....->`-Tags stehende Text durch die aktuellen Daten von `http://www.heise.de/newsticker` ersetzt wird. Die Ausgabe wird von `Newsticker.pl` in die Datei `demo.html` gesichert, die, in einem Web-Browser betrachtet, jetzt wie in Abbildung 4.6 auf der nächsten Seite dargestellt aussieht:

Wie in der Abbildung zu erkennen, wurden in zwei Spalten insgesamt 10 Nachrichten-Links eingefügt. Wie funktioniert nun die Auswahl der Information sowie die Ausgabeformatierung? Die Antwort sind die sogenannten Handler-Module, die zu verschiedenen Zwecken eingesetzt werden können.

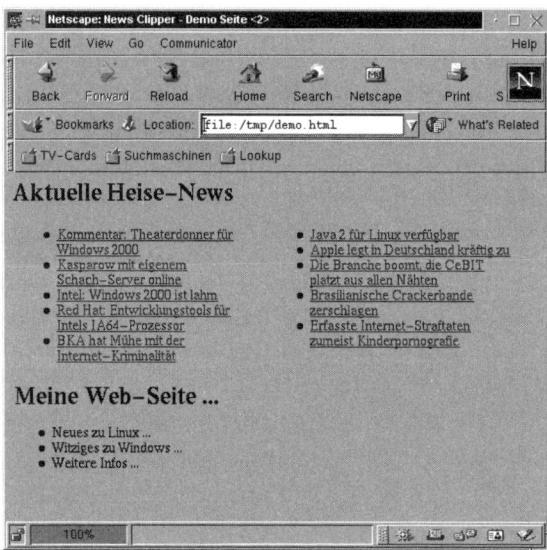

Abbildung 4.6: Die von NewsClipper aktualisierte Seite

4.2.1.4 Handler

NewsClipper ist ein sehr modular aufgebautes System. Neben der eigentlichen Anwendung `NewsClipper.pl` baut es im wesentlichen auf sogenannte Handler. Ein Handler ist ein Perl-Modul, das beispielsweise dafür entwickelt wurde, Informationen aus einer bestimmten Web-Seite zu extrahieren und zur Verfügung zu stellen. Handler arbeiten in der Regel mit Suchmustern, meist einem Start- und einem Stop-Muster, durch das die gewünschte Information eingegrenzt wird. Diese Information ist im Handler selbst kodiert. Der Benutzer muß sich darum nicht kümmern, es sein denn, er möchte selbst einen Handler schreiben (siehe auch Abschnitt 4.2.4 auf Seite 280).

Handler lassen sich nach ihrem Verwendungszweck in verschiedene Kategorieren einteilen. Ein Handler, wie der oben beschriebene, fällt in die *Acquisition*-Kategorie. Alle Handler dieser Gruppe dienen der Informationsbeschaffung, wobei bereits für viele verschiedene Quellen fertige Handler entwickelt wurden.

In obigem Beispiel wurde der Handler `heisenews` verwendet, um Informationen vom Heise-Ticker zu beziehen. Eine Kopie dieses Handler kann unter der URL `http://www.krienke.org/books/linuxkom/download/` `NewsClipper/` bezogen werden. Mit diesem Handler können nur von der Heise Newsticker-Web-Seite Informationen bezogen werden, von keiner anderen. Allerdings bieten viele Handler Optionen, über die gesteuert werden kann, welche

Inhalte einer Web-Seite extrahiert werden sollen. Jeder Acquisition-Handler ist also auf ein bestimmtes Informationsangebot zugeschnitten.

Neben den Acquisition-Handlers existiert die Kategorie der *Filter*-Handler, über die Daten, die mit einem Acquisition-Handler beschafft wurden, „gefiltert", also weiterverarbeitet werden. In obigem Beispiel wurde die Ausgabe des `heise-ticker`-Handlers beispielsweise durch den `limit`-Filter-Handler weiterverarbeitet, um die Zahl der vom Newsticker bezogenen Nachrichten auf ein Maximum von zehn zu beschränken. Ohne diesen Filter wären alle verfügbaren Nachrichten dargestellt worden.

Die dritte Kategorie von Handlers wird als *Output*-Handler bezeichnet und dient der Formatierung der Ausgabe. In obigem Beispiel wurde der `array`-Filter-Handler dazu verwendet, die maximal zehn Nachrichten zweispaltig als Array zu formatieren. Statt die Formatierung zweispaltig vorzunehmen, hätte die Ausgabe auch einspaltig erfolgen können. In diesem Fall hätte die Anweisung `numcols=2` in der Zeile des Filters einfach durch die entsprechende Anweisung `numcols=1` ersetzt werden müssen.

Eine Liste der verfügbaren Handler steht unter `http://www.newsclipper.com/handlers.html` zur Verfügung. Unter dieser URL kann für jeden der aufgeführten Handler eingesehen werden, was er macht, welche Informationsquelle er verwendet und über welche Optionen er verfügt. Darüber hinaus kann eine Demonstration des Handlers betrachtet werden, um einen Eindruck seiner Arbeitsweise zu erhalten.

4.2.2 Installation und Konfiguration

Vor der Nutzung von NewsClipper hat die Softwaretechnik die Installation gesetzt. Grundsätzlich ist die Installation von NewsClipper unproblematisch. Voraussetzung ist, daß auf dem System bereits Perl (mindestens Version `5.004` – siehe Ausgabe von `perl -v`) installiert ist. Neben der Installation der eigentlichen NewsClipper-Software müssen noch einige frei verfügbare Perl-Module installiert werden, die nicht Teil der Perl-Standarddistribution sind. Im einzelnen müssen folgende Schritte ausgeführt werden:

❑ Übersetzung und Installation der (Open Source-Variante der) Newsclipper Software

❑ Download der Standardhandler-Distribution (enthält ca. 200 Handler)

❑ Installation von weiteren 11 frei verfügbaren Perl-Modulen

❑ Konfiguration der NewsClipper Software

Die einzelnen Schritte werden im folgenden beschrieben:

4.2.2.1 Installation der NewsClipper Software

Zunächst muß die Open Source-Version der Software (NewsClipper-*version*-OpenSource.tar.gz unter der URL http://sourceforge.net/ projects/newsclipper/) geladen werden. Nach dem Entpacken ist aus der enthaltenen Datei Makefile.PL mit Hilfe von Perl ein normales Makefile zu erzeugen. Anschließend wird die Software durch einen Aufruf des Kommandos make und einem folgenden make install installiert. Bei der Erstellung des Makefile kann zwischen einer globalen und einer Benutzer-spezifischen Installation gewählt werden. Wenn möglich, sollte die globale Installation bevorzugt werden, da dann jeder Benutzer des Systems auf NewsClipper zurückgreifen kann, allerdings werden hierzu root-Rechte benötigt. Im folgenden ein Protokoll des Installationsablaufs:

```
root@erde:/root/tmp #  tar xzf NewsClipper-1.32-os.tar.gz
root@erde:/root/tmp #  cd NewsClipper-1.32
root@erde:/root/tmp/NewsClipper-1.32-OpenSource #  perl Makefile.PL
Are you installing News Clipper as a [1] single user or [2] system-wide?
=> [1] 2 ⟵

--------------------------------------------------------------------

Where would you like to install the system-wide configuration file
NewsClipper.cfg
=> [/etc] ⟵
Checking if your kit is complete...
Looks good
Writing Makefile for NewsClipper


root@erde:/root/tmp/NewsClipper-1.32-OpenSource #  make
mkdir blib
mkdir blib/lib
mkdir blib/arch
mkdir blib/arch/auto
mkdir blib/arch/auto/NewsClipper
mkdir blib/lib/auto
mkdir blib/lib/auto/NewsClipper
mkdir blib/man1
cp bin/MakeHandler blib/script/MakeHandler
/usr/local/bin/perl -I/usr/lib/perl5/5.6.1/i586-linux
    -I/usr/lib/perl5/5.6.1
    -MExtUtils::MakeMaker -e "MY->fixin(shift)" blib/script/MakeHandler
...
Manifying blib/man1/MakeHandler.1
Manifying blib/man1/NewsClipper.1


root@erde:/root/tmp/NewsClipper-1.32-OpenSource #  make install
```

```
Installing /usr/share/man/man1/MakeHandler.1
Installing /usr/share/man/man1/NewsClipper.1
Installing /usr/bin/ConvertHandler
Installing /usr/bin/MakeHandler
Installing /usr/bin/ConvertConfig
Installing /usr/bin/NewsClipper
Writing /usr/lib/perl5/site_perl/5.6.1/i586-linux/auto/
    NewsClipper/.packlist
Appending installation info to /usr/lib/perl5/5.6.1/i586-linux/
    perllocal.pod
-----------------------------------------------------------------
DOING FINAL NEWS CLIPPER CONFIGURATION CHANGES
  Updating /home/krienke/.NewsClipper/NewsClipper.cfg ...
- Config file /home/krienke/.NewsClipper/NewsClipper.cfg
has been converted and saved. Check it to make sure everything
    look reasonable.
(The old configuration was renamed to /home/krienke/.NewsClipper/
    NewsClipper.bak.)
Copying NewsClipper.cfg to /etc ...
Making /etc/NewsClipper.cfg writeable ...
```

Nach der Installation sollte kontrolliert werden, ob die Konfigurationsdatei `NewsClipper.cfg` nach `/etc` kopiert wurde. Gegebenenfalls muß dies von Hand nachgeholt werden. Die Datei ist im NewsClipper-Quellverzeichnis enthalten. Weiterhin muß für jeden Benutzer, der `NewsClipper.pl` verwenden soll, ein Verzeichnis `.NewsClipper` im Home-Verzeichnis des Benutzers angelegt werden. In diesem Verzeichnis müssen eine Datei `NewsClipper.cfg` und ein Unterverzeichnis `cache` erzeugt werden. Die lokale Konfigurationsdatei sollte wie folgt aussehen:

```
%config = (
      'inputFiles' => ['/tmp/demo.txt'],
      'outputFiles' => ['/tmp/demo.html'],
      'handlerlocations' => ["$home/.NewsClipper", "/usr/lib"],
      'cachelocation' => "$home/.NewsClipper/cache",
      'maxcachesize' => 5,
);
```

Die Parameter `inputFiles` und `outputFiles` dienen der Angabe der Template-Datei und der Ergebnisdatei. Statt einer einzelnen Datei können auch, durch Kommata getrennt (innerhalb der eckigen Klammern), mehrere Dateinamen angegeben werden. Alle hier angegebenen Dateien werden bei einem späteren Aufruf von `NewsClipper.pl` bearbeitet. Der Parameter `handlerlocations` bezeichnet das oder die Verzeichnisse, in denen die Handler gesucht bzw. installiert werden. `$home` steht dabei für das Home-Verzeichnis des jeweiligen Benutzers.

Im folgenden Abschnitt dazu mehr. Die letzten beiden Einträge bestimmen einen Cache, in dem NewsClipper Daten zwischenspeichert. Die letzten drei Parameter müßten normalerweise nicht in der lokalen Benutzerdatei abgelegt werden, sondern lediglich in der zentralen. Bei eigenen Versuchen waren jedoch die Einträge in der Benutzer-Konfigurationsdatei erforderlich. Grundsätzlich überschreiben Einträge in der Benutzer-Datei entsprechende Einträge in der globalen Datei in /etc/NewsClipper.cfg. Da die Konfiguration aus Perl-Anweisungen besteht, sollte beim Einfügen von Werten darauf geachtet werden, die Syntax der Anweisung nicht zu verletzen, da andernfalls NewsClipper.pl mit einer Fehlermeldung abbrechen wird.

In der globalen Konfigurationsdatei müssen nur die Einträge für das Handlersowie das Cache-Verzeichnis angepaßt werden. Der entsprechende Auszug aus der Datei /etc/NewsClipper.cfg lautet wie folgt (Zeilen die mit # beginnen sind Kommentare und werden nicht weiter beachtet):

```
# You can specify one or more directories where News Clipper can find
# handlers.  Note that installed handlers automatically go into
# the first directory. Specify the directories separated by commas,
# and quote them.
'handlerlocations' => ["$home/.NewsClipper", "/usr/lib/NewsClipper"],

# This value is set for single user installation,
# so that News Clipper will be
# able to find it's supporting modules. Not needed for compiled versions.
'modulepath' => '',

# News Clipper uses a cache to store acquired HTML, which the
# handlers use during times between update times. maxcachesize is
# in megabytes, and should be at least 5.
# !!! News Clipper will not work without this cache, since handlers only
# update the acquired data at certain times. !!!
'cachelocation' => "$home/.NewsClipper/cache",
'maxcachesize' => 5,
```

Soll nicht die als Default unter /etc installierte Datei verwendet werden, sondern eine andere, kann die Environment-Variable NEWSCLIPPER auf das Verzeichnis gesetzt werden, in dem sich die Datei NewsClipper.cfg befindet.

Wichtig ist die Reihenfolge, in der die Werte des Parameters handlerlocations angegeben werden. NewsClipper.pl ist in der Lage, einen lokal nicht vorliegenden Handler, der in einer Template-Datei angegeben wurde, direkt über das Internet zu laden (NewsClipper.pl fragt in diesem Fall interaktiv nach, ob der Download erfolgen soll). So wird die über das Internet geladene Datei in das in der Konfiguration zuerst angegebene Verzeichnis gespeichert (hier also in $home/.NewsClipper). Falls NewsClipper.pl von nicht-root-Benutzern ausgeführt werden soll, muß die Reihenfolge wie oben dargestellt (also mit `$home/.NewsClipper` als erstem Wert) belassen werden, da ein Benutzer keine Schreibrechte in das Verzeichnis `/usr/lib` hat.

4.2.2.2 Installation der benötigten Perl-Module

Neben der eigentlichen NewsClipper-Distribution sind weitere Perl-Module zu installieren, die `NewsClipper.pl` benötigt. Die Dateien können direkt aus dem Internet (URL: `http://www.perl.com/CPAN/modules/by-module/`) geladen werden. Hierzu kann z. B. wget verwendet werden:

```
root@erde:/root/tmp # wget http://www.perl.com/CPAN/modules/by-module/
IO/IO-1.20.tar.gz
-17:18:05- http://www.perl.com:80/CPAN/modules/by-module/IO/IO-1.20.tar.gz
  (versuche: 1) => 'IO-1.20.tar.gz'
Verbindungsaufbau zu www.perl.com:80...
wget http://www.perl.com/CPAN/modules/by-module/IO/IO-1.20.tar.gz
-17:18:30-  http://www.perl.com/CPAN/modules/by-module/IO/IO-1.20.tar.gz
            => 'IO-1.20.tar.gz'
Verbindungsaufbau zu www.perl.com:80... verbunden!
HTTP Anforderung gesendet, warte auf Antwort... 302 Moved
Platz: http://www.perl.com/CPAN-local/modules/by-module/IO/IO-1.20.tar.gz
--17:18:32--
http://www.perl.com:80/CPAN-local/modules/by-module/IO/IO-1.20.tar.gz
            => 'IO-1.20.tar.gz'
Verbindungsaufbau zu www.perl.com:80... verbunden!
HTTP Anforderung gesendet, warte auf Antwort... 200 OK
Länge: 31,587 [application/x-gzip]

    OK -> .........  .........  .........                    [100%]

17:18:38 (7.05 KB/s) - »IO-1.20.tar.gz« gespeichert [31587/31587]
```

Die folgenden Module werden benötigt. Es sollte möglichst eine aktuelle Version der Module installiert werden. Die unten am Ende der Modulnamen stehende Versionsinformation dient lediglich als Beispiel und spiegelt nicht den aktuellen Stand der Entwicklung wider:

- ❏ `MIME-Base64-2.12.tar.gz`
- ❏ `libnet-1.11.tar.gz`
- ❏ `Font-AFM-1.18.tar.gz`
- ❏ `Digest-MD5-2.16.tar.gz`
- ❏ `URI-1.18.tar.gz`
- ❏ `HTML-Parser-3.26.tar.gz`
- ❏ `libwww-perl-5.64.tar.gz`
- ❏ `TimeDate-1.11.tar.gz`

❏ Time-modules-101.062101.tar.gz
❏ HTML-Tree-3.08
❏ IO-1.20.tar.gz
❏ File-Cache-0.16.tar.gz
❏ LockFile-Simple-0.2.5.tar.gz
❏ Compress-Zlib-1.16.tar.gz
❏ Getargs-Long-0.1.3.tar.gz
❏ Log-Agent-0.301.tar.gz
❏ Log-Agent-Rotate-0.1.3.tar.gz
❏ HTML-Format-1.23.tar.gz

Einige der Module liegen wahrscheinlich der verwendeten Linux-Distribution schon fertig übersetzt bei. In diesem Fall kann das entsprechende Paket einfach installiert werden. Ansonsten muß das Modul im Quellcode bezogen und dann übersetzt und installiert werden. Die Installation der Perl-Quell-Module erfolgt immer nach dem gleichen Schema: Um die Module global zur Verfügung zu stellen, muß die Installation als Benutzer root erfolgen. Wurde ein Modul aus dem Internet geladen, muß es zunächst ausgepackt werden. Dies erfolgt z.B. für das HTML-Parser-Modul mit dem Kommando tar xzf HTML-Parser-2.25.tar.gz.

Zur Installation wird anschließend in das Modul-Verzeichnis gewechselt, und es werden nacheinander die Kommandos perl Makefile.PL, make, make install ausgeführt. Perl muß zu diesem Zeitpunkt bereits auf dem Rechner installiert sein. Neben Perl wird für einige Module auch ein C-Compiler, z.B. der gcc, benötigt. Die Vorgehensweise wird in folgendem Beispiel anhand des Moduls HTML-Parser demonstriert:

```
root@erde:/root/tmp # tar xzf HTML-Parser-2.25.tar.gz
root@erde:/root/tmp # cd HTML-Parser-2.25
root@erde:/root/tmp/HTML-Parser-2.25 # perl {\Makefile}.PL
Checking if your kit is complete...
Looks good
Writing Makefile for HTML::Parser

root@erde:/root/tmp/HTML-Parser-2.25 # make
mkdir blib
mkdir blib/lib
mkdir blib/lib/HTML
...


root@erde:/root/tmp/HTML-Parser-2.25 # make install
Installing /usr/lib/perl5/site_perl/5.005/NewsClipper/Parser.pm
Installing /usr/lib/perl5/site_perl/5.005/NewsClipper/Entities.pm
...
```

Diese Abfolge muß für alle oben genannten Module nacheinander durchgeführt werden. Für das Modul `libnet` müssen bei Ausführung der Anweisung `perl Makefile.PL` einige Fragen in Bezug auf die verwendeten Server für News (NNTP) und Mail (SMTP und →*POP3*) sowie weiterer Server-Rechner angegeben werden. Hier sollten alle Angaben entsprechend den lokalen Gegebenheiten vorgenommen werden.

4.2.2.3 Download und Installation der Handler

Um die Funktionalität von `NewsClipper.pl` nutzen zu können, werden Handler-Module benötigt. Zwar lassen sich mit `NewsClipper.pl` diese automatisch laden, jedoch ist es unter Umständen angenehmer, die Standard-Handler in einem Arbeitsschritt zu laden. Alle verfügbaren Handler sind als ein Tar-Archive unter der URL `ftp://handlers.newsclipper.com/pub/NewsClipper/handlers.tar.gz` in der Datei `handlers.tar.gz` verfügbar.

Nach dem Download muß das Archiv ausgepackt und in das gewünschte Zielverzeichnis kopiert werden. In obiger Konfiguration wurde als Basisverzeichnis beispielsweise `/usr/lib` (durch die Variable `handlerlocations`) ausgewählt. Wichtig ist, daß die Verzeichnishierarchie unter dem gewählten Basisverzeichnis, wie im Tar-Archiv vorgegeben, erhalten bleibt, da `NewsClipper.pl` andernfalls die Module nicht findet. Für das hier gewählte Basisverzeichnis müssen sich nach der Installation der Handler in dem Verzeichnis `/usr/lib/NewsClipper/Handler/` die Verzeichnisse `Acquisition`, `Filter` und `Output` befinden, die die Handler-Module enthalten.

4.2.3 Erstellen einer Content-Web-Seite

Nachdem nun alle Installationsarbeiten abgeschlossen sind, kann die Software genutzt werden. Als Beispiel soll nocheinmal die auf Seite 271 abgedruckte Template-Datei als Ausgangspunkt dienen. Es wird angenommen, daß die Template-Datei bereits im Verzeichnis `/home/tux/www/` liegt. Die Ergebnis-Datei soll in das gleiche Verzeichnis geschrieben werden. Die gesamte Operation wird als Benutzer `tux` ausgeführt.

Zunächst muß die Konfigurationsdatei des Benutzers `tux` angepaßt werden, damit `NewsClipper.pl` weiß, welche Datei(en) bearbeitet werden soll(en). Die Datei `/home/tux/.NewsClipper/NewsClipper.cfg` sollte also wie folgt aussehen:

```
%config = (
        'inputFiles' => ['/home/tux/www/demo.txt'],
        'outputFiles' => ['/home/tux/www/demo.html'],
        'handlerlocations' => ["$home/.NewsClipper", "/usr/lib"],
```

```
        'cachelocation' => "$home/.NewsClipper/cache",
        'maxcachesize' => 5,
);
```

Anschließend kann zur Erstellung der gewünschten Ergebnisdatei das Skript NewsClipper.pl aufgerufen werden. Es ist darauf zu achten, daß vor dem Aufruf eine Verbindung zum Internet besteht, da die gewünschten Heise-Newsticker-Daten andernfalls nicht bezogen werden können. Normalerweise werden keine Ausgaben durch den Aufruf erzeugt, im Verzeichnis /home/tux/www sollte lediglich die Datei demo.html erzeugt worden sein. Fehlt sie, wurde wahrscheinlich eine Datei demo.html.temp erzeugt, in der eine Fehlermeldung enthalten ist.

Für die Fehlersuche kann es hilfreich sein, das Programm NewsClipper.pl durch Angabe der Option -d im Debugging-Modus laufen zu lassen. So werden zahlreiche Ausgaben generiert, die ein bestehendes Problem leichter erkennen und lösen helfen.

Das Ergebnis der soeben beschriebenen Operation besteht aus der bereits auf Seite 272 dargestellten Web-Seite.

4.2.4 Erstellen eigener Handler

Aus der Vielzahl existierender Handler kann für zahlreiche Anwendungen und ohne großen Aufwand bereits ein für die gewählte Aufgabe passender gefunden werden. Unter Umständen fehlt jedoch auch gerade ein solcher, der die gewünschte Information von z. B. einer bestimmten Web-Seite extrahiert. In diesem Fall bleibt lediglich das Programmieren eines eigenen neuen Handler. Hierzu sind, da NewsClipper in der Skript-Sprache Perl geschrieben ist, gute Perl-Kenntnisse von Nutzen. Damit sich der Handler in die NewsClipper Software integrieren läßt, muß er natürlich entsprechend dem vorgegebenen →API (Application Programming Interface) entworfen werden, sprich: er muß bestimmten Konventionen genügen, die z. B. daraus bestehen, daß jeder Handler einen bestimmten Satz an Funktionen mit wiederum bestimmten Parametern zur Verfügung stellt, die von NewsClipper aufgerufen werden können.

Vereinfacht wird die Erstellung eines eigenen Handler durch das Skript Make-Handler.pl. Dieses Skript erfragt vom Benutzer alles Wesentliche bezüglich der zu extrahierenden Informationen aus einer bestimmten Web-Seite und erstellt schließlich den notwendigen Perl-Code, in dem die geforderte API realisiert wird. Für einfache Aufgaben ist es u. U. ausreichend, einfach den vom Skript generierten Programmcode zu verwenden. Oftmals müssen jedoch Modifikationen vorgenommen werden. Dokumentation zur Handler-Erstellung findet sich unter der URL http://www.newsclipper.com/handlers.html. Weiterführende Hinweise sind leider nur in der kommerziell vertriebenen Version von NewsClip-

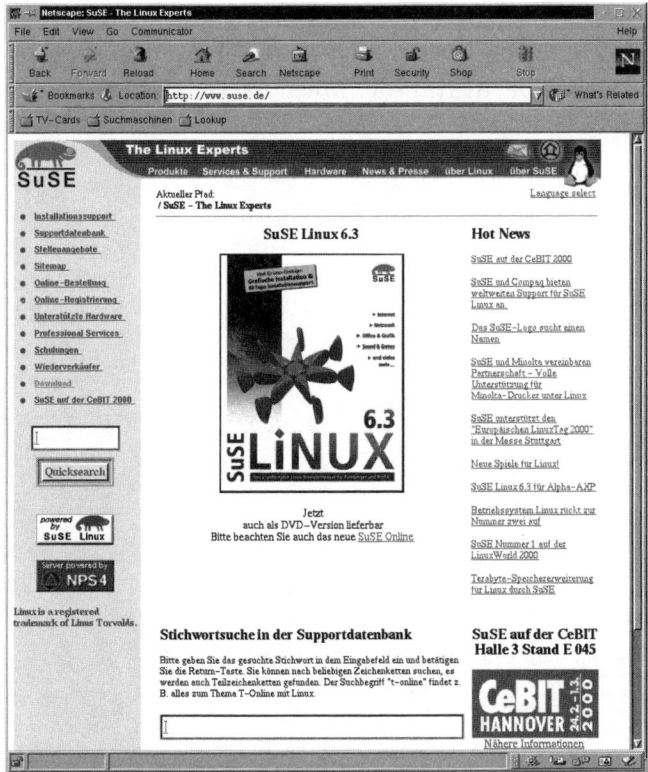

Abbildung 4.7: Die SuSE-Homepage

per verfügbar. Mailing-Listen oder auch der Quellcode existierender Handler helfen ebenfalls weiter.

Im folgenden wird die Erstellung eines eigenen Handlers auf Basis des Skripts `MakeHandler.pl` beschrieben. Der Handler soll dazu verwendet werden, aus der Homepage der SuSE Linux AG (siehe Abbildung 4.7) die „Hot News"-Links auf einer eigenen Seite einzufügen. Die aktuelle Homepage mag sich im Laufe der Zeit ändern, zur Demonstration der notwendigen Schritte der Handler-Erstellung genügt jedoch die hier abgedruckte Information. Daher wird hier von einer wie unten abgebildeten Seite mit entsprechendem HTML-Code ausgegangen. Bei einer Änderung der tatsächlichen Web-Seite muß der Handler dann angepaßt werden.

Die Basis für das Auffinden der gewünschten Information liegt in der Angabe von zwei Suchmustern, die von NewsClipper auf den HTML-Quelltext der Seite angewendet werden. Das erste Muster bestimmt den Punkt im HTML-Text, ab dem Informationen extrahiert werden sollen, das zweite den Endpunkt. Beide Muster können als Perl-Reguläre Ausdrücke angegeben werden. Zur Bestimmung des Suchmusters muß natürlich zunächst der Quelltext der Web-Seite angesehen werden, die als Datenquelle dienen soll. Unten ist der wesentliche, die „Hot News" enthaltende Teil des HTML-Textes der SuSE-Web-Seite abgedruckt:

```
...
        <TD colspan="2">
         <HR>
        </TD>
       </TR>
      </TABLE>

<TABLE ALIGN=CENTER WIDTH="577">
 <TR>
  <TD ALIGN=CENTER WIDTH="300" valign="top">
   <H3>
    SuSE Linux 6.3
   </H3>
   <A href="de/produkte/susesoft/linux/index.html">
       <IMG alt="SuSE Linux 6.3"
       src="de/produkte/susesoft/linux/gifs/63_c25.gif"
       height="300" border="0" hspace="20"></A>
   <P ALIGN="center">
    Jetzt<BR> auch als DVD-Version lieferbar<BR>
    Bitte beachten Sie auch das neue <A href="de/news/on-
line/index.html">
    SuSE Online</A>
   </P>
  </TD>
  <TD VALIGN=TOP WIDTH="277">
   <H3>
    Hot News
   </H3>
   <P>
    <FONT SIZE="-1"><A href="de/news/news/newpage/cebit2000.html">
       SuSE auf der CeBIT 2000</A>
    </FONT>
   </P>
   <P>
    <FONT SIZE="-1"><A href="de/news/news/newpage/SuSE_Compaq.html">
       SuSE und Compaq bieten weltweiten Support für SuSE Linux an.</A>
    </FONT>
   </P>
...
...
   <FORM ACTION="http://sdb.suse.de/cgi-bin/sdbsearch.cgi">
```

```
<P>
 <INPUT TYPE="text" NAME="stichwort" SIZE=42>
 </P>
 </FORM>
</TD>
 <TD ALIGN=CENTER VALIGN=TOP>

<H3>SuSE auf der CeBIT<BR>Halle 3 Stand E 045</h3>
<A href="de/cebit/index.html"><IMG width="162"
     alt="CeBIT-Logo" align="center" src="de/cebit/bilder/logo.gif"
     height="86" border="0"></a></br>
<A href="de/cebit/index.html">N&auml;here Informationen</A>

 </TD>
 </TR>
</TABLE>
<HR>
...
```

Aus diesem HTML-Code gilt es nun ein Start- und ein Stop-Muster zu finden, durch die der gesuchte Teil der Web-Seite, nämlich die Hot News-Links, insgesamt eingeschlossen werden. Wichtig ist, bei der Angabe von Mustern darauf zu achten, daß der von den Mustern umschlossene Teil immer „sauberes" HTML, also keine offenen HTML-Tags, enthält. Darüber hinaus sollte bei der Wahl der Muster beachtet werden, daß möglichst solche Muster verwendet werden, die robust gegenüber leichten Veränderungen der Seite sind, da der Handler andernfalls unvermutet nicht mehr arbeitet, wenn die Web-Seite verändert wurde. In einigen Fällen helfen die Anbieter von Web-Seiten, indem sie entsprechende Teile ihrer Seiten mit HTML-Kommentaren (<!-- Kommentar -->). markieren, wodurch die Angabe von Mustern sehr einfach ist. Andernfalls muß nach markanten Punkten in der Web-Seite Ausschau gehalten werden, über die die gewünschte Informationen lokalisiert werden kann.

Schaut man sich den oben dargestellten HTML-Ausschnitt genauer an, fällt auf, daß die gesamten Hot News in einer HTML-Tabelle eingebettet sind. Diese beginnt mit der Anweisung <TABLE ALIGN=CENTER WIDTH="577">, wobei einige Zeilen tiefer die Wörter Hot News stehen. Beendet wird diese Tabelle mit der Anweisung </TABLE>.

Als Startmuster kann daher der reguläre Ausdruck <TABLE ALIGN=.*Hot News verwendet werden, der genau den Tabellenbeginn erkennt, wenn einige Zeichen (und Zeilen) weiter die Zeichenkette Hot News erscheint. Als Endmuster kann einfach </TABLE> eingesetzt werden, da innerhalb der Hot News kein weiteres </TABLE> auftritt. Der von beiden Mustern umschlossene Bereich enthält eine vollständige Tabelle, also keine unbeendeten HTML-Tags.

Nachdem die Suche nach dem Muster beendet ist, kann anschließend die Erstellung des neuen Handler mit `MakeHandler.pl` erfolgen. Beim Aufruf fragt das Skript den Benutzer schrittweise Informationen ab, die über einen Editor (`vi` oder `emacs`) eingegeben werden können. Der Editor wird jeweils automatisch zur Eingabe der Daten durch das Skript gestartet. Im folgenden wird der Ablauf der Handler-Erstellung dargestellt:

```
root@erde:/root/tmp/NewsClipper-1.32-OpenSource # MakeHandler.pl susehotnews
Greetings! This is News Clipper's MakeHandler.pl program, which
is  designed to help you write handlers. Well, actually, it will
help you write *Acquisition* handlers. General filter and output
handlers are a bit more involved, and it's not likely that you'll
need to write them.

In order to make your life easier, you can now use your favorite
text editor to enter information. The main control will happen
here at the script, but most of the data entry will be done in
the editor.  Just enter the requested information in the space
immediately following the questions. You can can create more
space between questions if you need it.

Please read the hints for handler writers, at
http://www.newsclipper.com/handlers.html

Enter the name of your favorite editor (notepad, vi, emacs):
vi
```

Nach der Eingabe des gewünschten Editors wird dieser sofort für die ersten Angaben aufgerufen. Die im Editor dargestellte Datei ist wie ein Fragebogen aufgebaut, bei dem der Frage eine oder mehrere Leerzeilen bis zu einer Zeile mit - - - -Zeichen folgen. Die Antwort auf die Frage wird jeweils in die Leerzeile direkt unter die Frage eingetragen:

```
What's your name?
John Tux
-------------------------------------------------------------------
Where can people reach you by email, in case they have problems with
your handler, or want to make modifications to it?
tux@erde.all
-------------------------------------------------------------------
Enter the handler's name, in all lower case.
susehotnews
-------------------------------------------------------------------
Gimme a one line description of the handler, so people can understand
what it does when it is listed on the handler webpage.
```

```
Displays Hot News Links from german suse homepage
-------------------------------------------------------------------
Enter a URL where people can surf to in order to get an idea of where
the data comes from.
http://www.suse.de
-------------------------------------------------------------------
Sometimes people like to slap a license on their code that gives other
people limited rights to modify, copy, sell, etc. it. The GPL is pretty
popular, as is the Artistic license. For a summary of the major open
source licenses, see
http://www.oreilly.com/catalog/opensources/book/perens.html  Enter the
license type, if you want to license your code:
GPL
-------------------------------------------------------------------
```

Nachdem sämtliche Eingaben gemacht wurden, muß der Editor verlassen werden, wobei der „Text" zu sichern ist. Anschließend geht das `MakeHandler.pl`-Interview weiter:

```
First, we need a few details...

Some URLs depend on what parameters the user enters. For example, the
yahootopstories handler can grab data from several different URLs that all
share a common format.

Will your URL depend on a parameter?
no

What is the URL from which News Clipper should grab the data?
http://www.suse.de
-------------------------------------------------------------------

Choose an acquisition function:
(1) GetUrl -- Gets raw data from a URL, without making links absolute. Use
              this for text and such. Grabs all the data from the URL.
(2) GetText -- Extracts text from HTML, fixing < to &lt;, etc.
(3) GetHtml -- Extracts HTML, fixing relative links.
(4) GetImages -- Extracts images, fixing relative links.
(5) GetLinks -- Extracts hyperlinks, fixing relative links and removing
    formatting.
5
```

Bei der Wahl der Funktion, mit der die Daten aus der Web-Seite extrahiert werden soll, kann zwischen den oben angegebenen Funktionen gewählt werden, die jeweils eine andere Semantik haben. Informationen zu den Funktionen sind unter der URL `http://www.newsclipper.com/handlers.html` verfügbar. Da für dieses Beispiel die Hot News-Links aus der Seite gewonnen werden sollen, ist die Funktion `GetLinks` am geeignetsten, die aus dem durch die Muster beschriebenen Bereich Links extrahiert. Zusätzlich entfernt diese Funktion die ursprüngliche Formatierung (also die Tabelle, inkl. des HTML-Forms). Nach der Eingabe der Funktionsauswahl (5) geht das Interview mit der Eingabe der Start-/End-Muster weiter:

```
Do you want the grabbed data to depend on a parameter?
no


First, a word about patterns. You should prefix the pattern with (?i)
if you want it to be case insensitive. ^ matches the beginning of the
web page, and $ matches the end. You can use \n to match
the end of a line.

Try to choose something that is unlikely to change when the web site
gets redesigned. For example, if you're grabbing a comic, and you know
that the comic is the only image that has a filename like
"blah29385829.gif", don't try to precisely grab the <img
src="blah29385829.gif"> tag using GetHtml. Instead, grab all the
images using GetImages, then weed out everything but the one you want.
(When using GetLinks and GetImages, you can afford to have a "loose"
match if it allows you to pick a better pattern.)

You should return "clean" HTML, without any unclosed <em>s and such.
In fact, you should strip out <font> tags, since that restricts the
web designer. Later you can manually edit the handler and clean up the
HTML using the TrimTags and StripTags functions.

What is the starting pattern News Clipper can use to grab the data?
<TABLE ALIGN=.*Hot News
------------------------------------------------------------------------
What is the ending pattern News Clipper can use to grab the data?
</TABLE>
------------------------------------------------------------------------
```

Es kann eingegeben werden, in welchen Intervallen die Quell-Seite verändert wird. Diese Information wird verwendet, um den von NewsClipper verwalteten Cache korrekt nutzen zu können. Die Angabe kann aus Stundenzahlen, Wochentagen oder Kombinationen von beiden bestehen, wie in der Erläuterung des Skripts dargestellt. Für dieses Beispiel soll angenommen werden, daß die Seite maximal zweimal täglich verändert wird (in Wirklichkeit wird dies wohl eher seltener geschehen):

```
Now specify the times at which you know the remote server updates
its data, and that News Clipper should refresh its cached data.
Please be a little conservative here -- If you specify every hour
of the day, lots of people will be hitting their server when they
probably aren't even looking at their News Clipper webpage.

Date specifications are of the form "[day] hour,hour,hour [time
zone]". If you leave out the day, every day is assumed. If you
leave out the time zone, Pacific Standard Time is assumed. If you
leave out everything, the default of "2,5,8,11,14,17,20,23 PST" is
used.  For example, if you are making a handler for a daily comic,
you might want to just use '7', since the comic changes at 6 am PST
every day.

The days are: sun,mon,tue,wed,thu,fri,sat. You can specify multiple
times, for example:

mon 6,8 EST

tues 16 CST

20

would update Mondays at 6am and 8am EST, Tuesdays at 4pm CST, and
every day at 8pm PST.

Enter your date specification:
8,14 MET
------------------------------------------------------------------
```

Der nächste Schritt dient der Eingabe von Daten über den Autor und den Zweck des Handler. Diese Information wird benötigt, um anderen Benutzern Informationen über den Handler bereitstellen zu können. Wird der Handler später über die NewsClipper Web-Seite der Allgemeinheit zur Verfügung gestellt, wird auch diese Information über die Handler-Seite `http://www.newsclipper.com/handlers.html` angeboten. Die Eingabe dieser Daten sollte daher sorgfältig vorgenommen werden. Zusätzlich wird der Perl-Quellcode an dieser Stelle dargestellt, um die Funktionsweise verändern zu können. Für unser Beispiel ist jedoch keine Anpassung des Quellcodes erforderlich. Daher wird nur die Benutzerinformation eingetragen. Der Quellcode wurde aus Platzgründen in unten stehender Darstellung weitgehend weggelassen:

```
------> THESE LINES WILL BE REMOVED BY MAKEHANDLER          <------
------> EDIT THIS VERSION OF THE HANDLER IF YOU NEED TO.     <------
------> FOR EXAMPLE, IF YOU WERE DOING THE "ASTROPIC" HANDLER,  <------
------> YOU WOULD WANT TO RETURN A HASH CONTAINING SEVERAL DATA  <------
------> ITEMS, SO YOU'D HAVE TO EDIT THE "GET" FUNCTION, AS WELL <------
```

```
------> AS THE "GETDEFAULTHANDLERS" FUNCTION.                    <------
# -*- mode: Perl; -*-


------> FIX THESE COMMENTS. ADD ANY ADDITIONAL ATTRIBUTES YOU    <------
------> NEED, AND EXPLAIN WHAT THE ATTRIBUTES MEAN. THIS IS THE   <------
------> DOCUMENTATION THAT THE USER WILL REFER TO IN ORDER TO     <------
------> USE YOUR HANDLER.                                         <------
# AUTHOR: John Tux
# EMAIL: tux@erde.all
# ONE LINE DESCRIPTION: Extract hot news from suse home-page
# URL: http://www.suse.de
# TAG SYNTAX:
# <input name=susehotnews>
# LICENSE: GPL
# NOTES:


package NewsClipper::Handler::Acquisition::;
use strict;
use NewsClipper::Handler;
use NewsClipper::Types;
use vars qw( @ISA $VERSION );
...
...
```

Damit ist die Erstellung des Handler abgeschlossen. Das Ergebnis wird im aktuellen Verzeichnis als `susehotnews.pm` abgelegt. Dieser Handler sollte danach
in eines der in der Konfiguration angegebenen Handler-Verzeichnisse in das Unterverzeichnis `Acquisition` kopiert werden, damit er von `NewsClipper.pl`
gefunden werden kann.

Die weiteren Schritte bestehen, wie bereits dargestellt, aus dem Erstellen einer
Web-Seite, in der der neue Handler eingefügt wird. Als Beispiel soll folgende
einfache Web-Seite dienen:

```
<html>
<head>
<title>News Clipper - Demo Seite</title>
</head>


<body>
<h1>SuSE-Hot News</h1>
<!--newsclipper
    <input name=susehotnews>
    <filter name=limit number=10>
    <output name=array numcols=2>
-->
```

Abbildung 4.8: Die generierte Seite mit SuSE-Hot News

```
<hr>
<h1>Meine Web-Seite ...</h1>
<ul>
     <li> Neues zu Linux ...
     <li> Witziges zu Windows ...
     <li> Weitere Infos ...
</ul>
</body>
</html>
```

Anschließend muß diese Template-Datei als Input-Datei zusammen mit einer Ergebnisdatei in der NewsClipper-Konfiguration angegeben werden. Schließlich wird `NewsClipper.pl` gestartet, um die Ergebnisdatei zu erstellen. Zu diesem Zeitpunkt muß wiederum eine Verbindung zum Internet bestehen, damit die Daten von der SuSE-Web-Seite bezogen werden können. In einem Web-Browser betrachtet, sieht das Ergebnis dann etwa wie in Abbildung 4.8 dargestellt aus.

Um die Seite zu aktualisieren, muß nun lediglich in regelmäßigen Abständen `NewsClipper.pl` erneut aufgerufen werden, damit die eigene Web-Seite die neuesten Hot News von der SuSE-Seite erhält.

4.3 Offline im WWW browsen mit `wwwoffle`

Das Internet ist eine schier unerschöpfliche Informationsquelle, die für jeden etwas Interessantes zu bieten hat. Die meisten dieser Informationen sind über das World Wide Web (WWW) mit Hilfe eines Browsers, z. B. dem Netscape Navigator, abrufbar. Voraussetzung für die Nutzung der Informationen im WWW ist natürlich die Anbindung an das Internet, die in der Regel über einen sogenannten ISP (Internet Service Provider) erfolgt. Insbesondere Privatpersonen, aber auch kleinere Unternehmen verfügen in der Regel nicht über eine permanente Verbindung zum Internet. Stattdessen wird die Verbindung je nach Bedarf – manuell oder automatisch – über eine Telefonleitung hergestellt. An Kosten fallen neben dem Grundtarif die Gebühren für die Wählleitung an, die natürlich durch möglichst kurze Online-Zeiten minimiert werden sollen. Dieses Ziel kann durch geeignete Werkzeuge unterstützt werden, die im folgenden beschrieben werden.

Zum Browsen im WWW ist normalerweise eine direkte Verbindung zum Internet erforderlich, um die gewünschten Seiten lesen zu können. Oftmals werden hierbei Seiten aufgrund ihres Informationsgehalts nach dem erstmaligen Ansehen häufig wieder geladen. Besteht keine ständige Verbindung zum ISP, muß die Verbindung jeweils neu aufgebaut bzw. aufrecht erhalten werden, wobei Gebühren anfallen. Denkt man an kleinere Netzwerke, in denen mehrere Benutzer im WWW browsen möchten, fällt dieser Effekt natürlich um so mehr ins Gewicht, da zum einen mehr Seiten gelesen und zum anderen auch gleiche Seiten erneut geholt werden müssen.

Ein Lösung für dieses Problem stellt das Unix-Tool mit dem Namen `wwwoffle` dar, daß im wesentlichen von Andrew M. Bishop entwickelt wurde. Das Akronym `wwwoffle` steht für „WWW offline", also die Möglichkeit, offline, ohne Verbindung zum Provider, Web-Seiten zu lesen. Natürlich kann man auch mit `wwwoffle` nicht ganz ohne Internet-Provider auskommen. Der große Nutzen dieses Werkzeugs liegt darin, daß man die online angewählten Seiten später im offline-Betrieb in Ruhe lesen kann, ganz so, als wäre man weiterhin mit dem Provider verbunden. Darüber hinaus kann ein `wwwoffle`-Server als Proxy-Server in kleineren Netzwerken verwendet werden. Dadurch wird das doppelte Laden identischer Seiten über die kostenpflichtige Leitung zum ISP vermieden. Neben diesen Grundfunktionen bietet `wwwoffle` weitere nützliche Hilfen: So ist es möglich, bestimmte Seiten überwachen zu lassen, die automatisch bei einer Verbindung zum ISP geladen und lokal im Cache abgelegt werden. Auch können ganze Web-Bäume, also Seiten, die sich auf dem Web-Server in unterschiedlich tief geschachtelten Unterverzeichnissen befinden, automatisiert geladen werden. Schließlich läßt sich verhindern, daß bestimmte Seiten im Cache gespeichert werden, was immer dann wichtig ist, wenn solche Seiten sicherheitsrelevante Informationen enthalten (z. B. ein vom Benutzer eingegebenes Passwort). Insgesamt läßt sich mit `wwwoffle` die Online-Zeit sowohl für den Privatmann als auch für kleinere

Netzwerke minimieren, und es entfällt die Notwendigkeit, eine bereits besuchte Seite erneut über das Internet zu laden, da sie jetzt lokal gelesen werden kann.

4.3.1 Arbeitsweise

Das wwwoffle-Paket besteht grundsätzlich aus zwei Programmen: wwwoffled und wwwoffle. wwwoffled dient als Proxy, zu dem WWW-Browser eine Verbindung aufbauen können, um Web-Seiten anzufordern, die von wwwoffled in einen Cache geschrieben werden. wwwoffle ist ein Programm, das der Steuerung und Interaktion von wwwoffled dient. Mit Hilfe einer zentralen Konfigurationsdatei (wwwoffle.conf, s. u.) ist es möglich, die Funktionsweise des Proxies über zahlreiche Optionen zu steuern.

Wählt ein Benutzer eine bestimmte URL an, kontaktiert der Browser normalerweise direkt den entfernten Rechner, der durch den ersten Teil der URL (dem Namen-Teil, wie z. B. www.suse.de) bestimmt ist, und wartet auf die entsprechenden Daten als Antwort. Manche ISP bieten dem Benutzer die Möglichkeit zur Nutzung eines Proxy, der als Cache für eine große Zahl von Web-Seiten dient. Auf diese Weise soll, ähnlich wie bei wwwoffle, vermieden werden, daß dieselben Seiten mehrfach über das Internet geholt werden müssen. Unter Umständen muß ein Benutzer sogar einen bestimmten Proxy-Server des ISP einstellen, um überhaupt Seiten des WWW besuchen zu können. Eine schematische Darstellung dieses Aufbaus bietet Abbildung 4.9.

Eine solche Einstellung wird in der Konfiguration des Web-Browsers vorgenommen, bei netscape beispielsweise über die Einstellung im Menü *Edit -> Preferences -> Advanced -> Proxies*. Hier können die Namen und die Portnummern der Proxy-Server für die verschiedenen Dienste wie HTTP und FTP

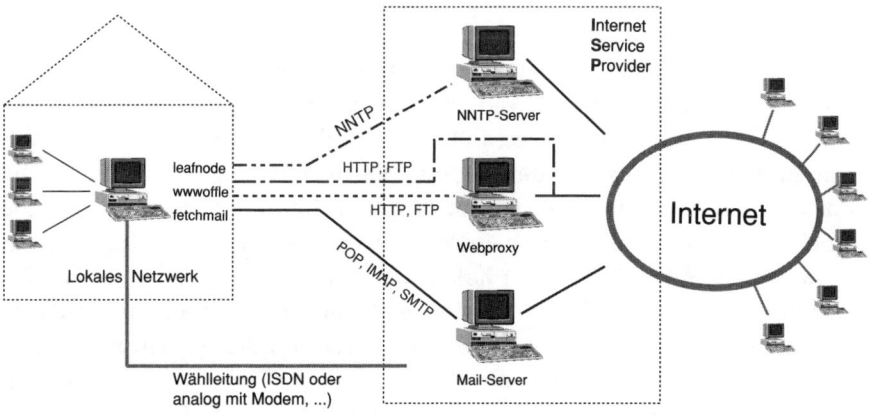

Abbildung 4.9: Schematische Darstellung der Funktion eines ISP

konfiguriert werden. Über die entsprechenden Namen und Adressen kann der ISP Auskunft geben, wenn er denn überhaupt einen solchen Proxy unterstüzt bzw. vorschreibt. Zur Vereinfachung dieser Prozedur kann der ISP eine Konfigurationsdatei anbieten, deren URL lediglich im Browser (bei `netscape` das Feld *Automatische Proxy Konfiguration* in dem oben genannten Menü) eingetragen werden muß; alle Proxy-Einstellungen aus den Vorgaben des ISP werden so übernommen.

`wwwoffle` stellt nun lediglich einen (weiteren) Proxy dar, der jedoch im Gegensatz zum evtl. vorhandenen Proxy-Server des ISP auf dem eigenen (bzw. einem der im lokalen Netz liegenden) Rechner arbeitet. Wenn ein Web-Browser eine Verbindung mit einem Web-Server aufbaut, geschieht dies normalerweise auf der Port-Nummer `80`. Eine Port-Nummer kann als Kennummer für einen bestimmten Dienst, wie z. B. auch `wwwoffle`, angesehen werden, unter der genau dieser Dienst auf einem bestimmten Rechner „erreicht" werden kann. Die Verbindung zwischen Browser und `wwwoffled` erfolgt nicht auf dem Standard-Port 80, sondern in der Default-Konfiguration auf der Port-Nummer 8080. Um `wwwoffle` nutzen zu können, müssen der Rechnernername, auf dem der `wwwoffled`-Prozeß läuft, und die oben angegebene Port-Nummer, auf der `wwwoffled` angesprochen werden kann, in der Proxy-Konfiguration des Web-Browsers eingestellt werden. Alternativ kann, wie bereits gesagt, eine `Proxy.pac`-Datei erstellt werden, deren URL in den Browser eingetragen wird. Dieses Methode wird in Abschnitt 4.3.3.2 auf Seite 303 beschrieben.

Versucht ein Benutzer anschließend, über seinen Web-Browser auf eine Seite im WWW zuzugreifen, wird zunächst eine Verbindung zu dem `wwwoffled`-Prozeß hergestellt. Dieser Prozeß erzeugt einen neuen `wwwoffled`-Prozeß, der die Anfrage bearbeitet. Zunächst sieht dieser Prozeß im lokalen Cache, der normalerweise unter `/var/spool/wwwoffle` liegt, nach, ob die gewünschte Seite bereits angefordert wurde und daher schon vorliegt. Wenn ja, wird die Seite aus dem Cache gelesen und an den Browser geschickt. Liegt die gewünschte Seite jedoch nicht im `wwwoffle`-Cache, hängt es vom aktuellen `wwwoffle`-Arbeitsmodus ab, was weiter geschieht. `wwwoffle` kennt drei verschiedene Arbeitsmodi: den Offline-Modus, der immer dann gewählt werden sollte, wenn zur Zeit keine Verbindung zum Internet besteht, den Online-Modus, falls der Rechner, auf dem `wwwoffled` läuft, zur Zeit über den ISP mit dem Internet verbunden ist, und schließlich den Autodial-Modus, bei dem zunächst immer versucht wird, die geforderte Seite aus dem Cache zu holen, wobei das Netzwerk in diesem Fall als letzte Rettung dient. In diesem Modus geht `wwwoffle` davon aus, daß eine Anfrage an das Netwerk automatisch zu einem Verbindungsaufbau zum Provider führt. Für diesen Modus muß die Verbindung zum ISP also so konfiguriert sein, daß eine Anfrage an eine Adresse außerhalb des lokalen Netzes zu einem automatischen Verbindungsaufbau zum ISP führt. Die Konfiguration des `wwwoffled`-Arbeitsmodus erfolgt entweder über das Programm `wwwoffle` oder interaktiv mit Hilfe des Web-Browsers und einer zu diesem Zweck von `wwwoffle` bereitgestellten, lokalen Web-Seite. Mehr zu diesem Thema im folgenden Abschnitt.

Was geschieht nun bei einer Anfrage des Web-Browsers nach einer bestimmten Seite? Die Anforderung einer nicht im Cache liegenden Seite führt im Online-Modus dazu, daß die angeforderte Seite über das Internet geholt, an den Browser geliefert und zusätzlich in den lokalen `wwwoffle`-Cache geschrieben wird. Tritt beim Laden dieser Seite ein Fehler auf (der entfernte Server ist z. B. nicht erreichbar), meldet `wwwoffle` diesen Fehler und legt ein Backup einer evtl. existierenden älteren Version dieser Seite in seinem Cache an, so daß später im Offline-Modus immer noch auf die ältere Version der Seite zugegriffen werden kann.

Falls der ISP die Verwendung eines Proxy vorschreibt, also keine direkte Verbindung zu einem Web-Anbieter, sondern lediglich eine Verbindung seinem eigenen Proxy-Server anbietet, der seinerseits die gewünschte Seite anfordert, kann `wwwoffle` so konfiguriert werden, daß er seine Anfragen ebenfalls an den Proxy des ISP weiterreicht und nicht versucht, eine direkte Verbindung aufzubauen.

Da auch FTP-Verbindungen von `wwwoffle` verwaltet werden und somit Dateien, die per FTP aus dem Internet mit Hilfe eines Web-Browsers geladen werden, im

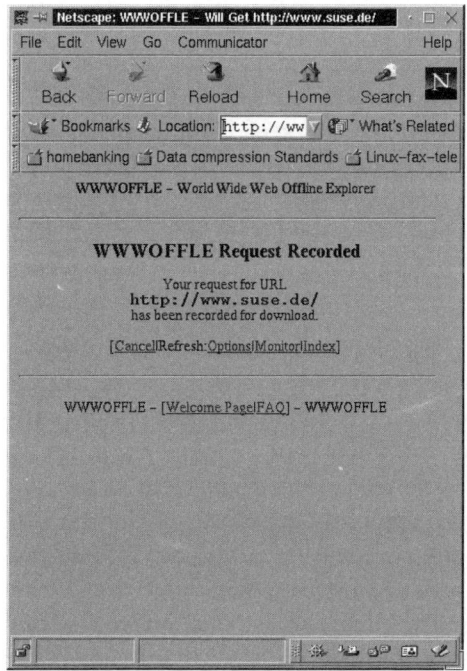

Abbildung 4.10: `wwwoffle`-Ausgabe bei einer Offline-Seitenanfrage

lokalen Cache landen, ist es wichtig, ausreichend Platz für das Cache-Verzeichnis von `wwwoffle` bereitzustellen. Falls FTP-Verbindungen vom Web-Browser aus nicht über `wwwoffle` laufen sollen, muß einfach die Proxy-Konfiguration des Browsers so eingestellt werden, daß für FTP-Verbindungen kein oder evtl. der vom Provider vorgegebene Proxy eingestellt wird. Bei Netscape erfolgt die Einstellung, wie bereits gesagt, im Menü `Edit -> Preferences -> Advanced -> Proxies`. Eine weitere Möglichkeit zu verhindern, daß FTP-Dateien im Cache abgelegt werden, ist der auf Seite 302 beschriebene Konfigurationsabschnitt `DontCache` der `wwwoffle.conf`-Datei.

Falls sich `wwwoffle` im Offline-Modus befindet, wird die Anfrage nach einer Seite registriert, so daß diese Seite automatisch geholt wird, wenn später eine Verbindung zum ISP besteht und `wwwoffle` in den Online-Modus versetzt wird. Neben der automatischen Registrierung einer Seite bei einem Offline-Zugriff bietet sich die Möglichkeit, `wwwoffled` so zu konfigurieren, daß der Benutzer in einer von `wwwoffle` generierten Seite wählen kann, ob er diese Seite zum Download vormerken will oder, ohne Registrierung, einfach eine Fehlermeldung erhält.

Dem Benutzer meldet `wwwoffle` die Registrierung einer Seite in Form einer dynamisch erzeugten HTML-Seite, in der der Benutzer zum einen über die Registrierung informiert wird und zum anderen die Möglichkeit hat, die gerade vorgenommene Registrierung wieder zu löschen. Abbildung 4.10 auf der vorherigen Seite zeigt eine solche Seite. Der `Cancel`-Link erlaubt die Stornierung von Anfragen, während sich über den `Options`-Link Einstellungen zur Seitendarstellung vornehmen lassen. Durch die Anwahl dieses Link erscheint eine neue `wwwoffle`-Seite, die in Abbildung 4.11 auf der nächsten Seite dargestellt ist. Hier kann der Benutzer beispielsweise festlegen, ob Frames oder Skripten, die zu der Seite gehören, ebenfalls geladen werden sollen. Darüber hinaus kann er bestimmen, ob er nur diese eine Seite, oder aber z. B. auch alle anderen Seiten, die auf dem Web-Server im gleichen Verzeichnis oder in Unterverzeichnissen bis z. B. zur zweiten Ebene stehen, laden lassen möchte.

Über den Link `Monitor` ist es möglich festzulegen, in welchen Abständen die Seite neu aus dem Netz geladen werden soll. Auf diese Weise kann eine Verbindung zum ISP dazu genutzt werden, bestimmte Seiten (z. B. Börsenkurse) automatisch zu aktualisieren, so daß immer eine aktuelle Seite im lokalen `wwwoffle`-Cache verfügbar ist. Die festzulegenden Parameter bestehen aus dem Monat (Jan, Feb, ...), dem Tag des Monats, dem Wochentag und der Stunde, zu der die Seite geholt werden soll. Wird für den Stundenwert keine Angabe gemacht, interpretiert `wwwoffle` dies als Anweisung, diese Seite einmal an dem durch die übrigen Parameter bestimmten Tag zu holen. Darüber hinaus können auch mehrere Stundenwerte, durch Kommata oder Leerzeichen voneinander getrennt, angegeben werden. Das Feld für den Tag, an dem eine Seite geholt werden soll, darf auch leer gelassen werden. In diesem Fall wird die Seite an allen Tagen, die durch die anderen Angaben bestimmt werden, geholt. Neben der Prüfung einzelner Seiten

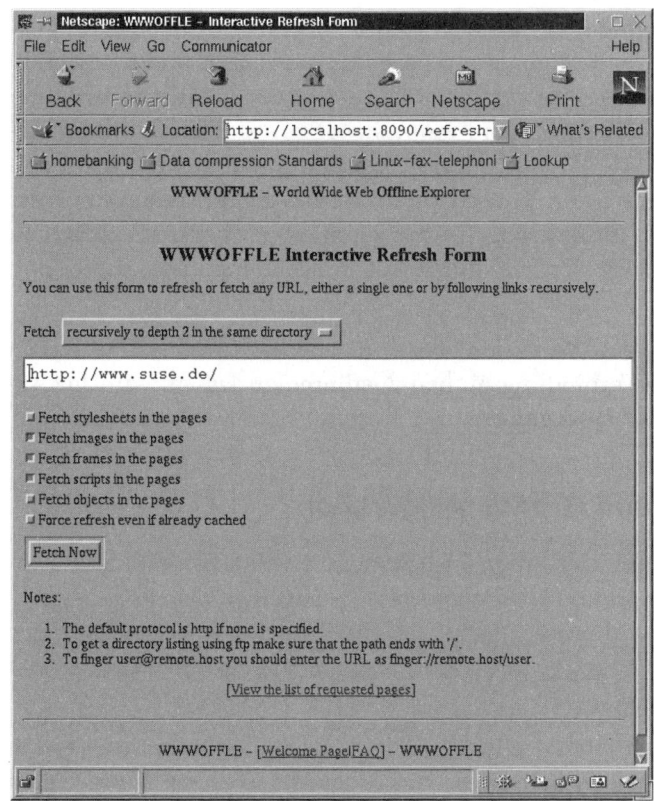

Abbildung 4.11: Download-Optionen in `wwwoffle`

ist auch ein regelmäßiges rekursives Laden von Seiten möglich. Dazu muß lediglich nach der Festlegung der Optionen für die gewünschte Seite (siehe Bild 4.10 auf Seite 293) der `Fetch`-Button gedrückt werden. Anschließend erscheint ein weiterer Dialog, in dem mitgeteilt wird, daß diese Seite(n) zum Download vorgemerkt wurde(n). Wird nun auf derselben Seite der unten stehende `Monitor`-Link angewählt, können die bereits beschriebenen Monitor-Optionen angegeben werden, um die Häufigkeit des rekursiven Downloads einzustellen.

Um ohne Verbindung zum Internet browsen zu können, muß `wwwoffled` wissen, ob sich der Rechner, auf dem der Prozeß arbeitet, gerade im Offline- oder im Online-Modus befindet, also ob gerade eine Verbindung zum Internet über den ISP besteht. Diese Entscheidung kann `wwwoffled` nicht alleine treffen. Stattdessen muß dies dem Prozeß entweder interaktiv über die `wwwoffle`-Kontrollseite oder durch Aufruf des Programms `wwwoffle` mit dem Parameter `-online` bzw. `-offline` mitgeteilt werden. Die Verwendung der `wwwoffle`-Kontrollseite ist nur zu Testzwecken sinnvoll, weitaus besser ist ein vollautomatischer Wechsel.

Hierzu muß der Administrator des Rechners dafür Sorge tragen, daß beim Wechsel zum Online-Modus das Kommando `wwwoffle -online`, und bei Beendigung der Verbindung das Kommando `wwwoffle -offline` ausgeführt wird. Diese Notwendigkeit entfällt nur dann, wenn `wwwoffle` sich im Autodial-Modus befindet, d. h., wenn der Versuch eines Verbindungsaufbaus zu einem entfernten Rechner im Internet automatisch zur Herstellung der Verbindung zum ISP führt. In diesem Fall muß `wwwoffle` nur einmalig nach dem Start in den Autodial-Modus versetzt werden, was durch Aufruf des Kommandos `wwwoffle -autodial` geschieht.

Auf Möglichkeiten, die Aufrufe `wwwoffle -online` bzw. `wwwoffle -offline` automatisch beim Verbindungsaufbau ausführen zu lassen, wird im Abschnitt 4.3.3.4 auf Seite 307 eingegangen.

4.3.2 Installation und Grundkonfiguration

`wwwoffle` ist Bestandteil vieler Linux-Distributionen, wie z. B. bei SuSE Linux. Das Programm kann in diesem Fall einfach über das jeweilige Installationswerkzeug installiert werden. Alternativ kann der Quellcode von `wwwoffle` auch von dessen Homepage, `http://www.gedanken.demon.co.uk/wwwoffle/index.html`, frei bezogen werden.

Im Anschluß an die Installation befindet sich – je nach Konfiguration des Pakets bei der Übersetzung des Quelltextes – das Programm `wwwoffle` unter dem Verzeichnis `/usr/bin` bzw. `/usr/local/bin`, das Programm `wwwoffled` unter `/usr/sbin` bzw. `/usr/local/sbin`. Die zentrale Konfigurationsdatei `wwwoffle.conf` liegt normalerweise in `/etc/wwwoffle` oder in `/var/spool/wwwoffle`. In diesem Verzeichnis befindet sich auch der Cache, in dem Web-Seiten von `wwwoffle` abgelegt werden. Um Probleme zu vermeiden, sollte man überprüfen, ob dieses Verzeichnis existiert und der dafür vorgesehenen Benutzerkennung gehört (auf SuSE-Systemen z. B. der Kennung `wwwrun`). Die Benutzerkennung muß mit dem in der Konfigurationsdatei angegebenen Wert für `run-uid`, die Benutzergruppe mit dem für die Variable `run-gid` zugeordneten Wert übereinstimmen. Die Konfigurationsdatei kann entweder mit einem Texteditor angepaßt oder aber später direkt über den Web-Browser editiert werden. In Mehrbenutzerumgebungen, wo es nicht sinnvoll ist, daß jeder Benutzer die Konfigurationsdatei nach seinen Wünschen ändern darf, kann das editieren dieser Datei durch ein Passwort geschützt werden.

Um `wwwoffle` über den Web-Browser zu konfigurieren, muß zunächst der Prozeß `wwwoffled` gestartet werden. Dies erfolgt über den Start des Programms, dem als Parameter der Pfadname der Konfigurationsdatei angegeben wird, z. B. `/usr/sbin/wwwoffled -c /etc/wwwoffle/wwwoffle.conf`. Wurde `wwwoffle` über ein vorgefertigtes Paket, wie etwa ein RPM-Paket, installiert, sollte sich auch ein Start/Stop-Skript im Verzeichnis `/etc/init.d` befinden, über das der `wwwoffled`-Prozeß automatisch beim Booten des Rechners gestartet wird. In diesem Fall kann `wwwoffled` einfach durch einen Aufruf von `/etc/init.d/wwwoffle start` gestartet werden.

Anschließend kann die Konfiguration über einen Web-Browser erfolgen, indem im Browser die URL `http://localhost:8080/control/` angewählt wird. Falls `wwwoffled` nicht auf dem lokalen, sondern auf einem anderen Rechner läuft, muß `localhost` einfach durch den Namen des entsprechenden Rechners ersetzt werden. In der dann erscheinenden `WWWOFFLE Interactive Control`

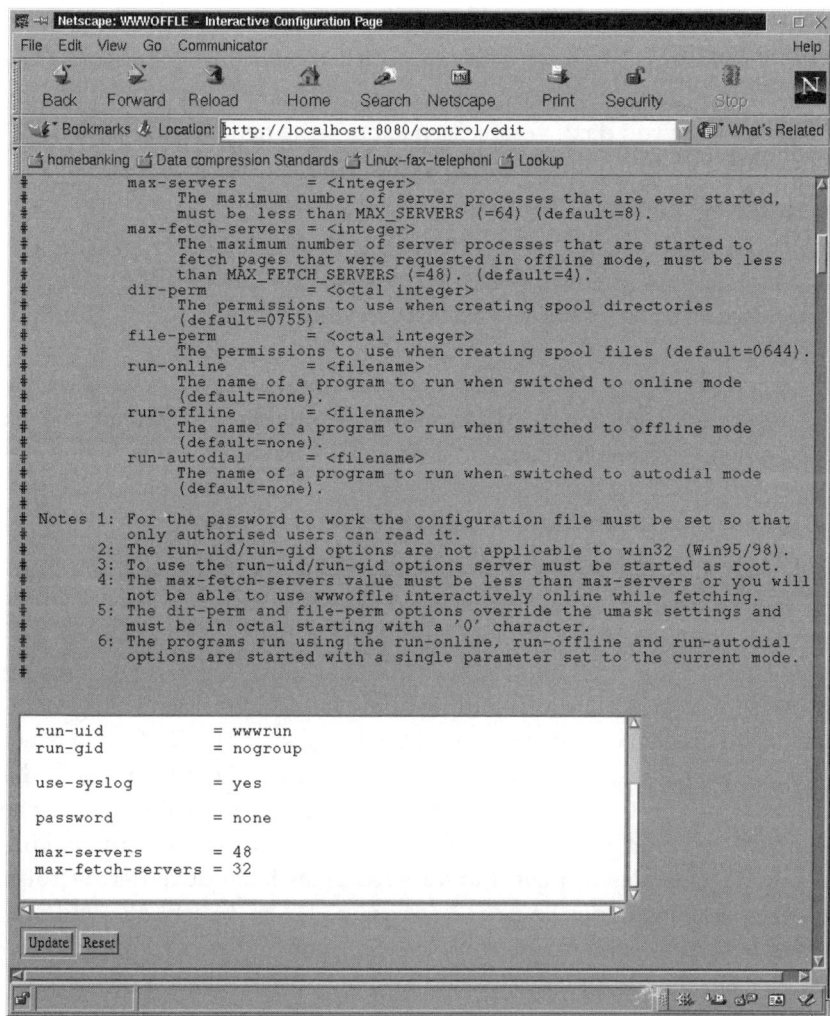

Abbildung 4.12: `wwwoffle`-Konfigurationsseite

`Page` gelangt man über den Link `Edit the configuration file` zu der in Abbildung 4.12 auf der vorherigen Seite dargestellten Seite.

Die Abbildung zeigt einen Teil der möglichen `wwwoffled`-Konfigurationsparameter, die in mehrere Abschnitte aufgeteilt sind. Jeder der Abschnitte wird durch Erläuterungen zu den darin möglichen Optionen eingeleitet, die in der Abbildung grau hinterlegt sind. Die Optionen können in dem weiß hinterlegten Eingabefeld angepaßt werden, wobei links vom =-Zeichen immer der Optionsname und rechts davon der Wert dieser Option steht. Die genaue Bedeutung der einzelnen Optionen kann in den Manual-Seiten zu der Konfigurationsdatei mit `man wwwoffle.conf` nachgeschlagen werden. Die Bedeutung der wichtigsten Optionen können in Abschnitt 4.3.3.1 auf Seite 300 nachgelesen werden.

Wurden die Optionen wie gewünscht angepaßt, können die Änderungen mit Hilfe des `Update`-Button gesichert werden, woraufhin eine neue Seite erscheint, über die man `wwwoffled` dazu veranlassen kann, seine neue Konfigurationsdatei einzulesen, so daß die veränderten Optionen wirksam werden.

Eine erste lauffähige Konfiguration ist leicht zu erstellen, da hierzu nur sehr wenige Parameter angepaßt werden müssen. Der erste Parameter, der in der `Local-Host`-Section steht, beschreibt die Namen, unter denen der `wwwoffle`-Server-Rechner erreichbar ist. Dieser Name wird insbesondere benötigt, um die Konfigurationsseite des Servers zu erreichen. In diesem Abschnitt sollte mindestens `localhost` stehen, damit auf die Begrüßungsseite von `wwwoffle` unter der URL `http://localhost:8080` zugegriffen werden kann. Hat der Rechner neben `localhost` einen weiteren Namen, wie z. B. `erde`, kann auch dieser Name eingetragen werden, wodurch auch die URL `http://erde:8080` verwendet werden kann, um die `wwwoffle` Begrüßungsseite zu sehen.

Der nächste Eintrag, der vorgenommen werden sollte, steht in der `LocalNet`-Section. Dieser Parameter legt fest, welche Rechner bzw. Domain-Muster als lokal interpretiert werden sollen und daher nicht im Cache verwaltet werden. `wwwoffle` geht davon aus, daß alle Rechner, die hier eingetragen sind, auch im Offline-Modus lokal, also ohne Verbindung zum ISP, erreichbar sind. Angenommen, der Domain, in dem ein Rechner liegt, lautet `kosmos.all`, und ein Rechner dieses Domain heiße `erde`, so würde der Eintrag `erde` in diesem Abschnitt dazu führen, daß Zugriffe über eine URL der Art `http://erde/` nicht im Cache von `wwwoffle` verwaltet, sondern als lokal angesehen würden. Alternativ können auch alle Rechner des Domain (`kosmos.all`) als lokal deklariert werden. Hierzu genügt ein Eintrag der Form `*.kosmos.all`. Der `*` dient als Wildcard, steht also für beliebige Namen. Einzelne Rechner können durch Voranstellen eines `!`-Zeichens aus der Gruppe der lokalen Rechner ausgeschlossen werden.

Die nächste grundlegende Einstellung in der `AllowedConnectHosts`-Section dient zur Angabe der Rechner, die auf den `wwwoffle`-Server zugreifen dürfen. Als Wert können wie schon in den letzten Abschnitten Rechnernamen mit Wildcards eingetragen werden. Hier sollten neben `localhost` alle die Rechner stehen, die auf den `wwwoffled` zugreifen können sollen. Alternativ kann ebenfalls wieder ein Domain-Muster wie `*.kosmos.all` angegeben werden, wodurch alle Rechner dieses Domain Zugriff auf den Server erhalten. Auch hier können einzelne Rechner durch Voranstellen eines `!`-Zeichens aus der Gruppe der erlaubten Rechner ausgeschlossen werden.

Falls der eigene ISP die Verwendung eines Proxy-Servers *vorschreibt*, muß dieser Proxy in die `Proxy`-Section eingetragen werden. Ohne diesen Eintrag kann `wwwoffle` andernfalls keine Seiten aus dem Internet laden. Angenommen, der Proxy des Providers sei der Rechner `proxy.my-isp.de`, der auf dem Port 3128 erreicht werden kann, so würde der notwendige Eintrag `default=proxy.my-isp.de:3128` lauten. Alternativ kann der Proxy auch über ein URL-Muster bestimmt werden. Dadurch ist es möglich, einen Proxy URL-abhängig und sogar Protokoll-abhängig (FTP, HTTP, ...) anzugeben:

```
http://*.com = isp.my-com-proxy.de:3128
ftp://*.com = isp.my-ftp-proxy.de
*://www.suse.de = isp.suse-proxy.de
```

Durch die hier dargestellten Werte würde `wwwoffle` für alle HTTP-Verbindungen zu Rechnern der `.com`-Domain den Proxy-Server `isp.my-com-proxy.de` auf dem Port `3128` kontaktieren. Alle FTP-Verbindungen würden hingegen über den Proxy `isp.my-ftp-proxy.de` abgewickelt. Für die URL `www.suse.de` würde `wwwoffle` für alle Protokolle zum Proxy `isp.suse-proxy.de` verbinden.

Mit Hilfe dieser Einstellungen sollte `wwwoffle` bereits einsatzbereit sein. Sollten Probleme auftreten, lohnt sicher immer ein Blick in die Datei `/var/log/messages`, in der `wwwoffle` Statusmeldungen schreibt. Um im Fehlerfall aussagekräftigere Meldungen als die herkömmlichen zu erhalten, kann in der Konfiguration in der `Options`-Section die Variable `loglevel` von dem Vorgabewert `important` auf `debug` gesetzt werden. So erscheinen wesentlich mehr Ausgaben in `/var/log/messages`, die das Auffinden eines Problems erleichtern.

Neben den hier beschriebenen grundsätzlichen bietet `wwwoffle` eine ganze Reihe weiterer Konfigurationsoptionen, von denen die interessantesten im folgenden beschrieben werden.

4.3.3 Weitere Konfigurationsmöglichkeiten

Der Proxy `wwwoffle` verfügt über eine große Zahl von Konfigurationsoptionen, von denen die wichtigsten hier beschrieben werden sollen. Alle Konfigurationsvariablen stehen in der Konfigurationsdatei `wwwoffle.conf` (normalerweise im Verzeichnis `/etc/wwwoffle`). Die Anpassung kann entweder über die direkte Bearbeitung dieser Datei oder auch über einen Web-Browser unter der URL `http://localhost:8080/control/` ausgeführt werden. Eine Beschreibung aller Konfigurationsvariablen kann in der Manual-Seite zu `wwwoffle.conf` nachgelesen werden (`man wwwoffle.conf`).

4.3.3.1 `wwwoffle`-Konfigurationsoptionen

Hier ein Überbllick über die interessantesten Konfigurationsoptionen von `wwwoffle`:

- `http-port=`*`portnummer`* (`Startup`-Section)
  Über diese Variable kann die Port-Nummer angegeben werden, unter der der HTTP-Proxy erreichbar ist (Default ist `8080`). Eine Veränderung dieses Werts ist insbesondere sinnvoll, wenn `wwwoffle` für zwei verschiedene Provider eingesetzt werden soll, da in diesem Fall üblicherweise verschiedene `wwwoffle`-Konfigurationen benötigt werden und daher mehrere `wwwoffled`-Prozesse gestartet werden müssen (einer je Konfiguration). Siehe auch Abschnitt 4.3.3.5 auf Seite 308.

- `wwwoffle-port=`*`portnummer`* (`Startup`-Section)
  Die für die `wwwoffle`-Steuerung verwendete Port-Nummer; laufen auf einem Rechner mehrere voneinander unabhängige `wwwoffle`-Prozesse, müssen deren `http`- und `wwwoffle-port`-Nummer verschieden sein. Siehe auch Abschnitt 4.3.3.5 auf Seite 308.

- `spool-dir=`*`/wwwoffle/chache/verzeichnis`* (`Startup`-Section)
  Über diese Variable wird das Basisverzeichnis des `wwwoffle`-Proxy festgelegt, in dem insbesondere alle zu cachenden Web-Seiten abgelegt werden. Normalerweise ist dieses Verzeichnis `/var/spool/wwwoffle`. Es sollte darauf geachtet werden, daß in diesem Verzeichnis ausreichend Platz vorhanden ist und daß der Eigentümer und die Gruppe des Verzeinisses mit den in den Variablen `run-uid` und `run-gid` übereinstimmen, damit `wwwoffle` auf das Cache-Verzeichnis zugreifen kann.

- `max-servers=`*`zahl (1..64)`*
  `max-fetch-servers=`*`zahl (1..64)`* (`Startup`-Section)
  Die Variable `max-servers` legt die maximale Anzahl von `wwwoffled`-Servern fest, die gestartet werden können, um lokale Anfragen (z. B. Konfiguration von `wwwoffle` über einen Web-Browser) und Anfragen von Seiten aus dem Internet zu bearbeiten. Der Vorgabewert ist `8`. Die Variable `max-fetch-servers` legt fest, wieviele Server gestartet werden, um Seiten, die im Offline-Modus vorgemerkt wurden, beim Wechsel in den Online-Modus zu holen. Der Wert dieser Variablen muß kleiner als der Wert der Variablen `max-servers` sein.

- `log-level=debug|info|important|warning|fatal` (`Options`-Section)

300

Der `log-level` legt fest, wie ausführlich wwwoffle-Log-Meldungen ausfallen. Normalerweise werden die Meldungen über den `syslogd` ausgegeben und sind anschließend in `/var/log/messages` verfügbar. In der Regel sollte `log-level` auf `important` gesetzt werden, wodurch nur besondere Ereignisse (z. B. Fehler) gemeldet werden. Zur Fehlersuche kann die Variable auch auf `debug` gesetzt werden, wodurch sehr detaillierte Meldungen ausgegeben werden.

❏ `confirm-requests=yes|no` (`Options`-Section)
Diese Variable legt fest, ob der Benutzer im Offline-Modus bei der Anfrage einer nicht im Cache liegenden Seite eine Bestätigungsseite erhält, die ihn fragt, ob die Seite zum Download vorgemerkt werden soll. Der Vorgabewert ist `no`, wodurch das Vormerken ohne weitere Nachfrage erfolgt.

❏ `stylesheets=yes|no`
`images=yes|no`
`frames=yes|no`
`scripts=yes|no`
`objects=yes|no` (`Fetch`-Section)
Über diese Optionen kann gesteuert werden, welche Teile einer im Offline-Modus angeforderten Seite beim Wechsel zum Online-Modus tatsächlich geholt werden. Der Vorgabewert für alle Objekte ist `no`, wodurch keine Stylesheets, Bilder, Skripten bzw. andere Objekte (z. B. Java Klassen-Dateien) geladen werden.

❏ `enable-modify-html=yes|no` (`ModifyHTML`-Section)
Wenn diese Variable auf `yes` gesetzt wird, kann `wwwoffle` bestimmte Veränderungen am HTML-Text der geladenen Seiten vornehmen. Hierzu zählt z. B. die Möglichkeit, jeder Seite die Information hinzuzufügen, wann sie in den Cache geschrieben wurde. Zusätzlich kann eine Link-Zeile ergänzt werden, über die diese Seite aus dem Cache gelöscht werden kann. Die Link-Zeile erlaubt ebenfalls das Verändern von Lade-Optionen für diese Seite und erlaubt, diese Seite der Liste der regelmäßig zu ladenden Seiten hinzuzufügen. Zu diesem Zweck muß neben der Variablen `enable-modify-html` auch die Variable `add-cache-info` auf `yes` gesetzt werden.

❏ *Name:Passwort* (`AllowedConnectUsers`-Section)
Mit Hilfe dieses Abschnitts, in dem jeweils zeilenweise Paare von einem Kennungsnamen und einem Passwort angegeben werden, kann der Zugriff auf den Proxy nur noch unter Angabe eines Kennungsnamens und des zugehörigen Passwortes erfolgen. Voraussetzung für dieses Merkmal ist, daß der Web-Browser die Spezifikationen des HTTP-Protokolls in der Version 1.1. erfüllt. Die Angabe von Benutzername und Passwort erfolgt in der Syntax *kennung:passwort*, wobei das Passwort im Klartext angegeben werden muß und auch im Klartext gespeichert wird.

❑ *URL* (`DontCache`-Section)

In der `DontCache`-Section können URLs bzw. Muster von URLs angegeben werden, die nicht in den `wwwoffle`-Cache gespeichert werden. Enthält dieser Abschnitt beispielsweise eine Zeile wie `*://www.secret*`, werden alle URLs, die mit `www.secret` beginnen, nicht im Cache abgelegt. Auf gleiche Weise ist es möglich zu verhindern, daß Dateien, die über das FTP-Protokoll geladen werden, im Cache abgelegt werden. Hierzu wäre eine Zeile wie `ftp://*` notwendig.

❑ *URL* (`DontGet`-Section)

Die `DontGet`-Section erlaubt die Angabe von URLs oder von URL-Mustern, die von `wwwoffle` nicht geladen werden sollen, wobei eine „Ersatz"-URL angegeben werden kann, die stattdessen geladen wird. Soll beispielsweise verhindert werden, daß auf URLs zugegriffen wird, die das Wort `sex` enthalten, reicht die Angabe des Musters `*://*sex*`. Enthält der Abschnitt eine Variable `replacement`, der eine URL zugewiesen wurde, wird bei dem Versuch, eine der „verbotenen" URLs zu laden, die angegebene URL als Antwort dargestellt.

❑ *URL* (`DontRequestOffline`-Section)

Die `DontRequestOffline`-Section ermöglicht, das Anfordern von nicht im Cache liegenden Seiten im Offline-Betrieb einzuschränken. So kann das Laden von Seiten auf eine bestimmte Personengruppe eingeschränkt werden. Mehr zu diesem Thema wird in Abschnitt 4.3.3.6 auf Seite 309 gesagt. In der `DontRequestOffline`-Section können mehrere URLs bzw. URL-Muster eingetragen werden. Erfolgt im Offline-Modus ein Zugriff auf eine der angegebenen URLs, erscheint nicht – wie üblich – die Meldung, daß die entsprechende Seite zum Download vorgemerkt wurde, sondern stattdessen eine Fehlermeldung, die besagt, daß das Laden dieser Seite vom Proxy verweigert wurde. Wird beispielsweise die URL `http://*` angegeben, kann im Offline-Modus auf keine Web-Seite mehr zugegriffen werden, die nicht schon im Cache existiert. Der Zugriff auf Dateien mit Hilfe des FTP-Protokolls wäre hingegen noch möglich.

❑ `use-mtime=yes|no`
   `max-size=MegaBytes`
   `default=days`
   `use-mtime=yes|no` (`Purge`-Section)

In der `Purge`-Section können Parameter zur Verwaltung des `wwwoffle`-Cache gesetzt werden. Da der Cache im Laufe der Zeit ständig wächst, müssen Kriterien angegeben werden, die das Entfernen bestimmter Seiten aus dem Cache nach einiger Zeit gestatten, ein Vorgang, der als „Purgen" bezeichnet wird. Das wichtigste Kriterium ist das Alter einer Seite im Cache. Mit Hilfe der Variablen `use-mtime` kann bestimmt werden, ob das Alter einer Seite im Cache relativ zu dem Datum gerechnet wird, wann diese Seite zum letzten mal aus dem Cache gelesen wurde, oder ob das Alter der Seite relativ zu dem Zeitpunkt ermittelt werden soll, zu dem sie in den Cache geschrieben wurde. Hat die Variable den Wert no wird die Zeit des *letzten* Zugriffs auf die Seite, andernfalls die Zeit, zu der sie im Cache gespeichert wurde, verwendet, um herauszufinden, ob sie das durch den Wert der Variablen default angegebene maximale Alter in Tagen erreicht hat und somit aus dem Cache entfernt werden kann. Wird die Variable default nicht gesetzt, verbleibt eine Seite 14 Tage im Cache. Ein zweites mögliches Kriterium ist die maximale Größe des gesamten Cache in MB, die er haben darf, nachdem ältere Seiten daraus gelöscht wurden. Dieser Wert kann über die Variable max-size bestimmt werden, der normalerweise 0 beträgt, was für eine „unbegrenzte" Größe des Cache steht. Der Löschvorgang wird nicht automatisch ausgelöst, sondern entweder durch Aufruf des Programms wwwoffle -purge oder durch Drücken des Purge-Button auf der Web-Seite mit der URL http://wwwoffle-host:8080/control/.

4.3.3.2 Automatische Proxy-Browser-Konfiguration

Damit ein Benutzer beim Browsen den wwwoffle-Proxy verwendet, muß wie bereits beschrieben wurde, im Browser des Benutzers der Hostname (oder die IP-Adresse) des Rechners angegeben werden, auf dem wwwoffle arbeitet. Zudem muß die Portnummer angegeben werden, auf der wwwoffle angesprochen werden kann (normalerweise 8080).

Sollen mehrere Benutzer wwwoffle als Proxy verwenden, kann es sinnvoll sein, anstelle der oben benannten konkreten Angaben im Browser des Benutzers stattdessen ein Skript, also ein kleines Programm, anzugeben, das der Browser des Benutzers automatisch vom wwwoffle-Server bezieht und daraus die notwendigen Einstellungen entnimmt. Der Vorteil dieser Variante liegt in der Möglichkeit, die Einstellungen jetzt zentral auf dem wwwoffle-Server zu verwalten. In dem Browser des Benutzers wird anstelle der festen Angaben einmalig die URL des Skripts angegeben. Ändern sich Einstellungen bzlg. des Proxies, können diese auf dem wwwoffle-Server zentral vorgenommen werden; der Benutzer selbst muß an seinem Browser keine Veränderungen vornehmen. Die neuen Einstellungen werden beim Start des Browsers automatisch vom Server geladen.

Ein solches Skript, mit dessen Hilfe die Proxy-Einstellungen eines Browser konfiguriert werden trägt normalerweise die Endung .pac und heißt z. B. proxy.pac oder auch wwwoffle.pac. Der Name ist letztlich belanglos, interessanter ist der Aufbau eines solchen Skripts, das in JavaScript programmiert wird. In Abbildung 4.13 auf der nächsten Seite ist die Konfiguration eines solchen Skripts im Browser des Benutzers (hier: konqueror) abgebildet.

Das folgende Beispielskript kann zur Konfiguration eines Web-Browsers, wie z. B. Netscape oder konqueror, eingesetzt werden, um einen wwwoffle-Proxy

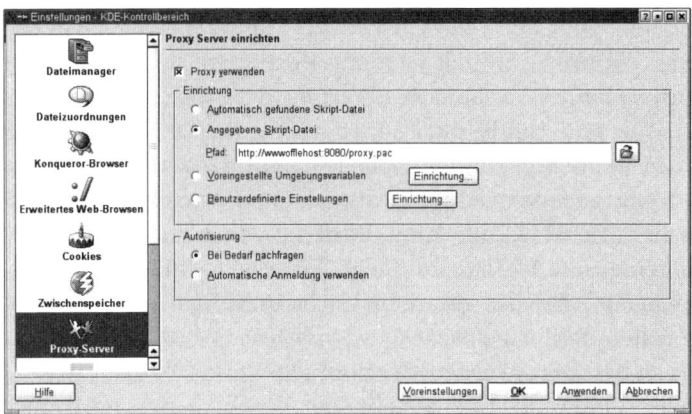

Abbildung 4.13: Proxy-Skript-Konfiguration im `konqueror`

zu verwenden, der in diesem Beispiel auf dem Rechner mit dem Namen ww-wofflehost laufen soll:

```
//
// WWWOFFLE Proxy autoconfiguration script
//
// See: http://www.netscape.com/eng/mozilla/2.0/relnotes/demo/proxy-live.html
//
// You should replace 'localhost:8080' with proxy hostname if required.
//

function FindProxyForURL(url, host)
{
  if(isPlainHostName(host))
    return "DIRECT";
  else
    if((url.substring(0, 5) == "http:") || (url.substring(0, 4) == "ftp:"))
      return "PROXY wwwofflehost:8080; DIRECT";
    else
      return "DIRECT";
}
```

Ein solches „Proxy-Skript" enthält immer eine Funktion (`function`) mit dem Namen `FindProxyForURL`. Dieser Funktion übergibt der Browser vor dem Zugriff auf eine vom Benutzer angegebene URL, wie z.B. `http://www.suse.de/index.html` sowohl die vollständige URL, also `http://www.suse.de/index.html` als auch den Rechnernamen, der aus der URL extrahiert wurde; für die genannte URL also `www.suse.de`.

Mit Hilfe dieser Daten kann die Funktion, die vom Browser des Benutzers ausgeführt wird, bestimmem, ob ein direkter Zugriff auf die URL erfolgen soll, oder ob der Zugriff über einen Proxy, wie z. B. `wwwoffle`, durchgeführt wird. Soll der Zugriff direkt, also ohne Proxy erfolgen, muß die Funktion den Wert `"DI-RECT"` als Ergebnis liefern, ansonsten kann sie eine durch `;` getrennte Liste von Proxy-Rechnern mit Portnummern liefern, die vom Browser in der Reihenfolge des Auftretens für den Zugriff auf die URL durchprobiert werden. Schlägt der Zugriff auf die URL über den zuerst angegebenen Proxy fehl (z. B., weil dieser Rechner gerade nicht läuft) probiert der Browser nach einem Timeout den als nächsten angegebenen Proxy oder einen direkten Zugriff, wenn als nächster Wert `"DIRECT"` angegeben wurde.

Um im Proxy-Skript herauszufinden, ob auf eine URL direkt oder über einen Proxy zugegriffen werden soll, kann auf einige vordefinierte Funktionen zurückgegriffen werden. Die Dokumentation dieser Funktionen findet sich unter der im Skript angegebenen URL `http://wp.netscape.com/eng/mozilla/2.0/relnotes/demo/proxy-live.html`. Das oben stehende Skript arbeitet wie folgt:

❏ Zunächst wird mit der vordefinierten Funktion `isPlainHostName(host)` überprüft, ob der Rechnername (`host`) aus der URL auf die zugegriffen wird keine `.`-Zeichen enthält. In diesem Fall muß es sich um einen lokalen Rechnernnamen handeln, weil kein Domainname darin steht, der ja durch einen `.` vom Namen des Rechner getrennt sein müßte. Für Zugriffe auf URLs von lokalen Rechnern, wie z. B. `http://localhost/mypage.html`, soll in der Regel kein Proxy verwendet werden, da diese Seiten ja lokal vorhanden sind. Daher liefert die Funktion in diesem Fall den Wert `"DIRECT"`, d. h., auf eine lokale URL wird ohne Proxy direkt zugegriffen.

❏ Enthält der Rechnername in der Variablen `host` jedoch ein oder mehrere `.`-Zeichen, liefert die Funktion `isPlainHostName(host)` einen Wert `FALSE` zurück, wodurch die in dem `else`-Teil stehenden Anweisungen ausgeführt werden.

❏ Im `else`-Teil wird zunächst überprüft, ob die ersten fünf Zeichen der URL (wie z. B. `http://www.suse.de/index.html`) der Zeichenkette `http:` entsprechen oder aber, ob die ersten vier Zeichen der URL der Zeichenkette `ftp:` entsprechen. Anders gesagt, wird an dieser Stelle getestet, ob der Zugriff auf die vom Benutzer gewünschte URL über das HTTP- oder FTP-Protokoll erfolgt. Für beide Protokolle kann `wwwoffle` als Cache verwendet werden, daher wird in diesem Fall der Wert `"PROXY wwwofflehost:8080; Direct"` an den Browser zurückgeliefert. Durch diese Angaben versucht der Browser, die vom Benutzer angeforderte URL zunächst über den Proxy-Rechner `wwwofflehost` auf dem Port `8080` zu holen (also über `wwwoffle`). Schlägt dies fehl, weil der Rechner `wwwofflehost` nicht verfügbar ist, wird dann durch den zweiten angegebenen Wert "DIRECT" anschließend ein direkter Zugriff auf die URL versucht.

Das oben stehende Beispiel ist eine sehr einfach Proxy-Datei. Grundsätzlich kann die Auswahl, welcher Proxy für eine URL verwendet werden soll, beliebig komplex gestaltet werden. So kann z. B. für eine Gruppe von URLs (z. B. für alle mit einem Hostnamen mit .de am Ende, also aus Deutschland) ein Proxy verwendet werden und für alle anderen ein weiterer. Für ein kleines Privatnetz lohnt solcher Aufwand jedoch kaum. Daher ist das oben stehende Skript ein guter Ausgangspunkt für eigene Versuche.

Da nun die Funktionsweise einer proxy.pac-Datei klar ist, muß nur noch angegeben werden, wo wwwoffle nach dieser Datei sucht. Letzlich hängt dies genau von der in der Proxy-Konfiguration des Browsers angegebenen URL als auch von der Konfiguration des Web-Servers auf wwwofflehost ab. Zunächst ist dies unabhängig von wwwoffle. Falls auf dem Proxy-Rechner (hier: wwwofflehost) ein Web-Server läuft, kann die proxy.pac-Datei einfach in das Datenverzeichnis des Web-Servers kopiert werden, je nach Konfiguration des Web-Servers z. B. in /usr/local/httpd/htdocs/proxy.pac. In der Browser-Konfiguration muß dann als Proxy-Skript einfach http://wwwofflehost/proxy.pac angegeben werden.

Läuft auf dem System kein eigener Web-Server, kann die Konfiguration über einen kleinen Trick auch durch wwwoffle selbst erledigt werden. Als Proxy-URL in der Browser-Konfiguration wird dann http://wwwofflehost:8080/proxy.pac angegeben. Durch die Angabe von 8080 hinter dem Rechnernamen wird direkt der auf dem Rechner wwwofflehost laufende wwwoffle-Prozeß angesprochen, der in diesem Fall natürlich darauf konfiguriert worden sein muß, auf Port 8080 Anfragen entgegenzunehmen. Hier liegt auch das Problem des angewendeten Tricks: Letzlich muß der Benutzer ja schon in der Konfiguration die Port-Nummer angeben, unter der wwwoffle auf dem Server läuft. Unter anderem will man jedoch genau diese Information durch das Proxy-Skript zentral bestimmen können. Letzlich besteht jetzt kein großer Unterschied mehr zur manuellen Angabe der Proxy-Werte durch den Benutzer, daher verliert diese Lösung an Attraktivität obwohl sie funktioniert.

wwwoffle selbst sucht nach der angegebenen Datei in seinem html-Verzeichnis in seinem Cache. In wwwoffle-Versionen vor Version wwwoffle-2.7b-1 wird die angegebene Datei proxy.pac im Verzeichnis /var/spool/wwwoffle/html gesucht. In neueren Versionen verfügt wwwoffle im Verzeichnis /var/spool/wwwoffle/html um weitere sprachspezifische Unterverzeichnisse, z. B. de, en und default. Diese Verzeichnisse enthalten die wwwoffle-Meldungen in verschiedenen Sprachen. Die Auswahl der Sprache erfolgt aufgrund der vom Browser des Benutzers verwendeten Sprache. Die proxy.pac-Datei wird in diesem Fall in den sprachspezifischen Unterverzeichniss gesucht.

4.3.3.3 Passwortschutz der Konfigurationsdatei

wwwoffle ist ein in großem Umfang konfigurierbares Werkzeug. Die Konfiguration erfolgt am einfachsten über einen Web-Browser. Über die URL `http://localhost:8080/control/` kann die Konfigurationsdatei leicht verändert werden. Problematisch ist diese Möglichkeit nur dann, wenn wwwoffle in kleineren Netzwerken als gemeinsamer Proxy genutzt werden soll, da dann prinzipiell jeder Benutzer die Konfiguration des Proxy verändern könnte. Um dieses Problem zu umgehen, kann die Konfigurationsseite Passwort-geschützt werden. Hierzu muß in dem Konfigurationsabschnitt `Startup` der Variablen `password` das Passwort (in Klartext) zugewiesen werden. Ist das Passwort null Zeichen lang oder `none`, wird kein Passwort verlangt. Wichtig ist auch, daß in diesem Fall `wwwoffled` mit der `-c` `config-file`-Option gestartet wird. Dies kann nach dem Start am einfachsten durch Aufruf von `ps axuw|grep wwwoffle` herausgefunden werden. Die Option `-c` benötigt als Parameter den Pfadnamen der Konfigurationsdatei `wwwoffle.conf`, falls nicht, muß das Start/Stop-Skript für `wwwoffle` entsprechend angepaßt werden. Im Anschluß an diese Modifikationen muß nach einem Neustart von wwwoffle vor dem Laden der Konfigurationsseite immer das angegebene Passwort eingegeben werden, um die Konfiguration ändern zu können. Damit diese Maßnahme greift, müssen natürlich auch die Unix-Zugriffsrechte der Datei `wwwoffle.conf` so gesetzt sein, daß die Datei nur von der Kennung gelesen und geschrieben werden kann, die in der Konfiguration bei der Variablen `run-uid` (z. B. wwwrun) angegeben ist.

4.3.3.4 Automatisches Setzen des `wwwoffle`-Modus

Damit wwwoffle weiß, ob zur Zeit gerade eine Verbindung zum ISP besteht oder offline gearbeitet wird, muß daß Programm wwwoffle bei einem Wechsel vom Online- zum Offline-Modus oder umgekehrt mit den Parametern `-online` bzw. `-offline` ausgeführt werden. Eine Ausnahme stellt der Autodial-Modus dar, wenn also automatisch eine Verbindung zum ISP aufgebaut wird, sobald Kontakt zu einem externen Rechner aufgenommen werden soll. In diesem Fall muß nichts weiter unternommen werden.

Andernfalls muß jedoch dafür Sorge getragen werden, daß wwwoffle beim Auf- und Abbau einer Verbindung mit den Parametern `-online` bzw. `-offline` aufgerufen wird. Um dies zu automatisieren, müssen die beiden Aufrufe in ein Skript geschrieben werden, das beim Verbindungsauf- bzw. beim Verbindungsabbau automatisch aufgerufen wird. Normalerweise wird die Verbindung zum ISP mit Hilfe des Protokolls PPP realisiert. In diesem Fall gibt es eine einfache Lösung des Problems: Da beim Aufbau einer PPP-Verbindung das Skript `/etc/ppp/ip-up` und beim Abbau der Verbindung entsprechend das Skript `/etc/ppp/ip-down` ausgeführt wird, können die entsprechenden wwwoffle-Aufrufe hier eingetragen werden. Ein entsprechendes Beispielskript ist auf Seite auf Seite 389 abgedruckt.

4.3.3.5 Nutzung von wwwoffle mit mehreren Providern

Heute ist es nicht unüblich, daß ein Benutzer für den Internet-Zugang über verschiedene ISP verfügt. Wird wwwoffle eingesetzt, möchte man natürlich, unabhängig vom zuvor angewählten Provider, im Offline-Betrieb immer auf die zuletzt geladenen Seiten Zugriff haben. Problematisch wird dies, wenn beispielsweise nur einer oder beide Provider die Verwendung eines Proxy (auf ISP-Seite) vorschreiben. Da der Zugriff auf externe Web-Seiten in diesem Fall nur über den angegebenen Proxy möglich ist, muß wwwoffled so konfiguriert werden, daß für das Laden von Seiten der Proxy des entsprechenden Providers angesprochen wird. Damit laufen alle externen Verbindungen über diesen Proxy. Falls der zweite Provider jedoch keinen Proxy empfiehlt (bzw. einen anderen als der erste Provider), ensteht das Problem, daß man bei einer Anwahl zu diesem Provider natürlich keinen Proxy (bzw. den von diesem Provider vorgegebenen) verwenden und wwwoffle entsprechend neu konfigurieren müßte. Ein zweiter wwwoffle-Proxy-Server mit einer angepaßten Konfiguration stellt eine Lösung dar (eine weitere wird weiter unten vorgestellt).

Es lassen sich also zwei verschiedene Konfigurationen erstellen, die auf den jeweiligen Provider zugeschnitten sind. Für jede der erstellten Konfigurationsdateien wird anschließend ein wwwoffled-Prozeß gestartet, dem als Argument die Option -c Konfigurationsdatei zusammen mit dem Pfad zu der entsprechenden Konfigurationsdatei übergeben werden muß.

Die notwendigen Unterschiede der Konfigurationsdateien bestehen zum einen in der Anpassung der Proxy-Section und darüber hinaus in einer Veränderung der Port-Nummern, auf denen der Proxy erreicht werden kann. Die hier zu verändernden Konfigurationsvariablen stehen in der StartUp-Section. Eine Gegenüberstellung der Abschnitte der beiden wwwoffle.conf-Dateien für zwei verschiedene Provider könnte z. B. wie folgt aussehen.

```
# Datei wwwoffle1.conf            # Datei wwwoffle2.conf
# ...                             # ...
StartUp                           StartUp
{                                 {
  http-port      = 8080             http-port      = 8090
  wwwoffle-port  = 8081             wwwoffle-port  = 8091
  # ...                             # ...
}                                 }
Proxy                             Proxy
{                                 {
  default = proxy.provider1.com     default = proxy.isp2.com
```

```
}                          }
# ...                      # ...
```

Im Web-Browser muß nun, je nachdem welcher Provider genutzt werden soll, lediglich noch die Proxy-Konfiguration des Browsers auf den Port 8080 bzw. 8090 eingestellt werden, so daß der jeweils „richtige" `wwwoffle`-Server verwendet wird. Da beide `wwwoffled`-Prozesse das gleiche Verzeichnis für den Cache nutzen, sind einmal geholte Seiten über `wwwoffle` immer verfügbar, unabhängig davon, wie der Web-Browser gerade konfiguriert ist.

Da natürlich auch beim Hochfahren des Rechners die entsprechende Zahl an `wwwoffled`-Prozessen, jeweils mit einer anderen Konfiguration, automatisch gestartet werden soll, empfiehlt es sich, diese Aufrufe in dem Start/Stop-Skript für `wwwoffle`, das normalerweise in /etc/init.d steht, vorzunehmen. Die eigentlichen Aufrufe in diesem Skript könnten wie folgt aussehen:

```
# ...
/usr/sbin/wwwoffled -c /etc/wwwoffle/wwwoffle1.conf
/usr/sbin/wwwoffled -c /etc/wwwoffle/wwwoffle2.conf
# ...
```

Eine weitere Lösung für das hier beschriebene Problem folgt einem anderen Ansatz: Statt zwei `wwwoffle`-Prozesse zu starten werden lediglich zwei verschiedene Konfigurationen für einen `wwwoffled` erstellt. Beim Wechsel vom Offline- zum Online-Modus muß jetzt lediglich dafür Sorge getragen werden, daß der laufende Server die für den angewählten Provider richtige Konfiguration verwendet. Bei einer PPP-Verbindung zum ISP kann dies im Rahmen des von PPP automatisch ausgeführten Skripts /etc/ppp/ip-up erfolgen. Da dieses Skript als Parameter unter anderem die IP-Adresse des ISP erhält, kann diese Information dazu verwendet werden, die passende `wwwoffled`-Konfiguration zu verwenden. Befinden sich z. B. im Verzeichnis /etc/wwwoffle/ die beiden Konfigurationsdateien wwwoffle.conf.isp1 und wwwofle.conf.isp2, die jeweils auf einen der beiden genutzten ISP zugeschnitten sind, kann die Umkonfiguration einfach dadurch erfolgen, daß in Abhängigkeit von der IP-Adresse des ISP ein symbolischer Link wwwoffle.conf auf die jeweils passende Konfiguratonsdatei gelegt wird. Anschließend muß `wwwoffled` lediglich dazu veranlaßt werden, seine Konfiguration aus wwwoffle.conf neu einzulesen, was durch den Aufruf `wwwoffle -conf` möglich ist. Alle diese Aktionen können problemlos im `ip-up`-Skript vorgenommen werden, da es unter root-Rechten abläuft. Ein Beispiel eines so gestalteten `ip-up`-Skripts in in Abschnitt 4.7.7 auf Seite 389 dargestellt.

4.3.3.6 `wwwoffle` in kleinen Netzwerken

Neben dem Einsatz von `wwwoffle` auf einem allein stehenden Rechner bietet sich auch die Nutzung in kleineren Netzwerken als Web-Proxy an, was insbesondere dann sinnvoll ist, wenn keine permanente Anbindung an das Internet besteht. Die Vorteile liegen darin, daß einmal vom Netz geholte Web-Seiten (oder auch per FTP geladene Dateien) im lokalen Cache stehen und somit bei einer erneuten Anfrage eines anderen Benutzers nicht ein zweites Mal über das Internet geladen werden müssen, wodurch Verbindungskosten gespart werden. Die Konfiguration für dieses Szenario ist denkbar einfach: Der Rechner, der die Verbindung zum Internet über eine Wählleitung herstellen kann, wird zusätzlich zum `wwwoffle`-Server. Alle Benutzer, die auf anderen Rechnern des lokalen Netzwerks arbeiten, konfigurieren ihren Web-Browser in der Art, daß als HTTP und FTP-Proxy der `wwwoffle`-Rechner eingetragen ist. Je nachdem ob es möglich sein soll, nicht lokal vorhandene Seiten direkt über das Internet zu holen, muß `wwwoffle` in den Autodial- oder in den Offline-Modus gebracht werden. Wird der Autodial-Modus gewählt, muß der Rechner, auf dem `wwwoffle` läuft, natürlich auch automatisch eine Verbindung zum Provider aufbauen, falls eine Verbindung zu einem nicht-lokalen Rechner durch `wwwoffle` aufgebaut werden muß. Befindet sich `wwwoffle` nicht im Autodial-Modus, besteht die einfachste Konfiguration darin, daß jede Person den Download der Seiten auslösen kann, indem die Verbindung aufgebaut wird und `wwwoffle` in den Online-Modus (über die Web-Seite `http://wwwoffle-host/control/` oder im Wähl-Skript mit `wwwoffle -online`) versetzt wird.

Soll nur ein bestimmter Benutzer oder eine bestimmte Benutzergruppe das Recht haben, nicht-lokal gespeicherte Web-Seiten aus dem Internet anzufordern, müssen zwei `wwwoffled`-Prozesse mit unterschiedlichen Konfigurationen gestartet werden. In der Konfiguration für die Benutzer, die nur Seiten aus dem `wwwoffle`-Cache verwenden, jedoch keine Seiten aus dem Internet laden dürfen, wird in der Konfigurationsdatei `wwwoffle_user.conf` im Abschnitt `DontRequestOffline` eine Zeile `*://*/*` eingetragen, wodurch Anfragen, die nicht im `wwwoffle`-Cache vorhanden sind, mit einer Fehlermeldung beantwortet werden. Zusätzlich muß ein Passwort im Abschnitt `Startup` eingetragen werden, damit diese `wwwoffle`-Konfiguration nicht durch einen Benutzer verändert werden kann.

Die Konfigurationsdatei für den zweiten `wwwoffled`-Prozeß, nennen wir sie `wwwoffle_admin.conf`, ist für den Administrator gedacht und verwendet einen anderen als den Standard-Port `8080`. Zusätzlich wird in dem Abschnitt `AllowedConnectHosts` nur der Rechner des Administrators als „erlaubter" Rechner eingetragen. Durch diese Maßnahme kann nur vom Rechner des Administrators (der natürlich nur für diesen zugänglich sein sollte) eine Verbindung zu dem zweiten `wwwoffled`-Proxy aufgebaut werden. Alternativ kann auch ein Eintrag für den Administrator in die `AllowedConnectUsers`-Section vorgenommen werden.

Beide Konfigurationen müssen bezüglich des Spool-Verzeichnisses gleich konfiguriert werden. Die Gegenüberstellung der beiden Konfigurationsdateien in den zentralen Punkten sieht dann wie folgt aus:

```
# Datei wwwoffle_user.conf          # Datei wwwoffle_admin.conf
StartUp                             StartUp
{                                   {
   http-port    = 8080                 http-port    = 8070
   wwwoffle-port = 8081                wwwoffle-port = 8071
   spool-dir=/var/spool/wwwoffle       spool-dir=/var/spool/wwwoffle
   password     = user_does_not_know   pass-
word        = administrator
}                                   }


DontRequestOffline                  DontRequestOffline
{                                   {
   *://*/*
}                                   }


AllowedConnectHosts                 AllowedConnectHosts
{                                   {
                                       admins-host
}                                   }
```

Im Anschluß an die Konfiguration müssen zwei `wwwoffled`-Prozesse mit der jeweiligen Konfiguration auf dem Rechner gestartet werden, mit dem die Verbindung zum ISP hergestellt werden kann. Dies sollte am besten in dem Start/Stop-Skript für `wwwoffle`, das normalerweise in `/var/spool/wwwoffle` liegt, erfolgen:

```
# ...
/usr/sbin/wwwoffled -c /etc/wwwoffle/wwwoffle_user.conf
/usr/sbin/wwwoffled -c /etc/wwwoffle/wwwoffle_admin.conf
# ...
```

Durch diese Konfiguration können normale Benutzer lediglich die Seiten laden, die lokal im Cache liegen. Da die Konfiguration für ihren `wwwoffled`-Prozeß Passwort-geschützt ist, können sie diese auch nicht verändern, um so den Schutz zu umgehen. Andererseits haben sie jedoch auch nicht die Möglichkeit, den `wwwoffled`-Prozeß für den Administrator als Proxy zu verwenden, da dieser nur von dem Rechner `admins-host` aus angesprochen werden kann. Wichtig in dieser Konfiguration ist natürlich, daß dieser Rechner auch nur für den Administrator zugänglich ist. Darüber hinaus muß der Rechner, der die Verbindung zum ISP aufbaut, so konfiguriert werden, daß ein Verbindungsaufbau nicht automatisch erfolgt, sondern nur vom Administrator durchgeführt werden kann.

4.3.4 Das wwwoffle-DNS-Problem

Bei der Verwendung von wwwoffle tritt bei bestimmten Konfigurationen ein Problem auf, das sich darin äußert, daß beim Zugriff auf eine Web-Seite, wie z. B. http://www.suse.de, anstelle der Web-Seite lediglich eine Fehlermeldung wie folgende:

```
wwwoffle: Cannot open the HTTP connection to www.suse.de port 80;
[Name or service not known].
```

dargestellt wird.

Das Problem liegt nicht bei wwwoffle, sondern letztlich in der Namensauflösung. Um zu verstehen, was schief geht, muß etwas weiter ausgeholt werden.

Den meisten privaten Rechnern, die keine ständige Verbindung zum Internet haben und genau aus diesem Grund wwwoffle verwenden, steht kein Namensserver (DNS-Server) zur Umwandlung von Rechner-Namen, wie z. B. www.suse.de, in IP-Adressen, wie z. B. 213.95.15.200, zur Verfügung. Auch läuft meist kein solcher Server auf dem lokalen Rechner, da er in der Regel nicht gebraucht wird. Erst wenn die Verbindung zum Provider hergestellt wird, überträgt dieser die IP-Adressen eines oder mehrerer Namensserver, die dann über das ip-up-Skript[3] automatisch in die Datei /etc/resolv.conf eingetragen werden. Ab jetzt können Namen, z. B. der eines Web-Servers, vom System zu IP-Adressen aufgelöst werden, um dann eine Verbindung zu diesem Web-Server herstellen zu können. Ohne einen funktionierenden Namensserver ist es folglich auch nicht möglich, im Web zu surfen oder andere Dienste des Internets zu nutzen. Die Ermittlung der Server, die zur Namensauflösung verwendet werden können, erfolgt immer über die Datei /etc/resolv.conf. Darin steht für jeden Namensserver, der verwendet werden kann, eine nameserver ip-adr-Zeile, wobei ip-adr für die IP-Adresse des Namensservers steht.

Bei Rechnern, die über keinen eigenen Namensserver verfügen und keine ständige Verbindung zum Internet haben und damit auch nicht ständig auf einen externen Nameserver zugreifen können, enthält die Datei /etc/resolv.conf im Offline-Zustand, also ohne Verbindung zu einem Provider, u. U. keine nameserver-Einträge. Wird in diesem Fall von einem Programm versucht eine Adresse wie z. B. www.suse.de zu einer IP-Adresse aufzulösen erhält das Programm, das dies versucht, einfach eine Fehlermeldung, das keine Adresse gefunden werden konnte.

Das Problem mit wwwoffle besteht nun darin, daß dieses Programm normalerweise schon beim Booten des Rechners gestartet wird, wenn in der resolv.conf-Datei noch keine oder aber nicht korrekte nameserver Zeilen enthalten sind.

---

[3]Bei SuSE muß hierzu in yast für den jeweiligen Provider angegeben werden, daß die resolv.conf-Datei modifiziert werden darf.

Wenn ein Programm, wie z. B. `wwwoffle`, startet, sorgt die sogenannte Resolver-Bibliothek dafür, daß festgestellt wird, wie Namen zu IP-Adressen aufgelöst werden sollen. Hierzu wird von der Resolver-Bibliothek u. a. die Datei `/etc/resolv.conf` gelesen und ausgewertet. Dieser Vorgang erfolgt jedoch nur *einmal* beim Starten des Programms, nicht mehr später. Da zu dieser Zeit jedoch keine `nameserver`-Einträge in `/etc/resolv.conf` vorhanden sind, hat dies zur Folge das `wwwoffle` auch später, wenn eine Einwahl zum Provider erfolgt ist und dadurch automatisch `nameserver` Einträge in `/etc/resolv.conf` vorgenommen wurden, diese von `wwwoffle` nicht genutzt werden können. Greift man jetzt aus z. B. einem Web-Browser auf eine URL zu, versucht `wwwoffle` den Rechner-Teil dieser URL zu einer IP-Adresse aufzulösen und scheitert daran, da ihm keine Namensserver zur Verfügung stehen.

Hat man das Problem erst einmal verstanden, gibt es auch verschiedene einfache Lösungen hierzu:

❏ In die Datei `/etc/resolv.conf` werden manuell gültige Namensserver-Einträge vorgenommen. Hierdurch erhält `wwwoffle` schon beim ersten Start die richtigen Adressen von Namensservern, die zur Namensauflösung verwendet werden können, wenn später eine Verbindung zum Provider hergestellt wurde.

❏ Immer wenn die Datei `/etc/resolv.conf` geändert wurde, kann `wwwoffle` neu gestartet werden. Hierdurch wird die Datei `/etc/resolv.conf` von `wwwoffle` jeweils neu ausgewertet und `wwwoffle` kann z. B. durch eine Einwahl beim Provider neu hinzugekommene `nameserver`-Einträge nutzen.

❏ Auf dem eigenen Rechner wird ein eigener Namensserver eingerichtet, in die Datei `/etc/resolv.conf` kommt nur eine einzige `nameserver 127.0.0.1`-Zeile. Der eigene Namensserver muß so konfiguriert werden, daß er Anfragen an den Namensserver des Providers weiterleitet. Bei Namensanfragen wird dann immer nur der lokale Namensserver gefragt, der wiederum andere Server zur Auflösung eines Namens abfragen kann.

Die einfachste Lösung ist die erstgenannte. Hierzu muß lediglich herausgefunden werden, wie die IP-Adresse des Namensservers des eigenen Providers lautet. Falls die Einwahl für diesen Provider so konfiguriert wurde, daß die Datei `resolv.conf` modifiert werden darf, reicht es schon im Online-Zustand einmal in diese Datei hineinzuschauen. Anschließend muß lediglich die Verbindung zum Provider abgebrochen werden, damit die geänderte `resolv.conf`-Datei wiederhergestellt wird. Jetzt müssen nur noch die zuvor ausgegebenen Zeilen, die mit `nameserver` beginnen, in die Original-Datei eingetragen werden. Kann die IP-Adresse des Namensservers für einen Provider nicht direkt bestimmt werden, kann diese auf jeden Fall beim Provider erfragt werden.

Der einzige Nachteil dieser Lösung besteht darin, das beim Einsatz unterschiedlicher Provider von `wwwoffle` immer der gleiche Namensserver verwendet wird, nämlich der der in `resolv.conf` eingetragen wurde. Hierdurch kann es sein, das die Namensauflösung langsam funktioniert.

Die zweite Lösung, der Neustart von `wwwoffle` kann leicht aus dem Skript `/etc/ppp/ip-up` bzw. `/etc/ppp/ip-up.local` heraus erfolgen. In diesem Fall muß darauf geachtet werden, daß der Neustart erst dann erfolgt, wenn die Datei `resolv.conf` bereits geändert ist, so daß sie die Namensserver-Einträge des Providers bereits enthält. Im Beispielskript auf Seite auf Seite 389 könnte der Aufruf `wwwoffle -config` durch einen Neustart, also `/etc/init.d/wwwoffle restart` ersetzt werden.

Die dritte Lösung, die Konfiguration eines eigenen lokalen Namensservers, ist die aufwendigste, hat aber den Vorteil, daß ein lokaler Namensserver einmal ermittelte IP-Adressen zwischenspeichern (cachen) kann, wodurch die Namensauflösung insgesamt beschleunigt wird. Insbesondere für Rechner, an denen noch ein kleineres Netzwerk per Masquerading betrieben wird, macht dies Sinn. Anstelle des klassischen Bind-Nameservers `named`, kann hier auch eine schlankere und insbesonders sehr leicht zu konfigurierende Variante, wie z. B. `dnsmasq` verwendet werden. `dnsmasq` ist unter der URL `http://www.thekelleys.org.uk/dnsmasq/doc.html` bzw. auf den Projektseiten von Freshmeat `http://freshmeat.net/projects/dnsmasq/` verfügbar.

4.3.5 Verwaltung und Überwachung

`wwwoffle` ist ein Werkzeug, das im Anschluß an die Grundkonfiguration einen nur geringen Konfigurationsaufwand erfordert, der im wesentlichen darin besteht, `wwwoffle` von Zeit zu Zeit zu veranlassen, den Cache aufzuräumen. Die Kriterien, die bestimmen, welche Seiten aus dem Cache entfernt werden, sind in der globalen Konfigurationsdatei `wwwoffle.conf` festgelegt (siehe auch die Beschreibung auf Seite 302). Die Ausführung dieser Aufgabe muß jedoch explizit gestartet werden, was entweder über die Control-Web-Seite von `wwwoffle` erfolgen kann oder aber durch Aufruf des Programms `wwwoffle`, wobei in diesem Fall der Parameter -purge übergeben werden muß. Die URL der Control-Web-Seite ist `http://localhost:8080/control/`, wobei `localhost` hier für den Namen des Rechners steht, auf dem `wwwoffle` installiert ist. Wird die Control-Web-Seite von dem Rechner aus aufgerufen, auf dem `wwwoffle` selbst läuft, kann die oben angegebene URL unverändert übernommen werden. Diese Seite, von der auch der Arbeits-Modus von `wwwoffle` gesteuert werden kann, ist in Abbildung 4.14 auf der nächsten Seite dargestellt.

Um das Löschen älterer Seiten im Cache zu starten, kann einfach der `Purge`-Knopf gedrückt werden. Als Ergebnis erhält man eine Seite, in der die Ergebnisse,

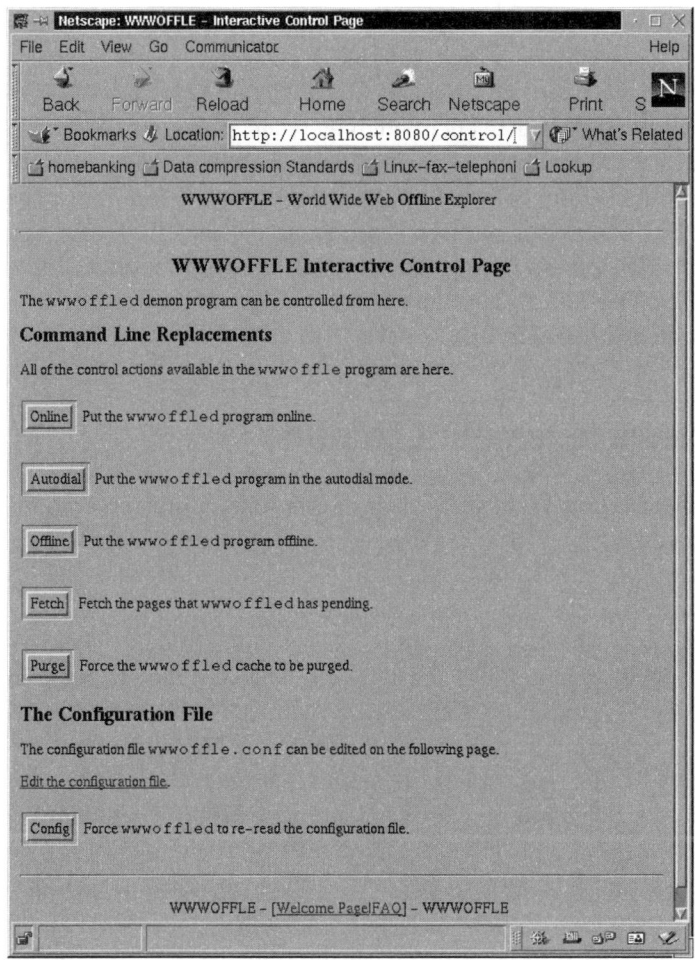

Abbildung 4.14: `wwwoffle`-Steuerungs-Seite

also die Zahl der aus dem Cache gelöschten Verzeichnisse und die Größe des dadurch frei gewordenen Speichers, zusammengefaßt werden.

Soll das Leeren des Cache nicht von Hand, sondern automatisch gestartet werden, reicht ein Eintrag in die Crontab des Benutzers `root`, in der das Programm `wwwoffle` mit dem Parameter `-purge` gestartet wird. Soll dies z. B. jeden Tag einmal abends um 23:00 Uhr geschehen, lautet der Eintrag:

```
0 23 * * * /usr/bin/wwwoffle -purge
```

Der Eintrag kann am einfachsten als Benutzer `root` durch Aufruf des Kommandos `crontab -e` (editieren der Crontab) vorgenommen werden.

Neben der Konfiguration stellt `wwwoffle` insbesondere für den Administrator die Möglichkeit bereit, Informationen über den Cache zu ermitteln. Hierzu zählt insbesondere ein Index des Cache, sortiert nach verschiedenen Kriterien. Auf diese Weise ist es z. B. möglich, eine Liste aller Seiten erstellen zu lassen, die in den letzten Tagen verändert wurden. Ebenso kann eine Liste erstellt werden, die nach allen Anbietern von Web-Seiten gegliedert ist, von denen sich Seiten im Cache befinden. Die erstellten Listen können durch einen weiteren Klick nach diversen Kriterien, z. B. Zeit der letzten Änderung, Zeit des letzten Zugriffs oder alphabetisch, sortiert werden. Der Zugriff auf diese Seiten erfolgt immer über die `wwwoffle`-Start-Seite unter der URL `http://localhost:8080`.

4.4   Offline News lesen mit Leafnode

Neben dem Browsen im World Wide Web ist das Lesen und Schreiben von Artikeln im sogenannten →*USENET* | *main* (abgeleitet von „Users Network") einer der meistgenutzten Internet-Dienste. Das USENET kann man als verteiltes „schwarzes Brett" ansehen, über das Artikel ausgetauscht werden können. Um dieses schwarze Brett übersichtlich zu gestalten, werden die Artikel in Themengruppen aufgeteilt. Die weit über 1.000 verfügbaren Themengruppen werden oft als Foren oder News-Gruppen bezeichnet, die man mit Hilfe eines News-Reader, also einem Programm zum Lesen und Senden von Nachrichten, abonnieren kann. Der News-Reader kann neue von bereits gelesenen Nachrichten unterscheiden, so daß in der Regel nur neu hinzugekommene Nachrichten zum Lesen angezeigt werden. Ältere Artikel sind noch eine Weile verfügbar, bevor sie schließlich gelöscht werden. Voraussetzung zur Nutzung des USENET ist, daß eine Verbindung zu einem News-Server hergestellt werden kann, von dem zu lesende Nachrichten bezogen werden können. Darüber hinaus dient der News-Sever dazu, Nachrichten zum Versenden entgegenzunehmen und über das Internet an weitere News-Server zu übertragen, so daß die neue Nachricht schließlich bei jedem News-Server vorliegt.

Der Austausch von Nachrichten zwischen einem News-Server und einem Programm zum Lesen/Schreiben erfolgt über das Internet mit Hilfe des →*NNTP* Protokolls, weshalb ein News-Server oft auch als NNTP-Server bezeichnet wird.

Da die Übertragung der Nachrichten über das Internet abgewickelt wird, benötigt man für die Zeit des Lesens oder den Zeitpunkt des Versendens in der Regel eine Verbindung zum Internet. Insbesondere für Privatanwender ist dies ein Problem, da das Lesen der jeweils interessanten Gruppen aufgrund der Zahl der neu eingegangenen Nachrichten u. U. sehr lange dauern und damit teuer werden kann.

Eine Lösung bietet hier das von Cornelius Krasel gewartete Programm `leafnode`, das es ermöglicht, Artikel aus News-Gruppen offline zu lesen. Darüber hinaus können auch neue Artikel offline geschrieben und offline gesendet werden. `leafnode` sorgt in diesem Fall für die Zwischenspeicherung der Artikel, die bei der nächsten Verbindung zum ISP zu dessen NNTP-Server übertragen werden. In der Konzeption ist `leafnode` eher für kleinere Netzwerke mit wenigen (News lesenden) Anwendern gedacht. Genaue Informationen zu `leafnode` sind unter der URL `http://www.leafnode.org/` verfügbar. Von dort kann auch der Quellcode bezogen werden.

4.4.1 Arbeitsweise

Das Paket Leafnode besteht im wesentlichen aus den drei Programmen `leafnode`, `fetchnews` (in älteren Versionen `fetch`) und `texpire`. `leafnode` dient als NNTP-Proxy-Server, der dem Benutzer als lokaler News-Server dient. Das Programm `fetchnews` übernimmt die Aufgabe, während einer Verbindung zum ISP neue News von dessen NNTP-Server zu laden. Gleichzeitig werden bei einer Online-Verbindung Artikel, die vom Benutzer offline geschrieben und abgeschickt wurden, an den NNTP-Server des ISP weitergeleitet. `texpire` wird dazu verwendet, ältere lokal gespeicherte Artikel zu löschen, um auf diese Weise Platz zu sparen.

Ein Benutzer, der News lesen möchte, baut normalerweise eine Verbindung zu seinem ISP auf und startet sein News-Reader-Programm, das auf dem NNTP-Server des ISP nachsieht, in welchen der vom Benutzer abonnierten Gruppen neue Artikel vorhanden sind (siehe auch Abbildung 4.9 auf Seite 291). Anschließend kann der Benutzer die Artikel lesen und selbst Artikel schreiben, um schließlich wieder in den Offline-Betrieb zu wechseln.

Unter der Verwendung von Leafnode wird der News-Reader so konfiguriert, daß er zum Lesen oder Versenden von Artikeln nicht den NNTP-Server des ISP kontaktiert, sondern den lokalen NNTP-Server, der durch das Programm `leafnode` zur Verfügung gestellt wird. `leafnode` registriert, in welchen Gruppen der Benutzer während der letzten Tage Artikel gelesen bzw. geschrieben hat. Bei der nächsten Verbindung zum ISP und dem Start des Programms `fetchnews` wird automatisch eine Verbindung zum NNTP-Server des ISP aufgebaut. Alle Gruppen, die von `leafnode`, wie oben beschrieben, als „aktiv" registriert wurden, werden auf neue Artikel durchsucht und diese anschließend vom NNTP-Server des ISP auf den lokalen Rechner in das Spool-Verzeichnis von `leafnode` übertragen, so daß sie zum Offline-Lesen bereitstehen. Darüber hinaus schaut `fetchnews` in dem von `leafnode` verwalteten `out.going`-Verzeichnis nach, um vom Benutzer zuletzt offline geschriebene und versendete Artikel zum NNTP-Server des ISP zu übertragen.

Liest der Benutzer eine abonnierte Gruppe für mehrere Tage (Vorgabe: 7) nicht, werden für diese Gruppe beim nächsten Aufruf von `fetchnews` im Online-

Modus auch keine Nachrichten mehr vom NNTP-Server des ISP geholt. Auf diese Weise paßt sich `leafnode` den Lesegewohnheiten des Benutzers an und lädt nur die News-Gruppen, die wirklich benötigt werden. Die Steuerung des Verhaltens von `leafnode` erfolgt durch die Konfigurationsdatei `config`, die sich je nach den vorgenommenen Einstellungen zur Übersetzungszeit des Programms in dem Verzeichnis `/etc` oder `/etc/leafnode/` (z. B. bei SuSE Linux) befindet.

4.4.2 Installation und Grundkonfiguration

Die Installation kann wie üblich entweder durch die Verwendung eines fertigen Pakets (z. B. ein RPM-Paket) aus einer Linux-Distribution oder mit Hilfe des Quellcodes von `leafnode` vorgenommen werden, wobei die erste Methode vorzuziehen ist. Falls sich in der verwendeten Distribution kein `leafnode`-Paket befindet, kann der Quellcode unter der URL

`http://www.leafnode.org/`

per FTP geladen werden.

Im Anschluß an die Installation sollten sich in dem Verzeichnis `/var/spool/news` die Unterverzeichnisse `out.going` und `leaf.node` befinden, die dem Benutzer `news` gehören. In `/etc/leafnode` sollte die Konfigurationsdatei `config` liegen, die dem Benutzer `root` gehört. Die Programmdateien (`leafnode`, `fetchnews`, …) liegen üblicherweise in `/usr/sbin`. Damit das Holen neuer Nachrichten später nicht nur von `root` ausgeführt werden kann, sollte darauf geachtet werden, daß `fetchnews` auch für die Gruppe (`news`) das Ausführungsrecht besitzt (wird mit `chmod g+x /usr/sbin/fetchnews` als Benutzer `root` gesetzt).

`leafnode` muß automatisch durch den `inetd`-Daemon gestartet werden. Zu diesem Zweck muß ein entsprechender Eintrag in der `inetd`-Konfigurationsdatei `/etc/inetd.conf` vorgenommen werden. Diese Datei enthält für verschiedene Protokolle, deren Server-Prozesse über den `inetd` gestartet werden sollen, jeweils eine Zeile. Für das Leafnode-Paket muß eine Anfrage über das NNTP-Protokoll dazu führen, daß das Kommando `leafnode` ausgeführt wird. Hierzu muß die Datei `/etc/inetd.conf` folgende Zeile enthalten (nur `root` kann diese Datei verändern):

```
nntp    stream  tcp    nowait  news    /usr/sbin/tcpd /usr/sbin/leafnode
```

Es darf insgesamt auch nur eine einzige Zeile geben, die mit `nntp` beginnt. Darüber hinaus muß darauf geachtet werden, daß die Rechner, von denen aus `leafnode` verwendet werden soll, nicht in der Datei `/etc/hosts.deny` stehen und dort auch keine Muster stehen, die auf diese Rechner zutreffen, da ihnen andernfalls der Zugriff auf `leafnode` verweigert wird (siehe auch Manual-Seiten von tcpd). Falls die Datei keine Einträge enthält, ist der Zugriff generell von jedem Rechner aus erlaubt (siehe auch man 5 hosts_access).

Normalerweise ist in der Datei inetd.conf bereits eine entsprechende Zeile für den nntp-Dienst vorhanden, jedoch durch das Voranstellen des Kommentarzeiches # unwirksam gemacht worden. So muß einfach nur das Kommentarzeichen entfernt werden. Auf jeden Fall sollte der ganz am Ende der Zeile stehende Pfad zu leafnode auf Korrektheit überprüft und ggf. angepaßt werden.

Nach der Änderung der Datei muß inetd mitgeteilt werden, daß er seine Konfigurationsdatei neu einlesen soll. Dies wird erreicht, indem dem Prozeß mit Hilfe des kill-Kommandos ein HUP-Signal gesendet wird:

```
root@erde:/root #  killall -HUP inetd
```

Durch diese Konfiguration ist sichergestellt, daß, wenn immer ein Benutzer als NNTP-Server den lokalen Rechner (also z. B. localhost) angibt, automatisch ein leafnode-Prozeß gestartet wird, der dem Benutzer das lokale Lesen von Gruppen ermöglicht. Damit jeder Benutzer automatisch den Rechner als NNTP-Server verwendet, auf dem leafnode installiert ist, kann die Environment-Variable NNTPSERVER gesetzt werden. Damit nicht jeder Benutzer diese Änderung jeweils selbst eintragen muß, sollte die Variable in den globalen Initialisierungsdateien für die Shell (/etc/profile für die bash, /etc/cshrc für die csh) vorgenommen werden. Auf SuSE-Systemen sollte in der Datei /etc/rc.config die Variable NNTPSERVER entsprechend gesetzt und anschließend SuSEConfig aufgerufen werden, wodurch der angegebene Wert in die Datei /etc/nntpserver geschrieben wird.

Bevor leafnode getestet werden kann, muß nun noch die Konfiguration in der Datei /etc/leafnode/config angepaßt werden. Hier *muß* mindestens der Wert der Variable server ganz am Anfang der Datei auf den Namen des NNTP-Servers des ISP gesetzt werden. Lautet dieser z. B. news.my-isp.de, sieht der Eintrag wie folgt aus:

```
## This is the NNTP server leafnode fetches its news from.
## You need read and post access to it. Mandatory.
server = news.my-isp.de
# username = myaccountname
# password = secret
```

Falls der NNTP-Server des ISP keinen freien Zugang gestattet, sondern eine Authentifizierung verlangt, müssen zusätzlich die oben abgebildeten Variablen username und password entsprechend gesetzt werden.

Jetzt sind alle Vorbereitungen getroffen, um leafnode zu initialisieren. Zunächst muß eine Verbindung zum ISP aufgebaut werden, so daß fetchnews dessen NNTP-Server erreichen kann. Anschließend muß fetchnews als Benutzer root das erste Mal aufgerufen werden. Dadurch wird eine Liste verfügbarer Gruppen vom NNTP-Server des ISP auf den lokalen Rechner geladen. Dieser Vorgang wird nur in großen Abständen (Default sind 90 Tage) wiederholt. In Abhängigkeit von der Zugangsgeschwindigkeit zum ISP und der Zahl der News-Gruppen, die der ISP anbietet, kann dieser Vorgang mehrere Minuten dauern. Um zu sehen, daß fetchnews in dieser Zeit noch etwas tut, sollte es mit der Option -vvv gestartet werden.

Anschließend kann, wieder offline, der bevorzugte News-Reader gestartet werden, wobei darauf zu achten ist, daß als NNTP-Server der leafnode-Rechner angegeben wird. Laufen leafnode und der News-Reader auf derselben Maschine, kann als NNTP-Server daher einfach localhost angegeben werden. Anschließend sollte der News-Reader alle verfügbaren News-Gruppen auflisten können. Jede der Gruppen enthält bis jetzt nur einen von leafnode generierten Artikel, der lediglich zum Markieren der Gruppen dient, die für den Benutzer von Interesse sind. Die initiale Markierung erfolgt, indem der Benutzer die Gruppe anwählt und den einen vorliegenden Artikel selektiert. Dadurch wird leafnode angewiesen, beim nächsten Aufruf von fetchnews im Online-Modus neue Artikel aus dieser Gruppe zu laden. Dies geschieht solange, bis der Benutzer eine Frist (Default 7 Tage) überschreitet, in der er die Artikel einer Gruppe nicht mehr liest. Ab dem darauf folgenden Tag werden für diese Gruppe keine neuen Artikel mehr über fetchnews geholt, so daß überflüssiger Datentransfer vermieden werden kann.

Damit für die markierten Gruppen Artikel geholt werden, muß fetchnews nun ein weiteres Mal im Online-Modus als Benutzer root aufgerufen werden. Je nach Anzahl und Umfang der Gruppen kann das erste Laden von Artikeln eine gewisse Zeit in Anspruch nehmen. Um initial nur eine bestimmte maximale Zahl von Artikel zu laden, kann die Konfigurationsvariable initialfetch in /etc/leafnode/config angepaßt werden. Die Vorgabe ist, *alle* Artikel der jeweiligen Gruppe vom NNTP-Server des ISP zu holen.

Der letzte Schritt der Grundkonfiguration besteht darin, mit Hilfe eines Crontab-Eintrags das Programm texpire regelmäßig aufzurufen. Es dient dazu, ältere Artikel aus dem leafnode-Cache zu löschen und somit dessen unbegrenztes Anwachsen zu verhindern. Ein Crontab-Eintrag für die Datei /etc/crontab, der das Programm einmal täglich startet, kann wie folgt aussehen:

```
0 23 * * * root  test -x /usr/sbin/texpire && /usr/sbin/texpire
```

Falls der Rechner nicht ständig läuft und es dazu kommen könnte, daß texpire so gut wie nie gestartet werden kann, ist es empfehlenswert, texpire in die Liste der täglich auszuführenden Jobs aufzunehmen. Auf SuSE-Systemen muß hierzu z. B. lediglich im Verzeichnis /etc/cron.daily ein symbolischer Link auf das Programm /usr/sbin/texpire gelegt werden:

```
root@erde:/root #   cd /etc/cron.daily
root@erde:/etc/cron.daily #   ln -s /usr/sbin/texpire
root@erde:/etc/cron.daily #   ls -l texpire
lrwxrwxrwx 1 root root     17 Nov 20 06:34 texpire -> /usr/sbin/texpire
```

Durch diesen Link wird sichergestellt, daß texpire auf jeden Fall einmal am Tag ausgeführt wird, auch wenn der Rechner nur wenige Stunden läuft.

4.4.3   Weitere Konfigurationsmöglichkeiten

Neben den im letzten Abschnitt dargestellten grundlegenden Konfigurations-möglichkeiten bietet leafnode eine Reihe weiterer Parameter, über die das Verhalten des Programms gesteuert werden kann. Alle Konfigurationsvariablen werden über die zentrale Konfigurationsdatei /etc/leafnode/config gesteuert. Diese Datei kann mit jedem Texteditor als Benutzer root verändert werden. Alternativ kann zu diesem Zweck das in Abbildung 4.15 dargestellte KDE-Programm[4] keafnode verwendet werden, das zu diesem Zweck eine graphische Oberfläche bietet. Auch keafnode muß als Benutzer root gestartet werden.

Das Programm keafnode ist unter der URL http://www.sbox.tu-graz. ac.at/home/v/vogel/lin-apps/keafnode/index.html oder auch über die leafnode-Homepage unter http://www.leafnode.org/ als Quellcode oder RPM-Paket zu beziehen. Dem Benutzer werden sowohl in der Konfigurationsdatei /etc/leafnode/config, hier in Form von Kommentaren, als auch

---

[4]Zur Zeit ist das Programm nur für KDE Version 1 nutzbar, d. h., es müssen zumindest die KDE1-Libraries installiert sein, um es nutzen zu können.

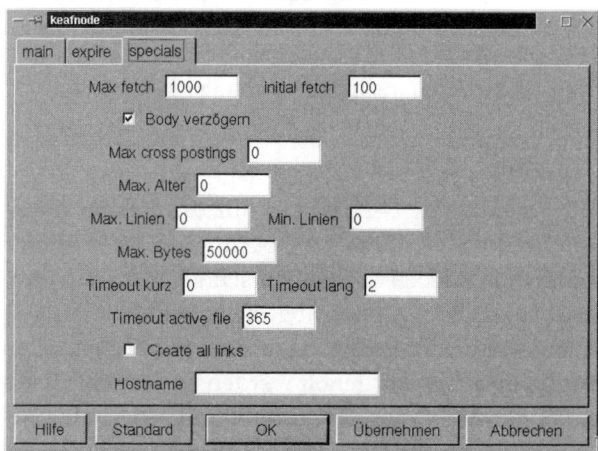

Abbildung 4.15: keafnode, graphische Oberfläche zur leafnode-Konfiguration

durch die Hilfe-Seite von `keafnode` Hilfestellungen zu den einzelnen Parametern angeboten.

Im folgenden werden die wichtigsten Parameter aufgeführt und kurz erläutert:

- ❏ `server=nntp-server-name`
  `supplement=nntp-server-name`
  `username=login name`
  `password=password`
  Die Variable `server` muß den Namen des NNTP-Servers enthalten, von dem News-Artikel bezogen werden können. Sollen zusätzlich Artikel von einem weiteren NNTP-Server bezogen werden, kann die Variable `supplement` auf den Namen dieses Servers gesetzt werden. Wenn der (die) NNTP-Server keinen freien Zugang bietet/n, sondern einen Benutzernamen und ein Passwort fordert/n, können diese Daten über die Variablen `username` und `password` für den ersten und zweiten Server angegeben werden.

- ❏ `timeout=seconds`
  Wenn `leafnode` versucht, eine Verbindung zu einem NNTP-Server aufzubauen, wird normalerweise maximal 10 Sekunden auf eine Antwort des Servers gewartet, bevor die Verbindung abgebrochen wird. Für Server mit einer schlechten Anbindung kann dieser Timeout höher gesetzt werden. Die Angabe erfolgt in Sekunden.

- ❏ `maxfetch=number`
  Diese Variable legt die maximale Zahl an Artikel fest, die bei *einem* Aufruf von `fetchnews` je News-Gruppe vom NNTP-Server geladen werden.

- ❏ `initialfetch=number`
  Wenn eine neue Gruppe abonniert wurde und zum ersten Mal Artikel für diese Gruppe vom NNTP-Server geladen werden müssen, begrenzt dieser Parameter die Zahl der Artikel, die geholt werden. Ohne Angabe dieses Parameters werden alle verfügbaren Artikel geladen, was u. U. sehr lange dauern kann.

- ❏ `delaybody=0|1`
  Wird diese Variable auf `1` gesetzt, lädt `fetchnews` nur die Header (Titelzeilen) aller angegebenen Gruppen, wodurch die Übertragung im Vergleich zur Übertragung der kompletten Artikel wesentlich schneller abläuft. Anschließend können die Titelzeilen der Gruppen angesehen werden. Wird eine Titelzeile zum Lesen angewählt, führt dies dazu, daß bei der nächsten Ausführung von `fetchnews` diese Artikel geholt werden und anschließend gelesen werden können. Lohnenswert nur für Gruppen mit sehr vielen Artikel, von denen nur sehr wenige wirklich von Interesse sind.

- ❏ `maxage=number of days`
  `maxlines=number of lines`

`minlines=`*number of lines*
`maxbytes=`*number of bytes*
Mit Hilfe dieser Parameter kann die Zahl der bei einem `fetchnews` zu ladenden Artikel weiter eingeschränkt werden. Als Kriterien können das Alter der Artikel in Tagen (`maxage`), die maximale und die minimale Zahl an
Zeilen eines Artikels (`maxlines`, `minlines`) sowie die maximale Größe eines Artikels in Bytes (`maxbytes`) angegeben werden. Artikel, die eines der
gesetzten Kriterien über-/unterschreiten, werden nicht vom NNTP-Server
des ISP geladen.

❏ `timout_short=`*number of days*
  `timout_long=`*number of days*
  Über die Timeout-Variablen kann festgelegt werden, nach wievielen Tagen,
  in denen ein Benutzer keine Artikel mehr in einer bestimmten Gruppe gelesen hat, das Holen neuer Artikel über das `fetchnews`-Kommando vom
  NNTP-Server des ISP eingestellt wird. `timeout_short` bestimmt diesen
  Wert für Gruppen, die nur einmalig, evtl. aus Versehen, besucht und dadurch für `leafnode` zum Download markiert wurden (Vorgabe ist 2 Tage).
  Die Variable `timeout_long` legt die Zahl der Tage fest, nach denen für eine Gruppe, die anfangs mehrmals gelesen wurde, keine neuen Artikel mehr
  geholt werden (Vorgabe ist 7 Tage).

❏ `timeout_active=`*number of days*
  Mit Hilfe der Variablen `timeout_active` wird festgelegt, nach wievielen
  Tagen die Liste der verfügbaren Artikel erneut vom NNTP-Server des ISP
  geladen wird (was erstmalig beim initialen `fetchnews`-Aufruf erfolgt ist).

4.4.4 Administration von `leafnode`

Neben den bisher dargestellten Schritten zur Konfiguration von `leafnode` können einige weitere unternommen werden, die die Handhabung des Programms
komfortabler machen.

4.4.4.1 Automatisiert neue Artikel holen

`leafnode` arbeitet normalerweise unter den Rechten des Benutzers `news`. Daher gehören auch alle Dateien des Spool-Verzeichnisses diesem Benutzer. Für den
normalen Anwender stellt diese Arbeitsweise jedoch ein Problem dar, da das Programm `fetchnews` als Benutzer `root` bzw. `news` ausgeführt werden muß, um
neue Nachrichten vom NNTP-Server des ISP holen zu können.

Als Lösung bietet sich die Einbindung des `fetchnews`-Aufrufs in eine Skript-
Datei an, die automatisch beim Verbindungsaufbau zum Provider aufgerufen
wird. Falls die Verbindung zum Provider über das PPP-Protokoll hergestellt wird,

kann der `fetchnews`-Aufruf einfach in die Datei `/etc/ppp/ip-up` eingefügt werden. Da diese Datei unter `root`-Rechten aufgerufen wird, besteht auch keinerlei Rechteproblem für das Programm `fetchnews`.

Falls der Benutzer das Programm `fetchnews` auch manuell ausführen können soll, kann das SUID-Recht für die Datei `/usr/sbin/fetchnews` (`chmod u+s /usr/bin/fetchnews` als Benutzer `root`) gesetzt werden. Da das Programm dann unter den Rechten des Eigners der Datei läuft, entstehen jedoch auch potentielle Sicherheitsprobleme. Zudem kann bei mehreren Benutzern nicht mehr gesteuert werden, wer in der Lage sein soll, neue Nachrichten zu holen. Eine bessere Lösung bietet hier das Paket `sudo`, daß es ermöglicht, bestimmte Programme unter den Rechten eines anderen Benutzers ablaufen zu lassen. In einer Konfigurationsdatei (`/etc/sudoers`) kann dabei genau festgelegt werden, wer dieses Recht hat. Für einen Benutzer `tux` könnte die Datei wie folgt aussehen:

```
# Host alias specification
Host_Alias       ALLOWEDHOSTS=localhost
tux ALLOWDHOSTS=NOPASSWD:/usr/sbin/fetchnews
```

Durch diese Beispielkonfiguration wird dem Benutzer `tux` auf dem Rechner `localhost` gestattet, das Kommando `sudo /usr/sbin/fetchnews` auszuführen, wodurch `fetchnews` unter der Benutzerkennung und den Rechten von `root` arbeitet. Die Angabe der Option `NOPASSWD` bedeutet, daß der Benutzer bei der Ausführung von `sudo /usr/sbin/fetchnews` nicht nach seinem Passwort gefragt werden soll.

4.4.4.2 Spezielle Administrationsoperationen

`leafnode` wurde so konzipiert, daß, abgesehen von der Konfiguration, keine zusätzliche Administration erforderlich sein sollte. Im Fall eines Fehlers versucht `leafnode`, selbständig den Fehler zu beheben, was unter Umständen jedoch bedeuten kann, daß einige Artikel von News-Gruppen, die zum dem Fehler geführt haben, einfach gelöscht werden.

Zur manuellen Administration verfügt das Leafnode-Paket über drei, bisher noch nicht beschriebene Werkzeuge, die hier kurz eingeführt werden sollen.

❏ `applyfilter`
Das erste Programm ist `applyfilter [-v]` *newsgroup*, das dazu verwendet werden kann, Muster anzugeben, nach denen die Header der lokal abgelegten Artikel einer Newsgruppe durchsucht werden. Alle Artikel, die auf das angegebene Muster passen, werden gelöscht. Auf der Kommandozeile wird `applyfilter` die News-Gruppe angegegeben, deren Artikel durchsucht werden sollen. Mit Hilfe der Option `-v` wird `applyfilter` veranlaßt, Informationen über den Ablauf seiner Arbeit auszugeben. Die Muster, nach denen die Header der Artikel der angegebenen Gruppe durch-

sucht werden, stehen in der Datei `/etc/leafnode/filters` und bestehen aus regulären Ausdrücken. Ein Ausdruck der Form

```
^Newsgroups:.*alt.nonsense$
```

würde dazu führen, daß alle Artikel der Gruppe `alt.nonsense` aus dem
lokalen Cache gelöscht werden. Genauere Informationen zur Angabe regulärer Ausdrücke können in den Manual-Seiten zu `regex` mit `man 7 regex`
nachgeschlagen werden. Der Aufbau eines Artikel-Headers kann am besten
mit Hilfe eines News-Readers angesehen werden. Jeder gute News-Reader
bietet die Möglichkeit, den gesamten Header einer News, der normalerweise nicht dargestellt wird, anzuzeigen.

❑ `checkgroups`
Mit Hilfe des Kommandos `checkgroups` ist es möglich, sogenannte Check-
group-Dateien, die von einigen News-Administratoren versendet werden,
in die lokale Datei mit der Liste aller Gruppen (normalerweise in `/var/`
`spool/news/leaf.node/groupinfo`) zu integrieren. Eine Checkgroup-
Datei besteht aus einer Liste von News-Gruppen-Namen und einer Kurzbe-
schreibung der Gruppe. Das Kommando erhält als Parameter den Dateinamen des Checkgroup-Skripts.

❑ `newsq`
Das Kommando `newsq` dient der Anzeige der vom Benutzer gesendeten
und lokal zwischengespeicherten Artikel, die darauf warten, zum NNTP-
Server des ISP übertragen zu werden.

4.5 Offline Mail lesen mit `fetchmail`

Elektronische Post oder, etwas einfacher, E-Mail bzw. Mail ist der wohl meistge-
nutzte Internet-Dienst. Er ermöglicht eine rasche Kommunikation rund um den
Globus. Jeder, der über eine Mail-Adresse verfügt und auf den Mail-Server seines ISP zugreifen kann, ist auf diese Weise innerhalb von Sekunden oder einigen
Minuten erreichbar. Da nur wenige Benutzer über eine ständige Anbindung an
das Internet verfügen, muß auch zum Lesen von Mail eine meist kostenpflichtige Verbindung zum ISP hergestellt werden. Im Anschluß an den Verbindungsaufbau kann die Post z.B. mit Hilfe eines Mail-Programms vom Mail-Server des
Providers auf die lokale Festplatte geladen werden; alternativ läßt sich die Mail
auch online lesen. Zum Anfordern und Übertragen von Mail existieren spezielle Protokolle, wie z.B. →*POP* oder →*IMAP*, die eigens für die Übertragung der
Nachrichten vom Server zum Mail-Programm des Benutzers entwickelt wurden.
Abbildung 4.9 auf Seite 291 stellt diesen Zusammenhang schematisch dar.

Soll das Holen auf dem Server des ISP liegender Mail für eine oder mehrere Benutzerkennungen automatisiert werden, so ist ein normales Mail-Programm (wie

z. B. der Mail-Client von `netscape`) dazu nicht geeignet, da stets Aktionen des Benutzers für die Programmsteuerung notwendig sind und zudem normalerweise auch nur Mail für eine Benutzerkennung abgefragt werden kann.

Für die genannten Anforderungen ist das Programm `fetchmail` entwickelt worden. Es gestattet die vollautomatische Übertragung von Mail von einem Mail-Server zu einem lokalen Rechner, auf dem die Mail gespeichert wird. Dabei ist es auch ohne weiteres möglich, die vorliegende (bzw. neu eingetroffene) Mail für mehrere Benutzer in einem Schritt zu übertragen oder auch die Nachrichten für mehrere Benutzer, die in *einer* Mailbox auf dem Mail-Server liegt, auf verschiedene lokale Benutzer zu verteilen.

4.5.1 Arbeitsweise

`fetchmail` ist ein Programm zum Abfragen von Mail, die anschließend im lokalen Netz weiter verteilt wird. Zum Holen der Mail vom Server des ISP unterstützt `fetchmail` alle wichtigen Protokolle, wie z. B. POP2, POP3 sowie IMAP2 bis IMAP4. Darüber hinaus wird auch die ESMTP-Erweiterung unterstützt. Die geholten Nachrichten werden an das Mailsystem des lokalen Rechners per →*SMTP* weitergereicht (normalerweise an `sendmail`), von wo aus sie über die üblichen Verteilungsmechanismen (z. B. die Forwarding Regeln eines Benutzers) ausgeliefert werden. Daher ist ein funktionierendes, auf SMTP basierendes lokales Mailsystem Voraussetzung für den normalen Einsatz von `fetchmail`.

Grundsätzlich kann das Programm `fetchmail` in zwei verschiedenen Modi arbeiten: dem Daemon-Modus oder dem normalen Modus. Im Daemon-Modus läuft `fetchmail` im Hintergrund und prüft in regelmäßigen Intervallen die konfigurierten Mail-Server. Andernfalls erfolgt die Anfrage an die Mail-Server nur bei einem expliziten Aufruf des Systems.

Obwohl es möglich ist, `fetchmail` als normaler Benutzer laufen zu lassen, wird das Programm in der Regel als `root` gestartet. Dies hat den Vorteil, daß mit einer entsprechenden Konfiguration vollautomatisch Mail für verschiedene Benutzer mit einem Aufruf geholt werden kann, was insbesondere für kleinere Netzwerke mit mehreren Benutzern sinnvoll ist, die über keine permanente Anbindung an das Internet verfügen.

Die Konfiguration von `fetchmail` erfolgt über die Datei `.fetchmailrc`, die im Home-Verzeichnis des aufrufenden Benutzers, für `root` also z. B. im Verzeichnis `/root`, gesucht wird. Zur Vereinfachung einer ersten Konfiguration kann das Programm `fetchmailconf` eingesetzt werden, für das jedoch sowohl Python, das Tk-Toolkit sowie die Anbindung von Python an Tk (Python-Tk) installiert sein müssen.

4.5.2 Installation und Konfiguration

Die Installation von `fetchmail` erfolgt am zweckmäßigsten mit Hilfe eines für die jeweilige Distribution vorbereiteten Pakets (bei älteren SuSE-Versionen ist `fetchmail` Teil des Pakets pop. Ab SuSE in der Version 6.4 enthält das Paket `fetchml` bzw `fetchmail` die Software. Alternativ kann der Quellcode unter der URL `http://www.tuxedo.org/~esr/fetchmail` bezogen und selbst übersetzt und installiert werden. Im folgenden wird davon ausgegangen, daß sich das Programm im Anschluß an die Installation im Verzeichnis `/usr/bin` befindet.

Die Konfiguration besteht aus der Erstellung der Datei `.fetchmailrc`, die im Home-Verzeichnis des jeweiligen Benutzers gesucht wird. In der unten beschriebenen Konfiguration wird diese Datei für den Benutzer `root` eingerichtet. Dies ist vorteilhaft, wenn `fetchmail` die Mail von mehreren Kennungen in einem Aufruf vom Server des Providers holen soll. Alternativ kann jedoch auch jeder Benutzer eine eigene `.fetchmailrc`-Datei einrichten und (während einer Verbindung zum ISP) `fetchmail` zum Abrufen seiner Mail starten.

Der grundlegende Aufbau der zu erstellenden Konfigurationsdatei soll an einem Beispiel dargestellt werden:

```
# Globale Optionen, z.B. "postmaster"
set postmaster "root"
# ...
# Ein oder mehrere Eintraege fuer Mail-Server
# Jeder Servereintrag beginnt mit "poll" oder "skip" gefolgt von einem
# Servernamen, gefolgt von Serveroptionen (wie z.B. "POP3") ...
poll mailto.btx.dtag.de with proto POP3
# ... gefolgt von einem oder mehreren User-Eintraegen für diesen Server:
    user "johntux" there with password "flips" is tux here options limit 50000
    user "mccoy" there with password "secret" is mccoy here
#    ...
# Evtl. zweiter server ...
# poll mail.server.de with proto IMAP
# ....
```

Mit Hilfe dieser Konfiguration würde bei einer bestehenden Verbindung zum ISP ein `fetchmail`-Aufruf (ohne weitere Parameter) als Benutzer `root` auf der lokalen Maschine dazu führen, daß auf dem Server `mailto.btx.dtag.de` für die Benutzer `johntux` und `mccoy` Mail geholt und an die lokalen Benutzer `tux` bzw. `mccoy` ausgeliefert werden. Die `user`-Zeilen können, wie im Beispiel zu sehen, diese Beziehung in sprachlicher Form enthalten, wobei `there` den Mail-Server des ISP bezeichnet und das Wort `here` den lokalen Rechner, auf dem `fetchmail` aufgerufen wird.

Die als `password` angegebenen Zeichenketten sind die Paßwörter für die Kennungen `johntux` und `mccoy` auf dem Mail-Server, die in Klartext angegeben werden müssen. Da die Datei `.fetchmailrc` Sicherheits-relevante Daten enthält, verweigert `fetchmail` die Arbeit, wenn die Rechte dieser Datei ungleich `-rw- -- --` sind. Alternativ kann die Angabe des Passwortes auch unterlassen werden, wodurch `fetchmail` beim Aufruf interaktiv nach dem Passwort fragt.

Zur Übertragung der Mail vom Server des ISP (`mailto.btx.dtag.de`) auf den lokalen Rechner würde `fetchmail` in diesem Fall das als Server-Option angegebene POP3 Protokoll verwenden, was natürlich nur dann funktioniert, wenn der Mail-Server das POP3-Protokoll unterstützt (die meisten heutigen Mail-Server kennen fast alle entweder POP2, POP3 oder IMAP).

Die erste `user`-Zeile enthält mit der Option `limit` ein Beispiel für eine Benutzer-Option. Durch diese wird die maximale Größe einer zu ladenden Mail festgelegt. Mails, die größer als die angegebene Zahl an Bytes sind, werden nicht geladen und auch nicht als gelesen markiert. In der obigen Konfiguration werden die übertragenen Nachrichten vom Server gelöscht. Sollen die Nachrichten auf dem Server erhalten bleiben, könnte die Konfiguration um die `user`-Option `keep` erweitert werden:

```
# ...
poll mailto.btx.dtag.de with proto POP3
  user "johntux" there with password "flips" is tux here options
      limit 50000 keep
# ....
```

Diese Konfiguration ist (für den Benutzer `tux`) identisch zu der oben angegebenen, mit dem Unterschied, daß übertragene Nachrichten nicht vom Mail-Server des ISP gelöscht, sondern lediglich als gelesen markiert werden, so daß sie beim nächsten `fetchmail`-Aufruf nicht erneut übertragen werden, aber dennoch weiterhin auf dem Server gespeichert und abrufbar (User-Option `fetchall`) sind.

Das Schlüsselwort `poll` sagt `fetchmail`, daß von diesem Server Mail abgerufen werden soll, falls kein bestimmter Server-Name auf der Kommandozeile übergeben wurde. Alternativ zu `poll` kann auch das Schlüsselwort `skip` verwendet werden. In diesem Fall wird von dem so gekennzeichneten Server *keine* Mail geholt, es sei denn, auf der Kommandozeile von `fetchmail` wird der mit `skip` gekennzeichnete Server genannt. Sollen automatisch alle in `.fetchmailrc` konfigurierten Server befragt werden, empfiehlt sich also die Verwendung von `poll`. Sollen hingegen je nach Situation (z. B. bei der Nutzung mehrerer Provider mit unterschiedlichen Mail-Servern) nur einzelne Server befragt werden, sollten diese mit `skip` statt von `poll` gekennzeichnet werden. Von welchem dieser Server tatsächlich Mail abgerufen wird, hängt dann von den auf der Kommandozeile angegebenen Server-Namen beim nächsten `fetchmail`-Aufruf ab.

Lautet die Konfigurationsdatei beispielsweise wie folgt

```
set postmaster "root"
skip mailto.btx.dtag.de with proto POP3
    user "johntux" there with password "flips" is tux here
skip mail.server.de with proto IMAP
    user "mccoy" there with password "secret" is mccoy here
```

wird bei dem `fetchmail`-Aufruf

```
root@erde:/root #  fetchmail mail.server.de
31 messages (31 seen) for mmcoy at mail.server.de (97546 octets).
...
```

lediglich von dem Server `mail.server.de` Mail abgerufen.

Ist `fetchmail` so konfiguriert, daß es als Benutzer `root` gestartet wird (Die Datei `.fetchmailrc` liegt im Home-Verzeichnis von `root`) und für alle Benutzer des lokalen Systems Mail abruft, ist es sinnvoll, den Aufruf von `fetchmail` beim Wechsel vom Online- zum Offline-Modus zu automatisieren. Bei einem Verbindungsaufbau zum Provider mit Hilfe von PPP kann dies am einfachsten dadurch erfolgen, daß in dem Skript `/etc/ppp/ip-up` an der entsprechenden Stelle (in dem `ip-up`-Abschnitt) ein `fetchmail`-Aufruf eingefügt wird. Dieses Skript wird automatisch aufgerufen, wenn eine Online-Verbindung hergestellt wurde. Dadurch wird bei jeder Verbindung zum ISP automatisch neue Mail vom Provider abgerufen. Ein Beispiel für ein solches Skript ist in Abschnitt 4.7.7 auf Seite 389 angegeben.

Neben dem Erstellen der Konfigurationsdatei `.fetchmailrc` von Hand kann auch das Programm `fetchmailconf` zu Hilfe genommen werden. Insbesondere für eine erste Grundkonfiguration bietet sich der Einsatz dieses Werkzeugs an, da keine Vorkenntnisse über die Syntax von `.fetchmailrc` notwendig sind. Für die Konfiguration der `.fetchmailrc`-Datei des Benutzers `root` muß das Programm auch als Benutzer `root` gestartet werden. Das Start-Fenster ist in Abbildung 4.16 auf der nächsten Seite dargestellt.

Mit Hilfe von `fetchmailconf` kann zunächst im Novice-Modus eine einfache oder im Expert-Modus eine komplexere Konfiguration erstellt werden. Darüber hinaus bietet das Programm die Möglichkeit, die erstellte Konfiguration zu testen, wobei alle `fetchmail`-Ausgaben, die auf Fehler hindeuten könnten, in einem eigenen Fenster dargestellt werden.

Wie bei der manuellen Konfiguration werden auch in der `fetchmailconf`-gesteuerten Konfiguration zunächst globale Optionen festgelegt. Anschließend müssen die/der Mail-Server bestimmt werden, für die/den dann weitere Optionen angegeben werden können. In Abbildung 4.17 auf Seite 331 ist der Server-Konfigurationsdialog für einen bestimmten Server dargestellt.

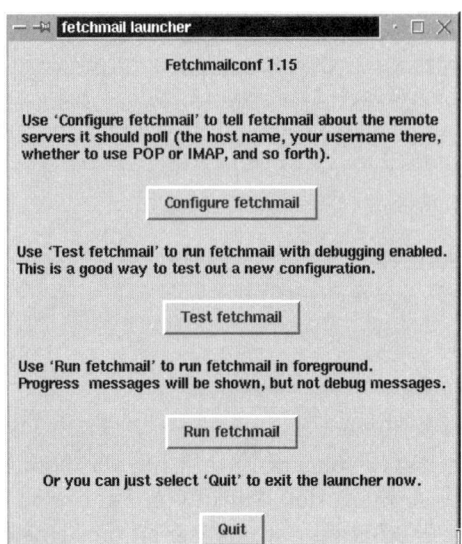

Abbildung 4.16: `fetchmailconf`, graphische Oberfläche zur `fetchmail`-Konfiguration

Voraussetzung für den Einsatz von `fetchmailconf` ist, daß die Skript-Sprache Python wie auch das Toolkit Tk mitsamt der Anbindung von Python an Tk (PythTk) installiert sind.

4.5.3 Wichtige Konfigurationsoptionen

Wie bereits in dem einführenden Beispiel zu sehen war, kann `fetchmail` durch ein Reihe von Optionen an die Vorgaben des ISP und die Bedürfnisse des Benutzers angepaßt werden. Im folgenden werden die wichtigsten dieser Optionen beschrieben. Die Übersicht ist entsprechend dem Aufbau der Konfigurationsdatei in die Abschnitte globale Optionen, Optionen für Mail-Server und Benutzeroptionen unterteilt. Für fast alle Optionen existieren entsprechende Kommandozeilenparameter, die an `fetchmail` direkt beim Aufruf übergeben werden können. In der folgenden Darstellung werden neben den Schlüsselwörtern für die Datei `.fetchmailrc` auch die zugehörigen Kommandozeilenoptionen in Klammern angegeben. Wird eine bestimmte Konfigurationsoption sowohl auf der Kommandozeile wie auch in der Konfigurationsdatei angegeben, überschreibt die Kommandozeilenoption den entsprechenden Eintrag in der `.fetchmailrc`-Datei.

4.5.3.1 Globale Optionen

Die Angabe von globalen Optionen in der Datei `.fetchmailrc` erfolgt in der Syntax:

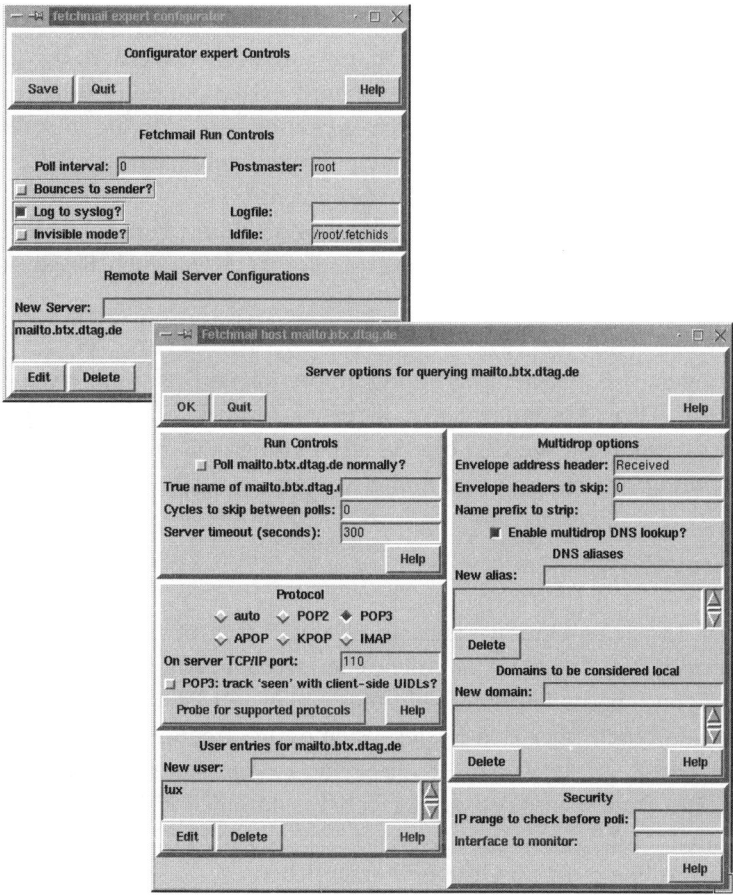

Abbildung 4.17: `fetchmailconf`, Server-Konfiguration

```
set option [value]
```

wobei *option* die zu setzende Option darstellt. Der in `[]` angegebene Teil stellt den optionalen Wert einer Option mit Parametern dar.

❑ daemon *time* (`--daemon` *time*, `-d` *time*)
Neben der Möglichkeit, `fetchmail` immer dann zu starten, wenn Mail von einem Server gelesen werden soll, kann es auch im Daemon-Modus arbeiten. In diesem Fall wird `fetchmail` einmal gestartet und läuft ständig weiter, wobei es jeweils nach *time* Sekunden wieder versucht, Mail von den konfigurierten Servern zu lesen. Wird für *time* die Zahl 0 auf der Kommandozeile angegeben, wird der Daemon-Modus ausgeschaltet, auch wenn die Konfigurationsdatei die Option `daemon` enthält.

❏ `postmaster` *mailadr* (`--postmaster` *mailadr*)
Mit dieser Option kann eine Benutzerkennung angegeben werden, die im sogenannten Multidrop-Modus (siehe Abschnitt 4.5.4.3 auf Seite 338) von `fetchmail` als Zustelladresse für Mail verwendet wird, für die kein lokaler Empfänger ermittelt werden konnte. Normalerweise wird zu diesem Zweck die Kennung des Aufrufers von `fetchmail` verwendet. Darüber hinaus wird die Postmaster-Adresse auch zur Zustellung von Fehlermeldungen verwendet, falls `nobouncemail` gesetzt ist. Siehe auch Beschreibung dieser Option.

❏ `nobouncemail` (`--nobounce`)
Fehlermeldungen, z. B. bei der Zustellung an die lokale Kennung, werden normalerweise an den Absender der Mail zurückgeschickt. Wenn die Option `nobounce` gesetzt ist, werden die Fehlermeldungen stattdessen an die durch die Option `postmaster` bestimmte Adresse geschickt.

❏ `logfile` *filename* (`--logfile`)
`syslog` (`--syslog`)

Mit Hilfe der `logfile`-Option kann eine Datei bestimmt werden, in die Statusmeldungen von `fetchmail` geschrieben werden. Alternativ können diese Meldungen (abgesehen von Fehlermeldungen für Parameter auf der Kommandozeile) auch über den Syslog-Daemon verarbeitet werden, wodurch sie in der Regel in `/var/log/messages` erscheinen. Zu diesem Zweck muß die Option `syslog` angegeben werden. Mit Hilfe des Kommandozeilenparameters `--nosyslog` wird eine evtl. in der `.fetchmailrc`-Datei vorhandene `syslog`-Option überschrieben.

4.5.3.2 Mail-Server-Optionen

Die Angabe der Mail-Server-Optionen erfolgt hinter der `poll`- bzw. `skip`-Anweisung, die immer mit dem Namen eines bestimmten Mail-Servers zusammen steht.

❏ `protocol` *protocol to be used* (`-p` *protocol*)
Mit der `protocol`-Option wird das Protokoll bestimmt, das zum Abrufen von Mail verwendet werden soll. Ein bestimmtes Protokoll kann nur dann verwendet werden, wenn der Mail-Server des ISP es unterstützt! Die üblichen Protokolle sind POP2, POP3 und IMAP. Weitere von `fetchmail` unterstützte Protokolle sind APOP (POP3 mit MD5-Authentifizierung), KPOP (POP3 mit Kerberos Authentifizierung), SDPS (POP3 mit Daemon Internet SDPS Erweiterungen), RPOP (POP mit RPOP Authentifizierung), IMAP-K4 (IMAP4 oder IMAP4rev1 mit Kerberos V4 Authentifizierung nach RFC1731), IMAP-GSS (IMAP4 oder IMAP4rev1 mit GSSAPI Authentifizierung nach

RFC 1731) und ETRN. Als weiterer Wert kann AUTO angegeben werden, wodurch `fetchmail` alle Protokolle der Reihe nach testet, bis über eines dieser
Protokolle erfolgreich mit dem Mail-Server kommuniziert werden konnte.

❏ timeout *time* (-t *time*)
Diese Option erlaubt die Angabe eines Zeitintervalls in Sekunden, die das
Programm `fetchmail` bei einer Anfrage an einen Mail-Server auf dessen
Antwort wartet, bevor die Verbindung abgebrochen wird.

❏ interface *interface* (-I *interface*)
Mit Hilfe der Option `interface` kann ein Unix-Netzwerk-Interface (z. B.
ppp0) angegeben werden, das im Zustand Up sein muß, damit `fetchmail`
Mail von dem entsprechenden Mail-Server abruft.

❏ via *host-name*
Die `via`-Option wird zum einen verwendet, wenn das Abrufen von Mail
über eine sichere ssh- (Secure Shell) Verbindung erfolgen soll. Weitere In-
formationen hierzu finden Sie in Abschnitt 4.5.4.1 auf Seite 335. Bei mehr als
einer Konfiguration für einen Mail-Server kommt sie ebenfalls zum Einsatz.
In diesem Fall bezeichnet das Argument von `via` den →*DNS*-Namen des
Mail-Servers, der anstelle des hinter `poll` oder hinter `skip` angegebenen
Namens verwendet wird. Der hinter `poll` oder `skip` stehende Name dient
dann einfach nur als Label, der z. B. beim Aufruf von `fetchmail` auf der
Kommandozeile angegeben werden kann, um Mail von einem bestimmten
Server abzurufen.

❏ uidl (-U)
nouidl
Die Option `uidl` weist `fetchmail` an, bei dem Abruf von Mail mit Hilfe des POP3-Protokolls Client-seitige UIDLs (Uniqe ID listings) zu verwenden. Der Sinn dieser Option liegt darin, daß bei manchen POP3-Servern,
bei denen `fetchmail` die Mail nur holt, jedoch nicht vom Server löscht
(`keep`-Option), es nicht gelingt, ausschließlich die noch nicht gesehene Mail
abzurufen. Stattdessen erfolgt bei einem `fetchmail`-Aufruf stets die Übertragung aller auf dem Server vorliegenden Nachrichten. Mit Hilfe der auf
dem Client-Rechner liegenden UIDLs, einer Datei, die die IDs der bereits
gesehenen Nachrichten enthält, kann dieses Problem u. U. gelöst werden.
Voraussetzung ist jedoch, daß der Server UIDLs unterstützt.

4.5.3.3 Benutzer-Optionen

Benutzer-Optionen gehören immer zu einer Benutzer-Konfigurationszeile, die
mit dem Schlüsselwort `user` beginnt.

❏ user *name* (-u *name*)
pass *password*

Diese beiden Optionen dienen der Authentifizierung des Benutzers am Mail-Server mit seinem Benutzernamen und dem zugehörigen Passwort, wenn `fetchmail` Mail des Benutzers vom Mail-Server des ISP abruft. Hierbei handelt es sich um die Benutzernamen und das Passwort der Kennung auf dem Mail-Server, über die der Benutzer verfügt, also nicht seine lokale Kennung. Sind die lokale Kennung wie auch die Kennung auf dem Mail-Server bezüglich des Kennungsnamens identisch, braucht der Benutzername nicht angegeben zu werden. In diesem Fall wird der Benutzername der lokalen Kennung des Benutzers verwendet. Wird das Passwort des Benutzers in die Konfigurationsdatei eingetragen, muß dies in Klartext erfolgen. Daher verweigert `fetchmail` die Arbeit, wenn diese Datei andere Rechte als `-rw-----` hat. Wird kein Passwort in der Konfigurationsdatei `.fetchmailrc` angegeben, schaut `fetchmail` zunächst in der Datei `$HOME/.netrc` nach einem Eintrag für den Mail-Server und einem zugehörigen Passwort (die Syntax der `.netrc`-Datei ist in den Manual-Seiten zu `ftp` genau beschrieben). Findet `fetchmail` auch dort keinen passenden Eintrag, wird das Passwort interaktiv erfragt.

❏ `smtphost` *hostname* (`-S` *hostname*)
Die Option `smtphost` erlaubt die Angabe eines bestimmten lokalen SMTP-Servers, an den die vom Mail-Server des ISP empfangenen Nachrichten geschickt werden. Normalerweise werden die Nachrichten über SMTP an den Rechner geschickt, auf dem `fetchmail` aufgerufen wurde.

❏ `preconnect` *commandline*
`postconnect` *commandline*
Der Option `preconnect` kann der Name eines Programms übergeben werden, das vor dem Aufbau der Verbindung zum Mail-Server ausgeführt wird. Entsprechend dient `postconnect` zum Start eines Programms nach erfolgter Verbindung. Diese Optionen werden z. B. benötigt, um das Abrufen der Mail über eine sichere `ssh`-Verbindung durchzuführen. Siehe auch Abschnitt 4.5.4.1 auf der nächsten Seite.

❏ `keep`
Normalerweise wird Mail, die von einem Server abgerufen wird, dort gelöscht. Die Option `keep` bewirkt, daß die abgerufene Mail weiterhin auf dem Server verbleibt, so daß sie später erneut, mit der Option `fetchall`, abgerufen werden kann. Diese Option ist nur sinnvoll, wenn von mehreren Rechnern aus auf den Mail-Server zugegriffen und immer die gesamte Mail abgerufen werden soll.

❏ `fetchall` (`-a`)
Ohne die Angabe dieser Option werden von `fetchmail` nur die Mails vom Server abgerufen, die noch nicht als gesehen markiert sind. „Gesehen" bedeutet hier, daß der Mail-Server noch keinen Zugriff auf diese Mails erkannt

hat. Mit Hilfe der Option `fetchall` werden immer sämtliche auf dem Server vorhandenen Mails (für den jeweiligen Benutzer) abgerufen, unabhängig davon, ob bereits zuvor auf diese Mail zugegriffen wurde.

❑ `limit` *num-bytes* (`--limit` *num-bytes*)
Die Option `limit` bewirkt, daß `fetchmail` keine Nachrichten, die länger als die angegebene Zahl an Bytes sind, vom Server abruft. Eine solche Mail verbleibt auf dem Server und wird nicht als „gesehen" markiert (siehe auch `keep`, `fetchall`). Wird auf der Kommandozeile die Option `--limit` mit dem Argument 0 angegeben, überschreibt diese Option ein evtl. vorhandenes Limit in der Datei `.fetchmailrc`

4.5.4 Spezielle Konfigurationsmöglichkeiten

Die oben einführend beschriebene Konfiguration von `fetchmail` ist für einen üblichen Benutzer geeignet, wodurch bereits 90 Prozent aller Fälle abgedeckt werden können. Durch die Verwendung weiterer Optionen kann `fetchmail` so konfiguriert werden, daß auch weniger übliche Fälle gelöst werden können. Einige dieser Fälle sollen im folgenden angesprochen werden.

4.5.4.1 Sichere Übertragung von Mail über `ssh`

Üblicherweise ist die Verbindung vom lokalen Rechner zum Mail-Server nicht geschützt, was bedeutet, daß jemand mit prinzipiell geringem Aufwand die übertragenen Daten sowie auch das zur Authentifizierung übertragene Passwort abhören und anschließend mißbrauchen könnte. Da die Verbindung zum ISP in der Regel über eine Telefonleitung erfolgt, müßte er hierzu die Telefonleitung anzapfen oder die Daten an einer anderen ungeschützten Stelle (z. B. innerhalb des Provider-Netzes) abhören. An dieser Stelle sollte darauf hingewiesen werden, daß diese Gefahr zwar besteht, aber doch schon eine gewisse kriminelle Energie und insbesondere die Aussicht, Profit aus den Daten zu schlagen, vorauszusetzen sind, den notwendigen technischen und organisatorischen Aufwand zu treiben. Die Gefahr sollte also nicht überschätzt werden.

Wer die Sicherheit seiner Daten dennoch gewahrt wissen will, muß selbst etwas Aufwand treiben. Da nicht jeder Provider Protokolle wie KPOP oder IMAP-K4 unterstützt, bei denen zumindest das Passwort nicht unverschlüsselt übertragen wird, müssen Sicherheits-relevante Mail-Daten auf andere Weise übertragen werden. Hier bietet `fetchmail` die Möglichkeit, die Daten über eine sichere Verbindung zu schicken, die zuvor mit Hilfe des Programms `ssh` aufgebaut wurde. `ssh` ist ein Ersatz für das Kommando `rsh` (Remote Shell). Darüber hinaus existieren auch für `rlogin` und `rcp` die sicheren Äquivalente `slogin` und `scp`. Das besondere an diesem Programmpaket ist, daß alle Verbindungen, die `ssh` zu anderen Rechnern aufbaut, üblicherweise verschlüsselt sind. Darüber hinaus bietet ssh wahlweise ein Authentifizierungsverfahren, daß ohne die Übertragung des Klartext-Passworts über das Netz, wie bei rsh, rlogin und rcp sonst üblich, auskommt.

Diese Tatsache macht ssh für das sichere Abrufen von Mail in fetchmail-Aufrufen interessant. Die Idee ist, daß vor der eigentlichen Datenübertragung durch ssh eine sichere, verschlüsselte Verbindung zum Mail-Server des ISP aufgebaut wird, über die anschließend die Mail-Daten übertragen werden können. Dies setzt natürlich voraus, daß der Mail-Server das ssh-Protokoll unterstützt und der Benutzer sich mit ssh auf diesem Rechner anmelden kann. Weitere Vorbereitungsmaßnahmen sind notwendig, falls dieser Vorgang vollautomatisch, also ohne Interaktion (z. B. zur Eingabe eines Passworts) ablaufen soll. Eine genauere Beschreibung hierzu findet sich in den Handbuchseiten zu ssh.

Folgendes Beispiel zeigt eine .fetchmailrc-Datei, mit deren Hilfe das sichere Abrufen von einem Mail-Server secure.mailserver.de möglich ist:

```
set postmaster "root"
set nobouncemail
poll secure.mailserver.de with proto imap:
        plugin "ssh %h /usr/sbin/imapd" auth ssh;
        user "johntux" there is tux here
```

Wichtig in dieser Konfiguration ist das neue Schlüsselwort plugin. Es ermöglich die Verwendung eines externen Programms, um eine Verbindung zum Mail-Server herzustellen. In diesem Fall wird ssh zu diesem Zweck eingesetzt. Das bei plugin angegebenen Programm wird von fetchmail einfach ausgeführt, wobei die beiden Variablen %h und %p durch den Hostnamen und die Portnummer ersetzt werden. Zum Abrufen der Mail über ssh ist es am einfachsten, imap zu verwenden. In diesem Fall muß als Teil der plugin-Kommandozeile lediglich noch der korrekte Pfad für imapd auf dem Mail-Server angegeben werden.

Anschließend werden die Mail-Daten sicher zwischen beiden Rechnern ausgetauscht, bis die Verbindung wieder unterbrochen wird.

4.5.4.2 Mail von verschiedenen Providern abrufen

Oftmals existiert nicht nur ein ISP, über den Mail versendet bzw. empfangen werden kann. Da unter Umständen jeweils nur von dem Provider Mail abgerufen werden soll, zu dem gerade eine Verbindung besteht, muß die .fetchmail-rc-Datei entsprechend gestaltet werden. Der wesentliche Unterschied liegt darin, daß für die verschiedenen Mail-Server der Provider nicht automatisch Mail abgerufen werden darf. Dies wird erreicht, indem die Server-Einträge in der Datei .fetchmailrc mit dem Schlüsselwort skip, und nicht mit poll beginnen. Auf diese Weise kann beim Aufruf von fetchmail im Online-Modus angegeben werden, von welchen Provider Mail abgerufen werden soll. Eine solche Konfiguration könnte wie folgt aussehen:

```
set postmaster "root"
skip mserver.isp1.de with proto POP3
    user "johntux" there with password "flips" is tux here
skip mserver.isp2.de with proto IMAP
    user "johntux" there with password "flips" is tux here
```

Um in dieser Konfiguration Mail vom Mail-Server des ISP 1 abzurufen, lautet die `fetchmail`-Kommandozeile also `fetchmail mserver.isp1.de`. Durch diesen Aufruf wird nur Mail vom Server `mserver.isp1.de` abgerufen, nicht jedoch vom Server `mserver.isp2.de`.

Um diese Aufgabe vollkommen zu automatisieren, muß nun der Aufruf von `fetchmail` von dem gerade verwendeten Provider abhängig gemacht werden. Bei der Verwendung einer PPP-basierten Verbindung zu beiden ISP kann diese Unterscheidung einfach in dem Skript `/etc/ppp/ip-up` getroffen werden, daß automatisch aufgerufen wird, wenn eine Online-Verbindung hergestellt wurde.

Die Unterscheidung zwischen den einzelnen Providern kann am einfachsten anhand des Interface oder der IP-Adresse des jeweiligen ISP getroffen werden, die dem Skript in den Shell-Variablen $1 (Interface) bzw. $5 (Remote IP) zur Verfügung stehen. Die Unterscheidung über die `INTERFACE`-Variable ist möglich, da bei der PPP-Konfiguration für jeden dieser Provider ein eigenes PPP-Interface (`ppp0`, `ppp1`, ...) eingerichtet wird. Dieser Name steht dem Skript in der Variablen $1 zur Verfügung. Da jeder Provider auch eine eigene IP-Adresse verwendet, kann diese Unterscheidung natürlich auch durch die Variable $5 erfolgen. Angenommen, für den ersten ISP (`isp1`) wurde das PPP-Interface `ppp0` eingerichtet und für den zweiten (`isp2`) das Interface `ppp1`, so kann die Unterscheidung des `fetchmail`-Aufrufs mit folgenden Shell-Code-Zeilen getroffen werden, die in `/etc/ppp/ip-up` eingefügt werden müssen:

```
#!/bin/sh
# Beispiel fuer ein /etc/ppp/ip-up Skript
#
INTERFACE=$1
DEVICE=$2
SPEED=$3
LOCALIP=$4
REMOTEIP=$5
# ....

# ....
if [ "$INTERFACE" = "ppp0" ]; then
    fetchmail mserver.isp1.de
```

```
elif [ "$INTERFACE" = "ppp1" ]; then
    fetchmail mserver.isp2.de
fi
# ...
```

Die weiteren Parameter, die an dieses Skript übergeben werden, sind der Pfadname der Gerätedatei ($2), z. B. /dev/ppp0, die Übertragungsgeschwindigkeit ($3) sowie die lokale IP-Adresse ($4). Darüber hinaus kann in der Konfiguration des ppp-Daemon eine Konfigurationsvariable ipparam mit einem Wert versorgt werden, der an ip-up als sechster Parameter übergeben wird. In Abschnitt 4.7.7 auf Seite 389 ist ein vollständiges ip-up-Skript zu finden, in das alle wichtigen in diesem Kapitel besprochenen Dienste einbezogen sind.

4.5.4.3 Multidrop-Konfiguration

Bei den bisher dargestellten Konfigurationen gab es stets eine eindeutige Beziehung zwischen einem Benutzernamen auf Seite des Mail-Servers des ISP und dem zugeordneten Benutzernamen auf dem lokalen System. Auf diese Weise, die den Regelfall darstellt, kann Mail, die auf dem Server liegt, eindeutig einem lokalen Benutzer zugeordnet werden.

Denkbar sind jedoch auch Fälle, bei denen für einen Benutzernamen auf der Seite des Mail-Servers des ISP mehrere Benutzernamen auf der lokalen Seite existieren. In der einen Mail-Datei eines solchen Benutzers auf der Seite des ISP liegen dann Mails für verschiedene Zielpersonen, die sich lediglich in speziellen Feldern zur Mail-Adressierung (Received, To, Cc oder Bcc) unterscheiden. Die Mail für verschiedene Personen wird in diesem Fall also in einer einzigen Mailbox des ISP gesammelt und unterscheidet sich z. B. nur in der verwendeten Zieladresse. Für diesen Zweck ist eine als Multidrop-Konfiguration bezeichnete Vorbereitung von fetchmail erforderlich.

So wird in der .fetchmailrc-Datei ein Name auf der Server-Seite einer Gruppe lokaler Benutzernamen zugeordnet, wie in folgendem Beispiel gezeigt:

```
poll mserver.isp.de:
  user multi there with password secret to mccoy johntux=tux maddin here
```

In dieser Konfiguration wird davon ausgegangen, daß in der Mailbox auf dem Server mserver.isp.de unter der Kennung multi mit dem Passwort secret Mail für die lokalen Benutzer mccoy, tux und maddin bereitgehalten wird. Bei einem fetchmail-Aufruf werden die Mail-Header der auf dem Server liegenden Mails für multi in den Feldern Received, To, Cc oder Bcc nach den lokalen Benutzernamen, wie z. B. mccoy, durchsucht. Für jeden passenden Eintrag wird der Hostnamen-Teil der Adresse über den Domain Name Service (DNS) überprüft, ob es sich um einen Alias für den bei poll oder skip angegebenen

Mail-Server handelt. Wird beispielsweise in der Mailbox `multi` eine Mail an `maddin@mailserver.isp.de` gefunden, so stimmt zwar der Benutzername mit einem der lokal angegebenen überein, aber vor dem Abruf und der lokalen Auslieferung der Mail wird zunächst über DNS gestestet, ob `mailserver.isp.de` lediglich ein Alias für den bei `poll` angegeben Rechner `mserver.isp.de` ist. Falls ja, wird diese Mail vom Server abgerufen und lokal über SMTP verteilt. Um unnötige DNS-Anfragen, die Zeit kosten, zu vermeiden, können mit Hilfe der `aka`-Option alle Aliase für den Mail-Server im Voraus angegeben werden, so daß diese später nicht mehr über den DNS ermittelt werden müssen.

Der Eintrag `johntux=tux` bedeutet, daß Mail, die in der Server-Mailbox von `multi` liegt und an den Benutzer `johntux` gerichtet ist, an den lokalen Benutzer `tux` versendet werden soll. Für die beiden anderen Benutzernamen `mccoy` und `maddin` wird davon ausegangen, daß deren lokaler Name mit dem Namen in den Mails auf dem Server übereinstimmen.

Eine weitere Möglichkeit ist die unveränderte Übertragung von Mails, die an einen bestimmten Domain gerichtet wurden. Sollen beispielsweise alle Nachrichten, die an den Domain `mymail.de` gerichtet wurden (wie z. B. `tux@mymail.de` oder auch `maddin@subdomain.mymail.de`) ohne Veränderung durch das Programm `fetchmail` lokal ausgeliefert werden, kann die Konfigurationsoption `localdomain`, wie in folgendem Beispiel dargestellt, verwendet werden:

```
poll mserver.isp.de localdomains mymail.de:
   user multi there with password secret to * here
```

Durch diese Konfiguration werden alle Mails, die auf der Server-Mailbox von `multi` liegen und an den Domain `mymail.de` oder einen Sub-Domain von `mymail.de` adressiert sind, zu dem lokalen Rechner übertragen und dort lokal unverändert über SMTP verteilt. Eine Abbildung von Server- zu lokalen Benutzernamen findet in diesem Fall nicht statt.

4.6 Mail versenden und lesen mit `masqmail`

Das bekannteste Werkzeug unter Unix zum Versenden von Mail, ein sogenannter Mail Transfer Agent (MTA), ist wohl `sendmail`. Darüber hinaus existieren weitere Projekte, wie z. B. `qmail`, die für die gleiche Aufgabe entwickelt wurden. Um letztlich Mail versenden zu können, ist eine Konfiguration dieser Werkzeuge erforderlich, die festlegt, wie ausgehende Mail verarbeitet werden soll. Hier bietet sich dem Administrator ein nahezu unbegrenztes Arbeitsgebiet, da diese Werkzeuge enorm flexibel und konfigurierbar sind, um an alle gewünschten Umgebungen angepaßt werden zu können und auch große Mailaufkommen verarbeiten zu können. Das Erstellen einer solchen Konfiguration ist jedoch nicht gerade einfach und erfordert bereits umfangreiches Wissen über die beiteiligten Verfahren und Protokolle.

Das Programm masqmail, das unter der URL http://innominate.org/ kurth/masqmail/ oder alternativ auch von http://freshmeat.net/ projects/masqmail bezogen werden kann, versucht, diese Probleme zu lösen. Es wurde speziell für Rechner und kleine Netzwerke entwickelt, die nur über eine Wählverbindung ans Internet angebunden sind. Sinn macht die Nutzung von masqmail insbesondere dann, wenn nicht nur ein Internetprovider, sondern gleich mehrere, jeweils mit unterschiedlichen Mail-Adressen und Mail-Servern, genutzt werden sollen. Bei der Entwicklung wurde auf eine möglichst leichte Konfiguration Wert gelegt. Darüber hinaus bietet masqmail spezielle Unterstützung für die Anbindung an verschiedene Provider inkl. der Möglichkeit, in Abhängigkeit des gerade verwendeten Providers Adressen der ausgehenden Mail umzuschreiben. Neben der besonderen Möglichkeiten beim Versenden von Mail bietet masqmail auch die Möglichkeit, Mail vom Provider über POP abzurufen. Im Gegensatz zu fetchmail werden jedoch keine Multidrop-Mailboxen unterstützt, d.h., der Mailabruf ist nur dann möglich, wenn beim Provider für jeden Benutzer ein eigener über POP abrufbarer Account existiert. Zusammengefaßt bietet masqmail folgende Möglichkeiten:

❏ Spezielle Untersützung von Dial-Up-Verbindungen. Mail an interne Adressen wird in der Regel sofort ausgeliefert. Mail an externe Adressen wird zunächst zwischengespeichert, bis sie bei der nächsten Verbindung zum Provider versendet werden kann. Wenn eine Verbindung besteht, wird auch Mail zu externen Adressen direkt ausgeliefert.

❏ Möglichkeit zum dynamischen Ändern (rewrite) von Mailadressen, z.B. der From-, Return-Address und des Return-Paths in Abhängigkeit vom gerade verwendeten Provider.

❏ Unterstützung mehrerer Interbetprovider.

❏ Kann als Ersatz von sendmail verwendet werden.

❏ Abruf von Mail über POP vom Internetprovider.

❏ Unterstützung von SMTP after POP[5] zum Versenden von Mail nach dem Abruf über POP.

Natürlich verfügt masqmail über einen geringeren Leistungsumfang als sendmail, dafür ist die vorhandene Funktionalität speziell auf Nutzer von Dial-Up Verbindungen zugeschnitten. Auch die Kommandozeilenparamter sind von

[5]System, das von verschiedenen Providern eingesetzt wird, bei dem das Versenden von Mail über diesen Provider erst dann möglich ist, wenn kurz zuvor über POP Mail abgerufen wurde. Durch den Mailabruf über POP muß sich der Benutzer authentifizieren, so daß anschließend nur autorisierte Benutzer über den Provider Mail versenden können.

`sendmail` übernommen, wobei nicht alle Optionen implemtiert sind. In der aktuellen Version ist es leider auch noch nicht möglich `.forward`-Dateien zu nutzen.

4.6.1 Arbeitsweise

`masqmail` kann als Ersatz für `sendmail` verwendet werden. Die einfachste Lösung hierzu besteht darin, einen symbolischen Link von `/usr/sbin/sendmail` auf `masqmail` zu legen, d. h., die Sendmail-Applikation muß zuvor umbenannt oder gelöscht werden. Durch den symbolischen Link kann man mit jedem Mail-Programm wie üblich direkt Mail versenden, wobei die Verarbeitung dieser Mail jetzt jedoch von `masqmail` vorgenommen wird.

`masqmail` unterscheidet bei der Verarbeitung von zu versendender Mail interne und externe Adressen. Mail an interne Adressen wird sofort an den entsprechenden Empfänger ausgeliefert. Die Auslieferung kann dabei direkt in die Mail-Box (normalerweise in `/var/spool/mail/username` erfolgen oder über einen sogenannten Mail Delivery Agent (MDA), wie z. B. `procmail`. Mail an externe Adressen wird grundsätzlich zwischengespeichert, so daß sie beim nächsten Verbindungsaufbau zum Provider gesammelt ausgeliefert werden kann. Die Unterscheidung zwischen internen und externen Adressen wird in der Grundkonfiguration in der Datei `/etc/masqmail/masqmail.conf` festgelegt.

Für jeden Internetprovider erlaubt `masqmail` eine eigene Konfiguration, die als Mail-Routing-Konfiguration bezeichnet wird, in der insbesondere festgelegt werden kann, an welchen Rechner des Providers die externe Mail gesendet werden soll (SMTP-Server des Providers). Darüber hinaus kann in der Providerspezifischen Konfiguration festgelegt werden, wie der Return-Path, die Sender-Adresse, die From-Adresse und die Reply-to-Adresse der Mail umgeschrieben werden sollen. Dies dient der Möglichkeit, die Anforderungen verschiedener Provider erfüllen zu können, die z. B. fordern, daß die Sender-Adresse der Mail im gleichen Domain liegt wie der Rechner, von dem die Mail abgeliefert wird. Durch solche und ähnliche Maßnahmen versuchen Provider, das illegale Versenden von sogenanntem SPAM also Werbemail zu verhindern. Auch für das Versenden von Mail von einem Laptop aus, der in unterschiedlichen Netzen mit jeweils anderen Providern betrieben wird, ist kann dies eine große Hilfe sein.

Wurde eine Verbindung zu einem Internet-Provider aufgebaut, kann als nächstes `masqmail` mit der Routing-Konfiguration für diesen Provider aufgerufen werden, um die Mails entsprechend dieser Konfiguration umzuschreiben und dann zu versenden. Ein solcher Aufruf erfolgt typischer Weise aus dem `ip-up`-Skript heraus (siehe auch Abschnitt 4.7.7 auf Seite 387). Welche Konfiguration von `masqmail` verwendet werden soll, muß dabei durch Angabe des Namens auf der Kommandozeile von `masqmail` erfolgen.

Zusätzlich verfügt `masqmail` über einen Mechanismus, der es gestattet, zu erkennen, ob gerade eine Online-Verbindung zu einem Provider besteht. In diesem Fall speichert `masqmail` auch Mail an externe Adressen nicht zwischen, sondern liefert diese direkt aus. Hierzu ist `masqmail` allerdings auf eine Hilfestellung angewiesen, die es dem Werkzeug ermöglicht, herauszufinden, ob eine Online Verbindung besteht und wenn, über welchen Provider. Mehr hierzu wird in den Abschnitten zur Konfiguration gesagt werden.

4.6.2 Installation

`masqmail` ist sowohl in fertig übersetzter Form als auch als Quellcode von der Seite `http://innominate.org/kurth/masqmail/` frei zu beziehen. Im Fall eines fertig übersetzten Pakets, wie z. B. eines RPM-Archivs, muß dieses lediglich mit dem Kommando `rpm -i masqmail.rpm` installiert werden. Soll die aktuellste Version verwendet werden, muß das Paket u. U. im Quellcode bezogen und dann übersetzt werden. Dies ist jedoch unproblematisch. Nach dem Auspacken muß lediglich in das gerade erzeugte Quellcode-Verzeichnis gewechselt und dann als Benutzer `root` die Kommandos `./configure; make` und dann, wenn keine Fehler aufgetreten sind, schließlich noch `make install` aufgerufen werden. Voraussetzung ist natürlich, daß auf dem Linux-System ein Development-System installiert ist, also der `gcc`-Compiler zusammen mit den grundlegenden Bibliotheken und Include-Dateien.

4.6.3 Grundkonfiguration

Die Grundkonfiguration besteht aus dem Editieren der Datei `/etc/masqmail/` `masqmail.conf`. Der `masqmail`-Distribution liegt eine Beispieldatei bei, die als Ausgangspunkt für die eigene Konfiguration verwendet werden kann. In der Datei kann mit Ausnahme der Parameter `local_hosts`, `local_nets`, `listen_` `addresses`, `online_routes` und `online_gets`) bei der Angabe einer Liste anstelle konkreter Werte auch eine Referenz auf eine Datei angegeben werden, die die entsprechenden konkreten Werte enthält. Dies erfolgt einfach dadurch, daß der als Liste angegebene Wert mit einem /, also einem Pfad zu der Datei, beginnt. Dies ermöglicht es, die Konfiurationsdatei übersichtlich zu gestalten, wenn eine spezielle Konfiguration für eine größere Zahl an Benutzern vorgenommen werden soll. Die geannte Beispieldatei sollte nach `/etc/masqmail/masqmail.` `conf` kopiert und dann editiert werden:

```
# Example configuration for MasqMail
# Copyright (C) 1999 Oliver Kurth
#
debug_level="6"
#
```

```
# The name with which MasqMail identifies itself to others:
# CHANGING THIS IS REQUIRED!
host_name="striped.patchwork.net"

# Hosts considered local:
# CHANGING THIS IS REQUIRED!
local_hosts="myhost;myhost.myomain.de;localhost"

# Nets considered local, for immediate delivery attempts:
# ALL hosts not included in either local_host or local_nets are
# considered to be outside, meaning that messages to them will be queued
# CHANGING THIS IS REQUIRED!
local_nets="*.mydomain.de;anotherhost;myhost"

# accept connections on these interfaces:
# CHANGING THIS IS REQUIRED!
listen_addresses="myhost:25;localhost:25"

# send messages to this port:
# probably this will also be configurable on host basis
# in future versions.
remote_port=25

# where MasqMail stores its spool files and other stuff:
spool_dir="/var/spool/masqmail"

# where local mail will be written to:
mail_dir="/var/spool/mail"

# use syslogd for logs?
use_syslog=true

# directory for log files:
log_dir="/var/log/masqmail"

# if set, accepted mail will not be delivered immediately but
# on the next queue run:
do_queue=false

# online detection:
#
# for 'mserver' uncomment next 2 lines and optionally change
# mserver_iface:
#
```

```
#online_detect = mserver
#mserver_iface = "localhost:222"


# for 'file' uncomment next 2 lines
#online_detect = file
#online_file = "/tmp/connect_route"


#
# alias expansion:
#
#alias_file = "/etc/aliases"
# default is false:
#alias_local_caseless = true


# special routes:

# CHANGING THIS IS REQUIRED!
# You can use as many routes (one for each provider) as you like:
online_route.GWDG = "/etc/masqmail/example.route"


# you can also give a list of routes for a single connection:
#online_route.foo = "/etc/masqmail/foo.route;/etc/masqmail/bar.route"
```

Die wichtigsten Optionen, die in `masqmail.conf` verwendet werden können,
sind in Tabelle 4.2 aufgelistet. Eine ausführliche Beschreibung aller Optionen ist
in der Manual-Seite zu `masqmail.conf` verfügbar (man `masqmail.conf`).

Tabelle 4.2: Wichtige Optionen der Grundkonfiguration in `masqmail`

Option	Beschreibung
`debug_level`	Einstellen des Debug-Levels. 0 steht für minimale Ausgaben. 6 für sehr viele Ausgaben. Zu Beginn sollte ruhig 6 als Einstellung verwendet werden, wodurch sich evtl. Fehler leichter finden lassen. Die Fehler erscheinen normalerweise in dem durch `log_dir` angegebenen Verzeichnis. Falls `use_syslog` auf `true` gesetzt wurde, stehen die Meldungen normalerweise in `/var/log/mail`.
`use_syslog`	Bestimmt, ob Fehlermeldungen in eine eigene Log-Datei geschrieben werden sollen (im Verzeichnis `log_dir`), oder ob Meldungen über `syslog` ausgegeben werden sollen. Die Variable kann auf einen der Werte `true` oder `false` gesetzt werden.

Tabelle 4.2 – Fortsetzung

Option	Beschreibung
host_name	Name des Rechners auf dem `masqmail` läuft.
local_hosts	Liste von Rechnernamen, die als lokale Systeme betrachtet werden, an die Mail „intern" direkt zugestellt werden kann. Die Einträge der Liste werden durch ; voneinander getrennt.
local_nets	Liste von Rechnern oder Domainnamen, die als lokal betrachtet werden sollen, an die Mail „intern" direkt zugestellt werden kann. In Einträgen der durch ; voneinander getrennten Liste von Namen darf * als Muster verwendet werden (z. B. `*.mydomain.de`).
listen_addresses	Eine Liste von Rechnernamen und Portnummern, auf denen Mailprogramme beim Versenden von Mail eine Verbindung zu `masqmail` aufbauen können. Normalerweise wird hier der oder die Name(n) des lokalen Rechners, unter denen `masqmail` auf dem SMTP-Port 25 erreichbar sein soll, angegeben (z. B. `localhost:25`). Werden mehrere Einträge angegeben, muß darauf geachtet werden, daß die Namen zu verschiedenen IP-Adressen aufgelöst werden, da ansonsten ein Fehler auftritt. Die Einträge der Liste werden durch ; voneinander getrennt.
do_queue	Bestimmt ob Mail grundsätzlich zuerst zwischengespeichert werden soll, auch „intern" auszuliefernde Mail. Wird die Variable auf `true` gesetzt, wird alle Mail zwischengespeichert und erst bei einem weiteren Aufruf von `masqmail` ausgeliefert. Dies betrifft auch Mail zu internen Rechnern, daher ist der Default `false`, d. h., interne Mail wird direkt ausgeliefert. Externe Mail wird immer zwischengespeichert, wenn `masqmail` nicht im online-Modus ist.

Tabelle 4.2 – Fortsetzung

Option	Beschreibung
`online_detect`	Die Variable darf die Werte `file` oder `mserver` enthalten und bestimmt, wie `masqmail` versucht herauszufinden, ob zur Zeit gerade eine Online-Verbindung zum Provider besteht. Der Wert `mserver` bezieht sich auf den Masqdialer (`http://w3.cpwright.com/mserver/`), der für das Einwahlmanagement verwendet werden kann. Der Wert `file` bestimmt, daß `masqmail` anhand der mit `online_file` angegebenen Datei bestimmt, ob eine Online-Verbindung besteht. Die mit `online_file` angegebene Datei sollte existieren und den Namen der aktuellen Verbindung (einer der mit `online_route.`*routename* angegebenen Mail-Route-Namen) des Providers enthalten, über den die Einwahl erfolgt ist. `masqmail` überprüft die Datei wie folgt: existiert sie nicht, wird davon ausgegangen, daß keine Verbindung besteht. Existiert sie und enthält einen in der Grundkonfiguration in einer `online_routes`-Zeile stehenden Mail-Route-Namen, geht `masqmail` davon aus, daß die Verbindung über diesen Provider vorgenommen wurde. Wichtig ist, daß die Datei wirklich *nur* den Route-Namen *routename* enthält ohne Zeilenvorschub.
`online_pipe`	Alternative zu `online_file`. Das mit `online_pipe` angegebene Skript wird ausgeführt, um den Online-Status zu bestimmen. Das Skript sollte einen Rückgabesatus von `0` liefern und den Mail-Route-Namen für den verwendeten Provider auf `stdout` ausgeben. Ansonsten geht `masqmail` davon aus, daß keine Online-Verbindung besteht.
`online_routes.-`*routename*	Enthält den Pfad zu einer Datei, die die Mail-Routing-Konfiguration des mit `routename` angegebenen Providers enthält. Diese Datei sollte einem Namensschema *routename*`.route` folgen (für z.B. einen Provider `myprovider` also `/mypath/myprovider.route` heißen). Die Grundkonfiguration darf Einträge für mehrere Provider, jeweils einen für jeden Provider enthalten.

Tabelle 4.2 – Fortsetzung

Option	Beschreibung
`get.`*`getname`*	Angabe einer Konfigurationsdatei, um Mail durch `masqmail` von Providern mittels POP abrufen zu können. Der Konfigurations-Name muß einem Namensschema folgen und besteht aus der Zeichenkette `get.` gefolgt von dem Namen für einen Provider *`getname`*.
`alias_file`	Diese Variable bestimmt eine Datei, die Mail-Aliase enthalten darf, die `masqmail` bei der Auslieferung von Mail auswertet. Wird diese Option nicht gesetzt, erfolgt keine Alias-Auswertung.

Die Parameter, die als Minimum konfiguriert werden müssen, sind in den darüber stehenden Kommentaren (#-Zeilen) als REQUIRED gekennzeichnet. Die am Anfang der Beispiel-Datei stehende Variable `debug_level` sollte am Anfang auf einen hohen Debug-Level gesetzt werden, um die Funktion besser kontrollieren bzw. Fehler erkennen zu können. Damit Meldungen im Syslog erscheinen (normalerweise `/var/log/mail`) muß zusätzlich die Variable `use_syslog` auf `true` gesetzt werden.

Zunächst sollte die Variable `host_name` auf den Namen des lokalen Rechners gesetzt werden. Dieser Name wird von `masqmail` dazu verwendet, sich gegenüber anderen Clients zu identifizieren. Wichtig ist die korrekte Konfiguration der Parameter `local_hosts` und `local_nets`. Mit Hilfe dieser Parameter kann festgelegt werden, welche Rechner als lokal angesehen werden. Alle anderen Rechner sind extern. Mail an Adressen, die an lokale Rechner ausgeliefert werden muß (also interne Mail), wird im Normalfall direkt ausgeliefert. Soll auch interne Mail zwischengespeichert und nicht direkt ausgeliefert werden, kann die Konfigurationsvariable `do_queue` auf `true` gesetzt werden. Externe Mail, die an andere, externe Rechner weitergeleitet werden muß, wird nicht direkt ausgeliefert, sondern immer zwischengespeichert, damit sie bei der nächsten Verbindung zu einem Internet-Provider verschickt werden kann. Eine Ausnahme hierzu ist der Fall, in dem bereits eine Online-Verbindug besteht, wenn die (externe) Mail losgeschickt wird. Mit der entsprechenden Konfiguration kann `masqmail` diese Mail direkt versenden. Dieses Thema wird im Abschnitt 4.6.3.1 auf der nächsten Seite besprochen.

Schließlich muß mindestens eine Mail-Routing-Konfigurationsdatei durch eine `online_routes.`*`routename`*-Anweisung angegeben werden. Werden mehrere Provider genutzt, über die Mail jeweils in anderer Form versendet werden soll, muß für jeden dieser Provider genau ein `online_routes.`*`routename`*-

Eintrag vorgenommen werden, wobei aus praktischen Gründen als *routename* der Name des Providers verwendet werden sollte. Der hier gewähle Namen *routename* für einen Provider identifiziert diesem Provider für masqmail an verschiedenen Stellen und kann beispielsweise beim Leeren der Mailqueue auf der Kommandozeile angegeben werden, um Mail mit den für diesen Provider korrekten Einstellungen zu versenden. Darüber hinaus wird dieser Name auch für die Auswahl des Providers bei der Ermittlung des Onlinezustands verwendet (siehe folgenden Abschnitt). Wer zwar verschiedene Provider zur Einwahl nutzt, seine Mail jedoch immer über den gleichen Mail-Server versenden kann, benötigt hingegen nur einen Eintrag. Der Aufbau der Routing-Konfigurationsdateien wird in Abschnitt 4.6.4 auf der nächsten Seite beschrieben.

4.6.3.1 Ermittlung des Verbindungszustands

Normalerweise wird Mail, die an externe Adressen versendet werden muß, zwischengespeichert, was ja bei der Nutzung einer Wählverbindung zum Internet auch Sinn macht. Wird jedoch eine Mail genau dann gesendet, wenn die Verbindung zum Provider aktiv ist, sollte die Mail natürlich auch möglichst sofort versendet werden. Hierzu muß masqmail jedoch wissen, ob zur Zeit eine Online-Verbindung besteht. masqmail bietet hierzu zwei unterschiedliche Verfahren an. Zum einen unterstützt masqmail das Einwahl-System Masqdialer (http://w3.cpwright.com/mserver/). In diesem Fall muß in der Grundkonfiguration lediglich die Variable online_detect auf mserver gesetzt und mserver_iface auf den Rechnernamen mit Portnummer gesetzt werden, auf dem das Masqdialer-System horcht (z. B. localhost:224).

Wer andere Werkzeuge für die Einwahl beim Provider verwendet, muß die Konfigurationsvariable online_detect auf den Wert file setzen. Die Funktionsweise, wie masqmail den Online-Zustand feststellt, ist dann sehr einfach. masqmail testet zunächst, ob die mit online_detect angegebene Datei existiert. Wenn ja, so wird die Datei ausgelesen. Sie sollte *ausschließlich* den Namen des Providers enthalten, über den die Verbindung hergestellt wurde. Dem Namen darf nicht einmal ein Zeilentrenner-Zeichen folgen! Dieser Name wird von masqmail dazu verwendet, die dem Provider zugeordnete Mail-Routing-Konfiguration zu finden, in der steht, wohin die zwischengespeicherte Mail geschickt werden soll. Dabei sucht masqmail in der Grundkonfiguration nach einem online_routes.*provider*-Eintrag bei der *provider*-Teil mit dem in der Datei gefundenen Namen übereinstimmt. Die zugeordnete Datei wird anschließend für die Mail-Routing-Konfiguration verwendet.

Das Erstellen dieser Online-Datei, erfolgt am besten aus dem Skript ip-up bzw. ip-up.local heraus, das vom pppd automatisch nach dem erfolgreichen Verbindungsaufbau gestartet wird (siehe auch Abschnitt 4.7.7 auf Seite 387). Da die Online-Datei den Namens des Providers enthalten soll, über den die Verbindung aufgebaut wurde, muß, falls mehrere Provider zur Einwahl genutzt werden, innerhalb des `ip-up`-Skripts entschieden werden, über welchen Provider die Verbindung aufgebaut wurde. Hierzu gibt es verschiedene Möglichkeiten: Das Skript `ip-up` erhält vom `pppd` beim Aufruf verschiedene Parameter übergeben, unter anderem das Interface (z. B. `ppp0`) sowie die vom Provider vergebene IP-Adresse. Beide Kriterien können dazu verwendet werden, Provider voneinander zu unterscheiden.

Im folgenden Beispiel erfolgt die Unterscheidung anhand der IP-Adresse. Da jeder Provider bei der Einwahl dem sich einwählenden Rechner Adressen aus einem eigenen IP-Adressbereich zuweist, kann die Unterscheidung anhand der IP-Adresse erfolgen, die dem `ip-up`-Skript als vierter Parameter übergeben wird. Die entsprechenden Shell-Kommandos, die in `ip-up` oder `ip-up.local` in den Abschnitt eingefügt werden sollten, der beim Starten des Interfaces ausgeführt wird, sind im dem Beispiel `ip-up`-Skript auf Seite auf Seite 389 zu sehen.

Man erkennt zunächst die Unterscheidung der Provider aufgrund der IP-Adressen. In den Abschnitten für die Provider steht dann jeweils ein `echo`-Kommando, das die `masqmail` Default Online-Datei `/tmp/connect_route` mit dem Namen des Providers beschreibt (hier `providerA` und `providerB`). Die Option `-n` bewirkt, daß der Ausgabe kein Zeilenumbruch angefügt wird. Der dann folgende Aufruf von `masqmail` dient dem Versenden von zwischengespeicherter Mail. Beide Kommandos sind auskommentiert. Wer anstelle von `sendmail` lieber `masqmail` verwenden möchte, muß lediglich die `sendmail`-Zeilen auskommentieren und die Kommentarzeichen am Anfang der `masqmail`-Aufrufe löschen. Selbstverständlich müssen die Namen der Provider sowie die im Beispiel stehenden IP-Adressen den Gegebenheiten der verwendeten Provider und der eigenen `masqmail`-Konfiguration angepaßt werden.

4.6.4 Mail-Routing Konfiguration

Die Mail-Routing-Konfiguration bestimmt die Verarbeitung von `masqmail` für den externen Versand von Mail über einen Provider. Je Provider kann eine solche Konfigurationsdatei existieren. Damit `masqmail` eine Mail-Routing-Konfiguration nutzen kann, muß ein entsprechender `online_routes`-Eintrag in der Grundkonfiguration enthalten sein. Der in der Grundkonfiguration angegebene Name der Form `online_routes.routename` kann später zum Versenden der Mail als `routename` als Parameter für die `-qo`-Option angegeben werden. Die Mail-Routing-Dateien liegen unter `/etc/masqmail/`. In der `masqmail`-Distribution ist eine Beispiel-Datei für eine Routing-Konfiguration unter dem Namen `example.route` enthalten. Um die wesentlichen Punkte besser zeigen zu können, ist das folgende Beispiel eine etwas abgespeckte Version der Beispieldatei. Genaue Informationen zu allen Optionen in dieser Datei finden sich in der

Manual-Seite zu `masqmail.route`. Tabelle 4.3 auf Seite 352 enthält eine Zusammenfassung der wichtigsten Optionen:

```
# Example route file for masqmail
#
# users that can send mail over this connection:
# this is a list of the local parts of the original return addresses,
# as they are configured with your mail client. If not set, anybody
# may send.

# the mail server which relays mail for you:
# if this is not set, mail will be sent directly.
# If your ISP gives has a mail server, it is wiser to use it:

mail_host = "mail.isp.com"

# Make picky servers happy:
# If set, we look up our own name as seen from the network
# and send this in our HELO/EHLO message. Otherwise we send our host name,
# which is probably different for dialup conections and may be unknown
# outside. Some servers complain,
# which is really crazy, since it is senseless to lie about it...
# Unfortunately, some ISPs do not give you a name, just an ip address.
# In this case, we have a delay until the DNS lookup fails.
do_correct_helo = true

# 'forge' headers:

# return path and From: address are TWO different things:
#
# the return path is address where delivery failure messages will go
# to, and this address will be checked by many MTAs in the outside
# world, so it should be valid. It canNOT contain a real name:
# 'miller@foo.com' is a valid return path,
# but 'Charlie Miller <miller@foo.com>' is NOT.
#
# The From: address is the address the recipient sees, and where
# replies will go to (if you do not set a Reply-to header). In most
# cases it corresponds to the return path, but this is not
# required. It CAN have a real name, both examples for Charlie above
# are correct, and it is more pretty to include a real name.
#
# The return path:
# if we send the mail directly, we can set any valid address here,
# use the one you prefer to get error messages to:
```

```
# Use EITHER set_return_path_domain OR map_return_path_addresses
#
# this sets the return path kurth@anywhere.org to kurth@innominate.de
#set_return_path_domain = "innominate.de"
# this sets okurth@somewhere.else.org to kurth@innominate.de, and
# leaves all other addresses untouched:
map_return_path_addresses = "okurth: kurth@innominate.de"

# 'From:' header:
# Use EITHER set_h_from_domain OR map_h_from_addresses
#set_h_from_domain = "uni-sw.gwdg.de"
map_h_from_addresses = "okurth: Oliver Kurth <kurth@innominate.de>"
#
# map_h_reply_to_addresses = "okurth: Oliver Kurth <kurth@innominate.de>"

# if your mail server requires smtp after POP (eg. gmx), set this.
# It is not necessary if you fetch from the pop server just before you
# send mail (either masqmail, fetchmail or any other pop client).
# Set it to a get file.
# You need to compile masqmail with pop3 support (default)
# pop3_login = "/etc/masqmail/example.get"
```

Der wichtigste Teil der Konfiguration ist die Angabe des SMTP-Servers des Providers. Dies erfolgt mit der `mail_host`-Variablen. Dem hier angegebenen Server wird von `masqmail` alle ausgehende externe Mail zugeschickt. Wird kein Wert gesetzt, versucht `masqmail`, die Mail direkt an den Empfänger zu versenden. Gerade für Dial-Up-Verbindungen ist es jedoch ratsam, den SMTP-Server des Providers zu nutzen. Der zweite wichtige Teil der Konfiguration besteht aus der Möglichkeit, einzelne Header einer Mail neu zu schreiben. Auf diesem Weg kann z. B. die From-Adresse oder der Return-Path für die Mail beim Versenden durch `masqmail` verändert werden. Auf diese Weise ist es möglich, unabhängig davon was beim Mail-Client, mit dem der Benutzer seine Mail versendet hat, eingetragen wurde, die entsprechenden Adreßzeilen der Mail nachträglich zu verändern, so daß sie den Erfordernissen des Providers entsprechen. Dieses Umschreiben wird als Rewrite bezeichnet.

Im einzelnen kann der Return-Path, die From-Adresse und auch die Reply-To-Adresse umgeschrieben werden. Das Prinzip nachdem diese Änderungen erfolgen ist dabei sehr einfach: `masqmail` sucht nach einer Zeichenkette in dem enstprechenden Teil der Mail. Wird die Zeichenkette gefunden, wird die gesamte Adresse durch den in der Konfigurationsregel angegebenen Ersetzungsstring ersetzt. Das Umschreiben des Return-Paths erfolgt z. B. mit der oben stehenden Regel `map_return_path_addresses = "okurth: kurth@innominate.de"`. Wird z. B. im Return-Path einer zu versendenden Mail der

Benutzername `okurth` gefunden, führt die Regel dazu, daß die bisher dort stehende Adresse (z.B `okurth@localhost`) zu `kurth@innominate.de` ersetzt wird. In dem Schlüssel (hier: `okurth`) darf auch ein Muster mit Hilfe der `*`- und `?`-Zeichen angegeben werden. Neben der gerade genannten Möglichkeit der Ersetzung ist es ebenfalls möglich nur dem Domainnamen zu ersetzen. Beim Return-Path kann z. B. mit der Konfigurationsanweisung `set_return_path_domain = "innominate.de"` bewirkt werden, das nur der bisher in der Adresse stehende Domain-Teil durch einen neuen Domain ersetzt wird. Durch obige Anweisung wird also z. B. `tux@localhost` zu `tux@innominate.de` ersetzt. Entsprechendes ist auch für die From-Adresse und die Reply-To-Adresse möglich.

Die am Ende der Konfiguration angegebene Variable `pop3_login` dient der Realisierung von SMTP after POP, das von einigen Providern verwendet wird. In diesem Fall muß ein Benutzer vom Provider erst seine Mail über das POP-Protokoll holen, bevor er die Möglichkeit erhält, die Mail über den SMTP-Server des Providers zu versenden. Der Sinn liegt darin, daß kein Benutzer Mail versenden kann, ohne daß er sich zuvor beim Holen von Mail durch die Angabe der Mail-Kennung und des Passworts authentifiziert hat. Die Konfiguration hierzu steht entsprechend obiger Konfiguration in der Datei `/etc/masqmail/example.get`. Mehr zum Holen von Mail wird im Abschnitt 4.6.6 auf Seite 356 gesagt.

Tabelle 4.3: Wichtige Optionen der Mail-Routing-Konfiguration in `masqmail`

Option	Beschreibung
`mail_host`	Name des SMTP-Servers des Providers, an den ausgehende Mail weitergeleitet wird. Wird hier kein Wert angegeben, versucht `masqmail` die Mail direkt zuzustellen. Im Normalfall sollte der SMTP-Server des Providers verwendet werden.

Tabelle 4.3 – Fortsetzung

Option	Beschreibung
`do_correct_helo`	`true` oder `false`. Einige Mail-Server nehmen nur dann Mail zur weitern Auslieferung entgegen, wenn der Rechner sich mit seinem korrekten Namen beim SMTP-Server des Providers anmeldet (in der SMTP `HELO` Nachricht). Da der Name des lokalen Rechner bei Dial-up Verbindungen nie mit dem vom Provider vergebenen Namen übereinstimmt (IP und Name sind ja dynamisch vom Provider vergeben), kann `masqmail` versuchen, den wirklichen Namen, der der vom Provider vergebenen IP-Adresse zugeordnet ist, zu ermitteln. Wird dieser Name gefunden, verwendet `masqmail` diesen Namen anstelle des lokal konfigurierten.
`set_return_path_-domain`	Ermöglicht das Setzen des Domainteils der Return-Path-Adresse im Envelope einer Mail. Als Wert für diese Variable sollte ein gültiger Domain vergeben werden, da manche Mailserver die Mail ablehnen, wenn hier kein gültiger Domain eingetragen ist. Zusätzlich testen viele Server, ob der Domain identisch zum Domain des Rechners ist, von dem die Mail versendet wird. Der Return-Path einer Mail wird verwendet, um Fehlerinformationen an die angegebene Adresse zurücksenden zu können.
`map_return_path_-addresses`	Ermöglicht wie auch `set_return_path_domain` das Ändern des Return-Paths im Envelope der Mail. Der Vorteil dieser Option ist, daß nicht nur der Domain-Teil, sondern auch der lokale Teile umgeschrieben werden kann. Der Wert für diese Variable besteht aus einer Liste von Einträgen, die durch `;` voneinander getrennt sind. Jeder Eintrag besteht aus einem Schlüssel, dem `:` als Trennzeichen und dem zu ersetzenden Wert für den Return-Path. Die im zu ersetzenden Wert angegebene Adresse muß der RFC 821 entsprechen. Im wesentlichen bedeutet dies, daß die Adresse keinen Namen enthalten darf, also `tux@linux.de` anstelle von `John Tux <tux@ linux.de>`. Der Return-Path einer Mail wird verwendet, um Fehlerinformationen an die angegebene Adresse zurücksenden zu können.

Tabelle 4.3 – Fortsetzung

Option	Beschreibung
set_h_from_domain	Ermöglicht das Setzen des Domainteils der From-Adresse in Kopf einer Mail. Der Wert der Variablen muß die zu verwendenden Domain-Zeichenkette enthalten. Die From-Adresse erscheint im Mailtool des Empfängers als Absender, wird jedoch nicht als Rücksendeadresse genutzt.
map_h_from_-addresses	Ermöglicht wie auch set_h_from_domain das Umschreiben der From-Adresse im Kopf einer Mail. Der Vorteil dieser Option ist, daß nicht nur der Domain-Teil, sondern auch der lokale Teile umgeschrieben werden kann. Der Wert für diese Variable besteht aus einer Liste von Einträgen, die durch ; voneinander getrennt sind. Jeder Eintrag besteht aus einem Schlüssel, dem : als Trennzeichen und dem zu ersetzenden Wert für die From-Adresse. Die im zu ersetzenden Wert angegebene Adresse muß der RFC 822 entsprechen. Im wesentlichen bedeutet dies, daß die Adresse auch einen Namen enthalten darf, also John Tux <tux@linux.de> anstelle der RFC 821 Adresse tux@linux.de lauten darf. Die From-Adresse erscheint im Mailtool des Empfängers als Absender, wird jedoch nicht als Rücksendeadresse genutzt.
map_h_reply_to_-addresses	Entspricht map_h_from_addresses, jedoch für die Replay-To-Adresse, die normalerweise als Antwortadresse ausgewertet wird.

4.6.5 Arbeiten mit `masqmail`

Nachdem die Konfiguration jetzt bereits abgeschlossen sein sollte, muß vor der eigentlichen Arbeit mit masqmail noch dafür gesorgt werden, daß alle Programme anstelle von sendmail jetzt masqmail verwenden. Zusätzlich muß eine noch evtl. laufende sendmail-Anwendung beendet werden. Schließlich muß das Start-Skript für sendmail in /etc/init.d/ deaktiviert werden.

Der erste Schritt nach dem Stoppen eines noch laufenden sendmail-Programms besteht im Umbenennen von /usr/sbin/sendmail in z. B. /usr/sbin/sendmail.orig. Anschließend wird ein symbolischer Link von sendmail auf /usr/sbin/masqmail gelegt:

```
root@erde:/root # cd /usr/sbin
root@erde:/usr/sbin/ # /etc/init.d/sendmail stop
root@erde:/usr/sbin/ # mv sendmail sendmail.orig
root@erde:/usr/sbin/ # ln -s /usr/sbin/masqmail sendmail
```

Damit `masqmail` auch beim Booten des Rechner gestartet wird, muß ein entsprechendes Start-Skript erstellt werden, das wie folgt aussehen kann:

```
#! /bin/sh
# Copyright (c) 1996-2002 SuSE Gmbh Nuernberg, Germany.
#
# Author: Florian La Roche, 1996, 1997
#         Werner Fink <feedback@suse.de>, 1996, 1999-2002
#
### BEGIN INIT INFO
# Provides:       masqmail
# Required-Start: $remote_fs amavis
# Required-Stop:
# Default-Start:  3 5
# Default-Stop:
# Description:    Start the Sendmail MTA
### END INIT INFO

. /etc/rc.status
rc_reset
case "$1" in
    start)
        echo -n "Initializing SMTP port (masqmail)"
        startproc    /usr/sbin/masqmail -bd -q30m
        rc_status -v
        ;;
    stop)
        echo -n "Shutting down SMTP port"
        killproc -p $msppid -TERM /usr/sbin/masqmail
        rc_status -v
        ;;
    restart)
        $0 stop
        $0 start
        rc_status
        ;;
    *)
        echo "Usage: $0 start|stop|status|restart"
        exit 1
```

```
esac
rc_exit
```

Das Skript muß in /etc/init.d gespeichert werden. Zusätzlich müssen noch Links aus in den Runlevel-Verzeichnissen rc3.d und rc5.d angelegt werden. Bei SuSE Linux wird dies durch das Programm insserv erledigt, das in diesem Fall als insserv /etc/init.d/masqmail aufgerufen werden muß. Es wertet die im Skript-Kopf stehenden Kommentare (INIT INFO) aus und legt die notwendigen Links an.

Ein manueller Start ist jetzt durch Aufruf von /etc/init.d/masqmail start möglich. Detaillierte Informationen über alle Optionen, die masqmail kennt, finden sich in der Manual-Seite zu diesem Kommando. Nach dem Start sollte bei korrekter Konfiguration sofort das Versenden von Mail möglich sein. Meldungen erscheinen normalerweise in der Datei /var/log/mail. Mail, die an die als lokal deklarierten Rechner gesendet wird (z. B. user@localhost), sollten sofort ausgeliefert werden, es sei denn, die Konfigurationsvariable do_queue in masqmail.conf wurde auf true gesetzt. Mail, die an externe Adressen gesendet werden, erscheinen zunächst in der Mail-Warteschlange, die mit dem Kommando masqmail -bp ausgegeben werden kann. Die Auslieferung dieser zwischengespeicherten Mails erfolgt erst, wenn masqmail mit dem Parameter -qo *provider* aufgerufen wird, wobei *provider* der Name eines Providers ist, der in masqmail.conf konfiguriert wurde und für den eine entsprechende Mail-Routing-Datei in /etc/masqmail/ existiert. Zu diesem Zeitpunkt muß natürlich eine Online-Verbindung zu dem entsprechenden Provider bestehen. Wie bereits zuvor beschrieben wurde, erfolgt der Aufruf von masqmail zum Versenden der externen Mail normalerweise nicht manuell, sondern automatisiert indem wie bereits dargestellt im ip-up-Skript ein entsprechender Aufruf von masqmail eingetragen wird. Ein Beispiel eines entsprechend ausgestatteten Skripts ist auf Seite auf Seite 389 abgedruckt.

4.6.6 Abrufen von Mail mit masqmail

Neben der Möglichkeit, mit masqmail Mail zu versenden, besteht auch die Möglichkeit, ähnlich wie mit fetchmail Mail von einem Provider abzurufen. Allerdings sind die Fähigkeiten zum Abrufen von Mail im Vergleich mit fetchmail nicht so umfangreich. So stehen etwa als Protokolle zum Mail-Abruf nur POP und APOP zur Verfügung, darüber hinaus steht bisher keine Multidrop-Funktionalität zur Verfügung. In der Regel reichen jedoch die zur Verfügung gestellten Mittel aus.

Wie schon beim Versenden von Mail, muß auch der Mail-Abruf zunächst in einer Konfigurationsdatei je Provider beschrieben werden. Die Konfigurationsdatei hat dabei das Namensschema *providername*.get. Der Name *providername* kann später auf der Kommandozeile von `masqmail` als Argument der `-g`-Option angegeben werden, um Mail von diesem Provider zu holen. Zusätzlich muß für jede Konfiguration ein entsprechender Eintrag in die Grundkonfiguration vorgenommen werden, der dem Namensschema `get.providername` entsprechen muß und als Wert den Pfad zu der hier beschriebenen Konfigurationsdatei enthalten muß. Die `masqmail`-Distribution enthält auch für das Holen von Mail eine Beispielkonfiguration `exmaple.get`:

```
# example 'mail get' configuration
#
# the protocol, only 'pop3' or 'apop' are supported. apop is
# recommended if the server supports it (password encryption).
# Unfortunately most do not.
protocol=pop

# the server:
server = pop.example.org

# the account name:
user=okurth

# and the password:
pass="keepInMind"

# if you just use this for SMTP after POP, you do not need the
# settings below:

# the (local) address, where the retrieved mail should be sent to:
address=okurth@localhost

# should we keep the mail on server?
do_keep=false

# if we do keep the mail, you should really set this to true,
# otherwise you will get it again next time you fetch mail.
# masqmail completely ignores any headers (which may mark a mail as read)
do_uidl=true

# optionally, you can set the maximum size of a mail. Setting it to 0
# means get all, disregarding size.
max_size=50000
```

Eine Beschreibung der wichtigsten Konfigurationsparameter findet sich in Tabell 4.4 auf der nächsten Seite. Eine Beschreibung aller möglichen Parameter steht in der Manual-Seite zu `masqmail.get`.

Tabelle 4.4: Wichtige Optionen der Mail-Routing-Konfiguration in `masqmail`

Option	Beschreibung
`protocol`	Bestimmt das für den Abruf von Mail zu verwendende Protokoll. Zur Zeit stehen die Werte `pop` und `apop` zur Verfügung. Falls der Server das `apop`-Protokoll unterstützt, sollte `apop` verwendet werden, da in diesem Fall das Mail-Passwort nicht in Klartext übertragen wird wie bei `pop`.
`server`	Angabe des Servers, von dem Mail geholt werden soll.
`user, pass`	Bestimmen den Mail-Benutzernamen und das zugehörige Paßwort für den Abruf von Mail von diesem Provider.
`address`	Bestimmt die (lokale) Adresse, an die die abgerufene Mail ausgeliefert werden soll (z. B. `tux@localhost`). Grundsätzlich ist auch die Angabe einer externen Adresse erlaubt. In diesem Fall wird die Mail nicht lokal abgeliefert, sondern an die angegebene Adresse geschickt.
`do_keep`	Falls `true`, bewirkt diese Option, daß von Server abgerufene Mail weiterhin auf dem Server verbleibt. Dies kann im Laufe der Zeit zu Problemen mit der Größe der Mailbox beim Provider führen, da ja keine Mail gelöscht wird. Zusätzlich muß in diesem Fall `do_uidl=true` angegeben werden, da ansonsten bei jedem Abruf von Mail *alle* auf dem Server liegende Mail neu geholt wird.
`do_uidl`	Ermöglicht die Unterscheidung von bereits abgerufener und neuer Mail. Die Variable darf `true` oder `false` sein. Das Setzen der Varibalen auf `true` macht insbesondere Sinn, wenn `do_keep` auf `true` gesetzt wurde.
`max_size`	Bestimmt die maximale erlaubte Nachrichtengröße. Mails, die größer als die angegebene Zahl an Bytes sind, werden nicht geholt. Wird die Variable auf `0` gesetzt, besteht kein Größenlimit.

Der erste Punkt `protocol` in der oben dargestellten Beispielkonfiguration legt das Protokoll fest, das zum Abrufen von Mail dient. Zur Verfügung stehen hier die Werte `pop` und `apop`. Falls der Mail-Server des Providers, von dem die Mail abgerufen wird, `apop` unterstützt, sollte es verwendet werden, da es Passworte nicht wie `pop` in Klartext überträgt. Leider unterstützen die meisten Provider lediglich das POP-Protokoll. Der nächste wichtigste Konfigurationsschritt ist die Angabe des Mail-Servers des Providers mit der Konfigurationsvariable `server`. Dazu gehört natürlich auch der Benutzername samt Passwort für den Mailzugang des Providers, die mit den Konfigurationsvariablen `user` und `pass` bestimmt werden. Damit `masqmail` weiß, wohin die vom Provider geholte Mail versendet werden soll, muß eine gültige Zieladresse mit der Variablen `address` angegeben werden. Im Normalfall wird dies eine lokale Mail-Addresse sein, etwa `okurth@localhost`. Prinzipiell ist es jedoch auch möglich, hier eine externe Mailadresse anzugeben, an die die Mail gesendet wird, auch wenn eine solche Konfiguration in der Regel kaum Sinn macht.

Mit Hilfe der Konfigurationsoption `do_keep`, die entweder `true` oder `false` sein kann, wird festgelegt, ob abgerufene Mail auf dem Server des Providers belassen (`true`) oder gelöscht wird (`false`). Die Mail dort zu belassen, macht nur dann Sinn, wenn man noch von einem anderen Rechner aus darauf zugreifen möchte. In diesem Fall sollte man aber darauf achten, daß auf irgendeinem System die geholte Mail vom Server des Providers gelöscht wird, da die Mailbox beim Provider ansonsten immer weiter bis zu einer evtl. durch den Provider gesetzten Maximalgrenze wächst, was schließlich dazu führt, daß, wenn die Grenze überschritten wird, keine neue Mail mehr empfangen werden kann. Zusätzlich sollte in diesem Fall die Variable `do_uidl` auf `true` gesetzt werden, was verhindert, das einmal von einem System abgerufene Mail beim nächsten Verbindungsaufbau wieder neu geholt wird. Um lange Download-Zeiten für sehr große Mails zu verhindern, kann schließlich festgelegt werden, daß Nachrichten nur bis zu einer mit `max_size` festgelegten Maximalgröße geholt werden. Ein Wert von `0` hat die Bedeutung von „kein Limit".

Der eigentliche Abruf der Mail muß vom Benutzer angestoßen werden, indem auf der Kommandozeile von `masqmail` die Option `-g` gefolgt vom Namen des Providers angegeben wird. Ist der Name der `get`-Konfigurations-Datei z. B. `myprovider.get`, so muß der Aufruf entsprechend `masqmail -g myprovider` lauten. Ohne den Namen des Providers werden alle `get`-Konfigurationen durchlaufen, die in der Grundkonfiguration angegeben sind. Die einfachste Lösung ist die Angabe der `-g`-Option zusammen mit dem Aufruf von `masqmail` zum Versenden von Mail in der Datei `/etc/ppp/ip-up`, wie in dem Beispiel auf Seite 389. Wird `masqmail` zum Abrufen von Mail verwendet, sollte natürlich der in dem Beispiel stehende Aufruf von `fetchmail` auskommentiert werden.

4.7 Aufbau eines PPP-Servers

PPP (Point to Point Protocol) ist ein Protokoll, das dazu verwendet wird, zwei über eine Leitung verbundene Rechner zu vernetzen. Die „Leitung" kann eine mit zwei Modems aufgebaute Telefonverbindung oder eine direkte Verbindung zweier Rechner sein (sei diese mit einem Nullmodem-Kabel oder über IrDA-konforme Geräte, d. h. per Infrarot realisiert; siehe dazu Abschnitt 7.2 auf Seite 628). Auch digitale, z. B. ISDN-basierte Rechner-Verbindungen gehören hierher.

PPP ist ein sehr flexibles Protokoll, das es erlaubt, eine Vielzahl von Parametern, z. B. die IP-Adressen der beiden Kommunikationspartner, dynamisch auszuhandeln. Darüber hinaus unterstützt PPP verschiedene Verfahren (→*PAP* und →*CHAP*) zur Authentifizierung der Kommunikationspartner. Aufgrund dieser Flexibilität hat PPP sehr große Verbreitung gefunden, und fast jeder ISP bietet seinen Kunden einen Zugang über PPP an. Andere Protokolle wie etwa →*SLIP* (Serial Line IP) wurden meist zugunsten von PPP aufgegeben.

4.7.1 Voraussetzungen

Zur Verwendung von PPP muß die entsprechende Software installiert sein. Hierzu gehören insbesondere der `pppd` sowie weitere Hilfprogramme, wie z. B. das `chat`-Programm, mit dessen Hilfe die Anwahl zum Provider über ein Modem abgewickelt werden kann. Auf SuSE Linux-Systemen muß hierzu das Paket ppp installiert werden. Eine weitere Voraussetzung ist die Aktivierung des PPP-Kernel-Support. Hier muß in der Datei `/usr/src/linux/.config` eine Zeile `CONFIG_PPP=m` existieren, der kein #-Zeichen vorangestellt sein darf. Gibt es eine solche Zeile bereits, kann davon ausgegangen werden, daß der Kernel PPP unterstützt, anderfalls müssen die Konfigurationsdatei angepaßt und der Kernel neu übersetzt und installiert werden. Eine entsprechende Kurzanleitung wurde bereits in Abschnitt 3.2.2.1 auf Seite 213 gegeben.

PPP verwendet eine ganze Reihe weiterer Protokolle. Die Basis stellt das ISO Protokoll →*HDLC*, das High-Level Data Link Control Protocol, dar[6]. Mit Hilfe dieses Protokolls erfolgen Datenübertragung und Fehlerkontrolle. Dabei können nicht nur IP-Pakte, sondern auch beispielsweise IPX- oder Appletalk-Pakete übertragen werden. Dieser Teil des Protokolls ist in Linux in Form eines Kernel-Moduls implementiert. Die weiteren PPP-spezifischen Protokolle sind in From des `pppd` implementiert.

Auf HDLC aufbauend, arbeitet →*LCP*, das Link Control Protocol. Es dient im Rahmen von PPP der Einrichtung, Konfiguration und Überprüfung einer Verbindung. Über dieses Protokoll wird beispielsweise die Authentifizierungsmethode ausgehandelt oder auch der MRU- (Maximum Receive Unit) Wert, der die maximale Größe eines zu übertragenden Datagramms beschreibt.

---

[6]HDLC wird normalerweise nur für synchrones PPP verwendet, wie es z. B. im ISDN PPP-Daemon ipppd implementiert ist. Um HDLC auch auf asynchronen seriellen Leitungen einsetzen zu können, wird eine standardisierte Modifikation von HDLC verwendet (standardisiert in 3309:1984/PDAD1 als Modifikation zu ISO 3309-1979).

Zur Übertragung der verschiedenen Netzwerkprotokolle wie z. B. IP oder IPX über eine PPP-Verbindung wird eine weitere Familie von Protokollen verwendet, die als →*NCP | main* (Network Control Protocol) bezeichnet wird. Für die Übertragung von IP-Paketen über PPP wird hierzu das →*IPCP* (Internet Protocol Control Protocol) eingesetzt, über das z. B. die Aushandlung der IP-Adressen zwischen den beiden Systemen erfolgt. Darüber hinaus dient IPCP dazu, Einigung in Bezug auf Kompressionsverfahren zwischen den beiden Maschinen zu erzielen. PPP unterstüzt zu diesem Zweck die Van-Jacobson Header Compression (kurz VJ-Compression), mit deren Hilfe die Header von TCP-Paketen komprimiert und somit die zu übertragenden Datenmengen reduziert werden können.

Der Aufbau einer PPP-Verbindung besteht zunächst darin, daß eine serielle Verbindung – z. B. über das Telefonnetz mit Hilfe von Modems oder über ein Nullmodem-Kabel zwischen zwei Rechnern – aufgebaut wird. Anschließend wird pppd gestartet, der die weitere Kommunikation über diese Leitung steuert. Alle Daten, die über diese Leitung laufen, werden von pppd entgegengenommen, überprüft und weitergeleitet. Direkt nach dem Start von pppd werden mit Hilfe der genannten Protokolle die Authentifizierung der beiden Rechner sowie die Aushandlung der zu verwendenden IP-Adressen und weiterer Parameter ausgeführt. Jeder der beiden Rechner kann dazu über verschiedene Optionen konfiguriert werden, beliebige Adressen, oder aber nur eine ganz bestimmte statische Adresse zu akzeptieren. Können sich beide Rechner nicht einigen, wird die Verbindung schließlich abgebrochen. Gleiches gilt auch für die Authentifizierung. Jeder Rechner kann konfiguriert werden, nur ein bestimmtes Protokoll zur Authentifizierung zuzulassen, oder aber ein von der Gegenseite vorgeschlagenens Protokoll zu akzeptieren. Kann hier kein gemeinsames Protokoll gefunden werden, das beide Rechner akzeptieren, wird die Verbindung ebenfalls abgebrochen. Wie bereits ersichtlich wird, gibt es bei PPP keine Einteilung in Server- und Client-System. Beide an der Verbindung beteiligten Rechner sind gleichwertig. Zur besseren Übersicht wird im folgenden dennoch der Begriff Client für die Maschine verwendet, die die Verbindung initiiert. Das System, das die Verbindung entgegennimmt, soll als Server bezeichnet werden.

Falls sich beide Rechner über die zu verhandelnden Parameter einig werden konnten, legt pppd auf jedem ein neues Netzwerk-Interface an. Das erste Interface hat den Namen ppp0, das zweite ppp1 usw. Diesem Interface wird die zuvor ausgehandelte IP-Adresse zugewiesen, so daß jetzt IP-Daten darüber versendet und empfangen werden können, die über pppd zum jeweils anderen Rechner weitergeleitet werden.

Die Einsatzgebiete von PPP sind vielfältig. So können mit Hilfe dieses Protokolls zwei Rechner und damit evtl. auch an diese Rechner gekoppelte Netzwerke miteinander verbunden werden. Darüber hinaus bietet PPP auch einen einfachen Weg, um z. B. auf Daten eines Windows-Rechners zugreifen zu können. Hierzu muß einfach ein PPP-Server auf der Linux-Seite konfiguriert werden. Mit Hilfe des Windows DFÜ Netzwerks kann der Windows-Client anschließend eine Verbindung zum Linux-Server herstellen. Die physikalische Verbindung erfolgt am einfachsten über ein Nullmodem-Kabel oder, falls möglich, über eine IrDA-Verbindung (siehe auch Abschnitt 7.2 auf Seite 628).

Die sicherlich häufigste Verwendung von PPP ist die Einwahl bei einem ISP, um Zugang zum Internet zu erhalten. In der Regel erhält der Client vom Server des ISP eine dynamische IP-Adresse zugewiesen. Dynamisch bedeutet, daß diese Adresse bei jeder Einwahl zum ISP wechseln kann. Ein ISP verfügt üblicherweise über hunderte Einwahlpunkte. Jedem dieser Einwahlpunkte (z. B. ein Modem) ist eine bestimmte IP-Adresse über PPP zugeordnet. Wählt sich ein Benutzer bei einem ISP ein, wird er automatisch zum nächsten verfügbaren Anschluß weitergeleitet und erhält die diesem Gerät zugeordnete IP-Nummer. Die Alternative zur dynamische Adreßvergabe ist die statische Adreßvergabe, die jedoch so gut wie gar nicht angewendet wird. In diesem Fall erhält ein Client stets die gleiche IP-Nummer zugewiesen.

Die Vergabe dynamischer Adressen durch den PPP-Server des ISP stellt in der Regel kein Problem dar. Problematisch ist die Verwendung von Diensten, die darauf bauen, daß der Client-Rechner stets unter einer festen IP-Adresse erreichbar ist. Daher ist die direkte Zustellung von Mail zu einer über PPP mit dynamischer Adressvergabe angebundenen Maschine kaum möglich. Auch der Zugriff auf einen Web- oder FTP-Server des Client-Rechners über das Internet ist schwierig, da dieser ja nicht permanent an das Internet angebunden ist und bei jeder Verbindung eine andere IP-Adresse hat. Für das Surfen im WWW und das Abrufen von Mail hingegen stellt dies jedoch kein Problem dar.

4.7.2 Konfigurationsdateien

PPP ist ein im hohen Maße konfigurierbares Protokoll. Zahlreiche Optionen stehen dem Benutzer zur Verfügung, um das Verhalten von `pppd` zu steuern. Grundsätzlich gibt es keine Unterscheidung zwischen der Konfiguration eines PPP-Servers und der Konfiguration eines Client. Für beide werden dieselben Optionen eingesetzt.

Wichtig bei der Arbeit mit PPP ist das Verständnis, wie und in welcher Reihenfolge Optionen verarbeitet werden. Zum einen bietet `pppd` die Möglichkeit, Optionen auf der Kommandozeile zu übergeben. Noch bevor diese Optionen verarbeitet werden, versucht `pppd`, weitere Optionen aus verschiedenen Konfigurationsdateien zu lesen. Hierzu zählen zum einen die globale PPP-Optionsdatei `/etc/ppp/options`, die Benutzerdatei `~/.ppprc` wie auch eine gerätespezifische Datei `/etc/ppp/options.device` (z. B. `/etc/opt/options.ttyS0`).

Die Reihenfolge, in der alle angegebenen Optionen verarbeitet werden, ist wie folgt definiert:

1. `/etc/ppp/options`
   Angabe grundlegender Optionen.

2. `$HOME/.ppprc`
   Angabe benutzerspezifischer Optionen (nicht für alle Optionen möglich).

3. Optionen auf der Kommandozeile und über Dateien mit der `call`-Option.
   Ermöglicht die Angabe spezieller Optionen für einen bestimmten Aufruf.
   Mit Hilfe der `call`-Option können Optionen z. B. für einen bestimmten Provider wiederum in einer Datei unter `/etc/ppp/peers/` zusammengefaßt
   werden, die der `call`-Option als Argument übergeben wird.

4. `/etc/ppp/options.device`
   Angabe von gerätespezifischen Optionen; wird auf einer PPP-Server-Ma-
   schine oftmals für die Angabe der IP-Adressen für den diesem Gerät zugeordneten Client/Server verwendet.

5. `/etc/ppp/ppp-servername`
   Angabe von Optionen, die für bestimmte PPP-Server gelten sollen; *ppp-
   servername* ist dabei der Name dieses Servers. Auf diese Weise hat der
   Systemadministrator die Möglichkeit, Benutzern für bestimmte Server weitere Rechte einzuräumen.

Werden gleiche Optionen mit verschiedenen Werten angegeben, überschreibt eine in dieser Reihenfolge weiter unten angegebene Option den bisherigen Wert.
Aus dieser Reihenfolge ergibt sich auch die grundsätzliche Verwendung der Op-
tionsdateien.

Die Basiskonfiguration eines PPP-Client/Servers sollte in der Datei `/etc/ppp/`
`options` eingetragen werden. Auch der Benutzer hat grundsätzlich die Möglichkeit, PPP-Optionen in seiner `.ppprc`-Datei einzutragen. Diese Möglichkeit ist
jedoch eingeschränkt, da ein Benutzer andernfalls durch Umsetzten von Optionen Schaden anrichten könnte. Daher unterscheidet `pppd` zwischen privilegier-
ten und normalen Optionen. Diese Beziehung ist jedoch nicht statisch, sondern
abhängig davon, ob in einer der nicht-benutzerspezifischen Dateien die Option
`auth` bzw. `noauth` verwendet wurde. Diese Option bestimmt, ob ein Rechner
beim Verbindungsaufbau von seinem Gegenüber eine Authentifikation verlangt,
bevor Pakete zwischen den beiden Rechnern übertragen werden können. Wurde z. B. vom Systemadministrator die Option `noauth` gesetzt, wird vom System,
das der Benutzer anwählen kann, keine Authentifizierung gefordert. Durch die
Angabe von `noauth` werden jedoch andere Optionen privilegiert. Hierzu zählt
z. B. die Option zur Angabe des Gerätenamens (z. B. `/dev/ttyS1`), über das die
Verbindung aufgebaut wird. Der Effekt der Angabe von `noauth` ist, daß der Benutzer jetzt keinen Einfluß mehr auf die Auswahl des Geräts hat, über das die
Verbindung aufgebaut wird. Da die Option zur Auswahl der Gerätedatei jetzt
privilegiert ist, ist es dem Benutzer nicht mehr gestattet, das Gerät durch die

Angabe einer entsprechenden Option in dem vom Administrator vorgegebenen Wert zu ändern.

Einen Sonderstatus hat die Option `call name`, wenn sie auf der Kommandozeile von PPP angegeben wird. Hierdurch werden weitere Optionen aus der Datei `name`, die im Verzeichnis `/etc/ppp/peers/` gesucht wird, eingelesen. Diese Datei darf privilegierte Optionen enthalten. In der Regel werden in durch `call` bezeichneten Dateien Optionen zusammengefaßt, die für einen bestimmten Provider benötigt werden.

4.7.3 Ein einfacher PPP-Client

Bevor genauer auf eine Server-Konfiguration eingegangen wird, soll an dieser Stelle zunächst eine einfache PPP-Client-Konfiguration beschrieben werden. Die Realisierung dieser Konfiguration und der zugehörigen Start-Skripten erfolgt dabei mit grundlegenden Mitteln. Diese Konfigration kann auch mit Hilfe komfortabler Werkzeuge wie `kppp` oder `wvdial` durchgeführt werden, auf die bereits in Abschnitt 2.1.5.4 auf Seite 29 bzw. Abschnitt 2.1.5.2 auf Seite 20 eingegangen wurde. Unter SuSE Linux wird normalerweise eine entsprechende Verbindung einfach mit `yast2` konfiguriert, wodurch die notwendigen Konfigurationsoptionen für den `pppd`-Aufruf erzeugt werden. Im Normalfall kommt der Benutzer also gar nicht direkt mit der PPP-Konfiguration in Berührung. Zum Verständnis, wie PPP funktioniert, ist die folgenden Darstellung jedoch sehr hilfreich.

In diesem Beispiel soll davon ausgegangen werden, daß PPP für die Einwahl über ein Modem an einem ISP konfiguriert werden soll, der IP-Adressen dynamisch vergibt und ausschließlich das PAP-Protokoll (siehe Abschnitt 4.7.4.1 auf Seite 369) zur Authentifizierung verwendet. Die Einwahlnummer des ISP sei `02345 8442`. Weiterhin habe der ISP eine Kennung `pclient` und ein Passwort `mysecret` zur Verfügung gestellt.

Basis für eine PPP-Verbindung ist zunächst eine entsprechende Konfigurationsdatei. Für dieses Beispiel könnte die Konfiguration in `/etc/ppp/options` abgelegt sein und wie folgt aussehen:

```
# Benutzername fuer die Authentifikation
user pclient
# Nur PAP verwenden, nicht CHAP
-chap
# ISP--System muß sich nicht beim lokalen System authentifizieren
noauth
# Das lokale System akzeptiert IP-Vorgaben vom ISP
ipcp-accept-local
ipcp-accept-remote
# Erzeuge Debug-Output (normalerweise in /var/log/messages)
```

```
debug
# Benutzer Hardwareflowcontrol für Modem
crtscts
# Erzeuge Lockdatei für Modem ( in /var/spool/locks)
lock
```

In dieser Konfigurationsdatei wird zunächst bestimmt, daß der Name `pclient` zur Authentifikation an den PPP-Server übertragen werden soll. Als Authentifikationsmethode soll nicht CHAP, sondern lediglich das PAP-Protokoll verwendet werden. Damit die Authentifizierung mit PAP erfolgen kann, muß eine Datei `/etc/ppp/pap-secrets` existieren, in der der Benutzername zusammmen mit dem Passwort eingetragen ist (s. u.).

Die Option `noauth` besagt, daß die Authentifizierung nur in der Richtung Client ⟼ Server erfolgt, also keine Authentifizierung des Servers von Seiten des Client verlangt wird. Wäre stattdessen die Option `auth` in der Client-Konfiguration verwendet worden, hätte sich der Server beim Client authentifizieren müssen, was in der Regel nicht funktionieren wird, weil des ISP dies nicht vorsieht. Die Folge wäre das Scheitern des Verbindungsaufbaus.

Die folgenden Optionen `ipcp-accept-local` und `ipcp-accept-remote` sagen aus, daß der Client die vom Server vorgegebenen IP-Adressen für den Server und den Client akzeptiert. Für die dynamische Vergabe von IP-Adressen, von der hier augegangen werden soll, ist diese Einstellung wesentlich, da der Client andernfalls einen IP-Vorschlag des Servers nicht akzeptieren und umgekehrt der Server keine andere als die von ihm vorgeschlagene Adresse akzeptieren würde, wodurch wiederum keine Verbindung zustande käme.

Die `debug`-Option dient lediglich der Kontrolle, ob die angegebene Konfiguration auch tatsächlich funktioniert. Sie bewirkt, daß zahlreiche Ausgaben von `pppd` erzeugt werden, die normalerweise nach `/var/log/messages` geschrieben werden. In diesen Ausgaben kann z. B. die Authentifikation wie auch die Aushandlung der IP-Adressen über das LCP- bzw. IPCP-Protokoll mitverfolgt werden, was zur die Behebung einer nicht funktionierenden Konfiguration sinnvoll ist.

Die Option `crtscts` schaltet die RTSCTS-Datenflußkontrolle der seriellen Schnittstelle an, an der das Modem angeschlossen ist. Die Option `lock` bestimmt, daß für das verwendete Modem eine Lock-Datei erstellt wird, so daß andere Prozesse, wie z. B. HylaFAX-`faxgetty`, erkennen können, daß dieses Modem zur Zeit genutzt wird.

Neben der Konfigurationsdatei ist die Datei `/etc/ppp/pap-secrets` (für PAP) bzw. `/etc/ppp/chap-secrets` (für CHAP) für die Authentifizierung mit dem entsprechenden Protokoll notwendig. Da der hier gedachte ISP ausschließlich PAP zur Authentifizierung verwendet, muß die Datei `/etc/ppp/pap-secrets` angelegt werden. Diese Datei muß `root` gehören und die Rechte `-rw-----` besitzen. Sie enthält den Client-Namen (Benutzernamen), den Server-Namen und ein Passwort, oft als „secret" bezeichnet. Darüber hinaus darf sie noch eine vierte Spalte enthalten, in der eine Liste von IP-Nummern stehen kann, die diesem Client zugewiesen werden. Die vierte Spalte ist jedoch in der Regel leer, wodurch dem Client beliebige Adressen durch den Server zugewiesen werden können. Die für obiges Beispiel passende `pap-secrets`-Datei sieht wie folgt aus:

```
# Secrets for authentication using PAP
# client      server  secret              IP addresses
pclient         *      mysecret
```

Alle Zeilen in dieser Datei, die mit # beginnen, sind Kommentare und werden nicht weiter ausgewertet. Die erste Spalte enthält normalerweise den Namen des PPP-Client-Rechners, der an den Server übertragen wird, da der Server andernfalls keine Möglichkeit hat, den Namen des Client herauszufinden. Üblicherweise wird in dieses Feld jedoch nicht der Name eines Rechners, sondern vielmehr der Name einer Kennung eingetragen, da es gerade für einen ISP nicht von Bedeutung ist, wie der Name des Client-Rechners lautet. Stattdessen wird der Benutzername übertragen, den der ISP zu Abrechnugszwecken etc. verwenden kann. In der zweiten Spalte kann der Name des Servers eingetragen werden, zu dem der Client verbinden darf. Ein * steht für einen beliebigen Server. Die dritte Spalte enthält schließlich das Passwort für den in der ersten Spalte angegebenen Benutzer. Bei der PAP-Authentifikation wird dieses Passwort zusammen mit dem Namen zum Server übertragen, der diese Daten mit seinen eigenen Einträgen (in seiner `/etc/ppp/pap-secrets`-Datei) vergleicht.

Mit diesen beiden Dateien ist die PPP-Grundkonfiguration abgeschlossen. Was noch fehlt, ist ein Skript, über das der ISP angewählt und anschließend der PPP-Daemon gestartet wird. Hierzu wird oftmals ein Skript mit dem Namen `ppp-up` verwendet, das auf dem Programm `chat` zur Modemsteuerung basiert. `chat` wiederum benötigt eine Skript-Datei in der im wesentlichen Paare von Zeichenketten stehen. Jedes Paar besteht aus einer Antwortzeichenkette des Modems, gefolgt von einem daraufhin zu versendenden Modem-Kommando. Diese Skript-Datei soll in diesem Beispiel `ppp.chat` heißen und kann wie folgt aussehen:

```
TIMEOUT 60
ABORT "NO CARRIER"
ABORT BUSY
ABORT ERROR
"" ATZ
OK ATDT023458442
CONNECT ""
```

Die erste Zeile legt einen Timeout fest, der bestimmt, wie lange der Verbindungs-aufbau zum ISP über das Modem maximal dauern darf. Wurde die Verbindung nach dieser Zeit (hier: 60 Sekunden) noch nicht erfolgreich aufgebaut, bricht das `chat`-Kommando ab. Die weiteren Zeilen enthalten Abbruchbedingungen. Falls das Modem als Antwort eine der hinter `ABORT` genannten Zeichen liefert, bricht `chat` ebenfalls den Verbindungsaufbau ab. Die fünfte Zeile enthält das erste Zei-chenkettenpaar. Die Zeichenkette `""` bedeutet, daß das folgende Kommando ein-fach ausgeführt werden soll, ohne auf eine bestimmte Ausgabe des Modems zu warten. Zunächst wird das Modem daher mit dem Kommando `ATZ` initialisiert. Anschließend wird auf die Meldung `OK` des Modems gewartet. Erst wenn diese Meldung kommt, wird das Kommando `ATDT023458442` zum Modem gesendet, wodurch der ISP angewählt wird. Anschließend wird auf die Meldung `CONNECT` gewartet, die vom Modem gesendet wird, wenn die Modem-Verbindung zum ISP hergestellt werden konnte. Anschließend ist das `chat`-Skript beendet.

Das hier beschriebene Skript wird von der Datei `ppp-up` aufgerufen, die wie folgt aussehen kann:

```
#!/bin/sh
#
# /etc/ppp/ppp-up
#
# Modem ist an ttyS0 angeschlossen
device=/dev/ttyS0
# Kommandozeilenoptionen fuer pppd
pppflags="38400  -detach defaultroute"
/usr/sbin/pppd connect \
        '/usr/sbin/chat -f /etc/ppp/ppp.chat' \
        $device $pppflags
```

Dieses kleine Shell-Skript kann nun für den Verbindungsaufbau zum ISP ver-wendet werden. Zunächst werden einige Shell-Variable gesetzt, die helfen, die pppd-Kommandozeile übersichtlicher zu gestalten. Die Variable `device` enthält die Gerätedatei, über die die Verbindung aufgebaut werden soll. Die Variable `pppflags` enthält die Optionen, die an pppd auf der Kommandozeile überge-ben werden sollen.

Anschließend erfolgt der Aufruf von pppd, dem die `connect`-Option überge-ben wird. Das Argument dieser Option ist der `chat`-Aufruf, um die Telefonver-bindung zum ISP aufzubauen. Mit Hilfe der `-f`-Option wird die von `chat` zu verwendende Skript-Datei angegeben.

Der Aufruf von pppd führt also zunächst zum Aufruf von `chat`, wodurch, falls kein Fehler auftritt, die Telefonverbindung zum ISP hergestellt wird. Anschlie-ßend beginnt pppd, entsprechend der angegebenen Parameter und der Optio-nen in `/etc/ppp/options`, die Verbindungsparameter mit dem pppd des ISP auszuhandeln. Verläuft diese Aushandlung erfolgreich, erzeugt pppd ein neues Netzwerk-Interface (das erste erhält den Namen ppp0) auf dem lokalen Rechner mit der vom Server vorgegebenen IP-Adresse, über das Daten vom und zum ISP übertragen werden können. Dies kann mit dem ifconfig-Kommando überprüft werden:

```
root@erde:/root # ifconfig ppp0
ppp0      Link encap:Point-to-Point Protocol
          inet addr:194.163.10.1  P-t-P:194.163.12.1  Mask:255.255.255.255
          UP POINTOPOINT RUNNING NOARP MULTICAST  MTU:1500  Metric:1
          RX packets:6 errors:0 dropped:0 overruns:0 frame:0
          TX packets:6 errors:0 dropped:0 overruns:0 carrier:0
          collisions:0 txqueuelen:10
```

Die Option defaultroute sorgt in diesem Fall dafür, daß pppd automatisch eine Default-Route in das Netz des ISP erstellt. Hierdurch werden IP-Pakete, für die keine anderen Routen zutreffen, automatisch zum ISP gesendet. Nach dem Verbindungsabbruch wird diese Route automatisch wieder entfernt.

4.7.4 Authentifikationsprotokolle

In PPP können beide miteinander kommunizierenden Systeme so konfiguriert werden, daß sie von ihrem Gegenüber eine Authentifikation erfordern. In den meisten Fällen, insbesondere bei der Einwahl eines Benutzers bei seinem ISP, wird jedoch nur das ISP-System eine Authentifikation vom Benutzer-System verlangen. Andernfalls würde dies bedeuten, daß sich der ISP gegenüber dem lokalen System authentifizieren müßte, was wohl kaum gelingen wird und auch nicht sinnvoll ist. Falls keine Authentifizierung der Systeme untereinander gewollt ist, kann PPP auch zu diesem Zweck entsprechend konfiguriert werden.

Zum Zweck der Authentifikation stehen in PPP zwei verschiedene Protokolle zur Verfügung: →PAP, das Password Authentification Protocol, und →CHAP, das stärkere Challenge Handshake Authentification Protocol. Welches der beiden Protokolle zwischen PPP-Client und -Server zur Authentifizierung verwendet wird, ist wiederum abhängig von der Konfiguration *beider* Systeme. Jedes der Systeme kann so konfiguriert werden, beide oder wahlweise nur eines der Protokolle zu akzeptieren.

Für beide Protokolle muß von root jeweils eine Datei angelegt werden, in der die Zuordnung von System- bzw. Benutzername und einem Passwort, „Secret" genannt, abgelegt wird. Für PAP heißt die Datei /etc/ppp/pap-secrets, für CHAP /etc/ppp/chap-secrets. Beide Dateien müssen, da sie Sicherheitsrelevante Daten enthalten, dem Benutzer root gehören und die Rechte -rw----- haben.

Im folgenden wird die Funktionsweise beider Protokolle kurz beschrieben. Für die beiden an der Verbindung beteiligten Rechner werden zur besseren Verständlichkeit wiederum die Namen „Server" und „Client" verwendet, obwohl, wie bereits gesagt wurde, grundsätzlich beide Systeme vollkommen gleichwertig sind. Der Client-Rechner soll in diesem Fall derjenige sein, von dem der Verbindungsaufbau ausgeht.

4.7.4.1 Authentifizierung mit PAP

Die Funktionsweise von PAP ähnelt sehr dem üblichen Login an einer Unix-Workstation. In folgender Beschreibung soll die Serverkonfiguration so aussehen, daß vom Server eine Authentifikation des Client gefordert wird, jedoch nicht umgekehrt.

Nachdem eine Verbindung zwischen Client und Server hergestellt wurde, beginnt der Client mit der Authentifizierung beim Server. Hierzu versucht er zunächst herauszufinden, mit welchem Namen er sich beim Server authentifizieren soll. Dies kann sowohl der lokale Hostname oder der über die user-Option von pppd konfigurierte Name sein. Anschließend sendet er diesen Namen (z. B. Client-Name oder ein Benutzername) und das diesem Namen zugeordnete Secret an den Server. Der Server empfängt diese Daten und vergleicht sie mit den ihm vorliegenden. Wird eine Übereinstimmung festgestellt, ist die Authentifikation erfolgreich, andernfalls wird die Verbindung vom Server abgebrochen.

Sowohl Client als auch Server lesen das dem Namen zugeordnete Passwort aus der Datei /etc/ppp/pap-secrets. Nur wenn der vom Client übertragene Name (lokaler Hostname oder ein über die user-Option von pppd angegebener Name) und das Passwort mit dem beim Server gespeicherten Name/Passwort-Paar übereinstimmen, gelingt die Authentifikation. Ob als Name der Client Hostname oder der Name des Benutzers an den Server übertragen wird ist letztlich unerheblich, solange dieser Name auf beiden Seiten eingetragen ist. Insbesondere für die Einwahl bei einem ISP werden in der Regel der Name des Benutzers und sein Passwort übertragen, da der Name des lokalen Systems für den ISP uninteressant ist.

Das folgende Beispiel zeigt die Konfiguration für das typische Anmelden eines Benutzers bei seinem ISP über PPP. Der Benutzername sei in diesem Beispiel tux, sein Passwort tuxsecret:

Die Datei pap-secrets müßte für den beschriebenen Fall auf dem Client zumindest den unten dargestellten Eintrag tux haben.

```
# /etc/ppp/pap-secrets
# client          server      secret          iplist
tux               *           tuxsecret
# Account fuer anderen Provider
```

```
jtux            isp2server      geheim
# ...
```

Auf dem Server könnte die Datei wie folgt aussehen:

```
# /etc/ppp/pap-secrets
# client         server        secret         iplist
tux              *             tuxsecret      194.163.10.1
maddin           *             hispassword    194.163.10.2
# Eintraege für weitere (PAP) Benutzer
# ...
```

Jedem Benutzer ist eine Zeile zugeordnet. In der ersten Spalte steht immer der Client- oder Benutzer-Name, der für eine Authentifizierung verwendet werden kann. Die zweite Spalte kann den Namen des Servers enthalten, für den dieser Eintrag gültig sein soll. Alternativ darf hier ein * stehen, was bedeutet, daß dieser Eintrag für beliebige Server gilt. In der dritten Spalte befindet sich das Passwort. Die vierte und alle weiteren Spalten sind optional und können eine oder mehrere IP-Adressen (oder DNS-Namen) enthalten, die für den Eintrag in der ersten Spalte zulässig sind. Da der Client in diesem Beispiel seine IP-Adresse dynamisch vom Server bezieht, ist das Feld beim Client leer. Beim Server enthält es die Adresse, die dem Client zugewiesen werden kann.

Wie oben zu sehen, kann die Datei pap-secrets mehrere Einträge enthalten. Auf Client-Seite ist dies beispielsweise sinnvoll, wenn der Benutzer sich bei verschiedenen ISP anmelden kann. Für jeden der ISP enthält die Datei in diesem Fall eine Zeile, jeweils mit Benutzernamen und dem zugehörigen Passwort. Auf Server-Seite wird die Datei in der Regel für jeden Benutzer, der sich an diesem Server anmelden kann, eine Zeile enthalten.

Die Auswahl der „passenden" Zeile aus der jeweiligen pap-secrets-Datei erfolgt nach folgendem Verfahren: Auf der Client-Seite wird die Zeile verwendet, die im Client-Feld den lokalen Hostnamen enthält oder aber gleich dem Namen ist, der mit der user-Option konfiguriert wurde. Zusätzlich muß das zweite Feld (Server-Name) einer solchen Zeile den Namen des Servers oder einen * enthalten. Wird hier ein konkreter Name angegeben, besteht das Problem darin, daß pppd bei der PAP-Authentifizierung den Namen des Servers nicht kennt. Daher greift pppd in diesem Fall auf den vom Benutzer in der PPP-Konfiguration mit der remotename-Option angegebenen Namen zurück[7].

Auf Server-Seite sucht der Server-pppd-Prozeß in seiner pap-secrets-Datei nach einer Zeile, bei der die erste Spalte dem vom Client übertragenen Namen und die zweite Spalte dem lokalen Hostnamen entspricht (oder einen * enthält). Aus dieser Zeile wird das Secret entnommen und mit dem vom Client übertra-

---

[7]Alternativ kann das vierte Feld in der Datei anstelle einer numerischen IP-Adresse einen Namen enthalten, der dann als Name des Kommunikationspartners verwendet wird.

genen Secret verglichen. Bei Übereinstimmung war die Authentifizierung erfolgreich.

Der Nachteil von PAP besteht vor allem darin, daß das Passwort zum Server übertragen werden muß. Das ermöglicht einem Angreifer prinzipiell, dieses abzufangen und seinerseits zu verwenden.

4.7.4.2 Authentifizierung mit CHAP

Im Gegensatz zu PAP, wo das Passwort mit dem System- oder Benutzernamen zum Server übertragen wird, verwendet CHAP einen sichereren Mechanismus, der die Übertragung eines Passwortes zwischen Client und Server vermeidet. Darüber hinaus bietet CHAP die Möglichkeit, nicht nur während des Verbindungsaufbaus eine Authentifizierung des Kommunikationspartners durchzuführen, sondern auch während einer bereits stehenden Verbindung. Dadurch wird sichergestellt, daß das System, das sich ursprünglich authentifiziert hat, z. B. nicht durch den Rechner eines Hackers ersetzt wurde.

Das Authentifikationsverfahren von CHAP beruht darauf, daß beide an der Kommunikation beteiligten Rechner über das gleiche Secret für das oder die zu authentifizierenden System(e) verfügen.

Der Ablauf der Authentifikation ist wie folgt: Der Server beginnt die Authentifizierung, indem er eine zufällig erzeugte Zeichenkette, auch Challenge genannt, zusammen mit seinem Hostnamen zum Client sendet. Der Client verwendet den Namen des Servers zusammen mit seinem eigenen Hostnamen dazu, um in der Datei chap-secrets das diesem Server zugeordnete Secret herauszusuchen. Statt dieses Secret zu übertragen, wird es durch eine nicht umkehrbare Hash-Funktion verschlüsselt. Das Ergebnis wird zusammen mit dem Hostnamen des Client zurück zum Server übertragen, der jetzt das dem Client-Namen zugeordnete Secret aus seiner chap-secrets-Datei heraussucht, es ebenfalls mit der Hash-Funktion verschlüsselt und schließlich das Ergebnis mit dem vom Client übertragenen Wert vergleicht. Stimmen die beiden Werte überein, war die Authentifikation des Client beim Server erfolgreich.

Wurde PPP so konfiguriert, daß sich auch der Server beim Client authentifizieren muß, läuft der gerade beschriebene Vorgang parallel auch in anderer Richtung ab, so daß auch der Client eine zufällig generierte Challenge-Zeichenkette mit seinem Namen zum Server überträgt, der daraus zusammen mit dem Secret für den Client einen Wert berechnet, der zur Prüfung zurück übertragen wird. Der Ablauf ist in diesem Fall vollkommen symmetrisch und läuft parallel ab.

Aufgrund des symmetrischen Aufbaus von CHAP sehen auch die jeweiligen chap-secrets-Dateien für die beiderseitige Authentifikation von Client und Server symmetrisch aus. Für den gearde beschriebenenen Fall einer beiderseitigen Authentifizierung von Client/Server und Server/Client könnten diese Dateien wie folgt aufgebaut werden. Das Client-System heißt in diesem Beispiel `erde.inter.de`, der Server `mars.net.de`. Die Konfiguration der Datei `chap-secrets` auf der Seite von `erde` könnte wie folgt aussehen:

```
# /etc/ppp/chap-secrets von Rechner erde
# client         server           secret        iplist
erde.all.de      mars.kosmos.de   "my secret"   194.163.10.1
mars.kosmos.de   erde.all.de      bigScreen     194.163.10.2
# ...
```

Die Datei enthält für die beiden an der Kommunikation beteiligten Rechner jeweils den Client-Namen, den Server-Namen, das Passwort und die IP-Adresse des im Client-Feld angegebenen Rechners (oder den DNS-Namen). Auf dem Server müßte die Datei in diesem Fall folgende Zeilen enthalten:

```
# /etc/ppp/chap-secrets auf dem rechner mars
# client         server           secret        iplist
mars.kosmos.de   erde.all.de      bigScreen     194.163.10.2
erde.all.de      mars.kosmos.de   "my secret"   194.163.10.1
# ...
```

Wenn `erde` von `mars` eine Aufforderung zur Authentifikation erhält, sucht `pppd` auf `erde` in der lokalen `chap-secrets`-Datei nach einer Zeile, in der das Client-Feld den eigenen Namen und das Server-Feld den vom Server übertragenen voll qualifizierten Namen (`mars.kosmos.de`) enthält. Aus dieser Zeile wird das Secret gelesen, mit der vom Server `mars` mitgesendeten Challenge-Zeichenkette verschlüsselt und zurück zum Server `mars` übertragen, der die gleiche Berechnung mit seinen `chap-secrets`-Daten (Zeile mit Server `mars.kosmos.de` und Client `erde.all.de`) durchführt und schließlich die Ergebnisse vergleicht.

Erhält umgekehrt `mars` eine Authentifizierungsaufforderung von `erde`, sind die Rollen von Client und Server einfach vertauscht. `pppd` auf `mars` sucht also eine Zeile in seiner `chap-secrets`-Datei, in der das Client-Feld den Namen `mars.kosmos.de` und das Server-Feld den Namen `erde.all.de` enthält. Aus dieser Zeile wird das Secret-Feld gelesen. Dieser Wert wird mit der von `erde` gesendeten Challenge-Zeichenkette verschlüsselt und zu `erde` zurück gesendet. `erde` sucht jetzt eine Zeile in seiner `chap-secrets`-Datei, in der das Client-Feld `mars.kosmos.de` lautet und das Server-Feld `erde.all.de`. Das dort stehende Secret wird mit der Challenge-Zeichenkette, die zuvor an `mars` gesendet worden war, verschlüsselt und mit dem Ergebniswert von `mars` verglichen.

Die in der vierten Spalte angegebenen IP-Nummern bestimmen jeweils die für das in der ersten Spalte angegebene System akzeptable(n) IP-Adresse(n). Wird während der Aushandlung der Adressen von einem Rechner eine IP-Adresse für das andere System vorgeschlagen, die nicht in dessen `chap-secrets`-Datei angegeben ist, wird die Verbindung abgebrochen. Anstelle der IP-Adressen können auch DNS-Namen angegeben werden, die über den DNS-Nameserver aufgelöst werden.

4.7.5 Serverkonfiguration

Nicht nur für einen ISP kann das Konfigurieren eines PPP-Servers von Nutzen sein. Weitere Anwendungen sind das Bereitstellen von Diensten für andere Personen, etwa zum Download von Dateien (also eine Art Mailbox) oder dem Anbieten von Informationen über einen Web-Server. Darüber hinaus ist auch die Vernetzung von zwei Rechnern mit Hilfe einer PPP-Verbindung über ein Nullmodem-Kabel oder IrDA (siehe Abschnitt 7.2 auf Seite 628) durchaus sinnvoll, insbesondere falls die Rechner mit unterschiedlichen Betriebssystemen arbeiten.

Wie bereits in den letzten Abschnitten dargestellt, gibt es grundsätzlich keine Unterscheidung zwischen einem Server und einem PPP-Client. Daher werden auch zur Konfiguration eines PPP-Servers die schon in den vorangegangenen Abschnitten genannten Konfigurationsdateien benötigt. Hierzu zählen insbesondere die beiden Konfigurationsdateien /etc/ppp/options und /etc/ppp/-options.*device* wie auch pap-secrets und chap-secrets.

Unterschiede in der Konfiguration ergeben sich durch das gewünschte Verhalten, das natürlich sehr vom Einsatzzweck abhängig ist. Um eine konkrete Konfiguration beschreiben zu können, soll im folgenden davon ausgegangen werden, daß ein PPP-Server (server.kosmos.all) aufgebaut wird. Für den in Abschnitt 4.7.5.1 beschriebenen Fall des analogen Modem-Zugangs soll davon ausgegangen werden, daß der Server über zwei Modems verfügt. Die beiden Modems sollen an die seriellen Schnittstellen /dev/ttyS0 und /dev/ttyS1 angeschlossen sein. Auf diese Weise könnte der Server maximal von zwei Clients gleichzeitig genutzt werden. Der in Abschnitt 4.7.5.2 auf Seite 377 beschriebenen PPP-Server, basiert auf der CAPI und bietet einen Zugang über ISDN und Modem.

4.7.5.1 PPP-Server mit analogem Modem-Zugang

Eine Möglichkeit, einen PPP-Server aufzubauen, stellt die klassische Einwahl über ein Modem dar. Dieser Fall wird in diesem Abschnitt beschrieben. Die Vergabe der IP-Adressen für die Clients soll hierbei dynamisch erfolgen. Dieses Beispiel stellt also die Konfiguration eines PPP-Servers für einen Mini-ISP dar. Andere Konfigurationen, wie die direkte Verbindung von zwei Rechnern über PPP, unterscheiden sich nur darin, daß zum einen die Verwaltung des Modems wegfällt und zum anderen für diesen Zweck u. U. eine feste Vergabe der IP-Adressen für die beiden Rechner verwendet wird. Auf diese Möglichkeiten wird in dem folgenden Beispiel an den entsprechenden Stellen eingegangen.

Eine PPP-Verbindung zwischen Client und Server wird, wie bereits beschrieben, dadurch hergestellt, daß zunächst eine physikalische Verbindung zwischen den beiden Systemen hergestellt wird (Telefonleitung mit Modems, Nullmodem-Kabel, andere serielle Leitungen), die für das folgende Beispiel vom Client initiiert werden soll. Im Anschluß daran wird sowohl auf Client- wie auch auf Server-Seite der pppd-gestartet, wodurch die eigentliche PPP-Verbindung durch Aushandlung von Verbindungsparametern zwischen den beiden Systemen hergestellt wird.

Die erste Frage, die sich hier stellt, ist, wie bei einem Anruf des Client auf der Server-Seite automatisch der Anruf entgegengenommen und der PPP-Daemon gestartet werden kann. Hier sind verschiedene Lösungen denkbar. Die einfachste Methode besteht darin, eine Kennung auf dem Server in der Art einzurichten, daß bei einer Anmeldung beim Server-System keine Shell gestartet wird, mit der der Benutzer auf dem Client-Rechner arbeiten kann, sondern stattdessen einfach pppd gestartet wird[8]. Der Client-Rechner muß sich nun mit Hilfe eines chat-Skripts beim Server unter einer bestimmten Kennung anmelden und anschließend selbst pppd starten. Auf Server-Seite muß hierzu für jedes der beiden Modems ein getty (z. B. mgetty) gestartet werden, der es dem Client ermöglicht, sich unter der vorgesehenen Kennung anzumelden.

Der Nachteil dieser Lösung auf Client-Seite ist, daß die zur Anmeldung vorgesehene Kennung nur für den Aufbau einer PPP-Verbindung verwendet werden kann. Ein normales Login in den Server-Rechner ist in diesem Fall nicht möglich, da ja automatisch bei der Anmeldung der pppd gestartet wird. Zudem muß sich der Benutzer zweimal authentifizieren. Einmal muß er sich über den vorgegebenen Kennungsnamen und das zugehörige Passwort anmelden, anschließend startet u. U. die normale PPP-Authentifizierung über CHAP oder PAP.

Eine andere Lösung besteht darin, daß jeder Benutzer, der das Server-System über Modem nutzen können soll, eine eigene Kennung erhält, die sowohl für ein normales Login beim Server als auch für den Aufbau einer PPP-Verbindung verwendet werden kann. Hier muß der Server unterscheiden können, ob es sich bei einem eingehenden Anruf um ein Fax, ein Login oder den Versuch, eine PPP-Verbindung aufzubauen, handelt.

Möglich wird diese Unterscheidung mit einem Modem, das über Adaptive Answer-Fähigkeiten (siehe auch Abschnitt 3.1.5 auf Seite 149) verfügt, und dem Programm mgetty (siehe auch Abschnitt 3.1.6 auf Seite 177), das entweder eigenständig für alle Dienste zuständig ist oder in Zusammenarbeit mit HylaFAX (siehe Abschnitt 3.1.5 auf Seite 149) verwendet wird. Zu diesem Zweck verfügt mgetty über eine spezielle Fähigkeit, die es erlaubt, bei einer eingehenden Verbindung automatisch zu erkennen, ob der Client versucht, eine PPP-Verbindung

---

[8]Der Eintrag für die für diesem Benutzer zu verwendende Shell in der Datei /etc/passwd enthält in diesem Fall anstelle der Angabe der Login-Shell (z. B. /bin/sh) den Aufruf /usr/sbin/pppd.

aufzubauen. mgetty erkennt dies an den LCP Paketen, die vom pppd des Client zum Server gesendet werden, um die Verbindungsparameter auszuhandeln. Statt eine Login-Meldung über das Modem an den Client zu senden, startet mgetty in diesem Fall automatisch pppd.

Die für diesen Zweck notwendige mgetty-Konfiguration ist sehr einfach und besteht aus einem Eintrag in die Datei /etc/mgetty+sendfax/login.config. Diese Datei darf eine Zeile wie die folgende enthalten:

```
# ...
/AutoPPP/ -     ppp    /usr/sbin/pppd debug -pap modem crtscts lock
# ...
```

Die Zeichenkette AutoPPP aktiviert die Fähigkeit von mgetty, bei eingehenden PPP-Verbindungen direkt das pppd-Kommando zu starten. In diesem Fall ist, abgesehen von der PPP-eigenen Authentifizierung über CHAP oder PAP, keine weitere Authentifizierung erforderlich, da mgetty das übliche Anmelden mit Benutzername und Passwort umgeht. An pppd können, wie im Beispiel zu sehen, weitere Optionen übergeben werden. Die hier angegebenen Optionen legen fest, daß Debug-Ausgaben in /var/log/messages geschrieben werden und daß der Server ausschließlich das Protokoll CHAP zur Authentifizierung verwendet. Die Optionen modem und crtscts dienen der Steuerung von Modem-Kontroll-Leitungen und der Aktivierung der Hardware-Datenflußkontrolle (RTS/CTS) zwischen Modem und Rechner. Der Parameter lock legt fest, daß pppd für einen eingehenden Anruf eine Lock-Datei anlegt, damit andere Prozesse erkennen können, daß dieses Modem zur Zeit in Verwendung ist. Die hier angegebenen Kommandozeilenparameter für pppd überschreiben entsprechende Optionen in den weiteren Konfigurationsdateien.

Erkennt mgetty bei einem eingehenden Anruf keinen PPP-Verbindungsaufbau, wird einfach der Login-Prompt dargestellt, wodurch der Benutzer sich unter Verwendung seines Benutzernamens und Passworts anmelden kann.

Damit die beiden zur Verfügung stehenden Modems von mgetty auf eingehende Anrufe hin überwacht werden können, muß für jede der seriellen Schnittstellen ein mgetty-Prozeß gestartet werden. Dies erfolgt am besten dadurch, daß in der Datei /etc/inittab die beiden folgenden Einträge vorgenommen werden:

```
m1:23:respawn:/usr/sbin/mgetty  ttyS0
m2:23:respawn:/usr/sbin/mgetty  ttyS1
```

Durch diese Einträge startet das init-Programm automatisch zwei mgetty-Prozesse, sobald der Rechner sich in den Runleveln 2 (bei SuSE Linux normaler Runlevel ohne graphisches Login (z. B. KDM)) oder 3 (normaler Runlevel mit graphischem Login) befindet. Der Parameter respawn besagt, daß, falls ein mgetty-Prozeß beendet wird (z. B. beim Ende einer Verbindung), automatisch ein neuer gestartet wird. Darüber hinaus muß die Datei `mgetty.config` wie in Abschnitt 3.1.6.1 auf Seite 178 beschrieben angepaßt werden.

Damit ist die Entgegennahme eines Anrufs grundsätzlich ermöglicht. Was nun noch fehlt, ist die eigentliche PPP-Konfiguration für den Server. Hierzu wird zum einen die Datei `/etc/ppp/options` angepaßt, und darüber hinaus werden die beiden Dateien `/etc/ppp/options.ttyS0` und `/etc/ppp/options.ttyS1` erstellt, in denen Schnittstellen-spezifische Einstellungen vorgenommen werden.

Die Datei `options` könnte wie folgt aufgebaut werden

```
# Client-System muß sich beim ISP-System authentifizieren
auth
# Das lokale System akzeptiert keine IP-Vorgaben vom Client
# daher duerfen die folgenden beiden Optionen nicht aktiv sein
#ipcp-accept-local
#ipcp-accept-remote
# Erzeuge Debug-Output (normalerweise in /var/log/messages)
debug
# Benutzer Hardwareflowcontrol für Modem
crtscts
# Erzeuge Lockdatei für Modem ( in /var/spool/locks)
lock
```

Die Datei beginnt mit der `auth`-Option, die vom Client-System eine Authentifizierung fordert. Das Protokoll ist in diesem Fall bereits auf der Kommandozeile von `pppd` in der Datei `/etc/mgetty+sendfax/login.config` als CHAP festgelegt worden und muß hier daher nicht angegeben werden. Da der Server sowohl seine eigene als auch die Adressen der Clients vorgeben soll, ist es wichtig, die Optionen `ipcp-accept-local ipcp-accept-remote` auszukommentieren, da der Server andernfalls einen Vorschlag des Client bezüglich der Server- und der eigenen Adresse akzeptieren würde. Werden diese Optionen auf dem Server nicht gesetzt, bedeutet dies, daß der Server keine Adressen außer den eigenen Vorgaben akzeptiert. Die Vorgaben für jedes der beiden PPP-Interfaces können am besten in den Geräte-spezifischen Dateien vorgenommen werden. Angenommen, die Adresse des Servers sei `192.168.10.1` und die der den beiden Schnittstellen zugeordneten Clients seien `192.168.20.1` und `192.168.20.2`, dann könnten die Dateien `/etc/ppp/options.ttyS0` und `/etc/ppp/options.ttyS1` wie folgt aussehen:

```
# Datei /etc/ppp/options.ttyS0
192.168.10.1:192.168.20.1
```

```
# Datei /etc/ppp/options.ttyS1
192.168.10.1:192.168.20.2
```

Die Schreibweise *local-ip-Address*:*remote-ip-Address* ist eine Konfigurationsoption von pppd, mit der die IP-Adresse für das lokale System und das System des Kommunikationspartners angegeben werden können. Der Server ist somit auf feste Adressen für die jeweiligen Schnittstellen konfiguriert. Damit eine Verbindung aufgebaut werden kann, muß der Client die Adreßvorgaben des Servers akzeptieren (Optionen: ipcp-accept-local und ipcp-accept-remote). Je nachdem, über welches Modem sich ein Client einwählt, erhält er dynamisch eine der beiden Adressen.

Damit die Authentifikation (hier mittels CHAP) funktioniert, müssen für alle Benutzerkennungen, die PPP verwenden sollen, Einträge in der Datei /etc/ppp/chap-secrets vorgenommen werden. Neben dem Benutzernamen und dem Secret müssen dort auch die für den Client erlaubten IP-Adressen eingetragen werden. Angenommen, einer der Benutzer, die über PPP den Server nutzen können, hat die Benutzerkennung tux mit dem secret tuxsecret, so muß die Datei /etc/ppp/chap-secrets auf dem Server zumindest die folgende Zeile enthalten:

```
# /etc/ppp/chap-secrets auf dem Server
# client  server          secret        iplist
tux       server.kosmos.all tuxsecret    192.168.20.1 192.168.20.2
```

Durch die Angabe zweier möglicher IP-Adressen für den Client tux kann der Server jeder der beiden in /etc/ppp/options.ttySx angegebenen Adressen zuweisen. Je nachdem, über welches Modem tux sich einwählt, erhält er eine dieser beiden Adressen als lokale Adresse zugewiesen.

4.7.5.2 PPP-Server, der auf der AVM-CAPI basiert

Eine weitere Möglichkeit, einen PPP-Server aufzubauen, basiert auf der AVM-CAPI von AVM. Mit Hilfe der CAPI ist es möglich, sich sowohl über ISDN als auch mit einem analogen Modem auf dem Server einzuwählen. Die Basis hierzu ist das sogenannte capiplugin von AVM. Das capiplugin kann zur Laufzeit von pppd mit dem plugin capiplugin.so geladen werden und ermöglicht dann die Verwendung von PPP über ISDN mit Hilfe der CAPI. Hierbei ist sowohl die Einwahl auf einem externen PPP-Server möglich (siehe auch Abschnitt 2.2.4.3 auf Seite 62) als auch das Warten auf eingehende Anrufe des eigenen PPP-Servers. Darüber hinaus können mit dem Plugin auch Verbindungen auf gemieteten Standleitungen realisiert werden.

Konfiguration Voraussetzung für die Nutzung des capiplugin ist die Installation der CAPI von AVM auf dem eigenen System. Die hierzu notwendigen Schritte sind in Abschnitt 2.2.4.1 auf Seite 50 ausführlich beschrieben. Das Plugin selbst ist abhängig von der Version des verwendeten pppd. Die verschiedenen Plugin-Versionen stehen im Verzeichnis /usr/lib/ppp/*pppd-version*, wobei *pppd-version* die Versionsnummer des verwendeten pppd darstellt, die wiederum mit dem Aufruf pppd -version herausgefunden werden kann. Ab Version 2.4.1 sucht pppd in dem angegebenen Verzeichnissen nach dem Plugin. Daher kann beim Aufruf von ppp bei der plugin-Option einfach capiplugin.so ohne Pfad angegeben werden. Bei älteren Versionen des pppd muß stattdessen der komplette Pfad zum Plugin übergeben werden.

Die Konfiguration des Plugins erfolgt normalerweise über das Erstellen einer Konfigurationsdatei im Verzeichnis /etc/ppp/peers/, wobei der Name der Datei frei gewählt werden kann und später beim Aufruf des pppd als Argument der call-Option angegeben werden muß. Diese Datei darf sowohl capiplugin-spezifische Optionen als auch standard pppd-Optionen enthalten. Informationen zum capiplugin mit einer Beschreibung aller unterstützten Optionen finden sich in den Manual-Seiten zu capiplugin. Dort finden sich auch viele Beispielkonfigurationen, die als Ausgangspunkt für eigene Vorhaben verwendet werden können. Für den Aufbau eines einfachen PPP-Servers an einem ISDN-Anschluß kann folgende Konfiguration verwendet werden, die beispielsweise in der Datei /etc/ppp/peers/dialin gespeichert werden kann:

```
plugin capiplugin.so
protocol hdlc 192.168.10.1:
sync
auth
# login   # Verwenden der lokalen passwd-Datenbank zur Authentifizierung
inmsn 145634,233776
debug
```

Die Zeile plugin capiplugin.so lädt das capiplugin. Die protocol-Zeile legt fest, daß als Basis das HDLC-Protokoll verwendet werden soll. Neben hdlc ist hier auch die Angabe von x75, v42bis und modem möglich. Wird hdlc angegeben, *muß* auch die Option sync mit angegeben werden. Wird eines der anderen Protokolle gewählt, darf sync nicht angegeben werden. Zusätzlich wurde in der protocol-Zeile auch die lokale Adresse der PPP-Servers als 192.168.10.1 festgelegt. Die Adressen, die an die sich einwählenden Systeme vergeben werden sollen, stehen in /etc/ppp/pap-secrets bzw. /etc/ppp/chap-secrets. Die Option auth ist eine Standard PPP-Option und bewirkt, daß pppd von dem sich einwählenden System eine Authentifizierung fordert. Dies erfolgt dadurch, daß in den Dateien /etc/ppp/pap-secrets bzw, /etc/ppp/chap-secrets nach einem Eintrag für den sich einwählenden Benutzer gesucht wird. Mit inmsn kann eine durch Kommata geterennte Liste von MSNs angegeben werden, für die auf Anrufe gewartet werden soll.

Damit sich ein Benutzer einwählen kann, muß er sich authentifizieren können. Hierzu müssen für die obige Konfiguration die Dateien `/etc/ppp/`
`pap-secrets` bzw. `/etc/ppp/chap-secrets` angepaßt werden. Angenommen die Einwahl soll für die beiden Benutzer `tux` und `tuxia` ermöglicht werden, wobei den einwählenden Systemen die Adressen `192.168.20.1` und
`192.168.20.2` vergeben werden sollen, ist folgende Konfiguration erforderlich:

```
#user   server        password       ip-address for remote system
tux        *           tuxpassword    192.168.20.1
tuxia      *           tuxiaspassword 192.168.20.2
```

Die im jeweils dritten Feld einer Zeile stehenden Passwörter müssen im Klartext
angegeben werden. Anstelle des * in der zweiten Spalte, hätte hier auch der Name des PPP-Serversystems eingetragen werden können.

Soll die Authentifizierung der Benutzer nicht über eigene Einträge in den Datei-
en `pap-secrets` bzw. `chap-secrets` erfolgen, so kann stattdessen die PPP-
Option `login` in die Konfigurationsdatei `/etc/ppp/peers/dialin` geschrieben werden. In obigem Beispiel ist sie auskommentiert. Die Option `login` bewirkt, daß die Authentifizierung eines Benutzers mit Hilfe der Paßwortdaten-
bank des lokalen Systems erfolgen kann, d. h., jeder Benutzer, der sich an diesem System anmelden kann, ist auch in der Lage, sich mit Hilfe seiner Benutzerkennung und seines Passworts auf dem System einzuwählen. In diesem Fall erfolgt die Authentifizierung nicht mehr allein durch die `pap-screts` bzw `chap-
secrets`-Dateien. In dieser Konfiguration muß der Benutzer sowohl über einen
entsprechenden Eintrag in der lokalen Paßwort-Datei verfügen als auch über
einen Eintrag in der Datei `/etc/ppp/pap-secrets`. Gewissermaßen erfolgt
die Athentifizierung also doppelt. Da aber in der Datei `pap-secrets` auch Muster wie der * angegeben werden dürfen, reicht auch ein einziger Eintrag mit
einem leeren Paßwort in dieser Datei, um die Authentifizierung allein von der
lokalen Paßwort-Datenbank abhängig zu machen:

```
#user   server        password       ip-address for remote system
*          *           ""             192.168.20.1 192.168.20.2
```

Eine weitere Möglichkeit der Authentifizierung, die das `capiplugin` bietet, ist
die sogenannte CLI-Authentifizierung. Hierbei handelt es sich nicht um eine be-
nutzerbasierte Authentifizierung. Stattdessen wird die Telefonnummer des Anrufers dazu verwendet, um zu entscheiden, ob eine Verbindung aufgebaut werden darf. Hierzu kennt das `capiplugin` die Option `cli telefonnr`, wobei
`cli telefonnr` eine durch Kommata getrennte Liste von Telefonnummern darstellt, von denen eingehende Anrufe akzeptiert werden. Um die CLI-basierte
Authentifizierung zu verwenden, sollte zum einen in der Provider-Datei unter
`/etc/ppp/peers/` die Variable `auth` auskommentiert werden, damit keine PAP
oder CHAP-basierte Authentifizierung mehr erfolgt. Zusätzlich muß jetzt ledig-

lich beim Aufruf des pppd die cli-Option angegeben werden, z. B. /usr/sbin/ pppd call dialin cli 08956. Hierdurch können nur noch Anrufer eine Verbindung aufbauen, deren Telefonnummer mit der bei cli angegebenen Nummer übereinstimmt.

Die CAPI-Modememulation Die oben dargestellte Konfiguration dient dem Betrieb eines PPP-Servers an einem ISDN-Anschluß, d. h., der Verbindungsaufbau erfolgt von einem anderen Rechner, der ebenfalls über eine ISDN-Karte verfügt. Alternativ kann die CAPI auch Anrufe eines Modems entgegennehmen. In diesem Fall emuliert die CAPI das Protokoll eines Modems, was man nach außen hin meistens als Piepsen und Rauschen wahrnimmt. Auf diese Weise kann der PPP-Server bei entsprechender Konfiguration sowohl Einwahlversuche basierend auf ISDN als auch Einwahlversuche mit Hilfe eines analogen Modems verarbeiten. Allerdings beträgt die maximale Übertragungsgeschwindigkeit bei der Modememulation 14 400 Bit/sec, auch wenn das anrufende Modem prinzipiell wesentlich höhere Datenraten erlaubt.

Zur Konfiguration der Modememulation muß die auf Seite auf Seite 378 abgedruckte Peer-Datei, die in dem Verzeichnis /etc/ppp/peers/ steht, leicht angepaßt werden:

```
plugin capiplugin.so
protocol modem 192.168.10.1:    # Protokol ist modem, nicht HDLC
# sync
auth
# login   # Verwenden der lokalen passwd-Datenbank zur Authentifizierung
inmsn 145634,233776
debug
```

Die Änderungen betreffen lediglich zwei Zeilen. Dier erste ist die protocol-Zeile, in die jetzt anstelle von hdlc das Schlüsselwort modem eingetragen werden muß. Die zweite Änderung ist, daß die sync-Option *nicht* aktiv sein darf, daher wurde diese Zeile durch das Kommentarzeichen # inaktiv gemacht. Alternativ kann diese Zeile natürlich auch ganz entfernt werden.

Mit dieser Konfiguration kann nun der Anruf von einem analogen Modem aus entgegengenommen werden. Sollen neben analogen Anrufen gleichzeitig auch digitale Anrufe von anderen Systemen möglich sein, müssen zwei Konfigurationen erstellt werden und für jede Konfiguration ein eigener pppd gestartet werden. Um möglichen Problemen vorzubeugen, sollte man in diesem Fall unterschiedliche MSNs für den „analogen" und den „digitalen" pppd konfigurieren.

Start des `pppd` Damit ein eingehender Anruf entgegengenommen werden kann, muß als nächstes der `pppd` mit der gerade erstellten Konfiguration gestartet werden. Ein erster Test kann als Benutzer `root` von Hand erfolgen. Später sollte der `pppd` über den `init`-Prozeß gestartet werden, wodurch sichergestellt werden kann, daß nach Beendigung einer Verbindung, wodurch auch `pppd` beendet wird, ein neuer `pppd` gestartet wird, um weite Einwahlversuche entgegennehmen zu können:

```
root@erde:/root # pppd call dialin
Plugin capiplugin.so loaded.
capiplugin: $Revision: 1.20 $
capiconn:  1.5
```

Weitere Statusmeldungen sind in der Datei `/var/log/messages` enthalten. Insbesonders im Fehlerfall sollte diese Datei genau auf Fehlermeldungen des `pppd` durchsucht werden. Der PPP-Server ist jetzt betriebsbereit und wartet auf eingehende Verbindungen.

Was noch fehlt, ist der Eintrag in die Datei `/etc/inittab`. Da `pppd` nach jedem Verbindungsende auch selbst beendet wird, muß einer neuer `pppd`-Prozeß gestartet werden, der den nächsten Einwahlversuch bedienen kann. Dieses Neustarten kann über den `init`-Prozeß automatisiert werden, indem in die Datei `/etc/inittab` am Ende folgender Eintrag gemacht wird:

```
d0:35:respawn:/usr/sbin/pppd call dialin
d1:35:respawn:/usr/sbin/pppd call dialin
```

Die erste Spalte ist lediglich eine Identifikation. Die zweite Spalte gibt an, in welchen Runleveln der `pppd`-Prozeß automatisch gestartet werden soll. In diesem Fall sind es die Runlevel 3 und 5. Die dritte Spalte enthält den Prozeß, der gestartet werden soll, zusammen mit den Kommandozeilenargumenten. Was auffällt, ist die Tatsache, daß in obigem Beispiel zwei Einträge gemacht wurden. Hierdurch werden auch zwei `pppd`-Prozesse gestartet, wodurch gleichzeitig zwei eingehende Verbindungen bedient werden können, d. h., zwei Leute können sich gleichzeitig einwählen. Noch mehr Prozesse zu starten, hat nur dann Sinn, wenn der Rechner über mehrere ISDN-Karten verfügt, so daß mehr als zwei Verbindungen aufgebaut werden können.

Das `capiplugin` bietet neben der hier beschriebenen Möglichkeit zahlreiche weitere Konfigurationsmöglichkeiten. Eine recht ausführliche Beschreibung steht in der Manual-Seite des Plugins, die mit `man capiplugin` gelesen werden kann.

4.7.5.3   Weitere Möglichkeiten der Nutzung von PPP unter ISDN

Neben der Nutzung der AVM-CAPI, kann natürlich auch mit der klassischen Linux-ISDN-Unterstützung durch I4L ein PPP-Server realisiert werden. Dies kann in Linux auf zwei verschiedenen Wegen erfolgen.

Verwendung der `ttyI`-Geräte   Der einfachste Weg besteht in der Verwendung der `ttyIx`-Geräte, die einen Modem-Emulator darstellen, der zum Aufbau einer PPP-Verbindung mit `pppd` verwendet werden kann. Um beispielsweise mit Hilfe von `mgetty` eine PPP-Verbindung auf dem Gerät `/dev/ttyI0` zuzulassen, kann PPP wie in den vorangegangenen Abschnitten konfiguriert werden. Allein die `mgetty`-Konfiguration ist in der Weise anzupassen, daß ein „Modem", also `ttyI0`, sowie eine →*MSN* (Telefonnummer), auf die `mgetty` reagieren soll, angegeben werden. Dies ist erforderlich, da einem ISDN-Anschluß ja immer mehrere Nummern zugeteilt sind und jedes Endgerät (wie das `ttyI0`-Gerät) wissen muß, auf welche der möglichen Nummern es reagieren soll, um den Anruf entgegenzunehmen.

Die `mgetty`-Konfiguration in `/etc/mgetty+sendfax/mgetty.config` sieht in diesem Fall wie folgt aus:

```
port ttyI0
modem-type data
speed 38400
init-chat "" ATZ OK AT&E654321 OK
```

Die Konfiguration der MSN erfolgt mit Hilfe der `AT&E`*nummer*-Sequenz. Im Beispiel würde `mgetty` also abheben, wenn die MSN `654321` angewählt wird. Weitere Hinweise zur Konfiguration der `ttyI`-Gerätedateien finden sich in den Manual-Seiten (`man ttyI`).

Zusätzlich sollte die Datei `/etc/inittab` editiert werden, so daß `mgetty` automatisch für das Gerät `ttyI0` gestartet wird und auf eingehende Anrufe reagieren kann. Hierzu ist folgender Eintrag sinnvoll:

```
I0:23:respawn:/usr/sbin/mgetty ttyI0
```

In den Runleveln 2 und 3 wird durch diesen Eintrag automatisch ein `mgetty`-Prozeß gestartet, der auf eingehende Anrufe für die oben konfigurierte Nummer wartet.

syncPPP   Die Alternative ist die Verwendung von synchronem PPP (für Client *und* Server), die hier in den Grundzügen beschrieben werden soll. Im Gegensatz zu einer asynchronen seriellen Verbindung, bei der Start- und Stop-Bits in

den Datenstrom eingefügt werden müssen, damit Sender und Empfänger miteinander synchronisiert werden können, arbeiten bei einer synchronen Verbindung
Sender und Empfänger immer exakt im selben Takt (sie besitzen gleich tickende
Uhren), wodurch das Einfügen der synchronisiernden Start/Stop-Bits wegfallen
kann. Die Datenübertragung erfolgt auf Basis des HDLC-Protokolls. Diese Form
der synchronen Datenübertragung bietet sich gerade für ISDN an, da dieses Protokoll grundsätzlich synchron arbeitet. Als Voraussetzung muß die Linux-ISDN-
Software (I4L) installiert sein. Zusätzlich muß in der ISDN-Kernel-Konfiguration
der Support für synchronous PPP aktiviert sein.

Für einen synchronen PPP-Server muß die I4L-Konfiguration angepaßt werden.
Im wesentlichen muß ein ippp-Netwerk-Device eingerichtet werden, für das
syncppp als Protokoll verwendet wird. Ein ippp-Device ist ein Gerät, das auf
einer →I4L-Konfiguration beruht (im Gegensatz zu einer ISDN-CAPI basierten
Konfiguration, oder einem ppp-Gerät für eine Modem oder DSL-Verbindung).
Darüber hinaus müssen Nummern angegeben werden, die anrufen dürfen. Ein
Skript, das diese Aufgaben ausführt, sollte minimal folgende Anweisungen ent-
halten. Als PPP-Interface wird hier ippp0 verwendet:

```
#!/bin/sh
#
# Hinzufuegen eines neuen ippp-Interfaces: ippp0
/sbin/isdnctrl addif ippp0
/sbin/isdnctrl l2_prot ippp0 hdlc
/sbin/isdnctrl l3_prot ippp0 trans
/sbin/isdnctrl encap ippp0 syncppp
# Lokale MSN: 673410
/sbin/isdnctrl eaz ippp0 673410
# Nummer 0254361234 darf sich anmelden (ohne 0)
/sbin/isdnctrl addphone in 254361234
# Binden des Interfacesnamens ippp0 an das device /dev/ippp0
/sbin/isdnctrl pppbind ippp0 0
# Nur die mit addphone in angegebenen Nummern koennen sich einwaehlen
/sbin/isdnctrl secure on
# Alternativ: alle dürfen sich einwaehlen:
# /sbin/isdnctrl secure off

# Starten des interfaces
/sbin/ifconfig ippp0 up
```

Darüber hinaus muß natürlich die PPP-Konfiguration für das ippp0-Interface
z. B. in den Dateien /etc/ppp/options und /etc/ppp/options.ippp0 vorgenommen und schließlich ein ipppd-Prozeß für dieses Interface gestartet werden (/sbin/ipppd ippp0).

Diese gesamte Konfiguration kann normalerweise mit Hilfe des jeweiligen Verwaltungswerkzeugs der entsprechenden Linux-Distribution vorgenommen werden – unter SuSE Linux ist dies YaST. Mit Hilfe der Menüs `Netzwerkgrundkonfiguration` und `ISDN-Parameter definieren` können alle notwendigen Einstellungen komfortabel vorgenommen werden.

4.7.6 Häufig verwendete Konfigurationsoptionen

PPP ist ein Protokoll, das über zahlreiche Optionen in einem sehr hohen Maße konfiguriert werden kann. Die Fülle der existierenden Optionen sollte jedoch nicht abschrecken, da für die am häufigsten gewünschten Konfigurationen nur wenige von ihnen verwendet werden müssen, was ja bereits in den vergangenen Abschnitten in den Beispielen ersichtlich wurde. In diesem Kapitel sollen nochmals zusammenfassend alle im oben beschriebenen Sinn wesentlichen Optionen dargestellt werden.

Manche Optionen sind unter bestimmten Umständen privilegiert. Dies bedeutet, daß diese Optionen dann nur in den Dateien `/etc/ppp/options` bzw. in einer durch die `call`-Option angegebenen Datei abgelegt werden können. In den Benutzerdateien (`.ppprc`) oder auf der Kommandozeile können diese Optionen nicht angegeben werden, es sei denn, `pppd` wird von `root` (nicht set-user-id-root) gestartet.

Einige der Optionen können auch negiert werden, indem dem Optionsnamen das Wort `no` direkt vorangestellt wird. Diese Optionen sind in folgender Übersicht durch (`*`) gekennzeichnet.

ttyname	Angabe des Geräts (z. B. `ttyS0`), über das kommuniziert werden soll. Ohne Angabe eines Geräts wird `stdin` verwendet. Diese Option ist privilegiert, falls die Option `noauth` angegeben wurde.
speed	*speed* ist eine Angabe für die Geschwindigkeit der Verbindung von Rechner (`pppd`) zu Modem (z. B. `38400`).
`auth` (`*`)	Diese Option bewirkt, daß `pppd` eine Authentifizierung von seinem Kommunikationspartner fordert. Durch die Angabe einer der Optionen `-chap` bzw. `-pap` kann genau festgelegt werden, welches der Protokolle verwendet werden soll. Die Angabe `-pap` bedeutet daher, daß PAP nicht akzeptiert wird und die Authentifizierung daher nur durch CHAP erfolgen kann. Soll keine Authentifizierung vom Kommunikationspartner gefordert werden, kann `noauth` angegeben werden.
`call` *name*	Weist `pppd` an, Optionen aus der Datei `/etc/ppp/peers/name` einzulesen. Diese Datei darf auch privilegierte Optionen enthalten (auch wenn `pppd` nicht als `root` gestartet wurde).

connect *script* Weist pppd an, das angegebene Skript auszuführen, um die (Modem-)Verbindung zum anderen System herzustellen. Üblicherweise wird chat dazu verwendet. Die Option ist privilegiert, falls zuvor die Option noauth angegeben wurde.

crtscts (*) Weist pppd an, zur Kommunikation mit dem Modem Hardwareflußkontrolle (RTS/CTS) zu verwenden. Ohne die Angabe dieser Option bzw. ohne Angabe von nocrtscts wird das Datenflußprotokoll nicht verändert.

defaultroute (*) Im Anschluß an die erfolgreiche IPCP Aushandlung wird eine Default-Route zum Netz des Kommunikationspartners gelegt. Nach Abbau der Verbindung wird diese Route wieder entfernt (siehe auch Abschnitt 4.7.8 auf Seite 393). Die Option ist privilegiert, falls zuvor die Option nodefaultroute angegeben wurde.

lock   Durch Angabe dieser Option wird pppd angewiesen, eine UUCP-konforme Lock-Datei für die verwendete serielle Schnittstelle (in /var/spool/locks) anzulegen, damit andere Prozesse „sehen", daß dieses Gerät zur Zeit belegt ist.

local ip:*remote ip* Durch die Angabe eines Adreßpaars wird pppd angewiesen, keine andere als die angegebenen Adressen für die lokale und die entfernte Maschine zu akzeptieren. Entweder der lokale oder der remote-Teil der Adreßangabe darf entfallen.

debug   Diese Option ist sehr nützlich, um Fehler beim Verbindungsaufbau zu finden. Wird diese Option verwendet, schreibt pppd ausführliche Debugging-Informationen über syslog (facility daemon, Ebene debug). In Abhängigkeit von der syslog-Konfiguration erscheinen diese Meldungen in einer Log-Datei, wie z. B. /var/log/ messages.

ipcp-accept-local, ipcp-accept-remote Die Angabe dieser Optionen weist pppd an, eine vom Kommunikationspartner vorgeschlagene Adresse für das lokale und das entfernte System zu akzeptieren.

ipdefault (*) Falls keine lokale IP-Adresse konfiguriert wurde (z. B. mit der *lokale IP*:*remote IP*-Syntax), wird versucht, die Adresse des Systems aus dem Hostnamen zu bestimmen. Wurde stattdessen noipdefault angegeben, muß die Adresse des lokalen Systems vom Kommnunikationspartner bereitgestellt werden.

login   Die Verwendung der login-Option ermöglicht es pppd, zur Authentifizierung über PAP die lokale Passwort-Datenbank (/etc/ passwd) zur Ermittlung des Secret für einen Benutzer zu verwenden. Darüber hinaus wird die Anmeldung eines Benutzers in wtmp (siehe man last) vermerkt. Auch mit der login-Option muß die

Datei `pap-secrets` einen Eintrag für jeden Benutzer enthalten, der sich authentifizieren können soll. Lediglich das Secret-Feld darf in diesem Fall leer (`""`) sein.

modem   Weist `pppd` an, bestimmte Steuerleitungen des Modems (Carrier Detect, Data Terminal Ready) zu verwenden. `ppp` wartet in diesem Fall bei einem Verbindungsaufbau auf das CD-Signal vom Modem und invertiert DTR kurz, wenn die Verbindung abgebrochen wird (führt in der Regel zur Reinitialisierung des Modems).

local   Weist `pppd` an, bestimmte Steuerleitungen des Modems (Carrier Detect, Data Terminal Ready) *nicht* zu verwenden. `ppp` wartet in diesem Fall bei einem Verbindungsaufbau *nicht* auf das CD-Signal vom Modem. Diese Einstellung wird insbesondere bei direkten Verbindungen über die serielle Schnittstelle zwischen zwei Rechnern ohne Modem benötigt.

name *name*   Erlaubt die Angabe eines konkreten Namens für das lokale System, der zur Authentifizierung verwendet wird. Falls diese Option nicht durch die Angabe der `user`-Option überschrieben wird, sendet `pppd` diesen Namen als Namen des lokalen Systems zur Authentifizierung an den Kommunikationspartner. Dem angegebenen Namen wird kein Domain-Name hinzugefügt. Dies kann über die Option `domain` *domainname* erfolgen. Die Option ist privilegiert.

netmask   Erlaubt das Setzen einer bestimmten Netzmaske für das PPP-Netzwerk-Interface. Die Netzmaske wird in Punktnotation (z. B. `255.255.255.0`) angegeben.

proxyarp   (`*`) Veranlaßt `pppd`, einen Eintrag mit der IP-Adresse des Kommunikationspartyners und der Ethernet-Adresse des lokalen Systems in die ARP- (Address Resolution Protocol) Tabelle vorzunehmen. Hierdurch erscheint der Kommunikationspartner anderen Maschinen als Rechner des lokalen Netzwerks.

user *name*   Diese Option setzt den Namen, der von `pppd` zur Authentifizierung beim Kommunikationspartner verwendet werden soll. Über diese Option kann z. B. auf dem lokalen System der vom ISP vergebene Benutzername für die Anmeldung bei diesem ISP konfiguriert werden.

xonxoff   Weist `pppd` an, zur Kommunikation mit dem Modem Software-flußkontrolle (XON/XOFF) zu verwenden.

4.7.7 Skripten

Bei einem Verbindungsaufbau bzw. -abbau werden von `pppd` verschiedene Skripten ausgeführt, die alle unter `root`-Rechten mit realer und effektiver Benutzer-ID `0` ausgeführt werden. Daher eignen sich diese Skripten hervorragend für das Verändern von Routen und den Aufruf weiterer Skripten, die beim Verbindungsaufbau unter `root`-Rechten ausgeführt werden müssen. Sind Dienste wie die in den vorangegangenen Abschnitten beschriebenen (`wwwoffle`, `fetchmail` oder `leafnode`) konfiguriert, kann beim Verbindungsaufbau z. B. automatisch Mail versendet, neue Mail und News abgerufen sowie `wwwoffle` in den Online-Modus versetzt werden. Entsprechendes ist auch für den Verbindungsabbruch möglich. Ein vollständiges Skript für diese Aufgabe ist weiter unten dargestellt.

Alle Skripten werden mit einem minimalen Environment aufgerufen, in dem lediglich einige Variablen gesetzt sind, die Parameter zu der aktuellen Verbindung enthalten. Bei der Ausführung der Skripten wartet `pppd` nicht auf die Beendigung dieser Skripten. Deren `stdin`-, `stdout`- und `stderr`-Kanäle sind auf `/dev/null` umgelenkt. Sollen Ausgaben gemacht werden, müssen diese daher explizit umgelenkt werden (z. B. `echo "output" > /dev/console`).

Die von `pppd` gesetzten Environment-Variablen sind:

`DEVICE` der Name des seriellen Geräts, das für die Verbindung verwendet wird (z. B. `/dev/ttyS0`).

`IFNAME` der Name des Netzwerk-Interface (z. B. `ppp0`).

`IPLOCAL` die lokale IP-Adresse, falls die IPCP-Verhandlung erfolgreich war.

`IPREMOTE` die IP-Adresse des Kommunikationspartners, falls die IPCP-Verhandlung erfolgreich war.

`PEERNAME` der für die Authentifizierung des Kommunikationspartners verwendete Name; die Variable ist nur dann gesetzt, wenn dieser sich beim lokalen System authentifiziert.

`SPEED` die Baudrate der seriellen Schnittstelle.

`UID` die reale Benutzernummer des Benutzers, der `pppd` gestartet hat; die effektive Benutzernummer ist `0`, da `pppd` mit set-user-id-Rechten für `root` gestartet wird.

`CONNECT_TIME` Wird an `ip_down` übergeben und enthält die vergangene Online-Zeit in Sekunden.

`BYTES_SENT` Wird an `ip_down` übergeben und enthält die während der Online-Verbindung gesendeten Bytes.

`BYTES_RCVD` Wird an `ip_down` übergeben und enthält die während der Online-Verbindung empfangenen Bytes.

Neben den Environment-Variablen werden die Skripten mit verschiedenen Parametern aufgerufen, die ebenfalls Informationen über die aktuelle Verbindung bereitstellen. Die wichtigsten Skripten sind im folgenden zusammen mit den an sie übergebenen Parametern aufgeführt:

❏ `/etc/ppp/auth-up if-name remote-name user-name tty-dev speed /etc/ppp/auth-down if-name remote-name user-name tty-dev speed`
Das `auth-up`-Skript wird nach erfolgreicher Athentifizierung des Kommunikationspartners beim lokalen System aufgerufen. `auth-down` wird aufgerufen, wenn die Verbindung beendet wird und zuvor `auth-up` aufgerufen worden war.

❏ `ip-up if-name tty-dev speed local-ip rem-ip ipparam ip-down if-name tty-dev speed local-ip rem-ip ipparam`
Das Skript `ip-up` wird aufgerufen, wenn die Verbindung bereit ist, IP-Pakete auszutauschen. Daher eignet sich dieses Skript zum automatischen Holen neuer Mail, News-Artikel etc. `ip-down` wird aufgerufen, wenn keine IP-Pakete mehr über die Verbindung gesendet/empfangen werden können.

Als Abschluß dieses Kapitels soll ein Beispiel einer vollständigen `ip-up` und `ip-down`-Datei dargestellt werden. Zur Vereinfachung wird für beide Skripten eine einzige Datei verwendet (d. h. `ip-down` ist ein symbolischer Link auf `ip-up`). Die Unterscheidung, welches der beiden Skripten aufgerufen wurde, erfolgt im Skript selbst aufgrund des Werts von `$0` (Skript-Name). Das Skript ist so gestaltet, daß alle in den letzten Abschnitten genannten Dienste verwendet werden. Beim Wechsel zum Online-Modus setzt das Skript `wwwoffle` in den Online-Modus, wobei zuvor ein Link zur Provider-abhängigen `wwwoffle`-Konfiguration gelegt wird. Darüber hinaus werden `leafnode` zum Abruf neuer USENET-Artikel und `fetchmail` zum Abruf neuer Mail vom Provider aufgerufen. Schließlich wird noch `sendmail -q` aufgerufen, um auf dem lokalen System zwischengespeicherte Mail zum Provider zu versenden. Als Provider werden in diesem Beispiel `isp.provider.de` und `isp.flatrate.de` angenommen. Die (festen) IP-Adressen der Einwahl-Server dieser Provider seien hierbei `120.34.100.x` und `146.55.60.x`. Diese Adreß-Fragmente werden später im Skript zur Unterscheidung herangezogen, welcher Provider vom Benutzer angewählt wurde, um anschließend z. B. die korrekte `wwwoffle`-Konfiguration verwenden und vom richtigen Mail-Server Mail abrufen zu können. Für die beiden Provider sollen zwei „passende" `wwwoffle.conf`-Dateien in `/etc/wwwoffle/` stehen: `wwwoffle.conf.isp1` und `wwwoffle.conf.isp2`. Da in dem Skript für die Adressen z. B. des Mail-Servers ein Name anstelle einer IP-Adresse angegeben wurde, muß auf dem Rechner (in `/etc/resolv.conf`) die IP-Addresse eines Nameservers des Providers eingetragen sein, oder es muß auf dem lokalen Rechner ein Nameserver-Prozeß laufen, der die Namen in konkrete IP-Adressen auflösen kann. Alternativ können die Namen zusammen mit den zugehörigen IP-Adressen auch in die Datei /etc/hosts eingetragen werden.

Um dieses Skript tatsächlich zu verwenden, sollte es im Verzeichnis /etc/ppp als ip-up abgelegt und anschließend ein symbolischer Link ip-down darauf gelegt werden. Da viele Distributionen schon ein ip-up-Skript mitliefern, und dieses Skript normalerweise ein weiteres Skript ip-up.local aufruft, kann das unten stehende Skript auch als „local"-Skript verwendet werden, sofern es von ip-up mit allen Parametern versorgt wird:

```
root@erde:/root #    cd /etc/ppp
root@erde:/etc/ppp #  cp /tmp/my-ip-up ./ip-up
root@erde:/etc/ppp #  ln -s ip-up ip-down
root@erde:/etc/ppp #  ls -l ip-*
lrwxrwxrwx    1 root      root          5 Dec 17 17:46 ip-down -> ip-up
-rwxr-x--x    1 root      root       3173 Dec  9 19:32 ip-up
```

Darüber hinaus muß das Skript bezüglich der IP-Adressen der verschiedenen Provider und der Namen der zugehörigen wwwoffle.conf-Dateien angepaßt werden. Die Datei ip-up für die oben dargestellte Konfiguration sieht wie folgt aus:

```
#!/bin/sh
#
# Demo fuer /etc/ppp/ip-up und ip-down-Skript
#
BASENAME='basename $0'
INTERFACE=$1
DEVICE=$2
SPEED=$3
LOCALIP=$4
REMOTEIP=$5


#
# Eine Shell-Funktion zum Start der verschiedenen Dienste. Aufruf erfolgt
# weiter unten im Skript.
# Setzt wwwoffle Konfiguration auf Datei für entsprechenden Provider
# Startet leafnode und fetchmail und leert die lokale Mailqueue
# durch Aufruf von sendmail -q. Alle Ausgaben werden in eine Log-Datei
# geschrieben.
#
handleServices()
    LASTLOG=/tmp/$BASENAME
    LOG=/var/log/ip-updown

    test -f $LASTLOG && mv $LASTLOG $LASTLOG.old
```

```
(
case "$BASENAME" in
  # Skript wurde als ip-up aufgerufen:
  ip-up)
      echo "----------------------------------------------------------"
      echo `date`
      echo "Interface $INTERFACE wird gestartet ..."

      # Providerabhaengige Einstellungen ...
      case "$REMOTEIP" in
        # *** Adresse entsprechend der ISP Server-Adressen anpassen,
        # *** um verschiedene Provider unterscheiden zu können:
        120.34.100*)
              # Konfiguration für wwwoffle anpassen
              rm -f /etc/wwwoffle/wwwoffle.conf
              # *** Bitte anpassen:
              ln -s /etc/wwwoffle/wwwoffle.conf.isp1 \
                                    /etc/wwwoffle/wwwoffle.conf &&
              # Neueinlesen der Konfiguration
              wwwoffle -config

              # Sendmail ...
              echo "Leere lokale mailqueue"
              /usr/sbin/sendmail -q &
              #
              # *** oder anstelle von sendmail: masqmail
              # *** masqmail erhält je nach verwendetem Provider einen
              # *** entsprechenden Namen als Parameter der für die
              # *** Mailrouting-Konfiguration verwendet wird
              # *** Namen (providerA) der eigenen Config anpassen:
              #       online Datei mit Providernamen schreiben
              # echo -n "providerA" > /tmp/connect_route
              #       'externe', zwischengespeicherte  Mail versenden
              # masqmail -qo providerA
              # wie oben, jedoch auch Mailabruf:
              # masqmail -g -qo providerA

              # *** Bitte mailserver-Adresse anpassen:
              echo "Starting fetchmail mailserver.provider.de"
              /usr/bin/fetchmail  mailserver.provider.de &

              echo "Starte leafnode fetch ..."
              /usr/sbin/fetchnews -v &
```

```
            echo "Setting wwwoffle online..."
            wwwoffle -online;
            wwwoffle -fetch &
            ;;

    146.55.60*)
            rm -f /etc/wwwoffle/wwwoffle.conf
            # *** Bitte anpassen:
            ln -s /etc/wwwoffle/wwwoffle.conf.isp2 \
                            /etc/wwwoffle/wwwoffle.conf &&
            wwwoffle -config
            sendmail -q &
            #               #
            # *** oder anstelle von sendmail: masqmail
            # *** masqmail erhält je nach verwendetem Provider einen
            # *** entsprechenden Namen als Parameter der für die
            # *** Mailrouting-Konfiguration verwendet wird
            # *** Namen (providerB) der eigenen Config anpassen
            #       online Datei mit Providernamen schreiben
            # echo -n "providerB" > /tmp/connect_route
            #       'externe', zwischengespeicherte  Mail versenden
            # masqmail -qo providerB
            # wie oben, jedoch auch Mailabruf
            # masqmail -g -qo providerB

            # *** Bitte mailserver adresse anpassen:
            echo "Starting fetchmail mailserver.flatrate.de"
            /usr/bin/fetchmail  mailserver.flatrate.de &

            echo "Setting wwwoffle online..."
            # Adjust configuration for wwwoffle
            wwwoffle  -online
            wwwoffle  -fetch &
            ;;
    esac
    ;;

# Skript wurde als ip-down aufgerufen:
ip-down)
    /usr/bin/fetchmail --quit
    echo "Interface $INTERFACE wird heruntergefahren ..."
    # wwwoffle in den Offline Modus setzen.
    wwwoffle -offline
    echo
```

```
        ;;
    esac
    ) > $LASTLOG 2>&1
    # Noch auf ein paar Ausgaben warten, die von im Hintergrund
    # gestarteten Prozessen kommen können. Alle Ausgaben, die dann noch
    # kommen werden als nicht mehr relevant angesehen.
    sleep 5
    cat $LASTLOG >> $LOG
 #---- Ende der Shell-Funktion


#--- Beginn des Skripts:
#
case "$INTERFACE" in
ippp*)
        # ISDN--Interfaces. Die Benunnung dieser Interfaces ist ippp0,
        # ippp1, ... anstellen von ppp0, ppp1, ...
        echo "Konfiguriere ISDN-Interface $INTERFACE
        # ...
        # Start/Stop der Dienste (wwwoffle, ...)
        handleServices
        ;;
ppp*)
        echo "Konfiguriere PPP-Interface $INTERFACE
        # ...
        # Start/Stop der Dienste (wwwoffle, ...)
        handleServices
        ;;
esac
```

Das Skript verwendet die Funktion handleServices() dazu, die verschiedenen Dienste zu starten/stoppen. Ob die Verbindung gerade auf- bzw. abgebaut wurde, kann dem Namen entnommen werden, über den das Skript aufgerufen wurde. Obwohl ip-down lediglich ein Link auf ip-up darstellt, wird bei einem Aufruf von ip-down der Name in der Varibalen $0 des Skripts entsprechend gesetzt und später, um den Pfad verkürzt, an BASENAME zugewiesen. In der Funktion handleServices kann dann mit einer einfachen case-Anweisung unterschieden werden, ob die Dienste gestartet oder gestoppt werden sollen. Diese Funktion kann selbstverständlich weitere Funktionen übernehmen, wie etwa das Setzen bestimmter IP-Routen.

Der Aufruf der Funktion handleServices() erfolgt aus dem unteren Teil des Skripts, ebenfalls aus einer case-Anweisung heraus, die dazu verwendet wird, zwischen PPP-Verbindungen über ISDN und normalen PPP-Verbindungen zu unterscheiden. In obigem Beispiel ist diese Unterscheidung nicht notwendig, sie wurde nur zur Darstellung dieser Möglichkeit angewendet.

4.7.8 Routing

Eine PPP-Verbindung zwischen zwei Systemen richtet auf jedem dieser Systeme ein neues IP-Netzwerk-Interface mit einer bestimmten Adresse ein, die normalerweise vom PPP-Server vorgegeben wird. Damit über diese neuen Interfaces auch Netzwerkpakete versendet/empfangen werden können, müssen auf beiden Seiten Vorkehrungen getroffen werden, damit Pakete, die an die Adresse des jeweiligen Kommunikationspartners gerichtet sind, auch über das PPP-Interface versendet werden und nicht etwa über ein zweites Ethernet-Interface. Zu diesem Zweck müssen die Pakete zu dem PPP-Interface „geroutet" werden (zu den Grundlagen des Routing stellt z. B. das NET-3-HOWTO-Dokument aus dem →LDP Informationen bereit, das unter der URL http://www.linuxdoc. org/ verfügbar ist).

pppd bietet zu diesem Zweck zwei verschiedene Verfahren an. Das eine wird durch die Option proxyarp aktiviert. Diese Option nimmt einen Eintrag in die ARP-Tabelle der lokalen Maschine vor mit der IP-Adresse des Kommunikationspartners und der Ethernet(Hardware)-Adresse der lokalen Maschine. Hierdurch erscheint der Kommunikationspartner den anderen Maschinen des lokalen Netzwerks, die mit der lokalen Maschine vernetzt sind, als ein Teil dieses Netzwerks. Pakete, die an den Kommunikationspartner gerichtet sind, werden jetzt an die lokale Maschine gesendet, die sie weiter zum Kommunikationspartner senden kann.

Diese Methode ist insbesondere für einen PPP-Server verwendbar, wenn über die PPP-Verbindung ein einzelner Rechner angebunden werden soll. Auf der Seite des Client sollte eine Defaultroute zu den Routing-Tabellen des lokalen Systems hinzugefügt werden, wobei der PPP-Server als Gateway verwendet wird. Durch diese Route wird bewirkt, daß Pakete, die nicht an das lokale (Client-)Netzwerk gerichtet sind, über die Defaultroute zum PPP-Server versendet werden. Genau das wird durch die Angabe der Option defaultroute auf dem Client bewirkt. Für die Zeit der PPP-Verbindung bewirkt diese Option, daß eine Defaultroute mit dem Server als Gateway eingerichtet wird.

Was mit dieser Methode nicht funktioniert, ist die Verbindung zweier LANs, also zweier Netzwerke mit PPP. Auch in diesem Fall wird die PPP-Verbindung durch zwei Rechner aufgebaut, wobei jedoch beide Rechner Teil jeweils eines Netzwerks mit weiteren Maschinen sind. Von jeder Maschine des einen Netzwerks soll nicht nur der PPP-Rechner auf der anderen Seite erreichbar sein, sondern auch alle Rechner, die auf dessen Seite mit diesem vernetzt sind. Zu diesem

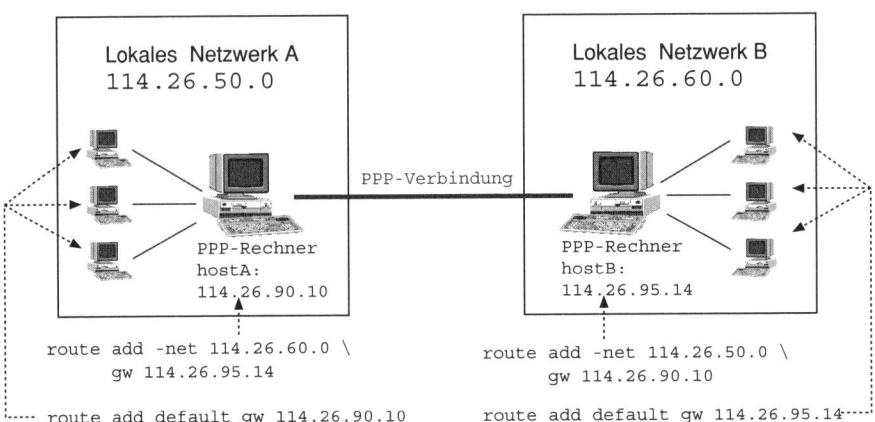

Abbildung 4.18: LAN-Verbindung mit PPP

Zweck müssen auf jeder Seite Routen für die beiden Netzwerke eingerichtet werden.

Abbildung 4.18 verdeutlicht diese Situation. Es existieren zwei lokale Netzwerke A und B, die durch eine PPP-Verbindung zwischen den Rechnern hostA und hostB erreichbar sind, deren PPP-Interfaces die angegeben IP-Adressen haben. Damit z. B. Rechner aus dem Netzwerk A Rechner des Netzwerks B erreichen können, wird zunächst auf dem PPP-Rechner hostA eine Netzwerk-Route eingerichtet, die alle Pakete, die an einen Rechner des B-Netzwerks adressiert sind, zu hostB sendet, der sie an den Zielrechner weiterleiten kann. Auf der Seite von Netzwerk B geschieht spiegelbildlich das gleiche.

Damit können die Rechner hostA und hostB jeweils Pakete in das andere Netzwerk senden. Was noch fehlt, sind Routen auf den anderen Rechnern des jeweiligen lokalen Netzwerks. Beispielsweise müssen alle Rechner des Netzwerks A, um einen Rechner des Netztzwerks B erreichen zu können, ihre Pakete zunächst an hostA senden, da dieser Rechner weiß, wie die Pakete weitervermittelt werden müssen. Zu diesem Zweck wird auf jedem der lokalen Rechner des Netzwerks A eine Defaultroute auf hostA gelegt. Dadurch gelangen alle Pakete, die nicht für das lokale Netzwerk bestimmt sind oder durch eine andere existierende Route „umgeleitet" werden, zu hostA und von diesem schließlich über hostB zum Zielrechner. Auch auf der Seite von Netzwerk B erfolgt spiegelbildlich das gleiche.

4.7.9 Rechner-Rechner-Verbindung mit `pppd`

Das PPP-Protokoll wird meistens zur Einwahl bei einem Internet-Provider verwendet. Dies ist aber nicht die einzige Möglichkeit, PPP einzusetzen. In diesem Abschnitt soll ein ganz konkretes Anwendungsbeispiel dargestellt werden, bei dem PPP verwendet wird, um zwei Rechner über die serielle Schnittstelle zu vernetzen. Da der Aufwand hierzu minimal ist, bietet sich diese Art der Vernetzung auch an, wenn gerade ein paar Daten von einem zum anderen System übertragen werden sollen. Eine Alternative zu dieser kabelgebundenen Vernetzung ist die Möglichkeit, zwei oder mehr Rechner mit Hilfe von Wireless LAN-Karten zu vernetzen. Auf Wireless LANs wird grundlegend in Abschnitt 7.3 auf Seite 643 eingegangen. Die Möglichkeit, mehrere Rechner über ein WLAN direkt miteinander zu vernetzen, wird in Abschnitt 7.3.3.4 auf Seite 672 beschrieben.

Alles, was für die kabelgebundene Vernetzung benötigt wird, ist ein Nullmodem-Kabel (siehe auch auf Seite 10), mit dem die beiden Rechner untereinander verbunden werden. Zudem muß natürlich bekannt sein, an welche der seriellen Schnittstellen (`ttyS0`, `ttyS1`,...) der jeweils andere Rechner angeschlossen wurde. Sind diese Daten bekannt, ist die Verbindung umgehend möglich. Das angenehme an einer solchen PPP-basierten Verbindung ist, daß hierdurch letztlich eine IP-Verbindung geschaffen wird, d. h., alle üblichen Werkzeuge von `ftp` über `ssh` bzw. `slogin` bis hin zu NFS können in gewohnter Form verwendet werden.

Das Herstellen der PPP-Verbindung erfolgt einfach dadurch, daß auf beiden Rechnern ein `pppd` mit entsprechenden Parametern gestartet wird. Die Parameter können wie immer auf der Kommandozeile von `pppd` angegeben oder in einer Konfigurationsdatei zusammengefaßt werden. Im folgenden werden die Parameter auf der Kommandozeile direkt angegeben. In dem Beispiel soll davon ausgegangen werden, daß auf beiden Rechnern die serielle Schnittstelle `/dev/ttyS0` für die Verbindung verwendet wird. Was jetzt noch festgelegt werden muß, sind die IP-Adressen, die den ppp-Schnittstellen zugeordnet werden sollen, also die Adresse, unter der der jeweils andere Rechner ansprechbar sein soll. Hier sollten Adressen aus einem privaten noch ungenutzten Bereich verwendet werden. Im Beispiel erhält der Rechner *A* die Adresse `192.168.50.1`, der Rechner *B* die Adresse `192.168.50.2`. Um Problem mit Zugriffsrechten aus dem Weg zu gehen, sollte der erste Versuch auf beiden System als Benutzer `root` ausgeführt werden.

Auf dem Rechner *A* muß `pppd` wie folgt als `root` gestartet werden:

```
root@erde:/root #  pppd 115200 ttyS1 local crtscts nodetach noauth
192.168.20.1:192.168.20.2
```

Auf dem Rechner *B* muß `pppd` wie folgt gestartet werden:

```
root@erde:/root #  pppd 115200 ttyS1 local crtscts nodetach noauth
```

Der einzige Unterschied zwischen den beiden Aufrufen besteht in der Angabe der IP-Adressen. Auf Rechner *A* wird `192.168.50.1:192.168.50.2` angegeben, was bedeutet, daß pppd dem lokalen System die Adresse `192.168.50.1` und dem Rechner *B* die Adresse `192.168.50.2` zuweisen soll. Beim Starten von pppd auf Rechner *B* muß die Adressangabe einfach weggelassen werden, wodurch bei der Aushandlung der Adressen beim Verbindungsaufbau der Rechner *B* die von *A* vorgegebene Adresse `192.168.50.2` erhält.

Die Option `115200` legt die Baudrate für die serielle Schnittstelle fest. Der Wert muß auf beiden Seiten natürlich gleich sein. Die Schnittstelle selbst wird ohne vorangestelltes `/dev/` einfach als `ttyS1` angegeben. Wichtig ist die Option `local`. Durch sie wird festgelegt, daß pppd die normalerweise von einem Modem gesetzten Statussignale der seriellen Schnittstelle, wie z. B. Carrier Detect (CD), nicht auswertet. Da in diesem Fall kein Modem da ist, das diese Signale setzen könnte, muß die Option `local` verwendet werden. `crtscts` legt die Datenflußkontrolle für die serielle Schnittstelle auf RTS/CTS fest. Alternativ kann hier auch `xonxoff` verwendet werden (weitere Informationen stehen in Abschnitt 2.1.1.4 auf Seite 11). Die Option `nodetach` sorgt dafür, daß pppd sich nicht in den Hintergrund legt. Das hat für einen Test den Vorteil, daß pppd durch Drücken von (Ctrl)-(c) abgebrochen werden kann. Ohne diese Option würde pppd nach dem Start das Terminal wieder freigeben. Ein Verbindungsabbruch ist dann nur über ein `kill` auf die Prozeßnummer des pppd-Prozesses möglich. Die Option `noauth` bewirkt, daß pppd von seinem Gegenüber keine Authentifizieren (z. B. über PAP) fordert. Schließlich folgt die Angabe der IP-Adressen.

Nach dem Start des pppd auf beiden System sollten in etwa folgende Ausgaben auf beiden System erkennbar sein:

```
Perms of /dev/ttyS1 are ok, no 'mesg n' neccesary.
using channel 9
Using interface ppp0
Connect: ppp0 <--> /dev/ttyS1
sent [LCP ConfReq id=0x1 <asyncmap 0x0> <magic 0xff9a190f> <pcomp> <accomp>]
rcvd [LCP ConfReq id=0x1 <asyncmap 0x0> <magic 0xb4ea576c> <pcomp> <accomp>]
sent [LCP ConfAck id=0x1 <asyncmap 0x0> <magic 0xb4ea576c> <pcomp> <accomp>]
rcvd [LCP ConfAck id=0x1 <asyncmap 0x0> <magic 0xff9a190f> <pcomp> <accomp>]
cbcp_lowerup
want: 2
sent [IPCP ConfReq id=0x1 <addr 192.168.50.1> <compress VJ 0f 01>]
sent [CCP ConfReq id=0x1 <deflate 15> <deflate(old#) 15> <bsd v1 15>]
rcvd [LCP EchoReq id=0x0 magic=0xb4ea576c]
sent [LCP EchoRep id=0x0 magic=0xff9a190f]
rcvd [IPCP ConfReq id=0x1 <addr 192.168.50.2> <compress VJ 0f 01>]
sent [IPCP ConfAck id=0x1 <addr 192.168.50.2> <compress VJ 0f 01>]
rcvd [CCP ConfReq id=0x1 <deflate 15> <deflate(old#) 15> <bsd v1 15>]
```

```
sent [CCP ConfAck id=0x1 <deflate 15> <deflate(old#) 15> <bsd v1 15>]
rcvd [IPCP ConfAck id=0x1 <addr 192.168.50.1> <compress VJ 0f 01>]
local   IP address 192.168.50.1
remote IP address 192.168.50.2
Script /etc/ppp/ip-up started (pid 13276)
rcvd [CCP ConfAck id=0x1 <deflate 15> <deflate(old#) 15> <bsd v1 15>]
Deflate (15) compression enabled
Script /etc/ppp/ip-up finished (pid 13276), status = 0x0
```

Anhand dieser Ausgaben kann die Aushandung der Verbindungsparameter und insbesondere der IP-Adressen ersehen werden. Am Ende ist erkennbar, daß das ip-up-Skript ausgeführt wurde. Ein Verbindungstest kann nun am einfachsten mit Hilfe des ping-Kommandos erfolgen, indem auf Rechner A das Kommando ping 192.168.50.2 eingegeben wird. Die Ausgabe sollte wie folgt aussehen:

```
root@erde:/root #  ping 192.168.50.2
PING 192.168.50.2 (192.168.50.2) from 192.168.50.1: 56(84) bytes of data.
64 bytes from 192.168.50.2: icmp_seq=1 ttl=255 time=2.81 ms
64 bytes from 192.168.50.2: icmp_seq=2 ttl=255 time=2.80 ms
64 bytes from 192.168.50.2: icmp_seq=3 ttl=255 time=2.71 ms
...
```

Anschließend kann z. B. von Rechner A eine FTP-Sitzung zu Rechner B durch Aufruf von ftp 192.168.50.2 gestartet werden.

4.8   Einrichten eines FTP-Servers

FTP ist ein Protokoll, das der Dateiübertragung zwischen zwei Rechnern in der Regel über das Internet dient. Eine FTP-Verbindung wird von einem Client-Programm, wie etwa ncftp (siehe Abschnitt 4.1.2 auf Seite 247), zu einem FTP-Server aufgebaut. Der Server stellt dem Client die Möglichkeit zur Verfügung, Dateien sowohl vom Server zum Client (Download) als auch umgekehrt (Upload) zu transferieren. Verfügt ein Rechner über keine permanente Anbindung zum Internet, kann zur Bereitstellung von Dateien neben dem FTP-Server ein PPP-Server (siehe Abschnitt 4.7 auf Seite 359) eingerichtet werden, der es anderen Benutzern (Rechnern) ermöglicht, über ein Modem etc. auf den FTP-Server zu-zugreifen.

Beim Aufbau einer Verbindung von einem Client zum FTP-Server fordert der Server vom Client eine Authentifizierung. Hierbei müssen vom Client – wie beim normalen Login – ein Benutzername und ein zugehöriges Passwort angegeben werden. Eine besondere Stellung hat hierbei der Benutzername anonymous (oft auch ftp), mit dessen Hilfe ein Download (je nach Serverkonfiguration auch ein Upload) anonym, also ohne Authentifikation, durchgeführt werden kann.

Für den Benutzer anonymous wird als Passwort entsprechend einer allgemeinen Konvention die Mail-Adresse des Client angegeben. Dies soll dem Server-Adminstrator einen Überblick darüber geben, wer auf den von ihm administrierten Server zugreift. Bei manchen Servern muß eine Mail-Adresse angegeben werden, andere Server akzeptieren auch andere „beliebige" Eingaben für das anonymous-Passwort. Da durch den anonymous-Zugang wirklich jedem Benutzer ein Zugang zu dem FTP-Server gewährt wird, sind die Möglichkeiten, die diese Kennung hat, sehr beschränkt. In der Regel werden lediglich das Ansehen eines Verzeichnisses /pub sowie der Download von Dateien aus diesem Verzeichnis möglich sein. Falls der Server-Administrator einen Upload von Dateien erlaubt, kann dies üblicherweise nur in das Verzeichnis /incoming erfolgen. Viele FTP-Server bieten ausschließlich den anonymous-Zugang und keinen Benutzerspezifischen.

Der FTP-Server besteht letztlich aus einem Programm ftpd (je nach verwendetem Server auch mit anderem Präfix, wie z.B. wu.ftpd für den von der Washington University entwickelten FTPD) und einigen Hilfsprogrammen, die es dem FTP-Client z.B. erlauben, Verzeichnisse aufzulisten oder Dateien zu komprimieren. Manche FTP-Server-Distributionen verzichten bewußt auf solche Zusatzprogramme, um dadurch einige Sicherheitsrisiken prinzipiell auszuschließen (wie z.B. der proftpd).

Im Laufe der Zeit haben sich verschiedene Varianten von FTP-Servern entwickelt, die mehr Sicherheit und einen erweiterten Funktionsumfang bieten. Die wichtigsten heute existierenden und frei verfügbaren FTP-Server für Linux sind sicherlich WUFTP, PROFTP und der speziell auf Sicherheit ausgelegte VSFTPD, wobei der erstgenannte die größe Zahl an Leistungsmerkmalen aufweist und insgesamt eine sehr große Verbreitung gefunden hat[9]. Im folgenden soll die Konfiguration des FTP-Servers wu.ftpd beschrieben werden. Obwohl die grundlegende Konfiguration aller FTP-Server sehr ähnlich ist und im wesentlichen die gleichen Schritte erfordert, bestehen doch Unterschiede bei den Leistungsmerkmalen der einzelnen Server und bei den verwendeten Konfigurationsdateien. Wer jedoch die im folgenden, am Beispiel des wu.ftpd dargestellen Schritte prinzipiell verstanden hat, sollte keine größeren Schwierigkeiten haben, einen beliebigen anderen Server zu konfigurieren.

4.8.0.1 Funktionsweise

Der WUFTP-Server besteht im wesentlichen aus dem Programm wu.ftpd, dem FTP-Daemon. Für jeden Benutzer, der sich bei dem FTP-Server anmeldet, wird ein neuer wu.ftpd-Prozeß gestartet, der die Anfragen dieses Benutzers bedient. Der Start des Prozesses erfolgt in der Regel mit Hilfe des inetd, einem speziel-

---

[9]Wer jedoch weniger auf die Zahl der Features als auf möglichst große Sicherheit wert legt, sollte sich VSFTPD ansehen.

len Prozeß, der auf verschiedenen (in /etc/inetd.conf konfigurierten) Ports auf Versuche anderer Prozesse (z. B. eines FTP-Client), eine Netzwerkverbindung aufzubauen, wartet. Zur Bearbeitung einer Anfrage wird ein dem jeweiligen Protokoll zugeordnetes Programm gestartet. Im Fall einer FTP-Anfrage, die in der Regel auf Port 21 erfolgt, wird automatisch ein FTP-Server-Prozeß gestartet. Ein Auszug aus der Datei /etc/inetd.conf sieht wie folgt aus:

```
# See "man 8 inetd" for more information.
#
# If you make changes to this file, either reboot your machine or
# send the inetd a HUP signal:
# Do a "ps x" as root and look up the pid of inetd. Then do a
# "kill -HUP <pid of inetd>".
# The inetd will re-read this file whenever it gets that signal.
# <service_name> <sock_type> <proto> <flags> <user> <server_path> <args>
ftp       stream tcp      nowait  root    /usr/sbin/tcpd  wu.ftpd -a -l
# ...
Telnet    stream tcp      nowait  root    /usr/sbin/tcpd  in.Telnetd
login     stream tcp      nowait  root    /usr/sbin/tcpd  in.rlogind
talk      dgram  udp      wait    root    /usr/sbin/tcpd  in.talkd
# ...
```

Die hier interessante Zeile ist der ftp-Eintrag. Durch diese Zeile wird festgelegt, daß bei einer eingehenden ftp-Verbindung der Prozeß wu.ftpd als Benutzer root mit den angegebenen Argumenten gestartet wird, um die eingehende Verbindung zu bearbeiten. Die Option -a weist wu.ftpd an, die Konfigurationsdatei /etc/ftpaccess zu verwenden, durch die das Verhalten des Servers konfiguriert werden kann (s. u.). Die Option -l bewirkt, daß FTP-Verbindungen mit Hilfe des Syslog-Mechanismus protokolliert werden (z. B. in der Datei /var/log/messages).

Der links stehende Service-Name ftp (wie auch alle anderen Service-Namen) sind wiederum in der Datei /etc/services festgelegt. Dort steht für jeden Service die Port-Nummer, auf der Verbindungen für dieses Protokoll erwartet werden, und welches Protokoll für diesen Service verwendet wird. Der Eintrag für den Service ftp lautet z. B.:

```
# ...
ftp            21/tcp
# ...
```

Durch diese Angaben weiß inetd genau, auf welchen Ports des Rechners, auf dem er arbeitet, auf eingehende Verbindungen gewartet werden soll. Durch inetd.conf ist festgelegt, welche Programme die jeweiligen Protokolle verarbeiten können.

Auch wu.ftpd wird über den inetd gestartet. Daher sollte überprüft werden, ob im Anschluß an die Installation der Software (siehe unten) der Eintrag in /etc/inetd.conf vorhanden und nicht durch ein davor stehendes #-Zeichen unwirksam gemacht ist. Muß die Datei verändert werden, sollte anschließend ein HUP-Signal an den Prozeß inetd gesendet werden, um ihn zu veranlassen, seine Konfiguration neu einzulesen. Dies kann als Benutzer root wie folgt durchgeführt werden:

```
root@erde:/root # ps axuw | grep inetd
root    222  0.0  0.0   912    84  ?   S   10:09   0:00 /usr/sbin/inetd
root@erde:/root # kill -HUP 222
```

Nach dem Start des FTP-Daemon erwartet der Server die Anmeldung des Client. Falls der Benutzer, der sich über FTP anmelden möchte, eine lokale Kennung auf dem FTP-Server hat und der Server entsprechend konfiguriert wurde, kann sich der Benutzer mit seinem Kennungsnamen und seinem Passwort anmelden. Anschließend sieht er in der Regel den Inhalt seines Home-Verzeichnisses und kann Dateien von und in dieses Verzeichnis übertragen. Oftmals wird die Konfiguration des Servers jedoch so gestaltet sein, daß sich nur der Benutzer anonymous bzw. ftp anmelden kann, wobei als Passwort die Client-Mail-Adresse verwendet wird. In diesem Fall werden vom FTP-Server besondere Maßnahmen ergriffen, durch die die Sicherheit des Server-Systems garantiert werden soll. Der FTP-Daemon führt hierzu einen sogenannten chroot-Systemaufruf mit einem Verzeichnisnamen, wie z. B. /usr/local/ftp, als Argument aus (als Pfad wird das Home-Verzeichnis des Benutzers ftp verwendet). Der Effekt dieses Aufrufs ist der, daß der anonyme FTP-Benutzer anschließend das im chroot-Aufruf angegebene Verzeichnis als sein /-Verzeichnis sieht. Führt der FTP-Benutzer beispielsweise ein cd /-Kommando aus, befindet er sich aus seiner Sicht im Verzeichnis /. Aus Sicht des Servers befindet er sich jedoch nicht in dessen Wurzelverzeichnis, sondern im Verzeichnis /usr/local/ftp. Durch diese Maßnahme kann garantiert werden, daß ein anonymer Benutzer keine Möglichkeit hat, an die kritischen Systemdateien des FTP-Servers, wie z. B. /etc/passwd, zu gelangen.

Damit der FTP-Benutzer die Möglichkeit hat, Verzeichnisse aufzulisten und evtl. Dateien zu komprimieren, müssen vom Systemadministrator einige Dateien in das FTP-Verzeichnis kopiert werden. Hierzu zählt insbesondere das Programm ls, u. U. auch die Programme tar und compress, die alle in das Verzeichnis /usr/local/ftp/bin kopiert werden sollten. Aus Sicht des anonymen FTP-Benutzers stehen die Programme also unter dem Verzeichnis /bin. Bezüglich der Programme muß eine Besonderheit beachtet werden: Normalerweise laden Programme wie z. B. ls beim Start Programmcode aus verschiedenen Bibliotheken hinzu (siehe Ausgabe von ldd /bin/ls). Das Problem besteht nun darin, daß bei Ausführung eines Programms durch einen anonymen FTP-Benutzer keine dieser System-Bibliotheken geladen werden kann, da diese ja außerhalb des FTP-Basisverzeichnisses liegen, das das Wurzelverzeichnis für den Benutzer darstellt. Die Lösung des Problems liegt darin, daß nicht die üblichen Programmversion verwendet werden, sondern solche, die bei der Übersetzung statisch gebunden wurden und daher keinen Programmcode aus Bibliotheken laden müssen.

Darüber hinaus muß eine minimale Datei /usr/local/ftp/etc/passwd mit Einträgen für root und ftp erstellt werden. Für den ftp-User sollte eine sonst nicht verwendete Gruppe ausgesucht werden, die in der Datei /usr/local/ftp/etc/group eingetragen wird. Die passwd-Datei sollte keine Paßwörter, sondern einen * an deren Stelle enthalten. Die Dateien und Verzeichnisse sollten dem Benutzer root gehören und die Rechte 111 haben. Der Nutzen der beiden Dateien liegt darin, daß der FTP-Benutzer für die Dateien, die er laden kann, einen Owner-Namen und keine Owner-UID (User-Id) sieht.

Ein weiteres Verzeichnis, das angelegt werden sollte, ist /usr/local/ftp/pub (Owner root, Rechte 555). In dieses Verzeichnis sollten alle Dateien kopiert werden, die einem anonymen Benutzer zum Download zur Verfügung stehen sollen. Ist auch die Möglichkeit des Uploads, also des Dateitransfers vom Client zum Server beabsichtigt, sollte ein weiteres Verzeichnis /usr/local/ftp/incoming erstellt werden, das für diesen Zweck benutzt werden kann (Owner root, Rechte 733).

Normalerweise liegt einer Linux-Distribution ein bereits vorbereitetes FTP-Serverpaket bei, das die beschriebene Verzeichnishierarchie mit statisch gebundenen Programmen enthält. Bei SuSE Linux heißt das Paket ftpdir. Sollte der verwendeten Distribution kein solches Paket beiliegen, kann es einfach vom FTP-Server ftp.suse.com heruntergeladen werden.

4.8.0.2 Installation und Konfiguration

Der erste Schritt zur Einrichtung eines FTP-Servers mit Hilfe von WUFTP besteht in der Installation der Software selbst. Das WUFTP-Paket kann entweder von dessen Homepage http://www.landfield.com/wu-ftpd/ als fertig übersetztes Binary oder im Quelltext bezogen werden. Wurde die Quelltext-Variante gewählt, sollte die darin enthaltene Datei INSTALL beachtet werden, die wichtige Hinweise zur Übersetzung des Programms enthält.

Im Anschluß an die Installation sollte überprüft werden, ob es einen Benutzer ftp in der Datei /etc/passwd gibt. Für diese Kennung sollte in der passwd-Datei bzw. in der /etc/shadow-Datei das Zeichen * als Passwort (2. Feld) eingetragen sein. Die Einträge in /etc/passwd, /etc/shadow und /etc/group könnten wie folgt aussehen:

```
# /etc/passwd:
# FTP-Basisverzeichnis ist /usr/local/ftp:
```

```
# ...
ftp:x:40:2:ftp account:/usr/local/ftp:/bin/bash
# ...

# /etc/shadow (Kennung ist durch Passwort * "deaktiviert"
# niemand kann sich als Benutzer ftp anmelden oder ein su machen:
# ...
ftp:*:8902:0:10000::::
# ...

# /etc/group:
# ...
daemon:x:2:
# ...
```

Schließlich sollten die Dateien /etc/inetd.conf und /etc/services auf den oben beschriebenen Eintrag für den Service ftp hin durchsucht werden. Wurden Änderungen an diesen Dateien vorgenommen, muß dem Prozeß inetd, wie oben beschrieben, anschließend das HUP-Signal gesendet werden.

Zum Abschluß müssen jetzt noch die Dateien und Verzeichnisse unter /usr/local/ftp eingerichtet werden, da andernfalls kein Download oder eine Anzeige von Dateien möglich ist. Hierzu sollte, wie bereits beschrieben, am besten ein vorbereitetes Paket, z. B. das Paket ftpdir von SuSE Linux, verwendet werden.

Damit ist die grundlegende Installation abgeschlossen, und der Server ist prinzipiell bereits betriebsfertig. Was fehlt, sind alle Sicherheits-relevanten Einstellungen, die in den folgenden Abschnitten besprochen werden. Ein erster Test kann jedoch bereits jetzt durchgeführt werden. Dieser Test setzt allerdings voraus, daß das Loopback-Netzwerk-Interface lo0 korrekt gesetzt ist. Dies kann z. B. mit einem einfachen ping localhost-Kommando getestet werden. Die Ausgabe sollte aus aufeinanderfolgenden Zeilen wie 64 bytes from 127.0.0.1 ... bestehen.

Sollte FTP-Test anstelle der unten dargestellen Ausgabe ein Meldung 530 User anonymous access denied erscheinen, kann dies daran liegen, daß bisher die Konfigurationsdateien /etc/ftpaccess, /etc/ftpconversions oder /etc/ftpusers nicht mit installiert wurden oder keine sinnvollen Einträge enthalten. Für diesen Fall können die unten abgedruckten Dateien (insbesondere /etc/ftpaccess) als Vorgabe verwendet werden. Alternativ kann für Testzwecke auch in /etc/inetd.conf in der Zeile für den Eintrag des ftp-Servers der Aufruf wu.ftpd -a -l in wu.ftpd -A -l verändert werden (anschließend ein HUP-Signal an den inetd-Prozeß senden). Dadurch wird wu.ftpd angewiesen, den Inhalt der Datei /etc/ftpaccess nicht zu beachten und stattdessen Defaultwerte zu verwenden. Dies sollte jedoch aus Sicherheitsgründen lediglich zu Testzwecken eingesetzt werden. Jetzt kann der Test wie folgt durchgeführt werden:

```
tux@erde:/home/tux > ftp localhost
Connected to localhost.
220-Hello localhost, there are 0 (max 20) users logged in at the moment.
220-Local time is: Wed Dec 29 15:55:05 1999
220-
220-Please use your email address as password and NOT silly words
220-like "mozilla@" or "WWWuser@", as some Web browsers do!
220-
220-If you have any questions concerning this ftp archive or would
220-like to announce your uploads, please send a mail to the ftp-admin
220-of this server: ftp-admin@kosmos.erde.all
220-
220-All transfers are logged. If you don't like this, disconnect now.
220-
220 robotnik.rk.uni-koblenz.de FTP server (Version wu-2.4.2-
220 academ[BETA-18](1) Sun Apr 4 23:07:17 /etc/localtime 1999) ready.
Name (localhost:tux): anonymous
331 Guest login ok, send your complete e-mail address as password.
Password:tux@erde.kossmos.all
230 Guest login ok, access restrictions apply.
Remote system type is Unix.
Using binary mode to transfer files.
ftp> cd /
250 CWD command successful.
ftp> ls -l
200 PORT command successful.
150 Opening ASCII mode data connection for /bin/ls.
total 9
drwxr-xr-x    9 0          0           1024 Dec 28 16:30 .
drwxr-xr-x    9 0          0           1024 Dec 28 16:30 ..
drwxr-xr-x    2 0          0           1024 Dec 28 16:30 bin
drwxr-xr-x    2 0          0           1024 Dec 28 16:30 dev
drwxr-xr-x    2 0          0           1024 Dec 28 16:30 etc
drwxr-xr-x    2 0          0           1024 Dec 28 16:30 lib
drwxr-xr-x    2 0          0           1024 Dec 28 16:30 msgs
drwxr-xr-x    2 0          0           1024 Dec 28 16:30 pub
drwxr-xr-x    3 0          0           1024 Dec 28 16:30 usr
226 Transfer complete.
ftp> quit
221 Goodbye.
```

Das Beispiel zeigt, daß nach der Anmeldung als Benutzer anonymous beim FTP-Server localhost eine Welcome-Nachricht ausgegeben wird, die je nach Konfiguration z. B. in /usr/local/ftp/msgs/welcome.msg stehen könnte. Im Gegensatz zu obiger Darstellung ist in Wirklichkeit die Eingabe des Passworts nicht sichtbar. Sie dient nur der Verdeutlichung der vorzunehmenden Eingabe. Im Anschluß an die Anmeldung wird das Kommando cd / angegeben, um in das Wurzelverzeichnis des FTP-Benutzers zu gelangen. Mit ls -l wird schließlich dessen Inhalt angezeigt. Es besteht genau aus den Verzeichnissen, die auf dem Server unter /usr/local/ftp, also dem in /etc/passwd eingetragenen Home-Verzeichnis des Benutzers ftp, mit Hilfe des Pakets ftpdir angelegt wurden. Das Beenden der FTP-Verbindung erfolgt mit dem Kommando quit.

Im folgenden werden die weiteren für die Konfiguration eines FTP-Servers wichtigen drei Dateien /etc/ftpaccess, /etc/ftpusers und /etc/ftpconversions erläutert.

4.8.0.3 Die ftpaccess-Datei

In der Datei /etc/ftpaccess kann das Verhalten des FTP-Servers für Gruppen (sogenannte Klassen) von Benutzern festgelegt werden. Beispielsweise ist es möglich zu bestimmen, wie viele Benutzer gleichzeitig auf dem FTP-Server arbeiten können, welche FTP-Kommandos sie ausführen dürfen, ob dynamisches Komprimieren oder die dynamische Erzeugung von Tar-Archiven erlaubt sind oder welche Verzeichnisse für welche Benutzer-Klassen für einen Upload verwendet werden dürfen. All diese Einstellungen und noch viele mehr können vom Administrator in dieser Datei festgelegt werden. Der Aufbau dieser Datei soll anhand eines konkreten Beispiels erläutert werden:

```
# if you specify a list of hosts for the "local" class, only those
# hosts will be allowed to login as "real". All other hosts can
# only login as "anonymous".
class    local    real                 *
class    remote   guest,anonymous      *


# Guestgroup, seprarated by blanks
guestgroup ftpvisitgrp


readme    README*  login
readme    README*  cwd=*


# limit of 20 connections
limit    local    20    Any    /usr/local/ftp/msgs/msg.dead
limit    remote   20    Any    /usr/local/ftp/msgs/msg.dead
```

```
# output /usr/local/ftp/msgs/welcome.msg on login and all
# ".message" files in subdirectories
banner  /usr/local/ftp/msgs/welcome.msg
#message /msgs/welcome.msg                login     local remote
message .message                          cwd=*


# allow compression/tar for all users
compress        yes             local remote
tar             yes             local remote


# log all transfers
log transfers anonymous,real inbound,outbound


# do not give those files. do not give "core"-files in any directory.
noretrieve /etc/passwd /etc/group core


# do not allow these commands for anonymous users
chmod no guest,anonymous
delete no guest,anonymous
overwrite no guest,anonymous
rename no guest,anonymous
umask no guest,anonymous


# specify the upload directory information
upload  /usr/local/ftp  *               no
upload  /usr/local/ftp  /incoming  yes     root     daemon   0600 dirs


# do not check password for anonymous logins
passwd-check none
#passwd-check rfc822 warn


# email of the responsible person for the %E-cookie in message files
email ftp-admin@kosmos.erde.all
```

Benutzerklassen

In der gesamten Konfigurationsdatei können fast überall sogenannte Benutzer-
klassen verwendet werden. Eine Benutzerklasse ist eine Gruppe von Benutzern,
die Aufgrund des Domain-Namens oder der IP-Adresse ihres Rechners vom FTP-
Server gebildet wird. Bei jeder Anmeldung eines FTP-Benutzers versucht der Server aufgrund der Klassen-Angaben in /etc/ftpaccess, eine passende Klasse
für diesen Benutzer zu finden. Dabei wird der erste passende Klassen-Eintrag
verwendet. Wird kein passender Eintrag gefunden, wird der Zugriff auf den FTP-

Server verweigert. Eine Klasse beginnt mit dem `class` Schlüsselwort, dem weitere Parameter folgen können:

```
class className typelist adressPattern [addressPattern ...]
```

`className` ist der Name, der dieser Klasse von Benutzern gegeben werden soll. Dieser Name kann in einer anderen Konfigurationsanweisung dazu verwendet werden, deren Wirkung auf die so bezeichnete Klasse von Benutzern einzuschränken. Beispielsweise kann auf diesem Weg die Ausgabe unterschiedlicher Nachrichten bei der Anmeldung eines anonymen und anderer Benutzer realisiert werden. `typelist` ist eine durch Kommata getrennte Liste weiterer Schlüsselwörter, mit deren Hilfe die Klasse auf anonyme Benutzer (`anonymous`), wirkliche Benutzer mit einer Kennung auf dem FTP-Server (`real`) und eine Gast-Gruppe (`guest`) eingeschränkt werden kann. Die Gruppe der Gast-Benutzer kann wiederum durch die Anweisung `guestgroup` bestimmt werden. Zuletzt folgen eine oder mehrere `addressPattern`-Angaben. Dies können IP-Adressen oder Domain-Namen sein, die das Wildcard-Zeichen * enthalten dürfen (oder auch nur aus diesem Zeichen bestehen).

Ein sich anmeldender Benutzer wird nur dann einer der angegebenen Klassen zugeordnet, wenn seine Art der Anmeldung (anonym oder als wirklicher Benutzer) zu einer Angabe des `typelist`-Feldes und die IP-Adresse oder der Name seines Rechners zu einer der `addressPattern`-Angaben passen.

In obigem Beispiel werden die Klassen `local` und `remote` definiert, wobei in diesem Fall die Zuordnung eines Benutzers zu einer der beiden Klassen lediglich aufgrund des `typelist`-Feldes getroffen wird, da beide Klassendefinitionen für das `addressPattern`-Feld durch die Angabe des * alle Werte zulassen. Meldet sich ein Benutzer mit einem Kennungsnamen und seinem zugehörigen Passwort beim FTP-Server an, wobei seine Benutzergruppe (aus `/etc/group`) keine der in `guestgroup` genannten Gruppen ist, wird er der Klasse `local` zugeordnet. Meldet sich der Benutzer jedoch als `anonymous` an, wird er der `remote`-Gruppe zugeordnet.

Den Sonderfall stellt die Anmeldung eines Benutzers mit Kennungsnamen und Passwort dar, wenn die auf dem FTP-Server eingetragene Gruppe dieses Benutzers zu der in der `guestgroup`-Anweisung angegebenen Liste von Gruppen zählt. In obigem Beispiel trifft dies für alle Benutzer zu, die zu der Gruppe `ftpvisitgrp` gehören.[10] Ist die Gruppe eines FTP-Benutzers gleich einem der Einträge in der `guestgroup`-Anweisung, wird der Benutzer wie ein `anonymous`-Benutzer behandelt, d. h., es wird ein `chroot`-Aufruf für sein Home-Verzeichnis durchgeführt, und er darf die `USER` und `PASS`-FTP-Kommandos nicht mehr aus-

---

[10]Zu welcher Gruppe ein Benutzer gehört, wird durch das vierte Felder der Datei `/etc/passwd` wie auch durch Einträge in der `/etc/group`-Datei des Servers bestimmt. Oftmals werden nicht die lokalen Dateien auf dem Rechner, sondern Netzwerk-weite, über das →*NIS*-System (Network Information System) zugängliche Dateien dazu verwendet.

führen. Der Passwd-Eintrag des Home-Verzeichnisses dieses Benutzers muß in der Form `chrootDir/./initialDir` gestaltet sein, wodurch das Verzeichnis für das `chroot`-Kommando und das initiale Verzeichnis relativ zu `chrootDir` festgelegt werden können. Mehr dazu steht in der Manual-Seite zu `ftpaccess`. Hierbei treten die gleichen, bereits oben diskutierten Probleme auf wie bei einem anonymous-Benutzer (z. B. werden lokale Kopien einiger Programme wie `ls` benötigt). Dementsprechnd muß auch das Home-Verzeichnis wie das des anonymous-Benutzers aufgebaut werden.

Die Anweisung `readme`

Mit Hilfe der `readme`-Anweisung ist es möglich, eine Datei zu bestimmen, über die der Benutzer beim Anmelden oder beim Verzeichniswechsel informiert wird. Der Server weist den Benutzer auf diese Datei hin und gibt zusätzlich das Datum aus, wann diese Datei zuletzt verändert wurde. Die Ausgabe erfolgt jeweils nur einmalig. Die Syntax der `readme`-Anweisung ist wie folgt definiert:

```
readme path [when] [class]
```

`path` ist der Name der Datei (bei anonymous-Benutzern relativ zum FTP Basisverzeichnis, andernfalls relativ zum `/`-Verzeichnis des Servers). Der Name der Datei darf auch Wildcards enthalten (z. B. `README*`). Der optionale Parameter `when` bestimmt, wann der Hinweis auf die Datei an den Benutzer ergehen soll. Mögliche Werte sind `login`, wodurch der Hinweis zur Login-Zeit erfolgt, oder eine Zeichenkette der Art `cwd=*`, wodurch der Hinweis beim Wechsel in das rechts vom `=`-Zeichen stehende Verzeichnis erfolgt. Ein `*` bedeutet wiederum „jedes Verzeichnis". Mit Hilfe des optionalen Parameters `class`, der den Namen einer Benutzerklasse darstellt, kann die Anweisung auf die angegebene Benutzerklasse eingeschränkt werden. Im obigen Beispiel erfolgen Hinweise auf alle `README`-Dateien sowohl bei der Anmeldung eines Benutzers als auch bei einem Wechsel in ein Verzeichnis, in dem sich eine `README`-Datei befindet.

Limits

Mit Hilfe der `limit`-Anweisung kann für jede Benutzerklasse festgelegt werden, wieviele Benutzer maximal gleichzeitig auf dem FTP-Server erlaubt sind. Zusätzlich kann eine Datei angegeben werden, die für den Benutzer ausgegeben wird, der versucht, sich beim FTP-Server anzumelden, wenn das Limit bereits erreicht ist. Die Syntax lautet wie folgt:

```
limit className maxNum time messageFile
```

`className` ist der Name der Benutzerklasse, für die das Limit festgelegt werden soll. `maxNum` ist die maximale Zahl gleichzeitig angemeldeter Benutzer. `messa-`

geFile ist der Pfad vom /-Verzeichnis des Servers aus zu der Datei, die Benutzern dargestellt wird, die bei erreichtem Limit eine Anmeldung beim FTP-Server versuchen. Der Parameter *time* gibt die Zeit an, zu der dieses Limit gelten soll. Der Wert Any bedeutet dabei „jeden Tag". Die Zeitangabe besteht immer aus der Angabe eines Wochentags (Su,Mo,Tu,We,Th,Fr,Sa) oder den Angaben Any bzw. Wk für einen Arbeitstag. Dieser Tagesangabe folgt wahlweise eine Zeitangabe im 24-Stunden-Format, die auch einen Zeitbereich enthalten darf, der über Mitternacht hinaus geht (z. B. 2300-0700: von 23:00 abends bis 7:00 am Morgen). Die Zeitangabe ist immer im Format *HHMM*, also Stunden und Minuten jeweils zweistellig, zu machen. Mehrere alternative Zeitbereiche können durch | bzw. , hintereinander angegeben werden.

Die Anweisungen banner und message
Beide Anweisungen ermöglichen die Ausgabe einer Datei auf dem Bildschirm des Benutzers. Mit Hilfe der banner-Anweisung erfolgt die Ausgabe noch vor der Anmeldung des Benutzers, die message-Anweisung kann dazu verwendet werden, die Ausgabe nach der Anmeldung oder bei einem Verzeichniswechsel auszulösen.

Die banner-Anweisung erhält als Argument lediglich den Pfadnamen der auszugebenden Datei (ab dem /-Verzeichnis des Servers). Die Syntax der message-Anweisung ist wie folgt festgelegt:

```
message path [when] [class]
```

Der Parameter *path* ist der Pfad zu der darzustellenden Datei. Bei einem anonymous-Benutzer erfolgt die Pfadangabe relativ zum FTP-Basisverzeichnis (z. B. /usr/local/ftp). Der optionale Parameter *when* bestimmt, wann die Ausgabe der Datei erfolgen soll. Mögliche Werte sind login, wodurch die Datei nach dem Login erfolgt, oder eine Zeichenkette der Art cwd=*, wodurch die Ausgabe beim Wechsel in das rechts vom =-Zeichen stehende Verzeichnis erfolgt. Ein * bedeutet hierbei „jedes Verzeichnis". Mit Hilfe des optionalen Parameters *class*, der den Namen einer Benutzerklasse darstellt, kann die Anweisung auf die angegebene Benutzerklasse eingeschränkt werden.

Die message-Dateien dürfen eine Reihe von Sondercodes enthalten, die bei der Ausgabe durch aktuelle Werte (z. B. Uhrzeit) ersetzt werden. Die möglichen Sondercodes sind:

%T die aktuelle Uhrzeit, z. B. Fri Dec 24 18:00 1999

%F der freie Festpalttenplatz in KBs

%C das aktuelle Arbeitsverzeichnis

%E die Adresse des FTP-Administrators, die durch die Anweisung email festgelegt wird

%R der Name des FTP-Client

%L der Name des FTP-Servers

%u der entsprechend RFC931 bestimmte Benutzername

%U der beim Login angegebene Benutzername

%M die maximale erlaubte Zahl von Benutzern in dieser Klasse

%N die aktuelle Zahl an Benutzern in dieser Klasse

Die Anweisungen compress und tar
Mit Hilfe dieser Anweisungen kann festgelegt werden, ob der Benutzer die Möglichkeit hat, dynamisch Dateien zu komprimieren oder zum Download Tar-Archive zu erzeugen. Die Festlegung der Konvertierungsmöglichkeiten erfolgt in der Datei /etc/ftpconversions. Die Syntax beider Anweisungen lautet:

```
compress yes|no  className [className ...]
tar      yes|no  className [className ...]
```

Durch Angabe von yes oder no werden diese dynamischen Merkmale ein- oder ausgeschaltet. Der optionale Klassenname, der Wildcard-Zeichen enthalten darf, dient der Beschränkung der Anweisungen auf bestimmte Benutzerklassen.

Die Anweisung log
Mit Hilfe der log-Anweisung kann bestimmt werden, welche Aktionen des Benutzers protokolliert werden sollen. Das Protokoll wird mit Hilfe von syslog erstellt (die Ausgabe erscheint daher normalerweise in /var/log/messages). Die Syntax des Kommandos lautet wie folgt:

```
log commands typelist
log transfers typelist directions
```

Wird als erster Parameter commands angegeben, werden alle Kommandos, die der Benutzer eingibt, protokolliert. Der Parameter typelist kann eine durch Kommata getrennte Liste der Werte anonymous, real und guest annehmen und bestimmen, für welche Benutzer das Logging vorgenommen werden soll (siehe auch Diskussion dieses Parameters bei der Beschreibung des class-Kommandos).

Wird anstelle von commands der Wert transfers verwendet, wird für die durch die Liste typelist festgelegten Benutzer protokolliert, welche Dateitransfers vorgenommen wurden. Die durch Kommata getrennte Liste `direc-tions` gibt hierbei an, welche Transfers protokolliert werden sollen. Sie darf die Werte `inbound` (in Richtung Server) und `outbound` (in Richtung Client) enthalten.

In obigem Beispiel werden sowohl für `anonymous` wie auch für andere, über Kennung/Passwort angemeldete Benutzer eingehende und ausgehende Transfers protokolliert.

Werden mehrere `log`-Anweisungen angegeben, wird die erste passende verwendet.

Die Anweisung `noretrieve`

Die `noretrieve`-Anweisung kann dazu verwendet werden, den Download bestimmter Dateien zu verhindern. Die Dateien, die ein Benutzer nicht herunterladen darf, werden einfach, durch Leerzeichen voneinander getrennt, hinter der Anweisung angegeben. In obigem Beispiel wird z. B. der Download der Dateien `/etc/passwd` und `/etc/group` wie auch von Dateien mit dem Namen `core` aus dem FTP-Verzeichnis verhindert.

Die Anweisungen `chmod`, `delete`, `overwrite`, `rename` und `umask`

Durch die Angabe dieser Anweisungen ist es möglich, bestimmten Benutzern die Ausführung der entsprechenden FTP-Kommandos zu verbieten. Die Syntax dieser Anweisungen lautet:

```
chmod      yes|no typelist
delete     yes|no typelist
overwrite  yes|no typelist
rename     yes|no typelist
umask      yes|no typelist
```

Wird der Wert `yes` gesetzt, bedeutet dies, daß die durch `typelist` festgelegten Benutzer die entsprechende Anweisung ausführen dürfen. Der Wert `no` verbietet die Ausführung des entsprechenden Kommandos. Für eine Beschreibung des Parameters `typelist` siehe die Beschreibung der `class`-Anweisung.

Die Anweisung `upload`

Mit Hilfe der `upload`-Anweisung kann festgelegt werden, welche Verzeichnisse von einem Benutzer zum Upload von Dateien verwendet werden dürfen. Werden mehrere Einträge vorgenommen, wird bezüglich des Verzeichnisnamens nach dem passendsten gesucht. Die Syntax dieser Anweisung ist wie folgt definiert:

```
upload ftpBaseDir directoryName yes|no [owner group perms dirs|nodirs]
```

Der Parameter `ftpBaseDir` gibt den Pfad zum FTP-Basisverzeichnis an und muß mit dem in `/etc/passwd` für den Benutzer `ftp` angegeben Home-Verzeichnis übereinstimmen. `directoryName` benennt das Upload-Verzeichnis und darf auch Wildcards enthalten. Der Wert `*` an dieser Stelle ist für alle Verzeichnisse gültig. Mit Hilfe der Werte `yes` oder `no` kann der Upload erlaubt oder verboten werden. Ist er erlaubt, können mit Hilfe der weiteren Parameter der Owner und die Gruppe für diese Dateien sowie deren Rechte bestimmt werden, die vom FTP-Server automatisch für Upload-Dateien gesetzt werden. Der letzte Parameter, `dirs` oder `nodirs`, legt fest, ob in dem Upload-Verzeichnis vom Benutzer weitere Unterverzeichnisse angelegt werden dürfen.

In obigem Beispiel führen die beiden `upload`-Anweisung dazu, daß der Upload in dem Verzeichnis (`/usr/local/ftp`)`/incoming` erlaubt wird, wobei die dahin übertragenen Dateien dem Benutzer `root` der Gruppe `daemon` gehören und die Rechte `0600` (nur für `root` lesbar/schreibbar) erhalten. Zusätzlich wird festgelegt, daß der Benutzer Unterverzeichnisse anlegen darf. Durch die erste `upload`-Zeile (mit `*` als Verzeichnisnamen) wird festgelegt, daß in keinem außer in dem durch die zweite Zeile beschriebenen Verzeichnis Uploads erlaubt sind. Die zweite Zeile überschreibt also gewissermaßen das Verbot der ersten Zeile für das angegebene Verzeichnis `incoming`.

Die Anweisung `passwd-check`

Über diese Anweisung wird festgelegt, wie streng der FTP-Server bei einer anonymous-Benutzeranmeldung die Form des angegebenen Passworts überprüfen soll. Die Syntax dieser Anweisung lautet wie folgt:

```
passwd-check none|trivial|rfc822 [enforce|warn]
```

Der erste Parameter dieser Anweisung kann `none`, `trivial` oder `rfc822` sein. Hierdurch wird festgelegt, daß entweder keine Überprüfung, ein Test auf Vorhandensein des @-Zeichens im Passwort oder eine Überprüfung auf RFC822-Konformität des Passworts durchgeführt wird.

Mit Hilfe des zweiten Parameters kann festgelegt werden, was geschieht, wenn das Passwort nicht den gewünschten Regeln entspricht. `warn` bedeutet, daß in diesem Fall eine Warnung an den Benutzer ausgegeben werden soll, die Anmeldung jedoch erlaubt wird. `enforce` hingegen bedeutet, daß der Benutzer in diesem Fall gewarnt und die Anmeldung anschließend abgebrochen wird.

Die Anweisung `email`

Mit Hilfe dieser Anweisung kann die Mail-Adresse des FTP-Administrators für

411

diesen Server festgelegt werden, die an verschiedenen Stellen mit Hilfe der %E-Codes ausgegeben werden kann (siehe z. B. `message`-Anweisung).

4.8.0.4 Die Datei `ftpusers`

Die Datei `/etc/ftpusers` dient der Angabe von Benutzern, denen es *nicht* gestattet ist, den FTP-Server zu verwenden. Die Datei sollte zumindest Einträge für die Kennungen `root`, `bin`, `uucp` und `news` enthalten. Jeder Benutzer wird auf einer eigenen Zeile angegeben. Kommentare können durch das #-Zeichen eingeleitet werden. Eine Beispieldatei könnte wie folgt aussehen:

```
#
# /etc/ftpusers
#
root
bin
uucp
news
```

4.8.0.5 Die Datei `ftpconversions`

Mit Hilfe dieser Datei werden die dynamischen Merkmale, also die Komprimierung, Dekomrimierung von Dateien und das Erzeugen von Tar-Archiven von `wu.ftpd` gesteuert.

Die Datei besteht aus Regel-Zeilen, wobei jede Zeile eine Konvertierungsmöglichkeit beschreibt. Jede Zeile wiederum ist in acht Felder aufgeteilt, die durch das :-Zeichen voneinander getrennt werden. Die Bedeutung der Felder ist in der Manual-Seite des Kommandos `ftpconversions` kurz beschrieben. Die in der Distribution enthaltene Datei ist wie folgt aufgebaut:

```
 :.Z:  ::/bin/compress -d -c %s:T_REG|T_ASCII:O_UNCOMPRESS:UNCOMPRESS
 :  :  :.Z:/bin/compress -c %s:T_REG:O_COMPRESS:COMPRESS
 :.gz: ::/usr/bin/gzip -cd %s:T_REG|T_ASCII:O_UNCOMPRESS:GUNZIP
 :  :  :.gz:/usr/bin/gzip -9 -c %s:T_REG:O_COMPRESS:GZIP
 :  :  :.tar:/bin/tar -c -f - %s:T_REG|T_DIR:O_TAR:TAR
 :  :  :.tar.Z:/bin/tar -c -Z -f - %s:T_REG|T_DIR:O_COMPRESS|O_TAR:TAR+COMPRESS
 :  :  :.tar.gz:/bin/tar -c -z -f - %s:T_REG|T_DIR:O_COMPRESS|O_TAR:TAR+GZIP
```

Durch diese Regeln ist es möglich, Dateien sowohl mit Hilfe von `compress` (Dateiendung `.Z`) oder `gzip` (Dateiendung: `.gz`) zu komprimieren bzw. zu dekomprimieren. Darüber hinaus enthält die Datei Regeln, die das Erstellen eines komprimierten Tar-Archives ermöglichen. Hierbei ist es sowohl möglich, ein mit `compress` komprimiertes Archiv mit dem Namensschema *archive.tar.Z* als auch ein mit `gzip` komprimiertes Archiv *archive.tar.gz* erstellen zu lassen.

4.9 Wichtige Informationsquellen im WWW

In diesem Abschnitt werden nochmals die wichtigsten Informationsquellen zu den in diesem Kapitel behandelten Themen zusammengestellt.

❏ Informationen zu `lynx`

`http://www.trill-home.com/lynx.html`

❏ Informationen zu `ncftp` auf der `ncftp` Homepage

`http://www.ncftp.com/ncftp/`

❏ Das `wget` Mailing-Listen-Archive

`http://www.mail-archive.com/wget@sunsite.dk/`

❏ Informationen und Dokumentation zu `wget`

`http://www.gnu.org/software/wget/wget.html`

❏ Homepage von wwwoffle

`http://www.gedanken.demon.co.uk/wwwoffle/index.html`
`http://www.thekelleys.org.uk/dnsmasq/doc.html`
`http://wp.netscape.com/eng/mozilla/2.0/relnotes/demo/proxy-live.html`

❏ Homepage von Leafnode

`http://www.leafnode.org/`

❏ Homepage von Fetchmail

`http://www.tuxedo.org/~esr/fetchmail`

❏ Homepage von Masqmail

`http://innominate.org/kurth/masqmail/`

❏ Allgemeine Informationen zum PPP-Protokoll aus dem NAG (Network Administrators Guide)

`http://www.linuxdoc.org/LDP/nag/node107.html#SECTION0010000000`

`ftp://sunsite.unc.edu/pub/Linux/docs/faqs/PPP-FAQ/PPP-FAQ`

❏ PPP bezogene RFCs

`http://www.faqs.org/rfcs/rfc1331.html`

`http://www.faqs.org/rfcs/rfc1332.html`

`http://www.faqs.org/rfcs/rfc1994.html`

❏ Das „PPP-HOWTO" aus dem Linux Documentation Project

`http://www.tldp.org/HOWTO/PPP-HOWTO/index.html`

❏ PPP und ISDN

`http://www.mhessler.de/i4lfaq.html`

`http://www.isdn4linux.de/faq/`

❏ Aufbau eines FTP-Servers mit `wu.ftpd`

`http://www.landfield.com/wu-ftpd/` (Homepage)

`http://www.cetis.hvu.nl/~koos/wu-ftpd-faq.html` (FAQ)

❏ Wie konfiguriert man einen sicheren anonymen FTP-Server

`ftp://rtfm.mit.edu/pub/usenet/news.answers/computer-security/anonymous-ftp-faq`

Kapitel 5

Audiokommunikation

Die Computer-Welt wird zunehmend multimedialer. Neben der einfachen Datenverarbeitung müssen Systeme wie Linux auch diesen Bereich abdecken. Niemand möchte heutzutage auf das Abspielen einer CD auf seinem Rechner, die Wiedergabe von MPEG-Audio-Dateien oder z. B. die Realisierung eines Anrufbeantworters mit Hilfe des Rechners mehr verzichten.

Auch Linux trägt diesem Trend in wachsendem Maße Rechnung. So stellt z. B. der Betrieb einer Soundkarte und den darauf aufbauenden Anwendungen unter Linux keine Schwierigkeit mehr dar. In diesem Kapitel werden einige der bestehenden Möglichkeiten zur Nutzung der Audiofähigkeiten unter Linux beschrieben. Hierzu gehört insbesondere die Realisierung eines *Anrufbeantworters* (sowohl für analoge als auch für ISDN-Anschlüsse), die in den folgenden Abschnitten dargestellt wird.

5.1 Grundlagen

In diesem Abschnitt sollen zum besseren Verständnis der im folgenden beschriebenen Audio-Anwendungen die notwendigen Grundlagen vorgestellt werden. Dazu gehört z. B. das Wissen, wie Töne überhaupt digitalisiert werden können und welche wichtigen Dateiformate zur Speicherung von Audiodaten existieren.

5.1.1 Digitalisierung von Audiodaten

Töne sind analoge Signale, die aus einer oder mehreren sich überlagernden Wellen bestehen. In Abbildung 5.1 auf der nächsten Seite ist ein solches Signal graphisch dargestellt. Das dort abgebildete sinusförmige Signal verändert im Laufe der Zeit (horizontale Achse) seine Amplitude, also die Lautstärke (vertikale Achse).

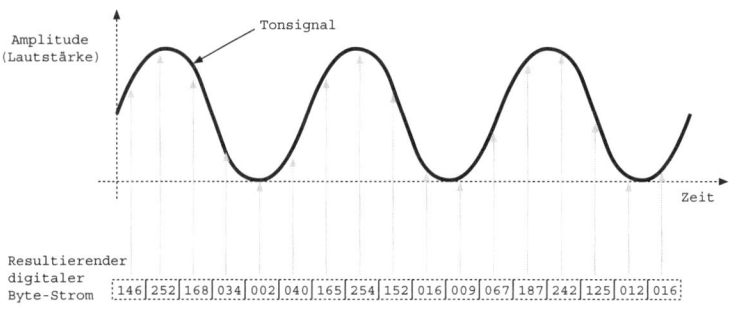

Abbildung 5.1: Digitalisierung von Audiodaten

5.1.1.1 Digitalisierung

Um aus diesem analogen Signal digitale Daten zu gewinnen, aus denen sich das ursprüngliche Signal möglichst genau wieder erzeugen läßt, wird ein übliches Verfahren angewandt, das die Amplitude des Signals in sehr kurzen Zeitabständen mißt und mit Hilfe eines Analog/Digital-Wandlers in einen digitalen Wert umwandelt, der die Lautstärke des Signals zum gemessenen Zeitpunkt darstellt. Dieses Verfahren wird als PCM (Pulse Code Modulation) bezeichnet. In oben stehender Abbildung ist die Messung der Amplitude des Signals durch Pfeile angedeutet, an deren unterem Ende der jeweils ermittelte Amplitudenwert steht, der als Zahl dargestellt ist. Die Ermittlung der Werte wird auch als Sampling bezeichnet. Ist die Zahl der Messungen (Samples) pro Sekunde ausreichend hoch, wird erreicht, daß das ursprüngliche Signal möglichst genau wiedergegeben werden kann, wobei das menschliche Ohr nicht in der Lage ist, die Lücken zwischen den gemessenen Werten zu hören. Die Sampling-Rate wird oftmals in Hertz (Abkürzung „Hz") angegeben, obwohl die eigentlich korrekte Bezeichnung Sample/Sekunde lautet. Eine Sample Rate von 8000 Hz (= 8 KHz) besagt z. B., daß ein Signal 8000mal in der Sekunde gemessen wird. Bei jeder Messung ist das Ergebnis je nach Verfahren eine 8- oder 16-Bit große Zahl. Die sich aus der Digitalisierung eines Signals ergebende Datenrate hängt sowohl von der Sampling-Rate, als auch von der Zahl der zu digitalisierenden Kanäle (1=mono, 2=stereo) und von der Zahl der Bits je Sample (8 oder 16) ab. Soll ein Stereo-Signal zu 8-Bit großen Werten digitalisiert werden, müssen z. B. zwei Audio-Kanäle nebeneinander gemessen werden, und das Ergebnis je Sample besteht aus zwei 8-Bit großen Zahlen, wodurch eine Bitrate von $8 \cdot 2 \cdot 8000$ Bit (16 kByte) je Sekunde erzeugt wird. Die Qualität des digitalisierten Signals bei dieser Rate entspricht der des Telefons. Um eine bessere Audio-Qualität zu erzielen, wird die Sampling-Rate erhöht, wodurch sich natürlich auch das entstehende Datenvolumen vergrößert. Darüber hinaus kann zur Verbesserung der Qualität des gespeicherten Signals die Bit-Breite (zur Speicherung der Signal-Amplitude) eines Samples von 8 auf 16 Bit erhöht werden. Übliche Sampling Raten sind 8 KHz (A-law und U-law Standard aus der Telefonie), 11 KHz (ein viertel der CD-Sampling-Rate), 22 KHz (halbe CD-Sampling-Rate) und die Sampling-Rate von 44100 Hz, die für CDs verwendet wird. Bei einem Stereosignal und fallen bei dieser Rate also 16 Bit · 2 Kanäle · 44100 = 1411200 Bit/Sec = 176400 Bytes/sec als Datenrate an. Auf eine Audio-CD, auf der ca. 650 MB gespeichert werden können, passen daher ca. 65 Minuten Audiodaten.

5.1.2 Komprimierung von Audiodaten

Wie in den vorangegangenen Abschnitten bereits dargestellt wurde, fallen je nach der verwendeten Sampling-Rate und damit der Qualität eines digitalen Audio-Signals nicht unerhebliche Datenraten an. Daher wurden Verfahren entwickelt, die durch Kompression oder geschicktere Codierung der Audio-Signale zu einer Verringerung der anfallenden Daten führen sollen.

5.1.2.1 A-Law und U-Law

Das erste dieser Verfahren besteht aus der sogenannten *A-Law-* bzw. *U-Law-Codierung*, durch die eine Komprimierung von 14 auf 8 Bit möglich wird. Die resultierende Bitrate bei dieser Codierung beträgt 64 kBit/sec. Diese Verfahren sind im ITU-T-G.711-Standard beschrieben und werden im wesentlichen in der Telefonie-Technik eingesetzt. Beide Verfahren sind nicht zueinander kompatibel. Der A-Law-Standard ist in Europa verbreitet, während in den USA die U-Law (genau μ-Law)-Codierung verwendet wird.

5.1.2.2 ADPCM

Die *ADPCM-Codierung* (*Adaptive Differential Pulse Code Modulation*) ist eine Verfeinerung der PCM-Codierung, bei der nicht der absolute Wert der Samples, sondern die Differenz zwischen Samples codiert ist. Das ADPCM-Verfahren ist in den Standards der ITU (ehemals CCITT) G.721, G.723 und ITU-T G.726 beschrieben. Dieses Verfahren ermöglicht die Digitalisierung von Audiodaten mit Sample-Raten von 16, 24, 32 and 40 kBit/sec. Die Größen der Samples sind je nach Sample-Rate 2, 3, 4 oder 5 Bit.

Neben dem beschriebenen ADPCM-Standard existieren weitere ADPCM-Verfahren, wovon insbesondere die Microsoft ADPCM-Codierung durch die Einführung des WAV-Dateiformats (in dem die ADPCM-Codierung verwendet wird) Bedeutung erlangt hat. Diese Codierung ist nicht kompatibel zu dem oben beschrieben offiziellen ITU-Standard. Das Microsoft-Verfahren ermöglicht die Komprimierung von 16 Bit Audiodaten in 4 Bit.

5.1.2.3 GSM

Der *GSM-Standard* beschreibt ein ursprünglich für die Komprimierung von Sprache im Bereich Mobiler Kommunikation entwickeltes Verfahren zur Datenreduktion. Es stellt eine Variante der LPC (Linear Prediction Coder) Codierung mit der Bezeichnung RPE-LPC (Regular Pulse Excited - Linear Prediction Coder) dar. Mit Hilfe dieses Verfahrens können 160 13-Bit große Samples zu 33 Bytes komprimiert werden, was einer Komprimierung von ca. 1 : 7,5 entspricht.

5.1.2.4 MPEG

MPEG (Motion Pictures Expert Group) ist ein Standard der ISO zur standardisierten Komprimierung von Video- und Audiodaten. Es gibt den MPEG-1-Standard (gedacht für Video-CD), den MPEG-2-Standard (Verbesserung des MPEG-1-Standards für höhere Datenraten, z. B. für DVD) und den MPEG-4-Standard.

Zur Komprimierung von Audiodaten ist das zur Zeit wohl beste Verfahren das durch den MPEG-1 Layer 3 oft einfach als „MP3" bezeichnete Verfahren. Es ermöglicht eine wesentliche Komprimierung (ca. Faktor 12) der Audiodaten, indem für den Menschen nicht wahrnehmbare Anteile des Audio-Signals weggelassen werden. Dieser Standard sollte nicht mit dem nicht mehr existierenden MPEG-3-Standard verwechselt werden, der in den MPEG-2-Standard aufgenommen wurde.

5.1.2.5 Ogg Vorbis

Ähnlich wie MPEG ist auch Ogg Vorbis ein Verfahren zur Komprimierung von Audio-Daten. Der wesentliche Unterschied liegt darin, daß Ogg Vorbis ein Verfahren darstellt, das frei von Patenten ist. Das Ziel des Entwicklers (www.vorbis.com) ist letztlich die Erstellung eines vollkommen offenen Multimedia-Systems. Die Verwendung eines Verfahrens, das frei von Lizenzrechten und Patentgebühren ist, könnte helfen, die Preise von z. B. MP3-Playern, die dann vielleicht besser Ogg Vorbis-Player heißen sollten, zu reduzieren. Darüber hinaus ist das Fehlen von Patenten insbesondere für Open Source wichtig, da offene Implementierungen von Ogg Vorbis nicht gegen irgendwelche Lizenzrechte verstoßen. Dateien, die im OggVorbis-Format komprimiert sind, tragen normalerweise die Endung .ogg.

5.1.3 Wichtige Audio-Dateiformate

Zur Speicherung, Verarbeitung und Übertragung (z. B. über das Internet) von digitalen Audiodaten ist es erforderlich, diese in Dateien zu speichern. Im Laufe der Zeit haben sich zu diesem Zweck zahlreiche Dateiformate entwickelt, die überwiegend zunächst auf bestimmten Rechnersystemen zum Einsatz kamen, heute jedoch auf vielen unterschiedlichen Systemen verwendet werden können.

Die heute existierenden Dateiformate lassen sich grob in solche einteilen, die selbstbeschreibend sind, d. h., die neben den eigentlichen Audiodaten zusätzliche Metainformationen über das verwendete Format enthalten und evtl. sogar weitere Informationen, wie etwa eine lesbare Beschreibung der enthaltenen Audiodaten beinhalten. Die zweite Gruppe sind die Formate ohne Metainformationen, die lediglich die Audiodaten selbst enthalten, wobei lediglich aufgrund der Dateiendung darauf geschlossen werden kann, wie die Daten codiert sind.

5.1.3.1 Selbstbeschreibende Audio-Dateiformate

Die wichtigsten Dateiformate, die zu dieser Gruppe gehören, sind in Tabelle 5.1 zusammengestellt.

Tabelle 5.1: Audio-Datei-Formate mit Metainformationen

Name	Extender	Beschreibung
Au	.au	Von SUN Microsystems entwickelte AU-Dateien, die normalerweise U-Law-codierte Daten bei einer Sample-Rate von 8000 Hz enthalten. Das Dateiformat enthält Informationen über die verwendete Sample-Rate, die Zahl der Kanäle und über das verwendete Encoding (z. B. A-Law oder U-Law).
AIFF	.aif, .aiff	Das Audio Interchange File Format. Ein auf Apple II- und SGI-Rechnern verwendetes Dateiformat, das eine Codierung von Audiodaten in 8-Bit-Mono oder -Stereo ermöglicht. AIFF-Dateien sind nicht komprimiert. Zu diesem Zweck existiert ein weiteres Format mit der Bezeichnung AIFF-C oder AIFC, das Kompressionsfaktoren von ca. 1 : 6 ermöglicht. Das Dateiformat beschreibt Daten wie die Sampling-Rate, die Zahl der Kanäle, die Bit-Breite der Sample und weiteres mehr.
MP3	.mp3	Ein standardisiertes Verfahren zur Komprimierung von Audiodaten im Rahmen des MPEG-1-Video/Audio-Komprimierungsstandards. Die MP3-Komprimierung erlaubt Kompressionsfaktoren von bis zu 1 : 12. Im Dateiformat ist die Zahl der Kanäle, die Sampling-Rate, die Bit-Rate sowie weitere Informationen wie die Länge und weitere Informations-Tags (z. B. Interpret ...) codiert.

Tabelle 5.1 – Fortsetzung

Name	Extender	Beschreibung
Ogg	`.ogg`	Das frei Ogg-Vorbis-Format zur Komprimierung von Audio-Dateien. Die erreichte Qualität und der Kompressionsfaktor sind dem von MP3-Dateien leicht überlegen. Der Hauptvorteil dieses offenen Standards ist die Tatsache, daß keine Patente existieren, die eine Implemtierung von z. B. Ogg-Encodern rechtlich brisant machen könnten, wie dies bei dem patentgeschützten MP3-Verfahren der Fall ist.
WAVE	`.wav`	Das Microsoft WAVE-Dateiformat, das auf dem RIFF-Format einer Abwandlung des IFF (Interchange File Format) beruht. Das Dateiformat beschreibt die Sample-Rate, die Bitbreite eines Sample, die Zahl der Kanäle, die verwendete Codierung (z. B. PCM, U-Law, A-Law, MS ADPCM, etc.).
—	`.voc`	Das VOC-Format ist ein Soundblaster-spezifisches Format. Es enthält Informationen über die Sample-Rate und die Zahl der Kanäle. Mit Hilfe des Formats können Stille-Pausen im Audiosignal dargestellt werden. Darüber hinaus ist auch die Darstellung von Wiederholungen (Loops) möglich.
PVF	`.pvf`	Spezielles Portable Voice Format, das für das Programm `vgetty` zum Betrieb eines Anrufbeantworters verwendet wird.
VBOX	`.msg`	Spezielles Format das von dem ISDN-Anrufbeantworterprogramm `vbox` zur Speicherung von (Audio-)Nachrichten verwendet wird. Die Datei enthält neben den Codierungsinformationen weitere Informationen über die Nachricht, Telefonnummer etc.; siehe auch Abschnitt 5.4.2 auf Seite 470.

5.1.3.2 Audio-Dateiformate ohne Meta-Information

Neben den Dateiformaten, die ihren Inhalt mit Hilfe von Meta-Informationen beschreiben, existieren auch eine ganze Reihe weiterer Dateiformate, die lediglich die Daten enthalten. Eine Beschreibung über die Art der Codierung, der Zahl der Kanäle oder der Bitbreite der einzelnen Samples fehlt. Eine Unterscheidung der Formate ist hier nur aufgrund der Dateiendung möglich. Enthält eine Datei doch ein anderes Format als das durch die Endung beschriebene, wird z. B. das Abspielen dieser Datei bestenfalls Geräusche erzeugen, jedoch nicht das ursprünglich aufgenommene Signal wiedergeben können. Einige Beispiele für Audio-Dateien ohne Metainformationen sind in Tabelle 5.2 dargestellt.

5.1.4 Bearbeiten/Konvertieren von Audiodaten

Die Vielzahl an existierenden Sound-Formaten macht es oftmals erforderlich, Formate zu konvertieren, da bestimmte Anwendungen, etwa ein elektronischer Anrufbeantworter, nur mit bestimmten Formaten arbeiten kann. Zu diesem Zweck existieren verschiedene Konvertierungsprogramme, die Audiodaten von einem in ein anderes Format überführen können. Das Programm unter Linux mit den vielfältigsten Möglichkeiten zu diesem Zweck ist `sox` und wird im folgenden beschrieben. Für spezielle Formate, wie z. B. das von `vgetty` (aus dem `mgetty` und `sendfax`-Paket) verwendete `pvf`-Format oder das Vbox-Format das von `vbox-getty` (ISDN-Anrufbeantworter) verwendet wird, existieren separate Konverter, die eine Anbindung an gängige Formate wie `.au` oder `.wav` ermöglichen.

5.1.4.1 Soundkonvertierung mit `sox`

Das Programm `sox` ist ein sehr leistungsfähiger Konverter für eine Vielzahl von unterschiedlichen Sound-Formaten. Darüber hinaus ermöglicht `sox` ebenfalls die Verwendung von Effekten, z. B. Hall oder das Setzen eines Hoch- oder Tiefpaß-Filters, um bestimmte Frequenzspektren aus dem Signal herauszufiltern, die aber hier nicht weiter besprochen werden sollen. Mehr Informationen finden sich in den Manual-Seiten (Manpage) zu `sox`.

Der Preis für diese Vielfalt an Möglichkeiten ist die Komplexität des Werkzeugs. Das Programm `sox` verfügt über eine verwirrende Zahl an Optionen. Darüber hinaus ist die Syntax der Kommandozeile komplex und nicht immer direkt ver-

Tabelle 5.2: Audio-Datei-Formate ohne Metainformationen

Name	Extender	Beschreibung
CD-R	`.cdr`	Dateien zum Mastering von CDs. Die Datei enthält in der Regel Daten für ein Stereosignal mit einer Sample-Rate von 44 kHz. Die Daten sind uncodiert und vorzeichenlos.
—	`.snd`	Ein auf Macintosh-Rechnern und PCs verwendetes Format, mit variabler Sampling-Rate, einem Kanal und 8-Bit vorzeichenlosen Daten.
—	`.ul,` `.al`	Dateien mit einem 8-kHz-Audio-Signal in U-Law- bzw. A-Law-Codierung.

ständlich. Ziel dieser Einführung soll daher die Darstellung der verschiedenen Möglichkeit sein, mit sox zu arbeiten. Eine vollständige Beschreibung aller Möglichkeiten oder einzelner Details kann in der Manual-Seite nachgelesen werden.

Aufrufsyntax

Die grundlegende Syntax für den Aufruf von sox zur Konvertierung einer Audio-Datei in eine Datei mit einem anderen Format lautet wie folgt:

```
sox [generic-opt] [informat-opt] infile [outformat-opt] ofile
```

Die kursiv dargestellten Parameter geben den Namen der zu konvertierenden (*ifile*) und der Ergebnisdatei (*ofile*) an. Die Angabe der Dateinamen erfolgt mit dem Dateiextender, der in der Regel den Dateityp kennzeichnet (z. B. .au). Normalerweise versucht sox anhand dieser Namen, das Format der Quell- und Ergebnis-Datei zu erkennen und entsprechend zu konvertieren. Sollen die Daten nicht von einer Datei gelesen bzw. auf eine Datei geschrieben werden, unterstützt sox auch das Lesen von der Standard-Eingabe (stdin) und das Schreiben auf die Standard-Ausgabe (stdout). Zu diesem Zweck wird anstelle der Dateinamen einfach ein - angegeben. Zusätzlich ist es in diesem Fall erforderlich, den Typ der Eingabe bzw. Ausgabe durch die Format-Option -t vorzugeben.

Mit Hilfe der optionalen Parameter informat-opt können spezielle Optionen für die Eingabedatei und mit outformat-opt Optionen für die Ausgabedatei angegeben werden. Mit diesen Optionen können Vorgaben für sox z. B. bezüglich der Sample-Rate der Dateien oder deren Codierung gemacht werden. Dies ist immer dann sinnvoll, wenn sox nicht in der Lage ist, diese Parameter automatisch korrekt zu bestimmen. Insbesondere für Dateiformate, die keinerlei Meta-Informationen über die enthaltenen Audiodaten bereitstellen, ist die Angabe von korrekten Werten für die jeweilige Datei für eine erfolgreiche Konvertierung notwendig. Die wichtigsten der hier angebbaren Optionen sind folgende:

Format-Optionen

-t *filetype* Angabe des Typs der Eingabe-/Ausgabedatei als Datei vom Typ *filetype*. Der Typ wird bei sox einfach über einen Datei-Extender angegeben, für SUN Audio-Dateien also z. B. -t .au. In der Manual-Seite von sox sind die bekannten Dateitypen jeweils mit einer zugeordneten Endung verzeichnet, die für die Typangabe verwendet werden kann. Der Typ der Datei muß jeweils vor der Eingabe- bzw. vor der Ausgabe-Datei (oder vor beiden) angegeben werden. Die Angabe eines Typs mit -t überschreibt den von sox automatisch aufgrund der Dateiendung von Ein- oder Ausgabedatei ermittelten Typ.

`-r rate`   Mit Hilfe der `-r`-Option kann die Sample-Rate für diese Datei angegeben werden. Die Angabe erfolgt in der Einheit Hertz (Hz) (`-r 8000` legt die Sample-Rate also auf 8000 Hz fest).

`-c channels`   Diese Option legt die Zahl der Audio-Kanäle in der jeweiligen Datei fest. Die möglichen Werte sind 1 (mono), 2 (stereo) und 4 (quadro).

`-s -u -U -A -a -g`   Mit Hilfe einer dieser Optionen kann die Codierung der Eingabe- und Ausgabedatei als signed linear, unsigned linear, U-Law, A-Law, ADPCM und GSM festgelegt werden.

`-b -w -l -f -d -D`   Über eine dieser Optionen wird die Größe eines Sample-Wertes auf ein Byte, ein 16-Bit-Wort, ein 32-Bit-Langwort, einen 32-Bit-Float-Wert, einen 64-Bit-Double-Wert oder einen 80-Bit-IEEE-Float-Wert festgelegt.

Generische Optionen

Die optionalen Parameter `generic opt` stellen verschiedene grundlegende Optionen dar, mit deren Hilfe z. B. die Lautstärke des Signals während der Konvertierung verändert werden kann. Hier eine Liste der wichtigsten generischen Optionen:

`-v vol`   Angabe der Lautstärke für die Ergebnisdatei. Wird für `vol` ein Wert angegeben, der größer als `1.0` ist, wird die Lautstärke vergrößert, ein Wert kleiner als `1.0` reduziert die Lautstärke der Ergebnisdatei relativ zur ursprünglichen Datei.

`-V`   Ausgabe einer Beschreibung der Aktionen von `sox`. Auf diese Weise kann herausgefunden werden, wie `sox` versucht, die Ausgangsdatei zu konvertieren; was für solche Fälle sinnvoll ist, in denen die Konvertierung nicht funktioniert oder fehlerhafte Ergebnisse liefert.

`-h`   Ausgabe der Versionsnummer und der kurzen Syntax-Beschreibung.

Beispiele

Einige Beispiele sollen helfen, das oben Gesagte zu veranschaulichen:

❏ Als erstes soll die `.au`-Datei `ding.au` in eine `.wav`-Datei (`dong.wav`) umgewandelt werden. Der `sox`-Aufruf hierzu lautet:

```
tux@erde:/home/tux > sox ding.au dong.wav
tux@erde:/home/tux > sox -V ding.au dong.wav
sox: Found inverted Sun/NeXT magic word
sox: Input file ding.au: Sun header info:
```

```
sox: Input file: using sample rate 8000
size bytes, style u-law, 1 channel
sox: Input file: comment ""

sox: Writing Wave file: Microsoft U-law format, 1 channel, 8000 samp/sec
sox:         8000 byte/sec, 1 block align, 8 bits/samp
sox: Output file: using sample rate 8000
size bytes, style u-law, 1 channel
sox: Output file: comment ""

sox: Finished writing Wave file, 41461 data bytes
```

Wie in dem Beispiel zu sehen ist, reicht in diesem Fall zur Konvertierung einfach der Aufruf von sox unter Angabe der Eingabe-Datei als auch der Ausgabe-Datei aus. Falls keine Fehler auftreten, erfolgen keine weiteren Ausgaben. Im zweiten Aufruf wurde die Option -V verwendet, um mehr Informationen über die Konvertierung zu erhalten. Die Ausgaben, die sox dann macht, sind insbesondere für Situationen wichtig, bei denen die Konvertierung keine sinnvollen Resultate liefert.

❑ In folgendem Beispiel soll eine Raw-Datei (also ohne Metainformationen) in eine .wav-Datei umgewandelt werden. Da die Datei keine Meta-Informationen enthält, müssen die entsprechenden Parameter bekannt sein, mit denen die Datei erstellt wurde (Sample-Rate, Codierung und Größe eines Samples). Im folgenden Beispiel soll die Datei mit einer Sampling-Rate (-r) von 11025 Hz aufgenommen worden sein, wobei jedes Sample ein unsigned Byte (-u, -b) darstellt:

```
tux@erde:/home/tux > sox -V -r 11025 -u -b in.raw out.wav
sox: Input file: using sample rate 11025
        size bytes, style unsigned, 1 channel
sox: Input file: comment "in.raw"

sox: Writing Wave file: Microsoft PCM format, 1 channel, 11025 samp/sec
sox:        11025 byte/sec, 1 block align, 8 bits/samp
sox: Output file: using sample rate 11025
        size bytes, style unsigned, 1 channel
sox: Output file: comment "out.raw"

sox: Finished writing Wave file, 122880 data bytes
```

Ob das Ergebnis brauchbar ist, hängt ganz davon ab, ob die angegebenen Parameter zu der Eingabedatei passen. Wurden falsche Daten verwendet, kann das Ergebnis unter Umständen nur aus einem Rauschen bestehen. Die Kontrolle kann am besten durch das Abspielen der Ergebnisdatei erfolgen. Hierzu kann das play-Skript verwendet werden, das ebenfalls Bestandteil der `sox`-Distribution ist. Das Kommando `play out.wav` würde die Datei `out.wav` abspielen.

Auto-Modus

Für Dateien, deren Codierung nicht bekannt ist, bietet `sox` ein spezielles Merkmal, nämlich die automatische Erkennung des Typs der Audio-Datei aufgrund bestimmer sogenannter Magic-Zahlen, die in der Datei stehen müssen. Zu diesem Zweck verfügt `sox` über einen speziellen „Dateityp" mit der Bezeichnung `.auto`. Wird dieser Typ mit der `-t`-Option für eine Eingabedatei angegeben, versucht `sox` den Typ der Datei für eine Konvertierung automatisch zu bestimmen, wie in folgendem Beispiel dargestellt:

```
tux@erde:/home/tux >   sox -V -t .auto sound.unknown out.wav
sox: Type AUTO changed to au
sox: Found inverted Sun/NeXT magic word
sox: Input file sound.unknown: Sun header info:
sox: Input file: using sample rate 8000
        size bytes, style u-law, 1 channel
sox: Input file: comment ""

sox: Writing Wave file: Microsoft U-law format, 1 channel, 8000 samp/sec
sox:         8000 byte/sec, 1 block align, 8 bits/samp
sox: Output file: using sample rate 8000
        size bytes, style u-law, 1 channel
sox: Output file: comment ""

sox: Finished writing Wave file, 21461 data bytes
```

Wird die Auto-Option eingesetzt, muß die Eingabe von einer Datei erfolgen, nicht von `stdin`, z. B. über eine Pipe.

5.1.4.2   Die `pvf`-Tools

Obwohl mit Hilfe von `sox` eine ganze Reihe von Formaten konvertiert werden können, existieren weitere Formate, die `sox` nicht kennt. Hierzu gehört das PVF-Format, das von `vgetty` (Teil der `mgetty` + `sendfax` Distribution) als portables Datei-Format verwendet wird. Zur Konvertierung von Sound-Daten, die von einem Modem stammen (und umgekehrt), existieren verschiedene Konverter, die z. B. das Modem-interne Format `rmd` oder bekanntere Formate, wie z. B. das SUN-AU-Format, in PVF wandeln. Darüber hinaus existieren Konverter, um Dateien im PVF-Format in AU- oder WAV-Dateien (und weitere mehr) umzuwandeln. Eine dritte Gruppe von Filtern erlaubt die Manipulation von PVF-Dateien, etwa die Änderung der Amplitude oder auch die Erzeugung eines Echos. Wichtig ist zu wissen, daß die PVF-Tools lediglich mit Mono-Dateien (also Dateien mit einem Kanal) umgehen können. Bei der Verarbeitung von mehrkanaligen Dateien wird zwar kein Fehler gemeldet, aber das Ergebnis ist nicht korrekt. Soll also beispielsweise eine Stereo-WAV-Datei in das PVF-Format konvertiert werden, muß diese Datei zuvor in eine Mono-Datei umgewandelt werden (z. B. mit `sox in.wav -c 1 out.wav`).

Die Konverter, die aus dem PVF-Format heraus in andere Formate konvertieren, und die Konverter, die PVF-Dateien manipulieren (z. B. Echo), beginnen alle mit dem Prefix `pvf`. So heißt z. B. der Konverter, um aus einer PVF-Datei eine AU-Datei zu generieren, `pvftoau`, der Filter zur Erzeugung eines Echos `pvfecho`. Die Gruppe der Konverter, die aus anderen Formaten in das PVF-Format konvertieren, sind mit dem Prefix für das Format versehen, aus dem heraus konvertiert wird. So lautet der Konverter, der vom AU-Format in das PVF-Format konvertiert, `autopvf`, der Filter zur Konvertierung vom WAV-Format in das PVF-Format entsprechend `wavtopvf`. Die Syntax der Konverter ist immer:

```
konverter [optionen] [infile] [outfile]
```

konverter ist der Name des Konverters, also z. B. `pvftoau`. Die für den Filter verfügbaren Optionen können durch einen Aufruf mit der Option -h herausgefunden werden. Die ebenfalls optionalen Parameter `infile` und `outfile` stehen für die anzugebenden Namen der Eingabe- bzw. Ausgabedatei. Werden diese beiden Parameter nicht angegeben, lesen die Filter von der Standard-Eingabe und schreiben auf die Standard-Ausgabe. Im folgenden eine Zusammenstellung der wichtigsten Konverter:

`pvftoau`	Konvertiert vom PVF-Format in das SUN AU-Format.
`pvftowav`	Konvertiert vom PVF-Format in das Microsoft WAV-Format.
`pvftovoc`	Konvertiert vom PVF-Format in das Soundblaster VOC-Format.
`pvftormd`	Konvertiert vom PVF-Format in verschiedene Modem-Formate.
`wavtopvf`	Konvertiert Microsoft WAV-Format in das PVF-Format.
`voctopvf`	Konvertiert Soundblaster VOC-Format in das PVF-Format.
`rmdtopvf`	Konvertiert verschiedene Modem-Formate in das PVF-Format.
`pvfamp`	Filter zur Änderung der Amplitude einer PVF-Datei.
`pvfecho`	Filter zum Hinzufügen eines Echo-Effekts.
`pvfspeed`	Filter zur Änderung der Sampling-Rate einer PVF-Datei.
`pvfcut`	Filter zur Änderung der Abspiellänge einer PVF-Datei.
`pvfreverse`	Filter zum Rückwärtsspielen einer PVF-Datei.

`pvfsine`   Filter zur Erzeugung eines Sinus-Tons einer angegebenen Frequenz.

`pvffilter` Filter, um bestimmte Frequenzbereiche aus einem Signal herauszufiltern (z. B. zur Unterdrückung von Rauschen).

Anwendungen für die Filter werden im Abschnitt zur Beschreibung des Modem-
basierten Anrufbeantworters unter Linux gegeben (siehe Abschnitt 5.4.1.2 auf
Seite 464 ff.).

5.1.4.3 Die `vbox`-Tools

Das VBOX-Format wird von der ISDN-Anrufbeantwortersoftware `vbox` verwendet, um Ansagen für eingehende Anrufe als auch Nachrichten der Anrufer zu
speichern. Um von konventionellen Formaten in das VBOX-Format zu konvertieren, existiert ein Konverter, der in der Lage ist, eine AU-Datei in eine VBOX-Datei
umzuwandeln. In der umgekehrten Richtung existiert ebenfalls ein Konverter,
um eine Datei im VBOX-Format in eine AU-Datei umzuwandeln.

Weiterhin existiert ein Konverter `autovbox`, um ältere VBOX-Dateien (der Version 1 von `vbox`) in das neue Format (der Version 2) umzuwandeln.

Der `vboxtoau`-Konverter

Mit Hilfe dieses Konverters können VBOX-Dateien in AU-Dateien umgewandelt
werden. Das Programm liest von `stdin` und schreibt auf `stdout`. Die Aufrufsyntax ist wie folgt definiert:

```
vboxtoau [optionen] <infile.msg >outfile.au
```

Da das Programm nicht direkt von einer Datei lesen bzw. auf eine Datei schreiben kann, wird die Ein-/Ausgabeumlenkung der Shell verwendet, um das Programm mit Daten aus der VBOX-Datei `inflie.msg` zu versorgen. Die Ausgabe
wird über den Ausgabeumlenkungsmechanismus auf die durch `outfile.au`
bestimmte Datei geschrieben. Folgende Optionen sind erlaubt:

`-r rate`   Angabe der für die Ausgabedatei zu verwendenden Sample-Rate
in Hz.

`-u`   Die Ausgabe wird in U-Law mit 8-Bit-Samples konvertiert.

`-1`   Die Ausgabe wird linear mit 8-Bit-Samples konvertiert.

`-2`   Die Ausgabe wird linear mit 16-Bit-Samples konvertiert.

`-v`   Ausgabe der Versionsnummer.

`-h`   Ausgabe der Hilfeinformationen.

Der `autovbox`-Konverter

Mit Hilfe dieses Konverters können AU-Dateien in VBOX-Dateien umgewandelt werden. Das Programm liest von `stdin` und schreibt auf `stdout`. Die Aufrufsyntax ist wie folgt definiert:

```
autovbox [optionen] <infile.au >outfile.msg
```

Da das Programm nicht direkt von einer Datei lesen bzw. auf eine Datei schreiben kann, wird die Ein-/Ausgabeumlenkung der Shell verwendet, um das Programm mit Daten aus der AU-Datei `infile.au` zu versorgen. Die Ausgabe wird über den Ausgabeumlenkungsmechanismus auf die durch `outfile.msg` bestimmte Datei geschrieben. Folgende Optionen sind erlaubt:

`-2`	Die Ausgabe wird in das ADPCM-2-Format konvertiert.
`-3`	Die Ausgabe wird in das ADPCM-3-Format konvertiert.
`-4`	Die Ausgabe wird in das ADPCM-4-Format konvertiert.
`-u`	Die Ausgabe wird in das U-Law-Format konvertiert.
`-n name`	In den Header der Datei wird `name` als Name eingetragen.
`-p phone`	In den Header der Datei wird `phone` als Telefonnummer eingetragen.
`-l location`	In den Header der Datei wird `location` als Stadtname eingetragen.
`-v`	Ausgabe der Versionsnummer.
`-h`	Ausgabe der Hilfeinformationen.

5.2 Abspielen und Aufnehmen von Audiodaten

Zur Aufnahme von Audio-Daten, also der Speicherung von Klängen in Audio-Dateien und zu deren Wiedergabe, existieren eine ganze Reihe unterschiedlicher Programme. Zum Teil können diese Anwendungen verschiedene Dateiformate lesen/erzeugen, manche sind auch nur für ein bestimmtes Format vorgesehen. Ein weiteres Unterscheidungsmerkmal ist, ob die Programme zu den Terminal-basierten oder graphischen Anwendungen gehören. Beide haben Ihre Vorzüge. Terminal-basierte Anwendungen lassen sich sehr gut aus Skripten heraus verwenden, graphische Anwendungen sind für die direkte Interaktion mit einem Benutzer komfortabler und einfacher zu bedienen. In den folgenden Abschnitten wird eine Auswahl von Programmen kurz vorgestellt, mit deren Hilfe Audiodaten abgespielt und erzeugt werden können.

5.2.1 Kommandozeilenorientierte Werkzeuge zum Aufnehmen und Abspielen

Hier zunächst eine Zusammenstellung von verschiedenen Programmen zum Abspielen und Aufnehmen von Audio-Dateien, die Terminal-basiert sind.

5.2.1.1 `play` und `rec`

Die Programme `play` und `rec` sind Bestandteil der `sox`-Distribution (siehe Abschnitt 5.1.4.1 auf Seite 421).

Tatsächlich ist `play` lediglich ein Shell-Skript, das die Daten direkt wiedergibt, nachdem sie im mit Hilfe von `sox` in ein Format konvertiert wurden, das vom lokalen System abgespielt werden kann. Aus diesem Grund kennt `play` auch alle oben beschriebenen Optionen von `sox`. Die Aufrufsyntax dieses Skripts ist wie folgt:

```
play [format opts] infile [effects]
```

infile ist der Name der wiederzugebenden Datei. Mit Hilfe der optionalen Parameter `format opts` ist es möglich, Vorgaben bezüglich der Codierung der Eingabedatei zu machen. Die bereits von `sox` her bekannten Optionen sind `-s`, `-u`, `-U`, `-A` und `-b`, `-l`, `-f`, `-D` sowie `-x`. Die Bedeutung dieser Optionen wurde bereits bei der Beschreibung von `sox` (siehe Seite auf Seite 422) erläutert. Zum Abspielen von Dateien, die Metainformationen enthalten, müssen in der Regel keine Optionen angegeben werden, da `sox` in diesem Fall in der Lage ist, das Format zu erkennen. Lediglich bei metainformationslosen Dateien müssen Informationen, wie die Sample-Rate und die Codierung, angegeben werden.

Der optionale Parameter `effects` dient wie bei `sox` dazu, spezielle Effekte (z. B. ein Echo) zu erzielen. Die genaue Beschreibung dieser Möglichkeiten sind in der Manual-Seite von `sox` beschrieben.

Das Abspielen z. B. einer AU-Datei mit `play` erfolgt durch folgenden Aufruf:

```
tux@erde:/home/tux > play file.au
```

Analog zu `sox` kann die Option `-V` dazu verwendet werden, um die Ausgabe von Informationen über die Audio-Datei zu aktivieren.

Neben dem Programm `play` enthält die `sox`-Distribution ebenfalls das Programm `rec`, mit dem von einer Eingabequelle (entsprechend der Einstellungen im Audio-Mixer) eine Audio-Datei aufgezeichnet werden kann. Wie `play` so ist auch `rec` lediglich ein Frontend zu `sox`. Alle Parameter, die an `play` übergeben werden konnten, können in gleicher Weise auch an `rec` übergeben werden. Der einzige Unterschied besteht darin, daß die angegebene Datei zur Ausgabe verwendet und daher beim Aufruf von `rec` überschrieben wird. Der Aufnahmevorgang kann durch Drücken von `CTRL-c` beendet werden.

5.2.1.2 Die Programme `wavplay` und `wavrec`

Mit Hilfe der Programme `wavplay` und `wavrec` können WAV-Dateien abgespielt und aufgezeichnet werden. Die zum Abspielen notwendigen Parameter liest `wavplay` normalerweise aus dem Dateikopf der abzuspielenden Datei. Alternativ können Parameter auch über Optionen angegeben werden. Die Aufrufsyntax ist wie folgt definiert:

```
wavplay [optionen] file
```

Der Parameter `file` bezeichnet den Namen der abzuspielenden Datei. Die optionalen Parameter `optionen` können eine oder mehrere von folgenden Optionen sein:

`-q`	Bewirkt, daß während des Abspielens keine Meldungen ausgegeben werden.
`-s rate`	Setzt die Sampling Rate auf `rate` Hertz.
`-S`	Spielt die Audio-Datei falls möglich in Stereo ab (default).
`-M`	Spielt eine Audio-Datei in Mono ab.
`-b bits`	Bestimmt die Zahl der Bits je Sample (`8`, `12` oder `16`).
`-i`	Anstelle die Datei abzuspielen, werden lediglich Informationen aus dem Header der Datei angezeigt.
`-l, -u`	Setzt/entfernt einen Lock auf die Gerätedatei zum Abspielen (normalerweise `/dev/dsp`).
`-L, -U`	Setzt/entfernt einen Lock auf die Gerätedatei für die Aufnahme.
`-t limit`	Setzt das Limit für eine Aufzeichnung auf `limit` Sekunden.

Eine WAV-Datei kann durch folgenden Aufruf mit `wavplay` abgespielt werden:

```
tux@erde:/home/tux > wavplay sound.wav
Pathname:        sound.wav
Sampling Rate:   11025 Hz
Mode:            Mono
Samples:         122880
Bits:            8
```

Die Aufnahme erfolgt analog mit Hilfe des Programms `wavrec`, wobei die Daten in der angegebenen Datei abgelegt werden. Die Länge einer Aufzeichnung kann mit der Option `-t sec` in Sekunden angegeben werden.

5.2.1.3 Das Programm vboxplay

Das Programm vboxplay dient der Wiedergabe von Sound-Dateien des Programms vbox (ISDN-Anrufbeantworter, siehe Abschnitt 5.4.2 auf Seite 470). Die Wiedergabe erfolgt einfach durch Angabe der entsprechenden Datei:

```
tux@erde:/home/tux > vboxplay message.msg
Creation time...........: Fri Apr  9 17:23:40 1999
Compression.............: ADPCM-4
Length..................: 8 seconds
Speaker name............: *** Unknown ***
Speaker caller number...: 086935355
Speaker phone number....: *** Unknown ***
Speaker location........: *** Unknown ***


sig: 0
```

5.2.1.4 Der MP3-Player mpg123

mpg123 ist ein leistungsfähiger, kommandozeilenorientierter MP3-Player. Die Angabe der abzuspielenden Dateien erfolgt einfach beim Aufruf auf der Kommandozeile. Über Optionen kann beispielsweise bestimmt werden, ob bei Stereo-Aufzeichnungen nur der linke oder rechte Kanal abgespielt werden soll. Darüber hinaus kann auch das Verhalten im Fall eines Dekodierfehlers sowie beispielsweise die Abspielgeschwindigkeit festgelegt werden. Ein Aufruf sieht wie folgt aus:

```
tux@erde:/home/tux >  mpg123 Texas-breathless.mp3
High Performance MPEG 1.0/2.0/2.5 Audio Player for Layer 1, 2 and 3.
Version 0.59s-mh4 (2000/Oct/27). Written and copyrights by Michael Hipp.
Uses code from various people. See 'README' for more!
THIS SOFTWARE COMES WITH ABSOLUTELY NO WARRANTY! USE AT YOUR OWN RISK!
Title  : breathless                    Artist: Texas
Album  : White On Blonde               Year  :
Comment:                               Genre : Other


Playing MPEG stream from Texas-breathless.mp3 ...
MPEG 1.0 layer III, 128 kbit/s, 44100 Hz joint-stereo
```

Die dekodierten Daten werden in diesem Fall direkt auf das Audio-Device /dev/dsp bzw. /dev/audio geschrieben, so daß die Musik über die Soundkarte gehört werden kann. Mit Hilfe der Option -a *device*-Option kann das Ausgabegerät direkt angegeben werden.

Neben der Fähigkeit, MP3-Dateien abzuspielen, bietet mpg123 die Möglichkeit, die dekodierten Daten als WAV-Datei abzulegen. Dadurch können sehr leicht

MP3-Dateien in WAV-Dateien konvertiert werden. Hierzu muß lediglich die Option `-w wav-filename` angegeben werden.

5.2.1.5 Der Ogg-Vorbis-Player `ogg123`

Analog zu `mpg123` dient die Anwendung `ogg123` zum Abspielen von Dateien, die im freien Ogg-Vorbis-Format vorliegen. Das Abspielen erfolgt einfach durch Aufruf des Werkzeugs mit der abzuspielenden Ogg-Datei als Argument.

```
tux@erde:/home/tux > ogg123 Texas-breathless.ogg
Device:   Advanced Linux Sound Architecture (ALSA) output
Author:   Bill Currie <bill@taniwha.org>
Comments: Outputs to the Advanced Linux Sound Architecture version 0.9.x.

Playing: Texas-breathless.ogg
Time: 01:05,92 [03:24,49] of 04:30,41   (116,6 kbps)  Output Buffer  93,8%
```

Neben der reinen Abspielfunktionalität bietet `ogg123` auch die Möglichkeit, Ogg-kodierte Dateien in andere Formate zu konvertieren. Hierzu kann an `ogg123` ein Device-Argument mit der Option `-d` übergeben werden, wodurch der Ausgabemodus bestimmt wird. Die Angabe von `ogg123 Texas-breathless.ogg -d wav -f output.wav` bewirkt z. B., daß die angegebene Ogg-Datei in eine WAV-Datei umgewandelt und als `output.wav` abgespeichert wird.

`ogg123` benötigt zum Arbeiten die `libvorbis`. Das Werkzeug zusammen mit den benötigten Libraries kann frei unter der URL `http://www.vorbis.com/download_unix.psp` bezogen werden. Bei SuSE Linux müssen die Pakete `libvorbis` sowie `vorbis-tools` installiert werden.

5.2.2 X Window-basierte Werkzeuge

Im folgenden eine Auswahl von Programmen zum Abspielen und Aufnehmen von Audio-Dateien, die X Window-basiert sind.

5.2.2.1 Das Programm `noatun`

Die Anwendung `noatun` ist ein X Window-basiertes komfortables Multimedia-KDE-Werkzeug, mit dessen Hilfe WAV als auch Ogg-Vorbis- und MP3-Dateien abgespielt werden können. Neben der reinen Abspielfunktionalität bietet `noatun` auch die Möglichkeit zur Anwendung von Sound-Effekten und Filtern. Darüber hinaus ist auch das Abspielen von MPEG-Videos möglich. Eine Playlistenverwaltung ist ebenfalls integriert.

Die Datei kann interaktiv ausgewählt werden. In Abbildung 5.2 auf der nächsten Seite ist das Programm dargestellt.

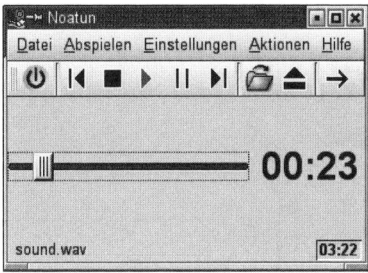

Abbildung 5.2: Der WAV- und MP3-Player `noatun`

5.2.2.2 Das Programm `xmms`

Mit Hilfe von `xmms` lassen sich komfortabel Ogg-Vorbis als auch MP3-Audio-Dateien abspielen. Das Programm läuft unter dem X Window System. Es verfügt über Playlisten, um bestimmte Stücke aus einer frei zusammenstellbaren Playliste abzuspielen. `xmms` bietet darüber hinaus weitere Möglichkeiten, wie etwa einen graphischen Equalizer. Das Programm ist in der Abbildung 5.3 dargestellt.

5.2.2.3 Das Programm `krecord`

Das Programm ist ein graphisches Werkzeuge, mit dem Audio-Sequenzen aufgezeichnet werden können. Mit `krecord` können die gewonnen Daten anschließend als WAV-Datei abgespeichert werden. Wie das Programms aussieht, zeigt Abbildung 5.4 auf der nächsten Seite.

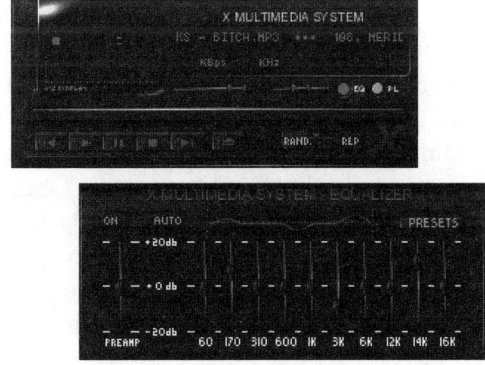

Abbildung 5.3: Der MP3-Player `xmms`

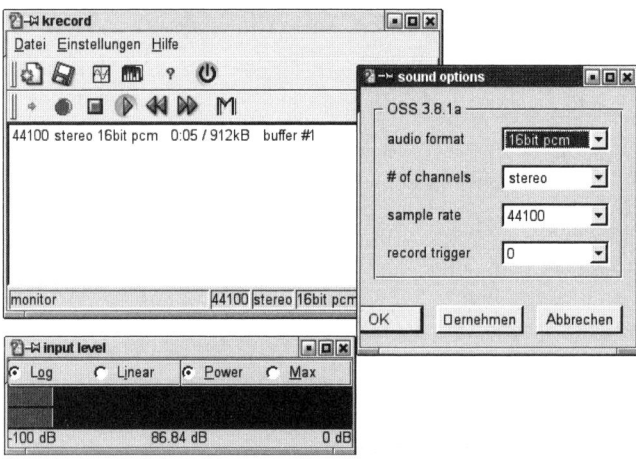

Abbildung 5.4: Das Audio Recorder Programm `krecord`

5.3 Erstellen und Bearbeiten von Audio-CDs

Linux kennt eine ganze Reihe von Werkzeugen, mit deren Hilfe das Auslesen und Erstellen von Audio-CDs möglich ist. Selbstverständlich ist es ebenfalls möglich, Musikdateien in das kompakte MP3 oder Ogg-Vorbis-Format umzuwandeln und diese anschließend auf eine neue CD zu brennen. Im folgenden Abschnitt werden einige der zahlreichen Werkzeuge vorgestellt, mit deren Hilfe Audio-CDs bearbeitet werden können.

5.3.1 Basis-Werkzeuge

Die meisten Werkzeuge zum Bearbeiten von Audio-CDs werden über eine graphische Oberfläche bedient. Die Basis für solche Programme stellen jedoch zum großen Teil kommandozeilenorientierte Utilities dar, mit deren Hilfe die eigentliche Arbeit gemacht wird. Mit diesen Utilities kann auch leicht ein Skript erstellt werden, das einen Arbeitsvorgang automatisiert, so daß keine graphische Oberfläche benötigt wird, wenn diese nicht erwünscht ist. In diesem Abschnitt sollen die wichtigsten Utilities kurz vorgestellt werden. Ausführliche Informationen zu dem jeweiligen Werkzeug finden sich wie üblich den den Manual-Seiten zu dem entsprechenden Werkzeug, auf die mit Hilfe des `man`-Kommandos zugegriffen werden kann.

5.3.1.1 Utilities zum Auslesen von Audio-CDs

Mit Hilfe dieser Utilities können Audio-CDs leicht ausgelesen werden.

cdparanoia Programm zum Auslesen von Audio-CDs. Die gelesenen Audio-Tracks können automatisch in verschiedene Audio-Formate, wie z. B. WAV, AIFF oder raw PCM konvertiert werden. cdparanoia bietet die Möglichkeit, das Inhaltsversverzeichnis der CD auszulesen und kann darüber hinaus sowohl einzelne Audio-Tracks als auch alle Tracks auslesen. Beim Lesen werden durch Prüfverfahren evtl. Lesefehler erkannt. Der Aufruf cdparanoia -B sorgt z. B. dafür, daß alle Tracks nacheinander ausgelesen und in WAV-Dateien konvertiert werden. Die Homepage von cdparanoia ist http://www.xiph.org/paranoia/.

cdda2wav Der Name steht für CDDA (Compact Disk Digital Audio) to WAV. cdda2wav erlaubt das Auslesen von Audio-CDs in WAV, AIF oder raw-Format. Beim Start können die zu konvertierenden Tracks angegeben werden. Zahlreiche Optionen können zur Steuerung der Konvertierung verwendet werden. Um beispielsweise die Tracks 2 – 4 einer Audio-CD zu konvertieren, braucht cdda2wav nur als cdda2wav -D /dev/sr0 -B -t 2+4 aufgerufen zu werden, wobei /dev/sr0 die Gerätedatei des CD-Players darstellt. Als Default werden WAV-Dateien mit einer Sample-Rate von 44 100 Hz mit 16bit Stereo erzeugt. Mit Hilfe eines MP3-Encoders und des Skripts cdda2mp3 können Tracks auf Audio-CDs direkt in MP3-Dateien umgewandelt werden. Download von ftp://ftp.gwdg.de/pub/linux/misc/cdda2wav/

5.3.1.2 Encoder-Programme

Um einen Track einer CD in eine kompakte MP3-Datei zu konvertieren, bedarf es eines Encoders, der aus der Audio-Datei die komprimierte MP3-Datei erzeugt. Die Komprimierung ist dabei nicht verlustfrei, d. h., die komprimierte Datei enthält nicht alle Information, die in dem original Audio-Track enthalten war. Informationen die nicht hörbar sind, werden herausgefiltert. Die so erzeugten Audio-Dateien können von MP3-Playern (entweder Software oder kleine, CD-Player-artige Geräte) abgespielt werden. Das Problem mit allen MP3-Encodern besteht in der Tatsache, daß dessen Nutzung rechtlich nicht abgesichert ist, da Fraunhofer IIS als auch Thomson Consumer Electronics in vielen Ländern Patente auf das Kompressionsverfahren haben.

Unproblematisch ist hingegen die Nutzung des Ogg Vorbis-Formats, das frei von Patenten ist und zudem sogar bessere Kompressionsraten bei gleicher Audio-Qualität erzielt. Der Nachteil dieses Verfahrens besteht darin, daß es noch nicht so weit wie MP3 verbreitet ist.

lame Das Programm lame ist ein unter der LGPL stehender MP3-Encoder, der von vielen Programmen als Basiswerkzeug genutzt wird. Das Programm kann über die Projekt-Seite http://www.mp3dev.org/mp3/ im Quellcode bezogen werden. Fertig übersetzte RPM-Pakete können über `rpm-find.net` unter der URL `http://rpmfind.net` gesucht werden.

`bladeenc` Ein weiterer MP3-Encoder. Die Projekt-Seite ist unter der URl `http://bladeenc.mp3.no/` erreichbar.

`oggenc` Ein Encoder, der Dateien im Ogg-Vorbis Format erzeugt. `oggenc` kann unter der URL `http://www.vorbis.com/download_unix.psp` bezogen werden. Als Eingabe-Formate können sowohl WAV- als auch raw-CDDA-Daten verwendet werden. Der Kodierungsprozeß läßt sich durch zahlreiche Optionen weiter steuen. Neben dem eigentlichen Encoder wird auch die `libvorbis` benötigt, die ebenfalls von der oben genannten URL bezogen werden kann. Nutzer von SuSE Linux müssen lediglich die Pakete `libvorbis` als auch `vorbis-tools` installieren.

5.3.1.3 Tools zum Schreiben von CDs

Für das Schreiben von CDs unter Linux gibt es im wesentlichen zwei Werkzeuge:

❏ `cdrecord` und

❏ `cdrdao`.

Beide Werkzeuge arbeiten auf SCSI-Geräten bzw. ATAPI-Geräten, für die die SCSI-Emulation (Kernel-Modul `ide-scsi`) aktiviert wurde. Eine Beschreibung der notwendigen Schritte, um die IDE-SCSI-Emulation einsetzen zu können, ist in der SuSE-Supportdatenbank unter dem Stichworten „CD Brenner" nachzulesen.

`cdrecord` Das Programm `cdrecord` ist sozusagen das Swiss Army Knife unter den Brenn-Utilities. Fast alle Programme, die eine CD-R oder CD-RW beschreiben/löschen, nutzen die Fähigkeiten von `cdrecord`, um die eigentliche Arbeit zu erledigen.

`cdrdao` Das `cdrdao`-Utility dient für spezielle Kopien von Audio-CDs. `cdrdao` kopiert eine Audio-CD immer im Track at once-Modus. Dies ist immer dann wichtig, wenn auf einer CDs einzelne Stücke (Tracks) fließend ineinander übergehen, wie es oft bei Klassik-CDs der Fall ist. Normalerweise würde zwischen jeden Track eine kleine Pause eingefügt werden, was in diesem Fall den Musikgenuß der Kopie erheblich stören würde. `cdrdao` kopiert die CD jedoch als Ganzes und nicht Track-Weise. Hierdurch werden auch die Pausen exakt mitkopiert.

`mkisofs` Für das Erstellen von MP3-CDs muß auf der CD ein Dateisystem erstellt werden, ähnlich wie das Dateisystem des Linux-Rechners. `mkisofs` dient der Erstellung eines Dateisystem-Abbilds, das mit `cdrecord` auf die CD gebrannt werden kann. `mkisofs` kann ISO9660-, Joliet- und HFS-Dateisystem erstellen. Am gebräuchlichsten ist das ISO9660-Dateisystem.

5.3.2 Rippen von Audio-CDs

Mit *Rippen* ist das Auslesen von Audio-CDs gemeint, wobei die ausgelesenen Musikstücke in der Regel entweder als MP3- oder Ogg-Vorbis kodierte Dateien abgespeichert werden. Der Vorteil der Kodierung besteht einfach darin, daß eine z. B. Ogg-Datei im Vergleich zu der auf einer CD enthaltenen Original-Version etwa 12mal weniger Platz benötigt. Wenn man Musik nur in Form von MP3- oder OGG-Dateien auf eine eigene CD brennt, bedeutet dies, daß problemlos mehrere Stunden Musik auf eine CD passen. Die genau Länge hängt vom Kodierungsverfahren und insbesondere auch der Kodierungsparameter wie der Bitrate ab. Je höher die Bitrate ist, desto besser ist die Qualität, je mehr Platz wird jedoch für das Musikstück benötigt.

Das Rippen einer CD kann grundsätzlich schon mit den im letzten Abschnitt genannten Werkzeugen vorgenommen werden. Dies macht Sinn, wenn die Bearbeitung möglichst vollautomatisch, skriptgesteuert erfolgen soll. Neben den oben genannten Basiswerkzeugen existieren bereits eine Reihe von Skripten, mit denen eine Audio-CD vollautomatisch in MP3 oder OGG-Dateien umgewandelt werden kann. Einfacher ist die Verwendung von Anwendungen mit einer graphischen Benutzeroberfläche. Auch hier existieren eine ganze Reihe von Möglichkeiten, von denen einige hier kurz beschrieben werden sollen.

5.3.2.1 Rippen mit dem `konqueror`

Der `konqueror` ist eigentlich der Datei- als auch Web-Browser der KDE-Oberfläche. Neben diesen Basisaufgaben existieren jedoch zahlreich Plugins, die zur integrierten Lösung von speziellen Aufgaben entwickelt wurden. Eines dieser Plugins ist das `audiocd`-Plugin, mit dessen Hilfe auf einfachste Weise Stücke auf einer Audio-CD in MP3- oder Ogg Vorbis-Dateien konvertiert werden können. Für die Stücke auf der CD kann mit Hilfe eines CDDB-Servers, der automatisch aufgerufen werden kann, der Titelname usw. abgerufen werden, so daß die generierten MP3- bzw. Ogg-Vorbis Dateien automatisch den korrekten Namen erhalten.

Voraussetzung für die Nutzung des `audiocd`-Plugins ist, daß das KDE-Paket `kdeaddons3` (für KDE3) installiert ist. Zusätzlich muß noch `libmp3lame` zur MP3-Konvertierung und die `libvorbis` für die Ogg-Vorbis-Konvertierung installiert sein. Fehlt eine der Bibliotheken, kann die entsprechende Funktion nicht ausgeführt werden.

Nach der Installation der genannten Komponenten sollte zunächst die Grundeinstellung des `audiocd`-Plugins in KDE-Kontrollzentrum vorgenommen werden. Hier muß unter dem Punkt `Klänge->Audio-CD` im Reiter `Audio-CD` zunächst das Gerät angegeben werden, in dem sich die Audio-CD befindet. Alternativ kann versucht werden, das Gerät automatisch suchen zu lassen. Neben der Ge-

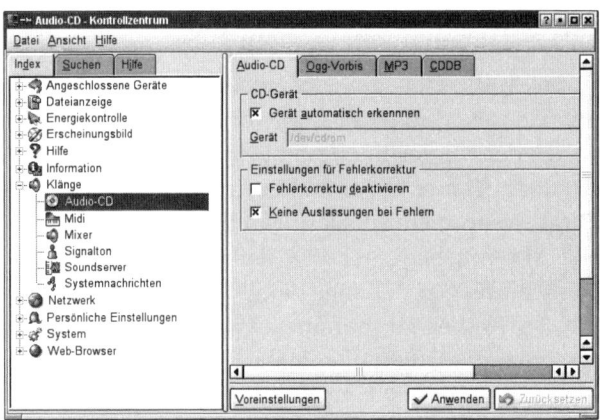

Abbildung 5.5: Die audiocd-Plugin-Konfiguration

räteeinstellung können auch verschiedene Einstellungen für die Konvertierung gemacht werden. Für die automatische Suche nach den Titelnamen der CD können hier ebenfalls ein oder mehrere CDDB-Server (z. B. freedb.freedb.de) angegeben werden. Der Audio-CD-Dialog ist in Abbildung 5.5 dargestellt.

Nach dieser Grundkonfiguration kann das audiocd-Plugin genutzt werden. Hierzu wird einfach der konqueror, also z. B. der KDE-Dateimanager, gestartet. Die Aktivierung bei bereits eingelegter CD kann nun entweder über die Eingabe einer URL audiocd:/ in die Adress-Zeile des konqueror erfolgen oder über die Services Menü im erweiterten Navigationsbereich, der im Fenster-Menü

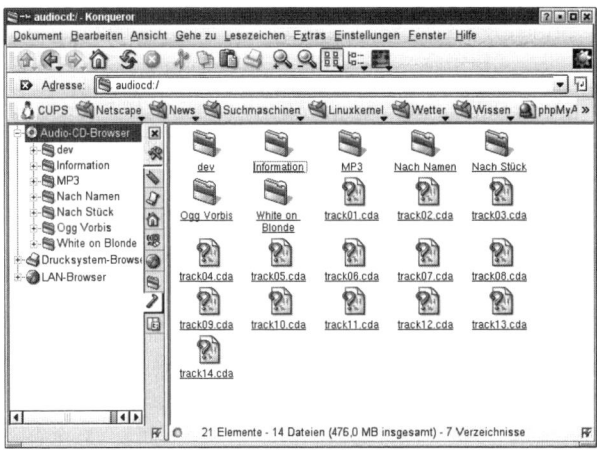

Abbildung 5.6: Das audiocd-Plugin im konqueror

des `konqueror` aktiviert werden kann. Im Service Menü befindet sich schließlich ein `Audio-CD-Browser`-Menüeintrag. Abbildung 5.6 auf der vorherigen Seite verdeutlicht das Gesagte.

Im erweiterten Navigationsbereich sieht man in Abbildung 5.6 auf der vorherigen Seite die verschiedenen Buttons für andere Sichten auf die CD, also z. B. die MP3-Ansicht oder die OGG-Vorbis-Ansicht. Die im rechten Bereich dargestellte Übersicht stellt dies noch einmal dar, indem für die links stehenden Buttons Ordner-Symbole dargestellt werden, die göffnet werden können. Unterhalb der Ordner sieht man die Tracks der CD. Soll beispielsweise einer oder mehrere dieser Tracks ohne Konvertierung kopiert werden, braucht nur das bzw. die entsprechenden Datei-Icons (mit der Endung `.cda`) per Maus in ein anderes `konqueror`-Fenster, in dem das Zielverzeichnis sichtbar ist, gezogen und über den Zielbereich „fallengelassen" werden. Sofort wird der entsprechende Track raw, also im CDDA-Format, in das entsprechende Verzeichnis kopiert. Auf genau die gleiche Weise funktioniert die Konvertierung in MP3- bzw Ogg-Vorbis-Dateien. Klickt man im erweiterten Navigationsbereich auf den Ogg-Vorbis Eintrag, erscheinen im Hauptfenster die Titel der CD mit der Endung `.ogg`. Wurde in der Grundkonfiguration ein gültiger CDDB-Server angegeben, und es besteht eine Verbindung zum Imternet, werden automatisch die konkreten Titelnamen der CD mit der Endung `.ogg` angezeigt. Zieht man nun eine oder mehrere dieser Dateien mit der Maus in ein anderes Verzeichnis, wird automatisch die Konvertierung der selektierten Dateien in das Ogg-Vorbis-Format gestartet. Die resultierenden Dateien werden in dem Zielverzeichnis abgelegt. Entsprechend funktioniert die Konvertierung in das MP3-Format. Der Vorgang des Konvertierens ist sehr rechenaufwendig und kann je nach CPU-Leistung einige Zeit in Anspruch nehmen.

5.3.2.2 Rippen mit `grip`

`grip` ist eine recht komfortable Anwendung, die sowohl das Rippen von CDs ermöglicht als auch als CD-Player einsetzbar ist. `grip` unterstützt sowohl MP3 als auch Ogg-Vorbis, sofern die entsprechenden Decoder installiert sind (s. o.). Abbildung 5.7 auf der nächsten Seite zeigt das Startfenster der Anwendung mit einigen Hinweisen zu den Bedienelementen.

Das Startfenster zeigt bei eingelegter CD direkt alle Tracks auf der CD an. Wurde in der Konfiguration des Programms ein gültiger CDDB-Server angegeben, und es besteht eine Verbindung zum Internet, zeigt `grip` wie in der Abbildung dargestellt direkt die Daten des Albums sowie die Titel der Songs. `grip` kann nun direkt zum Abspielen der Tracks eingesetzt werden. Falls gewünscht kann das Track-Display ausgeblendet werden (Button `Track Display`). Auch die Eingabe einer Playliste mit den Nummern der gewünschten Tracks kann in das `Playliste`-Fenster eingegeben werden. Durch mehrfachen Klick auf `Play-Modus` kann die Playliste eingegeben werden und ist damit aktiv.

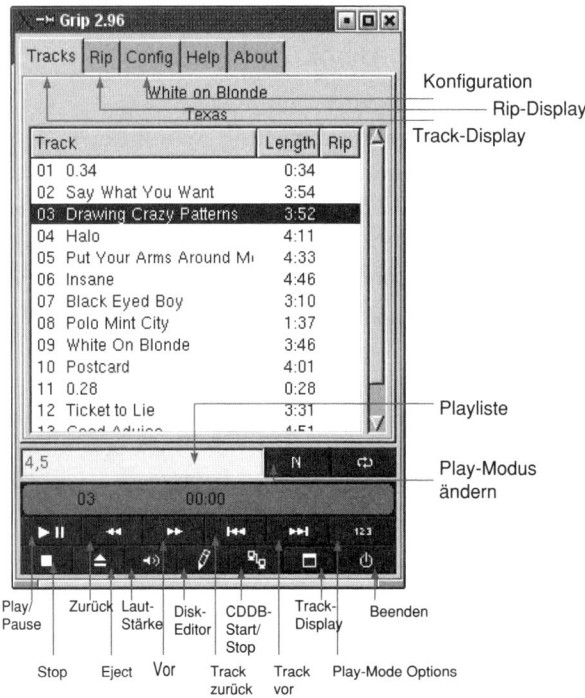

Abbildung 5.7: Das Programm `grip`

Neben dem Abspielen von Titeln kann `grip` auch zum Konvertieren der Tracks in MP3- oder Ogg-Vorbis-Dateien verwendet werden. Hierzu muß im `Config->MP3`-Dialog, der in Abbildung 5.8 auf der nächsten Seite dargestellt ist, zunächst festgelegt werden, welcher Encoder, z. B. `oggenc` oder `lame`, verwendet werden soll. Darüber hinaus lassen sich an dieser Stelle weitere Optionen angeben, die den Konvertierungsprozeß beeinflussen.

Zum Rippen von Tracks müssen nun im `Track`-Fenster zunächst die gewünschten Tracks ausgewählt werden. Die erfolgt, etwas ungewohnt, durch Drücken der rechten Maustaste über dem gewünschten Track. Als Kennzeichnung erscheint in der Spalte `Rip` ein Häkchen. Anschließend wird in das `Rip`-Fenster gewechselt, in dem über entsprechende Buttons entweder nur gerippt oder gerippt und Konvertiert (encoded) werden kann. Nur Rippen bedeutet, daß die selektierten Tracks einfach von der CD gelesen und als Datei im CDDA-Format gespeichert werden. Auf diese Weise kann man eigene Audio-CDs zusammenstellen, ohne über einen MP3 oder Ogg-Player verfügen zu müssen. Rippen und Konvertieren bedeutet, daß die selektierten Tracks von CD gelesen (normalerweise mit `cdparanoia`) und zunächst als WAV-Datei abgespeichert werden. Im zweiten Schritt wird dann der Encoder, wie z. B. `oggenc`, auf diese WAV-Dateien an-

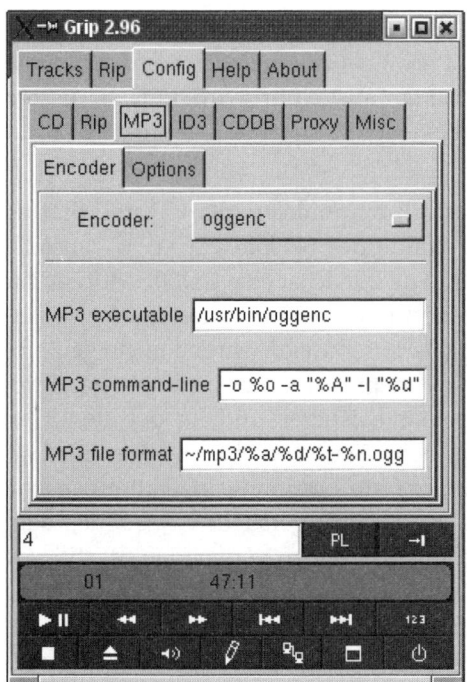

Abbildung 5.8: Der Konfigurationsdialog von `grip`

gesetzt, um die MP3- bzw. Ogg-Vorbis-Datei zu erzeugen. Die Ergebnisdateien werden per Default in das Verzeichnis `mp3` im Home-Verzeichnis des Benutzers geschrieben (kann im `Config->Rip`-Fenster eingestellt werden).

Die Anwendung `grip` kann über die Homepage unter der URL `http://www.nostatic.org/grip/` bezogen werden. SuSE Linux enthält ein entsprechendes RPM-Paket, das einfach installiert werden kann.

5.3.3 `ripit`

Bei dem Programm `ripit` handelt es sich um ein Skript, mit dessen Hilfe eine CD vollautomatisch in einzelne MP3- bzw Ogg-Vorbis-Dateien konvertiert werden kann. `ripit` hat keine graphische Oberfläche. Ältere Versionen benötigen für die CDDB-Anfrage zusätzlich das Programm `xmcd`. Genaugenommen benötigt es lediglich die `xmcd` -Konfiguration[1] des CD-Laufwerks, in dem sich die zu konvertierende CD befindet, um eine CDDB-Anfrage ausführen zu können. Ab Version `2.0` wird stattdessen das Perl-Modul `CDDB_get` verwendet,

---

[1]Die xmcd-Konfiguration erfolgt, indem als Benutzer `root` das Skript `/usr/X11R6/lib/X11/xmcd/config/config.sh` ausgeführt wird.

441

das in diesem Fall installiert sein muß. Das Modul kann bei Bedarf aus dem Perl CPAN (`http://www.perl.com/CPAN/`) heruntergeladen werden. Da die CDDB-Anfrage gleich als erstes nach dem Start ausgeführt wird, muß zu diesem Zeitpunkt eine Verbindung zum Internet existieren, ansonsten bricht `ripit` mit einem Fehler ab.

Das Rippen einer CD erfolgt dann einfach durch Einlegen der CD und Starten des Skripts. Ab Version 2.0 lautet der Name des Skripts `ripit.pl` anstelle von `ripit`. Das Skript versucht in diesem Fall zunächst eine CDDB-Anfrage für die eingelegte CD und beginnt anschließend mit der Konvertierung der einzelnen Tracks. Die erzeugten MP3- bzw. Ogg-Vorbis-Dateien werden in ein gemeinsames Unterverzeichnis in `/tmp/rip/` mit dem Namen des Albums geschrieben. Das Verzeichnis `/tmp/rip` muß bereits existieren und für den Benutzer, der das Skript ausführt, schreibbar sein. Beim Start von `ripit` kann mit Hilfe der Option `-device=/dev/`*devicename* ein bestimmtes Gerät angegeben werden, von dem gelesen werden soll. Als Default versucht `ripit`, das dem Pfad `/dev/cdrom` zugeordnete Gerät zum Auslesen zu verwenden. Wichtig ist in diesem Zusammenhang, daß für das von `ripit` verwendete Gerät auch eine `xmcd`-Konfiguration mit gleichen Namen existiert. Wurde also z. B. bei der `xmcd`-Konfiguration das Gerät `/dev/sr0` (erstes SCSI-CDROM) eingerichtet, so muß `ripit` als `ripit --device=/dev/sr0` gestartet werden, damit es die richtige `xmcd`-Konfiguration finden kann. Die Auswahl, ob Ogg-Vorbis- oder MP3-Dateien erzeugt werden sollen, erfolgt in der Version 2.0 von `ripit` über die Angabe des Encoders mit der Kommandozeilenoption `-encoder`. Wird als Parameter dieser Option `oggenc` angegeben, werden als Ergebnis Ogg-Vorbis-Dateien generiert. Natürlich muß `oggenc` auch installiert sein. Weitere für den Encoder spezifische Optionen können über die `ripit.pl`-Option `-encopt` angegeben werden. Ältere Versionen von `ripit` unterstützen lediglich die Erstellung von MP3-Dateien.

Als Basis verwendet `ripit` das Programm `cdparanoia` zum Auslesen der CD, sowie `bladeenc` bzw. `lame` zur Konvertierung. Da `ripit` ein Perl-Skript ist, können die Defaulteinstellungen natürlich sehr leicht z. B. den eigenen Gegebenheiten angepaßt werden. Das Rippen einer CD von dem ersten SCSI-CD-ROM-Laufwerk mit `ripit` läuft wie folgt ab:

```
tux@erde:/home/tux > ripit --device=/dev/sr0
Getting CDDB info...
Xmcd disc ID: a70b0d0e
Accessing CDDB...

Genre: Rock -> General Rock
Texas / White On Blonde

 01 00:34  0.34
```

```
02 03:54   Say What You Want
03 03:52   Drawing Crazy Patterns
04 04:11   Halo
05 04:33   Put Your Arms Around Me
06 04:46   Insane
07 03:10   Black Eyed Boy
08 01:37   Polo Mint City
09 03:46   White On Blonde
10 04:01   Postcard
11 00:28   0.28
12 03:31   Ticket To Lie
13 04:51   Good Advice
14 03:55   Breathless


Total Time: 47:11
Ripping...
cdparanoia III release 9.8 (March 23, 2001)
(C) 2001 Monty <monty@xiph.org> and Xiphophorus


Report bugs to paranoia@xiph.org
http://www.xiph.org/paranoia/


Ripping from sector        0 (track  1 [0:00.00])
          to sector     2599 (track  1 [0:34.49])

outputting to /tmp/rip/Texas_-_White_On_Blonde/01_0.34.rip

 (== PROGRESS == [                         | 002599 00 ] == :^D * ==)

Done.

MP3 Encoding track 1 of 14
cdparanoia III release 9.8 (March 23, 2001)
(C) 2001 Monty <monty@xiph.org> and Xiphophorus


Report bugs to paranoia@xiph.org
http://www.xiph.org/paranoia/


Ripping from sector     2600 (track  2 [0:00.00])
          to sector    20139 (track  2 [3:53.64])

outputting to /tmp/rip/Texas_-_White_On_Blonde/02_Say_What_You_Want.rip

 (== PROGRESS == [  >                      | 004106 00 ] == :-) o ==)
```

```
MP3 Encoding track 2 of 14
 (== PROGRESS == [               >                 | 009546 00 ] == :-) o ==)
 ...
 ...
```

Die Anwendung sowie ergänzende Software kann von der Homepage des Projekts unter der URL http://www.geocities.com/ukcave/ripit.html bezogen werden.

5.3.4 Zusammenstellung eigener Audio-CDs

Wer über einen CD-Brenner verfügt, kann sich leicht seine eigene Wunsch-CD aus seinen Beständen zusammenstellen. Wer zusätzlich über einen MP3-Player (als Software oder eigene Hardware) verfügt, kann zusätzlich viele Stunden Musik auf einer CD speichern. Die Erstellung eigener Audio-CDs ist mit Linux kein Problem. Es existieren zahlreiche Programme, die diese Aufgabe erleichtern sollen. Letzlich basieren alle auf dem zentralen Brenn-Programm cdrecord. Die hier beschriebenen Werkzeuge vereinfachen diese Aufgabe jedoch, indem die Bedienung mit einer graphischen Benutzeroberfläche erleichtert wird.

Bei der Erstellung einer eigenen Audio-CD muß zunächst eine grundsätzlich Entscheidung getroffen werden: Soll die neue CD MP3 bzw Ogg-Vorbis-kodierte Dateien enthalten oder eine CDDA-kompatible Audio-CD[2] sein. Beide Varianten haben Vor- und Nachteile. Die CDDA-kompatible Audio-CD kann von jedem CD-Player abgespielt werden (natürlich auch am Rechner). Der Nachteil besteht in der begrenzten Spieldauer von ca. 74 Minuten. Es lassen sich also wie bei einer gekauften CD nur relativ wenige Titel unterbringen.

Genau in diesem Punkt kann eine CD mit MP3- bzw Ogg-Vorbis-Dateien punkten. Dadurch, daß sowohl die MP3 als auch das Ogg-Vorbis-Kodierung von Audiodaten eine enorme Kompression ermöglicht, können problemlos mehrere Stunden Musik auf einer CD untergebracht werden. Die Titel werden in diesem Fall als ganz normale Dateien auf der CD gespeichert. Auf der CD wird hierzu ein Dateisystem (ISO9660) eingerichtet, in dem die Dateien abgelegt werden können. Bei einer MP3-CD handlet es sich also letztlich um eine Daten-CD mit MP3- bzw. Ogg-Vorbis-Dateien. Der Nachteil dieser Lösung besteht nun darin, daß man einen speziellen MP3- bzw. Ogg-Vorbis-Player braucht, um die Titel der CD anhören zu können. Ein solcher Player existiert natürlich für Linux, so daß das Abspielen der CD in diesem Fall kein Problem ist. Wer jedoch unabhängig vom Rechner die Musik hören möchte, ist auf die noch relativ teuren MP3-Player angewiesen, die im Handel erworben werden können. Die meisten solcher Player unterstützen übrigens bisher ausschließlich das MP3-Format.

---

[2]Siehe auch http://www.lrz-muenchen.de/services/peripherie/cd-formate/

5.3.4.1 Erstellen einer Audio-CD mit Hilfe von `cdrecord` und `mkisofs`

Die grundlegendste Art und Weise eine CDDA-kompatible Audio-CD bzw. eine MP3- oder Ogg-Vorbis-CD zu erstellen, ist die Verwendung der Werkzeuge `cdrecord` und bei MP3- und Ogg-CDs zusätzlich auch `mkisofs`. Der Vorteil dieser Werkzeuge besteht darin, daß sie ganz ohne graphische Benutzerschnittstelle auskommen und sich daher hervorragend zum Erstellen eigener Skripte eignen.

Erstellen einer CDDA-kompatiblen Audio-CD Eine CDDA-kompatible Audio-CD hat eine maximale Spieldauer von ca. 74 Minuten und kann in jedem Audio-CD-Player abgespielt werden. Die Audio-Titel, die auf die CD gebrannt werden sollen, müssen entweder im Raw-CDDA oder im Microsoft WAV-Format vorliegen. `cdrecord` kennt zusätzlich noch das SUN .au-Format, das aber für Audio-CDs wegen der geringen Audio-Qualität vollkommen ungeeignet ist.

Die Audio-Dateien sollten sich in einem gemeinsamen Unterverzeichnis befinden. Die Benennung der Audio-Dateien ist nur für die Reihenfolge der Tracks auf der CD interessant, die durch die Reihenfolge der Dateinamen auf der Kommandozeile von `cdrecord` festgelegt wird. Durch entsprechende Benennung kann die Reihenfolge automatisch durch die richtige Sortierung durch die Shell erzeugt werden.

Vor dem Brennen muß jedoch zunächst der Gerätename des Brenners herausgefunden werden. `cdrecord` kann lediglich mit SCSI-Geräten umgehen. Wer einen ATAPI-Brenner hat, muß das Linux-Kernel-Modul `ide-scsi` verwenden, um das Gerät unter einer SCSI-Emulation laufen zu lassen[3].

Um herauszufinden, unter welcher Geräte-ID der Brenner anzusprechen ist, kann `cdrecord` mit der Option `-scanbus` aufgerufen werden. Als Ergebnis erscheinen alle an einem realen oder emulierten SCSI-Bus angeschlossenen Geräte mit einer Beschreibung. Im folgenden ein Beispiel eines Rechners, der über einen realen SCSI-Bus und einen ATAPI-CD-Brenner verfügt, der unter der SCSI-Emulation betrieben wird. Das Kommando sollte als Benutzer `root` ausgeführt werden:

```
root@erde:/root # cdrecord --scanbus
scsibus0:
        0,0,0     0) *
        0,1,0     1) 'IBM     ' 'DDRS-34560W   ' 'S97B' Disk
        0,2,0     2) *
        0,3,0     3) 'TEAC    ' 'CD-ROM CD-532S ' '1.0A' Removable CD-ROM
        0,4,0     4) *
```

---

[3]Eine Beschreibung der notwendigen Schritte um die IDE-SCSI-Emulation einsetzen zu können, ist in der SuSE-Supportdatenbank unter dem Stichworten „CD Brenner" nachzulesen.

```
      0,5,0     5) *
      0,6,0     6) *
      0,7,0     7) *
scsibus1:
      1,0,0   100) 'RICOH    ' 'CD-R/RW MP7083A ' '1.10' Removable CD-ROM
      1,1,0   101) *
      1,2,0   102) *
      1,3,0   103) *
      1,4,0   104) *
      1,5,0   105) *
      1,6,0   106) *
      1,7,0   107) *
```

In der Ausgabe kann man zwei SCSI-Busse (scsibus0 und scsibus1) erkennen. Am ersten Bus sind mehrere Geräte angeschlossen. An der Beschreibung erkennt man, daß es sich hierbei um eine Festplatte (Disk) und um ein CD-ROM-Laufwerk handelt. Am zweiten Bus sieht man ein Gerät, das in seiner Beschreibung den Text CD-R/RW enthält. Hierbei handelt es sich um den Brenner, der CD-R- (einmal beschreibbar) als auch CD-RW- (mehrfach beschreibbar) Medien verwenden kann. Die Geräte-ID dieses Brenners steht ganz links in der gleichen Zeile und lautet 1,0,0.

Mit Hilfe dieser ID kann nun ganz leicht eine Audio-CD gebrannt werden. Man wechselt zunächst in das Verzeichnis mit den Audio-Dateien. Der CD-Rohling sollte bereits eingelegt sein. Zusätzlich muß die maximale Brenngeschwindigkeit des Rohlings und des Brenners bekannt sein, um sie beim cdrecord-Aufruf angeben zu können:

```
root@erde:/root # cdrecord -v -eject speed=8 -audio -pad dev="1,0,0" *
Cdrecord 1.11a13 (i686-suse-linux) Copyright (C) 1995-2001 Jörg Schilling
TOC Type: 0 = CD-DA
scsidev: '1,0,0'
scsibus: 1 target: 0 lun: 0
Linux sg driver version: 3.1.22
Using libscg version 'schily-0.5'
atapi: 1
Device type    : Removable CD-ROM
Version        : 0
Response Format: 1
Vendor_info    : 'RICOH    '
Identifikation : 'CD-R/RW MP7083A '
Revision       : '1.10'
Device seems to be: Generic mmc CD-RW.
Using generic SCSI-3/mmc CD-R driver (mmc_cdr).
Driver flags   : SWABAUDIO
```

```
Supported modes: TAO PACKET SAO SAO/R96P SAO/R96R RAW/R96R
Drive buf size : 1343488 = 1312 KB
FIFO size      : 4194304 = 4096 KB
Track 01: audio  37 MB (03:44.90) no preemp swab pad
Track 02: audio  22 MB (02:15.10) no preemp swab
Track 03: audio   4 MB (00:28.00) no preemp swab
Track 04: audio  65 MB (06:29.86) no preemp swab pad
Track 05: audio  36 MB (03:39.42) no preemp swab pad
Track 06: audio  37 MB (03:43.23) no preemp swab pad
Track 07: audio  46 MB (04:35.43) no preemp swab pad
Track 08: audio  41 MB (04:06.08) no preemp swab pad
Track 09: audio  45 MB (04:30.97) no preemp swab pad
Track 10: audio  41 MB (04:07.29) no preemp swab pad
Track 11: audio unknown length    no preemp swab pad
Track 12: audio  45 MB (04:28.37) no preemp swab pad
Track 13: audio  33 MB (03:17.69) no preemp swab pad
Track 14: audio  41 MB (04:05.34) no preemp swab pad
Track 15: audio  40 MB (03:59.46) no preemp swab
Track 16: audio  38 MB (03:48.52) no preemp swab
Track 17: audio  39 MB (03:57.07) no preemp swab pad
Track 18: audio  45 MB (04:28.65) no preemp swab pad
Track 19: audio  38 MB (03:51.41) no preemp swab pad
Track 20: audio unknown length    no preemp swab pad
Track 21: audio  40 MB (04:01.88) no preemp swab
Total size:     750 MB (74:18.85) = 334414 sectors
Lout start:     750 MB (74:20/64) = 334414 sectors
Current Secsize: 2048
ATIP info from disk:
  Indicated writing power: 3
  Reference speed: 6
  Is not unrestricted
  Is not erasable
  Disk sub type: High speed Rewritable (CAV) media (1)
  ATIP start of lead in:  -11625 (97:27/00)
  ATIP start of lead out: 333750 (74:12/00)
  speed low: 4 speed high: 12
  power mult factor: 1 5
  recommended erase/write power: 5
  A2 values: 00 00 00
Disk type:    Phase change
Manuf. index: 0
Manufacturer: Illegal Manufacturer code
Trying to clear drive status.
cdrecord: Drive needs to reload the media to return to proper status.
```

```
Blocks total: 1166730 Blocks current: 1166730 Blocks remaining: 832316
Starting to write CD/DVD at speed 4 in write mode for single session.
Last chance to quit, starting real write in 4 seconds.
Last chance to quit, starting real write in 3 seconds.
Last chance to quit, starting real write in 2 seconds.
Last chance to quit, starting real write in 1 seconds.
Waiting for reader process to fill input buffer ... input buffer ready.
Performing OPC...
...
```

Durch diesen Aufruf werden alle Dateien (*) im aktuellen Verzeichnis in der Sor-
tierreihenfolge ihrer Namen auf den durch die ID 1,0,0 gekennzeichneten Brenner mit der Geschwindigkeit 8 als Audio (CDDA-kompatible)-CD geschrieben.
Eine genaue Beschreibung der cdrecord-Optionen findet sich in den Manual-
Seiten der Anwendung. Die Namen der zu brennenden Tracks hätten anstatt mit
der Unix-Shell mit Hilfe des * auch konkret einer nach dem anderen auf der
Kommandozeile angegeben werden können. Durch den * führt dies die Unix-
Shell automatisch durch. Allerdings dürfen sich in dem entsprechendem Verzeichnis ausschließlich die gewünschten Audio-Dateien befinden, da die Shell
den * durch eine Liste aller sich in dem Verzeichnis befindenden Dateien ersetzt.

Erstellen einer MP3/Ogg-Vorbis-CD Eine CD mit Ogg-Vorbis- bzw. MP3-Da-
teien ist an sich eine ganz normale Daten-CD. Dies bedeutet, daß vor dem Brennen ein Abbild eines Dateisystems erstellt werden muß, in dem die zu brennenden Daten enthalten sind. Diese Aufgabe wird von mkisofs übernommen.
Das so erzeugte Abbild, eine Datei, muß anschließend mit cdrecord auf einen
CD-Rohling gebrannt werden. Voraussetzung ist wieder die Kenntnis des Gerätenamens des Brenners (siehe letzter Abschnitt) sowie der maximalen Brennge-
schwindkeit des Rohlings/Brenners.

Zunächst müssen wiederum die gewünschten MP3-Dateien in ein gemeinsames
Unterverzeichnis kopiert werden. Die Titel der Dateien erscheinen anschließend
unverändert auf der gebrannten CD. Es empfielt sich, Sonderzeichen in den Dateinamen zu vermeiden und Leerzeichen z. B. durch das _-Zeichen zu ersetzen.
Dies macht die Bearbeitung der Daten einfacher. Angenommen, die MP3-Dateien
befinden sich im Verzeichnis /tmp/music, so kann der mkisofs-Aufruf wie
folgt aussehen:

```
tux@erde:/home/tux > mkisofs -v -l -pad -o /tmp/cdimage /tmp/music/*
mkisofs 1.15a12 (i686-suse-linux)
  8.53% done, estimate finish Fri May 17 11:49:04 2002
 17.08% done, estimate finish Fri May 17 11:49:27 2002
 25.60% done, estimate finish Fri May 17 11:49:27 2002
```

```
34.12% done, estimate finish Fri May 17 11:49:33 2002
42.67% done, estimate finish Fri May 17 11:49:32 2002
51.18% done, estimate finish Fri May 17 11:49:29 2002
59.72% done, estimate finish Fri May 17 11:49:27 2002
68.25% done, estimate finish Fri May 17 11:49:31 2002
76.76% done, estimate finish Fri May 17 11:49:32 2002
85.31% done, estimate finish Fri May 17 11:49:35 2002
93.84% done, estimate finish Fri May 17 11:49:34 2002
Total translation table size: 0
Total rockridge attributes bytes: 0
Total directory bytes: 0
Path table size(bytes): 10
Max brk space used 49a4
58624 extents written (114 Mb)
```

Nach dem Aufruf befindet sich in der Datei /tmp/cdimage das Abbild mit den Audio-Daten. Die Größe des Abbilds wird von mkisofs am Ende ausgegeben (hier: 114 Mb) und darf maximal so groß werden wie der verfügbare Platz auf dem CD-Rohling (normalerweise 650 MBytes). Die Zahl der Stücke auf einer MP3-CD hängt also nur von dem verfügbaren Platz auf der CD ab. Eine genau Beschreibung aller mkisofs-Optionen kann in den Manual-Seiten des Kommandos nachgelesen werden.

Nachdem nun das Abbild der CD erstellt wurde, muß es lediglich noch mit cdrecord auf den Rohling gebrannt werden. Angenommen, die Daten des Rohlings und des Brenners stimmen mit denen aus dem letzten Abschnitt überein, genügt hierzu folgender Aufruf:

```
root@erde:/root # cdrecord -v dev="1,0,0" -eject speed=8 /tmp/cdimage
Cdrecord 1.11a13 (i686-suse-linux) Copyright (C) 1995-2001 Jörg Schilling
TOC Type: 1 = CD-ROM
scsidev: '1,0,0'
scsibus: 1 target: 0 lun: 0
Linux sg driver version: 3.1.22
Using libscg version 'schily-0.5'
atapi: 1
Device type    : Removable CD-ROM
Version        : 0
Response Format: 1
Vendor_info    : 'RICOH    '
Identifikation : 'CD-R/RW MP7083A '
Revision       : '1.10'
Device seems to be: Generic mmc CD-RW.
Using generic SCSI-3/mmc CD-R driver (mmc_cdr).
Driver flags   : SWABAUDIO
```

```
Supported modes: TAO PACKET SAO SAO/R96P SAO/R96R RAW/R96R
FIFO size       : 4194304 = 4096 KB
Track 01: data   114 MB
Total size:      131 MB (13:01.68) = 58626 sectors
Lout start:      131 MB (13:03/51) = 58626 sectors
Current Secsize: 2048
ATIP info from disk:
  Indicated writing power: 3
  Reference speed: 6
  Is not unrestricted
  Is erasable
  Disk sub type: High speed Rewritable (CAV) media (1)
  ATIP start of lead in:  -11625 (97:27/00)
  ATIP start of lead out: 333750 (74:12/00)
  speed low: 4 speed high: 8
  power mult factor: 1 5
  recommended erase/write power: 5
  A2 values: 00 00 00
Disk type:     Phase change
Manuf. index: 0
Manufacturer: Illegal Manufacturer code
Blocks total: 333750 Blocks current: 333750 Blocks remaining: 275124
RBlocks total: 336246 RBlocks current: 336246 RBlocks remaining: 277620
Starting to write CD/DVD at speed 4 in write mode for single session.
Last chance to quit, starting real write in 0 seconds. Operation starts.
Waiting for reader process to fill input buffer ... input buffer ready.
Performing OPC...
Starting new track at sector: 0
Track 01:   1 of 114 MB written (fifo 100%).
...
Track 01:  55 of 114 MB written (fifo 100%).
..
Track 01: 114 of 114 MB written (fifo 100%).
Track 01: Total bytes read/written: 120061952/120061952 (58624 sectors).
Writing  time:  102.26s
Fixating...
```

Die so erstellte CD kann nun z. B. unter Linux wie eine Daten-CD gemountet werden, um die darauf stehenden Audio-Dateien mit einem entsprechenden Player
abspielen zu können.

5.3.4.2 Erstellen einer Audio-CD mit koncd

Das KDE-Programm koncd ist eine graphische Anwendung zum Erstellen von
Daten- und Audio-CDs. Als Basis dienen mkisofs und cdrecord. In Abbil-

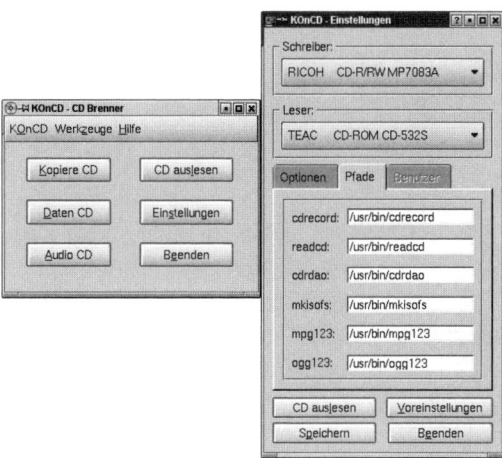

Abbildung 5.9: Die Anwendung `koncd`

dung 5.9 ist das Startfenster der Anwendung zusammen mit dem Fenster für die Einstellungen dargestellt.

Im Einstellungs-Fenster müssen einmalig die Einstellungen für das Brenner-Gerät sowie für die Pfade der zugrundeliegenden Anwendungen, wie `cdrecord`, vorgenommen werden. Anschließend können über die Schaltflächen des Hauptfensters Dialoge, z. B. zum Erstellen einer Audio- oder Daten-CD, aufgerufen werden.

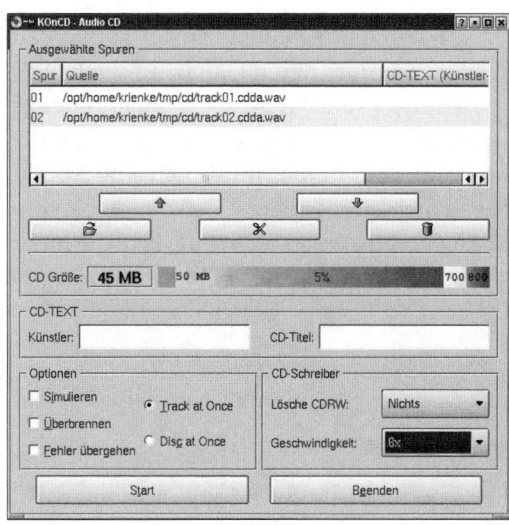

Abbildung 5.10: Der Audio-CD-Dialog von `koncd`

Abbildung 5.11: Der Daten-CD-Dialog von `koncd`

In Abbildung 5.10 auf der vorherigen Seite ist der Dialog zum Erstellen einer CDDA-kompatiblen Audio-CD dargestellt. Über die jeweiligen Buttons können der CD einzelne Tracks hinzugefügt/entfernt werden. Auch die Anordnung der Tracks in eine bestimmte Reihenfolge ist möglich.

Neben CDDA-kompatiblen Audio-CDs können mit `koncd` ebenfalls Daten-CDs erstellt werden, wie sie ja für MP3- bzw. Ogg-Vorbis-Dateien benötigt werden. Der in Abbildung 5.11 dargestellte Dialog kann aus dem Hauptfenster über den `Daten-CD`-Button aufgerufen werden. In dem dargestellten Fenster können zunächst mehrere Verzeichnisse angegegeben werden, deren Daten auf die CD gebrannt werden sollen. Darüber hinaus können verschiedene Optionen angegeben werden. Minimal muß die Geschwindigkeit korrekt für den Brenner und den verwendeten Rohling eingestellt werden. Darüber hinaus muß auch eine Abbild-Datei zum Zwischenspeichern des automatisch erzeugten CD-Abbilds benannt werden. Dies erfolgt, indem der Pfeil nach rechts oben rechts im Fenster mehrmals betätigt wird bis zu dem Tab `Abbild`. Nach dem Anwählen von `Abbild` kann hier die gewünschte Datei, z. B. `/tmp/cd.img`, angegeben werden.

`koncd` kann unter der URL `http://www.koncd.org/` bezogen werden.

5.3.4.3 Erstellen einer Daten-CD mit `cdbakeoven`

`cdbakeoven` ist eine weitere KDE-basierte Brenneranwendung, mit deren Hilfe Daten-CDs erstellt werden könnnen. In Zukunft wird auch das Erstellen von Audio-CDs möglich sein. Neben der Möglichkeit, CDs zu erstellen, bietet `cdbakeoven` auch Werkzeuge zum Löschen von CD-RWs.

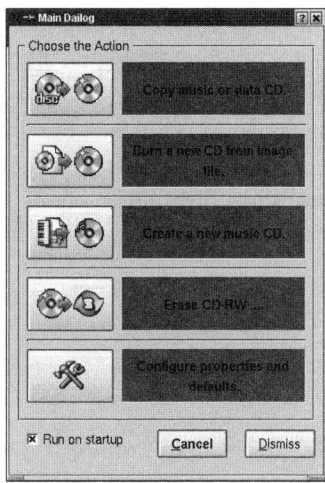

Abbildung 5.12: Der Start-Dialog von `cdbakeoven`

In Abbildung 5.12 ist der Start-Dialog der Anwendung dargestellt. Obwohl hier bereits ein Punkt für das Erstellen von Audio-CDs enthalten ist, fehlt bisher die Implementierung.

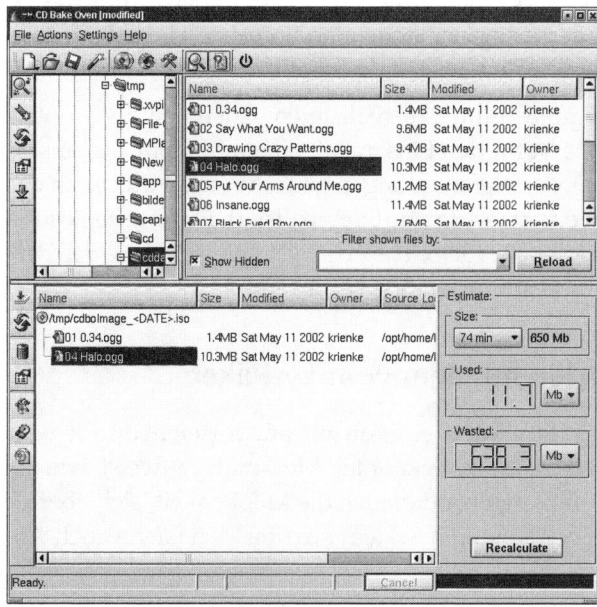

Abbildung 5.13: Der Hauptfenster von `cdbakeoven`

Zur Erstellung einer Daten-CD kann das in Abbildung 5.13 auf der vorherigen Seite dargestellte Hauptfenster verwendet werden. In der oberen Hälfte des Bildschirms sieht man einen Dateibrowbser, mit dem das Dateisystem nach den gewünschten Dateien durchsucht werden kann. Die zu brennenden Dateien können mit Drag und Drop in das Fenster der unteren Bildschirmhälfte eingefügt werden. Über die Icons an der linken Seite in der unteren Bildschirmhälfte können die Einstellungen für den Brennvorgang vorgenommen und der Brennvorgang gestartet werden.

Die Homepage von `cdbakeoven` ist:

```
http://cdbakeoven.sourceforge.net/
```

5.4 Linux als Anrufbeantworter

Computer werden in zunehmenden Maße multimediafähig. Da liegt es nahe, sie auch für alltägliche Aufgaben, wie z. B. die eines *Anrufbeantworters | main*, zu verwenden. Die Vorteile sind insbesondere in der Flexibilität dieser Lösung zu sehen, da mit Hilfe einer geeigneten Software zahlreiche Möglichkeiten realisiert werden können, die für einen herkömmlichen Anrufbeantworter schwer umzusetzen sind. Ein weiterer Vorteil besteht in der Tatsache, daß Nachrichten, die eingehen, in digitaler Form vorliegen und daher leicht weiterverarbeitet, z. B. per Mail versendet oder über das WWW abgefragt, werden können. Alles das ist letztlich nur eine Frage der zur Verfügung stehenden Software, die jederzeit erweitert oder ausgetauscht werden kann.

Um einen Anrufbeantworter unter Linux zu realisieren, existieren zwei unterschiedliche Lösungen. Die erste ist für den Einsatz mit einem Modem, also insbesondere für analoge (nicht ISDN-) Telefonleitungen gedacht und wird durch das Programm `vgetty`, einer Erweiterung von `mgetty`, realisiert. Die zweite Lösung realisiert einen Anrufbeantworter für ISDN-basierte Systeme mit Hilfe des Programms `vbox`, das Teil der I4L-Distribution (ISDN for Linux) ist.

5.4.1 Anrufe beantworten mit dem `vgetty`-Paket

Mit Hilfe des Programms `vgetty` kann ein Anrufbeantworter realisiert werden, der darüber hinaus die von `mgetty` bekannten Merkmale aufweist, wie die Möglichkeit, Fax-Dateien zu empfangen, oder auch die Möglichkeit, sich über eine Modem-Verbindung auf einem anderen System anzumelden (siehe auch Abschnitt 3.1.6 auf Seite 177).

Voraussetzung für die Realisierung eines Anrufbeantworters mit `vgetty` ist der Besitz eines unterstützten Modems. Die Liste mit Modems, die zur Zeit unterstützt werden, kann über das WWW unter der URL `http://alpha.greenie.`

`net/vgetty/modem_database.html` eingesehen werden. Unterstützt werden z. B. die meisten Zyxel-Modems, als auch MultiTech und Elsa-Modems.

Der mit `vgetty` zu realisierende Anrufbeantworter stellt sich als ein System dar, das von allen Benutzern dieses Rechners mit den entsprechenden Rechten verwendet werden kann. Wer darüber hinaus ein System mit mehreren Voicemailboxen realisieren möchte, das z. B. auch über ein WWW-Interface verfügt, sollte sich die auf `vgetty` aufbauende Software von Mark Schaefer ansehen, die für die private Nutzung kostenfrei ist und unter der URL `http://www-internal.alphanet.ch/~schaefer/mvm` bezogen werden kann.

Die folgende Anleitung beschreibt die Installation mit einer `mgetty`-Version größer oder gleich `1.1.19`. Dabei wird davon ausgegangen, daß das Modem über das Gerät `/dev/ttyS0` angesprochen werden kann.

5.4.1.1 Installation

Da `vgetty` Teil der `mgetty`-Distribution ist, muß lediglich das `mgetty`-Paket installiert werden. Der Quellcode kann unter der URL `http://alpha.greenie.net/mgetty/index.html` bezogen werden. Einfacher ist jedoch in der Regel die Installation eines der fertig vorbereiteten (z. B. RPM-) Pakete aus der entsprechenden Linux-Distribution. Im folgenden wird davon ausgegangen, daß das Programm unter dem Pfad `/usr/sbin` und die Konfigurationsdateien unter `/etc/mgetty+sendfax` abgelegt sind.

Im Anschluß an die Installation sollte überprüft werden, ob die Standardverzeichnisse für die Konfiguration (`/etc/mgetty+sendfax`), für die eingehenden Nachrichten (`/var/spool/voice/incoming`) und für die Ansagen (`/var/spool/voice/messages`) existieren. Falls nicht sollten Sie als `root` erzeugt werden.

Die Konfiguration kann grundsätzlich auf zwei Wegen erfolgen. Zum einen kann manuell die Datei `voice.conf` editiert werden, um die notwendigen Einstellungen vorzunehmen. Darüber hinaus kann das graphische Frontend `kvoice` (nur für KDE Version 1 verfügbar) hierzu verwendet werden. Wer sich für die Verwendung des sehr komfortablen `kvoice`-Programms entscheidet, sollte dennoch auch die manuell notwendigen Konfigurationsschritte lesen, da nicht alle Variablen mit `kvoice` gesetzt werden können und daher mancher Eintrag dennoch von Hand vorgenommen werden muß.

5.4.1.2 Manuelle Konfiguration

Die Konfiguration besteht im wesentlichen aus drei Teilen: Zum einen muß das Programm `vgetty` konfiguriert werden. Um dieses Programm zu aktivieren, muß darüber hinaus die Datei `/etc/inittab` angepaßt werden. Der Start von

455

der Kommandozeile aus ist *nicht* möglich und führt zu Fehlern. Schließlich muß zumindest eine Standard-Nachricht für die Ansage des Anrufbeantworters erzeugt und in das entsprechende Verzeichnis kopiert werden.

Grundkonfiguration

Die vgetty-Konfiguration besteht zunächst aus dem Editieren der Konfigurationsdatei voice.conf. In der Quellcode-Distribution ist eine Demo-Datei enthalten (voice.conf-dist), die als Vorgabe verwendet werden kann. Ansonsten sollte nach der Installation bereits eine Vorgabe im Konfigurationsverzeichnis (hier /etc/mgetty+sendfax) existieren, die als Ausgangspunkt verwendet werden kann. Sie besteht aus mehreren Abschnitten, in denen zum einen generische Variablen (z. B. Verzeichnisse für eingehende Nachrichten, Name der Ansage-Datei...) und schließlich Programm- und Port-spezifische Variablen festgelegt werden können.

Da vgetty eine Erweiterung von mgetty darstellt, wertet es auch die mgetty-Konfigurationsdatei mgetty.conf aus. Es ist wichtig, darauf zu achten, daß die darin enthaltenen Einstellungen ebenfalls korrekt sind. Wurde mgetty beispielsweise für dasselbee Modem, für das der Anrufbeantworter konfiguriert werden soll, zum Login unter HylaFAX verwendet (siehe auch Seite 150), ist es wahrscheinlich, daß z. B. die Option direct yes gesetzt ist. Diese Einstellung verhindert jedoch die Initialisierung des Modems (was für den Betrieb unter HylaFAX korrekt ist, jetzt jedoch den Betrieb des Anrufbeantworters unmöglich macht). Im Zweifel sollten alle Optionen für den entsprechenden Modem-Port aus mgetty.conf entfernt werden.

Die Grundkonfiguration beschränkt sich auf die Anpassung von nur wenigen Einstellungen in der Datei voice.conf, die im folgenden dargestellt werden:

```
part generic
# ....
# Primary voice directory for vgetty.
voice_dir /var/spool/voice

# Location where vgetty stores the incoming voice messages relative to
# the primary voice directory.
receive_dir incoming

# Directory containing the messages for vgetty (greeting, handling the
# answering machine) relative to the primary voice directory.
message_dir messages

# Name of the file in MESSAGE_DIR that contains the names of
# the greeting message files (one per line, no white space).
```

```
message_list Index


# Default portspeed. The bps rate must be high enough for the compression
# mode used. Note that this is an integer, not one of the Bxxxx defines.
# Basically you should select the highest possible speed your modem and
# computer support. The default value is 38400.
port_speed 38400


# Use Hardwareflow (RTS/CTS) for modem instead of XON/XOFF ?
do_hard_flow true


program vgetty
# ...
# Number of rings (minimal 2) before vgetty will answer the phone.
rings 2


# Sequence of answer tries. Default is to answer an incoming
# call as voice call first, then try fax and finally data (login)
answer_mode voice:data:fax


program vm
# ...
# The voice device to be used without /dev/ prefix. eg ttyS0:ttyS1
voice_devices ttyS0


dtmf_program /usr/bin/dtmf.sh
message_program
```

Die Variablen haben folgende Bedeutung:

voice_dir, receive_dir, message_dir, message_list Im generic-Ab-
schnitt der Konfigurationsdatei ist die korrekte Angabe der Namen für das
Basisverzeichnis und die darunter liegenden Verzeichnisse für eingehende
Nachrichten und das Verzeichnis für die Ansagen und die Index-Datei zu
konfigurieren. Die hier dargestellten Werte entsprechen den Vorgaben. Die
als Wert der Variablen message_list angegebene Datei (hier Index) befindet sich in dem bei message_dir angegebenen Verzeichnis. Sie kann in
jeder Zeile den Dateinamen einer Ansage enthalten, die ebenfalls in dem
unter message_dir angegebenen Verzeichnis liegen muß. Bei einem eingehenden Voice-Anruf wird zufällig eine der in der Datei vermerkten Datei-
en als Ansage abgespielt. Anschließend ertönt ein Piep-Zeichen und vgetty startet die Aufzeichnung der Nachricht, die in receive_dir abgelegt
wird. Ist die Index-Datei leer, oder existiert sie nicht, wird stattdessen ver-

sucht, eine Datei `standard.rmd` in `message_dir` zu finden, die als Ansage verwendet wird.

`port_speed,do_hard_flow` Die Variable `port_speed` bestimmt, mit welcher Übertragungsrate vom Rechner zum Modem gearbeitet wird. Der Wert von `38400` Baud ist ausreichend und hat sich als unproblematisch und daher sinnvoll erwiesen. Normalerweise sollte der Wert nicht verändert werden. Die Variable `do_hard_flow` bestimmt die zu verwendende Datenflußkontrolle (RTS/CTS oder XON/XOFF). Je nach verwendetem Modem und dem eingesetzten Verbindungskabel, muß diese Variable auf `false` gesetzt werden, um Software-Flow (XON/XOFF) zu aktivieren. Normalerweise sollte die Hardware-Flußkontrolle verwendet werden (siehe auch Abschnitt 2.1.1.4 auf Seite 11).

`rings` Diese Variable im `vgetty`-spezifischen Abschnitt der Konfigurationsdatei steuert die Zahl der Klingelzeichen, die `vgetty` abwarten soll, bevor ein eingehender Anruf entgegen genommen wird. Der Wert kann nicht kleiner als 2 sein.

`answer_mode` Die Variable `answer_mode` steuert die Art und Weise, wie `vgetty` versucht, einen eingehenden Anruf zu beantworten. Der Wert `voice:data:fax` besagt, daß `vgetty` zunächst versucht, den Anruf als Voice-Anruf zu beantworten. Daher wird zunächst die Ansage abgespielt. Wird während dieser Zeit ein DTMF-Ton (Töne, die bei Tonwahl-Telefonen beim Drücken der Tasten zu hören sind; mehr hierzu in Abschnitt 5.4.1.5 auf Seite 467) erkannt, wird die Ansage beendet und als nächstes versucht, eine Datenverbindung aufzubauen. Das gleiche geschieht auch nach einem Timeout im Anschluß an die Ansage. Erkennt das Modem jedoch einen Fax-Anruf (anhand der für ein Fax typischen CNG-Töne), wird stattdessen auf den Fax-Betrieb umgeschaltet. Soll das Modem nur als Anrufbeantworter eingesetzt werden, reicht es, diese Variable auf den Wert `voice` zu setzen.

`voice_devices` Dies ist eine Variable, die für die Anwendung `vm` festlegt, welches Modem (z. B. das an `ttyS1`, ... angeschlossene) für das Aufnehmen und Abspielen von Voice-Nachrichten verwendet werden kann. Das Programm `vm` kann dazu verwendet werden, Nachrichten, die im Modemeigenen RMD-Format vorliegen, abzuspielen oder z. B. über das Modem eine Ansage aufzuzeichnen.

`message_program` Mit Hilfe dieser Variable kann ein Programm angegeben werden, das bei Eingang einer Nachricht aufgerufen werden soll. Als Parameter erhält das Programm den Dateinamen der eingegangenen Nachricht. Auf diesem Weg ist es beispielsweise möglich, eine Mail für eine eingegangene Nachricht an den Administrator des Systems zu senden.

dtmf_program Diese Variable bezeichnet ein Programm (üblicherweise das in der Distribution enthaltene Shell-Skript `dtmf.sh`, mit dessen Hilfe die Verarbeitung von DTMF-Tönen durchgeführt werden kann. Der Pfad zu dem Skript sollte mit angegeben werden. Das Demo-Skript steht in der Distribution im Verzeichnis `voice/scripts`. Mehr Informationen hierzu, insbesondere wie mit diesen Mitteln eine Fernabfrage realisiert werden kann, finden Sie in Abschnitt 5.4.1.5 auf Seite 467.

toll_saver_rings Wird diese Variable auf einen Wert n verschieden von 0 gesetzt, und es sind neue Nachrichten eingegangen, wird `vgetty` einen eingehenden Anruf n Klingelzeichen früher entgegennehmen als sonst. Auf diese Weise ist eine kostenlose Fernvorabfrage möglich. Wird das Gespräch normalerweise nach 4 Klingelzeichen entgegengenommen, und die Variable `toll_saver_rings` steht z. B. auf 2, kann mit einem Anrufversuch bei dem Anrufbeantworter herausgefunden werden, ob neue Nachrichten vorliegen. Nimmt der Anrufbeantworter nach dem zweiten Klingelzeichen ab, sind neue Nachrichten vorhanden. Ansonsten kann beim dritten Klingelzeichen bereits aufgelegt werden, da keine neuen Nachrichten vorhanden sind – ohne daß für diese Abfrage Gebühren anfallen.

Weitere Konfigurationsvariable

Neben den grundlegenden oben genannten Variablen existieren eine Reihe weiterer Variablen, von denen die wichtigsten im folgenden genannt werden:

voice_log_level Mit dieser Variablen kann der Log-Level festgelegt werden, wodurch mehr oder weniger Statusmeldungen in die Log-Dateien geschrieben wird. Der niedrigste Level ist 0, der Level, der die meisten Ausgaben erzeugt, ist 6.

phone_owner, phone_group, phone_mode Mit Hilfe dieser drei Parameter können der Unix-Owner, die Unix-Gruppe und die Unix-Zugriffsrechte für die Dateien angegeben werden, die die eingehenden Nachrichten enthalten. Normalerweise gehören diese dem Owner `root`, der Gruppe `phone` und haben die Rechte `-rw-rw---`.

voice_shell Das Programm `vgetty` erlaubt die Ausführung verschiedener Skripte, z. B. zur Bearbeitung von DTMF-Tönen. Mit Hilfe dieser Variable kann festgelegt werden, welche Shell hierzu verwendet werden soll. Voraussetzung ist, daß diese Shell Funktionen kennt, da hiervon Gebrauch gemacht werden muß.

rec_compression, rec_speed Diese beiden Parameter bestimmen das für das Modem zu verwendende Kompressionsverfahren und die Sample-Rate.

Der Wert 0 bedeutet, daß versucht wird, die für das jeweilige Modem richtigen Parameter automatisch zu verwenden. Die Werte sollten nur dann verändert werden, wenn konkrete Probleme auftreten, die auf einer falschen Erkennung des Kompressionsverfahrens und der Sample-Rate beruhen.

`rec_silence_len`, `rec_silence_threshold`, `rec_remove_silence`
Wenn der Parameter `rec_remove_silence` auf `true` gesetzt wird, können Stilleperioden in einer Aufnahme eines Anrufs automatisch entfernt werden. Hierzu kann mit dem Parameter `rec_silence_len` zunächst festgelegt werden, welche Zeitspanne (in Zehnteln einer Sekunde) als Stille interpretiert werden soll. Mit Hilfe des Parameters `rec_silence_threshold` kann festgelegt werden, welcher Geräuschpegel noch als Stille interpretiert werden soll. Der Wert kann im Bereich von 0 bin 100 angegeben werden, je nachdem wieviel Störgeräusche sich auf einer „stillen" Leitung befinden. Wird der Wert zu hoch angegeben, geht dadurch eventuell ein leise sprechender Anrufer verloren, da dieser als Stille erkannt würde. Wird der Wert zu niedrig angegeben, wird eventuell aufgrund des normalen Rauschens keine Stille erkannt.

`rec_max_len` Mit Hilfe dieses Parameters kann die maximale Aufzeichnungszeit je Anruf in Sekunden festgelegt werden.

`beep_frequency`, `beep_length` Am Ende jeder Ansage wird ein Piep-Ton abgespielt, um dem Anrufer zu signalisieren, daß er jetzt sprechen kann. Der Parameter `beep_frequency` gibt an, wie hoch dieser Piep-Ton (angegeben in Hz) sein soll. Der Parameter `beep_length` bestimmt die Länge des Tons in Millisekunden (0,001 Sekunden). Die Vorgabe für die Tonhöhe ist 933 Hz. Die Tonlänge ist normalerweise mit 1,5 Sekunden angegeben.

`rec_always_keep` Wird bei einem eingehenden Anruf ein DTMF-Ton erkannt, bricht `vgetty` normalerweise die Anrufaufzeichnung ab und versucht stattdessen, ein Fax oder eine Datenverbindung aufzubauen. Ist die Variable auf `true` gesetzt, wird auch in diesem Fall die schon aufgezeichnete Nachricht (vor dem DTMF-Ton) nicht gelöscht. Ist die Variable auf `false` gesetzt, wird die vor dem DTMF-Ton aufgezeichnete Nachricht beim Erkennen eines Fax oder Daten-Anrufs wieder gelöscht. Die Vorgabe ist `true`.

`call_program` Diese Variable ist normalerweise leer. Sie kann auf den Namen eines Programms gesetzt werden, das anstelle von `vgetty` einen eingehenden Anruf beantwortet. Auf diese Weise kann ein eigenständiges Voicehandling-System aufgebaut werden. Weitere Informationen zur Erstellung eines Call-Programms sind unter der URL `http://alpha.greenie.net/vgetty/readme.voice_shell.html` verfügbar.

Erstellen der Ansage

Nachdem die Grundkonfiguration abgeschlossen ist, sollte als nächstes die Ansage für den Anrufbeantworter erstellt werden. Hier existieren verschiedene Möglichkeiten, von denen drei an dieser Stelle beschrieben werden sollen. Die erste Möglichkeit besteht in der Aufnahme einer Ansage mit Hilfe eines Mikrophons (und einer Soundkarte) über ein Werkzeug, wie z. B. `krecord` oder `rec` bzw. `wavrec`. Da die Ansage jedoch in dem Modem-spezifischen Format RMD vorliegen muß, ist anschließend eine Konvertierung erforderlich.

Die Alternative ist die Verwendung des Programms `vm`, das Teil der `mgetty`-Distribution ist und direkt Dateien im RMD-Format über das Modem aufzeichnen oder abspielen kann. Die dritte Möglichkeit ist die einfachste, kostet jedoch unter Umständen einen Anruf. In diesem Fall wird `vgetty` dazu verwendet, einen Anruf aufzuzeichnen. Da die eingegangene Nachricht genau im RMD-Format (unter `incoming`) abgelegt wird, braucht diese Nachricht anschließend nur in das `message`-Verzeichnis unter dem Namen `standard.rmd` kopiert zu werden. Voraussetzung hierzu ist jedoch, das `vgetty` bereits gestartet worden ist (siehe Abschnitt 5.4.1.2 auf Seite 463).

Aufnahme einer Ansage mit anschließender Konvertierung

Die Aufnahme von Audiodaten wurde bereits in Abschnitt 5.2 auf Seite 428 besprochen. Die Vorgehensweise ist hier identisch und ermöglicht die Aufnahme z. B. einer Ansage über das Mikrophon oder einer anderen Audioquelle (z. B. CD), die beispielsweise in einer WAV-Datei abgespeichert werden kann. Beachtet werden muß hierbei lediglich, daß nur eine Mono-Datei aufgenommen werden sollte, da die PVF-Tools zur Konvertierung nur das Mono-Format unterstützen. Weiterhin muß beachtet werden, daß bestimmte Voice-Modems (z. B. Elsa TQV) eine bestimmte Sample-Rate fordern (bei Elsa exakt 7200 Hz), die am besten bereits bei der Aufnahme eingehalten wird, um Qualitätsverluste bei einer sonst notwendigen Konvertierung zu vermeiden. Wird eine falsche Sample-Rate verwendet, bricht später der Konverter für das RMD-Format `pvftormd` mit einer entsprechenden Fehlermeldung ab (mit einem Hinweis für die korrekte Rate für das gewählte Modem). Schließlich muß bekannt sein, welche Kompressionsverfahren das verwendete Modem kennt. Diese Information kann für die unterstützten Modems mit Hilfe des Programms `pvftormd` ausgegeben werden, wenn es mit dem Parameter `-L` aufgerufen wird:

```
root@erde:/root # pvftormd -L
pvftormd experimental test release 0.9.1 / 17Nov98

supported raw modem data formats:

- Elsa        2, 3 and 4 bit Rockwell ADPCM
```

461

```
- ISDN4Linux    2, 3 and 4 bit ZyXEL ADPCM
- MT_2834       4 bit IMA ADPCM
- Rockwell      2, 3 and 4 bit Rockwell ADPCM
- US_Robotics   1 and 4 (GSM and G.721 ADPCM)
- ZyXEL_1496    2, 3 and 4 bit ZyXEL ADPCM
- ZyXEL_2864    2, 3 and 4 bit ZyXEL ADPCM


example:
        pvftormd Rockwell 4 infile.pvf outfile.rmd
```

Die Aufnahme und Konvertierung einer Ansage in das benötigte RMD-Format kann wie folgt ablaufen:

```
root@erde:/var/spool/voice/messages #  rec -r 7200 sound.wav
root@erde:/var/spool/voice/messages #  wavtopvf sound.wav | pvftormd
Elsa 4 > standard.rmd
```

Mit Hilfe der sox-Anwendung rec wird zunächst eine Audio-Datei z.B. über das Mikrophon in die Datei sound.wav als WAV-Datei gespeichert. Da diese Datei später für ein Elsa-Modem verwendet werden soll, wurde hier direkt die benötigte Sample-Rate von 7200 Hz verwendet. Mit Hilfe des zweiten Kommandos wird die zuvor erstellte WAV-Datei zunächst in das PVF-Format und schließlich in das RMD-Format für ein Elsa-Modem umgewandelt und gleich als Standard-Ansage in die Datei standard.rmd abgelegt.

Aufnahme einer Ansage mit vm über das Modem-Mikrophon

Eine weitere Möglichkeit, eine Ansage-Datei auch ohne Sound-Karte zu erstellen, ist die Verwendung der Anwendung vm, die in der Lage ist, RMD-Dateien aufzunehmen und auch wiederzugeben. Die Aufnahme kann hierbei z.B. über das interne Mikrophon vom Modem, die Wiedergabe kann über den Lautsprecher des Modem erfolgen. Die Syntax des vm-Kommandos kann durch Aufruf mit der -h-Option dargestellt werden und hat folgendes Format:

```
vm aktion [optionen] [parameter]
```

Die für den oben genannten Zweck erforderlichen Aktionen heißen record und play. Um eine Aufnahme über das Modem-interne Mikrophon machen zu können, muß die Option -i angegeben werden. Zur Wiedergabe einer Datei über den Modem-internen Lautsprecher muß die Option -s verwendet werden. Als weitere Parameter müssen in diesem Fall lediglich ein Dateiname für die Aufnahme, bzw. Wiedergabe angegeben werden. Für die Aufnahme einer Ansage kann in diesem Fall folgendes Kommando verwendet werden:

```
tux@erde:/var/spool/voice/messages >  vm record -i ansage.rmd
Recording message...
Recording complete.
```

Die Aufnahme kann durch Drücken von (Strg)-C unterbrochen werden. Alternativ kann die Option -L *sec* dazu verwendet werden, die Aufnahmezeit auf *sec* Sekunden zu begrenzen.

Die Wiedergabe der gerade aufgenommenen Datei über den Lautsprecher des Modems ist mit folgendem Aufruf möglich:

```
tux@erde:/var/spool/voice/messages >  vm play -s ansage.rmd
```

Eintrag für vgetty in /etc/inittab

Zum Betrieb des Anrufbeantworters muß das Programm vgetty laufen. Der Start von vgetty *muß* über den initd-Prozeß durch einen Eintrag in die Datei /etc/inittab vorgenommen werden. Das Starten von der Kommandozeile ist nicht erlaubt und führt zu einer fehlerhaften Funktion von vgetty. Der Eintrag für die Datei /etc/inittab sieht wie folgt aus:

```
vg:23:respawn:/usr/sbin/vgetty ttyS0
```

Der Eintrag besteht aus insgesamt vier Feldern. Das erste Feld ist einfach eine zweistellige Marke. Die folgenden Ziffern geben die Linux-Runlevel[4] an, in denen automatisch der im letzten Feld angegebene Prozeß (vgetty) gestartet werden soll. Die Bedeutung des dritten Feldes mit dem Wert respawn liegt darin, daß nach der Beendigung eines vgetty-Prozesses, z. B. nach der Annahme und Aufzeichnung eines Gesprächs, automatisch ein neuer Prozeß durch initd gestartet wird. Als Argument erhält vgetty die Gerätedatei, über die das Voice-Modem angesprochen werden kann. Hierbei wird der Pfad (/dev/) nicht mit angegeben.

Nachdem die Datei geändert wurde, muß initd mitgeteilt werden, daß sich die Konfigurationsdatei verändert hat und neu eingelesen werden muß. Dies erfolgt, indem als Benutzer root das Kommando init q aufgerufen wird.

Abspielen eingegangener Nachrichten

Für das Abspielen von eingegangenen Nachrichten existieren verschiedene Optionen. Eine Möglichkeit besteht im Abspielen der Nachricht mit Hilfe des vm-

---

[4]Runlevel bezeichnen den Zustand eines Systems und der in diesem Zustand verfügbaren Dienste. So existieren Runlevel, in denen nur wenige Dienste (eventuell ohne Netzwerk) laufen, die z. B. zur Administration des Systems genutzt werden. Andere Runlevel dienen der normalen Arbeit der Benutzer (bei SuSE z. B. sind dies die Runlevel 2 und 3).

Kommandos über den Lautsprecher des Modems. Diese Möglichkeit wurde bereits im vorangegangenen Abschnitt dargestellt.

Eine weitere Möglichkeit ist das Abspielen der .rmd-Datei über an einer Soundkarte angeschlossene Lautsprecher. Da das RMD-Format nicht direkt abgespielt werden kann, muß eine solche Datei zuvor in ein gängigeres Format konvertiert werden. Ausgangspunkt ist hier der Konverter rmdtopvf, der die Datei in das PVF-Format konvertiert. Von diesem Format kann die Datei z. B. in das WAV oder AU-Format umgewandelt und abgespielt werden. Zu diesem Zweck kann folgende Kommandosequenz verwendet werden:

```
root@erde:/var/spool/voice/incoming #  rmdtopvf vwqjIrN.rmd | pvftowav|
play -t .wav -
```

Zunächst wird hierbei die RMD-Datei in eine WAV-Datei umgewandelt und dann mit Hilfe des play-Skripts abgespielt. Da play seine Daten hier nicht von einer Datei liest, sondern von der Standard-Eingabe, muß zum einen der Dateityp angegeben werden. Darüber hinaus wird - als Dateiname angegeben, wodurch play veranlaßt wird, seine Daten von stdin zu lesen.

Um diese Kommandos nicht immer wieder neu eingeben zu müssen, kann diese Kommandofolge auch als folgendes kleines Shell-Skript formuliert werden, dem der Name der abzuspielenden RMD-Datei als erster Parameter übergeben wird:

```
#!/bin/sh
# filename: playrmd
usage() {
        echo "Usage:"
        echo "$0 filename.rmd"
        echo "This script will play a .rmd file"
        exit 1
}
if [ -z "$1" -o "$1" = "-h" ]; then
        usage
fi
if [ ! -r $1 ]; then
        echo "Cannot read file "$1". Aborting!"
        echo
        usage
fi
rmdtopvf $1 | pvftowav | play -t .wav -
```

Dieses Skript, das playrmd heißen soll, kann nun einfach mit dem Namen der RMD-Datei aufgerufen werden, um sie abzuspielen.

5.4.1.3 Konfiguration mit `kvoice`

Das Programm `kvoice` ist eine X Window-basierte KDE-Anwendung, mit deren Hilfe auf einfachste Weise `vgetty` konfiguriert werden kann. Das Programm steht für KDE in der Version 1 zur Verfügung. Darüber hinaus erlaubt `kvoice` auch das Abspielen von Audio-Nachrichten sowie das Ansehen von FAX-Dateien.

Da das Basis-voice-Verzeichnis von `vgetty` normalerweise dem Benutzer `root` gehört, muß `kvoice` entweder als `root` gestartet werden, oder aber alle Dateien im Verzeichnis `/var/spool/voice` müssen dem entsprechenden Benutzer gehören. In diesem Fall sollte auch die Konfiguration in `voice.conf` derart geändert werden, daß eingehende Nachrichten diesem Benutzer zugeordnet werden (Variable `phone_owner`, siehe oben). Alternativ können auch die Unix-Gruppenrechte verwendet werden, um die notwendigen Schreibrechte im `voice`-Verzeichnis für einen normalen Benutzer zu gewähren. In diesem Fall muß der Benutzer der Gruppe zugeordnet werden (Eintrag in `/etc/group` für die entsprechende Gruppe), und alle Dateien in `/var/spool/voice` müssen für die entsprechende Gruppe schreibbar sein. Neue eingehende Nachrichten sollten in diesem Fall ebenfalls für die Gruppe schreibbar gemacht werden (Variable `phone_group`, siehe oben).

Die Erstkonfiguration sollte auf jeden Fall als `root` durchgeführt werden, da hierbei auch die Datei `/etc/inittab` verändert wird, die nur für `root` schreibbar ist. Wird `kvoice` unter `root`-Rechten gestartet, sollte dies nicht über ein `su`-Kommando erfolgen. Stattdessen sollte `root` sich unter KDE anmelden, da Zugriffsschwierigkeiten mit dem KDE-Audioserver möglich sind, die dazu führen, daß beim Abspielen von Nachrichten nichts zu hören ist.

Das Start-Fenster von `kvoice` ist in Abbildung 5.14 dargestellt. Das Fenster ist in zwei Hälften aufgeteilt. In der oberen werden vorliegende Voice-Nachrichten an-

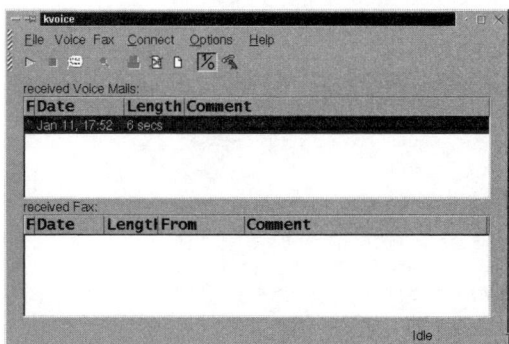

Abbildung 5.14: Das `vgetty`-Kontrollprogramm `kvoice`

gezeigt, das untere Fenster zeigt Faxe, die eingegangen sind. Durch Klick auf eine der Voice-Nachrichten, und anschließendem Klick auf den grünen Pfeil (oben links) wird die Nachricht direkt abgespielt. In der Konfiguration kann hierbei angegeben werden, ob das Abspielen über die Soundkarte oder das Modem vorgenommen werden soll.

Die eigentliche `vgetty`-Konfiguration kann über das `Options`-Menü erfolgen. Wird hier der Punkt `setup` angewählt, erscheint ein neuer Dialog, in dem die wichtigsten Einstellungen vorgenommen werden können. Ein Ausschnitt aus diesem Dialog ist in Abbildung 5.15 zu sehen. Nachdem alle Einstellungen den persönlichen Wünschen entsprechend vorgenommen wurden, schreibt `kvoice` die Konfigurationsdateien (`voice.conf`, `mgetty.conf`, ...) neu. Zusätzlich wird auch der notwendige Eintrag für `vgetty` in der Datei `/etc/inittab` vorgenommen. Falls die Änderungen nicht wirksam sind, sollte der eventuell noch laufende `vgetty`-Prozeß beendet werden (als `root: killall vgetty`). Durch den Eintrag in der `inittab` wird sofort ein neuer Prozeß mit den neuen Einstellungen gestartet.

Auch die Erstellung oder die Auswahl der Ansage kann mit Hilfe von `kvoice` erfolgen. Hierzu muß das Menü `Voice` und darin der Punkt `Greeting message` angewählt werden. Daraufhin erscheint ein weiterer Dialog, in dem die Standard-Nachricht zwischen den bereits existierenden Nachrichten ausgewählt oder eine neue Nachricht aufgezeichnet werden kann.

Weiter Informationen zu diesem Programm sind in der Hilfe zu finden, die über den Menüpunkt `Help` geöffnet werden kann.

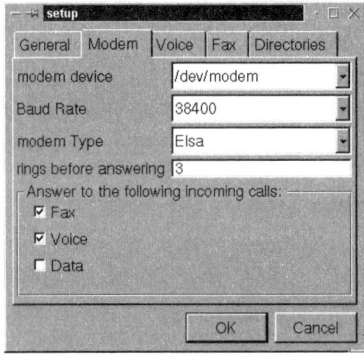

Abbildung 5.15: Der Konfigurationsdialog von `kvoice`

5.4.1.4 Log-Meldungen

Nachdem `vgetty` läuft, erstellt es eine Log-Datei für jedes Voice-Modem, das unter der Kontrolle von `vgetty` steht. Die Log-Datei hat den Namen `vgetty.`*`device`*, wobei *device* den Namen der Gerätedatei der seriellen Schnittstelle darstellt, an die das Modem angeschlossen ist, der auch beim Aufruf von `vgetty` angegeben werden muß. Wird das Modem z. B. an der seriellen Schnittstelle `ttyS1` betrieben, so lautet der Name der Log-Datei entsprechend `vgetty.ttyS1`. Die Log-Dateien stehen im Verzeichnis `/var/log`.

5.4.1.5 Fernabfrage mit DTMF-Ton-Auswertung

Das Programm `vgetty` ist in der Lage, →*DTMF*-Töne (die beim Drücken von Tasten auf tonwahlfähigen Telefonen zu hörenden Piep-Geräusche) zu erkennen und auszuwerten. Falls kein eigenes `call_program` angegeben wurde, geht `vgetty` normalerweise folgendermaßen bei der Beantwortung eines Anrufs vor: zunächst wird nach der konfigurierten Zahl der Klingelzeichen das Gespräch entgegengenommen und die Ansage abgespielt. Erkennt `vgetty` in dieser Zeit (und auch anschließend) DTMF-Töne der Form #numbers*, wird das Abspielen der Ansage unterbrochen und das mit `dtmf_program` konfigurierte Programm mit den erhaltenen Zahlen `numbers`, jedoch ohne # und * aufgerufen. Hört `vgetty` jedoch nur einen DTMF-Ton, wird versucht, den eingehenden Anruf entsprechend der Konfiguration als Daten- bzw. Fax-Anruf auszuwerten. In der Distribution ist ein Beispielskript `dtmf.sh` zur Auswertung von DTMF-Tönen enthalten, mit deren Hilfe ein Anrufbeantworter von einem anderen Telefon aus gesteuert werden kann.

Fernabfrage-Konfiguration

Wird für die Verwertung der DTMF-Töne das in der Distribution enthaltene Skript `dtmf.sh` verwendet, kann mit Hilfe dieses Skripts ganz einfach eine Fernabfrage aller neuen Nachrichten konfiguriert werden. Unter Verwendung des freien Sprachsynthesizers `rsynth` erfolgt bei der Fernabfrage sogar automatisch eine Eingangs-Zeitangabe für die jeweiligen Nachrichten.

Als Vorbereitung muß zu diesem Zweck die Variable `dtmf_program` auf das Programm `dtmf.sh` gesetzt werden. Wurde das Skript z. B. nach `/usr/bin` kopiert, lautet die Zeile in der Konfigurationsdatei `voice.conf` dementsprechnd `dtmf_program /usr/bin/dtmf.sh`. Anschließend sollte ein bereits laufender `vgetty`-Prozess als Benutzer `root` mit Hilfe des `kill`-Kommandos beendet werden, damit automatisch ein neuer Prozeß gestartet wird, der die veränderte Konfigurationm liest.

Die nächsten Schritte bestehen in der Aufnahme dreier weiterer Nachrichten, die mit den zuvor beschriebenen Mitteln aufgezeichnet werden können. Alle Nachrichten werden in das Verzeichnis `messages` kopiert:

1. `get-code.rmd`, eine Nachricht, die den Benutzer auffordert, den geheimen Zugangscode für die Fernabfrage des Anrufbeantworters einzugeben.

2. `incorrect.rmd`, eine Nachricht, die sagt, daß die Eingabe des Codes nicht korrekt war.

3. `goodbye.rmd`, eine Nachricht, die „Aufwiedersehen" sagt.

Als letzte Vorbereitung muß jetzt noch eine einfache Text-Datei erzeugt werden, die in der ersten Zeile den Zugangscode für die Fernabfrage enthält. Diese Datei muß `.code` heißen und sich im Basis-voice-Verzeichnis von `vgetty` also in `/var/spool/voice` befinden. Soll als Code z. B. `24711` verwendet werden, muß die Datei genau eine Zeile enthalten in der die Ziffern nacheinander ohne Leerzeichen o. ä. hintereinander stehen. Bei einem Anruf zur Fernabfrage kann anschließend während des Abspielens der Ansage oder auch während der Aufnahme einer Nachricht von einem DTMF-fähigen Telefon der Code als `*24711#` eingegeben werden, wodurch `vgetty` automatisch alle neuen Nachrichten abspielt. Wurde der Code falsch eingegeben, erfolgt eine entsprechende Nachricht durch Abspielen der `incorrect.rmd`-Datei und eine Neuaufforderung durch Abspielen von `get-code.rmd`. Wurde der Code zweimal falsch eingegeben, wird die Verbindung abgebrochen.

Datumsansage mit `rsynth`

Mit der bisher beschriebenen Konfiguration erfolgt bei der Fernabfrage die Ansage der neuen Nachrichten ohne Angabe der Zeit, wann diese Nachrichten eingegangen sind. Zur Realisierung einer zusätzlichen Zeitansage wird der Sprachsynthesizer `rsynth` benötigt, der inzwischen in der Version 2 von vielen verschiedenen FTP-Servern auch als vorkompiliertes Paket bezogen werden kann. Zur Suche des Pakets kann z. B. der FTP-Suchdienst unter der URL `http://www.ftpsearch.de/` verwendet werden.

Im wesentlichen besteht `rsynth` aus dem Programm `say`, dem als Parameter ein Textstring angegeben werden kann. Ist eine Soundkarte vorhanden, führt der Aufruf von `say "Hello World"` zur sprachlichen Ausgabe dieses Textes.

In dem Skript `dtmf.sh` ist bereits die Verwendung eines Sprachsynthesizers vorgesehen, der über ein weiteres Skript der `vgetty`-Distribution zur Datumsansage angesteuert wird: `speakdate.sh`. Dieses Skript befindet sich in der `vgetty`-Distribution ebenfalls im Verzeichnis `voice/scripts` und muß in das Basis-voice-Verzeichnis kopiert werden. Wird `rsynth` in der Version `2.x` verwendet, muß das `speakdate.sh` Skript aus der Distribution bezüglich des `rsynth`-

Aufrufs angepaßt werden, so daß es wie folgt aussieht (Kommentare wurden hier ausgelassen):

```
#!/bin/sh
#
# File: speakdate.sh
#
# ...
#
AMP=3.5
MSG='find $1 -printf \
'This message was recorded on %TA, %TB %Td, at %Tk %TM.\n''
SPEED=$2
MODEM_TYPE=$3
COMPRESSION=$4


#
# This is for rsynth 2.0
#
say "$MSG" -a -r $SPEED -o - 2>/dev/null | autopvf | \
   pvftormd $MODEM_TYPE $COMPRESSION
```

Nach der Anpassung des Skripts sollte es mit dem Befehl chmod 755 /var/ spool/voice/speakdate.sh ausführbar gemacht werden.

Zusätzlich ist eine Modem-spezifische Anpassung des Skripts dtmf.sh erforderlich, damit in Abhängigkeit vom verwendeten Modem die richtige Codierung für die RMD-Datei verwendet wird, die die Datumsansage enthält. Der wesentliche Teil des Skripts ist folgender:

```
# ...
            #
            # The sample speed, modem type and compression is hardcoded
            # here for the moment. Will be automatically set to correct
            # values in a later version.
            #
            # For ISDN4Linux use:
            # ...speakdate.sh $i 9600 ISDN4Linux 4 >$TMP ;\
            # For Rockwell modems use:
            # ...speakdate.sh $i 7200 Rockwell 4 >$TMP ;\
            # For the ZyXEL Elite 2864 use:
            # ...speakdate.sh $i 9600 ZyXEL_2864 4 >$TMP ;\
            #

            if [ $TIME = yes ]; then
                 (touch $LOCK ;\
```

```
            $VOICE_DIR/speakdate.sh $i 9600 ZyXEL_1496 4 >$TMP ;\
            rm $LOCK) &
      fi
# ...
```

Hier muß die Zeile „`$VOICE_DIR/speakdate.sh ...`" entsprechend dem verwendeten Modem verändert werden. Beim Einsatz z. B. eines Elsa-Modems muß
diese Zeile entsprechend den Angaben im darüber stehenden Kommentar zu

```
# ...
      if [ $TIME = yes ]; then
            (touch $LOCK ;\
            $VOICE_DIR/speakdate.sh $i 7200 Elsa 4 >$TMP ;\
            rm $LOCK) &
      fi
# ...
```

verändert werden. Zusätzlich muß darauf geachtet werden, daß das `rsynth`-
Programm `say` sich in einem Standard-Verzeichnis befindet, so daß es durch die
Shell ohne eine besondere Pfadangabe gefunden werden kann.

5.4.2 Das `vbox`-Paket

Auch unter Verwendung von ISDN ist es möglich, einen leistungsfähigen Anrufbeantworter zu installieren. Diesem Zweck dient *Vbox*, eine Sammlung von Programmen, mit deren Hilfe ein mehrbenutzerfähiger Anrufbeantworter auf Basis
einer von Linux unterstützten ISDN-Karte aufgebaut werden kann. Die hier vorgestellte Beschreibung bezieht sich auf die Version 2 dieses Programms. Die besonderen Leistungsmerkmale des Anrufbeantworters liegen in der Möglichkeit,
verschiedene MSNs wahlweise unterschiedlichen Benutzern zuzuordnen, so daß
mehrere Benutzer eines Systems Nachrichten empfangen können. Darüber hinaus bietet Vbox dem einzelnen Benutzer eine recht große Flexibilität, durch die
es beispielsweise möglich ist, für unterschiedliche Anrufer unterschiedliche Ansagen abzuspielen oder zu unterschiedlichen Zeiten verschiedene Ansagen zu
verwenden. Das unten beschriebene Paket `raccess4vbox` ermöglicht eine Fernsteuerung über ein tonwahlfähiges Telefon mit Hilfe von →*DTMF*. Für den Zugriff auf den Anrufbeantworter über das WWW existiert das Paket `vbox2www`,
das unter der URL `http://www.bjoern.net/vbox2www/` beschrieben wird.

5.4.2.1 Installation

Die Vbox-Distribution ist Teil des I4L (ISDN for Linux)-Pakets und gehört zu
den sogenannten ISDN-Utilities (`isdn4k-util`). Die neueste Version kann jederzeit vom FTP-Server `ftp://ftp.franken.de/pub/isdn4linux` herun-

tergeladen werden. Dabei ist jedoch darauf zu achten, daß die Version der ISDN-Treiber im Kernel mit der Version der Utilities zusammenpassen muß, da ansonsten Fehler auftreten können. Am einfachsten ist die Verwendung der in der jeweiligen Linux-Distribution enthaltenen Pakete, die aufeinander abgestimmt sind.

Sind die ISDN-Utilities installiert, sollten die Programme vbox und insbesondere vboxgetty als auch vboxd und weitere Programme auf dem Rechner vorhanden sein. In den folgenden Beschreibungen wird davon ausgegangen, daß diese Programme sich in den Verzeichnissen /usr/sbin (vboxgetty und vboxd) sowie in /usr/bin (z. B. vbox und weitere Programme, z. B. vboxtoau, ...) befinden.

Zusätzlich zu der Installation der Programme muß natürlich eine ISDN-Karte im Rechner installiert und auch bereits konfiguriert sein (siehe Handbuch der Linux-Distribution). Auch wenn bereits mit einer Karte (z. B. zum Aufbau von PPP-Verbindungen) gearbeitet wurde, müssen die Einstellungen des Kernels daraufhin überprüft werden, ob auch der ISDN-Audio-Support aktiviert wurde. In der Kernel-Konfiguration im Abschnitt ISDN muß hierzu der Punkt Support audio via ISDN aktiviert sein. Bei allen offiziellen Kernel der Linux-Distributoren sollte davon ausgegangen werden, daß diese Einstellung berücksichtigt wurde. Falls nicht muß der Kernel mit den entsprechenden Einstellungen neu übersetzt werden. Grundsätzliche Hinweise zur Erstellung eines neuen Kernels finden Sie in Abschnitt 3.2.2.1 auf Seite 213. Eine weitere Voraussetzung für die Verwendung von Vbox ist eine Soundkarte zum Abspielen der eingegangenen Nachrichten.

Zur Konfiguration der Vbox-Software existieren verschiedene Optionen. Zum einen kann die Konfiguration manuell erstellt werden. Hierzu müssen verschiedene Konfigurationsdateien editiert werden. Die zweite Methode ist die Verwendung der Perl-TK-basierten Anwendung SuSEVbox, die in Abschnitt 5.4.2.3 auf Seite 489 beschrieben wird.

5.4.2.2 Manuelle Konfiguration

Die Konfiguration für Vbox besteht aus der Anpassung von insgesamt zwei globalen System-Dateien und jeweils zwei Konfigurationsdateien je Benutzer. Zusätzlich müssen verschiedene Audio-Dateien (Vbox-.msg-Dateien) für jeden Benutzer erstellt/kopiert werden. Zu guter Letzt muß die Datei /etc/inetd.conf zur Aktivierung von vboxd editiert und zumindest ein vboxgetty-Prozeß (über /etc/inittab) gestartet werden, um Anrufe entgegen nehmen zu können:

❏ Anpassung der Datei /etc/vbox/vboxgetty.conf. Diese Datei dient der Konfiguration des vboxgetty-Prozesses, der Anrufe für ein oder mehrere MSNs entgenen nehmen kann. In dieser Datei wird u. a. die Zuordnung zwischen MSN und den Voice-Boxen der einzelnen Benutzer vorgenom-

471

men. Darüber hinaus enthält sie Optionen zur Steuerung des Verhaltens von `vboxgetty`.

❑ Anpassung der Datei `/etc/vboxd.conf`, die zur Konfiguration des Verhaltens von `vboxd` dient. `vboxd` ist ein Hilfsprozeß, der bei Bedarf automatisch über den `inetd` gestartet wird. Er dient dem Zugriff/Änderung auf die Nachrichtendateien (z. B. eingegangene Anrufe) über ein Netzwerk.

❑ Erstellen der benutzerspezifischen Konfiguration in `/var/spool/vbox/`*user*`/vbox.conf`. In dieser Datei kann jeder Benutzer selbst festlegen, wie auf einen Anruf reagiert werden soll. Hier kann festgelegt werden, zu welcher Zeit der Anrufbeantworter mit welcher Ansage auf einen Anruf reagiert. Auch eine anrufspezifische Ansage aufgrund der Nummer des Anrufers ist hier konfigurierbar.

❑ Erstellen der Datei `~/.vboxrc`. Die Datei `.vboxrc` im Home-Verzeichnis eines Benutzers dient zur Angabe von Optionen für die `vbox`-Anwendung, die z. B. zur Anzeige und zum Abhören vorliegender Nachrichten verwendet werden kann. Wird ein anderes Fontend verwendet, wie etwa `kam`, muß diese Datei nicht unbedingt erstellt werden.

Für alle genannten Konfigurationsdateien existieren im Verzeichnis der Dokumentation zu I4L unter `$I4LDOCDIR/vbox/example` Beispieldateien. Das Verzeichnis `$I4LDOCDIR` soll hierbei das Basisverzeichnis für die I4L-Dokumentation repräsentieren. Auf SuSE-Systemen ist dies z. B. `/usr/share/doc/packages/i4l/`. In neueren Versionen ist die Dokumentation eigenständig geworden und unter `/usr/share/doc/packages/vbox/` zu finden. Darüber hinaus finden sich dort auch einige `.msg`-Dateien, die für verschiedene Ansagen benötigt werden. Im folgenden werden die einzelnen Konfigurationschritte nacheinander beschrieben.

Erstellen der Datei `/etc/vbox/vboxgetty.conf`

Zunächst sollte die Beispieldatei `vboxgetty.example` aus dem Verzeichnis `$I4LDOCDIR/vbox/example/` bzw. `/usr/share/doc/packages/vbox/examples` nach `/etc/vbox/vboxgetty.conf` kopiert werden. Die Datei sieht etwa wie folgt aus (alle Zeilen, die mit dem #-Zeichen beginnen sind Kommentare und werden daher nicht ausgewertet):

```
# Global settings for all ports
compression              adpcm-4
umask                    077
badinitsexit             10
dropdtrtime              400
initpause                2500
```

```
commandtimeout          4
echotimeout             4
ringtimeout             6
alivetimeout            1800
freespace               2000000
debuglevel              FEWIDJ

# Settings for port ttyI6
port /dev/ttyI6
    modeminit           ATZ&B512&E7830022
    user                nicole
    group               users
    spooldir            /var/spool/vbox/nicole

# Settings for port ttyI7
port /dev/ttyI7
    modeminit           ATZ&B512&E7850413
    user                michael
    group               users
    spooldir            /var/spool/vbox/michael
```

Globale Variablen

Am Anfang der Datei werden einige globale Variablen gesetzt, die übernommen werden können. Die weiteren Abschnitte werden jeweils mit der port-Anweisung eingeleitet und bestimmen, auf welche Anrufe für welchen Benutzer geantwortet werden soll.

Die globalen Variablen haben folgende Bedeutung:

compression Der Wert dieser Variablen bestimmt das Kompressionsverfahren für die Aufzeichnung der Audio-Nachrichten. Der Benutzer hat die Wahl zwischen ADPCM-2, ADPCM-3, ADPCM-4 und U-Law. Im Normalfall sollte der Vorgabewert ADPCM-4 beibehalten werden.

umask Der Wert dieser Variablen bestimmt die Umask die zur Erstellung von Dateien (z. B. Aufzeichnung von eingehenden Anrufen) verwendet werden soll. Die Umask bestimmt die Rechte für anzulegende Dateien, indem der Wert der Umask von 777 abgezogen wird. Das Ergebnis sind die Vorgabe-Unix-Zugriffsrechte der Datei. Bei einer Umask von 077 wird eine Datei also mit den Rechten 700 angelegt.

badinitsexit Die maximale Zahl an Fehlversuchen, das ISDN-Modem ttyIx zu initialisieren. Wird die Zahl erreicht, beendet sich vboxgetty.

dropdtrtime Die Zeit in Millisekunden, für die die DTR-Leitung auf LOW gesetzt werden soll, um das (virtuelle) Modem aufzulegen.

`initpause` Die Anzahl in Millisekunden, die nach der Initialisierung des Modem gewartet werden soll. Diese Wartezeit dient dem Ausgleich einer eventuell verzögerten NO CARRIER-Meldung des Modems nach der Initialisierung.

`commandtimeout`, `echotimeout`, `ringtimeout`, `alivetimeout` Mit Hilfe dieser Variablen werden die folgenden Werte festgelegt: die maximale Wartezeiten in Sekunden für die Antwort des Modems auf ein gesendetes Kommando (1), die Zeit für ein Echo eines Modem-Kommandos (2), die Zeit, die auf eine RING-Meldung des Modems gewartet wird, bis die Entgegennahme eines Anrufs abgebrochen wird (3) und die Zahl der Sekunden, nach denen geprüft wird, ob das Modem noch auf Kommandos antwortet (4). Wird dieser Wert (4) auf 0 gesetzt, erfolgt kein regelmäßiger Test.

`freespace` Die minimale Zahl an Bytes, die auf der Partition mit dem Vbox-Spool-Verzeichnis (`var/spool/vbox`) noch frei sein müssen, damit ein Anruf entgegen genommen wird.

`debuglevel` Bestimmt den Debug-Level (die Zahl an Meldungen), der verwendet werden soll. Der Wert setzt sich aus einem oder mehreren Buchstaben zusammen, die folgende Bedeutung haben:

F   steht für die Ausgabe von nicht behebbaren Fehlern.

E   steht für die Ausgabe von Fehlern, die eventuell behoben werden können.

W   steht für die Ausgabe von Warnungen.

I   steht für die Ausgabe von Informationen.

D   steht für die Ausgabe von Debugging-Informationen.

j   steht für die Ausgabe noch detaillierterer Debugging-Meldungen.

Port-spezifische Angaben

Im Anschluß an die globalen Variablen stehen die Port-spezifischen Angaben. Jede Gruppe wird durch die `port`-Anweisung eingeleitet, die als Parameter die Gerätedatei des zu verwendenden virtuellen Modems (`/dev/ttyIx`) erhält. Für jeden Benutzer, der für eine bestimmte Rufnummer über einen Anrufbeantworter verfügen soll, muß ein eigenes `/dev/ttyIx` verwendet werden. Als Konvention wird als erstes Gerät `/dev/ttyI6` verwendet. Dem folgenden Benutzer wird dementsprechend `/dev/ttyI7` zugeordnet usw. Für jeden Port sollten folgende Einstellungen vorgenommen werden:

`modeminit` Der Wert dieser Variable ist der Initialisierungsstring für das virtuelle Modem. Wie bei normalen Modems beginnt jede Sequenz mit dem AT-

Kommando, dem eine oder mehrere Anweisungen folgen dürfen. Eine genaue Beschreibung der möglichen Initialisierungskommandos finden sich in den Manual-Seiten zu `ttyI`. Die Vorgabe setzt das Modem zunächst zurück (`ATZ`). Anschließend wird mit dem Kommando `&B512` die Größe der zu übertragenden Datenpakete auf 512 Bytes gesetzt. Wirklich wichtig ist die abschließende Sequenz, die mit `&E` beginnt. Durch diese Sequenz wird die MSN (Rufnummer ohne Vorwahl) gesetzt, auf die der Anrufbeantworter reagieren soll. Die Angabe `&E1234` bewirkt, daß der Anrufbeantworter nur dann abhebt, wenn die gewählte Nummer z.B. `089 1234` war. Bei einem ISDN-Basisanschluß erhält der Teilnehmer normalerweise mindestens 3 MSNs zugewiesen, er verfügt also über drei unterschiedliche Rufnummern. Der Teilnehmer kann diese MSNs den angeschlossenen Geräten frei zuordnen und somit bestimmen, bei welcher Nummer welches Gerät adressiert wird. Für Vbox können die verschiedenen Rufnummern z.B. dazu verwendet werden, einen separaten Anrufbeantworter für unterschiedliche Benutzer einzurichten. Mit dem `&E`-Kommando kann immer nur eine einzige Rufnummer angegeben werden. Soll ein Anrufbeantworter auf mehrere Rufnummern reagieren, können als eine Möglichkeit mehrere Port-Gruppen für den gleichen Benutzer erstellt werden, die auf die gewünschten MSNs reagieren. Etwas einfacher ist die Möglichkeit, anstelle der `&E`-Initialisierung das Kommando `&L` zu verwenden. Hinter diesem Kommando kann eine durch `;` getrennte Liste von Rufnummern angegeben werden, auf die der Anrufbeantworter reagieren soll. Zusätzlich ist es erlaubt, Wildcardzeichen `*` (beliebig viele beliebige Zeichen) und `?` (genau ein beliebiges Zeichen) anzugeben. Soll z.B. auf alle Anrufe reagiert werden, kann die Initialisierung `ATZ&B512&L*;` lauten. Soll auf die Rufnummern `12345` und `12346` reagiert werden, kann `ATZ&B512&L12345;12346;` verwendet werden. Soll auf alle Anrufe reagiert werden, die mit `1234` beginnen, kann `ATZ&B512&L1234*;` zur Initialisierung verwendet werden.

`user`, `group` Mit Hilfe der beiden Variablen werden die Rechte gesetzt, unter denen `vboxgetty` laufen soll. Dies ist z.B. für das Anlegen neuer Nachrichten im Spool-Verzeichnis des Benutzers wichtig. Der angegebene Benutzername bzw. die angegebene Gruppe müssen in der Passwort-Datenbank (normalerweise `/etc/passwd`) bzw. der Gruppendatenbank (normalerweise `/etc/group`) existieren.

`spooldir` Diese Variable bezeichnet das Basisverzeichnis, in dem alle Dateien für den in dieser `port`-Gruppe definierten Anrufbeantworter gesucht bzw. abgelegt werden. Dazu zählen z.B. alle Ansagen als auch die Dateien für neu eingegangene Anrufe. Da der Zugriff auf dieses Verzeichnis unter den Rechten des bei `user` und `group` angegebenen Benutzers erfolgt, sollte das Verzeichnis genau diesem Benutzer und der angegebenen Gruppe gehören, da ansonsten eventuell z. B. keine neuen Dateien angelegt werden können. Das hier angegebene Verzeichnis muß bereits vor dem Start von vboxget-ty angelegt werden.

Die oben abgedruckte Beispieldatei ist aufgrund der beiden Port-Angaben für die Realisierung von zwei Anrufbeantwortern gedacht: einen für die Benutzerin nicole und einen für michael. Der Anrufbeantworter für Nicole nimmt alle Anrufe entgegen, die an die MSN 830022 gehen. Der Anrufbeantworter für Michael wird bei Anrufen auf der MSN 850413 aktiv.

Die Port-Gruppen sollten den eigenen Bedürfnissen angepaßt werden.

Erstellen der Datei /etc/vbox/vboxd.conf
Die Datei vboxd.vconf dient der Konfiguration der Zugriffsrechte auf den Daemon vboxd, der z. B. von vbox dazu verwendet wird, auf Audio-Nachrichten zuzugreifen. Das Besondere an vboxd ist, daß er auch über ein Netzwerk von beliebigen Rechnern aus den Zugriff auf die Audio-Dateien ermöglicht. Die Anpassung dieser Datei dient der Einschränkung des Zugriffs auf die vorgesehenen Rechner und Benutzer. Nicht alle Anwendungen zur Steuerung des Anrufbeantworters verwenden wie vbox den Daemon vboxd zum Zugriff auf die Audio-Nachrichten. Manche greifen stattdessen direkt auf die Dateien zu. In diesem Fall ist jedoch lediglich der Zugriff vom lokalen Rechner aus möglich, d. h., die Abfrage des Anrufbeantworters kann nur vom lokalen Rechner aus erfolgen. Erfolgt der Zugriff auf die Audio-Dateien jedoch über vboxd, gilt diese Einschränkung nicht.

Auch für vboxd.conf sollte zunächst die Beispielvorgabe aus dem Verzeichnis $I4LDOCDIR/vbox/example/ bzw. /usr/share/doc/packages/vbox/examples nach /etc/vbox/vboxd.conf kopiert werden. Diese Datei sieht wie folgt aus:

```
# Login access list
#
# All hosts in the login access list (begins with 'L') are checked at
# login (server startup) time. If access is 'yes' the host can login
# and count messages without special access.

L:localhost:Y
L:*:N

# Full access list
#
# All hosts in the full access list (begins with 'A') are checked if the
# server gets the 'login' command.
```

```
A:localhost:RW:michael:xxx:/var/spool/vbox/michael:incoming
A:localhost:RW:nicole:xxx:/var/spool/vbox/nicole:incoming
```

```
A:*:!:!:!:!:!
```

Die Datei besteht aus zwei Bereichen. Der erste Bereich enthält alle die Zeilen, die mit einem L beginnen. Der zweite Bereich besteht aus den Zeilen, die mit einem A beginnen.

Durch die L-Zeilen wird festgelegt, welche Rechner sich bei vboxd einloggen dürfen. Das Format der Zeile ist sehr einfach und ist wie folgt aufgebaut:

```
L:hostname-pattern:Y|N
```

Jeder Eintrag besteht aus drei durch : getrennten Feldern, wobei das erste Feld ein L enthält. Das zweite Feld enthält ein Muster eines Hostnamens, dem der Zugriff gewährt/verweigert werden soll. Dieses Muster darf Wildcards (* und ?) enthalten. Das letzte Feld kann entweder Y oder N enthalten, je nachdem, ob der Zugriff auf vboxd von dem genannten Rechner aus erlaubt oder verboten sein soll. Die Vorgabe besteht aus dem Namen L:localhost:Y, so daß der Zugriff von dem lokalen Rechner aus ermöglicht wird. Es wird immer die gesamte Datei durchsucht, um einen passenden Eintrag zu finden, der ein Y enthält. Stehen in der Datei also zwei Einträge für einen Rechner, einer mit N und einer mit Y, zählt der letztere.

Im zweiten Bereich wird der Zugriff für die einzelnen Benutzer eines Anrufbeantorters geregelt. Jedem Benutzer kann ein Kennwort zugewiesen werden. Darüber hinaus wird für jeden Benutzer sein Spool-Verzeichnis und das Verzeichnis für eingehende Nachrichten festgelegt. Der Aufbau jeder Zeile ist wie folgt definiert:

```
A:hostname-pattern:Mode:Login:Password:Spool-Dir:Incoming-Dir
```

Jede der Access-Zeilen beginnt mit einem A und besteht aus insgesamt 7 Feldern.

hostname-pattern An dieser Stelle kann analog zu den L-Zeilen ein Muster für einen Rechnernamen angegeben werden, von dem aus der Zugriff auf die Audio-Dateien möglich sein soll. Das Muster darf die Wildcard-Zeichen * und ? enthalten.

Mode Der Wert für *Mode* kann aus den Buchstaben R und W bestehen. R steht für lesenden Zugriff, etwa um die Liste der vorliegenden Audio-Nachrichten lesen zu dürfen. W steht für schreibenden Zugriff, um beispielsweise einzelne Audio-Nachrichten löschen zu dürfen. Darüber hinaus wird der W-Zugriff benötigt, um Steuerungsdateien, z. B. zum Abschalten des Anrufbeantworters, anlegen zu dürfen.

Login, *Password* Der Benutzername und das Passwort, mit dem die Anmeldung bei vboxd erfolgen kann. Das Passwort muß in Klartext angegeben werden und hat nichts mit dem normalen Unix-Passwort zu tun, das zur Anmeldung beim System verwendet werden muß. Da das Passwort in Klartext angegeben werden muß, sollte hier aus Sicherheitsbedenken niemals das normale Unix-Passwort verwendet werden. Darüber hinaus sollte darauf geachtet werden, daß diese Datei nicht für alle Benutzer lesbar ist.

Spool-Dir Das Spooling-Verzeichnis, das für diesen Benutzer bei der Arbeit über vboxd zugänglich sein soll. Hier muß der komplette Pfad zu diesem Verzeichnis angegeben werden.

Incoming-Dir Das Verzeichnis, in dem sich die Nachrichten des entsprechenden Benutzers befinden. Die Angabe des Verzeichnisses erfolgt entweder relativ zu dem unter Spool-Dir angegebenen Verzeichnis. Alternativ kann auch ein vollständiger Pfad (mit einem „/" beginnend) angegeben werden.

Die oben abgedrucken Bespielangaben erlauben den Benutzern michael und nicole über vboxd sowohl den lesenden als auch schreibenden Zugriff auf die Audio-Nachrichten vom lokalen Rechner localhost aus. Das Passwort lautet hier einfach xxx. Als Spool-Verzeichnis wird jeweils /var/spool/vbox/user/ verwendet, wobei das Incoming-Verzeichnis incoming sich direkt unter dem Spool-Verzeichnis befindet. Die letzte Zeile, in der für alle Angaben außer dem Rechnernamen ein ! eingesetzt wurde, verbietet explizit allen anderen Benutzern den Zugriff.

Erstellung der Benutzerverzeichnisse und Anpassung der Benutzerdatei

Mit der benutzerspezifischen Datei /var/spool/vbox/user/vbox.conf wird das Verhalten von vboxgetty für eingehende Anrufe festgelegt. In dieser Datei kann angegeben werden, wann und wie ein Anruf beantwortet werden soll. Bevor die Beispieldatei vbox.conf.example in das Benutzerverzeichnis kopiert wird, müssen erst für alle Vbox-Benutzer die Verzeichnisse unter /var/spool/vbox angelegt und den jeweiligen Benutzern mit chown „geschenkt werden". Der Einfachheit halber wird nicht nur das Benutzerverzeichnis selbst, sondern auch bereits jetzt die Unterverzeichnisse für die Ansagen und eingehende Nachrichten mit angelegt. Angenommen der Anrufbeantorter soll für den Benutzer tux eingerichtet werden, so sind folgende Schritte notwendig:

```
root@erde:/root #   cd /var/spool/vbox
root@erde:/var/spool/vbox #   mkdir tux
root@erde:/var/spool/vbox #   chown tux tux
root@erde:/var/spool/vbox #   chmod 700 tux
```

```
root@erde:/var/spool/vbox # ls -l
drwx------   4 tux   root      1024 Jan 12 11:52 tux
root@erde:/var/spool/vbox/tux # cd tux
root@erde:/var/spool/vbox/tux # mkdir messages
root@erde:/var/spool/vbox/tux # mkdir incoming
root@erde:/var/spool/vbox/tux # chown tux messages incoming
root@erde:/var/spool/vbox/tux # chmod 700 messages incoming
root@erde:/var/spool/vbox/tux # ls -l
drwx------   4 tux      root         1024 Jan 12 11:52 .
drwxr-xr-x   3 root     root         1024 Apr  5 1999  ..
drwx------   2 tux      root         1024 Jan 12 11:53 incoming
drwx------   2 tux      root         1024 Jan 12 13:51 messages
```

Anschließend kann die Beispieldatei vboxd.conf.example aus $I4LDOCDIR/vbox/example/ bzw. /usr/share/doc/packages/vbox/ examples nach /var/spool/vbox/tux/vboxd.conf kopiert und diesem Benutzer mit chown tux vboxd.conf „geschenkt werden". Die genannten Schritte müssen für jeden Benutzer, der über einen Anrufbeantworter verfügen soll, vom Systemadministrator ausgeführt werden.

Die Beispieldatei, die vom Benutzer selbst angepaßt werden kann, sieht wie folgt aus:

```
# CALLERIDS
#
# Format: PATTERN SECTION REALNAME
[CALLERIDS]
9317830022      FRIEND              Nicole Sauvage
*               -                   *** Unknown ***


# RINGS
#
# Format: TIME DAYS RINGS
[RINGS]
23:30-23:59,00:00-08:59        *         1
*                              *         6


# [USERSECTIONS]
#
# Format: TIME DAYS STANDARD RECTIME [FLAG] [...]
[FRIEND]
*               *         nicole.msg    1000      RINGS=1 TOLLRINGS=1


[STANDARD]
20:15-22:14     MO        aktex.msg     60        RINGS=1
*               *         standard.msg  90        RINGS=6 TOLLRINGS=4
```

Alle Zeilen, die mit dem #-Zeichen beginnen, sind Kommentare, werden also von vboxgetty nicht beachtet. Die Datei ist in verschiedene Sektionen aufgeteilt. Jede Sektion beginnt mit einem [-Zeichen, dem der Name der Sektion und ein]-Zeichen folgt. Die wichtigsten Sektionen sind folgende:

CALLERIDS Diese Sektion dient der Zuordnung von Rufnummern eingehender Anrufe zu dem Namen einer Person. Zusätzlich kann dieser Rufnummer ein Sektionsname zugeordnet werden, in die Einstellungen für diesen Anruf festgelegt werden können.

RINGS In dieser Sektion kann festgelegt werden, zu welcher Zeit und nach wie vielen Klingelzeichen ein Anruf entgegengenommen wird. Auf diese Weise ist es möglich, zu bestimmten Zeit (etwa nachts) den Anrufbeantworter direkt antworten zu lassen, während tagsüber erst nach z. B. drei Klingelzeichen geantwortet wird.

Benutzersektion Alle weiteren Sektionen sind Benutzersektionen, in denen für spezielle Benutzer besondere Einstellungen vorgenommen werden können (z. B. eine besondere Ansage). Die Auswahl einer Benutzersektion erfolgt aufgrund der Zuordnung einer Rufnummer zu einem Sektionsnamen in der CALLERIDS-Sektion.

Die Arbeitsweise von vboxgetty für diese Datei besteht darin, für einen eingehenden Anruf zunächst aufgrund der Einträge der RINGS-Sektion zu überprüfen, ob der Anruf zur Zeit überhaupt und wenn, nach wievielen Klingelzeichen entgegengenommen werden soll. Hierzu kann in der RINGS-Sektion für Uhrzeitbereiche die Zahl der Klingelzeichen angegeben werden, nach der ein Anruf beantwortet wird. Steht fest, daß der Anruf beantwortet werden soll, wird in der CALLERIDS-Sektion nach der Rufnummer des Anrufers gesucht, um die Benutzersektion herauszufinden, die die Einstellungen (z. B. die zu verwendende Ansage, maximale Länge der Aufzeichnung) für diesen Anrufer enthält. Falls die Rufnummer nicht bekannt ist, enthält die RINGS-Sektion in der Regel einen Eintrag, bei dem das erste Feld (Rufnummer) einen * und das zweite Feld (zu verwendende Sektion) ein --Zeichen enthält. Der * als Muster für die Rufnummer paßt auf alle Anrufe und dient als Default, wenn keine der anderen Zeilen zutrifft. Das --Zeichen als Sektionsname steht für die Sektion mit dem Namen STANDARD, die in diesem Fall für alle Rufe verwendet wird, die nicht anderweitig zugeordnet werden konnten.

In jeder der Benutzersektionen und in der Sektion STANDARD stehen weitere Parameter, die z. B. in Abhängigkeit von der Tageszeit verschiedene Ansagen bewirken, die maximale Länge einer Aufzeichnung für diesen Anrufer festlegen oder auch die Zahl der Klingelzeichen setzen, nach denen der Anruf angenommen werden soll (in diesem Fall wird ein in der RINGS-Sektion angegebener Wert überschrieben).

Im obigen Beispiel ist in der RINGS-Sektion festgelegt, daß Anrufe in der Zeit von 23:30 – 23:59 Uhr und von von 0:00 – 08:59 Uhr nach einem Klingelzeichen beantwortet werden. In der restlichen Zeit (am Tag) wird ein Anruf hingegen erst nach 6 Klingelzeichen entgegengenommen.

In der CALLERIDS-Sektion wurde die Rufnummer 9317830022 der Person Nicole Savage zugeordnet. Für einen Anruf von Nicole werden die Parameter der FRIEND-Sektion verwendet, wodurch festgelegt wird, daß der Anruf zu jeder Zeit direkt angenommen wird. Die in der FRIEND-Sektion stehende Angabe überschreibt also die Angaben in der RINGS-Sektion. Darüber hinaus wird festgelegt, daß als Ansage die Datei nicole.msg abgespielt wird und die maximale Aufnahmezeit 1000 Sekunden beträgt.

Für andere Anrufer außer Nicole wird in der CALLERIDS-Sektion der zweite Eintrag verwendet, der als Rufnummer das Wildcard * enthält. Da hier als Sektionsname - angegeben wurde, werden weitere Einstellungen in der Sektion STANDARD gesucht. Hier steht z. B., daß Montags in der Zeit von 20:15 – 22:14 Uhr die Ansage aktex.rmd abgespielt werden und der Anruf direkt (nach einem RING) entgegengenommen werden soll. Zu allen anderen Zeiten wird die Ansage standard.msg abgespielt.

Im folgenden eine Beschreibung der Syntax der verschiedenen Sektionen:

Die CALLERIDS-Sektion

Die CALLERIDS-Sektion hat folgendes Format:

```
Pattern Section Caller-Name
```

Pattern   ist ein Rufnummernmuster, das mit der Rufnummer eines Anrufers verglichen wird. Es darf die Wildcard-Zeichen * und ? enthalten. Es dürfen keine Leerzeichen angegeben werden.

Section   gibt den Namen der Sektion an, aus der Einstellungen für den durch Pattern identifizierten Anrufer gelesen werden sollen. Wird anstelle eines Namens - angegeben, wird die Sektion STANDARD verwendet. Der Name darf keine Leerzeichen oder Tabulator-Zeichen enthalten.

Caller-Name ist der Name der Person, der die zu Pattern passende Rufnummer zugeordnet werden soll.

Die RINGS-Sektion

Die RINGS-Sektion hat folgendes Format:

```
Time Days Rings
```

Time   bezeichnet die Zeiten, an denen ein Anruf entgegengenommen werden soll. Die Angabe kann eine durch , getrennte Liste von Zeitbereichen im 24h-Format darstellen, wie z. B. `11:00-15:45,17:00-18:55`. Soll ein Bereich abgedeckt werden, der Mitternacht umfaßt, muß dieser Bereich in die Zeit vor und nach Mitternacht aufgeteilt werden, z. B.: `18:00-23:59,0:00-6:05`.

Days bezeichnet die Wochentage, an denen ein Anruf entgegengenommen werden soll. Es darf eine durch `,` getrennte Liste von Tagen angegeben werden. Die Wochentage von Montag – Sonntag können als `MO`, `DI`, `MI`, `DO`, `FR`, `SA`, `SO` angegeben werden. Der Wert `DI,SO` bestimmt z. B., daß Anrufe nur an Dienstagen und an Sonntagen entgegengenommen werden sollen.

Rings Die Anzahl der Klingelzeichen, nach denen ein Anruf entgegengenommen werden soll.

Benutzersektionen

Benutzersektionen (inkl. `STANDARD`) haben folgendes Format:

```
Time Days Message MaxRectime [Variables]
```

Time bezeichnet die Zeiten, an denen ein Anruf entgegengenommen werden soll. Die Angabe kann eine durch `,` getrennte Liste von Zeitbereichen im 24h-Format darstellen, wie z. B. `11:00-15:45,17:00-18:55`. Soll ein Bereich abgedeckt werden, der Mitternacht umfaßt, muß dieser Bereich in die Zeit vor und nach Mitternacht aufgeteilt werden, z. B.: `18:00-23:59,0:00-6:05`.

Days bezeichnet die Zeiten, an denen ein Anruf entgegengenommen werden soll. Die Angabe kann eine durch `,` getrennte Liste von Zeitbereichen im 24h-Format darstellen, wie z. B. `11:00-15:45,17:00-18:55`. Soll ein Bereich abgedeckt werden, der Mitternacht umfaßt, muß dieser Bereich in die Zeit vor und nach Mitternacht aufgeteilt werden, z. B.: `18:00-23:59,0:00-6:05`.

Message bezeichnet die Ansage-Datei, die verwendet werden soll. Die Datei kann entweder mit komplettem Pfad oder nur als Dateiname (dann relativ zu `/var/spool/vbox/user/messages`) angegeben werden.

MaxRectime bestimmt die maximale Aufnahmenzeit in Sekunden je Nachricht.

Variables Optional können weitere Variablen angegeben werden. Die wichtigsten dieser Variablen sind:
`NOANSWER` bestimmt, daß ein Anruf nicht beantwortet werden soll.

NORECORD bestimmt, daß keine Nachricht aufgezeichnet werden soll.

NOTIMEOUTMSG bestimmt, daß keine Timeout-Nachricht abgespielt wird, wenn die Aufzeichnungslänge das gesetzte Limit *MaxRecTime* erreicht hat. Normalerweise wird in diesem Fall timeout.msg abgespielt.

NOBEEPMSG verhindert das im Normalfall stattfindende Abspielen der Datei beep.msg nach der Ansage.

NOSTDMSG verhindert das Abspielen der Standard-Ansage.

RINGS=*num* bestimmt, daß ein Anruf nach *num* Klingelzeichen entgegengenommen wird. Mit dieser Angabe werden Angaben in der RINGS-Sektion überschrieben.

TOLLRINGS=*num* bestimmt die Zahl der Klingelzeichen, nach denen ein Anruf angenommen werden soll, wenn neue Nachrichten vorhanden sind. Auf diese Weise ist eine kostenlose Fernvorabfrage der Anrufbeantworters möglich, wenn der Wert kleiner als der Wert von RINGS gesetzt wird.

TOLLCHECK=*dir* gibt das Verzeichnis an, in dem nach neuen Nachrichten gesucht werden soll. Normalerweise ist dies .../vbox/*user*/messages.

SCRIPT das TCL-Skript, das nach der Entgegennahme des Anrufs ausgeführt werden soll. Normalerweise standard.tcl im Verzeichnis .../vbox/*user*/.

Anpassung der Benutzer-Datei .vboxrc

Für jeden Benutzer, der mit Hilfe des Programms vbox die Steuerung sein Anrufbeantworters durchführen möchte, muß eine Datei .vboxrc erstellt werden. Wiederum existiert auch hier eine Vorgabedatei vboxrc.example im Verzeichnis $I4LDOCDIR/vbox/example/,bzw. /usr/share/doc/packages/vbox/ examples die unter dem Namen .vboxrc in das Home-Verzeichnis des Benutzers kopiert werden muß. Die Datei enthält neben Ressourcen für vbox (siehe Abschnitt 5.4.2.4 auf Seite 490) insbesondere den zu verwendenden Benutzernamen und das dazugehörige Passwort, das für den Zugriff von vbox über den vboxd-Prozeß auf die Nachrichten benötigt wird (genau die Angaben, die in der Datei /etc/vbox/vboxd.conf vom Systemadministrator gemacht wurden). Da das Passwort in Klartext in der Datei steht, sollte darauf geachtet werden, daß .vboxrc nur für den Benutzer selbst lesbar ist. Eine Beispieldatei kann wie folgt aussehen:

```
USERNAME              tux              # Username to login
PASSWORD              tuxsecret        # Password to login


# Default volume (vboxplay)
VOLUME                200              # Default volume (NAS)


# Color definitions for vbox
C_BACKGROUND          GRAY:BLACK       # Background
C_STATUSBAR           GRAY:BLUE        # Statusbar
C_STATUSBAR_HL        YELLOW:BLUE      # Statusbar (highlight)
C_POWERLED_ON         GREEN:BLUE       # Power led (on)
C_POWERLED_OFF        RED:BLUE         # Power led (off)
C_STATUSLED_ON        YELLOW:BLUE      # Status led (on)
C_STATUSLED_OFF       BLACK:BLUE       # Status led (off)
C_LIST                GRAY:BLACK       # Message list
C_LIST_SELECTED       GRAY:RED         # Message list (selected)
C_INFOTEXT            GREEN:BLACK      # Information
```

Werden die beiden Zeilen USERNAME und PASSWORD durch Voranstellen eines #-Zeichens auskommentiert, wird der Benutzer beim Start von vbox automatisch nach dem Benutzernamen und dem Passwort gefragt, das zur Anmeldung bei vboxd verwendet werden soll.

Anpassung der Datei /etc/inetd.conf für vboxd

Um Netzwerkzugriffe auf Audio-Dateien zu ermöglichen, kann vboxd verwendet werden. Ein Beispiel für eine Anwendung, die diesen Weg grundsätzlich geht, ist das Frontend vbox. Damit vboxd verwendet werden kann, muß als Benutzer root ein entsprechender Eintrag in den Dateien /etc/services und /etc/inetd.conf vorgenommen werden.

Für die Datei /etc/services muß folgende Zeile eingetragen werden (falls sie nicht schon enthalten sein sollte):

```
vboxd         20012/tcp      # for vbox daemon
```

Entsprechend muß in der Datei /etc/inetd.conf ein Eintrag der folgende Art vorgenommen werden:

```
# vbox (Voice Box)
vboxd   stream  tcp    nowait  root    /usr/sbin/tcpd /usr/sbin/vboxd
```

Anschließend muß dem Prozeß inetd ein HUP-Signal gesendet werden, damit er die veränderte Konfiguration neu einliest:

```
root@erde:/root # killall -HUP inetd
```

Erstellen der Ansagen

Zum Betrieb der Vbox sind verschiedene Nachrichten erforderlich, die im speziellen Vbox-Format vorliegen müssen. Informationen zu diesem Format stehen in der Manual-Seite zu vbox. Die Dateien müssen alle in das Benutzerverzeichnis unter /var/spool/vbox/*user*/messages/ kopiert werden.

Eine einfache Möglichkeit der Erstellung solcher Nachrichten ist, sich selbst anzurufen und die von vboxgetty aufgezeichnete Nachricht entsprechend umzubennen und in das messages-Verzeichnis zu kopieren. Alternativ kann eine Ansage auch mit Hilfe einer Soundkarte und eines Mikrophones (oder einer anderen Tonquelle wie z. B. einer CD) erstellt werden. In diesem Fall muß die aufgenommene Datei (siehe Abschnitt 5.2 auf Seite 428 für Hinweise zur Aufnahme und Wiedergabe) in das Vbox-eigene Format konvertiert werden. Zur Konvertierung von Standardformaten in das Vbox-Format existiert der Konverter autovbox, um eine SUN-AU-Datei in eine Vbox-Datei umzuwandeln.

Der autovbox-Konverter

Der Aufruf von autovbox ist wie folgt möglich:

```
Usage: autovbox OPTION [ OPTION ] [ ... ] <INFILE >OUTFILE


-2, --adpcm-2              Converts sample to adpcm-2.
-3, --adpcm-3              Converts sample to adpcm-3.
-4, --adpcm-4              Converts sample to adpcm-4 (default).
-u, --ulaw                 Converts sample to ulaw.
-n, --name NAME            Sets header information.
-p, --phone PHONE          Sets header information.
-l, --location LOCATION    Sets header information.
-h, --help                 Prints this usage message.
-v, --version              Prints the package version.
```

Der Konverter liest von der Standard-Eingabe und schreibt auf die Standard-Ausgabe, daher wird beim Aufruf die Eingabe- und Ausgabeumlenkung der Shell mit < und > verwendet, um die Daten von der Datei INFILE zu lesen und die Ergebnisse auf die Datei OUTFILE zu schreiben. Die Optionen ermöglichen die Angabe unterschiedlicher Kompressionverfahren. Hier sollte am besten das Verfahren verwendet werden, das auch in der Konfigurationsdatei /etc/vbox/ vboxgetty.conf angegeben wurde (Default ist ADPCM-4). Die weiteren Optionen erlauben die Angabe von Metadaten, die normalerweise für eingegangene Anrufe mit in der Aufzeichnung abgelegt werden (z. B. Name und Telefonnummer des Anrufers). Diese Informationen müssen jedoch nicht angegeben werden. Bei der Konvertierung muß beachtet werden, daß nur Mono-Dateien, also Dateien mit einem Audio-Kanal konvertiert werden können.

Da der Konverter für das Vbox-Format AU-Dateien konvertieren kann, ist es natürlich sinnvoll, eine Aufnahme direkt im AU-Format vorzunehmen. Wurde beispielsweise eine Aufnahme für eine Ansage im WAV-Format gespeichert, muß diese zuvor z. B. mit Hilfe von `sox` in das AU-Format konvertiert werden (siehe Abschnitt 5.1.4.1 auf Seite 421). Für eine WAV-Datei `ansage.wav` kann die Konvertierung wie folgt durchgeführt werden:

```
tux@erde:/home/tux >  sox ansage.wav -c 1 -r 8000 -t .au -|autovbox >
ansage.msg
```

Die Datei `ansage.msg` kann dann anschließend z. B. als Standardansage `standard.msg` in das Verzeichnis `messages` kopiert werden.

Notwendige Ansagen

Für einen sinnvollen Betrieb, sollten verschiedene Ansage bereitgestellt werden:

`standard.msg`	Die Standardansage.
`beep.msg`	Der Piep-Ton, der nach einer Ansage abgespielt wird.
`timeout.msg`	Die Ansage, die abgespielt wird, wenn der Anrufer die maximale Aufnahmedauer für eine Nachricht erreicht hat.

Kopieren des Verarbeitungsskripts `standard.tcl`

Die Arbeit des Anrufbeantworters nach der Annahme eines Anrufs wird von dem Skript `standard.tcl` gesteuert, das sich im Verzeichnis `/var/spool/vbox/`*user*`/` befinden muß. Von diesem Skript aus wird z. B. eine Mail an den Eigentümer einer Voice-Box gesendet, wenn eine neue Nachricht eingegangen ist. Grundsätzlich kann dieses Skript den eigenen Bedürfnissen angepaßt werden. Es baut auf Variablen und Tcl-Funktionen[5] auf, die von `vboxgetty` zur Verfügung gestellt werden. Die Dokumentation dieser Variablen und Tcl-Funktionen ist in der Vbox-Dokumentation verfügbar, die in der Datei `.../vbox/doc/de/vbox.txt` der `isdn4kutils` steht. Das Standard-Skript `standard.tcl.example` kann aus dem Dokumentationsverzeichnis von I4L `$I4LDOCDIR/vbox/example/` bzw. `/usr/share/doc/packages/vbox/examples` in das Benutzerverzeichnis kopiert werden. Für einen normalen Betrieb müssen keine Veränderungen an diesem Skript vorgenommen werden.

Eintragen von `vboxgetty` in `/etc/inittab`

Nachdem nun alle notwendigen Einstellungen vorgenommen sind, kann `vbox-`

---

[5]Tcl ist eine Skript-Sprache, ähnlich wie die der Shell oder Perl. Informationen zu Tcl finden Sie unter der URL `http://www.psg.com/~joem/tcl/faq.html`

getty gestartet werden. Dies erfolgt am besten über den initd-Prozeß, der dafür sorgt, daß bei Beendigung eines vboxgetty- Prozesses, z. B. nach einem Anruf, automatisch ein neuer Prozeß gestartet wird, um den nächsten Anruf entgegenzunehmen. Zu diesem Zweck muß die Datei /etc/inittab angepaßt werden. Für jedes Modem-TTY, das in /etc/vbox/vboxgetty.conf mit Hilfe der port-Anweisung konfiguriert wurde, muß eine Zeile (falls nicht schon vorhanden) eingefügt werden:

```
I6:2345:respawn:/usr/sbin/vboxgetty -d /dev/ttyI6
I7:2345:respawn:/usr/sbin/vboxgetty -d /dev/ttyI7
```

Jeder Eintrag besteht aus insgesamt vier Feldern. Das erste Feld ist einfach ein zweistelliges Label. Die folgenden Ziffern geben die Linux-Runlevel an, in denen automatisch der im letzten Feld angegebene Prozeß (vboxgetty) gestartet werden soll. Die Bedeutung des dritten Feldes mit dem Wert respawn liegt darin, daß nach der Beendigung eines vgetty-Prozesses, z. B. nach der Annahme und Aufzeichnung eines Gesprächs, automatisch ein neuer Prozeß durch initd gestartet wird. Als Argument erhält vboxgetty die Option -d, mit der die Gerätedatei bestimmt wird, über die das virtuelle Modem angesprochen werden kann. Hier müssen genau die Geräte angegeben werden, die in der Datei /etc/vbox/vboxgetty.conf als Argument des port-Kommandos angegeben wurden.

Abschließend muß der initd-Prozeß durch die Anweisung init q, die als root ausgeführt werden muß, von der veränderten Konfigurationsdatei informiert werden. Nach Ausführung von init q sollte jetzt ein oder mehrere vboxgetty-Prozesse laufen. Der Anrufbeantworter ist nun betriebsbereit.

Meldungen werden in die Datei /var/log/vbox/vboxgetty-*device*.log geschrieben. Hier kann im Fehlerfall nachvollzogen werden, was nicht funktioniert.

Abspielen von Nachrichten

Zum Abspielen von eingegangenen Nachrichten wird das Skript vboxplay verwendet. Nachdem die ersten Testnachrichten aufgezeichnet wurden, sollte die Funktionstüchtigkeit des Skripts ausprobiert werden. Es handelt sich um ein einfaches Shell-Skript, das normalerweise mit Hilfe der Anwendung auplay versucht, die Nachrichten abzuspielen. Eventuell muß in diesem Skript noch der Pfad zu der auplay-Anwendung angepaßt werden. Falls dies nicht funktionieren sollte, kann das Skript auch modifiziert werden, um die Wiedergabe der Nachrichten mit Hilfe von sox erfolgen zu lassen. In diesem Fall sollte das Skript wie folgt aussehen:

```
#!/bin/sh
##
## vboxplay v2.0

#--------------------------------------------------------------------#
# Usage: vboxplay SAMPLENAME [ VOLUME ]                              #
#--------------------------------------------------------------------#

SAMPLE=$1
VOLUME=$2
if [ "$VOLUME" = "" ]; then
   VOLUME=5;
fi

DOPLAY="/usr/bin/play -t au -v $VOLUME -"

/usr/bin/vboxmode $SAMPLE

case $? in

   2|3|4|6) '/usr/bin'/vboxtoau <$SAMPLE | $DOPLAY
           ;;
       *) echo "$0: unknown vbox message format!"
           ;;
esac
```

Die Anwendung vboxmode erlaubt es, das genaue Format einer Vbox-Datei herauszufinden. Die eigentliche Konvertierung wird anschließend mit Hilfe des Konverters vboxtoau vorgenommen, der eine Vbox-Datei in eine AU-Datei umwandeln kann. Das Ergebnis dieser Konvertierung wird schließlich mit Hilfe des
play-Skripts von sox (siehe Abschnitt 5.1.4.1 auf Seite 421) abgespielt.

Start und Stop des Anrufbeantworters

Ein Benutzer, der einen Anrufbeantworter betreibt, möchte sicherlich nicht, daß
dieser immer eingeschaltet ist, also Nachrichten aufnimmt. Zu diesem Zweck
existiert die Möglichkeit für den Benutzer, seinen Anrufbeantworter zu deaktivieren. Die geschieht einfach dadurch, daß er in seinem Spool-Verzeichnis, also in /var/spool/vbox/user/, eine Datei mit dem Namen vboxctrl-stop
anlegt. Hierdurch werden keinerlei Anrufe mehr für diesen Benutzer entgegengenommen. Um den Anrufbeantworter wieder zu aktivieren, muß lediglich die
Steuer-Datei wieder entfernt werden. Neben der Möglichkeit dies von Hand zu
erledigen, gibt es auch ein Werkzeug, mit dessen Hilfe diese Funktion ausgeführt
werden kann: vboxctrl. Um beispielsweise die Datei vboxctrl-stop anzu-

legen, genügt der Aufruf vboxctrl -c -p. Um diese Datei zu löschen, muß vboxctrl -r -p aufgerufen werden. Mehr dazu findet sich in der Manual-Seite zu vboxctrl.

5.4.2.3 Konfiguration mit SuSEVbox

Neben der manuellen Konfiguration kann auch die Perl-Tk-Anwendung SuSEVboxConf zusammen mit SuSEVbox dazu verwendet werden, die notwendigen Dateien zu erstellen. Das Programm befindet sich noch in rascher Entwicklung. Abbildung 5.16 zeigt einen Eindruck von SuSEVboxConf.

Die Daten können in übersichtlicher Form in die einzelnen Dialoge eingegeben werden. Durch das Speichern der Konfiguration werden anschließend alle Dateien erzeugt. Die Steuerung des Anrufbeantworters, inklusive Aufnehmen und Abspielen von Nachrichten, kann mit Hilfe des Programms SuSEVbox erfolgen. Abbildung 5.17 auf der nächsten Seite zeigt das Start-Fenster dieses Programms.

Zum Abspielen von Nachrichten verwendet SuSEVbox das Skript susevboxplay. Das Skript susevboxconv wird zur Konvertierung von WAV-Dateien in das Vbox-Format verwendet.

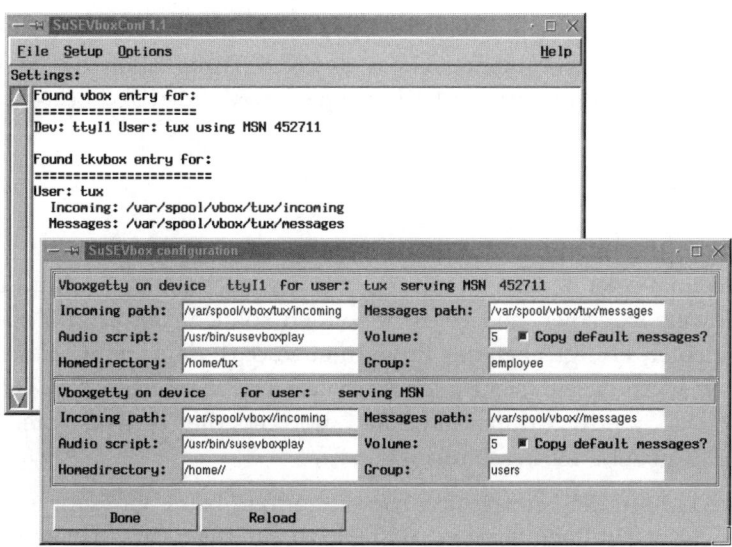

Abbildung 5.16: Das SuSEVboxConf-Konfigurationsprogramm

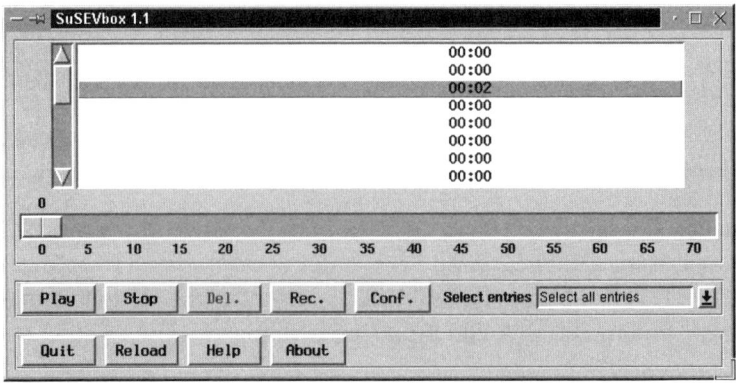

Abbildung 5.17: Das SuSEVbox-Programm

5.4.2.4 Steuerung des Anrufbeantworters

Zur Bedienung eines Anrufbeantworters durch den Benutzer existieren verschiedene Frontend-Programme, die sowohl eine Übersicht über eingegangene Nachrichten erlauben als auch das Abspielen und Löschen.

Das grundlegende Programm dieser Art ist vbox. Es ist Teil der Vbox-Distribution. Ein weiteres graphisches Frontend ist kam, eine KDE-Applikation, die vom FTP-Server des KDE-Projekts unter der URL http://www.kde.org bezogen werden kann.

Das Steuerungsprogramm vbox

vbox ist eine Terminal-orientierte Anwendung, mit der Nachrichten auch über ein Netzwerk hinweg abgespielt und gelöscht werden können. Der Zugriff auf die Audio-Nachrichten erfolgt über das Programm vboxd, daher muß dieser Dienst konfiguriert worden sein (siehe auch Abschnitt 5.4.2.2 auf Seite 476). Die Konfiguration von vbox erfolgt durch die Datei .vboxrc, die ebenfalls bereits in Abschnitt 5.4.2.2 auf Seite 483 beschrieben wurde.

Da vbox über vboxd auf die Nachrichten zugreift, erfolgt beim Start eine Authentifizierung, bei der ein Benutzername und ein zugehöriges Passwort angegeben werden müssen. Dies wird mit der vboxd-Konfiguration in /etc/vbox/ vboxd.conf verglichen. Bei einer Übereinstimmung darf der Benutzer auf die Nachrichten zugreifen. Alternativ kann der Benutzername und das Passwort auch in der Konfigurationsdatei .vboxrc angegeben werden. Hierdurch kann das Programm ohne weitere Angaben gestartet werden. In Abbildung 5.18 auf der nächsten Seite ist das Anwendungsfenster mit geöffnetem Hilfe-Dialog dargestellt.

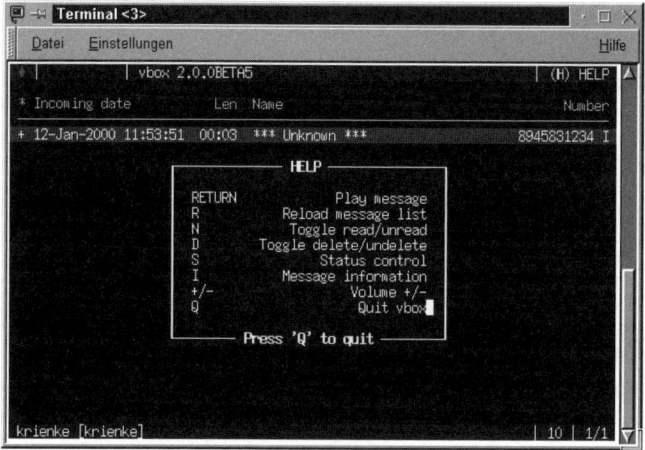

Abbildung 5.18: Das Vbox-Steuerungsprogramm vbox

Das Hauptfenster zeigt die Liste der Nachrichten. Mit Hilfe der Cursortasten kann eine der Nachrichten selektiert werden. Wird anschließend eine der in der Hilfe dargestellten Tasten gedrückt (z. B. ⟵ zum Abspielen der Nachricht), wird die entsprechende Aktion gestartet. Verlassen wird das Programm durch Drücken der Taste Q. Mit Hilfe der „Status Control" kann der Benutzer seinen Anrufbeantworter deaktivieren oder wieder aktivieren.

Das graphische Frontend kam2

Ein weiteres Programm zur Steuerung eines Vbox-Anrufbeantworters ist die X Window-basierte KDE-Anwendung kam2[6]. Das Start-Fenster von kam zeigt Abbildung 5.19 auf der nächsten Seite.

Das Programm kam ermöglicht wie vbox das Abspielen und Löschen eingegangener Nachrichten. Im Unterschied zu vbox erfolgt der Zugriff auf die Daten jedoch direkt über das Dateisystem (also nicht über vboxd). Daher ist der Zugriff auf die Audio-Nachrichten nur möglich, wenn kam2 auf dem lokalen System abläuft. Andererseits ist keine Konfiguration für den vboxd erforderlich. Das Fenster besteht im wesentlichen aus einer Liste, in der alle vorliegenden Nachrichten angezeigt werden, und einer Leiste mit Buttons, um Nachrichten abspielen zu können (über vboxplay), zu löschen oder zu überprüfen, ob inzwischen neue Nachrichten vorliegen. Die Konfiguration des Werkzeugs wird über den Config-Button ermöglicht. Hier kann das Spool-Verzeichnis ausgewählt werden, in

---

[6]kam2 ist für die Verwendung ab KDE Version 2 gedacht. Für KDE Version 1 kann die ältere Version kam verwendet werden.

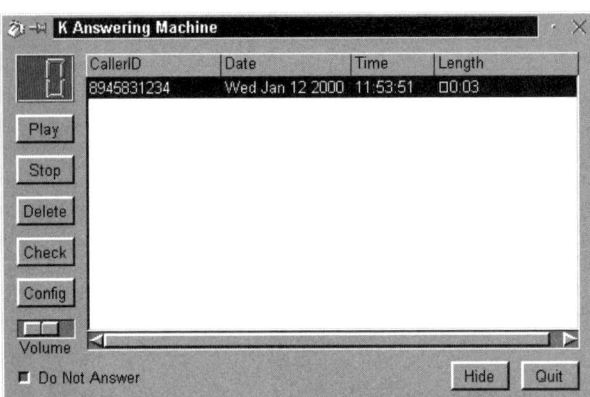

Abbildung 5.19: Das graphische Vbox-Frontend `kam`

dem sich die neuen Nachrichten befinden (normalerweise `/var/spool/vbox/`
`user/incoming`). Darüber hinaus kann zwischen Vbox in der Version 1 und der
Version 2 gewählt werden.

Der ganz links oben plazierte Zähler stellt die Zahl der neu eingegangenen (noch
nicht abgehörten) Nachrichten dar. Am linken unteren Ende des Fensters ist ein
Button plaziert, der es erlaubt, den Anrufbeantworter zu deaktivieren, bzw. wieder zu aktivieren. Da diese Einstellung durch das Anlegen/Löschen der Datei
`vboxctrl-stop` im Spool-Verzeichnis des Benutzers vorgenommen wird, bleibt
die Einstellung auch erhalten, wenn `kam2` beendet und wieder neu gestartet wird.

5.4.2.5 Fernabfrage mit `raccess4vbox`

Das Paket `raccess4vbox` ermöglich die Fernsteuerung eines Vbox-Anrufbeantworters über ein →*DTMF*-fähiges Telefon. Das Paket kann frei unter der URL `ftp://ftp.innominate.org/pub/pape/isdn4linux/vbox/`
`obsolete/` bezogen werden. Die folgende Beschreibung bezieht sich auf die
Version 1.12 dieses Pakets. Zur Verwendung dieses Pakets wird zusätzlich der
Sprachsynthesizer `rsynth` benötigt (z. B. zur Ansage eines Datums), der inzwischen in der Version 2 von vielen verschiedenen FTP-Servern auch als vorkompiliertes Paket bezogen werden kann. Zur Suche des Pakets kann z. B. der FTP-
Suchdienst unter der URL `http://www.ftpsearch.de/` verwendet werden.

Das Programm `raccess4vbox` besteht im wesentlichen aus einem Tcl-Skript,
daß das normale Vbox-Skript `/var/spool/vbox/`*user*`/standard.tcl` ersetzt und dadurch eine komfortable Steuerung eines Anrufbeantworters ermöglicht. Da dieses Skript im Spool-Verzeichnis des Benutzers liegt, kann jeder Benutzer eines Vbox-Anrufbeantworters seine eigene Version mit unterschiedlicher

Konfiguration erstellen. Das Skript baut auf Variablen und Tcl-Funktionen auf, die von `vboxgetty` zur Verfügung gestellt werden. Die Dokumentation dieser Variablen und Tcl-Funktionen ist in der Vbox-Dokumentation verfügbar, die sich in der Datei `.../vbox/doc/de/vbox.txt` der `isdn4kutils` befindet.

Arbeitsweise

Mit Hilfe von `raccess4vbox` ist es z. B. möglich, Nachrichten abzuspielen, den Anrufbeantworter ein- oder auszuschalten oder auch eine neue Ansage aufzuzeichnen. Darüber hinaus ist es auch möglich, externe Programme zu starten, die wiederum DTMF-Sequenzen als Eingabe erhalten können. Auf diese Weise können Skripte Remote gesteuert oder z. B. der Rechner rebootet werden. Eine zweite Anwendung ist der Aufbau eines Informationssystems, bei dem der Anrufer zu verschiedenen Themen Informationen abrufen kann.

Realisert werden diese Möglichkeiten über verschiedene Zustände, in denen sich Raccess befinden kann. Für jeden dieser Zustände können Aktionen (z. B. eine Ansage) definiert werden, die durch die Eingabe von DTMF-Tönen ausgelöst werden. Auch der Wechsel zwischen den verschiedenen Zuständen ist über DTMF-Töne steuerbar. Eine Sonderstellung nimmt der Zustand `answeringmachine` ein. Er dient der Annahme von Anrufen und dem Wechsel in den `raccess`-Zustand, für den besondere Aktionen für die Fernabfrage definiert sind, die beliebigen DTMF-Tönen zugeordnet werden können.

Üblicherweise wird Raccess als Anrufbeantworter betrieben, d. h., der initiale Zustand ist der als `answeringmachine` bezeichnete. Der Benutzer kann in diesem Fall durch Eingabe einer geheimen PIN den Remote-Zugriff auf den Anrufbeantworter starten und durch weitere (im Zustand `raccess` definierte) DTMF-Sequenzen Nachrichten anhören, als gehört markieren und sich innerhalb der Nachrichten nach vorne oder zurück bewegen. Für jede Nachricht wird ein Vorspann erzeugt, der normalerweise sagt, wann die Nachricht eingegangen ist und von wem sie stammt (Telefonnummer).

DTMF-Sequenzen werden immer in der Form `*xyz#` angegeben, wobei `xyz` für die Ziffern der Sequenz steht. Soll lediglich ein einzelner Ton übertragen werden, können die beiden Zeichen `*` und `#` wegfallen.

Installation

Nachdem das Paket von dem oben genannten FTP-Server geholt wurde, kann es mit Hilfe des `tar`-Kommandos ausgepackt werden. Das `raccess4vbox`-Verzeichnis enthält neben einigen Dokumentationsdateien die Datei `raccess4-vbox.tcl`, die als Ersatz für das Skript `standard.tcl` verwendet wird. Darüber hinaus enthält das Verzeichnis die Datei `raccess.conf`, die als Konfiguration für das zuvor genannte Skript dient und den persönlichen Bedürfnissen angepaßt werden sollte.

Das Skript `raccess4vbox.tcl` und die Konfigurationsdatei sollten anschließend in das Vbox-Benutzerverzeichnis kopiert werden. Die dort liegende Datei `standard.tcl` wird einfach umbenannt und (z. B. über einen symbolischen Link) durch die neue Datei ersetzt. Für einen Benutzer `tux` sehen die notwendigen Kommandos wie folgt aus (es wird hierbei davon ausgegangen, daß das aktuelle Arbeitsverzeichnis dem Verzeichnis entspricht, das die `raccess4vbox`-Dateien enthält):

```
tux@erde:racces4vbox-1.12/ >  cp raccess4vbox.tcl /var/spool/vbox/tux
tux@erde:racces4vbox-1.12/ >  cp raccess.conf /var/spool/vbox/tux
tux@erde:racces4vbox-1.12/ >  cd /var/spool/vbox/tux
tux@erde:tux/ >  mv standard.tcl standard.tcl.old
tux@erde:tux/ >  ln -s racces4vbox.tcl standard.tcl
```

Damit ist die Installation abgeschlossen. Als nächstes muß ein kleiner Fehler in dem Tcl-Skript behoben werden, der ansonsten dazu führen würde, das Raccess nicht in der Lage wäre, zwischen alten, schon einmal gehörten Nachrichten und neuen Nachrichten zu unterscheiden. Hierzu muß die Datei `raccess4vbox.tcl` mit einem Texteditor geöffnet und editiert werden. Die Zeile, die angepaßt werden muß, enthält den Aufruf des Kommandos

```
exec --  $touch -m -t 0101010070 $msgfile
```

Um die Zeile leichter finden zu können, enthält der folgende Auszug aus dem Skript einige Zeile davor und dahinter:

```
# ....
proc raccess_togglenew { } {
    global raccess vbox_var_checknew available available_no message_no text
    global raccess_text
    upvar #0 tuning(touch_path) touch
    set other [ raccess_switchmode $raccess(mode) ]
    set msgfile [ lindex $available($raccess(mode)) $message_no ]
    if { $raccess(mode) == "old" } {
        if [ catch { exec -- $touch -m $msgfile } ] {
            if { [ playtext $raccess_text(err_togglenew) ] == "HANGUP" } {
                return "HANGUP"
            }
            return "CONT"
        }
    } else {
        if [ catch \
                { exec -- $touch -m -t 0101010070 $msgfile} ] {
            if { [ playtext $raccess_text(err_toggleold) ] == "HANGUP" } {
```

```
              return "HANGUP"
       }
       return "CONT"
   }
# ...
```

Aus diesem Auszug muß die Zeile

```
       { exec -- $touch -m -t 0101010070 $msgfile} ] {
```

zu folgender Zeile verändert werden (unterschiedliche Ziffern `0101010070`):

```
       { exec -- $touch -m -t 7001010100 $msgfile} ] {
```

Anschließend nicht vergessen, die geänderte Datei abzuspeichern.

Erstellen der Konfiguration

Die Vorgabedatei `raccess.conf`, die Teil des Pakets ist, kann direkt verwendet werden. Da diese Datei aber auch die PIN enthält, die zum Zugriff auf den Anrufbeantworter benötigt wird, sollte sie angepaßt werden. Zur Beschreibung des Aufbaus der Konfiguration ist im folgenden ein Beispiel für diese Datei dargestellt:

```
; ConfigFile for raccess4vbox-1.12 - should be placed
; in vboxspooldir/<user>/
; This Line is a Comment ;-)
[tuning]
    logging         1       ; Logging Level (2 = DEBUG, 1 = INFO, 0=OFF)
    log_file        raccess.log  ; placed in vbox-spooldir/<user>/
    say_path        /usr/bin/say
    say_flag        "-q -x 2000 -o - -q -f 12" ; change if you like
    say_breath      ",,"
    say_append      ",,,,"
    temp_file       /tmp/vbox20-[pid].tmp
    touch_path      /usr/bin/touch

[start]
    mode    answeringmachine

[text]
    repeat_rec      "staring new record"
    err_getty_play  "an error occured while playing a message"
    err_getty_rec   "an error accored while recording a message"
    err_getty_wait  "an error occured while waiting"
    err_no_act      "no action found for this sequenz"
```

```
            err_run_extern   "extern program did not exit clean"
            err_input_no_text      "no greeting text for input mode defined"


[answeringmachine_action]
      *1910#   raccess    "starting remote access mode"
;     *321#    "run_mode raccess" "now starting raccess"
      *0#      skip           "skip"
      *8#      repeat         "|/bin/ls /"
;     *123#    "run_extern /bin/ls /" "just a demo"
;     *79813946# "run_extern /usr/bin/sudo /sbin/reboot" \
                              "rebooting,,, better hangup now"


[raccess]
      mode     "new"
      messagedir      "messages"


[raccess_action]   ; Actions while remote access mode
      *1#      raccess_togglenew      "toggling flag"
      *2#      run_mode_exit          "exit remote access mode"
      *3#      "run_mode rcontrol"    "entering remote control mode"
      *4#      raccess_first          "first message"
      *5#      raccess_new-old        "changing mode"
      *6#      raccess_last           "last message"
      *7#      raccess_rewind         "rewaind"
      *9#      raccess_forwind        "forwaind"
      *0#      skip           "skip"
      *8#      repeat         "repeat"


[raccess_text]
   no_msg  "quitting remote access mode"
   last_msg        "repeating last"
   noothermsg      {0 $other messages}
   howmanymsg      {$available_no($raccess(mode)) $raccess(mode) messages}
   err_togglenew   "toggling new flag failed"
   err_toggleold   "toggling old flag failed"
   msgmarked       {message marked $other}


[rcontrol]
      greeting        "remote control mode,,,, exit with 2"
      wait    8


[rcontrol_action]   ; Actions while remote control mode
      *1#      rcontrol_recnewstdmsg  "rec new message"
      *2#      raccess_exit           "exit"
```

```
  *3#      "run_extern /usr/bin/vboxctrl -cp" "cre ating vbox stop"
  *33#     "run_extern /usr/bin/vboxctrl -rp" "removing vbox stop"
```

Die Konfiguration ist in verschiedene Abschnitte eingeteilt, die jeweils mit einem in eckigen Klammer gesetzten Namen beginnen. Der Abschnitt `tuning` dient der Grundkonfiguration und muß eventuell angepaßt werden. Die Optionen dieses Abschnitts werden im folgenden beschrieben:

`logging` setzt den Logging-Modus. Der Wert kann `0`, `1` oder `2` sein. `0` bedeutet, keine Logging-Meldungen zu erzeugen, `2` gibt die meisten Meldungen aus.

`log_file` bezeichnet die Datei, in der die Log-Meldungen abgelegt werden (relativ zum Vbox-Benutzerverzeichnis).

`say_path` muß den Pfad zu dem Programm enthalten, das für die Ansagen verwendet werden soll. Normalerweise wird das Rsynth-Programm `say` aus der Rsynth-Distribution verwendet, alternativ kann jedoch auch der Mbrola-Synthesizer verwendet werden.

`say_flag` enthält die Optionen, die an das `say`-Programm übergeben werden sollen. Die angegebenen Optionen sind für das Rsynth-say passend, können jedoch entsprechend der eigenen Vorlieben angepaßt werden (siehe `say -help`);

`say_breath`, `say_append` dienen dazu, Pausen zwischen Wörtern und am Ende des Satzes einzufügen. Sollten z. B. Wörter am Satzende verschluckt werden, kann `say_append` durch Einfügen weiterer `,-` Zeichen verlängert werden.

`touch_path` muß den Pfad zum Unix-`touch`-Kommando enthalten. Mit Hilfe des `touch`-Kommandos wird beim Abhören einer Nachricht deren Modifikationsdatum umgesetzt, um daran zu erkennen, daß die Nachricht nicht mehr neu ist.

Der folgende Abschnitt `text` definiert einige Ansagen, die an verschiedenen Stellen über `say` abgespielt werden. Die Strings können den eigenen Bedürfnissen angepaßt werden.

Die weiteren Abschnitte der Datei stellen die Konfiguration für die verschiedenen Zustände dar, in denen sich Raccess befinden kann, sowie die darin möglichen Aktionen. Der für den Betrieb als Anrufbeantworter wichtigste Zustand ist `answeringmachine`, dessen Aktionen im Abschnitt `answeringmachine_action` festgelegt werden.

Die Festlegung der Aktionen erfolgt nach folgender Syntax:

```
dtmf-sequence  command    message
```

dtmf-sequence ist eine Folge von DTMF-Signalen (also Ziffern, die normalerweise mit * beginnen und mit # enden. Lediglich bei der Eingabe einer einzelnen Ziffer können diese Rahmen-Zeichen wegfallen. *command* ist das auszuführende Kommando. *message* ist eine Zeichenkette die über say akustisch ausgegeben wird, wenn die DTMF-Sequenz erkannt wurde. Als Besonderheit darf *message* auch die Form @*filename* haben, wodurch die mit *filename* angegebene Datei als Audio-Datei im Vbox-Format interpretiert und abgespielt wird. Wird anstelle des @ dem Dateinamen das Zeichen & vorangestellt, wird die Datei als ASCII-Datei interpretiert, die zeilenweise gesprochen wird. Schließlich ist auch die Form |*command* möglich, die das angegebene Unix-Kommando ausführt und alle Ausgaben (auf stdout und stderr) spricht.

Die wichtigsten Kommandos, die ausgeführt werden können, sind:

raccess, raccess_exit Start des Remote Access Modus, um vorliegende Nachrichten abzuspielen. Die DTMF-Sequenz, mit der diese Aktion ausgelöst wird, stellt die geheime PIN dar. Die weiteren möglichen Aktionen in diesem Modus sind im Abschnitt raccess_action aufgelistet. Das Kommando raccess_exit beendet den Remote Access Modus.

run_mode Wechsel zu dem als Argument angegebenen Modus.

skip Überspringen einer Ansage.

repeat Wiederholen einer Ansage (z. B. der gerade aktuellen Nachricht).

run_extern Ausführen eines beliebigen Unix-Kommandos. Das Kommando wird unter den Rechten des Benutzers der Vbox ausgeführt. Alle Ausgaben dieses Kommandos werden angesagt.

raccess_togglenew Invertiert den Zustand einer Nachricht zwischen „gehört" und „neu". Auf diese Weise kann eine bereits gehörte Nachricht (die somit nicht mehr neu ist) wieder als „neu" markiert werden.

raccess_first, raccess_last, raccess_rewind, raccess_forwind Zugriff auf die erste, letzte, die zuletzt gehörte und nächste Nachricht. Diese Kommandos können im raccess-Zustand dazu verwendet werden, die einzelnen Nachrichten abzuhören.

raccess_new-old Diese Anweisung schaltet um zwischen dem Modus, in dem nur neue Nachrichten abgespielt werden, und dem Modus, in dem sowohl alte als auch neue Nachrichten abgespielt werden. Die Angabe new im Abschnitt raccess setzt den Default auf „nur neue Nachrichten".

Beispiele für die Kommandos finden sich in der abgedruckten Konfigurationsdatei. So wird z. B. im Abschnitt answeringmachine_action durch die DTMF-

Sequenz *1910# mit Hilfe des Kommandos `raccess` die Fernbfrage des Anrufbeantworters gestartet. Die Eingabe der DTMF-Sequenz kann während der
Ansage oder auch anschließend, wenn bereits eine neue Nachricht aufgezeichnet
wird, eingegeben werden. Nach der Eingabe dieser Sequenz durch den Anrufer
hört er die Ansage „starting remote access mode". Die DTMF-Sequenz dient in
diesem Fall als Passwort oder PIN, die der Anrufer kennen muß, um den Anrufbeantworter abfragen zu können. Die Länge der PIN kann frei gesetzt werden, ist
also nicht auf die üblichen drei oder vier Zeichen beschränkt. Die Interpretation
weiterer Eingaben durch den Anrufer erfolgt anschließend gemäß der Angaben
im Abschnitt `raccess`.

Auch für die Möglichkeit, externe Programme aufzurufen, sind in diesem Abschnitt zwei Beispiele angegeben, die jedoch auskommentiert sind. Zur Aktivierung muß das `;`-Zeichen am Zeilenanfang entfernt werden. Das erste Beispiel
zeigt die Möglichkeit, ein Kommando (`ls`) aufzurufen, dessen Ausgaben anschließend angesagt werden. Das zweite Beispiel zeigt die Möglichkeit, sogar
das ganze Linux-System per Telefon neu zu starten. Da die Kommandos unter
den Rechten des Benutzers ausgeführt werden, dem die Voice-Box gehört, ist in
diesem Fall jedoch die Verwendung (und vohergehende Konfiguration) des Kommandos `sudo` erforderlich, mit dessen Hilfe ein Benutzer bestimmte Kommandos
unter den Rechten des Superusers `root` ausführen darf.

Im Abschnitt `raccess_action` wird die Bedienung für die Fernabfrage festgelegt. Hat der Benutzer sich zuvor mit Hilfe seiner PIN angemeldet, kann er
anschließend mit den in diesem Abschnitt festgelegten DTMF-Tönen die Abfrage der Nachrichten steuern. Da hierzu nur einstellige Codes verwendet wurden,
kann die Eingabe von * und # wegfallen, was die Bedienung sehr vereinfacht.

5.4.3 Nützliche Informationsquellen im WWW

An dieser Stelle werden noch einmal alle wichtigen Adressen im World Wide Web
(WWW) zusammengefaßt, unter denen Informationen zu den in diesem Kapitel
behandelten Themen und Programmen verfügbar ist:

❏ Informationen zu Sound-Formaten, Kompressionsverfahren etc.
   `http://www.rasip.fer.hr/research/compress/index.html`
   `http://home.sprynet.com/~cbagwell/audio.html`
   `http://www.eurovoice.co.uk/glossary.htm`

❏ Informationen zu `vgetty`
   `http://alpha.greenie.net/vgetty/`

❏ Informationen zum Thema Rippen/Brennen von Audio-CDs
   `http://www.lrz-muenchen.de/services/peripherie/cd-formate/`
   `http://www.fokus.gmd.de/research/cc/glone/employees/joerg.schilling/`
   `private/cdrecord.html`

```
ftp://ftp.gwdg.de/pub/linux/misc/cdda2wav/
http://www.xiph.org/paranoia/
http://www.nostatic.org/grip/
http://www.geocities.com/ukcave/ripit.html
http://www.koncd.org/
http://cdbakeoven.sourceforge.net/
http://www.vorbis.com/download_unix.psp
http://www.mp3dev.org/mp3/
```

❏ Informationen zu mvm

```
http://www-internal.alphanet.ch/~schaefer/mvm/
```

❏ Informationen zum Thema ISDN-Vbox und Zusatzprogramme

```
http://home.t-online.de/home/Bernhard.Hailer/leafsite/
ftp://ftp.innominate.org/pub/pape/isdn4linux/vbox/obsolete/
http://www.bjoern.net/vbox2www/
```

Kapitel 6

Videokommunikation

Das Medium Fernsehen hat schon seit geraumer Zeit fast alle Lebensbereiche durchdrungen. Bei einer Verbreitung von ca. 99% über alle Haushalte, ist es letztlich nur konsequent, wenn auch der PC als Fernseher verwendet wird. Hierzu existieren seit einiger Zeit spezielle TV-Karten, oftmals in Verbindung mit einem zusätzlichem UKW-Tuner, die den Empfang von *Fernseh-* und *Radioprogrammen* möglich machen. Eine weitere Gruppe von Karten ermöglicht durch einen entsprechenden Tuner (zusammen mit der entsprechenden Sat-Antenne) das Ansehen von *Satelliten-Fernsehen*, wozu bei den anderen Karten ein handelsüblicher Satelliten-Receiver erforderlich wäre. Kabel oder terrestrische ausgestrahlte Programme sind mit diesen Karten jedoch nicht zu empfangen.

Mit Hilfe der Multimedia-Karten ist es neben dem Empfang von Fernseh- und ggf. Radiosendern auch möglich, weitere Dienste zu nutzen. Hierzu gehört z. B. die Möglichkeit, *Videotext* zu empfangen, und darüber hinaus auch die Decodierung von sogenannten *Intercast-Programmen*, die in Deutschland zur Zeit vom ZDF und DSF ausgestrahlt werden. Hierbei handelt es sich um Dateien, die neben dem Fernsehsignal übertragen werden, wie z. B. HTML-Seiten, Bilder oder Audio-Dateien, die nach der Decodierung, z. B. mit Hilfe eines Web-Browsers betrachtet werden können.

Die meisten Karten, basieren auf einem Chip der Firma Brooktree (heute Conexant), der als BTTV 848, BTTV 849 oder, für die neueren Varianten, als BTTV 878 und BTTV 879 bezeichnet wird. Obwohl inzwischen auch viele andere Hardware verwendet werden kann, ist die Unterstützung für Karten mit diesen Chipsatz immer noch am besten und unproblematischsten. Der Grund für diese Tatsache liegt in der historischen Entwicklung, da der erste Treiber und die ersten Anwendungen für eine solche BTTV-848-basierte Multimedia-Karte geschrieben wurden, aus dem sich letztlich die heute existierende Struktur entwickelt hat.

Neben der Gruppe von Fernseh-fähigen Karten existieren weitere, im Vergleich zu den Fernseh-Karten meist sehr preiswerte Varianten, die lediglich den Empfang von UKW-Radiosendern ermöglichen.

6.1 Das "Video for Linux"-Projekt

Der erste für Linux entwickelte Treiber für einen Multimedia-Karte diente der Steuerung eines BTTV-848-Chips. Neben dem eigentlichen Treiber wurden auch Anwendungen entwickelt, die über den Treiber auf spezielle Eigenschaften *dieser* Karte zugreifen konnten. Das Problem mit diesem ersten Ansatz war die Tatsache, das praktisch für jede weitere Multimedia-Karte, die nicht auf dem gleichen Chip-Satz beruht, ein neuer Treiber geschrieben als auch eine Portierung der Applikationen (etwa eine Fernsehapplikation) vorgenommen werden mußte. Mit der steigenden Zahl von unterschiedlichen Karten war dieser Ansatz nicht mehr praktikabel.

Ziel des *Video for Linux-* (kurz →*V4L-*) Projekts ist die Bereitstellung einer Architektur, mit der es möglich ist, Anwendungen unabhängig von der verwendeten Hardware einer Multimedia-Karte entwickeln und verwenden zu können. Zu diesem Zweck wurde eine →*API* (*Application Programming Interface*) entwickelt, auf die Entwickler von Multimedia-Anwendungen unabhängig von der verwendeten Karte in immer gleicher Weise zugreifen können. Dadurch können einmal geschriebene Multimedia-Anwendungen letztlich zusammen mit beliebigen Karten verwendet werden. Voraussetzung ist lediglich, daß es einen (V4L-) Treiber für die jeweilige Karte gibt, der die in der API geforderte Funktionalität für die jeweilige Karte bereitstellt. Eine Beschreibung dieser API ist unter der Homepage des V4L-Projekts unter der URL `http://roadrunner.swansea.uk.linux.org/v4l.shtml` verfügbar. Die meisten heute für Linux existierenden Treiber sind V4L-fähig, d. h., sie stellen Funktionen der oben beschriebenen API bereit, wodurch zahlreiche Anwendungen genutzt werden können. Daher sollte beim Kauf einer Karte berücksichtigt werden, ob ein V4L-Treiber für diese Karte existiert. Genauere Informationen hierzu stehen in folgendem Abschnitt.

Da sich im Laufe der Zeit herausgestellt hat, daß auch die V4L-API noch immer zuviel Ballast aus dem ursprünglichen BTTV-Treiber enthällt, und um mehr Flexibilität und mehr Support für weitere Geräte zu ermöglichen, wird eine verbesserte API entwickelt, die als →*V4L2* (Video for Linux Two) bezeichnet wird. Informationen zu diesem Projekt sind unter der URL `http://www.thedirks.org/v4l2/` verfügbar.

6.2 Hardware

Basis für die Nutzung von Fernsehen und Radio unter Linux ist eine entsprechen-
de *Multimedia-Karte*. Einfache Radio-Karten werden meist als preiswerte ISA-
Karten angeboten. Bei den heutigen Fernseh- oder den kombinierten Fernseh-
/Radio-/Videotext-Karten handelt es sich in der Regel immer um PCI-Karten.
Neben der Möglichkeit Fernsehen zu sehen, bieten diese Karten oftmals weitere
Anschlußmöglichkeiten, wie z. B. einen S-Video-Eingang.

Die TV-Karten enthalten als Basis alle einen HF-(High Frequency-)Tuner sowie
einen Video Grabber Chip (z. B. BTTV 848). Mit Hilfe dieses Chips wird das analoge Fernsehsignal (das FBAS = Farbbild-Austast-Synchron-Signal) in ein digitales →*YUV*-Signal umgewandelt. Die gewonnene Bildinformation wird in der
Regel direkt zu der Graphikkarte zur Darstellung übertragen.

Hierbei existieren wiederum zwei verschiedene Verfahren, die als Primary- und
als Overlay-Verfahren bezeichnet werden. Das von einer Graphikkarte unabhängige Primary-Verfahren überläßt die Berechnung der Bildauflösung der TV-Karte,
die das Bild an die Graphikkarte zur Darstellung weiterreicht. Der Vorteil liegt
darin, das dieser Modus mit jeder Graphik-Karte arbeitet, das Bild jedoch in der
maximalen PAL-Auflösung von 768x576 Punkten dargestellt werden kann. Beim
Overlay-Modus wird die Berechnung der Bildinformation und der Auflösung
von der Graphikkarte übernommen, wodurch das Bild frei skalierbar ist und bei
beliebigen Auflösungen als Vollbild dargestellt werden kann. Der Nachteil ist,
das dieser Modus nicht von jeder Karte unterstützt wird.

Neben dem Tuner und dem Grabber Chip kommt häufig noch ein FM-Tuner zum
Empfang von Radio-Sendern zum Einsatz als auch ein spezieller Sound-Chip, der
zur Wiedergabe von Stereo-Klang verwendet wird.

6.2.1 Unterstützte Hardware

Vor der Kaufentscheidung zugunsten einer bestimmten Karte sollte der Support
dieser Karte unter Linux geprüft werden, damit die Karte möglichst problemlos
verwendet werden kann. Sinnvoll ist auf jeden Fall darauf zu achten, daß ein
V4L-Treiber für die entsprechende Karte existiert, damit anschließend möglichst
viele Anwendungen mit dieser Karte genutzt werden können. Inzwischen unterstützt Linux eine große Zahl an unterschiedlichen Karten und Chipsätzen. Da
die Liste der unterstützten Karten sich in ständiger Veränderung befindet, ist es
nicht sinnvoll, an dieser Stelle eine feste Liste anzugeben. Grundsätzlich kann
jedoch gesagt werden, daß die beste Unterstützung für Karten existiert, die auf
dem BTTV 848 (und 849/878/879)-Chip basieren. Eine Liste mit der aktuell unterstützten Hardware kann unter folgenden URLs eingesehen werden:

1. In der SuSE-Hardwaredatenbank:
   http://hardwaredb.suse.de/

2. Auf den Mutimedia4Linux-Seiten:
   http://www.multimedia4linux.de/videohardware.html
   http://www.multimedia4linux.de/videomodule.html

3. Einige konkrete Produktempfehlungen sind auf den „Video for Linux Resources"-Seiten verfügbar:
   http://www.exploits.org/v4l/

6.2.2 Automatische Konfiguration einer TV-Karte

Mit Hilfe von yast2 ist die Konfiguration einer TV-Karte heute kein Thema mehr. Sie erfolgt in der Regel schon bei der Installation von SuSE Linux. Falls die Karte erst nach der Installation eingebaut wurde, kann die Konfiguration leicht mit Hilfe von yast2 ausgeführt werden.

In Abbildung 6.1 ist ein Schritt der Konfiguration einer TV-Karte mit yast2 dargestellt. Der Aufruf des TV-Karten-Konfigurationsmenüs erfolgt aus dem yast2-Menüpunkt Hardware heraus.

Wer mehr über den Konfigurationsvorgang und der dahinter stehenden Technik erfahren möchte, oder falls in einem seltenen Fall einmal die automatische Konfiguration nicht richtig funktionieren sollte, kann den folgenden Abschnitt lesen, in dem die manuelle Konfiguration einer TV-Karte auf Basis des weit verbreiteten BTTV-Chips beschrieben wird.

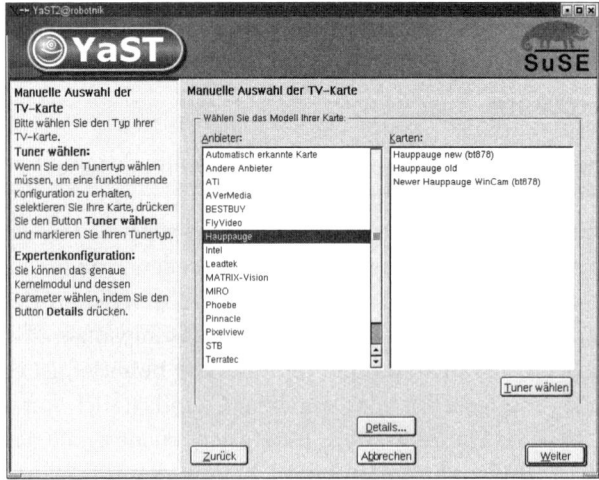

Abbildung 6.1: Die yast2 TV-Karten-Konfiguration

6.2.3 Konfiguration einer BTTV-TV/Radio-Karte

Im folgenden soll die Konfiguration einer der am weitest verbreiteten TV/Radio-Karten, die auf dem BTTV 878-Chipsatz beruht, beschrieben werden. Die für die folgende Beschreibung zugrunde liegende Karte ist eine Hauppauge Win/TV Radio. Die Beschreibung ist jedoch bis auf wenige Parameter, die den genauen Typ einer Karte angeben, identisch mit anderen BTTV-basierten Karten. Eine Liste solcher Karten kann unter einer der oben genannten URLs eingesehen werden. Für die Installation einer Karte, die auf einem anderen Chip-Satz, z. B. auf einem Zoran-Chip, beruht, kann unter der URL `http://www.multimedia4linux.de/videomodule.html` ein Link zu einem entsprechenden Treiber gefunden werden. Für die Installation sollte das `README` des Treibers gelesen werden.

Für den Betrieb einer TV-Karte sollte auf jeden Fall ein aktueller Kernel verwendet werden. Die Kernel-Module für verschiedene TV-Karten wurden im Laufe der Entwicklung in den `2.4`er-Kernel integriert. Aber auch für ältere Kernel können noch Treiber zur Verfügung stehen. Wer nicht sicher ist, kann das Vorhandensein der BTTV-Module selbst testen. Im Verzeichnis `/lib/modules/'uname -r'/` sollten in diesem Fall die Dateien `videodev.o`, `i2c.o`, `bttv.o`, `tuner.o`, `msp3400.o` existieren.

Die Konfiguration ist grundsätzlich sehr einfach, da sie lediglich aus dem Laden von Kernel-Modulen besteht, denen mit Hilfe von Parametern der genaue Typ der Karte bzw. der einzelner Chips angegeben werden kann. Die verschiedenen Parameter einer bestimmten Karte, die für die jeweiligen Kernel-Module verwendet werden sollten, können aus dem `Video-TV HOWTO` in Abschnitt 3 unter der URL

`http://www.multimedia4linux.de/howto/DE-Video-TV-HOWTO.html`

entnommen werden.

6.2.3.1 Download des BTTV-Treibers

Unter Verwendung eines aktuellen `2.4`er oder des etwas älteren `2.2`er Kernels, ist der Treiber schon Bestandteil des Kernel. Ein extra Download ist in diesem Fall nicht erforderlich.

Falls ein älterer Kernel verwendet wird, bei dem die oben genannten Module noch nicht integriert sind, können diese mit Hilfe der Treiber-Quelldateien erstellt werden (siehe `README` des Treibers). Darüber hinaus enthält der Quellcode auch ein Skript, `update`, mit dem es auf einfache Weise möglich ist, alle benötigten Kernel-Module in einem Aufruf zu entladen und anschließend neu zu laden. Dies ist sehr nützlich, da insbesondere im Problemfall unter Umständen mit verschiedenen Parametern der benötigten Module experimentiert werden muß.

Für BTTV-Karten kann dieser Treiber unter der URL `http://www.in-berlin.de/User/kraxel/v4l/` geladen werden. Die neueren Version des Treibers ab (Version `7.x`) enthalten nicht mehr die Module für den I2C-Bus der TV-Karte. Dieser Teil wurde in den Kernel (Versionen ab `2.3.34`) integriert. Soll diese Version des Treibers mit einem Kernel vor Version `2.3.34` zusammen verwendet werden, muß zusätzlich die Software für den I2C-Stack geladen (`http://www2.lm-sensors.nu/~lm78/download.html`) und installiert werden. Alternativ kann die ältere Version (`0.64`) des Moduls ausprobiert werden.

6.2.3.2 Überprüfen der Konfiguration der Kernel-Treiber-Module

Wer einen aktuellen Kernel der Version `2.2`, `2.4` oder neuer verwendet, muß die BTTV-Module normalerweise nicht neu zu übersetzen, sondern sollte zunächst die enthaltenen Module testen. Im Normalfall sollten die Treiber vom Distributor als Module mit übersetzt worden sein. In diesem Fall sollte z. B. die Datei `/lib/modules/`uname -r`/kernel/drivers/media/video/bttv.o` existieren. Auch in diesem Fall ist es jedoch sinnvoll, sich die Treiber-Quellen zu besorgen, da darin das nützliche Skript `update` enthalten ist.

Um aus dem Multimedia-Treiber-Quellcode die Kernel-Module zu erzeugen, muß der Kernel unter `/usr/src/linux` installiert sein und mindestens einmal konfiguriert worden sein, da bei der Übersetzung des BTTV-Treibers auf diese Konfiguration zugegriffen wird. Bei der Konfiguration sollten im Abschnitt `Multimedia devices -> Video for Linux` bzw. *Character devices -> Video for Linux* der Kernel-Konfiguration alle Module als `<M>` markiert sein, damit alle Treiber als Module geladen werden können. Wurden die Video-Module im Kernel nicht als Module eingebunden, muß dies umkonfiguriert und der Kernel neu übersetzt werden. Erst dann kann mit dem Übersetzen der neuesten BTTV-Treiber begonnen werden. Weitere Hinweise zum Übersetzen eines Kernel finden Sie in Abschnitt 3.2.2.1 auf Seite 213. Das Übersetzen der BTTV-Module selbst erfolgt einfach durch einen Aufruf des Kommandos `make` (als Benutzer `root`) im Basisverzeichnis des Quellcodes. Die Installation der erzeugten Module kann anschließend durch Aufruf von `make install` vorgenommen werden.

6.2.3.3 Einrichten der Gerätedateien

Zum Betrieb der Multimedia-Karte werden verschiedene Gerätedateien benötigt. Bei SuSE Linux und eventuell auch bei anderen Distributionen sind diese bereits eingerichtet. In diesem Fall müssen die Dateien `/dev/video` und `/dev/radio`, `/dev/tuner` als auch `/dev/vbi` und `/dev/vtx` existieren. Ist dies nicht der Fall, können die Dateien auch mit Hilfe des Skripts `MAKEDEV` eingerichtet werden, das Teil des BTTV-Quellcodes ist. Nach der Einrichtung sollte ein `ls`-Aufruf im /dev-Verzeichnis folgende Ausgaben liefern:

```
root@erde:/root #  cd /dev
root@erde:/dev #  ls -l bttv radio video* vtx* vbi*
lrwxrwxrwx  1 root    root           6 Jan 29 15:27 bttv -> video0
lrwxrwxrwx  1 root    root           6 Jan 29 15:27 radio -> radio0
lrwxrwxrwx  1 root    root           4 Jan 29 15:27 vbi -> vbi0
crw-rw----  1 root    video    81, 224 Nov  8 20:48 vbi0
crw-rw----  1 root    video    81, 225 Nov  8 20:48 vbi1
crw-rw----  1 root    video    81, 226 Nov  8 20:48 vbi2
crw-rw----  1 root    video    81, 227 Nov  8 20:48 vbi3
lrwxrwxrwx  1 root    root           6 Jan 29 15:27 video -> video0
crw-rw----  1 root    video    81,   0 Nov  8 20:48 video0
crw-rw----  1 root    video    81,   1 Nov  8 20:48 video1
crw-rw----  1 root    video    81,   2 Nov  8 20:48 video2
crw-rw----  1 root    video    81,   3 Nov  8 20:48 video3
lrwxrwxrwx  1 root    video          9 Jan 29 14:20 vtx -> /dev/vtx0
crw-rw----  1 root    video    81, 192 Nov  8 20:48 vtx0
crw-rw----  1 root    video    81, 193 Nov  8 20:48 vtx1
crw-rw----  1 root    video    81, 194 Nov  8 20:48 vtx2
crw-rw----  1 root    video    81, 195 Nov  8 20:48 vtx3
```

In der oben dargestellten Ausgabe wird sichtbar, daß auf alle Gerätedateien nur `root` oder Benutzer der Gruppe `video` zugreifen können. Daher muß ein Benutzer, der die Karte nutzen können soll, entweder der Gruppe `video` hinzugefügt werden, oder die Zugriffsrechte der Gerätedateien müssen entsprechend angepaßt werden (z. B. chmod 666 bttv radio video* vtx* vbi*).

6.2.3.4 Laden der Treiber

Zum Laden der Treiber sollte zunächst das Skript `update`, das dem Quellcode des BTTV-Treibers beiliegt, verwendet werden, da es alle benötigten Treiber mit entsprechenden Parametern laden und auch entladen kann. Zum Testen ist dies eine erhebliche Vereinfachung. Später können die entsprechenden Einträge in der Datei `modules.conf` vorgenommen werden. Das Skript hat je nach verwendeter Version des Treibers bezüglich der Module für den I2C-Bus leicht unterschiedlichen Aufbau. Das Skript (aus der Version 0.7.x) sieht wie folgt aus:

```
#!/bin/sh
#
rmmod bttv
rmmod msp3400
rmmod tvaudio
rmmod tuner
```

```
rmmod i2c-algo-bit
rmmod i2c-core
rmmod videodev
# ... and load the new ones
xinsmod i2c-core
xinsmod i2c-algo-bit

xinsmod videodev
xinsmod bttv            card=10 radio=1

xinsmod tuner           debug=0 type=5
xinsmod msp3400         debug=1
#xinsmod tda8425
#xinsmod tea6300
```

Falls das Skript zwischenzeitlich auch im Source-Code nicht mehr enthalten sein sollte, lohnt es bei Problemen mit einer Karte u. U., das Skript selbst zu erstellen. In diesem Fall müssen bei dem obigen Beispiel die Kommandos `xinsmod` durch das Standard `insmod`-Kommando ersetzt werden.

Tabelle 6.1: Typen von BTTV-Karten (Argument für den `card`-Parameter des `bttv`-Moduls)

Wert	Karte
card=0	Versuch der automatischen Bestimmung
card=1	MIRO PCTV
card=2	alte Hauppauge-Karte
card=3	STB
card=4	Intel
card=5	Diamond DTV2000
card=6	AVerMedia TVPhone
card=7	MATRIX-Vision MV-Delta
card=8	Fly Video II
card=9	TurboTV
card=10	Hauppauge new (BTTV 878)
card=11	MIRO PCTV pro
card=12	ADS Technologies Channel Surfer TV
card=13	AVerMedia TVCapture 98
card=14	Aimslab VHX
card=15	Zoltrix TV-Max
card=16	Pixelview PlayTV (BTTV 878)
card=17	Leadtek WinView 601

Tabelle 6.1 – Fortsetzung

Wert	Karte
card=18	AVEC Intercapture
card=19	LifeView FlyKit w/o Tuner
card=20	CEI Raffles Card
card=21	Lucky Star Image World ConferenceTV
card=22	Phoebe Tv Master + FM
card=23	Modular Technology MM205 PCTV, BTTV 878
card=24	many vendors CPH05X/06X (bt878)
card=25	Terratec/Vobis TV-Boostar
card=26	Newer Hauppauge WinCam (BTTV 878)
card=27	MAXI TV Video PCI2
card=28	Terratec TerraTV+
card=29	Imagenation PXC200
card=30	FlyVideo 98
card=31	iProTV
card=32	Intel Create and Share PCI
card=33	Terratec TerraTValue
card=34	Leadtek WinFast 2000
card=35	Flyvideo 98 (LR50Q) / Chronos Video Shuttle II
card=36	Flyvideo 98FM (LR50Q) / Typhoon TView TV/FM Tuner
card=37	PixelView PlayTV pro
card=38	TView99 CPH06X
card=39	Pinnacle PCTV Studio/Rave
card=40	STB2
card=41	AVerMedia TVPhone 98
card=42	ProVideo PV951
card=43	Little OnAir TV
card=44	Sigma TVII-FM
card=45	MATRIX-Vision MV-Delta 2
card=46	Zoltrix Genie TV/FM
card=47	Terratec TV/Radio+
card=48	Dynalink Magic TView
card=49	GV-BCTV3
card=50	Prolink PV-BT878P+4E / PixelView PlayTV PAK / Lenco MXTV-9578 CP
card=51	Eagle Wireless Capricorn2 (bt878A)
card=52	Pinnacle PCTV Studio Pro
card=53	Typhoon TView RDS + FM Stereo / KNC1 TV Station RDS
card=54	Lifetec LT 9415 TV (LR90 Rev.F)
card=55	BESTBUY Easy TV

Tabelle 6.1 – Fortsetzung

Wert	Karte
card=56	FlyVideo '98/FM
card=57	GrandTec 'Grand Video Capture'
card=58	Phoebe TV Master Only (No FM)
card=59	TV Capturer
card=60	MM100PCTV
card=61	AG Electronics GMV1
card=62	BESTBUY Easy TV (bt878)
card=63	ATI TV-Wonder
card=64	ATI TV-Wonder VE
card=65	FlyVideo 2000S
card=66	Terratec TValueRadio
card=67	GV-BCTV4/PCI
card=68	3Dfx VoodooTV FM (Euro), VoodooTV 200 (USA)
card=69	Active Imaging AIMMS
card=70	PV-BT878P+
card=71	Flyvideo 98EZ (capture only)
card=72	Prolink PV-BT878P+9B (PlayTV Pro rev.9B FM+NICAM)

Die Module `i2c*` dienen der Handhabung des I2C-Bus der Karte. Das Modul `videodev` ist ein generisches V4L-Modul. Das Hauptmodul ist `bttv`, dem verschiedene Parameter übergeben werden können. Der Parameter `card` bestimmt den Kartentyp. Da die hier beschriebene Karte einen BTTV-878-Chip besitzt, wurde der Wert `10` verwendet. Zunächst sollte versucht werden, ob das Modul den Kartentyp selbst korrekt bestimmen kann, indem kein `card`-Parameter übergeben wird. Ergebnisse stehen immer in der Datei `/var/log/messages`. In dieser Datei kann direkt nach dem Laden nachgesehen werden, was für einen Typ das jeweilige Modul glaubt erkannt zu haben und ob das Laden des Moduls überhaupt erfolgreich war.

Die möglichen Werte für den `card`-Parameter sind in Tabelle 6.1 auf Seite 508 angegeben. Der Parameter `radio=1` bestimmt, daß der Stereo-UKW-Tuner dieser Karte aktiviert werden soll. Neben den hier angegebenen Parametern kann es in Versionen vor `7.x` des Treibers erforderlich sein, einen Parameter `vidmem=0xabc` an das Modul `bttv` zu übergeben, um die Basisadresse des Video-Speichers anzugeben. Dieser Wert kann entweder aus der Datei `~/.X.err` nach dem Start des X-Servers entnommen werden, oder man entnimmt ihn der Ausgabe von `cat /proc/pci`. In der Ausgabe muß nach dem VGA-Adapter gesucht werden, bei dem der anzugebende Wert steht, wie z. B.:

```
root@erde:/root # cat /proc/pci
 ...
 ...
  Bus  1, device   0, function  0:
    VGA compatible controller: nVidia Corp. Riva TNT2 Model 64 (rev 17).
      IRQ 15.
      Master Capable.  Latency=64.  Min Gnt=5.Max Lat=1.
      Non-prefetchable 32 bit memory at 0xe4000000 [0xe4ffffff].
      Prefetchable 32 bit memory at 0xe6000000 [0xe7ffffff].
```

Der Wert, nach dem gesucht wird, ist derjenige, der hinter Prefetchable 32 bit memory at steht. Dieser Wert muß mit genau drei Stellen, hier also als 0xe60, als Argument für den Modulparameter vidmem angegeben werden (siehe Beispiel oben). Bei neueren Versionen des BTTV-Treibers existiert dieser Parameter nicht mehr, der Beginn des Video-Speichers wird hier automatisch bestimmt.

Tabelle 6.2: Typen von Tunern auf BTTV-Karten

Wert	Tunertyp
type=0	Temic PAL
type=1	Philips PAL_I
type=2	Philips NTSC
type=3	Philips SECAM
type=4	Kein Tuner
type=5	Philips PAL
type=6	Temic NTSC
type=7	Temic PAL_I
type=8	Temic 4036 FY5 NTSC
type=9	Alps HSBH1
type=10	Alps TSBE1
type=11	Alps TSBB5
type=12	Alps TSBE5
type=13	Alps TSBC5
type=14	Temic PAL_BG (4006FH5)
type=15	Alps TSCH6
type=16	Temic PAL_DK (4016 FY5)
type=17	Philips NTSC_M (MK2)
type=18	Temic PAL_I (4066 FY5)
type=19	Temic PAL* auto (4006 FN5)
type=20	Temic PAL (4009 FR5)
type=21	Temic NTSC (4039 FR5)

Tabelle 6.2 – Fortsetzung

Wert	Tunertyp
type=22	Temic PAL/SECAM multi (4046 FM5)
type=23	Philips PAL_DK
type=24	Philips PAL/SECAM multi (FQ1216ME)
type=25	LG PAL_I+FM (TAPC-I001D)
type=26	LG PAL_I (TAPC-I701D)
type=27	LG NTSC+FM (TPI8NSR01F)
type=28	LG PAL_BG+FM (TPI8PSB01D)
type=29	LG PAL_BG (TPI8PSB11D)
type=30	Temic PAL* auto + FM (4009 FN5)
type=31	SHARP NTSC_JP (2U5JF5540)
type=32	Samsung PAL TCPM9091PD27
type=33	MT2032 universal
type=34	Temic PAL_BG (4106 FH5)
type=35	Temic PAL_DK/SECAM_L (4012 FY5)
type=36	Temic NTSC (4136 FY5)
type=37	LG PAL (newer TAPC series)

Neben dem `bttv`-Modul werden sowohl Module für den Tuner als auch welche für den Soundchip benötigt. Die Hauppauge Win/TV-Radio-Karte besitzt einen Philips PAL-Tuner, der durch den Wert 5 an den `type`-Parameter des `tuner`-Modules bestimmt wird. Auch hier kann zunächst versucht werden, keinen `type`-Parameter anzugeben, wodurch das Modul versucht, den richtigen Type herauszufinden.

Die möglichen Werte für den `type`-Parameter sind in Tabelle 6.2 auf der vorherigen Seite dargestellt. Alle unterstützten Karten sind auch in der Datei CARDLIST der Quellcode-Distribution des BTTV-Treibers mit den zugehörigen Modul-Parametern aufgeführt. Schließlich wird das Modul für den auf der Karte verwendeten Soundchip `msp3400` geladen.

Um für eine Karte feststellen zu können, welche Chips vom Hersteller verwendet wurden, gibt es verschiedene Wege. Zum einen ist ein direkter Blick auf die Karte sinnvoll. Hier lassen sich oft die Typen der Chips ablesen. Eine weitere Möglichkeit ist die Dokumentation im Video-Howto, das unter der URL `http://www.multimedia4linux.de/howto/DE-Video-TV-HOWTO.html` verfügbar ist. Falls der für die Karte verwendete Chip-Satz nicht herauszufinden ist, können immer noch mit Hilfe des `update`-Skripts verschiedene Parameter getestet werden.

Nachdem das Skript `update` entsprechend der Hardware der Karte angepaßt wurde, sollte das Skript als Benutzer `root` gestartet werden:

```
root@erde:/root/bttv-0.7.83/driver #  ./update
rmmod bttv
rmmod msp3400
rmmod tuner
rmmod i2c-algo-bit
rmmod i2c-core
rmmod videodev
insmod i2c-core
Using /lib/modules/2.4.18/kernel/drivers/i2c/i2c-core.o
insmod i2c-algo-bit
Using /lib/modules/2.4.18/kernel/drivers/i2c/i2c-algo-bit.o
insmod videodev
Using /lib/modules/2.4.18/kernel/drivers/media/video/videodev.o
insmod bttv card=10 radio=1
Using /lib/modules/2.4.18/kernel/drivers/media/video/bttv.o
insmod tuner debug=0 type=5
Using /lib/modules/2.4.18/kernel/drivers/media/video/tuner.o
```

Die hier dargestellte Ausgabe zeigt den erfolgreichen Verlauf des Entlade- und Ladevorgangs der notwendigen Module. Sollten keine weiteren Fehler aufgetreten sein, kann als nächstes der Start einer V4L-Applikation, wie z. B. xawtv (s. u.) versucht werden. Mit Hilfe der Cursor-Tasten können die Fernsehkanäle durchlaufen werden, bis ein Sender gefunden wird. Natürlich sollte zu diesem Zweck eine Fernsehantenne bzw. Kabel an die Karte angeschlossen sein.

Als Ergebnis vom Laden der Module sollten in der Datei /var/log/messages Ausgaben, bzw. Fehlermeldungen der Module zu sehen sein. Das folgende Beispiel zeigt die Ausgabe bei der erfolgreichen Installation der Module:

```
May 20 kernel: bttv: driver version 0.7.83 loaded
May 20 kernel: bttv: using 2 buffers with 2080k (4160k total) for capture
May 20 kernel: bttv: Host bridge is PCI device 8086:7190
May 20 kernel: bttv: Host bridge needs ETBF enabled.
May 20 kernel: bttv: Bt8xx card found (0).
May 20 kernel: PCI: Found IRQ 10 for device 00:08.0
May 20 kernel: PCI: Sharing IRQ 10 with 00:08.1
May 20 kernel: PCI: Sharing IRQ 10 with 00:0c.0
May 20 kernel: bttv0: Bt878 (rev 17) at 00:08.0, irq: 10, latency: 64,
               memory: 0xea002000
May 20 kernel: bttv0: detected: Hauppauge WinTV [card=10], PCI subsystem ID
               is 0070:13eb
May 20 kernel: bttv0: using: BT878(Hauppauge (bt878)) [card=10,insmod option]
May 20 kernel: bttv0: enabling ETBF (430FX/VP3 compatibilty)
```

```
May 20 kernel: bttv0: Hauppauge/Voodoo msp34xx: reset line init [5]
May 20 kernel: i2c-core.o: adapter bt848 #0 registered as adapter 0.
May 20 kernel: bttv0: Hauppauge eeprom: model=61344, tuner=Philips FM1216 (5),
               radio=yes
May 20 kernel: bttv0: i2c: checking for MSP34xx @ 0x80... found
May 20 kernel: i2c-core.o: driver i2c msp3400 driver registered.
May 20 kernel: msp34xx: init: chip=MSP3415D-B3, has NICAM support
May 20 kernel: msp3410: daemon started
May 20 kernel: bttv0: i2c attach [client=MSP3415D-B3,ok]
May 20 kernel: i2c-core.o: client [MSP3415D-B3] registered to adapter
               [bt848 #0](pos. 0).
May 20 kernel: bttv0: i2c: checking for TDA9875 @ 0xb0... not found
May 20 kernel: bttv0: i2c: checking for TDA7432 @ 0x8a... not found
May 20 kernel: i2c-core.o: driver i2c TV tuner driver registered.
May 20 kernel: tuner: chip found @ 0xc2
May 20 kernel: bttv0: i2c attach [client=Philips PAL,ok]
May 20 kernel: i2c-core.o: client [Philips PAL] registered to adapter
               [bt848 #0](pos. 1).
```

6.2.3.5 Anpassen der Datei `modules.conf`

Nachdem die Karte grundsätzlich funktioniert, sollte die Datei `modules.conf` angepaßt werden, so daß die benötigten Module mitsamt der zu verwendenden Parameter automatisch beim Zugriff auf die entsprechende Gerätedatei (z. B. `/dev/bttv`) geladen werden. Hierdurch werden die Module beim Start einer V4L-Applikation geladen und später – wenn sie nicht mehr benötigt werden – auch wieder entladen. Der Kernel selbst muß zu diesem Zweck mit Support für den Kernel Module Loader übersetzt worden sein, was den Normalfall darstellt.

Der Quellcode des BTTV-Treibers enthält eine Datei `Modules.conf`, die die notwendigen Einträge für die Datei `/etc/modules.conf` vorgibt. In Abhängigkeit von der verwendeten Karte und den anzugebenden Modulparametern müssen die Angaben in der Beispieldatei entsprechend angepaßt werden. Im folgenden ist ein Beispiel für die notwendigen Einträge dargestellt:

```
...
alias char-major-81        bttv
alias char-major-89        i2c-dev
options tuner              debug=0 type=5
options msp3400            debug=0
# Aeltere bttv-Versionen brauchen noch den vidmem-Parameter:
# options bttv             card=10 radio=1 vidmem=0xe20
options bttv               card=10 radio=1
# Falls die Module msp3400 & tuner nicht selbsttätig durch Laden von
# bttv geladen werden, wird diese Zeile benötigt:
```

```
post-install bttv /sbin/modprobe "-k" msp3400 debug=1; /sbin/modprobe
"-k" tuner debug=0 type=5
...
```

Weitere Informationen zur Modul-Konfiguration stehen in den Manual-Seiten von conf.modules (bzw. modules.conf). Zur Überprüfung, ob alle Treiber erfolgreich geladen wurden, können einerseits die bereits oben beschriebenen Log-Meldungen in /var/log/messages eingesehen werden. Eine weitere Möglichkeit ist das Auflisten aller geladenen Module mit dem Kommando /sbin/lsmod, wodurch leicht kontrolliert werden kann, ob das bttv-, videodev-, tuner- und msp3400-Modul tatsächlich geladen wurde.

Nachem alle Treiber installiert sind, sollte darauf geachtet werden, daß in der Regel für den Sound der TV-Karte nicht nur ein funktionierender Treiber, sondern insbesondere ein Kabel vom Audio-Ausgang der TV-Karte auf den Line-In-Eingang der Soundkarte gesteckt werden muß. Zur Lautstärkeregelung der TV-Karte muß dementsprechend auch der *Line-In*-Regler der verwendeten Mixer-Applikation eingesetzt werden.

Jetzt ist es endlich soweit – die TV-Karte kann genutzt werden. Ein erster Test besteht im Start der TV-Applikation xawtv, die zumindest starten sollte und anschließend voraussichtlich einen blauen Bildschirm darstellen sollte, der anzeigt, daß noch keine Sendereinstellungen vorgenommen wurden. Die Bedienung von xawtv ist in Abschnitt 6.3.2 auf Seite 517 dargestellt. Eilige Leser mögen eventuell zunächst dieses Kapitel lesen und den folgenden kurzen Streifzug durch die Fernsehgeschichte überspringen.

6.3   TV-Applikationen

Die wohl wichtigste Anwendung für eine TV-Karte ist natürlich das Ansehen und eventuelle Mitschneiden von Fernsehsendungen. Zu diesem Zweck existieren verschiedene Anwendungen. Der Funktionsumfang dieser Anwendungen unterscheidet sich in der Regel nicht wesentlich, so daß die Wahl einer bestimmten Anwendung letztlich eine Frage des persönlichen Geschmacks bleibt.

Vor der Beschreibung der eigentlichen Anwendungen werden zunächst einige Grundbegriffe aus der Fernsehtechnik und -Geschichte eingeführt, deren Kenntnis für die Verwendung der Applikationen hilfreich sind.

6.3.1   Einführung in die Fernsehtechnik

Die Geschichte des *Fernsehens* begann mit dem Schwarzweiß-Fernsehen. Bei dieser Methode wird das Bild durch die Übertragung des Helligkeitssignals (Luminanz) von Sender zum Empfänger gesendet. Die Wiedergabe des Bildes am

Fernseher erfolgt mit Hilfe eines Elektronenstrahl, der zeilenweise von links nach rechts und von oben nach unten gelenkt wird und auf die Leuchtschicht der Bildröhre trifft, wodurch das Bild erzeugt wird. Ist der Strahl in der letzten Bildzeile angelangt, wird er wieder nach oben links abgelenkt und beginnt nach einer kurzen Pause, der sogenannten Austastlücke (engl. →VBI, Vertical Blank Interval), erneut mit der Darstellung der Zeilen. Die Wiedergabe erfolgt dabei in Form von zwei Halbbildern, indem beim ersten Durchlauf die ungeraden Zeilen (1, 3, 5, . . .) und im zweiten Durchlauf die geraden Zeilen (2, 4, 6, 8, . . .) angesteuert werden. Da in der Zeit der Austastlücke keine Bildinformation übertragen werden muß, kann diese Zeit für die Übertragung anderer Daten, wie z. B. dem Videotext oder Intercast-Daten genutzt werden.

Schon zu Beginn der Fernsehwelt bildeten sich zwei technische etwas verschieden arbeitende Lager. Der Grund für die Spaltung in eine amerikanische und eine europäische Fraktion lag darin, daß zur Synchronisierung von Sender und Empfänger die Netzfrequenz verwendet wurde, die in den Vereinigten Staaten bei 60 Hz und in Europa bei 50 Hz liegt. Dadurch wurden in den USA (und einigen anderen Ländern) 30 Bilder (60 Halbbilder) je Sekunde und in Europa 25 Bilder je Sekunde übertragen. Ein weiterer Unterschied liegt in der verwendeten Zeilenzahl, aus denen das Bild aufgebaut wird. In den Vereinigten Staaten besteht das Bild aus 525 Zeilen, in Europa aus 625 Zeilen.

Ab ca. 1950 kam neben dem einfach Schwarzweiß-Fernsehen auch Farbfernsehen auf. Das Besondere daran war, daß es gelang, die Technik des Farbfernsehens so zu gestalten, daß es kompatibel zum Schwarzweiß-Fernsehen blieb. Somit konnten alte Schwarzweiß-Geräte auch in Farbe ausgestrahlte Sendungen (ohne Farbe) darstellen. Der Trick, der hierzu verwendet wird, besteht darin, daß man die Farbinformation getrennt von der Leuchtdichte (Helligkeit, Luminanz) überträgt. Ein Schwarzweiß-Gerät sieht nur die Luminanz-Informationen, während Farbfernsehgeräte auch die Farbinformationen decodieren können.

Für die Farbübertragung werden also neben der Luminanz (auch als Y bezeichnet) zwei weitere Signale (Chrominanz) als Differenzen der Luminanz und einer Farbe übertragen, die lediglich Farbinformationen des Bildes enthalten. Das erste Signal wird als Y-R (Luminanz – Rot), das zweite als Y-G (Luminanz – Grün) bezeichnet. Aus allen drei Werten Y, Y-R und Y-G läßt sich das ursprüngliche Bild wieder berechnen.

Für die Übertragung der zusätzlichen Farbinformationen wurde in den USA ein Verfahren verwendet, das als *NTSC* (*National Television Standards Committee*) bekannt ist. Eine Schwäche dieses Systems zur Farbcodierung ist die korrekte Farbübertragung, da es zu Farbverfälschungen kommen kann. In Europa, wo das Farbfernsehen etwas später entwickelt wurde, hat man diese Erfahrungen genutzt, um ein anderes System für die Farbcodierung zu entwickeln, das die Störanfälligkeit von NTSC nicht aufweist. Der Name dieses Verfahrens ist *PAL* (*Phase*

Alternating Lines). Doch auch in Europa herrschte keine Einigkeit. Neben PAL wurde in Frankreich, im wesentlichen aus marktpolitischen Gründen, ein weiteres System mit der Bezeichnung *SECAM* (*Sequential Couleur Avec Memoire*) entwickelt, das auch heute noch in Frankreich verwendet wird. Grundsätzlich können die verschiedenen existierenden Formate ineinander konvertiert werden.

Heutige TV-Karten für den PC beherrschen in der Regel alle der genannten Farbnormen. Das Bild kann für die in Europa übliche PAL-Norm in einer Auflösung von 768 x 576 Bildpunkten dargestellt werden. Soll daher das Fernsehbild in voller Größe auf dem Monitor des PC erscheinen, sollte ein zusätzlicher Eintrag für eine Auflösung von 768 x 576 Punkten in die XF86Config-Datei vorgenommen werden. Dies kann mit Hilfe des Programms XF86Setup oder auf SuSE Linux-System alternativ auch mit SaX vorgenommen werden. Viele der Fernseh-Applikationen unterstützen die automatische Umschaltung der Auflösung, wenn in den Fernseh-Vollbildmodus gewechselt wird, wodurch das Bild dann automatisch die gesamte Fläche des Monitors einnimmt.

6.3.2 Fernsehen mit xawtv

xawtv ist eine der ersten TV-Applikationen gewesen, die ursprünglich für Karten mit BTTV-Chipsatz gedacht gewesen ist. Heute ist xawtv kompatibel zur V4L-Spezifikation und kann daher grundsätzlich mit beliebigen V4L-kompatiblen Karten betrieben werden. Das Programm ermöglicht natürlich zunächst das Ansehen von Fernsehprogrammen. Darüber hinaus bietet dieses Programm aber auch die Möglichkeit, das Fernsehbild als Schnappschuß in eine Datei zu speichern. Auch die Verwendung als „Videorecorder" ist möglich. Die Daten werden hierbei als avi-Datei gespeichert. Neben der eigentlichen X-Applikation enthält das Paket weitere Programme, um beispielsweise Audio-Sequenzen in CD-Qualität aufzunehmen (mit record), als auch eine Terminal-basierte Applikation, mit der ein bestimmter Fernsehkanal gesetzt werden kann, was z. B. zur Decodierung von Videotext (nicht direkt mit xawtv möglich) sinnvoll ist. Schließlich ist auch ein einfaches Terminal-basiertes Radio mit enthalten.

xawtv kann frei unter der URL http://www.in-berlin.de/User/kraxel/xawtv.html bezogen werden. Zum Übersetzen des Pakets sollten die Hinweise in der Datei README des Quellcodes beachtet werden. Alternativ kann (z. B. bei SuSE) das vorbereitete RPM-Paket installiert werden. Wer xawtv nicht nur per Maus, sondern auch über die Fernbedienung der TV-Karte bedienen möchte, sollte darauf achten, eine aktuelle Version (getestet mit der Version 3.12) von xawtv zu verwenden, da ältere Versionen noch nicht über diese Fähigkeit verfügen. Wird eine fertig übersetzte Version dieses Programms verwendet, ist die Möglichkeit der Fernbedienung zusätzlich davon abhängig, ob beim Übersetzen des Programms bereits das LIRC-System auf dem Rechner installiert war, auf dem das Programm übersetzt wurde, und die LIRC-Unterstützung von xawtv aktiviert wurde. Auch auf dem eigenen Rechner muß zur Nutzung einer Fernbedienung zunächst das LIRC-System installiert werden. Weitere Informationen zu diesem Themenbereich finden Sie in Abschnitt 6.3.6 auf Seite 528 und Abschnitt 6.3.6.4 auf Seite 536. Die zur Nutzung der IR-Fernbedienung genannten Schritte können selbstverständlich jederzeit nachgeholt werden, so daß xawtv insbesondere für einen ersten Versuch zunächst mit der Maus bzw. Tastatur bedient werden kann und erst später das LIRC-System installiert und ggf. xawtv angepaßt werden kann.

Die Konfiguration von xawtv wird in der Datei .xawtv im Home-Verzeichnis des jeweiligen Benutzers abgelegt. Hier speichert das Programm insbesondere die Programmeinstellungen des Benutzers. Ein erster Start des Programms ist jedoch auch ohne diese Konfigurationsdatei möglich. Als Ausgangspunkt für eine eigene Konfiguration kann die Demonstrationsdatei xawtv.spec aus dem Quellcode verwendet werden. Alternativ wird eine Grundkonfiguration erstellt, wenn im Kanalauswahlfenster (s. u.), Stationen eingestellt und der Button save gedrückt werden.

Nach dem Start der Anwendung erscheint zunächst das Hauptfenster, das in Abbildung 6.2 dargestellt ist. Im Titel des Fensters wird der eingestellte Sender bzw. die Kanalnummer angezeigt. Das Umschalten der Fernsehkanäle kann mit den Cursor-auf- und Cursor-ab-Tasten vorgenommen werden. Wird die rechte

Abbildung 6.2: Das Hauptfenster von xawtv

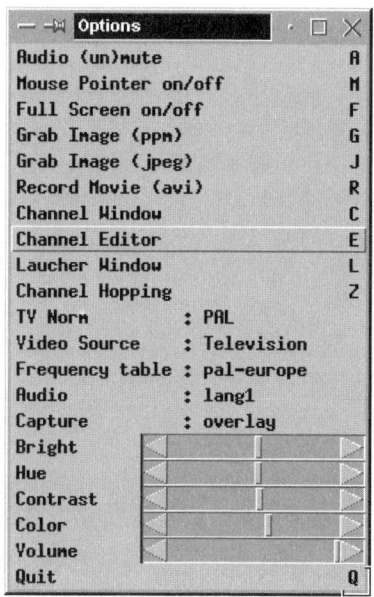

Abbildung 6.3: Das Menüfenster von `xawtv`

Maustaste innerhalb des Fensters gedrückt, erscheint das Menü-Fenster, aus dem heraus weitere Aktionen und Bildeinstellungen vorgenommen werden können. Die Abbildung 6.3 zeigt das Menüfenster.

Die wahrscheinlich erste Aktion besteht aus der Einstellung der zu verwendenden Fernsehnorm (`TV Norm`). In Deutschland sollte PAL eingestellt werden. Zusätzlich sollte der Punkt `Frequency Table` auf `pal-europe` gesetzt werden. Das Programm `xawtv` kann das darzustellende Signal aus verschiedenen Quellen beziehen. So ist es z. B. denkbar, daß die Multimedia-Karte einen S-Video-Eingang besitzt. Über den Menüpunkt `Video Source` kann eingestellt werden, welche Eingabequelle dargestellt werden soll. Zum Fernsehen sollte `Television` eingestellt sein. Soll hingegen z. B. das S-Video-Signal dargestellt werden, muß die Einstellung auf `S-Video` verändert werden.

Als nächstes können die gewünschten Fernsehsender eingestellt werden. Hierzu muß der Menüpunkt `Channel Editor` angewählt werden, woraufhin das in Abbildung 6.4 auf der nächsten Seite dargestellte Kanalauswahlfenster erscheint. Zur Einstellung eines Kanals muß der Mauszeiger über das `Channel`-Eingabefeld bewegt werden, das dadurch farbig markiert erscheint. Die Auswahl eines Kanals erfolgt anschließend mit Hilfe der Cursors-auf bzw. Cursor-ab-Tasten. In der darunterliegenden Zeile kann dem eingestellten Sender sowohl eine Taste zum Schnellzugriff als auch ein Name zugeordnet werden. Mit Hilfe der unten rechts angeordneten Knöpfe können der Senderliste Stationen hinzugefügt, ge-

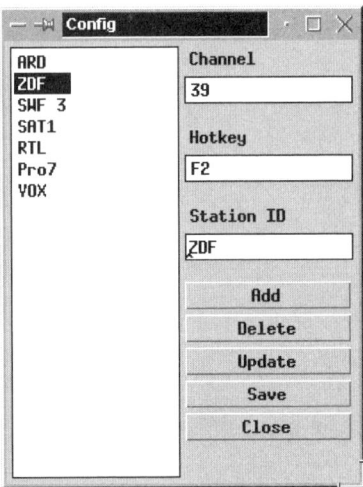

Abbildung 6.4: Das Kanalauswahlfenster von `xawtv`

löscht oder die Einstellungen eines bereits existierenden Senders verändert werden. Durch Drücken von `save` werden die vorgenommenen Einstellungen in der Datei `.xawtv` im Home-Verzeichnis des Benutzers gespeichert. Die einmal eingestellten Sender können im Hauptfenster durch Drücken der linken Maustaste oder über den zugeordneten Tastencode ausgewählt werden. Darüber hinaus können die Sender auch nacheinander durchgeschaltet werden, indem die Seiteauf- bzw. Seite-ab-Tasten gedrückt werden. Die Lautstärke kann mit Hilfe der +- und --Tasten reguliert werden.

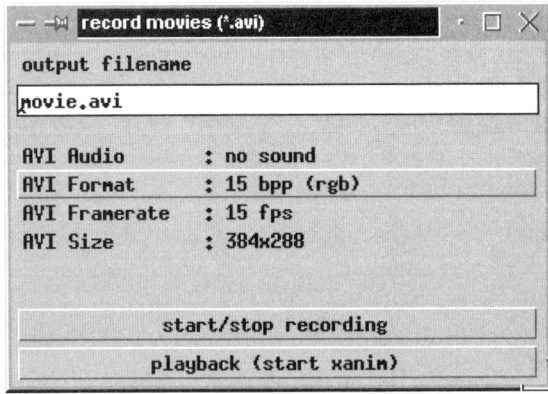

Abbildung 6.5: Der Video-Dialog von `xawtv`

Neben dem Aufruf des Channel Editors aus dem Menü-Fenster können weitere Aktionen aus diesen Fenster heraus gestartet werden. Beispielsweise kann der Mauszeiger über dem Hauptfenster deaktiviert werden, oder das Hauptfenster kann in den Full-Screen-Modus versetzt werden. Interessant ist auch die Möglichkeit, das aktuelle Bild als Datei (entweder als PPM oder als JPG) abzuspeichern, also einen Screenshot auszuführen. Die Dateien werden im aktuellen Verzeichnis abgelegt, aus dem heraus xawtv gestartet wurde.

Eine weitere interessante Möglichkeit ist die Aufzeichnung eines Fernsehprogramms. Hierzu kann das in Abbildung 6.5 auf der vorherigen Seite dargestellte Fenster verwendet werden, das durch Anwahl des Menüpunkts Record movie geöffnet werden kann.

Normalerweise wird das Video als AVI (Audio Video Interleave), einem von Microsoft entwickelten Format, abgelegt. Durch Anklicken mit der linken Maustaste können die Einstellungen für AVI Audio, AVI Video und AVI Framerate (Zahl der Bilder je Sekunde) angepaßt werden. Durch Drücken des start/stop recording-Button wird die Aufnahme gestartet bzw. wieder gestoppt. Während der Aufzeichnung ist im Hauptfenster lediglich ein Standbild zu stehen. Die Wiedergabe der AVI-Datei kann mit xanim oder auch der KDE-Applikation aktion, die auf xanim basiert, vorgenommen werden. Für die Aufzeichnung sollte allerdings ausreichend Platz auf der Festplatte zur Verfügung stehen, da je nach eingestellter Framerate z. B. in 10 Sekunden bereits eine Datei von 60 MByte Größe entsteht.

xawtv stellt neben der gerade beschriebenen eine weitere Oberfläche als alternatives Bedieninterface bereit. Die Anwendung, die in Abbildung 6.6 dargestellt ist, heißt motv und basiert auf der OSF-Motif-Bibliothek. Daher müssen zum Starten dieser Anwendung entweder die Motif- oder Lesstif-Bibliotheken installiert sein.

Abbildung 6.6: Die motv-Oberfläche von xawtv

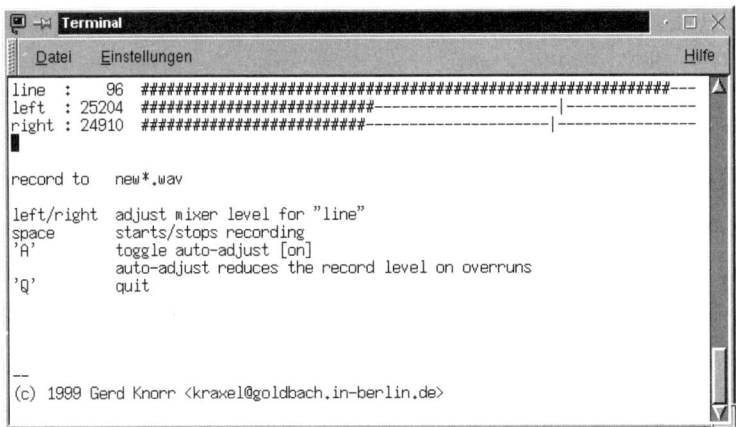

```
line  :    96  ##############################################----
left  : 25204  #########################---------------------|-------------
right : 24910  #######################----------------------|-------------

record to   new*.wav

left/right  adjust mixer level for "line"
space       starts/stops recording
'A'         toggle auto-adjust [on]
            auto-adjust reduces the record level on overruns
'Q'         quit

--
(c) 1999 Gerd Knorr <kraxel@goldbach.in-berlin.de>
```

Abbildung 6.7: Audioaufzeichnungen mit `record`

Die `motv`-Anwendung kommt der Bedienung anderer Anwedungen näher und ist daher u. U. intuitiver zu handhaben als `xawtv` selbst. In der Funktionalität bestehen keine Unterschiede.

6.3.3 Audio-Aufzeichnungen mit `xawtv`

Neben der Möglichkeit, Fernsehprogramme anzusehen und aufzuzeichnen, können mit Hilfe des ebenfalls enthaltenen Programms `record` (Abbildung 6.7) Audioaufzeichnungen in CD-Qualität vorgenommen werden. Darüber hinaus bietet `record` eine hübsche Terminal-basierte Aussteuerungsanzeige. Das Programm wird einfach aus einem Terminal heraus aufgerufen und kann anschließend über Tastendrücke gesteuert werden. Die resultierende Audio-Datei wird im WAV-Format erstellt. Damit Aufnahmen von einer Audio-Quelle gemacht werden können, muß die Quelle im Mixer als Aufnahmequelle gekennzeichnet werden, da ansonsten „Stille" herrscht.

6.3.4 Weitere Möglichkeiten

Neben den genannten Applikationen sind weitere interessante Anwendungen in dem SuSE Linux-Paket `v4l-tools` enthalten. Zum einen enthalten ältere Versionen des Pakets das Programm `set-tv`, das dazu verwendet werden kann, von der Kommandozeile oder aus Skripten heraus einen bestimmten Empfangskanal zu setzen. Hierzu wird dem Programm einfach die Kanalnummer auf der Kommandozeile übergeben. Neuere Versionen von `xawtv` enthalten anstelle von `set-tv` die mächtigere Applikation `v4lctl`. Auch mit dieser Anwendung ist es

522

beispielsweise möglich, einen bestimmten Kanal einzustellen. Genaue Informationen stehen in der Manual-Seite zu diesem Kommando.

Weitere interessante Anwendungen sind `streamer`, eine Anwendung mit deren Hilfe Audio- und Video-Daten von der TV-Karte gelesen und im AVI- oder Quicktime-Format in eine Datei gesichert werden können. Mit Hilfe von `webcam` können Bilder von einem V4L-Gerät, wie einer TV-Karte, gelesen und mit Hilfe des FTP-Protokolls zu einem Web-Server transferiert werden. Auf diese Weise ist das Betrachten von Bildern über einen Webbrowser möglich, wenn auch natürlich nicht in Echtzeit.

Weitere Applikationen des `xawtv`-Pakets dienen der Konvertierung von Videotext-Seiten. Als Decoder kann `vbidecode` verwendet werden, der die Seiten des aktuellen Senders als Dateien ablegt. Diese Dateien können anschließend mit `vtx2ascii` zu Text konvertiert werden. Von dieser Möglichkeit macht das Programm `vtx.sh` Gebrauch, mit dessen Hilfe der Videotext in einem einfachen Terminal gelesen werden kann. Hierzu muß das Skript `vtx.sh` in dem Verzeichnis des Senders aufgerufen werden, in dem sich die von `vbidecode` erstellten Dateien für die Videotext-Seiten befinden. Anschließend kann durch Eingabe der Seitennummern geblättert werden.

Eine weitere Möglichkeit, Seiten zu betrachten, besteht aus der Verwendung eines Web-Browsers. Hierzu ist dem Paket `xawtv` das Skript `vtx.cgi` beigefügt, das als CGI-Skript installiert und den lokalen Gegebenheiten (z. B. Pfade) angepaßt werden muß. Eine Alternative ist die Verwendung der Java-Applikation `JVtxView`, die in Abschnitt 6.5.2.2 auf Seite 546 beschrieben wird.

6.3.5 Fernsehen mit `kwintv`

Neben `xawtv` stellt die KDE-Anwendung `kwintv` eine weitere sehr komfortable Fernseh-Applikation dar. Auch `kwintv` basiert auf der V4L-API und kann daher nicht nur mit BTTV-basierten Karten betrieben werden. Neben dem Fernsehen kann `kwintv` wie schon `xawtv` auch zum Erstellen von Screenshots und Videos verwendet werden. Das Programm `kwintv` kann entweder aus der verwendeten Linux-Distribution oder von der Homepage unter der URL `http://www.kwintv.org/` bezogen werden.

Wer für die Bedienung von `kwintv` die Fernbedienung der TV-Karte einsetzen möchte, sollte darauf achten, eine aktuelle Version (getestet mit Version `0.7.5`) von `kwintv` zu verwenden, da ältere Versionen noch nicht über diese Fähigkeit verfügen. Wird eine fertig übersetzte Version dieses Programms verwendet, ist die Möglichkeit der Fernbedienung zusätzlich davon abhängig, ob beim Übersetzen des Programms bereits das LIRC-System auf dem Rechner installiert war, auf dem das Programm übersetzt wurde, und die LIRC-Unterstützung von `kwintv` aktiviert wurde. Das LIRC-System muß zur Nutzung der Fernbedienung auch auf dem eigenen Rechner installiert werden. Weitere Informationen zu diesen Themen finden Sie in Abschnitt 6.3.6 auf Seite 528 und Abschnitt 6.3.6.5 auf Seite 537. Die zur Nutzung der IR-Fernbedienung genannten Schritte können selbstverständlich jederzeit nachgeholt werden, so daß `kwintv` insbesondere für einen ersten Versuch zunächst mit der Maus bzw. Tastatur bedient und erst später das LIRC-System installiert und ggf. `kwintv` angepaßt werden kann.

Im Anschluß an die Installation wird das Programm mit Hilfe des Kommandos `kwintv` gestartet, wodurch das Hauptfenster der Applikation erscheint, das in Abbildung 6.8 dargestellt ist. Sollte das Fenster nicht erscheinen, liegt eine häufige Ursache darin, daß das Programm `kv4lsetup` im `bin`-Verzeichnis von KDE (z. B. `/opt/kde3/bin`) nicht *suid*-`root` gesetzt wurde. Zur Überprüfung kann `kwintv` aus einem Terminal heraus aufgerufen werden. Im Terminal sollte dann der Hinweis stehen, daß `kv4lsetup` *suid*-`root` gesetzt werden sollte. Angenommen, `kv4lsetup` liegt unter `/opt/kde3/bin`, lautet der entsprechende Befehl, der als Benutzter `root` ausgeführt werden muß

`chmod u+s /opt/kde3/bin/kv4lsetup`.

Neben der in Abbildung 6.8 dargestellten Version von `kwintv` existiert eine weitere noch in Entwicklung befindliche Neuimplementierung von `kwintv`, die als `qtvision` mit einem neuen Design erscheint, das in Abbildung 6.9 dargestellt

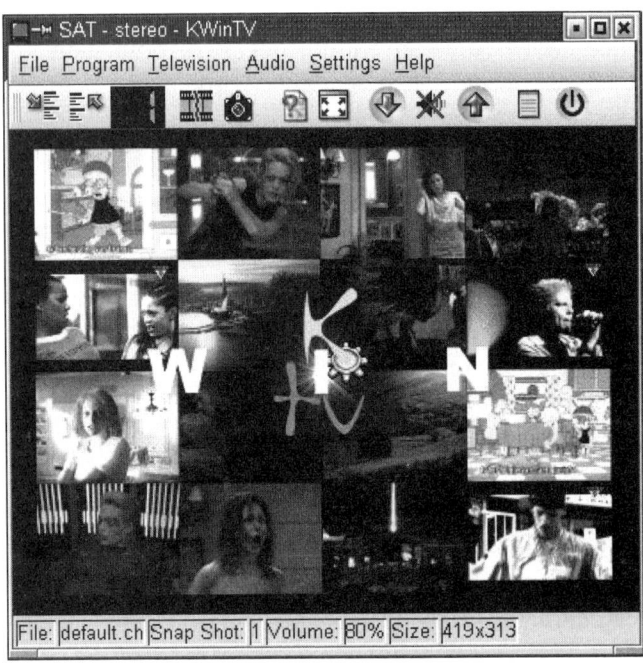

Abbildung 6.8: Das `kwintv`-Fenster

Abbildung 6.9: Die neue `qtvision`-Anwendung

ist. Da diese Applikation sich bisher in einem sehr frühen Entwicklungstsadium befindet, soll hier noch nicht weiter darauf eingegangen werden.

Das in Abbildung 6.8 auf der vorherigen Seite dargestellte Haupt-Fenster von kwintv besteht aus der Menüleiste, der Quickaccess-Leiste, dem eigentlichen Fernsehfenster sowie einer Informationszeile am unteren Rand des Fensters. Die Bedeutung der einzelnen Symbole in der Quickaccess-Leiste kann der Abbildung 6.10 entnommen werden.

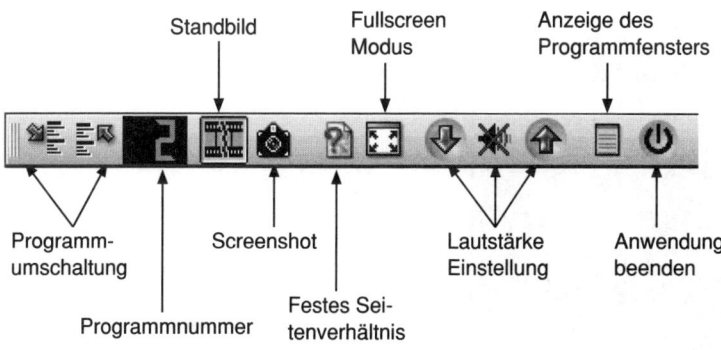

Abbildung 6.10: Die kwintv-Quickaccess-Leiste

525

Um kwintv sinnvoll nutzen zu können, sollten als erstes die gewünschten Fernsehsender eingestellt werden. Hierzu muß das Programmfenster geöffnet werden, was entweder über die Quickaccess-Leiste oder über das Menü *Program* -> *Window* erfolgen kann. In diesem Fenster werden alle programmierten Sender dargestellt. Um neue Sender zu programmieren, kann in diesem Fenster das links oben stehende Blatt-Icon gewählt werden, wodurch das Fenster zur Kanaleinstellung erscheint. Zur Änderung eines bereits programmierten Senders kann einfach dessen Name mit einem Doppelklick selektiert werden, um das Fenster zur Kanaleinstellung für den Sender zu öffnen. Sowohl das Programmfenster als auch das Kanalauswahlfenster sind in Abbildung 6.11 dargestellt.

Im Kanaleditor sollte zunächst wiederum die Fernsehnorm (in Deutschland PAL) sowie das Kanalschema (pal-europe) eingestellt werden. Auch kwintv kann das darzustellende Signal aus verschiedenen Quellen beziehen. So ist es z. B. denkbar, daß die Multimedia-Karte einen S-Video-Eingang besitzt. Über den Menüpunkt Input Source kann eingestellt werden, welche Eingabequelle verwendet werden soll. Zum Fernsehen sollte Television eingestellt sein. Soll hingegen z. B. das S-Video-Signal dargestellt werden, muß die Einstellung auf S-Video verändert werden. Anschließend kann entweder mit den +- oder -- Tasten oder mit Hilfe des Auswahlmenüs ein bestimmter Kanal eingestellt werden. Auch das automatische Suchen von Fernsehsendern ist möglich. Hierzu können die scan-Buttons verwendet werden. In dem in Abbildung 6.11 nicht

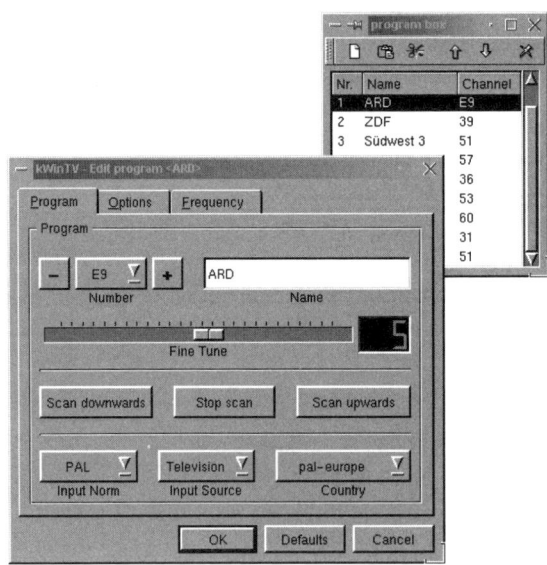

Abbildung 6.11: Die kwintv-Fenster zur Programmeinstellung

dargestellten `Options`-Register können für den gewählten Sender Helligkeit, Farbe, Kontrast, ... eingestellt werden. Im `Frequency`-Register kann die genaue Frequenz des eingestellten Kanals abgelesen und auch eingestellt werden. Auf diese Weise ist die Einstellung von Sendern auch über die Vorgabe der Sendefrequenz möglich, obwohl die Angabe des entsprechenden Kanals vorgezogen werden sollte.

Das Menü *Television* enthält Einträge, über die es z. B. möglich ist, `kwintv` im Vollbildmodus zu betreiben oder auch einen Snapshot des gerade dargestellten Bildes in eine Datei (z. B. `imgage000.jpg`) vorzunehmen. Für den Wechsel in den Vollbildmodus kann im Konfigurationsdialog (*Options -> General Options -> Screen*) bestimmt werden, daß X Window automatisch in eine bestimmte Auflösung umgeschaltet wird. Für PAL-Fernsehen ist die Auflösung von 768 x 576 sinnvoll, wodurch das Fernsehbild in voller Größe des Monitors erscheint. Hierzu muß zuvor lediglich ein entsprechender Eintrag für diese Auflösung in `/etc/XF86Config` vorgenommen worden sein, was mit Hilfe von `XF86Config` oder `sax` erfolgen kann.

Snapshots können sowohl als PNM- als auch als JPG-Dateien gespeichert werden. Der Menüeintrag *Video Clip* ermöglicht das Erstellen von Videosequenzen in Form einer AVI-Datei oder als eine Serie von PPM, PNM oder JPG-Dateien. Nach Anwahl dieses Menüs erscheint der in Abbildung 6.12 dargestellte Video-Clip-Dialog. Einstellungen für Video-Clips können im Options-Dialog vorgenommen werden, der über den Button `Options` geöffnet wird.

Weitere Konfigurationsoptionen von `kwintv` können im Konfigurationsdialog vorgenommen werden, der über das Menü *Options -> General Options* geöffnet werden kann. Hier können Vorgaben für das Startverhalten, für Snap-Shots, für Bildschirmeinstellungen, wie den bereits erwähnten Fullscreen-Modus und auch Audio-relevante Einstellungen vorgenommen werden. Nach einer Veränderung der Optionen sollte *Save Options* im Menü *Options* angewählt werden, um die vorgenommenen Anpassungen permanent zu machen.

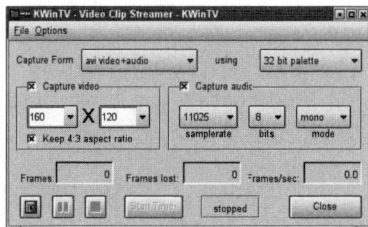

Abbildung 6.12: Der `kwintv`-Video-Clip-Dialog

6.3.6 Fernbedienung von `xawtv` und `kwintv`

Einige Multimedia-Karten, wie z. B. die hier zugrunde gelegte Hauppauge Win/ TV-Radio-Karte werden zusammen mit einer Infrarot-Fernbedienung und einem dazugehörigen Empfänger geliefert, mit deren Hilfe Anwendungen per Fernbedienung gesteuert werden können. Für immer mehr Karten, insbesondere auch für den oben genannten Kartentyp, ist die Nutzung dieser Fernbedienung auch unter Linux unproblematisch.

Ermöglicht wird dies durch das *LIRC-Projekt*, das das Ziel verfolgt, Infrarot-Signale, z. B. von Fernbedienungen, zu decodieren und zu erzeugen, um es auf diese Weise zu gestatten, Geräte mit einem Infrarotempfänger (wie z. B. manche TV-Karten) zu steuern. Informationen über dieses Projekt sowie die Software selbst sind unter der URL

`http://fsinfo.cs.uni-sb.de/~columbus/lirc/index.html`

verfügbar.

Zur Nutzung der Fernbedienung der TV-Karte muß die `lirc`-Software installiert sein und anschließend konfiguriert werden. Bei SuSE Linux muß einfach das Paket `lirc` installiert werden. Ist dies nicht vorhanden, kann die Software auch selbst übersetzt und installiert werden. Anschließend müssen die jeweiligen TV-Applikationen entsprechend konfiguriert werden. Diese Schritte werden im folgenden beschrieben.

6.3.6.1 Manuelle LIRC-Installation

Die LIRC-Software kann direkt von der LIRC-Homepage unter der oben genannten Projekt-URL bezogen werden. Im Anschluß an das Auspacken des tar-Archivs muß die Software als nächstes übersetzt werden. Auf dem Rechner muß zu diesem Zweck Entwickler-Software, also zumindest ein Compiler (z. B. `gcc`) sowie die Pakete `autoconf` und `automake` installiert sein.

Vor dem Übersetzen muß das Skript `configure` aus dem Verzeichnis der Software heraus aufgerufen werden:

```
root@erde:/tmp #   tar xzf lirc-0.6.5.tar.gz
root@erde:/tmp #   cd lirc-0.6.5
root@erde:/tmp/lirc-0.6.0 #   ./configure
```

Dieser Aufruf führt zum Start einer interaktiven Konfiguration, in der insbesondere festgelegt werden kann, für welchen Fernbedienungstyp Treiber erstellt werden sollen. Für die hier beschriebene Hauppauge TV-Karte muß dabei im Punkt `Driver configuration` das Menü `TV card` und in dem dann erscheinenden Menü (siehe Abbildung 6.13 auf der nächsten Seite) der genaue Kartentyp angegeben werden.

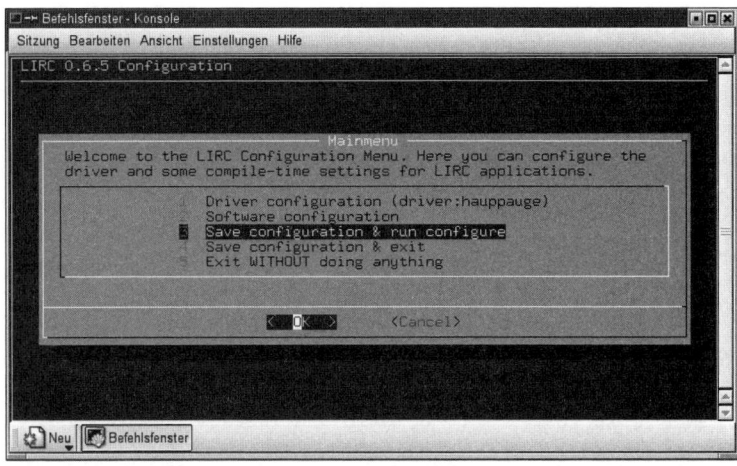

Abbildung 6.13: Der Konfigurationsdialog von LIRC

Bei der Angabe des Kartentyps stehen für die Hauppauge-Karte zwei Optionen
zur Verfügung, die sich bezüglich der Version des i2c-Kernel-Moduls unterscheiden. Wird ein Kernel der Version 2.2 oder kleiner verwendet (Ausgabe von
uname -r), muß der Punkt Hauppauge TV card (old I2C layer) angewählt werden. Wird ein Kernel der Version 2.3 bzw. 2.4 verwendet, sollte hingegen der Punkt Hauppauge TV card (new I2C layer) angewählt werden.

Wieder zurück im Hauptmenü des Konfigurationsdialogs muß jetzt lediglich noch
der Menüpunkt Save configuration & run configure angewählt werden,
wodurch Ausgaben wie folgender Art erscheinen:

```
loading cache ./config.cache
Loading saved configuration from .setup.config
Written by <karsten.scheibler@bigfoot.de>, 1999-JUN-28

Configuration: .setup.config, executable shell script: configure.sh
Starting the generated shell script which will call configure with the
right parameters...
loading cache ./config.cache
checking for a BSD compatible install... /usr/bin/ginstall -c
checking whether build environment is sane... yes
checking whether make sets $MAKE... yes
checking for working aclocal... found
checking for working autoconf... found
checking for working automake... found
...
creating drivers/lirc_parallel/Makefile
```

```
creating drivers/lirc_i2c/Makefile
creating drivers/lirc_gpio/Makefile
creating drivers/lirc_dev/Makefile
creating drivers/lirc_it87/Makefile
creating daemons/Makefile
creating tools/Makefile
creating doc/Makefile
creating doc/man/Makefile
creating config.h


You will have to use the lirc_i2c kernel module.


Now enter 'make' and 'make install' to compile and install the package.
```

Im Anschluß daran kann der eigentliche Übersetungsvorgang als Benutzer `root` durch den Aufruf von `make` gestartet werden. Zur Installation muß schließlich das Kommando `make  install` angegeben werden:

```
root@erde:/tmp/lirc-0.6.5 # make
make  all-recursive
make[1]: Entering directory '/tmp/lirc-0.6.5'
Making all in drivers
make[2]: Entering directory '/tmp/lirc-0.6.5/drivers'
Making all in lirc_dev
make[3]: Entering directory '/tmp/lirc-0.6.5/drivers/lirc_dev'
DIR='pwd'; (cd /usr/src/linux/; make SUBDIRS=$DIR obj-m=lirc_dev.o modules)
/opt/src/linux-2.4.18.SuSE/scripts/pathdown.sh: TOPDIR: parameter null or
   not set
make[4]: Entering directory '/opt/src/linux-2.4.18.SuSE'
gcc -Wall -Wstrict-prototypes -O2 -fomit-frame-pointer -I/opt/src/
   linux-2.4.18.SuSE/include -o scripts/split-include scripts/split-include.c
   scripts/split-include include/linux/autoconf.h include/config
make -C /tmp/lirc-0.6.5/drivers/lirc_dev CFLAGS="-D__KERNEL__ -I/opt/src/
   linux-2.4.18.SuSE/include -Wall -Wstrict-prototypes -Wno-trigraphs -O2
   -fomit-frame-pointer -fno-strict-aliasing -fno-common -pipe
   -mpreferred-stack-boundary=2 -march=i586 -DMODULE" MAKING_MODULES=1 modules
make[5]: Entering directory '/tmp/lirc-0.6.5/drivers/lirc_dev'
gcc -D__KERNEL__ -I/opt/src/linux-2.4.18.SuSE/include -Wall
   -Wstrict-prototypes -Wno-trigraphs -O2 -fomit-frame-pointer -fno-strict-aliasing
   -fno-common -pipe -mpreferred-stack-boundary=2 -march=i586 -DMODULE
   -DIRCTL_DEV_MAJOR=61 -DEXPORT_SYMTAB -DHAVE_CONFIG_H -I. -I.
   -I../..              -DKBUILD_BASENAME=lirc_dev  -c -o lirc_dev.o lirc_dev.c
make[5]: Leaving directory '/tmp/lirc-0.6.5/drivers/lirc_dev'
...
```

Bei der Installation werden die Dateien unter /usr/local/ installiert. Das SuSE Linux-Paket lirc legt die Daten statt dessen unter /usr ab. Wer die selbst übersetzte Software ebenfalls unter /usr anstelle von /usr/local konfigurieren möchte, muß das configure-Skript von Hand mit dem Parameter --prefix= /usr aufrufen, bevor das Übersetzen des Quellcodes mit make gestartet wird.

Mit diesen Einstellungen wird später bei der Konfiguration das Kernel-Modul lirc_i2c.o benötigt, das Bestandteil des Kernels ist. Bei älteren Versionen von lirc hieß das Modul noch lirc_haup.o und wurde als Teil des Übersetzungsprozesses erzeugt. Wer noch diese ältere Software verwendet, muß das Modul anschließend in das Kernel-Modul-Verzeichnis nach /lib/modules/*kernel-vers*/misc/ kopieren. Der Ausdruck *kernel-vers* steht dabei für die mit uname -r darstellbare Version des eingesetzten Linux-Kernels.

Wichtig sind darüber hinaus das Programm lircd, das sich nach der Installation im Verzeichnis /usr/local/sbin/ befinden sollte. Im Verzeichnis /usr/local/lib/ befindet sich die LIRC-Bibliothek (liblirc_client). Damit diese Bibliothek beim Start von Programmen, wie z. B. lircd, gefunden werden kann, muß das Verzeichnis /usr/local/lib in der Datei /etc/ld.so.conf eingetragen sein. Ist dies nicht der Fall, muß dieser Eintrag als Benutzer root mit einem Texteditor vorgenommen und anschließend das Programm ldconfig aufgerufen werden.

Neben dem Kopieren von Dateien werden bei der Installation zusätzlich die Gerätedateien /dev/lirc, /dev/lircd und /dev/lircm angelegt. Die Datei /dev/lircd muß für alle Benutzer les- und schreibbar sein, die Anwendungen mit einer IR-Fernbedienung nutzen wollen. Dies kann entweder über Gruppenrechte erfolgen oder auch einfach dadurch, daß diese Datei mit dem Kommando chmod 666 /dev/lircd für alle Benutzer les- und schreibbar gemacht wird.

Als Abschluß der Installation sollte in der Datei /etc/modules.conf ein Eintrag vorgenommen werden, damit beim Start des lircd-Prozesses automatisch das Kernel-Modul (hier: lirc_i2c, bei einer alten Version von lirc entsprechend lirc_haup) geladen wird. Der Eintrag besteht aus einer Zeile, die unterhalb anderer alias-Einträge in der Datei eingefügt werden sollte (die #-Zeile ist ein Kommentar):

```
...
# LIRC Hauppauge
#alias char-major-61      lirc_haup  # Alte Version der lirc-Software
alias char-major-61       lirc_i2c
...
```

6.3.6.2 LIRC-Konfiguration

Die zentrale Datei zur Konfiguration ist `lircd.conf`, in der der Typ der verwendeten Fernbedienung festgelegt werden kann. Wurde die Software selbst übersetzt, muß die Konfigurationsdatei im Verzeichnis `/usr/local/etc` liegen. Wird das SuSE Linux-Paket verwendet, muß sie in das Verzeichnis `/etc` kopiert werden. Mit einem einfachen Texteditor sollte überprüft werden, ob die installierten Konfigurationsdateien tatsächlich für den gewählten Fernbedienungstyp geeignet sind (steht als Kommentar in den Dateien). Falls nicht können die entsprechenden Konfigurationsdateien unter der URL

`http://fsinfo.cs.uni-sb.de/~columbus/lirc/remotes/`

bezogen und in das entsprechende Verzeichnis kopiert werden. Das SuSE Linux-Paket enthält diese Dateien im Dokumentations-Verzeichnis unter `/usr/share/doc/packages/lirc/remotes/`.

Bei den folgenden Schritten soll davon ausgegangen werden, daß die Software unter `/etc` installiert wurde. Wurde die Software hingegen unter `/usr/local` installiert, müssen die im folgenden angegebenen Pfadangaben entsprechend angepaßt werden.

6.3.6.3 Start des `lircd`-Prozesses

Damit Programme, wie `xawt` und `kwintv`, Informationen über Signale einer Infrarot-Fernbedienung beziehen können, muß der Daemon `lircd` mit der für den Fernbedienungstyp passenden Konfigurationsdatei `lircd.conf` gestartet werden. Das Programm `lircd` muß von `root` gestartet werden, was am besten in Form eines der Start-Skripte erfolgen kann, die sich bei SuSE Linux z. B. unter `/etc/init.d` befinden. Ein solches Skript (`lircd`) kann wie folgt aussehen:

```
#! /bin/bash
# Copyright (c) 1996-99 SuSE GmbH Nuernberg, Germany.
# All rights reserved.
#
# /etc/init.d/lircd
#
### BEGIN INIT INFO
# Provides:        lircd
# Required-Start:  $remote_fs $syslog ypbind
# Required-Stop:
# Default-Start:   5
# Default-Stop:
# Description:     LIRC Daemon
### END INIT INFO
```

```
. /etc/rc.status
# Reset status of this service
rc_reset


case "$1" in
    start)
        echo -n "Starting lircd"
        # Für Hauppauge Fernbedienungen
        /sbin/modprobe lirc_i2c
        startproc /usr/sbin/lircd /etc/lircd.conf
        rc_status -v
        ;;
    stop)
        echo -n "Shutting down service lircd"
        killproc /usr/sbin/lircd
        rc_status -v
        ;;
    *)
        echo "Usage: $0 start|stop|status|restart|reload|probe"
        exit 1
esac


rc_exit
```

Durch einen Aufruf von `insserv /etc/init.d/lircd` werden anschließend
die entsprechenden Links in den Runlevel-Verzeichnissen generiert, so daß das
Skript beim Starten des Rechners ausgeführt wird.

Für einen ersten Versuch kann `lircd` jedoch auch von Hand (als `root`) gestartet
werden. Meldungen des Programms erscheinen in der Datei `/var/log/lircd`.

```
root@erde:/root #  /usr/sbin/lircd /etc/lircd.conf
```

Durch den Start wird auch das Kernel-Modul für Hauppauge-Karten, `lirc_-`
`i2c`, geladen, was als Benutzer `root` mit dem Kommando `lsmod` überprüft werden sollte. Falls dies nicht funktioniert, kann das Modul *vor* dem Starten von
`lircd` von Hand mit dem Kommando `modprobe lirc_i2c` geladen werden.

Nachdem `lircd` gestartet wurde, kann direkt die Funktionstüchtigkeit kontrolliert werden. Hierzu dient das Programm `irw`, das Daten ausgibt, die von `lircd`
empfangen werden. Durch Drücken einiger Tasten auf der Fernbedienung sollten
etwa folgende Ausgaben erscheinen:

```
root@erde:/root #  irw
0000000000001020 00 CH+ Hauppauge
000000000000100d 00 MUTE Hauppauge
```

```
0000000000001002 00 2 Hauppauge
0000000000001005 00 5 Hauppauge
0000000000001008 00 8 Hauppauge
0000000000001010 00 VOL+ Hauppauge
0000000000001026 00 MINIMIZE Hauppauge

...
```

Sollten bei Drücken von Tasten auf der Fernbedienung keine Einträge in der Ausgabe erscheinen, sollten folgende Punkte genau überprüft werden:

❏ Wurde der IR-Empfänger in die richtige Buchse der TV-Karte eingesteckt?

❏ Existieren die `lirc`-Gerätedateien unter `/dev`? Falls nicht, wurde die LIRC-Software-Installation wahrscheinlich nicht als Benutzer `root` durchgeführt. In diesem Fall die Installation als `root` einfach wiederholen.

❏ Wurde `lircd` gestartet und läuft dieser Prozeß auch noch? Dies kann einfach durch Ausführen des Kommandos `ps axuw | grep lircd` herausgefunden werden. Das Ergebnis dieses Aufrufs sollte eine Zeile sein, die Prozeß-Daten für `lircd` enthält. Wurde der Prozeß gestartet, läuft aber nicht mehr, sollte er wie oben dargestellt erneut gestartet und `/var/log/messages` und `/var/log/lircd` nach Fehlermeldungen überprüft werden.

❏ Wurde nach dem Start von `lircd` das LIRC Kernel-Modul `lirc_i2c` geladen? Dies kann durch Aufruf des Kommandos `lsmod | grep lirc_i2c` herausgefunden werden. Falls das Modul nicht geladen wurde, muß geprüft werden, ob die Modul-Datei sich im Kernel-Modulverzeichnis unter `/lib/modules/`*`kernel-vers`*`/misc/` befindet (*`kernel-vers`* steht für die verwendete Kernelversion, die mit `uname -r` ausgegeben werden kann). Falls ja kann als Benutzer `root` von Hand mit dem Kommando `/sbin/modprobe lirc_i2c` versucht werden, das Modul zu laden. Hierbei sollte auf Fehlermeldungen geachtet werden, die Hinweise darauf geben können, warum das Modul nicht geladen werden konnte.
Treten keine Fehler auf, aber das Modul wurde zuvor nach dem Start von `lircd` dennoch nicht automatisch geladen, fehlt der oben beschriebene Alias-Eintrag für `char-major-61` in der Datei `/etc/modules.conf`.

Falls alles funktioniert, ist das Basissystem jetzt einsatzbereit; was noch fehlt, ist die Konfiguration der Anwendungsprogramme, die für `xawtv` und `kwintv` in den folgenden Abschnitten beschrieben wird.

Mixer-Probleme beim Start von `lircd`

Wird `lircd` aus einem Boot-Skript heraus beim Hochfahren des Rechners gestartet, kann ein Problem auftreten, das sich darin äußert, daß plötzlich kein

Sound (weder mit einer Fernseh-Applikation, noch mit irgendeiner anderen Soundquelle) mehr funktioniert, und der Mixer andere Kontrollelemenete enthält als sonst üblich. Wird jedoch `lircd` nicht aus einem der Start-up-Skripte beim Hochfahren des Rechners gestartet, sondern später, wenn der Benutzer sich bereits angemeldet hat, funktioniert alles.

Das Problem wird durch einen Fehler in manchen älteren Versionen von Soundtreibern (z. B. ältere ALSA-Versionen) verursacht, die in einen Konflikt mit dem Soundtreiber-Modul der TV-Karte (bei Hauppauge-Karten oftmals das `msp3400`-Modul) geraten. Sowohl die Soundtreiber als auch das TV-Sound-Modul wollen einen Mixer zur Verfügung stellen, über den der Benutzer z. B. die Lautstärke der Lautsprecher bzw. des Ausgangs der TV-Karte einstellen kann. Manche Soundtreiber, wie z. B. ALSA, müssen „ihren" Mixer unbedingt als ersten (als `/dev/mixer0`) beim System registrieren, ansonsten kann kein Mixer für die Soundkarte registriert werden. Wird jedoch `lircd` während des Startvorgangs des Rechners noch vor den Soundtreibern geladen, führt dies dazu, daß auch das TV-Karten-Sound-Modul `msp3400` geladen wird, das einen Mixer für die TV-Karte als `/dev/mixer0` beim System anmeldet. Hierdurch sind die Soundkartentreiber nicht mehr die „ersten", und es kann kein Mixer mehr für die Soundkarte registriert werden. Als Folge sieht der Benutzer lediglich den Mixer der TV-Karte, nicht jedoch den für seine Sound-Karte.

Die Lösung dieses Problems besteht darin, daß entweder ein anderer Soundkarten-Treiber (z. B. die Kernel-Sound-Treiber) verwendet werden, oder darin, daß dem Sound-Modul für die TV-Karte (z. B. `msp3400`) ein Parameter übergeben wird, der bewirkt, daß dieses Modul nicht das erste Mixer-Gerät (`/dev/mixer0`), sondern das zweite (`/dev/mixer1`) belegt. Diese Lösung ist jedoch nur mit neueren Versionen der BTTV-Treiber (getestet mit `bttv-0.6.4h`) möglich, da ältere Versionen der BTTV-Treiber diese Option nicht zur Verfügung stellen.

Zur Nutzung dieser Möglichkeit muß einfach beim Laden des TV-Sound-Treibers die Option `mixer=1` übergeben werden. Der Eintrag für das `msp3400`-TV-Sound-Module in `/etc/modules.conf` sieht in diesem Fall wie folgt aus:

```
# /etc/modules.conf
...
options msp3400        debug=0 mixer=1
...
```

Nach Anpassung der `/etc/modules.conf`-Datei müssen für alle TV-Karten Module entladen und wieder neu geladen werden, damit die Änderung wirksam werden kann. Alternativ kann natürlich der Rechner auch neu gestartet werden.

6.3.6.4 IR-Konfiguration für `xawtv`

Zur Nutzung der TV-Karten-Fernbedienung mit `xawtv` müssen einige Voraussetzungen erfüllt sein:

❏ Es wird eine aktuelle Version von `xawtv` benötigt (getestet mit Version `3.12`).

❏ Die LIRC-Software muß wie oben beschrieben installiert sein.

❏ Die verwendete Fernbedienung muß durch die LIRC-Software unterstützt werden, was für die hier beschriebene Hauppauge-Karte der Fall ist. Eine Liste aller unterstützten TV-Karten-Fernbedienungen findet sich unter der URL:

`http://fsinfo.cs.uni-sb.de/~columbus/lirc/tv_cards.html`.

❏ Bei der Übersetzung des `xawtv`-Programms muß die Unterstützung für eine Fernbedienung (mittels LIRC) aktiviert worden sein. Dies erfolgt automatisch durch das `configure`-Skript (das zu Beginn des Übersetzungsvorgangs von `xawtv` gestartet werden muß), falls auf dem entsprechenden Rechner zu dieser Zeit die LIRC-Software bereits installiert ist.

❏ Eine für `xawtv` angepaßte Version der Datei `~/.lircrc` muß in das Home-Verzeichnis der Benutzer kopiert werden, die `xawtv` über eine Fernbedienung steuern möchten. Die Datei ist in der Quellcode-Distribution von `xawtv` im Verzeichnis `contrib` enthalten.

Voraussetzungen

Die drei erstgenannten Punkte bedürfen keiner weiteren Erläuterung. Der vierte Punkt, also die LIRC-Unterstützung durch `xawtv`, ist für den Benutzer leider nur schwer zu testen. Wird eine bereits vorkompilierte Version von `xawtv` verwendet, ist nur schwer zu erkennen, ob bei der Übersetzung der für die Nutzung einer Fernbedienung benötigte LIRC-Support aktiviert wurde. Eine Möglichkeit besteht darin, zu testen, welche Bibliotheken `xawtv` verwendet. Die Idee dabei ist, daß `xawtv` Funktionen aus der LIRC-Bibliothek `liblirc_client.so` lädt, falls beim Übersetzen des Programms die LIRC-Unterstützung aktiviert wurde. Um herauszufinden, welche Bibliotheken beim Start eines Programms dynamisch geladen werden, dient das Kommando `ldd`, dem als Parameter das zu überprüfende Programm übergeben wird. Ist der LIRC-Support vorhanden, muß die Ausgabe eine Zeile mit der oben genannten Bibliothek enthalten, wie in folgendem Beispiel dargestellt:

```
tux@erde:/home/tux > ldd /usr/X11R6/bin/xawtv
    libjpeg.so.62 => /usr/lib/libjpeg.so.62 (0x4001f000)
    liblirc_client.so.0 => /usr/lib/liblirc_client.so.0 (0x4003e000)
    libXaw3d.so.6 => /usr/X11R6/lib/libXaw3d.so.6 (0x40043000)
    libXmu.so.6 => /usr/X11R6/lib/libXmu.so.6 (0x4009a000)
```

```
libXt.so.6 => /usr/X11R6/lib/libXt.so.6 (0x400ac000)
libSM.so.6 => /usr/X11R6/lib/libSM.so.6 (0x400f6000)
libICE.so.6 => /usr/X11R6/lib/libICE.so.6 (0x40100000)
libXext.so.6 => /usr/X11R6/lib/libXext.so.6 (0x40116000)
libX11.so.6 => /usr/X11R6/lib/libX11.so.6 (0x40122000)
libpthread.so.0 => /lib/libpthread.so.0 (0x401c8000)
libc.so.6 => /lib/libc.so.6 (0x401db000)
/lib/ld-linux.so.2 => /lib/ld-linux.so.2 (0x40000000)
```

Die zweite Zeile in dieser Ausgabe zeigt, daß die hier getestete Version von xaw-tv über die notwendige LIRC-Unterstützung für eine Fernbedienung verfügt. Falls die Ausgabe keine entsprechende Zeile enthält, muß xawtv neu übersetzt werden, *nachdem* die LIRC-Software installiert ist und grundsätzlich funktioniert. Hierzu muß auf dem Rechner zumindest ein C-Compiler sowie autoconf und automake installiert sein. Nachdem der Quellcode von xawtv von der xawtv-Homepage (http://www.in-berlin.de/User/kraxel/xawtv.html) geladen und ausgepackt wurde, wird in das Quellen-Verzeichnis gewechselt und anschließend das Skript ./configure ausgeführt. Anschließend muß das Kommando make und schließlich das Kommando make install gestartet werden, um das Programm zu übersetzen und zu installieren. Da xawtv normalerweise in Systemverzeichnissen liegt, auf die nur root schreibenden Zugriff hat, muß zumindest die letzte Aktion als Benutzer root ausgeführt werden.

Installation der LIRC-Konfigurationsdatei

Nachdem eine LIRC-fähige Version von xawtv installiert wurde, muß lediglich noch die Datei .lircrc in das Home-Verzeichnis der Benutzer kopiert werden, die xawtv per Fernbedienung steuern können sollen. Diese Text-Datei enthält für die verschiedenen Knöpfe der Fernbedienung die Aktion, die ausgeführt werden soll, wenn die entsprechende Taste auf der Fernbedienung gedrückt wird.

Eine direkt verwendbare Version dieser Datei ist im Quellcode von xawtv unter dem Namen dot.lircrc enthalten und kann einfach (als .lircrc) kopiert werden. In der Quellcode-Distribution von xawtv befindet sich diese Datei im Unterverzeichnis ./contrib/. Eine Anpassung dieser Datei ist möglich, aber nicht notwendig. Anschließend kann xawtv neu gestartet und über die Fernbedienung gesteuert werden.

6.3.6.5 IR-Konfiguration für kwintv

Zur Nutzung der TV-Karten-Fernbedienung mit kwintv müssen, wie schon für xawtv einige Voraussetzungen erfüllt sein:

❏ Es wird eine aktuelle Version von kwintv benötigt (getestet mit Version 0.7.5).

❏ Die LIRC-Software muß wie oben beschrieben installiert sein.

❏ Die verwendete Fernbedienung muß durch die LIRC-Software unterstützt werden, was für die hier beschriebene Hauppauge-Karte der Fall ist. Eine Liste aller unterstützten TV-Karten-Fernbedienungen findet sich unter der URL:
    `http://fsinfo.cs.uni-sb.de/~columbus/lirc/tv_cards.html`.

❏ Bei der Übersetzung des Programms muß die Unterstützung für eine Fernbedienung (mittels LIRC) aktiviert worden sein. Dies erfolgt automatisch durch das `configure`-Skript (das zu Beginn des Übersetzungsvorgangs von `kwintv` gestartet werden muß), falls auf dem entsprechenden Rechner die LIRC-Software installiert ist.

❏ Nach dem Start von `kwintv` muß interaktiv mit der Fernbedienung einmalig die Zuordnung von Tasten auf der Fernbedienung zu `kwintv`-Funktionen festgelegt werden.

Voraussetzungen

Die ersten drei der gerade beschriebenen Voraussetzungen für die erfolgreiche Nutzung einer Fernbedienung für `kwintv` bedürfen keiner weiteren Erläuterung.

Wie schon bei `xawtv`, so hängt die Möglichkeit der Nutzung einer Fernbedienung auch bei `kwintv` davon ab, ob zum Zeitpunkt der Übersetzung dieses Programms die LIRC-Software auf dem entsprechenden Rechner installiert war. Das `configure`-Skript im `kwintv`-Quellcode überprüft dies und aktiviert/deaktiviert den LIRC-Support in dem erzeugten `kwintv`-Programm. Eine Korrektur ist nur durch Neuübersetzen des Quellcodes möglich.

Ein einfacher Test, um herauszufinden, ob die vorliegende `kwintv`-Version LIRC-Support enthält, besteht darin, das Programm zu starten und das Menü *Options* zu öffnen. Wurde das Programm mit LIRC-Support übersetzt, enthält das Menü einen Eintrag `IRC Control Setup`, über den Programmfunktion, wie z. B. das Ändern der Lautstärke, den Tasten auf der Fernbedienung zugeordnet werden können. Existiert dieser Eintrag nicht, muß `kwintv` neu übersetzt werden, *nachdem* auf dem Rechner die LIRC-Software installiert wurde. Hierzu müssen auf dem Rechner zumindest ein C-Compiler sowie die Pakete `autoconf` und `automake` installiert sein. Darüber hinaus müssen auch die Entwicklerversionen der QT-Bibliothek und von KDE selbst installiert sein. Nachdem der Quellcode von `kwintv` von der `kwintv`-Homepage (`http://www.kwintv.org/`) geladen und ausgepackt wurde, wird in das Quellen-Verzeichnis gewechselt und anschließend das Skript `./configure` ausgeführt. Anschließend muß das Kommando `make` und schließlich das Kommando `make install` gestartet werden, um das Programm zu übersetzen und zu installieren. Da `kwintv` normalerweise

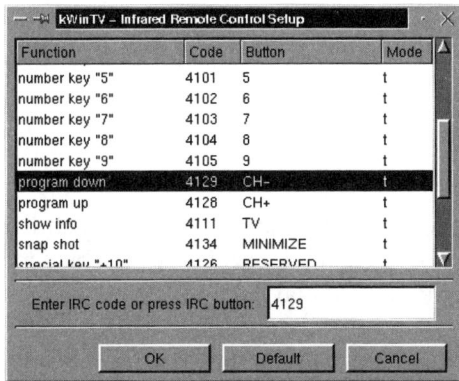

Abbildung 6.14: Der `kwintv`-IR-Konfigurationsdialog

in Systemverzeichnissen liegt, auf die nur `root` schreibenden Zugriff hat, muß zumindest die letzte Aktion als Benutzer `root` ausgeführt werden.

Festlegung der Funktion der Fernbedienungstasten

Nachdem eine LIRC-fähige Version von `kwintv` installiert wurde, muß lediglich noch die Zuordnung der Tasten auf der Fernbedienung zu konkreten Aktionen von `kwintv` festgelegt werden. Dies erfolgt interaktiv nach dem Start von `kwintv` über einen speziellen, in Abbildung 6.14 dargestellten Dialog, der über das Menü `Options->IRC-Code Bindings` aufgerufen werden kann.

In diesem Dialog sieht man auf der linken Seite die möglichen, über die Fernbedienung auslösbaren Funktionen. Die dritte Spalte `Button` enthält die Tasten auf der Fernbedienung, über die die entsprechende Funktion in der gleichen Zeile ausgelöst werden kann. Die Zuordnung ist vollkommen dynamisch und muß einmalig vorgenommen werden. Dazu muß nur mit der Maus die Zeile mit der Funktion angewählt werden, die über eine bestimmte Taste der Fernbedienung ausgelöst werden soll, und anschließend die gewünschte Taste auf der Fernbedienung gedrückt werden. Die Änderung der Zuordnung wird sofort dargestellt. Sind alle Funktionen mit den entsprechenden Tasten belegt, sollte der Dialog mit OK verlassen werden, damit die vorgenommenen Zuordnungen gesichert werden.

6.3.7 Weitere TV-Applikationen

Neben den beiden bereits genannten TV-Applikationen, `xawtv` und `kwintv`, existieren weitere Anwendungen, die dem gleichen Zweck dienen. An dieser Stelle ist insbesondere GnomeTV zu nennen, eine Fernseh-Applikation für Gnome.

Weitere Informationen über diese und verwandte Anwendungen können unter der URl `http://www.multimedia4linux.de/tv.html` eingesehen werden.

6.4 Radio-Applikationen

Neben der Möglichkeit fernzusehen, bieten viele Multimedia-Karten auch die Möglichkeit, Radio (UKW) zu hören. Zu diesem Zweck existieren verschiedene auf der V4L-API aufbauende Radio-Applikationen, von denen die interessantesten in diesem Abschnitt beschrieben werden sollen. Unterscheiden lassen sich die Anwendungen in eine Gruppe von Anwendungen, die Terminal-basiert sind, und eine solche, die über eine graphische Benutzerschnittstelle verfügen. Einige der Radio-Anwendungen stellen beim Beenden der Applikation den Ton nicht ab, so daß das Radio einfach weiterläuft, auch wenn die Applikation bereits beendet ist. Für diesen Fall bieten diese Programme meist einen Knopf, mit dem der Ton ausgeschaltet werden kann, der vor dem Verlassen der Applikation gedrückt werden muß. Hat man es doch einmal vergessen, kann man die Applikation einfach erneut starten, den Mute-Knopf drücken und schließlich die Applikation wieder beenden.

6.4.1 Radio hören mit den `fmtools`

Die `fmtools` stellen eine Sammlung von verschiedenen Terminal-basierten Anwendungen für den Radio-Betrieb dar. Der Quellcode, der unter der URL `http://www.exploits.org/v4l/fmtools.html` bezogen werden kann, enthält die beiden Programme `fm` und `fmscan`. Das Programm `fm` ist ein UKW-Tuner. Die gewünschte UKW-Frequenz wird einfach auf der Kommandozeile angegeben und anschließend von `fm` eingestellt:

```
tux@erde:/home/tux >  fm 91.6
Radio tuned to 91.6 MHz at 12.50% volume
```

Neben der Möglichkeit, die Frequenz einzustellen, bietet `fm` weitere Optionen, z. B. zur Einstellung der Lautstärke. Das Ein- bzw. Ausschalten des Radios erfolgt durch die Optionen `on` bzw. `off`. Eine Übersicht über die vorhandenen Optionen kann durch Aufruf des Programms mit der `-h`-Option erhalten werden:

```
tux@erde:/home/tux >  fm -h
usage: fm [-h] [-o] [-q] [-t <tuner>] <freq>|on|off [<volume>]

-h         - display this help
-o         - override frequency range limits in card
-q         - quiet mode
-d <dev>   - select device (default: /dev/radio0)
```

```
-t <tuner>  - select tuner <tuner>
<tuner>     - tuner number - first one is 0, next one 1, etc
<freq>      - frequency in MHz (i.e. 94.3)
on          - turn radio on
off         - turn radio off (mute)
+           - increase volume
-           - decrease volume
<volume>    - intensity (0-65535)
```

Das Programm `fmscan` kann dazu verwendet werden, in einem bestimmten (UKW-) Frequenzbereich nach Sendern suchen zu lassen, wobei Sender mit einer Signalstärke von 75% oder mehr ausgegeben werden.

Beide Programme sind nützlich, wenn das „Radio" von der Kommandozeile aus oder aus einem Skript heraus gesteuert werden soll. Weiterer Komfort, wie die Programmierung von Stationen, fehlt leider.

6.4.2 Radio hören mit `kradio`

Das Programm `kradio` ist ein Vertreter der graphisch orientierten Radio-Applikationen. Die in Abbildung 6.15 dargestellt KDE-Anwendung bietet die Möglichkeit, bis zu acht Radiosender fest auf Stationstasten zu legen und frei zu benennen, auf die anschließend über einen Klick mit der Maus zugegriffen werden kann. Selbstverständlich bleiben die gespeicherten Stationen auch nach dem Beenden des Programms erhalten. Das Programm kann entweder aus der verwendeten Linux-Distribution oder von den KDE-Seiten unter der URL `http://www.kde.org` bezogen werden.

Das Programmieren der Sender erfolgt, indem zunächst mit Hilfe der up- und down-Buttons der gewünschte Sender eingestellt wird. Anschließend muß einmal der set-Button gedrückt werden, der sofort mit einem * ausgezeichnet wird. Wird jetzt eine der Stationstasten angewählt (initial alle durch - gekennzeichnet), wird die zuvor angewählte Frequenz unter diesem Button gespeichert. Um für einen bestimmten Sender anstelle der Frequenzanzeige einen Namen angegeben zu können, muß die Station zunächst angewählt werden. Anschließend kann der

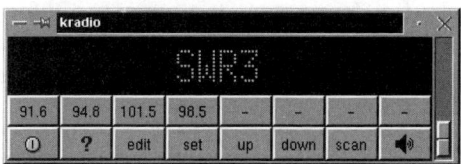

Abbildung 6.15: Die `kradio`-Anwendung

Abbildung 6.16: Die `kderadio`-Anwendung

Button `edit` angewählt werden, wodurch im Display ein Name eingegeben werden kann. Die Eingabe wird durch Drücken der ⏎-Taste beendet.

Das ganz rechts angeordnete Lautsprechersymbol dient dazu, den Ton aus- und wieder einzuschalten. Dies ist insbesondere vor dem Verlassen der Applikation sinnvoll, da ansonsten das Radio auch ohne Applikation weiterläuft.

6.4.3 Die `kderadio`-Applikation

Das Programm `kderadio` ist eine weitere KDE-Applikation, mit deren Hilfe UKW-Sender gehört werden können. Sie bietet ebenfalls die Möglichkeit, Sender fest zu programmieren, so daß sie später per Mausklick direkt angewählt werden können. Das Programm kann entweder aus der verwendeten Linux-Distribution oder von den KDE-Seiten unter der URL `http://www.kde.org` bezogen werden. Die Abbildung 6.16 zeigt das Hauptfenster von `kderadio`.

Die Einstellung der Sender erfolgt, indem zunächst die Frequenz eingestellt und anschließend der Button `Neue Station` gedrückt wird. Anschließend kann ein Name für die neue Station eingegeben werden, der anschließend Teil der Stationsliste ist und per Klick angewählt werden kann.

6.5 Darstellung von Videotext

Neben dem eigentlichen Bildsignal ist in einem Fernsehsignal noch Platz, um weitere Informationen zu codieren. Hierzu gehört der *Videotext*, ein textbasierter Informationsdienst, der von verschiedenen Sendern angeboten wird. Die Informationen wird in der Zeit des VBI (Vertical Blank Interval) übertragen, also zwischen der Darstellung von Fernsehbildern. Die Information wird in Form von numerierten Seiten von jeweils 40 x 24 Zeichen übertragen, wobei nicht alle Seiten auf einmal, sondern nacheinander übertragen werden. Ein Decoder-Programm merkt sich die bereits erhaltenen Seiten und kann auf diese Weise (nach kurzer Laufzeit) jede Seite fast ohne Verzögerung darstellen. Das Informationsangebot

reicht von Programminformationen über Nachrichten, bis hin zu Reise- und Ge-
sundheitsnachrichten.

Zur Anzeige der Videotext-Information wird ein Hardware-Decoder für die im
VBI codierten Signale benötigt, der von vielen Multimedia-Karten bereitgestellt
wird. Unter Linux kann auf diese Daten über die (V4L) Gerätedatei `/dev/vbi`
zugegriffen werden. Zur Decodierung der Daten existieren verschiedene Anwendungen, von denen die wichtigsten im folgenden beschrieben werden.

6.5.1 Videotext lesen mit `alevt`

Das Programm `alevt` ist ein interaktiver Videotext-Decoder mit graphischer Benutzeroberfläche. Die Seiten werden im Hauptfenster der Anwendung direkt
dargestellt. Ein Wechsel von einer Seite zu einer anderen erfolgt einfach durch
die Eingabe der Nummer der gewünschten Seite bzw. durch einen Mausklick
auf die Seitennummer. Die Seite mit der Nummer 100 wird von den Sendern in
der Regel als Inhaltsverzeichnis verwendet. Informationen zu `alevt` sowie das
Programm selbst können unter der URL `http://www.goron.de/~froese/`
bezogen werden. Alternativ kann auch z. B. ein vorbereitetes RPM-Paket aus der
jeweiligen Linux-Distribution verwendet werden. Der Aufruf des Programms erfolgt durch das Kommando `alevt`, wobei zuvor mit einer Fernsehapplikation,
wie z. B. `kwintv` oder `set-tv`, der Fernsehkanal eingestellt worden sein muß,
dessen Videotext mit Hilfe von `alevt` dargestellt werden soll. Das Hauptfenster

Abbildung 6.17: Der Videotext-Decoder `alevt`

von `alevt` mit der Seite `507` des ZDF-Videotextes ist in Abbildung 6.17 auf der vorherigen Seite dargestellt.

Die aktuell dargestellte Seitennummer wird immer links oben angezeigt. Rechts daneben steht ein Seitenzähler, der normalerweise ständig in Bewegung ist und die gerade übertragene Seite markiert. Da die Videotext-Seiten zyklisch nacheinander übertragen werden, läuft der Zähler ständig im „Kreis" über alle gesendeten Seiten.

Die Auswahl einer bestimmten Seite erfolgt einfach durch Eingabe der Seitennummer. Falls eine Seite Verweise auf andere Seiten enthält (etwa wie die Seiten Nr `516` und `509` in obiger Abbildung), kann einfach mit der Maus auf die Seitennummer geklickt werden. Um später wieder zu der zuvor dargestellten Seite zu gelangen, kann die rechte Maustaste verwendet werden, wobei je Klick eine Seite in der History der zuvor besuchten Seiten zurückgegangen wird.

Manchmal sind Seiten in Unterbereiche untergliedert, wobei zunächst nur die erste von mehreren Sub-Seiten dargestellt wird. In diesem Fall steht z. B. rechts oben ein Hinweis, wie z. B. `1/2`, was bedeutet, daß von der aktuellen Seite im Augenblick der erste Teil von zwei Sub-Seiten dargestellt wird. Durch einen Klick auf das `1/2`-Symbol kann die jeweils nächste Seite angesehen werden.

Um Informationen aus dem Videotext-Fenster in eine andere Anwendung zu übertragen, kann mit Cut&Paste gearbeitet werden. Im `alevt`-Fenster kann mit der linken Maustaste ein beliebiger Bereich selektiert werden, der anschließend in einer anderen Anwendung, z. B. einem Texteditor, als Text mit der mittleren Maustaste oder dem Einfügen-Menü der Anwendung eingefügt werden kann.

`alevt` verfügt über eine eingebaute Hilfe, die zum einen beim Start des Programms erscheint und darüber hinaus auch zu jeder Zeit durch Anwahl der Seite `900` aufgerufen werden kann. Die Hilfe wird in Form von Videotext-Seiten bereitgestellt.

6.5.2 Videotext und Intercasting mit `vbidecode`

Eine weitere Möglichkeit, Videotext als auch Intercasting-Daten zum empfangen, besteht in der Verwendung von `vbidecode`. Ursprünglich war `vbidecode` Bestandteil der BTTV-Treiber-Distribution, heute jedoch ist es als eigenständiges Paket unter der URL `http://www.qsl.net/dk7in/VBI.html` zu erhalten.

`vbidecode` decodiert die Daten, die im VBI (Vertical Blank Interval) von verschiedenen Sendern übertragen werden. Zum einen sind dies Videotext-Daten, darüber hinaus aber auch Intercast-Informationen sowie weitere Daten, etwa die VPS-Informationen für Videorecorder. Intercast ist ein spezieller von Intel entwickelter Service einzelner Sender (in Deutschland nur ZDF und DSF), bei dem im VBI Daten, wie z. B. HTML-Seiten, Graphiken und weitere Dateien, übertragen werden, die mit einem Web-Browser angesehen werden können. Der Informationsfluß geht jedoch im Gegensatz zum Internet nur in eine Richtung (zum Zuschauer).

6.5.2.1 vbidecode-Konfiguration

Das Programm vbidecode ist eine Terminal-basierte Anwendung. Vor dem Aufruf sollte bereits der Fernsehkanal eingestellt sein, dessen VBI-Daten decodiert werden sollen. Dies kann wiederum mit einer Fernsehapplikation wie xawtv oder auch mit set-tv erfolgen. Die empfangenen Daten werden von vbidecode in Unterverzeichnissen des aktuellen Verzeichnisses abgelegt. Videotext-Daten z. B. der ARD werden in das Unterverzeichnis ARD abgelegt. Entsprechend werden Videotextdaten des ZDF in das Verzeichnis ZDF abgelegt (falls als aktueller Kanal das ZDF eingestellt ist). Die Verzeichnisse selbst werden nicht von vbidecode erstellt, sondern müssen bereits existieren. Für den Empfang von Intercast-Daten muß das Verzeichnis IC erstellt werden. Sollen beispielsweise im Hintergrund Videotext- und Intercast-Daten für das ZDF und die ARD gesammelt werden, kann folgendermaßen vorgegangen werden:

```
tux@erde:/home/tux > mkdir videotext
tux@erde:/home/tux > cd videotext
tux@erde:/home/tux/videotext > mkdir ARD ZDF IC
tux@erde:/home/tux > xawtv&
tux@erde:/home/tux > vbidecode &
tux@erde:/home/tux > ls ZDF
100_00.vtx     292_01.vtx     399_5888.vtx   590_00.vtx   732_06.vtx
101_00.vtx     292_02.vtx     399_5889.vtx   591_02.vtx   732_07.vtx
102_00.vtx     292_03.vtx     399_5890.vtx   592_02.vtx   732_08.vtx
103_00.vtx     292_04.vtx     399_5891.vtx   593_02.vtx   733_01.vtx
...
tux@erde:/home/tux > ls IC
DOTBLACK.GIF    clear-2.gif    lnk_AUDIO.GIF  sf_shad_4_com.gif
bullet_red.gif  dotblack.gif   nav_base2.gif  sf_shad_4_op.gif
...
```

Zunächst werden die notwendigen Verzeichnisse angelegt. Anschließend wird xawtv gestartet und z. B. auf den ZDF-Kanal eingestellt. Anschließend wird vbidecode im Hintergrund gestartet und sammelt permanent Videotext-Seiten, die in das jeweilige Unterverzeichnis abgelegt werden. Die Videotext-Dateien enden immer auf .vtx.

Das Programm vbidecode kann im Hintergrund gestartet werden, um auf diese Weise stets z. B. die Videotext-Seiten des gerade eingestellten Sender zu sammeln, die auf Festplatte gesichert werden. Wird auf einen anderen Sender umgeschaltet, sammelt vbidecode automatisch die Daten dieses Senders, wenn das entsprechende Verzeichnis existiert. Auf diese Weise sind stets die Videotext-Seiten verschiedenster Sender verfügbar.

6.5.2.2 Betrachten von `vbidecode`-Dateien

Das Betrachten der von `vbidecode` gespeicherten Seiten kann mit verschiedenen Programmen erfolgen, die im folgenden kurz vorgestellt werden.

Lesen mit Werkzeugen aus der `xawtv`-Distribution

Eine Möglichkeit besteht in der Verwendung der Werkzeuge aus der `xawtv`-Distribution. Mit Hilfe des Programms `vtx2ascii` können einzelne `.vtx`-Dateien zu Text konvertiert und angesehen werden. Darüber hinaus kann mit Hilfe des Skripts `vtx.sh` in einem Terminal in den verfügbaren Seiten geblättert werden. Hierzu wird auch das Programm `vtx2ascii` benötigt, das von `vtx.sh` aufgerufen wird. Darüber hinaus kann die bereits im Kapitel über `xawtv` angesprochene Möglichkeit eingesetzt werden, das Skript `vtx.cgi` zu verwenden, um die Seiten über einen Web-Browser betrachten zu können. Hierzu muß das Skript `vtx.cgi` als CGI-Skript für einen lokalen HTTP-Server installiert und den lokalen Gegebenheiten angepaßt werden.

Lesen mit `JVtxView`

Eine weitere Möglichkeit besteht in der Verwendung der Java-Applikation `JVtxView`. Dieses kleine Programm ist in der Lage, die `.vtx`-Dateien zu lesen und für einen Java-fähigen Web-Browser aufzubereiten. Das Paket kann unter der URL `http://www.unix-ag.uni-kl.de/~mdenn/` bezogen werden. Da das Programm in Java implementiert ist, kann es direkt aus einem Java-fähigen Browser oder dem `appletviewer` gestartet werden. Zu diesem Zweck muß auf dem Rechner Java installiert sein.

Zur Konfiguration der Software müssen einfach alle `.class`, `.gif` sowie die Datei `JVtxView.html` in das Basisverzeichnis kopiert werden, das die Videotext-Unterverzeichnisse für die einzelnen Sender enthält. In obigem Beispiel von `vbidecode` also nach `/home/tux/videotext`. Anschließend muß die Datei `JVtxView.html` bezüglich der existierenden Videotext-Sender angepaßt werden. Angenommen mit `vbidecode` werden Videotextdaten für das ZDF und die ARD gespeichert, muß die Datei wie folgt aussehen:

```
<html><head><title>VideoText</title><head>
<body>
<applet code="JVtxView.class" width=400 height=300>
<param name="channels" value="ZDF ARD">
```

```
<param name="font" value="vtx10x12.gif">
</applet>
</body>
</html>
```

Die zu ändernde Zeile <param name="channels" value="ZDF ARD" muß
durch Leerzeichen voneinander getrennt alle Namen der Verzeichnisse enthalten,
in den Videotext-Daten abgelegt wurden. Im Beispiel sind dies die Verzeichnisse
ZDF und ARD.

Anschließend kann aus einem Java-fähigen Web-Browser heraus die Datei JV-
txView.html geladen werden. Hierdurch erscheint im Browser z. B. das in Abbildung 6.18 dargestellte Bild.

Die Navigation durch die Seiten erfolgt mit Hilfe der Maus, indem die gewünschte Seitenzahl angewählt wird. Alternativ kann die gewünschte Seitennummer
auch über die Tastatur eingegeben werden.

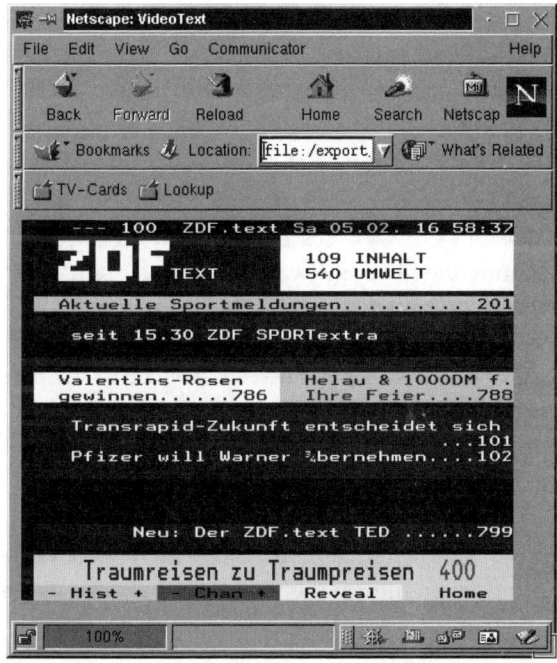

Abbildung 6.18: Das JVtxView-Applet in einem Web-Browser

6.6 Weitere Software

Die in diesem Kapitel vorgestellten Werkzeuge stellen naturgemäß nur einen kleinen Ausschnitt des Möglichen dar. In diesem Abschnitt werden daher einige weitere Links angegeben, die in Bezug auf das hier dargestellte Thema interessant sind.

6.6.1 Werkzeuge zum Videoschnitt

Mit den bisher in diesem Kapitel beschriebenen Applikationen ist es zwar möglich, einfache Videosequenzen zu erzeugen, jedoch können die Daten z. B. nicht adäquat komprimiert oder nachbearbeitet werden. Hierzu bedarf es weiterer Software. Im folgenden werden einige Links aufgeführt, unter denen Informationen zu entsprechenden Anwendungen und Utilities gefunden werden kann:

❏ *MainActor* von der Firma Main Concept. *MainActor* bietet die Möglichkeit zum Video/Audio-Capturing, also der Erstellung eines Videos. Darüber hinaus können Videos in verschiedenen Formaten (u. a. auch MPEG1) ineinander konvertiert werden. Der interessanteste Teil ist jedoch sicherlich die Möglichkeit, Videos zu schneiden und diese durch audiovisuelle Effekte aufzuwerten (z. B. durch Überblendungen, Texteinblendung, etc). Die Software wird kommerziell vertrieben. Eine Beta-Version für Linux kann jedoch frei unter der URL `http://www.mainconcept.de/` bezogen werden.

❏ *Cinelerra* von Heroine Virtual stellt ein weiteres natives Linux-Programm zum professionellen Videoschnitt dar. Die Software ist laut Aussage des Herstellers weniger für den Durchschnittsfilmer als mehr für den professionellen Einsatz gedacht und bietet z. B. Unterstützung für Renderfarmen. Die Software kann unter der URL `http://heroinewarrior.com/cinelerra.php3` bezogen werden.

6.6.2 Nützliche Informationsquellen im WWW

An dieser Stelle werden noch einmal alle wichtigen Adressen im World Wide Web (WWW) zusammengefaßt, unter denen Informationen zu dem Thema Video verfügbar sind:

6.6.2.1 Grundlegende Informationen

❏ Video for Linux Resources
  `http://www.exploits.org/v4l/`

❏ Multimedia for Linux
  `http://www.multimedia4linux.de/`

❏ Die „Video for Linux2"-(V4L)-Seiten

  http://roadrunner.swansea.uk.linux.org/v4l.shtml

❏ Das Video for Linux-Howto

  http://www.multimedia4linux.de/howto/DE-Video-TV-HOWTO.html

❏ Informationen über den Betrieb von Videokameras

  http://www.multimedia4linux.de/webcam.html

❏ Informationen über das LIRC-Projekt

  http://fsinfo.cs.uni-sb.de/~columbus/lirc/index.html

6.6.2.2 Informationen zu ausgewählten Multimedia-Programmen

❏ Die kwintv-Home–Page

  http://www.kwintv.org/

❏ Die xawtv-Homepage

  http://www.in-berlin.de/User/kraxel/xawtv.html

❏ Die alevt-Videotext-Homepage

  http://www.goron.de/~froese/

❏ Die vic (Videokonferencing)-Homepage

  http://www-nrg.ee.lbl.gov/vic/

❏ Die Broadcast 2000 Homepage

  http://heroine.linuxave.net/bcast2000.html

❏ Die Mainactor Homepage

  http://www.mainconcept.de/

❏ Die Cinelerra Homepage

  http://heroinewarrior.com/cinelerra.php3

❏ Die fmtools-Homepage

  http://www.exploits.org/v4l/fmtools.html

6.6.2.3 Technische Informationen

❏ Videoformate und Kodierungsalgorithmen

  http://bzvd.urz.tu-dresden.de/Grundlagen/videoformate.html

❏ Worldwide TV-Standards

  http://www.ee.surrey.ac.uk/Contrib/WorldTV/

❏ Das Video Compression Glossary

  http://www-mice.cs.ucl.ac.uk/multimedia/projects/mice/vcompgloss.html

❏ Fernseh- und Video-Normen

  http://www-is.informatik.uni-oldenburg.de/~dibo/teaching/pg-mpig/
  zwischenbericht-b/node211.html

549

❏ Fernseh-Anwendungen

`http://www.multimedia4linux.de/tv.html`

6.7 Verwendung von Kameras unter Linux

Die Nutzungsmöglichkeiten einer Kamera, die an einen PC angeschlossen werden kann, sind sehr vielseitig. Neben der Möglichkeit, Schnappschüsse zu fotografieren und diese Bilder anschließend z. B. in die eigene Web-Seite zu in integrieren, besteht darüber hinaus auch die Möglichkeit, Filme aufzunehmen. Auch allen, die mit Freunden oder Bekannten Video-Konferenzen durchführen möchten sind PC-Cams nützlich, da man auf diese Weise nicht nur mit dem Gegenüber reden, sondern auch das eigene Bild live mitsenden kann. Eine weitere Nutzungsmöglichkeit, die weniger im privaten, dafür eher im geschäftlichen Umfeld zu finden sein wird, ist die Überwachung, z. B. eines Raumes.

Auch unter Linux ist die Nutzung einer Kamera durchaus möglich. Ein Problem stellt jedoch die große Vielfalt an unterschiedlichen Kamerasystem dar, wobei Linux für einige Kameras bessere, für andere widerum eine schlechtere Unterstützung bietet. Dieser Umstand sollte bereits bei der Auswahl einer geeigneten Kamera berücksichtigt werden. Dieses Kapitel soll dem Leser einen Überblick über die verschiedenen Kameravarianten geben als auch ganz konkret die Nutzungsmöglichkeiten bestimmter Kameras unter Linux beschreiben.

6.7.1 Grundlagen

Wie überall auf dem Sektor von Peripherie-Geräten, gibt es auch bei dem Kameras, die oft als PC-Kameras oder Web-Cams bezeichnet werden, eine große Vielfalt unterschiedlicher Systeme mit unterschiedlicher Funktionsweise und unterschiedlichen Schnittstellen. Auch innerhalb einer Gruppe von Kameras stehen wiederum zahlreiche Modelle verschiedener Hersteller zur Auswahl. Leider kann nicht generell gesagt werden, welche Gruppe von Kameras am besten von Linux unterstützt wird, selbst verschiedene Modelle eines einzigen Herstelles unterscheiden sich evtl. schon bezüglich der existieren Linux-Unterstützung. Daher ist es wichtig, sich möglichst bereits vor dem Kauf über den Linux-Support für bestimmte Kameras zu informieren, um auf diese Weise Fehlkäufe zu vermeiden. Einige hierzu hilfreiche Web-Seiten sind weiter unten angegeben.

Qualitativ unterscheiden sich Kameras oftmals in der Auflösung, die sie erreichen (z. B. $640 \cdot 480$ Pixel für eine typische PC-Kamera) sowie in der Framerate, also der Zahl der Bilder je Sekunde, die die Kamera liefern kann. Ein weiteres Unterscheidungsmerkmal ist die Integration eines Mikrophons in die Kamera. Verfügt die PC-Cam über ein eingebautes Mikrophon ist es evtl. möglich, dieses auch unter Linux zu nutzen. Für eine Video-Konferenz bzw. IP-Telefonie muß dann kein Extra-Mikrophon an die Soundkarte des Rechners angeschlossen werden.

Auf Systemseite stellen sich in Abhängigkeit des jeweiligen Linux-Treibers die meisten der Kameras als V4L-Gerät (Video for Linux) dar. Dies hat den großen Vorteil, daß auf die Bildinformation mit Standard-Werkzeugen, wie z. B. xawtv oder kwintv, direkt zugegriffen werden kann. Da man z. B. mit xawtv auch Video-Dateien erstellen lassen kann, ist man nicht unbedingt auf weitere Software angewiesen. Falls ein Treiber für eine Kamera das Bild nicht über ein V4L-Gerät anbieten kann, benötigt man zusätzliche Software, um das Bild überhaupt sehen und verarbeiten zu können.

Um einen ersten Überblick über die verschiedenen Kameratypen zu geben, werden in den folgenden Abschnitten zunächst die wichtigsten Kategorien von Kameras beschrieben.

6.7.1.1 Kameraanschluß an TV-Karte

Wer in seinem Linux-Rechner bereits eine TV-Karte sein eigen nennt, kann diese neben dem reinen Fernseh-Vergnügen auch dazu verwenden, eine geeignete Kamera anzuschließen. Fast alle TV-Karten besitzen hierzu einen entsprechenden Video-Eingang (kleiner, runder Stecker auf der TV-Karte), an den eine Kamera mit Video-Ausgang eingesteckt werden kann. Der Hauptvorteil dieser Variante besteht darin, daß solche Kameras in der Regel über eine gute Bildqualität und eine gute Optik verfügen und auf Linux-Seite neben der Konfiguration der TV-Karte keine weietren Installationsarbeiten notwendig sind. Das Bild der Kamera kann z. B. mit Anwendungen, wie xawtv oder kwintv, dargestellt und auch aufgezeichnet werden. Der Nachteil dieser Lösung besteht in dem relativ hohen Preis einer solchen Kamera im Vergleich zu einer einfachen USB-basierten.

6.7.1.2 USB-basierte Kameras

Die heute am weitest verbreiteste Variante von sogenannten PC- oder Web-Cams sind kleine Kameras, die über einen USB-Port an den Rechner angebunden werden. Der Begriff Web-Cam ist hier eigentlich falsch, da diese Kamera ihre Bilder *nicht* über das Web, also über ein Netzwerk überträgt, sondern über den USB-Port. Der Hauptvorteil einer solchen Kamera liegt in ihrem Preis. USB-basierte PC-Kameras sind je nach Qualität ab ca. € 50,- zu haben.

Da Linux mit neueren Kerneln eine gute USB-Unterstützung bietet, ist eine solche Kamera in vielen Fällen eine gute Wahl. Das Problem mit USB-Kameras besteht jedoch darin, daß auch innerhalb dieser Gruppe sehr genau darauf geachtet werden muß, ob die jeweilige Kamera von Linux unterstützt wird. USB-Kamera ist hier nicht gleich USB-Kamera. Dies liegt darin begründet, daß auch bei USB-Kameras in Ermangelung eines einheitlichen Video-Interfaces unterschiedliche

USB-Treiber benötigt werden, die spezifisch auf einen bestimmten Typ von Hardware zugeschnitten sind.

6.7.1.3   Kameras zum Anschluß an den Parallelport

In der Zeit vor USB wurden PC-Kameras üblicherweise an dem Parallelport des Rechners betrieben. Wer heute eine neue Kamera kauft, wird jedoch keine mehr finden, die an den Parallelport angeschlossen werden kann. Hier dominiert ganz klar USB. Wer noch eine ältere Web-Cam, wie z. B. die Connectics (jetzt Logitech) QuickCam, verwendet, der findet hier einige Links, die diesen Bereich behandeln:

❏ Das `gqcam` Projekt
  `http://csce.unl.edu/~cluening/gqcam/`

❏ Informationen zur Color QuickCam.
  `http://www.cs.duke.edu/~reynolds/cqcam/`

❏ Weitere Treiber für die QuickCam `http://www.cs.duke.edu/~reynolds/quickcam/`

6.7.1.4   Netzwerkbasierte Web-Kameras

Eine weitere, insbesondere im geschäftliche Bereich verbreitete Variante von Kameras sind Web-Cams, also Kameras, bei denen die Übertragung der Bilder zum Rechner über ein normales Netzwerk erfolgt. Die Kamera ist in diesem Fall ein kleiner Computer, auf dem ein eigener Web-Server arbeitet, über den die Kamera konfiguriert werden kann. Die Bilder einer solchen Kamera können mit einem Web-Browser oder z. B. `wget` über ein Netzwerk bezogen werden.

Der große Vorteil einer solchen Kamera ist deren freie Plazierbarkeit. Alles, was die Kamera benötigt, ist ein Netzzugang (sei es ein Festnetz oder auch ein Funknetz) als auch eine Steckdose. Bei dieser Kamera entfallen also die Beschränkungen auf recht kurze Kabel, die normalerweise aufgrund der Anschlußart vorgegeben sind. Der Nachteil dieser Kameras besteht wieder im vergleichsweise hohen Preis. Kompatibilitätsprobleme mit Linux bestehen dafür jedoch in keiner Weise. Da der Zugriff auf die Kamera über ein Web-Interface auf Basis des HTTP-Protokolls erfolgt, kann jedoch eine solche Kamera von jedem Linux-Rechner sofort genutzt werden, der mit dieser Kamera vernetzt ist.

6.7.2   Anschluß und Nutzung einer USB-basierten Kamera

Aufgrund ihres günstigen Preises und der Tatsache, daß es heute fast keinen Rechner mehr gibt, der nicht über USB verfügt, machen USB-basierte PC-Cams den größten Teil des Markts insbesondere für Heimanwender aus. Daher soll in diesem Abschnitt beschrieben werden, wie eine USB-Kamera unter Linux zum Laufen gebracht werden kann.

Auch hier tritt jedoch wieder das schon beschriebene Problem der Unterschiedlichkeit von USB-Cams ins Rampenlicht. Aufgrund der baulichen Unterschiede existiert kein einheitlicher Treiber, mit dem alle USB-Cams betrieben werden könnten. Lediglich baugleiche Kameras und solche, die auf dem gleichen Chip-Satz beruhen, können mit dem gleichen Linux-USB-Treiber gesteuert werden.

Das Problem hört aber nicht mit den Treibern auf. Da eine PC-Kamera meist über verschiedene Optionen verfügt, die per Software gesteuert werden müssen (z. B. Blende, Farbausgleich, zu liefernde Bildgröße und Zahl der Bilder, ...), setzt sich das Problem der Inkompatibilität bis in die Anwendungen zur Kamerasteuerung hin fort. Aus dem Gesagten wird klar, daß für den Betrieb einer USB-Kamera unter Linux sowohl ein spezieller Treiber als auch spezifische Software benötigt wird, um die Möglichkeiten einer Kamera nutzen zu können. Für denjenigen, der eine neue Kamera kaufen möchte oder einen Treiber für seine USB-Kamera sucht, bietet sich unter der URL `http://www.qbik.ch/usb/devices/` jedoch eine sehr gute Übersicht über USB-Geräte, die jeweils zur Verfügung stehenden Treiber sowie weitere Software. Die erste Anlaufstelle sollte also diese Web-Seite sein, in der auch direkt nachgesehen werden kann, ob für eine bestimmte Kamera (und andere USB-Geräte) überhaupt Linux-Unterstützung existiert.

Aufgrund der Vielfalt der USB-Kameras und der beschriebenen Inkompatibilität, wird im folgenden der Anschluß und die Nutzung einer ganz bestimmten Kamera, einer Philips ToUcam (Typ PCVC 740) beschrieben. Die Beschreibung des Treibers als auch der Kamerasteuerung ist dabei nicht nur für genau diese Kamera gültig, sondern auch für weitere Modelle von Philips, Samsung, Logitech und Creativ Labs. Auch hier sei noch einmal gesagt, daß auch dieser Treiber *nicht* alle Modelle von Philips, Samsung, Logitech und Creativ Labs abdeckt, sondern nur ganz bestimmte. Unter der URL `http://www.smcc.demon.nl/webcam/` findet sich die genaue Übersicht, für welche Kamera der hier beschriebene Treiber funktioniert.

6.7.2.1 Installation und Laden von Treibern

Für viele USB-Kameras ist kein spezieller Treiber mehr erforderlich, da dieser schon in den Kernel-Source integriert wurde. Eine Übersicht über die Unterstützung von USB-Kameras, in der auch die verfügbaren Treiber eingesehen werden können, ist unter der URL `http://www.qbik.ch/usb/devices/` verfügbar. Für die hier beschriebene Gruppe von Philips Kameras heißt der Treiber `pwc` und ist im 2.4er Kernel enthalten. In diesem Fall kann die Kamera also einfach an den USB-Bus gesteckt werden. Da die USB-Kamera-Treiber systemseitig ein V4L-Interface zur Verfügung stellen, erfolgt der Zugriff auf das Bild über eine der `/dev/video`-Geräte, z. B. mit `xawtv`. Nachdem die Kamera angesteckt wurde, sollte das Treibermodul geladen worden sein, was als Benutzer `root` mit dem Kommando `lsmod` kontrolliert werden kann. Voraussetzung ist natürlich, daß auf dem Rechner Linux USB-Support (das USB-Hotplugging System) mit installiert wurde:

```
root@erde:/root #  lsmod|grep pwc
pwc                 40904   0
videodev             5600   4  [bttv pwc]
usbcore             56768   1  [printer snd pwc usb-uhci]
```

Beim Laden des `pwc`-Moduls ist es über entsprechende Angaben in der Datei `/etc/modules.conf` möglich, Voreinstellungen vorzunehmen, etwa die gewünschte Frame-Rate oder die gewünschte Größe des Bildes anzugeben. Die möglichen Optionen des Moduls sind in der Datei `/usr/src/linux/Documentation/usb/philips.txt` des Linux-Kernel-Quellcodes angegeben. Um beispielsweise eine Frame-Rate von 10 Bildern pro Sekunde und eine Bildgröße im `cif`-Format (352 · 288) zu setzen, kann folgender Eintrag in die Datei `/etc/modules.conf` vorgenommen werden:

```
options pwc  size=cif fps=10
```

In Abhängigkeit davon, ob der Rechner noch über weitere Hardware (z. B. eine TV-Karte) verfügt, die das V4L-Interface nutzt, ist das Kamerabild nach dem Anstecken an den USB-Bus über `/dev/video0` bzw. `/dev/video1` usw. verfügbar. Angenommen, die Kamera ist das zweite V4L-Gerät im System, dann kann das Bild mit Hilfe von `xawtv` durch Aufruf des Kommandos

```
xawtv -c /dev/video1
```

dargestellt werden. Die Option `-c` ermöglicht die Angabe des V4L-Geräts (hier das zweite Interface, also `/dev/video1`) auf das `xawtv` zugreifen soll.

Wer dies mit einer der vom `pwc`-Treiber unnterstützten Kameras probiert, wird zunächst erstaunt sein, daß das dargestellte Bild sehr klein ist. Dies liegt daran, daß die Bilddaten von der Kamera über den USB-Bus unkomprimiert übertragen werden, was wiederum etwas mit der Geschichte des Treibers selbst zu tun hat. Als der Autor dieses Treibers (`http://www.smcc.demon.nl/webcam/`) begann den Treiber zu entwickeln, mußte er, um Informationen über die Kamera erhalten zu können, ein NDA (Non Disclosure Afgreement) mit Philips unterzeichnen, wodurch es im untersagt war, den Quellcode zu veröffentlichen. Im Gegenzug erhielt er die notwendigen Informationen von Philips, um den Treiber entwickeln zu können. Dieses NDA wurde nach einiger Zeit gelockert, so daß der eigentliche Treiber mit in den Kernel-Quellcode eingehen konnte. Nur ein kleiner Teil des notwendigen Programmcodes konnte auch weiterhin nicht veröffentlicht werden. Dieser Code ist nur in binärer Form, als ein Kernel-Modul `pwcx-i386`, verfügbar und ermöglicht die komprimierte Übertragung der Bildinformation über den USB-Bus als auch die Steuerung der Bildgröße.

Das Kernel-Modul kann unter der URL `http://www.smcc.demon.nl/webcam` bezogen werden. Die Installation des Moduls besteht zunächst aus dem Auspacken des `tar`-Archivs. Anschließend muß das enthaltene Kernel-Modul am besten in das Verzeichnis `/usr/lib/mopdules/usb` kopiert werden (zuvor evtl. das Verzeichnis mit `mkdir -p /usr/lib/mopdules/usb` erzeugen). Das Modul ist unabhängig von der verwendeten Kernelversion, so daß man nicht immer ein neues Modul braucht, wenn man z. B. von Kernel in der Version `2.4.18` nach `2.4.19` wechselt. Es muß lediglich zu der Version des pwc-Treibers im Kernel passen. Wer einen aktuellen Kernel verwendet und die aktuelle Version des Moduls von der angegebenen Web-Seite verwendet, sollte keine Probleme haben.

Damit das Modul automatisiert geladen werden kann, muß nach dem Kopieren der `pwcx-i386.o`-Datei in das Verzeichnis `/usr/lib/modules/usb/` noch folgende Zeile in die Datei `/etc/modules.conf` eingefügt werden. Aus Gründen der Übersichtlichkeit wurde die Anweisung auf zwei Zeilen verteilt. Bei der Eingabe sollte jedoch alles in *eine* einzige Zeile geschrieben werden:

```
post-install pwc /sbin/insmod --force
                /lib/modules/usb/pwcx-i386.o >/dev/null 2>&1
```

Dieser Eintrag bewirkt, daß im Anschluß an das Laden des pwc-Modules, wenn die Kamera an den USB-Bus gesteckt wurde, auch automatisch das Modul `pwcx-i386` geladen wird. Die Option `-force` ist notwendig, weil das Modul nur in einer Version vorliegt und nicht je Kernel-Version ein Modul existiert.

Im Anschluß an die gerade beschriebene Installation kann die Kamera noch einmal vom USB-Bus abgezogen und dann wieder angesteckt werden. Dadurch sollte jetzt auch das `pwcx-i386`-Modul geladen worden sein. Startet man jetzt erneut `xawtv`, um das Bild anzusehen, sollte es bereits größer sein.

Was noch fehlt, ist die Möglichkeit der Steuerung der Kamera bzlg. der genauen Größe des Bildes oder in Hinsicht auf die automatische Helligkeitseuerung und des Weißabgleichs. All diese Funktionen sind für die zum pwc-Treiber kompatiblen Kameras mit der unten beschriebenen `camstream`-Anwendung (vom gleichen Autor wie der pwc-Treiber) möglich.

Wer eine andere als die hier beschriebene USB-Kamera einsetzt, die nicht mit Hilfe des pwc-Treibers genutzt werden kann, sollte sich zunächst auf der bereits genannten Web-Seite `http://www.qbik.ch/usb/devices/` darüber informieren, welcher Treiber benötigt wird und welche Software zur Verfügung steht. Ggf. kann auch mit einer Suchmaschine wie Google nach Anwendungen und Treibern für die gewünschte Kamera gesucht werden.

6.7.2.2 Anwender-Software

Um eine PC-Kamera nutzen zu können, wird neben dem Treiber natürlich auch
eine Anwendung benötigt, mit deren Hilfe man die aufgenommen Schnappschüsse als Bild-Dateien bzw. als einen Film abspeichern kann. Die meisten Kameras
benutzen die V4L(Video for Linux)-API, so daß mit allen V4L-komaptiblen Programmen auf die Bildinformation zugegriffen werden kann. Dies bedeutet z. B.,
daß mit Hilfe der Fernseh-Anwendung `xawtv` direkt auf das Bild solcher Kameras zugegriffen werden kann. Hierzu muß lediglich die verwendete Video-
Schnittstelle (`/dev/video0`, `/dev/video1`, ...) angegeben werden. Mit `xaw-
tv` kann die Schnittstelle mit der Option `-c` angegeben werden, also z. B. als
`xawtv -c /dev/video0`.

Kameras, die das V4L-Interface nicht nutzen, benötigen eine eigene spezielle Software, um das Bild darstellen und speichern zu können. Glücklicherweise nutzen
alle USB-basierten Kameras die V4L-Schnittstelle, so daß hier eine größere Zahl
an Anwendungen genutzt werden kann.

In den folgenden Abschnitten werden einige solcher Anwendungen kurz vorgestellt. Darunter fällt auch die Anwendung `camstream`, die speziell für den
oben beschriebenen Typ von Philips PC-Kameras entworfen wurde. Sie ermöglicht eine optimale Steuerung und Konfiguration der Kamera. Leider kann diese
Anwendung wiederum nicht für beliebige USB-Kameras verwendet werden. Andere weiter unten dargestellte Anwendungen konzentrieren sich weniger auf die
Steuerung der Kamera als auf die Verwertung der Bilder. Solche Anwendungen,
die lediglich auf die V4L-Schnittstelle zugreifen, um an die Bildinformation zu
gelangen, können für jede Kamera verwendet werden, die die V4L-Schnittstelle
nutzt.

Die Anwendung `camstream`

Das Programm `camstream` stammt vom Entwickler des `pwc`-Treibers für zahlreiche Philips-Kameras, der auch für einige andere Kameratyen geeignet ist. Die
Anwendung kann von den Web-Seiten des Autors unter der URL `http://www.`
`smcc.demon.nl/webcam/` bezogen werden. Sie liegt im Quelltext vor und muß
zunächst übersetzt und installiert werden. Hierzu muß auf dem Linux-System
Development Support, also Compiler und Libraries (die `devel`-Pakete) insbesondere auch `autoconf`, `automake` und der `gcc` installiert sein.

Das Übersetzen erfolgt, indem zunächst das `tar`-Archiv ausgepackt wird und
anschließend mit einem Aufruf von `./configure` die Software vorkonfiguriert
wird. Anschließend muß nur noch ein `make`- und `make install`-Aufruf als Benutzer `root` ausgeführt werden:

```
root@erde:/tmp # tar xvzf camstream-0.26.1.tar.gz
camstream-0.26.1/
camstream-0.26.1/camstream/
camstream-0.26.1/camstream/CamWindow.cc
camstream-0.26.1/camstream/BUGS
camstream-0.26.1/camstream/codec/
camstream-0.26.1/camstream/codec/AdaptiveHuffman.cc
camstream-0.26.1/camstream/codec/AdaptiveHuffman.h
...
root@erde:/tmp # cd camstream-0.26.1
root@erde:/tmp/camstream-0.26.1 # ./configure
creating cache ./config.cache
updating cache ./config.cache
creating ./config.status
creating Makefile
configuring in lib/ccvt
running /bin/sh ./configure  --cache-file=../../././config.cache --srcdir=.
loading cache ../../././config.cache
checking for gcc... gcc
checking whether the C compiler (gcc  ) works... yes
checking whether the C compiler (gcc  ) is a cross-compiler... no
checking whether we are using GNU C... yes
checking whether gcc accepts -g... yes
....
root@erde:/tmp/camstream-0.26.1 # make
gcc -c -DSTDC_HEADERS=1 -DHAVE_INTELCPU=1 -DHAVE_MMX=1
   -o ccvt_mmx.o ccvt_mmx.S
gcc -DSTDC_HEADERS=1 -DHAVE_INTELCPU=1 -DHAVE_MMX=1  -Wall -g -O3
   -c -o ccvt_misc.o ccvt_misc.c
ar rcv libccvt.a ccvt_mmx.o ccvt_misc.o
a - ccvt_mmx.o
a - ccvt_misc.o
ranlib libccvt.a
...
root@erde:/tmp/camstream-0.26.1 # make install
ake -C camstream install
make[1]: Wechsel in das Verzeichnis »/tmp/camstream-0.26.1/camstream
...
```

Nachdem der Übersetzungsvorgang ohne Fehler durchgelaufen ist und auch ein
make install als Benutzer root durchgeführt wurde, kann die Anwendung
mit dem Kommando /usr/local/bin/camstream gestartet werden. Dadurch
erscheint zunächst ein noch leeres Fenster. Unter dem Menüpunkt File in diesem Fenster muß jetzt der Menüpunkt Open viewer angewählt werden, wodurch sich ein weiteres Fenster öffnet, in dem zunächst die gewünschte Bildgrö-

557

Abbildung 6.19: Die Anwendung `camstream` mit Co-Autorin Susie bei einer ersten Inspektion der Kamera

ße bis hin zu 640 · 480 Pixel angegeben werden kann. Nach Auswahl der Größe erscheint ein Fenster, in dem das Bild der Kamera, wie in Abbildung 6.19 abgebildet, angezeigt wird.

Über die Icon-Leiste am oberen Fensterrand können weitere Funktionen der Anwendung genutzt werden. Hierzu zählt insbesondere das Anfertigen von Schnappschüssen, also Bildern, die in verschiedenen Formaten abgespeichert werden können. Die hierzu notwendigen Einstellungen können in einem Dialog vorgenommen werden, der durch Drücken des Scharaubenschlüssel-Icons aufgerufen wird. Das ganz links plazierte Icon der drei Farbstreifen ermöglich die Konfiguration der Kamera. Durch das Drücken dieses Icons öffnet sich der in Abbildung 6.20 auf der nächsten Seite dargestellte Konfigurationsdialog.

In diesem Konfigurationsdialog können zahlreiche Einstellungen vorgenommen werden. Darunter fallen in den verschiedenen Registern des Fensters Einstellungen, wie die gewünschte Bildgröße und die Zahl der Bilder pro Sekunden (FPS, Frames per second). Darüber hinaus lassen sich auch Helligkeit und Farbintensität des Bildes und die spezifischen Parameter der Kamera hier ändern, die sich in dem Register `Philips Extensions` befinden, das in obiger Abbildung dargestellt ist.

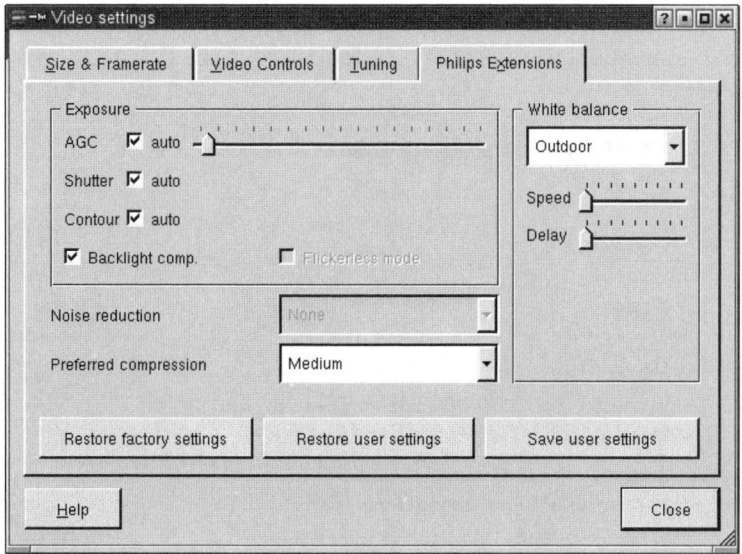

Abbildung 6.20: Das Hauptfenster von `camstream`

Der Video-Grabber `vgrabbj`

Die bisher besprochenen Möglichkeiten an das Bildmaterial einer an den Rechner angeschlossenen Kamera heranzukommen, wie z. B. die Nutzung von `xawtv` waren interaktiv, d. h., der Benutzer muß eine Anwendung starten und dann einen Button Drücken, um die Aktion auszulösen.

Die Anwendung `vgrabbj`, die unter der URL `http://gecius.de/vgrabbj/` frei verfügbar ist, bietet die Möglichkeit, ohne Interaktion einen Schnappschuß von einem V4L-kompatiblen Gerät zu machen. Da die meisten Treiber für Kameras V4L-kompatibel sind, eignet sich `vgrabbj` sehr gut um automatisert, z. B. aus einem Skript heraus, ein aktuelles Bild zu schießen. `vgrabbj` bietet die Möglichkeit, das erzeugte Bild als PNM-, JGP- und auch als PNG-Datei abzuspeichern. Darüber hinaus kann das Bild mit einem Time-Stamp, also einem Datum im Bild, versehen werden. Zahlreiche Optionen erlauben weitere Einstellungen, wie z. B. die automatische Helligkeitskontrolle für ein Bild, die Möglichkeit, die Bildgröße zu bestimmen (sofern diese vom V4L-Gerät unterstützt wird) sowie die Möglichkeit, mehrere Schnappschüsse in Folge zu erzeugen.

Um `vgrabbj` nutzen zu können, muß zunächst der Quellcode von der oben angegebenen URL heruntergeladen werden. Anschließend wird das `tar`-Archiv ausgepackt und in der üblichen Kommandofolge (als Benutzer `root`) `./confi-gure`, `make`, `make install` übersetzt und installiert. Normalerweise liegt das Programm anschließend unter `/usr/local/bin`. Wer es lieber unter `/usr/bin` sehen möchte, kann bei dem `./configure`-Aufruf den Parameter `--prefix=`

559

/usr angeben. Wie üblich müssen zum Übersetzen entsprechende Entwicklerwerkzeuge, wie z. B. der gcc, installiert sein. Zudem werden die Pakete libjpg
als auch libpng benötigt:

```
root@erde:/tmp # tar xvzf vgrabbj-0.9.1.tar.gz
vgrabbj-0.9.1/
vgrabbj-0.9.1/NEWS
vgrabbj-0.9.1/TODO
vgrabbj-0.9.1/vgrabbj.conf.5
vgrabbj-0.9.1/aclocal.m4
...
root@erde:/tmp # cd vgrabbj-0.9.1
root@erde:/tmp/vgrabbj-0.9.1 # ./configure --prefix=/usr
creating cache ./config.cache
checking for a BSD compatible install... /usr/bin/install -c
checking whether build environment is sane... yes
checking whether make sets $MAKE... yes
checking for working aclocal... found
...
root@erde:/tmp/vgrabbj-0.9.1 # make
gcc -DHAVE_CONFIG_H -I. -I. -I.      -g -O2 -Wall -c vgrabbj.c
gcc -DHAVE_CONFIG_H -I. -I. -I.      -g -O2 -Wall -c v_config.c
gcc -DHAVE_CONFIG_H -I. -I. -I.      -g -O2 -Wall -c font.c
...
root@erde:/tmp/vgrabbj-0.9.1 # make install
/bin/sh ./mkinstalldirs /usr/bin
  /usr/bin/install -c  vgrabbj /usr/bin/vgrabbj
...
```

Ein Aufruf von vgrabbj, um ein Bild von /dev/video0 zu holen und als JPG-
Datei abzuspeichern, lautet wie folgt:

```
root@erde:/home/tux # vgrabbj -d /dev/video0 -o jpeg -f bild.jpg
Reading image from /dev/video0
root@erde:/home/tux # ls -l bild.jpg
-rw-r--r--    1 tux   employee     14159 2002-10-02 09:42 bild.jpg
```

Eine Liste aller möglichen Optionen erhält man, indem man das Programm als
vgrabbj -h aufruft. Da man mit Hilfe der -i-Option die gewünschte Bildgröße
angeben kann, wobei die Angabe auch von der Videoquelle (Kamera, TV-Karte)
unterstützt werden muß, ist es nützlich, die aktuellen Einstellungen der Video-
quelle ermitteln zu können. Dies ermöglicht vgrabbj mit der Option -s:

```
root@erde:/home/tux # vgrabbj -s /dev/video0
Videodevice name: /dev/video0 (Philips 740 webcam)
Capabilities
```

```
Type     : 1    Values can be looked up at videodev.h
Channels : 1
Audio    : 1
MaxWidth : 640
MaxHeight: 480
MinWidth : 160
MinHeigth: 120

Current Settings:
Brightness: 32768
Hue       : 65535
Color     : 32114
Contrast  : 26624
Whiteness : 43008
Depth     : 24
Palette   : YUV420P (15)
Width     : 176
Height    : 144
Chromakey : 0
```

In der Ausgabe kann leicht man den Typ der Videoquelle als auch die minimale und die maximale Auflösung erkennen. Diese Angaben könnten dann später zum Grabben genutzt werden.

Erstellen von Videos und Videostreaming mit ffmpeg

Das Paket ffmpeg ist ein leistungsfähiges Werkzeug, mit dem sich leicht z. B. MPEG-Videos von einer V4L-kompatiblen Video-Quelle, wie z. B. einer TV-Karte oder einer Kamera, erstellen lassen. Das Werkzeug wird in Abschnitt 6.8.3 auf Seite 569 ausführlich beschrieben.

6.7.3 Nützliche Informationsquellen in WWW

An dieser Stelle noch einmal die Zusammenfassung wichtiger URLs zum Thema Linux und Video.

❑ Liste mit von Linux unterstützten USB-PC-Cameras
  http://www.qbik.ch/usb/devices/

❑ Support für Philips, Logitech, Creative Labs u.a. Kameras und der Camstream-Anwendung
  http://www.smcc.demon.nl/webcam/

❑ Infos und Treiber für Kameras mit CPiA-Chipsatz
  http://webcam.sourceforge.net/

❏ Seite mit Links für Treiber für viele verschiedene Kameras
   `http://www.ee.nmt.edu/~guilbert/saic-robot/webcam/webcam.html`

❏ Homepage des Grabber `vgrabbj`
   `http://gecius.de/vgrabbj/`

❏ Die `ffmpeg`-Homepage
   `http://ffmpeg.sourceforge.net`

6.8 Aufnahme und Wiedergabe von Videosequenzen

Neben der Möglichkeit, z. B. ein Fernsehprogramm unter Linux einfach nur anzusehen, bietet Linux auch verschiedene Möglichkeiten, Videosequenzen wie ein Videorecorder aufzuzeichnen. Das Resultat ist eine Video-Datei, die in verschiedenen Formaten vorliegen kann. Zur Wiedergabe einer solchen Datei benötigt man schließlich einen Player, also ein Programm zur Wiedergabe digital codierter Videodaten. Hiebei stehen verschiedene Player zur Verfügung, die sich im wesentlichen in der Zahl der unterstützten Video-Codierungsverfahren (den sogenannten Codecs) unterscheiden.

6.8.1 Übersicht über wichtige Codecs und Dateiformate

Das Wort *Codec* ist ein Kunstwort, das sich aus dem Begriff Coder-Decoder ableitet. Gemeint ist damit ein bestimmtes Verfahren, um analoge Daten, z. B. von einer Video-Kamera, zu codieren, um sie in Form einer Datei in einem bestimmten Format abzuspeichern. Später kann sie mit einem Video-Player, der den verwendeten Codec und das Dateiformat unterstützt, wiedergegeben werden. Ein wesentliches Ziel vieler Codecs, wie z. B. das des MPEG-Verfahrens, liegt nicht nur darin, Bilder aufzeichnen zu können, sondern dies insbesondere in einer möglichst guten Komprimierung der Videodaten. Ein Bild im SIF-Format mit $352 \cdot 240$ Bildpunkten, wobei die Farbinformation für jeden Bildpunkt in einem Byte gehalten werden soll, beansprucht unkomprimiert 82.5 KBytes. Für eine Videosequenz müssen mindestens 25 Bilder pro Sekunde (Frames) aufgenommen werden, um eine ruckfreie Wiedergabe zu ermöglichen. Das bedeutet, daß je Sekunde 82.5 KBytes $\cdot$ 25 Bilder/sec = 2062.5 KBytes/sec an Daten anfallen, also etwas mehr als zwei Megabytes. In dieser Zahl ist noch nicht einmal die Ton-Information enthalten, die ja schließlich auch Bandbreite benötigt.

Denkt man an größere Auflösungen und eine bessere Qualität, wird schnell klar, daß zur Video-Speicherung und auch zu dessen Verarbeitung Verfahren benötigt werden, mit deren Hilfe die Bildinformation komprimiert werden kann. Dabei zeigte sich schnell, daß ein solches Verfahren mit der notwendigen Leistungsfähigkeit nicht alle Informationen in einem Bild erhalten kann. Die Kompression der meisten Verfahren ist daher verlustbehaftet, wodurch es in einem Bild zu sogenannten Artefakten kommen kann, d. h. z. B. zu falscher Farbwiedergabe führen kann. Das älteste Kompressionsverfahrem MPEG-1 erzeugt bei einer Auflösung von ca. 350 · 240 Bildpunkten einen Datenstrom von 192 KBytes/sec. Die Bildqualität entspricht in diesem Fall in etwa der eines VHS-Videorecorders.

Zur Komprimierung von Videodaten macht man sich insbesondere die Eigenschaft von Bildfolgen zu Nutze, daß aufeinanderfolgende Bilder oder Frames wie man in diesem Fall sagt, oftmals nur geringe Unterschiede zueinander aufweisen. Man denke hier beispielsweise an die Aufnahme eines Tennis-Spiels. In einer solche Aufnahme sind viele Bildbereiche, wie z. B. der Platz selbst, die Zuschauertribüne etc., fast statisch und verändern sich nur, wenn die Kamera schwenkt. Zwei zeitlich aufeinanderfolgende Aufnahmen eines solchen Platzes weisen also in großen Teilen Gemeinsamkeiten auf. Anstatt in diesem Fall zwei aufeinanderfolgende Bilder unabhängig voneinander zu codieren, nimmt man das erste Bild als Ausgangspunkt und codiert anschließend nicht das gesamte zweite Bild, sondern nur die Differenz des zweiten zum ersten (also z. B. die Veränderungen die durch die sich bewegenden Spieler entstanden sind). Ein solches Verfahren wird als Interframe-Codierung bezeichnet, weil es die Unterschiede zwischen zwei (und weiteren) Frames auswertet. Ein weiteres Mittel zur Reduzierung von Daten liegt in einer Besonderheit des menschlichen Auges, die schon das Farbfernsehen ausgenutzt hat: Das Auge ist empfindlicher für Veränderungen der Helligkeit als für Veränderungen der Farbe eines Bildes. Dadurch wird es möglich, das Datenaufkommen um die Hälfte zu reduzieren, indem für die Farbinformation nur die Hälfte der horizontalen und vertikalen Auflösung der für die Helligkeitsinformation verwendeten Auflösung eingesetzt wird. Das bekannteste Verfahren, das auf dieser Basis arbeitet ist die YUV-Kodierung. Schließlich wird die Datenmenge auch in erheblichem Umfang dadurch reduziert, das das Bildsignal auf „überflüssige" Informationen hin untersucht wird, die im Normalfall nicht wahrgenommen werden kann. Das Problem mit den genannten Maßnahmen besteht darin, daß bei zu starker Komprimierung bzw. bei bestimmten Bildern Details verloren gehen und Artefakte entstehen können, die im Original-Bild nicht enthalten waren (z. B. Blockbildung).

Im folgenden werden die wichtigsten Codierungsverfahren und die verwendeten Dateiformate kurz vorgestellt:

6.8.1.1 AVI

AVI steht für *Audio Video Interleave* und stellt ein von Microsoft entwickeltes Multimedia-Dateiformat dar. Auf Windows-Rechnern ist das AVI-Format Teil von Video für Windows. Das Format hat auf dem PC-Sektor die größte Verbreitung und ist auch unter Linux nutzbar. Das Dateiformat ist so aufgebaut, daß

Video- und Audio-Daten fortlaufend in einer Datei gespeichert werden, wobei einem Segment an Video-Daten ein Segment Audio-Daten usw. folgt. Darüber hinaus dient AVI als eine Art Container, da dieses Dateiformat nicht an die Verwendung eines bestimmten Codierungsverfahrens gebunden ist, sondern eine Vielzahl unterschiedlicher Codecs unterstützt, wie z.B. Motion JPEG, MPEG-4, Indeo Video etc. (siehe auch `http://avifile.sourceforge.net/` und `http://www.jmcgowan.com/avi.html`).

6.8.1.2 RealMedia

Real Media (Dateiendung `.rm`) ist ein Streaming Format von RealNetworks das inzwischen sehr weit verbreitet ist. Für Linux steht sowohl der Player (`real-player`) zur Verfügung als auch der Encoder, mit dessen Hilfe RealMedia-Dateien erstellt werden können. Allerdings ist lediglich der Player kostenfrei zu beziehen. Für die Videoinformationen wird das Kompressionsverfahren RealVideo, für die Audio-Daten RealAudio eingesetzt.

6.8.1.3 MPEG-1,2,4

MPEG ist eine Arbeitsgruppe der ISO (International Standards Organization) und IEC (International Electrotechnical Commission). MPEG steht für *Moving Picture Experts Group*. Die Arbeitsgruppe befaßt sich mit der Entwicklung und Standardisierung von Codierungsverfahren für Video und Audio. Die MPEG-Group hat im Laufe der Zeit verschiedene Standards zur Video- und Audio-Komprimierung verabschiedet, die sich auch vielen in kommerziellen Produkten wiederfinden. So basiert z.B. die DVD auf dem MPEG-2-Standard, und die etwas ältere Video-CD basiert auf dem MPEG-1-Standard. Im einzelnen existieren folgende Standards:

MPEG-1 Der MPEG-1-Standard wurde bereits 1992 verabschiedet. MPEG-1 diente der Audio und Video-Kompression mit geringen Bitraten (Bit/sec, die für die Darstellung von Audio und Video verwendet werden) von ca. 1.5 Mbit/sec, wodurch eine Bildqualität erreichbar war, die in etwa einem VHS-Videorecorder entspricht. Ziel war die Speicherung von Video-Daten auf einer Compact-Disk (CD). Aus diesem Ziel heraus entstand die Video-CD (VCD).

MPEG-2 Der MPEG-2-Standard wurde 1994 verabschiedet. Im Gegensatz zu MPEG-1 wurde MPEG-2 dafür entwickelt, höhere Bitraten und somit eine höhere Bildqualität zu erreichen. Auf dem Gebiet der Audio-Codierung enthält MPEG-2 die Möglichkeit, bis zu 6 Audio-Kanäle zu codieren. Weitere Neuerungen betreffen insbesondere die Skalierbarkeit. Es gibt keine konstate Bitrate mehr. Vielmehr ist die Zahl der Bit/sec, die für ein Bild (ein FRAME) verwendet wird, abhängig von der Komplexität des Bildes. MPEG-2 ermöglicht Bitraten von 2-40 Mbit/sec. Der wohl promineteste Vertreter von MPEG-2, die DVD, hat eine maximale Bitrate von 10.5 Mbits/sec. Zudem wurde für Kompatibilität zwischen Encoder und Decoder gesorgt. Ein Decoder kann sowohl die Daten eines Encoders, der mit geringerer Bitrate arbeitet darstellen, als auch die Daten eines Encoders, der mit höherer Bitrate arbeitet. Da auch die Decodierung rechenintensiv ist, kann der Decoder auf diese Weise je nach Rechenleistung das bestmögliche Bild darstellen. Neben der DVD wurde MPEG-2 insbesondere auch für die Super-Video-CD (SV-CD) verwendet, die sich gegenüber der VCD durch eine wesentlich bessere Bildqualität auszeichnet.

MPEG-4 Der MPEG-4 Standard wurde 1999 verabschiedet. Die Entwicklung von MPEG-4 zielte insbesondere in die Richtung der Audio-Video-Übertragung über das Internet sowie in interaktive Anwendungen. Ziel war also insbesondere die Datenübertragung über Netzwerke mit geringer Bandbreite sowie die Möglichkeit der Interaktion des Benutzers mit einer Szene im Rahmen der Möglichkeiten, die der Autor dieser Szene gegeben hat. Hierzu können in MPEG-4 vom Autor Media-Objekte definiert werden, die auf Interaktion mit dem Benutzer „reagieren" können.

6.8.1.4 DivX

DivX ist ein von der Firma DivXNetworks sowie dem Open Source Projekt Mayo entwickelter Audio-/Video-Kompressionsstandard, der auf der MPEG-4 Technologie beruht. Ziel ist die qualitativ hochwertige Übertragung von Videos über das Internet. Die Kompressionsraten von DivX erlauben nach Aussagen der Entwickler die Reduktion eines MPEG-2-codierten Videos auf 10% seiner ursprünglichen Größe. Informationen zu DivX sind unter der URL http://www.divx.com und http://www.projectmayo.com/ verfügbar.

6.8.1.5 RGB

RGB ist eine Codierung, die ein bestimmtes Verfahren festlegt, wie ein farbiges Bild repräsentiert werden kann. Da man durch Mischen von rotem, grünen und blauem Licht in unterschiedlichen Intensitäten jede mögliche Farbe darstellen kann, ist es andersherum möglich, jede Farbe eines Pixels als Mischung der drei Gundfarben aufzufassen. Dabei werden jedem Pixel eines Bildes Werte für die Intensität der drei Farbwerte Rot/Grün/Blau zugeordnet. Typischerweise wird die Intensität jeder der Grundfarben eines Pixels in einem Byte codiert, so daß man zur Darstellung eines Pixels 3 Bytes benötigt. RGB ist im Grunde nur eine Farbraumdarstellung. Da RGB kein Verfahren ist, bei dem versucht wird ein Bild zu komprimieren, werden Dateien, in denen RGB-Daten gespeichert werden, sehr groß.

6.8.1.6 YUV

YUV ist eine weitere Codierung zur Repräsentation eines farbigen Bildes. Die Idee stammt aus der Anfangszeit des Farbfernsehens, wo die Herausforderung darin bestand, daß das jetzt neu ausgestrahlte Farbfersehen auch auf alten Schwarz/Weiß-Geräten ohne Änderung an den alten Geräten zu empfangen sein sollte. Schwarz/Weiß-Geräte konnten nur ein Leuchtdichte-Signal verarbeiten, in dem die Helligkeit jeder Bildzeile des Gesamtbildes codiert ist. Die Lösung bestand darin, das Leuchtdichte- und das Farbsignal getrennt voneinander zu übertragen. Genau das wird bei der YUV-Kodierung erreicht. Bei YUV steht das Y für das Leuchtdichte-Signal. U und V stehen für die Farbinformation. Die Farbinformation wird dabei nicht wie im RGB-Verfahren durch Codierung der Intensität der Rot-Grün-Blau-Anteile eines Pixels übertragen, sondern als Differenz von Farbe und Leuchtdichte. So steht das U in YUV für die Differenz von Rot – Leuchtdichte (R-Y), das V steht für die Differenz von Blau – Leuchtdichte (B-Y). Aus diesen drei Informationen Y, U und V kann das Farbbild dargestellt werden.

Bei der YUV-Kodierung macht man sich zusätzlich noch eine Eigenschaft des menschlichen Auges zu Nutze: Das Auge ist wesentlich empfindlicher für die Helligkeit eines Bildes als für die Farbe. Andersherum gesagt: Das Auge sieht Änderungen der Helligkeit wesentlich besser als Änderungen der Farbe. Diese Eigenschaft wird genutzt, um die für ein Bild zu speichernde Information zu reduzieren. Das Verfahren wird dann z. B. als 4:2:2- oder 4:1:1-Komprimierung bezeichnet. Die drei Zahlen stehen jeweils für die Informationsdichte der Y-, U- und V-Anteile des Bildes. Die Schreibweise 4:2:2 bedeutet, daß bei der Digitalisierung eines Bildes z. B. von vier Bildpixeln jeweils für alle vier die Leuchtdichte bestimmt wird, jedoch nur jeweils zwei Werte für die Farbinformation R-Y und B-Y bestimmt werden. Die Farbinformation wird also jeweils halbiert, wodurch insgesamt weniger Informationen je Bild gespeichert bzw. übertragen werden müssen. Entsprechend bedeutet die Schreibweise 4:1:1, daß von vier zu digitalisierenden Bildpunkten für alle 4 die Leuchtdichte bestimmt wird, aber nur jeweils ein Wert für R-Y und B-Y aus den vier Bildpunkten bestimmt wird. Die Farbinformation wird hier also in diesem Fall noch weiter „komprimiert". Genaugenommen wird einfach noch mehr von der Farbinfotmation des ursprünglichen Bildes weggelassen, wodurch u. U. unnatürliche Farben und Artefakte entstehen können.

6.8.1.7 Motion JPEG

Motion JPEG ist ein Verfahren, das zur Codierung von Videodaten auf das bekannte Bildformat JPEG setzt. JPEG steht für Joint Photographic Experts Group, einem Standard zur Speicherung und (verlustbehafteten) Komprimierung von Bildern. Um Videodaten darzustellen, wird einfach eine Folge von JPEG-codierten Bildern gespeichert.

6.8.2 Aufnahme von Fernsehsendungen mit `dvr`

DVR ist eine Anwendung, mit deren Hilfe Videoaufzeichnungen auf der Basis einer TV-Karte gemacht werden können. Das Kürzel DVR steht für Digital Video Recorder. Die Anwendung unterstützt dabei zahlreiche Codecs zur Erstellung des Videos in Echtzeit. Für das Betrachten von einmal erstellten Videos wird ein Player, wie z. B. `mplayer`, benötigt. Die Homepage, unter der die Anwendung auch bereits fertig kompiliert bezogen werden kann, liegt unter `http://dvr.sourceforge.net/`.

Nach dem Start der Anwendung `dvr` erscheinen die in Abbildung 6.21 dargestellten Fenster. Im linken Fenster wird das Bild der TV-Karte auf dem zuletzt eingestellten Kanal gezeigt. Das rechte Fenster ist das eigentliche Anwendungsfenster mit mehreren Tabs zur Einstellung z. B. der gewünschten Audio- und Video-Codecs.

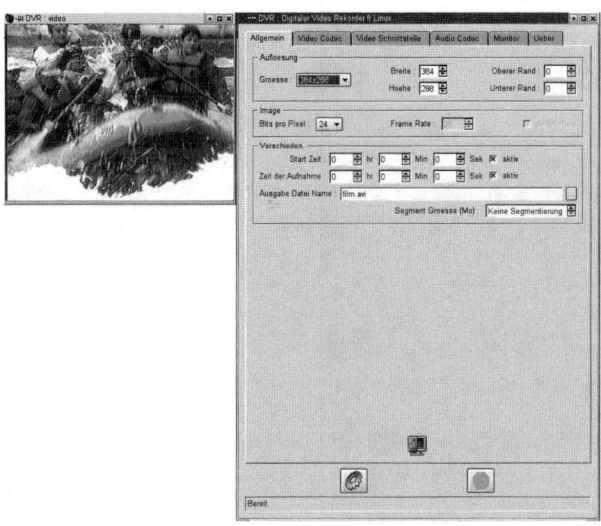

Abbildung 6.21: Der digitale Videorecorder `dvr`

567

In dem aktuellen Tab mit der Bezeichnung „Allgemein" kann zunächst die Größe und Farbtiefe des aufzuzeichnenden Video-Bildes eingestellt werden. Je höher die Auflösung des Bildes ist, desto mehr Rechenleistung wird später für die Codierung des Videos benötigt. Hier sollte ein wenig probiert werden, um die für die Leistungsfähigkeit des eigenen Rechners möglichen Werte zu finden. Darüber hinaus kann in diesem Tab auch die Startzeit der Aufzeichnung sowie der Name der Video-Datei angegeben werden, wobei die Anwendung selbst zu dieser Zeit laufen muß, um die Aufnahme starten zu können. Soll die Aufzeichnung manuell gestartet werden, kann der Button links unten hierzu verwendet werden.

Wichtig für das Ergebnis der Aufzeichnung ist natürlich die Wahl der Video- und Audio-Codecs, die in den entsprechenden Tabs eingestellt werden können. In Abbildung 6.22 ist das „Video Codec"-Tab dargestellt.

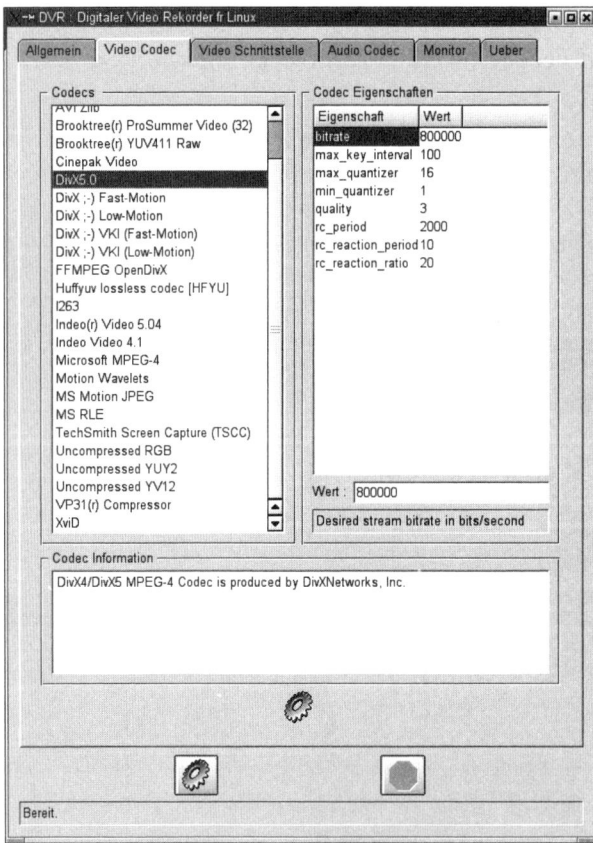

Abbildung 6.22: Video-Codecs von `dvr`

Bei der Wahl der Codecs sollte beachtet werden, daß nicht jeder Video- und Audio-Codec mit jeder Farbtiefe zusammen verwendet werden kann. Soll als Audio-Komponente das MP3-Format verwendet werden, muß zusätzlich zu `dvr` selbst auch `lame` als MP3-Encoder auf dem System installiert sein.

In dem Tab „Monitor" gelangt man zu einem Monitor, in dem während der Aufnahme die CPU-Auslastung als auch weitere Informationen, wie z. B. die aktuelle Dateigröße des Videos, dargestellt wird.

6.8.3 Videoerstellung und Videostreaming mit `ffmpeg`

Das Paket `ffmpeg` besteht aus drei Programmen: `ffmpeg`, `ffserver` und dem Audio-Player `ffplay`. Diese drei Programme leisten erstaunliches. `ffmpeg` dient dazu, Video und Audio einer V4L-Video-Quelle z. B. zu einem MPEG-Video zu encoden, das später z. B. mit `mplayer` abgespielt werden kann. Durch eine Vielzahl an Optionen kann der Encoding-Vorgang als auch das zu verwendende Encoding-Format beeinflußt werden, um optiomale Ergebnisse zu erzielen. An Formaten unterstützt `ffmpeg` unter vielen anderen auch MPEG-Video und Audio als auch Real Media. Eine Liste alller Formate kann durch den Aufruf `ffmpeg -formats` angezeigt werden. Besonderer Wert wurde dabei auf die Encoding-Geschwindigkeit gelegt. Neben der Möglichkeit, Daten von einem V4L-kompatiblen Gerät zu lesen, kann `ffmepg` auch dazu verwendet werden, eine bereits bestehende Datei in eine andere Größe oder Sample-Rate umzucodieren. Die `ffmpeg`-Utilities sind rein kommandozeilenorientierte Programme. Eine graphische Oberfläche gibt es nicht.

Das zweite Programm `ffserver` kann als Server für Streaming Media Server verwendet werden, um beispielsweise einen Real Media-Stream aufzubauen, der mit dem RealPlayer angezeigt werden kann. Zusätzlich können parallel auch weitere Streams, z. B. ein MPEG-Stream oder MotionJPEG-Stream erzeugt werden, die z. B. mit einem Webbrowser angesehen werden können. Dabei arbeitet `ffserver` eng, mit `ffmpeg` zusammen, indem letzteres Programm die zu streamenden Daten von einem V4L-kompatiblen Gerät bereitstellt und `ffserver` daraus parallel, theoretisch beliebig viele Streams in evtl. unterschiedlichen Formaten erzeugt.

Die Software kann unter der URL `http://ffmpeg.sourceforge.net/` (evtl. nur über den CVS-Link) bezogen werden. Nach dem Download muß `ffmpeg` zunächst übersetzt werden. Dies erfolgt, wie üblich durch das Auspacken des `tar`-Archives, einem Aufruf von `./configure` sowie von `make` und `make install` als Benutzer `root`. Normalerweise werden die Programme unter `/usr/local/bin/` installiert. Wer sie lieber unter `/usr/bin` haben möchte, kann den `./configure`-Aufruf mit dem Parameter `--prefix=/usr` versorgen:

```
root@erde:/tmp #  tar xvzf ffmpeg-cvs.tar.gz
ffmpeg/
ffmpeg/CVS/
ffmpeg/CVS/Root
ffmpeg/CVS/Repository
ffmpeg/CVS/Entries
ffmpeg/CVS/Entries.Log
ffmpeg/doc/
ffmpeg/doc/CVS/
ffmpeg/doc/CVS/Root
ffmpeg/doc/CVS/Repository
ffmpeg/doc/CVS/Entries
ffmpeg/doc/TODO
ffmpeg/doc/FAQ
...
root@erde:/tmp #  cd ffmpeg
root@erde:/tmp/ffmpeg #  ./configure --prefix=/usr
Install prefix     /usr
Source path        /tmp/cam/ffmpeg
C compiler         gcc
make               make
CPU                x86
Big Endian         no
MMX enabled        yes
MMI enabled        no
AltiVec enabled    no
gprof enabled      no
zlib enabled       yes
mp3lame enabled    no
vorbis enabled     no
a52 support        yes
a52 dlopened       no
Creating config.mak and config.h

root@erde:/tmp/ffmpeg #  make
make -C libavcodec all
make[1]: Wechsel in das Verzeichnis »/tmp/cam/ffmpeg/libavcodec«
gcc -O3 -Wall -g -DHAVE_AV_CONFIG_H -I.. -D_FILE_OFFSET_BITS=64
   -D_LARGEFILE_SOURCE -D_GNU_SOURCE -c -o common.o common.c
gcc -O3 -Wall -g -DHAVE_AV_CONFIG_H -I.. -D_FILE_OFFSET_BITS=64
   -D_LARGEFILE_SOURCE -D_GNU_SOURCE -c -o utils.o utils.c
...
root@erde:/tmp/ffmpeg #  make install
...
```

```
install -d /usr/bin
install -s -m 755 ffmpeg ffplay ffserver /usr/bin
ln -sf ffmpeg /usr/bin/ffplay
```

Jedes der Programme kann mit der Option -h aufgerufen werden, um seine Optionen mit einer kurzen Erläuterung auszugeben. Eine Dokumentation ist in Form von zwei Text-Dateien und einer Beispielkonfiguration des Streaming Servers im Unterverzeichnis doc des Quellcodes enthalten.

6.8.3.1 Aufzeichnen von Videomaterial

Mit Hilfe von ffmpeg ist es problemlos möglich, Videomaterial, das über eine V4L-kompatible Schnittstelle (z. B. /dev/video0) verfügbar ist, aufzuzeichnen und z. B. als MPEG-Video abzulegen. Angenommen, in einem Rechner ist eine TV-Karte eingebaut oder eine V4L-kompatible PC-Kamera angeschlossen, so daß unter /dev/video0 das Bild zur Verfügung steht, so reicht schon folgender Aufruf, um von diesem Bildmaterial eine MPEG-1-Datei zu erstellen:

```
tux@erde:/home/tux/tmp > ffmpeg -vd /dev/video0 video.mpg
  Stream #0.0: Video: mpeg1video, 160x128, 25.00 fps, q=2-31, 200 kb/s
  Stream #0.1: Audio: mp2, 44100 Hz, mono, 64 kb/s
Input #0, video_grab_device, from '/dev/video0':
  Stream #0.0: Video: rawvideo, ??, 160x128, 25.00 fps, q=0-0
Input #1, audio_device, from '/dev/dsp':
  Stream #1.0: Audio: pcm_s16le, 44100 Hz, mono, 705 kb/s
Stream mapping:
  Stream #0.0 -> #0.0
  Stream #1.0 -> #0.1
Press [q] to stop encoding
frame=   78 q= 4 size=      100kB time=3.1 bitrate= 262.6kbits/s
```

Durch diesen Aufruf wird das Videobild von /dev/video0 als MPEG codiert in die Datei video.mpg geschrieben. Vor der Aufnahme sollte man jedoch insbesondere beim Aufzeichnen von einer TV-Karte nicht vergessen, die Audioquelle für die TV-Karte im Audio-Mixer des Systems als Aufnahmequelle zu aktivieren, ansonsten fehlt anschließend der Ton. Zudem muß zuvor einmal der Aufnahmekanal gesetzt werden, was durch einen Aufruf von xawtv oder kwintv oder auch mit v4lctl (z. B. v4lctl -c /dev/video1 setchannel 34) aus dem Paket v4l-tools erfolgen kann.

In welchem Format die Video-Datei abgelegt wird, entscheidet dabei die Endung der Datei selbst (hier : .mpg). Darüber hinaus kann mit Hilfe der Option -f das gewünschte Format auch explizit angegeben werden. Die verschiedenen möglichen Formate können durch Aufruf von ffmpeg -formats ausgegeben werden.

Tabelle 6.3: Übersicht über die wichtigsten `ffmpeg`-Optionen

Option	Bedeutung
`-formats`	Augabe der bekannten Codecs (Formate).
`-f`	Auswahl des gewünschten Formats.
`-vd` *device*	Angabe des V4l-Geräts, von dem das Bild geholt wird.
`-s` *size*	Angabe der gewünschte Bildgröße. Anzugeben als `n1xn2`, wobei `n1` für die Breite des Bildes in Pixeln steht und `n2` für die Höhe. Alternativ können auch Abkürzungen verwendet werden, wie z. B. `qcif`, `cif` oder `sif`, ...
`-r` *rate*	Angabe der Framerate in Hz (Frames/Sekunde).
`-hq`	Setzten des High Quality Modus.

Im dem oben abgedruckten Beispiel sieht man neben den Informationen über die von `ffmpeg` verwendeten Codecs in der letzten Zeile auch Informationen über den Kodierungsvorgang selbst. Hier wird die fortlaufende Nummer des gerade bearbeiteten Frames (Bildes), die Qualität (q), die Größe der Ausgabedatei sowie die momentane Bitrate für das Video dargestellt. Insbesondere der Wert von q ist wichtig, um die Qualität des Ergebnisses beurteilen zu können. Der Wert kann im Bereich von 1 bis 31 liegen, wobei 1 für eine sehr gute Qualität steht und 31 für eine sehr schlechte. Gerät dieser Wert zu oft an die 31 heran, bedeutet dies, daß der Encoder nicht ausreichend komprimieren kann. Mögliche Lösungen bestehen in diesem Fall darin, die gewünschte Bildgröße zu verkleinern, die Frame-Rate zu verringern oder die Video-Bitrate zu erhöhen.

Eine Übersicht über die wichtigsten Kommandozeilenoptionen ist in Tabelle 6.3 zusammengefaßt. Darüber hinaus sollte unbedingt die Datei `doc/ffmpeg.txt` gelesen werden, da sie zahlreiche Hinweise für die korrekte Wahl der Optionen für bestimmte Zwecke enthält. Für den Fall, daß der Rechner nicht schnell genug für die Codierung eines Videos arbeitet, empfielt der Autor darin z. B. die Angabe der Optionen `-me zero` bzw. `-intra` um die Motion-Estimation bei der Codierung zu optimieren bzw. ganz abzuschalten.

6.8.3.2 Video-Streaming mit `ffserver`

Zusammen mit `ffmpeg` und `ffserver` ist es möglich, einen Video-Stream-Server aufzubauen. Die Rollenverteilung der beiden Programme ist einfach. `ffmpeg` dient dazu, die Videodaten von einem V4L-Gerät zu lesen, und `ffserver` übernimmt das Streamen in verschiedenen Formaten. Das Besondere an `ffserver` ist, daß (ausreichende Rechneleistung vorausgesetzt) dieses Programm parallel mehrere verschiedene Formate des gleichen Bildmaterials streamen kann, so daß ein Nutzer z. B. einen MPEG-Stream ansehen kann, ein weiterer Nutzer jedoch einen RealMedia-Video-Stream.

Die Steuerung, welche Streams dem Nutzer in welcher Form zur Verfügung stehen, übernimmt eine Konfigurationsdatei, deren Pfad an `ffserver` mit Hilfe der Option `-f` übergeben werden muß. Eine Beispieldatei `ffserver.conf` ist im `doc`-Verzeichnis des Quelltextes enthalten. Nachdem die Konfiguration mit dieser Datei erstellt wurde, wird der Server gestartet. Anschließend wird auch der Grabber, also `ffmpeg`, mit der Video-Quelle gestartet, deren Inhalt gestreamt werden soll. Ab diesem Zeitpunkt liest der Server `ffserver` Daten von `ffmpeg` und stellt diese entsprechend der Konfiguration als Stream zur Verfügung. Im folgenden soll eine kleine Konfigurationsdatei erstellt werden, um das Video-Bild einer TV-Karte, die auf `/dev/video1` arbeitet, als MPEG und RealMedia-Stream zur Verfügung zu stellen. Die Konfigurationsdatei `/tmp/ffserv.conf` könnte hierzu wie folgt aussehen:

```
Port 8090               # Port Adresse des Servers
BindAddress 0.0.0.0     # IP-Adresse des Servers, falls meherre
                        # Netz-Interfaces existieren
MaxClients 1000         # Max Zahl der Parallelen Verbindungen
MaxBandwidth 1000       # Max Bandbreite für die Streams in Kbit/sec
CustomLog -             # Log file (hier: Standard-Ausgabe)
NoDaemon                # Prgramm arbeitet nicht im Hintergrung


# Definition des Eingabe-feeds, also der zu streamenden Daten
# den ffmpeg zur Verfügung stellt.
<Feed feed1.ffm>
File /tmp/feed1.ffm     # Datei für die Feed-Daten
FileMaxSize 200K        # Maximal erlaubte Größe der Feed-Datei
# Zugriffseinschränkung des Servers. Nur Rechner, die in der ACL mit
# Ihrer IP-Adresse angegeben wurden, haben Zugriff auf den Server
# auch  z.B. "ACL ALLOW <first address> <last address>"
# darf angegeben werden
ACL allow 127.0.0.1
ACL allow 192.168.1.5
# ...
</Feed>


#
# Definition des MPEG-Streams
#
<Stream test.mpg>


Feed feed1.ffm          # Angabe der Datenquelle, des Feeds. Muß
                        # zuvor definiert worden sein
```

```
Format mpeg            # Ge-multiplextes Audio und Video mit MPEG1
AudioBitRate 32
AudioSampleRate 44100  # Audio Sample rate in 44100 Hz
VideoBitRate 64        # Video Bitrate
VideoFrameRate 3       # Zahl der Video Frames je Sekunde
VideoSize    160x128   # Größe des Video-Bildes das gestreamt wird
</Stream>


#
# Der RealMedia-Stream
#
<Stream test.rm>


Feed feed1.ffm
Format rm


VideoBitRate 128
VideoFrameRate 25
VideoGopSize 25
NoAudio                # Keine Audio-Übertragung
</Stream>
```

Durch diese Angaben wird insbesondere festgelegt, wie auf die Streams zugegriffen werden kann. Dies erfolgt über den Port 8090 (`Port`-Angabe). Die Daten, die `ffmpeg` bereitstellen muß, gehören zu dem Feed mit dem Namen `feed1`, und die Streams für den Benutzer heißen `test.mpg` bzw. `test.rm`. Jetzt müssen nur noch `ffserver` und anschließend `ffmpeg` gestartet werden. Vor dem Start von `ffmpeg` muß natürlich dafür gesorgt werden, daß das gewünschte V4L-Gerät auch Video-Daten liefert (bei einer TV-Karte ggf. zurvor `xawtv` starten, um den Kanal festlegen zu können):

```
root@erde:/home/tux/tmp # ffserver -f /tmp/ffserver.conf
ffserver started.
```

Der Server läuft jetzt und wartet für den Feed `feed1` auf Daten. Diese kann `ffmpeg` jetzt beispielsweise von `/dev/video0` liefern. `ffmpeg` wird aus einer zweiten Shell (zweites Terminal) heraus gestartet:

```
root@erde:/home/tux/tmp # ffmpeg -vd /dev/video0 http://localhost:
8090/feed1.ffm
Output #0, ffm, to 'http://robotnik:8090/feed1.ffm':
  Stream #0.0: Audio: mp2, 44100 Hz, mono, 32 kb/s
  Stream #0.1: Video: mpeg1video, 160x128, 3.00 fps, q=3-31, 64 kb/s
  Stream #0.2: Video: rv10, 160x128, 25.00 fps, q=3-31, 128 kb/s
Input #0, video_grab_device, from '/dev/video0':
  Stream #0.0: Video: rawvideo, ??, 160x128, 25.00 fps, q=0-0
```

```
Input #1, audio_device, from '/dev/dsp':
  Stream #1.0: Audio: pcm_s16le, 44100 Hz, mono, 705 kb/s
Stream mapping:
  Stream #1.0 -> #0.0
  Stream #0.0 -> #0.1
  Stream #0.0 -> #0.2
Press [q] to stop encoding
frame=  346 q=16 size=      232kB time=13.8 bitrate= 137.3kbits/s
```

Beim Starten von ffmpeg sollte jetzt in dem Fenster, in dem der Server zuvor gestartet wurde, eine neue Zeile angezeigt werden, die eine Verbindung von ffserver und ffmpeg anzeigt. Auf der Seite von ffmpeg sieht man wie oben abgedruckt, daß mit dem Daten sammeln begonnen wurde.

Alles was jetzt noch gemacht werden muß, ist auf den Stream zuzugreifen. Hierbei spielt sowohl die in der Konfigurationsdatei angegebene Portnummer (8090) eine Rolle als auch der in der Datei festgelegte Name der Streams selbst. Je nachdem, welcher der Streams angesehen werden soll, muß der entsprechende Name als Teil der gesamt URL angegeben werden. Um beispielsweise mit dem Real-Player auf dem RealMedia Stream (Name: test.rm) zuzugreifen, kann der RealPlayer (realplay) mit folgender URL gestartet werden:

```
tux@erde:/home/tux > realplay http://localhost:8090/test.rm
```

Nach Eingabe des Kommandos sollte der RealPlayer starten und nach einer kurzen Weile den Stream anzeigen. In diesem Fall fehlt jedoch der Ton, da in der Konfiguration für den RealMedia-Stream als Beispiel die Option NoAudio angegeben wurde. Parallel zu dem RealMedia-Stream könnte jetzt z. B. mit dem Werkzeug mplayer (s. u.) auf den MPEG-Stream zugegriffen werden. Hierzu wäre folgender Aufruf notwendig:

```
tux@erde:/home/tux > mplayer http://localhost:8090/test.mpg
```

Es sollte sich ein neues Fenster öffnen, in dem das Bild dargestellt wird. Der Zugriff auf den Server wird über die ACL allow-Anweisungen in der Konfigurationsdatei festgelegt. Nur die Rechner, deren IP-Adressen dort eingetragen sind, dürfen auf den Server zugreifen.

Wer sich mit der Bereitstellung von Streams über ffmpeg beschäftigen will, sollte auf jeden fall die Dokumentation lesen, die sich im Verzeichnis doc der Quelltext-Distribution von ffmpeg befindet. Sie enthält zahlreiche Beispiele und viele nützliche Hinweise.

575

6.8.4 Wiedergabe digitaler Videodaten

Einmal erstellte Video-Dateien, ob sie nun aus eigenen Aufzeichnugen stammen oder ob es sich beispielsweise um Filmtrailer handelt, die von den Verleihgesellschaften als Werbung zur Verfügung gestellt werden, machen natürlich nur dann Sinn, wenn man sie später auch ansehen kann. Hierzu existieren unter Linux verschiedene Video-Player, von denen einige im folgenden kurz vorgestellt werden.

6.8.4.1 Der Media-Player MPlayer

`mplayer` kann man als das Schweizer Taschenmesser unter den Movie-Playern bezeichnen. Die Anwendung unterstützt zahlreiche Video-Formate und verfügt ebenfalls über zahlreiche Ausgabe-Treiber, so daß ein Video sowohl unter X Window als auch ohne X Window (über das Framebuffer-Device) dargestellt werden kann. Insbesondere für eine Full-Screen-Ausgabe ist es nützlich, die Hardwarebeschleunigung für die Graphikkarte zu aktivieren. Dies erfolgt mit dem entsprechenden Konfigurationswerkzeugt für X Window. Bei SuSE Linux kann die Konfiguration über `yast2` bzw. direkt mit `sax2` erfolgen.

Zu den unterstützten Codecs zählen insbesondere DIVX, MPEG-1 und MPEG-2. Darüber hinaus ist es auch möglich, AVI-Dateien, Video CDs (VCD) als auch DVDs abzuspielen. Mit dem Player können dabei nur unverschlüsselte DVDs abgespielt werden. Das Abspielen von →*CSS*-geschützten DVDs (praktisch alle kommerziellen DVDs) ist rechtlich nicht gestattet, da der Player hierzu die Bibiliothek `libdvdcss` zur Entschlüsselung benötigt und weder Player noch `libdvdcss` vom DVD-Forum lizenziert wurden. Wer mit `mplayer` CSS-geschützte DVDs abspielt, macht sich folglich u. U. strafbar. Aus diesem Grund kann an dieser Stelle nicht näher auf dieses Thema eingegangen und auch kein Link auf das entsprechende RPM-Paket angegeben werden. Einige, insbesondere ältere Filme, sind jedoch nicht CSS-geschützt und können somit auch ganz legal unter Linux wiedergegeben werden.

Wer bestimmte Codecs, wie z. B. DIVX5, nutzen möchte, muß darauf achten, daß die entsprechenden Bibliotheken beim Übersetzen und Ausführen des Quellcodes von MPlayer vorhanden sind. Wird MPlayer ohne installierte DIVX5-Bibliotheken übersetzt, können keine DIVX5-codierten Videos abgespielt werden. Dies sollte insbesondere beim Download vorübersetzter Pakete berücksichtigt werden. Die DIVX-Codecs für Linux können unter der URL `http://www.divx.com/` bezogen werden. `mplayer` kann unter der URL `http://www.mplayerhq.hu/homepage/` bezogen werden. Ab SuSE Linux Version `8.1` ist MPlayer als RPM in der SuSE-Distribution enthalten. Aus patentrechtlichen Gründen fehlen hier jedoch bestimmte Codecs.

Falls kein vorkompiliertes Paket verwendet werden soll oder kann, ist es nicht sonderlich schwer, MPlayer selbst zu übersetzen. Voraussetzung ist, daß auf dem

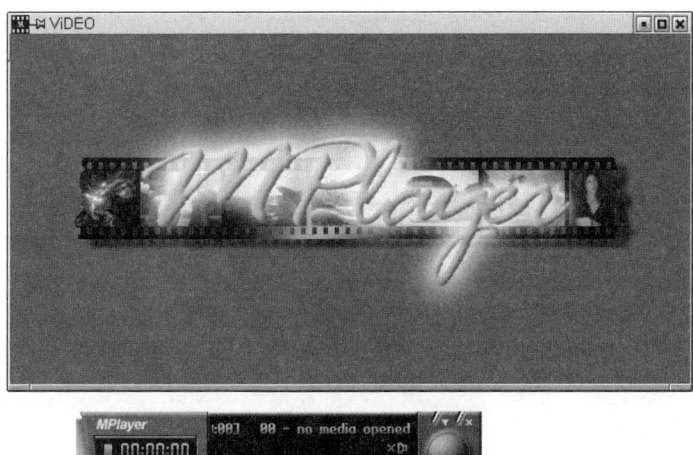

Abbildung 6.23: `gmplayer`, die graphische Oberfläche des `mplayer`

Linux-System Entwicklerwerkzeuge, wie z.B der `gcc`, zusammen mit den entsprechenden Bibliotheken installiert sind. Nach dem Download des Quellcodes von der oben genannten URL wird dieser anschließend ausgepackt. Zunächst wechselt man in das jetzt neu entstandene Verzeichnis, z. B. `MPlayer-0.90pre4`.

Jetzt kann durch einen `configure`-Aufruf der Übersetzungsvorgang eingeleitet werden. Bei dem unten dargestellten Aufruf von `confiure` sollten einige Hinweise beachtet werden. Ohne weitere Parameter wird `mplayer` unter `/usr/local/bin` installiert. Möchte man dem Player lieber unter `/usr/bin` finden, muß `--prefix=/usr` als Parameter für den `configure`-Aufruf angegeben werden (der Default Prefix ist `/usr/local`).

Für KDE-Benutzer, bei denen der `artsd`[1] läuft, sollte dafür Sorge getragen werden, daß das `bin`-Verzeichnis im KDE-Baum also z. B. `/opt/kde3/bin` mit im aktuellen Suchpfad enthalten ist und (bei SuSE Linux) das Paket `arts-devel` mit installiert ist. Beim Aufruf von `configure` sucht dieses Skript nach dem Programm `artsc-config`, das normalerweise im KDE-bin-Verzeichnis liegt. Wird es gefunden, sieht das `configure`-Skript Support für `arts` vor, wodurch `mplayer` einen Audio-Treiber erhält, um Sound über den `artsd` abzuspielen. Ohne diesen Support in `mplayer` wird unter KDE bei aktiviertem `artsd` kein Ton zu hören sein. Eine letzte wichtige Option für `configure` ist `-enable-gui`. Durch diese Option ist es später möglich, `gmplayer` zu verwenden. Hier-

---

[1]Ein Prozeß, der es unter KDE ermöglich, daß mehrere Programme zusammen das Audio-Device nutzen können.

bei handelt es sich um die in Abbildung 6.23 auf der vorherigen Seite dargestellte graphische Oberfläche des mplayer.

Wer neben den nativ von Linux unterstützten Codecs auch solche verwenden können möchte, die es bis jetzt nur in der Windows-Welt gibt, kann von der mplayer-Homepage, die Datei w32codec.tar.bz2 downloaden. Der Inhalt muß in das Verzeichnis /usr/lib/win32 oder /usr/local/lib/win32 kopiert werden, damit das configure-Skript den Windows-Codec-Support aktiviert. Der Übersetzuungsvorgang könnte wie folgt aussehen:

```
root@erde:/tmp/MPlayer-0.90pre4 # ./configure --enable-gui
Detected operating system: Linux
Detected host architecture: i386
Checking for gcc version ... 2.95.3, ok
Checking for CPU vendor ... GenuineIntel (6:5:2)
Checking for CPU type ...  Pentium II (Deschutes)
Checking for GCC & CPU optimization abilities ... i686
Checking for kernel support of mmx ... yes
Checking for mtrr support ... yes
Checking for assembler (/usr/i486-suse-linux/bin/as 2.11.92.0.10) ... ok
Checking for Linux kernel version ... 2.4.18-4GB, ok
Checking for awk ... gawk
Checking for extra headers ... none
....


root@erde:/tmp/MPlayer-0.90pre4 # make
make[1]: Entering directory '/tmp/MPlayer-0.90pre4'
./version.sh 'gcc --version'
gcc -MM -O4 -march=i686 -mcpu=i686 -pipe -ffast-math -fomit-frame-pointer
 -D_REENTRANT -D_LARGEFILE_SOURCE -D_FILE_OFFSET_BITS=64 -Ilibmpdemux
 -Iloader -Ilibvo   mplayer.c mencoder.c mplayer.c mp_msg.c xacodec.c
 cpudetect.c codec-cfg.c cfgparser.c my_profile.c spudec.c playtree.c
 playtreeparser.c asxparser.c vobsub.c subreader.c find_sub.c lirc_mp.c
 mixer.c mp-opt-reg.c dll_init.c mencoder.c mp_msg-mencoder.c
 xacodec.c cpudetect.c  codec-cfg.c cfgparser.c my_profile.c spudec.c
 playtree.c playtreeparser.c  asxparser.c vobsub.c subreader.c
 find_sub.c libao2/afmt.c divx4_vbr.c  libvo/aclib.c libvo/osd.c
 libvo/sub.c libvo/font_load.c me-opt-reg.c  dll_init.c 1>.depend


root@erde:/tmp/MPlayer-0.90pre4 # make install
....
```

Der erste Schritt beim Übersetzen besteht im Aufruf des configure-Skripts. Hier sollte in den Ausgabe darauf geachtet werden, ob evtl. bestimmte Bibliotheken fehlen, da ansonsten die entsprechend codierten Video-Dateien nicht abgespielt werden können. Falls eine Bibliothek fehlt, muß diese zunächst nachinstalliert und anschließend `make distclean` und dann erneut `configure` aufgerufen werden.

Der nächste Schritt wird durch den Aufruf `make` gestartet. Hierdurch wird das Programm übersetzt. Der Übersetzungsvorgang sollte problemlos erfolgen. Falls Probleme auftreten, handelt es sich meistens um das Fehlen von bestimmten Entwicklungs-Bibliotheken, die nachinstalliert werden müssen. Die anschließende Installation der Software erfolgt durch ein anschließendes `make install`. Dieser Aufruf sollte als Benutzer `root` ausgeführt werden, da ansonsten Rechte fehlen, um die Dateien in Systembereiche zu installieren.

Anschließend kann die Anwendung aus einem Terminal heraus unter Angabe des Video-Dateinamens gestartet werden. Als Default verwendet `mplayer` die XV-Extensions von X11, da sie eine besonders effiziente Wiedergabe eines Films ermöglichen. Wenn die Graphikkarte diesen Modus nicht unterstützt, kann einer der alternativen Video-Treiber von `mplayer` verwendet werden, indem der Player als `mplayer -vo` *driver* gestartet wird. Eine Liste aller als *driver* einsetzbarer Treiber erhält man durch Aufruf von `mplayer -vo help`. Um beispielsweise den `x11`-Video-Treiber zu verwenden, muß `mplayer` als `mplayer -vo x11 film.avi` gestartet werden. Eine Sonderstellung nimmt hier der Treiber `fbdev` ein, mit dessen Hilfe ein Film auch ganz ohne X Window in einer Linux-Console gestartet werden kann. Hierzu muß lediglich im Linux-Kernel der Framebuffer-Support aktiviert sein, was aber für die Kernel der großen Linux-Distributionen der Fall sein sollte.

Für spezielle Einstellungen können die zahlreichen Optionen eingesetzt werden. Eine Liste aller Optionen erhält man durch Angabe der Option `-help`. Die Bedienung des Player während der Wiedergabe erfolgt über Tasten, die in der Manual-Eintrag für `mplayer` (Abschnitt „KEYBOARD CONTRL") beschrieben ist. So kann z. B. mit den Tasten ⊝ bzw. ⊕ im Video zurück- oder vorgespult werden.

Wer anstelle der Terminal-Anwendung lieber einen `mplayer` mit graphischer Oberfläche haben möchte, muß schon beim Übersetzten (s. o.) die Option `--enable-gui` angegeben haben. Dadurch wird beim Übersetzen neben `mplayer` noch eine Anwendung `gmplayer` erstellt. Zusätzlich zu der Anwendung selbst müssen jedoch noch Fonts und Skins (Oberflächenlayouts) installiert werden. Beides kann von der `mplayer`-Homepage heruntergeladen werden. Die Fonts-Datei heißt z. B. `mp-arial-iso-8859-1.zip`. Um das Aussehen der Oberfläche wählen zu können, stehen verschiedene Skins, also Layouts zur Verfügung, von denen ebenfalls zumindest eins heruntergeladen und installiert werden muß. Als Beispiel kann das Default-Skin mit dem Dateinamen `default.tar.bz2` heruntergeladen werden.

Die heruntergeladene Font-Datei als auch das Skin müssen nun noch installiert werden. Der Pfad, unter dem die Dateien installiert werden müssen, ist dabei abhängig davon, wo die `mplayer`-Datei selbst liegt. Liegt diese unter `/usr/`

local/bin, müssen die Font- und Skin-Dateien unter /usr/local installiert werden. Ansonsten unter dem Pfad, der beim configure-Aufruf als --prefix-Parameter angegeben wurde.

Im folgenden soll angenommen werden, daß mplayer selbst unter /usr/local/bin liegt. Zunächst wird dann das heruntergeladene Font-Archiv im Verzeichnis /usr/local/share/mplayer/font/ entpackt:

```
root@erde:/tmp # cd /usr/local/share/mplayer/font/
root@erde:/usr/local/share/mplayer/font # unzip /tmp/
mp-arial-iso-8859-1.zip
  inflating: iso-8859-1/README
  inflating: iso-8859-1/arial-14/font.desc
  inflating: iso-8859-1/arial-14/runme
  inflating: iso-8859-1/arial-14/osd-mplayer-a.raw
  ...


root@erde:/usr/local/share/mplayer/font # ls iso-8859-1
README  arial-14/  arial-18/  arial-24/  arial-28/
root@erde:/usr/local/share/mplayer/font # mv iso-8859-1/arial-14/* .
root@erde:/usr/local/share/mplayer/font # rm -rf iso-8859-1
```

Nach dem Auspacken des Archivs muß aus dem neu entstandenen Verzeichnis iso-8859-1 je nach Geschmack der Inhalt eines der Unterverzeichnisse (z. B. arial-14) in das aktuelle Verzeichnis verschoben werden. Ob hierzu das Verzeichnis arial-14 oder arial-24 verwendet wird, kann man selbst wählen; es handelt sich einfach um Fonts in verschiedenen Größen. Wichtig ist, daß sich am Ende die Fonts-Dateien (*.raw) als auch die Datei font.desc im Verzeichnis /usr/local/share/mplayer/font/ befinden.

Ebenso wie die Fonts muß auch das Skin-Archiv, das heruntergeladen wurde, in ein bestimmtes Verzeichnis (/usr/local/share/mplayer/Skin/) kopiert werden. In folgendem Beispiel wird davon ausgegangen, daß die heruntergeladene Skin-Datei default.tar.bz2 heißt:

```
root@erde:/tmp # cd /usr/local/share/mplayer/Skin
root@erde:/usr/local/share/mplayer/Skin # tar xvjf /tmp/default.tar.bz2
default/
default/about.png
default/back.png
default/eq.png
default/eqb.png
...
```

Beim Start der graphischen Variante gmplayer ohne weitere Parameter sucht dieser nach dem Skin default, das sich dann im Unterverzeichnis default

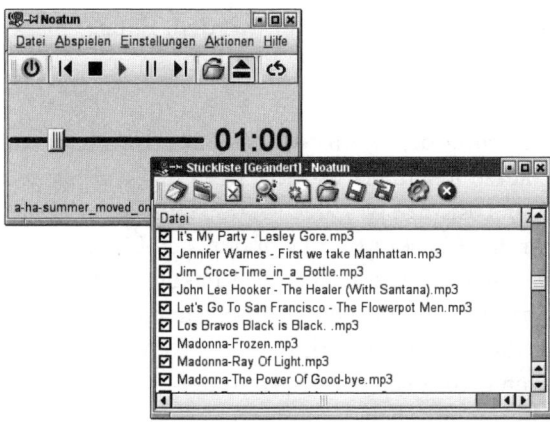

Abbildung 6.24: Der KDE3 Media-Player noatun

in/usr/local/share/mplayer/Skin befinden muß. Genau das wurde durch
das Auspacken des Archivs von oben erreicht.

6.8.4.2 noatun

Der Player noatun ist der KDE3-Default Medien-Player. noatun unterstützt an
Audio-Codecs WAV, MP3 und OggVorbis. An Video-Codecs werden DIVX als
auch MPEG-1 unterstützt. Da noatun Plugin-basiert ist, kann die Liste der unterstützten Formate durch das Programmieren weiterer Plugins erweitert werden. Die Default-Oberfläche von noatun ist in Abbildung 6.24 dargestellt. Weitere Informationen zu noatun sind unter der URl http://noatun.kde.org/
verfügbar.

6.8.4.3 xine

xine ist ein unter der GPL stehender Videoplayer für Unix-Systeme, der hoch
modularisiert ist. xine unterstützt das Abspielen von MPEG-1-, MPEG-2- und
DIVX-Daten als auch das Abspielen reiner Audio-Daten im MP3- oder Ogg-Vorbis-Format. Darüber hinaus werden auch AVI-Dateien mit verschiedenen Codecs
und auch einige Quicktime-Varianten (.mov-Dateien) unterstützt. Auch das Abspielen von Video-CDs (VCD), Super-Video-CDs (SVCD) und DVDs wird unterstützt. Das Abspielen von →CSS-geschützten DVDs (praktisch alle kommerziellen DVDs) ist rechtlich nicht gestattet, da die Bibiliothek libdvdcss zur Entschlüsselung keine vom DVD-Forum lizenzierte Version darstellt. Wer mit xine CSS-geschützte DVDs abspielt, macht sich folglich u. U. strafbar.Aus diesem
Grund kann an dieser Stelle nicht näher auf dieses Thema eingegangen und auch

581

kein Link auf das entsprechende RPM-Paket angegeben werden. Einige, insbesondere ältere Filme, sind jedoch nicht CSS-geschützt und können somit auch ganz legal unter Linux wiedergegeben werden.

`xine` kann entweder unter Verwendung des Source-Codes oder mit Hilfe von bereits fertig übersetzten RPM-Paketen installiert werden. Der Quellcode ist auf der Homepage von `xine` unter der URL `http://xine.sourceforge.net/` im Download-Abschnitt verfügbar. Im Abschnitt Links finden sich Links zu fertig übersetzten RPM-Paketen. Bei der Installation der RPM-Pakete muß darauf geachtet werden, daß diese u. U. auf einem anderen Linux-System erstellt wurden. Dies kann zur Folge haben, daß bei der Installation der RPMs mitgeteilt wird, daß nicht alle Abhängigkeiten erfüllt seien. Dies kann der Fall sein, es ist aber auch möglich, daß diese Meldung lediglich auf einer unterschiedlichen Paketstruktur und damit verschiedenen Paketabhängigkeiten der eigenen und der Linux-Distribution, auf dem die Pakete erstellt wurden, basiert. Daher sollte eine solche Meldung zunächst umgangen werden (`rpm --nodeps -i` *paketname*), um dann beim Start der Applikation (aus einer Shell heraus) zu sehen, welche Bibliotheken tatsächlich fehlen. Diese müssen dann nachinstalliert werden. Minimal müssen die Pakete `linxine0`, `xine-ui` und `xvid` installiert werden.

`xine` ist hoch modularisiert. Die Basis des Players besteht aus der `xine`-Engine, die für die Audio und Video-Synchronisierung als auch für die Kommunikation verschiedener Module verantwortlich ist. Darüber hinaus verwendet `xine` Input-, Demux-, Decoder- und Output-Plugins.

Input-Plugins sorgen für die Bereitstellung der Daten aus unterschiedlichen Quellen, z. B. einer URL oder auch einer Datei. Die Demux- und Decoder-Module dienen z. B. zur Trennung der Audio- und Videodaten und zur Decodierung der meist komprimierten Daten. Mit Hilfe der Output-Plugins kann schließlich das Ergebnis auf verschiedenen Ausgabegeräten dargestellt werden. Hierzu zählen insbesondere XVideo (eine XF86-Erweiterung), XShm (X-Shared Memory) oder OpenGL. Es existieren darüber hinaus auch Plugins zur Nutzung des Linux Framebuffers und sogar ein ASCII-Art Plugin zur Video-Darstellung mit ASCII-Zeichen.

Nach dem Start erscheint das in Abbildung 6.25 auf der nächsten Seite dargestellte Hauptfenster. Beim ersten Aufruf wird zudem der Setup-Dialog geöffnet, in dem zahlreiche Einstellungen vorgenommen werden können. In der Regel können die Vorgaben zunächst übernommen werden. Die Bedienung erfolgt über das ebenfalls in Abbildung 6.25 auf der nächsten Seite dargestellte Navigationsfenster. Ganz am linken Rand dieses Fensters befinden sich Buttons zur Handhabung einer Playliste und insbesondere der MRL-Browser (**MediaResourceLocator**), über den die abzuspielenden Eingabedaten bestimmt werden können. Im einfachsten Fall kann über den Browser eine Datei zum Ab-

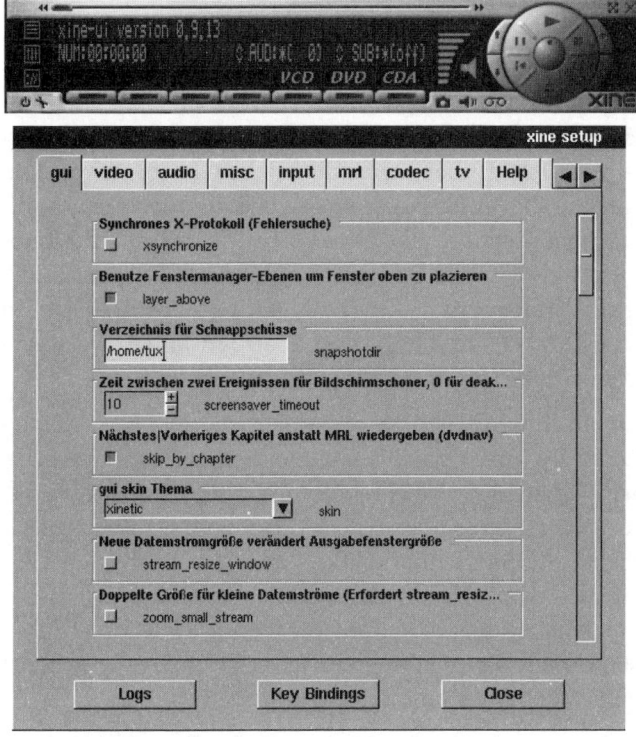

Abbildung 6.25: Das `xine`-Navigationsfenster und der Konfiguratoonsdialog

spielen ausgewählt werden. Aber auch die Angabe z. B. des dritten Titels auf z. B. einer Video-CD ist mit der MRL `vcd://3` möglich.

Im mittleren, unteren Bereich des Navigationsfensters sind eine Reihe von Buttons vorhanden, die für installierte Plugins stehen. So kann z. B. durch Anwahl der VCD-Buttons direkt das Abspielen einer SVCD-gestartet werden. Basis hierzu ist natürlich eine korrekte Grundkonfiguration des Geräts, das zum Abspielen einer SVCD verwendet werden soll.

Im rechten Bereich des Navigationsfenster befinden sich schließlich Icons zur Veränderung der Lautstärke und insbesondere zum Start des Abspielvorgangs sowie für weitere Kontrollelemente wie schnelle Wiedergabe, Pause, Zeitlupe, ... Wird die Maus über eines diese Elemente gefahren, erscheint nach einer kurzen Weile ein Hinweis über die Funktion des Bedienelements. Auf diese Weise läßt sich die Bedienung von `xine` recht schnell erlernen.

6.8.4.4 Ogle

ogle ist ein von schwedischen Studenten der Chalmers University of Technology entwickelter DVD-Player. Die Homepage dieses Projekts ist http://www. dtek.chalmers.se/groups/dvd/index.shtml. Unter dieser URL können sowohl der Quellcode als auch fertig übersetzte RPM-Pakete bezogen werden. Benötigt werden der eigentliche Player im Paket ogle.rpm als auch die graphische Oberfläche ogle_gui.rpm. Letzteres Paket basiert auf den Gnome-Bibliotheken. Daher muß zumindest ein Gnome-Basissystem mit den GTK und GDK-Bibliotheken installiert sein. Voraussetzung für die Nutzung von ogle ist ein Rechner, auf dem mindestens XFree86 in der Version 4.1.0 installiert ist, sowie eine Graphikkarte, für die ein Treiber mit der XVideo-Erweiterung existiert.

Mit dem Player können unverschlüsselte DVDs abgespielt werden. Das Abspielen von →CSS-geschützten DVDs (praktisch alle kommerziellen DVDs) ist rechtlich nicht gestattet, da der Player hierzu die Bibiliothek libdvdcss zur Entschlüsselung benötigt und weder Player noch libdvdcss vom DVD-Forum lizenziert wurden. Wer mit ogle CSS-geschützte DVDs abspielt, macht sich folglich u. U. strafbar. Aus diesem Grund kann an dieser Stelle nicht näher auf dieses Thema eingegangen und auch kein Link auf das entsprechende RPM-Paket angegeben werden. Einige, insbesondere ältere Filme, sind jedoch nicht CSS-geschützt und können somit auch ganz legal unter Linux wiedergegeben werden.

Nach dem Start erscheint das in Abbildung 6.26 dargestellte Fenster. Wird die Maus über eines der Kontrollelemente gefahren, erscheint nach kurzer Zeit eine Hilfestellung zur Bedienung. Das Abspielen kann über das Datei-Menü gestartet werden. Hier kann entweder über einen Datei-Browser das Unix-Gerät für das DVD-Laufwerk spezifiziert werden, oder aber man kann direkt den Punkt Open Disk anwählen, wodurch ogle versucht, das Gerät /dev/dvd zu öffnen. In diesem Fall muß zuvor im Verzeichnis /dev ein symbolischer Link von dvd auf das tatsächliche Gerät (je nach Anschluß z. B. /dev/hdb) gelegt werden. Anschließend wird der Abspielvorgang automatisch gestartet.

Abbildung 6.26: Das ogle-Navigationsfenster

Abbildung 6.27: Der Media-Player `aktion`

6.8.4.5 `aktion` und `xanim`

`aktion` ist ein Video-Player für KDE. Er unterstützt insbesondere verschiedene AVI-Codierungen und kann auch einige Quicktime Animationen (jedoch ohne Sorenson Vision) abspielen. `aktion` benötigt für seine Arbeit eine korrekte `xanim`-Installation. `xanim` ist ein weiterer Video-Player, der im Gegensatz zu `aktion` nicht KDE-basiert ist. Die Homepage von `aktion` ist `http://www.geocities.com/SiliconValley/Haven/3864/aktion.html`. Die Homepage von `xanim` ist `http://xanim.va.pubnix.com/home.html`. Abbildung 6.27 zeigt die Oberfläche von `aktion`.

6.8.4.6 XMovie

`xmovie` ist ein Audio- und Videoplayer mit Unterstützung für MPEG-1-, MPEG-2-Video und MP3-, MP2-, WAV- und AIFF-Audio. Darüber hinaus wird auch Quicktime (jedoch ohne Sorenson Vision) sowie das Abspielen von DVDs ohne CSS-Verschlüsselung unterstützt. Die in Abbildung 6.28 auf der nächsten Seite dargestellte Anwendung kann unter der URL `http://heroines.sourceforge.net/xmovie.php3` bezogen werden.

6.8.5 Nützliche Informationsquellen im WWW

An dieser Stelle noch einmal die Zusammenfassung wichtiger URLs zum Thema Linux und Video.

Abbildung 6.28: Der Media-Player `xmovie`

6.8.5.1 Video-Dateiformate und -Codecs

❏ Informationen zum AVI-Dateiformat

http://avifile.sourceforge.net/
http://www.jmcgowan.com/avi.html
http://avifile.sourceforge.net/

❏ Informationen zu DIVX

http://www.divx.com
http://www.projectmayo.com/

❏ Detaillierte Informationen rund um das Thema DVD

http://dvd-tipps-tricks.de/

❏ Informationen zu MPEG-Video-Kompressionsverfahren

http://www.disctronics.co.uk/technology/video/video_mpeg.htm
http://www.kom.e-technik.tu-darmstadt.de/acmmm99/ep/gringeri/
http://mpeg.telecomitalialab.com/standards/mpeg-4/mpeg-4.htm
ftp://ftp.netlab.ohio-state.edu/pub/jain/courses/cis788-99/
compression/index.html
http://www.faqs.org/faqs/compression-faq/part2/section-2.html
http://www.faqs.org/faqs/mpeg-faq/part4/
http://www.creativevideo.co.uk/reframe.php?url=http://www.
creativevideo.co.uk/pages/cvp_info_mpeg2_dvd.htm
http://www.dhts.guthries.com/understanding_mpeg2.html

❏ Informationen zum YUV-Kodierungsverfahren

http://everything2.com/index.pl?node=Y(R-Y)(B-Y)&lastnode_id=466997

```
http://www.studio1productions.com/Articles/411samp.htm
http://www.joemaller.com/fcp/fxscript_yuv_color.shtml
```

6.8.5.2 Video-Player und Recorder

❏ Der Videorecorder `dvr`

`http://dvr.sourceforge.net/`

❏ Der Video-Encoder/Streamer `ffmpeg`

`http://ffmpeg.sourceforge.net/`

❏ Der Video-Player `mplayer`

`http://www.mplayerhq.hu/homepage/`

❏ Der KDE Multimedia-Player `noatun`

`http://noatun.kde.org/`

❏ Der Video-Player `xine`

`http://xine.sourceforge.net/`

❏ Der Video-Player `ogle`

`http://www.dtek.chalmers.se/groups/dvd/index.shtml`

❏ Die Player `aktion` und `xanim`

`http://www.geocities.com/SiliconValley/Haven/3864/aktion.html`
`http://xanim.va.pubnix.com/home.html`

❏ Der Xmovie-Player

`http://heroines.sourceforge.net/xmovie.php3`

6.9 Video-Konferenzen und IP-Telefonie

Neben der Nutzung des Internet in Form von E-Mails und Chats haben sich in den letzten Jahren weitere Formen der Kommunikation etabliert, die auf der Nutzung des Internet basieren. In diese Kategorie fällt sicherlich die IP-Telefonie und das Abhalten von Video-Konferenzen.

Während die klassische Telefonie noch heute im wesentlichen auf die Übertragung von Sprache beschränkt ist, bietet die IP-Telefonie weitergehende Möglichkeiten. Dabei sind IP-Telefonie und Video-Konferenzen letzlich zwei Seiten derselben Medaille. Bei beiden werden im Gegensatz zur klassischen Telefonie keine Töne, also analoge Signale, sondern digitale Daten übertragen. Diese Daten können dabei sowohl digitalisierte Audio- als auch Video-Daten enthalten.

Der Vorteil der IP-Telefonie ist deren Flexibilität. Gerade für Unternehmen, die eine neue Kommunikationsinfrastruktur schaffen müssen, bietet der Aufbau eines reinen IP-Telefonienetzwerks durchaus eine Alternative zur herkömmlichen

Telefonanlage. Da heute in jedem Unternehmen eine EDV-Vernetzung aufgebaut werden muß, kann diese gleich für die Telefonie mitgenutzt werden, was den Aufbau einer zweiten Verkabelung für eine Telefonanlage erspart und so helfen kann Kosten zu sparen. Auch bei der täglichen Arbeit kann IP-basierte Telefonie das Leben erleichtern. So läßt sich ein IP-Telefon nicht nur als eigenständige Hardware implementieren, sondern auch als Software, die auf dem ohnehin genutzten PC arbeitet. Hier bieten sich dann weite Möglichkieten der softwareseitigen Integration an.

Neben der Nutzung in Firmen bietet die IP-Telefonie auch für Privatleute eine Interessante Ergänzung der Kommunikation, wenn man an die breite Verfügbarkeit des Internet bei Privathaushalten denkt. So lassen sich für den Preis des Internetzugangs Gespräche und Video-Konferenzen mit Freunden und Bekannten, auch im Ausland, sehr kostengünstig führen.

Neben den Vorteilen der IP-Telefonie gibt es natürlich auch Nachteile. Bei der klassischen Telefonie wird für ein Gespräch eine eigene Leitung zwischen den Gesprächspartnern geschaltet, die exklusiv genutzt werden kann. Bei der IP-Telefonie hingegen basiert die Übertragung der Sprache und Bilder auf dem Transport von Daten-Paketen über das Internet. Das bedeutet, daß man hier keine eigene, freie Leitung mit garantierter Übertragungsrate nutzen kann. Je nach Auslastung einzelner Strecken im Internet kann es auf dem Weg von einem zum anderen Gesprächsteilnehmer zu Verzögerungen kommen, die insbesondere bei gesprochener Sprache vom Menschen als sehr störend empfunden werden. Es darf also möglichst nicht zu einer zu hohen Verzögerung beim Transport kommen, da ansonsten keine sinnvolle Kommunikation möglich ist.

In diesem Kapitel soll zunächst eine allgemeine Übersicht über das Thema IP-Telefonie gegeben werden. Darüber hinaus wird konkret auf Anwendungen für Linux eingegangen, mit deren Hilfe IP-Telefonate und Video-Konferenzen abgehalten werden können.

6.9.1 Übersicht über verschiedene Systeme

Bevor mehr über die Struktur und den Aufbau einen IP-Telefonie/Video-Konferenzsystems gesagt wird, soll in diesem Abschnitt versucht werden, Kategorien zu bilden, in die existierende Systeme eingeordnet werden können, um auf diese Weise einen leichteren Überblick zu erhalten.

Das erste und wahrscheinlich wichtigste Unterscheidungsmerkmal ist die Unterscheidung in Systeme, die einem offenen Standard entsprechen, und solchen, die mit herstellereigenen, nicht offenen Protokollen arbeiten. Letztere System müssen meist als Komplettpaket von einem Hersteller gekauft werden, wobei auch die anderen Teilnehmer über die gleichen Systeme verfügen müssen, um z. B. an der Video-Konferenz teilnehmen zu können. Auf der anderen Seite stehen die

Systeme, die nach internationalen Standards, wie z. B. H.323, arbeiten, wodurch sie in der Lage sind, mit beliebigen anderen Systemen eine Audio-Verbindung oder eine Video-Konferenz aufzubauen. Hier entfällt also die Bindung an einen bestimmten Hersteller.

Ein weiteres Merkmal ist die Art der Verbindung, die von einem Konferenzsystem verwendet wird. Hier besteht zum einen die Möglichkeit, die Verbindung über das Telefonnetz zu realisieren, da unter Nutzung von ISDN eine Verbindung mit garantierter Bandbreite zum anderen Teilnehmer zur Verfügung steht. Da ISDN jedoch lediglich $2 \cdot 64 KBit/sec$ an Daten übertragen kann, verwenden solche Anlagen in der Regel z. B. drei parallel betriebene ISDN-Leitungen, um eine höhere Bandbreite, insbesondere für eine bessere Bildübertragung, zu erzielen. Auf der anderen Seite stehen die Systeme, bei denen die Ton- und Bild-Daten über ein Netzwerk, meist über ein LAN[2], bei Verbindungen „außer Haus" über das Internet übertragen werden.

Schließlich kann man zwischen reinen Software- und Hardware-basierten Lösungen unterscheiden. Mit Software-Lösungen sind hierbei die Systeme gemeint, die ausschließlich durch Software realisiert sind. Im Gegensatz dazu existieren auch Lösungen, die meist als Komplettpakete eines Herstellers zusammen mit der notwendigen Hardware verkauft werden.

In diesem Kapitel werden reine Softwaresysteme, die auf dem Standard H.323 basieren, beschrieben, die unter Linux arbeiten. Daher wird im folgenden Abschnitt zunächst ein Blick auf H.323 geworfen werden.

6.9.2 Protokolle und Codecs

Zur Realisierung von IP-Telefonie als auch von Video-Konferenzen bedarf es standardisierter Protokolle, die es ermöglichen, entsprechende Anwendungen auf beliebigen zu den Standards kompatiblen Systemen miteinander „reden" zu lassen. Dabei muß zunächst grundsätzlich zwischen zwei verschiedenen Protokolltypen unterschieden werden. Die erste Gruppe ist die Gruppe der Verbindungsprotokolle, die zweite Gruppe ist die, die man als Übertragungs- oder Benutzerprotokolle bezeichnen könnte.

Die erste Gruppe, zu der Protokolle wie H.323, Megaco oder auch SIP gehören, dient ausschließlich dem Management einer IP-Telefonie- bzw. IP-Video-Konferenzverbindung. Diese Protokolle dienen gewissermaßen dazu, die Möglichkeiten der herkömmlichen Telefonie in einem paketorientierten Netzwerk nachzubilden. Sie werden oft als Call Processing Protokolle bezeichnet. Hierzu zählen so grundlegende Dinge wie die Signalisierung eines Anrufs, der Aufbau und Abbau einer Verbindung, aber auch Dienste, wie z. B. die Aushandlung von gemeinsamen Übetragungsstandards (den Codecs) für die Ton und Bildinformation. Alle

---

[2]Ein Local Area Network, also ein lokales Netzwerk.

diese Protokolle setzen auf die zweite im folgenden beschriebene Gruppe von Protokollen auf, mit deren Hilfe die eigentliche Datenübertragung durchgeführt wird.

In die zweite Gruppe von Protokollen fällt z. B. das Standard-Protokoll TCP/IP, mit dessen Hilfe letztlich auch IP-Telefonie-Daten über das Internet übertragen werden können. TCP baut dabei auf das IP-Protokoll auf und ermöglicht fehlerfreie Verbindungen. Dies wird letztlich durch eine Fehlerkorrektur erreicht, u. a. auch auf Basis von Quittungen, die der Empfänger zum Sender zurückschickt, um den Erhalt von Daten zu bestätigen. In der IP-Telefonie ist das UDP-Protokoll, ein weiteres Protokoll, das auf IP aufsetzt, noch wichtiger als TCP. UDP arbeitet im Gegensatz zu TCP ohne das Versenden von Quittungen für erhaltene Daten. Daher kann dieses Protokoll schneller arbeiten, wobei es aber auch durchaus möglich ist, daß einzelne Datenpakete verloren gehen. Daneben existieren weitere Protokolle, wie RTP (Real Time Protocol), mit dessen Hilfe die Problematik angegangen werden kann, daß z. B. Daten für IP-Telefonie als Echtzeit-Daten mit Vorrang behandelt werden, um auf diese Weise Zeitverzögerungen beim IP-Telefonat zu verringern.

Neben den Protokollen, die für das Management der Verbindung und den Transport der Daten benötigt werden, werden noch Verfahren zur Digitalisierung von analogen Daten benötigt. Solche Verfahren werden als Codec bezeichnet und ermöglichen es, analoge Sprach- und Bilddaten in eine möglichst gut komprimierte, digitale Form umzuwandeln.

6.9.2.1 Das H.323-Protokoll

H.323 steht für eine ganze Gruppe von Protokollen mit dem Ziel, Audio-, Video-Konferenzen als auch Datenübertragungen über LANs (Local Area Networks), und ganz allgemein über paketbasierte Netzwerke zu ermöglichen. Dabei wurde beim Design von H.323 insbesondere auch berücksichtigt, daß solche Netzwerke (wie z. B. das Internet selbst) meist keine garantierte Quality of Service (QOS) besitzen, man also nicht davon ausgehen kann, daß Daten mit fest zur Verfügung stehender Bandbreite ohne Verzögerungen übertragen werden können.

H.323 ist ein Standard, der von der →ITU erstmals 1996 verabschiedet und seitdem weiterentwickelt wurde. Durch das herstellerneutrale und auch netzwerkunabhängige Design wird es möglich, daß alle H.323-kompatiblen Systeme unabhängig von dem System, auf dem sie arbeiten, und auch unabhängig von dem z. B. im lokalen Netz verwendeten Protokoll eine Verbindung miteinander aufbauen können.

Jedes H.323-komapitble System muß dabei Mindestanforderungen erfüllen. Jedes H.323-fähige Endgerät (Terminal genannt) muß beispielsweise den Audio-Codec mit der Bezeichnung G.711 (siehe unten) unterstützen. Dies ist eine Minimalforderung, die sicherstellt, daß zumindest eine Audio-Übertragung zwischen zwei beliebigen Endgeräten immer möglich ist. Hingegen sind die Unterstützung von Video und Datenübertragung für ein H.323-Endgerät optional. Unterstützt aber ein solches Gerät die Video-Übertragung, so muß es wiederum einen Minimalstandard erfüllen, der auch auf dem Gebiet der Videoübetragung für Kompatibilität zwischen allen Geräten sorgt: Für Video-Daten müssen alle Endgeräte den H.261-Codec implemtieren. Das Bereitstellen weiterer Codecs zur Audio-, Video- und Datenübertragung ist optional. Beim Verbindungsaufbau von zwei H.323-Terminals tauschen die Geräte ihre Fähigkeiten untereinander aus, so daß der (bzlg. Übertragungsqualität) größte gemeinsame Nenner gefunden werden kann.

Für den Benutzer bedeutet dies, daß er sicht nicht mit der Auswahl des in der jeweiligen Situation richtigen Protokolls herumschlagen muß und sicher sein kann, daß eine Verbindung zu einem anderen H.323-Terminal unabhängig von dem System, auf dem das Terminal arbeitet, und der Strutur des Netzwerks, über das es mit dem Kommunikationsparner vernetzt ist, immer möglich ist.

Neben diesen grundlegenden Eigenschaften enthält das Design von H.323 auch spezielle Protokolle zum Management von Konferenzen mit mehreren Teilnehmern, was als Multipoint-Verbindung bezeichnet wird. Darüber hinaus unterstützt H.323 insbesondere für solche Konferenzen auch das Multicast-Protokoll, mit dessen Hilfe Daten wesentlich effizienter und ohne Redundanz zu den Konferenzteilnehmern übertragen werden können. Für lokale Netzwerke schließlich bietet H.323 Kontrollmöglichkeiten, indem die für IP-Telefonie verfügbare Bandbreite oder die Zahl der Verbindungen vom Administrator eingeschränkt werden kann.

Architektur eines H.323-Netzwerks

In diesem Abschnitt soll eine Überblick über die Struktur von H.323 gegeben werden. Es wird daher nicht auf die Details jeder der möglichen Komponenten oder Protokolle eingegangen. Wer genauere Informationen über H.323 sucht, sollte eine der am Ende des Abschnitts angegebenen URLs zu H.323 einsehen oder das Buch von Uyless Black[3] lesen, in dem das Gebiet der IP-Telefonie im Detail behandelt wird.

Die minimale Konfiguration von H.323 geht von zwei Kommunikationsteilnehmern, also zwei H.323-Terminals, aus, die miteinander über ein paketvermittelndes Netzwerk, ohne eine garantierte Quality Of Service (QOS), wie z. B. ein lokales Netz oder das Internet, eine Audiokonferenz in Echtzeit abhalten. Die Kommunikation findet dabei duplex, also auf zwei Wegen, statt. Das bedeutet letzt-

---

[3]Tyless Black, „Internet Telephony", Prentic Hall, 2001, ISBN 0-13-025565-3

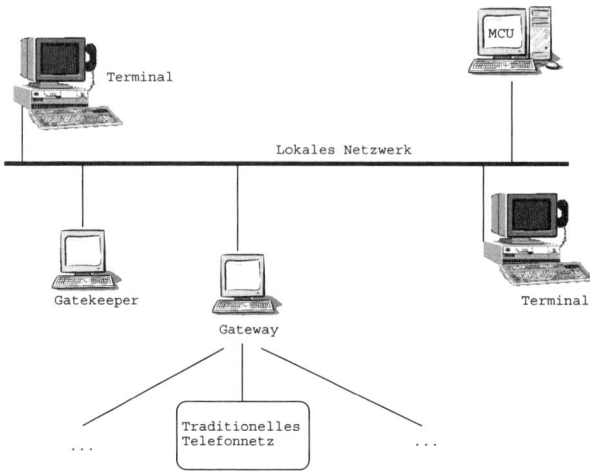

Abbildung 6.29: Die H.323 Architektur

lich, daß beide Kommunikationspartner gleichzeitig reden können und den anderen gleichzeitig hören.

Eine solche Konfiguration geht also von der direkten Verbindung zweier Geräte über ein Netzwerk aus. H.323 bietet darüber hinaus weitere Komponenten in einem Netzwerk, die jedoch optional sind. Die wichtigsten optionalen Komponenten sind der Gatekeeper, Gateways und eine MCU.

In Abbildung 6.29 ist die H.323-Architektur mit den optionalen Komponenten Getakeeper, Gateway und MCU dargestellt. Die beiden Endgeräte, an denen der Benutzer sitzt, sind in der H.323-Terminologie als Terminals bezeichnet. Hierbei kann es sich um einen PC mit entsprechender Software oder auch um ein in Hardware gegossenes H.323-kompatibles Telefon handeln.

❏ H.323-Terminals
Terminals stellen die Kommunikationsendpunte im H.323-Modell dar. Zur Wahrung der Kompatibilität zwischen allen Terminals müssen gewisse Mindestanforderungen erfüllt werden: jedes Terminal muß den Audio-Codec G.711 implementiert haben. Video- oder Datenübertragung sind optional. Im Fall, daß ein Terminal jedoch auch Videoübertragung anbietet, muß es auch hier wieder einer Mindestanforderung genügen, indem es dem Standard H.261 genügt. Darüber hinaus muß ein Terminal auch mit einem evtl. sich im Netz befindlichen Gatekeeper sprechen können.

❏ Der H.323-Gatekeeper
Der Gatekeeper ist eine optionale Komponente, die im wesentlichen Verwaltungsaufgaben übernimmt. Wenn jedoch in einem Netzwerk ein Gatekeeper

existiert, nimmt er eine zentrale Stellung ein. Alle Terminals müssen sich in diesem Fall automatisiert beim Gatekeeper registrieren.

Im wesentlichen hat der Gatekeeper dann zwei Aufgaben:

➤ Zum einen dient er zur Abbildung von symbolischen Namen zu IP-Adressen. Im Normalfall muß zum Verbindungsaufbau von einem zum anderen Terminal jeweils die IP-Adresse des anderen Terminals angegeben werden. Anstelle der IP-Adressen ist es angenehmer, Namen oder auch Telefonummern verwenden zu können. Der Gatekeeper führt für seine Zone, also sein lokales Netz, eine Datenbank mit einer solchen Zuordnung.

➤ Ein zweite wichtige Aufgabe des Gatekeepers ist die Verwaltung der Bandbreite die für IP-Telefonie und Video-Konferenzen in der Zone des Gatekeepers zur Verfügung steht. Erreicht wird dies Ziel, indem der Administrator den Gatekeeper anweisen kann, nur eine maximale Zahl an Verbindungen und eine maximale Bandbreite des Netzwerks für die IP-Telefonie zuzulassen. Da ein Terminal einen Verbindungsaufbau über den Gatekeeper machen muß, kann dieser beim Erreichen der Maximalwerte neue Verbindungen sperren oder falls möglich nur Verbindungen mit geringen Bandbreitenbedarf zulassen.

Die genannten Aufgaben führt ein Gatekeeper immer für alle Geräte in seiner Zone aus. Eine Zone ist eine logische Struktur und enthält die Gesamtheit von Terminals, Gateways und MCUs dieser Zone, die von diesem Gatekeeper kontrolliert werden. In jeder Zone kann es folglich nur einen Gatekeeper geben.

❏ Das H.323-Gateway
Die optionale Komponente des Gateways hat in H.323 die Aufgabe der Protokollumsetzung als auch der Umcodierung der Nutzdaten. Auf diese Weise können auch Nicht-H.323-Geräte an Konferenzen teilnehmen, sofern ein geeignetes Gateway verfügbar ist. Über ein Gateway erfolgt auch die Anbindung eines klassischen Telefonnetzes an ein IP-Telefonie-System.

❏ Die MCU (Multipoint Controll Unit)
Eine H.323-MCU wird für Konferenzen von drei oder mehr Personen benötigt. Die MCU besteht aus dem MC (Multipoint Controller) und optional aus einem oder mehreren MP (Multipoint Processors). Über den MC laufen dabei zentral die Anfragen gemäß H.245, um die gemeinsamen Fähigkeiten (z. B. bzlg. der möglichen Codecs) aller Beteiligten abstimmen zu können. Die eigentliche Arbeit der Umsetzung und Übertragung von Audio- und Video-Daten wird einer oder mehreren MP (Multipoint Processor)-Einheiten überlassen.
Das Versenden von Audio und Video-Daten zu den Teilnehmern kann dabei auf zwei verschiedenen Wegen erfolgen:

> ➤ Zum einen über das normalerweise verwendete sogenannte Unicast.
> Dies bedeutet, daß jedem Konferenzteilnehmer die Daten quasi einzeln
> zugesendet werden. Dies bedeutet, daß z. B. bei 10 Teilnehmern einer
> Video-Konferenz die gleichen Daten zehnmal versendet werden müs-
> sen. Dies führt u. U. zu einer recht hohen Netzbelastung.

> ➤ Die Alternative ist das sogenannte Multicast. Anders als beim Unicast
> werden beim Multicast gleiche Daten nicht doppelt übertragen. Statt-
> dessen versendet die Datenquelle die Daten nur einmal zu der Grup-
> pe von Interessierten. Vorrausetzung zur Nutzung von Multicast ist je-
> doch eine entsprechende Netzwerkinfrastruktur, die nicht immer gege-
> ben ist. Daher kann Multicasting nicht immer eingesetzt werden.

Für alle hier angeführten Komponenten existieren Implemtierungen als Open
Source. Eine Liste mit Verweisen auf die entsprechenden Web-Seiten findet sich
am Ende dieses Kapitels.

Übersicht über die wichtigsten H.323-Protokolle

Wie aus den Vorangegangenen Schilderungen ersichtlich geworden ist, handelt es sich bei H.323 genaugenommen nicht um ein einziges Protokoll, sondern um eine Sammlung vieler verschiedener am Prozeß der IP-Telefonie be-
teiligter Protokolle. Da die Vielfalt dieser Protokolle, die zudem alle sehr ähnliche Namen (Nummern) tragen sehr verwirrent ist, soll in diesem Abschnitt
eine kurze Übersicht über die wichtigsten H.323-Protokolle gegeben werden.
Wer genauere Informationen sucht, kann diese beispielsweise unter der URL
`http://www.protocols.com/pbook/h323.htm` finden.

RAS   *Registration, Admission, Status.* Dieses Protokoll dient der Kommunikation zwischen Terminals und dem Gatekeeper. Es wird z. B. für
die Suche (discovery) eines Gatekeepers und die Registrierung von
Terminals verwendet.

H.225.0   Das Protokoll H.225 dient der Anruf-Signalisierung, wird also für
den Auf- und Abbau von Verbindungen eingesetzt. Es übernimmt
Teile des Protokolls Q.931, das für die Anruf-Signalisierung in ISDN-
Netzwerken verwendet wird.

H.245   Das Protokoll H.245 wird beispielsweise zum Austausch der Fähigkeiten bzlg. Audio, Video und Datenübertragung zwischen Terminals verwendet, so das ein gemeinsamer Nenner gefunden werden
kann. Darüber hinaus dient es zum Management von logischen
Übertragungskanälen und zum Austausch von Kontrollnachrich-
ten.

H.235   Dieses Protokoll beschäftigt sich mit der Sicherheit (Authentifizierung und Verschlüsselung) in IP-Telefonie nach H.323.

6.9.2.2 Weitere bekannte Protokolle

Obwohl H.323 eine recht große Verbreitung gefunden hat, ist es nicht das einzige Protokoll für den Bereich der IP-Telefonie. Neben H.323 wurden weitere Protokolle entwickelt und standardisert, die zum Teil alternativ oder ergänzend verwendet werden können. Wer genauere Informationen über diese alternativen Protokolle sucht, sollte das Buch von Uyless Black[4] lesen, in dem diese Protokolle im Detail beschrieben sind und auch versucht wird, eine Gegenüberstellung mit H.323 zu machen. An dieser Stelle soll nur ein kurzer Überblick über diese Alternativen gegeben werden:

❏ SIP
SIP ist ein weiteres Call Processing Protokoll, das Ähnlichkeiten zu H.323 aufweist und von der →*IETF* spezifiziert wurde. SIP dient zum Aufbau, der Modifikation von Parametern und dem Abbau von Multimedia-Sessions und IP-Telefonaten. Es baut dabei stark auf das DNS (Domain Name System) und verwendet SIP URLs zur Bezeichnung von Teilnehmern von IP-Telefonaten. Auch unter Linux existiert Software, die auf SIP basiert. An dieser Stelle soll jedoch nicht näher darauf eingegangen werden. Die wichtigsten Anwendungen sind `linphone` (siehe `http://www.linphone.org/`) und `kphone` (siehe `http://www.wirlab.net/kphone/`).

❏ MGCP und Megaco
MGCP steht für Media Gateway Control Protocol. MGCP ist ein weiteres Call Processing Protokoll, das die Basis für Megaco bildet. Es wurde von der →*IETF* verabschiedet. Von der ITU wurde das gleiche Protokoll als H.248 verabschiedet. Es dient der Festlegung der Signalisierung zwischen einem Media-Gateway und dem Media Gateway Controller. Das Media-Gateway dient der Umwandlung von analogen Signalen aus der klassischen Telefonie und den Datenpaketen der IP-Telefonie für Audiodaten. Der Media Gateway Controller dient der Steuerung des Media Gateways.

6.9.2.3 Das RTP-Benutzer-Protokoll

Neben den zuvor angeführten Call-Processing Protokollen existieren weitere Protokolle, die man vielleicht unter dem Begriff Benutzerprotokolle zusammenfassen kann. Darunter fällt z. B. TCP/IP, das Protokoll, mit dem Daten über das Internet übertragen werden. Die Datenübertragung über das Internet macht jedoch in Bezug auf IP-Telefonie Probleme, da hierbei Verzögerungen entstehen können und die Übertragungsraten ständig schwanken können. Für den Zugriff auf z. B. eine Web-Seite ist es unwesentlich, ob beim Transport Verzögerungen von z. B. einer Sekunde bei der Datenübertragung auftreten. Bei der IP-Telefonie führen solche Verzögerungen jedoch zur Undurchführbarkeit eines Gesprächs.

---

[4]Tyless Black, „Internet Telephony", Prentic Hall, 2001, ISBN 0-13-025565-3

Das Problem liegt letzlich darin begründet, daß man im Gegensatz zu einem herkömmlichen Gespräch nicht über eine dedizierte Leitung für das Gespräch verfügt. Stattdessen wird die Sprache digitalisiert und in einzelnen Datenpaketen zum Empfänger übertragen. Diese Datenpakete unterscheiden sich aber in keiner Form von anderen Daten, die über das Internet übertragen werden. Durch Überlastungen von einzelnen Routern oder Ausfällen von Verbidungen können daher Verzögerungen bei der Übertragung auftreten.

Um dieses Problem zu lösen oder zumindest zu lindern, wurde von der →*IETF* RTP, das Real Time Protokoll, entwickelt. Es wird beispielsweise im Rahmen von H.323 und der SIP-basierten IP-Telefonie dazu verwendet, die Audio- und Video-Daten zu übertragen. RTP verwendet als Basis normalerweise das Protokoll UDP (User Data Protokoll), das auf dem IP-Protokoll aufbaut. Im Gegensatz zu TCP, bei dem zwischen zwei Netzgeräten eine gegen Übetragungsfehler gesicherte, fehlerfrei Verbindung aufgebaut wird, ist UDP ungesichert, d. h., es kann passieren, daß Datenpakete verlorengehen oder in einer falschen Reihenfolge beim Empfänger ankommen. In einem solchen Fall müssen weitere Protokolle dafür sorgen, diese Fehlersituation zu behandeln. Der Vorteil von UDP gegenüber TCP ist der geringere Protokollaufwand. Darüber hinaus ist UDP für die IP-Telefonie gerade deshalb besser geeignet als TCP, da es bei Problemen mit der Datenübertragung besser ist, ein Datenpaket zu verlieren als darauf zu warten, daß es erneut übertragen wird, da das Warten dazu führen könnte, daß die Verbindung stockt.

RTP dient der Übertraung von Daten, die möglichst in Echtzeit also ohne Verzögerung verarbeitet werden müssen. RTP stellt hierzu Dienste zur Verfügung zur Identifizierung der Nutzdaten (des payloads), der Nummerierung von Datenpaketen, der Vergabe von Zeitstempeln und der Überwachung der Paketauslieferung. Dabei bedient sich RTP eines weiteren Protokolls, dem RTCP (Real Time Control Protocol). RTP selbst garantiert nicht die Auslieferung von Daten in Echtzeit sondern verläßt sich hierbei auf tiefer liegende Protokolle. Auch wird von RTP nicht garantiert, daß die Auslieferung der Datenpakete beim Empfänger in korrekter Reihenfolge erfolgt. Hier hilft jedoch die Paketnumerierung, die ursprüngliche Reihenfolge wiederherzustellen.

6.9.2.4 Verwendete Codecs

Neben den Protokollen, wie RTP zur Übertragung von Daten und z. B. H.323 zum Management von IP-Telefonie-Verbindungen, müssen natürlich die Daten selbst, also Sprache und Video-Bilder, die ja analoger Natur sind, übertragen werden. Hierzu müssen sie zunächst digitaliert und dann so codiert werden, daß sie möglichst wenig Platz in Anspruch nehmen, damit die Datenübertragung selbst schneller vonstatten gehen kann bzw. Sprache mit besserer Qualität oder höher auflösende Videobilder verwendet werden können. Zu diesem Zweck dienen die

Codecs. Das Wort Codec ist ein Kunstwort das sich aus den Wörtern „Coder" und „Decoder" ableiten läßt. Codecs dienen der möglichst effizienten digitalen Repräsentation von Audio- und Video-Daten. Auch bei der IP-Telefonie taucht der Begriff der Codecs immer wieder auf. So sind ja beispielsweise in H.323 bestimmte Codecs als verpflichtend vorgegeben, d. h. jedes H.323-kompatible Endgerät muß über diese Codecs verfügen.

In der folgenden Übersicht werden einige der bei IP-Telefonie bzw. Video-Konferenzen üblichen Codes aufgeführt:

G.711   G.711 ist ein Audio-Codec, der von allen H.323-kompatiblen Geräten implementiert sein muß. Die Verwendung des Codecs ist jedoch nicht auf H.323-Geräte beschränkt. G.711 beschreibt eine Audiocodierung für eine Audioübertragung bei 64Kbit/sec in Telefonqualität. G.711 kann Frequenzen von 0 – 4KHz codieren und verwendet hierzu das A-Law- oder U-Law-Verfahren.

G.723.1   G.723.1 ist eine verbesserter Audio-Codec und erlaubt eine Übertragung von guter Audio-Qualität bei einer Bitrate von 16Kbit/sec.

G.728, G.729 Beides sind weitere Audio-Codecs, die eine bessere Komprimierung versprechen als die zuvor genannten. G.728 arbeitet bei einer Bitrate von 16Kbit/sec und kann eine Bandbreite von 8 KHz codieren. G.729 arbeitet bei einer Bit-Rate von 8 Kbit/sec und kann ebenfalls einen Frequenzbereich von 8KHz codieren.

GSM 06.10   Der GSM 06.10-Codec ist ein Standard aus der Mobilfunktechnik. Er bietet eine gute Übertragungsqualität bei niedrigen Bitraten. Um ein Frequenzspektrum von 8KHz zu codieren, wird mit diesem Codec eine Bitrate von ca. 13 200 Bit/sec benötigt.

H.261   H.261 ist ein Video-Codec, der insbesondere für H.323 Geräte mit Video-Support verpflichtend vorgeschrieben ist, d. h., jedes H.323-kompatible Gerät mit Video-Support muß diesen Codec implementieren. H.261 wurde insbesondere für die Videoübertragung bei geringen Bitraten (z. B. 64Kbit/sec) entwickelt. Er erlaubt die Übertragung von Bildern in CIF (Common Interchange Format) mit einer Auflösung von 352 · 288 Bildpunkten und in QCIF (Quarter Common Interchange Format) mit einer Auflösung von 176 · 144 Bildpunkten.

H.263   H.263 ist ein weiterer Video-Codec, der für H.323-Geräte verpflichtend vorgeschrieben ist. Wie H.261 ist auch H.263 für Video-Übertragungen bei niedriger Bitrate entwickelt worden. H.263 unterstützt mehr Formate als H.261 und ermöglicht durch zusätzliche Maßnahmen eine bessere Komprimierung. Unterstützt werden die Formate sub-QCIF (128 · 96 Bildpunkte), QCIF (176 · 144 Bildpunkte), CIF (352 · 244 Bildpunkte), 4CIF (702 · 576 Bildpunkte) und 16CIF (1408 · 1152 Bildpunkte).

6.9.3 Technische Voraussetzungen für die IP-Telefonie

Wer mit seinem Linux-System IP-Telefonie oder Video-Konferenzen nutzen will, muß einige eigentlich selbstverständliche Dinge beachten. So ist IP-Telefonie natürlich nur dann möglich, wenn im Rechner eine Soundkarte eingebaut und konfiguriert ist. Alternativ kann z.b. auch ein USB-Headset verwendet werden, daß nicht auf eine Soundkarte angewiesen ist. An die Soundkarte wird ein Mikrofon angeschlossen, über das die Sprache zum Kommunikationsteilnehmer übertragen wird. Darüber hinaus müssen Lautsprecher angeschlossen sein, um den Kommunikationspartner hören zu können. Eine weitere Anforderung an die Soundkarte ist die volle Duplexfähigkeit, was bedeutet, daß die Soundkarte zur gleichen Zeit Daten in Sprache umwandeln kann und gleichzeitig auch Sprache, die von Mikrofon stammt, digitalisieren, also in Daten umwandeln, kann. Diese Anforderung wird jedoch von fast allen heutigen Karten erfüllt.

Entsprechende Voraussetzungen gelten für eine IP-Video-Konferenz. Auch hier muß natürlich ein Mikro, Lautsprecher und die zugehörige Soundkarte vorhanden sein, um den Audio-Teil übertragen zu können. Darüber hinaus benötigt man eine Kamera, wenn man selbst ein Bild übertragen möchte. Es ist jedoch auch durchaus möglich, selbst kein Bild zu senden und lediglich die Bilder der Kommunikationsteilnehmer zu empfangen. Falls man jedoch auch selbst im Bilde sein möchte, empfiehlt sich als preisgünstigste Variante der Einsatz einer PC-Kamera, die ab ca. 30,– € zu haben sind. Die Einrichtung einer solchen Kamera ist in Abschnitt 6.7 auf Seite 550 beschrieben. Eine weitere Alternative ist der Einsatz einer Video-Kamera, die an den Eingang einer TV-Karte angeschlossen wird. Generell wichtig ist, daß die verwendete Kamera das Bild auf einem V4L(Video for Linux)-kompatiblen Gerät (z. B. `/dev/video0`) zur Verfügung stellt, da viele Anwendungen ebenfalls auf das V4L-Interface aufsetzen, um ein Bild zu gewinnen.

6.9.4 Software für H.323-basierte Telefonie unter Linux

Nachdem in den letzten Abschnitten IP-Telefonie und Video-Konferenzen von der theoretischen Seite beleutet wurden, werden in diesem Abschnitt konkrete Anwendungen beschrieben, mit denen man IP-Telefonie und Video-Konferenzen durchführen kann. Die Programme sind dabei alle H.323-kompatibel, so daß man mit jedem der Programme eine Verbindung zum anderen herstellen kann. Die Unterschiede liegen hauptsächlich im Komfort und den Fähigkeiten der Anwendungen. Während die bekannteste, `gnomemeeting`, sowohl für IP-Telefonie als auch für Video-Konferenzen bestens geeignet ist und eine komfortable Oberfläche bietet, ist beispielsweise ohphone eher eine IP-Telefonieanwendung ohne graphische Oberfläche. Beide sind jedoch H.323-kompatibel, so daß man mit ohphone auch einen gnomemeeting-Benutzer anrufen kann. Durch die Tatsache, daß auch Windows NetMeeting H.323-kompatibel ist, können mit allen Programmen auch Verbindungen mit Benutzern von NetMeeting aufgebaut werden.

Alle Anwendungen sind zunächst direkt in der Lage, eine zweier-Konferenz abzuwickeln, also ein Gespräch/eine Video-Konferenz zwischen genau zwei Teilnehmern. Um eine Konferenz aus drei oder mehr Teilnehmern bilden zu können, ist zusätzlich die Verwendung von openmcu notwendig. Diese Anwendung wird in Abschnitt 6.9.4.3 auf Seite 613 beschrieben.

6.9.4.1 Videokonferenzen mit gnomemeeting

Die Anwendung gnomemeeting stellt das in der Linux-Welt zur Zeit komfortableste und wahrscheinlich auch am weitesten verbreitete H.323-kompatible IP-Telefonie/Video-Konferenz-System dar. gnomemeeting wartet mit einer leicht zu bedienenden graphischen Oberfläche auf, über die auch das gesamte Setup der Anwendung erfolgt. Neben der Möglichkeit, Video-Konferenzen durchzuführen, bietet gnomemeeting auch die Möglichkeit, Chats durchzuführen, also Texte an den Kommunikationsteilnehmer zu senden. Als weiteres Feature bietet gnomemeeting Zugang zu einem ILS (Internet Locator Server), mit dessen Hilfe ein Benutzer von gnomemeeting und auch von Windows NetMeeting sehen kann, welche anderen Benutzer zur Zeit gerade online sind. Durch ein Klick kann dann eine Verbindung zu dem gewünschten Nutzer aufgebaut werden. Auf Wunsch registriert gnomemeeting den Anwender nach dem Start automatisch beim ILS-Server, so daß man für andere direkt erreichbar ist. Der ILS-Server erspart also das Suchen nach der IP-Addresse des Kommunikationspartners und bietet ein Verzeichnis der gerade aktiven gnomemeeting-Nutzer. Auch wenn gnomemeeting unter der Benutzeroberfläche Gnome entwickelt wurde, funktioniert es dennoch in gleicher Weise auch unter KDE, allerdings ist hierzu u. U. ein kleiner Trick notwendig, der weiter unten beschrieben wird.

Da gnomemeeting voll H.323-kompatibel ist, und das Windows Pendant Windows NetMeeting ebenfall H.323 kompatibel ist, können problemlos Video-Konferenzen zwischen beiden Programmen durchgeführt werden.

Installation

Die Installation von gnomemeeting kann wie üblich durch das Übersetzen des Quellcodes erfolgen, oder durch ein bereits fertig übersetzes RPM-Paket. Sowohl der Quellcode als auch fertig übersetze RPMs und Debian-Pakete können von der gnomemeeting-Homepage unter der URL http://www.gnommeeting.

`org` bezogen werden. Nutzer von SuSE Linux haben es noch etwas einfacher, da ein fertiges RPM der SuSE Linux-Distribution beiliegt.

Neben dem eigentlichen Anwendungs-Paket werden zur Nutzung von `gnome-meeting` weitere Software-Pakete benötigt, die ebenfalls installiert werden müssen. Auf SuSE Linux werden diese Abhängigkeiten automatisch erkannt, so daß mit der Installation von `gnomemeeting` auch weitere benötigte Softwarepakete mit installiert werden.

Da `gnomeeting` eine Gnome-Applikation ist, werden zunächst die Gnome-Libraries benötigt. Wer normalerweise unter Gnome arbeitet, hat sicherlich schon alles Notwendige installiert. Wer normalerweise mit KDE arbeitet, sollte am besten einfach ein Gnome-Basis-System installieren. Neben Gnome benötigt `gnomemeeting` ebenfalls die `pwlib`, eine portable Klassenbibliothek, die auch vom OpenH323-Projekt (`http://www.OpenH323.org/`) verwendet wird. Auch die Bibliotheken vom OpenH323-Projekt selbst werden benötigt. Weiterhin wird die OpenLDAP-Bibliothek für den ILS-Support benötigt. Darüber hinaus empfiehlt sich auch die Installation der SDL-Bibliothek, wodurch `gnomemeeting` in der Lage ist, Video als Fullscreen und in einem eigenen Fenster darzustellen. Wer `gnomemeeting` selbst übersetzt und anschließend unter KDE betreiben möchte, sollte zusätzlich auch die `arts`-Entwickler-Pakete installieren, damit `gnome-meeting` anschließend unter KDE mit `artsd` umgehen kann, der unter KDE genutzt wird, um das Sound-Gerät für mehrere Anwendungen parallel nutzbar zu machen. Ansonsten kann es unter KDE vorkommen, daß bei aktiviertem `arts`-Soundserver `gnomemeeting` keinen Zugriff auf das Sound-Device hat und somit keinen Ton wiedergeben kann.

Wer nicht auf vorübersetzte Pakete zugreifen kann oder das Paket selbst übersetzen möchte, findet in der FAQ (auf der Projektseite unter der URL `http://www.gnomemeeting.org/`) von `gnomemeeting` hilfreiche Hinweise hierzu.

Als Besonderheit kann `gnomemeeting` auch mit Quicknet-Karten umgehen. Diese Karten sind spezielle Sound-Karten, die Tonsignale ohne Belastung des eigentlichen Rechners optimal zur Verwendung bei der IP-Telefonie komprimieren sollen. Auf diese Karten wird an dieser Stelle nicht weiter eingegangen. Weitere Informationen finden sich unter der URL `http://www.linuxjack.com/`.

Arbeiten mit `gnomemeeting`

Im Anschluß an die Installation kann der erste Start von `gnomemeeting` erfolgen. Wer unter Gnome arbeitet, sollte hierbei keine Probleme haben. Wer allerdings unter KDE oder mit einem anderen Windowmanager arbeitet, könnte das Phänomen erleben, daß nach dem Start scheinbar einfach nichts passiert, d. h., es erscheint kein Fenster aber auch keinerlei Fehlermeldungen. Das Problem ist in der `gnomemeeting`-FAQ beschrieben und liegt an einem Fehler im Gnome2-

System. Das Problem läßt sich allerdings leicht umgehen, indem vor dem Start der Anwendung selbst das Gnome2-Programm bonobo-activation-empty-server gestartet wird. Wer von diesem Problem betroffen ist und den zusätzlichen Start nicht immer von Hand ausführen möchte, kann auch ein kleines Shell-Skript verwenden, das dann anstelle von gnomemeeting gestartet wird:

```
#!/bin/sh
#
# Gnome-Startskript für KDE-Nutzer
#
if [ 'ps -axw|grep -v grep|grep -c bonobo-activation-server' -eq 0 ]; then
        #               Bitte Pfad überprüfen !!!!
        /opt/gnome2/bin/bonobo-activation-empty-server &
        sleep 1
fi
# Bitte Pfad überprüfen !!!!
/opt/gnome2/bin/gnomemeeting
```

Dieses kleine Skript, was z. B. mymeeting genannt werden könnte, macht nichts anderes als zu überprüfen, ob der Prozeß bonobo-activation-server bereits läuft. Wenn nicht, wird bonobo-activation-empty-server gestartet und anschließend gnomemeeting. Wenn das Skript verwendet wird, sollte überprüft werden, ob gnomemeeting und bonobo-activation-empty-server wirklich unter /opt/gnome2/bin installiert sind. Ggf. müssen die Pfade im Skript angepaßt werden.

Der erste Start

Nach dem allerersten Start von gnomemeeting erscheint zunächst ein Assistenten-Fenster, in dem der Benutzer seine persönlichen Daten eingeben kann, also insbesondere den Namen, die E-Mail-Adresse und den Wohnort/Land. Diese Daten werden, falls der ILS-Support-Button aktiviert ist, später zum ILS-Server übertragen und sind dann für andere Nutzer sichtbar. Da die Liste des ILS-Servers auch durchsucht werden kann, sollte man die Angaben sinnvoll gestalten, wenn man gefunden werden möchte.

Darüber hinaus wird der Benutzer nach der Art seiner Internet-Anbindung gefragt. Hier kann z. B. zwischem einem 56k-Modem, ISDN oder DSL gewählt werden. Die Angabe wird zur Optimierung von Einstellungen verwendet. Die vorgenommenen Einstellungen können auch später noch jederzeit verändert werden.

Nachdem der Konfigurations-Assistent beendet wurde, erscheint das in Abbildung 6.30 auf der nächsten Seite dargestellte Fenster. Im unteren Teil der Abbildung ist zusätzlich das Control-Panel von gnomemeeting dargestellt, das durch den entsprechenden Button am linken Rand des Hauptfensters geöffnet und wieder geschlossen werden kann.

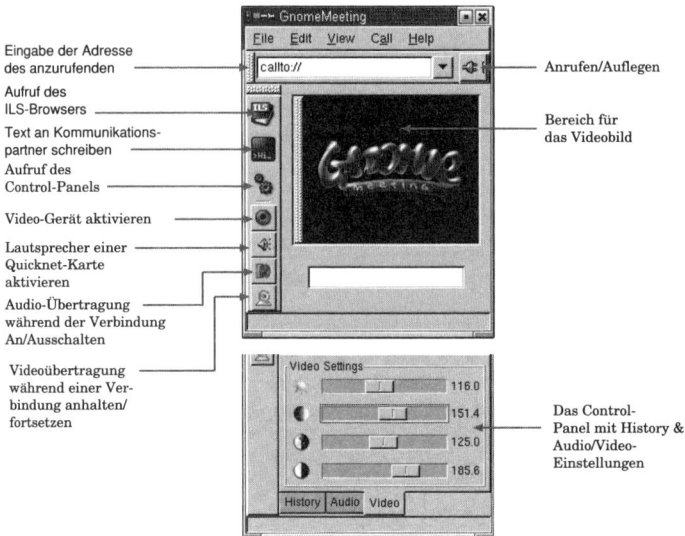

Abbildung 6.30: Die gnomemeeting Start-Fenster un Control-Panel

Aufbau einer Verbindung

Aus dem Hauptfenster heraus kann jetzt direkt ein Gesprächspartner angerufen werden. Falls das Gegenüber sich nicht im lokalen Netz befinden sollte, muß jetzt zunächst eine Verbindung zum Internet geschaffen werden. Wer auf seinem Rechner eine Firewall betreibt, sollte zuvor die Hinweise in Abschnitt 6.9.4.1 auf Seite 608 beachten.

Der Aufbau einer Verbindung erfolgt entweder durch Eingabe einer Adresse, z. B. einer callto://-URL in das am oberen Bildschirmrand liegende Texteingabefeld, oder mit Hilfe des ILS-Directory-Browsers, der in Abschnitt 6.9.4.1 auf der nächsten Seite beschrieben wird.

Bei der direkten Eingabe einer Adresse kann diese in unterschiedlicher Art und Weise angegeben werden. Die allgemeine Form einer Eingabe ist

callto://[alias]@[host:[port]]

oder einfach ip-address:

❏ *ip-address*
Eine Verbindung zu einem Teilnehmer, der sich an einem Rechner mit der IP-Adresse *ip-address* befindet, kann einfach durch Eingabe der IP-Adresse, des Rechnernamens mit Domainnamen oder durch eine entsprechende callto://-URL, also z. B. callto://192.168.10.5, aufgebaut werden.

❏ `callto://`*user-name*
Eine weitere Möglichkeit ist die Angabe eines Alias-Namens in einer `call-to://`-URL. Dies funktioniert nur dann, wenn ein Gatekeeper vorhanden ist und der Gesprächspartner mit diesem Alias am gleichen Gatekeeper angemeldet ist wie man selbst. In diesem Fall kann der Gatekeeper den Alias zu der korrekten IP-Adresse auflösen.

❏ `callto://`*ils-server/user-email*
Neben der Möglichkeit, den ILS-Server über den ILS-Directory Browser zu nutzen, kann auch direkt eine `callto://`-URL angegeben werden. In diesem Fall wird als *ils-server* der Rechnername des ILS-Servers angegeben (z. B. `ils.seconix.com`) und als *user-email* die E-Mail-Addresse des Nutzers, den man anrufen möchte, also z. B. `tux@linux.de`. Falls der Benutzer unter dieser E-Mail-Addresse beim angesprochenen ILS-Server registriert ist, wird die Verbindung anschließend aufgebaut.

❏ `callto://`*thehost.thedomain.com:1740*
Über die Angabe eines Rechner- und Domainnamens zusammen mit einer Portnummer am Ende (hier: `1740`) wird anstelle der normalerweise üblichen Portnummer (`1720`) die angegebene Portnummer auf dem Zielrechner für den Verbindungsaufbau verwendet.

Wurde die Verbindung aufgebaut, wird sofern verfügbar, direkt das Bild des Gegenübers im Bildbereich von `gnomemeeting` dargestellt. Wurde die Anwendung mit SDL-Support übersetzt, kann dieses Fenster frei auf dem Bildschirm bewegt werden. Im Menü `View` kann zudem bestimmt werden, ob das Bild des Gesprächspartners (`remote`) oder das eigene (`local`) oder beide zusammen dargestellt werden sollen. Falls beim Gesprächspartner das eigene Bild nicht ankommt, sollte überprüft werden ob die Einstellung im Menü `Edit->Preferences->Video Codecs` mit der Bezeichnung `Enable Video-Transmission` aktiviert ist, da ansonsten kein Bild gesendet wird.

Falls an dem eigenen Rechner keine Kamera angeschlossen ist, kann man dennoch die Übertragung der Videodaten testen, da `gnomemeeting` in der Lage ist, ein Testbild zu versenden. Hierzu muß einfach der Button im Hauptfenster zur Aktivierung des Video-Geräts gedrückt werden. Es erscheint zwar eine Warnung, aber anschließend sendet `gnomemeeting` ein Testbild aus farbigen Flächen.

Der ILS-Directory-Browser

Eine weitere Möglichkeit eine Verbindung aufzubauen, ist die Verwendung des ILS-Browsers. Der ILS-Browser kann eine Verbindung zum ILS-Server (Internet Locator Server) aufbauen. Der ILS-Server für `gnomemeeting` ist `ils.seconix.com` und wird immer als Vorgabe eingetragen. Ein `gnomemeeting`-Nutzer oder ein NetMeeting-Nutzer kann sich bei diesem Server registrieren. Dadurch werden die am Anfang vorgenommenen persönlichen Angaben, wie Name, E-Mail-

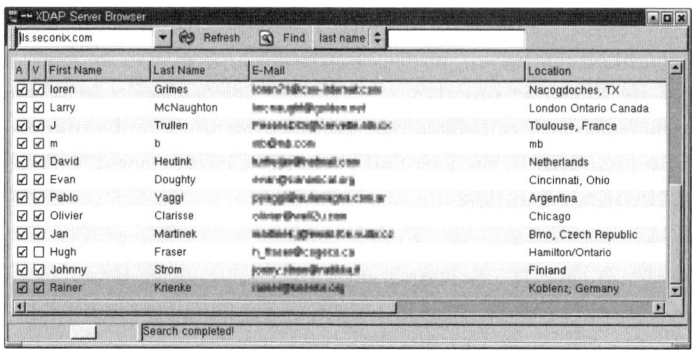

Abbildung 6.31: Der gnomemeeting ILS-Browser

Addresse und Wohnort/Land an den Server übermittelt. Darüber hinaus wird automatisch die IP-Adresse des Rechners, auf dem gnomemmeeting läuft, zum Server übertragen. Dadurch wird es möglich, über den ILS-Server direkt per Klick eine Verbindung zu dem gewünschten Partner aufzubauen.

Der ILS-Browser von gnomemeeting bietet die Möglichkeit, die aktuellen Einträge des ILS-Servers anzuzeigen und z. B. nach dem Namen zu durchsuchen. Anschließend kann durch einen Doppelklick auf den gewünschten Eintrag versucht werden, eine Verbindung aufzubauen. Voraussetzung zur Nutzung des ILS-Browsers ist eine Verbindung zum Internet, da ansonsten der ILS-Server nicht erreicht werden kann. Abbildung 6.31 zeigt den gnomemeeting-ILS-Browser in Aktion. Die E-Mail-Addressen der Nutzer wurden absichtlich unleserlich gemacht.

Ganz oben im Fenster des ILS-Browsers sieht man den ILS-Server, sowie eine Möglichkeit den gezeigten Datenbestand aufzufrischen. Schließlich existiert eine Möglichkeit, nach bestimmten Benutzern zu suchen.

In der Liste der Benutzer sieht man am linken Rand zwei Spalten, in denen dargestellt ist, ob der entsprechende Nutzer über Audio oder/und Video verfügt. Dann folgt der Name, die E-Mail-Adresse und der Wohnort/Land (Location). Noch weiter rechts findet man auch die IP-Adresse des Rechners, an dem der Benutzer arbeitet. Ein Doppelklick auf einen der Einträge macht nun letztlich nichts anderes als zu der für diesen Benutzer vermerkten IP-Adresse eine Verbindung aufzubauen. Der Vorteil dieser Methode besteht eben gerade darin, daß man die IP-Adresse des Gesprächspartners selbst nicht kennen muß, da jeder Benutzer diese selbst an den ILS-Server überträgt.

Neben dem genannten gnomemeeting-ILS-Server existieren auch für NetMeeting ILS-Server. Zwar kann ein gnomemeeting-Benutzer sich dort oftmals anmelden, jedoch wird kein NetMeeting-Nutzer ihn sehen können, da NetMeeting nur nach Anwendern von NetMeeting und keinem anderen Programm sucht. Daher ist es empfehlenswert für Video-Konferenzen mit NetMeeting-Nutzern, daß diese sich ebenfalls beim oben geannten ILS-Server für gnomemeeting anmelden, so daß zumindest die gnomemeeting-Nutzer die NetMeeting-Nutzer sehen können.

Änderung von oft benötigten Einstellungen

Während einer Verbindung kann es vorkommen, daß man die eine oder andere Einstellung ändern möchte. Hierzu zählt sicherlich die Laustärke, Parameter für das Video-Bild, wie z. B. die Helligkeit oder Farbsättigung oder auch der Aufnahmepegel für das Mikrofon. Darüber hinaus kann es sein, daß man zwischendurch das Video-Bild für den Gesprächspartner ausschalten oder die Audioübertragung unterbrechen möchte.

Die beiden letztgenannten Punkte können direkt über die entsprechenden Buttons am linken Rand des Hauptfensters ausgeführt werden (siehe Abbildung 6.30 auf Seite 602). Weitere Einstellungen können über das Control-Panel vorgenommen werden, das mit dem Control-Panel-Buton aus dem Hauptfenster heraus geöffnet werden kann und sich im unteren Bereich der Fenster einfügt. Ein Ausschnitt des Control-Panels ist ebenfalls in Abbildung 6.30 auf Seite 602 dargestellt. Hier befinden sich Einstellmöglichkeiten für Bild und Ton als auch für die History. Die History ist ein Text-Fenster, in dem von gnomemeeting Statusmeldungen ausgegeben werden. Insbesondere in Fehlerfall können hier evtl. nützliche Hinweise für den Grund des Fehlers gefunden werden.

Text-Chats

Parallel zu der Möglichkeit einer Video-Konferenz bietet gnomemeeting die Möglichkeit Texte zu tippen, die der Gesprächsteilnehmer sehen und auf die er antworten kann. Hierzu muß lediglich auf das Chat-Icon, das an der linken Seite des in in Abbildung 6.30 auf Seite 602 dargestellten Hauptfensters angeordnet ist, geklickt werden. Dadurch wird das Hauptfenster um einen Texteingabebereich (einzeilig) und dem darüber angeordneten Textfeld, das zum Lesen der eigenen Eingaben und der Antworten des Gesprächpartners dient, erweitert. Ein weiterer Klick auf das gleiche Icon läßt die Textbereiche wieder verschwinden.

Ändern von weiteren Einstellunegn

Neben den Änderungsmöglichkeiten im Control-Panel können viele weitere Einstellungen über den Menüpunkt Edit->Preferences vorgenommen werden. Hier können z. B. alle im Konfigurationsassistent vorgenommenen Einstellungen

605

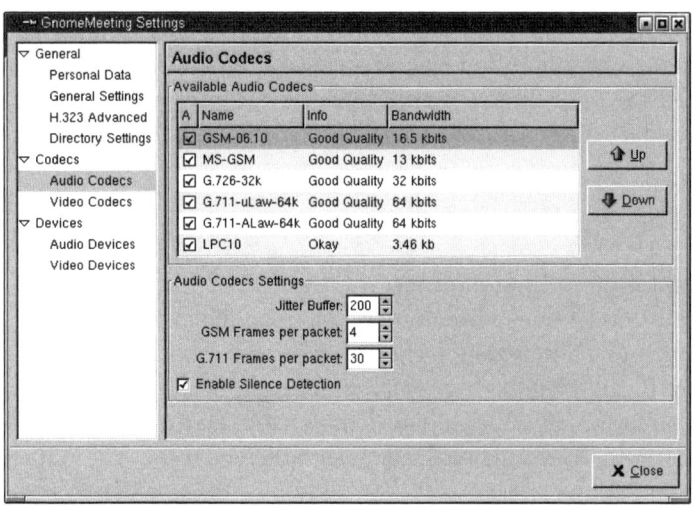

Abbildung 6.32: Der gnomemeeting Konfigurationsdialog

verändert werden. Darüber hinaus können in diesem Dialog auch das zu verwendende Audio- und Video-Gerät angegeben werden, falls die automatische Erkennung nicht funktioniert haben sollte.

In Abbildung 6.32 ist die Konfiguration der Audio-Codecs dargestellt. Hier kann der Benutzer bei Bedarf bestimmte Codecs ausschalten oder die Reihenfolge verändern, in der versucht werden soll, sie zu verwenden. Eine manuelle Konfiguration ist jedoch nur dann sinnvoll, wenn keine Verbindung zustande kommt oder die Qualität zu schlecht ist. In dem Konfigurationsdialog lassen sich im wesentlichen folgende Einstellungen vornehmen:

Personal Data   An dieser Stelle können die anfangs mit Hilfe des Konfigurationsassistenten eingegebenen Daten verändert werden. Die Daten werden im wesentlichen für die Anmeldung beim ILS-Server verwendet.

General Settings   In diesem Abschnitt können allgemeine programmbezogene Einstellungen vorgenommen werden. Dazu gehört insbesondere auch die Möglichkeit festzulegen, wie auf eingehende Anrufe reagiert werden soll (ignorieren, automatisch annehmen oder darstellen eines Popup-Fensters. Zusätzlich kann ein Sound bei Eingang eines Anrufs abgespielt werden.

H.323 Advanced   In diesem Abschnitt kann ein Forward-Host angegeben werden. Dies ist gewissermaßen die Anrufumleitung in der IP-Telefonie. Die Umleitung kann entweder direkt oder bei Nichtannahme des Anrufs oder bei Besetzt aktiviert werden. Angegeben werden muß der Name eines Rechners oder seine IP-Adresse, an den die Anrufe weitergeleitet werden sollen. Auf diesem Rechner muß dann wiederum `gnomemeeting` laufen. Weiterhin kann in diesem Abschnitt das H.245-Tunneling aktiviert werden. Mehr hierzu steht im Abschnitt 6.9.4.1 auf der nächsten Seite. Die Einstellung `Fast Connect` dient dem schnelleren Verbindungsaufbau mit dem Gegenüber. Falls eine Konferenz mit einem NetMeeting-Benutzer durchgeführt wird, kann es hierdurch jedoch zu Problemen kommen. In diesem Fall sollte diese Option deaktiviert werden. Das gleiche gilt für die Einstellung `H.245-tunneling`.

Directory Settings In diesem Dialog kann der ILS-Server angegeben werden. Darüber hinaus kann die Registrierung bei diesem Server an- oder abgeschaltet werden.

Audio Codecs Der Dialog `Audio Codecs` ermöglichst die Deaktivierung bzw. Aktivierung bestimmter Audio-Codecs. Im Normalfall sollten die Einstellungen nicht verwendet werden. Lediglich wenn es zu Problemen bei der Audioübertragung kommt, kann versucht werden, bestimmte Codecs (die evtl. Probleme bereiten) zu deaktivieren.

Video Codecs In diesem Dialog kann die Bildrate (Framerate) für die Video-Übertragung bestimmt werden. Je höher die Rate ist, desto flüssiger ist das Bild beim Empfänger, sofern dieser über ausreichend Netzwerk-Bandbreite verfügt. Je keine die Bildrate ist, desto ruckeliger wird das Bild beim Gesprächspartner, aber es müssen auch weniger Daten übertragen werden. Zusätzlich kann auch die Qualität der gesendeten/empfangenen Bilder mit einem Wert von 1 (schlecht) bis 10 (am besten) angegeben werden. Falls keine Videoübertragung gewünscht ist, kann diese hier auch ganz abgeschaltet werden.

Audio Devices In diesem Dialog kann das Audio-Device (normalerweise /dev/dsp) und der Mixer (normalerweise /dev/mixer) angegeben werden. Zusätzlich kann hier eine automatische Echo-Kompensation für die Audioübertragung eingeschaltet werden.

Video Devices | Dieser Dialog dient der Angabe des zu verwendenden Video-Geräts. Hierbei muß es sich um ein V4L(Video for Linux)-Gerät handeln. In der Regel sollte hier das Gerät (z. B. `/dev/video0`) angegeben werden, das für die PC-Kamera steht, um das eigene Bild übertragen zu können. Wer eine TV-Karte hat, kann jedoch ebensogut ein Fernsehprogramm übertragen, da es sich bei dem Gerät für die TV-Karte auch um ein V4L-kompatibles Gerät handelt. Um bei der Auswahl des Geräts das zugehörige Bild sehen zu können, kann der Knopf „Preview" eingeschaltet werden.

`gnomemeeting` hinter einer Firewall

Die Verwendung einer Firewall ist heute nicht mehr nur Firmen zu empfehlen, sondern ebenso allen anderen Nutzern, deren Rechner z. B. über eine Dial-Up-Verbindung, wie T-DSL, ins Internet eingebunden werden kann. Die Verwendung einer gut konfigurierten Firewall bietet bereits einen guten Schutz vor Angriffen aus dem Netz.

Um auf Rechnern, die hinter einer Firewall arbeiten, Anwendungen, wie z. B. `gnomemeeting`, verwenden zu können, muß die Firewall korrekt konfiguriert sein, da sie ansonsten eine hereinkommende Verbindung der Gesprächspartner verhindert. In diesem Abschnitt soll daher die notwendige Information hierzu dargestellt werden, die ebenfalls in der FAQ zu `gnomemeeting` nachgelesen werden kann.

Zur Nutzung von `gnomemeeting` hinter einer Firewall müssen verschiedene Ports geöffnet werden. Um die Zahl solcher Ports möglichst klein zu halten, verfügt `gnomemeeting` über die Einstellung `H.245-Tunneling` im Einstellungs-Menü unter dem Abschnitt `H.323 Advanced`. Wird diese Einstellung deaktiviert, oder wenn Windows NetMeeting verwendet wird, erhöht sich die Zahl der benötigten Ports weiter.

Grundsätzlich muß bei der Firewallkonfiguration unterschieden werden, für welches Protokoll ein Port geöffnet werden soll. IP-Telefonie gemäß H.323 verwendet für die Kontrollverbindungen das TCP-Protokoll. Für die eigentliche Datenübertragung für Sprache und Bild wird hingegen das UDP-Protokoll verwendet.

Im einzelnen müssen je nach Konfiguration folgende Ports auf der Firewall geöffnet werden:

❑ Nutzung von `gnomemeeting` mit aktivierten H.245-Tunneling
Bei dieser Konfiguration müssen folgende Port geöffnet werden:
➤ Port 1720 für TCP. Dieser Port ist auch als service `h323hostcall` in `/etc/services` eingetragen.

➤ Ports 5000 bis 5004 für UDP.

❏ Nutzung von gnomemeeting ohne H.245-Tunneling oder Windows Net-Meeting

➤ Port 1720 für TCP.
➤ Die TCP Ports 30000-30010.
➤ Ports 5000 bis 5004 für UDP.

Die letzten Einstellungen sind auch dann notwendig, wenn man selbst den Anruf initiiert (also nicht angerufen wird), weil die Software des Gesprächspartners einem H.245-Kanal aufbaut und dieser ohne die freigeschlatetten Ports von der Firewall abgeblock würde.

6.9.4.2 Die Anwendung ohphone

Das Programm ohphone ist wie gnomemmeting eine weitere H.323-basierte IP-Telefonie-Anwendung. Im Gegensatz zu gnomemeeting ist ohphone jedoch eine rein terminalbasierte Anwendung ohne graphische Benutzerschnittstelle. Darüber hinaus können mit ohphone sinnvoll nur IP-Telefonate geführt werden.

Installation
Die Installation von ohphone gestaltet sich auf SuSE Linux-Systemen sehr einfach. Hierzu müssen lediglich das Paket ohphone selbst als auch das H.323-Basispaket openh323 installiert werden. Anschließend kann die Anwendung eingesetzt werden.

Wer nicht über fertig übersetze Pakete für ohphone verfügt, kann den Quellcode als auch das statisch gelinkte Programm (benötigt keine weiteren H.323-Basislibraries mehr) von der Web-Seite des Projekts unter der URL http://www.openh323.org herunterladen.

Nutzung von ohphone
Die Verwendung von ohphone ist normalerweise sehr einfach, kann jedoch durch zahlreiche Optionen im Detail gesteuert werden. Grundsätzlich kann ohphone auf zwei Wegen gestartet werden:

❏ Aufruf als ohphone -l
Die Option -l steht für „Listen", d.h., ohphone wartet in diesem Fall auf eingehende Anrufe. Kommt ein Anruf, wird dies angezeigt, so daß er manuell angenommen werden kann. Alternativ kann auch die Option -a dazu verwendet werden, alle eingehenden Anruf automatisch anzunehmen.

❏ Aufruf als ohphone *Hostname*
In dieser Variante wird ohphone selbst zum Anrufen des Rechners mit dem Rechnernamen *Hostname* verwendet. Anstelle des Rechnernamens darf natürlich auch eine IP-Adresse angegeben werden.

Beim Starten in einer von den beiden oben genannten Varianten versucht ohphone, im Normalfall zunächst einen Gatekeeper im lokalen Netz zu finden. Dies dauert einige Sekunden, bevor das Programm dann wirklich genutzt werden kann. Falls ohnehin kein Gatekeeper verwendet werden soll, kann dies direkt durch Angabe der Option -n angegeben werden. ohphone sucht in diesem Fall erst gar nicht mehr nach einem Gatekeeper, wodurch die Wartezeit entfällt. Eine Übersicht über die wichtigsten Optionen ist in Tabelle 6.4 dargestellt.

Tabelle 6.4: Wichtige Optionen von ohphone

Option	Beschreibung
-l	Bestimmt, daß ohphone auf einen Anruf warten soll.
-a	Legt fest, daß ohphone eingehende Anrufe automatisch beenden soll.
-e	Diese Option schaltet die automatische Stille-Erkennung für GSM und G.711 aus.
-f	Schaltet die Fast-Connect-Option gemäß H.323v2 aus, falls bestimmte Programme damit Probleme haben sollten. Diese Option ermöglicht normalerweise einen schnelleren Verbindungsaufbau.
-h	Schaltet das H.245-Tunneling aus, falls die Software des Gesprächspartners diese Option nicht unterstützt.
-g *host*	Mit dieser Option kann ein ganz bestimmter Gatekeeper angegeben werden. In diesem Fall entfällt die automatische Suche.
-n	Diese Option weist ohphone an, nicht nach einem Gatekeeper zu suchen.
-s *device*	Bestimmt, daß das angegebene Unix-Gerät *dev* als Sound Device anstelle des Defaults verwendet werden soll.

Das Protokoll eines Anrufs an ein lokal arbeitendes ohphone könnte wie folgt aussehen:

```
tux@erde:/home/tux > ohphone -l -n
OhPhone Version 1.2.9 by Open H323 Project on Unix Linux (2.4.19-4GB-i686)

Incomming channel port ranges 5000 to 5199
```

```
Local username: tux
TerminateOnHangup is 0
Auto answer is 0
DialAfterHangup is 0
FastStart is 1
H245Tunnelling is 1
SilenceSupression is 1
H245InSetup is 1
Jitter buffer: 50 ms
Connect port: 1720


Video receive disabled


Video transmit disabled


Sound output device: "/dev/dsp"
Sound  input device: "/dev/dsp"
Recording using mixer channel mic
Record volume is 0
Play volume is 77
G.711 frame size: 30
GSM frame size: 4
User Input Send Mode: as H.245 string
Codecs (in preference order):
 Table:
   GSM-06.10sw <1>
   MS-GSMsw <2>
   G.711-uLaw-64ksw <3>
   G.711-ALaw-64ksw <4>
   G.726-16ksw <5>
   G.726-24ksw <6>
   G.726-32ksw <7>
   G.726-40ksw <8>
   LPC-10sw <9>
   UserInput/hookflash <10>
   UserInput/basicString <11>
   UserInput/dtmf <12>
   UserInput/RFC2833 <13>
 Set:
  0:
    0:
      GSM-06.10sw <1>
      MS-GSMsw <2>
```

```
        G.711-uLaw-64ksw <3>
        G.711-ALaw-64ksw <4>
        G.726-16ksw <5>
        G.726-24ksw <6>
        G.726-32ksw <7>
        G.726-40ksw <8>
        LPC-10sw <9>
    1:
        UserInput/hookflash <10>
    2:
        UserInput/basicString <11>
        UserInput/dtmf <12>
        UserInput/RFC2833 <13>


Listening interfaces : ALL:1720
Waiting for incoming calls for "tux"
Command ?


Incoming call from "tuxa [192.168.60.43]"
at Tue, 08 Oct 2002 11:13:02 +0200, answer call (Y/n)?
Y
Started logical channel: sending GSM-06.10sw <1>
Started logical channel: receiving GSM-06.10sw <1>
Call with "tuxa [192.168.60.43]" established.
Accepting call.


Command ? ?
Select:
  0-9 : send user indication message
  *,# : send user indication message
  M   : send text message to remote user
  C   : connect to remote host
  T   : Transfer to another host
  O   : Hold call
  S   : Display statistics
  H   : Hang up phone
  L   : List speed dials
  I   : Show call history
  D   : Create new speed dial
      : Increase/reduce record volume
  []  : Increase/reduce playback volume
  V   : Display current volumes
  A   : turn AEC up/down
```

```
E   : Turn silence supression on/off
F   : Forward call calls to address
J   : Flip video input top to bottom
X   : Exit program


Command ? h
Hanging up call.
Command ? Call with "tuxa [192.168.60.43]" completed, duration  2:36
```

Direkt nach dem Aufruf des Programms mit der -l-Option werden die aktuellen Einstellungen ausgegeben. Man kann hierbei z. B. sehr gut erkennen, daß zur Aufnahme/Wiedergabe der Sprache das Gerät /dev/dsp verwendet wird. Falls gewünscht könnte ein alternatives Gerät mit der Option -s angegeben werden. Zusätzlich gibt ohphone die bekannten (Audio)-Codecs aus. Am Ende erscheint schließlich eine Aufforderung zur Eingabe eines Kommandos, während gleichzeitig auf den Eingang eines Anrufs gewartet wird. In diesem Fall wird eine Meldung ausgegeben, in der steht, von wo (Kennungsname und IP-Adresse) der Anruf kommt. Der Benutzer hat jetzt die Möglichkeit, den Anruf durch Eingabe von Y entgegenzunehmen. Anschließend wird die Verbindung hergestellt und es kann gesprochen werden.

ohphone kann jetzt durch Eingabe weiterer Kommandos gesteuert werden. Eine Übersicht über diese Kommandos erhält man, wie in obigem Beispiel zu sehen ist, durch Eingabe von „?". So erfolgt z. B. das Beenden des aktuellen Gesprächs durch Eingabe von h. Auch die Lautstärke der Sprachwiedergabe als auch die Lautstärke der Aufnahme der eigenen Stimme kann über Tastendrücke gesteuert werden. Das Beenden des Programms erfolgt durch Eingabe von x.

Für den Betrieb von ohphone hinter einer Firewall gilt grundsätzlich das gleiche wie das in Abschnitt 6.9.4.1 auf Seite 608 bereits für gnomemeeting gesagte. Ein Unterschied liegt in der Zahl der UDP-Ports für Datenverbindungen, die bei ohphone von 5000 bis 5199 reicht.

6.9.4.3 Konferenzen mit mehr als zwei Teilnehmern

Mit den vorgestellen Programmen zur IP-Telefonie bzw. für Video-Konferenzen lassen sich ohne weitere Hilfe lediglich Verbindungen zwischen genau zwei Gesprächsteilnehmern herstellen. Möchte man jedoch Konferenzen mit drei oder mehr Teilnehmern realisieren, benötigt man eine weitere H.323-Komponente, die MCU (Multipoint Controll Unit). Die Aufgabe der MCU ist vereinfacht gesagt die Verwaltung von Datenstömen einer oder mehrerer Konferenzen und deren Teilnehmer.

Unter Linux existiert hierzu eine Open Source-Implementation mit der Bezeichnung openmcu, die von der H.323-Projektseite unter der http://www.

`openh323.org/` heruntergeladen werden kann. Bei SuSE Linux kann das fertig übersetzte Paket `openmcu` installiert werden.

Wie kann aber nun eine Konferenz mit mehreren Teilnehmern über `openmcu` realisiert werden? Das Konzept hierzu ist recht einfach und basiert auf virtuellen „Rooms", also Konferenz-Räumen, in denen sich die Teilnehmer treffen können. Praktisch bedeutet dies, daß ein H.323 Client eine Verbindung zur MCU aufbaut und dabei den gewünschten Konferenzraum mit angibt. Ein H.323-Client, wie z. B. `gnomemeeting`, kann eine Verbindung zu dem Rechner aufbauen, auf der die MCU läuft. Um an einer bestimmten Konferenz teilzunehmen, muß der Client beim Verbindungsaufbau neben der IP-Adresse des MCU-Rechners noch den gewünschten Room mitliefern. Der `openmcu`-Prozeß arbeitet dabei zunächst wie ein ganz normaler H.323-Client, der Verbindungen annimmt und entsprechend der Room-Angabe des Clients einen neuen Room erzeugt, falls es diesen zuvor nicht gab, oder den H.323-Client als Mitglied des gewünschten Rooms markiert.

Die MCU sorgt anschließend dafür, daß alle H.323-Clients, die sich in einem „Room" befinden, die Audio/Video-Daten der jeweils anderen dieses Rooms erhalten, wodurch die Konferenz realisiert wird. Die MCU ist dabei in der Lage, nebeneinander mehrere „Rooms" zu verwalten. Die Angabe eines Rooms erfolgt beim Verbindungsaufbau durch den Client dadurch, daß der Name des Rooms gefolgt von einem @ gefolgt von der IP-Adresse bzw. dem Rechnernamen des Rechners angegeben wird, auf dem der `openmcu`-Prozeß läuft.

Eine Verbindung zu einem Room mit dem Namen `themeeting` zu der MCU, die auf dem Rechner mit dem Namen `myhost.mydomain.de` arbeitet, sieht dann wie folgt aus: `themeeting@myhost.mydomain.de`. Genau diese Angabe muß bei jedem Client beim Aufbau der Verbindung angegeben werden, um an der Konferenz teilnehmen zu können. Jeder Teilnehmer einer Konferenz stellt also eine Verbindung zu dem Rechner her, auf dem die MCU läuft, und gibt zusätzlich den Namen des gewünschten Rooms mit an.

Die MCU kann dabei auf einem der Rechner laufen, auf dem auch ein H.323-Client arbeitet. Das einzige Problem, das dadurch entsteht, ist ein Konflikt für eingehende Verbindungen. Da sowohl die MCU als auch der Client auf dem gleichen Port (1720) auf eingehende Verbindungen also auf Anrufe warten, kann nur einer von beiden seine Aufgabe erfüllen. Dies ist genau der Prozeß der zuerst gestartet wird. Der als zweites gestartete Prozeß wird eine Fehlermeldung der Art „`Could not open H.323 listener port on 1720`" ausgeben und kann anschließend keine Verbindungen annehmen. Daher sollte für Konferenzen über die MCU auf jeden Fall die MCU als erster Prozeß gestartet werden und erst dann der H.323-Client. Besser ist natürlich die Variante, bei der die MCU auf einem anderen Rechner (mit anderer IP-Adresse) arbeitet, so daß erst keine Konflikte entstehen.

Tabelle 6.5: Wichtige Optionen von `openmcu`

Option	Beschreibung
`-v`	Schaltet die Videoverarbeitung nach H.261 ein. Ohne diese Option könne mit `openmcu` nur Audiokonferenzen realisiert werden.
`-videolarge`	Setzt die Größe der übetragenen Videos von 176·144 Pixel auf 352·288 Pixel hoch.
`-videotxquality` *n*	Setzt die Qualität der übertragenen Videos auf den Wert *n* einer Zahl von 1 (gut) bis 31 (schlecht).
`-videotxfps` *n*	Setzt die Zahl der übertragenen Bilder (frames) in der Sekunde auf den Wert *n*. Der Wert von *n* darf zwischen 1 und 30 liegen.
`-defaultroom` *name*	Definiert einen Default-Room, der für alle Verbindungen verwendet wird, bei denen der H.323-Client keinen Room mit angegeben hat. Wird diese Option nicht angegeben, ist der Name des Default-Rooms `room101`.
`-disable-menu`	Abschalten des Menüs zur Kommandoeingabe.
`-n`	Weist `openmcu` an, nicht nach einem Gatekeeper zu suchen.

Die Open Source Implementierung `openmcu` kann beim Start durch viele Optionen in ihrem Verhalten beeinflusst werden. Die wichtigsten sind in Tabelle 6.5 aufgeführt. Ohne Angabe von Optionen ist es nur möglich, Audio-Konferenzen zu erstellen. Wer Video-Konferenzen realisieren möchte, muß zumindest die Option `-v` angeben. Es sollte jedoch bedacht werden, daß für eine Video-Konferenz eine beachtliche netzwerkseitige Bandbreite benötigt wird, die extrem steil mit Zahl der Teilnehmer an der Konferenz steigt.

Nach dem Start von `openmcu` wartet die Anwendung auf eingehende Verbindungen. Während der ganzen Zeit können `openmcu`-Kommandos eingegeben werden, es sei denn, `openmcu` wurde mit der Option `--disable-menu` gestartet. Mit Hilfe der Kommandos kann man z. B. Informationen und Statistiken über bestehende Verbindungen ausgeben. Die Eingabe von ? gibt die möglichen Kommandos aus. Weitere Informationen finden sich in der Manual-Seite des Kommandos.

Im folgenden wird ein Protokoll von `openmcu` für eine Beispielkonferenz dargestellt.

```
root@erde:/root # openmcu -n -v
OpenMCU Version 1.0.19 by OpenH323 Project on Unix Linux (2.4.19-4GB-i686)
```

615

```
Listening on port 1720
Codecs (in preference order):
 Table:
   GSM-06.10sw <1>
   MS-GSMsw <2>
   G.711-uLaw-64ksw <3>
   G.711-ALaw-64ksw <4>
   LPC-10sw <5>
   H.261-QCIF <6>
 Set:
  0:
    0:
      GSM-06.10sw <1>
      MS-GSMsw <2>
      G.711-uLaw-64ksw <3>
      G.711-ALaw-64ksw <4>
      LPC-10sw <5>
    1:
      H.261-QCIF <6>


Waiting for incoming calls...
Command ? ?
Select:
 ? : Print this help message
 v : report  connections are at which video corner
 m : make a call
 x : Exit immediately
 s : Report statistics
 z : Put message in log file (for debugging)


Command ?
Opening connection
Accepting call from John Tux [192.168.20.1] using gnomemeeting/0.93.0
with room id video
Member ip$192.168.20.1:30001/3485 will not hear their own voice
Started logical channel: sending GSM-06.10sw <1>
Started logical channel: receiving GSM-06.10sw <1>
Started logical channel: sending H.261-QCIF <6>
Started logical channel: receiving H.261-QCIF <6>
Opening connection
Accepting call from Johanna Penguin [192.168.20.34] using
gnomemeeting/0.93.0 with room id video
Adding member ip$192.168.20.34:30000/12309 to list of
```

```
ip$192.168.20.1:30001/3485
Adding audio buffer for ip$192.168.20.34:30000/12309 to connection
ip$192.168.20.1:30001/3485
Adding audio buffer for ip$192.168.20.1:30001/3485 to connection
ip$192.168.20.34:30000/12309
Member ip$192.168.20.34:30000/12309 will not hear their own voice
Started logical channel: sending GSM-06.10sw <1>
Started logical channel: receiving GSM-06.10sw <1>
Started logical channel: sending H.261-QCIF <6>
Started logical channel: receiving H.261-QCIF <6>
Removing audio buffer for ip$192.168.20.1:30001/3485 from connection
ip$192.168.20.34:30000/12309
Removing audio buffer for ip$192.168.20.34:30000/12309 from connection
ip$192.168.20.1:30001/3485
Closing connection
Room video is now empty
Closing connection
```

In der Ausgabe sieht man zunächst, daß `openmcu` die bekannten Codecs ausgibt, bevor es dann in die Kommandoabfrage wechselt. Hier wurde ein ? eingegeben, um die Hilfe zu sehen. Gleichzeitig wartet `openmcu` jedoch auf eingehende Verbindungen. In diesem Beispiel wurden nacheinander zwei Verbindungen für den „Room" mit dem Namen `video` registriert. Für jeden Kanal erkennt man, daß als Audio-Codec `GSM-06.10` und als Video-Codec `H.261-QCIF` verwendet wurde. Nachdem beide Kanäle geöffnet sind, besteht eine Konferenz zwischen den Teilnehmern. Bricht einer der Teilnehmer die Verbindung ab, erscheint in obigem Protokoll die Meldung `Closing connection`. Nach dem Abbruch der letzten Verbindung des Rooms `video` erscheint zusätzlich die Meldung `Room video is now empty`.

6.9.5 Interessante Informationen aus dem World Wide Web

An dieser Stelle werden noch einmal alle wichtigen Adressen im World Wide Web (WWW) zusammengefaßt, unter denen Informationen zu dem Thema Video-Konferenzen verfügbar sind:

6.9.5.1 Links zu Anwendungen

❏ Homepage für `gnomemeeting`
  `http://www.gnomemeeting.org/`

❏ Homepage für `ohphone`, `openmcu` und andere Prgogramme des OpenH323-Projekts
  `http://www.OpenH323.org`

617

❏ OpenH323 Gatekeeper - The GNU Gatekeeper
  `http://www.gnugk.org/`

❏ Opengatekeeper H323 Proxy
  `http://sourceforge.net/projects/openh323proxy/`

❏ Übersicht über verschiedene Gatekeeper
  `http://www.iptelephony.org/GIP/vendors/gkeepers/`

❏ Das `isdngw`-Gateway
  `http://www.virtual-net.fr/h323/isdngw/`

❏ Das OpenISDNGw Gateway
  `http://www.gae.ucm.es/~openisdngw/home_en.php`

❏ Linux H.323 - ISDN Gateway
  `http://www.telos-edv.de/linux/H323/default.htm`

❏ Linksammlung zum Thema H.323 Video-Konferenzen
  `http://www.h263.org/videoconf.html`

❏ IP-Telefonie mit Linphone auf Basis von SIP
  `http://www.linphone.org/`

❏ IP-Telefonie mit kphone auf Basis von SIP
  `http://www.wirlab.net/kphone/`

6.9.5.2 Links zum H.323-Protokoll

❏ Das Protocol-Directory; Informationen zu H.323
  `http://www.protocols.com/pbook/h323.htm`

❏ Der H.323-Standard
  `http://www.cis.ksu.edu/~deep/h323/home.html`

❏ Packetizer; Informationen zu IP-Telefonie relevanten Protokollen
  `http://www.packetizer.com/`

❏ Standard H.323-Tutorial
  `http://144.16.85.58/resources/networking/info_on_VOIP/advanofH.323.`
  `htm`

❏ Das „Voice over IP"-Howto
  `http://www.tldp.org/HOWTO/VoIP-HOWTO.html`

❏ Die OpenH323-Projektseite
  `http://www.OpenH323.org/`

❏ Informationen zu H.323
  `http://www.iec.org/online/tutorials/h323/`

❏ H.323 and Associated Protocols
  `http://www.hut.fi/~tttoivan/index4.html`

❏ H.323 Commands

```
http://www.protocols.com/voip/commands.htm
```

6.9.5.3 Informationen zu Codecs

❏ The G.729 Speech Codec

```
http://www.hellosoft.com/products/hellovoice/g729.html
```

❏ Infos zu Codecs von der ITU

```
http://www.itu.int/rec/recommendation.asp?type=products&parent=T-REC-g
```

Kapitel 7

Rechnervernetzung ohne Netzwerkkabel

Die Vernetzung von Rechnern basiert traditionell auf der Verwendung von Netzwerkkarten, mit deren Hilfe mehrere Rechner per Kabel untereinander verbunden werden können. Obwohl die zu diesem Zweck notwendige Hardware für normale Rechner im allgemeinen nicht mehr übermäßig teuer ist und auch problemlos eingesetzt werden kann, werden hier auch Möglichkeiten vorgestellt, die für Nutzer interessant sind, die mit der im Rechner ohnehin vorhandener Hardware kleine Netze aufbauen wollen, ohne eine Netzwerkkarte kaufen zu müssen.

Hier gibt es mehrere Möglichkeiten. Eine dieser Möglichkeiten, die direkte Verbindung zweier Rechner über eine serielle Schnittstelle, wurde bereits im Abschnitt 4.7.9 auf Seite 395 angesprochen. Eine weitere Möglichkeit ist die Vernetzung zweier Linux-Rechner über deren parallele Schnittstelle. Eine dritte Möglichkeit, die insbesondere für Laptops interessant ist, besteht in der Nutzung des Infrarot-Interfaces, über das praktisch jeder neuere Laptop verfügt.

Neben diesen beiden Vernetzungs-Varianten hat sich in der letzten Zeit ein neues Verfahren immer mehr verbreitet. Es bietet wie das IrDA-Verfahren eine drahtlosen Anbindung, vermeidet jedoch die Nachteile von IrDA, wie die geringe Reichweite und die niedrige Übetragungsrate. Die Rede ist von Wireless LANs oder kurz WLANs nach dem 802.11-Standard. Diese Technik wird immer interessanter, da die Kosten für die notwendige Hardware stark fallen und Übetragungsraten von 11 Mbit/sec bis zu 54 Mbit/sec bei Entfernungen von bis zu (bei optimalen Bedingungen) 300 Metern möglich sind.

7.1 Vernetzung mit PLIP

→*PLIP* ist eine Abkürzung für *Parallel Line Internet Protocol*. Dieses Protokoll ermöglicht die Vernetzung von zwei oder mehr Linux-Rechnern über die Parallele Schnittstelle. Alles, was an zusätzlicher Hardware benötigt wird, ist ein entsprechendes Kabel, das unter der Bezeichnung „Lap-Link"- oder „Turbo-Link"-Kabel überall erhältlich ist. Natürlich kann ein solches Kabel auch leicht selbst angefertigt werden.

Bei der Vernetzung über PLIP darf das Kabel bis zu 15 m lang sein. Die zu erzielenden Übertragungsraten reichen bis zu ca. 40 kByte/sec, also bis zu einer Übertragungsrate von 327000 Bit/sec. Dies ist auf der einen Seite nur ein Bruchteil der Übertragungsrate von 10 oder 100 MBit/sec, die mit Hilfe einer Ethernet-Karte erzielbar ist, andererseits jedoch immerhin ca. fünffache ISDN-Geschwindigkeit. In mancher Dokumentation taucht die Unterscheidung zwischen einem PLIP-Modus 0 und einem Modus 1 auf, wobei der Modus 1 höhere Übertragungsraten mit einem speziellen Kabel leisten soll. Bisher ist jedoch nur der Modus 0 implementiert. Ein Modus 1 existiert nicht, und es kann auch nicht zwischen diesen Modi gewechselt werden.

Der Hauptnachteil der PLIP-Vernetzung besteht darin, daß bei der Übertragung eine sehr hohe CPU-Last entsteht, wodurch unter Umständen die normale Arbeit beeinträchtigt werden kann.

7.1.1 Grundkonfiguration

Die PLIP-Konfiguration ist normalerweise sehr einfach. Sie besteht aus der Anpassung der Datei /etc/modules.conf, der Konfiguration des zu verwendenden PLIP-Netzwerk-Interfaces, wie z. B. plip0, sowie Konfiguration des LP-Ports im BIOS des Rechners. Alle guten Linux-Distributionen enthalten den notwendigen Kernel-Support bereits, so daß eine Neukonfiguration des Kernels nur in Ausnahmefällen notwendig wird.

Beim Starten des Rechners sollten die BIOS-Einstellungen aufgerufen werden. Für den Parallel-Port sollte wenn möglich der Betriebsmodus auf →*EPP* (Ehanced Parallel Port) oder →*ECP* (Extended Capabilities Port) eingestellt werden. Beide Modi ermöglichen die bidirektionale Kommunikation über den Port. Eine weitere Grundlage für die Verwendbarkeit von PLIP unter Linux ist, daß im Kernel unter den Netzwerk-Einstellungen die Option PLIP aktiviert wurde, was üblicherweise der Fall ist. Existiert das Modul plip.o im Kernel-Modul-Verzeichnis unter /lib/modules/*kernel-vers*/net/, kann davon ausgegangen werden, daß im Kernel bereits PLIP-Support aktiviert ist. Eine Anpassung des Kernels ist in diesem Fall *nicht* erforderlich. Der Bezeichner *kernel-vers* aus obiger Angabe steht für die Versionsnummer des verwendeten Kernels, die mit dem Kommando uname -r ermittelt werden kann.

Kernel-Anpassung

Fehlt das angegebene Modul, muß der Kernel neu konfiguriert, übersetzt und installiert werden. Hierzu muß sowohl der Kernel-Quellcode installiert sein als auch verschiedene Pakete, wie z. B. ein Compiler (z. B. `gcc`). Zur Konfiguration muß man als Benutzer `root` ins Verzeichnis `/usr/src/linux` wechseln und dort das Kommando `make menuconfig` aufrufen. Anschließend erscheint der Kernel-Konfigurationsdialog, in dem der Punkt `Network device support` selektiert werden muß. In dem dann folgenden Dialog muß die Zeile `PLIP (parallel port) support` durch ein vorangestelltes `M` markiert sein, was bedeutet, daß für dieses Protokoll beim Übersetzen des Kernels ein ladbares Modul (`plip.o`) erstellt wird. Dies erfolgt einfach, indem zu dieser Zeile gewechselt wird und anschließend ein oder mehrmals die Leer-Taste gedrückt wird. Da das PLIP-Protokoll die parallele Schnittstelle zur Vernetzung verwendet, müssen zusätzlich im Abschnitt `General setup` die Punkte `Parallel-port support` und für PCs auch `PC-style hardware` mit einem `M` markiert sein.

Anschließend muß die Konfiguration gesichert und der Kernel neu übersetzt und installiert werden. Weitere wichtige Informationen hierzu finden Sie in Abschnitt 3.2.2.1 auf Seite 213.

Anpassung der Datei `/etc/modules.conf`

Da das PLIP-Protokoll in der Regel als Kernel-Modul vorliegt, muß dieses Modul geladen und mit den entsprechenden Parametern versorgt werden. Dies kann zu Testzwecken von Hand erfolgen, letztlich sollte jedoch die Datei `/etc/modules.conf` angepaßt werden, damit das Laden des `plip`-Moduls automatisch vorgenommen werden kann. Die einzustellenden Parameter betreffen die Konfiguration der zu verwendenden parallelen Schnittstelle. Dieser Schnittstelle muß insbesondere ein Interrupt zugeordnet werden. Zwar kann das PLIP-Protokoll in neueren Kernel-Versionen (ab `2.3`) auch über einen Parallel-Port ohne Interrupt verwendet werden, allerdings führt dies zu Performanceeinbußen und zu einer insgesamt höheren Systembelastung. Mehr Informationen hierzu enthält die Datei `PLIP.txt` im Verzeichnis `/usr/src/linux/Dokumentation` des Kernel-Quellcodes.

Im folgenden Beispiel soll angenommen werden, daß der zu konfigurierende Rechner über zwei parallele Schnittstellen verfügt, wobei die erste z. B. als Druckerport und die zweite als PLIP-Netzwerk-Interface dienen soll. Die Datei `/etc/conf.modules` sollte zu diesem Zweck die folgenden Zeilen enthalten:

```
alias parport_lowlevel    parport_pc
options parport_pc io=0x378,0x278 irq=none,7
# Bei nur einem parallel Port
# options parport_pc io=0x378 irq=7
```

```
options lp parport=0
options plip parport=1
```

Die erste Zeile bestimmt, daß der zu konfigurierende Parallel-Port ein Standard-PC-Parallel-Port ist[1]. In der folgenden Zeile wird für die beiden Parallel-Ports deren IO-Basisadresse angegeben, wobei die Angaben für mehrere Ports gemacht werden können, indem die einzelnen Werte jeweils durch ein Komma voneinander getrennt werden. Die erste Angabe gilt folglich für den ersten Parallel-Port, die nächste für den zweiten usw. Die hier dargestellten Angaben sind die üblicherweise verwendeten Adreßbereiche für den Einsatz von zwei Ports. Der erste Parallel-Port verwendet die Adresse `0x378`, der zweite `0x278`. Diese Angaben können am einfachsten beim Start des Rechners kontrolliert werden. Hier werden diese Daten normalerweise kurz angezeigt, direkt bevor das Betriebssystem gestartet wird. Alternativ können die Angaben auch im BIOS selbst angesehen werden. Bei einer Extra-Karte mit mehreren Parallel-Ports können die Einstellungen auf der Karte selbst abgelesen werden, auf der zur Konfiguration kleine Drahtbrücken (Jumper) auf der beschrifteten Platine gesteckt sind.

Zusätzlich zur Angabe der Basis-IO-Adresse muß für den als PLIP-Port zu verwendenden Parallel-Port ein Interrupt angegeben werden. Dies erfolgt einfach durch Angabe der Interrupt-Nummer, die nicht anderweitig verwendet werden sollte, was durch die Ausgabe des Kommandos `cat /proc/interrupts` herausgefunden werden kann. Der erste Parallel-Port, der zum Drucken verwendet werden soll, benötigt keinen Interrupt, hier wird anstelle der Interrupt-Nummer einfach der Wert `none` angegeben. Ist nur ein Parallel-Port vorhanden, kann der Eintrag zu der in obigem Beispiel als Kommentar (mit # am Anfang) dargestellten Version vereinfacht werden.

Die letzten beiden Zeilen legen fest, welcher der Parallel-Ports für welchen Zweck verwendet werden soll. In der oben beschriebenen Konfiguration wird der Port `0` als `lp`-Port zum Drucken konfiguriert. Port `1`, für den in der vorangegangenen Zeile ein Interrupt konfiguriert wurde, wird als PLIP-Port deklariert. Existiert nur ein Parallel-Port, der für PLIP verwendet werden soll, braucht anstelle der beiden letzten Zeilen nur eine Zeile wie z.B. `options plip parport=0` angegeben werden, wodurch der erste Parallel-Port als PLIP-Interface genutzt werden kann.

Es sollte darauf geachtet werden, daß in `modules.conf` keine weiteren Options-Zeilen für `parport` oder `plip` stehen, die die hier beschriebenen Einstellungen überschreiben könnten.

Im Anschluß an diese Änderungen sollte der Rechner am besten neu gestartet werden, um die Änderungen wirksam werden zu lassen und um sehen zu kön-

---

[1]Der Kernel unterstützt neben diesem Typ eines Parallel-Port weitere, die in der Kernel-Konfiguration im Abschnitt `General setup` unter dem Punkt `Support foreign hardware` konfiguriert werden können.

nen, ob die Konfiguration erfolgreich war. Da sowohl das Modul für den Parallel-Port als auch das Modul für PLIP erst dann geladen wird, wenn auf die entsprechenden Geräte zugegriffen wird (z. B. auf das Interface `plip0`), sollte zunächst von Hand, als Benutzer `root`, versucht werden, das PLIP-Modul zu laden:

```
root@erde:/root #  modprobe plip
root@erde:/root #  lsmod
parport_probe   3204    0 (autoclean)
parport_pc      5804    1 (autoclean)
plip            8476    1 (autoclean)
parport         6984    1 (autoclean) [parport_probe parport_pc plip]
```

Der Erfolg dieses Versuchs kann am besten durch Kontrolle der geladenen Module mit `lsmod` erfolgen. Darüber hinaus sollten anschließend in der Ausgabe des Kommandos `dmesg` die unten stehenden Zeilen enthalten sein:

```
parport0: PC-style at 0x378 [SPP,ECP,ECPPS2]
parport1: PC-style at 0x278, irq 7, dma 2 [SPP,ECP,ECPPS2]
NET3 PLIP version 2.3-parport gniibe@mri.co.jp
plip0: Parallel port at 0x278, using IRQ 7
```

Sollten beim Versuch, das `plip`-Modul zu laden, eine Ausgabe der folgenden Art erscheinen, wurden wahrscheinlich die Angaben für die IO-Adresse oder den Interrupt für den PLIP-Port nicht korrekt vorgenommen.

```
root@erde:/root #  modprobe plip
/lib/modules/2.2.13/net/plip.o: init_module: Device or resource busy
/lib/modules/2.2.13/net/plip.o: insmod /lib/modules/2.2.13/net/plip.o failed
/lib/modules/2.2.13/net/plip.o: insmod plip failed
```

Die häufigste Ursache für diesen Effekt ist die Verwendung eines bereits anderweitig benutzen Interrupts für die parallele (PLIP-) Schnittstelle.

7.1.2 Konfiguration des Interface

Im Anschluß an die oben beschriebene Basiskonfiguration steht für jede parallele Schnittstelle, die als PLIP-Gerät konfiguriert wurde ein entsprechendes Netzwerkgerät `plipx` zur Verfügung, wobei x für die Nummer der parallelen Schnittstelle steht. Das erste Interface erhält den Namen `plip0`. Die Konfiguration dieses Interfaces kann mit dem Kommando `ifconfig` ermittelt (und verändert) werden:

```
root@erde:/root #  ifconfig plip0
plip0     Link encap:Ethernet  HWaddr FC:FC:FC:FC:FC:FC
          POINTOPOINT NOARP  MTU:1500  Metric:1
          RX packets:0 errors:0 dropped:0 overruns:0 frame:0
          TX packets:0 errors:0 dropped:0 overruns:0 carrier:0
```

```
collisions:0 txqueuelen:10
Interrupt:7 Base address:0x378
```

Als nächstes muß nun die IP-Konfiguration vorgenommen werden. Hierzu muß dem Interface eine IP-Adresse zugewiesen werden. Für das folgende Beispiel soll angenommen werden, daß die beiden zu vernetzenden Rechner nicht Teil eines größeren LAN sind. Daher sollen für beide Rechner IP-Adressen aus dem lokalen Bereich von 192.168.0.0 verwendet werden. Der erste Rechner, hosta soll die IP-Adresse 192.168.10.1 erhalten, der zweite hostb die Adresse 192.168.10.2. Damit beide Rechner unter ihrem Namen erreichbar sind, sollten entsprechende Einträge in die /etc/hosts-Datei beider Rechner vorgenommen werden. Die Konfiguration des Interfaces plip0 auf hosta kann mit folgendem Kommando erfolgen:

```
root@erde:/root # ifconfig plip0 192.168.10.1 pointtopoint 192.168.10.2 up
```

Entsprechend muß auf dem Rechner hostb folgendes Kommando eingegeben werden:

```
root@erde:/root # ifconfig plip0 192.168.10.2 pointopoint 192.168.10.1 up
```

Die Angabe der Option pointopoint (nicht pointtopoint) bedeutet, daß die Netzwerkverbindung zwischen genau zwei Rechnern ohne andere beteiligte Maschinen besteht. Die Wirkung der Kommandos sollte durch einen weiteren ifconfig -a-Aufruf auf beiden Rechnern kontrolliert werden. Was zusätzlich benötigt wird, ist eine Angabe für beide Rechner, die dem System sagt, zu welchem Interface ein Datenpaket mit z. B. der Zieladresse von hostb gesendet werden soll. Was also eventuell fehlt, ist eine Route zum PLIP-Interface für alle die Pakete, die an den Rechner hostb gerichtet sind. Normalerweise sollte eine entsprechende Route automatisch nach der oben dargestellten Konfiguration des Interfaces vom Kernel eingerichtet worden sein. Dies kann mit Hilfe des Kommandos route herausgefunden werden. Auf host sollte die Ausgabe wie folgt aussehen:

```
root@erde:/root # netstat -rn
192.168.10.2   0.0.0.0      255.255.255.255 UH   0      0      0 plip0
```

Auf hostb sollte ein entsprechender Eintrag für hosta existieren. Sollten die Einträge fehlen, muß die Route von Hand gelegt werden. Für hosta kann dies mit folgendem Kommando erfolgen:

```
root@erde:/root # route add -host hostb plip0
```

Auf hostb muß spiegelbildlich vorgegangen werden. Anschließend sollte es möglich sein, den jeweils anderen Rechner zu erreichen. Zum Test kann das Kommando ping *hostname* verwendet werden. Beispielsweise kann auf hosta versucht werden, hostb (Adresse 192,168.10.2) zu erreichen:

```
root@erde:/root #  ping 192.168.10.2
64 bytes from 192.168.10.2: icmp_seq=176 ttl=255 time=3.643 ms
64 bytes from 192.168.10.2: icmp_seq=176 ttl=255 time=5.743 ms
64 bytes from 192.168.10.2: icmp_seq=176 ttl=255 time=3.643 ms
64 bytes from 192.168.10.2: icmp_seq=176 ttl=255 time=11.443 ms
64 bytes from 192.168.10.2: icmp_seq=176 ttl=255 time=3.643 ms
64 bytes from 192.168.10.2: icmp_seq=176 ttl=255 time=5.728 ms
64 bytes from 192.168.10.2: icmp_seq=176 ttl=255 time=3.643 ms
...
```

Die Ausgabe kann durch gleichzeitiges Drücken der beiden Tasten von (Strg)-(C) abgebrochen werden. Die oben dargestellte Ausgabe dokumentiert die erfolgreiche Vernetzung beider Systeme.

Nachdem der Test der Verbindung erfolgreich verlaufen ist, sollten die vorgenommenen Einstellungen, wie z. B. die Konfiguration des Interfaces, permanent gemacht werden, so daß nach dem Start des Rechners das Interface bereits betriebsbereit ist. Hierzu können die gemachten Aufrufe von ifconfig und eventuell des Kommandos route in eine eigene Startup-Datei eingetragen werden, die beim Booten ausgeführt wird (bei SuSE Linux stehen diese Skripte unter /etc/init.d und den Unterverzeichnisse rcx.d, wobei die Zahl x für den jeweiligen Runlevel steht). Eine Alternative ist die Verwendung der Konfigurationswerkzeuge der jeweiligen Distribution. Da die Konfiguration eines Netzwerk-Interfaces nicht Besonderes in Linux darstellt, kann das Netzwerk-Interface unter Umständen mit Hilfe dieses Werkzeugs eingerichtet werden, wodurch auch entsprechende Anweisungen zum Start und Stop des Interfaces in die Start/Stop-Skripten des Systems eingetragen werden. Bei SuSE Linux ist dies mit Hilfe von YaST (unter *Administration des Systems -> Netzwerk konfigurieren*) möglich. Hier sollte das Handbuch der Linux-Distribution für weitere Informationen herangezogen werden.

Grundlegende Informationen zum Thema Vernetzung, Routing etc. sind auch in den NET-HOWTO-Dokumentationen verfügbar, die Teil des LDP (Linux Documentation Project) sind. Die Dokumente sind unter der URL http://www.linuxdoc.org/ verfügbar. Dort findet sich ebenfalls eine Datei PLIP-HOWTO, die weitere nützliche Hinweise für die PLIP-Konfiguration enthält.

7.1.3 Das Lap-Link-Kabel

Zur Vernetzung zweier Linux-Rechner über das PLIP-Protokoll müssen diese mit Hilfe eines im Handel erhältlichen sogenannten Lap-Link-Kabels verbunden werden. Das Kabel besteht aus zwei DB-25-Steckern, die einfach auf die zu verwendenden parallelen Schnittstellen-Buchsen gesteckt werden. Wer sich die Anschaffung dieses Kabels sparen möchte und über die notwendigen handwerklichen Fertigkeiten verfügt, kann sich auch selbst ein entsprechendes Kabel herstellen. Die Belegung für dieses Kabel in symmetrischer Art und Weise muß wie folgt erstellt werden (andere als die hier dargestellten PINs dürfen nicht verbunden werden):

```
D0->ERROR     2 -> 15    und    15 -> 2
D1->SLCT      3 -> 13    und    13 -> 3
D2->PAPOUT    4 -> 12    und    12 -> 4
D3->ACK       5 -> 10    und    10 -> 5
D4->BUSY      6 -> 11    und    11 -> 6
SLECTIN      17 -> 17
GROUND       25 -> 25
```

7.2 Vernetzung mit IRDA

IrDA steht für *Infrared Data Association*, einer Nonprofit-Organisation von Geräte- und Softwareherstellern. Ziel dieser 1993 gegründeten Organisation ist die Entwicklung von herstellerübergreifenden Standards für die Kommunikation über Infrarot-Licht. Informationen über IrDA können auf der IrDA-Homepage unter der URL `http://www.irda.org` bezogen werden. Für die Implementierung der von der IrDA herausgegebenen Standards unter Linux setzt sich das „Linux IrDA Projekt" (`http://irda.sourceforge.net/`) ein.

7.2.1 Grundlagen

IrDA stellt einen Industriestandard dar. Fast jeder Laptop als auch viele andere Geräte, wie z. B. Drucker, Palmtops oder auch Mobiltelefone, besitzen inzwischen eine IrDA-kompatible Infraroteinheit, über die in standardisierter Art und Weise Daten mit anderen Geräten ausgetauscht werden können. Auf diese Weise ist es z. B. möglich, von einem Rechner aus Daten zu einem Drucker zu übertragen. Darüber hinaus ist aber auch die einfache Datenübertragung von Palmtop zu einem anderen Rechner problemlos möglich. Dank der Standardisierung können Daten über dieses Medium auch von einem Windows-Rechner auf einen Linux-Rechner übertragen werden (z. B. über eine serielle IrDA-Schnittstelle mit Hilfe eines Terminalprogramms oder mit Hilfe einer auf der seriellen Infrarotleitung aufbauenden PPP-Verbindung). Auch die Vernetzung von mehreren Linux-Systemen ist ohne große Mühen möglich.

Die Übertragungsgeschwindigkeit über IrDA reicht in Abhängigkeit von der verwendeten Hardware und der Softwarekonfiguration von 2400 Bit/sec bis hin zu 4 MBit/sec, wobei die beiden IrDA-Geräte entsprechend der Spezifikation bis zum einem halben Meter voneinander entfernt stehen dürfen. In der Praxis sind Entfernungen bis zu ca. 2 m je nach Gerätetyp möglich. Die für IrDA existierenden Protokolle ermöglichen dabei, daß z. B. zwischen zwei Rechnern mehr als eine Datenverbindung bestehen kann, so daß die Schnittstelle von mehreren Applikationen gleichzeitig genutzt werden kann.

Für den Betrieb eines IrDA-Geräts existieren verschiedene Möglichkeiten. Die meisten IrDA-Geräte verfügen über Support für den →*SIR*-Modus (Serial Infrared) bei dem der Infrarot-Chip einen seriellen Port emuliert, wodurch eine Übertragungsrate von bis zu 115000 Bit/sec erreicht werden kann. Eine weitere Betriebsart ist der →*FIR*-Modus (Fast Infrared), bei dem höhere Übertragungsraten von bis zu 4 MBit/sec erreicht werden können. Für Rechner, die über kein eingebautes IrDA-Gerät verfügen, besteht die Möglichkeit, einen sogenannten Dongle auf eine serielle Schnittstelle des Rechners zu stecken, über den die Infrarot-Kommunikation durchgeführt werden kann.

Ein letzter Modus, der sogenannte →*VFIR*-Modus unterstützt Übertragungsraten von bis zu 16 MBit/sec, wird jedoch in Linux zur Zeit noch nicht unterstützt.

7.2.2 Protokolle

Damit Daten in standardisierter Form über Hersteller und Betriebssystemgrenzen hinweg in einheitlicher Form übertragen werden können, bedarf es verschiedener Protokolle, die die genaue Art der Kommunikation zwischen zwei Systemen festlegen. Die Protokolle sind auf verschiedenen Ebenen angesiedelt, wobei Protokolle einer höheren Ebene auf Protokollen einer tieferen Ebene aufbauen und deren Funktionalität nutzen. Das Ergebnis ist ein sogenannter Protokollstack, wie er auch bei anderen Protokollen zum Einsatz kommt. Die für IrDA wichtigen Protokolle sind in Abbildung 7.1 als Protokollstack dargestellt.

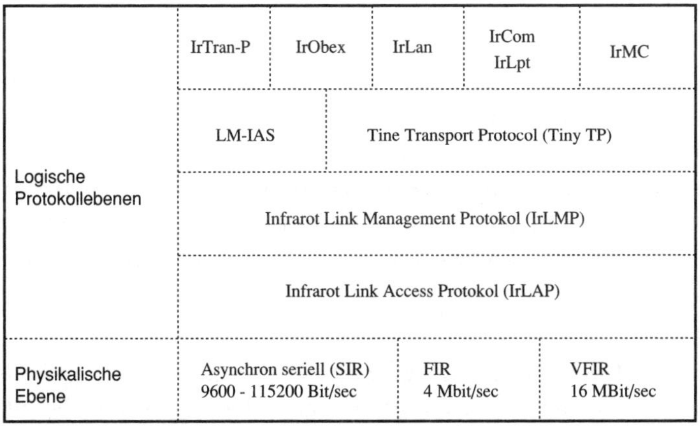

	IrTran-P	IrObex	IrLan	IrCom IrLpt	IrMC
	LM-IAS	Tine Transport Protocol (Tiny TP)			
Logische Protokollebenen	Infrarot Link Management Protokol (IrLMP)				
	Infrarot Link Access Protokol (IrLAP)				
Physikalische Ebene	Asynchron seriell (SIR) 9600 - 115200 Bit/sec		FIR 4 Mbit/sec	VFIR 16 MBit/sec	

Abbildung 7.1: Der IrDA-Protokollstack

629

Die Aufgaben der einzelnen Ebenen können wie folgt beschrieben werden.

❏ Die Physikalische Ebene
Diese Ebene dient der reinen Übertragung von Daten über ein Infrarotgerät. Auch diese Ebene muß standardisiert sein, damit die verschiedene Geräte unterschiedlicher Hersteller sich verstehen können. Das am häufigsten anzutreffende Protokoll zur Übertragung von Bits ist der SIR-Modus (Serial infrared). Die meisten Chips können zu diesem Zweck einen seriellen 16550-Port emulieren, wodurch sich das Schreiben von Treibern für diese Infrarot-Chipsätze am einfachsten gestaltet. Die Übertragungsrate beträgt maximal 115200 Bit/sec, was einer Übertragung von ca. 14000 Byte/sec entspricht. Der SIR-Modus wird unter Linux bisher am besten unterstützt. Um höhere Übertragungsraten zu erzielen, kann (falls von der Hardware unterstützt) der FIR (Fast infrared)-Modus verwendet werden. Er erlaubt die Übertragung von Daten bis zu einer Geschwindigkeit von 4 MBit/sec. Zur Nutzung dieses Modus sind speziell auf den verwendeten Infrarot-Chipsatz zugeschnittene Treiber erforderlich. Die Tatsache, daß viele Hersteller keine Spezifikationen ihrer Hardware verfügbar machen, ist der Grund dafür, daß unter Linux bisher nur wenige Chips unterstützt werden. Eine Liste der unterstützten IrDA-Chipsätze kann entweder im Kernel-Konfigurationsdialog oder unter `http://irda.sourceforge.net/docs/index.html` eingesehen werden.

❏ Das IrLap-Protokoll
Das auf HDLC basierende IrDA Link Access Protokoll (IrLap) dient dem Aufbau einer sicheren, verlustfreien Übertragung und zur Datenflußsteuerung zwischen zwei Geräten. Auf dieser Ebene werden Parameter, wie z. B. die zu verwendende Übertragungsgeschwindigkeit, ausgehandelt.

❏ Das IrLMP-Protokoll
Das IrDA Link Management Protokoll (IrLMP) ermöglicht den Aufbau von mehreren logischen Verbindungen über einen physikalischen Datenkanal. Auf diese Weise können verschiedene Applikationen unabhängig voneinander Daten übertragen. Darüber hinaus stellt diese Ebene zusammen mit dem Ir-IAS-Protokoll (Information Access Service) die Möglichkeit zur Protokoll- und Diensterkennung bereit. Auf diese Weise kann eine Applikation erkennen, welche IR-fähigen Anwendungen auf der anderen Seite des Link existieren.

❏ Das IrTTP-Protokoll
Das Tiny Transfer Protokoll (IrTTP) stellt für eine Verbindung Datenflußkontrolle als auch einen Segmentierungs- und Desegmentierungs Dienst bereit.

❏ Das IrCOMM-Protokoll
Das IrCOMM-Protokoll dient der Emulation einer seriellen Schnittstelle bzw. eines TTYs als auch einer parallelen Schnittstelle. Auf diese Weise kön-

nen alle Applikationen, die eine serielle Schnittstelle nutzen können, dies auch über eine Infrarot-Verbindung in gleicher Weise tun. Der Zugriff auf die Infrarot-Schnittstelle erfolgt in diesem Fall über TTY-Geräte, die unter Linux /dev/ircommx heißen. Über diesen Weg kann z. B. auf einfache Weise eine PPP-Verbindung zwischen einem Linux- und einem anderen System aufgebaut werden. Mit Hilfe von IrDA-Lpt kann auf einen Infrarot-fähigen Drucker zugegriffen werden.

❏ Das IrLAN-Protokoll
  Mit Hilfe des IrLAN-Protokolls ist eine Anbindung an ein lokales TCP/IP-Netzwerk möglich.

❏ Das IrOBEX-Protokoll
  Das Object Exchange Protokoll (IrOBEX) dient der Übertragung von Objekten. Auf diese Weise können z. B. Daten mit einem PALM III-Rechner ausgetauscht werden.

❏ Das IrTran-P-Protokoll
  Dieses Protokoll ermöglicht den Datenaustausch mit digitalen Kameras. Das Protokoll wird zur Zeit in Linux nicht unterstützt.

❏ Das IrMC-Protokoll
  Dieses Protokoll legt fest, wie mobile Telephone und andere Geräte zur Kommunikation Daten, wie z. B. ein Telefonbuch oder einen Kalender, austauschen können. Dieses Protokoll ist unter Linux zur Zeit noch nicht implementiert.

Von den genannten Protokollen muß jedes IrDA-Gerät lediglich die Protokolle Ir-Phys, IrLap und IrLMP inklusive IrIAS implementieren. Alle anderen Protokolle sind optional.

7.2.3 Installation und Konfiguration

Die für die Nutzung von IrDA notwendigen Installationsmaßnahmen bestehen aus drei Teilen:

❏ Zum einen muß im Linux-Kernel der Support für IrDA aktiviert werden. Die im folgenden dargestellte Beschreibung basiert dabei auf dem Kernel in der 2.4er-Version und IrDA (den IrDA-Utils) in der Version 0.9.13. Für ältere Kernel und IrDA-Versionen sieht die Vorgehensweise unterschiedlich aus. Eine Beschreibung findet sich unter der URL http://www.krienke.org/books/linuxkom/download/irda-old.pdf. Wird der Kernel einer Distribution, wie z. B. SuSE Linux, verwendet, muß in diesem Fall nichts weiter gemacht werden, da der Kernel schon korrekt konfiguriert ist.

❏ Der zweite Schritt besteht im Download und der Installation von Utility-Programmen, die für den Betrieb eines Infrarot-Geräts benötigt werden. Hier ist insbesondere das Programm `irattach` zu nennen, das eine wichtige Funktion erfüllt, die der des Programms `cardmgr` für PCMCIA-Geräte auf Laptops vergleichbar ist. Der `irmanager`-Prozeß wird beim Herauffahren des Systems gestartet und wartet auf Meldungen vom Kernel, die anzeigen, daß ein IrDA-fähiges Gerät in Reichweite des Rechners gekommen ist und somit eine Verbindung aufgebaut werden kann. Entsprechend wird `irattach` auch darüber informiert, wenn die Verbindung abgebrochen wurde, z. B. weil die Reichweite überschritten wurde.

❑ Der dritte Schritt für die Installation besteht aus der Anpassung des benötigten IrDA-Start-Skripts in `/etc/init.d/`, beispielsweise um eine TCP/IP-LAN-Verbindung zu einem anderen Rechner herzustellen.

Kernel-Konfiguration

Zur Nutzung eines IrDA-Geräts muß der Kernel mit IrDA-Unterstützung compiliert worden sein. Normalerweise wird die IrDA-Funktionalität über Module (z. B. `irda`, `irtty` und `irlan`) bereitgestellt. Daher sollte zunächst getestet werden, ob sich diese Module im Modulverzeichnis des Kernels (unter `/lib/modules/kernel-version/`) befinden, wobei `kernel-version` der Version des eingesetzten Kernels (siehe `uname -r`) entspricht. Existieren diese Module nicht, muß der Kernel mit den entsprechenden Optionen neu übersetzt werden. Bei SuSE Linux ist der Kernel bereits korrekt konfiguriert.

Zu diesem Zweck muß der Kernel-Quellcode installiert sein, der sich unter `/usr/src/linux` befinden sollte. Als Benutzer `root` wechselt man in dieses Verzeichnis und ruft dort `make menuconfig` auf, wodurch die Kernel-Konfiguration

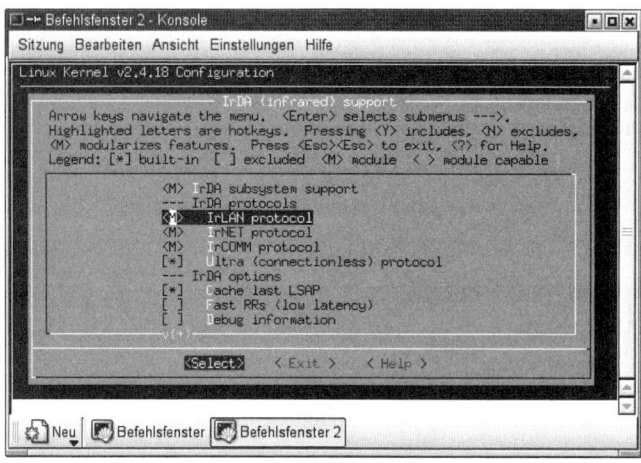

Abbildung 7.2: Kernel-Konfigurationsvariablen für IrDA

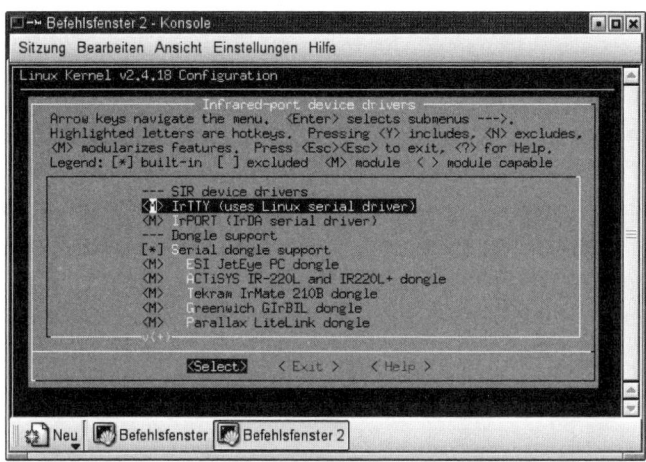

Abbildung 7.3: Kernel-Konfigurationsvariablen für IrDA-Treiber

gestartet wird. In dem erscheinenden Dialog muß als nächstes der Punkt Ir-DA (infrared) support selektiert werden. In dem anschließend erscheinenden Dialog sollten die Punkte wie in Abbildung 7.2 auf der vorherigen Seite abgebildet eingestellt werden. Zusätzlich müssen die Treiber für die verschiedenen Betriebsmodi des IrDA-Geräts aktiviert werden, was durch den Punkt Infrared-port device drivers erfolgt. Hier sollte insbesondere der Support für SIR aktiviert werden. Darüber hinaus können zur Nutzung des schnelleren FIR-Modus alle existierenden Treiber für die verschiedenen IrDA-Chips als Modul mitkompiliert werden. Die entsprechenden Einstellungen sind in Abbildung 7.3 abgebildet.

Nachdem alle Einstellungen vorgenommen wurden, kann der Dialog verlassen werden. Weitere Hinweise zur weiteren Vorgehensweise, um den neuen Kernel zu übersetzen und zu installieren, finden Sie in Abschnitt 3.2.2.1 auf Seite 213.

Download und Installation der Hilfsprogramme

Neben der Kernel-Konfiguration werden weitere User-Programme, die sogenannten irda-utils benötigt, um über eine IrDA-Schnittstelle kommunizieren zu können. Die Programme sind unter der URL http://irda.sourceforge.net/download.html verfügbar. Unter SuSE Linux sind die Utilities bereits fertig übersetzt im Paket irda enthalten. Das Paket kann einfach mit yast2 installiert werden. In diesem Fall entfällt der im folgenden beschriebene Übersetzungsvorgang.

Nach dem Download müssen die Programme übersetzt werden, wozu das entsprechende Linux-System als Entwicklersystem installiert sein muß (es wird zumindest ein C-Compiler, wie z. B. `gcc` oder `egcs`, sowie `autoconf` benötigt). Falls dies nicht der Fall ist, sollte die entsprechende Software zunächst nachinstalliert werden. Die Übersetzung der `irda-utils` wird durch einen Aufruf des Kommandos `make` im Verzeichnis der Utility-Programme gestartet. Anschließend können die Programme (als `root`) mit `make install` installiert werden.

Nach der Installation sollten die Programme `irattach`, `irdaping` (und andere) in `/usr/sbin` liegen sowie die Gerätedateien, wie z. B. `/dev/ircomm0` und `/dev/ircomm1,...`, mit den korrekte Major- und Minor-Gerätenummern (Nummern direkt rechts von den Benutzer- und Gruppennamen einer Datei) existieren:

```
root@erde:/ #  ls -l /dev/ir*
crw-rw----   1 root     uucp     161,   0 Mar 23 20:50 /dev/ircomm0
crw-rw----   1 root     uucp     161,   1 Mar 23 20:50 /dev/ircomm1
crw-rw----   1 root     uucp     161,   2 Mar 23 20:50 /dev/ircomm2
crw-rw----   1 root     uucp     161,   3 Mar 23 20:50 /dev/ircomm3
crw-rw----   1 root     lp       161,  16 Mar 23 20:50 /dev/irlpt0
crw-rw----   1 root     lp       161,  17 Mar 23 20:50 /dev/irlpt1
crw-rw----   1 root     lp       161,  18 Mar 23 20:50 /dev/irlpt2
crw-rw----   1 root     lp       161,  19 Mar 23 20:50 /dev/irlpt3
crw-------   1 root     root      10, 187 Mar 23 20:47 /dev/irnet
```

Sollten die Geräte-Dateien nicht existieren oder andere Gerätenummern haben, müssen die korrekten Dateien als Benutzer `root` mit Hilfe des `mknod`-Kommandos angelegt werden, z. B:

```
root@erde:/ #  mknod /dev/ircomm0 c 161 0
```

IrDA-Konfiguration

Im Anschluß an die Installation der einzelnen Komponenten sind evtl. weitere Schritte zur Konfiguration notwendig. Hierzu gehört z. B. das Anpassen der Datei `/etc/modules.conf` als auch die Konfiguration eines Start-Skripts mit der korrekten Angabe des IrDA-Geräts. Darüber hinaus muß im BIOS des Rechners überprüft werden, ob die IrDA-Schnittstelle aktiviert wurde. Bei manchen Systemen kann im BIOS ebenfalls festgelegt werden, ob die Schnittstelle im SIR-Modus betrieben werden soll (als eine COM-Schnittstelle) oder im FIR-Modus. Da der FIR-Modus bisher nur für wenige Chipsätze unterstützt wird, sollte zunächst ein Kommunikationsaufbau mit dem SIR-Modus versucht werden.

Anpassung von `/etc/modules.conf`

In der Datei `modules.conf` sollten zwei Einträge hinzugefügt werden, falls diese noch nicht enthalten sind.

```
alias tty-ldisc-11 irtty
alias char-major-161 ircomm-tty
alias irlan0 irlan
```

Anpassung des IrDA-Start-Skripts

Um IrDA verwenden zu können, muß der `irattach`-Prozeß gestartet werden. Dies erfolgt am einfachsten beim Booten des Rechners über ein Start-Skript, das in `/etc/init.d` liegt und normalerweise `irda` heißt. Das Skript sieht im einfachsten Fall (Standard SIR-IrDA) wie folgt aus:

```
#! /bin/sh
#
case "$1" in
    start)
        echo -n "Starting service IrDA"
        ## Start daemon with startproc(8). If this fails
        ## the echo return value is set appropriate.
        startproc /usr/sbin/irattach $IRDA_PORT -s >/dev/null
        ;;
    stop)
        echo -n "Shutting down service IrDA"
        ## Stop daemon with killproc(8) and if this fails
        ## set echo the echo return value.
        killproc -TERM /usr/sbin/irattach
        ;;
esac
```

In Abhängigkeit davon, ob die Schnittstelle im SIR- oder FIR-Modus betrieben werden soll und davon, ob es sich um ein Built-In Gerät, einen Dongle für eine serielle Schnittstelle oder eine extra Karte handelt, müssen zusätzliche Module geladen, bzw., der `irattach`-Aufruf muß mit anderen Parametern erfolgen. Einen Überblick über die Linux-IrDA-Kompatibilität vieler Laptops bietet die Web-Seite unter der `http://mobilix.org/Infrared-HOWTO/Infrared-HOWTO.html`. Je nach Betriebsart müssen folgende Schritte durchgeführt werden.

Betrieb im SIR-Modus

Zum Betrieb des IrDA-Geräts im SIR-Modus müssen die Module `irda` (Modul zur Steuerung eines SIR-Chips), das Modul `irtty` zum Betrieb einer normalen seriellen Schnittstelle sowie `ircomm` geladen sein. Alle Module sollten nach dem Start von `irattach` (s. u.) durch die Angaben in `/etc/modules.conf` automatisch geladen werden (zur Kontrolle mit `lsmod` nachsehen). Falls dies nicht erfolgen sollte, kann das Laden dieser Module auch explizit mit Hilfe des Kommandos `modprobe` vorgenommen

635

werden.

Im Anschluß an das Laden des `irtty`-Modules kann mit Hilfe von `setse-rial` der Schnittstelle des IrDA-Geräts, z. B. `ttyS1`, der für diese Schnittstelle im BIOS angegebene Interrupt zugeordnet werden. Die Interrupts `0`, `1`, `6`, `8`, `13` und `14` sollten nicht angegeben werden (siehe auch `Serial-HOWTO`). Der `setserial`-Aufruf ist nur dann notwendig, wenn es ohne nicht funktioniert.

Als nächstes muß die IrDA-fähige-Schnittstelle (z. B. `ttyS1`) an das Linux-IrDA-System angehängt werden, eine Aufgabe, die von `irattach` übernommen wird (der Aufruf von `irattach` sollte automatisch zum Laden der Module `irda` und `irtty` führen). Als Argument erhält `irattach` wiederum die Schnittstelle, unter der das IrDA-Gerät angesprochen werden kann. Hierdurch kann anschließend mit beliebigen Anwendungen über die seriellen Schnittstellen `/dev/ircommx` auf das SIR-Gerät zugegriffen werden.

Um den SIR-Modus zu verwenden, muß in dem in Abbildung 7.2.3 auf der vorherigen Seite abgedruckten Skript lediglich die Variable `IRDA_PORT` auf das Gerät der IrDA-Schnittstelle, wie z. B. `/dev/ttyS0`, gesetzt werden. Welcher Wert verwendet werden muß, hängt von den Einstellungen im Bios des Rechners ab. Dort wird normalerweise bestimmt, ob die erste (`/dev/ttyS0`) oder zweite (`/dev/ttyS1`) serielle Schnittstelle als IrDA-Gerät verwendet werden soll. Bei SuSE Linux ab Version `8.0` wird die Variable `IRDA_PORT` in der datei `/etc/sysconfig/irda` gesetzt. In älteren Versionen von SuSE Linux wird die Varibale in der Datei `/etc/rc.config` gesetzt.

Betrieb über einen Dongle

Neben eingebauten IrDA-Geräten unterstützt Linux auch einige auf eine serielle Schnittstelle steckbare IrDA-Geräte, sogenannte Dongles. Die Liste der unterstützten Dongles kann unter der URL `http://irda.sourceforge.net/dongles.html` eingesehen werden. Das einzige, was sich gegenüber der Verwendung eines eingebauten IrDA-Geräts ändert, ist der Aufruf von `irattach`, dem jetzt die Option `-d` *donglename* als Parameter übergeben wird. *donglename* bezeichnet hierbei den verwendeten Dongle, wie z. B. `tekram` oder `esi`.

Betrieb im FIR-Modus

Zur Nutzung dieses Modus muß der im Rechner verwendete IrDA-Chip von Linux unterstützt werden. Eine entsprechende Liste kann unter der URL `http://irda.sourceforge.net/chipsets.html` eingesehen werden. Ein weiteres Problem ist herauszufinden, welcher Chip überhaupt im eigenen Rechner steckt. Hier kann es unter Umständen hilfreich sein, die Ausgabe von `cat /proc/pci` bzw. die Ausgabe von `lsp-`

ci nach einem PCI-basierten IrDA-Gerät zu untersuchen. Neuere Versionen des Quellcodes der IrDA-Utils (`http://irda.sourceforge.net/`) enthalten darüber hinaus ein Skript, `findchip` (Aufruf `findchip -v`), das helfen kann, den verwendeten Chipsatz herauszufinden. Darüber hinaus kann auch versucht werden, Informationen mit Hilfe der `isapnp`-Tools durch Aufruf von `pnpdump` zu finden. Als letzte Rettung kann einfach versucht werden, verschiedene FIR-Module (aus `/lib/modules/version/kernel/drivers/net/irda`) mit dem Befehl `modprobe` zu laden, und in der Datei `/var/log/messages` nachzusehen, ob der Treiber erkannt wurde. Schließlich kann auch ein Blick in die Hardware-Konfiguration von Windows helfen. Weitere Ansätze sind unter der URL `http://mobilix.org/Infrared-HOWTO/Infrared-HOWTO.html` beschrieben.

Wird der Chipsatz unterstützt, sollte das entsprechende Modul im `drivers`-Skript anstelle von `irtty` geladen werden. Die Aufrufe von `setserial` und `irattach` müssen in diesem Fall durch die entsprechenden `modprobe`-Aufrufe im Start-Skript ersetzt werden.

Neben diesen Basistreibern können in dieser Datei bereits weitere Module geladen werden. Soll die IrDA-Schnittstelle beispielsweise als „Netzwerkkarte" für Zugang zu einem LAN verwendet werden, kann im Anschluß an das Laden der Basistreiber das Modul `irlan` geladen werden, wodurch auf dem Linux-System ein neues Netzwerk-Interface `irlan0` erstellt wird.

Start von IrDA

Da zur Nutzung von IrDA das Programm `irattach` laufen muß, sollte als Benutzer `root` zunächst das Start-Skript für IrDA unter `/etc/init.d/irda` mit dem Parameter `start` aufgerufen werden. Anschließend sollte der Prozeß `irattach` laufen, was durch den Aufruf des Kommandos `ps axuw|grep irattach` aus einem Terminalfenster heraus kontrolliert werden kann. Sollte der Prozeß nicht laufen, kann die Datei `/var/log/messages` auf potentielle Fehlermeldungen hin überprüft werden. In der Regel liegt der Fehler darin, daß entweder die falsche serielle Schnittstelle als IrDA-Gerät im `irattach /dev/ttyS0 -s`-Aufruf angegeben wurde oder darin, daß zwar der Aufruf prinzipiell richtig ist, aber im Bios des Rechners eine andere Schnittstelle als IrDA-Gerät aktiviert wurde. Wichtig ist auch, daß im Bios der Typ des IrDA-Geräts auf SIR eingestellt wurde. Sollte dies nicht weiterhelfen, sollte man im Bios einfach einmal die jeweils andere Schnittstelle zum IrDA-Gerät machen und dann erneut unter Linux versuchen, `irattach` mit den oben stehenden Parametern aufzurufen, wobei natürlich `/dev/ttyS0` durch die im Bios eingestellte Schnittstelle ersetzt werden muß.

Laufzeitinformationen der verschiedenen Komponenten des IrDA-Systems können im proc-Dateisystem unter dem Pfad /proc/net/irda/ eingesehen werden.

Nach dem Start des irattach-Programms sollten automatisch zumindest die Module irda (für SIR), irtty geladen sein. Dies kann mit Hilfe des Kommandos lsmod kontrolliert werden:

```
root@erde:root #  lsmod|grep ir
Module                  Size  Used by
irtty                   3172  2
irda                   62881  1  [irlan irtty]
```

Ist dies nicht der Fall, muß die Datei /var/log/messages auf eventuelle Fehlermeldungen überprüft werden.

Nachdem der Aufruf erfolgreich ist, kann nun direkt getestet werden, ob das System funktioniert. Hierzu ist natürlich ein zweites IrDA-fähiges Gerät erforderlich. Idealerweise handelt es sich um einen zweiten Linux-Laptop, aber für einen ersten Funktionstest reicht auch ein anderes IrDA-fähiges Gerät, wie z. B. ein entsprechendes Mobiltelefon oder ein Organizer. Auf dem jeweiligen Gerät muß der IrDA-Empfang zunächst aktiviert werden. Bringt man dieses Gerät dann in die Reichweite der IrDA-Schnittstelle des gerade konfigurierten Laptops, sollte das Gerät mit Hilfe des Utilities irdadump sichtbar werden.

irdadump zeigt einfach den IrDA-Verkehr an und auch, welche Geräte sich in Reichweite befinden. Das Utility muß als Benutzer root gestartet werden. Im folgenden Beispiel befindet sich ein Nokia 6210 Handy mit aktivierter IrDA-Schnittstelle in Reichweite. Der Laptop auf dem irdadump gestartet wurde heißt tux:

```
root@erde:/tmp #  irdadump
08:15:52.874254 xid:cmd 1e071086 > ffffffff S=6 s=0 (14)
08:15:52.964233 xid:cmd 1e071086 > ffffffff S=6 s=1 (14)
08:15:52.964217 xid:rsp 1e071086 < 5f550000 S=6 s=0 Nokia 6210 hint=b125
                    [ PnP Modem Fax Telephony IrCOMM IrOBEX ] (27)
08:15:53.054228 xid:cmd 1e071086 > ffffffff S=6 s=2 (14)
08:15:53.144234 xid:cmd 1e071086 > ffffffff S=6 s=3 (14)
08:15:53.234240 xid:cmd 1e071086 > ffffffff S=6 s=4 (14)
08:15:53.324227 xid:cmd 1e071086 > ffffffff S=6 s=5 (14)
08:15:53.414230 xid:cmd 1e071086 > ffffffff S=6 s=* tux hint=0400
                    [ Computer ] (24)
08:15:55.874245 xid:cmd 1e071086 > ffffffff S=6 s=0 (14)
08:15:55.964231 xid:cmd 1e071086 > ffffffff S=6 s=1 (14)
08:15:56.054238 xid:cmd 1e071086 > ffffffff S=6 s=2 (14)
08:15:56.054220 xid:rsp 1e071086 < 5f550000 S=6 s=1 Nokia 6210 hint=b125
                    [ PnP Modem Fax Telephony IrCOMM IrOBEX ] (27)
```

```
08:15:56.144233 xid:cmd 1e071086 > ffffffff S=6 s=3 (14)
08:15:56.234241 xid:cmd 1e071086 > ffffffff S=6 s=4 (14)
08:15:56.324227 xid:cmd 1e071086 > ffffffff S=6 s=5 (14)
08:15:56.414232 xid:cmd 1e071086 > ffffffff S=6 s=* tux hint=0400
                    [ Computer ] (24)
```

An der Ausgabe sieht man das Vorhandensein zweier Geräte: des Laptops selbst und des Handys.

Alle IrDA-Verbindungen werden in Linux über Interfaces abgewickelt, die als Ausgabe des Kommandos ifconfig -a erscheinen. Auch wenn lediglich im SIR-Modus eine serielle Kommunikation verwendet wird, existiert dennoch ein Interface, z. B. irda0, über das diese Kommunikation abgewickelt wird. Als verwendetes Protokoll erkennt man IrLAP. Das Interface kann mit ifconfig irda down abgeschaltet und mit ifconfig irda0 up wieder aktiviert werden. Das Zuweisen einer IP-Adresse für dieses Interface ist jedoch nicht möglich. Dies kann nur mit Geräten erfolgen, die durch das Modul irlan angelegt wurden (z. B. irlan0). In der Ausgabe von ifconfig erkennt man, daß die Zahl der gesendeten Pakete sich ständig erhöht, auch wenn kein zweiter IrDA-Rechner in der Nähe ist. Befindet sich ein IrDA-Gerät in der Nähe, nimmt auch die Zahl der empfangenen Pakete zu. Dies sind die Kontrollmeldungen, die zum Management der Verbindung benötigt werden. Die Ausgabe von ifconfig -a für einen IrDA-Rechner, auf dem SIR (jedoch nicht IRLan) verwendet wird, sieht z. B. wie folgt aus:

```
root@erde:root # ifconfig -a
irda0   Link encap:IrLAP  HWaddr 21:d8:db:24
        UP RUNNING NOARP  MTU:2048  Metric:1
        RX packets:216 errors:1 dropped:0 overruns:0 frame:1
        TX packets:12307 errors:0 dropped:0 overruns:0 carrier:0
        collisions:0 txqueuelen:8

lo      Link encap:Local Loopback
        inet addr:127.0.0.1  Mask:255.0.0.0
        UP LOOPBACK RUNNING  MTU:3924  Metric:1
        RX packets:0 errors:0 dropped:0 overruns:0 frame:0
        TX packets:0 errors:0 dropped:0 overruns:0 carrier:0
        collisions:0 txqueuelen:0
```

In dieser Beispielausgabe sieht man, daß das Interface irda0 als UP gekennzeichnet ist, was bedeutet, daß Daten übertragen werden können. Dies ist der Default nach dem erfolgreichen Start von irattach. Durch die Anweisung ifconfig irda0 down würde das Interface deaktiviert und eine eventuell laufende Datenübertragung unterbunden. An der Ausgabe Link encap:IrLAP kann erkannt werden, daß die Verbindung auf dem IrLap-Protokoll basiert. Im Gegensatz hierzu wird an gleicher Stelle bei einer LAN-Anbindung über das Modul `irlan` die Meldung `Link encap:Ethernet` angezeigt.

7.2.4 Nutzung verschiedener IrDA-Dienste

In diesem Abschnitt soll kurz auf die konkrete Nutzung der verschiedenen Übertragungsprotokolle eingegangen werden. Zum Test der Kommunikation sollten beide Geräte zunächst in kurzem Abstand (ca. 20 cm) voneinander stehen, wobei auch darauf geachtet werden muß, daß die physikalischen IrDA-Schnittstellen (meist ein kleines rötlich wirkendes Rechteck an einer der Gehäuseseiten) der beiden Geräte Sichtkontakt haben und nicht zu sehr gegeneinander verwinkelt sind. Grundsätzlich können zwischen zwei Rechnern problemlos mehrere Verbindungen parallel betrieben werden. So ist es etwa möglich nebeneinander zwei serielle Verbindungen zwischen zwei Rechnern und einer LAN-Verbindung aufzubauen. Da alle Daten letztlich über die Infrarotstrecke übertragen werden müssen, teilen sich die beteiligten Anwendungen natürlich die zur Verfügung stehende Bandbreite, d. h., je mehr Anwendungen Daten übertragen, desto langsamer geht es, aber nach außen hin muß sich der Benutzer nicht darum kümmern, daß mehrere voneinander unabhängige Verbindungen bestehen.

Serielle Kommunikation mit IrCOMM

Mit Hilfe des Protokolls IrComm ist es möglich, eine IrDA-Schnittstelle als normale serielle Schnittstelle zu behandeln. Dadurch können alle Applikationen, die mit seriellen Schnittstellen arbeiten, auch auf dieser Infrarot-Schnittstelle eingesetzt werden. Der Zugriff auf die serielle Infrarot-Schnittstelle erfolgt über die Gerätedateien `/dev/ircomm0` bzw. `/dev/ircomm1`. Bei einem Zugriff werden durch die oben in `/etc/modules.conf` vorgenommenen Angaben automatisch die Module `ircomm-tyy` und `ircomm` geladen, mit deren Hilfe die Emulation der seriellen Schnittstelle durchgeführt wird.

Ein einfacher Test zwischen zwei Rechnern besteht darin, auf beiden Rechnern z. B. `minicom -o -s` zu starten (siehe Abschnitt 3.7.2 auf Seite 231), wobei als Schnittstelle auf beiden Geräten anschließend `/dev/ircomm0` konfiguriert wird. Die Datenflußkontrolle (XON/XOFF, RTS/CTS) sollte zunächst ganz deaktiviert werden. Anschließend sollten Eingaben, die in einem `minicom`-Fenster gemacht werden, direkt in dem `minicom`-Fenster des anderen Rechners erscheinen.

Falls zwei Linux-Laptops vorhanden sind, besteht eine andere Möglichkeit, die Funktionsfähigkeit zu testen, darin, mit Hilfe von `pppd` eine TCP/IP-Netzwerkverbindung zwischen beiden Geräten herzustellen, über die dann die Verbindung mit ganz normalen Linux-Werkzeugen, wie z. B. `ping`, getestet werden kann. Ist der Test erfolgreich, können anschließend natürlich auch Daten per FTP, WWW, etc. mit den gewohnten Programmen übertragen werden.

Der Aufbau einer TCP/IP-Verbindung über IrDA erfolgt analog zu dem in Abschnitt 4.7.9 auf Seite 395 beschriebenen Verfahren. Der einzige Unterschied besteht darin, daß beim pppd-Aufruf auf beiden Seiten andere Geräte als Schnittstellen angegeben werden müssen. Anstelle von /dev/ttyS0 muß hier /dev/ircomm0 angegeben werden. Als Benutzer root sollte auf dem einen Rechner pppd wie folgt aufgerufen werden:

```
pppd /dev/ircomm0 192.168.50.1:192.168.50.2.
```

Auf dem zweiten Rechner sieht der Aufruf ähnlich aus:

```
pppd /dev/ircomm0
```

Weitere Parameter für pppd werden in diesem Fall nicht benötigt. Zum Test der Verbindung kann anschließend das ping-Kommando verwendet werden. Weitere Informationen hierzu finden sich in Abschnitt 4.7.9 auf Seite 395.

Die gleichen Prinzipien können nun ohne Änderung auch zur Datenübertragung zwischen einem Windows- und einem Linux-Rechner verwendet werden. Auf Windows-Seite kann (nach erfolgter Konfiguration der seriellen IrDA-Schnittstelle) z. B. das Programm Hyperterm eingesetzt werden, auf Linux-Seite minicom. Die Datenübertragung funktioniert Dank der Standardisierung anschließend problemlos. Auch andere auf seriellen Leitungen aufbauende Protokolle, wie etwa PPP, können jetzt zwischen beliebigen IrDA-konformen Systemen eingesetzt werden, die das IrComm Protokoll unterstützen.

LAN-Vernetzung mit IrLAN

Für die Verbindung zweier Linux-Systeme, bzw. für die Anbindung eines Rechners an ein lokales Netzwerk (LAN), kann das Modul irlan verwendet werden. Falls gewünscht kann es direkt z. B. aus dem IrDA-Start heraus mit modprobe irlan geladen werden.

Durch das Laden des irlan-Moduls wird ein neues Netzwerkinterface irlan0 angelegt, das anschließend wie jedes andere Netzwerkinterface auch mit Hilfe des ifconfig-Kommandos konfiguriert werden kann. Beispielsweise weist der Aufruf

```
ifconfig irlan0 192.168.60.1 netmask 255.255.255.0 up
```

dem Interface die Adresse 192.168.60.1 zu und aktiviert es. Entsprechendes muß natürlich mit einer anderen Adresse, z. B. 192.168.60.2, auf dem zweiten Rechner ausgeführt werden. Anschließend können beide Rechner, sofern sie in IrDA-Reichweite zueinander stehen, miteinander über die irlan-Interfaces kommunizieren. Als Test kann wiederum das ping-Kommando verwendet werden, indem vom ersten Rechner aus ein ping mit der IP-Adresse des zweiten Rechner gestartet wird: ping 192.168.60.2.

Durch Aufruf des Kommando `ifconfig -a` kann der Zustand des `irlan`-Interface bestimmt und die Zahl der übertragenen Pakete sowie Fehler (`errors`) erkannt werden.

```
root@erde:/root #  ifconfig -a
irda0  Link encap:IrLAP  HWaddr 21:d8:db:24
       UP RUNNING NOARP  MTU:2048  Metric:1
       RX packets:216 errors:1 dropped:0 overruns:0 frame:1
       TX packets:12307 errors:0 dropped:0 overruns:0 carrier:0
       collisions:0 txqueuelen:8

irlan0 Link encap:Ethernet  HWaddr 40:00:00:00:99:FD
       inet addr:192.168.60.1  Bcast:192.168.10.255  Mask:255.255.255.0
       UP BROADCAST RUNNING MULTICAST  MTU:1500  Metric:1
       RX packets:100 errors:0 dropped:0 overruns:0 frame:0
       TX packets:99 errors:0 dropped:103 overruns:0 carrier:0
       collisions:0 txqueuelen:0

lo     Link encap:Local Loopback
       inet addr:127.0.0.1  Mask:255.0.0.0
       UP LOOPBACK RUNNING  MTU:3924  Metric:1
       RX packets:0 errors:0 dropped:0 overruns:0 frame:0
       TX packets:0 errors:0 dropped:0 overruns:0 carrier:0
       collisions:0 txqueuelen:0
```

Das Interface `irlan0` ist in dieser Ausgabe als `UP` markiert, was bedeutet, daß zur Zeit eine Verbindung zu einem anderen IrLan-fähigen Rechner besteht und Daten über das Interface ausgetauscht werden können. Die hier ausgegebene (lokale) IP-Adresse wurde durch den `ifconfig`-Aufruf gesetzt.

7.2.5 Nützliche Informationsquellen im WWW

An dieser Stelle werden noch einmal alle wichtigen Adressen im World Wide Web (WWW) zusammengefaßt unter denen Informationen zu den Themen PLIP und IrDA verfügbar sind:

❏ Das PLIP-Mini-HOWTO
   `http://www.linuxdoc.org/HOWTO/mini/PLIP.html`

❏ PLIP-Dokumentation im Kernel-Quellcode
   `/usr/src/linux/Documentation/networking/PLIP.txt`

❏ Informationen zum Linux-IrDA-Projekt
   `http://irda.sourceforge.net/`

❏ Die IrDA-Homepage
   `http://www.irda.org/`

❑ Das Linux IrDA-Howto

   `http://mobilix.org/Infrared-HOWTO/Infrared-HOWTO.html`

7.3 Wireless LANs unter Linux

Der Name Wireless LAN steht für eine in der letzten Zeit immer stärkere Verbreitung findende Form der Vernetzung bei Local Area Networks, also für lokale Netzwerke. Das besondere an der Wireless Technologie liegt, wie der Name schon ausdrückt, darin, daß keine Kabel zur Vernetzung von Rechnern mehr benötigt werden. Stattdessen wird ein funkbasiertes Netzwerk aufgebaut. Drahtlose Netzwerke-Produkte sind schon eine ganze Weile auf dem Markt, jedoch ohne eine große Verbreitung erreicht zu haben. Das Problem lag bisher darin, daß es keine Standards für die drahtlose Vernetzung gab, so daß nur Produkte eines Herstellers miteinander „reden" konnten. Dies änderte sich erst im Jahr 1997, in dem das Institut für Electrical and Electronics Engineers (IEEE) einen gemeinsamen, herstellerunabhängigen Standard für drahtlose Netzwerke unter der Bezeichnung 802.11 verabschiedete.

Die Anwendungsgebiete von WLANs, wie Wireless LANs auch bezeichnet werden, sind vielfältig. So sind sie z. B. ideal für die Vernetzung mobiler Geräte, wie Laptops oder PDAs, geeignet, die innerhalb der Reichweite des WLANs frei bewegt werden können. Auch für Situationen, in denen eine kabelgestützte Vernetzung aus baulichen oder ähnlichen Gründen nicht möglich oder zu teuer erscheint, kann ein WLAN die Lösung darstellen. Auch die Möglichkeit im privaten Bereich, z. B. vom Garten aus, im Web zu surfen und seine E-Mail zu erledigen, oder die Möglichkeit, mit Freunden oder Nachbarn einen DSL-Anschluß gemeinsam nutzen zu können, ohne dazu Löcher durch die Wände bohren zu müssen, kann ein Anwendungsgebiet für WLANs darstellen.

Schließlich werden in Zukunft immer mehr sogenannte Hot-Spots an öffentlichen Stellen, wie z. B. Flughäfen oder Cafes, Restaurants ..., die kommerzielle Nutzung von WLANs ermöglichen, indem sie Reisenden die Möglichkeit bieten, an solchen Hot-Spots drahtlosen Zugriff auf das Internet oder auch auf die Server der eigenen Firma zu erlangen.

7.3.1 Einführung

Wireless LANs bieten eine komfortable Möglichkeit, Rechner miteinander zu vernetzen. Bevor auf die Konfiguration solcher Netze mit Linux eingegangen wird, werden zunächst einige Grundlagen zu diesem Thema dargestellt.

7.3.1.1   Technische Grundlagen

Einer der ersten verfügbaren Wireless Standards war IEEE 802.11, der bereits 1997 verabschiedet wurde. 802.11 erlaubte drahtlose Netzwerke mit einer Übertragungsrate von bis zu 2MBit/sec. Höhere Übertragungsraten wurden erst mit dem 1999 verabschiedeten Standard 802.11b verfügbar, mit dem bis zu 11MBit/sec übertragen werden können. Beide Standards arbeiten in dem sogenannten ISM (Industrial, Scientific und Medical)-Band im Frequenzbereich von 2.45 GHz. Die Funkübertragung erfolgt dabei auf einzelnen Kanälen, wobei jeder Kanal für eine leicht unterschiedliche Frequenz steht. Auf diese Weise können mehrere Sende-/Empfangseinheiten nebeneinander arbeiten, ohne sich gegenseitig zu stören. In Europa sind insgesamt 13 Kanäle verfügbar, in anderen Ländern, insbesondere in den USA sind nur 11 Kanäle erlaubt. Daher werden auch die Geräte oftmals als European- oder World-Edition vermarktet, die dann entweder über 13 oder nur 11 Sende-/Empfangskanäle verfügen.

Eine weitere Steigerung der Übertragungsrate auf bis zu 54MBit/sec verspricht der ebenfalls 1999 verabschiedete Standard 802.11a. Allerdings werden Geräte, die entsprechend 802.11a arbeiten, nicht mehr mit Geräten kompatibel sein, die mit 802.11b arbeiten, da die 54MBit-Technologie ein anderes Frequenzband im Frequenzbereich von 5 GHz verwendet. Um dennoch kompatibel zu den inzwischen sehr weit verbreiteten Geräten zu bleiben, die im 2.45-GHz-Band arbeiten, können die neuen Geräte mit zwei Sendern/Empfängern ausgestattet werden, so daß sie in beiden Frequenzbändern arbeiten können. Eine Alternative verspricht der noch in Entwicklung befindliche Standard 802.11g, mit dessen Hilfe Geräte im 2.45-GHz-Band Datenübertragungsraten von bis zu 54Mbit/sec erreichen, ohne die Kompatibilität zu den 802.11b-Geräte aufgeben zu müssen. Erreicht wird diese Leistungssteigerung durch verbesserte Modulationstechniken.

Zur Zeit werden fast ausschließlich Geräte verkauft, die nach 802.11b arbeiten, also eine maximale Datenübertragungsrate von 11MBit/sec erreichen. 802.11b erlaubt neben der Übertragungsrate von 11Mbit weitere Level mit 5.5 und 2 und 1 MBit/sec. Die Geräte wählen je nach Signalstärke die beste Übetragungsrate selbständig aus, falls keine festen Konfigurationsvorgaben existieren.

Um sicherzustellen, daß Geräte unterschiedlicher Hersteller nicht nur auf dem Papier miteinander kompatibel sind, sondern auch in der Praxis zusammen arbeiten, wurde eine Testsuite für 802.11b-Geräte von der Wireless Ethernet Compatibility Alliance (WECA) entwickelt, einem Zusammenschluß verschiedener Hersteller von Wireless-Produkten. Jedes Produkt, das diese Tests besteht, erhält ein WIFI (Wireless Fidelity)-Emblem. Die WIFI-Auszeichnung von Produkten soll dem Anwender die Sicherheit geben, daß alle so ausgezeichneten Geräte herstellerübergreifend untereinander kompatibel sind.

Ein wichtiger Punkt für den Aufbau und Betrieb eines Funknetzes ist natürlich die Reichweite der Funksignale. Die Reichweite hängt sowohl von der Sendeleistung der beteiligten Geräte als auch von der örtlichen Gegebenheiten ab. Typische Wireless-Geräte arbeiten mit einer Sendeleistung von 35mW (*milli Watt*), einer im Vergleich z. B. zu Handys, die mit bis zu 2000 mW senden können, eher geringen Leistung. Sehr wichtig sind die örtlichen Gegebenheiten. So kann im Freien eine Reichweite von bis zu ca. 500 m erzielt werden, wo hingegen in massiv gebauten Gebäuden evtl. nur 30 m überbrückt werden können. Je massiver die Baustruktur ist, wobei Metallbeschichtungen, wie z. B. Aluminium-Folie zur Wärmeisolation, besonders abschirmend wirken, desto geringer ist die Reichweite der Wireless-Geräte.

7.3.1.2 Wireless und Linux

Linux unterstützt schon seit einiger Zeit Wireless-Hardware. In einem aktuellen Kernel sollten alle benötigten Treiber bereits als Module mitübersetzt sein. Linux bietet sowohl für einige Wireless PCI-Karten als auch für sehr viele PCMCIA-Karten die notwendige Treiberunterstützung. Wireless PCI-Karten können verwendet werden, um einen Desktop-PC drahtlos mit anderen Rechner zu vernetzen, während →*PCMCIA*-Karten speziell für Laptops und andere mobile Geräte gedacht sind. Eine weitere Gruppe stellen die USB-basierten Karten dar, deren Bedeutung immer mehr zunimmt.. Für Linux gibt es bisher nur für wenige solcher Karten Unterstützung, was sich aber sicherlich im Laufe der Zeit ändern wird.

Die Inbetriebnahme einer Wireless-Karte unter Linux gestaltet sich grundsätzlich sehr einfach und besteht nur aus wenigen Schritten. Zum einen muß der entsprechende Kernel-Treiber für die jeweilige Karte geladen werden. Speziell für PCMCIA-Karten wird diese Aufgabe i. d. R. schon durch die Konfiguration des Linux-PCMCIA-Systems übernommen. In den meisten Fällen muß hier lediglich die PCMCIA-Karte eingesteckt werden, und der korrekte Treiber wird geladen. Bei PCI- und USB-basierten Karten sollte zuerst versucht werden, die Karte mit dem Konfigurationswerkzeug der Distribution (bei SuSE: YaST) zu konfigurieren. Gelingt dies nicht, muß die Auswahl des Treibers manuell, z. B. aufgrund des Kartentyps und Herstellers, erfolgen. Nötigenfalls können einfach verschiedene Treiber ausprobiert werden. An Treibern stehen grundsätzlich drei verschiedene Quellen zur Verfügung: Die Treiber des PCMCIA-Systems, die Kernel-basierten PCMCIA-Treiber sowie Treiber des WLAN-NG-Projekts. Weitere Informationen hierzu finden sich in Abschnitt 7.3.3.2 auf Seite 655.

Neben dem Laden der Treiber sind verschiedene Einstellungen für ein WLAN möglich, die für das Funktionieren sehr wichtig sind. Diese Einstellungen können unter Linux mit Hilfe des Programms `iwconfig` vorgenommen werden, das Teil der sogenannten Wireless Tools ist. Die Wireless Tools sind eine Sammlung von Linux-Programmen und Bibliotheken, die bei SuSE Linux in dem Paket `wireless-tools` enthalten sind. Das Wesentliche an den Wireless-Tools ist die

Tatsache, daß die möglichen Einstellungen mit *einem* Werkzeug für alle Karten-typen gemacht werden. Hierzu wurden im Kernel die sogenannten Wireless Ex-tensions implementiert, letztlich eine Programmierschnittstelle (API), die es dem Benutzer erlaubt, unterschiedliche Treiber für Wireless-Hardware in einheitlicher Weise, z. B. mit `iwconfig`, zu konfigurieren. Die Wireless Extensions wurden als Erweiterung der Netzwerkschnittstellen implementiert, daher stammt auch die Namensanalogie des Werkzeugs zur Konfiguration von Netzwerkkarten `ifconfig` und dem Werkzeug zur Konfiguration von Wireless-Netzwerkkarten `iwconfig`.

Die wichtigsten Parameter, die eingestellt werden müssen, um ein neues Gerät in ein Wireless LAN einzubinden, sind die sogenannte →*SSID* und Einstellungen zur verschlüsselten Datenübertragung mit Hilfe von →*WEP*. Die SSID (Service Set Identifier), manchmal auch als Netzwerk-Name bezeichnet, dient der logi-schen Trennung von verschiedenen Funknetzwerken. Da Funknetzwerke keine klare räumliche Abgrenzung ermöglichen und sich somit überlappen können, wird eine Zeichenkette als Schlüssel verwendet, um Zugang zu *einem bestimmten* Funknetz zu erhalten. Alle Geräte eines Funknetzes teilen sich diesen gemeinsa-men Schlüssel. Die Konfiguration des Access-Points (die Sende/Empfangs-Stati-on, über die eine Anbindung an ein Festnetz durchgeführt wird, s. u.) entschei-det darüber, welche SSID von den mobilen Client-Rechnern verwendet werden muß[2]. Dabei kann ein Access-Point so konfiguriert werden, daß er die SSID stän-dig mit aussendet, so daß jeder Client sie hören kann. In diesem Fall darf auf dem Client einfach die Zeichenektte `any` als SSID verwendet werden. Strahlt der Access-Point die SSID jedoch nicht aus, so kann die verwendete SSID nur vom Administrator des Access-Points erfahren werden und muß beim Client entspre-chend konfiguriert werden. In diesem Fall wird die →*SSID* also als ein erstes Mittel dazu verwendet, den Zugriff auf ein Funknetz einzuschränken, so daß nicht jeder, der mit einem Laptop in der Hand an dem vernetzten Bereich vor-beikommt, das Netz automatisch sieht und direkten Zugriff darauf erhält.

Der zweite für die Inbetriebnahme wichtige Parameter betrifft die Sicherheits-einstellungen für die Funkübertragung. In der Default-Konfiguration werden alle Daten unverschlüsselt übertragen, d. h. jeder, der sich im Bereich des Funknetztes aufhält, kann alle Daten problemlos abhören. Ein Verfahren zur verschlüsselten Datenübertragung, das von allen Geräten unterstützt wird, ist WEP, eine Ver-schlüsselungsverfahren, das als minimaler Schutz vor Abhörversuchen Dritter gewertet werden kann. WEP basiert auf einem gemeinsamen geheimen Schlüs-sel, der von allen Geräten geteilt wird. Wer seinen Rechner in ein bestehendes WLAN integriert, muß sich erkundigen, ob WEP verwendet wird. Darüber hin-aus muß er noch den WEP-Schlüssel kennen (sozusagen das Passwort). Wer sein

---

[2]Wie später noch dargestellt wird, kann ein Funknetz auch auch ganz ohne Access-Point im soge-nannten Ad-Hoc-Modus betrieben werden. In diesem Fall sind lediglich die SSID-Einstellungen der an dem Netz beteiligten WLAN-Karten von Interesse.

eigenes WLAN aufbaut, sollte zunächst für erste Tests ganz auf die Verschlüsselung verzichten und diese erst dann aktivieren, wenn das WLAN grundsätzlich funktioniert. Auch WEP bietet leider keine 100% Sicherheit. Mehr zu diesem Thema wird in Abschnitt 7.3.4.3 auf Seite 678 gesagt.

7.3.2 Struktur eines WLANs

Bevor ganz konkret auf die Konfiguration eines WLANs eingegangen wird, soll zunächst dargestellt werden, welche Varianten es beim Aufbau von WLAN Netzwerken gibt. Ein 802.11 Wireless LAN kann grundsätzlich in zwei verschiedenen Modi aufgebaut bzw. betrieben werden, die als Ad-hoc- und Infrastructure-Mode bezeichnet werden.

Ad-hoc Im Ad-hoc-Modus besteht ein Wireless Netzwerk einfach aus den beteiligten Client-Rechnern, die mit Hilfe einer WLAN-Karte direkt miteinander kommunizieren können. Diese Art der Vernetzung ist in Abbildung 7.4 dargestellt. Zur Vernetzung wird in diesem Fall außer den beteiligten Rechnern und den WLAN-Karten für diese Rechner keine weitere Hardware, wie z. B. eine zentrale Komponente, benötigt. Jeder Rechner, der über eine WLAN-Karte verfügt, kann direkt mit anderen Rechnern des gleichen WLANs, die sich in Reichweite befinden, kommunizieren. Der Ad-hoc-Modus wird in einigen Fällen auch als peer-to-peer-Modus oder als IBSS (Independent Basic Service) bezeichnet. Obwohl IBSS die im Standard offiziell eingeführte

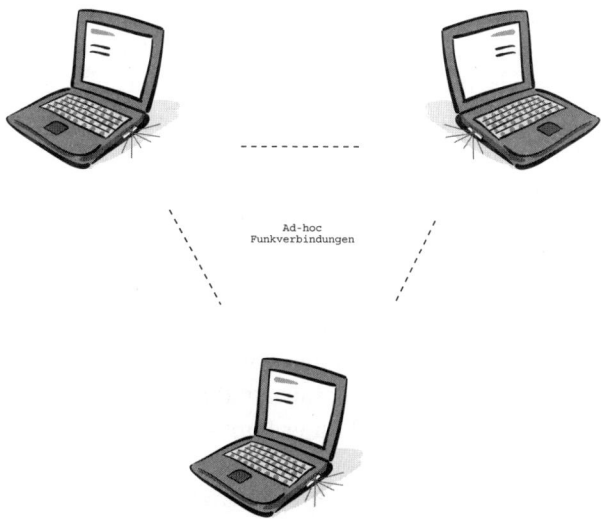

Ad-hoc
Funkverbindungen

Abbildung 7.4: Der Ad-hoc-Betriebsmodus eines WLANs

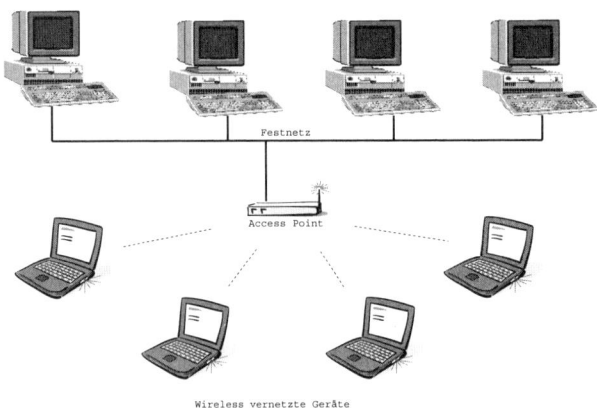

Abbildung 7.5: Der Infrastructure-Betriebsmodus eines WLANs

Bezeichnung für diesen Modus darstellt, wird sie relativ selten verwendet. Daher wird im folgenden nur vom Ad-hoc-Modus gesprochen.

Infrastructure Ein Wireless LAN, das im Infrastructure-Modus (offiziell auch als BSS oder ESS[3] bezeichnet) betrieben wird, verfügt im Gegensatz zum Ad-hoc-WLAN über eine oder mehrere, zentrale Komponenten, über die aller Funkverkehr abgewickelt und der Zugriff auf das Medium unter den Anwendern geregelt wird. Eine solche Komponente wird *Access Point* genannt. Ein Access Point ist eine eigenständige Sende/Empfangseinheit, die zusätzlich über eine Anbindung an das Festnetz verfügt. Rechner, wie z. B. Laptops mit WLAN-Karten, die Daten untereinander austauschen wollen, müssen dies im Infrastructure-Modus *immer* über den Access-Point tun, sie kommunizieren also *nicht* direkt untereinander. Eine solche Konfiguration ist in Abbildung 7.5 dargestellt. Neben der reinen Sende- /Empfangsfunktion sowie der Anbindung von Wireless vernetzten Rechnern an ein Festnetz bieten Access Points den Client-Systemen auch die Möglichkeit zu Roamen, was insbesondere für größere Organisationen wichtig ist. Soll z. B. ein ganzer Campus einer Universität drahtlos vernetzt sein, so ist die Ausdehnung des Gebiets, das drahtlos vernetzt werden muß, i. d. R. größer als die Reichweite, die mit zwei Funknetzwerkkarten überwunden werden kann. In diesem Fall können einfach ein oder mehrere Access Points auf dem Gelände aufgestellt werden, so daß überall ein ausreichend guter Funkkontakt von einem Access-Point zu einer WLAN-Karte, z. B. in einem Laptop, möglich ist. Ein Client-Rechner, z. B. der eines Studenten, der mit seinem Laptop über den Campus geht, muß daher je nach seinem Standort von unterschiedlichen Ac-

---

[3]Der Begriff BSS (Basic Service Set) bezeichnet einen Access-Point mit Anbindung an ein Festnetz, der Wireless Clients bedient. Der Befriff ESS (Extended Service Set) meint ein oder mehrere BSS, die ein gemeinsames Subnetz bilden.

cess Points „bedient" werden. Mit Roaming wird die Möglichkeit, z. B. eines Laptops, beschrieben im Fall einer Standortveränderung unterbrechungsfrei die Verbindung von einem Access Point an einen anderen zu übergeben. Für den Benutzer des Laptops ist dieses Umschalten transparent und ermöglicht auf diese Weise eine fast beliebige Ausdehnung eines Funknetzes, durch das sich der Anwender frei und ohne Unterbrechung der Netzverbindung bewegen kann. Das Roaming selbst erfolgt automatisch durch die beteiligten Access Points ohne zutun des Anwenders.

Neben den genannten Funktionen statten Hersteller Access Points häufig zusätzlich mit speziellen Funktionen aus, z. B. als Router für einen DSL-Anschluß als auch mit zusätzlicher Firewall-Funktionalität. Als Hardware für Wireless-Funktionalität kommt übrigens im Inneren des Access Points nicht selten eine Wireless PCMCIA-Karte des gleichen Herstellers zur Verwendung.

Aus dem Gesagten ergeben sich ganz klar die Anwendungsszenarien für beide Modi. Sollen nur zwei oder drei Rechner miteinander vernetzt werden, kann die preiswertere Variante der Ad-hoc Vernetzung verwendet werden. Wer zusätzlich eine Anbindung an ein Festnetz benötigt und auch Roaming-Funktionalität benötigt, sollte in einen Access Point investieren und sein Funknetz im Infrastructure Modus betreiben.

Im folgenden wird, falls nichts anderes gesagt wird, davon ausgegangen, daß ein Funknetz im Infrastructure-Modus mit einem Access Point betrieben wird. Daher wird in den folgenden Abschnitten zunächst auf die Konfiguration des Access Points eingegangen und erst dann auf die Konfiguration der Client-WLAN-Karten. Hinweise für die Konfiguration, um ein WLAN im Ad-hoc-Modus zu betreiben, werden in Abschnitt 7.3.3.4 auf Seite 672 gegeben.

7.3.2.1 Hinweise zur Standortwahl eine Access Points

Wer ein Funk-LAN neu aufbaut und dabei einen Access Point verwendet, sollte sich ein paar Gedanken über die Plazierung dieses Geräts machen. Da die Vernetzung über Funkwellen im 2 bzw. 5 GHz-Bereich erfolgt, kann der Standort entscheidend darüber sein, welcher Bereich mit einem Access Point abgedeckt werden kann. Funkwellen in diesem Frequenzbereich werden durch alle festen Substanzen abgeschwächt. Insbesondere Metalle oder metallische Beschichtungen, z. B. auf Folien zur Wärmeisolierungen etc., können die Funksignale fast ganz abschirmen.

Ein Access Point sollte nun einfach so positioniert werden, daß sich möglichst wenig der oben genannten Hindernisse auf dem Weg zu den Client-Rechnern befinden. Auf der anderen Seite muß auch das Festnetz oder der DSL-Anschluß noch über ein Kabel erreichbar sein. Da der Access-Point einen Stromanschluß benötigt, sollte auch eine Steckdose in der Nähe sein. Gerade in großen Gebäuden oder in Räumen mit hohen Decken finden sich Access Points meist in Deckennähe, damit vorbeikommende Benutzer keinen zu einfachen Zugriff auf das Gerät haben. Andererseits sollte man bedenken, daß es z. B. für ein Upgrade der Firmware des Access Points erforderlich werden kann, den Strom ab- und wieder anzuschalten, was vorraussetzt, das man an den Access Point oder an den Sicherungsschalter für die Steckdose des Access Points herankommt, um ihn vom Stromnetz trennen zu können.

Eine weitere Maßnahme zur Erhöhung der Reichweite insbesondere bei schwierigen baulichen Bedingungen, ist die Möglichkeit, an einige Access-Points als auch an einige WLAN-Karten externe Antennen anzubringen. Durch externe Antennen kann jeweils unabhängig von der Lage des Geräts (Access-Point oder WLAN-Karte) eine optimale Position und Lage für die Antennen gesucht werden, wodurch das Sende-/Empfangsverhalten u. U. erheblich verbessert werden kann. Wer aufgrund baulicher Gegebenheiten Schwierigkeiten befürchtet, sollte schon beim Kauf der Geräte auf die Möglichkeit achten, externe Antennen anschließen zu können. Leider führt dies bei Access-Points gleich zu einer höheren Preisklasse, während bei WLAN-Karten oftmals kaum ein Unterschied im Preis besteht.

7.3.2.2 Aufbau und Konfiguration eines APs

Ein Access Point besteht wie bereits gesagt aus einer Sende-/Empfangseinheit, um die Funkdatenübertragung zu steuern, sowie aus einer Anbindung zum Festnetz. In der Regel verfügt ein Access Point daher über mindestens eine RJ-45-Buchse, in die zur Anbindung an das Festnetz ein Twisted-Pair-Kabel gesteckt werden kann. Manche Geräte verfügen gleich über mehrere solche Netzanschlüsse, die als Netzwerk-Hub arbeiten und es so gestatten, weitere Geräte (z. B. einen weiteren Access-Point, mit dessen Hilfe ein anderer Bereich abgedeckt werden soll) anzuschließen.

Um den Access Point nutzen zu können, muß er zunächst in das lokale kabelbasierte Netz integriert werden. Neben dem physikalischen Anschluß an dieses Netz muß zunächst die IP-Konfiguration vorgenommen werden, damit der Access Point überhaupt von anderen Rechnern im Festnetz sichtbar und ansprechbar ist. Darüber hinaus bieten Access Points zahlreiche weitere Konfigurationsoptionen, z. B. das Setzen der SSID oder das Konfigurieren der Datenverschlüsselung z. B. mit WEP. Darüber hinaus können einige Geräte ja auch als DSL-Router eingesetzt werden und andere bieten Möglichkeiten, den Datenverkehr zu filtern. Für alle diese Features muß eine Konfiguration möglich sein. Hier gilt es für den Linux-Benutzer schon beim Kauf des Geräts aufzupassen, da viele Access-Points auch heute noch nur über eine Herstellersoftware konfiguriert werden können. Diese Software ist aber in aller Regel nur für Windows-Systeme verfügbar! Dies bedeutet dann, das der Access-Point ohne die Verfügbarkeit eines Windows-Systems nicht konfigurierbar und damit auch nicht nutzbar ist. Wer zum größten Teil mit Linux arbeitet, sollte einen solchen Access Point meiden.

Andere Hersteller zeigen, wie es besser geht, und verwenden Standard-Protokolle zur Konfiguration. Ein Linux-freundlicher Access Point läßt sich z. B. über einen Web-Browser konfigurieren. Im Access-Point ist in diesem Fall ein Web-Server implementiert, der den Administrator über verschiedene HTML-Seiten durch die Konfiguration führt. Die Konfiguration erfolgt mit einem beliebigen Web-Browser, wie z. B. dem `konqueror`, `mozilla` oder `netscape`. Solche Geräte bieten darüber hinaus meist noch eine `telnet`-Schnittstelle, d. h., man kann sich per `telnet` auf dem Access Point anmelden und dann die notwendige Konfiguration vornehmen. Dies ist grundsätzlich sowohl vom Festnetz her möglich als auch von einem Wireless angebundenen Gerät, wie z. B. einem Laptop. Sofern die Wireless-Karte als auch der Access Point noch nicht umkonfiguriert wurden, müßten Sie in der Lage sein, umgehend eine Verbindung herzustellen, so daß man anschließend auch vom Laptop aus z. B. auf den Web-Server des Access Points zugreifen kann. Einige Geräte bieten darüber hinaus noch eine weitere Möglichkeit zur Konfiguration, die darin besteht, daß man an eine serielle Schnittstelle des Access Points einen Rechner als Terminal anschließen kann. Letztlich sollte man zur Konfiguration die Anweisungen im Handbuch des Access Points beachten. Im folgenden werden die wichtigsten Schritte zur Konfiguration eines Access Points mit Hilfe eines Web-Browsers beschrieben, da dies der komfortabelste Weg ist.

Der erste Schritt einer Konfiguration ist die Einbindung des Access Points in das lokale Festnetz, d. h., der Access Point muß eine IP-Adresse, Netzmaske und Broadcast-Adresse erhalten, um im lokalen Netz zu ansprechbar zu sein. In vielen Fällen ist der Access-Point vom Hersteller auf eine feste IP-Adresse in einem privaten Subnetz (z. B. `192.168.x.y`, oder `169.154.x.y`) konfiguriert. In diesem Fall muß also zunächst die IP-Adresse, Netzmaske und Broadcast-Adresse den lokalen Gegebenheiten angepasst werden. Für denjenigen, dem die Begriffe IP-Adresse, Broadcast-Adresse und Netzmaske nicht geläufig sind empfiehlt sich die Lektüre des `Net-HOWTOW`, das unter der URL `http://www.linux-doc.org` verfügbar ist.

Wenn das eigene Netzwerk, an dem der Access Point angeschlossen ist, und die IP-Herstellerkonfiguration des Access Points in verschiedenen IP-Netzwerken liegen, kommt man zunächst über das TCP/IP-Protokoll nicht an den Web-Server des Access-Points heran. Hierzu wäre eine IP-Konfiguration erforderlich, in der der Rechner im lokalen Netz als auch der Access Point in einem gemeinsamen IP-Subnetz liegen. Die Lösung besteht darin, daß man den Access-Point mit einem

Kabel[4] an irgendeinen Rechner anschließt und die Ethernet-Karte dieses Rechners in das gleiche Netzwerk konfiguriert wie den Access-Point. Ab dann kann man auf den Web-Server des Access Points zugreifen und die IP-Konfigurtion den lokalen Gegebenheiten anpassen.

Hat der Hersteller den Access Point beispielsweise ab Werk die feste IP-Adresse `192.168.0.2` vergeben, kann dem über Kabel an den Access Point angeschlossene Rechner z. B. die Adresse `192.168.0.3` vergeben werden. Angenommen der Access Point ist mit der ersten Ethernet-Karte des Rechners verbunden, dann sieht die IP-Konfiguration der Ethernetkarte wie folgt aus:

```
root@erde:/root # ifconfig eth0 192.168.0.3 netmask 255.255.255.0
broadcast,192.168.0.255
```

Einige meist teure Access Points bieten eine Möglichkeit, auch diesen ersten Konfigurationsschritt zu automatisieren, indem sie von Werk aus darauf eingestellt sind, ihre IP-Konfiguration über einen im Festnetz befindlichen DHCP-Server durchzuführen. Auf diese Möglichkeit soll an dieser Stelle nicht weiter eingegangen werden. DHCP ist ebenfalls in dem schon erwähnten `Net-HOWTO` beschrieben.

Wurde das Netzwerkinterface konfiguriert, kann jetzt ein Web-Browser gestartet und die Adresse des Access Points (hier: `http://192.168.0.2`) eingegeben werden. Daraufhin wird in der Regel zunächst eine Web-Seite erscheinen, die eine Authentifizierung des Benutzers ermöglicht. Die initialen Daten, also der Benutzername des Administrators und das initale Passwort, können in der Dokumentation des Access Points nachgelesen werden. Die Web-Seite, mit deren Hilfe die IP-Konfiguration festgelegt werden kann, könnte beispielsweise wie in Abbildung 7.6 auf der nächsten Seite dargestellt aussehen. Diese Konfigurationsseite stammt von dem Access Point AP 200 der Firma Agere Systems (ehemals Lucent).

Durch Eingabe einer gültigen IP-Adresse sowie der dazugehörigen Netzwerk-Maske und Broadcast-Adresse, kann der Access-Point jetzt in das eigene lokale Netzwerk eingebunden und dann genutzt werden. Weitere Schritte, die am besten auch initial durchgeführt werden sollten, sind:

Ändern des Admin Passworts Alle Access Points eines Herstellern verwenden das gleiche Passwort für den Administrator, um den Access Point konfigurieren zu können. Aus Sicherheitsgründen muß es umgehend geändert werden! Das Paßwort sollte nicht zu einfach gewählt werden, aber dennoch so, daß man es sich behalten kann. Geht das Paßwort verloren, ist es in der Regel möglich, durch Drücken eines „Reset"-Knopfes am Access Points selbst die Werkskonfiguration wieder zu laden, wodurch zwar alle vorgenomme-

---

[4]Werden die Ethernetkarte und der Access Point direkt miteinander verbunden (also nicht über einen Switch oder Hub) benötigt man ein sogenanntes cross link Netzwerkkabel.

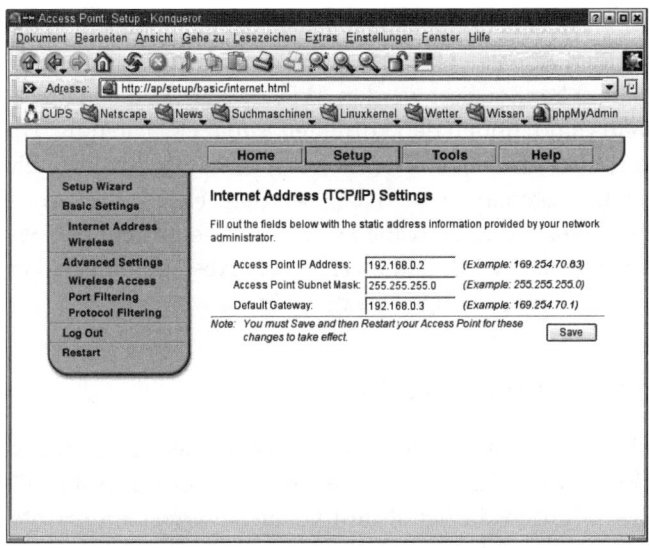

Abbildung 7.6: Die IP-Setup -Seite des AP 200 von Agere im Web-Broser

nen Einstellungen verloren sind, aber der Access Point auch wieder mit der Werkskonfiguration zugänglich ist.

Setzen der SSID Um Probleme mit anderen Funknetzwerken in der Gegend aus dem Wege zu gehen, sollte gleich zu Beginn eine Zeichenkette als SSID ausgesucht und im Access Point konfiguriert werden. Die meisten Access-Points bieten darüber hinaus die Möglichkeit, die SSID auf Wunsch zu „broadcasten" also auszustrahlen. Dadurch kann ein Client-Rechner die SSID automatisch „hören" und somit das Funknetzwerk direkt nutzen. Auf dem Client-Rechner kann der Benutzer in diesem Fall einfach die SSID any angeben. Wird auf dem Access-Point jedoch konfiguriert, daß die SSID nicht mit ausgestrahlt wird, kann der Client-Rechner das Funknetz nur dann nutzen, wenn die auf den Access-Point konfigurierte SSID vom Benutzer auch auf dem Client-Rechner konfiguriert wird. Da die SSID nicht ausgestrahlt wird, muß der Benutzer in diesem Fall den Administrator des Access-Points zuerst nach der zu verwendenden SSID fragen. Die SSID kann in diesem Fall also als ein erster Zugriffsschutz verwendet werden. Mehr hierzu steht in Abschnitt 7.3.4.1 auf Seite 675.

Überprüfen der Verschlüsselungseinstellungen Für einen ersten Test sollte zunächst die Verschlüsselung (WEP) deaktiviert werden, um eine mögliche Fehlerquelle auszuschließen. Wenn das WLAN schließlich funktioniert, sollte der Datenverkehr unbedingt verschlüsselt werden, d. h. zumindest WEP sollte im Normalbetrieb aktiv sein.

Festlegen des Kanals für den Access Point Ein Access-Point kann auf jedem der zur Verfügung stehenden Kanäle (11 in US-amerikanischen Produkten, 13 in europäischen Geräten) konfiguriert werden. WLAN-Karten, die in Reichweite des Access-Points sind, finden den korrekten Kanal eigenständig. Die Angabe eines bestimmten Kanals beim Access-Point ist wichtig, wenn mehrere Access-Points nahe beieinander betrieben werden. Hier sollte darauf geachtet werden, daß jedes in direkte Nähe zu einem anderen Access-Point stehende Gerät so konfiguriert wird, daß zwei Kanäle Abstand eingehalten werden, um gegenseitige Funkstörungen zu vermeiden.

7.3.3 Konfiguration von WLAN-Karten

In diesem Abschnitt wird auf die Konfiguration von WLAN-Karten eingegangen. Darunter fallen sowohl WLAN-PCI-Karten, die zusätzlich in einen Desktop-PC gesteckt werden, PCI WLAN-Karten, die bereits fest z. B. in neueren Laptops integriert sind als auch WLAN-PCMCIA-Karten, die in den PCMCIA-Steckplatz fast jeden Laptops eingeschoben werden können und wohl am häufigsten verwendet werden. Entsprechend dieser unterschiedlichen Szenarien wird in den folgenden Abschnitten auf die jeweilige Konfiguration eingegangen.

7.3.3.1 Treibervarianten

Für die Verwendung von WLAN-Karten unter Linux existieren unterschiedliche Treiber. Zum einen müssen die Treiber und deren Handling nach der Art der verwendeten Karten unterschieden werden. So müssen Treiber für eine WLAN-PCI-Karte anders eingebunden werden, als Treiber für eine WLAN-PCMCIA-Karte.

Neben der Typ-spezifischen Unterscheidung existieren jedoch für jeden Typ noch einmal Treiber, die aus unterschiedlichen Quellen stammen. Dies wird insbesondere für PCMCIA-Karten deutlich. Seit einiger Zeit existieren für fast alle PCMCIA-Karten zwei unterschiedliche Versionen, die in der Regel als externe und interne (oder Kernel-) PCMCIA-Treiber bezeichnet werden. Die Treiber des externen PCMICA-Systems sind nicht Teil des Linux-Kernels, sondern stammen aus dem PCMCIA-Paket von David Hinds. Dieses System, das seit langer Zeit stabil arbeit, wurde jedoch niemals in den Kernel integriert, d. h. alle darin enthaltenen Treiber für PCMCIA-Karten sind nicht Bestandteil des Linux-Kernels. Im Laufe der Zeit wurden für zahlreiche PCMCIA-Karten neue Treiber entwickelt, die Teil des Kernel-Quellcodes wurden. Diese Treiber werden als intern oder Kernel-PCMCIA bezeichnet. Beide Varianten funktionieren grundsätzlich sehr gut, obwohl die eine oder andere PCMCIA-Karte besser vom internen als vom externen-PCMCIA unterstützt wird und umgekehrt. Langfristig wird wohl nur noch das interne System weiterentwickelt werden.

Aufgrund der Existenz beider Systeme muß zur Zeit der Administrator eines Linux-Systems entscheiden, welche der Treibermodule er verwenden möchte. Bei SuSE Linux kann diese Wahl ab Version 8.0 dadurch getroffen werden, daß in der Datei /etc/sysconfig/pcmcia die Variable PCMCIA_SYSTEM entweder auf external oder auf kernel gesetzt werden kann. Voraussetzung ist natürlich, daß das Paket pcmcia installiert wurde. Anschließend muß das PCMCIA-System mit /etc/init.d/pcmcia restart durch den Benutzer root neu gestartet werden. Durch das Umsetzen der Variable wird das PCMCIA-System, genaugenommen der cardmgr, per Kommandozeilenoption angewiesen, die PCMCIA-Treiber aus unterschiedlichen Verzeichnissen zu laden. Für das externe PCMCIA-System ist das /lib/modules/<kernel-vers>/pcmcia. Für das interne System /lib/modules/<kernel-vers>/kernel/drivers/ pcmcia. Zusätzlich wird jeweils ein anderes PCMCIA-Basismodul geladen. Beim externen PCMCIA ist dies meist das Kernel-Modul i82365, beim Kernel-PCMCIA hingegen yenta_socket. Durch das einfaches Kommando lsmod| egrep "yenta|i823652" kann daher bei aktiviertem PCMCIA-System leicht getestet werden, welches System zur Zeit verwendet wird.

Neben den beiden PCMCIA-Systemen existiert noch ein drittes vollkommen unabhängig entwickeltes Projekt, das es sich zum Ziel gesetzt hat, ein voll zum 802.11b-Standard kompatibles WLAN-Treibersystem zu entwickeln. Dieses System wird als WLAN-NG bezeichnet und von AbsoluteValue Systems unterstützt. Informationen sowie Treiber dieses Projekts sind unter der URL http:// www.linux-wlan.org verfügbar. WLAN-NG verwendet neben anderen Treibern auch andere Werkzeuge zur Konfiguration des Wireless-Systems. Daher wird auf dieses System gesondert in Abschnitt 7.3.3.5 auf Seite 673 eingegangen.

7.3.3.2 Inbetriebnahme von PCI-WLAN-Karten

Auch wenn es sich bei dem größten Teil von Wireless Karten um PCMCIA-Karten handelt und hierfür auch entsprechende Treibern existieren, kann auch in einem Desktop-PC eine Wireless-Karte auf PCI-Basis eingebaut werden.

Die meisten der zur Zeit verfügbaren Treiber für PCI-basierte Karten sind im Verzeichnis /lib/modules/kernel-vers/kernel/drivers/net/wireless enthalten. kernel-vers steht dabei für die Versionsnummer des Kernels, die mit dem Kommando uname -r ermittelt werden kann (z.B. 2.4.18-4GB). Weitere Treiber sowie eine sehr detaillierte Beschreibung zu allen verfügbaren Treibern ist unter der URL http://www.hpl.hp.com/personal/Jean_ Tourrilhes/Linux/Wireless.html verfügbar. Da es nur wenige Hersteller von WLAN-Chips gibt, können sehr viele unterschiedliche Karten mit nur wenigen Treibern unterstützt werden, da nur wenige unterschiedliche Chipsätze auf den Karten verwendet werden.

Die Integration einer WLAN-PCI-Karte beschränkt sich zunächst auf das Laden des entsprechenden Treibers mit Hilfe des `modprobe`-Kommandos, z. B. `modprobe orinoco`. Ausgaben erscheinen wie immer in der Datei `/var/log/messages`. Gelingt das Laden des Moduls, d. h., das Kommando `modprobe` liefert keine Fehlermeldung, sollte ein *neues* Netzwerk-Gerät (`eth0`, `eth1`, ...) verfügbar sein. Dies kann durch Aufruf des Kommandos `ifconfig -a` als Benutzer `root` überprüft werden. Ist in dem Rechner keine Netzwerkkarte eingebaut (außer der Wireless), lautet der neue Gerätename `eth0`, ansonsten z. B. `eth1`. Falls hingegen bereits das Kommando `modprobe` eine Fehlermeldung ausgibt, paßt der geladene Treiber wahrscheinlich nicht zur Hardware. In diesem Fall sollte ein anderer Treiber verwendet werden.

Wenn das neue Netzwerk-Gerät existiert, muß als nächstes die Konfiguration der Wireless-Parameter vorgenommen werden. Näheres hierzu steht in Abschnitt 7.3.3.4 auf Seite 660.

Ein großer Teil der Wireless-Karten wird heute problemlos von Linux unterstützt. Daher kann die Konfiguration einer Wireless-Karte in der Regel direkt mit dem Administrations-Werkzeug der Distribution erfolgen. Unter SuSE Linux kann eine Wireless-Karte ganz normal mit YaST als Netzwerkkarte konfiguriert werden. Dadurch werden beim Start des Systems automatisch die entsprechenden Treiber geladen und die notwendigen Einstellungen vorgenommen. Sollte dies jedoch nicht möglich sein, können das Laden des Treibers als auch die notwendigen Kommandos zur Konfiguration der Wireless-Parameter am besten in einer Datei zusammengefaßt werden, die beim Starten des Rechners ausgeführt wird (z. B. in `/etc/init.d/boot.local`). Es sollte auf jeden Fall darauf geachtet werden, daß eine Wireless-Karte nicht doppelt konfiguriert wird, also zum einen z. B. durch YaST und zusätzlich noch manuell z. B. durch Laden von Treibern in dem Boot-Skript `/etc/init.d/boot.local`. Dies führt höchstwahrscheinlich zu Problemen.

7.3.3.3 Inbetriebnahme von PCMCIA-WLAN-Karten

Wireless LANs bieten ideale Voraussetzungen für mobile Geräte, wie z. B. Laptops. Der Benutzer kann sich im Rahmen der Reichweite des WLANs frei bewegen und hat dennoch Verbindung zum Internet oder dem firmeninternen oder privaten Netz. In vielen heutigen Laptops sind dementsprechend bereits Wireless LAN Karten, die dem 802.11b-Standard entsprechen, eingebaut. Solche Karten unterscheiden sich in der Art, wie sie sich dem Betriebssystem darstellen. Zum einen ist es möglich, daß die eingebaute Karte sich als PCI-Karte präsentiert. In diesem Fall muß ein Wireless-Netzwerkadapter (neben evtl. weiteren Ethernet-Karten) in der Ausgabe des Kommandos `lspci` erscheinen. Die Einbindung in Linux ist in Abschnitt 7.3.3.2 auf der vorherigen Seite beschrieben. Die Alternative ist, daß sich die fest eingebaute Karte als PCMCIA-Karte repräsentiert.

→*PCMCIA*-Karten sind normalerweise steckbare Karten, die einfach in den entsprechenden PCMCIA-Slot des Laptops eingesteckt werden. Hierzu muß der Laptop weder aufgeschraubt noch ausgeschaltet werden. Neben PCMCIA-Karten für vielen andere Einsatzgebiete (z. B. Modem, FireWire, . . .) existieren natürlich inzwischen zahlreiche PCMCIA-Karten für Wireless LANs. Auch hier gilt, daß es bisher nur wenige Hersteller[5] für die Chipsätze auf den Wireless-Karten gibt. Daher sind die Linux-Treiber in der Lage, eine große Zahl an Karten zu unterstüzen.

Um eine PCMCIA-Wireless-LAN-Karte zu betreiben, muß natürlich zunächst die Linux-PCMCIA-Software installiert werden. Bei SuSE Linux muß hierzu lediglich das Paket `pcmcia` installiert werden. Bei Start des Rechner sollte überprüft werden, ob es ohne Fehlermeldungen startet. Alternativ kann es auch von Hand durch Aufruf von `/etc/init.d/pcmcia start` gestartet werden. Bei Problemen mit dem PCMCIA-System selbst können die Informationen unter der URL `http://pcmcia-cs.sourceforge.net/` sehr hilfreich sein. Im PCMCIA HOWTO wird darüber hinaus sehr detailliert auf die Funktionsweise des Kartensystems eingegangen.

Neben dem `pcmcia`-Paket muß umbedingt auch das Paket `wireless-tools` installiert werden. Dieses Paket enthält die Werkzeuge und Bibliotheken zur Konfiguration einer Wireless-Karte, allen voran das Programm `iwconfig`. Ohne die Wireless-Tools wird die Karte zwar von PCMCIA-System durch den entsprechenden Treiber eingebunden, anschließend kann jedoch z. B. die SSID nicht gesetzt werden, eben weil das Programm `iwconfig`, das hierzu benötigt wird, nicht vorhanden ist.

Im Gegensatz zu PCI-Karten, bei denen der Administrator den passenden Treiber für die Karte selbst suchen muß, ist das Linux-PCMCIA-System bereits vorkonfiguriert und dadurch in der Lage, den passenden Treiber für die eingesteckte Karte selbständig zu identifizieren und zu laden. Ohne auf Details der Funktionsweise eingehen zu wollen, ist es nützlich, die Arbeitsweise des PCMCIA-Systems zu kennen. Es besteht im wesentlichen aus dem Prozeß `cardmgr`, den Treibern für die unterschiedlichen Karten, einer Konfiguration, in der die Zuordnung von Treiber und Karte festgelegt wird, sowie verschiedenen Skripten für Klassen von Geräten, mit denen das jeweilige Gerät konfiguriert wird.

Der `cardmgr`-Prozeß[6] wird beim Start des PCMCIA-Systems aktiviert. Er überwacht die PCMCIA-Slots des Rechners darauf, daß eine Karte eingeschoben oder herausgenommen wird. Jede PCMCIA-Karte gehört zu einer bestimmten Klasse von Geräten, etwa Netzwerk-, Serielle- oder Festplatten-Geräte. Neben der

---

[5]Die bekanntesten sind Lucent, Cisco und Intersil (zuvor Harris Semiconductor).

[6]In Zukunft wird `cardmgr` immer mehr durch das Kernel-basierte Hotplug-System abgelöst. Beim Einstecken einer Karte wird hier `/sbin/hotplug` aufgerufen. Dieses Skript ruft das für den Kartentyp richtige Agent-Skript auf, die alle unter `/etc/hotplug` liegen. Zur Zeit wird das Hotplug-System nur für neuere CardBus-Karten verwendet, wenn zusätzlich das Kernel-PCMCIA aktiviert ist. Für die am weitesten verbreiteten PC-Karten wird Hotplug nicht genutzt.

Klasse enthält die Karte auch eine Typbezeichnung, anhand derer der richtige Treiber, in Form eines Kernel-Moduls, ausgewählt werden kann. `cardmgr` sorgt beim Einstecken der Karte für das Laden der entsprechenden Kernel-Module und beim Herausziehen der Karte für das Entfernen der jeweiligen Kernel-Module. Welche Module geladen wurden, kann einerseits aus den Meldungen in `/var/log/messages` andererseits auch durch die Ausgabe einer Liste aller geladenen Kernel-Module mit `lsmod` vor und nach dem Einstecken der Karte herausgefunden werden.

Die Zuordnung von Geräten in Klassen und den passenden Treibern erfolgt in der Datei `/etc/pcmcia/config` als auch weiterer Dateien mit der Endung `.conf`, die am Ende von `config` per `source`-Kommando eingebunden werden. Für jede Klasse von Geräten kann im Verzeichnis `/etc/pcmcia` ein Skript zur Konfiguration von Geräten dieser Klasse stehen, wie z. B. das Shell-Skript `network` zur Konfiguration der Klasse der PCMCIA-Netzwerkkarten. Für diese Skripte existieren weiterhin Konfigurationsdateien, die vom Administrator angepaßt werden können. Sie tragen den Namen des Konfigurationsskripts mit der Endung `.opts`. Für das Skript `network` z. B. heißt diese Datei entsprechend `network.opts`. Die Konfigurationsdateien sind ebenfalls einfache Shell-Skripte.

Da WLAN-Karten in die Klasse der Netzwerkkarten fallen, wird nach dem einstecken einer solchen Karte zunächst das Skript `network` aufgerufen. Darin werden weitere Skripte verwendet, um die eigentliche Konfiguration durchzuführen. Welche Skripte das sind sowie die Art der Konfiguration, hängt von der verwendeten Linux-Distribution und auch von deren Version ab. Bei SuSE Linux hat sich die Konfiguration grundlegend ab der Version `8.0` verändert. Daher wird im folgenden zunächst die Konfiguration bis einschließlich der Version `7.3` beschrieben, die auch für die meisten anderen Linux-Systeme in den wesentlichen Teilen gültig sein sollte. In einem weiteren Abschnitt wird anschließend die Konfiguration ab SuSE Linux 8.0 beschrieben.

Wireless-Konfigurations-Dateien bis SuSE Linux 7.3 Bis Version `7.3` von SuSE Linux wurde der allgemein übliche Weg zur PCMCIA-Konfuration beschritten. Die Konfiguration einer PCMCIA-Netzwerkkarte erfolgt in diesem Fall durch das Skript `/etc/pcmcia/network`, wobei in der Datei `/etc/pcmcia/network.opts` Optionen für die IP-Konfiguration angegeben werden können (z. B. feste IP-Adresse versus Dynamische mit DHCP). Eine Wireless Netzwerkkarte wird in dieser Variante durch die Datei `/etc/pcmcia/wireless` konfiguriert. `wireless` wird direkt zu Beginn aus dem `network`-Skript heraus aufgerufen, wenn es sich bei der eingesteckten Karte um eine Wireless-Karte handelt. `wireless` verwendet wiederum die Datei `wireless.opts` in der Einstellungen für die WLAN-Karte gemacht werden können, wie z. B. die Angabe der zu verwendenden SSID.

Wireless-Konfiguration ab SuSE Linux 8.0 Ab SuSE Linux Version 8.0 hat sich die Konfiguration grundlegend verändert. Wer für PCMCIA-Karten dennoch das zuvor beschriebene Konfigurationsschema verwenden möchte, kann in der Datei /etc/pcmcia/network.opts mit einem Editor die Variable USE_SUSE_NETWORK_SETUP auf den Wert no setzen. Als Vorgabe steht diese Variable auf yes. Durch diese Einstellung wird der größte Teil des network-Skripts nicht mehr gebraucht. Auch die Dateien /etc/pcmcia/wireless und wireless.opts finden keine Verwendung mehr. Die Netzwerkkonfiguration erfolgt in diesem Fall durch die Einstellungen in den Dateien im Verzeichnis /etc/sysconfig/network. Für PCMCIA-Karten sind hier die ifcfg-eth-pcmcia-*-Dateien wesentlich. Diese Dateien werden automatisch durch Konfiguration von PCMCIA-Netzwerkkarten mit yast2 im Netzwerkkonfigurations-Modul erzeugt.

Die eigentlichen Wireless-Einstellungen, wie z. B. die SSID, stehen entweder für jede Karte einzeln in den genannten ifcfg-eth-pcmcia-*-Dateien oder aber global in der Datei /etc/sysconfig/network/wireless. Wird eine Wireless-Karte über yast2 konfiguriert, werden die Daten in die jeweilige ifcfg-eth-pcmcia-*-Datei eingetragen. Die globale Datei /etc/sysconfig/network/wireless kann nur von Hand editiert werden. Die Parameter in beiden Dateien sind identisch. Die in diesen Dateien eingetragenen Einstellungen werden durch das ifup-Skript, das aus /etc/pcmcia/network heraus gestartet wird, mit Hilfe weiterer Skripte gesetzt.

Für das PCMCIA-System selbst hat der Benutzer ab SuSE Linux 8.0 die Wahl zwischen zwei unterschiedlichen Entwicklungszweigen: Das ältere PCMCIA-System von David Hinds und das neuere Kernel-basierte System. Der Unterschied liegt im wesentlichen in den enthaltenen Treibern für PCMCIA-Karten. Gerade für neuere Hardware ist das Kernel-basierte PCMCIA die bessere Alternative. Die Entscheidung, welches der beiden Systeme verwendet wird, kann durch Anpassung der Variablen PCMCIA_SYSTEM in der Datei /etc/sysconfig/pcmcia vorgenommen werden. Die Variable darf entweder den Wert kernel oder den Wert external haben. Nach einer Änderung muß das PCMCIA-System neu gestartet werden (/etc/init.d/pcmcia restart oder Neustart des Systems). Durch Veränderung dieser Variablen wird dem cardmgr-Prozeß, der ja für das Laden bzw. Entladen der Treibermodule für die PCMCIA-Karte zuständig ist, im wesentlichen ein unterschiedlicher Pfad zu Kernel-Modulen als Kommandozeilenparameter übergeben. Es werden also jeweils unterschiedliche Kernel-Module verwendet, die zwar jeweils den gleichen Namen haben können, aber aus unterschiedlichen Verzeichnissen geladen werden.

Eine weitere Konfigurations-Datei des PCMCIA-System, in der die Zuordnung von PCMCIA-Treibern zu PCMCIA-Karten festgelegt wird, ist die Datei /etc/pcmcia/config. In der Regel ist normalerweise keine Änderung erforderlich, da die Default-Konfiguration für alle Karten funktionieren sollte. Für solche Karten, mit denen es nicht funktioniert, wird in Abschnitt 7.3.6 auf Seite 689 noch näher auf Eingriffsmöglichkeiten hingewiesen.

7.3.3.4 Wireless-Konfiguration

Nach dem Laden des Treibers sollte die Wireless-Karte grundsätzlich bereits einsatzbereit sein. Dies läßt sich am einfachsten an der Existenz eines neuen Netzwerkinterfaces, z. B. eth1, in der Ausgabe von ifconfig -a erkennen.

Was fehlt, sind spezifische Wireless-Einstellungen, wie z. B. die SSID und die Konfiguration der Datenverschlüsselung. Zum einen können diese Parameter von Hand mit Hilfe des Werkzeugs iwconfig vorgenommen werden, zum anderen können solche Einstellungen insbesondere für PCMCIA-Karten auch dauerhaft in Konfigurationsdateien abgelegt werden, die von den PCMCIA-Skripten ausgewertet werden.

Manuelle Konfiguration

Die manuelle Konfiguration erlaubt problemlos das dynamische Umsetzen von Wireless-Parametern und eignet sich daher insbesondere in der Aufbauphase eines WLANs bzw., wenn die Anbindung eines Rechner an ein bestehendes WLAN getestet werden soll. Darüber hinaus können die Kommandos, die zur Einbindung des Rechners in ein WLAN notwendig sind, auch in ein eigenes Skript zusammengefaßt werden, um auf diese Weise z. B. eine PCI-WLAN-Karte beim Starten des Rechners automatisch einzubinden. Für PCMCIA-Karten dient die manuelle Konfiguration eher zu Testzwecken oder wenn ein Rechner ausnahmsweise mal in ein WLAN eingebunden werden soll, das andere Parameter verwendet, als das normalerweise genutzte.

Die Konfiguration der Wireless-Parameter erfolgt bei Linux mit Hilfe des iwconfig-Kommandos, das Teil des wireless-tools-Pakets ist. Mit Hilfe von iwconfig können für ein bestimmtes Wireless-Netzwerk-Interface alle notwendigen Parameter gesetzt werden. Eine Übersicht aller möglichen Einstellungen erhält man, indem das Programm mit dem Paremeter -help aufruft. Eine genaue Beschreibung der Parameter findet sich in der Handbuchseite, die mit man iwconfig angesehen werden kann. Das Programm muß als Benutzer root aufgerufen werden.

```
root@erde:/root # iwconfig --help
Usage: iwconfig interface [essid NN|on|off]
                          [nwid NN|on|off]
                          [freq N.NNNN[k|M|G]]
                          [channel N]
```

```
[sens N]
[mode M]
[nick N]
[rate N|auto|fixed]
[rts N|auto|fixed|off]
[frag N|auto|fixed|off]
[enc NNNN-NNNN]
[power  period N|timeout N]
[txpower N mW|dBm]
[commit]
```

Für die erste Inbetriebnahme einer WLAN-Karte in einem selbst aufgebauten WLAN bzw. in einem bereits bestehenden WLAN ist es zunächst wichtig, verschiedene Parameter herauszufinden. Grundsätzlich ist zunächst der Arbeitsmodus wichtig. Soll ein Netz direkt über die beteiligten WLAN-Karten einiger Rechner aufgebaut werden, oder existiert ein Access-Point, über den die Kommnunikation abläuft? Davon abhängig ist der Betriebsmodus der Karte, die entweder im Ad-hoc-Modus oder im Infrastructure-Modus betrieben werden muß. Der Default ist der Infrastructure Modus. Um ein WLAN von weiteren WLANs abzugrenzen, die ebenfalls in Reichweite sind, kann die SSID verwendet werden. Soll ein Rechner in ein bestehendes WLAN integriert werden, kann der Administrator dieses WLANs nach der verwendeten SSID gefragt werden. Die genannten Parameter können mit Hilfe der mode und essid-Parameter von iwconfig gesetzt werden.

Als SSID wird in folgendem Beispiel die Zeichenkette geheimnis verwendet. Die zu konfigurierende Karte, die sich im System durch das Netzwerk-Gerät eth1 repräsentiert, soll darüber hinaus an einem Access-Point betrieben werden:

```
root@erde:/root # iwconfig eth1 mode managed
root@erde:/root # iwconfig eth1 essid geheimnis
root@erde:/root # iwconfig
eth1    IEEE 802.11-DS  ESSID:"geheimnis"  Nickname:"robotnia"
        Mode:Managed  Frequency:2.422GHz  Access Point: 00:02:2D:55:83:35
        Bit Rate:11Mb/s  Tx-Power=15 dBm  Sensitivity:1/3
        Retry limit:4  RTS thr:off  Fragment thr:off
        Encryption key:off
        Power Management:off
        Link Quality:16/92  Signal level:-74 dBm  Noise level:-90 dBm
        Rx invalid nwid:0  Rx invalid crypt:0  Rx invalid frag:0
        Tx excessive retries:0  Invalid misc:0  Missed beacon:0
```

Mit den ersten beiden Anweisungen werden der Arbeitsmodus und die SSID gesetzt. Falls die WLAN-Karte über einen Access-Point (also im Infrastructure-Modus) betrieben wird und der Access-Point so konfiguriert wurde, daß er die

SSID mit ausstrahlt, kann beim Client-Rechner anstelle der konkreten SSID auch einfach die Zeichenkette `any` angegeben werden. In diesem Fall „hört" der Treiber der WLAN-Karte auf dem Client-Rechner die SSID, die vom Access-Point mit ausgestrahlt wird und verwendet automatisch diesen Wert. Wurde der Access-Point jedoch so konfiguriert, daß die SSID *nicht* mit ausgestrahlt wird, so muß sie wie oben dargestellt konkret angegeben werden. Die Werte der SSID auf dem Access-Point und dem Client-Rechner müssen in diesem Fall also identisch sein. Mehr zu diesem Thema steht in Abschnitt 7.3.4.1 auf Seite 675.

Als Arbeitsmodus wird hier `Managed` angegeben, wobei `Managed` eine andere Bezeichnung für den Infrastructure-Modus ist. Der Betrieb einer WLAN-Karte in einem Ad-hoc Netzwerk wird in Abschnitt 7.3.3.4 auf Seite 672 noch einmal gesondert beschrieben. Manche Karten benötigen am Ende der Konfigurationsanweisungen noch ein `commit`. Sollten also die vorgenommenen Einstellungen keinerlei Wirkung zeigen und auch in der Ausgabe von `iwconfig` nicht sichtbar werden, kann es sein, daß noch ein Aufruf `iwconfig eth1 commit` durchgeführt werden muß.

Der in obigem Beispiel dargestellte Aufruf des Kommandos `iwconfig` ohne Parameter bzw. mit der Netzwerkschnittstelle als einzigem Parameter gibt die Einstellungen für dieses Gerät aus. Darüber hinaus werden auch Angaben zur aktuellen Übertragungsrate und der Signalstärke gemacht. Wesentlich sind zunächst der mit `Mode` angegeben Arbeitsmodus sowie die SSID, die hinter `ESSID` steht, sowie die aktuelle Übertragungsrate, die in obigem Beispiel mit `11Mb/sec` optimal ist. Die Qualität des Funksignals kann an der Ausgabe `Link Quality` als relativer Wert abgelesen werden. In obigem Fall beträgt sie `16` von max. `92` Punkten. Darüber hinaus sieht man in der Ausgabe auch die Ethernet-Adresse (MAC- oder Hardware-Adresse) des Access Points (`Access Point: 00:02:2D:55:83:35`), zu dem zur Zeit eine Verbindung besteht. Kann keine Verbindung zu einem Access-Point aufgebaut werden, z. B. weil die SSID nicht stimmt, enthält dieses Feld eine unsinnige Angabe, etwa `44:44:44:44:44:44`. Zudem ist in diesem Fall die `Link Quality` gleich `0`.

Neben den Ausgaben von `iwconfig` kann meist schon anhand der LED auf der WLAN-Karte (insbesondere bei PCMCIA-Karten) festgestellt werden, ob eine Verbindung zum WLAN aufgebaut werden konnte. Meist existiert eine LED, die den Status der Verbindung anzeigt, und eine andere, die Datenverkehr anzeigt. Durch den Zustand der LEDs, also ob sie an oder aus sind, langsam oder schneller blinken, kann der WLAN-Status bei vielen Karten leicht abgelesen werden, wenn man das Verhalten der Karte erst einmal kennt. Leider ist das Verhalten der LEDs von Karten unterschiedlicher Hersteller keineswegs einheitlich.

Soll ein Rechner nicht in das eigene, sondern ein anderes bestehendes WLAN angeschlossen werden, können weitere Einstellungen notwendig sein. Hier ist insbesondere die Datenverschlüsselung WEP zu erwähnen, die nach der Testphase in jedem WLAN als Mindestmaß an Sicherheit eingesetzt werden sollte. Der WEP-Schlüssel kann ebenfalls mit `iwconfig` gesetzt werden. Hierauf wird noch einmal gesondert in Abschnitt 7.3.4.3 auf Seite 678 eingegangen. Für das eigene Funk-LAN sollte die Verschlüsselung zum ersten Betriebstest am Access-Point ausgeschaltet sein, dann muß auch WEP für die WLAN-Karte zunächst nicht konfiguriert werden, und man hat eine Fehlerquelle weniger in der Testphase. Auf Dauer sollte jedoch auch im privaten WLAN die Datenverschlüsselung unbedingt aktiviert werden, da ansonsten alle übertragenen Daten in Reichweite des Accesspoints ungehindert und unbemerkt abgehört werden können. Wer beispielsweise von seinen Laptop aus z. B. sein Online-Banking abwickelt, möchte sicherlich nicht, daß jedermann diese Daten abhören und evtl. sogar manipulieren kann.

Neben dem Einsatz von WEP kann der Zugang zu einem bestehenden WLAN durch viele weitere Maßnahmen eingeschränkt sein. Hierzu zählt insbesondere die MAC-basierte Authentifizierung, wodurch eine Registrierung der WLAN-Karte beim Betreiber des WLANs notwendig wird, als auch der Fall, wenn der Zugang nur über ein VPN (Virtual Private Network) erfolgen kann. In solchen Fällen muß der Betreiber um Unterstützung gefragt werden.

Was jetzt noch zu einem funktionierendem WLAN fehlt, ist die IP-Konfiguration des WLAN-Interfaces. Hierauf wird in Abschnitt 7.3.3.4 auf Seite 670 eingegangen.

Dateibasierte-Grundkonfiguration

Neben der Möglichkeit, alle zur Anbindung an ein WLAN notwendigen Parameter von Hand zu konfigurieren, kann man die entsprechenden Parameter natürlich auch zusammenfassen und automatisiert setzen lassen.

Bei einer PCI-basierten WLAN-Karte, erfolgt dies am besten durch ein eigenes Start-Skript für die PCI-WLAN-Karte, in dem der Treiber geladen und darüber hinaus weitere WLAN-Parameter gesetzt werden. Zum einen können die entsprechenden Kommandos einfach an das lokale Boot-Skript in `/etc/init.d/boot.local` angefügt werden, zum anderen besteht auch die Möglichkeit, ein eigenes Boot-Skript zu schreiben (am einfachsten ein bestehendes kopieren und anpassen). Einträge für das `boot.local`-Skript könnten wie folgt aussehen:

```
# /etc/init.d/boot.local
# ...
modprobe orinoco
iwconfig eth1 essid="meinNetz"
```

Durch diese Anweisungen würde der Orinoco-Treiber geladen und anschließend die SSID auf den Wert `meinNetz` gesetzt. Anschließend muß nur noch die IP-

Konfiguration erledigt werden (IP-Addresse, Netzmaske, ...) und das WLAN ist einsatzbereit.

Wenn man einen Laptop mit PCMCIA-WLAN-Karte überwiegend in einem ganz bestimmten WLAN einsetzt, lohnt sich auch hier die „feste" Konfiguration der notwendigen Parameter. Je nach verwendeter SuSE Linux-Version müssen hierzu aber verschiedene Dateien verwendet werden. Dabei existieren zwei Konfigurations-Versionen: die erste, die für alle SuSE Linux-Systeme bis SuSE Linux Version 7.3 verwendbar ist, und die zweite, die ab SuSE Linux Version 8.0 eingesetzt werden muß. Bei SuSE Linux Version 8.0 kann darüber hinaus in der Datei /etc/pcmcia/network.opts durch setzen der Variablen USE_SUSE_NETWORK_SETUP auf den Wert no bewirkt werden, daß sich auch SuSE Linux-Systeme mit der Version 8.0 bzlg. der PCMCIA-Konfiguration wie die älteren Versionen verhalten. Im folgenden werden beide Konfigurations-Versionen beschrieben:

PCMCIA-Konfiguration bis inkl. SuSE Linux Version 7.3

Die PCMCIA-Konfiguration wird bei diesen Systemen mit Hilfe der Dateien /etc/pcmcia/network.opts und /etc/pcmcia/wireless.opts durchgeführt. Während die Datei network.opts für die in Abschnitt 4.7.5.3 auf Seite 382 beschriebene IP-Konfiguration zuständig ist, enthält die Datei wireless.opts die notwendigen Konfigurationsdaten für PCMCIA-WLAN-Karten:

```
case "$ADDRESS" in    # ADDRES::=scheme,socket,instance,macaddress
# ...
# ...
# Lucent Wavelan IEEE (+ Orinoco, RoamAbout and ELSA)
# Note : wvlan_cs driver only, and version 1.0.4+ for encryption support
*,*,*,00:60:1D:*|*,*,*,00:02:2D:*)
    INFO="Wavelan IEEE example (Lucent default settings)"
    ESSID="Wavelan Network"
    MODE="Managed"
#    RATE="auto"
#    KEY="s:secu1"
# To set all four keys, use :
#    KEY="s:secu1 [1] key s:secu2 [2] key s:secu3 [3]
#                            key s:secu4 [4] key [1]"
# For the RG 1000 Residential Gateway: The ESSID is the identifier on
# the unit, and the default key is the last 5 digits of the same.
#    ESSID="084d70"
#    KEY="s:84d70"
    ;;


# Cisco/Aironet 4800/340
# Note : MPL driver only (airo/airo_cs), version 1.3 or later
```

```
*,*,*,00:40:96:*)
    INFO="Cisco/Aironet example (Cisco default settings)"
    ESSID="any"
# To set all four ESSID, use iwconfig v21 and the same trick as above
    MODE="Managed"
#   RATE="11M auto"
#   KEY="off"
    ;;
# ...
esac
```

Wie man in dem Abdruck 7.3.3.4 auf der vorherigen Seite eines Ausschnitts aus der Datei wireless.opts erkennen kann, handelt es sich hierbei um ein Shell-Skript. Das Skript wird von der Datei wireless eingelesen. wireless selbst wird wiederum von dem Skript network aufgerufen, wenn es sich bei der eingesteckten Karte um eine WLAN-Karten handelt. Das Skript network wiederum wird vom PCMCIA-cardmgr-Prozeß gestartet, wenn die eingeschobene Karte in die Klasse der Netzwerkkarten fällt.

Das Skript wireless.opts arbeitet in Abhängigkeit von der Variablen AD-DRESS. Diese Variable wird von network-Skript erstellt und enthält Daten über die eingesteckte Karte und das PCMCIA-System. ADDRESS enthält das PCMCIA-Schema[7], die Nummer des PCMCIA-Slots, in dem die Karte steckt, eine Instanz-nummer sowie die MAC-Addresse der Netzwerkkarte. Der wesentliche Bestand-teil dieser Daten ist die MAC-Addresse, die aus sechs normalerweise durch Dop-pelpunkte voneinander getrennten, zweistelligen Hexadezimalziffern besteht, z.B. 00:02:2d:22:2f:7c. Zum einen identifiziert diese MAC-Addresse jede Netzwerkkarte eindeutig. Darüber hinaus enthält sie in den ersten Stellen auch eine Kodierung des jeweiligen Herstellers, d.h., Karten unterschiedlicher Her-steller beginnen mit einer unterschiedlichen Zahlenfolge.

Das Skript wireless.opts wertet nun genau den Teil in der Variablen AD-DRESS aus, der die MAC-Addresse enthält und bietet unterschiedliche Einstel-lungsmöglichkeiten je Hersteller. In obigem Ausdruck sieht man die Einstellungs-möglichkeiten für Karten der beiden Hersteller Lucent und Cisco. Für eine Karte von jedem dieser Hersteller können in dem entsprechenden Abschnitt die not-wendigen WLAN-Einstellungen vorgenommen werden, indem die entsprechen-de Variable gesetzt wird. Die Variablen haben folgende Bedeutung:

ESSID   Enthält den Wert der im WLAN zu verwendenden SSID. Die SSID sollte sicherheitshalber in "" gesetzt werden, damit Sonderzeichen oder Leerzeichen keine Probleme bereiten. Falls die WLAN-Karte

---

[7]Ein PCMCIA-Schema legt Parameter für eine bestimmte Netzanbindung fest. Durch verschiedene Schemata können daher unterschiedliche Gegebenheiten in unterschiedlichen Netzwerken, in die der Rechner eingebunden werden soll, berücksichtigt werden. Das Umschalten eines Schemas zu einem anderen erfolgt mit dem Kommando cardctl.

über einen Access-Point (also im Infrastructure-Modus) betrieben wird und der Access-Point so konfiguriert wurde, daß er die SSID mit ausstrahlt, kann beim Client-Rechner anstelle der konkreten SSID auch einfach die Zeichenkette any angegeben werden. In diesem Fall „hört" der Treiber der WLAN-Karte auf dem Client-Rechner die SSID, die vom Access-Point mit ausgestrahlt wird und verwendet automatisch diesen Wert. Wurde der Access-Point jedoch so konfiguriert, daß die SSID *nicht* mit ausgestrahlt wird, so muß sie konkret angegeben werden. Mehr zu diesem Thema steht in Abschnitt 7.3.4.1 auf Seite 675.

Mode   Der Betriebsmodus. Die Variable kann entweder den Wert `Managed` für ein WLAN im Infrastructure Modus mit Access-Point oder `Ad-hoc` für ein Ad-hoc-Netzwerk enthalten.

RATE   Die zu verwendende Übertragungsrate. Der Wert kann `auto`, `11M`, `5.5M`, `2M` und `1M` lauten. Normalerweise sollte diese Einstellung auf dem Default `auto` belassen werden, da in dieser Betriebsart der Access-Point und die Karte automatisch die bei den jeweils herrschenden Empfangsbedingungen beste Übertragungsrate verwenden.

KEY   Der bzw. die möglichen WEP-Keys. Siehe auch Abschnitt 7.3.4.3 auf Seite 678.

Die hier angegebenen Werte werden nach dem Einstecken der PCMCIA-Karte automatisch durch die PCMCIA-Skripte mit Hilfe des `iwconfig`-Utilities gesetzt. Daher ist es unbedingt erforderlich, daß die `wireless-tools` auf dem Rechner installiert sind, da `iwconfig` Teil dieses Pakets ist.

PCMCIA-Konfiguration ab SuSE Linux Version 8.0

Ab der Version `8.0` wurde die Konfiguration von PCMCIA-Geräten grundlegend verändert. Wer weiterhin das bereits oben beschriebene ältere Verfahren verwenden möchte, muß in der Datei `/etc/pcmcia/network.opts` die Variable `USE_SUSE_NETWORK_SETUP` auf den Wert `no` setzen. Der Default ist `yes`, wodurch die Wireless-Konfiguration nicht mehr über das `wireless.opts`-Skript, sondern nur noch über die Dateien `/etc/sysconfig/network/wireless` bzw. `/etc/sysconfig/network/ifcfg-*` durchgeführt wird.

Der erste Schritt in SuSE Linux Version `8.0` besteht darin, über `yast2` eine PCMCIA-Netzwerkkarte einzurichten, was hier nicht weiter beschrieben werden soll. Durch diese Einrichtung wird eine Datei `ifcfg-eth-pcmcia-1` (für die erste PCMCIA-Karte) erstellt. Die Angaben für die Wireless Karte selbst (wie z. B. die Angabe der SSID) können entweder manuell in die globale Datei `/etc/sysconfig/network/wireless` oder in der entsprechenden `ifcfg-eth-pcmcia-*`-Datei eingetragen werden. Im ersten Fall sind die

Einstellungen global für alle Wireless Karten gültig, im letzteren Fall nur für eine Karte, die in den entsprechenden PCMCIA-Slot des Rechners gesteckt wird (z. B. `ifcfg-eth-pcmcia-1` für den ersten PCMCIA-Slot des Rechners, `ifcfg-eth-pcmcia-2` für den zweiten).

Bei SuSE Linux Version 8.0 wird von den Skripten normalerweise versucht, automatisch zu erkennen, ob die eingesteckte Karte eine Wireless-Karte ist oder ob es sich z. B. um eine kabelgebundene Netzwerkarte handelt. Die Einstellungen für eine Wireless-Karte werden nur dann ausgeführt, wenn eine Wireless-Karte erkannt wurde. Die automatische Erkennung kann über die unten beschriebene Varibale `WIRELESS` gesteuert werden. Enthält sie keinen Wert, wird eine automatische Erkennung versucht. Hat diese Variable den Wert `yes`, wird immer davon ausgegangen, daß es sich um eine Wireless-Karte handelt. Der Wert `no` bedeutet, daß davon ausgegangen werden soll, das die eingeschobene Karte keine Wireless-Karte ist.

Wird die Konfiguration mit Hilfe von `yast2` im Dialog „Konfiguration der Netzwerkkarte" ab SuSE Linux Version 8.1 durchgeführt, kann direkt angegeben werden, daß es sich um eine PCMCIA-Karte handelt, die eine Wireless-Netzwerk-Karte ist. Alle notwendigen Einstellungen (wie z. B. SSID) können in diesem Fall direkt über den in Abbildung 7.7 dargestellten Dialog für Wireless-Netzwerkkarten vorgenommen werden. `yast2` schreibt diese Konfigurationsdaten in diesem Fall in die entsprechende `ifcfg-eth-pcmcia-*`-Datei im Verzeichnis `/etc/sysconfig/network`. Die darin enthaltenen Variablen sind zu denen identisch, die in `/etc/sysconfig/network/wireless` stehen.

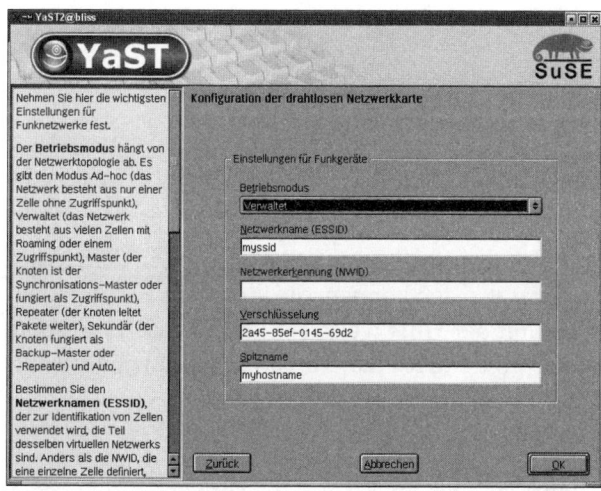

Abbildung 7.7: Die Wireless-Konfiguration mit YaST, ab SuSE Linux 8.1

Im Unterschied zu SuSE Linux Version 8.0 wird beim Einstecken einer PCMCIA-Karte *nicht* versucht, automatisch herauszufinden, ob es sich hierbei um eine Wireless-Karte handelt. Stattdessen bestimmen die in der jeweiligen ifcfg-eth-pcmcia-*-Datei stehenden Einstellungen, ob versucht wird, die Karte als eine Wireless-Karte zu konfigurieren. Hierzu enthalten die mit yast2 erstellen ifcfg-eth-pcmcia-Dateien stehts eine Variable WIRELESS, die in Abhängigkeit von der Angabe des Benutzers bei der Konfiguration mit yast2 entweder auf no oder yes gesetzt wurde. Auch wenn eine solche Datei manuell erstellt wird, muß immer einer der Werte yes oder no angegeben werden. Alternativ kann diese Variable auch global in der Datei /etc/sysconfig/network/ wireless auf yes oder no gesetzt werden. Da es aber keine automatische Erkennung mehr gibt, darf diese Variable nicht mehr leer sein, wie es noch in SuSE Linux 8.0 möglich war.

Im folgenden wird das Setzen von Wireless Parametern anhand der Datei /etc/ sysconfig/network/wireless beschrieben. Die hier dargestellten Variablen können aber ebenso in einer der ifcfg-eth-pcmcia-*-Dateien verwendet werden. Ein Ausschnitt aus der /etc/sysconfig/network/wireless-Datei sieht wie folgt aus:

```
#...
WIRELESS=""


# The following variable names match the option names of iwconfig.
# Have a look at 'man iwconfig' for details.
# If WIRELESS_NICK is empty we use the hostname;
# all other variables do nothing if empty.
WIRELESS_MODE="Managed"
WIRELESS_ESSID="meinNetz"
WIRELESS_CHANNEL=""
WIRELESS_RATE=""
WIRELESS_KEY=""
#...
```

Auch bei dieser Datei handelt es sich um ein einfaches Shell-Skript, in dem lediglich Konfigurationsvariablen gesetzt werden können, die in diesem Fall von dem SuSE Linux-Skript /sbin/ifup (mit der Hilfe weiterer Skripte) gesetzt werden. Die Variablen entsprechen wiederum den Parametern von iwconfig, das letztlich die eigentliche Arbeit macht.

Die Bedeutung der wichtigsten Parameter ist:

WIRELESS_ESSID Enthält den Wert der im WLAN zu verwendenden SSID. Die SSID sollte sicherheitshalber in "" gesetzt werden, damit Sonderzeichen oder Leerzeichen keine Probleme bereiten. Falls die WLAN-Karte über einen Access-Point (also im Infrastructure-

Modus) betrieben wird und der Access-Point so konfiguriert wurde, daß er die SSID mit ausstrahlt, kann beim Client-Rechner anstelle der konkreten SSID auch einfach die Zeichenkette any angegeben werden. In diesem Fall „hört" der Treiber der WLAN-Karte auf dem Client-Rechner die SSID, die vom Access-Point mit ausgestrahlt wird und verwendet automatisch diesen Wert. Wurde der Access-Point jedoch so konfiguriert, daß die SSID *nicht* mit ausgestrahlt wird, so muß sie konkret angegeben werden. Mehr zu diesem Thema steht in Abschnitt 7.3.4.1 auf Seite 675.

WIRELESS_MODE Der Betriebsmodus. Die Variable kann entweder den Wert Managed für ein WLAN im Infrastructure Modus mit Access-Point oder Ad-hoc für ein Ad-hoc-Netzwerk enthalten.

WIRELESS_RATE Die zu verwendende Übertragungsrate. Der Wert kann auto, 11M, 5.5M, 2M und 1M lauten. Normalerweise sollte diese Einstellung auf dem Default auto belassen werden, da in diesem Fall der Access-Point und die Karte automatisch die bei den jeweils herrschenden Empfangsbedingungen beste Übertragungsrate verwenden.

WIRELESS_KEY Der bzw. die möglichen WEP-Keys. Siehe auch Abschnitt 7.3.4.3 auf Seite 678.

WIRELESS_CHANNEL Mit Hilfe dieses Parameters kann der Empfangskanal gesetzt werden. Da dieser Parameter normalerweise durch den Access-Point festgelegt wird und die Karte sich anpaßt, sollte die Einstellungen im Normalfall nicht verändert werden. Die Kanäle werden als Zahlen von 1 bis 11 bzw. 13 angegeben.

Eine Sonderstellung hat der Parameter WIRELESS. Wird diese Variable auf no gesetzt, geht das Skriptsystem davon aus, daß es sich bei der verwendeten Karte nicht um eine WLAN-Karte handelt. Dies vehindert somit eine Konfiguration der WLAN-Karte. Wird die Variable auf yes gesetzt, bedeutet dies, daß Linux davon ausgehen soll, daß es sich bei einer eingesteckten Karte um eine Wireless-Karte handelt (unabhängig davon, ob es wirklich eine ist). Bei SuSE Linux8.0 ist es auch erlaubt, daß diese Variable keinen Wert (" ") enthält, wodurch die Erkennung, ob es sich bei einer eingesteckten Karte um eine Wireless-Karte handelt, automatisch durchgeführt wird.

Ab SuSE Linux Version 8.1 ist diese automatische Erkennung weggefallen, d. h., die Variable WIRELESS, ob sie nun in /etc/sysconfig/network/wireless oder in einer der /etc/sysconfig/network/ifcfg-eth-pcmcia-*-Dateien angegeben wird, sollte nur noch einen der Werte yes oder no erhalten. Ab 8.1 werden wie gesagt alle oben stehenden Wireless-Variablen bei einer Konfiguration mit yast2 immer in die jeweilige ifcfg-eth-pcmcia-* geschrieben inklusive der Variable `WIRELESS`. Hierbei sollte man beachten, daß mit der Konfiguration eine Verknüpfung eines PCMCIA-Ports des Rechners zum Typ der einzusteckenden Karte geschaffen wird. Der zu konfigurierende PCMCIA-Port des Rechners wird dabei im `yast2`-Dialog als `Gerätenummer` angegeben.

Folgendes Beispiel für einen Laptop mit zwei PCMCI-Slots soll das verdeutlichen. Wird z. B. im `yast2`-Dialog „Konfiguration einer Netzwerkkarte" für die Gerätenummer 1 angegeben, daß es sich um eine Wireless PCMCIA-Karte handelt (Box `PCMCIA` und Box `Wireless` sind aktiviert), für die Gerätenummer 2 wird jedoch nur angegeben, daß es eine PCMCIA-Karte ist, so kann später nur im ersten PCMCIA-Slot des Rechners eine Wireless-Karte betrieben werden, nicht jedoch im zweiten. Eine Lösung ist, für beide Ports anzugeben, daß es sich um eine Wireless-Karte handelt. Wird dann in einen der Ports eine kabelgebundene PCMCIA-Netzwerkkarte gesteckt, treten zwar Fehler in `/var/log/messages` auf, weil z. B. das Setzten der SSID fehlschlägt, ansonsten wird die Karte aber funktionieren.

IP-Konfiguration

Der letzte Schritt in der WLAN-Konfiguration ist die eigentliche IP-Konfiguration. Diese unterscheidet sich grundsätzlich nicht von der Konfiguration einer beliebigen anderen Netzwerkkarte. Für die WLAN-Clients muß eine IP-Address, Netzmaske und Broadcastadresse festgelegt werden, damit diese mit anderen Rechnern über das TCP/IP-Protokoll kommunizieren können. Im Fall eines Ad-hoc Netzwerks bietet es sich an, einfach Adressen aus einem privaten Netz zu verwenden. Mehr zu diesem Fall wird in Abschnitt 7.3.3.4 auf Seite 672 gesagt.

Für eine Konfiguration mit einem Access-Point kann der WLAN-Client für erste Testzwecke in das gleiche Netz gelegt werden, in dem sich auch der Access-Point und der Festnetzrechner befinden. Hat der Festnetz-Rechner also beispielsweise die Adresse `192.168.0.3` und der Access-Point die Adresse `192.168.0.2`, so kann dem Client-Rechner zunächst z. B. die Adresse `192.168.0.10` gegeben werden. Damit befinden sich alle Geräte in ein und demselben IP-Netzwerk. Dadurch erspart man sich zunächst die Routing-Konfiguration und eventuelle Routing-Probleme. Die Kehrseite ist, daß in dieser Konfiguration jedes Gerät allen Netzwerkverkehr hören kann und keine logische Trennung zwischen dem Funk- und dem Festnetz besteht, was aus Sicherheitsgründen sehr wünschenswert ist. Die fehlende Trennung macht es sehr schwer, das Festnetz z. B. durch eine Firewall vom WLAN zu trennen. Daher sollte diese Konfiguration nur für den Testaufbau dienen und später verändert werden (siehe auch Abschnitt 7.3.4 auf Seite 674).

Die Konfiguration der IP-Daten kann zunächst von Hand vorgenommen werden. Angenommen `eth1` ist die Netz-Schnittstelle für das WLAN auf dem Client-

Rechner, dann kann diese Schnittstelle mit folgendem Kommando auf die oben angenommene IP-Adresse konfiguriert werden:

```
root@erde:/root #  ifconfig eth1 192.168.0.10 netmask 255.255.255.0
broadcast 192.168.0.255 up
```

Anschließend sollte ein ping z. B. zum Rechner im Festnetz, hier also zu der Adresse 192.168.0.3, möglich sein.

```
root@erde:/root #  ping 192.168.0.3
PING 192.168.0.3 from 192.168.0.10 : 56(84) bytes of data.
64 bytes from 192.168.0.3: icmp_seq=1 ttl=255 time=2.71 ms
64 bytes from 192.168.0.3: icmp_seq=2 ttl=255 time=2.73 ms
..
```

Neben der Möglichkeit, manuell eine feste Adresse für die WLAN-Clients zu verwenden, gibt es auch die Möglichkeit, die Adresse dynamisch von einem DHCP-Server zuweisen zu lassen. Der Vorteil dieser Konfiguration wird insbesondere bei der Nutzung vieler WLAN-Clients deutlich. Unter Verwendung des DHCP[8]-Protokolls wird auf einem Server-Rechner eine DHCP-Konfiguration erstellt, in der z. B. den MAC-Adressen der WLAN-Karten für die Client-Rechner jeweils eine IP-Adresse zugeordnet wird. Auf der Client-Seite muß lediglich konfiguriert werden, daß die IP-Konfiguration dynamisch über DCHP erfolgen soll. Eine weitere Konfiguration der Client-Systeme ist dann nicht mehr erforderlich. Auch wenn die Adressen einmal geändert werden müssen, erfordert dies keine Änderung an der Client-Konfiguration, sondern lediglich eine Anpassung der DHCP-Konfiguration auf dem DHCP-Server-Rechner. Wirklich Sinn macht dies nur dann, wenn entweder viele Clients verwaltet werden müssen oder aber wenn ein Client in verschiedenen WLANs betrieben wird, z. B. in einem Firmen- und in dem privaten WLAN. Wird in dem Firmen-WLAN DHCP eingesetzt, so empfiehlt es sich, auch in dem privaten WLAN einen DHCP-Server zu konfigurieren, da dadurch am Client-Rechner nichts geändert werden muß. Informationen über DHCP finden sich z. B. unter der URL http://www.linuxdoc.org im Mini-HOWTO für DHCP.

Unabhängig davon, ob ein Client nun eine fest konfigurierte IP-Adresse erhält oder über DHCP konfiguriert wird, muß die jeweilige Konfiguration vorgenommen werden, damit sie beim Einstecken der PCMCIA-WLAN-Karte aktiviert wird. Diese Konfiguration erfolgt am besten mit den Hausmitteln der Distribution, bei SuSE Linux also mit yast2 oder yast. Hier muß in die Konfiguration eines (PCMCIA-) Netzwerk-Gerätes gewechselt werden. Anschließend können die gewünschten Einstellungen vorgenommen werden.

Bei SuSE Linux bis Version 7.3 werden die gemachten Einstellungen in der Datei /etc/rc.config abgelegt. Letztlich werden sie in die Datei /etc/

---

[8]*Dynamic Host Configuration Protocoll*

`pcmcia/network.opts` eingetragen, die entscheidend ist. Bei SuSE Linux-Systemen ab Version 8.0 übernehmen die `ifcfg-`-Dateien im Verzeichnis `/etc/sysconfig/network` diese Aufgabe. Diese Konfigurationsdateien enthalten Variablen, mit deren Hilfe das entsprechende Interface konfiguriert wird.

Client-Konfiguration für Ad-hoc-Netzwerke

Neben der Möglichkeit, Wireless-Geräte über ein Access-Point an ein Festnetz anzubinden, sieht der 802.11b-Standard auch die Möglichkeit vor, ein Funknetz rein zwischen den mit einer WLAN-Karte ausgestatteten Rechnern einzurichten. Diese Form des WLANs wird als Ad-hoc-Netz bezeichnet. Der Vorteil eines Ad-hoc-Netzwerks ist hauptsächlich darin zu sehen, daß man keine zentrale Komponente benötigt, um ein Funknetz zwischen mehreren Geräten aufzubauen. Dies bedeutet zum einen, daß man sich die Kosten für die zentrale Komponente (den Access Point) spart und zum anderen, daß keine Konfiguration für die zentrale Komponente notwendig ist. Auf diese Weise ist es z. B. problemlos und ohne großen Aufwand möglich, Daten zwischen zwei Laptops mit WLAN-Karten auszutauschen.

Unter Linux ist die Einrichtung eines Ad-hoc-Netzwerks sehr einfach, indem nach dem Laden des WLAN-Treibers der Betriebsmodus der Karte auf `Ad-hoc` konfiguriert wird. Dies erfolgt mit Hilfe des bereits beschriebenen Werkzeugs `iwconfig`. Für ein Wireless Interface, z. B. `eth0`, genügt also (abgesehen vom Laden der WLAN-Treiber) der Aufruf `iwconfig eth0 mode Ad-hoc`. Die im Ad-hoc-Modus betriebenen Karten suchen automatisch nach anderen sich in Funkreichweite befindenden WLAN-Karten im Ad-hoc-Modus und bauen eine Verbindung zu diesen Karten auf. Der Benutzer muß lediglich beachten, daß auch bei einem Ad-hoc-Netzwerk Einstellungen der WLAN-Karte bezüglich der SSID und evtl. aktivierter WEP-Verschlüsselung zum Tragen kommen. Das bedeutet z. B., daß zwei WLAN-Clients im Ad-hoc-Modus mit unterschiedlicher SSID niemals eine Verbindung aufbauen können. Ebenso kann ein WLAN-Client, der WEP-Verschlüsselung verwendet, keine Ad-hoc-Verbindung zu einem anderen Client aufnehmen, der mit einem anderen Schlüssel oder ganz ohne Verschlüsselung arbeitet. Die genannten Parameter müssen auf allen Rechnern, die am Netz beteiligt sein sollen, gleich eingestellt sein.

Die Konfiguration der Parameter kann wie bereits in vorangegangenen Abschnitten beschrieben entweder manuell, direkt durch Eingabe der entsprechenden `iwconfig`-Aufrufe als Benutzer `root` erfolgen oder aber für eine dauerhafte WLAN-Konfiguration über die ebenfalls bereits beschriebenen Konfigurationsdateien.

Nachdem diese WLAN-Grundkonfiguration abgeschlossen ist, muß auf allen beteiligten Rechnern des Ad-hoc-Netzwerks noch die IP-Konfiguration vorgenommen werden. Im Normalfall besteht der einfachste Weg darin, auf allen Rechnern eine IP-Adresse aus einem privaten Netz, z. B. `192.168.100.0`, zu vergeben. Angenommen das Ad-hoc-Netzwerk besteht aus drei Rechnern, so könnten z. B. für die drei Rechner die Adressen `192.168.100.1`, `192.168.100.2` und `192.168.100.3` verwendet werden. Die restlichen IP-Parameter, also die Broadcast-Adresse und die Netzwerkmaske sind auf allen drei Rechnern identisch. Die Konfiguration des Interface `eth0` auf einem der Rechner besteht daher aus einem Aufruf von `ifconfig` als Benutzer `root`:

```
root@erde:/root #  ifconfig eth0 192.168.100.2 netmask 255.255.255.0
broadcast 192.168.100.255
```

Für ein Netzwerk, das nur einmal aufgebaut wird, um z. B. zwischen zwei Laptops Daten austauschen zu können, ist die manuelle IP-Konfiguration sicherlich der einfachste und schnellste Weg. Für eine dauerhafte Konfiguration sollte die IP-Konfiguration der Interface mit den entsprechenden Werkzeugen der Distributionen vorgenommen werden, so daß die einmal konfigurierten Parameter automatisch immer verwendet werden. Hinweise hierzu wurden bereits in Abschnitt 7.3.3.4 auf Seite 670 gegeben.

Grundsätzlich ist es natürlich genauso gut möglich, auf einem der beteiligten Rechner wiederum einen DHCP-Server aufzusetzen. In diesem Fall können alle Rechner außer demjenigen, auf dem der DHCP-Server arbeitet, ihre Adresse, wie bereits in Abschnitt 7.3.3.4 auf Seite 670 beschrieben, dynamisch beziehen.

Ein Ad-hoc-Netzwerk kommt ohne einen Access-Point aus. Der Access-Point bildet normalerweise die zentrale Komponente zur Anbindung der Wireless-Geräte an ein Festnetz. Das heißt allerdings in der Umkehrung *nicht*, daß ein Ad-hoc-Netzwerk keine Anbindung an ein Festnetz haben kann. Sind beispielsweise mehrere Rechner Teil eines Ad-hoc-Netzwerks, so kann die Anbindung an ein Festnetz erfolgen, indem einer der Rechner neben der Wireless-Karte über eine weitere an das Festnetz angeschlossene Netzwerkkarte verfügt. Darüber hinaus ist es z. B. auch denkbar, daß einer der Rechner über einen DSL-Anschluß verfügt und damit als Einwahlrouter ins Internet dienen kann.

7.3.3.5 Nutzung der WLAN-NG-Treiber

Neben den bisher schon genannten Quellen an Treibern für WLAN-Hardware, existiert ein weiteres Projekt, das von der Firma Absolute Value-Systems unterstützt wird. Informationen sowie der Quellcode ist unter der URL `http://www.linux-wlan.org/` verfügbar. Die Treiber sind insbesondere für WLAN-Karten geeignet, die einen Prism1- oder Prism2-Chipsatz der Firma Intersil (zuvor Harris Semiconductor) verwenden. Ziel dieses Projekts ist die Implementierung von voll 802.11 kompatiblen Treibern. Darüber hinaus soll auch Software für Linux entwickelt werden, die Access-Point-Funktionalität implementiert.

Ab SuSE Linux Version 8.0 sind die WLAN-NG Treiber Teil des pcmcia-Pakets und können auch anstelle entsprechender Treiber aus dem Kernel- oder externen PCMCIA-System verwendet werden. Für andere Linux-Distributionen, bei denen die WLAN-NG-Treiber noch nicht integriert sind, müssen diese von Hand übersetzt werden. Die Quellen als auch Hinweise zum Übersetzen finden sich auf der oben genannten Projekt-Seite. Die Konfiguration von WLAN-Parametern erfolgt bei WLAN-NG normalerweise nicht mit Hilfe von iwconfig. Stattdessen wird hierzu das wlanctl-ng-Werkzeug verwendet. Um die Treiber der PCMCIA-Karten dennoch mit iwconfig also unter Nutzung der Wireless Extensions konfigurieren zu können, existieren Patches, mit deren Hilfe die WLAN-NG-Treiber anschließend über die Wireless Extensions API verfügen. Eine WLAN-Karte stellt sich bei Nutzung der WLAN-NG-Treiber übrigens nicht als ethx-Gerät, sondern z. B. als wlan0 dar.

Die Verwendung der PCMCIA-WLAN-NG-Treiber ist nicht ganz unkompliziert. Bei Treibern für einige Karten gibts es Überschneidungen mit Treibern für den entsprechenden Kartentyp aus dem PCMCIA-Paket (sowohl extern als auch in der Kernel-Variante). Hier kann es passieren, daß die Verwendung der WLAN-NG-Treiber nicht korrekt funktioniert bzw. daß die PCMCIA-Treiber besser funktionieren. In diesem Fall muß anstelle des WLAN-NG Treibers der entsprechende PCMCIA-Treiber eingesetzt werden, was eine Rekonfiguration des PCMCIA-Systems erfordert. Mehr zu diesem Thema steht in Abschnitt 7.3.6 auf Seite 689.

Bei SuSE Linux8.0 wurden in der auf CD-ROM ausgelieferten Version durch die gewählte PCMCIA-Konfiguration zunächst möglichst die WLAN-NG-Variante des benötigten Treiber eingesetzt, was jedoch immer wieder zu Problemen geführt hat. Daher existiert ein Update des pcmcia-Pakets, in dem die WLAN-NG-Treiber nur für solche Karten verwendet werden, für die es keine Treiber aus dem PCMCIA-System gibt. Wer also mit SuSE Linux 8.0 Probleme hat, soll sich unbedingt das Update besorgen. Für PCMCIA-Karten, die mit einem der WLAN-NG-Treiber bedient werden, muß beachtet werden, daß in diesem Fall nicht das zuvor beschriebene /etc/pcmcia/network-Skript, sondern das wlan-ng-Skript ausgeführt wird. Zur Konfiguration dieses Skripts existiert wiederum ein weiteres Skript wlan-ng.opts.

Neben Treibern für PCMCIA-Karten enthält das Paket auch Treiber für Prismbasierte PCI-Karten (die auch in einem Laptop eingebaut sein können). Das Modul hierfür lautet prism2_pci.o und liegt im Verzeichnis /lib/modules/ `uname -r`/wlan-ng.

7.3.4 Sicherheit in WLANs

Wer Daten über ein Wireless LAN überträgt, sollte sich stets der Tatsache bewußt sein, daß diese Daten wesentlich ungeschützter sind als in einem Netz mit Verkabelung. Es gibt keine Kontrolle darüber, wo überall das Funksignal der WLAN-Karte oder des Access-Points zu empfangen sind, sei es im Haus nebenan oder mitten auf einer in der Nähe befindlichen Straße. Jeder, der sich in Reichweite der Funksignale befindet, kann auf diese Weise ganz unbemerkt alle Daten mithören. Unter diesen Prämissen wird schnell klar, daß das Thema Sicherheit bei WLANs einen noch wesentlich höheren Stellenwert hat als im Festnetz. Jeder, der Daten über ein WLAN überträgt, muß sich stets der Tatsache bewußt sein, daß dieses Medium zunächst ungeschützt ist und daher entsprechende Maßnahmen ergreifen, die dazu geeignet sind, einen Mißbrauch der übertragenen Daten zu verhinden.

Was kann also getan werden, um die per Funk übertragenen Daten vor dem abhören und einer evtl. Manipulation dritter zu schützen? Die Antwort besteht aus drei Teilen:

❏ Zum einen müssen die zu übertragenden Daten verschlüsselt sein, so daß ein Angreifer, der das Funksignal abhören kann, zwar die Daten sieht, aber aufgrund der Verschlüsselung nichts damit anfangen kann.

❏ Die zweite Maßnahme besteht darin, das Funknetz selbst zu sichern, so daß nur autorisierte Personen Zugriff darauf haben, sowie darauf zu achten, daß man das Funknetz nicht schon quasi aus Versehen entdeckt und so darauf aufmerksam wird.

❏ Der dritte Teil, der bereits zuvor angesprochen wurde, besteht in der Sicherung der zentralen Komponenten eines WLANs. Was helfen alle fein ausgeklügelten Sicherheitsmaßnahmen, wenn die Access-Points eines WLANs selbst nicht gesichert sind, etwa indem die Herstellervorgaben bzlg. des Administrator-Paßworts einfach belassen werden und so alle sicherheitsrelevanten Einstellungen auf dem Access-Point von Dritten manipuliert werden können?

Um die genannten Ziele zu erreichen, können die in den folgenden Abschnitten genannten Techniken verwendet werden. Dennoch sollte sich niemand in vollkommener Sicherheit wiegen. Jedes Verfahren hat seine Schwachstellen und 100% Sicherheit ist gerade in der Welt der Informationstechnik eine Illusion.

7.3.4.1 Die SSID eines WLANs

Eine der grundlegendsten Maßnahmen zur Erhöhung der Sicherheit in einem WLAN ist die Verwendung der SSID (Service Set Identifier). Die SSID ist wie bereits erklärt eine Art Netzwerk-Passwort, daß dazu verwendet werden kann, den Zugang zum WLAN einzuschränken. Nur wer die im WLAN verwendete SSID kennt, erhält einen Zugang zum WLAN. Daher sollte in jedem WLAN eine SSID eingesetzt werden.

Durch das Setzen der SSID kann z. B. verhindert werden, daß jemand, der mit einem Laptop in der Hand durch die Gegend fährt und in Funkreichweite ist, das WLAN direkt sieht und es dann auch nutzen kann.

Wer einen Access-Point betreibt, hat hier in der Regel noch verschiedene Optionen: Damit WLAN-Clients die Existenz eines Funknetzes sehen, werden von einem Access-Point ständig sogenannte Beacons ausgesendet. Ein Beacon stellt also eine Art Markierung dar, die das Vorhandensein eines WLANs anzeigt. Als Teil der Beacons versendet ein Access Point normalerweise auch die SSID. Dies wird auch als „Broadcast" der SSID bezeichnet. In diesem Fall kann also ein Client durch reines „Zuhören" direkt die SSID erfahren, die er benötigt, um Teil des Funk-Netzwerks zu werden. Dies ist im Sinne eines möglichst einfachen, automatisierbaren Zugangs eines Client-Systems zum WLAN durchaus sinnvoll. Der Rechner kann in diesem Fall ein WLAN erkennen und automatisch die SSID korrekt setzen, um dem Benutzer den direkten Zugang zu ermöglichen. Auf der Seite des Client-Rechners genügt in diesem Fall die Angabe der Zeichenkette any als SSID, um jedes so konfigurierte Funknetz nutzen zu können. Die SSID wird in diesem Fall lediglich zur Trennung verschiedener WLANs eingesetzt, nicht jedoch als erste Möglichkeit zur Zugangskonmtrolle zum Funknetz. Soll die SSID jedoch ein erstes Mittel zum Schutz des WLANs sein, darf diese natürlich nicht vom Access-Point als Teil der Beacons ausgestrahlt werden. Um das zu verhindern, lassen sich viele Access-Points entsprechend konfigurieren. Ein WLAN-Client kann jetzt zwar die Existenz eines WLANs feststellen, er kann sich jedoch nicht einbuchen und das Netz nutzen, weil er die SSID nicht kennt. Der Benutzer muß in diesem Fall also zunächst den Administrator des Access-Points nach der SSID fragen und diese dann auf seinem Client-Rechner konfigurieren. Die Angabe von any als SSID genügt in diesem Fall nicht. Unterstützt der Access Point diese Option, existiert in der Access-Point-Konfiguration hierzu normalerweise eine entsprechende Option bei der Einstellung der SSID. Die Option kann z. B. „Privates Netz" oder „closed Network" o. ä. lauten. Existiert eine solche Option, sollte diese aus Sicherheitsgründen aktiviert werden.

7.3.4.2 MAC-basierte Autorisierung am Access-Point

Neben der Möglichkeit, den Zugang zum einem Access-Point über die Netz-SSID vor ungebetenen Zaungästen zu schützen, bieten viele Access-Points heute weitere Möglichkeiten der Absicherung. Ein Verfahren hierzu ist die MAC-basierte Zugangskontrolle. Die MAC-Adresse,[9] die auch als Ethernet- oder Hardware-Adresse bezeichnet wird, ist eine Adresse, die für jede Netzwerkkarte auf der Welt eindeutig ist, also nur genau einmal existiert. Sie besteht aus 6 hexadezimal angegebenen Zahlen, z. B. 00:02:2d:42:5f:41. Die Mac-Adresse steht entweder auf der Karte selbst (z. B. bei PCMCIA-Netzwerkkarten), oder sie kann

---

[9]MAC steht für *Media Access Control*

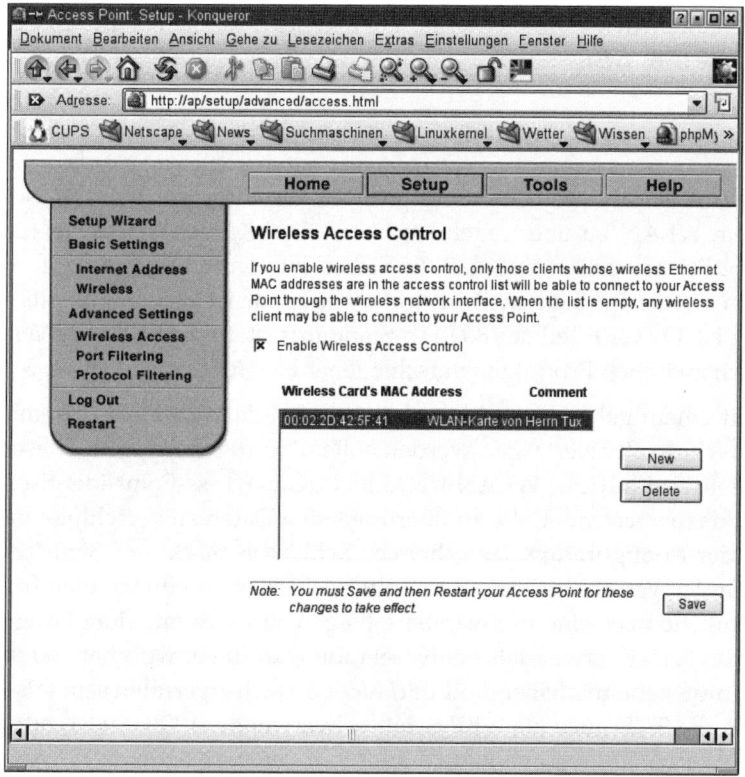

Abbildung 7.8: Der MAC-Adress-Konfigurationsdialog des AP 200

nach dem erfolgreichen Laden des Treibers unter Linux mit dem `ifconfig`-Kommando für die Netzwerkschnittstelle der Karte ausgegeben werden. In dieser Ausgabe wird sie als `HWaddr` bezeichnet.

Bietet der Access Point MAC-basierte Autorisierung, kann auf dem Gerät eine Liste von erlaubten MAC-Adressen von WLAN-Karten angegeben werden, die diesem Access-Point nutzen können. In Abbildung 7.8 ist als Beispiel der entsprechende Konfigurationsdialog des AP 200 von Agere Systems dargestellt. In dieser Abbildung kann das Funk-LAN zur Zeit nur mit der bereits angegebenen WLAN-Karte genutzt werden. Allen anderen WLAN-Karten ist eine Nutzung dieses Access Points nicht möglich.

Die MAC-basierte Autorisierung von WLAN-Clients bietet bereits einen recht guten Schutz vor unliebsamen Gästen. Allerdings sollte man den Schutz auch nicht überbewerten. Auch eine MAC-Adresse kann gefaked, also gefälscht, werden. Darüber hinaus bietet die MAC-basierte Autorisierung lediglich Schutz vor einer unautorisierten Nutzung eines Access-Point basierten Funknetztes, nicht aber vor dem Abhören des Datenverkehrs. Hier helfen lediglich Verschlüsselungsverfahren, wie z. B. WEP.

7.3.4.3 Verschlüsselte Daten-Übertragung mit WEP

WEP ist ein im WLAN-Standard 802.11b festgelegtes Verfahren zur Verschlüsselung von über ein WLAN zu übertragenden Daten. Das Kürzel WEP steht für *Wired Equivalent Privacy* und meint, daß die Sicherheit von mit diesem Verfahren übertragenen Daten der Sicherheit in drahtgebundenen Netzen äquivalent also gleichwertig ist. Da WEP Teil des 802.11b-Standards ist, funktioniert die Verschlüsselung auch zwischen Produkten verschiedener Hersteller problemlos.

WEP arbeitet mit einem geheimen Schlüssel, über den alle WLAN-Geräte, mit denen Daten verschlüsselt übertragen werden sollen, verfügen müssen. Dieser geheime Schlüssel wird auf der WLAN-Karte *und* dem Access-Point identisch eingetragen und dazu verwendet, die zu übertragenden Daten zu verschlüsseln. Abgesehen von der Konfiguration des geheimen Schlüssels merkt der Benutzer nichts weiter von der Verschlüsselung. Der Schlüssel selbst ist einfach eine frei wählbare Zeichenkette bzw. eine frei wählbare Folge von Bytes mit einer Länge von 64 oder 128 Bit[10]. Der verwendete Schlüssel muß wie ein Paßwort behandelt werden, d. h., er muß geheim bleiben und darf nicht einfach zu erraten sein (also nicht einfach z. B. die SSID auch als WEP-Schlüssel verwenden). Ob ein 64- oder 128-Bit-Schlüssel verwendet werden kann, hängt von den verwendeten WLAN-Karten und dem Access-Point ab. Manche Geräte, insbesondere preiswertere, unterstützen lediglich die 64-Bit-Variante. Wenn möglich sollte immer der 128-Bit-Schlüssel eingesetzt werden, weil es für einen möglichen Angreifer einen wesentlichen höheren Aufwand bedeutet einen 128-Bit-Schlüssel zu knacken als einen 64-Bit-Schlüssel.

WLAN-Geräte können über bis zu vier verschiedene WEP-Schlüssel verfügen, wobei immer nur einer dieser Schlüssel zu einer Zeit aktiv ist. Dieser Schlüssel wird als der aktive Schlüssel bezeichnet. Ein Wechsel von einem zu einem anderen der programmierten Schlüssel ist leicht möglich.

Der Sinn von mehreren WEP-Schlüssel liegt darin, den aktiven Schlüssel aus Sicherheitsgründen leicht wechseln zu können. Darüber hinaus ermöglicht die sorgfältige Konfiguration der Schlüssel auch, daß ein WLAN-Gerät auf diese Weise in unterschiedlichen WLANs, die WEP verwenden, betrieben werden kann. Wichtig bei der Auswahl eines der vier möglichen Schlüssel ist, daß eine Kommunikation zwischen zwei Geräten nur dann möglich ist, wenn der aktive Schlüssel auf beiden Geräten auf der gleichen (also entweder an erster, zweiter, dritter oder vierter) Position in der Liste der Schlüssel steht.

---

[10]Intern werden von den eingegebenen 64 bzw. 128 Bit des Schlüssel lediglich 40 bzw. 104 Bit verwendet. Bei manchen Geräten können die Schlüssel sogar nur mit einer Länge von genau 40 Bit (5 Zeichen) oder 104 Bit (13 Zeichen) konfiguriert werden.

Angenommen bei einem Laptop wurde der Schlüssel an der Position zwei zum aktiven Schlüssel gemacht. In diesem Fall verschlüsselt das Laptop seine über die WLAN-Karte zu versendenden Daten mit dem Schlüssel, der an Position zwei eingetragen wurde. Darüber hinaus wird als Teil des Protokolls der Index des verwendeten Schlüssels, hier also die Zahl „2", mit an den Access-Point übertragen. Der Access-Point empängt die verschlüsselten Daten und stellt fest, daß diese mit dem Schlüssel Nummer zwei des Clients verschlüsselt wurden und verwendet *seinen* an Position zwei stehenden Schlüssel, um die Daten zu dechiffrieren. Der Entschlüsselungsvorgang kann natürlich nur dann gelingen, wenn der an zweiter Position stehende Schlüssel auf dem Access-Point mit dem an zweiter Stelle stehenden Schlüssel auf dem Laptop identisch ist. Der Schlüssel selbst wird dabei *nie* mit übertragen, lediglich seine Position, seine Index-Nummer.

Im Normalfall verwenden Access-Point und Client den gleichen aktiven Schlüssel, also die gleiche Schlüsselnummer, z. B. den ersten. Es ist jedoch durchaus möglich, daß auf dem Access-Point z. B. der dritte eingetragene Schlüssel der aktive ist, auf dem Laptop jeoch der erste. Das bedeutet, daß der Access-Point zum Verschlüsseln der zu versendenden Daten den Schlüssel Nummer drei verwendet, während das Laptop zum Versenden seiner Daten den Schlüssel an Position eins verwendet. Die Kommunikation klappt in diesem Fall nur dann, wenn an Position eins auf dem Access-Point der gleiche Schlüssel wie an Position eins auf dem Laptop steht und zugleich auch an Position drei der Schlüselliste des Access-Points der gleiche Schlüssel wie an Position drei des Laptops steht. Wichtig ist zu verstehen, daß es nicht genügt, an irgendeine Positionen auf Access-Point und Laptop gleiche Schlüssel einzutragen, sondern daß auch die Position, unter dem dieser Schlüssel jeweils steht, von entscheidender Bedeutung ist.

Obwohl WEP dem Nutzer schon eine erhebliche Sicherheit bietet, hat sich herausgestellt, daß dieses Verfahren auch ohne Kenntnis des Schlüssels nur durch Beobachtung des Funkverkehrs zwischen zwei Geräten knackbar ist. Inzwischen existieren sogar Werkzeuge, die genau diese Arbeit erledigen und lediglich die Möglichkeit benötigen, den Funkverkehr lang genug mithören zu können (siehe `http://airsnort.shmoo.com/`).

Als Reaktion haben die Hersteller von WLAN-Hardware eine Erweiterung des WEP-Protokolls entwickelt, die als WEP-Plus bezeichnet wird. Dieses Verfahren, das nach außen, also für den Benutzer, keine Unterschiede zu WEP aufweist, soll die Probleme von WEP, die ein Knacken des WEP-Codes ermöglicht haben, umgehen. Das Problem mit diesem Verfahren besteht zur Zeit jedoch darin, daß es nicht herstellerübergreifend verwendbar ist. Anders herum ausgedrückt bedeutet dies, daß WEP-Plus nur zwischen Geräten eines Herstellers eingesetzt werden kann. Ob ein Gerät über WEP-Plus verfügt, kann den Angaben des Herstellers entnommen werden. Für viele Access-Points existieren Upgrades der Firmware (Betriebssoftware des Geräts), die vom Hersteller über das Internet bezogen und auf den Access-Point bzw. die Karte geladen werden können. Anschließend „spricht" der Access-Point dann auch WEP-Plus.

Trotz dieser Probleme mit WEP und WEP-Plus sollten diese Verfahren wann immer möglich eingesetzt werden. Auch wenn WEP keine 100% Sicherheit bietet, ist die Sicherheit allemal größer als bei einer unverschlüsselten Übertragung. Wenn möglich sollten die an einem WLAN beteiligten Geräte mit WEP-Plus betrieben werden.

Neben WEP werden zur Zeit weitere Verfahren zur verschlüsselten Datenübertragung entwickelt. Der neue Standard des WIFI-Konsortiums mit dem Namen WPA (WIFI Protected Access) wird in naher Zukunft verfügbar sein. Auch für ältere Geräte soll durch ein Upgrade der Firmware die Möglichkeit bestehen, diesen neuen Standard nutzen zu können. Mehr zu diesem Thema kann auf den Seiten des WIFI-Konsortiums unter der URL `http://www.wi-fi.com` nachgelesen werden.

Die Konfiguration von WEP ist einfach. Unter Linux muß lediglich mit Hilfe von `iwconfig`[11] der bzw. die WEP-Schlüssel gesetzt werden. Zusätzlich muß noch die WEP-Verschlüsselung aktiviert werden. Das gleiche muß natürlich auf dem Accesss-Point gemacht werden. Auch hier müssen ein oder meherere Keys eingetragen werden und die WEP-Verschlüsselung aktiviert werden. Dies erfolgt über das jeweilige Interface des Access-Points, also z. B. über eine entsprechende Web-Seite in der Access-Point-Konfiguration (als Beispiel siehe Abbildung 7.9 auf der nächsten Seite).

Die Linux-Konfiguration kann, wie bereits für die Grundkonfiguration in Abschnitt 7.3.3.4 auf Seite 660 beschrieben, entweder manuell oder durch entsprechende Einträge in den Konfigurationsdateien permanent vorgenommen werden. Für einen ersten Test empfiehlt sich immer die manuelle Vorgehensweise. Wenn alles klappt, können die Einstellungen anschließend permanent gemacht werden. Im folgenden wird daher die manuelle Konfiguration für WLAN-Karten mit `iwconfig` beschrieben.

Das Konfigurieren von WEP-Schlüsseln mit `iwconfig` erfolgt über das `key`-Argument. Ein Schlüssel kann dabei entweder als Folge von Hexadezimalzahlen oder als Zeichenkette angegeben werden, wobei der Schlüssel selbst (abgesehen von den Vorgaben bzlg. der Schlüssellänge) frei gewählt werden kann. Bei der Eingabe als Hexadezimalzahlen können diese einfach als eine Zahlenfolge, z. B. `36264b2b63316c25`, oder als Zahlenpaare in der Form `3626-4b2b-6331-6c25`[12] (beides sind 64-Bit-Keys) angegeben werden. Ein Ziffernpaar (wie

---

[11]Bei Nutzung der WLAN-NG-Treiber muß stattdessen das Kommando `wlanctl-ng` verwendet werden. Leider sind auch die Konfigurationsoptionen nicht kompatibel zu denen von `iwconfig`. Eine Übersicht ergibt der Aufruf von `wlanctl-ng commands`.

[12]Einige Geräte erlauben nur die Eingabe von 40 Bit (5 Zeichen) oder 104 Bit (13 Zeichen) langen Schlüsseln. Der entsprechende 40-Bit Schlüssel lautet `3626-4b2b-63` oder als Zeichenkette: `s:6&K+c`.

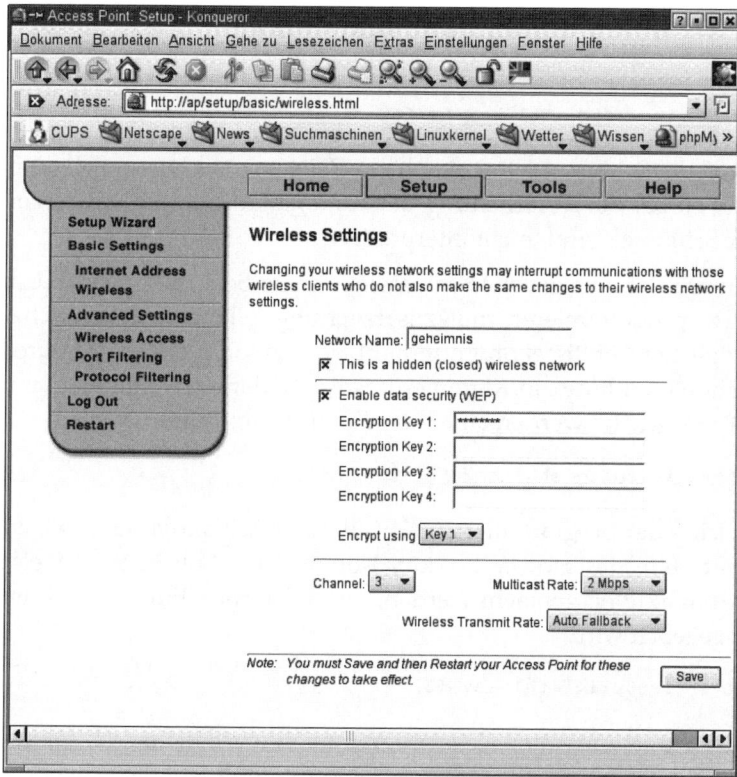

Abbildung 7.9: Der WEP-Konfigurationsdialog des AP 200

z. B. 4b) einer Hexadizimalzahl enstpricht dabei 8 Bit des Schlüssels. Für einen 64
Bit langen Schlüssel werden folglich 8 solcher Ziffernpaare benötigt, für einen 128
Bit langen Schlüssel entsprechend 16. Soll die Angabe als Zeichenkette erfolgen,
wird der Schlüssel-Zeichenkette ein s: vorangestellt. Der gerade beschriebenen
Folge von Hexadezimal-Zahlen entspricht die Zeichenkette s:6&K+c11%. Jedes
Zeichen entspricht hier 8 Bit des Schlüssels. Daher werden für einen 64 Bit langen
Schlüssel 8 Zeichen benötigt, für einen 128 Bit langen Schlüssel 16 Zeichen.

Der Vorteil der hexadezimalen Darstellung besteht in der Möglichkeit, beliebige
Codes anzugeben, auch solche für die kein darstellbares Zeichen existiert. Der
Vorteil der Eingabe als Zeichenkette besteht darin, daß man sich einen solchen
Schlüssel leichter merken kann.

Das Setzen des oben angegebenen Schlüssels kann also wie folgt vorgenommen
werden:

```
root@erde:/root #  iwconfig eth1 key 36264b2b63316c25
```

Alternativ unter Verwendung der Eingabe als Zeichenkette sieht das Kommando wie folgt aus:

```
root@erde:/root #  iwconfig eth1 key 's:6&K+cll%'
```

In diesem Fall muß der Schlüssel selbst durch ' '-Zeichen umschlossen werden, damit die Unix-Shell bei der Verarbeitung der Kommandozeile die Sonderzeichen, die Teil des Schlüssels sind, nicht interpretiert.

In beiden Fällen wird der angegebene Schlüssel als erster Schlüssel gesetzt. Um weitere Schlüssel zu programmieren, muß zusätzlich angegeben werden, welcher der meist vier möglichen Schlüssel programmiert werden soll. Dies erfolgt durch Angabe des gewünschten Index in Klammern. Soll z. B. der dritte Schlüssel mit dem Wert andererk gesetzt werden lautet das Kommando:

```
root@erde:/root #  iwconfig eth1 key 's:andererk' [3]
```

Die Auswahl welcher der programmierten Keys der zur Zeit aktive sein soll, erfolgt ebenfalls mit Hilfe des iwconfig key-Kommandos. Soll beispielsweise der zweite Key zum aktiven gemacht werden, reicht folgende Eingabe, bei der nur der Index angegeben wird:

```
root@erde:/root #  iwconfig eth1 key [2]
```

Nachdem der oder die gewünschten Keys programmiert wurden und der für das gewünschte WLAN vorgesehene Key aktiviert wurde, muß lediglich noch die Verschlüsselung selbst eingeschaltet werden. Zusätzlich kann die Karte so konfiguriert werden, daß sie ausschließlich verschlüsselte Datenpakete oder neben verschlüsselten Paketen auch unverschlüsselte akzeptiert. Der erste Modus wird als restricted, der zweite als open bezeichnet. Aus Sicherheitsgründen sollte der restricted-Modus verwendet werden. Im folgenden Beispiel stehen alle Anweisungen, die für die WEP-Nutzung einer WLAN-Karte notwendig sind. Als Schlüssel wird dabei die bereits oben verwendete Zeichenkette 6&K+cll% genutzt. Die WLAN-Schnittstelle sei eth1:

```
root@erde:/root #  iwconfig eth1 key 's:6&K+cll%'
root@erde:/root #  iwconfig eth1 key [1] restricted
root@erde:/root #  iwconfig eth1 key on
```

Anschließend ist nur noch verschlüsselter Datenverkehr möglich. Wurde der Accesspoint bzw. die im Ad-hoc-Modus arbeitenden anderen WLAN-Karten nicht mit dem gleichen WEP-Key versehen und WEP aktiviert, ist keine Kommunikation mehr möglich. Das Abschalten der Verschlüsselung erfolgt mit dem Kommando iwconfig eth1 key off. Bei älteren Version der wireless-tools existierte jedoch ein Bug, der das Ausschalten verhindert. In diesem Fall kann die Verschlüsselung lediglich dadurch ausgeschaltet werden, daß die Treiber für die Karte neu geladen werden. Bei PCMCIA-Karten erfolgt dies einfach durch Herausziehen und erneutes Einstecken der Karte.

7.3.4.4 Port und Protokoll-Filterung am Access-Point

Einige Access-Points bieten neben den genannten Funktionen weitere Möglichkeiten zur Erhöhung der Sicherheit. Da der Access-Point in der Regel als Verbindungsglied zwischen dem drahtlos angebundenen Clients und dem Festnetz dient, kann der Access-Point auch als Filter, eine Art Mini-Firewall eingesetzt werden. Zu diesem Zweck verfügen manche Access-Points über die Möglichkeit, Filterregeln anzugeben, die den Netzverkehr beeinflussen, der von dem drahtlosen Teil des Netzes zu dem Anschluß des kabelgebundenen Netzes am Access-Point geht.

Je nach Austattung bieten Access-Points beispielsweise die Möglichkeit, bestimmte Ports zu sperren. Auf diese Weise lassen sich bestimmte Dienste, die auf speziellen Port-Nummer auf eingehende Verbindungen warten, aus Sicht des Wireless-Clients abschalten. Auf diese Weise könnte etwa verhindert werden, daß ein Rechner aus dem WLAN den im Festnetz befindlichen Web-Server oder FTP-Server ansprechen kann, wenn dies gewünscht ist. Die Liste der Dienste zusammen mit der Port-Nummer eines Dienstes befindet sich auf jedem Linux-System in der Datei /etc/services. Eine weitere Möglichkeit stellen Protokoll-Filter dar, mit deren Hilfe ganz bestimmte Netzwerkprotokolle gefiltert werden können.

Grundsätzlich kann man sagen, daß die Filterfunktionen, die solche Geräte anbieten, zwar funktionieren, es jedoch meist einfacher ist, die wesentlich leistungsfähigeren Firewallfunktionen von Linux zu nutzen, wenn der Access-Point direkt an einen Linux-Rechner angeschlossen ist.

7.3.4.5 Schutz des kabelgebundenen Netzwerks

Falls ein WLAN nicht nur für ein oder zwei bekannte und vertrauenswürdige Benutzer sondern für eine große Zahl an Anwenden genutzt wird, sollten weitere Sicherheits-Maßnahmen ergriffen werden. Die bisher beschriebenen Schritte schützen im wesentlichen die Datenübertragung der Nutzer und verhindern eine nicht erlaubte Nutzung des WLANs. Bei einer großen Zahl von Anwendern entsteht jedoch eine weitere Gefahrenquelle, die das kabelgebundene Netzwerk bzw. die darin befindlichen Rechner betrifft: auch legale Benutzer des WLANs könnten versuchen, einzelne Rechner im kabelgebundenen Netz zu „hacken".

Um solche Versuche möglichst zu verhindern, muß das kabelgebundene Netzwerk vom kabellosen durch eine Firewall geschützt werden. Abbildung 7.10 auf der nächsten Seite zeigt den Aufbau eines derart konfigurierten Netzwerks.

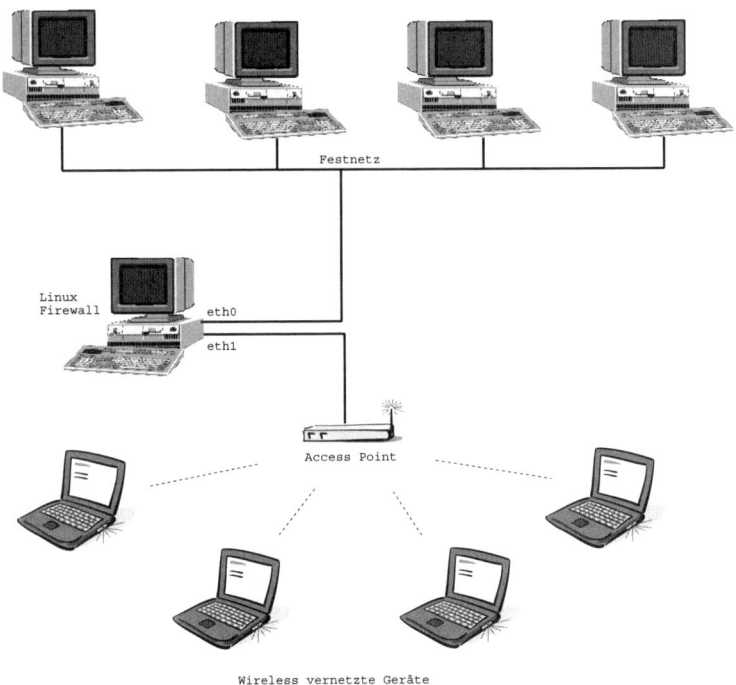

Abbildung 7.10: Netzstruktur eines WLANs mit Firewall

In diesem Aufbau ist das WLAN physikalisch vollkommen vom kabelgebundenen Netz abgetrennt. Die einzige Verbindung stellt der Linux-Rechner dar, der
gleichzeitig als Router und als Firewall dient. Damit die Trennung beider Netze nicht nur logisch, sondern auch physikalisch ist, verfügt der Firewall-Rechner
über zwei Netzwerkkarten. Das erste Interface ist im Beispiel Teil des kabelgebundenen Netzwerks, das zweite Interface dient zur Anbidung des WLANs.

Auf logischer Ebene handelt es sich bei den beiden Netzwerken um unterschiedliche Subnetze, zwischen denen der Firewall-Rechner Routing-Funktionen ausführt. Als Firewall-Software kann z. B. die auf `iptables` basierende SuSEFirewall verwendet werden.

Die Konfiguration der SuSEFirewall erfolgt über Einstellungen in der Datei
`/etc/sysconfig/SuSEfirewall2`. Bei SuSE Linux vor Version `8.0` findet
sich die Datei unter `/etc/rc.config.d/firewall.rc.config`. Wer eine
Firewall sinnvoll konfigurieren will, kann dies jedoch nicht ohne entsprechendes
Verständnis der zugrundeliegenden Prinzipien tun. Hier sollte man sich zunächst
in das Thema einlesen. Eine Beschreibung der konkreten Konfiguration als auch
eine Einführung in die Theorie der Firewalls kann z. B. in dem Buch „Das Firewall

Buch" von Wolfgang Barth nachgelesen werden, das bei SuSE PRESS erschienen ist.

7.3.4.6 VPNs

Neben den bisher genannten Verfahren existiert noch ein weiteres Mittel, was wiederum den Schutz der übertragenen Daten als auch die eindeutige Authentifizierung eines WLAN-Clients zum Ziel hat. Das Mittel hierzu lautet VPN. Der Begriff VPN steht für *Virtual Private Network*. Ein VPN ist ein gesichertes Netzwerk, das auf einem unsicherem Übertragungsmedium basiert. Ein häufiges Einsatzgebiet für VPNs stellt der Aufbau einer sicheren Netzwerkverbindung zwischen zwei Rechnern dar, wobei das Übertragungsmedium als unsicher betrachtet wird.

Sollen z. B. zwei Rechner, die entfernt voneinander stehen, über das Internet miteinander vernetzt werden, kann dies mit einem VPN realisiert werden. Das Internet ist in diesem Fall das als unsicher betrachtete Netzwerk, das die beiden Rechner verbindet. Mit Hilfe eines VPNs wird die unsichere Verbindung zwischen den beiden Rechnern über das Internet durch Verwendung von Verschlüsselungsverfahren abgesichert. Man spricht in diesem Fall auch von einem sicheren Tunnel, der von einem zum anderen Rechner über das unsichere Internet aufgebaut wird. Alle Daten, die von einem Rechner zum anderen gesendet werden, werden zuvor verschlüsselt.

Neben der reinen Verschlüsselung wird dabei auch sichergestellt, daß Daten, die über das VPN bei Rechner B ankommen auch tatsächlich von Rechner A stammen (und umgekehrt). Das VPN sorgt also für die Authentizität und für die Verschlüsselung der Daten. Als Protokoll wird meist das von der IETF (Internet Engeneering Task Force) entwickelte IPSEC-Protokoll verwendet. Nach heutigem Stand der Technik gelten VPNs auf Basis von IPSEC als sicher.

Auf WLANs übertragen kann ein VPN eingesetzt werden, um die unsichere Übertragungstrecke per Funk abzusichern. Darüber hinaus kann auch die Authentizität jedes WLAN-Client-Systems überprüft werden, so daß nur legale Nutzer das WLAN verwenden können.

Für Linux existiert eine frei Implemtierung einer Software zum Aufbau eines VPNs auf Basis von IPSEC mit der Bezeichnung FreeS/WAN. Leider ist der Aufbau eines VPNs eine nicht ganz triviale Aufgabe. Eine Beschreibung würde den Rahmen dieses Buchs deutlich übersteigen. Informationen finden sich auf der Projekt-Seite von FreeS/WAN unter der URL http://www.freeswan.org/.

7.3.5 Linux-WLAN-Tools

Neben den bisher genannten Werkzeugen existieren weitere Programme, die beim Betrieb eines WLANs hilfreich sein können. Zum einen sind das Werkzeuge, die allgemeine Informationen über das WLAN anzeigen, die insbesondere für Nutzer sinnvoll sind. Andere Werkzeuge gestatten es, Informationen zu gewinnen, die eher für den Administrator eines WLANs interessant sind. In den folgenden Abschnitten werden die wichtigsten Werkzeuge kurz vorgestellt.

7.3.5.1 `kwifimanager`

Das Programm `kwifimanger`, das unter der URL `http://sourceforge.net/projects/kwifimanager/` bezogen werden kann, hilft dem Benutzer eines WLANs mit einer graphischen Darstellung grundlegender Informationen eines WLANs. `kwifimanger` (der alte Name des Projekts ist `korinoco`) stellt u. a. die Signalstärke auf dem WLAN-Client dar und kann auch in die KDE-Kontrollleiste eingebunden werden, wie in Abbildung 7.11 dargestellt.

In der Abbildung ist auf der linken Seite das Hauptfenster von `kwifimanger` zu sehen, auf der rechten unteren Seite ist ein Ausschnitt der KDE-Kontrollleiste dargestellt, auf der ganz links das Icon von `kwifimanger` zu erkennen ist.

Im Hauptfenster von `kwifimanager` sieht man die aktuelle WLAN-Übertragungsgeschwindigkeit, die in dieser Abbildung bei 11Mbit/sec liegt. Darunter wird auf der linken Seite die aktuelle Signalstärke mit einer Bewertung (`gut`) dargestellt. Rechts daneben findet man Angaben über die MAC-Adresse des Access-Points, zu dem zur Zeit eine Verbindung besteht. Darunter wird die eigene lokale IP-Adresse sowie der verwendete WLAN-Kanal dargestellt.

Im rechten Teil der Abbildung sieht man das Icon von `kwifimanger` in der KDE-Kontrollleiste. Hier wird die Signalstärke analog zu der entsprechenden Darstellung im Hauptfenster visualisiert. Durch einen Klick auf das Icon startet die Applikation selbst.

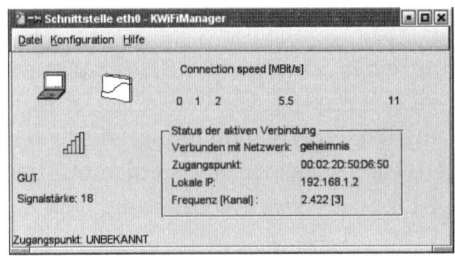

Abbildung 7.11: Das Programm `kwifimanger`

Neben den reinen Darstellungsfunktionen verfügt `kwifimanager` auch über einen Konfigurationsdialog, in dem z. B. die SSID und WEP-Parameter gesetzt werden können. Wenn diese Funktionaliät einmal voll zur Verfügung steht, würde eine graphischer Client existieren, mit dessen Hilfe alle wesentlichen Einstellungen auf einfachste Weise vorgenommen werden können.

7.3.5.2 Administrations-Tools

Zur Adminstration eines WLANs bietet das Paket `wireless-tools` einige interessante Werkzeuge, die im folgenden kurz beschrieben werden sollen.

Das Werkzeug `iwlist`

Mit Hilfe von `iwlist` lassen sich verschiedene Parameter eines WLAN-Interface ausgeben. Als Parameter muß das WLAN-Interface und der abzufragenden Wert angegeben werden:

```
root@erde:/root #  iwlist -h
Usage: iwlist [interface] frequency
              [interface] channel
              [interface] ap
              [interface] accesspoints
              [interface] bitrate
              [interface] rate
              [interface] encryption
              [interface] key
              [interface] power
              [interface] txpower
              [interface] retry
```

Eine Dokumentation aller Parameter kann in der Manual-Seite des Kommandos nachgelesen werden, die mit `man iwlist` aufgerufen werden kann. Beispielsweise kann mit dem Kommando die möglichen Sendeleistungen der Karte (`eth0`) ausgegeben werden:

```
root@erde:/root #  iwlist eth0 txpower
eth0       1 available transmit-powers :
           15 dBm        (31 mW)
```

Die verwendete Karte kann also mit genau 31 mW (Milliwatt) senden (zum Vergleich: ein Handy sendet mit bis zu 2000 mW = 2 W).

Mit Hilfe des `freq`-Parameters kann die Liste der Funk-Kanäle angezeigt werden, über die die Karte verfügt. Auf diese Weise läßt sich herausfinden, ob es sich bei der Karte um eine World-Version mit 11 oder eine European-Variante mit 13 Kanälen handelt:

```
root@erde:/root #  iwlist eth0 freq
eth0      14 channels in total; available frequencies :
          Channel 01 : 2.412 GHz
          Channel 02 : 2.417 GHz
          Channel 03 : 2.422 GHz
          Channel 04 : 2.427 GHz
          Channel 05 : 2.432 GHz
          Channel 06 : 2.437 GHz
          Channel 07 : 2.442 GHz
          Channel 08 : 2.447 GHz
          Channel 09 : 2.452 GHz
          Channel 10 : 2.457 GHz
          Channel 11 : 2.462 GHz
          Channel 12 : 2.467 GHz
          Channel 13 : 2.472 GHz
```

Das Werkzeug iwpriv

Nicht alle Einstellungen einer Karte können über die gemeinsame API der Wireless Tools verändert werden. Einige Karten verfügen über weitere „private" Einstellungen, die nicht mit iwconfig veränderbar sind. Diese Parameter lassen sich mit dem Werkzeug iwpriv abfragen und verändern. Um zu überprüfen, welche privaten Einstellungen der verwendeten WLAN-Karte iwpriv manipulieren kann, wird iwpriv einfach mit der Netzwerkschnittstelle als Argument aufgerufen. Angenommen eth0 dient als Netzwerkschnittstelle für die WLAN-Karte, dann sieht dieser Aufruf wie folgt aus:

```
root@erde:/root #  iwpriv eth0
eth0      Available private ioctl :
          force_reset (8BE0) : set   0       & get   0
          card_reset (8BE1) : set   0       & get   0
          set_port3 (8BE2) : set   1 int & get   0
          get_port3 (8BE3) : set   0       & get   1 int
          set_preamble (8BE4) : set   1 int & get   0
          get_preamble (8BE5) : set   0       & get   1 int
          set_ibssport (8BE6) : set   1 int & get   0
          get_ibssport (8BE7) : set   0       & get   1 int
```

Die Dokumentation dieser privaten Kommandos muß der Dokumentation der Treiber für die jeweilige Karte entnommen werden. Um bei obiger Karte beispielsweise einen Reset auszulösen kann folgendes Kommando verwendet werden:

```
root@erde:/root #  iwpriv eth0 force_reset
```

Die privaten Kommandos werden für die normale Konfiguration nicht benötigt und sollten nur in Ausnahmefällen eingesetzt werden.

7.3.6 Schwierigkeiten mit PCMCIA-Karten

Normalerweise funktionieren WLAN-PCMCIA-Karten auf Anhieb unter Linux. Bei manchen Karten mag es jedoch zu Problemen führen, weil mehrere Treiber für eine Karte existieren, und die PCMCIA-Konfiguration dazu führt, daß der „falsche" Treiber geladen wird. Das Einstecken einer Karte in den PCMCIA-Slot führt in diesem Fall zu Fehlermeldungen in der Datei /var/log/messages, die wie folgt aussehen können:

```
Aug  1 11:40:54 robotnia cardmgr[1803]: initializing socket 1
Aug  1 11:40:54 robotnia cardmgr[1803]: socket 1: Intersil PRISM2
   Reference Design 11Mb/s WLAN Card
Aug  1 11:40:54 robotnia kernel: cs: memory probe 0xa0000000-0xa0ffffff:
   clean.
Aug  1 11:40:54 robotnia cardmgr[1803]:   product info: "Lucent
   Technologies", "
WaveLAN/IEEE", "Version 01.01", ""
Aug  1 11:40:54 robotnia cardmgr[1803]:   manfid: 0x0156, 0x0002
   function: 6 (network)
Aug  1 11:40:54 robotnia cardmgr[1803]: executing: 'insmod -v /lib/
   modules/2.4.18-4GB//pcmcia/prism2_cs.o'
Aug  1 11:40:54 robotnia cardmgr[1803]: + /lib/modules/2.4.18-4GB/
   pcmcia/prism2_cs.o: unresolved symbol p80211pb_alloc_p80211
Aug  1 11:40:54 robotnia kernel: prism2_cs: CardServices release does not
   match!
Aug  1 11:40:54 robotnia cardmgr[1803]:+ /lib/modules/2.4.18-4GB/wlan-ng/
   prism2_cs.o: init_module: Operation not permitted
Aug  1 11:40:54 robotnia cardmgr[1803]:+ /lib/modules/2.4.18-4GB/wlan-ng/
   prism2_cs.o: insmod /lib/modules/2.4.18-4GB/wlan-ng/prism2_cs.o failed
Aug  1 11:40:54 robotnia cardmgr[1803]: + Hint: insmod errors can be
   caused by incorrect module parameters, including invalid IO or IRQ
   parameters
...
```

In dem Auszug aus der Log-Datei kann man erkennen, daß versucht wurde, für die eingesteckte PCMCIA-Karte das Treibermodul prism2_cs zu laden. Bei der eingesteckten Karte handelt es sich, wie man an der Ausgabe des Product info durch den cardmgr-Prozeß erkennen kann, um eine Lucent-WLAN-Karte. Zusätzlich zum Namen des Herstellers werden weitere Daten, wie die manfid: 0x156 und die function: 6, ausgegeben. Weiter unten in der Log-Datei kann man dann erkennen, daß das Laden des prism2_cs-Moduls fehlgeschlagen ist.

Für diesen Fall, der dem Default in dem alten, inzwischen ausgetauschten `pcmcia`-Paket in SuSE Linux `8.0` entspricht, wurde schlicht ein nicht funktionierendes Modul geladen. Das korrekte Modul wäre `orinoco_cs` gewesen, da es sich um eine Lucent (Agere Systems) Karte aus der Orinoco-Serie handelt. Eine Liste aller Linux WLAN-Treiber ist unter der URL `http://www.hpl.hp.com/personal/Jean_Tourrilhes/Linux/Linux.Wireless.drivers.html` verfügbar.

In einem solchen Fall kann die WLAN-Karte oftmals durch Verwendung eines anderen Treibers ans Laufen gebracht werden. Hierzu muß man allerdings wissen, wie die Konfiguration des PCMCIA-Systems in ihren Grundzügen funktioniert. Eine detaillierte Beschreibung ist im PCMCIA-HOWTO enthalten, das z. B. unter der URL `http://pcmcia-cs.sourceforge.net/` eingesehen werden kann.

Die Zuordnung eines Treibers zu einer PCMCIA-Karte erfolgt von Prozeß `cardmgr` aufgrund der Konfigurationsdateien in `/etc/pcmcia`. Die Hauptkonfiguration befindet sich in der Datei `config`. Am Ende dieser Datei werden weitere Konfigurationsdateien in diesem Verzeichnis mit der Endung `.conf` eingebunden. Einträge in späteren Dateien überschreiben dabei vorangegangene Konfigurationsanweisungen.

Jede PCMCIA-Karte wird, wie bereits oben gesehen, identifiziert. Neben der Möglichkeit, diese Identifikation aus der Log-Datei `/var/log/messages` nach dem Einstecken zu erhalten, kann sie anschließend ebenfalls aus der Datei `/var/lib/pcmcia/stab` entnommen werden oder mit dem Kommando `cardctl ident` angezeigt werden. Für oben genannte Karte sieht die Ausgabe wie folgt aus:

```
root@erde:/root #  cardctl ident
Socket 0:
 no product info available
Socket 1:
 product info: "Lucent Technologies", "WaveLAN/IEEE", "Version 01.01", ""
 manfid: 0x0156, 0x0002
 function: 6 (network)
```

Für die Zuordnung eines Treibers zu einer Karte kann sowohl das `productinfo` (oder Teile davon) als auch die `manfid` verwendet werden.

Der erste Schritt in der Zuordnung besteht aus dem Erstellen eines `card`-Eintrags in der Datei `config`. Für die genannte Karte kann dieser Eintrag wie folgt aussehen:

```
card "Lucent Technologies WaveLAN/IEEE Adapter"
    version "Lucent Technologies", "WaveLAN/IEEE"
    bind "orinoco_cs"
```

Die Zeichenkette in `version` kann auch das Wildcard-Zeichen * enthalten, wobei der * für beliebige Zeichen steht. Auf diese Weise kann anstelle einer genauen Zeichenkette ein Muster, wie z. B. `Lucent*WaveLAN/IEEE*`, angegeben werden. Hier muß natürlich darauf geachtet werden, daß dieses Muster nicht auf verschiedene Karten paßt, die verschiedene Treiber benötigen. Anstelle der `version`, die mit der Ausgabe des `Product Info` verglichen wird, kann auch die `manfid` zur Identifikation verwendet werden:

```
card "Lucent Technologies WaveLAN/IEEE Adapter"
  manfid 0x0156, 0x0002
  bind "orinoco_cs"
```

Beim Einstecken einer Karte werden die in den `card`-Einträgen vorgenommenen Angaben mit den Daten der Karte (aus `cardctl ident`) verglichen. Wird ein passender Eintrag gefunden, wird die `bind`-Anweisung im `card`-Eintrag ausgewertet. In obigem Beispiel würde die Anweisung `bind "orinoco_cs"` dazu führen, daß in der `config`-Datei nach einem `device`-Eintrag mit gleichem Namen gesucht wird. Dieser Eintrag legt dann fest, welche Treiber geladen werden sollen und bestimmt die Klasse der Karte. Der `device` Eintrag für `orinoco_cs` sieht wie folgt aus:

```
device "orinoco_cs"
  class "network" module "hermes", "orinoco", "orinoco_cs"
```

Die hinter `module` stehenden Namen sind die Namen der zu ladenden Kernel-Module. Die als `class` bezeichnete Klasse der Karte legt fest, welches Skript beim Einstecken der Karte in `/etc/pcmcia` ausgeführt wird. Die Klasse `network` bewirkt dementsprechend, daß das Skript `/etc/pcmcia/network` ausgeführt wird.

Um die oben abgedruckte, nicht funktionierende Zuordnung der Karte zu dem `prism2_cs`-Treiber zu erzeugen, wurde folgender `card`-Eintrag in `config` verwendet:

```
card "Lucent Technologies WaveLAN/IEEE Adapter"
  manfid 0x0156, 0x0002
  bind "prism2_cs"
```

Dies führte dazu, daß als `device`-Eintrag jetzt der Name `prism2_cs` gesucht wurde. Dieser wird bei SuSE Linux 8.0 in der Datei `wlan-ng.conf` gefunden und führt dazu, daß versucht wird, den WLAN-NG-Treiber `prims2_cs` zu laden, was für die verwendete Karte jedoch fehlschlägt.

Oftmals führt bei der Bearbeitung der Konfiguration die Tatsache zu Verwirrung, daß nicht nur Einträge in der Datei `config` zur PCMCIA-Konfiguration verwendet werden, sondern auch solche in anderen Dateien mit der Endung `.config` im Verzeichnis `/etc/pcmcia`. Führt eine Änderung an der `config`-Datei nicht zur erhofften Wirkung, sollten daher die anderen `.config`-Dateien auf Einträge untersucht werden, die ebenfalls zur genutzten Karte passen. Da diese Konfigurationseinträge nach denjenigen in `config` eingelesen werden, überschreiben sie Einträge in `config`. Die Lösung besteht dann darin, den überschreibenden Eintrag in einer der `.config`-Dateien auszukommentieren oder zu ersetzen.

Nachdem die Konfiguration angepaßt wurde, muß dem `cardmgr`-Prozeß ein HUP-Signal gesendet werden, damit er die neue Konfiguration liest (`killall -HUP cardmgr`). Ansonsten kann das PCMCIA-System auch durch Aufruf von `/etc/init.d/pcmcia restart` neu gestartet werden. Am besten wird zuvor die PCMCIA-Karte herausgezogen, damit evtl. noch geladene (nicht funktionierende) Treiber entladen werden können. Anschließend kann die Karte wieder eingesteckt und in `/var/log/messages` kontrolliert werden, ob die Änderung die gewünschte Wirkung hatte. Im Fall der eingangs verwendeten Karte führt die neue Konfiguration zu folgenden Meldungen in `/var/log/messages`:

```
Aug  1 11:41:51 robotnia cardmgr[1918]: initializing socket 1
Aug  1 11:41:51 robotnia cardmgr[1918]: socket 1: Lucent Technologies
    WaveLAN/IEEE Adapter
Aug  1 11:41:51 robotnia kernel: cs: memory probe 0xa0000000-0xa0ffffff:
    clean.
Aug  1 11:41:51 robotnia cardmgr[1918]:   product info: "Lucent
    Technologies", "WaveLAN/IEEE", "Version 01.01", ""
Aug  1 11:41:51 robotnia cardmgr[1918]:   manfid: 0x0156, 0x0002
    function: 6 (network)
Aug  1 11:41:51 robotnia cardmgr[1918]: executing: 'insmod -v /lib/
    modules/2.4.18-4GB//pcmcia/hermes.o'
Aug  1 11:41:51 robotnia kernel: hermes.c: 16 Jan 2002 David Gibson
    <hermes@gibson.dropbear.id.au>
Aug  1 11:41:51 robotnia cardmgr[1918]: + Using /lib/modules/2.4.18-4GB/
    pcmcia/hermes.o
Aug  1 11:41:51 robotnia cardmgr[1918]: + Symbol version prefix ''
Aug  1 11:41:51 robotnia cardmgr[1918]: executing: 'insmod -v /lib/
    modules/2.4.18-4GB/pcmcia/orinoco.o'
Aug  1 11:41:51 robotnia kernel: orinoco.c 0.09b (David Gibson
    <hermes@gibson.dropbear.id.au> and others)
Aug  1 11:41:51 robotnia cardmgr[1918]: + Using /lib/modules/2.4.18-4GB/
    pcmcia/orinoco.o
Aug  1 11:41:51 robotnia cardmgr[1918]: + Symbol version prefix ''
Aug  1 11:41:51 robotnia cardmgr[1918]: executing: 'insmod -v /lib/
    modules/2.4.18-4GB/pcmcia/orinoco_cs.o'
Aug  1 11:41:51 robotnia kernel: orinoco_cs.c 0.09b (David Gibson
    <hermes@gibson.dropbear.id.au> and others)
Aug  1 11:41:51 robotnia cardmgr[1918]: + Using /lib/modules/2.4.18-4GB/
    pcmcia/orinoco_cs.o
```

```
Aug  1 11:41:51 robotnia cardmgr[1918]: + Symbol version prefix ''
Aug  1 11:41:52 robotnia kernel: eth0: Station identity 001f:0001:
    0008:000a
Aug  1 11:41:52 robotnia kernel: eth0: Looks like a Lucent/Agere firmware
    version 8.10
Aug  1 11:41:52 robotnia kernel: eth0: Ad-hoc demo mode supported
Aug  1 11:41:52 robotnia kernel: eth0: IEEE standard IBSS ad-hoc mode
    supported
Aug  1 11:41:52 robotnia kernel: eth0: WEP supported, 104-bit key
Aug  1 11:41:52 robotnia kernel: eth0: MAC address 00:02:2D:24:3E:6a
Aug  1 11:41:52 robotnia kernel: eth0: Station name "HERMES I"
Aug  1 11:41:52 robotnia kernel: eth0: ready
Aug  1 11:41:52 robotnia cardmgr[1918]: executing: './network start eth0'
...
```

Man sieht, daß jetzt erfolgreich der orinoco-Treiber geladen werden konnte und die WLAN-Karte als eth0-Interface zur Verfügung steht.

7.3.7 Nützliche Informationsquellen im WWW

An dieser Stelle werden noch einmal alle wichtigen Adressen im World Wide Web (WWW) zusammengefaßt, unter denen Informationen zu den Themen WLAN unter Linux verfügbar sind:

❏ Das Net-HOWTO
  http://www.linux-doc.org

❏ Linux WLAN-Informationen (Treiber, Wireless Extensions etc.)
  http://www.hpl.hp.com/personal/Jean_Tourrilhes/Linux/Wireless.html

❏ Informationen zum Linux-PCMCIA-System
  http://pcmcia-cs.sourceforge.net/

❏ Homepage des Linux WLAN-NG-Projekts
  http://www.linux-wlan.org/

❏ Das Airsnort-Utility zur Analyses der WEP-Sicherheit
  http://airsnort.shmoo.com/

❏ Das VPN-Projekt FreeS/WAN
  http://www.freeswan.org/

❏ Das Benutzer-Werkzeug kwifimanager
  http://sourceforge.net/projects/kwifimanager/

❏ Informationen zur NoCatNet Community
  http://nocat.net/

❏ Informationen rund um das Thema Wireless von O'reilly
  http://www.oreillynet.com/wireless/

Glossar

Adaptive Answer Support

Der sogenannte Adaptive Answer Support beschreibt die Fähigkeit eines Modems, bei eingehenden Anrufen zwischen Daten- und Fax-Verbindungen automatisch zu unterscheiden. Durch diese Eigenschaft ist es möglich, bei nur einer einzelnen Telefonleitung beim Eingang eines Anrufs automatisch ein Fax empfangen zu können als auch einem Benutzer das Anmelden am lokalen System zu ermöglichen.

ADSL

Abkürzung für **A**symmetric **D**igital **S**ubscriber Line, einer Klasse von Verfahren zur Datenübertragung auf Kupferleitung, mit Übertragungsraten bis zu 53Mbit/sec. Das Verfahren ist asymmetrisch, weil die Übertragungsraten zum Provider (upstream) und die vom Provider (downstream) sich unterscheiden. Heute marktreife Verfahren wie etwa T-DSL unterstützt eine Übertragungsrate von 768 KBit/sec downstream und 128 KBit/sec upstream.

API

Abkürzung für **A**pplication **P**rogramming Interface. Eine API ist eine Software-Schnittstelle auf Quellcode-Ebene, die festlegt, wie Programme auf bestimmte Dienste zugreifen können. Oftmals dient eine API dem Verbergen von zugrundeliegenden hardwarespezifischen Eigenschaften. Durch die API wird dem Anwendungsentwickler eine hardwareunabhängige Schnittstelle angeboten, die später einen Austausch der Hardware ermöglicht, ohne daß die auf der API basierende Anwendung neu erstellt werden müßte. Im gleichen Sinn erhöht eine API die Portabilität von Programmen auf andere Rechner-Systeme.

CAPI

Abkürzung von **C**ommon-ISDN-**A**pplication **P**rogramming Interface. Eine →*API* zur Entwicklung von ISDN-Anwendungen. Indem ISDN-Anwendungen auf der CAPI aufbauend entwickelt werden, können hardwarespezifische Merkmale von ISDN-Karten in der CAPI-Bibliothek versteckt werden. Hierdurch funktionieren die so entwickelten Anwendungen mit allen ISDN-Karten, für die der Hersteller die CAPI-Bibliothek bereitstellt, unabhängig davon, wie verschieden die Hardware der Karten sein mag.

CCITT

Die CCITT (**C**onsultative **C**ommittee on **I**nternational **T**elephone and **T**elegraph) ist eine internationale Organisation, die bis 1993 Internationale Standards im Bereich der Datenübertragung gesetzt hat. Ab 1993 wurde diese Aufgabe von der →*ITU* übernommen. Die CCITT untersuchte den Bedarf an neuen Formen der Telekommunikationstechnik und Diensten und entwarf Empfehlungen, die als internationale Standards dienten. Mitglieder der CCITT sind Benutzer, Service Provider, Hersteller, nationale Standardisierungs-Organisationen sowie Regierungsvertreter.

CHAP

Das **C**hallenge **H**andshake **A**uthentification **P**rotocol ist ein Protokoll zur Authentifikation zweier Systeme im Rahmen des →*PPP*-Protokolls. Das Besondere an diesem Verfahren ist, daß kein Passwort zwischen den beiden Kommunikationspartnern übertragen werden muß. Das Verfahren ist dreistufig. Zunächst überträgt der Server einen „Challenge"-String zum Client. Der Client verwendet diesen Challenge-String und sein Secret, um mit einer nicht umkehrbaren Hash-Funktion einen Wert zu berechnen, der zum Server übertragen wird. Der Server, dem das Secret des Client vorliegen muß, führt die gleiche Berechnung durch und vergleicht das Ergebnis mit dem vom Client erhaltenen Wert. Ein weiteres Verfahren zur Authentifikation ist →*PAP*.

CSI

→*TSI*.

CSS

Abkürzung für **C**ontent **S**crambling **S**ystem, einem System, das für den Schutz von DVD-Inhalten entwickelt wurde. Es dient der Verschlüsselung der auf einer DVD gespeicherten Daten (z. B. einem Film), so daß diese nicht ohne weiteres kopiert werden können. Das Abspielen solcher CSS-geschützten DVDs ist nur mit einem DVD-Player erlaubt, für den eine Lizenz des DVD-Forums (`http://www.dvdforum.org`) vorliegt. Unter Linux existiert bisher keine Lizenz für einen existierenden Player. Weitere Hintergrundinformationen zum Thema CSS finden sich unter der URL `http://www.heise.de/ct/99/24/030/`.

CTI

Abkürzung für **C**omputer **T**elephone **I**ntegration. Als CTI wird die Verwendung von Computern für Telefonie-Dienste bezeichnet. Hierzu zählt sowohl die Verwendung eines Rechners zum Fax-Empfang als auch ein Rechner-gestützter Anrufbeantworter. Darüber hinaus gehört jedoch auch die Telefonie selbst mit Hilfe eines Rechners zu diesem Gebiet.

DDI

Abkürzung für **D**irect **D**ial **I**n. Gemeint ist die Möglichkeit, bei ISDN-Nebenstellenanlagen eine Nebenstelle direkt anzuwählen. Die Nebenstellenanlage ist in diesem Fall an einen Anlagen- oder P2P (Point to Point)-Anschluß angeschlossen. Die Rufnummer setzt sich bei dieser Betriebsart aus einer Basisnummer und einer Durchwahlnummer für die Nebenstelle zusammen.

DMT

Abkürzung für **D**iscret **M**ulti-**T**one, einem Modulationsverfahren, das bei der DSL-Technik verwendet wird, um die zu übetragenden Daten in Frequenzbereichen mit 4KHz Breite zu modulieren.

DNS

Abkürzung für **D**omain **N**ame **S**ystem. DNS ist ein im Internet verwendetes System zur Übersetzung von IP-Adressen, wie z. B. `192.168.10.1`, in Rechnernamen, wie z. B. `erde.kosmos.all`. Die Namensauflösung basiert auf Nameservern, deren Zuständigkeit hierarchisch nach Domain-Namen (wie z. B. `.kosmos.all` bzw. `.all`) gegliedert ist. Eine Anfrage zur Auflösung einer Adresse eines bestimmten Domains wird über verschiedene Server zu dem für diesen Domain zuständigen Server weitergeleitet, der die Übersetzung des Namens in eine IP-Adresse schließlich durchführt.

dpi

Maß für die Auflösung verschiedener auf Pixel-Basis arbeitender Geräte. Die Abkürzung steht für **d**ots **p**er **i**nch (= 2.54 cm), also der Zahl von Punkten je Zoll.

DSL

Abkürzung für **D**igital **S**ubscriber **L**ine, einer Klasse von Verfahren zur Datenübertragung auf Kupferleitung, mit Übertragungsraten bis zu 53Mbit/sec. Das Verfahren ist symmetrisch, weil die Übertragungsraten zum Proovider (upstream) und die vom Provider (downstream) gleich sind (im Gegensatz zu →*ADSL*). Die Übetragungsraten belaufen sich auf ca. 2MBit/sec in beiden Richtungen.

697

DTMF

DTMF steht für **D**ual **T**one **M**ulti-**F**requency. Bei diesem Verfahren werden den Tasten von tonwahlfähigen Telefonen oder Modems Töne einer bestimmten Frequenz zugeordnet. Anhand der Töne kann somit festgestellt werden, welche Taste gedrückt wurde, was z. B. für die Steuerung von Call-Centern oder auch Anrufbeantwortern ausgewertet werden kann.

ECP

Abkürzung für **E**xtended **C**apabilities **P**ort. ECP bezeichnet einen PC-Parallelport-Standard. Der Port unterstützt die bidirektionale Kommunikation zwischen dem Rechner und angeschlossenen Geräten. Darüber hinaus ermöglicht er eine ca. 10fach höhere Übertragungsrate als die ursprüngliche parallele Schnittstelle. Ein ähnlicher Standard ist →*EPP*.

EIA

Die **E**lectronic **I**ndustry **A**ssociation ist eine Standardisierungsorganisation, die empfohlene Standards (Recommended Standards) für Geräte und deren Schnittstellen veröffentlicht.

EPP

Abkürzung für **E**nhanced **P**arallel **P**ort. EPP bezeichnet einen den Empfehlungen der IEEE entsprechenden PC-Parallelport-Standard, der eine bidirektionale Kommunikation zwischen Rechner und angeschlossenen Geräten ermöglicht. Ein weiterer, ähnlicher Standard ist →*ECP*.

EPS

Eine spezielle Form einer PostScript-Datei. EPS steht für Encapsulated PostScript. Das Wesentliche an einer EPS-Datei ist, daß sie einen PostScript-Kommentar enthält, der die genaue Größe der Bounding Box, also eines Rechtecks, enthält, das den Inhalt der Seite komplett umschließt. Auf diese Weise können z. B. Textverarbeitungen wie LaTeX zum Einbinden einer solchen Graphik genau bestimmen, wie groß die Graphik ist, ohne den Inhalt interpretieren zu müssen.

Fax-Klasse 1

Das Klasse-1-Interface ist eine Erweiterung der →*EIA*/→*TIA* Spezifikation für Gruppe-3-Fax-Geräte und besteht aus einer Sammlung von AT-Kommandos, die von Programmen zur Steuerung von Fax-Geräten (Modems) verwendet werden kann. In Klasse 1 werden sowohl das →*T.30* Fax-Protokoll als auch die Fehlerkorrektur durch die auf dem Rechner laufende Software realisiert. Da diese Aufgabe sehr zeitkritisch ist, kann es zu Problemen beim Fax-Versand/Empfang kommen, wenn der Rechner, auf dem die Fax-Software läuft, stark belastet ist.

Fax-Klasse 2 und 2.0

Das Klasse-2-Interface dient wie der Befehlssatz der Klasse 1 zur Steuerung von Fax-Geräten und besteht aus einer Sammlung von AT-Kommandos. Im Unterschied zum →*Fax-Klasse 1*-Interface wird in Klasse 2 die Handhabung von zeitkritischen und rechenintensiven Arbeitsschritten (z. B. →*T.30-Protokoll*) durch das Modem selbst und nicht durch den Rechner abgewickelt. Der Fax-Klasse 2.0-Standard stellt eine Weiterentwicklung der Klasse 2 dar, die jedoch leider nicht kompatibel zueinander sind.

FIR

Abkürzung für Fast Infrared, einem Betriebsmodus für →*IrDA*-kompatible Geräte. In diesem Modus können Übertragungsraten bis zu 4 Mbit/sec erreicht werden. Weitere Modi sind →*SIR* und →*VFIR*.

Firmware

Bei Firmware handelt es sich um Software für bestimmte Geräte, die meist in ROMs (Read Only Memories) oder PROMs (Programmable ROM) gespeichert ist. Die Firmware stellt entweder die Betriebssoftware eines Geräts dar, die nach dem Einschalten aktiv wird (z. B. bei einem Modem), oder sie stellt die erste Stufe an Software dar, die z. B. zum Laden weiterer Betriebssoftware (z. B. eines Betriebssystems) verwendet wird. Die Aktualisierung der Firmware eines Gerätes ist meist durch Austausch eines oder mehrerer (P)ROM-Schaltkreise bzw. durch deren Neuprogrammierung möglich.

Gruppe 3 Fax

Standard der CCITT aus dem Jahr 1980, der eine schnelle (bis 14 400 Bit/sec) und zuverlässige Bildübertragung über das analoge Telefonnetz erlaubt. Fast alle auf dem Markt befindlichen Fax-Modems unterstützen diesen Standard.

Gruppe 4 Fax

Ein Standard zur Hochgeschwindigkeitsübertragung von Faksimiles über das digitale Telefonnetz (ISDN) mit Übertragungsraten von 64 000 Bit/sec. Geräte der Gruppe 4 haben bisher eine nur sehr geringe Verbreitung erlangt.

HDLC

Abkürzung für High-level Data Link Control. HDLC ist ein von der ISO standardisiertes Übertragungsprotokoll, das für die zweite Ebene (Data Link Layer) des OSI-Referenz-Modells (mit 7 Schichten) verwendet wird. Die zu übertragenden Daten werden in „Blöcke", sogenannte Frames, aufgeteilt, die übertragen werden, wobei eine Fehlererkennung und Fehlerkorrektur durchgeführt werden kann.

I4L

Abkürzung von ISDN **For** Linux. Bezeichnung des Projekts, das sich der ISDN-Unterstützung in Linux gewidmet hat. Weitere Infos gibt es unter der URL `http://www.isdn4linux.de/`.

IETF

Abkürzung von **I**nternet **E**ngeneering **T**ask **F**orce. Die IETF beschäftigt sich mit der Standardisierung von Internet-Protokollen. Die Vorschläge der IETF werden als sogenannte →*RFCs* (Request For Comments) hearusgegeben.

IMAP

Das **I**nternet **M**essage **A**ccess **P**rotocol erlaubt es einem Benutzer, auf Mail zuzugreifen und Mail-Dateien auf einem Mail-Server zu manipulieren. Das Versenden von Mail über IMAP ist nicht möglich, dies erfolgt in der Regel über das SMTP-Protokoll. Im Gegensatz zum →*POP*-Protokoll können mit IMAP vom Client aus auf dem Mail-Server liegende Mailboxen z. B. erzeugt, manipuliert und gelöscht werden. Dies ist insbesondere dann nützlich, wenn von verschiedenen Rechnern aus auf eine Mailbox zugegriffen werden soll, da die Mailbox nicht auf dem Client-Rechner, sondern immer auf dem Server verändert wird. Dadurch hat der Benutzer immer eine gleiche konsistente Sicht auf seine Mailbox, unabhängig davon, von wo aus er auf sie zugreift.

IPCP

Abkürzung für **I**nternet **P**rotocol **C**ontrol **P**rotocol. Beim IPCP handelt es sich um ein Netzwerk Control Protokoll (NCP) mit dessen Hilfe das Managemant von IP-Verbindungen über →*PPP* durchgeführt wird. Es ermöglicht die Steuerung von IP-Protokollmodulen (z. B. IP-Adressen, Kompressionsverfahren) auf beiden Seiten der Verbindung.

IrDA

Abkürzung für **I**nfrared **D**ata **A**ssociation, einer herstellerübergreifenden Vereinigung, die das Ziel hat, Standards für die Datenübertragung über Infrarot-Licht zu entwickeln. Weitere Informationen stehen auf der IrDA-Homepage unter der URL `http://www.irda.org`.

ISP

Der **I**nternet **S**ervice **P**rovider ermöglicht es einer Firma oder einer Privat-Person, die Dienste des Internet zu nutzen bzw. sich im Internet zu präsentieren (z. B. durch eine Web-Seite), indem er einen Zugang zum Internet anbietet.

ITU

Die ITU (International Telecommunications Union) ist die der →*CCITT* übergeordnete Standardisierungsorganisation. Ab dem Jahr 1993 wurden alle CCITT-Standards durch die Telekommunikationsabteilung der ITU (ITU-T) gehandhabt.

LCP

Abkürzung für **Link Control Protocol**. Das LCP ist Teil des →*PPP*. LCP dient dabei der Einrichtung, Konfiguration von Verbindungsparametern sowie der Kontrolle einer Verbindung.

lpi

Maß für die Auflösung eines zeilenweise abtastenden Geräts, wie z. B. ein Scanner. *lpi* steht für **l**ines **p**er **i**nch (= 2.54 cm), also der Zahl der Zeilen je Zoll.

Modem

Modem ist ein Kunstwort, das aus den Wörtern **Mo**dulator und **Dem**odulator entstanden ist. Ein Modem dient dazu, digitale Daten über eine analoge Telefonleitung zu übertragen. Hierzu wandelt ein Modem den Datenstrom in Töne um, die über die Telefonleitung gesendet werden können. Auf der anderen Seite werden diese Töne durch ein zweites Modem wieder in digitale Daten zurückverwandelt. Neben der reinen Datenübertragung kann ein Modem in der Regel auch für den Fax-Empfang verwendet werden (Fax-Modem). Sogenannte Voice-Modems unterstützen auch die Digitalisierung von Sprache und können daher als Basis für ein Anrufbeantwortersystem verwendet werden.

MSN

Abkürzung für **M**ultiple **S**ubscriber **N**umber. Beim ISDN-Mehrgeräteanschluß erhält der Teilnehmer mehrere (mindestens drei) Rufnummern, die als MSN bezeichnet werden. Die Rufnummern dienen dem gezielten Ansprechen bestimmter Geräte, indem das jeweilige Gerät darauf programmiert wird, auf eine oder mehrere MSN zu reagieren (z. B. zu klingeln).

NIS

Network Information System, ehemals als YP (**Y**ellow **P**ages) bezeichnet. Eine ursprünglich von SUN entwickelte Netzwerkdatenbank, über die zentral gehaltene Daten, wie z. B. die `passwd`-Datenbank, Netzwerk-weit verfügbar gemacht werden kann.

NNTP

Das **N**etwork **N**ews **T**ransfer **P**rotokol dient zur Übertragung von Artikeln im →*USENET* zwischen einem News-Server und dem News-Reader eines Benutzers.

NTSC

Abkürzung für **N**ational **T**elevision **S**tandards **C**ommittee, einem Standard zur Fernseh-Farbübertragung. NTSC wurde in den USA entwickelt und wird dort auch heute noch verwendet. In Europa wird hingegen der →*PAL*-Standard bzw. z. B. in Frankreich der →*SECAM*-Standard verwendet.

PAL

Abkürzung für **P**hase **A**lternating **L**ines, einem Standard zur Fernseh-Farbübertragung in Europa. PAL wurde in Europa entwickelt und wird dort auch heute (u. a. Frankreich ausgenommen) verwendet. In den USA wird der →*NTSC*-Standard, in Frankreich der →*SECAM*-Standard verwendet.

PAP

Das **P**assword **A**uthentification **P**rotocol ist ein Protokoll zur Authentifikation zweier Systeme im Rahmen des →*PPP*-Protokolls. Es basiert auf der Übertragung eines Passworts zum Kommunikationspartner, das von diesem geprüft wird. Der Nachteil dieses Verfahrens besteht darin, daß das geheime Passwort in Klartext zum Kommunikationspartner übertragen wird und daher potentiell durch Belauschen der Leitung abgefangen werden kann. Eine Alternative stellt das →*CHAP*-Protokoll dar.

PCMCIA

Abkürzung für **P**ersonal **C**omputer **M**emory **C**ard **I**nternational **A**ssociation. PCMCIA ist eine Vereinigung von Firmen, die einen Standard für kleine, scheckkartengroße Einsteckkarten entwickelt haben, die überwiegend in Laptops zum Einsatz kommen. Mit Hilfe der PCMCIA-Karten kann die Funktionalität eines Laptops z. B. um einen analoges oder ISDN-Modem, Massenspeicher, eine Netzwerkkarte oder auch eine Wireless LAN-Karte (u. v. m.) erweitert werden. Das Stecken oder Herausziehen von PCMCIA-Karten kann dabei ohne Ausschalten oder Neustart des Laptops erfolgen. PCMCIA-Karten existieren in verschiedenen Dicken von 3.3 mm (Type I), 5.5 mm (Type II) und 10.5 mm (Type III).

PLIP

Abkürzung für **P**arallel **L**ine **I**nternet **P**rotocol. PLIP bietet die Möglichkeit, zwei Rechner über die parallele Schnittstelle miteinander zu vernetzen. Hierbei können Übertragungsraten bis zu ca. 40 kByte/sec erreicht werden.

PPP

Das **P**oint to **P**oint **P**rotocol. Dieses standardisierte Protokoll dient zum Betrieb einer Netzwerkverbindung zwischen zwei Geräten über eine serielle Leitung (Telefonleitung mit Modems, Nullmodemkabel, . . .). Das Protokoll ist in hohem Maße konfigurierbar und erlaubt die Aushandlung zahlreicher Parameter (z. B. IP-Adressen) beim Verbindungsaufbau. Zur Authentifizierung der Kommunikationspartner werden die Protokolle →*PAP* und →*CHAP* verwendet.

POP

Das Post Office Protocol ist eine Sammlung von Protokollen (mit POP 2 und POP 3 als wichtigste Vertreter), die es einem Benutzer mit Hilfe eines POP-Client fähigen Mail-Programms erlauben, Mail von einem POP-Mailserver abzurufen. Üblicherweise sind POP-Server permanent an das Internet angebunden, POP-Client in der Regel nur über eine Wählleitung. Siehe auch →*IMAP*.

RFC

Request For Comments ist eine 1969 begonnene Sammlung von numerierten Dokumenten, die zum einen informativen Charakter haben und zum anderen für viele Themen aus dem Bereich Internet als ein allgemein anerkannter Standard dienen. RFCs sind frei verfügbar (z. B. unter der URL `http://www.faqs.org/rfcs/`).

RTS/CTS

Abkürzungen für **R**eady **T**o **S**end und **C**lear **T**o **S**end. RTS und CTS bezeichnen zwei Steuerleitung einer seriellen Schnittstelle, die zur Datenflußkontrolle verwendet werden. Dies ist z. B. erforderlich, wenn ein Rechner, der schnell Daten senden kann, mit einem Modem kommunizieren muß, das die Daten nur langsamer verarbeitet. Das Modem muß in diesem Fall die Möglichkeit haben, dem Rechner zu sagen, daß der Datenfluß gestoppt und wieder gestartet werden soll. Hierzu können entweder die als RTS und CTS bezeichneten Steuerleitungen verwendet werden (auch als Hardware-Handshake bezeichnet) oder die als →*XON/XOFF* bezeichnete Software-Datenflußkontrolle.

SECAM

Abkürzung für **S**equential **C**ouleur **A**vec **M**emoire, einem Standard zur Fernseh-Farbübertragung, der hauptsächlich in Frankreich verwendet wird. SECAM wurde in Frankreich entwickelt. Im restlichen Europa wird hingegen der →*PAL*-Standard, in den USA der →*NTSC*-Standard verwendet.

SIR

Abkürzung für **S**erial **I**nfra**r**ed, einem Betriebsmodus für →*IrDA*-kompatible Geräte. In diesem Modus können Übertragungsraten bis zu 115 000 Bit/sec erreicht werden. Dieser Modus wird von jedem IrDA-kompatiblen Gerät unterstützt. Weitere Modi sind →*FIR* und →*VFIR*.

SLIP

Abkürzung für **S**erial **L**ine **IP**. Ein Protokoll, das vergleichbar zu →*PPP* ist und ebenfalls zum Betrieb einer Netzanbindung über serielle Leitungen dient. Da SLIP jedoch weniger leistungsfähig als PPP ist, ist SLIP heute kaum noch verbreitet. Stattdessen erfolgt der Zugang zum Provider in der Regel mit →*PPP*.

SOHO

Abkürzung für **S**mall **O**ffice / **H**ome **O**ffice. Hiermit wird die Anwendergruppe bezeichnet, die kleinere Netzwerke im Office-Bereich oder einzelne Rechner im Home-Bereich betreibt.

SMTP

Das **S**imple **M**ail **T**ransfer **P**rotocol dient der Übertragung von Mail zwischen Rechnern. Der Zugriff auf Mail erfolgt über andere Protokolle, wie z. B. →*POP* oder →*IMAP*. Das Übertragen von Mail über das SMTP-Protokoll erfolgt in der Regel im Hintergrund, wie z. B. durch das Unix-Programm `sendmail`.

SSID

Abkürzung für **S**ervice **S**et **I**dentifyer. Die SSID, oftmals auch Netzwerkname bezeichnet, ist eine Zeichenkette, die von Komponenten eines Wireless LANs auf Basis der 802.11-Standards verwendet werden kann, um mehrere sich überlappende Wireless LANs logisch voneinander zu trennen. Alle Geräte, die in einem WLAN untereinander kommunizieren wollen, müssen über die gleiche SSID verfügen.

T.4

Teil der ITU Fax Gruppe 3-Spezifikation, der bestimmt, wie Bilddaten zum Versand und Empfang von Faksimiles formatiert und komprimiert werden müssen.

T.30

Teil der →*ITU*-Empfehlung für →*Fax Gruppe 3*-Geräte, mit der das Protokoll beschrieben wird, mit dessen Hilfe Fax-Geräte Informationen über eigene Leistungsmerkmale austauschen und eine Fax-Session aufbauen und steuern können.

TIA

Die **T**elecommunications **I**ndustry **A**ssociation ist eine Handelsorganisation, die die US-amerikanischen Standardisierungsauschüsse unterstützt, die wiederum amerikanische Interessen in internationalen Standardisierungsbemühungen innerhalb der →*ITU* vertreten.

TSI

Abkürzung von **T**ransmitting **S**ubscriber **I**dentification. Dieser Begriff stammt aus dem Bereich der Fax-Übertragung. Beim Versand eines Fax vom Sender zum Empfänger überträgt der Sender seine Identifikation, die als TSI bezeichnet wird. Die TSI besteht aus mehreren numerischen Zeichen und muß am jeweiligen Fax-Gerät konfiguriert werden. Sie enthält normalerweise die Fax-Nummer des Senders, wie z. B. +49.261.234581. Auf der Seite des empfangenden Geräts kann die TSI zur Identifikation des Senders verwendet werden, um auf diesen Weg z. B. ein Fax automatisch an einen bestimmten Empfänger weiterleiten zu können. Beim Verbindungsaufbau wird nicht nur die TSI vom Sender zum Empfänger übertragen, sondern auch die CSI (**C**alled **S**ubscriber **I**dentification) vom Empfänger zum Sender, die analog zur TSI zur Identifikation der empfangenden Station dient.

URL

Abkürzung für **U**niform **R**esource **L**ocator, einem Standard zur eindeutigen Spezifikation einer Adresse eines Objekts, wie z. B. einer Web-Seite oder einer Datei auf einem FTP-Server. URLs werden überwiegend in HTML-Dokumenten zur Herstellung von Bezügen zu anderen Web-Seiten (anderen HTML-Dokumenten) verwendet.

USENET

Das USENET (abgeleitet von „Users Net") ist ein verteiltes Nachrichtensystem, in dem Benutzer Artikel zu den verschiedensten Themengebieten untereinander austauschen können. Alle Artikel werden nach Themengebieten in sogenannten News-Gruppen, auch Foren genannt, aufgeteilt. Basis für das USENET sind News-Server, die zur Verteilung von Beiträgen innerhalb des USENET verantwortlich sind. Das Lesen/Senden von Artikeln erfolgt mit Hilfe einer speziellen Software, dem News-Reader. Die Übertragung der Daten zwischen den einzelnen Servern, aber auch zwischen einem News-Server und dem News-Reader eines Benutzers geschieht in der Regel über das Internet. Für den Datenaustausch zwischen News-Reader und News-Server wird das →*NNTP*-Protokoll verwendet.

V4L

Abkürzung für **V**ideo **for** **L**inux. Bezeichnung für das Projekt, das sich mit dem Support für Multimedia-Hardware unter Linux beschäftigt. Zugleich dient der Name V4L als Bezeichnung für die →*API* zwischen Hardware und Multimedia-Software unter Linux. Durch eine solche API ist es möglich, Multimedia-Anwendungen hardwareunabhängig entwickeln zu können, da die durch die API bereitgestellte Programmierschnittstelle durch entsprechende Treiber unabhängig von der darunter verwendeten Hardware ist.

V4L2

Eine Weiterentwicklung der V4L-API. Motivation für diese Entwicklung war, daß in der ursprünglichen →*V4L*-API immer noch Abhängigkeiten von der verwendeten Hardware existierten, wodurch Multimedia-Anwendungen nicht mit jeder Hardware problemlos verwendet werden konnten.

VBI

Abkürzung für **V**ertical **B**lank **I**nterval. Dieser Begriff aus der Fernsehtechnik bezeichnet eine kurze Zeitspanne zwischen der aufeinanderfolgenden Darstellung von zwei Fernsehbildern, in der keine Bildinformation übertragen wird. Diese Zeit wird stattdessen für die Übertragung weiterer Informationen, wie z. B. dem Videotext oder von Intercast-Daten, verwendet.

VFIR

VFIR bezeichnet einen Betriebsmodus für →*IrDA*-kompatible Geräte. In diesem Modus können Übertragungsraten bis zu 16 Mbit/sec erreicht werden. Weitere Modi sind →*SIR* und →*FIR*.

WECA

Abkürzung für **W**ireless **E**thernet **C**ompatibility **A**lliance, einer Vereinigung von Herstellern von Wireless Hardware- und Software (nach dem 802.11-Standard) mit dem Ziel, die Interoperabilität von WLAN-Komponenten zu zertifizieren. Die WECA gibts als Prüfzeichen das →*WIFI*-Label für geprüfte Geräte heraus.

WEP

Abkürzung für **W**ired **E**quivalent **P**rivacy. WEP ist ein herstellerübergreifendes, kryptographisches Verfahren, das in Wireless LANs nach 802.11b Standard zur Verschlüsselung der übertragenen Daten zwischen zwei WLAN-Komponenten verwendet werden kann. Basis des Verfahrens ist ein geheimer Schlüssel (64 oder 128 Bit lang), über den alle kommunizierenden WLAN-Komponenten verfügen müssen. WEP gilt als unsicher, da es allein durch Abhören genackt werden konnte. Eine verbesserte Variante ist das neue WEP-Plus-Verfahren, über das bereits viele WLAN-Komponenten verfügen.

WIFI

Abkürzung für **W**ireless **F**idelity. Der Begriff aus der Technik der WLANs ist ein Zertifikat der →*WECA*, das die Interoperabilität von WLAN-Komponenten verschiedener Hersteller nach dem 802.11b-Standard (für Wireless LANs) sicherstellen soll. Zertifizierte Geräte wurden einer praktischen Prüfung unterzogen.

YUV-Kodierung

Anstatt ein (Fernseh)-Bild mit drei z. B. 8-Bit breiten Datenkanälen für Rot, Grün und Blau (RGB) zu übertragen, verwendet die YUV-Kodierung 3 Datenkanäle Y, U und V, wobei der Y-Kanal für die Darstellung der Leuchtdichte steht, also dem, was man als Schwarzweiß-Bild sieht. In den Komponenten U und V wird nur die Farbinformation übertragen. U steht dabei für die Blau-Farbinformationen des Bildes, die aus dem Blauanteil des Bildes minus der Leuchtdichte (also B-Y) gewonnen wird. Das Ergebnis enthält nur noch Informationen über den blauen Farbanteil, jedoch nicht mehr über die Leuchtdichte. Analog steht V für den roten Farbanteil eines Bildes, der aus der Differenz von Rotanteil und Leuchtdichte (R-Y) berechnet wird. Da das menschliche Auge wesentlich empfindlicher auf Helligkeitsunterschiede als auf Farbunterschiede reagiert, kann die Datenrate für die beiden Farbkanäle reduziert werden, so daß anstelle von 8+8+8 Bit für ein RGB-Bild, nur 12 Bit für das gleiche Bild in YUV-Codierung verwendet werden kann. Zur Kenntlichmachung der Datenraten der YUV-Kanäle wird oft eine Schreibweise, wie z. B. 4:1:1 verwendet, die als 4 Datenwerte für Y für jeden U und V -Wert interpretiert werden kann. Weitere Informationen finden sich in der Linkliste auf Seite auf Seite 548.

XON/XOFF

Bezeichnung einer softwaregesteuerten Datenflußkontrolle für die serielle Schnittstelle. Dies ist z. B. erforderlich, wenn ein Rechner, der schnell Daten senden kann, mit einem Modem kommunizieren muß, das die Daten nur langsamer verarbeitet. Das Modem muß in diesem Fall die Möglichkeit haben, dem Rechner zu sagen, daß der Datenfluß gestoppt und wieder gestartet werden soll. Zu diesem Zweck wurden zwei Zeichen definiert, die als XON und XOFF (auch DC1 und DC3, ASCII-Code 17 und 19) bezeichnet werden. Möchte das Modem den Datenfluß vom Rechner stoppen, schickt es ein XOFF-Zeichen an den Rechner. Später kann das Modem wieder ein XON-Zeichen senden, um weitere Daten vom Rechner zu erhalten. Problematisch ist, daß diese Steuerung über Zeichen realisiert wird, die über die gleiche Leitung wie die Daten übertragen werden und auch Teil der zu übertragenden Daten sein können. Daher müssen spezielle Maßnahmen ergriffen werden, mit deren Hilfe die Steuerzeichen XON und XOFF von zufällig im Datenstrom auftauchenden XON- und XOFF-Daten-Zeichen unterschieden werden können. Diese Methode der Datenflußkontrolle wird auch als Software-Handshake bezeichnet. Eine Alternative ist die Verwendung der in Hardware realisierten Steuerleitungen →*RTS/CTS*.

Index

Notizen

Notizen

Notizen

Notizen

Notizen

Notizen

Notizen

Notizen

Notizen

Notizen

Notizen

Notizen

Notizen